정신병리의 이해

통합 탐구

정신병리의 이해

통합 탐구

R. Elliott Ingersoll, Andre Marquis 지음

생명의 친구들 옮김

ΣΣ 시그마프레스

정신병리의 이해, 통합 탐구

발행일 | 2018년 9월 5일 1쇄 발행

지은이 | R. Elliott Ingersoll, Andre Marquis
옮긴이 | 생명의 친구들
발행인 | 강학경
발행처 | (주)시그마프레스
디자인 | 이상화
편 집 | 정영주

등록번호 | 제10-2642호
주소 | 서울시 영등포구 양평로 22길 21 선유도코오롱디지털타워 A401~403호
전자우편 | sigma@spress.co.kr
홈페이지 | http://www.sigmapress.co.kr
전화 | (02)323-4845, (02)2062-5184~8
팩스 | (02)323-4197

ISBN | 979-11-6226-101-9

Understanding Psychopathology: An Integral Exploration

책값은 책 뒤표지에 있습니다.

이 도서의 국립중앙도서관 출판예정도서목록(CIP)은 서지정보유통지원시스템 홈페이지
(http://seoji.nl.go.kr)와 국가자료공동목록시스템(http://www.nl.go.kr/kolisnet)에서 이용하실
수 있습니다. (CIP제어번호 : CIP2018027827)

역자 서문

·················

온전하지 않은 정신/심리 상태를 규정하고 연구하는 학문 영역을 가리켜 정신병리학 (psychopathology) 혹은 이상 심리학(abnormal psychology)이라 칭한다. 전자는 정신의 학에서 주로 사용되는 용어이고, 후자는 심리학에서 주로 사용되는 용어이다. 학문 영역이 다 르다 하여 같은 개념을 다른 용어로 부르는 경우는 흔하지 않다. 그만큼 이 영역에서 정신의학 과 심리학이 학문적으로 잘 통합되지 못하고 있다는 뜻이다. 이 책은 심리학의 기초에 서서 정 신의학의 문제점을 지적하는 논조를 유지하고 있는데, 책 제목은 정신병리학이라는 명칭을 쓰 고 있어서 특이했다. 번역자 중에는 정신건강의학과 전문의도 포함되어 있는데 어떤 장은 의 사로서 번역하기에 부담이 될 정도로 정신의학의 기조에 대한 반대 의견이 두드러졌다. 그럼 에도 불구하고 이러한 논의는 필요하다. 저자들이 우려하는 바를 정신건강 의사들도 어느 정 도 공감하는 바이다. 양측의 견해를 고려하여 균형을 맞추는 것은 여러분의 몫이다.

이 책의 강점은 사분획의 틀을 이용하여 질환을 다각도로 접근하려는 통합 견지에 있다. 정 신질환은 아직 단일 원인에 의한 질환으로 볼 수 없기 때문에 생물학, 심리, 사회 측면의 다양 한 요소들을 충분히 고려하는 것이 필요하다. 이러한 다각적인 이해는 진단명 하나로 해결할 수 없다. 이 책에서는 각 질환마다 하나의 사례를 통해 사분획 틀 안에서 이해하는 방식을 설 명한다. 이해한 내용을 사례를 통해 정리하는 것은 매력적인 구성이며 실제 임상에 큰 도움이 된다. 다만, 사분획의 개념을 머릿속에 확실히 가지고 있지 않은 상태에서 책의 내용을 숙지 하는 것이 조금 어려웠다. 예를 들어, '우하 분획'이라고 적혀 있으면 무슨 내용인지 금방 떠오 르지 않았다. 좌우(내부, 외부)와 상하(개인, 집단) 분획 내용을 기억하고 있어야 내용 이해가 수월할 것이다. 단어 배열의 문제도 있었다. '우하 분획(lower-right quadrant)'은 '집단의 외부 (the exterior of groups)' 요인을 의미한다. 여기서 우(right)가 외부(exterior)이고 하(lower)가 집 단(group)이다. 서로 배열이 다르다. 개념이 충분히 숙지되지 않은 상황에서 배열이 다르니 혼 동이 왔다. 그래서 '우하 분획'은 '집단(하)-외부(우)'가 더 자연스러운 어감이지만 '외부(우)-

집단(하)'이라고 단어 배열을 통일시켰다.

이 책에서는 환자(patient)라는 단어가 잘 나오지 않으며 주로 내담자(client)라는 단어로 나온다. 이 또한 저자가 심리학 배경의 사람들이기 때문이라고 이해된다. 책에서 환자와 내담자 용어의 특징적인 의미 구분점은 없어 보이며 같은 의미로 생각해도 되겠다. Clinician은 일반적으로 의사나 치료자로 번역하지만 이 책에서 특정 직종에 국한한 표현은 아니기 때문에 임상가로 번역하였다. 진부한 이야기처럼 보일 수 있으나 이 책은 병을 다루되 인간에 집중하자는 것이 취지이다. 진단명은 개인을 이해하기 위한 하나의 도구일 뿐이다. 다각적인 통합 이해를 가질 때에 한 사람을 보다 충분히 이해하게 되며 보다 적절한 도움을 줄 수 있게 된다. 확실히 더 많이 알수록 더 많이 더 효율적으로 도와줄 수 있다.

이 책의 번역 의뢰는 2015년이었다. 1년이면 마칠 것이라고 생각했는데 3년이 지나서야 책 번역을 마무리하였다. 출판사에서 번역 의뢰가 왔을 때 사이버 자살예방상담을 담당하고 있는 생명의 친구들 상담위원과 운영위원들이 생명의 친구들 이름으로 번역을 내자고 의견을 모았다. 일차적으로 13명의 자원자가 생겨 이 책의 한 장씩을 맡았다가 최종적으로는 명시한 11명의 번역자가 정한 분량의 초벌 번역을 완료하였다. 임정민, 정윤성, 정재선 상담위원이, 그리고 당시 대원외국어고등학교의 재학생 중 김정현, 오승연, 이하윤, 서이현, 조창범 학생이 초벌 번역 일부를 맡아주었다. 초벌 번역을 통합하여 용어를 일치시키고 번역문을 다듬는 일은 역자대표의 역할이었으며 이 부분에서 김경숙, 조명실 운영위원이 도움을 주었다. 이 모든 참여자들에게 감사를 드린다.

사실 이 번역을 맡게 된 것은 '생명의 친구들'을 알리기 위함이었다. 생명의 친구들은 2005년에 한국자살예방협회에서 개설한 사이버상담실로 시작하였으며, 2013년에 독립하여 생명의 친구들로 이름을 정하고 기존의 http://counselling.or.kr 홈페이지를 통한 공개 비공개 자살예방상담을 진행하여 오늘에 이르고 있다. 자살예방 활동반경을 넓혀 자살유가족을 위한 슬픔 극복 매뉴얼을 개발하고 이를 활용하는 강사 배출을 해나가고 있다. 이 책 번역은 생명의 친구들 활동의 또 다른 영역 도전이다. 정신건강 증진과 자살예방을 위한 우리의 활동은 계속될 것이며, 많은 관심과 지원을 바란다.

2018년 7월

생명의 친구들

역자 대표 최의헌

저자 서문
....
(중요하니 꼭 읽어보시오!)

스스로에게 질문해보라. 왜 사람들은 정신적으로 질병이 생길까? 정확히 무엇이 정신질환을 야기하는가? 누군가 심리적으로 고통을 겪을 때, 최선의 치료는 어떤 것이라고 알고 있는가? 우리가 유전체를 해독할 수는 있어도 그 문제에 대한 명확한 해답을 제시할 수 없으면 어떡하나? 이러한 질문이 — 그리고 현재로서의 최선의 답변이 — 바로 이 책에서 다루고 있는 것이다.

이 책은 일반적인 정신질환 및 심리 증상들의 병인론과 치료에 대한 이해를 담고 있다. 병인론, 즉 질병 혹은 비정상적인 상태의 원인과 근원에 대한 연구의 이해는 효과적인 치료를 위해 절대적으로 중요하다. 만약 여러분이 전염병을 (일리아드의 작가와 같이) 신의 노여움에 의한 것으로 본다면, 여러분은 전염병을 '치료'하기 위해 신에게 용서를 빌 것이다. 만약 과학이 말하듯, 전염병이 균의 감염으로 오는 것이라면, 효과적인 치료는 항생제에 달려 있을 것이다 (그리고 그 예방은 위생이나 예방 접종에 달려 있을 것이다). 이렇게 완전히 다르다. 이 책에서, 우리는 적절한 정신건강 전문가의 도움을 받기 위해 통합의 틀에 맞추어 질환과 증상의 병인론과 치료에 대한 생물, 심리, 문화, 사회 측면에 관한 경험적 및 이론적 문헌을 검토할 것이다. 이 말은, 이 책이 **정신질환의 진단 및 통계 편람 제5판(DSM-5)에 한정된 책이 아니라는 뜻이**다. 이 책은 DSM-5의 친구(companion)라고 보면 좋겠다. 우리가 특정 질환명(예 : 제I형 양극성장애)을 내세우긴 하지만, 고통을 주는 많은 증상들이 여러 질환들에 나오기 때문에, 여러분은 여러 장에서 그 내용을 보게 될 것이다. 이 책은 DSM-5가 발행되는 대로 바로 이어서 출간하기로 계획했다. 우리는 DSM-5 개발위원회의 보고서와 DSM-5 구성을 위한 수백 개의 문서들, 그리고 DSM-5에서 바뀐 내용을 설명하는 미국정신의학회의 책들을 면밀하게 공부하였다. DSM-5가 발행되자마자, 우리는 새로운 편람에 대해 우리가 미리 준비한 비평 자료들을 사실 확인해보았다. 이 책에서 DSM을 언급할 때 판형을 별도로 표시하지 않았다면 모두

DSM-5 출처이다. 그런데 DSM-5는 이제 막 발행된 것이라 DSM-5 진단에 의한 연구는 있을 수가 없고 대부분은 DSM-IV-TR 진단에 의한 것이다.

우리는 각 장에서 병인론과 치료에 대한 가장 최신의 연구를 보여주고자 했다. DSM 질환의 명칭이 변한다고 해도 괜찮다. 단순히 DSM 진단명이나 진단 기준이 바뀐다고 해서 주어진 질환의 원인과 치료가 변하는 것은 아니다. 우리가 DMS-5 변천에 대한 철저한 검토를 마치긴 했음에도, 여러분이 이 점을 기억해주기 바란다. DSM 진단명이나 진단 기준의 변화가 치료를 요하는 증상과 문제들에 대한 경험 연구나 이론적 이해를 바꾸는 것은 아니다. 우리는 이 책과 같은 책은 시중에 없다고 확신하며, 우리가 여러분에게 많이 질문한 만큼 많이 대답해줄 것이다. 우리가 경험한 재미있고 알찬 여정에 함께 하기 바란다.

차례
....

제3장　우울증 이해하기

제4장　불안장애

제5장

심리 외상

제6장

제I형 양극성장애

제7장

조현병의 난제

제8장　물질관련장애

제9장　주의력결핍 과잉행동장애

제10장　성 장애

제11장

수면각성장애

 제12장

갈망과 포만 : 섭식장애의 이해와 치료에 대한 통합 접근

제1장

서론

우 리(독자인 여러분과 저자들)는 함께 여행을 떠날 것이다. 우리는 여러분이 정신과 전문
의, 전문상담사, 사회복지사, 심리학자 등이 되기 위해 훈련 중이라고 생각한다. 우리
가 정신병리에 대해 알아야만 하는 것은 무엇인가? 여러분이 가장 중요하게 이해해주었으면
하는 것은 이 책이 내담자들이 보여준 가장 공통적인 정신/심리 증상들에 대한 다양한 원인과
치료법들을 설명한 정신병리 책이라는 점이다. 즉 이 책은 흔히 DSM[미국정신의학회(APA),
2013a]이라고 부르는 정신질환의 진단 및 통계 편람 제5판의 사용법에 대한 것이 아니다. 그보
다, 이 책은 최근 판 DSM 그리고 정신 및 감정 질환들의 다른 진단 체계에 대한 동반자로서
구성되었다.

　DSM(다음 장에서 더욱 깊게 다룰 것이다)은 정신의학의 범주 체계이며 이 체계는 서로 관
련 있는 증상군과 이를 하나로 묶는 범주 즉 진단명(예 : 주요우울장애)을 제시한다. 이 DSM
은 장애가 규명되었을 때 그것의 원인이나 장애를 치료하는 가장 좋은 방법을 명확히 하려는
시도는 하지 않는다. DSM-II(APA, 1968)에서 우울증을 (더 생물학적인) '내부 요인에 의한' 혹
은 (외부적 사건들로 인해 발생되는) '외부 요인에 의한'과 같이 묘사하며 이를 시도한 적이 있
었다. 연구자들은 '외부적 요인에 의한' 우울증 사례들을 결정적으로 입증할 수 있는 생물학적
인 표지들을 찾는 데 실패했기 때문에(지금도 마찬가지다), 이러한 병인론의 시도들은 DSM-
III(APA, 1980)에서 삭제되었다.

　따라서, DSM을 공부하는 것은 내담자를 치료하는 것보다 내담자들의 증상을 DSM 목록
에 대조하는 것에 더욱 적합하다. 우리의 첫 번째 목표는 여러분이 내담자들이 고통받는 질병
들과 증상의 원인들에 따른 이론들과 증거들을 이해할 수 있게 돕는 것이고, 두 번째 목표는
증상과 질병들을 치료하는 다양한 방법을 이해할 수 있게 돕는 것이다. 비록 DSM이 수년간

에 걸쳐 (최근 DSM-5 개정판이 발행된 것처럼) 변화를 하고 있지만, 질병의 명명 혹은 얼마나 많은 증상들이 진단되어야 하는지에 대한 논의가 질병의 원인 혹은 **질병 치료의 효과적인 방법이 무엇인지**를 변화시키지는 못했다. DSM-IV-TR(APA, 2000)에서 DSM-5(APA, 2013a)로 개정되었지만, 이 개정은 병인론의 조사에 영향을 주지 않았으며 치료법에 최소한의 영향만 주었다.

여러분이 알아야 하는 아동 진단 체계에는 유아기와 초기 아동기의 정신건강 및 발달장애의 진단 분류를 위한 진단 시스템 개정판(DC:0-3R; 0~3세, 2005), 진단기준연구 — 취학전 연령(RDC-PA; 진단기준연구위원회 : 유아기 및 취학전, 2002)이 있다. 이러한 체계들은 DSM을 보완하는 역할을 하기 위해 고안되었으며 4세 이전 아동의 정신건강과 발달장애 임상의 식별 및 분류를 돕는 체계적인, 발달 단계를 고려한 편람을 제공한다. 이 외에 내담자의 정서적, 인지적, 사회적 영역들에 따른 기능의 전 범위를 특정화하는 데 목적이 있는 진단 틀인 (흔히 PDM이라고 일컬어지는) 심리역동 진단 편람이 있다. PDM 역시 DSM을 보완하기 위해 고안되었다. 마지막으로 정신 및 행동 질환의 국제 분류(ICD-10; 국제보건기구, 1992)가 있다. 이 편람은 정신질환에 대한 국제보건기구의 저작물이며, DSM-5는 ICD와 DSM 간의 조화로운 진단을 위해 만들어졌다. 예를 들어, DSM-5의 모든 진단 코드 옆에는 그에 상응하는 ICD의 코드가 있다. ICD-11은 2016년에 출간될 예정이다. (하지만 2018년 현재 아직 출간되지 않았다. - 역자 주) 2015년 10월 1일에 새로운 ICD 코드들을 구현할 계획인데, DSM-5에는 (이전 판 DSM의) 5개 숫자 부호들(예 : 296.32 같은)과 ICD의 알파벳–숫자 혼용 부호(예 : F32.00) 모두가 적혀 있다. 이 책에서는 모든 진단 편람을 습득하기보다 ICD와 DSM을 비롯한 편람들에 수록된 자료들을 포함한 정신 및 감정 질환들의 병인과 치료법을 요약할 것이다. 끝으로 우리는 국립정신건강연구소(NIMH)가 정신의학 질병 연구에 있어 DSM-5에 더 이상 의존하지 않기로 한 것을 알리고 싶다. 이는 2011년에 초안이 작성된 '기준 연구 도메인(RDoC)'이 야심차게 진행 중이다.[1] 이러한 기준들은 정신 및 감정 증상들을 일으킬 수 있는 복수의 생리학적 변수에 초점을 맞출 것이다. NIMH의 증상 분류는 DSM 분류(예를 들어, 우울증은 주요우울장애, 지속적 우울장애, 제I형 양극성장애, 제II형 양극성장애와 연관 가능) 전반에 나타나는 증상들을 포함해 조사할 것이다. RDoC는 뇌 회로와 같은 다른 요인들만큼 증상들에 영향을 미치는 유전학적, 분자적, 세포적, 행동적 변수들에 대한 조사를 포함할 것이다.

DSM-5 진단 체계의 이해는 중요하며 DSM-5[혹은 DSM-5 축소판(미국정신의학회, 2013b)]

---

1 이 결정과 RDoC 링크는 http://www.nimh.nih.gov/about/director/2013/transforming-diagnosis.shtml에서 찾을 수 있다.

를 연구하기 위해 이 책을 사용하기를 강하게 추천한다. DSM-5를 둘러싼 많은 논쟁들에도 불구하고(Frances, 2013), 이는 여전히 미국 내 현장에서 사용되는 가장 공통된 편람이다. 여러분이 이해해야 하는 점은 진단 체계, 평가, 치료법이 첫 번째 장과 이 책의 나머지 부분의 틀을 좌우한다는 것이다. 우리는 여러분이 마지막 장을 읽을 때까지 다른 의학들과는 매우 다른 정신질환에 대해 처음부터 끝까지 알게 되길 바란다. 이것이 이 책을 읽음으로써 얻을 수 있는 가장 좋은 결과일 것이다. 정신의학과 정신병리학은 특별한 용어를 사용하므로 여러분은 이 책을 읽는 동안 새로운 단어들을 읽게 될 것임을 미리 강조하고 싶다. 사전을 곁에 두고 모르는 단어가 나오면 읽기를 멈추고 즉시 찾아서 (만약 자신의 책이라면) 그 정의를 행간에 적어두기 바란다. 대부분의 독자들에게 익숙하지 않을 단어의 정의들은 각각의 장에서 각주를 달아두겠다.

미국정신의학회 출판물 인용에 관련된 비용 문제

DSM-5가 완성되었을 당시, 미국정신의학회에서는 이 책처럼 DSM-5의 어떤 내용이라도 그대로 옮겨 적을 경우의 비용을 정해두었다. 우리가 본래 사용하고자 했던 인용은 (제대로 인용하자면) 인용 건당 600$로, (진단 기준을 포함해) 다 합치면 대략 30,000$가 된다. 이러한 제한점 때문에, 우리는 미국정신의학회의 간행물들에서 요약 혹은 풀어 쓴 자료들을 주로 사용해서 인용에 큰 비용이 들지는 않았다.

이 책에 대하여

이 책은 여러분에게 정신병리의 병인론과 치료법의 이론들과 자료들을 비판적으로 생각하도록 독려하고 그 이론들과 근거를 소개하기 위해 구성되었다. 비판적인 생각에는 DSM과 그것이 만들어진 과정에 대한 비판이 포함된다. 몇몇 저자들이 '직업 훈련(vocational training)' (Hacker & Derifus, 2010) 같은 조롱하는 단어로 대학 내에서의 비판적 사고 감소를 비난함에도 불구하고, 비판적인 사고는 우리의 수업들과 학생들의 머릿속에 여전히 상당 부분 살아 있다. 이 책은 (대다수가 정신건강 분야에서 일하고 있는) 학생들과의 대화를 바탕으로 형태가 갖춰졌다.

이 장의 나머지는 여섯 부분으로 나뉜다. 제I절에서는 정신의학과 다른 의학 분야들의 차이에 대해 다룬다. 이는 DSM이 정신의학 전문가들에 의해 집필되었기 때문에 중요하다. 다른 정신건강 전문가들이 최근 수년간 세부 분야 위원회 구성원으로 일했음에도 불구하고, 정신의학이 이 과정을 주도한다. DSM-5에 나열되어 있는 DSM-5 개발위원 33명의 79%가 의사자격증을 가지고 있다.[2] 제II절에서는 정신병리를 어떻게 정의해야 하는지와 "무엇이 정상인가"에 대한 질문의 답을 다룬다. 이 부분에서 우리 목적은 무엇이 정신병리를 구성하는지 그리고 '정상'을 판단하는 데 문화 정체성과 같은 내담자 요인이 얼마나 중요한 변수인지를 여러분이 비판적으로 그리고 넓게 생각하도록 하는 데 있다. 제III절에서는 종종 '정신/뇌 문제'라고 불리는 것이 무엇인지에 대한 윤곽을 제공한다. 이 부분에서는 무엇이 '정신'이고 무엇이 '뇌'인지를 이해하고, ('정신'이란 뇌의 전기화학적 작용에 불과하다고 믿기를 바라는 제약회사의 투자를 받은 연구자들의 주장에도 불구하고) 둘 사이의 관계가 명확하지 않음을 이해하기 바란다. 재차 강조하지만, 우리는 이 내용을 비판적 사고를 강화하도록 하고자 포함시켰다. 제IV절에서는 DSM에서 사용하고 있는 임상가의 판단 위치에 대해 논하겠다. 제V절에서는 통합 모형을 소개하고 전반적인 내용을, 제VI절에서는 그 모형을 사용한 사례를 제공한다. 결과적으로 통합 모형은 각 장에서 질환의 병인론과 치료법의 주요 변수들을 독자들이 '한눈에' 보고 도움받을 수 있도록 두 설명을 제시한다. 끝으로, 각 장의 마지막 부분에는 복습 문제를 실었다.

제I절 : 정신의학은 다른 의학 분야들과 어떻게 다른가?

진도를 나가기에 앞서, (정신건강 비의료직군에 종사하거나 이를 공부하는) 독자들이 정신의학과 전문상담사, 임상 사회복지사와 같은 정신건강 비의료직군의 차이점에 대해 이해하는 것은 매우 중요하다. 정신의학은 미국과 여타 국가에서는 의학의 한 분야이다. 미국 내에서의 의학적 실습으로의 접근은 일반적으로 대증요법(allopathy) 의학으로 간주된다. 대증요법이라는 단어는 1842년 동종요법 의학의 설립자인 Samuel Hahnemann에 의해 만들어졌다. 대증요법 의학은 치료 대상 질병의 결과와 다른 결과를 만들어내는 요법으로 질병을 치료한다(Webster's New World, 2008). 이와 대조적으로 **동종요법** 의학은 소량의 약이나 다른 작용제가 건강한 사람에게 질병 유사 증상들을 만들어내면 그들 신체가 질병과 싸우기에 더 나은 몸이 된다는 가정에 기초한다.[3] 다른 의학으로의 접근은 역사적으로 접골요법 의학(전통적으로 근골격계

---

2 DSM-5 집필에 참여한 개발위원의 목록은 온라인에서는 http://www.dsm5.org/MeetUs/Pages/TaskForce Members.aspx와 DSM-5에서 확인할 수 있다.

3 처음에는 학생들이 동종요법과 예방접종이 유사하다고 생각한다. 동종요법은 예방접종 원리와 매우 다르다. 동종요법은 다양하지만 보편적으로 동종요법 작용제를 투여해 그 작용제가 **생명력**을 일깨워 치료 효과를 주고, 예방접종은 직접적으로 작용해 면역체계가 병원체와 싸우도록 하는 데에 목적이 있다. 동종요법이 주장하는 '생명력'이라는 것에 영기와 침술에 대한 연구들을 통해 드러난 과학적 근거는 없지만, 기 치료와 기 심리학은 계속해서 가능성을 발견하고 있다. 끝으로, 동종요법의 작용제는 물이나 알코올에 (흔들기를 통해) 희

가 건강과 질병에서 갖는 역할을 강조하는 의학)과 카이로프랙틱 의학(척추의 마디를 조작해 질병을 다스리는 방법)이 있다. 20세기 초, 의학 교육의 재정립은 (카네기 재단의 보호 아래) Abraham Flexner에 의해 'Flexner 보고'라는 이름으로 재정립되었다. 이 보고서들에서 Flexner는 (의료 사회로부터 엄청난 저항을 받았지만) 대증요법 의학을 (새로운 '세균 이론'과 함께) 의료 교육의 바람직하고 가장 진보적인 형태로 정립하였다. 그리하여, 대증요법 의학이 미국의 의학 수련과 임상에서 득세하여 접골요법 의사들이 대증요법에 기반하여 수련을 하게 되고 동종요법은 주된 흐름의 주변으로 밀려났다.

이것이 왜 이해하는 데 있어서 중요할까? 정신의학과 정신진단편람(DSM)에 나열된 질환들은 국제보건기구(WHO)의 국제질병분류(ICD)상의 다른 질환들(정신질환 이외의 질환들)과 근본적으로 달라서 DSM에는 특정 증상군과 100% 상관관계의 생리학적 표지를 가진 질환을 하나도 찾을 수 없다(Practice Maganement Information Corporation, 2006). 지금까지 생리학적 표지에 있어서, 정신의학은 단 하나의 DSM 질환도 이를 찾아내지 못했음을 여러 출처에서 지적했다(Charney et al., 2002; Paris, 2013). Charney와 동료들(2002)은 다른 종류의 의학에 비해 정신의학의 표지들이 50년에서 100년가량 뒤처져 있음을 지적했다. 상상해보라, 일반 의사가 100년 전에 실행했을 의술을, 그는 감기가 바이러스에 의한 것인지도 몰랐을 것이다.

제약회사들이 무지한 대중으로 하여금 우울증과 같은 상태가 전적으로 뇌 속의 '화학적 불균형' 때문에 일어난다고 그릇되게 확신시킨 것은 정신이 번쩍 들게 하는 상황이다.[4] 이러한 설명에는 근거가 없지만 현재 미국 소비자에게 직접 의약품 광고를 하는 것은(미국과 뉴질랜드를 제외한 모든 곳에서 불법) 그것이 잘못된 내용이라 하더라도 행정법상 용인되고 있다. 정신의학이 다른 의학 분야에 비해 대략 100년 정도 뒤처진 것은, 문명 세계 역사상 가장 치명적인 유행성 독감(1917년에서 1918년 사이의 유행성 독감)에서 당시 의학이 거의 쓸모없었던 것과 비견된다. 이미 언급한 바와 같이 당시의 의사들은 감기가 바이러스에 의한 것이라는 것조차 몰랐고, 많은 의사들이 질병에 대한 세균 이론에 여전히 반대하고 있었다(Barry, 2005).

현재 우리가 처한 상황의 진실은 우리는 무엇이 정신 및 감정 질환의 저변에서 일어나는지를 확실하게 모른다는 것이다. 사실, 이 모든 것의 기저에 신체적인 질병 과정이 있다고 가정하는 것이 착각일 수 있다. 혹은, 몇몇 연구자들은 우리가 현재 상상할 수 있는 것보다 많은 변수들(예 : Forsythe & Kunze, 2013, 장내 미생물이 어떻게 중앙 신경계에 영향을 미치는지에 대한 연구를 참고하라)이 존재할지도 모른다고 조사하였다. 이 책에서 앞으로 보게 되겠지만,

---

석될 때 그 작용제의 생명력을 일깨우고, 그에 따라 신체가 스스로 가진 생명력이 반응한다는 '희석법'을 신봉한다. 이 짧은 설명에 의해 짐작했을지 모르나, 동종요법을 지지하는 과학적 근거는 부족하다.

4 이에 대한 제1저자의 'TED' 강연을 http://www.tedxcle.com/dr-elliott-ingersoll/에서 볼 수 있다.

우리는 여기에 수록된 수많은 질병들이 **중복결정**(overdetermined)되어 있다고 본다. 우울이나 불안과 같은 증상들은 개인의 삶에서 생리적, 심리적, 사회문화적 측면들을 아우르는 다양한 원인을 가질 수 있다. 제I형 양극성장애나 조현병 같은 다른 질병들도 생리학적 근거가 있으리라 짐작하지만 여전히 그것이 무엇인지를 정확히 알지 못한다.

병인에 대한 명확한 이해는 부족하지만 우리는 정신 및 감정 질환에 대한 다양한 진단 편람을 가지고 있으며, 우리가 이 책에서 사용하는 틀은 통합 모형이다(Wilber, 1995). 이 모형에 대한 윤곽은 이 장 뒷부분에서 다루겠지만, 우리가 이 책에서 통합 모형을 사용한 이유는 이 모형이 통합적이며 일원화된 틀로 내담자들이 앓는 증상들에 대한 다양한 시각을 제공하여 임상가들이 증상들을 다른 시각에서 바라볼 수 있게 하기 때문이다. 이는 DSM-5가 언급했던 특정 심리 스트레스와 종합기능평가에 대한 5축 진단 기록 방법을 삭제한 지금 시점에 더욱 중요하다. 증상을 다른 시각에서 보는 것은 그러하지 않으면 발견할 수 없었던 내담자의 다양한 증상 관련 요인들을(그리고 치료법을) 임상가가 더 많이 발견하게 한다. 어째서 발견할 수 없는 것일까? 이 경우에는 질병에 대한 것이지만, 인간에게는 귀인 오류의, 어떤 것을 명명하면 그 이름이 그것의 특성을 설명해준다고 생각하는 성향이 있기 때문으로 보인다. 많은 정신 및 감정 질환의 경우, 명칭이 실제로는 주요 변수들을 실제로 모호하게 만든다. 특히 내담자가 소아인 경우 그렇다.

예로서, 우울증을 들어보겠다. 주요우울장애, 지속성 우울장애(이전 명칭 기분부전장애), 제I형 양극성장애, 제II형 양극성장애, 외상후스트레스장애, 조현병과 같은 여러 질환들은 증상들의 묶음이다. 그러나 정확히 우울증(주요우울장애)이라 하더라도 다양한 병인들에 의해 나타날 수 있다. 사람은 뚜렷한 이유가 없고 항우울제가 반응하지 않는 우울을 보일 수 있으며 혹은 항우울제에 잘 반응하는 신경생장(신체적) 증상들(식욕 변화, 수면장애, 성욕 감퇴)을 위주로 한 우울을 보일 수도 있다. 이와 같이, 우울증은 사랑하는 이를 잃거나, 출산 후 혹은 외상에 시달림으로써 겪을 수도 있다. 장애 가족에서 자란 사람은 부정적인 사고를 발전시켜 그가 (우울증에 대한 인지적 취약성이라고 부르는) 우울증이 될 확률을 높인다. 다른 사람들은 건강한 관계를 만드는 데 어려움을 겪거나, 어린 시절 부모와의 빈약한 관계 형성(부족한 애착 관계로 인한 대인관계 중심의 우울증)과도 관련되어 있다. 이들 각각의 예에서, 내담자들의 (긍정적인 원인이 되는 요인들이라고 부르는) '쟁점들(hotspots)'은 다르다. 짧게 살펴보게 되겠지만, 통합 모형은 몇몇 중요한 분야에서의 가능한 영향을 고려하여 '쟁점들'의 지도를 파악하는 틀을 제공한다. 통합 모형을 소개하기 전에 우리는 정신병리학과 정상의 개념을 설명할 것이다.

제 II 절 : 정신병리

정신병리는 종종 '이상 심리'라고 부르기도 한다. '심리학'이란 무엇일까, 우리는 '정상'을 어떻게 정의할 수 있을까, 그리고 무엇이 심리학을 '비정상'에서 출발하게 하는 것일까? 이러한 질문들을 우리가 여러분과 함께 이 절에서 살펴보려고 한다. 우리는 정상과 심리학적으로 '정상'의 견해에 대한 논의로 시작하겠다. 다음으로, 정신/신체적 문제와 신체적으로 '정상'과 '비정상'은 무엇인지 이해하는 데에 있어 풀리지 않은 딜레마를 짚고 넘어갈 것이다. 마지막으로 우리는 이 책이 구성된 방식에 대한 논의와 통합 이론에 대한 소개로 결론을 내릴 것이다.

'정상'이란 무엇인가?

카페에서 여러분과 몇몇 단골손님들이 자기 노트북으로 일을 하고 있다고 상상해보자. 순간 파투 파바다이[5]를 입은 인도 소녀가 펄쩍 뛰고, 자기 컴퓨터를 가리키며, "너 때문이야."라고 숨넘어가게 웅얼거린다. 이런 행동은 '정상', '비정상' 혹은 그 중간일까? 여러분 대부분은 아마도 "글쎄, 경우에 따라서."라고 생각할 것이다. 한 가지 가능성으로, 소녀가 방금 북한을 파괴할 핵폭탄을 발사했는데, 머릿속 어떤 소리가 그렇게 시켰다고 한다. 소녀가 현실에서 한 행동을 지적하니, 그 소녀는 "시켜서 그랬다."고 웅얼거린다. 가능한 다른 예로, 자세히 관찰해보니 그 소녀가 인터넷전화 스카이프 혹은 비슷한 프로그램을 통해 친척과 논쟁을 하다가 자기 무릎에 뜨거운 커피를 쏟았다(그래서 펄쩍 뛰었다). 이러한 맥락에서 소녀의 행동과 말은 합의 현실[6] 혹은 '정상'이라고 하는 영역에 존재하며 새로운 의미를 가진다. 정상이 무엇인가는 맥락에 따라 넓은 범위를 가지고 있고, 발달 심리학자 Jerome Kagan(2006)이 말하였듯 우리가 맥락 중 무언가를 바꾸었을 때 그것의 심리학적 의미 역시 바뀐다. 식인풍습(cannibalism), 잠재적 자살, 그리고 살인이 맥락에 따라 사실상 공식적으로 허용되고 심지어 칭송된다. R. C.라는 어떤 이는 친구의 살점을 먹었고, 또 다른 사람은 친구들과 가족에게 반복적으로 절벽에서 뛰어내리겠다고 이야기하였으며, 그리고 또 다른 이는 일련의 싸움에서 몇몇 사람들의 목숨을 앗아갔다.

　첫 번째 예의 R. C.는 안데스에서 충돌한 비행기 사고의 생존자 16명 중 1명이다. 그와 그의 동료들은 10주간 눈 덮인 산맥의 불모지에서 엄청난 추위 속에서 기적적으로 살아남았다. 그들의 용감

---

5 파투 파바다이(pattu pavadai)는 원뿔 모양 실크 의류로 남부 인도의 어린 소녀들의 전통 복장 중 하나이다.
6 합의 현실(consensual reality)은 우리가 의도적으로 그리고 암묵적으로 무엇이 '현실'인지 합의한 것을 설명하는 하나의 방법이다.

한 생존은 그들이 사체를 음식으로 사용했기 때문에 가능했다…. 자살 시도처럼 보인 이야기는 사실 모터사이클리스트인 Evel Knievel이 물불을 가리지 않는 스턴트를 수행한 것이다. 세 번째 이야기는 작은 테네시 타운 보안관의 범죄와의 전쟁 회상록을 언급한 것이다.

우리가 '맥락'이라고 부르는 것에는 문화, 기술, 사회 내 사회경제적 생산과 같은 큰 역동 그리고 평균적인 사람들의 최근 기술에의 접근 등을 포함한다. 1980년대에 필자(Ingersol)는 중앙 공원이 있는 도심 지역에서 일하면서 거주하였다. 그 공원 주위를 거닐면서 종종 사람들이 그들 스스로 속삭이거나 이야기하고 때로는 그들의 손으로 큰 제스처를 취하며 큰 소리로 이야기하거나 소리치기도 하는 것을 목격하였다. 1980년대에 마주친 당시의 사람들은 조현병을 앓는 사람들이었고, 공원 주위 거리나 정신건강 그룹 홈에서 살았다. 오늘날 클리블랜드의 시내를 걸을 때, 나는 패셔너블하게 귀에 꽂힌 블루투스를 통해 보이지 않는 누군가와 이야기하는 사람을 흔히 지나친다. 이 경우, 누구든 혼자 중얼거리며 걸으면 정신적인 문제가 있는 것이라는 지식이 누구나 사용하는 휴대폰 기술에 따라 구태의연한 개념이 되어 버렸다.

심리학적으로 '정상'이란 무엇인가에 대한 개념은 정의 내리기 어렵다. 우리는 유사한 문화권의 사람들은 동의하고 일반적으로 누군가가 이 표지들 내에서 행동할 경우 '정상'이라고 이야기할 수 있는 표지들을 세울 수 있다. 그러나 우리는 문화적으로 수용하기 위해 다른 문화적 관점을 포함한 표지들로 넓혀야 하고 이러한 넓은 표지 내에서 기능하는 모든 이에게 '충분히 정상'이라고 해야 할 것이다. 그런데 '충분'하다는 것은 무엇일까? 심리학은 차치하고 생리학에 따라서 무엇이 '정상'이라고 말하는 것은 어려운 일이다. 생리학적으로, 하나의 예는 많은 이들이 갖는 처방약에 대한 특이 반응(idiosyncratic response)이다. 성인의 경우 특이 반응은 예외를 보이나, 보다 젊은 사람은 약에 대해 특이 반응을 보일 가능성이 높다—아이를 둔 부모에게 알레르기 치료를 위한 항히스타민제를 먹인 후 약으로 졸리기보다 밤새 보챈 경우가 있었는지 물어보라. 해부학에서 '정상'은 매우 다양하다. 어떤 위장들은 다른 것들에 비해 12배나 많은 음식물을 담을 수 있다. 심장에서, 혈관이 몇 개의 가지로 갈라지는지는 대동맥마다 다르다. 흥미로운 점은 이러한 모든 위장과 심장들 모두가 해부학적으로 '정상'에 속한다는 것이다. 위장과 같은 장기가 정상이라는 판단을 내리기 위해 사용할 수 있는 하나의 표준은 그것이 적절하게 기능하는가이다. 만약 그 장기가 고유의 기능을 적절히 수행한다면, 우리는 그 장기를 정상의 범주에 포함시켜야 한다.

그러나 우리가 이 표준을 심리학적 상태 및 특성에 적용할 수 있을까? 심리학에서 가장 논쟁적이고 많은 생각을 가지게 하는 분야는 바로 성격 이론이다. 심리학자 Kenny Paris가 그의 이상 심리학 수업에서 학생들에게 "정상인이란 무엇인가?"라고 물었을 때 정답은 "자세히는 모르는 어떤 사람"이었다. 수천 년에 걸쳐 성격의 유형 분류를 위해 조사/노력해왔지만 심리학적으로 '정상'이란 무엇인가를 예상하거나 설명하는 결과물은 매우 적다(Ingersoll & Zeitler, 2010). 여기에 드러나는 문제점은 (믿기 어렵지만) 우리에게는 여전히 '정신'이란 무엇인가에 대한 범용적인 정의가, 그리고 더욱 중요하게도 '정신'과 '뇌' 사이의 관계성이 부족하다는 점이다. 만약 '그 정신'이라고 부를 수 있는 무언가가 존재한다면 정신이 '건강'할 때 그것이 기능적으로 '정상적'이라거나 '적절한' 것일까? 이 질문에 대답하기 위해 여러분은 정신/뇌 문제라고 불리는 것이 무엇인지에 대한 배경지식이 필요하다.

제 III 절 : 정신/뇌 문제와 고통 혹은 장애에 대한 질문

> *"마음이란 무엇인가? 아무 문제 아니다. 무엇이 문제인가? 마음 쓰지 마라. "*
>
> ("What is mind? No matter. What is matter? Never mind.")
>
> – GEORGE BERKELEY

'정신'질환은 정신적일까, 육체적일까, 아니면 둘 다일까? 이 질문에 대한 대답의 주요 논점은 우리가 어떻게 '정신'을 정의하는가이다. 첫머리부터 우리는 '본론'으로 들어가서 여러분에게 이 풀리지 않은 논점에 대해 이야기하려고 한다. 지금 현재 여러분의 정신적인 경험에 비추어보겠다. 여러분은 책을 읽고 있다. 고인이 된 저자 Kurt Vonnegut이 말한 대로, 읽기는 고된 노동이다. 영어권 독자들은 자신의 머릿속에서 온 세상을 26개의 음성기호로 이루어진 평행선과 10개의 아라비아 숫자, 12개의 문장부호로 만들 것이다(Vonnegut & Stringer, 1999). 지금 이를 어떻게 머릿속에서 처리하고 있는가? 여러분이 하고 있는 것은 무엇인가? 읽기와 더불어 여러분은 감정을 이해하고, 체감하며 다른 생각들도 하고 있을 것이다. 이 모든 것은 여러분이 의식하지 못한 채 이루어지거나 의식의 영역에서 이루어진다. 여러분의 정신에서 이를 구성하는 상황이 벌어지거나 이 모든 일이 벌어지는 동안 여러분의 정신이 의식의 영역에 있는가? 또한 여러분의 정신이 뇌와 같은 곳에서 '오는 것'인가 아니면 뇌와 상관없이 무의식중에 존재할 수 있는 것인가? 이게 얼마나 어려운 질문들인지 알 수 있을 것이다! 여러분의 정신이 여러분의 뇌에서 온다고 믿는 과학자들과 철학자들을 **유물론자**(physicalists) 혹은 **물질주의자**(materialists)라고 부른다(Churchland, 2002; Koch, 2012).

물질주의자들은 보통 정신을 뇌의 활동에서 '오는' 무언가라고 본다. 그 누구도 아직 설명할 수 없는 이 일이 정확히 어떻게 발생하는 것일까. 아마도 가장 많은 노력을 기울인 것은 "… 이는 감정, 생각, 결심과 같은 어떠한 비물리적인 것이 아닌 바로 뇌."라고 했던 철학자 Patricia

Churchland일 것이다(Churchland, 2002, p. 1). 그러나 이 대답은 다른 질문을 필요로 한다. 어떻게 (비물질적인) 정신(mental)이 느끼고 생각하며 결정을 내려 물질적인 무언가에 영향을 미칠 수 있을까? 심리학자이자 철학자인 Daniel Robinson은 이 질문에 적절히 답해진 적이 없음을 지적한 바 있다. 우리는 오른손을 들기로 결정하고 그렇게 행한다─이게 어떻게 가능할까? Robinson은 무의식이 전기화학적 작용 이상이 아니라면 어째서 전기화학적 작용과 다르게 느껴지는지를 의문시했다. 그는 더 나아가서 만약 무의식이 물질적 요소이자 그들의 작용 그 이상이 아니라면 우리는 우리가 전부 이해하기도 어려운 원자와 아원자 입자의 작용까지 그것에 포함시켜야 한다고 지적했다. 따라서 정신(mind)에 대해 극단적으로 유물론적인 관점이라 하더라도 그 정신은 뇌에서 온 것이며, 우리를 답 없는 질문의 바다에 남겨둔다(Robinson, 2008).

두 번째(마지막이란 뜻은 아니다) 관점은 무의식이 존재하기 위해서 뇌에 의존하지 않는다는 주장을 펴는 이중-물질 접근법(dual-substance approach)으로 종종 여겨진다. 이에 관한 논쟁은 다양하지만, 그중 가장 유명한 것은 아이작 뉴턴과 요한 본 괴테 사이에 벌어졌던 색각(color vision)에 대한 토론이다. 1672년 아이작 뉴턴은 자연의 생리에 입각한 색각에 대한 이론을 가정한 일련의 실험들을 발표했다. 존경받는 작가이자 과학자인 괴테는 1810년에 뉴턴의 이론을 차용한 1400쪽 분량의 색각에 관한 이론을 발표했다. 괴테가 뉴턴의 발견 중 일부를 잘못 해석했음에도 불구하고 색을 보는 경험에 대한 내용은 중요한 발견이다. 괴테는 뉴턴의 이론이 색을 보는 것이 어떠한 것이라는 내용을 제외하고 색각에 대한 모든 것을 설명한다고 이야기했다.

뉴턴과 괴테의 이론의 차이점은 철학자 Frank Jackson(1986)에 의해 제기된 '메리 문제'라고 불리는 철학적 문제를 떠오르게 했다고 이야기된다. 이 문제에서 메리는 흑백의 실내에서 성장해온 가상의 과학자이다. 그는 색깔 자극에 노출된 적이 없다. 그는 흑백의 텔레비전 모니터를 통해서만 바깥세상을 바라보았으며 색각에 대해 읽지 않은 그 주제에 대해서는 아무것도 없다는 점만을 공부했다. 높은 지능으로, 그는 그가 읽었던 모든 것을 기억한다. 문제는 이러하다. 이 상황에서 우리는 메리가 색각에 대해 알아야 할 모든 것을 '안다'고 말할 수 있을까? Jackson의 초기 발상은 만약 물질주의가 완벽한 지식이라면 메리는 색각에 대해 모든 것을 알 수 있어야 한다는 것이었다. 논점의 핵심은 대부분의 사람들이 "아니요, 그가 실제로 색을 보는 주체적 경험을 했을 때만 알 수 있는 것이 있기 때문에 그는 모든 것을 알지 못합니다."라고 대답하는 데에 있다.

만약 우리가 메리를 흑백 세계에서 유채색 세계로 데려왔을 때 그가 처음 보는 것은, 그가 그 주제에 대해 알고 있는 백과사전적 지식을 뛰어넘어 새롭게 배워야 하는 것일까? 많은 사람들은 그가 색을 본다는 것이 어떤 느낌인지를 새롭게 배울 것이라고 주장한다. 사물들이 우리에게 어떻게 보이는지에 대한 경험—주체적인 의식 경험—들을 감각질(qualia)이라고 한다. 여러분은 지금 읽기를 통해 감각질을 경험하고 있다. 책의 종이들이 어떤 느낌인지, 앉아서 책을 읽는 몸은 어떻게 느끼는지, 아마도 (만약 넓은 호수 근처에 살고 있다면) 머리에서 후각에 따른 부비동 압력도 느낄 것이다. 이 모든 것이 감각질이며 이들은 (그게 무엇이든 간에) 여러분의 정신적 경험과 밀접한 관련이 있다. 이 경우에 정신 혹은 무의식은 어떻게 해도 뇌에서 바꿀 수 없는 것이며, 그것의 독특한 특성으로 말미암아 스스로 존재론적 지위를 차지한다고 할 수 있다.

형이상학과 정신/뇌 문제

논의를 진행시키기 전에 '형이상학'이 무엇을 의미하는지 여러분이 알아야 할 필요가 있다고 우리는 느낀다. 많은 독자들은 우리가 '고차원' 의식인 캘리포니아 스타일의 믿음이나 요구르트 관장의 별칭을 언급하려 한다고 생각할지도 모른다. 그렇지 않다. 우리는 단순히 여러분이 생각하는 것이 실제이며 그것을 어떻게 탐험할지에 대한 어떤 주장의 기초가 되는 가정을 언급하려고 하는 것이다. 그러한 가정들을 형이상학적 틀에서 구성하겠다. 정신/뇌 문제에 있어 교육적인 2개의 극단적인 입장들(그리고 2개 이상이 존재한다)은 서로 다른 형이상학적 가정들을 반영한다. 간단히 말해서, 유물론자 혹은 물질주의자들은 정신이 뇌의 부수현상(혹은 부작용)이라고 주장한다. 이 주장은 (여러분의 정신상태를 포함해서) 실재하는 모든 것이 뇌의 생화학적 작용과 문제를 이해함으로써 이해될 수 있다는 것을 의미한다. 본질적으로 이는 초기에 쓰여진 NIMH RDoC 목표에 내재되어 있는 존재론적 가정이다. 이중-물질 접근법 논쟁은 물질과 정신(혹은 의식)이 두 가지 실체이고 하나는 또 다른 하나에 대해 밀접한 관련을 가지고 있고 서로에게 공동으로 발생하더라도 대체 불가능하다는 주장이다. 다시 말해서 이것들은 정신/뇌 문제에 있어 2개의 극단적인 입장을 차지하지만 우리는 형이상학적 가정을 설명하기 위해 두 가지 모두를 사용해야 한다.

　모든 논쟁들은 형이상학적 가정들을 기초로 가지고 있다. **형이상학**이라는 단어는 아리스토텔레스 철학의 편집자들에게서 유래하였는데 이는 단순히 "자연학 이후" 혹은 **자연학 다음의 책**(*ta meta ta physica*, μεταφυσικα, 혹은 물리학에 관한 도서들 이후에 출판된 책들)을 언급하는 것이다. 보았듯이 이는 물리학에 대한 대중적인 현상이나 재생(reincarnation)에 대한 믿음들과는 전혀 상관이 없다. 아리스토텔레스 학파에서 **형이상학**이라는 주제는 단순히 물건들의 실재의 집합이고, 독자들이 그 지식을 얻기 위해 해야 하는 무언가이며, 지식의 한계이고, 그것이 어떻게 변하고 우리가 그것을 어떻게 배울 수 있는지에 관한 것이다. 형이상학의 두 지류는 **존재론**(어떠한 유형의 개체들이 실제로 존재하는지에 대한 질문과 같이 실재, 존재에 대한 학문)과 인식론(지식 달성에 대한 확장과 한계 그리고 어떻게 사람이 그러한 지식을 달성할 수 있는지와 자연에 대한 지식을 배우는 학문)이다. 정신/뇌 문제에 대한 두 이론은 서로 다른 형이상학적 가정들 묶음을 논의했을 뿐이다. 물질론자의 시각에 입각했을 때 '실재'란 무엇인가에 대한 존재론적 가정은 다음과 같다. 물질(이 경우에는 뇌)만이 '실재'다. 무의식에는 '실재'가 없고 이는 뇌와 동떨어져 있다. 즉, 무의식에 대해 배우는(인식론) 가장 좋은 방법은 (경험주의를 통해) 뇌에 대해 배우는 것이다. 반면에, 이중-물질 방법론에서는 존재론적 가정은 뇌와 무의식이 실재를 구성하며 이는 다른 것에 대해 축소될 수 없다. 이것의 인식론적 결과들은 (현상론을 통한) 정신과 (경험주의를 통한) 뇌를 학습함으로써 배울 수 있다고 한다.

여기에서 중요한 논점은 이러한 가정들 모두 믿음을 넘어서고 과학 그 자체가 아니라는 것이다. 유물론적 입장을 옹호하는 사람들은 때때로 (정신이 뇌의 '부수적 작용'이라는) 일차 가정이 '과학적'이라고 주장한다. (정신이 뇌에서 유래했다고 하는) 이 가정은 그 자체로 혹은 위치상 '과학적'이지 않다. 이는 대부분의 사람들이 깨닫는 데 실패한 부분이다. 그런데 어떠한 경우라도 과학은 본질상 형이상학적 가정들에 기초하고 있으며 형이상학적 틀은 과학처럼 조사와 관측에 있어 제약을 받지 않는다. 형이상학적 가정들은 과학으로 증명될 수도 반증될 수도 있다. 확실히 우리는 정신의 경험은 뇌에서 유래했다고 가설을 세울 수 있고, 이 가설을 반증할 수 있지만 이것이 논란의 여지가 없는 '진실'이라고 주장하는 것과는 다르다.

이는 어쩌면 철학적으로 골치 아픈 논쟁으로 보일 수도 있지만 가장 편향에서 벗어난 듯 보이는—경험주의—방법도 자료의 가장 중요한 형태를 구성하는 외형에서 관찰 가능한 (경험적인) 자료를 선험적으로 가정하기 때문에 이는 정신병리를 배우는 학생들에게는 중요하다. 왜냐하면 그 가정을 지지할 수 있는 외형에서 관찰 가능한 경험적 자료가 존재하지 않을 수도 있기 때문이고, 이는 믿음을 뛰어넘는 예로서 보여질 수도 있다(Marquis & Douthit, 2006). 만약 무의식이 뇌의 부수적 작용 그 이상이 아닌 것으로 판명 났을 때, 모든 정신건강 분야들은 우리가 뇌 연구와 특히 NIMH RDoC에서 배운 치료법들에서 유래한 것처럼 보일 것이다. 그러나 현재로서 우리는 반드시 정신과 뇌 모두에 대해 부족한 정보를 찾아내야만 할 것이다. 우리는 반드시 무의식, 정신, 자기 인식, 그리고 이러한 모든 심리학적 경험들이 만들어지는 방법을 알아내기 위해 끊임없이 탐구해야 할 것이다. 더욱이 정신과 무의식이 순수하게 뇌의 부수적 작용이라는 것이 밝혀지더라도 이것이 인간이 그들의 정신과 무의식을 고통 혹은 번성의 여부를 중심으로 경험한다는 사실을 부정하는 것은 아니다. 따라서 우리는 뇌에 대한 엄격한 과학적 연구만이 심리적 증상들로 고통받는 사람들을 돕는 데 필요하다는 시나리오를 상상할 수 없다. 가치에 대한 논점과 누군가의 투쟁의 한가운데에서 의미를 어떻게 찾을 것인가는 다양한 심리학적 문제를 가진 이들을 돕는 데에 있어 언제나 중요한 요소일 것이다(이에 대해서는 마지막 장에서 다룰 것이다).

통합 관점에서, 우리는 우리가 무의식과 정신에 대해 신경과학으로부터 배운 것을 통합하고 싶다. 우리는 뇌가 정신에 영향을 미치고, 정신이 뇌에 영향을 미친다는 것을 알고 있지만 그 둘 사이에 정확히 어떠한 관계가 있는지에 대해서는 알지 못한다. 여러분은 스스로의 경험에 입각한 형이상학적 가정을 세워야 할 것이다. 그러나 여러분이 가정을 하면서 저지를 수 있는 가장 큰 실수는 정신이란 무엇인가에 대한 어떤 세부적인 입장도 과학의 틀 안에 있어서 이론의 여지가 없다고 여기는 것이다. 이는 사실이 아니며, 내담자를 대할 때처럼, 여러분은 스스로 증거를 판단하고 스스로의 결론에 도달해야 한다.

제 IV 절 : DSM 그리고 치료자의 결론

DSM에 따르면 우리는 발현된 증상들이 삶의 다른 영역(예 : 직업)에 대해서 현저한 고통 혹은 장애를 야기할 때 심리적 진단을 내려야 한다(APA, 2013a).[7] 이를 위해서는 당연히 (단순히 '현저한'과 '현저하지 않은'의 차이만 아니라) 무엇이 고통과 손상을 구성하는지에 대해 정신건강 임상가들이 분별하고 판단하는 훈련을 쌓아가는 과정이 필요하다. 어떻게 우리는 내담자의 증상들이 그의 삶의 경험에서 '고통' 혹은 '손상'이라고 이야기할 수 있을까? 경계성 성격장애의 기준을 충족하며 약물의존으로 인해 고통받는 내담자의 경우를 가정해보자. 이 내담자의 삶은 실질적으로 알코올에 의지해 이루어지며 감정적인 경험을 조절하는 데 무능력하다. 그 내담자가 이 이야기를 하는 것을 들을 때에는 다른 모든 이들이 문제였다. 임상가의 시각에서 볼 때, 그 내담자의 삶은 손상되었다. 내담자의 시각에서 볼 때, 다른 모든 이들이 손상되었다. 이러한 상황에 대해 쉬운 접근이란 없고, 가장 효과적인 방법은 빈번하게 충분한 시간을 들여 치료 관계를 형성하고 내담자가 임상가를 믿는 법을 학습하도록 하는 것이다. 즉, 우리가 이 책을 쓰는 목적은 임상가들에게 도움이 되고 사람들이 임상가가 되도록 훈련하는 것이다. DSM의 증상 점검 항목을 맞춰볼 때 무엇이 통계학적으로 유의미한지와 내담자가 증상으로 겪는 고통에서 임상가들은 무엇을 경험하는지는 현저한 차이가 있다. 심리학자 Jerome Kagan(2006)은 다음과 같이 적었다.

숙련된 치료자들은 내담자들의 자세, 말의 빠르기, 목소리 톤, 표정 그리고 입은 옷의 세세한 것을

---

7 이전의 DSM 시리즈들에서 어떤 이가 정신질환을 가졌는지 그렇지 않은지에 대한 진단은 고통과 손상에 근거했다. DSM-5에서는 고통과 장애(disability)로 바뀌었다(DSM-5에서도 여전히 고통과 손상이 주된 근거로 나오기 때문에 저자의 이러한 이해는 납득이 잘 안 된다.-역자 주). 이 책에서도 그렇고, 우리가 언급하는 많은 임상가들은 여전히 손상을 판단 근거로 사용하고 있다.

감각적으로 묘사할 수 있다. 이와 대조적으로, 과학자들이 내담자들의 정신질환을 증상 문항지로, 주로 전화로 파악하는 경우 내담자에 대한 그들의 묘사에서는 임상가와 같은 세세한 감각 구조를 찾을 수 없다. 그 결과 두 집단은 내담자들이 우울한지 혹은 불안한지에 대해 서로 의견이 일치하지 않는다. …두 전문가들은 우울증을 서로 다른 방식으로 "알고 있다"(p. 45).

다시 말해서, 이는 우리가 임상가의 경험이 무엇인지 그리고 무엇이 내담자들을 치료하는데 도움이 되는지를 강조해 책을 저술한 이유이다. 임상가들은 반드시 그들의 DSM 기준뿐만 아니라 증상의 병인론과 치료에 대한 지식을 모두 사용하여 무엇이 내담자를 손상시키고 고통스럽게 하는지 판단을 내려야 한다. 임상가들은 진단과 치료에 있어 단서가 될 많은 신호를 제공받는다. 이러한 상황에서, 임상가들이 치료 작업에서 마주하는 모든 정보들을 정리하고 사용하는 데에 통합 모형이 효율적인 방법을 제공할 것이다.

제 V 절 : 통합 모형

통합 모형은 여러 형태로 존재하는 학문초월 이론(trans-disciplinary theory) 혹은 철학이다. 우리가 이 책에서 이를 사용하는 것은 통합적인 틀로 사용하기 위해서다. 심리 치료에서의 통합 접근은 임상가가 치료 결과의 극대화 목적을 위해 가능한 많은 양의 내담자와 치료 방법에 대한 자료를 정리할 수 있도록 한다. 통합 모형은 다른 형태의 지식과 경험을 한데 모으기 위한 철학 모형(Wilber, 1995)에서 출발하였다. Wilber는 모든 분야 또는 관점이 부분적인 진실만을 가지고 있으므로 누가 '그 진실'을 가지고 있는지에 대해 서로 다른 학파들이 말다툼하는 것보다 부분적인 진실들을 통합하는 모형이 필요하다고 주장하였다. 통합 틀의 정신은 모두가 어떤 것에 대해 옳지만, 모든 것에 대해 옳은 사람은 없다는 것이다. 분명히 그 어느 것에 대해서도 옳지 않은 사람들이 존재할 수 있지만(예 : 작고한 심령술사 Sylvia Browne) 공통점을 찾으려 노력하는 것이 담론을 세우는 데 도움이 된다. 통합 모형은 다섯 가지 기초 요소들을 가진다 ─ 사분획 혹은 관점, 발달 선, 발달 단계, 의식의 상태, 그리고 심리 유형(때로는 심리 형태로 언급됨). 이 장에서 우리는 모형의 다섯 가지 측면들을 간단히 요약하고 우리가 어떻게 이 모형을 이 장과 이후에 사용할 것인지에 대해 논의하겠다. 덧붙여서, 정신병리 분야에서 거의 사용되지 않는 개념인 영성에 대해 소개할 것이다.

사분획 혹은 관점

지금 이 책을 읽고 있는 여러분은 적어도 다음과 같이 부를 수 있는 네 측면을 가지고 있다. (1)

	내부(내면)	외부(외현)
개인	심리적	의학적
집단	문화적	사회적

그림 1.1 통합 모형에서의 사분획

주관적인 심리 경험, (2) 행동과 생리 기능, (3) 다른 이들(가족/문화)과 공유하는 믿음, (4) 영향을 주고받는 사회 제도. 여러분에 대한 이러한 관점들 혹은 측면들은 〈그림 1.1〉에 사분획 혹은 관점들로 표현되어 있다.

좌상 분획 : 내부(좌)–개인(상)

개인의 '내부(interior)' 혹은 '내면(inside)'이란 무엇일까? 이는 우리 모두가 지각력이 있는 존재로서 가질 수 있는 현상학적 경험이라고 주로 간주된다. 이는 우리가 앞서 주관적인 심리 경험이라고 언급한 것이다. 예를 들어 여러분은 책을 읽는 동안에도 생각, 감각뿐만 아니라 몸의 감각까지 알아차릴 수 있을 것이다. 어쩌면 여러분은 속으로 독백을 하고 있을 수도 있고, 마음속에서는 음악을 듣고 있을 수도 있다. 간단히 말해서, 개인의 내부 관점이란 개인의 인식 경험이며 개인의 인식 영역에 올라오는 것들이다. 이는 대부분의 상담사와 정신건강 전문가들이 그들의 상담 시간 중에 집중하는 것이다. "오늘은 어떤 느낌이셨어요? 오늘 마음속에 무슨 일이 있었나요? 지금 당신이 인식하고 있는 것은 무엇인가요?" 이 모든 질문들은 내담자 내면의 개인 경험에 대해 묻는 것이다. 진단 편람의 관점에서, **심리역동 진단 편람**은 특정 증상으로 고통받는 내담자의 주관적 경험을 강조하기 위한 'S'축을 포함한다. 예를 들어, 우울증에서 'S'축은 2개의 일반적인 감정 방향[의존(anaclitic)과 내사(introjective), 둘 다 제3장에서 다루었다]과 관련된 우울 '형태들'을 묘사한다.

개인 내면의 경험은 보통 언어에서 일인칭 '나(I)'로 표현된다. 우리는 "나는 오늘 약간 불안했어요." 혹은 "나는 어떤 노래를 머릿속에서 지울 수가 없어요."와 같이 말한다. 종종 상담 중엔 내담자들이 자신의 일인칭 의식을 이인칭 혹은 삼인칭으로 구사하기도 한다. 어떤 내담자는 상담자에게 "선생님은 그것이 어떻게 불안한지 알지요. 선생님은 신경과민이 되고 그냥 **집중할 수 없어요**."라고 이야기할 수 있다. 이는 내담자가 그의 일인칭 경험을 버리거나 부정하는 것일 수 있다. 이때 대부분의 상담자들은 내담자가 불안에 대해 이야기할 때 '선생님(you)' 대신 '나'를 사용하도록 교정한다. 이 책 전반에 걸쳐 우리는 이 주관적, 내부적 관점을 심리 관점에서 언급할 것이다.

개인 내부 관점에서 바라볼 수 있는 현상학적 경험을 묘사하는 또 다른 방식으로 감각질(qualia)이란 용어가 있는데, 이 장에서 앞서 언급한 바 있다. 감각질이란 단어는 라틴어에서 유래했으며 그 뜻은 '어떤 종류(what kind, what sort)'이다. 감각질의 현대적 정의는 정신상태가 질적으로 '그것이 어떠한지'를 말한다. '메리 문제'를 앞서 요약 설명했던 것에서, 우리는 메리가 색상을 보는 '그것이 어떠한지' 즉 색각의 감각질을 제외하고 색각에 대해 모든 것을 안다고 이야기했었다. 이는 내담자와 상담자들은 보통 내담자의 심리적 상태 혹은 심리적 일상이 '어떤 느낌인지'에 집중하기 때문에 상담에 있어 중요한 부분이다. DSM의 앞부분에서 언급했듯이, 임상가가 아닌 많은 연구자들은 그들 스스로가 아니라 제삼자의 관점에 의해서만 연구하기 때문에 심리 증상 측면들을 간과한다. 그들은 내담자들에게 우울함이 어떤 느낌인지 잡아내지 못한다. 따라서 감각질은 우리가 느끼는 의식의 영역에서 일어나는 무한한 종류의 것들이다. 정의상 감각질은 외부에서 관찰될 수 없는 것이다. 오히려 이는 내담자에 의해 보고되어야만 하는 것이다. 우리로서는 여러분이 제공하지 않는 이상 내면의 경험이 무엇인지 '알 수' 없으며 여러분이 공유한 것만을 이해할 수 있다. 이런 의미에서 감각질은 해석학적 특질을 지니고 있다. 즉, 그것들은 해석과 공유된 이해를 필요로 한다.

감각질은 정신/뇌 문제의 기본 차원 중 하나인데 왜냐하면 어떻게 뇌의 전기화학 작용으로 감각질이 되는지 아무도 설명한 적이 없기 때문이다. 이는 철학자 David Chalmers(1995)가 의식의 "어려운 문제"—우리가 어떻게 그리고 왜 우리가 의식의 질적, 주관적 경험을 하는지—라고 표현한 것이다. 이와 반대로 David Chalmers가 의식의 "쉬운 문제"라고 표현한 것이 있다. 이는 대부분의 뇌과학자들 스스로가 인정하는 것으로 이것에는 뇌의 특정 기전이 어떻게 관심을 집중하고, 정보를 통합하며, 걷기 등의 의도적인 동작 제어 및 특수한 기능을 담당하는지의 설명이 포함된다.

쉬운 문제는 인지 능력과 기능에 대한 설명에 관심을 두고 있기 때문에 말 그대로 쉽다. 인지 기능을 설명하기 위해서는 오직 그 기능을 수행할 수 있는 기전을 지정하기만 하면 된다. 인지 과학의 방법들은 이런 종류의 설명과 의식의 쉬운 문제들에 잘 어울린다. 대조적으로, 어려운 문제란 기능의 작동에 대한 문제가 아니기 때문에 말 그대로 어렵다. 그 문제는 모든 관련 기능들이 설명되더라도 지속될 것이다(Chalmers, 1995, p. 201).

하버드대의 심리학자 Steven Pinker(2009/1997)는 그의 획기적인 저서 정신은 어떻게 작동하는

가의 새로운 서문에서 그의 저서에 대한 몇몇 독자들의 오해에 대해 서술한 바 있다.

> 오해의 소지는 의식 현상에 의해 나타나는 명백한 두 가지 문제점을 학자들이 구별하지 못한 점에서 온다. David Chilmers는 그것들을 '어려운 문제'와 '쉬운 문제'라고 불렀다. 나는 그것들을 각각 '직관(sentience)'과 '접근(access)'이라고 부르겠다. 예외 없이, 지난 십 년간 어려운 문제(직관)를 조명하려는 시도의 이론들과 연구들은 사실 쉬운 문제(접근)를 조명한 것이다. 그리고 필자가 가장 흥미로운 과학적 교훈으로 간주하는 직관의 신비(mystery of sentience)라는 부분을 많은 독자들은 간과한다. 신비의 느낌은 그 자체로 심리 현상이며, 인간 정신 작업에 대한 중요한 점을 드러내는 것이다(p. xi).

감각질의 변화들은 어쩌면 항우울제와 같은 약품의 복용과 상호관련이 있지만 이는 또한 운동, 음악 청취, 성 활동, 아이들과 놀기 혹은 자연에서 시간 보내기와 관련 있다는 것을 안다. 이 페이지를 읽는 동안 자신의 의식적인 경험을 거부하는 독자가 있을 것이라고 생각한다. 그런 여러분이 현재 경험하는 것은 단지 여러분의 신경계 내에서 일어나는 전기화학적 작용의 결과라는 그 아이디어를 진지하게 심사숙고할 것을 우리는 요구한다. 정확하다고 느껴지는가? 만약 정확하다고 느껴진다면 여러분이 겪는 주관적인 느낌들은 어떻게 설명할 것인가? 여러분이 그 가정을 믿거나 믿지 않는 정도는 여러분이 정신/뇌 문제에 대한 물질주의자 혹은 이중-물질 입장을 신뢰하는 정도 차이라고 할 수 있다.

명백하게, 우리가 타인의 감각질에 대한 정보를 얻는 방법은 그 사람의 반응을 왜곡할 수 있다. 많은 역학조사들은 그 조사에 응하는 사람의 유형에 따라 편향될 수 있다. 보다 증상에 몰두하거나 증상에 따른 이차 이득(secondary gains)을 경험한 사람들은 어쩌면 더욱 증상을 파악하는 문항지에 더 많이 표시하고 치중한다. 이러한 편향은 여러 연구 방법론상에서 피해야 할 유형이지만, 이를 피하는 일은 거의 불가능하다.

우상 분획 : 외부(우)-개인(상)

개인의 '외부(exterior)' 혹은 '외현(outside)'이란 무엇일까? 단순하게 보면 이는 외부에서 관찰 혹은 평가되는 것 그리고 물리적 특성이라고 할 수 있다. 예를 들어, 여러분이 이 책을 읽는 동안에도 여러 행동들과 관련된다. 여러분은 앉거나 책을 잡는 방법을 통해 특정 근육들을 단련한다. 여러분의 뇌세포들은 해마 주변 지역에서 발화(firing)되며, 책의 정보들은 여러분의 단기 기억에서 장기 기억으로 이동한다. 이 분획의 관점에서 보면 우리는 행동과 물리적 작용들을 볼 수 있다. 분명하게도 이러한 물리적 동작들 중의 일부는 어쩌면 (뇌의 전기화학 작용들과 같은) 개인의 신체 '내부'에서 이루어지는 것일 수 있지만, 어떤 의미에서 우리는 그것들의 존재를 뇌 영상 장비들과 같은 기술적 장비로 측정해 감지할 수 있다.

물론, 이것이 우리가 언제나 그것들을 정확하게 측정할 수 있음을 의미하는 것은 아니다. 그 누구도 신경전달물질인 세로토닌이 뇌 속에 존재한다는 것을 부정할 수는 없을 것이다. 그러나 우리에게는 무엇이 '정상적인' 세로토닌의 양인지에 대한 기초가 없으므로 우리는 세로토닌의 양이 균형인지 불균형인지에 대해 정확히 말할 수 없다. 모두는 아니지만 일부(대략 50%) 우울증 내담자들이 세로토닌이 함유된 약물을 투여했을 때 4~6주 후 우울을 덜 느낀다고 보고된다. 이는 우리가 세로토닌 포함 약물을 사람에게 줌으로써 화학적으로 개입할 수 있음을 의미하지만, 화학물질인 세로토닌 부족이 우울증을 유발한다고 이야기할 수는 없다.[8]

우상 분획에서 사용하는 언어는 보통 삼인칭이며 특히 '그것'을 사용한다. 이 관점의 아이디어는 한 사람이 내담자와 결부된, 과학적인 객관성인 '객관적인' 요소들로 이는 행동, 혈압, 세로토닌 대사 등 그 무엇이든 '그것'의 질적 상태가 관심의 대상이다. 가끔 내담자들은 그들 스스로를 '그것'이라고 언급하기도 한다. 이는 그 내담자가 자기 자신의 측면 중 일부를 불편하게 여겨 '다른 것'으로 만들고자 하는 증거가 될 수 있다. 예를 들어, 유명 영화인 〈글로리아〉에서, 글로리아가 칼 로저스와 함께 있을 때 그녀는 자기 신체를 제삼자로 언급하며, 그가 사랑에 빠졌을 때에 남자와 사랑을 나누고 싶지만 몸이("그것이") 원치 않는다고 이야기한다.

우리는 이 관점을 의학적 모형 관점이라고 이름 붙일 것이다. 이미 언급하였듯이 현재의 대증요법 의료 모형은 객관적, 생리적 변수들을 시험하고 이들과 증상과의 관계를 이해하는 것에 목적이 있기 때문이다. 우리는 이 이해를 확장하여 행동 관찰로 인간의 심리 생활을 이해하는 행동학적 관점까지 포함시킨다. 엄격한 행동치료는 50년 전보다는 덜 흔하지만 행동요법들은 인식-행동 이론들과 요법들의 스펙트럼에 속하며 매우 효과적인 편이다. 비록 DSM이 '비병인론(a-etiological)'이라고 지적받지만, DSM의 방향성은 이 분획의 관점에 가장 가깝다(Douthit & Marquis, 2006). DSM의 많은 증상 조합은 이 분획의 관점을 잘 묘사하는 행동 혹은 심리 증상들을 포함한다. 예를 들어 주요우울 증상에서, 주요우울 삽화 기준 아래에 서술되어 있는 9개 중 3개의 증상들은 심각한 체중 감소나 체중 증가, 불면증 혹은 과다수면, 그리고 정신운동 지체 혹은 초조와 같은 생리적인 증상을 포함한다.

정신병리에 따라, 의료 모형 관점은 중추신경계와 다양한 증상들을 포함하는 심리 경험과 중추신경계와의 관계를 가장 관심에 두고 있다. 우리가 인간의 의식 경험이라고 부르는 것

---

8 만일 이러한 논쟁이 맞으면, 많은 사람들이 커피를 마신 후 에너지가 채워졌음을 느끼는 것은 피곤이 뇌에서 카페인 부족으로 인해 겪는 것이라고 해야 한다!

은 뇌의 발달과 활동에 강한 상호관계를 가지고 있음에 틀림없다. 그리고 이는 결국 두뇌 발달에서 등장함을 잘 설명해줄 수 있다(Churchland, 2002). 예를 들어, 두뇌 피질의 세 번째 층에 있는 신경에서는 2세 초기에 발달의 파열(burst)이 일어난다. 이러한 신경들은 뇌량(corpus callosum)으로 발달하고 신경회로들은 뇌의 두 반구로 연결된다. 발달과 동시에 대부분의 아이들이 처음으로 말을 시작하고, 도덕 감각과 자의식이 발현된다(Kagan, 1981). 이러한 심리, 생물 사건들은 명백히 관계성을 가지지만, 한 가지가 다른 것에 어떻게 '영향'을 미치는지에 대한 질문이 남는다. 우리가 연결시키고자 하는 정신과 모든 것들, 자의식과 도덕 같은 것들이 단지 두뇌 그 이상이 아닌 걸까? 관계란 무엇일까? 몇몇 신경과학자들은 도덕성과 같은 것들이 결국에는 두뇌 이상이 아니라는 것을 설득력 있게 만든다(Harris, 2010). 철학적 전통을 따르는 다른 이들은 우리가 이 모든 것이 벌어지고 있다고 포함할 수 있는 범위에 대한 의문을 제기한다(Combs, 2009).

이와 유사하게, 우리는 우리가 두뇌를 상상할 수 있음을 알 수 있고 (누군가가 자신이 중독된 약물에 대해 생각하는 것 같은) 정신의 작업과 특정 뇌 센터의 활성화(약물에 대해 생각하는 경우, 약물이 즐거움을 담당하는 뇌 부분을 활성화시킨다)를 시각화할 수 있다. 그럼에도 불구하고 '활성화'란, 무슨 일이 일어나는지를 보여주는 근사치에 불과하다. 뇌의 면적 중 20~50%의 신경은 억제 과정에 관여하고, 양전자방출단층촬영(PET scan)에서 그 뇌 부분이 '빛나지만' 우리는 여전히 '빛나는' 것이 흥분성 반응에 따른 것인지 혹은 억제성 반응에 따른 것인지 모른다. 유사하게, 뇌의 영역들은 어쩌면 다양한 이유로 '활성화'될지도 모른다. 편도(amygdalae, 복수형은 amygdala)는 뇌 속에서 일부 정서적 경험을 중재하는 변연계 구조를 띠고 있지만, 이들은 어쩌면 분노, 두려움 혹은 단순히 놀람에 의해 '활성화'될 수도 있다(Kagan, 2006). 정신/뇌 문제 논쟁에서 지적하였던 것과 같이, 우리는 무엇이 정신(mind)이고 뇌인지 혹은 아닌지에 대한 명확한 합의를 한 바가 없지만, 사실상 그들은 상호작용을 구성하지만 독특한 개체들이나 하나는 단지 다른 것에 대한 영향이다. 물론 이 모든 것이 잘못된 의문일 수도 있다.

좌하 분획 : 내부(좌)-집단(하)

집단의 내부란 무엇일까? 아마도 가장 명확한 예는 공통 문화유산의 구성에 대한 공통 믿음(shared beliefs)일 것이다. 문화(culture)라는 단어는 '기르다(cultivate)'라는 의미를 가진 라틴어에 그 뿌리를 두고 있지만 학문적인 분야들에서는 다양한 의미를 가진다. 이 경우에 공통 경험들, 믿음들, 가치들 그리고 또 다른 것에 기초한 공통 민족, 인종, 성적 지향, 사회경제수준, 능력/장애, 종교/구도의 길, 나이, 성과 성별로 구별할 수도 있는 세계관들로 언급할 수 있다. 상담, 심리학 그리고 사회복지 영역에서 효율적인 치료를 위한 문화적 동일시의 중요성 이해에 진전이 있었다. 예를 들어, 아프리카계 미국인이 억압의 역사를 갖고 있어서 백인들을 경계의 눈초리로 보게 되는 것을 우리는 알고 있다. 어떤 경우들에 이는 제도화된 인종주의로 이어지며, 이 예에서 아프리카계 미국인은 억압 역사 경험에 따른 불신으로 정신건강 서비스 이용률이 더 떨어진다(Suite, La Bril, Primm & Harrison-Ross, 2007).

집단 내부의 다른 측면으로 어떻게 집단이 공통의 언어를 공유하는지에 대한 이해가 있다. 공통 믿음이나 배경들은 공통 의미들로 이어지며, 이 경우 (글 혹은 말의 단어와 같은) 특정 글 혹은 말의 의미들이 그 집단에게 독특하고 특별한 정신적 의미를 촉발한다. 예를 들어, 우리가 'DSM'의 의미를 들었을 때 이 책을 읽은 대다수의 독자들은 미국정신의학회의 **정신 및 감정 질환의 진단 및 통계 편람**과 관련된 이미지를 떠올리거나 생각할 것이다. 이 경우 'DSM'이라는 글자는 대부분의 정신건강 전문가들에게 공통된 의미(실제 편람의 정신적 이미지)를 떠올리게 하는 역할을 맡는다. 카페에 있는 10명의 엔지니어링 전공자들이 'DSM'이라는 글자들을 마주할 때에도 같은 일이 일어날 수 있다(그들은 아마 'DSM 엔지니어링 협회'를 떠올리겠지만 말이다). 이 예에서, 'DSM'은 서로 다른 직업 분야의 학생들과 전문가들에게 특별한(그러나 다른) 의미들을 공유한다. 집단의 내부, 그것이 공통 믿음이나 의미들로 나타날 때, '우리'라는 집단 형태로 정체성이 나타나고 이 분획에서는 이 대명사를 사용한다(예 : "우리는 …을 믿습니다.", "우리는 …을 동의합니다.").

내담자가 어떤 문화를 동일시하는지 파악하는 것이 매우 중요하다. 예를 들어, 비방이 난무하는 집에서 자랐고 현재 이를 끝내기 위해 투쟁하는 내담자를 여러분이 만난다고 가정해보자. 이 사례에서 여러분은 비방이 난무하는 집에서 자라고 재정적 문제로 고군분투하는 사람들이 과연 우울증과 같은 정신 및 감정 질환에 노출될 위험이 높은지를 알고 싶을 것이다. 현재로서는 우울증에 대한 유전적 취약성이 빈곤한 환경과 결합될 때 우울증에 대한 위험이 매우 크게 증가한다고 여긴다(Kaufman et al., 2004). 그러므로 이 사례에서, 몇몇 공통된 의미의 집단에 속해 있는 것 또한 특정 질병의 발병 위험을 높인다고 할 수 있다.

다른 정신건강 분야의 수련 모형들은 그 분야 대다수를 위한 공통 의미를 사용할 수 있다. 예를 들어 미국심리학회는 심리학자들을 수련하는 Boulder 모형이라고 부르는 것과 관련이 있었다(Frank, 1984). 이 모형은 과학자-임상가에게 최적화되어, 심리학자들이 연구를 진행하고 그 연구 결과를 내담자에게 적용해볼 수 있게 된다. 몇몇 학자들이 지적하였듯이 대부분의 심리학자들은 주로 연구와 임상 모두에 관심이 있지만 모두에 관여하는 일은 적다(Norcross, Gallagher, & Prochaska, 1989; Snyder & Elliott, 2005). 그래서 대부분의 심리학자들이 Boulder 모형을 알지만 몇몇만이 그것을 사용한다. 상담사의 정체성 논쟁은 계속되어 결국 개인이 세상이라는 상담사에게 귀 기울이면서 공공 정신의 공통 의미를 일깨우게 된다. 이것이 '상담 20/20' 캠페인의 일환이며, 대부분의 일반 대중이 다양한 정신건강 수련 각각의 차이점들을 알지 못하는 것이 문제다. 많은 주에서 주 법률로 정하는 임상의 범위가 상담사, 사회복지사, 심리학자 모두 같아서 이 차이 구분은 보다 어렵다.

공통 믿음은 또한 문화적/사회적 교류로 기능할 수 있고, 이것이 언제나 긍정적인 결말로 이어지는 것은 아니다. 정신 및 감정 질환이 화학적 불균형에 '의한 것'이라고 전술했던 믿음은 일반인들에게 잘못 전달되어 그들은 종종 최적의 치료 방법이 항우울제라고 믿기도 한다 (Howowitz & Wakefield, 2007; Ingersoll & Rak, 2006). 이와 유사하게, 많은 미국인들이 '자연'치료가 더욱 안전하다고 믿기 때문에 약용식물들(herb)이 대증요법 약품보다 낫다고 생각한다. 이 믿음 때문에, 그들은 많은 약용식물들이 잘못된 복용으로 치명적일 수 있다는 사실을 간과한다(Astin, 1998).

임상가들이 다루게 되는 공통 믿음의 흔한 다른 측면들은 내담자들의 현가족 혹은 원가족에 의한 공통 믿음이다. 두 아이 중 둘째가 우울증을 겪고 있는 가족의 치료 시간을 생각해보라. 우울증에 걸린 둘째는 13세이고 첫째는 19세이다. 부모는 맞벌이 부부이고 경쟁적인 가치관, 물질적 성공 그리고 긍정적 사고에 초점을 맞춘 '새로운 사고'를 가진 사람들이다. 첫째는 대학교에서 마케팅을 전공하고 있으며 둘째는 학업을 간신히 이수하였다. 가족 면접에서, 여러분이 처음으로 알아차려야 할 부분은 우울한 아이는 말수가 매우 적다는 점이다. 부모는 의기소침해질 때 어떻게 "긍정에 집중"하고 "신발끈을 조이는, 즉 자기 자원을 활용하는 법"에 대해 이야기하고, 첫째는 이것이 우울증을 대하는 가장 좋은 방법이라고 이야기한다. 오래지 않아, 여러분은 둘째가 공유하지 않는 세계관을 첫째와 부모가 공유하고 있음을 알아차리게 된다. 둘째는 개인치료 시간에 "제가 가족들 말에 끼어들어야 하나요? 어차피 가족들은 삶의 의미에 대해 확고한데요."라고 이야기한다. 이는 가족 중 한 사람이 경쟁과 성공에 대한 가족의 공통 믿음을 공유하지 않는 사례이다. 이 요인은 그의 우울증에 따른 화학적 불균형만큼이나 강력한 역할을 했을 것이다.

진단 편람에서, DSM의 지난 판형(DSM-5 이전의 판형)은 임상가들에게 축 VI 심리-사회적 스트레스가 내담자의 진단에 있어 중요할 수 있으며 가족의 긴장이 종종 요인이 된다고 서술하고 있다. DC:0-3R 편람 저서의 책임을 맡은 0-3 위원회는 정신질환에 대한 가족력, 가족 구조와 가능한 도움과 가족 문화에 대한 정보를 모아서 만든 가족 축(축 VI)을 제안한 바 있다. 특히 아동과 작업할 때에는 아동의 인생 맥락을 구성하는 가족에 대한 정보 없이는 효과적인 치료가 불가능하다. 위원회는 여기 서술한 것처럼 가족 축을 안내한다. 이러한 것들은 DSM-5에서 부호로 적을 수는 있으나 이러한 논점들을 위한 축은 이제 제외되고 없다.

우하 분획 : 외부(우)-집단(하)

집단의 외부는 이해하기가 약간 더 쉽다. 여기에는 외현적으로 평가되거나 관찰할 수 있는 모든 것들이 포함된다. 질문의 대상이 되는 집단에는 (앞에서 본 예에서처럼) 가족, (대학교와 같은) 사회 제도 혹은 (도심, 부도심, 지방 등 누군가가 어디에 사는지가 작용하는 사회경제수준과 같은) 사회 역학이다. 우하 분획은 사회학적 관점을 나타낸다. 앞서 이야기했던 가족의 예에서 가족의 실제 구조는 (체계 분석으로) 이 관점에서 볼 때 개인이 행동을 함께 하는 방식이다. 통합 진단에 대한 다음 부분에서 볼 수 있듯이 여기에는 2개의 하부 분획이 중첩된다. 예를 들어, 로마 가톨릭교에 깊게 관여하는 가족이 있다. 로마 가톨릭 교회 제도는 행동 교리(우하 분획)와 가톨릭 신자가 되는 것이 무슨 의미인지에 대한 공통 신념과 가치(좌하 분획)와 같은 가늠할 수 있는 양측 구조를 모두 제공한다.

전에 제시한 가족 예에서, 부모와 형은 기독교 방식의 '신사고(new thought)'를 강조하는 교파 교회에 출석한다. 우울증에 걸린 13세 소년은 이것이 옳지 않다고 느꼈고 최근에는 출석하지 않기로 결정했다. 이 가족 구조에서, 어느 정도 (가족 4명 중 3명이 공유하고 있는) 공통 믿음이 근거가 된다. 따라서 여기에서 가족의 '외부'는 '내부'에서 일어나는 일이나 공통 믿음 영역에 대한 거울 역할을 한다. 언급했던 바와 같이, 두 하부 분획과 그것이 가족에 대해 시사하는 바는 학교의 상담사와 심리학자들이 아동의 정신 및 감정 증상들을 이해하는 데에 결정적이다. 이것이 매우 중요한 또 하나의 이유는, 성인을 중심으로 명명된 DSM 증상들이 소아에서는 잘 일치하지 않는다(House, 1999, 2002)는 점이다.

사회적인 관점은 또한 (통합 진단에서 서술하겠지만) 사회 제도들과 관련된 내담자의 삶에서 잠재적인 '쟁점들(hotspots)' 목록으로 사용된다. 예를 들어, 집행유예로 가석방된 내담자들은 그 배경이 증상에 영향을 미치며 스트레스를 더할 수 있다. 유사하게, 재정이 충분치 않은 내담자라는 말의 뜻은 경제 여건이 보다 나았다면 어려움을 겪지 않았을 수도 있는데 실업으로 정신 및 감정 질환에 취약하다는 것이다.

발달 선과 발달 수준

통합 모형의 두 번째 주요소는 발달 역동을 포함한다. 학교 상담사는 (다른 정신건강 전문가만큼) 5세에서 18세 사이의 아동을 돕는데, 이 시기 아동의 정신 및 감정 질환에 관해 참고할 정신병리학 도서는 매우 적다. 게다가, DSM은 거의 (뇌발달장애를 제외하고는) 성인들에 대해서만 서술하고 있다. 하지만 아동과 청소년들도 학업 성취와 학업 스트레스로 정신 및 감정 문제를 겪고 이로 인한 고통 혹은 손상을 받고 있다(Skovagaard, Houmann, Landorph, & Christiansen, 2003). 이는 이 책이 DC-03을 포함한 다른 진단 편람의 동반자여야 하는 이유이기도 하다. 통합 이론은 발달 단계(수준이라고 부르기도 함)와 발달 '선' 모두를 명료하게 하고자 시도한다. 사분획으로 나타나는 네 관점들 외에도 개개인들의 다양한 발달 선(혹은 다른 측면들)을 나타낸다. 독자들은 지금 인지 발달과 상호관련 있는 지적 능력의 지각을 가지고 있을 것이다. 더불어 여러분이 성장함에 따라 변화해온 자기감[흔히 '자아(ego)'라고 부른다]도 알고 있다. 여러분은 도덕적, 생리적 혹은 예술적인 것만큼이나 감정 혹은 심리 같은 다른 가능한 발달 선을 생각할 것이다.

우리가 얼마나 많은 구별 가능한 발달 선이 존재하는지 정확하게 알 수 없긴 하지만, 우리가 경험적으로 인정하는 발달 선들은 대부분의 개개인이 서로 동일한 간격으로 발달하지 않는 것으로 보인다. 이는 단순히 대부분의 사람들에게서는 몇몇 발달 선이 다른 이들보다 더욱 발달함을 의미한다. 발달 선은 여러분 존재의 한 측면이며, 이는 예측 가능한 순서로 전개되는 것이다. 우리는 순서의 다양한 국면들을 단계 혹은 수준이라고 부른다. 이는 심리학이라는 학문에서 어려운 주제이다. 왜냐하면 단계 이론의 가설을 지지하는 데에는 엄격한 근거가 필요하기 때문이다. 발달 선과 관련해 소위 '대중심리학(pop-psychology)'이라고 부르는 이론들이 존재하지만 이들 대부분을 지지해줄 연구가 적거나 아예 존재하지 않는다. 그들은 엄격한 근거를 가진 몇몇 단계 이론이 존재한다고 주장한다 — 이것들은 인지 발달, 도덕성 발달, 그리고 자아 혹은 '자기'의 발달과 같이 임상적으로 도움이 되는 것들이다.

대부분의 임상가들은 내담자들의 인지 발달에 대한 그들의 평가를 따른다. 일반적인 Piaget 용어를 떠올려본다면, 성인 내담자가 구체적 조작 사고를 하는지, 형식적 혹은 비형식적 조작 사고를 하는지를 아는 것은 중요하다. 내담자의 인지 능력 수준은 그 내담자를 담당할 임상가가 취해야 할 방법을 제시하기 때문이다. 예를 들어, 필자(Ingersoll)는 감옥에서 중도적(half-way) 그룹 홈으로 이송된 사람과 상담을 했었다. 평가 중에는 카우프먼 간이 지능검사(Kaufman Brief Intelligence Test 2, KBIT-2)를 사용한 인지 평가가 있다. 내담자의 검사 점수를 검토하기에 앞서, 나는 그가 그룹 홈에서의 첫날에 해야만 했었던 일들에 대하여 그와 이야기를 나누었다. 그는 한 번의 여행으로 두 가지를 달성했음을 이야기했다. 내가 "일석이조, 하나의 돌로 두 마리 새를 잡으셨네요?"라고 했을 때 그의 답은 "제기랄, 새가 여기서 왜 튀어나와?"였다. 그 내담자의 인지 능력은 우리가 다소간 '구체적(concrete)'이라고 표현하는 범위이다. 그래서 은유, 풍자 그리고 다른 형식적 조작 언어는 그의 치료에 유용하지 않았다. (인지 발달에서 concrete는 관례상 '구체적'이라고 번역하지만, 인지 수준을 의미하는 면에서는 '고지식한'이라고 번역하는 것이 더 어울린다. – 역자 주)

단순히 말하자면 내담자의 인지 수준은 곧 내담자가 무엇을 이해할 수 있는가이다. 내담자가 이해할 수 있는 영역 안이라는 것은 그가 식별할 수 있는 것을 의미한다. 이것들은 우리가 자기 혹은 자아 발달의 기준으로 삼을 수 있다. 한 사람의 자아 발달 수준은 한 사람의 인지 발달 수준에 달린 것이다. 인지는 한 사람의 자아 발달이 얼마나 진행되었는지의 '가늠자(pacer)'로 생각될 수 있다. 우리가 발견한 것은 인간은 인습적 혹은 후인습적 자아 수준 모두에서 건강할 수 있으며, 그러므로 성장은 인습적 자기감 이상일 필요가 없다는 것이다. 자아(혹은 자기) 발달은 Jane Loevinger에 의해 1950년대부터 1990년대 사이에 개척되었으며(예 : Loevinger, 1998), 오늘날에는 Susann Cook-Greuter(2000)에 의해 연구가 지속되고 있다. 이 이론에서 자아란 '자기 인생에 대해 스스로에게 하는 이야기'이다. 적절한 자아의 구성에는 3개의 상호관련 요소들이 존재한다. 조작(operative) 요소에는 성인이 인생의 목적으로 보는 것은 무엇인가, 그들이 수행하기 위해 필요로 하는 것은 무엇인가, 그리고 그들이 앞으로 나아갔을 때 그 끝은 무엇인가를 포함한다. 감정 혹은 정동 요소에는 인간이 감정과 그 세계 안에서 존재하는 것으로서의 경험을 어떻게 대처하는지가 포함된다. 마지막으로 인지(cognitive) 요소는 한 사람이 그 자신과 세계를 어떻게 생각하는지를 나타낸다(Cook-Greuter, 2003).

자아 정체성의 9단계는 전인습(preconventional)에서 인습(conventional), 후인습(postconventional)까지를 포함한다. Kohlberg의 도덕성 발달 이론과 유사하게, 전인습적 자아 정체성은 그 사람이 사회 제도를 정말 잘 모르거나 그에 따르려는 의지가 없음을 의미한다. 그러한 결과로 우리는 이러한 사람들 다수를 형사 사법체계하에서 볼 수 있다. 인습적 자아 정체성은 개인이 자기가 속한 어떤 사회에서든 그곳의 인습을 이해하고 그것에 따르고자 하는 의지가 있음을 의미한다. 마지막으로, 후인습적 자아 정체성을 가진 사람들은 사회 인습은 알지만 엄격하고 보편적으로 받아들여지는 규칙과 대조적으로, 그들 스스로의 가치와 맥락에 따라 결정을 내린다. 우리는 자아 발달과 정신건강이 연관된 연구에 대해 살펴보기 시작했다. 예를 들어, 후기(later) 자아 정체성은 심리사회 적응과 관련이 있다는 약간의 증거가 있다(Lindfors et al., 2007).

발달적 정신병리라는 표현은 1974년 Thomas Achenbach에 의해 처음 사용되었다. 더욱 최근에는, DSM의 범주적 접근 방법들이 연령대, 성별 혹은 문화권을 아울러 보편화될 수 없음을 Achenbach(2009)가 지적한 바 있다. 그는 제2장에서 살펴볼 차원 접근(dimensional approach) 진단에 대한 대변인 중 하나이다. 일반적으로, 지난 10년간 정신병리에서 발달 관련 문헌 수가 극적으로 증가하였다. 우리는 더 심한 질환들이 발달 선들에서 빈번하게 진행의 손상을 보인다는 증거를 모으기 시작했다. 심각한 정신 및 감정 질환들이 사람의 인지와 관점 수용 능력(perspective-taking ability)을 손상시킨다는 강력한 증거가 있다(Langdon, Coltheart, & Ward, 2006; Langdon, Coltheart, Ward, & Stanley, 2001; Schiffman et al., 2004). 만약 앞서 언급한 인지와 자아 혹은 자기와의 관련성이 정확하다면, 우리는 인지 발달과 관련 있는 질환/증상들을 예측할 수 있으며 이는 자아 혹은 자기 발달에도 간섭을 일으킬 것이다.

DSM-5에서 발달 고려사항의 실질적인 언급은 편람과 장을 정리해 질병과 증상들을 연대순으로 나타낸 반쪽 요약뿐이다. 즉, 영유아기 혹은 아동기에 시작되는 질병들(예 : 신경발달장애)이 먼저 적혀 있고 생애 후반기에 나타나는 질병들(예 : 신경인지장애)은 나중에 적혀 있다.

의식 상태

사분획에 나타난 네 관점과 방금 이야기한 발달 역동과 더불어, 통합 모형은 의식 상태 역시 강조한다. 정신 및 감정 질환에 대한 이해가 진행될수록, 의식 상태는 증상의 일부로 관련 있을 수 있으며, 마찬가지로 '치료(cure)'의 일부일 수 있음을 알게 된다. 우울증 사례로 돌아가 우울 상태를 살펴보자. 많은 내담자들에게, 이는 압도적인 비활성(overwhelming ennui)이다 — 부정적인 생각과 감정을 더욱 심하게 만드는 깊이 뿌리내린 슬픔이다. 만성, 장기간, 하위 우울(기분부전장애라고 한다)을 제외하고 우울은 일시적인 상태이다. 무기력하게 될 수는 있지만, 상태(state)라는 게 그렇듯, 이 역시 일시적이다. 치료의 목적은 각각의 내담자들에게 증상들의 심각성과 빈도를 감소시킬 수 있는 알맞은 방법을 찾는 것이다. 이를 수행하는 방법은 내담자마다 다르지만 중요한 점은 치료법은 약물, 이야기 치료의 형태, 체조와 식이요법, 명상까지도 포함한다는 것이다.

우울증 치료 방법으로 사용되는 마음챙김(mindfulness) 명상은 비교적 새로운 것이지만 내담자에게 비화학적, 평범하지 않은(nonordinary) 의식 상태를 가르쳐줌으로써 어떻게 우울한 상태가 일부분 치료될 수 있는지 훌륭한 예를 제공하고 있다. 이 경우에, 비범한 상태는 현재에 주의를 집중하고 생각은 우리가 몸담고 있는 현실이라기보다 지나가는 정신적 사건으로 보도록 노력하는 것이다. "마음챙김은 목적에 주의를 집중시킴으로써 현재에, 그리고 그것들 자체로 편협한 판단을 하지 않는 것"이며 마음챙김 치료에서 자기 생각, 감정, 신체 감각을 보는 법을 배울 수 있다(Williams, Teasdale, Zindel, & Labat-Zinn, 2007, p. 31). 우리는 몇몇 내담자들에게 이는 강둑에 앉아 있는 것과 같다고 말해왔다. 그 강이란 여러분의 의식이고 그곳에 떠 있는 것들(나뭇잎들, 나뭇가지들 등)은 여러분의 의식에 떠오르는 것들에 가깝다. 여러분의 의식 분야에 떠오르는 것이 무엇인지를 한번 알아두면, 우울한 생각들과 새로이 떠오른 우울한 생각들을 목격한 여러분 사이에 심리적 거리를 생성할 수 있게 된다. 이렇게 함으로써 여러분은 여러분 자신이 생각과 감정이 아님을 배우게 된다. 몇몇 사례들에서 이 치료법은 부정적인 생각이 우울의 기전으로 사용되는 것을 방지하는 것으로 보인다 — 다른 사례들에서, 사람들은 여전히 부정적인 생각을 가지고 있었지만 그것들로 인해 불편을 겪거나 방해를 받지 않는다고 보고하였다. 그들이 자기 생각들과 동일시하지 않는 의식 상태("나는 나의 생각을 볼 수 있다. 그러므로 나는 나의 생각이 아니다.")에 들어가도록 그들 자신을 훈련함으로써, 내담자들은 그들의 생각, 감정 그리고 그들이 그것들의 희생양이 아니라는 것과 같이 그들이 경험하는 다른 측면들과의 관계를 바꿀 수 있는 가능성을 얻는다. 오히려, 특정한 생각과 감정을 중지할 수 없음에도 불구하고 자유로운 기분을 발달시킬 수 있다. 단 몇 분만이라도 우울함에서 벗어날 수 있다면, 이는 내담자들이 그들의 생각이 정말 자신이 아니며 그러므로 우울을 동반한 부정적인 생각에 압도당하는 것을 어느 정도 통제할 수 있다는 증거가 될 수 있다. 모든 형태의 치료들처럼, 이 방법은 모두가 아닌 일부 내담자에게 도움이 될 수 있다.

내담자의 생애 경험을 사분획의 네 관점에 따라 보고 이에 상응하는 발달 역동을 이해하는 것에 더하여, 통합 모형은 상응하는 의식 상태(증상 관련 부분과 해소 관련 부분 모두)를 상기시킨다. 약물중독과 관련된 몇몇 질병들의 경우, 내담자들은 정신적 고통을 마비시켜 변경하고자 이를 사용하고 있을 수 있다. 이런 경우들에서, 임상가들은 일반적으로 내담자의 의학적, 심리적, 법적 위험이 있는 상태를 내담자에게 나은 상태로 바꾸어줄 필요가 있다. 이는 매기 사례에서와 같이 도전적일 수 있다. 매기는 공황으로 인한 숨 가쁨 때문에 빈번히 사용한 헤로인에 중독되었다. 헤로인 금단 증상으로 그의 문제는 배가되었으며 실제로 이것이 그로 하여금 스스로 헤로인을 사용하도록 만든 공황 발작을 일으켰다. 불법 물질을 그의 몸에 투약할 때마다 그는 자신을 바늘 공유로 인한 전염성 질병의 위험, 그리고 인신매매 불법 약물로 인한 법적 합병증의 위험에 처하게 만들었다. 분명하게도 매기 같은 사람에게는 그의 몸에서 헤로인을 없애기 위한 ('해독'으로 알려진) 의학 요법이 필요하다. 이에 따라, 그가 약물 없는 삶을 맞서기 시작하는 데 도움을 주기 위해 구조화되고 제한적인 치료 환경이 필요했다. 그러나 매기의 치료법 대부분은 그의 정신상태와 약에 취하지 않은 상태로 있는 동안 그것들이 어떻게 바뀌는지에 집중되어 있었다.

유형 혹은 성향

통합 모형의 마지막 요소는 우리가 유형 혹은 성향이라고 부르는 것이다 ─ 이것은 성격의 '속기(shorthand)' 단어이다. 통합 이론가들이 이 구조를 심리학적 유형학이라고 언급해왔지만, 우리는 이를 내담자 세계에서의 존재 성향이라고 본다. 왜냐하면 성격은 독특한 형태로 표출되는 작은 증거가 있기 때문이다(Ingersoll & Zeitler, 2010). 마이어-브릭스 성격유형검사(MBTI)에서 에니어그램(Enneagram)에 이르기까지, 유형학은 은유적으로만 사용할 수 있다. 즉 심리 특성에 유효한 검증이 안 되는 구조이다. 테오프라스토스(Theophrastus)가 아리스토텔레스의 리시움(Lyceum)에 취임했을 때부터(Sandys, 1909), 사람들은 성격을 '유형화'하고자 노력해왔지만 모든 노력들은 실패했다. 5-요소 모형(five-factor model)과 같은 요소 접근으로 돌아선 것은 이러한 실패 때문이다. 심리학자 Walter Mischel(1968)의 업적과 더불어 유형화에 대한 논쟁은 시작되었다. 그는 (유형학을 포함한) 모든 성격 평가에 대한 비평을 출판했고 인간 행동의 적은 분산 분포만 성격 검사로 감지된다는 결론을 내렸다. Mischel은 인간이 실험 심리학의 실험 대상들(예 : 쥐, 생쥐, 원숭이)에 비해 훨씬 복잡하다는 상식을 지적했으며 이 복잡함은 심리 평가가 잡아내지 못할 것이라고 지적했다. 이 비평은 심리학 커뮤니티 전체에 파문을 일으켰고 성격 이론과 심리 평가의 정통성에 의문을 남겼다.

주어진 상황들로 보아, 성격 이론들은 정신병리의 진단과 치료 방법으로 정말 유용하지 않다. 그러나 성격 성향이라는 개념은 사람이 어떻게 세상을 보는지와 어떤 심리적 방어기제를 사용하는지에 대한 약간의 통찰을 줄 수는 있다. 우리가 '병적 성격(disordered personality)'과 같은 것이 있다는 것에 회의적인 입장일지라도, 몇몇 사람들의 성격 성향이 그들의 고통을 더욱 심하게 함은 분명하다.[9] 우수한 성적으로 엔지니어링을 전공하였지만 덧없는 인간관계로 지속적인 고통을 받고 있는 26세의 제니스의 사례를 생각해보자. 제니스는 편모가정에서 자랐고 엄마의 남자친구 중 둘에게서 성적 학대를 받았다. 제니스는 아동의 감정을 발달시키는 안전한 환경을 경험한 적이 없다. 그 결과, 그는 관계에서 건강한 경계를 만드는 법을 배우지 못했고 자신과 타인의 감정을 조절하느라 고생했다. 치료에서, 필자(Ingersoll)는 제니스와 함께 관계를 탐색하는 그의 성향에 대해 이야기하였는데, 치료 동맹(therapeutic alliance)을 세우려는 나의 노력에 그가 동참하는 방식으로 하였고, 내가 그를 '끔찍하게(damning)' 여긴다고 생각하게 되는 방식으로 하지는 않았다. 불안증의 경우처럼, 우리는 내담자들이 특정 증상들을 어떤 '성향'으로 표현하는 것을 볼 수 있다. 불안증은 주로 신체 증상들(발한, 빠르게 뛰는 심장), 인지 증상들(폭주하거나 치명적인 생각들), 혹은 감정 증상들(불안을 만든 상황에서 달아나고 싶은 분노와 욕망)을 경험할 수 있다.

영성

정신병리 치료에서 드물게 등장하는 통합 모형의 다른 요소는 영성이다. 많은 대중적인 심리적 치료법들이 영성을 근거로 한다고 하지만, 정신병리와 같은 주제에 인간 경험의 측면을 주류 상담 및 심리치료와 통합하는 것은 이제 시작이다. 사실 최근으로부터 25년 전, 영성을 정신병리에 접목시킨 대부분의 문헌들이 영적인 기원이나 믿음 그 자체는 병리적이라고 하였다

---

9 심리역동 진단(McWilliams, 1994)은 언제나 내담자의 상호작용하는 두 가지 분야 즉, 방어 성향(강박관념에 사로잡힌, 의존하는, 정신분열 증상의, 편집증의), 성격 조직의 발달 수준(정신병, 경계선, 신경증 내담자 혹은 '정상') 모두를 고려한다. '정상'이라고 나타나는 것 혹은 가벼운 신경증이라는 본래의 성격 성향은 장애(dysfunctional)의 요건이 아니다. 그러나 이와 같은 성향들 중 어느 것이라도 경계성 혹은 성격 조직의 정신증 수준에 해당하는 질환을 구성할 수 있는데, 이는 성향 자체보다는 발달적인 심각도 수준에 따른다.

(Wulff, 1996). 한 사람의 영적인 삶과 관계되는 합법적인 문제들이 치유되는 지점으로 바뀐 것은, 적어도 최소한은, DSM에서이다. DSM-IV과 DSM-IV-TR의 'V' 부호에 '종교 혹은 영적인 문제'라는 목록이 올라갔다(Lukoff, Lu, & Turner, 1992). DSM-5의 V코드들은 ICD-10의 부호 'Z'와 병기되어 있다―DSM-5에는 '종교 혹은 영적인 문제'가 V62.89와 Z65.8 모두에 게재되어 있다.

심리학적 주제들에의 학문적인 접근으로 우리는 용어 '개념화(operationalize)'를 해야 한다. 개념화란 우리가 특정 구문을 사용할 때의 관찰 조건을 묘사하는 것을 의미한다―심리치료에서 이것은 보통 내담자들이 경험한 것과 관계가 있다. 예를 들어 불안증은 신체 증상, 미래에 대한 불안, 혹은 일련의 행동들(예 : 싱숭생숭함, 걱정스러워 보이는 것)로 특징지어질 수 있는 부정적인 기분 상태로 정의된다. 많은 불안증에 대한 연구들은 이들 중 한 가지만을 보거나 두세 가지의 조합만을 연구하며, 연구자들은 인간의 불안증은 측량하기 매우 어렵다는 점을 인정한다(Barlow & Durand, 2002). 영성에 대해서도 이와 같이 말할 수 있고, 아마도 심리 치료 상태와의 관련에 대한 가장 훌륭한 묘사는 솔직히 잘 모르겠다일 것이다(Miller, 1999; Wiggins-Frame, 2003).

영성은 심리학 저서에서 다양한 방법으로 개념화된다. 20세기 중반에서 후반에, 정신건강 전문가들은 영성이 의미하는 것이 무엇인지를 보편적으로 언급하기 시작했다. 여기에 그 예가 있다. 영성은 궁극적 혹은 깊은 자기 요구와 같은 것으로, 이를 접하면 개인은 의미와 목적으로 나아가고(Bollinger, 1969) 신과의 연합을 위한 여행(Magill & McGral, 1998)이 된다. 상담사 Mel Witmer(1989)는 영성을 힘에 대한 믿음 혹은 그 자신보다 큰 무엇이라고 표현했다. 정신과 의사 Gerald May(1988)는 영성은 알기 어려운 특성이며 역설적으로 어떤 영원한 것에 내재되어 있는 듯 보인다고 이야기했다. 상담사 Howard Clinebell(1992)은 영성을 궁극적으로 중요한 것이 무엇인지에 대한 의미 안에 사는 것, 희망 그리고 믿음이라고 묘사하였다.

이 모든 예들에서, 여러분은 종교와 종교성의 관계성이 부족함을 알게 되었을 것이다. William James(1902)는 그의 유명한 Gifford 강의에서 종교의 건강한 측면을 탐색하는 분위기를 조성했고, Gordon Allport(1950)는 그의 저서 개인과 그의 종교(The individual and His Religion)에서 이러한 방향을 따랐다. James에서 Allport에 이르는 심리학자들이 종교성(religiosity)이라는 구조를 창안했지만, 20세기 후반은 '영성'에 대한 더 많은 참고 자료가 만들어졌다. 심리학자 Carl Thoresen(2007)은 종교성과 영성을 떨어뜨리는 것의 복잡성을 설명하였다. 그는 다음과 같이 말했다.

두 개념들은 일부 측면 혹은 기능이 복잡하다. 그중 일부는 잠재되어 있으며, 그것은 직접적으로 보이지 않지만 추론 가능하다. …매우 중요한 개념들은 여전히 말로 하기 어렵고 그것들을 가장 잘 정의할 수 있는 완벽한 일치는 없다. …이 복잡성에는 어떻게 영성과 종교를 잘 묘사하고, 정의하고, 혹은 측정할지에 대한 분명한 합의가 없다. 두 개념들은 분명히 서로 관련되어 있으며 둘 다 무엇이 인생에서 신성한 것으로 인식되는지와 연결되어 있다(p. 5).

영성이 의미하는 바가 무엇인지를 더욱 명확하게 특정화하기 위한 노력으로 많은 연구자들―사회학자 David Moberg(1979)를 필두로― 이 묵시적 영적 건강 혹은 안녕을 구조에서 더욱 찾아보려는 노력을 시작했다. 여기에는 영적 안녕(well-being), 영적 안정(wellness), 영적 건강이 포함된다. 필자(Ingersoll, 1994)는 이 노력을 총망라했는데, 영성이 너무나도 많은 방법으로 묘사되었기 때문에, 영적 수행을 한 사람의 측정 가능한 측면들에 집중하는 것이 어쩌면 내담자들에게(그리고 임상가들에게) 건강한 영성이 무엇인지를 명확히 할 수 있을 것이다. 이러한 노력들은 더욱 간결하고 영성의 건강을 측정할 몇몇 측면들의 발달로 이끌어주었지만 내담자들이 자기 영성을 묘사하는 방식에서는 크게 다르다. 내담자들이 와서 "저는 영적 경험을 했는데 이는 Ellison(1983)의 실존적 안녕 하위척도에 가장 가깝습니다."라고 이야기할 가능성은 희박하다.

지난 10년에서 15년 사이, 노력의 2라운드가 영성과 종교성 모두를 더욱 분명하게 개념화할 수 있도록 만들었다. 영성과 종교 간의 차이는 계속되고 있으며, 심리학자 David Wulff(1996)는 다음과 같이 설명하였다.

종교적인 그리고 종교라는 단어들은 오늘날 어떤 긍정적인 내면의 자질과 자각을 표시하는 것에 실패한 것처럼 보이고, 이와 반대로 해로운 태도, 폭력 그리고 세부적인 사회 주제(agendas), 사람들의 다양한 삶의 발자취와 관련된 것이 증가한 편이며 이들이 *영적인* 그리고 *영성*이라는 단어를 대신 쓰도록 한다(p. 47).

심리학자 Scott Richards와 Allan Bergin(2000)은 다음과 같이 말했다.

…영적인 것에 따라 경험들, 믿음들 그리고 초월적인 그리고 존재론적인 삶의 측면들과 관련된 현상들은 … 인간과 더 높은 존재 사이의 초월적인 관계를 의미하며, 질적으로 특정 종교를 넘어서며, 이는 존경, 두려움 그리고 영감을 위한 노력(strives)이며, 무한함에 대한 해답을 준다(p. 13).

이 두 저자는 3년 후(Richards & Bergin, 2000), 이전 서술에서 서구의 편견이 있었음을 인정하고 서구와 동양의 세계관들의 차이에 대한 한 쪽 크기의 도표를 추가했다. Bruce Scotton (1996)은 영적인 것과 종교를 차별화하며 자신의 글에 다음과 같이 서술했다.

> 종교란 개인의 한계를 초월한 요소들을 포함한 특정 내용과 맥락 위주에 모이는 특정 집단의 신뢰 체계를 언급하는 것이다. 영성은 인간 영혼의 영역(realm)을 반영하며, 인간성의 일부가 신체 경험으로 제한되지 않는다. 자아 수준을 넘어선 모든 인간의 경험을 이야기하는 *자아 초월 경험*은 영적인 경험을 포함하지만 더 높은 수준의 내재된 인간의 경험을 포함하기도 한다(p. 4).

최근 들어, 몇몇 저자들은 한 장 전체를 이 문제에 할애할 정도로 **영성과 종교**와 같은 단어들을 정의 내리는 어려움에 집중했다(Aten & Leach, 2009; Sperry & Shafranske, 2005). 심리학자 Brian Zinnbauer, Kenneth Pargament, Allie Scott(1999)이 용어 개념을 분석한 후 영성과 종교성이 현대이론가들에 의해 3극성으로 나뉜다고 주장했다. 첫 번째는 조직화된 종교와 개인화된 영성 간의 극성화이다. 두 번째는 실질적인 종교와 대조되는 기능적인 영성이다. 세 번째는 부정적인 종교와 대조되는 긍정적인 영성이다. 저자들은 이러한 구조들을 통합하였고, 개념 정의에 극성이 불필요하게 축소되어 있었다고 결론 내렸다. 그들의 해결책은 두 가지이다. 첫째로, 그들은 다양한 영적 그리고 종교적인 경험들이 담긴 다원론 사이에 남아 있는 긴장을 해결할 필요가 있음을 느꼈으며 동시에 이 특별한 코호트 연구를 충분히 수행할 만한 연구자가 있어야 한다고 생각했다. 둘째로, 그들은 영성과 종교를 편향시키지 않고도 구별할 수 있는 방법이 있을 것이라는 생각을 밝혔다. 이러한 목표들을 달성하고자, 그들은 Kenneth Pargament가 영성을 "신성함을 찾는 것"으로 서술한 것 그리고 종교에 대한 정의를 신성함에 도달하는 방법으로서의 의미 추구라고 한 것을 수용하였다. 이 정의들에서, 영성은 종교의 중심이고 종교는 신성함에의 탐색을 이상적으로 육성한 문화적으로 형성된 통로이다.

이 논점의 복잡성을 알기 위해, 우리는 이 책을 통해 영성에 대한 많은 과거 묘사들을 소개할 것이며 그것들이 특정 증상들과 관련 있을 때 포함시킬 것이다(예 : 신비 문학에서 '감각의 어두운 밤(dark night of the senses)' 혹은 '영혼의 어두운 밤(dark night of the soul)'이라고 부르는 우울증 유형). 이 분야를 그리는 문학이 한정되어 있어도 우리는 가능한 영적 고려사항들을 포함할 것이다. 몇몇 경우에는 철학자 Robert Solomon(2002)에 따라 영성이란 단순히 인생에 대한 사려 깊은 사랑이라고 묘사할 것이다.

제 VI 절 : 사례 – 통합 진단으로 모으기

우리가 이 책에서 언급하려고 하는 통합 프로그램의 모든 요소들을 소개하였다. 대부분의 경우, 우리는 사분획으로 제시되는 네 관점과 이들이 진단 과정에서 우리를 어떻게 도와줄지에 초점을 맞출 것이다. 우리가 제안하고 임상에서 사용하는 접근은 (다음 장에서 더욱 깊게 다룸) DSM 진단을 통합 평가와 진단이라고 부르는 방법으로 보완하는 것이다(Ungersoll, 2002; Marquis, 2008). 이 모형을 사용하는 방법을 시연하기 위해 다음 사례를 생각해보자.

카티아는 29세의 아프리카계 미국인으로 세 아이(4세, 3세, 9개월)의 어머니다. 그는 복음주의(역사에 대한 믿음과 성경의 무오성, 나사렛 예수의 독점적인 신성, 그리고 개인 회심에 관심을 가지는 칼빈주의라는 의미) 기독교 신자이다. 이 내담자는 먼저 재정 상담 기관을 방문했다가, 개인적인 상담을 요청하였다. 그는 자신이 '힘센 악마와 씨름하고 있다'고 표현했고 그것들 때문에 목사와 만나기도 했다고 이야기하였다. 그 '악마들'은 미래, 자녀들의 복지, 그리고 남편의 음주 문제에 대한 두려운 감정이었다. 그녀의 남편은 거의 매일 밤 더욱 많은 술을 마셔서(이는 그에게 평범한 일이 아니다), 인상을 쓰고 거리를 두려고 하였다. 카티아는 남편이 술을 마시는 이유가 그들의 재정 문제 때문이라고 생각하면서도 또한 자신이 충분히 좋은 아내가 아니기 때문이라고 생각하였다. 남편은 또한 그의 성격에 맞지 않게 한 주에 몇 번씩 말로 상처 입혔다.

카티아는 그가 '공격받았다'고 느꼈을 때를 이야기하였는데 심장 박동, 오한, 가슴 통증, 구역질이 뒤따랐으며 미칠 것 같은 무서운 느낌을 느꼈다고 하였다. 그녀는 진단 전 3개월 동안 이러한 네 번의 공격을 받았다. 그녀는 이러한 공격을 받는 것을 끊임없이 걱정했으며 그로 인해 미칠 것 같다고 이야기했다. 그 공격들로 인해 그는 목사와 상담을 하기 시작했고 기도 시간을 세 배로 늘렸다. 기도에도 불구하고 공격이 계속되자 그는 당황했고 기가 더욱 죽었다. 왜냐하면 그녀의 기도가 증상들을 상당히 완화시키는 결과를 낳지 않아서 그의 종교적 신념을 의심하게 되었기 때문이다. 그의 신앙 공동체에서, 전통적인 성 역할들은 표준적이며 그는 남편의 행동이 그의 잘못으로 인한 것이라고 느꼈다.

그는 치료자가 목사와 이야기하는 것에 동의하였고, 목사는 카티아의 삶이 스트레스가 많았으며 우리의 치료가 안정을 주고 강한 영적 접근을 마련하기 바란다고 하였다. 목사가 지켜보기에 카티아는 두 달간 기분이 좋은 적이 없어서 도움을 요청한 것이 기쁘다고 말했다. 카티아는 불안증이 그의 일상 수행 능력을 방해한다고 느껴 와서 목사가 그의 상담을 도와준 것에 안도감을 느꼈다. 하지만 계속해서 퍼지는 신앙에 대한 불신으로 인해 그의 문제를 도와줄 목사의 능력을 의심하기도 하였다. 카티아는 인지적으로는 형식적 조작 사고(formal operational thinking)를 하는 사람으로 판단되었다. 그는 자신을 매우 인습적(conventional)이라고 인식하였으며, 이런 시점에서도, 신앙은 그가 어떻게 살아야 하는지를 완벽하게 인도하는 것이라고 여겼다.

카티아는 정신건강 치료 이력이 없었으며 의사는 그가 과민성 대장 증후군(IBS)으로 고통받고 있다고 했다. 그에게는 아무런 모방 불안을 일으킬 만한 의료적 질병이 없었으며 그가 약물을 남용하거나 사용했다는 증거도 없었다. 카티아는 세 번째 치료에서, 어느 늦은 밤 가족들 걱정을 하고 있을 때의 경험을 이야기하였다. 그는 갑자기 희망의 기운에 '압도' 당했다고 하였다. 약 한 시간 동안 그는 마치 자기 두려움을—마치 그것들이 남의 것인 양—그냥 지켜보는 느낌을 받았지만 그렇다고 두려움에 '무감각(numb)'한 건 아니었다고 말했다. 그녀는 은혜를 경험한 것인지 확신하지 못하였다. 반면 상담사는 그가 스트레스로 인해 해리를 겪었다고 이야기했고, 카티아는 그 경험이 편안했기 때문에 그 이상의 무언가가 있었다고 느꼈다. 그 경험은 다시 나타나지 않았다.

카티아에 대한 DSM-IV-TR과 DSM-5 진단

DSM-IV-TR(APA, 2000)하에서, 카티아의 다섯 축 진단은 다음과 같다.

- 축 I : 300.01 광장공포증 없는 공황장애
- R/O V62.89 종교적 또는 영적 문제(R/O은 감별이 필요하다는 rule out 약자임 – 역자 주)
- 축 II : V71.09 축 II에는 진단 없음
- 축 III : 564.1 과민성 대장 증후군
- 축 IV : 남편의 음주 문제, 재정 스트레스
- 축 V : 58점

DSM-5(미국정신의학회, 2013a)하에서 다섯 축 진단이 제거되었고, 우리에게는 축이 없는 체제만 남았다. DSM-5를 사용하면서, 임상가들은 I, II, III축에 쓰던 내용을 한곳에 함께 나열해 쓸 수 있으며(ICD-10과 비슷해짐) 심리사회 요인들과 기능 평가에 대한 추가 의견(예전의 IV, V축 내용)을 적을 수 있다(미국정신의학회, 2013a).

따라서 DSM-5의 관점에서 볼 때, 카티아의 진단은 이러할 것이다.

F41.0 공황장애, R/O Z65.8 종교적 또는 영적 문제. 내담자의 남편이 알코올 남용 소견을 보이며 이 부부는 재정 스트레스를 받고 있다. 몇몇 사설 의료보험 기관들(third-party payers)은 진단을 ICD 코드에 따른 일련번호로 바꿀 것이다. 이 형태로 관계있는 논점들을 (심리적 스트레스 요인들을 포함해) 서술하면 다음과 같다.

1. F41.0 공황장애
2. R/O Z65.8 종교적 또는 영적 문제
3. 배우자의 알코올 문제로 인한 관계성 스트레스

다섯 축 형태를 멀리하는 것은 다축 체계를 표현하는 문맥적 요소들 중 많은 것을 축소하는 것처럼 보인다. 이런 이유로 우리는 DSM 진단을 보완하는 몇몇 통합 체계의 이 방법이 축 III, IV, V에서 포착되었던 것처럼 더욱 중요하다고 느낀다. 통합 사분획 접근은 이를 제공한다.

사분획과 관련된 보완적인 통합 진단

사분획을 사용했을 때, 〈그림 1.2〉는 카티아 사례에서 뽑은 자료들을 어떻게 통합 틀의 요소들에 맞추는지 묘사한다.

발달 과제　카티아와 그의 남편은 최근에 셋째 아이를 가졌고, 게다가 재정적 스트레스까지 더해서 새로운 가족 리듬을 찾아야 한다.

상태　명백하게 카티아는 불안증으로 고통받고 있고, 그녀에게 있어 평범한 것은 아니지만 그가 편안하다고 묘사했던 증상이 있다. 카티아는 또한 가족 내에서 여성의 역할에 대한 인식으로 인해 크게 스트레스를 받고 있다. 가족의 기강을 바로 세우는 것은 여자의 일이라고 믿고

	사분획/관점	
	내부(내면)	**외부(외현)**
개인	그녀의 신념에 대한 의문 악마에 의한 괴롭힘 그녀의 가치에 대한 의문 비종교적인 상담사에 대한 걱정	불안의 물리적 증상들 공황장애 과민성 대장 증후군 증가한 종교적 행동(기도)
집단	신앙 공동체의 규범 남편과의 대화 감소	교회의 구조 채권자 금리와 지불에 대한 요구

그림 1.2　카티아 사례의 통합 요약

있기 때문에 그는 스트레스를 받는다.

유형 혹은 성향 카티아는 그 자신에 대해 전통적이고 보수적이라는 인식을 가지고 있으며, 최근까지 교회 공동체에 다소간 빠져 있었다. 그녀가 자신의 신앙의 측면들에 의구심을 가질 때에도, 공동체는 그의 자존감에 여전히 중요한 역할을 수행했다. 우리는 또한 카티아가 물리적 증상으로 나타나는 염려하는 '성향'을 가진 것을 알 수 있다.

이제 우리는 각 분획에 위치한 것이 무엇인지를 논의해야 한다. 사분획 도식을 사용하는 것은 무엇이 내담자의 경험에서 볼 수 있는 '쟁점들'인지를 '한눈에' 잡아낼 수 있게 한다. 다시 언급하지만 각 분획은 개인의 인생 경험 각 측면을 나타낸다.

외부-개인(우상) 분획 – 의학 모형 관점 카티아는 분명히 많은 불안의 심리 증상들로 고통받고 있고, 의사에 의하면 다른 것들은 건강하다. 기도하는 시간을 늘린 행동은 그의 세계관에서 볼 때 논리적인 것이지만, 그의 기대와 이후의 결과에 따라 스트레스를 줄 수 있다. 또한 그는 과민성 대장 증후군이라는 진단을 받았다. 객관적인 요인들이 우리에게 말해주는 것은 카티아의 불안의 두드러진 '성향'은 신체적이며, 이는 어떤 요법이 필요한지를 알려준다. 그의 과민성 대장 증후군 역시 스트레스와 그가 경험한 불안으로 인해 더욱 심해지는 듯 보인다. 한 가지 치료의 중요한 측면은 공황장애의 강도와 빈도를 줄이고 효과적인 치료의 평가를 객관적으로 측정하는 것이다.

내부-개인(좌상) 분획 – 심리 관점 카티아는 자신이 악마에 의해 박해받고 있다고 느낀다. 그녀의 세계관에서, 이 구조는 의미를 가지며 더욱 많은 불안증을 만들어낸다. 어떤 생각들이 망상이라고 치부하기보다는 그녀의 세계관을 반영한 '악마들'에 대해 이야기하는 것을 이해하는 것은 중요하다. 그녀는 비종교적인 상담에 대한 약간의 우려도 가지고 있다. 그는 정신 그리고 신앙심을 한번에 잊는 것을 두려워한다. 그는 또한 여자로서의 가치에 대해 의문을 가지고 있으며, 이는 주로 남편의 알코올 문제 때문이다. 카티아는 자신, 자기 가치, 생활에 대처하기 위한 자원 감각을 새롭게 이해하도록 치료적 대화를 이용해야 한다. 카티아가 "평화로웠다."고 묘사한 그 경험은 그에게 '신비 체험(peak experience)' 정도의 느낌인 것으로 보인다. 카티아가 보고한 고통은 주목할 만하다. 그는 자멸과 인식 치료의 대상이 될 수 있는 다른 불합리한 생각들을 경험하고 있다. 그는 또한 (여기에 그의 다른 걱정들을 더해) 강력한 감정 영향을 미치는 신앙심에 대한 의심을 경험하고 있다. 이들은 사실상 그의 불안 반응을 강화할 수 있다.

내부-집단(좌하) 분획 – 문화 관점 카티아는 복음주의 그리스도적 세계관을 가지고 성장했으며 신앙심과 신앙 공동체로부터 도움을 받았다. 그의 신앙적 전통은 가족을 최우선에 놓는 것이다. 그러나 가족들과의 현재 문제들은 그에게 대인관계 의미만큼 종교적 의미도 있다. 나아가, 카티아는 그녀의 신앙적 전통(예 : 의로운 것은 보상받고, 사악한 것은 벌 받는다) 이상으로 성장했고(혹은 성장 중이다), 이는 그의 목사나 상담사에게 약간의 주의가 필요할 수 있다.

외부-집단(우하) 분획 – 사회 관점 교회와 회계 기관은 지금 카티아와 충돌하고 있다. 그는 추심기관의 전화에 포위되어 있고 이러한 전화에 응대하는 것을 부끄럽게 여기고 있다. 파산하는 것이 가족의 빚을 해결하는 한 가지 방법이 될 수 있다는 것을 그도 역시 알고 있음에도 불구하고, 좌하 분획에 드러나는 그의 세계관은 그러한 방법을 인정하지 않는다. 그는 교회 공동체에서 그의 위치에 대해 불협화음을 느끼며, 지금 현재 그가 그 커뮤니티에 어울리는지도 확신하지 못하고 있다. 카티아는 자신이 속한 신앙 공동체에 대한 결정을 내리는 것과 마찬가지로 채권자들의 압박을 이겨낼 전략을 발전시켜야만 한다.

복습 문제

1. DSM, DC:0-3R, PDM을 비교, 대조해보라. 각각의 편람이 가진 장점과 단점은 무엇인가?
2. 심리학적으로 정상과 비정상을 어떻게 정의할 수 있나? 여러분의 문화적 배경이 이러한 단어들의 정의에 어떻게 영향을 미치나?
3. 정신(mind)과 뇌에 대한 개요를 보고 나서, 여러분은 유물론자/물리주의자 혹은 이중-물질 접근방식 중 어느 것이 더욱 친근하게 느껴지는가? 이 대답에 여러분의 배경이 어떻게 그리고 어떤 영향을 미쳤나?
4. 만약 DSM 진단법이 증상으로 고통 또는 손상을 겪을 때에만 진단을 내릴 수 있다면, '기능적인 알코올중독자'라고 주장하지만 음주운전으로 단속 당하고 일자리에서 서면으로 경고를 받은 내담자를 어떻게 대응하겠는가?
5. 통합 모형의 요소들을 어떻게 요약할 것인가? 어떤 요소가 더욱 이해하기 어려운가?

참고문헌

Achenbach, T. M. (1974). *Developmental psychopathology.* Oxford, UK: Oxford University Press.

Achenbach, T. M. (2009). Some needed changes in DSM-5: But what about children? *Clinical Psychology: Science and Practice, 16,* 50–53.

Allport, G. W. (1950). *The individual and his religion: A psychological interpretation.* Cambridge, MA: Harvard University Press.

American Psychiatric Association. (1968). *Diagnostic and statistical manual of mental disorders* (2nd ed.). Washington, DC: Author. American Psychiatric Association. (1980). *Diagnostic and statistical manual of mental disorders* (3rd ed.). Washington, DC: Author.

American Psychiatric Association. (2000). *Diagnostic and*

statistical manual of mental disorders (4th edition, text revision). Washington, DC: Author.

American Psychiatric Association. (2013a). *Diagnostic and statistical manual of mental disorders* (5th ed.). Washington, DC: Author.

American Psychiatric Association. (2013b). *Desk reference to the diagnostic criteria from DSM-5.* Washington, DC: Author.

Astin, J. A. (1998). Why patients use alternative medicine: Results of a national study. *Journal of the American Medical Association, 279,* 1548–1553.

Aten, J. D., & Leach, M. M. (Eds.). (2009). *Spirituality and the therapeutic process: A comprehensive resource from intake to termination.* Washington, DC: American Psychiatric Association.

Barlow, D. H., & Durand, V. M. (2002). *Abnormal psychology: An integrative approach* (3rd ed.) New York: Thomson.

Barry, J. M. (2005). *The great influenza: The story of the greatest pandemic in history.* New York: Penguin.

Bollinger, T. E. (1969). *The spiritual needs of the aging: In need for a specific ministry.* New York: Knopf. Chalmers. D. J. (1995). Facing up to the problem of consciousness. *Journal of Consciousness Studies, 2*(3), 200–219.

Charney, D. S., et al. (2002). Neuroscience research agenda to guide development of a pathophysiologically based classification system. In D. J. Kupfer, M. B. First, & D. A. Regier (Eds.), *A research agenda for DSM-5* (pp. 31–84). Washington, DC: American Psychiatric Association.

Churchland, P. S. (2002). *Brain-wise: Studies in neurophilosophy.* Cambridge, MA: MIT.

Clinebell, H. (1992). *Well-being: A personal plan for exploring and enriching the seven dimensions of life.* San Francisco: Harper.

Combs, A. (2009). *Consciousness explained better: Towards an integral understanding of the multifaceted nature of consciousness.* St. Paul, MN: Paragon.

Cook-Greuter, S. (2000). Mature ego development: A gateway to ego transcendence? *Journal of Adult Development, 7,* 227–240.

Cook-Greuter, S. (2003). *Ego development: Nine levels of increasing embrace.* Wayland, MA: Cook- Greuter & Associates.

Douthit, K. Z., & Marquis, A. (2006). Empiricism in psychiatry's post-psychoanalytic era: Contemplating DSM's "atheoretical" nosology. *Constructivism in the Human Sciences, 11*(1), 32–59.

Ellison, C. W. (1983). Spiritual well-being: Conceptualization and measurement. *Journal of Psychology and Theology, 11,* 330–340.

Forsythe, P., & Kunze, W. A. (2013). Voices from within: Gut microbes and the CNS. *Molecular Life Science, 70,* 55–69.

Frances, A. (2013). *Saving normal: An insider's revolt against out-of-control psychiatric diagnosis, DSM-5, big pharma, and the medicalization of ordinary life.* New York: Morrow.

Frank, G. (1984). The Boulder model: History, rationale, and critique. *Psychology: Research and Practice, 15,* 417–435.

Hacker, A., & Dreifus, C. (2010). *Higher education? How colleges are wasting our money and failing our kids—and what we can do about it.* New York: Times Press.

Harris, S. (2010). *The moral landscape: How science can determine human values.* New York: Free Press.

House, A. E. (1999). *DSM-IV diagnosis in schools.* New York: Guilford.

House, A. E. (2002). *The first session with children and adolescents: Conducting a comprehensive mental health evaluation.* New York: Guilford.

Howowitz, A. V., & Wakefield, J. C. (2007). *The loss of sadness: How psychiatry transformed normal sorrow into depressive disorder.* Oxford, UK: Oxford University Press.

Ingersoll, R. E. (1994). Spirituality, religion, and counseling: Dimensions and relationships. *Counseling & Values, 38,* 98–112.

Ingersoll, R. E. (2002). An integral approach for teaching and practicing diagnosis. *The Journal of Transpersonal Psychology, 34,* 115–127.

Ingersoll, R. E., & Rak, C. F. (2006). *Psychopharmacology for helping professionals: An Integral approach.* New York. Cengage.

Ingersoll, R. E., & Zeitler, D. A. (2010). *Integral psychotherapy: Inside out/Outside in.* Albany, NY: SUNY.

Jackson, F. (1986). What Mary didn't know. *Journal of Philosophy, 83,* 291–295.

James, W. (1902). *The varieties of religious experience: A study in human nature.* New York: Holt.

Kagan, J. (1981). *The second year: The emergence of self-awareness.* Cambridge, MA: Harvard University Press.

Kagan, J. (2006). *An argument for mind.* New Haven, CT: Yale University Press.

Kaufman, J., Yang, B. Z, Douglas-Palumberi, H., Hooshyer, S., Lipschitz, D., Krystal, J. H., & Gelertner, J. (2004). Social supports and serotonin transporter gene modulate depression in maltreated children. *Proceedings of the National Academy of Sciences, 101,* 17316–17321.

Koch, C. (2012). *Consciousness: Confessions of a romantic reductionist.* Cambridge, MA: MIT Press.

Langdon, R., Coltheart, M., & Ward, P. B. (2006). Empathetic perspective-taking is impaired in schizophrenia: Evidence from a study of emotion attribution and theory of mind. *Cognitive Neuropsychiatry, 11,* 133–155.

Langdon, R., Coltheart, M., Ward, P. B., & Stanley, V. (2001). Visual and cognitive perspective-taking impairments in schizophrenia: A failure of allocentric simulation? *Cognitive Neuropsychiatry, 6,* 241–269.

Lindfors, K., Elovainio, M., Wickman, S., Vuorinen, R., Sinkkonen, J., Dunkel, L., & Raappana, A. (2007). Brief report: The role of ego development in psychosocial adjustment among boys with delayed puberty. *Journal of Research on Adolescence, 17,* 601–612.

Loevinger, J. (1998). Completing a life sentence. In P. M. Westenberg, A. Blasi, & L. Cohn (Eds.), *Personality development: Theoretical, empirical and clinical investigations of Loevinger's conception of ego development* (pp. 347–355). Mahwah, NJ: Erlbaum.

Lukoff, D., Lu, F., & Turner, R. (1992). Toward a more culturally sensitive DSM-IV: Psychoreligious and psychospiritual problems. *Journal of Nervous and Mental Disease, 180,* 673–682.

Magill, F. N., & McGral, I. P. (Eds.). (1988). *Christian spirituality: The essential guide to the most influential spiritual writings on the Christian tradition.* San Francisco: Harper.

Mahoney, M. J. (1980). *Abnormal psychology: Perspectives on human variance.* San Francisco: Harper & Row.

Marquis, A. (2008). *The integral intake: A guide to comprehensive idiographic assessment in integral psychotherapy.* New York: Routledge.

Marquis, A., & Douthit, K. Z. (2006). The hegemony of "empirically supported treatment": Validating or violating? *Constructivism in the Human Sciences, 11(2),* 108–141.

May, G. (1988). *Addiction and grace: Love and spirituality in the healing of addictions.* San Francisco: Harper.

McWilliams, N. (1994). *Psychoanalytic diagnosis: Understanding personality structure in the clinical process.* New York, NY: The Guilford Press.

Miller, W. R. (Ed.). (1999). *Integrating spirituality into treatment: Resources for practitioners.* Washington, DC: American Psychological Association.

Mischel, W. (1968). *Personality and assessment.* Mahwah, NJ: Erlbaum.

Moberg, D. O. (1979). *Spiritual well-being: Sociological perspectives.* Washington, DC: University Press of American.

Norcross, J. C., Gallagher, K. M., & Prochaska, J. O. (1989). The Boulder and/or Vail model: Training preferences of clinical psychologists. *Journal of Clinical Psychology, 45,* 822–828.

Paris, J. (2013). *The intelligent clinician's guide to the DSM-5.* New York: Oxford University Press.

PDM Task Force. (2006). *Psychodynamic diagnostic manual.* Silver Spring, MD: Alliance of Psychoanalytic Organizations.

Pinker, S. (2009/1997). *How the mind works.* New York: W. W. Norton & Company, Inc.

Practice Management Information Corporation. (2006). *International classification of diseases* (9th ed., clinical modification). Downers Grove, IL: Author.

Richards, P. S., & Bergin, A. E. (2000). Religious diversity and psychotherapy: Conclusions, recommendations, and future directions. In P. S. Richards & A. E. Bergin (Eds.), *Handbook of psychotherapy and religious diversity* (pp. 469–489). Washington, DC: American Psychological Association.

Robinson, D. (2008). *Consciousness and mental life.* New York: Columbia.

Sandys, J. E. (1909). *The characters of Theophrastus: An English translation from a revised text with introduction and notes by R.C. Jebb.* London: Macmillan.

Schiffman, J., Lam, C. W., Jiwatram, T., Ekstrom, M., Sorensen, H., & Mednick, S. (2004). Perspectivetaking deficits in people with schizophrenia spectrum disorders: A prospective investigation. *Psychological Medicine, 34,* 1581–1586.

Scotton, H. W. (1996). Introduction and definition of transpersonal psychiatry. In B. W. Scotton, A. B. Chinen, & J. R. Battista (Eds.), *Textbook of transpersonal psychiatry and psychology* (pp. 4–8). New York: Basic Books.

Skovagaard, A. M., Houmann, T., Landorph, S. L., & Christiansen, E. (2003). Assessment and classification of psychopathology in epidemiological research of children 0–3 years of age: A review of the literature. *European Child and Adolescent Psychiatry, 13,* 337–346.

Snyder, C. R., & Elliott, T. R. (2005). Twenty-first century graduate education in clinical psychology: A four level matrix model. *Journal of Clinical Psychology, 61,* 1033–1054.

Soloman, R. C. (2002). *Spirituality for the skeptic: The thoughtful love of life.* Oxford, UK: Oxford University Press.

Sperry, L., & Shafranske, E. P. (Eds.). (2005). *Spiritually oriented psychotherapy.* Washington, DC: American Psychological Association.

Suite, D. H., La Bril, R., Primm, A., & Harrison-Ross, P. (2007). Beyond misdiagnosis, misunderstanding and mistrust: relevance of the historical perspective in the medical and mental health treatment of people of color. *Journal of the National Medical Association, 99,* 879–885.

Task Force on Research Diagnostic Criteria: Infancy and Preschool. (2002). Research diagnostic criteria—preschool age (RDC-PA). Retrieved from http://www.infantinstitute.org/RDC-PA.htm

Thoresen, C. E. (2007). Spirituality, religion, and health: What's the deal? In T. G. Plante & C. E. Thoresen (Eds.), *Spirit, science, and health: How the spiritual mind fuels physical wellness* (pp. 3–10). Westport, CN: Praeger.

Vonnegut, K., & Stringer, L. (1999). *Like shaking hands with God: A conversation about writing.* New York: Washington Square Press.

Webster's New World. (2008). *Webster's new world medical dictionary* (3rd ed.). New York: Author.

Wiggins-Frame, M. (2003). *Integrating religion and spirituality into counseling: A comprehensive approach.* Pacific Grove, CA: Brooks/Cole.

Wilber, K. (1995). *Sex, ecology, spirituality: The spirit of evolution.* Boston: Shambhala.

Williams, M., Teasdale, J., Zindel, S., & Kabat-Zinn, J. (2007). *The mindful way through depression: Freeing yourself from chronic unhappiness.* New York: Guilford.

Witmer, J. M. (1989). Reaching toward wholeness: An integrated approach to well-being over the life span. In T. J. Sweeney (Ed.), *Adlerian counseling: A practical approach for a new decade.* Muncie, IN: Accelerated Press.

World Health Organization. (1992). *The ICD-10 classification of mental and behavioural disorders.* Geneva: Author.

Wulff, D. M. (1996). The psychology of religion: An overview. In E. P. Shafranske (Ed.), *Religion and the clinical practice of psychology* (pp. 43–70). Washington, DC: American Psychological Association.

Zero to Three. (2005). *Diagnostic and classification of mental health and developmental disorders of infancy and early childhood: Revised edition (DC:0-3R).* Washington, DC: Zero to Three Press.

Zinnbauer, B. J., Pargament, K. I., & Scott, A. B. (1999). The emerging meanings of religiousness and spirituality: Problems and prospects. *Journal of Personality, 67,* 879–919.

제2장

DSM과 다른 편람들 : 역사와 개관

제1장에서 지적한 대로, 여러분은 미국정신의학회 진단 및 통계 편람 제5판과 그 역사에 대한 일반적인 이해를 갖는 것이 중요하며, 심리역동적 진단 편람(PDM; PDM Task Force, 2006), 영유아와 소아 초기의 정신질환 및 발달장애 진단 분류(DC:0-3R; Zero to Three, 2005) 같은 다른 정신질환 진단 편람들도 일부 아는 것이 필요하다. 우리가 강조한 대로, DSM은 다른 의학 진단 체계와 달라서 우리는 다른 질환의 진단에는 포함되는 특징적이고 합당한 생리학적 표지들을 찾아야 한다(Charney et al., 2002; Frances, 2013; Paris, 2013).

DSM-5는 이전 판 DSM들과는 달라서 질병의 생물학적 표지들이 그동안 없었는데 이번에는 포함하였다(Charney et al., 2002).[1] 생물학적 변수들이 여러 질환에서 역할을 하지만, 우리는 그 역할이 무엇인지 혹은 정확히 어떤 변수들이 있는지를 아직 모른다. 우리는 강박장애(OCD)와 같은 질병에서 주된 역할을 하는 것으로 보이는 뇌 회로들(brain circuits)을 규명하는 데에 가까이 왔다. 하지만 여기엔 마음과 뇌에 대한 이른바 '닭-달걀' 모순이 여전히 존재한다(Schwartz & Begley, 2002). 많은 DSM 질환들이 (제1장의 우울증 예와 같이) 중복결정되어 있어서, 질환이 다수의 원인을 갖는다(Frances, 2013). 이는 정신질환의 명확한 생리적 원인을 언급하는 (제약회사와 같은) 일부만의 문제가 아니며, 여러분이 이 주장을 비판적으로 듣는다면,

---

1 Schwartz와 Begley는 뇌 구조를 변화시키는 마음의 힘에 대해 설명하는 연구를 진행했다. 연구 대상은 OCD와 손 씻는 강박을 가진 사람들이었다. 이 대상들에게 개수대의 흐르는 물 앞에 서는 상상을 하게 한다. 손을 씻지 않은 채로 이런 상상을 할 수 있는 사람은 OCD로 오래 약을 먹고 있는 대조군과 비슷하게 변형된 뇌를 갖게 된다. 요약하면, '마음의 힘'은 뇌를 변화시킨다. 물론 뇌는 그 가소성을 알고 있으나 어떻게 그런 변화가 약과 비교하여 볼 때 정신적으로 일어나는지는 여전히 의문이다.

주장하는 이는 항상 증거를 찾지 못한다. 하나의 예는 역사학자 Jonarthan Engel(2008)인데, 그는 정신질환을 서술하면서 "정신의학적 질환들에는 분명히 생물학적인 원인이 있다." 혹은 "…조현병, 가장 생리학적이며 정신의학적인 장애들…."(p. 226)이라고 적었으나 생물학적 혹은 생리학적인 기반이 무엇인지를 설명하는 연구명을 하나라도 언급하거나 인용하지 못했다. 조현병이나 제I형 양극성장애와 같은 많은 질환들과 관련된 생물학적 기저물질(substrates)이 있는 것 같지만, 우리는 그것이 무엇인지 아직 모른다. 이러한 가정들은 가설로 언급되어야 한다. 다시 말하지만, 비판적 사고는 내담자들을 위한 도덕적 명령이며 임상가로서 지속적인 발전을 위한 중요한 도구이다.

이 장에서 우리는 DSM의 간략한 역사, 다른 장에서 언급하게 될 다른 편람의 개괄을 보여주고, DSM-5와 관련되는 중요한 논점들을 살펴볼 것이다. 아마도 여러분에게 상기시키려는 가장 중요한 점은 DSM이 '개신교 복음서'나 경전이 아니라는 것이다. 조현병 연구자로 정평 있는 정신의학자이자 DSM-IV 위원회 책임자인 Nancy Andreasen과 그의 동료들은 DSM에 대해 이렇게 썼다. "그것은 법궤도, 십계명도, 탈무드도, 성경도 아니다."(Andreasen, Flaum, & Arndt, 1992, p. 616). DSM이 유용한 목적을 가지지만, 결코 숭배하거나, 확고하게 믿어서는 안 된다. DSM은 진단을 위한 이들에게 도움이 되는 결과물일 뿐이지 모든 내담자에게 도움이 되지는 않는다.

이러한 언급에 여러분은 DSM이 정치적인 문서라는 것을 감지하였을 것이다. Alfred Korzybsk (1958)는 말하길 "… 상징을 지배하는 자들이 우리를 지배한다."(p. 76)고 했다. DSM-5 출판이 세 번이나 연기된 이유 중 하나도 다양한 정신의학적 진단들을 어떻게 정의/구조화/기록할 것인지에 대해 당시 다툼이 있었기 때문이다. DSM-5 개정에 대해 강하게 비판하는 이들 중에는 정신의학자 Robert Spitzer와 Allen Frances가 있다. Spitzer는 DSM-III 위원회를 이끌었고 Frances는 DSM-IV 위원회를 이끌었다. 두 사람은 1980년 DSM-III부터 현재까지 DSM 발전에 깊이 관여해 왔다(Aldhouse, 2009). Frances(2009b)는 주장하길 DSM-5의 처음 목표는 정신 및 감정 질환들에 대한 생물학적 표지들에 집중되어 있었다고 했다. 결론적으로 생물학적 표지들을 규명하는 것이 매우 어렵기 때문에, 충분히 병에 이르지 않거나 초기 증상의 사람들을 병으로 진단하는 쪽으로 치우쳐서 많은 사람들(특히 아동들)이 아직 병이 생기지 않은 상태에서 정신의학 처방을 받게 될 것이라고 그는 적었다. 저널리스트 Jon Ronson과의 인터뷰에서, Frances(2012)는 아동에서 제I형 양극성장애를 진단하는 것은 정신의학의 세 가지 심각한 과오 중 하나라고 하였다. [다른 두 가지는 주의력결핍-과잉행동장애(ADHD)와 자폐장애이다.] 제I형 양극성장애는 13세 이전 발생률이 전체 대상의 1.6%에 겨우 도달할 정도로 드물게 발생하는 정신질환이다. 어떤 조사(Danner et al., 2009)에서는 6년간 아동이 제I형 양극성장애로 약물복용을 하게 되는 경우가 245% 증가하였다고 보고하였다. 이 아동들 중 상당수는 병에 이르지 않은 증상들이어서 정확히 진단 기준에 도달하지는 않는다. 여러분이 병원에 갔더니 의사가 "당신은 현재 심한 인후염에는 도달하지 않은 증상들을 갖고 있으므로, 이러한 경우에는 항생제 처방을 해야 합니다."라고 말하는 것을 상상할 수 있겠는가. 이런 상황을 별거 아니라고 취급해서는 안 된다. DSM-5에서 추가된 것 중 하나가 우울장애들에 포함되어 있는 파괴적 기분조절부전장애(Disruptive Mood Dysregulation Disorder)라는 것이다. 제I형 양극성장애로 진단된(아마도 잘못된 진단일 것이다) 많은 아동들이 이와 같은 식으로 (기분 붕괴에 기초하여) 진단되기 때문에, 파괴적 기분조절부전장애를 구분하면 제I형 양극성장애로 진단되는 아동은 줄어들 것이라는 기대를 갖기도 한다(Margulies, Weintraub, Basile, Grover, & Carlson, 2012). 하지만 다른 사람들은 새로운 진단이 추가됨으로 인해 병으로 진단되는 아동이 더 늘어날 것이라고 우려한다(Jairam, Prabhuswarny, & Dullur, 2012; Raven & Parry, 2012). 시간이 말을 해줄 것이다.

제약회사 같은 집단들은(이들은 진단과 치료에 관한 연구에 폭넓은 지원을 한다) 이런 식으로 질환이 확대되어 많은 사람들이 진단 기준에 이르고 그래서 정신 관련 약물이 더 처방되도록 힘쓰게 될 것이다. 이것이 Spitzer와 Frances가 DSM 개정이 가급적 공적으로 되어야 한다고 생각하는 이유 중 하나이다. 많은 일반인들이 DSM 진단에 대해 이해하지 못한 시점에서 비의료 정신건강 치료자들은 그리고 그들의 비판은 DSM의 이후 발전에 중요한 영향을 끼칠 것이다.

Robert Spitzer(2009)는 DSM-5 개정이 겪어온 비밀 엄수에 대해 공개적으로 비판했다. 그는 DSM-5 개정위원들이 약속한 비밀 엄수 합의는 모든 소견들과 논의들이 공개되어 다른 사람이 열람할 수 있어야 한다는 공공 과학의 정신을 저해한다고 주장하였다. 이러한 비밀 엄수 합의로 그들이 개정을 위해 공유한 어떤 정보들도 노출이 금지되었는데, 다음과 같은 내용도 포함된다.

…모든 작업 결과, 출간되지 않은 원고와 초고 그리고 다른 출간 전 자료들, 그룹 토의, 내부 왕래, 개정 과정에 대한 정보와 APA 위원회 혹은 작업 그룹과 함께 한 나의 작업에서 유출되거나 관련된 어떤 형태의 문서화 혹은 비문서화된 정보들(Spitzer, 2009, p. 2).

Spitzer의 문제제기 이후, DSM-5의 논의들 일부가 공론화되었다. 하지만 이 또한 편람의 정치적인 영역의 한 면임을 정신건강 의사들이 좀 더 유념했어야 한다. 특히 이러한 정치적인 역동 때문에, 우리는 편람에 관한 비판적 사고가 꼭 필요하다고 믿는다. DSM에서 과학적인 확신이 부족하기 때문에 이 편람이 무엇을 할 수 있고 없는지에 대해서는 비판적인 이해 혹은 전적인 신뢰로만 도달할 수 있게 되었다. 확실히, 우리는 이 책이 그러한 과정을 돕는 비판적 사고와 희망의 길이라고 생각한다. 어떤 질환들은 중복결정적이며(예 : 우울해지는 건 여러 방식이 있으며, 일부는 심리적이다), 또 다른 질환들은 일차적으로 유전적이거나 신경체계에서 기인한다(예 : 조현병 그리고 제I형 양극성장애, 이들은 일반적으로 평생 지속됨). 제1장에서 언급한 국립정신건강연구원(NIMH)의 연구영역기준(RDoC)은 질환의 신체적 행동적 요소를 더 많이 근거로 하여 마련되었다.

질병분류 체계

분류학은 분류의 기술 혹은 학문이다. **질병분류학**(nosology)은 분류학의 하나로서 이 용어는 주로 의학 문헌에서 질환들의 지식과 체계적인 분류를 의미하는 것으로 사용된다(nosology에서 *noso*는 그리스어로 '질병'을 의미하고, *ology*는 '과학 혹은 지식 분야'를 의미한다). 질병분류학이란 단어는 아마도 직접적인 의미로 정신질환의 분류라는 뜻에 정확히 들어맞지 않을 것이다. 이는 정신질환이 신체 혹은 의학적 질환과 같을 것이라는 잘못된 이해를 부추긴다. 우리가 여러 번 언급한 것처럼 사실 그렇지가 않다. 정신질환을 분류함에 있어서, 이러한 분류를 질병분류학으로 고려하는 것에는 모순이 있다.

  모순은 이러하다. 신체 질환에서 증상은 질환에 의한다─증상이 나타나면, 의사는 그것을 통해 기저의 질환 과정을 찾는다(물론 질환이 장기간 증상 없이 있는 경우도 있다). 패혈성 인두염(연쇄상구균에 의한 인두염)을 예로 들어보자. 대부분의 경우 내담자는 목의 통증, 삼키는 것의 불편함, 그리고 혹시 발열을 호소할 수 있다. 의사는 증상을 일으키는 균의 (A군 연쇄상구균 감염) 존재를 확인하기 위한 검사들을 실시할 수 있다. 검사에는 항체확인검사(RADT)나 인후의 검체 혈액 아가 배지 배양이 포함된다. 내담자의 인후 검사에서 A군 연쇄상구균의 증식이 확인되면 의사는 균을 없애기 위해 항생제를 처방한다. 이 경우 의사는 내담자의 증상을 검토하고 그 증상에 준하여 검사를 실시하고 이를 통해 질환을 확진한 것이다.

  정신질환에서는 이와 같지 않다. 정신질환에서는, 증상을 보고 고려할 만한 질환을 밝히는 검사로 이어지기보다, 증상 자체가 그 **질환으로 간주**된다. DSM-5의 수백 개 진단 중 어느 하나도 내담자들이 호소하는 증상들의 기저에 작용하는 특정한 질환 과정으로 규명(생리학적/신경학적 표지의 확인)되지 못하였다. 그러므로 증상을 확인하면 그 이상은 없다. 결국, 일반의학에서 증상은 질환으로부터 나타나는 반면, 정신질환에서 '질환'은 증상들의 묶음이다 (Goncalves, Machado, Korman, & Angus, 2002).

  이러한 문제에도 불구하고, DSM 분류 체계는 국제보건기구(WHO)의 **국제질병분류(ICD)**에 포함된 정신질환 부호 및 서술과 동등하게 구성되어 있다. 이에 더하여, DSM-5에서는 다음 장에서 거론할 차원적 요소를 담고 있다.

DSM 역사 : 범주와 차원

DSM을 과정적으로 이해하고 비판적으로 사고하는 한 가지 방법은 역사를 보는 것이다. 특별히, 증상을 차원적으로 서술하는 것과 범주적으로 서술하는 것의 차이는 DSM-5의 일부 변화를 포함하여 DSM이 어떻게 변천되었는지를 이해하는 데 도움을 줄 것이다. 게다가, 이는 이 책의 나머지를 작성할 때에 유지한 접근을 이해하는 데도 도움을 줄 것이다.

범주 진단

진단에 대한 범주 접근은 '서술적' 접근이라고 부르는데 그 범주가 진단을 서술하기로 되어 있기 때문이다. DSM에서의 범주들은 주요우울장애(MDD)나 제I형 양극성장애(BPI)와 같이 대부분의 독자가 익숙하게 여기는 진단들을 구성한다. DSM에서 각각의 범주 혹은 진단들은 MDD에서 진단 기준 'A'에 나열되어 있는 9개 증상 중 5개를 만족해야 하는 것처럼 진단을 이루는 역치 기준으로서의 증상들을 가지고 있다. 이상적으로 역치 기준은 잘 구성되고 정교하게 분석된 연구에 의해서 나오지만, 때로(생각보다 많이) 역치 기준은 '전문가들의 합의'에 기반을 둔다. 범주들은 임상가들에게 두 가지의 결정을 제공한다—내담자는 기준에 맞거나 맞지 않는다. 이러한 분류 진단 체계에서라면 4개의 우울 증상을 가진 사람은 MDD 진단이 되지 않으며, 5개의 증상을 가지면 진단이 되는 것이다(다른 특정 우울장애 혹은 명시되지 않는 우울장애[2]에 해당될 수 있음에도 그렇게 된다). 이러한 체계의 약점이 보이는가? 진단을 범주적(우울이 있다 혹은 없다)으로 내리는 것이 차원적(이 개인의 우울은 어느 정도인가)으로 내리는 것에 비해 어떤 문제가 있을까? 범주적 접근은 진단 결정을 단순화하지만, 임상적으로 유용한 진단은 그렇게 간단할 수 없음을 많은 임상가들이 확실히 안다.

　여기서 하나의 문제는 범주 접근이 각각의 진단을 독자적인 영역으로 취급한다는 점이다. 각각의 DSM 진단들을 별개로 생각하기는 어렵다. 임상에서 동반질환(내담자가 두 가지 이상의 질환 기준을 함께 만족하는 경우)의 가능성이 높다는 사실 때문에 더욱 그러하다. RDoC가 서로 다른 질환들의 연구에서 모두 사용할 수 있는 이유이기도 하다(예 : 우울은 주요우울

---

2 이는 DSM-5에서의 부가적인 진단이다. 이전 DSM에서는 '달리 명시되지 않는 주요우울장애(MDD, NOS)' 라고 불렸다.

장애, 제I형 양극성장애, 조현병 등에서 모두 경험될 수 있다). 게다가, 젊은 내담자의 경우 동반질환 유병률이 더 높다(House, 1999). 이러한 점은 DSM 진단이 다른 의학 진단과 다르다는 것을 다시금 보여준다. DSM 진단의 동반질환 인정은 (특히 아동에서) 질환 배제의 경우보다 높은 편이었다(Kessler, 1995; Kessler et al., 1994). 일부 연구들에 의하면, 누군가 하나의 질환 진단 기준에 부합하는 경우 적어도 하나 이상의 다른 질환 진단 기준을 만족할 가능성이 50%였다. 여러분이 목이 부어서 병원에 가서 말했더니 인두염 외에 다른 병을 같이 가질 가능성이 50%라고 들으면 어떨 것 같은가? DSM에 의한 진단 현장이 바로 이러한 식이며, 이러한 점이 범주 접근의 제한점인 것이다(Angold, Costello, & Erkanle, 1999; Aragona, 2009; Clark, Watson & Reynolds, 1995).

차원 진단

차원 진단 접근이 범주 접근의 취약성에 대한 하나의 해법으로 제시된다. 다양한 차원 진단의 방식이 있다. DSM-5에서는, 우선 여러 진단명을 하나의 군으로 묶은 것에서 차원성을 볼 수 있다. 예를 들어, 내면화 장애들에 우울, 불안, 연관된 인지 증상들이 포함되고 외현화 장애들에는 물질사용과 충동조절 문제들과 같은 것들이 포함된다(APA, 2013; Andrews et al., 2009; Kreuger & South, 2009; Wittchen, Beesdo, & Gloster, 2009). 이는 아직 연구 방향의 수준이지만, 미래 DSM에 커다란 영향을 미칠 것으로 보인다.

차원은 규정된 증상들의 심한 정도를 나타내기도 한다. 이 경우, 차원 진단은 진단들을 증상 정도의 연속선상에서 묘사할 수 있다. 예를 들어, 우울증은 내담자가 경험하는 증상의 정도에 따라 약한, 중간의, 심한 우울 증상의 연속선에서 볼 수 있다. 이때 증상의 연속선에서 증상의 최소기준을 넘어서면 주요우울장애 진단이 이뤄지는데, 마치 고혈압이 수축기와 이완기 혈압의 역치 기준을 넘어설 때 진단되는 것과 비슷하다.

차원 모형은 또한 진단에 도달하지 않는 수준의 증상들을 치료 개입의 목표로 설정하는 것을 가능하게 해준다. 예를 들어, 성격장애 문헌에서는 성격장애 내담자의 50%가 (우울장애나 불안장애와 같은) I축 질환들과 함께 진단되는 것으로 보고되는데, I축 질환들에 영향을 주는 성격 변수들이 있으나 최근 DSM에서는 진단되지 않는다(Westen, Kegley-Heim, Morrison, Patterson, & Campbell, 2002). 물론, 이런 형태의 모형은 임상 실제의 특정 측면을 복잡하게 하고, 이 중 일부는 의료보험에 관한 것이다. 또 다른 문제는 내담자가 '질환'을 갖고 있다고 혹은 내담자가 단순히 삶의 문제들과 씨름하고 있다고 말할 수 있는 역치 기준을 누가 설정하느냐(그리고 어떻게 — 역치 기준이 세워지는 과정)이다. 이러한 점은 우울증의 진단 기준 9개에서 4개나 6개가 아니라 5개 이상의 증상들을 가질 때 진단하는 것으로 기준이 있는 것과 비슷하다.

DSM-5는 성격장애를 DSM-IV와 동일한 형태로 소개하고 있다. 초기 DSM-5 성격장애 개정안은 매우 파격적이어서 부록에 이 질환의 개정된 차원 접근을 소개했다. 부록에는 성격 성향 혹은 기능의 손상을 차원 방식으로 평가하는 대안적인 모형도 포함되어 있다. 예를 들어, 성격 기능의 일반적 수위를 성격 기능 척도의 수위에 따라 가늠할 수 있다(이 또한 같은 부록에 포함되어 있음). 과대성이나 사기성 같은 다른 영역도 비슷한 차원 평가로 의견 제시되어 있다. 시간이 흐르고 더 많은 연구가 이어지면 이러한 개정된 접근이 앞으로 편람의 표준이 될 수 있을 것이다.

차원 진단은 증상 차원 혹은 성격 차원에도 적용되는데, 이들은 조합으로 정신병리의 다양성을 산출한다. 성격과 성격장애의 5-요소 모형의 관계에 대한 다수의 연구들은 이러한 차원 진단의 이해를 활용한다(Nestadt et al., 2008). 차원은 또한 특정 생물학적 매개변수와 같은 유전적 취약성을 반영한다. 예를 들어, 정신질환의 유전성은 유전적 취약성으로 기술해야 보다 정확하다고 우리는 알고 있다. 우리가 정신질환의 고위험을 갖는 것은 우리 부모 중 한 사람이 그 질환을 앓는 것이다. 위험성이 높아지는 것은 질환을 앓은 사람에게서 물려받은 그 질환의 유전인자[genome, 유전형질(genotype)]와 관련되기 때문이다.

여기서 고려할 점은 유전 취약성의 표출[유전자 발현이 표현형질(phenotype)대로 이루어지는 것]이 전적으로 환경의 촉발에 의하는데, 하지만 우리는 어떤 환경 촉발인자들이 어떤 유전 취약성을 촉발하는지 정확히 모른다. 유전자 발현과 환경 촉발인자와의 관계는 **후성설**(epigenetics)로 이해된다. 우리가 어떤 환경 요인이 어떤 유전 변수를 촉발하는지 보다 정확하게 알게 되면 환경 촉발인자에 대한 차원 접근이 현 DSM의 범주 구조를 보완하는 데 활용될 수 있다.

예를 들어, 한 아이의 부모 중 하나가 조현병을 앓고 있다고 가정해보자. 이 경우, 이 아이가 양육자와 애착이 부족하거나 낮은 사회경제수준에 따른 스트레스를 받는다고 하면 어떤 정신질환이든 발생 위험성이 높아질 것이다. 이 사례에서, 우리는 이러한 차원들을 아이의 진료기록지에 기록하고 그의 사회경제 상태와 애착의 정도를 정량적으로 평가하려고 할 것이다. 우리 관점에서는, 이러한 다차원 진단이 보다 이상적이며 건강한 애착의 가능성을 높이거나 낮은 사회경제 상태와 관련된 스트레스 요인들을 낮춤으로써 병을 좀 더 예방하게 될 것이다.

DSM 역사 : DSM의 진화

DSM은 보훈처 기술고시 의료 203으로(이후로는 의료 203으로 기록하겠음) 시작되어, 1943년에 처음 입안되었다(War Department, 1946). 의료 203은 Karl Menninger(Kansas Topeka에서 그의 아버지와 함께 Menninger 클리닉을 세운 사람임)의 형제이며 정신과 의사인 William Menninger 여단장이 의장을 맡은 위원회에서 시작되었다. William Menninger는 의료 203이 만들어지는 당시에 외과계를 맡고 있었다. Menninger는 미군에서 정신건강을 평가하기 위해 비의료 정신건강 전문가(임상심리사와 사회복지사)를 참여시키는 데에 영향을 끼쳤다. 제2차 세계대전 전에는 조직적인 정신의학이 '정상적인' 분과로 외래 진료를 담당하지 못했으며 임상심리학, 사회복지학, 상담학의 영역도 제대로 존재하지 않거나 겨우 시작 단계였다(Houts, 2000).

군은 생활 환경(특히 전투 경험)이 정신질환을 촉발하거나 생성한다는 것을 익히 알고 있었으나, 제2차 세계대전에서 돌아온 재향군인에 의해 공적으로 표면화되었다. 정신과 의사 Adolf Meyer(1866~1956)는 정신장애가 심리–생물 반응이라는 개념을 주장했다. 뉴욕과 존스홉킨스에서의 활동에서 Meyer는 (그전 프로이트와 비슷하게) 정신질환이 어떤 심리적인 것에 의하는 것으로 기대했다(이후로는 궁극적인 기대가 되었다). 하지만 그는 최종적으로 어떤 심리학적 요인도 정신질환의 기저에 꾸준히 작용하는 것으로 발견하지 못했으며, 정신질환을 어떤 상황에 의해 정서적 상태로 나타나는 개인의 반응으로 이해하는 것이 더 정확하다고 하였다(이를 '반응 개념'이라고 부른다). 다시 언급하자면, 프로이트[1950(1895)]는 그의 논문 과학적 심리학 프로젝트에서 비슷한 문제에 봉착한다. 정신질환에 상응한 심리적 표식을 규명할 수 없었던 것이다(Meyer, 1908). Meyer는 추정보다는 자료에 기반한 이론을 세우는 데에 탁월하였다. 그는 정신의학을 실용적 관점에서 접근하였고 정신질환을 이해할 때 이론에 치중하지 말 것을 주장하였다. Meyer 자신 또한 정신분석 학파의 열광적인 역동이론에 의한 관점에서 멀리하였는데, 그러한 관점의 믿음이 과학보다 더 우선시될 것이라는 우려 때문이었다(Engel, 2008). 우리는 "이론을 배제한(atheoretical)" 진단 체계는 타당하지 않다고 전적으로 생각하지만(Douthit & Marquis, 2006), 그럼에도 Meyer가 가급적 이론에 치우치지 않으려고 했던 노력을 높이 산다. 정신분석에서 이 점은 매우 중요한 것으로 밝혀졌는데, 왜냐하면 그동안 한쪽에서 잘못으로 판명된 이론들이 다른 쪽에서는 절대 잘못이 없다는 방식으로 저술되었기 때문이다.

정신분석 이론은 의료 203과 DSM-I 모두에서 주된 역할을 맡았다. 정신의학과에서 정신분석적 사고는 "…새로 구성된 NIMH에 의한 의과학 교과과정의 확장과 부합한다"(Houts, 2000, p. 942). 이러한 확장이 제2차 세계대전 이전까지 정신의학과 우선순위에 영향을 주었고, 미국정신의학회(이후 APA) 성원의 약 60%가 입원 병원에서 일하는 것으로 집계되었다가 1956년(DSM-I이 나온 지 4년 후)에 그 수는 17%로 추락했다(Grob, 1991). William Menninger가 미국정신분석학회장과 이후 APA 회장을 맡을 당시 정신의학에 심리역동적 사고가 상당한 분량으로 주입되었다. 의료 203은 심리역동적 개념이 30년간 정신병리 연구의 주류를 차지해온 흐름에 맞춰서 서술되었다. 그렇게 하여, 의료 203은 결과적으로 첫 번째 DSM(DSM-I, APA, 1952)에 영향을 주었다.

DSM-I에 앞서, 정신의학의 분류는 여러 기관들[뉴욕의료협의회, 미국의학심리학협회(APA의 전신) 등]에서 나왔으며, 주립 의료기관에서 주로 활용되었다. 제2차 세계대전과 그 후 병사를 치료하면서 이러한 초점이 바뀌었는데 병사들이 정신적 문제들을 더 많이 겪으면서 임상 혼란이 증가되자 이를 정돈할 진단이 필요하게 되었기 때문이다(Raines, 1952). DSM-I의 초안은 "…의료 203의 새로운 병합…"으로 보일 만큼 APA 질병분류위원회는 전쟁 중에 의료 203을 활용해온 정신의학자들에 의해 크게 영향을 받았다(Houts, 2000, p. 945). DSM-I의 최종본은 1951년에 APA에서 승인이 되어 1952년에 발행되었다. DSM-I의 분류영역들은 의료 203 분류영역을 상당부분 직접적으로 기초하였는데 기질적 정신증, 지능장애, 정신장애, 신경정신장애, 성격 및 행동장애, 단순성격장애가 그러하다. 정신분석적 용어는 신경증, 정신증, 그리고 성격장애에 특별히 반영되었다.

의료 203과 DSM-I 모두, 기본 발상은 정신질환이 "…성격 발달의 어떤 탈선이, 반드시는 아니지만 대부분의 경우 스트레스가 되는 주변상황에 결합되어" 나타나는 것이라는 관점을 갖고 있었다(Houts, 2000, p. 946). 이는 오늘날 스트레스-취약성 모형(diathesis-stress model)이라고 부르는 개념의 초기 형태이다. "diathesis-stress(직역하면 취약성-스트레스)"라는 표현은 문법적으로 순서가 이상하고 대화체로도 막연한 불운한 명명이다. '취약성(diathesis)'은 결과적으로 스트레스에 휘둘리거나 부러지는 그래서 질환이 생기는 '약한 부분' 혹은 유전적인 결함을 떠오르게 한다. 국제보건기구는 (이 또한 의료 203의 영향을 받았다) 국제질병분류(ICD)의 제6판(1948)에서 처음으로 정신질환을 분류로 포함시켰다.

요컨대 의료 203과 DSM-I은 Adolph Meyer의 정신생물반응 개념과 정신분석 개념을 조합한 것이다. 이는 Meyer가 일반적으로 정신분석에 대해 그리고 특히 분석가들의 정통성 주장에 대해 회의적이었다는 점을 고려하면 정말 이상한 일이다. DSM-II는 1968년에 출간되었는데, 정신분석 개념을 유지한 반면 Meyer의 개념에서는 벗어났다(APA, 1968). DSM-II 서문에서 위원장 Ernest Gruenberg는 언급하길 위원회는 조현병과 같은 질환들의 병인론에 동의할 수 없었으며, 그래서 반응 개념은 삭제되었다고 했다. DSM-II는 1966년에 발행된 국제질병분류표 제8판(ICD-8)에 나열된 정신질환들을 그대로 따랐다. ICD-8 또한 정신질환들에 대한 정신분석 견해 상당부분을 그대로 유지했다. 질환들은 성격과 정신내적 갈등에서 유래된 문제들로 보았다. Karl Menninger는 이 시대의 관점에 대해서 묘사하기를 정신질환은 그의 환경을 적응하지 못한 개인의 실패라고 하였다―문제는 "증상 이면에 있는 것"이다(Menninger, 1963,

p. 325). 이러한 심리역동 체계는 건강한 개인과 그렇지 않은 개인을 구분하는 데에 만족스럽지 못하다는 논의가 계속되어왔다(Grob, 1987). 물론 비슷한 비평은 모든 DSM에서 계속되어왔다. DSM-I과 DSM-II는 당시 정신의학의 전문성을 정신분석적 사고가 담당하고 있다는 자긍심이 반영되어 있는 결과물이다. 하지만 그러한 자긍심은 계속되지 못하였다. DSM-III는 이전의 두 판형에서 근본적으로 벗어나 있다.

왜 DSM-III는 그렇게 근본적으로 이전의 두 형태를 벗어났을까? 단순한 해답은 정신의학의 생존을 위해서였다. DSM-III가 발간된 1980년 이전까지 정신의학, 심리학, 그리고 사회복지학 전문가들은 모두 정신분석 이론의 단점을 뼈저리게 깨달아왔다. 모든 인간의 행동을 설명할 수 있다고 했던 이론이 다 분석적으로 이해된다고 여겼던 그 증상들을 개선하는 데에 왜 거의 실패하였는가? 문제는 지그문트 프로이트가 자기 이론에 동조하지 않는 동료들을 못 참아내는 데에 악명이 높다는 정신분석의 그 뿌리에서부터 출발한다. 반대자를 배제하는 그의 태도로 종교와 흡사한 정통성이 재빠르게 세워지고 거기에는 토론자가 아닌 추종자만 남았다. DSM의 심리역동적 용어에 대한 신뢰는 1970년대 정신의학의 정통성 위기라고 부르는 상황을 야기했다(Mayes & Horwitz, 2005).

심리학과 정신의학의 영역이 임상의 장을 더 과학적으로 만들기 위해 임상가들은 경험 자료를 통해 검증된 이론에 따른 과학적 방법을 시도하려고 노력했다. 만약 이론이 검증될 수 없거나 치료의 결과를 예측하지 못한다면, 종교나 철학에서 말하는 신념과 다를 바가 없지 않은가? 경험적으로 검증된 서술적인 진단 기준의 필요성은 DSM-III에서부터 범주 방식의 장을 개척하였으며 DSM-5까지 여전히 이어지고 있다. 우리가 DSM을 진행형의 작업으로 볼 때, 우리는 DSM이 비록 단점을 가지고 있지만 초기 정신분석에 기초한 편람을 넘어서는 원대한 가치를 인정하게 된다(Frances & Egger, 1999).

국제보건기구가 DSM 변화에 준 역할

DSM-I, DSM-II, ICD-6 그리고 ICD-7에서 보이는 정신질환 분류에 경험적 지지가 부족했기 때문에, 국제보건기구는 진단에 관련한 포괄적인 검토를 시작하였다. 이 검토는 영국 정신의학자 Erwin Stengel에 의해 주도되었다. 그의 작업은 타당성을 증가시키는 임상 진단과 개념화된 명칭들을 향상시키는 것이었다(APA, 2000). DSM-III(1974년에 시작하여 1980년에 출간됨)의 개발은 ICD-9(1977년에 출간됨)와 같이 이루어졌으며 범주 접근(각각의 범주는 특정 증상들이 나열됨)이 소개되었다. DSM-IV(1994년에 출간)에서는 5-축 접근이 소개되었는데 질병의 원인을 규명하기 위해 이론을 배제한 견지를 유지하고 내담자의 다양한 전체 그림을 보여주려는 의도로 보인다. 흥미롭게도 DSM-5(APA, 2013)에서는 5-축 진단 체계가 제외되었는데 과학적으로 타당성이 입증되지 않았다는 것이 그 이유라고 한다(APA, 2013). 그런데 DSM-III나 DSM-IV의 많은 진단 범주가 서로 일치하지 않고 일부 진단 기준은 여전히 불명확했다. 이러한 점은 개정을 요하여 1987년에는 DSM-III-R이 그리고 2000년에는 DSM-IV-TR이 발간되었다.

DSM-III는 또한 정신의학자 John Feighner의 업적과 'Feighner 진단 기준'이라고 부르는 것에서 커다란 영향을 받았다. 전공의 3년 차에 Feighner는 특정 질환들의 진단 기준을 개발했다(Editorial, 1989). 이는 후에 그가 만든 정서장애와 조현병을 위한 기준목록(SADS; Endicott & Spitzer, 1972)의 기반이 되었다. SADS를 사용하여, 내담자들은 나열된 전체 진단 기준 중에 해당 기준의 개수를 충족해야만 확진이 가능하게 됐다. 대부분의 기준은 증상들에 기초하지만, 일부 사례에서는 병력과 과거 정신건강 문제들이 포함된다. 이러한 접근은 DSM-III에서 사용되어 지금의 DSM-5에도 남아 있다. 진단 체계의 타당성을 높이기 위해 SADS는 점차 개정되고 단순해졌다. 개정된 평가가 바로 DSM-III를 위한 구조화 임상 면담이다(SCID; Spitzer, 1983; Spitzer, Williams, Gibbon, & First, 1992). 시작부터 SCID는 임상 양식, 연구 양식, 성격장애 특화 양식과 같은 다양한 형태를 유지했다.[3]

DSM-III는 265개의 질환을 담고 있다. DSM-III-R은 1987년에 발행되었는데 292개의 질환을 담고 있다. 그리고 DSM-IV는 1994년에 발행되었는데 총 진단이 365개로 증가하였다. 각 DSM 판형마다 진단수와 쪽수가 어떻게 증가하였는지를 〈표 2.1〉에 정리하였다.

점차 쪽수와 진단이 늘어난 것을 보면서 DSM 일반에 대한 흥미로운 질문이 떠오른다. 비록 정신질환이 신체적/이질적 질환은 아니지만, 각 편람이 개정되면서 우리는 새로운 정신질환을 "발견한다." 사실, 어떤 저자들은 DSM이 '미친 짓'이라고 말하기도 했다(Greenberg, 2013; Kutchins & Kirk, 1997). 솔직히, 우리가 특정한 '구획'의 어떤 기준점을 연구하게 된다면 그것으로 하나의 새로운 질환이 생겨나지만, 이것이 DSM에서 진단이 많아진 방식인지는 분명하게 말하기 어렵다. 시작할 때부터 DSM(최근의 판형, DSM-5)은 전판에 비해 사실 진단수가 적어졌다(경도, 중등도, 고도와 같은 질환의 다양한 형태를 모두 포함시키지 않는다면 말이다).

일부 연구자들은 주장하기를 ICD에서 질병의 증가는 DSM에서 질병의 증가와 근본적으로 다르다고 말한다. 이 중 일부는 DSM에서 질병이 개념화되는 기능이다. DSM-III 이후로 기능부전(dysfunction)의 개념은 질환과 동일하게 보았으며, 이 점이 각 DSM 진단 범주의 (정신질환) 수를 증식시켰다(Houts, 2001). 심리학자인 Houts는 이 주제에 대해 여러 논문들을 집필하였다. 그의 주 논점은 DSM-I과 DSM-IV 사이 40년간 눈에 띄게 많은 진단들이 증가된 점

---

3 SCID는 http://www.scid4.org/index.html에서 볼 수 있다.

표 2.1 각 DSM의 진단수와 책 분량

판	연도	진단수	쪽수
I	1952	106	130
II	1968	182	134
III	1980	265	494
III-R	1987	292	567
IV	1994	365	886
IV-TR	2000	365	943
5	2013	약 350	946

에 모여 있다. 그는 또 말하길, 동시적은 아니지만 같은 시점에 임상에서 (상담과 사회복지의 전문가 자격증에 따르자면) 정신건강 전문가의 수가 엄청나게 늘어났다고 지적하였다(Houts, 2002).

우선 무엇보다도, DSM-III부터 5까지의 목적은 "임상 진료와 상호교류를 용이하게 하려는 것"이었다(Clark et al., 1995). 이론을 배제하고 병인론이 없는 DSM 발상은 정신분석 이론이 (혹은 다른 성격 이론이) 향후 정신 및 감정 장애에 대한 보다 나은 지식을 진전시키지 못한 실패가 직접적으로 반영된 것이다. 간단히 말해서 우리는 이들 질환들의 정확한 원인을 아직 모르며, 어떤 성격이나 마음이 어떻게 정신질환을 일으키는지 분명하지 않다.[4] 다시 말해, 이는 ICD에서 보이는 대부분의 질환들과 명백하게 대비되며, DSM과 ICD 간의 여러 차이점 중의 하나이다. DSM-III의 새로운 접근은 증상을 (설명이 아닌) 서술하는 진단 기준에 대한 임상 시험에 기반한다. 그 증상들은 서로 한 묶음을 형성하는 것으로 보인다(예 : 피로감, 식욕부진 그리고 쾌감결여[5]는 '주요우울장애' 범주 아래 있는 일련의 증상군이다). 이런 식으로, 증상들과 그의 범주들은 다른 증상 조합에서 얼마나 명확하게 서술되는지를 검토한다(여기서 '명확하게'라는 말은 임상가가 그 기준으로 얼마나 확실히 내담자를 진단할 수 있는지를 말한다). 이 관점으로부터, 우리가 비록 정신질환의 특정 원인을 모른다고 해도 우리가 정확하게 서술할 수 있다면 결과적으로 그 서술된 것의 원인을 탐구할 연구가 가능해지는 것이다. DSM의 (III 이후) 편집자들은 (Feighner 기준에서 유래한) 이러한 범주 접근을 사용해왔으며, 이로써 여러 대상들에게 반복되고 그것이 특정한 고통이나 기능부전을 초래하는 관찰된 행동 혹은 경험 패

---

4 이는 Mischel(1968)까지 거슬러 올라가는 오래된 문제이다. Ingersoll과 Zeitler(2010)가 쓴 글들을 보라.
5 제3장에서 서술하였듯이, 쾌감결여(anhedonia)는 우울증의 신경생장 현상 중 하나이며 기존에 자신에게 즐거움이나 재미를 준 일들에서 더 이상 즐거움이나 재미를 못 느끼는 상태이다.

턴에 근거한 증상군의 범주를 새로 만들었다. 이러한 체계 속에서, 주어진 범주의 여러 증상 기준들이 어떻게 개인에게 적용되어 진단으로 이어지는지를 알아보기 위한 다양한 문헌 고찰과 임상 시도들이 진행되었다.

DSM에서의 질병 모형

비록 DSM의 편집자들은 이 편람이 '이론을 배제한' 것이라고 하지만, 냉정히 이 표현은 사실상 정신병리의 의학 혹은 질병 모형이 정신의학자들에게 치우쳐 있고 비의료 정신건강 치료자들에게서는 멀어져 있음을 포장하기 위함이다(Douthit & Marquis, 2006; Malik & Beutler, 2002). APA에 따르면, 과거 DSM에서 사용한 5-축 진단은 '포괄적이고 체계적인 평가'를 용이하게 하고, 임상 상황의 복합성을 수긍하며, 내담자의 현재 기능 수준과 심리사회적 스트레스 요인을 명시할 수 있는 더 나은 통합 모형을 제시하기 위함이었다(APA, 2000). 5-축 체계는 질병의 신체적 측면만을 유독 강조하는 의료 모형에 대한 통합적 대안이 되었던 의사 George Engel(1977, 1997)의 생물심리사회 패러다임에 따른 것으로 보인다.

　Engel은 (제1장에서 언급한) 대증요법(allopathic) 의료 모형에 의한 진료는 곧 '질병 모형'이라 불리는 처치라고 하였다. 질병을 일으키는 원인을 처치하는 대증요법은 질병의 개선을 위해 질병의 과정을 다루는 것과 차별화된다. 예를 들어, ADHD에서의 부주의가 뇌에서 도파민 활동의 부족에 기인한 것이라고 한다면, 대증요법이란 증상을 경감시키고 내담자의 집중력을 높이기를 기대하며 뇌의 도파민 활동을 높이는 약물치료(예 : 암페타민)를 하는 것이 된다. Engel은 그에 반하여 주장하길 모든 영역(정신의학과도 포함)의 의료인은 내담자의 증상을 조절하기 위해서 내담자의 생물학, 심리, 그리고 사회 변수를 고려해야 함을 배워야 한다고 하였다. 많은 정신의학자들이 Engel의 주장이 의료 영역에서 빛을 보지 못하고 정신의학과에서 대증요법 접근 혹은 질병 모형이 득세한 것을 애석해한다. 특별히 5-축 진단 체계가 사라진 것에 대해서 그러하다(Cohen, 1993; Victor, 1996).

　질병 모형은 정신의학 질병분류가 DSM-III의 서술 형태를 따르면서부터 확실하게 강화되었다. 그러기 전까지는 정신과 진료와 질병 규정이 차원의 부분에 보다 더 치중되어 있었다. 차원은 다양하며 내담자의 증상들의 심한 정도 혹은 (불안과 우울의 증상들처럼) 여러 증상들이 서로 함께 작용하는 것처럼 보이는 현상과 관련되어 있다. 그러나 이미 언급한 것처럼 DSM-I과 II의 차원 특성이 주로는 정신분석 개념에 근거하였는데 정신분석적 접근은 내담자가 표현하는 주관적인 경험에 의존하는 성향이 매우 커서 이에 대한 의존도가 너무 과하다는 비판이 있었다. 이후로 DSM-III는 이와 대비되는 보다 '객관적인' 통계적 절차를 중시하였다.

이러한 비판은 이제 다시 정신질환을 보다 객관적인 통계 기법으로 연구하여 특정 증상들이 함께 나타나 증후군으로서 기능한다고 결론지으려는 사람들에게로 향하게 되었다. 정신의학자 Stephen Dills(2001)는 말하길, 증후군은 이를 구성하는 증상들로 서술된다. 그러므로 이러한 접근은 차원적인 것과 대비되는 '서술적인' 방식이라고 부를 수 있다고 하였다. Dills는 추가하길 서술적 모형은 특정 질환 혹은 내담자의 전체를 묘사하지는 않는다고 하였다. 그는 또한 더 엄격한 생물심리사회 접근을 활용하기를 제안하였다. 다시 말하지만, 그의 권고는 채택되지 못하였다. 현재 많은 정신의학자들이 서술 모형에 문제를 제기하고 DSM-5에서 차원 모형을 포함하여 통합하기를 주장하고 있다(Helzer & Hudziak, 2002; Maser et al., 2009; Tackett, Balsis, Oltmanns, & Krueger, 2009). 차원 개념이 일부 범주에 포함되어 있지만 DSM-5의 범주 구조 틀에서 보자면 그저 '끼어 있는' 정도인 것이다.

정신의학 질병 모형에 대한 도전

DSM의 근저에 있는 질병 모형은 여러 차례 문제가 제기되어왔다. Thomas Colber(2000) 그리고 Seymour Fisher와 Roger Greenberg(1997) 같은 비평가들은 지속적으로 심리적인 질환들이 중복결정적이며, 그런 의미에서만 보자면 대증요법 질환들과 매우 다르다고 말해왔다. 그들의 견해에서 보면, 포도상구균 감염증과 우울증은 엄청난 차이가 있는 것이다. 전자는 분명하게 개념화할 수 있어서 대증요법 접근으로 치료가 가능하나, 후자는 대증요법 접근에 대해 효과가 있을 수도 있고 없을 수도 있으며 해석학적인 치료들(객관적 지식에 따른 절차 진행보다는 상호주관적 대화, 토론, 해석, 그리고 내담자와 치료자의 이해를 공유하는 접근)이 필요할 수도 있다. 다른 비평가들은 DSM 범주의 타당성(validity)에 문제를 제기하였다. 예를 들어, 정신의학자 David Healy(1997)는 우울증 개념이 어떻게 의료 조직과 제약회사에게 '팔려서' 서술적 모형(DSM)에 들어가게 되었는지를 언급했다. 특정 증상들이 함께 나타나는 연결성은 처음에 '우울증'이라고 명명되었다. 그런 다음 우울증의 구조는 DSM을 통해 '팔렸다'. 우울증 개념이 의료 조직에 의해 '보급되면서', 항우울제는 이 질환의 치료로 각광을 받게 되었는데, Healy가 지적한 대로, 사람들이 치료제를 구매하도록 하려면 진단명을 받아야 하기 때문이다. Healy는 또한 미국에서 FDA 규정이 어떻게 정신의학의 서술적 모형을 강화하고 있는지를 묘사하였는데, 효과성 있는 약물들은 일부 질환에서 확실한 효력을 나타내야만 한다. DSM 범주가 없다면, 약이 효과를 나타낸다고 설명할 진단명 자체도 없는 셈이다. 다르게 말하자면, 확실하게 규정된 질환(정신질환)이 없으면 제약회사의 약 판매를 FDA가 허용하지 않는다(Healy, 2004). 만약 여러분이 제약회사에게 얼마나 큰 이득이 생기는지 모른다면 왜 제약회사가 DSM과 같은 인공적인 산물을 유지하고 증식시키는 데에 투자하는지를 납득하기 어려울 것이다. 우리는 일부 조제약물들이 많은 이들에게 얼마나 가치 있는지를 부정하려는 것이 아니다. 우리는 단지 경제와 정치의 복합 (사회적, 우하 분획) 차원이 실제로 정신질환을 구성하고 어떤 방식으로 진단을 규정해 가는지를 유념시키려 했을 뿐이다.

특정 DSM 진단의 타당도와 신뢰도가 어찌하든, 축 I 진단에 해당하는 것은 사설 의료보험 기관들(third-party payers)의 일차 관심사이며, 이러한 경향은 심리학과 기타 정신건강 수련에 영향을 준다. 이러한 역동은 많은 치료자로 하여금 진단에 대한 부정적인 반응을 주입시킨다. Thomas Hohenshil(1994)은 지적하길, 많은 임상가들은 진단의 필요성에 의문을 가지며 진단 붙이기를 인간의 복잡한 역동을 너무 단순하게 범주화하는 비생산적인 과정이라고 여긴다. DSM을 활용하는 이상적인 수련을 위해서는 Engel이 말한 생물심리사회 모형의 정신을 이해하고 이를 넘어서서 인간의 상태에 대한 모든 영역을 아우르는 것이 필요하다.

어떻게 DSM 범주는 발전되는가?

DSM 범주와 증상들은 문헌 고찰, 자료 분석과 재분석, 임상 시험 등을 하는 작업 그룹을 통해 만들어지거나 탐구된다. 문헌 고찰은 (진단에 의해 구성된) 각각의 작업 그룹에서 시작하여 그룹의 주제에 적절한 논점을 세우고, 그런 후에 관련 문헌을 고찰한다. 거기에는 임상 활용성, 서술적 타당도, 신뢰도, 그리고 개별적인 진단 기준의 실측 가능한 특성들이 포함되어야 한다. 문헌 고찰은 몇 가지 요인에 의해 좌우될 수 있다. 첫 번째로 그리고 가장 두드러지게, 통계적으로 유의미한 결과들을 담은 논문들은 통계적으로 유의미한 결과가 없는 논문에 비해 더 쉽게 출간되므로, 유의미한 차이를 나타내지 않은 많은 연구들은 공적인 가치가 전혀 없게 된다. 진단에 큰 관심을 갖는 제약회사들은 그들의 생산품이 많은 연구 고찰을 받을 수 있도록 지원한다. 많은 경우에서, 제약회사는 연구자들과 계약을 맺고서 유의미하지 않은 소견을 제거한다.[6] 이런 식이다. 제약회사는 네 번째나 다섯 번째 시도까지 어떤 유의미한 결과를 얻지 못하였으면서도 계속 임상 시도를 할 수 있다. 그런데 이러한 계약에서, 회사는 이 약이 비록 세 번째 임상 시도까지는 효과적인 소견이 없었다는 말은 제외하고 임상 시도에서 계속적으로 효과적이었다고 (설령 윤리적이지 않다고 해도) 법적으로 발표한다.

자료 분석과 재분석은 출간되지 않는 기초 자료들을 포함하고 있다. DSM-IV에는 40개의 재분석이 있었고, 임상 시험에서 검토한 새로운 진단 기준을 수차례 만들어냈다. DSM-5에서 신뢰도를 위한 재분석 횟수는 하나의 논쟁점이었는데, 비판하는 이들은 APA가 개발 단계의

---

6 이러한 문제들에 대한 요약은, Ingersoll과 Rak(2006)을 보라.

엄격함을 지키려 하는 동안(APA, 2012a) 중요한 절차들을 그냥 넘겼다고 주장하였다(Frances, 2013). 그래도, 모든 문헌 고찰과 자료 분석의 의문들은 작업 그룹 일원의 전문적 의견들에서 유래한다. 뚜렷하게, 이러한 작업 그룹 일원들이 채택한 방식은 '객관적인', 가치중립적 과학 보다는 종종 일원들의 이론 성향, 개인적 견해, 기타 정치적 요인들과 더 관련이 있다. 작업 그 룹은 임상 시험을 통해 어떻게 새로운 기준이 임상에서 수행되고 기존 DSM의 변화에 따른 예 상되는 영향력이 임상 현장에서 어떻게 벌어지는지를 보게 된다. DSM 편집위원은 진단 기준 을 개발하는 데에 몇 가지 지침을 갖고 있는데, 가급적 기준이 명확하고 단순해야 하며, DSM 기준이 ICD 기준과 적합한 균형을 유지해야 하며, 기준의 변동을 지지하는 가능한 많은 증거 를 모아야 한다. 우선은, DSM에 관한 신뢰도와 타당도를 명백하게 평가하는 것이 중요하다.

신뢰도

여러분은 연구나 실험을 할 때 신뢰도와 타당도를 따지는 것을 알 것이다. 신뢰도(reliability)는 진단 범주의 특질을 나타내는 데에 필요한 첫 번째 요건이다. 간단히 말해서, 신뢰도는 진단이 평가자와 시간 차에 구애받지 않는 정도이다. 타당도와 함께, 신뢰도를 평가하는 다양한 방법 이 있는데 내적 일치, 평가자 간, 시험–재시험이 들어간다. 진단 범주에서의 내적 일치도 예는 같은 진단 범주 안에 있는 다른 증상들이 그저 자주 같이 나타나거나 우연히 그런 게 아니라 그 범주 진단을 받은 사람들에게서 사실상 얼마나 일치되어 나타나는지 확인하는 것이다. 평 가자 간 신뢰도는 DSM 진단 기준을 사용하는 서로 무관한 평가자들이 같은 내담자를 보고서 동일한 진단을 내리는지 보는 것이다. 어떤 진단들은 평가자 간 신뢰도가 높으나(주요우울장 애 등) 또 어떤 진단들은 신뢰도가 유의하게 나타나지 않는다(성격장애 대부분). 마지막으로, 시험–재시험 신뢰도는 같은 진단을 다른 시간에 적용하여서 동일한 결과를 나타내는지 보는 것이다. 다른 말로, 특정 정신질환으로 진단된 한 사람이 6, 12개월 이후에도 같은 진단이 되 는지를 보는 것이다. 예상되는 대로, 내담자는 시간이 지나면서 좋아질 수 (혹 나빠질 수도) 있 기 때문에 정신건강에 대한 진단은 그만큼 복잡하고 어렵다.

아마도 신뢰도에 관한 가장 큰 도전은 임상가들이 진단을 위해 구조화 면담 양식을 거의 대 부분 사용하지 않는다는 점일 것이다(Aboraya, 2008). DSM에서는 면담, 연결되는 검사 결과, 그리고 연결되는 신체 검진 결과를 언급하고 있지만, 임상가들은 이러한 자료들을 제대로 모 으지 않고 물질관련장애 혹은 약물 유발 섬망과 같은 질환을 진단한다. DSM-5 또한 내담자 가 지리멸렬(incoherent) 증상을 보일 때엔(예 : 마주하는 심리적 의사소통이 불가한 경우) 진 단 추정을 허용하며, 임상가들은 가족이나 다른 정보 제공자의 정보를 들을 수 있다. 이러한 예외에도 불구하고, 보통은 오직 내담자에게서 직접 얻어낸 정보에 의해서만 진단이 내려진다. 이러한 문제를 다루기 위해, 반구조화 그리고 전구조화 면담 양식이 개발되어왔다(Meyer, 2002). 한 종설 논문에서 복합 국제 진단 면담(CIDI)으로 .92에 육박하는 평가자 간 신뢰도를 보였다는데, 진단은 임상가 혹은 컴퓨터에 의해 이루어졌다(Wittchen, 1994). 이 경우에서도, 높은 신뢰도는 임상가의 경험보다 내담자의 자기 보고에 더 큰 의존도를 보이게 된다(Meyer, 2002). 진단이 비구조화 면담에서 이루어질 때에도 내담자의 자기 보고에 의지하기는 하나, 이 경우엔 임상가가 그 정보를 어떻게 종합하느냐에 따라 진단이 좌우되기도 한다.

그러므로 비록 구조화 면담과 비구조화 면담 모두 장단점이 있지만, 서로 상이한 이유들에 따른 상이한 결과를 초래한다. 구조화 면담은 내담자가 기억장애가 있거나, 사실을 부정하거나, 바르지 않은 (주로는 과도한 긍정의) 방식으로 자신을 표현하려고 할 때 불리하게 작용한다. 여러분 중에서 David Rosenhan의 유명한 연구를 알고 있는 분이 많을 텐데 그는 비밀리에 8명의 조작된 내담자를 여러 정신과 병원에 심어 놓고 진단을 위한 면담 시에 다양한 소리들 (공허한, 텅 빈, 부딪히는 소리들)이 들린다고 말하도록 시켰다. 이러한 (입원하는 시점에서의) 조작과 함께, 이들이 (자기 개인정보는 제외하고) 자기 생활에서 실제로 경험한 구체적인 사실을 간단히 드러내라고 하였다. 그리고 입원하자마자, 모두 조작된 증상 표현은 중단하고 평소 하는 식으로 의료진과 교류하게 했다. 그들의 정상적인 행동에도 불구하고, 8명 중 7명이 조현병으로 진단 내려졌다(Rosenhan, 1973). 아마 더 흥미로울 법한 것은, 다른 입원 내담자들 대다수는 이들이 자기들에 비해 훨씬 '정상적이라고' 짐작을 했다는 것이며, 막상 정신의학자/정신건강 직원은 그것을 인식하지 못했다는 것이다.

연결되는 연구로, Rosenhan은 3개월의 기간에 조작된 내담자들이 보내질 수 있도록 몇몇 정신과 병원에 허락을 받았다. 이 병원들에는 Rosenhan식의 연구 결과가 자기가 속한 병원에서 마찬가지 반복을 보일 수는 없다고 믿는 의료진이 있었다. 3개월의 기간 동안 병원에 입원한 사람 중에 누가 그런 조작된 내담자인지를 가려내라고 그들에게 요청했다. 그들은 118명의 내담자 중에 41명을 조작된 내담자로 지적하였다. 사실 Rosenhan은 그 기간에 조작된 내담자를 1명도 보내지 않았다(Rosenhan, 1984). Rosenhan의 두 연구는 내담자와 임상적으로 면담하여 이루어진 진단의 신뢰도와 타당도에 대한 문제점을 부각시킨다.

DSM-5의 논란 중 하나는 여러 진단의 신뢰도에 대한 것이다. Allen Frances(DSM-IV 개발 위원장)에 따르면 신뢰도 검사는 두 단계를 거쳐야 했으나 임상 시험의 설계가 너무 복잡해서 첫 단계의 검사만 완료하였다고 했다. Frances는 DSM-5에서 진단 기준들이 불명확하다는 문제를 또한 느끼고 있다(Frances, 2009a, 2009b, 2012). 또 다른 문제로서 DSM-IV는 임상 시험을 NIMH의 지원금에 의해 진행한 반면, APA는 DSM-5에서 동일한 외부 지원금을 갖추지 못했다. NIMH 지원금 때문에 DSM-IV의 방법론은 동료 평가(peer-review) 과정을 통해야만 했으나, DSM-5에서는 방법론을 발전시킬 수 있는 동료 평가를 포함시키지 못했다. 그 결과로, DSM-5 연구자들은 타당도와 임상 활용의 의문들을 배제한 채 오직 신뢰도에만 집중하였다고 Frances(2013)는 주장하였다. 방법론의 문제들은 불완전한 신뢰도 시험으로 이끌며, 많은 진단의 신뢰도가 과거 DSM들보다 더 낮아진다. 지적한 대로, 기술적으로는 DSM-5에서도 두 단계의 신뢰도 시험이 있었을 것이다. 처음에 신뢰도 문제를 나타내는 진단들은 두 번째에서 다시 시험하여 조정이 될 것이다. 그러나 오직 한 단계만 완료되었다(Frances, 2009b, 2009c, Jones, 2012). APA는 이 작업에 대해 웹상에서 애써 변명을 하였지만, DSM-5가 개선이 있었는지 여부는 시간이 알려줄 것이다.

타당도

타당도는 자신이 믿고 있는 것을 묘사하는 어떤 구조(여기서는 DSM 범주를 말한다)가 어느 정도로 잘 묘사를 하는지를 보는 것이다. 타당도를 판별하는 데에는 여섯 가지 방법이 있다ㅡ 표면적 타당도, 내용 타당도, 수렴 타당도, 판별 타당도, 예측 타당도, 그리고 구인 타당도. 우리는 DSM 범주를 그 예로써 각각에 대해 설명할 것이다. 표면적 타당도는 간단히 진단 범주가 그럴 것이라고 믿는 것과 얼마나 '비슷한지'를 보는 것이다. 그러므로 피로감, 무기력, 슬픔이 모두가 주요우울장애(MDD)의 표면적 타당도를 지지한다. 흥미롭게도 표면적 타당도는 질환의 정신적, 심리적, 객관적 측면에 의존한다. 유물론자들은 심리적인 고통을 뇌의 전기화학 조율의 직접적인 결과로 여기는데 이를 통해서는 표면적 타당도에 절대 도달할 수 없다. 내용 타당도는 진단 범주가 측정하려는 것과 얼마나 연관되어 있는지를 보는 것이다. 다시 말해, 유의한 수의 우울증 내담자가 피로감, 무기력, 슬픔을 보고한다. 수렴 타당도는 진단 범주가 다른 범주들 혹은 검사들과 얼마나 흡사한지를 보는 것이다. 예를 들어, MDD로 진단된 사람은 흔히 벡 우울 척도(Beck, Steer, Ball, & Ranieri, 1996) 혹은 해밀턴 우울 척도(Williams, 1989)에서 우울증에 해당하는 점수를 보인다. 판별 타당도는 범주 혹은 진단이 대조군과 얼마나 다른지를 보는 것이다. 예를 들어, MDD 진단을 받은 사람은 DSM-IV의 전반적 기능평가(GAF) 점수가 90~100점(상위에서 최상위까지의 기능)에 도달하지 못한다. 예측 타당도는 어떤 경로의 진단 예측을 가능하게 하는지 보는 것이다. 예를 들어, 조현병의 진단은 앞으로의 기능에서 나쁜 예후를 예측할 수 있으나, 일시적 정신증 삽화(Brief Psychotic Episode)에서는 그렇지 않다. 마지막으로, 구인 타당도는 진단이 연관된 심리적 구성 인자들과 얼마나 흡사한지를 보는 것이다. 즉, MDD 진단에는 심리적으로 우울증이라 할 수 있는 비슷한 증상들이 나타나야 한다.

흥미롭게도, 진단의 타당성을 위해 필요한 것이 이렇게 있지만, 실제로 이것을 수행하기는 매우 어렵다. 1970년에, Eli Robins와 Samuel Guze가 정신의학적 진단에 대한 매우 광범위한 타당도 과정을 제안하는 문헌을 출간하였다(Robins & Guze, 1970). 그들은 평가되어야 할 다섯 영역을 권장하였다 ― 상세한 임상 서술, 실험 연구, 다른 질환들과의 구별, 후속 조사, 그리고 가족 연구. Robins와 Guze에게서 가장 중요한 단계는 마지막 두 단계인데, 계속되는 시간 연속성을 유지하면서 연구자들은 가족 안에서 종적으로 얼마나 많은 진단이 나타나는지 살핀다. Robins와 Guze가 이 다섯 영역을 활용하면서, 오직 16개의 진단만이 타당성이 있는 것으로 확인하였다. 그와 대비하여 Spitzer(1991)는 임상적 판단에 따른 200개 이상의 DSM-III 진단을 살펴보았다. Spitzer는 사실 결론짓기를 전문가의 합의는 진단 타당도를 평가하는 데에도 막대한 역할을 유지한다고 하였다. DSM-III, III-R 그리고 IV에서 공통된 하나의 문제가 있었다. 상이한 진단 기준을 개발하고 타당성을 평가한 지식 기반이 각 진단마다 서로 달랐다 ― 교훈 : 모든 진단의 타당도가 동일하지 않다(Rounsaville et al., 2002).

책을 읽어나갈수록, 여러분은 사회에서 제약회사가 '질병'의 공적 이해에 막대한 영향을 주고 있다는 문제의 사실을 보게 될 것이다. 제약회사는 연방 정부의 상하원 의원 각각을 위한 두 로비스트를 두고 있다(Peterson, 2008). 추가로, 1992년 연방법은 제약회사가 자기 제품을 보다 빨리 승인받도록 FDA에 '사용자 요금'을 내는 것을 허락하고 있다. 이 법에 앞서, FDA의 유일한 기능은 소비자와 경찰기관을 보호하는 것이었다(Peterson, 2008). 이에 더하여, 뉴질랜드를 제외하고, 미국은 세계에서 유일하게 약에 대하여 소비자에게 직접 하는 광고(DTCA)를 법적으로 할 수 있는 나라다. 정신건강 관련 약물의 DTCA는 (효과 여부와 상관없이) 광고된 약의 소비율과 기하급수적으로 관련된다. 이러한 광고들에서 질환의 일부들은 제약회사에 의해 날조되며(예 : '과활동 방광'), 다른 경우 광고는 보다 구매력을 자극하는 제목을 사용한다. 사회 공포증을 '사회불안장애'라고 부르는 것이 그러한 예인데, 이 명칭은 DSM-5에서 삽입된 명칭이나 이미 그전에 등장한 셈이다. 제약회사들은 (프로작/fluoxetine[7]처럼) 약의 특허가 만료됨을 여러 번 맞이하면서 (프로작을 사라펨으로 전환하듯이) 같은 약의 새로운 형태를 만들어 특허 상태를 다시 보존하려고 한다(Peterson, 2008). 사라펨은 fluoxetine과 성분은 똑같고 다만 서방형일 뿐인데 제약회사 릴리는 이 약을 월경전불쾌감장애(PMDD)의 증상을 치료하는 약으로 선전하고 있다. 월경전불쾌감장애는 DSM-IV의 보다 자세한 연구가 필요한 임상 상태 영역에서 처음 소개되었다. 이 범주가 결국 타당성을 인정받아 DSM-5에서 우울장애에 포함되긴 하였지만, 이의 치료제는 이미 벌써 개발된 셈이다. 이번 장의 주요 논점으로 돌아가서, 만약 전문가 합의가 진단 범주의 타당도를 평가하는 일차 방식이라고 한다면, 참여한

---

7 이 책 전체에서, 정신성 약물을 언급할 때엔 상품명(예 : 프로작)과 성분명(예 : fluoxetine)을 같이 명기할 것이다.

전문가가 제약회사의 고문으로 사례를 받는 것은 주목할 만한 갈등 소지가 되어야 한다. 최근 연구에서 제약회사와 APA에서 조현병, 양극성장애, 주요우울장애의 임상 진료 지침을 만드는 작업 그룹 사이의 관계를 조사하였다. 이 연구에서, 18명의 작업 그룹 구성원(90%)이 최소 하나 이상의 제약회사 자금 지원과 연결되어 있었다(Cosgrove et al., 2009). 이러한 점은 여러분에게 혐오감을 유발해야 한다 — 우리는 어떻게 혹은 왜 이것이 적법한지를 이해할 수 없다. APA(2012b)는 Cosgrove의 연구가 개발위원들에 대해 공정하지 않은 평가를 하여 그들에 대한 재정 지원을 차단하려는 저의가 있다고 문제 제기하였다. DSM-5를 만들 때 작업 그룹 구성원은 주목할 재정 사항(Financial conflict of interest, FCOI) 양식을 작성하도록 요청받았으며, DSM-IV에서는 이런 것이 없었다. 그 결과를 보니 3/4에 가까운 DSM-5 패널 구성원이 제약회사와 금전 연결이 있었고 각별한 연결을 보인 패널 그룹들은 약물치료가 치료의 1차 선택이 되는 질환들의 연구를 담당하였다(Cosgrove & Krimsky, 2012).

그러므로 이러한 정치 역동과 그것이 새로운 진단 범주 승인에 관련될 가능성 그리고 돈, 권력, 새로운 진단의 승인에 따른 이득이 이 과정에 얼마나 영향을 주는지를 이해하는 것이 중요하다. 물론, 우리는 양쪽의 이야기를 다 들으려고 하는데, 부당한 영향의 우려가 실제 부당한 영향만큼이나 손해를 입힐 수 있기 때문이다. 통합 관점에서, 하부 분획은 우리로 하여금 정신, 사회, 그리고 문화 역동이 정신병리의 이해와 규정 방식에 어떻게 영향을 주는지 다시금 고려하게 한다. 다시 말해, 이는 임상가의 비판적 사고가 어느 영역에 필요한지의 문제이다.

진단 및 통계 편람에서 '통계'란 무엇인가?

DSM의 초기 버전에서 '통계'라는 말은 편람의 목적으로 의도하여 사용된 용어인데 질병의 발병률이나 예후를 통계적으로 측정하려는 것이다(Kraemer, Shrout, & Rubio-Stiper, 2007). DSM-III를 시작하면서, 진단의 신뢰도(이미 언급한 바 있다)를 통계로 평가하는 것이 더 강조되었다. 다른 말로, 어떤 연구에서 한 개인을 진단하기 위한 면담을 여러 임상가가 지켜보면서 각자 진단을 해본다면, 평가자 간 신뢰도는 얼마나 될까? 더 간단히 말해서, 같은 내담자를 같은 질병으로 진단 내릴 확률은 얼마나 될까? 이런 논의가 DSM-III부터 시작되어, DSM의 많은 문제들이 통계학자에 의해 제시되었다. 특징적인 (DSM-5에서도 제시되는) 하나의 논점은 신뢰도에 초점을 맞추는 과정에서, 통계학자들은 타당도를 희생하게 되는데 이는 임상가들에게 더욱 중요하다(Kirk & Kutchins, 1992).

DSM-IV, DSM-IV-TR, 그리고 DSM-5에서는 진단 규정을 바꾸기 위한 요건에서 경험적인 증거의 비중을 더 높이려는 시도를 하였다. 언급한 대로, DSM-5에서는 두 단계의 신뢰도 연구가 계획되었으나, 두 번째 단계는 완료되지 못하였다. 이로 인해 DSM-5 개발자들이 기대한 것보다 덜 엄격한 통계적 검증을 초래했다(Kraemer et al., 2007). 통계학자들의 중대한 결정 중 하나는 우리가 '환자'이라고 말하는 것을 명료화하려는 것이었다. **환자(disorder)**이란 단어는 원인이 불명확할 때에 사용되며, 원인이 규명되면, **질병(disease)**이라는 말을 사용한다(WHO, 1992). (그런데 현실적으로 우리나라 전문용어 번역상에서 disorder와 disease의 의미 차이는 없는 편이며 본서 번역이나 다른 서적에서도 질환과 질병은 번역 용어로 혼용되고 있다. – 역자 주) 더 나아가, '진단'은 임상가들에게 그 내담자가 어떤 증후군의 고통을 겪고 있는지를 판단하는 데에 도움이 되어야 한다. 모든 진단의 질은 임상가의 판단이 내담자의 상태와 그리고 같은 진단의 다른 내담자들 기록과 얼마나 맞아떨어지는지에 달려 있다(Kraemer et al., 2007).

　통계학자들은 진단 범주의 변경이 연구자들로 하여금 위험 인자, 원인 인자, 혹은 효과적인 예방과 치료를 위한 여러 과정에 근접하도록 돕는지를 또한 평가할 수 있다. 다시 말해, 범주가 바뀌면, DSM 개발자는 변화에 대한 신뢰도와 타당도를 시험해야 한다. 이상적으로는, 이러한 시험은 범주를 개발하고 기존 범주를 바꾸려는 임상 초기단계에서 다양하게 이루어지게 된다. 자세한 말은 생략하고, 통계를 타당하게 적용하기 위해서는 적절한 통계적 실험이 최적의 상태에서 적당한 이유들에 따라 시행되어야 한다는 것이다. Anne Spence와 그의 동료들(Spence, Greenberg, Hodge, & Vieland, 2003)은 말하길, 통계학자들은 자주 임상 현장에 마음이 끌리는데 취직할 기회이기도 하고 임상이 새롭고 흥미롭기도 하기 때문이다. 이 경우, 진단의 기본에 대한 깊은 이해보다, 자기들이 이미 알고 있는 통계 기술들의 적용거리를 찾는 편이다. 이로 인해 통계가 적용될 임상의 필요와는 동떨어진 새로운 통계 디자인이 등장하기도 한다(Spence et al., 2003).

DSM 사용의 임상 지침

제2장을 마칠 즈음, 우리가 여러분에게 바라는 것은 실질적으로 DSM에 대해 비판적 사고를 갖게 되는 것이다. 우리가 DSM에 대한 비판적 관점을 제시하였으니, 이제 우리는 이 문서를 어떻게 활용해야 하는지 그 대략을 제안하려고 한다. 책 전체에서 우리는 DSM과 통합 진단 모두를 고려할 수 있는 사례를 포함시킬 것이다. 제1장의 카티아 사례와 흡사하게, 우리는 내담자의 나열된 문제를 언급하고 나서 여러분이 표현된 증상들을 어떻게 적어 내려가야 할지 연습하게 할 것이다. 글로 적는 사례는 정확한 진단을 내리기가 쉽지 않은데 왜냐하면 임상 교류를 통해 보이는 많은 측면들이 빠져 있기 때문이다. 뒷부분에, 우리는 DSM을 사용한 진단 접근을 요약하고, 이어서 작성된 사례를 임상 단축 양식으로 서술할 것이다. 이어지는 요약

은 Ekkehard와 Sieglinde Othmers(1994a, 1994b)가 쓴 임상 면담에 관한 두 권의 책에서 정리한 것이다. 이 내용은 일반적인 지침으로 볼 수 있다. 일부 기관과 임상 현장에서는 앞서 언급한 DSM을 위한 구조화 임상 면담(SCID)과 같은 정형화된 면담 양식을 사용한다.

임상 면담의 네 가지 구성요소

임상 면담의 네 가지 구성요소로는 라포 형성, 정보 모으기, 정신상태 검사, 그리고 진단 내리기가 있다.

라포　내담자와 임상가가 어떻게 관계하는지는 임상 평가의 가장 중요한 측면 중 하나이며, 내담자-임상가 관계는 심리치료 결과의 일차 요인으로 알려져 있다(Duncan, Miller, Wampold, & Hubble, 2009). 라포에는 내담자를 편하게 하고, 내담자의 마음 상태를 인지하며, 면담 시간 중에 무엇을 하는지를 간단히 설명해주어서 내담자를 준비시키고, 내담자가 심리적으로 머무는 위치에서 내담자를 만나는 능력이 포함된다. (라포는 치료적으로 신뢰하는 협력관계를 나타내는 용어로, 번역하기보다 원어 그대로 쓰는 편이다. – 역자 주) 내담자와 라포를 세워가는 능력은 내담자가 말하기 어려운 점을 스스럼없이 이야기하게 하는 수준과 직접적으로 연결된다. 확실히, 라포는 심리역동과 서술적인 면담 작업 양식 안에서 논의되어왔다. 라포를 세워가는 데에 그 두 측면을 활용할 수 있다.

　심리역동 안에서는 특별히 라포를 전이와 역전이라는 용어 안에서 개념화한다. 전이는 내담자가 치료자를 자기 인생에서 있었던 중요한 대상들에게 보였던 태도와 비슷한 방식으로 대하는 것을 말한다. 예를 들어 필자(Ingersoll)는 한 흑인 미국인 수감자와 출소를 위한 면담을 하였는데, 그는 말하길 "당신은 그저 내가 뭘 원하는지 물으면 됩니다. 어쨌든 그게 이 자리가 있는 이유죠."라고 하였다. 우리가 교류하면서, 그는 나를 또 하나의 백인 특권층으로서 자신은 얼씬도 못하는 사회 조직의 '일원(cog)'으로 보고 있음이 분명해졌다. 그가 나에 대해 생각한 것이 맞고 틀리고는 중요하지 않다. 그가 그렇게 믿고 있다는 것이 중요한 것이고 Yalom과 Leszcz(2005)가 말하였듯이, 이러한 감정적인 중요성을 무시한다면 우리는 그 시간에 그 밖의 다른 어떤 것에 대해서도 얻을 수 없다는 것이 확실하다. 여러분이 심리역동 이론을 인정하는지 여부를 떠나서, 우리 모두 주어진 사람과의 현실 교류보다 과거 경험을 거울처럼 답습하는 방식으로 사람을 대하고 있을 때가 있다.

　라포에 대한 또 다른 접근은 서술적 접근인데, 이는 인본주의적, 그리고 특별히 내담자 중심 이론에서 파생된 것이다. 라포에 대한 이 접근에서 가장 이상적인 것은 내담자-치료자 면담이 이해에서 신뢰로 나아가는 것이다. 이상적인 것은 여러분이 내담자의 경험을 공감하고 내담자의 가장 관심 논점을 내담자가 한 말에 기초하여 정확하게 반영하여 돌려주는 것이다. 내담자가 여러분을 내용과 감정 둘 다 귀 기울이는 사람으로 느낄 때(이는 당연히 여러분이 내담자의 감정을 말의 내용만큼이나 중요하게 반영하였기 때문이다), 그 순간 여러분에 대한 신뢰가 상승하게 될 것이다.[8] 이에 대한 하나의 예로 어떤 내담자가 해결할 문제 목록을 갖고는 있으나, 근본적으로 그녀는 삶이 압도하는 느낌을 받아서 상담에 왔다. 이러한 상황에서, 임상가는 이렇게 반영했다. "저는 당신에게서 결혼과 아이들에 대한 모든 염려들, 아르바이트라도 좋으니 일을 다시 시작하는 것, 그리고 친구들에게 비판받을 것에 대한 두려움 등등을 들었습니다. 그런데 이어져 있는 것은 공포 혹은 당신의 모든 것을 다 전달하지 못할 것이라는 불안인 것 같습니다. 이 느낌이 맞을까요?" 이러한 반응은 내담자의 면담 상황을 보다 잘 그려내는 것만 아니라, 또한 이 치료 시간에 내담자가 무엇으로부터 해소되기를 원하는지에 집중하게 해준다.

내담자에게 정보를 모으는 전략들   임상 면담의 두 번째 요소는 때때로 기술이라고 부른다. 여기에는 라포와 임상가의 지침이 되는 이론을 수립하는 방법들이 포함된다. Othmer와 Othmer(1994a)는 내담자의 호소, 저항, 방어에 초점을 맞추는 세 가지 전략을 정리하였다. 내담자의 호소는 귀 기울여야 할 가장 명백한 부분일 것이나, 이것은 다양한 방향을 가리킨다. 예를 들어, 환청(목소리가 들림)을 겪는 한 내담자가 소리가 멈추기를 바란다고 하자. 이 예에서 증상은 자아 이질적, 즉 그는 증상이 **부적절하**다고 여기고 있으며 증상이 사라지기를 바라고 있다. 여러분은 그의 위치에서 그를 만남과 동시에 그를 도울 치료 계획을 세우기 위한 충분한 정보를 모을 필요가 있다. 또 다른 내담자는 사람을 대하는 방식에 문제가 있고 감정 경계가 결여되어 있다. 성격장애 진단에 합당한 내담자들은 이와 비슷한 징후를 보인다. 그는 과도하게 아첨을 하는 것처럼 보인다. 일례로 그는 치료자가 자신을 순식간에 치유해줄 거라고 말한다. 이 사례에서 증상은 자아 동조적, 즉 그는 자신이 **적절하**다고 여기는데, 일반적으로 자아 동조적 문제들을 가진 사람들은 자신의 문제를 문제로 인식하지 않는다(그들은 자신의 문제들을 객관적인 인식 대상으로 여기지 못한다). 그들은 오히려 타인이나 세상을 문제로 여긴다.

때때로, 임상가의 질문이나 면담에 저항하는 내담자의 방식은 무엇이 임상 작업을 요하는 문제인지를 깨닫게 한다. 내담자가 말하기를 주저할 때 그 점을 수용하는 표현을 해주면 조롱이나 비판에 대한 두려움을 극복하는 데에 도움이 될 것이다. 이러한 경우들에서, 내담자가 자기 저항을 극복하도록 여러분은 그를 격려하거나 그가 무엇을 두려워하는지 반영해줄 수 있다(예 : "당신이 말하기를 주저하는 것은 저에 대해서 잘 모르고 제가 당신을 비판하지 않을까 염

---

8 물론 이것은 칼 로저스(1957)가 말한 치료적 변화의 여섯 가지 핵심 요소 중의 하나를 일컫는 말이다.

려해서 그런 것 같습니다"). 또 다른 접근은 저항을 부드럽게 직면시키는 것 혹은, 달리 말하면 내담자가 무엇을 하고 있는지를 객관적인 인식 대상으로 삼도록 하는 것이다. 우리가 지도한 한 치료 시간에, 내담자는 임상가가 감정에 대한 주제를 꺼낼 때마다 매번 주제를 바꾸었다. 나중에, 임상가는 "제가 감정을 언급할 때, 논의를 다른 주제로 바꾸는 것이 느껴지네요. 아마도 감정에 대한 이야기를 하기가 어려운가 봐요."라고 말하였다.

좀 더 강하게 저항하는 내담자들의 경우(그리고 자신이 저항하고 있음을 아는 경우), 여러분은 여전히 과정에 대해 말할 수 있다. 한 여자 내담자는 헤로인 중독을 치료 중이었는데 그 부분은 자꾸 이야기를 벗어나서 관련 없는 내용만 말하였고, 자신은 헤로인 사용에 대해서는 더 이상 말하기 싫다고 하였다. 이 경우에서 치료자는 "제가 보기에 당신은 지난 2년간 당신이 살아온 삶의 방식을 쳐다보는 것을 정말 힘들어하는군요."라고 말하였다. 이때, 내담자는 그 삶의 방식을 정말 제대로 볼 수 없음을 수긍했지만 그래도 멈출 생각은 없다고 하였다. 이것으로 더 중요한 주제가 드러났다. 그는 마약 중단의 의지가 없다.

내담자의 어려움들을 이해하는 또 다른 길은 나타난 방어를 통해서이다. DSM-5는 (이전 판들도 그러하다) 용어해설 부분에서 방어들을 나열하고 있다. 이것들은 특성상 심리역동적인 개념이긴 하지만 내담자가 어떤 작업을 원하는지를 규명하는 데에 유용하다. 언급한 헤로인 중독 내담자의 경우에서, 부정(denial)은 그녀가 지속적으로 사용하는 문제되는 방어이다. 방어는 사실 필요하고 건강한 심리적 필요를 채운다(그것이 의아하다면, 합리화 없이 지낸 게 과연 며칠이나 될지 생각해보면 금방 동의할 것이다). 어떤 내담자는 유머를 자신에게 도움이 되기보다 자신에게 상처가 되는 방식으로, 그것도 너무 길게 사용하는 성향이 있었다. 처음 면담에서, 그는 악수를 하자고 먼저 손을 내밀고, 의료진이 악수를 하려는 순간 손을 빼버렸다. 내담자는 "선생님 이거 미친놈들이 하는 짓 아닌가요?"라고 했다. 그의 유머 방어는 보통은 공격적이며 타인을 향한다. 그리고 이러한 점은 그가 해소하고자 하는 것 중 하나가 그의 분노라는 것을 규명할 수 있게 도와준다.

정신상태   정신상태는 면담 중에 보이는 내담자의 마음 상태를 말한다. 특별히 우리는 사람(그가 누구인지), 장소(그가 어디 있는지), 시간(그가 언제 있는지 — "지금 몇 시/몇 년인가요?"), 그리고 상황("이 면담은 뭘 하는 것인가요?")에 대한 내담자의 지남력(oriented)이 유지되는지를 평가하는 것으로 시작한다. 내담자가 상식선에서 대답하면 '지남력 유지×4' 혹은 '감각 명료(clear sensorium)'라고 표시한다. 만약 내담자가 면담에 잘 응하고 있다면, 굳이 지남력을 평가하는 질문을 하지 않고 면담을 진행할 수도 있을 것이다. 만약 내담자가 사람, 장소, 시간이나 상황에 대해 혼동을 보인다면 정신상태에 대한 보다 직접적이며 정밀한 검토를 시도할 수 있다(Faber, 2009 ; Davis & Zimmerman, 1994 ; Strub & Black, 1993).

기질적인 손상(예 : 중풍, 뇌손상)을 겪었거나, 물질중독의 영향하에 있거나, 약물 부작용을 겪고 있거나, 혹은 정신증을 겪고 있는 내담자로 추측된다면 정신상태 검사가 도움이 된다. 이러한 점들은 종종 그 차이를 명확히 분별할 수 없으며, 그럴 때엔 의학적 평가를 의뢰할 수도 있다. 병원에서는, 내담자가 지난해 건강검진을 받았는지 확인하는 것이 도움이 되는데, 종종 내담자들이 건강검진을 받은 적이 없고 건강 보험이 없는 경우도 있다. 이러한 경우에는 의학 평가를 의뢰해야 하는지에 대한 충분한 임상 판단을 내려야 한다.

비록 이것이 진단 면담을 위한 책은 아니지만, 적어도 내담자에 대한 다른 정보 출처들을 나열하는 것이 중요하다(Hanstra, 1994). 내담자의 외형 ─ 체형, 위생/말쑥함, 복장, 자세, 눈 맞춤, 정자세(내담자가 가만히 있는 방식) 등을 포함 ─ 은 현재 문제의 일면을 포착하는 단서가 될 수 있다. 한 내담자는 7월에 겨울코트와 모자와 귀마개를 하고 왔다. 옷이 소리들을 막아준다고 한 그의 말은 그가 심한 증상을 겪고 있다는 일차 단서가 되지만, 그의 복장은 임상가가 문제를 좀 더 빨리 확증하게 해주었다. 제I형 양극성장애(예전엔 조울증이라고 불렸다)를 겪고 있는 또 다른 내담자는 그가 조증 상태를 말해주기도 전에 현란한 색상의 차림새로 문제를 보여주었다. 이 경우에서, 보호자는 그가 번쩍거리는 옷차림새로 변할 때 조증 상태를 예견하고 병원에 데려갈 수 있었다고 말했다.

내담자의 태도(attitude)는 또 다른 중요한 평가 요소이다. 내담자는 면담하기를 원하는가 혹은 아닌가? 내담자는 의심하거나, 화나 있거나, 냉담하거나, 혹은 심각하게 우려하고 있는가? 예를 들어, 걱정은 불안장애를 겪는 사람들에게 흔하다. 그러므로 걱정은 초기 면담에서 임상가가 정확한 방향을 잡아가는 신호가 될 수 있다. 내담자의 말은 관찰해야 하는 또 다른 점이다. 때로 내담자의 분명한 언어장애가 내담자의 기질장애 혹은 뇌손상을 암시할 수 있다. 우울한 내담자들은 주로 작은 목소리로 생기 없이 말한다. 이는 관찰해야 하는 또 다른 점으로 이끈다. 기분과 정동이다. 기분은 내담자 스스로에 의해서 보고되는 그의 감정 상태인 반면, 정동은 그것이 겉으로 표출되어 임상가에 의해 관찰된 것을 말한다. 정동은 얼굴 표정, 몸의 움직임, 가끔은 목소리 톤에 의해 나타나며, 금방 바뀔 수도 있다.

사고 과정과 사고 내용 또한 임상 면담에서 평가하는 중요한 부분이다. 사고 내용은 원칙적으로는 그의 생각의 내용으로 그가 공유한 것을 말한다. 망상, 환각, 혹은 강박사고와 같은 내용은 정신증이나 강박장애와 같은 다양한 질환을 짐작하게 한다.

발달 단계(제1장에서 논의하였다)와 관련하여, 사고 과정은 내담자가 주로 사용하는 인지 도구들을 알아내는 단서를 보여준다. 은유를 적절하게 사용하는 내담자는 추상적 사고의 흐름을 잘 좇아갈 수 있고, 형식적 조작 사고의 역량을 나타내어 같은 부분을 다양한 정황들 가운데 논의할 수 있다. 보다 고지식하게 말하며 은유를 당혹스러워하는 내담자는 구체적 조작 사고를 벗어나지 못한다.

일부 DSM 질환들에서 나타나는 특별한 사고 문제들은 그러한 질환이나 문제를 짐작하는 단서가 된다. 연상 이완(loose associations)은 내담자가 표현하는 생각들이 서로 앞뒤 연결이 안되는 경우이다. 사고 비약(flight of ideas)은 내담자의 생각이 하나에서 그다음으로 너무 빨리 뛰어넘는 것 같은 경우이다. 반복사고(perseveration)는 내담자가 특정 단어나 문장에서 막혀 있는 것처럼 보이는 경우이다. 어떤 사례에서, 내담자는 "선생님 그렇잖아요. 선생님은 나와 함께 하게 될 그런 거짓된 종류의 사람은 아니잖아요. 선생님 그렇잖아요. 선생님은 개네들이 나를 직장에서 정당하게 대했다고 생각하지 않잖아요. 선생님 그렇잖아요. 선생님은 개네들이 나를 직장에서 어떻게 대하였는지 제대로 보셔야 해요. 선생님 그렇잖아요…." 등의 말을 한다.

진단 최종적으로, 면담의 네 번째 요소는 내담자의 진단을 제시하는 것이다—그것이 진료 범위 안에 있다면 말이다. 미국 대부분의 주에서는 (면허를 가진) 정신과 의사, 심리학자, 사회복지사, 상담사 그리고 정신보건 간호사에게 정신 및 감정 질환들을 진단하는 것을 허용하고 있긴 하지만, 소속 지역에서의 진료에 관한 법과 범위를 숙지해야 할 것이다. 내담자에 대해 더 알수록—그들의 강점과 약점, 그들의 결핍과 자원, 그리고 호소하는 증상들—더 적절한 진단을 내리게 될 것이다. 앞서 언급한 것처럼, 구조화 진단 면담(SCID 같은 것) 혹은 구조화 접수 양식을 활용할 수 있으며 이로써 몸과 마음에 관련된 관심사(내담자 세계관의 일부라면 영적인 관심사도 포함)를 모두 아우를 수 있다(Marquis, 2008).

DSM-IV와 같이 나온 진단 도구는 편람의 부록 A에 있는 판정 도식이다. 이는 일반 의학적 상태에 의한 정신장애들, 물질유발장애들, 정신증 장애들, 기분장애들, 불안장애들, 그리고 신체형 장애들을 감별 진단할 수 있는 흐름도를 제공한다. 이는 도움이 되는 지침일 수 있지만, 임상 판단 부분을 대치하는 영역은 아니다. 임상 판단은 경험과 함께 발전한다. 하지만 접수 평가에서, 내담자에 대한 경험, 그리고 우리가 앞서 언급했던 다른 영역들은 DSM과 통합 진단(제1장에서 논의하였다) 모두의 윤곽을 세우는 충분한 정보를 제공한다. 다음으로 넘어가기 전에, 다른 하나의 사례를 여기 소개함으로써 통합 진단을 처음으로 구체화하고 이것이 어떻게 DSM-5에 도달할 수 있는지를 논의하겠다.

호르헤 사례

호르헤는 작은 샌드위치 가게 두 곳을 운영하는 43세 자영업자다. 그가 3세 때 그의 가족은 페루에서 이민을 왔다. 어릴 적에 특이할 만한 병력이나 약물남용이 없었으며, 지남력 유지×4를 보였다. 그의 문화 배경으로 인해, 그는 DSM-5에 새로 포함된 문화 형식 면담(Cultural Formulation Interview, CFI)을 받게 되었다. CFI 요인에 대한 몇 가지 반응으로 보아서 그는 기본적으로 백인이면서 중서부 지역에 거주하는 페루 가정에서의 성장 과정에 따라 그리고 기질에 따라 타인에 대한 쑥스러움과 서투름을 느끼고 있음을 알 수 있다. 그는 이야기할 때 눈맞춤을 이어가지 못하였고, 굴곡 없는 어조로 이야기하였다. 그는 애완견과 함께 혼자 살고 있으며 친구가 거의 없다. 그는 교회를 다니려고 노력하고 있다고 하지만 종교심 때문은 아니다. 그는 거기서 사람을 만나기를 바라지만 자신이 거기 어울리지 않는다고 느낀다. 그는 대부분의 시간을 일하며 보낸다고 하였고 일터는 그에게 실질적으로 가장 잘 어울리는 자리라고 말한다. 그는 손님들과 쉽게 대화를 나눌 수 있는데, 그 이유는 그들이 자신에게 일 외의 다른 어떤 기대도 하지 않기 때문이라고 대답한다. 그의 어려움을 가중시키는 것은 가족 지지 체계가 없다는 것이다. 그는 형제가 하나 있는데 서해 연안에 살고 있고 어머니와는 가끔 연락한다(그의 아버지는 4년 전에 돌아가셨다).

　그의 주된 호소는 불안해서 잠들기 어렵다는 것이다. 그는 옷을 잘 입고 말쑥한 용모를 유지하고 있으나 자기를 이상하게 여겼다. 면담에서, 그는 자기를 계속 고쳐 말한다. 처음엔 "난 못 자요." 하더니 "아니요, 그게 아니고요. 전 불안해요. 그게 잘 못 자는 이유죠."라고 한다. 그의 태도는, 비록 신뢰할 만하지만, 조심성이 많아 보이고 의료진이 "당신은 상담에 마음을 편히 못 가지시는 것 같네요."라고 하면, 호르헤는 대답하길 "마음이 편하… 어, 그게… 있잖아요… 이런 걸 해본 적이 없어서요."라고 한다. 상담에서 주로 어떻게 대화가 되는지를 이야기한 후, 호르헤는 자기의 현재 어려움에 대해 좀 더 잘 드러내게 된다. 그는 그의 일이 이제 나아지는 시작이라고 생각하면서도, 말로는 금전적으로 "타격을 입었다."고 말한다. 그게 스트레스의 주된 원인이냐고 묻자, 그는 "꼭 그런 건 아니다."라고 말한다. 호르헤는 그가 가끔 심장 마비가 오는 것처럼 느낀다고 하였다. 그는 "…심장이 쿵쾅거리고, 땀이 나고, 그리고는 가게를 뛰쳐나갈 것 같은 생각이 올라와요."라고 말했다. 그는 심장 질환 전문의에게 전체적인 진찰을 받았다.

　의료진이 불안에 대해 말을 하면, 호르헤는 합리화를 하는 편이다. "… 아, 네. 이 모두가 제 머리에서 나오는 문제라는 것을 알고 있고, 아마 모든 사람들이 이런 문제를 갖고 있다고 생각해요." 30분 정도 논의 후, 호르헤가 경험하는 공황이 그의 불안만큼이나 일차적인 문제라고 짐작되었다. "…글쎄 그럴 수도 있지요. 그런데 졸리지는 않고 이럴 때 먹을 수 있는 약이 있는지 모르겠네요."라고 그가 말했다. 의사는 그에게 적은 양의 자낙스/alprazolam을 처방하였는데, 호르헤는 먹고 졸렸다. 그래서 의사는 소량의 렉사프로/escitalopram을 시도하였으나, 호르혜는 성기능 저하의 부작용을 달가워하지 않았다. 의료진은 그가 의사의 처방을 거리끼고 있는 것으로 정리하자, 호르헤는 "…그게, 어… 저는 부작용이 없는 다른 어떤 약이 있을 거라고 생각해요."라고 말한다. 호르헤의 사고 흐름은 정상적으로 보이지만, 공황 상태에선 생각도 날뛴다고 그는 말한다. 그는 또한 말하길 가끔 부정적인 생각에 휩싸이는 편이라고 한다. 그는 긍정적 생각에 대한 책을 읽지만 별 도움이 되지는 않았다. 그는 일터 말고 다른 어디에서든 편할 곳이 있을지 걱정을 했다.

어떤 부정적인 생각이냐고 묻자, 그는 "그게 좀 신기하긴 하지만, 저는 제 심장과 제 일이 걱정됩니다. 둘 다 괜찮은 줄 알면서도 '혹시 아니면 어쩌지?' 하는 생각이 올라옵니다."라고 말했다. 그의 강박사고에 강박행동 동반은 없는 것으로 확인된다. 그는 최종적으로 "저는 저의 가장 큰 문제가 공황장애라는 생각이 드네요."라고 말한다. 그의 공황은 오직 그가 일터에 있을 때에만 나타나지만, 일하는 시간 내내 나타나는 건 아니다. 공황은 한 달에 여섯 번 정도 나타나며 다시 나타날지 염려하게 된다. 그는 발작을 피하려고 두 번 병가를 냈다. 그는 일 쉬는 것을 싫어했는데, 왜냐하면 "일은 저의 삶입니다."라고 말하는 사람이기 때문이다.

	내부(내면)	외부(외현)
개인	공황의 느낌들 비현실적인 공포와 강박사고들 생각이 날뛰는 불안 어울리지 않을 것이라는 염려	발작을 피하기 위해 병가를 냄 약은 먹지만 좋아하지 않음 눈 맞춤을 유지하지 못함 높낮이 없는 말투
집단	그의 직장에서 공동체 감각을 느끼지 못함 서투른 사회성을 보임	경제적 스트레스들 교회를 다니려고 하지만 어울린다고 여기지 못함 혼자 생활함

호르헤에 대한 통합 진단

호르헤는 사회 교류와 다른 사람 만나는 법에 대한 코칭이 다소 필요해 보인다. 우리는 이것이 발달 과제로 보이지만, 그를 위해 대인관계 발달 선이라고 부른다. 호르헤의 문제되는 상태는 불안과 공황이다. 지금까지로 봐서, 호르헤는 자기감에 있어서 매우 인습적인 것으로 보인다. 어울린다는 느낌(소속감)은 그에게 매우 중요한 부분이다. 다시 말해, 통합 진단의 **사분획**은 호르헤의 '핵심 쟁점들'을 보여준다. 그는 공황과 불안 증상들로 시달리고 있으며, 어울리기 원하고, 공황 증상들로 인해 회피 행동을 보이려 하고, 공동체 정신을 갖기 원하나 어떻게 해야 할지를 모른다.

DSM-5를 통해, 우리는 호르헤의 진단을 아래와 같이 내릴 수 있다.

F41.0 공황장애, 내담자는 '어울림'에 대한 문화적 우려를 가지고 있으며 경제적 스트레스를 겪고 있다.

호르헤의 DSM 진단과 통합 진단 사이에서, 우리는 몇 가지 중요한 정보를 보게 된다. 제1장에서 언급한 대로, 우리는 상보적인 두 가지 진단(통합과 DSM-5)을 보게 된다. DSM 진단은 질환에 부호를 부여하고 효과적인 치료에 대한 농료 평가 문헌 요약을 제공하여 다양한 사례와 치료 지침을 결합시킨다(Gabbard, 2001). 통합 진단은 우리에게 예전 DSM-IV-TR의 5-축 진단에서 보여주었던 문화사회적인 논점과 함께 내담자의 경험의 견지에 대한 보다 나은 통찰을 제공한다.

DC:0-3R과 PDM 개괄

이 장의 마지막 부분은 영아와 아동 초기의 정신건강 및 발달장애들에 대한 진단 분류(DC:0-3R)와 심리역동적 진단 편람(PDM)에 대한 개괄을 보여줄 것이다. 제1장에서 언급한 대로, 이 두 편람은 DSM을 보완한다. 특별히 DC:0-3R이 중요한데 DSM이 성인에게 명명되고 성인을 위한 진단 기준이어서 종종 아동에게 일반화할 수 없기 때문이다. 일부에서, 예를 들어 주요우울장애와 같은 경우 DSM은 아동의 다른 증상 양상을 별도로 언급하기도 하지만, 일반적으로 의료진들은 그 질환들을 아동이나 청소년 내담자들에게 적용하는 각자 나름의 요령을 가지고 있는 편이다.

이는 특히 제I형 양극성장애에서 문제가 된다. 앞서 언급한 것처럼, 제I형 양극성장애를 2세 소아에게 적용하는 경우가 급증하였고, 소아정신의학에서 논쟁의 주제가 되었다(Paris, 2009; Youngstrom, Birmaher, & Findling, 2008). 1994년과 2003년을 비교하면 아동에게 제I형 양극성장애를 진단하는 것이 40배 증가한 것으로 집계되었다. 이러한 아동들 중 다수는 '역치 미만의' 증상들을 보였는데, 즉 성인의 진단 기준 수준에는 이르지 못한 증상들이라는 말이다. 여기서 다시, 연구자들의 존재론적인 가정들이 그들이 하는 연구 형태를 이해하는 데에 중요하다는 것을 우리는 보게 된다. 진단의 증가가 적법하다고 믿는 사람들은 제I형 양극성장애가 스펙트럼의 일부가 되는 사례를 찾으려고 노력할 것이며 우리는 전체적인 스펙트럼을 진단해야 한다(Merikangas et al, 2007). 명심할 것은 현재로선 연구자들의 추측일 뿐 이를 지지하는 명백한 증거가 아직 없다는 점이다(연구자들 중 하나는 13개 제약회사의 자문 역할을 맡고 있고, 그 논문 끝에는 이 논문이 아스트라제네카 제약회사의 지원에 의한 것이라고 쓰여 있다.) (Merikangas et al., 2007, p. 551). 또 다른 (보다 비판적인) 연구자들은 양극성 스펙트럼 장애로 고려되는 많은 증상들이 ADHD와 중복되며, 이는 아마도 정신자극 약물의 부작용일 수 있다고 추측하기도 했다(Sahling, 2009).

제I형 양극성장애는 특별히 소아와 청소년에게 특화된 진단 기준이 필요하다고 여겨지는 대표적인 질환 중 하나이다. 비록 DC:0-3R에서는 양극성장애가 포함되어 있지는 않지만, 아동의 질환은 성인 질환과는 다르게 보아야 한다는 점에서 좋은 선례가 되었다. 일반적인 발달단계의 차이를 말하는 것이 아니라, 아동과 성인에서 신경체계와 정신이 근본적으로 다른 양상을 보이기 때문에 이러한 접근은 불가피하다. 많은 경우에서 아동은 '행동화' 혹은 기분 요동이나 공격성을 보이는데 이것이 정말 양극성장애의 한 측면인지는 판단이 필요하다(Duffy, 2007)

DC:0-3R

DC:0-3R은 75쪽의 작은 분량이며 0~3세 영유아와 아동을 위한 초기 정신건강 및 발달장애들을 제시하고 있다. DC:0-3R 개발위원회는 5-축 진단 체계를 개발하였는데 이것이 주요 관심사인 어린 내담자들의 생활을 보다 적합하게 반영하기 때문이다. 축 I은 일차 진단으로 고려되며 임상 진단이 코드로 들어간다. 여기에는 외상후스트레스장애, 방임/학대장애, 정동장애들, 지속적인 사별/슬픔 반응, 영아와 초기 아동의 불안장애들, 감정 경험의 복합장애, 감각처리의 조절장애들, 수면행동장애, 섭식장애, 교류와 의사소통장애들, 복합체계 발달장애들이 포함된다.

축 II는 DSM의 경우와 달라서 관계장애들에 초점을 두고 일련의 평가 방식을 제시하고 있다. 여기에 부모-영아 관계 종합평가 척도(PIR-GAS)가 들어가 있으며, 척도 범위는 '잘 적응함'부터 '명백한 학대'까지로 표시된다. 그다음, 관계 문제 체크리스트(RPCL)가 있는데 여기에서는 관계성의 질적 양상을 묘사하고 있으며 정도는 '과도함(overinvolved)'부터 '부족함'까지 표시되며 관계성에서 보이는 일련의 감정의 질을 나열하고 있다(예 : 분노 혹은 적대감, 불안 혹은 긴장, 학대와 같은 여러 범주).

축 III는 내외과적 그리고 신체 발달의 장애와 상태가 할당되었으며, 특별히 내외과적 질환이 정신의학적 증상들의 발생 원인이 될 수 있을 때 강조된다. 나열되는 일반적인 예 중에는 기분장애를 일으키는 내분비장애들, 과민성과 안절부절못함을 일으키는 중금속 독성, 강박사고와 강박행동 증상을 일으키는 연쇄상구균에 따른 소아 자가면역 신경정신질환들(PANDAS), 과민성이나 좌절이나 행동 문제 등의 양상을 보이는 청각 혹은 언어 문제들이 있다.

축 IV는 DSM-IV에서와 비슷하며, 정신사회 및 환경 스트레스 인자들이 할당되었다. 정신사회 스트레스 인자들은 급성(시간 제한적)이거나 지속적일 수 있다. 가족 생활에서 (동생이 태어나 집에 오는 일 같은) 정상적인 사건들도 어떤 아이들에게는 터무니없는 스트레스 인자가 된다. 같이 평가해야 할 것은 양육환경이 얼마나 아동의 스트레스 인자를 막아주고 있는지 그 정도에 대한 것이다. 이는 정신사회와 환경의 스트레스 인자 점검항목으로 평가한다. 이 점검항목은 임상가가 다양한 종류의 스트레스를 그 정도와 기간과 함께 규명하는 데에 도움을 준다.

마지막으로, 축 V는 사회와 정서 기능에 대한 것이다. 이는 어린 아동과 중요 양육자와의 정서 및 교류를 반영하며 발달 양상을 짐작하는 기초가 된다. 이를 위해 정서와 사회 기능 역량에 대한 평가 척도를 사용하여 아동의 정서와 사회 기능 역량 수준을 표시한다. 아동의 역량 평가는 집중과 조절(주로 출생~3개월에서 관찰됨), 관계와 상호연결을 맺음(3~6개월에서 관찰됨), 의도적인 쌍방향 의사소통(4~10개월에서 관찰됨), 복합적 제스처와 문제해결(10~18개월에서 관찰됨), 생각과 느낌을 표현하기 위해 상징을 사용함(18~30개월에서 관찰됨), 그리고 상징들을 논리적으로 서로 연결함(30~48개월에서 관찰됨) 중에서 표시된다. DC:0-3R에서 (DSM-5처럼) 다축진단을 제외시키는 개정이 진행될지는 아직 결정된 바가 없다.

심리역동적 진단 편람(PDM)

PDM은 미국정신분석학회, 국제정신분석학회, 미국심리학회의 정신분석 분과(분과 39), 미국정신분석 및 역동정신의학아카데미, 그리고 임상사회복지학의 국가정신분석위원회가 협업한 결과물이다. 편람은 내담자의 정서, 인지, 그리고 사회 기능을 고려하는 진단 틀을 가지고 있다(PDM 개발위원회, 2006).

PDM은 내담자의 전체적인 기능과 치료 과정에 참여하는 내담자의 방식 등의 복잡한 내용을 서술하기 위한 복합체계적인 접근을 목표로 한다. 이를 위해 PDM은 'P', 'M', 'S'라고 적는 세 차원을 활용한다. 'P'축은 성격 패턴과 장애들에 대한 것이다. 이 축은 내담자의 성격 범위를 '보다 건강한'부터 '보다 병적인'까지의 연속선상에서 표시한다. 이에 더하여, 내담자가 정신기능을 조직하고 세상과 연결하는 방식에 대해서 이 축에 서술한다. 'M'축은 정신기능에 대한 것이다. 이는 정서 기능에 대한 보다 서술적인 윤곽이 제시되는데, 여기에는 내담자의 성격에 관여하는 역량들과 심리적 건강 혹은 병리의 전체적인 수준이 포함된다. 세 번째 차원, 즉 'S' 차원은 드러난 증상들 혹은 문제들에 대한 것이다. 이 차원에서는 DSM 진단 범주에서 시작하여 주관적으로 경험되는 상태들, 인지 과정, 신체 경험, 내담자에게 특징적인 관련 양상들을 서술하는 것까지 나아간다. PDM은 증상군을 유용한 서술 어구들로 삼는데, 이들을 생물심리사회 현상으로 한정지으려는 것은 아니다. 편집위원들은 말하길 그들의 주요 목표는 임상의 지식 기반을 넘어서지 않는 것이라고 하였다(PDM 개발위원회, 2006).

비록 소수의 임상가만 DSM보다 PDM을 활용하고 있기는 하지만, 통합적 견지에 있어서는 이 문헌이 중요하게 공헌을 하였는데 왜냐하면 개발자들은 정신질환을 정확히 심리역동적인 관점에서 보려고 목표하였기 때문이다. 이 점에서 PDM은 우리의 통합 진단에 유용한 참고자료가 되었으며, 특별히 경험 관점(좌상 분획)에 대해서 그렇다. 아주 적은 임상가가 PDM을 사용하고 있긴 하지만, Gordon(2009)은 그의 연구에서 PDM에 대한 심리학자들의 지지율이 90%에 육박함을 확인하였다.

결론

우리는 이 장에서 방대한 주제들을 다루었다. 제3장에서 우울증을 시작으로, 이 책의 남은 부분에서 정신병리의 특징적인 형태들을 다루게 될 것이다. 우리는 제1장과 제2장이 DSM을 비판적으로 보고 쓸모 있는 일부 다른 진단 체계의 노력을 소개하는 데에 있어서 여러분에게 도움이 되기를 바란다. 또한 이 장을 통해 이 책의 다양한 사례들을 보면서 어떻게 DSM을 활용할지 그 지침을 얻게 되기 바란다. 이제 우울증의 다양한 임상 양상으로 이야기를 옮겨가보자.

복습 문제

1. 진단에서 범주 접근과 차원 접근의 차이는 무엇인가?

2. 정신질환을 유발하는 생물학적 표식에 대한 연구는 현재 어느 수준인가?

3. 후성설(epigenetics)과 유전자 발현(gene expression)의 관련성은 어떠한가?

4. 어떻게 DSM-III는 이전 판들과 전혀 다르게 되었으며 왜 그러한 변화가 일어났는가?

5. ICD와 DSM의 일반적인 관계는 어떠한가?

6. 정신질환의 진단 및 통계 편람(DSM)에서 '통계'는 무엇을 말하는가?

7. 임상 면담에서 일반적인 네 가지 요소는 무엇인가?

8. 초기 면담의 어떤 측면들이 내담자와 내담자의 진단에 대한 정보를 제공하는가?

9. 정신상태 검사에서 지남력의 네 요소는 무엇인가?

10. DSM의 다축은 DC:0-3R의 다축과 어떻게 다른가?

참고문헌

Aboraya, A. (2008). Do psychiatrists use structured interviews in real clinical settings? *Psychiatry, 5*, 26–27.

Aldhouse, P. (2009). Psychiatry's civil war. *New Scientist, 18*. Retrieved from http://www.newscientist .com/article/mg20427381.300-psychiatrys-civilwar.html?full=true&print=true

American Psychiatric Association. (1952). *Diagnostic and statistical manual of mental disorders*. Washington, DC: Author.

American Psychiatric Association. (1968). *Diagnostic and statistical manual of mental disorders* (2nd ed.). Washington, DC: Author.

American Psychiatric Association. (2000). *Diagnostic and statistical manual of mental disorders* (4th ed., text revision). Washington, DC: Author.

American Psychiatric Association. (2012a). Reliability and prevalence in the DSM field trials. Retrieved from http://www.dsm5.org/Documents/Reliability_ and_Prevalence_in_DSM-5_Field_Trials_1-12-12 .pdf

American Psychiatric Association. (2012b). Statement for John Oldham, M.D.: President of the American Psychiatric Association. Retrieved from http:// www.dsm5.org/Documents/APA%20Refutes%20 Secondary%20 Analysis%20of%20DSM-5%20 Disclosures.pdf

American Psychiatric Association. (2013). *Diagnostic and statistical manual of mental disorders* (5th ed.). Washington, DC: Author.

Andreasen, N. C., Flaum, M., & Arndt, S. (1992). The comprehensive assessment of symptoms and history (CASH): An instrument for assessing diagnosis and psychopathology. *Archives of General Psychiatry, 49*, 616.

Andrews, G., Goldberg, D. P., Krueger, R. F., Carpenter, W. T., Hyman, S. E., Sachdev, P., & Pine, D. S. (2009). Exploring the feasibility of a meta-structure for DSM-V and ICD-11: Could it improve utility and validity? *Psychological Medicine, 39*, 1993–2000.

Angold, A., Costello, E. J., & Erkanle, A. (1999). Comorbidity. *Journal of Child Psychiatry, 40*, 57–87.

Aragona, M. (2009). About and beyond comorbidity: Does the crisis of the DSM bring on a radical rethinking of descriptive psychopathology? *Philosophy, Psychiatry and Psychology, 16*, 29–33.

Barton, W. E. (1987). *The history and influence of the American Psychiatric Association*. Washington, DC: American Psychiatric Press.

Beck, A. T, Steer R. A., Ball R., & Ranieri, W. (1996). Comparison of Beck Depression Inventories-IA and -II in psychiatric outpatients. *Journal of Personality Assessment, 67*, 588–597.

Charney, D. S., Barlow, D. H., Botteron, K., Cohen, J. D., Goldman, D., Gur, R. E., . . . Zalcman, S. F. (2002). Neuroscience research agenda to guide development of a pathophysiologically based classification system. In D. J. Kupfer, M. B. First, & D. A. Regier (Eds.), *A research agenda for DSM-V* (pp. 31–84). Washington, DC: American Psychiatric Association.

Clark, L. A., Watson, D., & Reynolds, S. (1995). Diagnosis and classification of psychopathology: Challenges to the current system and future directions. *Annual Review of Psychology, 46*, 121–153.

Cohen, C. I. (1993). The biomedicalization of psychiatry: A critical overview. *Community Mental Health Journal, 29*, 509–521.

Colbert, T. C. (2000). *The four false pillars of biopsychiatry: One hundred years of medical nonsense.* Tustin, CA: Kevco.

Cosgrove, L, Bursztain, H. J., Krimsky, S., Anaya, M., & Walker, J. (2009). Conflicts of interest and disclosure in the American Psychiatric Association's clinical practice guidelines. *Psychotherapy and Psychosomatics, 78*, 228–232.

Cosgrove, L., & Krimsky, S. (2012). A comparison of DSM-IV and DSM-5 panel members' financial associations with industry: A pernicious problem persists. *PLoS Medicine, 9*, 1–4.

Danner, S., Fristad, M. A., Arnold, E., Youngstrom, E. A., Birmaher, B., Horwitz, S. M., Demeter, C., Findling, R. L., Kowatch, R. A., & The LAMS Group. (2009). Early-onset bipolar spectrum disorders: Diagnostic issues. *Clinical Child and Family Psychological Review, 12*, 271–293.

Davis, F. A., & Zimmerman, M. (1994). *Interview guide for evaluating the DSM-IV psychiatric disorders and the mental status examination.* East Greenwich, RI: Psych Products Press.

Dilts, S. L. (2001). *Models of the mind: A framework for biopsychosocial psychiatry*. Philadelphia, PA: Brunner/Rutledge.

Douthit, K. Z., & Marquis, A. (2006). Empiricism in psychiatry's post-psychoanalytic era: Contemplating DSM's "atheoretical" nosology. *Constructivism in the Human Sciences, 11*(1), 32–59.

Duffy, A. (2007). Does bipolar disorder exist in children? A selected review. *The Canadian Journal of Psychiatry, 52*, 409–417.

Duncan, B. L., Miller, S. D., Wampold, B. E., & Hubble, M. A. (2009). *The heart and soul of change: What works in therapy* (2nd ed.). Washington, DC: American Psychological Association.

Editorial. (1989). This week's citation classic. *Archives of General Psychiatry, 43*, 14.

Endicott, J., & Spitzer, R. L. (1972). The schedule for affective disorders and schizophrenia. *Archives of General Psychiatry, 35*, 837–844.

Engel, G. L. (1977). The need for a new medical model: A challenge for biomedicine. *Science, 196*, 129–136.

Engel, G. L. (1997). From biomedical to biopsychosocial: Being scientific in the human domain. *Psychosomatics: Journal of Consultation Liaison Psychiatry, 38*, 521–528.

Engel, J. (2008). *American therapy: The rise of psychotherapy in the United States.* New York: Gotham.

Faber, R. A. (2009). The neuropsychiatric mental status exam. *Seminars in neurology, 29*, 185–193.

Fisher, S. F., & Greenberg, R. P. (Eds.). (1997). *From placebo to panacea: Putting psychiatric drugs to the test.* New York: Wiley.

Frances, A. (2009a). A warning sign on the road to DSM-V: Beware of its unintended consequences. *Psychiatric Times, 26*. Retrieved from http://www.psychiatrictimes.com/display/

article/10168/1425378

Frances, A. (2009b). Whither DSM-V? *The British Journal of Psychiatry, 195,* 391–392.

Frances, A. (2009c). Limitations of field trials. *American Journal of Psychiatry, 166,* 1322.

Frances, A. (2012). Newsflash from APA meeting: DSM-5 has flunked its reliability tests. *HuffPost Science.* Retrieved from http://www .huffingtonpost.com/allen-frances/dsm-5-reliabilitytests_ b_1490857.html

Frances, A. (2013). *Saving normal: An insider's revolt against out-of-control psychiatric diagnosis, DSM-5, big pharma, and the medicalization of ordinary life.* New York: Morrow.

Frances, A. J., & Egger, H. L. (1999). Whither psychiatric diagnosis? *Australian and New Zealand Journal of Psychiatry, 33,* 161–165.

Freud, S. (1950 [1895]). *The standard edition of the complete psychological works of Sigmund Freud, Volume I (1886–1899): Pre-psycho-analytic publications and unpublished drafts,* (pp. 281–391). London: Vintage.

Gabbard, G. (Ed.). (2001). *Treatments of psychiatric disorders* (vol. I & II, 3rd ed.). Washington, DC: American Psychiatric Association.

Goncalves, O. F., Machado, P. P. P., Korman, Y., & Angus, L. (2002). Assessing psychopathology: A narrative approach. In L. E. Beutler & M. L. Malik (Eds.), *Rethinking the DSM: A psychological perspective* (pp. 149–176). Washington, DC: American Psychological Association.

Gordon, R. M. (2009). Reactions to the *Psychodynamic Diagnostic Manual (PDM)* by psychodynamic, CBT and other non-psychodynamic psychologists. *Issues in Psychoanalytic Psychology, 31*(1), 55–62.

Greenberg, G. (2013). *The book of woe: The DSM and the unmaking of psychiatry.* New York: Blue Rider Press.

Grob, G. (1987). The forging of mental health policy in American: World War II to the New Frontier. *Journal of the History of Medicine & Allied Sciences, 42,* 410–446.

Grob, G. N. (1991). Origins of DSM-I: A study in appearance and reality. *American Journal of Psychiatry, 148,* 421–431.

Hamstra, B. (1994). *How therapists diagnose: Professional secrets you deserve to know and how they affect you and your family.* New York: St. Martins Griffin.

Healy, D. (1997). *The antidepressant era.* Cambridge, MA: Harvard University Press.

Healy, D. (2004). *The creation of psychopharmacology.* Cambridge, MA: Harvard.

Helzer, J. E., & Hudziak, J. J. (Eds.). (2002). *Defining psychopathology in the 21st century: DSM-V and beyond.* Washington, DC: American Psychiatric Association.

Hohenshil, T. H. (1994). DSM-IV: What's new? *Journal of Counseling and Development, 73,* 105–107.

House, A. E. (1999). *DSM-IV diagnosis in the schools.* New York: Guilford.

Houts, A. (2000). Fifty years of psychiatric nomenclature: Reflections on the 1943 War Department Technical Bulletin, Medical 203. *Journal of Clinical Psychology, 56,* 935–967.

Houts, A. C. (2001). The diagnostic and statistical manual's new white coat and circularity of plausible dysfunctions: response to Wakefield, Part 1. *Behaviour Research and Therapy, 39,* 315–345.

Houts, A. (2002). Discovery, invention, and the expansion of the modern manuals of mental disorders. In L. E. Beutler & M. L. Malik (Eds.), *Rethinking the DSM: A psychological perspective* (pp. 17–68). Washington, DC: American Psychological Association.

Ingersoll, R. E., & Rak, C. F. (2006). *Psychopharmacology for helping professionals: An integral approach.* Pacific Grove, CA: Brooks Cole.

Ingersoll, R. E., & Zeitler, D. A. (2010). *Integral psychotherapy: Inside out/outside in.* Albany, NY: SUNY.

Jairam, R., Prabhuswamy, M., & Dullur, P. (2012). Do we really know how to treat a child with Bipolar Disorder or one with severe mood dysregulation? Is there a magic bullet? *Depression Research and Treatment, 2012,* 1–9.

John, O. P., & Robins, R. W. (1994). Accuracy and bias in self-perception: Individual difference in selfenhancement and the role of narcissism. *Journal of Personality and Social Psychology, 66,* 206–219.

Jones, D. K. (2012). A critique of DSM-5 field trials. *Journal of Nervous & Mental Disease, 200,* 517–519.

Kessler, R. C. (1995). The epidemiology of psychiatric comorbidity. In G. E. P. Zahner (Ed.), *Textbook of psychiatric epidemiology* (pp. 179–197). New York: Wiley.

Kessler, R. C., McGonagle, K. A., Zhao, S., Neson, C. B., Hughes, M., Eshleman, S., . . . Kendler, K. S. (1994). Lifetime and 12-month prevalence of DSM-III-R psychiatric disorders in the United States. Results from the National Comorbidity Survey. *Archives of General Psychiatry, 51,* 8–19.

Kirk, S. A., & Kutchins, H. (1992). *The selling of the DSM: The rhetoric of science in psychiatry.* New York: Aldine De Gruyter.

Korzybski, A. (1958). *Science and sanity: An introduction to non-Aristotelian systems and general semantics* (5th ed.). Brooklyn, NY: Institute of General Semantics.

Kraemer, H. C., Shrout, P. E., & Rubio-Stipec, M. (2007). Developing the diagnostic and statistical manual V: What will "statistical" mean? *Social Psychiatry and Psychiatric Epidemiology, 42,* 259–267.

Krueger, R. F., & South, S. C. (2009). Externalizing disorders: Cluster 5 of the proposed metastructure for DSM-V and ICD-11. *Psychological Medicine, 39,* 2061–2070.

Kutchins, H., & Kirk, S. (1997). *Making us crazy: DSM: The psychiatric bible and the creation of mental disorders.* New York: Free Press.

Malik, M. L., & Beutler, J. E. (2002). The emergence of dissatisfaction with the DSM. In L. E. Beutler & M. L. Malik (Eds.), *Rethinking the DSM: A psychological perspective*. Washington, DC: American Psychological Association.

Margulies, D. M., Weintraub, S., Basile, J., Grover, P. J., & Carlson, G. A. (2012). Will Disruptive Mood Dysregulation Disorder reduce false diagnosis of Bipolar Disorder in children? *Bipolar Disorders, 14,* 488–496.

Marquis, A. (2008). *The integral intake: A guide to comprehensive idiographic assessment in integral psychotherapy*. New York: Routledge.

Maser, J. D., Norman, S. B., Zisook, S., Everall, I. P., Stein, M. B., Schettler, P. J., & Judd, L. L. (2009). Psychiatric nosology is ready for a paradigm shift in DSM-V. *Clinical Psychology: Science and Practice, 16,* 24–40.

Mayes, R., & Horwitz, A. V. (2005). DSM-III and the revolution in the classification of mental illness. *Journal of the History of the Behavioral Sciences, 41,* 249–267.

Menninger, K. (1963). *The vital balance*. New York: Viking.

Merikangas, K. R., Akiskal, H. S., Angst, J., Greenberg, P. E., Hirschfeld, R. M. A., Petukhova, M., & Kessler, R. C. (2007). Lifetime and 12-month prevalence of bipolar spectrum disorder in the national comorbidity survey replication. *Archives of General Psychiatry, 64,* 543–552.

Meyer, A. (1908). The problems of mental reactiontype, mental causes and diseases. *Psychological Bulletin, 5,* 385–403.

Meyer, G. J. (2002). Implications of informationgathering methods for a refined taxonomy of a psychopathology. In L. E. Beutler & M. L. Malik (Eds.), *Rethinking the DSM: A psychological perspective* (pp. 69–106). Washington, DC: American Psychological Association.

Mischel, W. (1968). *Personality and assessment*. Mahwah, NJ: Erlbaum.

Nestadt, G., Costa, P. T., Hsu, F.-C., Samuels, J., Bienvenu, O. J., & Eaton, W. W. (2008). The relationship between the five-factor model and latent *Diagnostic and Statistical Manual of Mental Disorders*, Fourth Edition Personality Disorder dimensions. *Comprehensive Psychiatry, 49,* 98–105.

Othmer, E., & Othmer, S. C. (1994a). *The clinical interview using DSM-IV: Volume 1: Fundamental*. Washington, DC: American Psychiatric Association.

Othmer, E., & Othmer, S. C. (1994b). *The clinical interview using DSM-IV: Volume 2: The difficult patient*. Washington, DC: American Psychiatric Association.

Paris, J. (2009). The bipolar spectrum: A critical perspective. *Harvard Review of Psychiatry, 17,* 206–213.

Paris, J. (2013). *The intelligent clinician's guide to the DSM-5*. New York: Oxford University Press.

PDM Task Force. (2006). *Psychodynamic diagnostic manual*. Silver Springs, MD: Alliance of Psychoanalytic Organizations.

Petersen, M. (2008). *Our daily meds: How the pharmaceutical companies transformed themselves into slick marketing machines and hooked the nation on prescription drugs*. New York: Sarah Crichton. ["two for each member of congress" p. 10; the 1992 law is described on pp. 330–331]

Raines, G. N. (1952). Foreword. In American Psychiatric Association (Ed.), *Diagnostic and statistical manual of mental disorders* (pp. v–xi). Washington, DC: American Psychiatric Association.

Raven, M., & Parry, P. (2012). Psychotropic marketing practices and problems: Implications for DSM-5. *The Journal of Nervous and Mental Disease, 200,* 512–516.

Robins, E., & Guze, S. B. (1970). Establishment of diagnostic validity in psychiatric illness: Its application to schizophrenia. *The American Journal of Psychiatry, 126,* 983–986.

Rogers, C. R. (1957). The necessary and sufficient conditions for therapeutic change. *Journal of Consulting Psychology, 21,* 95–103.

Ronson, J. (2012). *The psychopath test: A journey through the madness industry*. New York: Riverhead.

Rosenhan, D. (1973). On being sane in insane places. *Science, 179,* 250–258.

Rosenhan, D. (1984). On being sane in insane places. In P. Watzlawick (Ed.), *The invented reality: How do we know what we believe we know?* (pp. 117–144). New York: Norton.

Rounsaville, B. J., Alarcon, R. D., Andrews, G., Jackson, J. S., Kendell, R. E., & Kendler, K. (2002). Basic nomenclature issues for DSM-V. In D. J. Kupfer, M. B. First, & D. A. Regier (Eds.), *A research agenda for DSM-V* (pp. 1–30). Washington, DC: American Psychiatric Association.

Sahling, D. L. (2009). Pediatric bipolar disorder: Underdiagnosed or fiction? *Ethical Human Psychology and Psychiatry, 11,* 215–227.

Schwartz, J. M., & Begley, S. (2002). *The mind and the brain: Neuroplasticity and the power of mental force*. New York: RegenBooks.

Spence, M. A., Greenberg, D. A., Hodge, S. E., & Vieland, V. J. (2003). The emperor's new methods. *American Journal of Human Genetics, 72,* 1084–1087.

Spitzer, R. (1983). Psychiatric diagnosis: Are clinicians still necessary? *Comprehensive Psychiatry, 24,* 399–411.

Spitzer, R. L. (1991). An outsider-insider's views about revising the DSMs. *Journal of Abnormal Psychology, 100,* 294–296.

Spitzer, R. L. (2009). DSM-V transparency: Fact or rhetoric? *Psychiatric Times, 26*. Retrieved from http://www.psychiatrictimes.com/display/article/10168/1385346?verify=0

Spitzer, R. L., Williams, J. B., Gibbon, M., & First, M. B. (1992). The Structured Clinical Interview for DSM-III-R (SCID). I: History, rationale, and description. *Archives of General Psychiatry, 49,* 624–629.

Strub, R. L., & Black, F. W. (1993). *The mental status exam in neurology* (3rd ed.). Philadelphia: F.A. Davis.

Tackett, J. L., Balsis, S., Oltmanns, T. F., & Krueger, R. F. (2009). A unifying perspective on personality pathology across the life span: Developmental considerations for the fifth edition of the *Diagnostic and Statistical Manual of Mental Disorders. Development and Psychopathology, 21,* 687–713.

Victor, B. S. (1996). Psychopharmacology and transpersonal psychology. In B. W. Scotton, A. B. Chinen, & J. R. Battista (Eds.), *Textbook of transpersonal psychiatry and psychology* (pp. 327–334). New York: Basic Books.

War Department. (1946). Nomenclature of psychiatric disorders and reactions: War department technical bulletin, Medical 203. *Journal of Clinical Psychology, 2,* 289–296.

Westen, D., Kegley-Heim, A., Morrison, K., Patterson, M., & Campbell, L. (2002). Simplifying diagnosis using a prototype-matching for the next edition of the DSM. In L. E. Beutler & M. L. Malik (Eds.), *Rethinking the DSM: A psychological perspective.* (pp. 221–250). Washington, DC: American Psychological Association.

Williams, J. B. W. (1989). A structured interview guide for the Hamilton Depression Rating Scale. *Archives of General Psychiatry, 45,* 742–747.

Wittchen, H.-U. (1994). Reliability and validity scales of the WHO-Composite International Diagnostic Interview (CIDI): A critical review. *Journal of Psychiatric Research, 28,* 57–84.

Wittchen, H.-U., Beesdo, K., & Gloster, A. T. (2009). A new meta-structure of mental disorders: A helpful step into the future or a harmful step back to the past? *Psychological Medicine, 39,* 2083–2089.

World Health Organization. (1992). *The ICD-10 classification of mental and behavioural disorders: Clinical descriptions and diagnostic guidelines.* Geneva: Author.

Yalom, I. D., & Leszcz, M. (2005). *Theory and practice of group psychotherapy* (5th ed.). New York: Basic Books.

Youngstrom, E. A., Birmaher, B., & Findling, R. L. (2008). Pediatric bipolar disorder: Validity, phenomenology, and the recommendations for diagnosis. *Bipolar Disorders, 10,* 194–214.

Zero to Three. (2005). *Diagnostic and classification of mental health and developmental disorders of infancy and early childhood: Revised edition (DC:0-3R).* Washington, DC: Zero to Three Press.

제3장

우울증 이해하기

우울증의 발생률은 지난 50년 동안 서구사회에서 극적으로 증가하고 있다. 이러한 발생률 증가의 한 가지 원인으로는 삶의 속도가 정신없이 빨라지고 있으며 개인이 그러한 스트레스를 처리하기 위한 지역사회의 지원을 적게 받고 있기 때문이다. 증가된 우울증 발생률에 대한 이유를 단순히 분석하는 데 책의 한 장을 쓸 수 있지만, 이 장에서의 우리의 주된 초점은 다음 질문들을 살펴보는 것이다. 사람들은 왜 우울해질까? 그것은 사람들이 삶을 즐기려는 동기가 부족해서일까? 우울증은 화학적인 불균형 때문인가? 우울증을 유전적으로 물려받았기 때문인가? 그들이 최근에 정신적 충격으로 고통받은 적이 있었기 때문인가? 마지막으로, 우울증을 겪는 사람들을 치료하는 최선의 방법은 무엇인가? 그것에 대한 해답들은 이러한 질문들 어느 것들보다도 더 복잡하다. 그리고 이 장의 전반부에서는 그러한 복잡성을 살펴볼 것이다. 후반부에서는, 우울증으로 고통받고 있는 사람을 위해 이용할 수 있는 치료 범위에 초점을 맞출 것이다.

정신질환의 진단 및 통계 편람 제5판(DSM-5)에서는 새로운 우울장애 범주로 주요우울장애, (예전엔 기분부전장애로 불리던) 지속성 우울장애, 월경전불쾌감장애, 물질/약물치료로 유발된 우울장애, 다른 의학적 상태로 인한 우울장애, 그리고 (제6장에서 논의되는) 파괴적 기분조절부전장애를 포함하고 있다[미국정신의학회(APA), 2013]. 우리는 미국국립정신보건원(NIMH)의 기준(RDoC)을 따르기 위해 그리고 DSM-5의 우울장애 편에 실린 질병들 외에도 우울증이 여러 질환에서 발생하기 때문에 일반적인 우울증에 초점을 맞춘다. 이 장에서 우리는 사람들이 우울증으로 고통받는 이유와 그것을 가장 잘 치료할 수 있는 방법에 관한 다른 이론들 사이에서 발견되는 공통 주제들에 초점을 맞출 것이다.

우울증은 정신건강 내담자들이 보여주는 가장 **중복결정**된 일련의 증상들 중 하나이다. 중복결정이란 단어의 뜻은 우울함을 느끼는 것에 기여를 할 수 있는 많은 변수들의 조합이 있다는 것을 의미한다는 것을 상기하자. 그래서 우선, 우리는 우울증을 유발시키는 것이 무엇인지를 모른다는 것을 고려해야 한다. 많은 독자들이, 특히 미국 독자들이 어디서 확실한 것, 특별히 전문가들에게서 나온 것을 찾을 수 있는지 묻고 있음을 우리는 알고 있다. 비록 사실, 어떠한 확실성도 일관되게 확인되지 않는다 하더라도, 미국인들은 확실성에 대한 환상이 만들어지는 일종의 '언어 마술'에 능하다. 우울증을 일으키는 어떠한 한 가지 원인도 존재하지 않는다는 소식은 사실 반가운 것이다. 왜냐하면 많은 변수들이 누군가 우울증으로 고통을 받을지 안 받을지에 영향을 미치며 우리가 이러한 변수들에 관하여 더 많이 알면 알수록 우리는 내담자들을 더 많이 도와줄 수 있다는 것을 알기 때문이다.

임상가와 연구원들은 원인기제보다는 위험인자에 초점을 맞추는 것이 더 탁월한 선택이다. 위험인자는 질환의 가능성을 증가시킨다. 그에 반해 원인기제는 위험인자들이 어떤 과정을 통하여 질환을 일으키는가를 설명해준다. 이 장에서는, 다양한 기술과 의도를 갖고 있는 몇몇 지도 제작자들에 의해서 현재 지도가 만들어지고 있는 중인 거대한 영역으로서의 우울증을 생각해보자. 각각의 지도 제작자들은 사람들이 우울해지는 이유와 우울증을 치료할 수 있는 최선의 방법에 대한 우리의 이해력에 부분적인 진실을 알려준다. 여러분이 지도를 구성하고 내담자를 평가하기 위한 통합 모형을 사용할 때, 여러분은 일거양득의 기회를 노리며 범주 오류의 위험을 줄이게 된다.[1]

이 장에서, 우리는 우울증의 세 가지 영역을 다루고 각각의 영역과 관련 있는 치료법을 논하게 될 것이다. 이 세 가지 영역은 몸(우울증의 생리학적 이론)과 마음(우울증의 심리학적 이론)과 영(우울증에 대한 실존적/초자아적 이해)이다. 덧붙여, 우울증에 있어서의 사회, 문화적 그리고 발달적 변수들에 대해 알아볼 것이다.

우리가 우울증이란 단어를 사용할 때는, DSM에서 주요우울장애 편에 실린 어떤 증상들이나 복합적인 증상들을 언급하는 것이다. 이러한 방식으로 개념화된 우울증에서 우리는 우울증에 대한 좁고, 보다 특정한 서술을 선호하는 사람들에 대해 즉시 분노를 느낀다. 그러한 선호도는 진단적 명료함을 이끌어내기 위함이다. 그러나 그들이 DSM에 실린 증상들의 목록을 더 좁히며 명확하게 하면 할수록, 그들은 거의 모든 내담자의 임상 현실로부터 더 멀리 벗어나게 된다. 이것은 통합 관점이 임상가에게 있어서 매우 중요하다는 것인데 왜냐하면 그것은 증상에 대한 이질적인 징후, 다시 말해, 더 쉬운 말로는 인간의 불완전성을 고려하기 때문이다.

---

1 범주 오류는 그것들이 사실 근본적으로 다른 종류일 때, 마치 그것들이 똑같은 종류인 것처럼 어떤 상황을 제시하는 오류를 포함한다. 통합 이론에서, 누군가가 오직 한두 분획 혹은 관점만으로 모든 분획(관점)을 설명하려고 애쓰는 경우를 우리는 범주 오류라고 말한다.

DSM-5 우울장애 편에서 나타나는 본래 주요우울 삽화의 증상들은 우울한 기분에 대한 자가 보고, 쾌감결여(개인이 즐겨오던 것에 대한 쾌감의 상실), 정상체중에서 5% 이상의 체중변화, 수면장애, 부적절한 죄책감, 집중장애, 자살 생각 가능성을 여전히 포함하고 있다. DSM에서 내담자들은 나열된 증상 중 5개 이상을 2주 동안 보여야 한다.

낮은 단위 우울증으로 생각되던 (예전엔 기분부전장애로 불리던) 지속성 우울장애는 앞에 열거된 증상들과 매우 비슷하다. 사실, 앞에 열거된 증상들은 주요우울장애와 지속성 우울장애를 포함한 (그러나 이 두 우울장애에만 한정되는 것은 아닌) 많은 DSM 장애들 속에서 나타날지도 모른다. 우울 증상은 또한 제I형 양극성장애와 제II형 양극성장애, 순환성장애, 조현정동장애, 파괴적 기분조절부전장애, 강박장애, 소위 많은 성격장애들에서 중요한 요인이다. 그리고 종종 불안장애가 동반된다. 게다가, 우울증 증상은 출산 후에(산후 우울증), 처방약과 불법 마약의 부작용으로서, 그리고 계절 변동(계절성 정동장애)과 관련하여 나타날 수 있으며 호르몬 변동(월경전불쾌감장애)과 동반될 수 있다. 우울증은 다양한 종류의 정신적 외상과 동반하는데, 예를 들어 학대의 피해자와 가해자에게 있어서 (특히 폭력성 학대의 희생자인 여성에게 있어) 그러하다(Hegarty, 2011). 좀 더 최근의 연구는 환경적인 스트레스 요인, 예를 들어 외상, 유전, 성별 등이 함께 상호작용하기 때문에 여성의 우울증 유병률이 더 많다는 것을 나타내고 있다(Vigod & Tylor, 2013). 우울증은 또한 다른 질병과 직접적으로 연관이 있다(예 : 다발성 경화증, 파킨슨병, 간염, 당뇨, 에이즈, 전염병). 일반적인 의학적 질병과 우울증의 원인이 관련 있다는 사실 또한 대두되고 있다. 예를 들어 염증성 질병과 그것이 뇌에 주는 영향 때문에 우울증이 생긴다는 것이다(Anisman, 2011). 마지막으로, DSM-5에 따라 "달리 명시된" 혹은 "명시되지 않는" 우울증으로 이름 붙일 수 있다.

DSM 범주는 치료 계획에 도움이 될 수 있지만 임상가로서 도움이 되려면 우리가 다룰 다음의 3개 지도에 있는 부분적 사실을 고려해야 한다. DSM 범주는 우울증의 징후 범주 사이에서도 차이점이 있다는 것을 다시 한 번 우리에게 보여준다. 불쾌감은 의학적으로 중요할 수 있으나, 불쾌감의 원인이 우울증의 원인과 다를 수도 있다. 연구는 그런 구분을 아직까지는 구체적으로 제시하지 않았다.

언급했듯이, 우울증의 '원인'을 모르는 이유는, '우울증'이란 많은 사람들이 비슷한 증상을 보이더라도 우울증의 의미가 다르기 때문이다. 내담자들의 이야기를 듣고, 내담자들에 대해 배우며, 관계를 가지면서 그들이 왜 우울해졌는지 이해할 수 있으며 가장 효과적인 치료법을 선택할 수 있다.

내담자들에게서 우울증이 얼마나 중요한 요인으로 작용하는지 아래의 이야기들을 통해 살펴보자.

#1 프랭클린은 도심 병원의 정신과에 입원하였다. 그는 병원에 도착했을 때 하늘의 달과 별이 자신에게 말을 걸고, 그의 앞날을 밝혀줄 거라는 등의 정신증 증상을 보였다. 그는 자살 충동을 느끼고 있었으며, 절망, 무의미함, 쾌감결여, 체중과 식욕 저하의 증상을 보였다. 일주일 전, 준프로축구팀 가입을 원하였으나 탈락하였고, 그 결과 그는 전문 체육인의 꿈을 접었다. 프랭클린의 정신증 증상들은 열흘 후에 사라졌고 우울 증상만 남았다.

#2 호세는 2년 동안 직업을 구하기 위해 노력해왔다. 그와 그의 아내, 그리고 3명의 아이들은 미국의 빈곤층보다 낮은 수입으로 도심의 위험한 지역에서 생활하고 있다. 호세는 숙련된 공사현장 인부였고, 지난달에 탄탄한 회사에 입사하였다. 호세와 그의 가족은 멕시코에서 불법적으로 미국에 왔으며, 불법이민자 신분이었다. 그는 부모님을 모르고 이웃들에 의해 키워졌으며, 6년간 교회에서 운영하는 고아원에서 지냈다. 주정부가 불법노동자 고용을 엄중 단속했을 때, 그는 결국 직업을 잃게 되었다. 우울과 자살 충동을 느끼는 그를 그의 사촌들이 동네 병원으로 데려갔으나 그 병원에는 2개국어를 구사하는 상담사가 없었고, 호세가 할 수 있는 언어는 스페인어뿐이었다. 그는 자신이 가치 없고, 세상이 자신을 등지고 있다고 느낀다고 말하였다. 그는 아무 희망이 없다고 생각하였다.

#3 전 가톨릭 신부 제임스는 중앙아메리카에서 고문을 받은 희생자들에게 정신건강을 위한 일을 하기 위해 사제직을 떠났다. 그는 여전히 신앙심이 깊은 사람으로 기억되며, 향심 기도(Centering Prayer)라 불리는 매일 사색하는 기도에 참여하고 있다. 그는 비인도적 행위와 그가 말하는 "인간의 어두운 측면"을 고심하였다. 최근 2개월간 심한 우울증을 겪은 뒤에 미국으로 돌아왔다. 그는 우울증 치료 중이다.

#4 알리시아는 사춘기부터 우울증을 느끼기 시작하였으며, 그 증상은 거의 매달 생리 시작 전 나타났다. 그는 3년간 불규칙적으로 상담을 받았으나 우울증을 느끼는 상황은 없어지지 않았다. 그의 가족 주치의는 상황들을 기록한 후에 생리 주기와의 큰 관련성을 파악하고 그의 생리 기간 전후로 2주간 투약하는 항우울제를 처방하였다. 그 후 우울증을 느끼는 상황이나 그 정도는 훨씬 덜하다고 하였다. 그는 우울을 느낀 때마다 부정적인 생각부터 하게 된다고 하였다. 예를 들어, 그에게 승진의 기회가 있었을 때 가장 먼저 들었던 생각은 모든 일을 망쳐버릴 것 같다는 생각이었다.

#5 잉그리드는 지난 3년간 간헐적인 우울증을 겪어왔고, 가볍지만 만성적인 우울증을 겪어왔다[이것은 '이중 우울증(double depression)'이라고 한다]. 사람들은 단번에 그가 자기 효능감이 낮다는 것을 알 수 있다. 그의 자세는 구부정하고, 한숨이 잦으며, 자신의 주위에 다른 사람이 있다는 것을 의식하지 못하는 듯하다. 그에게 항우울제(팍실/paroxetine)는 효과가 있지만, 여전히 목소리는 낮고, 끊어서 딱딱하게 말한다. 대부분의 그의 관점

과 진술은 부정적이고, 사람들은 그와 함께 있으면 분위기가 어두워진다고 느낀다. 실제로 잉그리드는 자신이 가지고 있는 증상들로 자신을 정의한다. 그는 스스로를 "걸어다니는 우울증"이라고 부른다.

#6 제니스는 19세부터 우울증을 경험하기 시작하였다. 그의 증상은 겨울에는 심해지고 봄과 여름에는 좋아지는 경향이 있다. 그는 현재 28세이고 심한 관절 통증과 피로가 점점 증가하고 있다. 작년에 그는 섬유근육통을 진단받았다. 그의 주치의는 그가 잠을 잘 잘 수 있도록 순한 약들을 몇 개 처방하였다. 그는 잠을 잘 자게 되었고, 관절 통증과 심리 상태가 극적으로 좋아졌다.

후반에 나온 경우들을 읽으며, 우울증이 과잉 진단되고 있다는 사실을 쉽게 알 수 있다. 위에서 나온 모든 이야기 속의 우울증의 원인을 뇌의 **화학적 불균형**[2]과 같이 간단하게 규정하는 것은 우스운 일이다. 내담자들은 우울증에 대하여 유전적으로 취약한 공통점이 있을 수 있다(Kamata et al., 2011). 우리가 우울증과 관련이 있는 게놈 양상을 일관적으로 찾을 수 있다면 생리학적 표식으로 여길 수 있다. 지금까지는 그런 표식을 찾지 못했다. 사실, 이야기에서 묘사된 모든 내담자들은 여러 가지 요인에 영향을 받았다. 알리시아의 경우는 이전에 말한 '불균형'과 가장 가까운 사례이다. 몸의 지도는 그녀의 우울증을 이해하는 데 가장 중요하다. 그녀의 우울 증상들은 생리로 인해 생기는 호르몬 변화에 따라 차이가 크다. 우리가 알아낸 바에 의하면, 촉발된 정신적 외상이나 성과 관련된 부정적 연상은 없었다(생리의 시작도 동일).

호세의 경우 그의 우울증은 빈곤한 생활, 벗어날 수 없는 희망 없는 상황에 대한 정신적 반응인 듯하다. 생화학적인 반응들이 일어날 수 있지만 그것이 호세의 우울증의 원인은 분명 아니다.

프랭클린의 정신증 및 우울증 증상은 축구팀에 합류하지 못해 체면이 손상된 것과 직접적인 관련이 있다. 이 경우에는 우울증의 심리적 지도와 자아가 어떻게 심한 체면 손상을 받아들이는지 이해하는 것이 치료 계획을 세울 때 더 효과적이다. 프랭클린은 오랫동안 이 꿈을 꾸며 친구들과 가족들과 함께 자주 그 꿈에 대한 이야기를 나누었다. 그의 좌절은 그에게 치명적이었으며, 이러한 증상들의 원인이 되었다. 프랭클린은 8개월 동안 상담과 항우울제 치료를 받았고, 그 결과 9년 동안 증상은 나타나지 않았다.

제임스의 경우, 영적 수행은 커다란 고통에 마주할 때 열린 그리고 방어하지 않는 자리로 그

---

2 정신병은 화학적 불균형 때문에 일어난 것이라는 연구 결과는 없다. 종종 화학적으로 우울증의 증상을 완화시킬 수는 있지만, 화학적 불균형이 존재했다는 것을 의미하는 것은 아니다.

를 이끌었다고 본다. 그 수행으로 자신의 마음은 열렸지만 겪게 될 고통을 받아들일 준비가 되지는 못했다는 것을 자신도 인정한다. 제임스의 우울증은 실존적 혹은 영적 우울증이라고 할 수 있다. 제임스의 증상들을 이해하기 위해서 영적 지도를 참고하면, 그는 그의 자아를 인식하게 되었으나 이로 인해 그가 다른 사람들의 고통을 더욱 직접적으로 느끼고 우울적인 반응에 더 약하게 되고 말았다. 여러 영적인 경로의 공통점은 영적 수행이 자신의 실존 사실들(고통 포함)을 바라보는 능력을 높이지만, 그 자신이 아직 그 사실들을 감정의 동요 없이 인정하고 받아들이는 단계까지는 도달하지 못했다는 것이다.

잉그리드는 확실히 우울증의 증상들을 겪지만, 그녀의 사고방식 또한 매우 부정적이다. 그녀의 경우, 우울한 증상과 부정적인 사고방식이 얼마나 많이 상승작용을 일으키는지 살펴봐야 한다.

제니스의 경우, 우울증의 원인이 섬유근육통 때문이라고 설명할 수 있다. 아직까지 섬유근육통 같은 자가면역 질환과 우울증의 관계를 논의하고 있지만, 제니스의 경우가 그 치료법의 토대가 될 수 있을 것이다. 한 섬유근육통에 대한 이론에 의하면 가는 힘줄은 REM 수면 단계에서 회복되므로, 내담자의 REM 수면을 좋게 만들어주면 힘줄이 회복될 수 있으며 증상은 사라질 것으로 보인다(Anderos, Maes, & Berk, 2012; Gracely, Ceko, & Bushness, 2011).

그러면, 사람들은 왜 우울해질까? 후반의 이야기들이 보여준 것처럼 그 원인은 다양하며, 원인은 사람마다, 상황마다, 인생 시기마다 다를 수도 있다. 여기서 DSM 범주는, 그리고 일반적인 범주적 정신의학은 대중요법과 차이가 있으며, DSM 진단은 내담자의 전체적인 프로필에서 단지 일부여야 한다(Frances, 2013). 우울증이 세균 감염 같은 '질병'이라고 치면, 정신의학 범주를 대증요법과 혼동하는 것이다. 제1장에서 말한 것처럼, DSM에 나오는 범주적 정신의학 접근은 다른 의학 분야보다 약 50에서 100년 정도 뒤떨어진다. 그래서 통합 모형들은 (이 경우우엔, 우리가 쓰는 통합 모형은) 내담자의 우울증 증상을 정리하는 데 도움이 된다. 이 장에서는 통합 모형을 적용하여 우울증의 원인과 치료법을 검토해볼 것이다.

우선 생물, 심리, 영성 지도에 나오는 우울증 원인에 대한 이론을 검토해야 한다. 자료가 있는 경우 문화, 사회, 발달 요인을 검토해야 한다. 마지막으로, 추천되는 치료법을 소개하고 원인과 치료의 개념을 연습하기 위한 몇 개의 사례 연구를 소개할 것이다.

우울증의 병인론

현실은 복합적이며, 이 복합성이 우리의 친구임을 명심해야 한다. 우울증과 같이 과잉 규정된 증상 묶음은 특히 중요하다. 구체적인 연구와 임상적 지혜는 우리가 우울해지는 과정의 이정

표를 지정하는 데 길잡이가 되어주지만, 우울해지는 길과 이정표는 내담자마다 다르다. 사람들이 왜 우울해질까? 질문은 간단하지만 답은 간단하지 않다. 우울증의 원인이 되는 요인들은 생물, 심리, 환경 요인들이다. 언급했듯이, 우리는 요인들에 영성 요인들을 추가할 것이며,[3] 이런 요인들을 추가한 것은 이들이 발달의 상태 혹은 단계를 반영함에 따라 증상 치료를 위한 변형된 심리치료가 된다는 것을 의미한다. 우리는 이것에 대해 더 자세히 살펴볼 것이며, 통합 모형을 토대로 사용하여 상충적 지도(map)보다는 상호보완적 지도로서 이해하게 될 것이다. 우리는 몸의 지도를 통해 우울증을 바라보는 것에서부터 시작한다.

우울증의 생리학적 이론 : 몸의 지도

우리는 우울증을 신체 변수만 가지고 독립적으로 설명할 수 없다는 것을 알지만, 그것을 제외하고 설명하는 것 역시 충분치 않다는 것을 알고 있다. 우리는 신체 요인이 우울증과 높은 관련성을 갖고 있다는 것을 지난 25년간 연구해왔다. 수년간의 연구에도 불구하고, 우리는 우울증의 병태생리학[4]에 대해 거의 아는 것이 없으며, 심지어 그것이 존재하는지도 확신할 수 없다(Lipsman & Lozano, 2011). 마찬가지로, 의학적으로 이로운 항우울제 치료의 원인이 되는 분자의 기전에 대해서도 거의 알지 못한다. Sahay와 Hen이 요약했던 것처럼 "…우울증의 비동질성(heterogeneity)은 우울증의 원인이 여러 뇌 영역의 기능부전에서 온다는 점을 보여준다"(p. 1110). 신체, 마음, 그리고 환경 요인 사이에 복합적인 상호작용이 존재한다는 사실만 기억하면, 신체 요인들이 우울증을 일으킨다는 생각의 덫에서 빠져나올 수 있을 것이다.

지난 25년간 우울증에 관하여 수많은 연구를 할 수 있게 되었던 이유 중의 하나는, 의학적 기술의 발달로 중추신경계와 세포, 그리고 뇌의 구조들을 좀 더 깊숙이 들여다보는 것이 가능하게 되어서이다. 최근의 연구에서 우울증에 관해 가장 많이 인용되는 문헌 중, 가장 많이 인용된 243개의 연구는 (400개 이상) 질환의 병인론과 역학을 다룬다. 앞 장들에서 다루었듯이, 활용할 수 있는 의학 기술력과 특정 증상의 발생에 대한 이론 사이에는 큰 연관성이 있다. 사람들이 우울해지는 이유에 대한 생리학적 이론은 이 관련성을 가장 잘 설명해준다. 반면 DSM의 처음 두 버전은 심리역동 모형에 기반을 두고 있으며, DSM-III부터 제1장에 표현된 범주 접근을 사용하여, 우울증의 생리학적 표식을 연구하기 시작하였다. 모든 이러한 표식에 관한 연구는 아직 초기 단계이다(예 : Goodwin, New, Triebwasser, Collins, & Siever, 2010). 일반적인 표식을 찾지 못했다는 사실에도 불구하고, 연구를 통해 알게 된 이론과 생리학 기반의 치료

---

3 영성은 제1장에서 다루었다.

4 병태생리학은 병이나 다른 상태에서 생화학적이고 다른 신체 기능들의 장애에 대한 연구이다. 이것은 기본적인 대증요법이고, 제1장에서 논의되었던 이유들에 의하여 정신 및 감정 질환들을 연구하는 데는 부적절하다.

가 우울증의 진단과 치료에서 중요한 (그러나 부분적인) 역할을 하게 됨을 알게 되었다.

'화학적 불균형'에 대한 소견

우리가 몸의 지도를 조사하면서 알게 된 생리학적 우울증 이론을 생각하기 전에 먼저 해야 할 것은, 20세기 후반과 21세기 초반에 쓰였던 오해의 소지가 있는 표현을 재정비하는 것이다. 그 표현은 '화학적 불균형'이다. 요즘 시대로 말하자면, 언어 마술(word magic)이라고 한다 — 확신할 수 없거나 과학적 모형을 통한 증거가 없음에도 확실한 것 같은 답을 주기 위한 표현이다. 주제를 깊이 조사하려면 정치적인 목적, 편견, 조사하는 주제의 맥락 등에 대한 조사 역시 수반되어야 한다. 화학적인 불균형을 이야기할 때 이것들은 모두 관련이 있다. 우선 표현이 생기게 된 이유에 대해 알아보자.

초기의 항우울제[모노아민 산화효소(MAO) 억제제와 삼환계 항우울제]가 우울증을 치료하는 데 효과를 보여주기 시작할 때, 초기의 그 항우울제가 노르에피네프린(NE)이란 신경전달물질의 농도를 높인다고 알게 되었다. 그래서 항우울제가 NE의 농도를 높이며 우울증의 증상을 낮춘다면 혹시 항우울제가 NE의 '불균형'을 교정하는 것이 아닐까 생각하는 것이 자연스러웠다. 물론 항우울제의 작용 방법의 이론을 검토하면 항우울제의 작동 기전이 신경전달물질을 높이는 것뿐 아니라 훨씬 더 복잡하다는 것을 알 수 있다. 그것은 많은 기전 중의 하나이다.

그럼에도 불구하고, 우울증이 어느 정도는 화학적 불균형에 의해 야기된다는 생각은 특히 항우울제 약물치료를 제공하는 것을 쉽게 만들었다. 게다가, 화학적 불균형이라는 비유는 유전자 발현과 유사한 정신의학 교육의 주축을 이루어왔다(적절치 않은 표현이므로 나중에 다시 다룰 것이다). Kemker와 Khadivi(1995)는 "화학물질을 정신질환을 일으키는 요인으로 간주하는 것은 이 모형이 갖고 있는 논리적인 오류에도 불구하고 최근의 추세이다."(p. 247)라고 말하였다. 이 저자들은 정신의학 훈련으로 야기되는 스트레스가 있다고 말하였으며, 내담자의 심리적이며 감정적인 맥락을 이해해야 하는 시간 집중을 요하는 작업을 감당하는 것보다 화학적으로 고통받고 있다는 쪽으로 설명하기가 훨씬 쉽다고 하였다.

인과관계와 상관관계   화학적 성질을 가지고 있는 약이 모든 내담자가 아닌 일부[5] 내담자의 증상을 감소시키는 데 관련이 있다고 해서 이 내담자들의 뇌의 화학적 물질이 '불균형' 상태라는 것을 우선적으로 의미하지는 않는다. 주치의로부터 우울증은 화학적 불균형 때문에 생긴 것이

---

5 이 어구는 이 책에서 주요 어구이다. 개입에 관한 대부분의 연구는 "모든 사람이 아닌 일부의 사람"에만 결과가 나타남을 보여준다. 많은 연구에서, "모든 사람이 아닌 일부의 사람"이란 약 50%를 의미한다.

라고 들은 내담자와 암울하게 상담을 나누었다. 그녀의 뇌의 화학적 상태를 확인하기 위해 의사가 어떠한 검사를 하였는지 물어보았다. 혈액 검사? 척수 천자? 그러한 검사는 하지 않았다고 했다. 많은 의사들이 화학물질(항우울제) 섭취가 증상을 감소시키는 데 도움이 되기 때문에 '화학적 불균형'이라는 단어를 비유로써 많이 쓴다고 그녀에게 말해주었다. "다시 말해, 우리가 화학적으로 개입하여 증상을 감소시켰다고 해서 당신의 뇌 화학물질에 문제가 있다는 것을 뜻하지는 않는다."라고 우리는 말해주었다. 그 상담 이후로 그녀의 기분은 매우 좋아졌다. 의사가 여러분에게 갑상선 불균형이 있다고 하였으나 갑상선 자극 호르몬 혈액 검사는 하지 않았다고 가정해보라. 화학물질(항우울제) 섭취가 모두는 아니지만 일부 내담자들에게 증상의 감소를 보였다고 해서 증상들이 동일한 화학물질의 불균형으로 초래된 것을 뜻하지는 않는다. 화학요법을 통해 약간의 증상 감소를 얻을 수 있다는 의미일 뿐이다. 쓸데없이 골치 아픈 이야기로 들릴지도 모르지만, 기본적으로 대증요법의 뇌 질환으로서 정신과 감정의 질환을 개념화하기 위해 제약회사들과 생물 정신의학계에서 상당한 활동을 하고 있기 때문에 이것은 매우 중요한 사항이다. 제1장의 여러 부분에서 다루었던 경우와는 다른 것이다. 특히 우울증은 신체, 심리, 그리고 환경 요인들의 복합적인 상호작용 결과로 과잉 규정된 장애이다. 우울증을 '야기하는' 두뇌 혹은 유전 요인의 측면을 우리가 발견할 기회가 있으며, 그것이 일관되게 확인이 된다면, 장애에 대한 우리의 이해를 한층 높일 수 있을 것이다. 한 유망한 연구의 분야는 우울증을 면역 염증의 장애라고 보고 있다(Anderson et al., 2014). 우울증에 관한 최근의 이론들이 신체적 요인들(세로토닌과 멜라토닌으로부터 분리된 트립토판 면역 체계 기능)에 초점을 맞추고 있을지라도 포함된 다중 신체 요인들에 관하여 여전히 과잉 규정되어 있다.

그렇다 할지라도, 우울증 증상의 감소 혹은 관해(remission)와 관련 있는 수많은 생리적 변화가 있다. 이러한 관련성은 몇 주간의 항우울제 약물과 치료 후에 나타난다. 우울증과 관련된 생리적 이론들은 그것들을 꽤 잘 설명한다. 그래도, 질문은 남아 있다. 이 이론들은 우울증의 병인론에 대한 것인가, 항우울제 작용에 관한 것인가? 왜냐하면, 제1장에서 다루었듯이, 뇌가 마음 상태에 영향을 주듯이 마음 상태가 뇌에 영향을 주므로, 우리는 '닭/달걀' 문제에 봉착하게 된다. 이러한 생리학적 이론들을 이해하는 가장 좋은 방법은 부분적 사실들이다. 오직 우리가 이 모든 부분적 사실들(생리, 심리, 환경, 문화, 그리고 영성)을 함께 잘 엮을 때 각 내담자의 각기 다른 복잡한 특징들을 참고하여 우울증의 증상에 대해 생각하는 방식에 접근할 수 있다.

마지막으로, "사람들은 왜 우울해지는가?"라는 질문과 함께 우울증과 관련된 생리적 요인들을 다시 살펴보기 시작한다는 것을 언급하는 것은 중요하다. 하지만 생리적 이론들로부터의 답은 "약물이 우울증의 증상 감소에 도움이 될 때, 약물이 몸속 특히 중추신경계에 무슨 작용을 하는가?"라는 질문을 가장 많이 다룬다. 이것은 물론 "사람들은 왜 우울해지는가?"라는 질문과는 다소 다른 것이다. 항우울제의 한 행동 기전을 분리하는 것은 우울증의 원인을 분리하는 것과는 다르다. 항우울제 복용은 연접 내부에서 노르에피네프린(NE) 농도를 높이는데, 이것은 약물을 복용하기 이전에 NE이 다소 부족하였다는 것을 의미하지는 않는다. 그것은 단순히 항우울제를 복용하는 것과 관련 있는 변수를 분리한 것을 의미한다.

이러한 요인들이 왜 사람들에게 우울증이 생기는지를 '설명'하는 것으로 무책임하게 둔갑하여 전달되는 말을 우리는 흔히 들어왔기 때문에 이것은 아무리 강조해도 지나치지 않다(예 : "만약 항우울제의 섭취가 NE의 농도를 증가시킨다면 우울증은 분명히 NE 부족 때문에 생기는 것이다"). 이러한 나쁜 결과와 무책임한 설명이 단기간에 대중의 문화 속에 자리 잡았다(예 : "우울증은 신경화학물질의 불균형으로 생긴다"). 어떤 사람이 대마초를 피운 후에 기분이 좋아졌고, 그것이 그의 뇌에 카나비노이드(cannabinoid) 불균형을 시사한다고 말하는 경우를 상상해보자(일부 학자는 외인성 카나비노이드, 즉 대마초가 항우울제의 특징을 가지고 있다고 주장하기도 했다; Ashton & Moore, 2011). 이것은 정말로 말이 안 된다. 그래서, 이러한 이론들이 매력적이긴 하지만, 우리의 내담자를 이해하고 그들을 어떻게 치료할지에 한 단계 더 나아가는 중요한 부분적 사실들로 적당히 여겨주기 바란다.

우울증의 모노아민 이론   사람들이 왜 우울해지는지에 관한 초기의 생리학적 이론은 1950년대 치료와 첫 항우울제 약물에서부터 발전하여 왔다—MAO 억제제와 삼환계 항우울제.[6] 이 이론은 모노아민 가설이라고 불리었고, 노스웨스턴대학교의 생화학자 Albert Zeller가 창안했다. 아민은 유기 화합물과 하나 혹은 그 이상의 수소 원자로 이루어진 것을 대체하기 위한 암모니아로부터 유래된 화합물 종류이다. 모노아민은 그 구조 안에 단독 결합 부위를 가진 아민이다. 모노아민은 신경전달물질인 도파민(DA), 에피네프린(EP), 그리고 노르에피네프린(NE)을 포함한다. MAO 억제제와 삼환계 항우울제는 둘 다 연접 간극[7] 안의 노르에피네프린(NE)의 농도를 증가시킨다. MAO 억제제는 NE를 분해하는 효소를 비활성화시킴으로써 이것을 가능하게 한다.[8] 삼환계 항우울제는 수송체 분자[9]에 의한 재흡수를 억제하여 NE를 증가시킨다.

---

6 MAO 억제제는 신경세포에서 분비된 신경전달물질을 분해하는 효소(모노아민 산화효소)를 억제한다. 이 NE 분해 억제는 연접에 NE를 증가시켜 연접에 있는 수용체와 결합할 수 있다. 삼환계 항우울제는 3개의 붙어 있는 고리 형태 분자 구조에서 이름 지어졌다. 이 약은 NE의 재흡수를 억제하여, 결국 NE가 연접에 많도록 하여 작동한다. 두 약은 여러 가지 다른 기전을 가지고 있다. 자세히는 Ingersoll과 Rak(2006)을 참고하라.
7 '연접 간극'과 '연접'은 동의어이다. 둘 다 한 신경의 끝과 다른 신경의 처음 사이의 공간을 가리킨다.
8 Zeller는 효소가 (MAO를 포함하여) 신경전달물질이 작동 못하도록 만드는 것을 발견했으며, 이를 토대로 아민 이론을 탄생시켰다.
9 수송체 분자들(tranporter molecules)은 신경에서 나온 신경전달물질을 다시 사용할 수 있도록 신경으로 재

그래서 본질적으로, 항우울제가 (모든 사람들이 아닌) 일부 사람들의 우울증에 도움을 주었고, NE의 농도를 높였기 때문에 그 가설은 우울한 사람들은 NE가 충분하지 않았고, 그로 인해 '화학적 불균형'이 생긴 것이라는 내용이다.

　허용적인 가설은 아민 가설의 수정이라고 할 수 있다. 그것은 우울증은 신경전달물질 세로토닌(5-hydroytryptamine, 5-HT)과 노르에피네프린[10] 사이의 불균형에 의해 생긴다고 단언한다. 이 이론은 항우울제가 세로토닌의 유용성을 증가시켜 세로토닌이 노르에피네프린의 방출과 효과를 규제할 수 있다고 주장한다. 이 이론은 기본적으로 아민이 아닌 다른 신경전달물질이 우울증의 원인이 될 수 있다고 말한다. 이 이론과 관련 있는 항우울제는 선택적 세로토닌 재흡수 억제제(SSRIs)와 세로토닌 노르에피네프린 재흡수 억제제이다(SNRIs).

항우울제 작용의 하향조절 이론　모노아민 가설은 논리적이지만 지나치게 단순화한 가설이었다. 임상가들은 항우울제의 효과가 극대화되려면 2주에서 6주 정도가 걸린다는 것을 알았지만 NE의 증가는 복용 후 한 시간 안에 시작된다. 그래서, NE의 증가로만 치료 효과를 설명할 수 없다. 후에 NE의 (프로작/fluoxetine의 경우 세로토닌) 증가는 하향조절이라고 불리는 연접후 수용체 수와 민감성의 감소로 이끈다는 사실이 발견되었다. 수용체 수와 민감성 감소는 약 2주에서 6주가 소요된다. 유레카! 이렇게 항우울제가 어떻게 작용하는지에 대한 하향조절 이론이 나타나게 되었다. 이 두 번째 이론은 화학적 불균형 이론의 변형일 뿐이었다. 이론에 의하여, 우울한 사람이 항우울제를 복용하면 연접 간극에 있는 NE의 유용성을 빠르게 증가시킨다. 이 NE의 증가는 하향조절(연접후 수용체 수와 민감성의 감소)을 일으킨 뒤, 우울증의 증상들을 편안한 상태로 만들어준다. 하향조절 이론은 약물을 통해 화학적 균형을 만들었고, 이 이론은 후에 다른 종류의 항우울제 SSRIs와 웰부트린/bupropion과 심발타/duloxetine 같은 3세대 항우울제를 포함시켰다. 하지만 이야기는 끝이 나지 않았다.

　모노아민과 하향조절 가설 둘 다에 빠진 부분을 언급하는 것은 중요하다. 우리는 "사람들이 왜 우울해지는가?"라는 질문부터 시작하였다. 그 질문의 답은 항우울제의 작용 기전을 설명하는 방향으로 이끄는데, NE의 증가와 하향조절 작용으로 인한 사람들의 기분 변화를 설명하지 못했다. 우리는 사람들이 왜 우울해지는지 모르는데 많은 작가들은 이 사실을 인정하려 하지

흡수하는 단백질이다. 이 과정은 신경전달물질 재활용과 비슷하다. Julius Axelrod는 20년 전부터 시작한 이 연구로 1970년에 노벨상을 수상하였다.

10 노르에피네프린의 다른 이름은 노르아드레날린이다. 노르에피네프린은 그리스어가 어원이고[에피(epi)는 '위(on)'라는 의미며, 네프론(nephron)은 '신장'이라는 뜻], 노르아드레날린은 라틴어가 어원이다[아드(ad)는 '위(upon)'라는 의미며, 레날(renal)은 '신장'이라는 뜻].

않는다. 항우울제 작용에 대한 그다음 이론에서 우리는 왜 항우울제를 복용하면 (그리고 운동과 정신요법 등으로) 기분이 나아지는지에 대해 한 단계 더 깊이 이해해보도록 하겠다.

항우울제 작용의 분자/세포 이론 항우울제 작용의 분자/세포 이론은 중추신경계에 있는 리간드[11]와 우울증을 분명히 연결한 흥미로운 사건이었다(Duman, Heninger, & Nestler, 1997; Sharp, 2013). 이 분자/세포 이론은 신경 밖에서 NE 증가와 수용체의 하향조절이 일어나는 동안 신경 안에서 발생하는 내용을 설명하는 아민과 하향조절 이론을 토대로 세워졌다. 이 이론은 신경 안에서 발생하는 내용을 볼 수 있게 만든 기술이 큰 도움을 주었다. 이것은 주요 이론이며, 세포 내 기술 활용의 결과 중 중요한 퍼즐의 조각이 될 것이다. 요약하자면, 분자/세포 이론은 항우울제를 복용한 뒤 바로 항우울제가 목표로 하는 신경전달물질(복용한 약 종류에 따라 노르에피네프린 또는 세로토닌, 혹은 둘 다)의 농도가 증가할 때 그와 동시에 세포 안에 고리형 아데노신 일인산(cyclic adenosine monophosphate, cyclic AMP)의 농도도 같이 증가한다는 것이다.

Cyclic AMP는 많은 생물학적 과정에 중요한 분자이다. 뇌의 신경 안에서, cyclic AMP는 신경세포의 생존을 도와주며, 새로운 신경세포의 생산과 발달을 일으키는 단백질인 뇌-유래 신경영양인자(BDNF)의 생산과 가공을 제어한다(신경형성에 관여)(Malberg & Blendy, 2005).[12] 다음은 분자/세포 이론에서 항우울제가 몸에서 어떻게 작용하는지의 주요 순서이다. 이 예에서, 항우울제로 SSRI가 사용되었다.

1. SSRI 복용한 뒤 한 시간 이내에 연접의 세로토닌 농도가 높아진다.
2. 동시에, 연접후신경 안에 있는 cyclic AMP의 농도도 높아진다.
3. 2주에서 6주 동안 연접후 세로토닌 수용체 수와 민감성이 감소한다. 연접후 세포의 cyclic AMP 농도가 줄어들지만 약 복용 전 상태에 비해서는 높은 편이다.
4. 연접후신경의 cyclic AMP가 높아지며, 뇌-유래 신경영양인자(BDNF)도 높아지므로 기존의 신경이 더 건강해지며 새로운 신경의 생산과 발달 확률도 높아진다고 알려져 있다. 어떤 연구에 의하면, BDNF의 혈장 수치 저하가 우울증과 관계가 있다고 한다(Lee et al., 2007).

---

11 리간드[라틴어 *ligandum*, 의미는 결합(binding)]는 생물학적 목적을 이루기 위해 생체 분자(biomolecular)와 결합할 수 있는 분자이다. 생체 분자는 살아 있는 유기체에 의해 만들어지는 분자이다. 신경전달물질은 리간드의 한 종류이다. 이 리간드의 쓰임새는 유기 금속 화학과 무기 화학의 쓰임새와 다르다.
12 사람이 일단 태어나면 모든 뉴런을 가지고 태어나고, 더 이상의 새로운 뉴런은 만들어지지 않는다는 믿음이 있었다. 이는 틀린 것으로 판명되었고, 뇌의 여러 구역은 새로운 뉴런을 일생 동안 만들 수 있다.

이 이론을 뒷받침하는 신빙성 있는 초기의 연구들이 있다. 스트레스, 정동장애, 그리고 BDNF 사이에 중요한 관계가 있다는 것은 이미 알려져 있는 사실이다. 쥐에서 스트레스, 스트레스 호르몬인 **코르티코스테론**, 혹은 사회적 고립에 노출될 때 BDNF 수치가 감소됨을 알게 되었다(Dwivedi, Rizavi, & Pandey, 2006; Licinio & Wong, 2002). 게다가, 스트레스와 사회적 고립은 인간의 우울증과 연관성이 있다. 두 연구를 통해 우울하지 않은 대조군에 비해 우울한 내담자들의 BDNF 혈장 수치가 낮다는 것이 최근에 밝혀졌다(Scaccianoce et al., 2006). 또한 1개 이상의 연구에서 항우울제가 스트레스 호르몬인 코르티코스테론에 의해 감소된 BDNF를 다시 증가시킨다는 것을 증명하였다.

분자/세포 이론에서 우울증 증상의 감소와 연관성이 있는 일련의 생리적인 사건들을 알 수 있게 된다. 그리고 이것은 우울증의 원인이 생리적인 요인이라고 하는 것보다 더 현실성이 있는 이론이다. 일찍이 2004년도부터, 연구자들은 비록 우울증에 (BDNF의 결핍과 관련된) 신경형성 부족이 미묘한 역할을 하지만 이러한 결핍이 우울증을 유발시키는 것은 아니라고 결론지었다(Henn & Vollmayr, 2004). 우울증의 심리학적 이론 연구에서 볼 수 있듯이, 의식/뇌의 상호작용으로서 어떤 환경 자극에 반응한 특정한 심리 경험들은 뇌의 작동 방식을 바꿀 수 있다는 것이다. 제1장에서 보았듯이 뇌는 우리가 생각했던 것보다 더 가소성이 있다. 이것은 뇌에서 의지나 동기로부터 시작하여 운동과 같은 활동들로 나타나 뇌의 작동을 바꿀 수 있기 때문에 임상가들에게 가장 흥미로운 연구 중의 하나이다. 운동의 경우, 우울증의 증상 감소(Erickson, Miller, & Roecklein, 2012), BDNF의 증가(Adlird & Cotman, 2004)와 연관성이 있다는 결론에 도달하였다. 한편으로, 운동과 우울증 증상 감소의 관계는 운동이 BDNF를 증가시키기 때문이다. 연구자들은 BDNF가 항우울제 작용을 자극하지만 항우울제가 BDNF의 '불균형'을 교정하지는 못한다고 생각한다(Wolkowitz et al., 2011).

이제, 우리는 임상 실제를 보여주는 이론 감각의 전체에 도달했다. 이미 신체 활동이 기분을 좋아지게 하고 불안감을 감소시키는 효과적인 방법이란 것은 알고 있었지만, 이제는 이 기전에 대한 이해도 시작할 수 있게 되었다. 내담자에게 우울증이 화학적 불균형 때문이라고 이야기하면, 이것은 내담자에게 **통제 영역이 외부**(external locus of control)라고 이야기하는 것과 같으므로, 내담자가 느끼는 무력감(helpless) 혹은 절망(hopeless)[이 둘은 인지 연구에서 **우울증의 취약성**(vulnerability to depression)을 증가시키는 요인으로 알려져 있다]을 더욱 강화한다. 한편, 내담자에게 운동이 뇌의 세포를 최적의 상태로 작동하도록 하는 '화학물'의 수준을 높일 수 있다고 이야기하면, 통제 영역이 내부가 되는 것이다. 많은 내담자는 항우울제를 6개월 동안 복용함으로써 큰 효과를 보는데, 그 6개월 동안 내담자들은 항우울제 복용이 끝난 후에도 효과를 볼 수 있도록 자신들의 습관 역시 바꾼다. 내담자에게 이렇게 말해주는 것은 우리가 아는 것들을 단순명료하게 하고, 모든 병은 오직 약으로만 치료된다는 제약회사의 편견으로부터 벗어나게 한다.

우울증의 다른 생리학적 이론들

유전학   우울증 증상들을 발달시키는 생리학적 역할에 대해 무엇인가 배웠다면, 과학은 항상 미완성, 즉 진행 중인 과정인 것이다. 많은 과학자들은 이것을 이해하지만, 상업적 마케팅과 대중 매체는 종종 이것을 제대로 이해하지 않기 때문에 '화학적 불균형' 같은 부정확한 용어가 생긴다. 우리는 정신 및 감정 질환의 발달에서 유전의 역할을 제외하려는 똑같은 문제를 보게 된다(Brown, 1998).

유전자 발현의 역할은 질환을 일으키는 어떤 정신적, 감정적 증상들의 연구에 중요하다. 우선, '유전자 발현'이란 용어는 부정확하다. 유전은 의도적으로 스스로 '발현'하지 않기 때문이다. 유전은 청사진이나, 단백질을 이루는 성분표이다. 보통의 사람들은 수많은 일을 하기 위해 약 50,000개의 단백질을 만들기 때문에 이것은 단순한 일이 아니다. 세포핵 안의 염색체에서 발견된 것이 유전자이다. 각 세포핵에는 23개의 염색체쌍(생식 세포는 별도)이 있다. 대부분의 염색체는 대략 50% 정도의 디옥시리보핵산(DNA)과 50%의 단백질로 이루어져 있다. DNA는 Francis Crick과 James Watson이 발견한 이중나선구조이다.[13] 이중나선구조를 풀어보면 사다리 모양이 된다. 그 사다리의 면은 당과 인산염으로 이루어져 있다. 가로대는 베이스라 불리는 4개의 리간드로 구성되어 있다(뉴클레오티드나 레터스라고도 부른다). 이 베이스는 아데노신, 티민, 구아닌과 시토신이다. 유전은 DNA 분자에 있는 이런 기본 쌍의 집합이라고 말할 수 있다. 각각의 집합은 단백질 합성을 위한 일련의 지시들이다. 염색체 자체는 50%가 단백질이라고 언급하였다. 이 단백질은 유전을 만드는 DNA를 감싸는 덮개이다. '발현'하려면, 메신저리보핵산(mRNA)이 '청사진'을 '볼 수 있게' 덮개를 열어야 하므로, 단백질의 합성을 가능하게 하는 일련의 일들을 시작한다.

여기에서 요점이 무엇일까? 요점은 유전은 사실 스스로 '발현'하지 않고, 오히려 세포가 외부적인 자극에 반응할 때 그 단백질 덮개가 벗겨지는데 그때 mRNA가 청사진을 볼 수 있게 되며, 그 성분표와 방법도 읽을 수 있게 된다. 정신건강에 유전의 역할을 이해하기 위해 이 문단은 필수적인 문단이다. 낭포성 섬유증과 근육 위축증의 기저질환이 된 단일유전자가 발견된

---

13 DNA의 모양에 대한 자료를 제공한 것은 역사적으로 Crick과 Watson이 아니라 Rosalind Franklin이라는 사실을 밝힌다. 이 자료는 Franklin의 허락 없이 Watson에게 노출되었다는 이야기도 있다. 이중나선구조의 수수께끼를 푸는 데는 그녀의 자료가 필수적이었다. 성차별, 이기주의와 반유대주의 때문에 그녀는 역사에서 밀려났다고 Maddox(2003)는 주장했다.

것처럼 조현병과 연구자들은 어떤 단일유전자의 관계가 있기를 바랐다. 그렇지만, 관계는 없었다. 이 책에서는 질환을 유전 취약성이라 자주 일컬을 것이다. 이 취약성은 유전학자의 관점으로 볼 때 조현병 가족력이 있는 일란성 쌍둥이의 경우 성장 후에 1명은 조현병이 나타나고 나머지 1명은 나타나지 않는 이유를 설명한다. 같은 게놈을 나눠 썼지만 환경에 반응한 방법이 많이 다를 수도 있다. 환경의 역할 그리고 그에 대한 심리적인 반응이 후성설(epigenetics)이란 연구 분야이다(*epi*는 '가깝다'는 의미다). 이처럼 후성설은 청사진이 보이게 단백질의 덮개를 벗기게 되는 (몸, 마음, 환경의) 요인들에 대한 연구이다.

　계속 '유전자 발현'이란 말을 쓰겠지만, 단백질 합성을 수행할 유전자의 지휘 역량이란 의미인 것을 기억하는 것이 중요하다. 이는 간단하지만, '화학적인 불균형'이란 말처럼, '유전자 발현'이란 말도 계속 언어 마술을 쓰면 의미가 달라질 수도 있다. 그렇게 쓰면 "우울증의 원인이 유전자 발현이다."라고 하면 아무런 도움이 되지 않으며, 이는 우울증이 '업보(karma)'나 '나쁜 기질'에 의해 생긴다고 하거나, 마야 달력의 종말은 2012년에 도래한다고 말하는 것과 다를 바 없다.[14] 왜냐하면 환경적인 자극이나 의식이 환경을 감지하는 자극으로 인해 '유전자 발현'이 작동되게 된다면 그 자극이 연구의 목적이 되며 의학적으로 중요성을 가지게 되기 때문이다. 우울증이 생활사건에 대한 반응이나 취약성이라는 가설도 우울증이 나타나는 사람과 우울증이 나타나지 않는 사람의 차이점의 채 절반도 설명을 하지 못한다. 더 구체적인 우울증과 유전자 발현에 대한 이론이 만들어지고 있으며, 하나는 우울증 증상 중에 나타나는 수면장애를 설명할 것 같은 '시계 유전자'에 대한 이론이다(Coogan & Thome, 2012).

　더 복잡하게, 유전자 발현이 작동하는 방법에 대해서는 현재 의견이 분분하다. 1970년대에, 유전자가 따로 작동한다는 것이 유전학 분야에서 핵심적인 개념이 되었다. 제한된 경우에서 (앞서 언급한 것처럼) 특정 질병이 특정 유전자와 관계가 있다. 이 개념은 유기체에 있는 모든 유전자는 단 하나의 단백질 합성 정보를 가지고 있다는 생각부터 시작되었다. 2007년 7월에 국제적인 인간 게놈 연구소는 유전자는 따로 작동하며, (우울증의 취약성 같이) 단일 기능에 연결되지 않고 오히려 복합 네트워크에서 작동하며 우리가 아직 이해하지 못하는 이유로 서로 겹친다는 정보를 발표하였다. 최근에 과학자들이 소위 '정크 DNA'는 실제로 수백만 개의 유전자와 언제, 어떤 작업을 해야 하는지 연락을 주고받는 스위치라는 것을 발견하였다(Ritter, 2012).

　대중 언론이 자주 유전자학 연구를 잘못 해석하기 때문에 이는 특별히 중요하다. 예를 들어,

---

14 이 책을 쓰고 있는 시점에, 2012 현상이 문화에 퍼져서, 사람들은 조화 수렴(harmonic convergence)에서부터 자기장 역전(magnetic pole reversal)까지 모든 가능성으로 슈퍼 화산 분출이 일어나 모든 전기류가 파괴되고 북반구가 핵겨울에 빠지게 된다고 예상하였다. 2011년에 그런 생각을 하면서도 우리는 여전히 새해 파티 계획도 세워놓았고 잡지 구독도 갱신하고 있었다.

과학자가 알코올의존증과 어떤 유전적 이상의 관계를 발표하면 신문들이 연구 결과를 "알코올중독 유전자가 발견되었다."로 표현한다. 최근 유전자가 네트워크에서 작동하는 것을 보여준 것처럼, 유전자 발현은 복잡한 분야이며, 생긴 지 얼마 되지 않은 분야이다.

임상가와 정신건강에 있어 유전자의 역할을 이야기할 때, 대부분은 생물학이란 운명이며 부모에게 어떤 질환이 나타나면 아이들도 무조건 그 질환 혹은 비슷한 질환이 나타날 것이라고 잘못 생각한다. 사실 일차 친족이 우울증 증상을 나타내면, 아이에게 우울증이 나타날 가능성이 높아지지만, 유전자 암호는 무슨 되돌릴 수 없는 결과로 움직이는 컴퓨터 프로그램 같은 것이 아니기 때문에 이것은 운명이라고 할 수 없다. 언급했듯이, 어떤 코드는 수행되고 어떤 다른 코드는 수행이 되지 않는 수백만 개의 코드가 있는 시스템이다. 어느 개체군에서는 우울증의 전파는 빨리 변할 수 있지만, 반면 유전자 기반의 변경은 오래 걸린다. 우리의 유전(더 정확하게, 유전의 네트워크)은 환경과의 반응과 환경에 대한 우리의 심리적인 반응으로 표현된다(Charney, 2004). Ernest Rossi(2002)가 언급한 것처럼, 유전자 결정론은 잘못된 개념이다.

우리의 유전자는 우리 삶 속의 걱정과 의식으로부터 멀리 떨어져 생리학에 깊이 묻혀 있는 것은 아니다. 오히려 우리의 유전자는 어떤 것이 우리의 호기심이나 궁금함이나 매혹함을 자극할 때마다 반응하는 것이다. 우리의 유전자는 끊임없이 바뀌는 의미 있는 경험으로 만든 우리 인생의 드라마에서 표현된다. 우리의 유전자는 우리의 내부적인 희망이나 소원이나 공상이나 꿈이나 외부적인 스트레스를 대처하려고 할 때의 반응으로 켜졌다 꺼졌다 한다(p. xvi).

"의미 있는 생애 사건은 유전자를 나타나게 하며, 그 유전자가 단백질의 합성을 일으키며, 그 단백질이 새로운 신경들과 그들의 연결을 만들 수 있다."는 생각은, 뒤의 치료 부분에서 보는 바와 같이, 상담과 심리치료 임상에 엄청난 영향을 준다.

그러므로 우리의 유전자 코드 속에 어떤 경향이 있을 수 있지만, 그 유전자가 (또한 유전자 네트워크가) 표현되거나, 표현되는 정도가 환경적인 상태에 따라서 달라질 수 있다. 이러한 유전자 발현은 건강 및 질병과 연관성이 있다. 이는 우울증이 가족 내에서 발생한다는 혹은 30세 이전에 심하게 우울한 여성 친척이 있는 경우 우울증 발생 위험이 증가한다는 학술적으로 신뢰할 만한 유전적 이해와 완전히 다르다. 후자는 위험 요소를 이해하려고 할 때 도움이 되는 반면, 전자는 치료하거나 예방 프로그램을 세울 때 도움이 된다. 혹시 여러분이 궁금해할지 모르지만, 우울증의 원인인 하나의 유전자를 찾는 것에는 아무도 성공하지 못하였다. 이 책이 다루는 많은 유전자 요인이 있는 질환들은 모두 다 여러 개의 유전자적이고 환경적이고 환경에게 심리적인 반응인 요인들이 있다.

정신질환과 유전의 관련을 얘기하자면 다유전자적인 것을 기억하는 것이 중요하지만, 결과를 보여주는 정신질환과 유전자의 관계를 설명하는 조현병 손상(disrupted in schizophrenia 1, DISC-1) 유전자에 대한 연구가 있다. 이 유전자는 현재로서 우울증, 양극성장애, 조현병에서 어떠한 역할을 하고 있다고 판단된다. 이것은 2000년에 밝혀졌으며, 이러한 질환을 일으키는 위험 유전자로 간주된다(그러나 그 유전자를 갖고 있다고 해서 그 질환이 생긴다는 것은 아니다). 이 이론은 이 유전자가 글루타메이트(Glu) 신경전달물질의 수용체에 신호 역할을 하는 분자(D-Serine)에 영향을 준다는 것이다. DISC-1 유전자는 D-Serine의 농도와 관련이 있어서 나열된 세 질환과도 연결된다(Ma et al., 2012).

호르몬　DSM-IV-TR(APA, 2000)의 부록에서 DSM-5의 우울장애로 이동한 질환들 중 하나가 월경전불쾌감장애(PMDD; 전엔 황체후기 불쾌감장애로 불렸다)이다. DSM-5는 PMDD의 주요 양상을 서술할 때 현저하게 가라앉는 기분, 극도의 불안감, 뚜렷한 정서 불안정, 여러 활동에 대한 흥미 감소, 감정에 휩싸임, 유방의 민감함 같은 신체 증상을 나열하였다. 월경전불쾌감장애에서는 이러한 증상들이 월경이 시작되기 전 마지막 주에 발생하며 월경이 끝나는 주에는 없어진다고 알려져 있다(Futterman & Rapkin, 2006). 11개의 증상들이 목록에 있고, 그중 5개 이상이 진단을 위해 필수적이다.

1. 슬픔, 절망감, 혹은 자기 비하
2. 긴장감, 불안함, 혹은 '신경 과민'
3. 잦은 눈물로 생겨나는 감정의 불안정
4. 반복적으로 발생하는 흥분, 화, 그리고 증가한 대인관계 갈등
5. 일상생활에 대한 흥미 감소, 사회적 관계로부터의 단절
6. 집중력 저하
7. 피로감, 무기력함, 혹은 활력 저하
8. 폭식 등과 관련이 있는 식욕의 급격한 변화
9. 과다수면 혹은 불면
10. 조절되지 않거나 무언가에 휩싸이는 듯한 주관적인 감정
11. 두통, 유방 압통, 혹은 부종과 같은 신체적 증상들

이러한 진단에 논란이 있는 부분은 여성에게 일어나는 자연스러운 과정으로 간주되는 문제

들이라는 것이다. 연구자들의 결론은 PMDD는 사실 생리 주기[15]에서 황체후기에 소수 여성에게서만 일어나는 증상 묶음이라는 것이다. 이 질환은 청소년에게서도 나타날 수 있다(Rapkin & Mikacich, 2006).

PMDD에 관한 가장 흥미로운 사실은 이러한 증상들은 오직 황체후기에만 투여하는 SSRI 항우울제에 매우 잘 반응한다는 것이다. 이것은 지속적인 치료를 요하고 치료의 효과가 나타나려면 2주에서 6주 정도 걸리는 우울증 치료의 SSRI의 사용과는 매우 다르다. PMDD로 고통받는 여성들을 위한 SSRI의 간헐적 복용량은 그녀들의 삶의 질에 긍정적인 영향을 끼친 것으로 나타났다(MacQueen & Chokka, 2004). 비록 PMDD의 원인은 밝혀지지 않은 채 남아 있지만, 몇몇 연구자들은 그 증후군과 세로토닌 조절부전과의 관련성을 설명하였다. 물론, 환경이나 환경에 대한 개인의 심리적인 반응과 관련이 있는지 알 수 없는 유전자 정보가 특정 형질로서 나타나는지 여부와는 관련이 없다. **세로토닌 조절부전**(Serotonergic dysregulation)은 '화학적 불균형'보다 문법적으로 훨씬 더 정확한 표현인데, 이는 정확히 어떻게 영향을 주는지는 고려 없이 신경전달물질 체계를 단순히 지칭만 하기 때문이다. Jovanovic과 동료들(2006)은 그렇지 않은 사람에 비해 PMDD로 고통받는 여성의 특정 세로토닌 수용체의 결합 강도에 차이가 있다는 것을 발견하였다. 이러한 발견이 반복된다면, PMDD가 어떻게 발달하는지와 어떤 사람에게 위험한지를 설명하는 데 도움이 될 것이다.

그 밖에, PMDD의 우울증 연구는 진단 감별의 중요성을 강조한다. 만약 여러분이 우울증을 앓고 있는 청소년이나 성인 여성을 치료하고 있다면, 그들의 증상과 생리 주기를 기록하도록 하는 것은 우울증 증상이 황체후기와 관련이 있는지를 살펴볼 수 있다는 점에서 매우 중요하다. 그렇다면 치료와 함께 상담이나 심리치료가 진행된다면 효과는 더욱 클 것이다. SSRIs, 유산소 운동, 식생활의 변화, 건강 보조 식품과 함께 하는 약물치료도 그에 속한다. 이것은 산후 우울증으로 연결될 가능성이 크기 때문에 여러분의 내담자가 PMDD의 증상이 있었던 여성인지를 아는 것도 중요하다(Bloch et al., 2005).

뇌의 구조와 신경형성에 관한 연구　우울증의 증상이 나타나는 것을 특정한 뇌 구조와 연관 지

---

15 월경 주기는 배란으로 인해 4개의 일정하게 나눠진 단계이다. 첫 번째 단계는 첫 월경 출혈이 나타나는 날에 시작되며, 약 4일 동안 연속되는 월경의 단계이다. 두 번째 단계는 5일에서 13일까지 가는 난포기이며, 이 단계에서는 에스트로겐의 방출에 반응해서 자궁의 벽이 두꺼워진다. 난포 세포(follicles)가 발달되며 1개, 2개가 우성화된다. 배란은 4개의 단계로 나눠지는 시기며 이때에 우성인 난포 세포가 난자를 배출하는 시기이다. 황체기는 세 번째 단계이며 15번째 날부터 시작해서 26번째 날까지 가는 단계이다. 이 단계에서는 우성 난포 세포의 남은 것이 황체(라틴어 '노란색 몸')로 변하며 배아의 주입으로 프로게스테론을 많이 생산함으로써 자궁의 벽을 준비시켜주는 것이다. 마지막 단계는 27번째에서 28번째 날까지 허혈의 단계인데, 배아 착상이 되지 않았을 때 에스트로겐과 프로게스테론의 수치가 감소되며, 다시 첫 단계로 돌아가는 단계이다.

은 연구들이 있다. 한 효과적인 연구는 감정을 통제하는 뇌의 한 부분을 격리시키려는 시도를 하여, 이러한 뇌의 부분들이 보통 기분[16]의 대상과 비교하여 우울한 대상에서 다르게 작용하는지 확인하려고 하였다. 15년간의 신경영상 연구를 종합하자면, 우울한 상황 속에서 비정상적으로 과도하게 작용하거나 부족하게 작용하는 뇌의 영역은 없다는 결론을 얻었다(Steele, Currie, Lawrie, & Reid, 2007). 별 소득 없는 연구 결과인 듯하지만, 그 사실을 알아냈다는 자체로서 중요하다. 연구자들이 그들의 결과에서 시사하듯, 어떤 것을 뇌의 기능 불량과 복잡하게 연관 지으려는 이론의 지나친 단순화는 신빙성이 없으며 모순되는 결과를 보여주는 경향이 있다. 이 저자들이 말했듯이, 좀 더 정교한 우울증 개념은 또 다른 많은 결과들의 발견을 이끄는 방향이 되어야 한다. 이런 종류의 메타 분석은 특히 중요하다. 많이 쓰는 예를 하나 들자면, 한 저널리스트가 뇌 구조를 구체적인 증상들과 연결시키려는 노력을 한 결과, 여러 정신과 약물들이 이러한 뇌 구조들에 직접적으로 작용한다고 결론을 내었다. 이와 같은 뇌 영상 연구가 없으면, 이러한 오해가 계속될 것이다.[17]

신경전달물질 체계의 역할에 대한 이어지는 연구는 어떤 사람의 경우에는 우울증과 같이 동반되거나 원인이 되는 증상을 이해하는 데 도움이 된다. Stahl과 Briley(2004)는 우울증에 관여하는 세로토닌과 노르아드레날린 특정 경로를 조사했으며 기능에 따라서 이 경로에 지장을 주면 우울증의 신체적인 증상 특히 통증으로 나타날 수 있다고 하였다. 신체적인 증상은 사람마다 다를 수 있지만, 내담자가 우울증과 동시에 신체적인 증상을 나타내면 조사해야 한다. 이 연구는 중요하지만 만성 피로와 섬유근육통 같은 통증 증후군의 감별 진단 문제가 생길 수 있다(Michielson et al., 2006). 두 통증 증후군의 경우 많은 내담자에게 우울증의 증상도 나타난다. 이는 상담이나 심리치료를 하기 전에 신체검사를 하는 것의 중요성을 강조한다.

최근에 McCarthy(2012) 등이 글루타메이트 기반 우울증이 무엇인지 상정하였다. 글루타메이트(Glu)는 비필수 아미노산이며, 흥분성 신경전달물질로 분류되었다. 여러 개의 글루타메이트 수용체가 발견되었으며 N-Methyl-D-aspartic acid(NMDA)는 이 이론에서 우울증과 관계가 있다는 결과를 보여줬다. Glu가 NMDA 수용체처럼 작동되며 수치가 높으면 흥분 독성(excitotoxicity)과 세포사(cell death)의 원인이 될 수 있다. 2000년부터 케타민 주사 한 번으로 우울증의 증상을 감소시키거나 없앨 수 있다는 것이 여러 연구에서 알려졌다(Mathew et al., 2012). 수의학에서는 케타민이 마취제로 쓰이지만 남용될 수 있는 약으로 분류되어 있

---

16 '보통 기분(Euthymia)'의 어원은 그리스어이며, 의미는 '평온하다' 혹은 '기쁘다'이다. 의학 용어에서는 본래의 뜻을 잃어버리고 단순히 "조증도 우울도 아니다"라는 의미로 사용된다.
17 하나의 예를 들자면, Jonathan Engel(2008)은 정신질환의 원인이 화학적인 불균형이며 생물학적 요인이 대부분의 질환에서 근본적이라고 했지만 이를 뒷받침하는 연구를 하나도 인용하지 않았다.

다.[18] Skolnick(2012)이 모든 항우울제가 어느 정도 NMDA 수용체를 억제한다고 보고했을 때부터 이 결과와 케타민 보고는 이론과 중재의 목적이 되었다. 특히 뇌의 대뇌피질 브로드만(Brodmann) 영역 25[슬하대상회(subgenual cingulate)라고 부르기도 함]에서 NMDA 수용체가 우울증의 원인에 큰 역할을 한다. McCarthy 등(2012)은 Glu 전달의 방해가 우울증의 원인이 될 수 있다는 가설을 세웠다. 연구를 더 많이 해야 하겠지만, 좋은 결과가 기대되며 여러 제약회사가 우울증을 치료하기 위해 케타민의 경구 용량을 제작하려고 하고 있다.

우울증의 심리학적 이론 : 마음의 지도

이 장의 시작 부분에 나온 호세와 프랭클린의 이야기를 기억하는가? 호세는 만성 빈곤 상태에서 가족을 먹여 살리는 부담으로 인한 스트레스를 받고 있었다. 프랭클린은 꿈을 이루지 못해 생기는 체면 손상을 겪고 있었다. 이 두 사람은 분명히 우울증 기준에 맞았는데, 우울증의 원인이 된 스트레스 요인들은 다 환경적이거나 심리적이었다. 환경과 마음이 몸에게 (특히 뇌에게) 어떤 영향을 주었을 수도 있지만 두 경우에는 심리사회적인 요인들도 생각해야 한다.

우울증의 요인을 설명하는 데 도움을 주는 마음의 지도를 조사해보면 많은 유명한 이론과 흥미로운 연구를 보게 될 것이며, 많은 문화권에서 우울증의 생리하저인 이론을 생각하기 전에 먼저 심리학적인 이론을 생각하고 있다는 것을 알게 될 것이다. 사람들이 왜 우울해지는지에 대한 심리학적인 이론은 정신분석과 심리학의 인지혁명으로 이어진다. 시인 John Milton(1969)이 말한 것처럼, 마음은 자기만의 자리에 있으며 천국을 지옥으로 만드는 힘도 있고 지옥을 천국으로 만드는 힘도 있다.

우울증의 심리역동 이론 1917년에 지그문트 프로이트가 「애도와 우울(Mourning and Melancholia)」 논문을 작성하였을 때, 그는 슬픔[grief, 애도(mourning)]을 우울과 구별하였다. 이 논문에 의하면 슬픔은 사랑하는 사람을 잃었을 때의 정상적인 반응이며, 우울은 사랑하는 사람을 잃을 때의 병적인 반응이라고 했다.[19] 사랑하는 사람은 주로 부모나 어릴 때 나를 돌봐준 사람이다. 우울증이 나타내는 정서 상태를 느끼는 사람들은 Sidney Blatt에 의해 두 그룹으로 나누어지게 되었다 — 의존형[anaclitic, 의존형(dependent)] 그리고 내사형(introjective, 자기비판형). (Anaclitic은 어린이가 양육자에게 애착적으로 의존한다는 의미이다. – 역자 주) 의존형 모형은 프로

---

18 케타민은 유체 이탈 경험을 느끼게 만들 수 있다. John Lilly가 감각차단탱크를 만드는 데 치료적 가능성이 있다고 케타민을 많이 썼다.

19 우울 반응을 병적인 반응으로 구분하는 특징은 고통스러운 낙담, 심한 자존감 결핍, 사랑을 하지 못함, 외부세계에 대한 관심 손실 등이다.

이트의 우울증의 개념과 비슷하다. 돌봐주는 사람과의 관계가 끊어진 사람은 주로 의존형 증상이 나타난다. 이 패턴은 연약함, 무기력, 부적절감, 유기공포, 달래지고 싶은 욕망, 만족지연을 견디기 힘든 것과 (사랑하는 사람과 헤어질까 봐) 분노표현의 어려움 등으로 발달된다.

내사형 우울증 양상은 "냉정하고 자학하며 끊임없는 자기 비판, 열등감과 무가치감, 죄책감, 기대에 부응하지 못한 느낌, 중요한 타인의 인정과 사랑을 받지 못할 것 같은 두려움, 적극적인 노력에 대한 인정을 받지 못할 것 같은 두려움"과 같은 느낌으로 나타난다(Blatt & Zuroff, 1992, p. 539).

효과적인 치료 방법을 선택하려면 이 두 가지 심리역동적인 우울증 양상을 구별할 수 있어야 한다. 몇 명의 연구자는 의존형 우울증은 의존과 사랑하는 사람을 잃는 것과 (현실적 또는 상상적) 관련되는 대인관계 발달[20]에 영향을 주는 것으로 보인다고 하였다. 의존형 우울증 증상을 나타내는 사람은 외로움과 연약함과 무력감을 느낀다고 한다. 그들은 사랑과 인정을 받고 싶은 욕망과 거절에 대한 공포를 심하게 느낀다. 공격성은 사랑하는 사람을 떠나게 만들까 봐 억압되며("내가 너 때문에 화난다고 말하면, 너는 나를 떠날 거야.") 이 억압은 여러 가지 통증 같은 정신신체(psychosomatic) 증상의 원인이 될 수 있다.

내사형 우울증 패턴은 "자기 평가, 자기 인식, 자기 비판, 정체성"의 어려움과 관련이 있다 (Meurs, Vliegen, & Cluckers, 2005, p. 207). 이 패턴도 어릴 때 돌보는 사람과의 관계가 끊어지는 것으로 인하는데 내사형인 경우에는 증상의 원인은 심한 자기 비판이다. 이런 비판은 자기가 무가치함을 느끼기 때문에 현재의 관계에도 방해를 준다. Blatt과 Shahar(2005)는 성별과 우울 분류는 관계가 있다고 하며 여성들은 주로 의존형 패턴을 나타내고 남성들은 내사형 패턴을 나타낸다고 하였다. 서구사회에서 전통적인 성 역할이 이러한 패턴에 영향을 주는 것 같다.

내사형과 의존형 우울증은 둘 다 애착 이론과 관계가 있다. 애착 이론에 의하면 끊임없이 부모나 돌보는 사람의 사랑과 보호와 양육을 받으면 다른 사람들과 건강한 관계를 만드는 능력이 향상된다. 애착 이론에 의하면 우리가 어릴 때 만든 관계가 우리 자신과 타인들에 대한 내적 모형을 발달시키게 된다. 그러한 관계가 잘 되는 경우, 발달된 모형도 잘 되고 건강한 애착유형의 기반이 된다. 관계가 좋지 않은 경우(예 : 방치, 학대), 발달된 모형도 좋지 않아서 불안정 애착 유형이 이루어진다. Reis과 Grenyer(2002)가 건강하지 않은 애착 유형의 변형들을 요약하였으며 자신에 대한 부정적인 관점 유형은 의존형과 내사형 우울증과 관련이 있다고 언급했다. 관계에 사로잡히며, 자신에 대한 부정적인 관점을 가지며, 다른 사람에 대한 긍정적인

---

20 제2장에서 언급했듯이, 가설을 세운 여러 가지 발달 방법이 있다. 어떤 방법은 충분히 발전되었으며 어떤 방법은 통속 심리학 때문에 생긴 방법이다. 또한 제2장에서 언급하였듯이 대인관계 발달은 자아 발달과 복잡한 관계가 있다.

관점을 가지는 사람은 의존형 우울증에 취약하다. 자신에 대한 부정적인 관점을 가지며 다른 사람들과의 관계를 무시하거나 무서워하는 사람은 내사형 우울증에 취약하다.

우울증에 대한 다른 심리역동 이론 Melanie Klein(1957)과 Karen Horney(1940)는 우울증의 심리역동적인 양상을 설명했는데, 우울증은 분열되거나 나누어진 자아로 인한 감정적인 상태라고 밝혔다. 이 상태는 내적 혼란을 초래하여 이를 인지하고, 인식하고, 받아들이느라 고군분투하는 수많은 하위성격들[21]을 경험하게 된다. Horney(1940)는 내담자가 자신들이 버린 부분을 되찾고, 진짜 감정과 희망을 알고, 자신의 가치관을 발달시키고 이러한 변화에 따라 다른 사람과 연관되려고 할 때 도움을 받아야만 한다고 하였다. Horney의 치료는 내담자가 하위성격을 자각하고 그것들을 자아와 통합시키려고 하는 데 도움을 주었다. Arieti와 Bemporad(1980)는 내담자가 추구하는 목표와 우울증과의 관계를 설명했다. 심리역동 이론에 '이상적인 나(Over-I)'(초자아로 잘못 번역됐었다)는 자신의 내사된 권위와 개인의 이상적 자기 개념의 조합이다. '이상적인 나(Over-I)'로 인해 실제 자기가 이루지 못하는 비현실적인 목적을 추구하는 것이 우울증의 원인이 될 수 있다. 정신과 의사 John Bowlby(1977)는 의존형 우울증 이론에 초기 애착의 문제와 초기 대인관계 갈등이 후에 우울증 삽화에 대한 취약성을 높인다는 생각을 추가하였다. 많은 자기 심리학자들이 우울한 사람들의 개인적 욕구와 필요가 만족되지 않은 것이 우울증의 원인이라는 것에 중점을 두었다.

심리역동적 우울증 양상을 명료화함 심리역동적 접근을 모르는 많은 임상가들은 어린 시절 돌보는 사람과의 관계에 문제가 있는 것이 성인이 되었을 때 어떻게 우울증으로 나타나는지 이해할 수 없다고 할 수도 있다. 프로이트도 자각했듯이, 심리적 사건들이 예상할 수 있는 신경학적 결과를 촉발한다고 확신 있게 말할 수는 없다.[22] 건강한 발달에서, 우리(주체)는 우리 자신과 우리 자신의 삶을 인식의 대상으로 만들려고 한다. 예를 들어, 화가 났을 때 화가 난 것을 알아차릴 수 있고 그 화를 제어할 수 있으면 더 많은 화 푸는 방법이 생긴다. 의존형 우울증 양상을 나타내는 사람은 우리처럼 화가 났을 때를 알아차리는데, 우리와는 달리, 화를 알아차리자마자 그 화를 표현하면 사랑하는 사람의 기분을 상하게 만들고 그가 떠나게 만들 것 같아 두려워하게 된다. 그러면 청소년기부터 이어져온 가상의 협박으로부터 그녀의 현재 관계를 보호

---

21 하위성격은 정신종합(psychosynthesis) 이론의 개척자 Roberto Assagioli(1975)가 만든 구상이며, "전체 성격 속에 있는 자율적인 형태들"이라고 정의하였는데 이는 Jung과 Adler가 설명한 콤플렉스와 비슷하다.

22 활동 초기에 프로이트가 해부학자인 노벨상 수상자 Santiago Ramon y Cajal의 신기원을 이룬 연구에 감명을 받고 이와 관련된 시도로 과학적 심리학 프로젝트(Project for a Scientific Psychology)를 추진하였다. 그 당시의 과학이 경험들과 이에 예상되는 중추신경계 결과를 명확히 연결시키지 못함을 깨달아서 이 프로젝트는 나중에 포기되었다. 이 연구는 현재 다른 노벨상 수상자 Dr. Eric Kandel(2006)이 계속하고 있다.

하기 위해, 인식으로부터 화를 밀어내고, 화를 억압한다. 후자의 예에서, 화를 인식의 대상으로 삼기보다는 그것을 부정하고 본질적으로 이것을 '외부의 것'으로 만든다. 이것을 정신병리의 '주체/외부' 역동이라고 부른다.

이런 양상들을 이해하기 위한 또 다른 방법은 Blatt과 Shahar(2005)가 자기 발달의 변증법적 모형으로서 언급한 것을 통해서이다. 이 모형 안에서 그들은 우리의 자아 혹은 가장 가까운 자기(proximate-self)는 밀접하게 우리의 경험과 중요한 타인의 내재화된 묘사와 연관이 있다는 점을 지적하였다. Erik Erikson(1950)의 심리사회발달 모형에서, 이 저자들은 발달의 세 가지 일반적인 대인관계 수준을 통해 자기가 변증법적으로 진화하는 것을 보았다 — 기본적인 신뢰, 협력, 친밀함. 이러한 발달 수준을 협상하지 못하는 것은 정서적 행동적인 측면에 영향을 준다. 초기의 신뢰 관계를 형성하지 못하면 쓸모가 없다는 감정과 시작하는 것을 어려워하는 상태가 된다. 흔한 말로, 우리가 신뢰하는 법을 배우지 않을 때 우리는 쓸모없다고 느끼고 그 느낌으로 인해 시작하는 것을 실패한다는 것을 의미한다. 신뢰에서 협동하는 능력으로 가게 하는 것은 놀이를 할 때 보듯 자율적이고 협력적인 관계에 참여할 수 있다는 감정을 발달시키는 아이의 능력에 달려 있다. 협조적인 관계를 이끄는 이 능력은 좀 더 자기와 정체성의 개선을 가져오고, 좀 더 친숙한 관계를 만드는 것을 가능하게 한다(Horney의 치료법에서 사람은 욕구, 필요, 그리고 가치를 인식함으로 인한 변화에 근거하여 다른 사람과 관계를 맺어야 한다는 것과 같은 맥락이다). 그러므로 자기감과 대인관계의 질은 상호촉진적인 변증법적 처리로 발달한다(Blatt & Shahar, 2005, p. 138).

우울증의 인지행동 이론들　우울증의 초기 행동 이론들은 20세기 중반까지 주류를 이루던 심리역동 이론들을 깨려던 한 부분으로 출발하였다. 초기 행동 이론들의 요지는 이러한 우울증에 걸린 사람들은 다른 사람들로부터 긍정적인 반응을 유발시키는 행동을 억제하거나 다른 사람들로부터의 부정적인 피드백을 유발시키는 행동을 하는 경향이 있다는 것이다. 이 장의 나중에 알 수 있겠지만, 이런 이론들은 우울증의 대인관계 이론들을 탄생시켰다. 좀 더 간단한 우울증의 행동 이론은 우울증이 사회 기술의 부족과 연관되어 있다는 Lewinsohn, Weinstein, Shaw(1969)의 모형이며, 만약 우울증을 앓고 있는 사람이 사회 기술을 익힌다면 우울증 증상은 줄어들 것이라고 했다. 이런 치료법들의 목적은 환경으로부터의 긍정 강화 개연성을 증가시키고, 부정적 피드백이나 처벌과의 개연성을 감소시키는 행동을 변화시키는 것이다. 이러한 접근들이 소수에게 효과적이나, 심인성[23] 우울증을 겪는 다수의 사람들에게는 훨씬 더 복잡한

---

23 심인성이란 심리학적 기원 혹은 원인이라는 뜻.

원인들이 있다. 사회 기술 접근은 심한 정신 및 감정 질환을 겪고, 사회 기술 부족에 따라 이차적으로 우울증이 생긴 사람들에게 특히 효과적이다.

아마도 가장 오래도록 인정되고 있는 행동 패러다임은 Martin Seligman(1975)의 학습된 무기력 패러다임일 것이다. 이것은 행동 패러다임으로 시작하였으며 우울증 이해를 위한 인지 행동 요법을 보완하는 데에 쉽게 활용되었다. 초기의 연구는 피할 수 없는 상황에 있는 개에게 전기충격을 주는 것이었다. 피할 수 있는 상황으로 바뀌었을 때, 개는 피하려고 노력하지 않았다. Seligman과 Maier(1967)는 이 행동이 제어할 수 없는 전기충격에 의해 야기된 것임을 증명하였다. 이는, 사람이 제어할 수 없는 상황에 빠지면 우울해질 수 있다는 이론의 동물 모형 이론이 되었다. 이는 이 장에서 앞서 언급한 행동 공식(즉 우울증의 원인은 처벌이나 부정적인 결과뿐 아니라 긍정 강화의 부족이다)과 비슷하다. Seligman과 다른 연구자들은 이것이 항상 일부 우울증의 원인을 설명할 수 있다고 추정하였으며 이에 대한 증거가 충분하다고 생각했다. 이 학습된 무기력 이론은 몇 가지 약점 때문에 후에 논의되고 수정되었다. 수정된 이론은 동물 모형을 인간 모형으로 일반화하는 것으로 인한 약점들을 보충하였다(Alloy et al., 2000; Alloy et al., 2006).[24]

수정된 이론에는 인간의 직관이나 자기 인식이 더 잘 설명되어 있다. 여기에서는 보편적인 무기력(모든 사람이 느끼는 무기력)과 개인적인 무기력(몇 명만 느끼는 무기력)을 구별한다. 보편적인 무기력의 원인이 외부와 연관되어 있는 것과 반대로 개인적인 무기력의 원인은 내부와 관련이 있다. 학습된 무기력의 수정된 이론 역시 무기력이 특정적인지 일반적인지에 대해 설명한다. 여러 가지 다양한 상황에 발생하는 무기력은 일반적이며 몇몇 정해진 상황에서만 일어나는 우울은 특정적이다. 자기의 우울이 일반적이라고 생각하는 사람은 우울에 더 취약성이 높다. 우울을 느끼는 기간은 사람마다 다르며, 어떤 사람은 몇 분간만 우울을 느끼며, 어떤 사람은 수년간 우울할 수도 있다. 여기서 수정된 이론은 일시적 우울과 만성적 우울을 구별하는데, 만성적인 경우가 둘 중에 더 우울증 유발적이다.

우울증의 무기력을 재공식화한 이론은 귀인 이론이다. 재공식화한 이론은 다음과 같다.

1. 우울은 동기, 인지, 감정과 자아감에 문제를 일으킨다.
2. 사람은 원하는 것이 이루어지지 못할 것이라고 믿으며(또한 원하지 않는 것을 겪게 될 것이라고 믿으며) 상황을 바꿀 수 없다고 생각하면 우울해진다.

---

24 동물 모형을 인간에 일반화하는 것은 찰스 다윈의 "인간의 행동은 동물 조상의 행동 레퍼토리로부터 발달되었다."란 생각에서 시작되었다. 이 발상을 토대로 동물 모형을 이용해 인간의 행동을 연구할 수 있다는 생각이 시작되었다.

3. 우울은 사람의 귀인 즉 원인을 추론하는 방법과 관련이 있다. 보편적인 무기력으로 귀인 하면 동기 혹은 감정의 문제가 더 심해질 수 있다. 자기의 무기력을 믿을수록 우울 증상 이 더 심해진다. 무기력이 내면화되면 자아감이 손상된다.

4. 우울이 점차 심해지고 개인의 무기력이 증가한다. 결여감이 중대할수록 우울이 더 만성 화된다(Abramson, Seligman, & Teasdale, 1978).

그러므로 어느 정도의 직관을 필요로 하는 귀인이 포함됨에 따라 인지는 이론의 일부가 되기 시작한다. Abramson과 동료들이 언급한 것과 같이 "귀인의 속성은 어떤 새로운 상황과 어떤 기간에 무기력이 다시 재발되는지를 예측한다"(1978, p. 59).

우울증의 인지 이론 귀인을 인지의 한 방법으로 본다면, 우리는 우울증의 인지 이론에 보다 가까워졌다. Haaga, Dick과 Ernst(1991)는 "…우울증의 인지 치료가 효과적임에 대해서는 대부분 동의하지만 인지 이론의 타당성에 대해서는 의견이 일치하지 않는다."(p. 221)라고 하였다. 우울증의 근본적인 인지 이론 연구가 다양한 학설을 통합시켰다는 점에서 주목할 만하다.

최근에 가장 많이 연구된 우울증의 심리 이론은 우울증의 인지 취약성 이론이다. 간단히 말해서, 이 이론은 부정적 인지 방식이 사람들이 부정적 사건에 직면할 때 우울증의 취약성을 높인다고 제안한다. 우리의 목적을 위해서, 부정적인 인지 방식은 안정적이고 보편적인 용어로 부정적 사건들을 설명하는 경향으로서 정의될 수 있다. 우울증의 인지 취약성 이론은 예전 두 이론의 결과이다(그리고 조합)−Aaron Beck의 우울증 이론과 우울증의 절망 이론.

Beck(1987)의 우울증의 인지 이론 간단히 말하면, Aaron Beck의 이론은 특수성, 우울증의 3대 인지, 인지 왜곡 편향, 자동성, 그리고 도식에 중심을 두었다. 특수성은 우울적인 인지는 최후의 확실한 상실을 감지하는 데 특수하다는 개념을 말한다. 이 장의 초반에 나온 제임스의 경우, 그 상실은 인간에 대한 믿음의 상실이었다[그리고 외상후스트레스장애(PTSD) 증상도 있었다]. 우울증의 3대 인지는 우울한 사람은 우울하지 않은 사람보다 자신과 미래와 세상에 대해서 더 부정적으로 생각한다는 것을 뜻한다. 호세의 경우는 그의 무기력, 세상이 나를 버렸다는 생각, 그리고 상황은 바뀌지 않을 것이라는 마음으로 3대 인지를 보여주었다. 인지 왜곡 편향은 부정적인 것만 기억하는 선택적인 기억과 긍정적인 것을 기억하지 못하는 것을 뜻한다. 잉그리드의 경우에는 모든 것의 부정적인 면만 봤고 사람들은 잉그리드를 기분 상하게 만드는 사람이라고 생각하였다. 자동성은 부정적인 생각은 반복적이고 통제할 수 없는 것으로 경험된 것이라는 사실을 뜻한다. 마지막으로, Beck의 도식 이론은 심리역동의 무의식적 조직 원칙 개념, 혹은 내적 작동 모형과 비슷하다.

Beck의 이론에 의하면, 도식은 일종의 인지 지도이며, 우울증을 일으키는 도식은 부정적인 인지 가능성을 높이는 (의식적 또는 무의식적) 신념이다.[25] Young, Klosko와 Weishaar(2003)는 말하길 도식은 어린 시절과 청소년기에 발달되는 기억, 감정, 생각과 신체 감각으로 구성된 광범위하고 전반적인 주제이며 일생에 걸쳐 계속 발달된다고 하였다. Beck은 우울한 사람들의 환경뿐만 아니라 (John Bowlby처럼) 생애 초기 관계 문제 등에 더 깊은 관심을 가져야 한다고 하였다. 또 다른 중요한 변화는, 우울증의 인지 이론을 '내인성이 아닌' 우울증 유형으로 국한하는 것이었으며, 우울증과 관련 있는 병태생리적인 원인을 찾는 데 성공적인 결과가 나오지 않아서 이 변화는 아직 초보적이다.

우울증의 절망 이론 우울증의 절망 이론은 우울증의 아형(subtype)으로부터 시작되었다. Abramson, Metalsky와 Alloy(1989)는 부정적인 인지 유형이 있는 사람들이, 부정적인 사건을 만나면, 절망에 빠지며 절망과 관련 있는 우울증이 발달되는 경향이 있다는 것을 제안했다(Spangler et al., 1993). Beck 우울 척도(Beck, Steer, & Brown, 1996)를 이용해서, Thomas Joiner와 동료들(2001)은 그들의 분석에서 절망과 관련이 있는 군집이 있다는 것을 알아냈으며, 절망 우울증을 우울증의 아형으로 주장하였다. 앞서 설명한 귀인 관련 연구와 비슷하게 우울증의 절망 아형에 대한 연구는 이 아형의 증상을 나타내는 사람들이 그들의 인생에서 의미를 찾는 방법 때문에 이러한 성향이 있다는 결과가 나왔다(그들의 인지가 증명한다). 그러므로 절망 우울증과 Beck이 설명한 우울증은 둘 다 인지적인 취약성에 의한 결과로 보인다. 이 이론은 이어서 알아볼 것이다.

우울증의 인지 취약성 이론   모든 우울증이 부정적 사고의 증가와 상당한 연관성이 있다는 의견은 항상 지지를 받아왔다. 방금 검토한 몇 개의 연구 역시 절망 아형과 같은 우울증의 아형을 지지하였지만, 부정적인 인지 유형은 우울증의 증상을 나타내는 사람들의 인지적 특성인 것 같다. 그러므로 병인론 이론이 부정적인 인지 유형을 겨냥하는 것은 이해가 되는 일이다. 부정적인 인지 유형을 발달시켜서 우울증이 생기는 그런 취약성을 가진 사람이 있는가? 답은 "그렇다"인 것 같다. 이 장에서 이미 보았던 잉그리드의 경우가 한 예이다.

템플–위스콘신 연구 인지 취약성의 문제를 조사한 야심찬 프로젝트 중 하나는 템플–위스콘신 인지 취약성 프로젝트다. 1990년 9월부터 1992년 6월까지 템플대학교와 위스콘신대학교에 있는 신입생들이 검사를 받으며 연구에 참가하였다. 419명이 선별 기준에 적합했으며, 349

---

25 인지 지도 개념은 Edward Tolman(1948)의 생각이었다. 우리 학생들은 '도식'보다는 '인지 지도'라고 생각하면 더 쉽게 이해하는 것 같다. 둘은 동의어로 쓸 수 있다.

명이 연구에 참가하는 것에 동의하였다. 학생들이 그들의 인지 유형 근거 자료에 따라 고위험군과 저위험군으로 나뉘었다. 예상한 대로, 부정적인 인지 유형이 있는 학생들은 더 우울증에 취약하다고 나왔다. 고위험군에 있는 학생들은 주요우울증과 우울증 절망 아형의 발병률이 더 높았고 가벼운 우울증의 가능성도 다소 높았다는 점이 이러한 입장을 지지한다.

템플-위스콘신 연구에서 우리는 부정적인 인지 유형의 특징에 대해서도 배웠다. 예를 들어서, 고위험군에 있는 학생들은 "…우울증과 연관성이 있는 무능력, 무가치함과 낮은 동기 같은 주제를 포함하는 형용사에 대해 보다 큰 지지, 보다 빠른 두뇌 회전, 보다 좋은 기억력"을 보여주었다(Alloy et al., 2000, p. 129). 고위험군 학생들은 '성공하는', '사랑하는' 같은 긍정적인 형용사에 대한 기억력도 저위험군보다 낮았다. 추적 조사에서 고위험군은 저위험군보다 자살 사고를 더 많이 발달시켰다.

정보 처리와 우울증 우울증의 인지 취약성과 관계있는 정보 처리 이론 중 하나는 부정적으로 인지하는 사람들과 그렇지 않은 사람들의 인지 정보 처리 방법이 다르다는 것이다. 이중 처리 이론에서 연상 처리, 검토 처리라고 부르는 두 가지의 인지 처리가 있다. 연상 처리(빠른 혹은 직관적인 처리라고도 부른다)는 잘 배운 연상과 관계있는 빠르고 힘이 들지 않는 과정을 할 수 있게 만들어준다. 이 처리 방법은 인과적이기보다는 병행적이기 때문에 더 빠르다. 연상은 주로 전의식 단계에서 만들어지기 때문에 그 처리 과정의 결과는 알 수 있지만 결과를 생산하는 정보는 알 수 없다. 알리시아의 경우가 좋은 예이다. 원하는 승진 제안을 받았는데 가장 처음 그녀에게 든 생각은 "망칠 것 같다."이다. 머릿속에 '딱 떠오른' 이 부정적인 생각은 연상 처리의 결과이다.

검토 처리(또는 의식적 혹은 합리적 처리)는 느린, 노력을 요하는, 규칙 기반 추론에 근거한 방법이다. 검토 처리는 연상 처리보다 더 많은 주의와 인식을 필요로 한다. 검토 처리는 인과적이라서 연상 처리보다 더 오래 걸린다. 검토 처리를 제어하는 규칙은 논리나 미디어나 자기 문화나 자신에게서 나온다.

연상 처리와 검토 처리의 중요한 관계 중의 하나는 잘못된 연상 처리를 수정하는 데 검토 처리를 이용한다는 것이다. Beevers(2005)가 "우울증의 인지 취약성은 부정적으로 편향된 연상 처리가 검토 처리에 의해 수정되지 않을 때 볼 수 있다."고 증명하였다(p. 975). 간단히 말하면, 이것은 인지 치료의 목적을 설명한다 — 불합리적이거나 틀린 연상적인 결론(승진 기회에 지원을 했는데 실패하면 '패배자'로 보는 것)을 인식의 대상으로 만들어서 인지 치료의 지침에 근거하여 검토 연상을 만든다(예 : "승진 못한다고 해서 패자가 된다는 증거가 있는가?").

우울증의 인지 취약성 가설은 몇몇의 연구에 의해 지지를 받았다. Young, Watel, Lahmeyer

와 Eastman(1991)은 계절성 정동장애(SAD)[26]의 이중 취약성 가설을 제안하였다. 이 이론에서는, 가을이나 겨울에 기분이 안 좋아지는 사람들이 생리적, 인지적으로 취약성이 있다고 본다. Enggassar와 Young(2007)은 그 가설을 실험하여 계절에 따른 심리 변화로 고통받는 한 실험 집단에서 더 심한 역기능적인 태도, 반추적 반응 양식, 그리고 부정적인 사건에 대해 더 내적인 귀인 성향이 나타나는 사람들은 가을과 겨울에 더 심한 심리적 증상을 나타냈다는 것을 알게 되었다.

Singer과 Dobson(2007)은 인지 취약성의 정보 처리 모형에 기반한 치료 연구를 만들었다. 그들은 기분이 나빠지기 전에, 자신의 현재 감정을 인식하고 수용하는 훈련은 강한 슬픔을 감소시키고 일시적인 슬픔에 대한 그들의 태도를 변화시키는 것과 상관관계가 있다고 하였다. Murray, Woolgar, Cooper와 Hipwell(2001)은 우울증의 인지 취약성은 우울한 어머니에게 노출되는 것과 관계가 있다는 것을 발견했다. 마지막으로 Gibb, Allow, Abramson, Beever와 Miller(2004)는 우울증에 대한 인지 취약성이 우리 모두 안에 있으며 누구에게 더 크고 작은 차원의 문제라고 했다. 취약성의 강도는 우울증 증상의 강도와 직접적인 관련이 있다고 설명하였다.[27]

인지 취약성의 구성과 그를 지지해주는 연구를 생각하면 질문이 떠오른다―무엇이 우리의 인지 취약성을 높이며 우울증과 다른 질환에 더 취약하게 만들까? 여기서, 생리학에 기반한 우울증에 대한 이론과 같이, 외상과 초기 애착 관계의 단절이 어떻게 사람을 우울증에 더 취약하게 만드는가 하는 심리역동 이론으로 다시 돌아온다. 우울증의 의존형과 내사형 이론에 의해서 돌보는 사람의 유기 혹은 방임이 우울증 증상이 나타나는 가능성을 높인다는 것을 기억하라. 우울증의 인지 취약성을 높이는 몇몇 원인들이 심리역동 설명과 비슷하기 때문에 이제 이 주제에 관해 알아볼 것이다.

인지 취약성의 기여 요인 우울증에 관하여 초기의 심리역동 이론으로부터 행동주의 학자의 비판을 거쳐 인지 치료자의 학습된 무기력에 대한 귀인과 도식을 추가하는 것까지 많은 발전을 하여 왔다. 우울증의 절망 이론은 Beck의 연구와 통합되어 우울증의 인지 이론을 만들었다.

---

26 SAD는 현재 DSM의 명시사항(계절 유형 명시사항)이며 주요우울장애나 제I형과 제II형 양극성장애에서 일어날 수 있는 주요우울 삽화에 덧붙여 기록한다. 계절성 정동장애는 DSM-5에서 명시사항보다는 독립 질환이어야 한다는 논의가 있었다(Rosenthal, 2009). 중요한 점은 우울증이 가을과 겨울에 심해진다는 점이고, 봄에는 회복이 된다는 사실이다. Young 등(1991) 참조.

27 제1장에서 많은 연구자와 임상가는 DSM이 범주 구성이 아니라 인간의 복합성을 더 잘 대표하는 차원 구성을 써야 한다고 믿는다. 또 다른 재공식화가 어떻게 유익할 수 있는지의 또 다른 예이다. Gibb 등(2004) 참조.

이어서 이 이론을 토대로 하여 무엇이 사람을 인지적으로 취약하게 만드는지에 대한 연구가 이루어졌다.

Goldberg(2001)는 취약성에 대한 연구를 경험에의 개방성(openness to experience)과 신경성 (neuroticism)으로 요약하였다. 이것은 결과적으로 초기 어린 시절의 역경과 연결되었다. 이것은 다른 연구자로 하여금 육아와 학대/방임은 인지 취약성과 어떻게 연관이 있는지를 보다 포괄적으로 알아보려는 자극이 됐다. 여러분도 예상하듯, 유의미한 소견이 나왔다.

Rose와 Abramson(1992)은 주장하길 학대를 경험한 아동들은 그 경험에서 의미를 찾으려 함으로써 원인을 찾으려 한다고 하였다. 아이가 어릴수록 더욱더 자기가 판단 기준이 되며, 그래서 발달이란 자기애로부터 탈피하는 것이라고 말할 수 있다. Rose와 Abramson(1992)은 아동은 모든 사건을 내면화하므로 자신을 학대의 원인으로 생각한다는 것을 확인하였다. 이 내면화 과정은 결국 우울증에 대한 취약성을 높이는 부정적인 귀인 양식으로 나타난다. 또한 부정적인 사건이 반복적으로 아동과 부모나 주양육자와의 관계에서 일어나면 이 사건들은 아동의 자아감과 장래희망을 약화시킨다. 이러한 사건의 지속과 부정적인 귀인 양식은 우울증에 대한 취약성을 높인다. Ingram과 Ritter(2000)는 이 조합이 거의 유사한 속성을 가지고 있으며 절망의 토대가 된다고 언급하였다.

몇몇 연구자들은 특정 양육 특성과 우울증 사이의 관계를 또한 밝혀냈다. 비록 부모보다는 그와 상관관계가 있는 양상들이 취약성을 만들어낸다 하더라도 "…그 자료는 다양한 부모-아동 상호작용이 우울증의 인지 취약성 연구의 1차 자료임을 명백히 보여준다"(Ingram & Ritter, 2000, p. 80). 예를 들어, Whisman과 Kwon(1992)은 성인의 현재 애착 수준과 우울증 증상의 관계를 연구했다. 그들은 불안정 애착이 높은 수준의 우울증 증상과 관계있음을 밝혀냈다. 이 장의 초반에서 우리는 강한 자기 비판이 특징인 우울증의 내사형 유형에 대해 요약하였다. MacCranie과 Bass(1984)는 연구 표본인 간호학과 학생에게서 자기 비판 수준이 높은 것은 불충분한 양육을 받았다는 그들의 이야기와 관계가 있다는 사실을 발견하였다. 결론적으로, 많은 연구가 부모-아동의 유대 관계의 단절이 우울증의 인지 취약성과 연관되어 있다는 사실을 뒷받침한다. 한 예시는 감정적 통제와 관련된 인지 양상이 부모로부터의 따뜻함 혹은 거절의 기억들과 관련이 있다는 사실을 찾아내었다.

비록 후향적 연구법(즉, 사람들에게 그들의 부모가 어떠했었는지를 회상하도록 하는 것)은 항상 한계가 있지만, 인지 취약성을 연구한 다른 연구들에서도 일관되게 같은 결과가 나온다. 인지 취약성과 관련된 어린 시절 관계의 결핍에 관한 가설을 확인하기 위한 시도로, Ingram과 Ritter(2000)는 우울증을 앓았던 사람이 만약 부정적인 감정 상태일 때 부정적 감정의 자극들을 처리하는 경향이 있는지에 대해 어린 시절부터 우울증을 겪어온 사람과 우울증이 전혀 없는 사람을 비교하였다. 이러한 연구로 어린 시절부터 우울을 겪어와 부정적 감정을 느낄 때 그 부정적 자극에 집중하는 경향이 있는 사람들은 부모와의 결핍된 유대 관계와 관련성이 있다는 사실이 연구자들에게 확인되었다.

최근, 우울증에 대한 취약성과 부모의 양육 사이의 관계를 밝히려 노력한 연구팀은 어린 시절의 우울증이 부족한 관심, 심리적 통제, 그리고 부정적 피드백에 노출된 것과 관계가 있음을 밝혀냈다(Cicchetti & Rogosch, 2002). 추정적 피드백은 부모가 아이들의 생활 속에서 발생하는 문제의 원인들에 대해 자녀들을 판단하고 의사소통하는 것을 뜻한다. 두 번째 연구팀은, 만약 부모가 삶의 문제들에 대해 부정적 태도를 가지고 있다면, 자녀들도 비슷하게 부정적으로 사건들을 연관 지어 생각할 것이라는 가설을 입증하였다. 이렇게 어떠한 원인들에 의해 자녀를 판단하고 대하는 것은 우울증 취약성을 더욱 강화시키는 부정적 인식 방법의 한 부분으로 여겨진다. 게다가, 우울증 유발적 인식 방법은 부모의 부정적 인식 방법과 (감성적 따뜻함 부족과 같은) 부정적 양육 방식과 관련이 있음을 알아냈다.

이 시점에서, 우울증을 생리학적으로 설명했던 것과 같이, 왜 사람들이 우울해지는지 심리학적으로 설명하려는 시도가 여러 과정을 거쳐 어떻게 이런 결론에 이르게 되었는지를 이해하는 것도 중요하다. 초기의 심리역동 이론들은 가족에 초점을 맞추었고, 행동 및 인지 연구를 거쳐 오면서 결국은 비슷한 결론에 도달하게 되었다 — '비슷한'(동일하지는 않음) 중요 차이점이 있기 때문에. 초기의 심리역동 이론은 어쩔 수 없이 지정된 치료법(장기적인 정신분석 혹은 비슷한 방식)과 연결되어 있었다. 게다가, 비록 프로이트의 의견과 다른 심리역동 이론가들이 정확했지만 그들이 관찰한 것에 대한 설명은 대부분 부정확하였다. 우울증 인지 취약성의 원인이 되는 애착 역할로의 논점 변화는 심리역동에 기원을 둔 중요한 관찰을 높이 평가하는 반면 비교적 덜 실용적인 심리역동으로부터 우리를 자유롭게 해준다. 이론보다 더 잘 활용될 수 있도록 심리적 현상들을 명명해주는 것이 더 쉬울 것이다. 이것은 다른 포유류에서의 영역 확보와 같은 특성의 (대학 교수 정년을 보장받으려는 것과 같은) 인간 노력과 비교된다. 특정 이론의 열렬한 지지자들은 그 이론 용어의 사용을 선호한다. 병인론 이론의 통합 접근은 현대의 임상가들로 하여금 이 장에서 언급했던 모든 이론들을 통해 치료 내담자들의 복합성을 묘사할 수 있게 해준다.

우울증의 다른 심리 이론들   우울증에 관해 많이 다루었지만 어떻게 우울증이 발생하는지에 대한 이해는 여전히 더 다루어야 한다. 우울증의 대인관계 이론은 생애 중 임상적인 우울증 발생의 중요한 소견을 갖고 있다(Cole, Jacquez, & Maschman, 2001 ; Dow & craighead, 1987). 생물학 이론과 인지 이론들이 주를 이루는 동안, 연구자들은 대인관계 요인들이 우울증과 직접적으로 연관될 수도 있다는 내용을 뒷받침할 자료를 축적하였다. 우울증의 대인관계 모형으로 가장 많이 알려져 있는 것은 Coyne(1976, 1999)의 대인관계 모형일 것이다. Coyne(1976)은 가정하길 우울한 사람들의 대인관계 행동은 타인이 거절할 가능성을 높이며, 이러한 진행이 또한 **우울증 유발적**이다. 이 장의 앞부분에서 나왔던 잉그리드의 경우를 떠올려보자. 항우울제 복용 후 감정 상태가 좋아졌다고 했지만 그의 '간접 언어(paralinguistics)'와 이야기 내용은 확실히 부정적으로 변하였다. 여러 연구원들은 우울증의 대인관계 모형을 뒷받침할 근거를 찾아냈다. Coyne은 스스로 그의 연구는 이론을 공식화하기 위한 아주 작은 시도였을 뿐이고, 그 이론을 발전시키고 연구하기 위해서는 아직 해야 할 일이 많다고 하였다. 그중의 일부가 여기에서 소개된다.

우울한 사람들의 **간접 언어 행동들**(발성 속도, 크기, 높이, 그리고 띄어 말하는 길이)은 그렇지 않은 사람들보다 덜 명확한 것으로 보인다. 우울하지 않은 사람들보다 우울한 사람들에게서 눈 맞춤의 다양한 패턴들을 발견하기 어렵다는 연구 결과 역시 나왔다. 당연히, 우울하지 않은 사람보다 우울한 사람들의 말의 내용에는 부정적인 표현들이 더 많았다. 게다가, 우울한 사람들과 우울하지 않은 사람들은 얼굴 표정에서 차이를 보였는데, 전자가 후자에 비해 덜 활기찬 얼굴 표정이었다(Schwartz, Fair, Salt, Mandel, & Klerman, 1976a, 1976b).

이러한 결과들은 그것들이 다른 사람과 상호작용하는 한 부분이라는 점에서 모두 대인관계 이론의 근거가 되었다. 이러한 측면들을 연구함으로써, 연구자들은 또래 수용과 같은 상호작용의 질적인 측면을 다루기 이전에 사회적 행동들의 측면을 수량화할 수 있게 되었다. Kistner(2006)는 낮은 또래 수용은 분명히 우울증, 정상보다 높은 우울 증상들, 그리고 진단된 우울증과 연관되어 있다고 하였다. 이것은 아이들을 대상으로 한 연구에서 확실하게 증명되었다(Garber, 2006). 우울증은 또래의 부정적 반응으로 생겨나게 되는 경향이 있으며, 또래의 부정적인 피드백이 내면화되면 우울증은 더욱 가속화된다. 심지어 간단한 대화 속에서도, 우울하지 않은 사람들보다 우울한 사람들의 말이 묵살될 가능성이 더 높다. 분명하게, 대인관계 연구자들은 인지 연구자들이 발견한 내용을 함께 통합하여, 인지적 발견을 사회적 상호작용의 맥락에서 통합하여 한 단계 더 나아갔다. 잉그리드의 경우, 비록 그녀의 기분이 항우울제에 의해 좋아졌어도, 사회적 기술들을 연습하고 그의 대인관계 방식을 인식의 대상으로 삼기 전까지는 사실 그가 진정으로 그의 인생을 즐기게 된 것은 아니었다.

지금까지는 어떻게 내담자의 우울증을 하나 혹은 둘의 기초적인 요인들로만 분리하는 것뿐 아니라 이전의 이론들을 토대로 어떻게 일련의 이론들을 완성하는지 알아보았다. 예를 들어, 내담자는 어린 시절 학대를 당하고 건강하지 못한 애착을 형성하게 되어, 우울증에 취약하게 만드는 기본 틀이 형성되었을지도 모른다. 반면 심리역동 이론가들은 우울증을 '의존성

(anaclitic)'이라고 보고, 전이 분석을 통한 어려운 어린 시절을 인식의 대상으로 만드는 것에 초점을 맞추었다. 인지 치료자들은 비이성적 생각들을 찾아 도전하는 방법을 내담자에게 가르침으로써 내담자의 역기능적 도식을 인식의 대상으로 만들려는 노력을 할 수도 있다. 이러한 비이성적 생각은 물론 대인관계적 상호작용 안에서 드러나고, 또래로부터 거절될 가능성을 증가시키고, 그에 따라 우울증을 악화시킨다. 이 장의 뒷부분에서 통합 이론의 사분획 도식을 소개하고, 치료자들이 이를 어떻게 활용할지를 설명할 것이다. 그 전에, 중요한 영역이지만 많이 연구되지 않은 영역에 대해 살펴보는 것이 중요하다.

우울증의 심리 이해의 외부 한도 : 실존적, 영적 이해 우리는 치료에 유용하지만 많이 연구되어지지 않은 것을 일컬어 우울증의 '외부 한도'라는 표현을 사용한다. 특히, 우울증과 관련된 실존적, 영적 요인들은 중요하다. 이것은 통합 관점에서 중요하지만, 아직 잘 연구되지 않았으며 이론을 임상 활용까지 연장하는 것이 필요하다. 우리가 제1장에서 언급했듯 명심할 사항이 있다 — 우리는 **영성(spirituality)**[28]과 같은 단어들을 어떻게 개념화하여 사용하는지 명확히 알아야 한다. 이 장의 첫 부분에서 소개되었던 제임스의 경우를 떠올려보자. 그는 향심 기도라 부르는 영적 수련을 수행하고 있었고, 인간의 본성에 대한 어두운 측면에 대해 심리적으로 갈등하고 있었다.

만약 여러분이 제임스를 만난다면, 이 장에서 제시되었던 내용만으로 그의 우울증 증상들을 설명하는 것이 어렵다는 것을 깨달을 것이다. 그가 자라면서 화목한 가정 생활을 했다는 것과 그의 가족 중에 어떠한 중요한 정신 및 감정 질환을 겪은 가족력이 없다는 이야기에 따르면, 그 자신이 한 번도 질환의 진단 기준에 충족된 적이 없고, 우리가 부정적인 인지 성향과 연관 짓는 어떤 특성들도 나타내지 않는다. 또한 다른 사람들과 상호작용할 때 제임스는 매력 있고 카리스마 있어 보인다(그의 우울증이 사회적 기술의 부족에 의해 초래되었다는 증거는 거의 없다). 그렇다면 우리는 그의 우울증을 어떻게 설명할 수 있을까? 제임스의 치료에 유용한 철학과 심리치료에 두 영역이 있다 — 실존주의[29]와 영성.

우울증의 실존적 이해 실존주의의 주요 개념은 진실성, 책임감, 그리고 선택의 자유이다. 19

---

28 통합 이론(Wilber, 2006)은 영성의 다섯 가지 다른 정의를 설명한다. 간단하게 살펴보면, 발달의 방법으로서, 발달의 최종 단계로서, 극단의 경험으로서, 태도로서, 종교적 수행의 동의어로서의 영성이다.

29 Yalom(1980)의 정의에 의하면, 치료에 있어 실존적 접근은 인간의 존재에 대한 염려와 존재에 대한 인식의 염려에 초점을 맞춘 것으로 정의한다. 존재에 대한 개개인의 인식은 그들의 자아를 통해 여과된다. 그러므로 자아 발달은 개인이 인정하는 어떤 존재론적인 사실과 자아 정체성이 그들의 증상과 관련지어 어떻게 확인하는지를 평가하는 데 큰 역할을 한다.

세기 후반 프리드리히 니체는 현대 인간의 영혼은 부패하였으며 모든 인간성에 관한 것들에서는 실패의 냄새가 난다고 외쳤다. 자신이 뜻하는 대로, 원하는 대로 삶을 살지 못하는 것이 실패였으며, 이것은 우울증으로 나타난다. 니체는 그리스의 시인 Pindar의 말을 다른 말로 바꾸어 "너는 너 자신인 그가 되어야 한다!"고 하였다. 여기서 '이다(being)'보다 '되다(becoming)'가 그의 실존주의 철학의 중심이다. 사람은 완성된 존재가 아니라 만들어지는 존재이고, 실존적 사실들(고통, 질병, 불평등 그리고 죽음과 같은 것들)은 우리 자신이 되기 위해 꼭 필요한 것으로 생각된다. 니체의 제자 Walter Kaufmann(1974)에 의하면, "자연은 변화되어야 하며, 인간은 예술품과 같이 되어야 한다." 실존적 사실들과 변화 가능성에 대해 "그렇다"고 말해야만 진정한 삶을 살 수 있다.

삶에 대해 "그렇다"라고 대답하는 것은 우리의 추정에 끊임없이 질문하는 것이다. 니체는 우리의 추정을 넘어서는 생각에 대한 거부를 도덕적 타락이라 일컬었고, 이것은 결국 불필요한 고통이 될 것이다. 니체(1999)의 말에 의하면, "…유죄를 선고받은 사람은 죄수이다"(p. 153). 니체에게, 삶은 그것을 직접적으로 직면할 용기를 가졌을 때에야 비로소 사회 및 사회를 이끄는 이들의 혼란이나 흐트러짐 없이 인생을 활기차게 살 수 있다. 혼란에 빠지는 것은 잠을 자는 것과 같은 식이며 무의미하게 끝나는 것이다. 그러므로 우리가 삶을 직면해야 진정한 우리가 된다는 말이다. 피할 수 없는 인생의 고통으로부터 도망침으로써 우리는 완성되지 못하고 불행한 상태로 남는다. 물론, 삶을 직면하면서 우리는 자주 새로운 기술들을 익혀야 한다는 문제가 있으며, 제임스가 인간 고통의 넓이를 직면했던 것과 같다.

제1장에서 Jane Loevinger(Loevunger & Wessler, 1978)와 Susann Cook-Greuter(Cook-Greuter & Soulen, 2007)에 의해 확인된 자아 정체감의 여러 단계들[30]을 기억해보자. 발달적으로, 우리는 실존적 치료법을 모든 단계에서는 아니지만 거의 모든 단계에서 사용할 수 있는데 자아 정체감이 다원주의자 단계에 이르면 실존주의 철학에 의해 다루는 논점들이 더 많이 나타난다. 이 단계에서 인간은 합리적으로 살아가는 능력으로 일하고 자신의 개인적 판단에 초점을 맞추어 일한다. 다원주의자 수준에서, 인간은 다양한 관점을 가질 수 있으며, 생각이나 삶에 있어 '하나의 옳은 방법'이라는 것은 없다는 것을 깨닫는다. 꽤 많은 사람들이 다양한 관점을 가지고 있으며 성공도 한다. 이것은 인지적으로 다시 자기 자신에게 반영시키는 능력을 향상시켜나 자신은 다른 사람들이나 사회가 내가 누구인지 혹은 누구여야 하는지에 대해 말하는 것과 관련지어 구성된다는 것을 인식하게 된다. 진정으로 삶을 인식하는 것은 이 시기의 발달 과제

---

30 이러한 단계들은 충동가, 순응주의자, 전문가, 성취자, 다원주의자, 전략가, 마술사, 그리고 통합자를 포함한다.

가 된다.

사람들은 또한 '중년기 위기'라 불리는 시기에 진정한 삶에 대한 강렬한 생각에 휩싸인다. 내가 진정 나의 인생을 살아왔는가, 남이 만들어준 인생을 살아왔는가? 살아 있음이나 삶에 대한 열정을 느끼는가? 내가 진정 원하는 것은 무엇인가? 이러한 것들은 모두 중년기에 느끼는 질문들이고 심지어 자아 발달의 초기 단계에 있는 사람들에게서도 나오는 질문이다. 이러한 질문들은 우울증 증상들이 극심하게 시작된 후에 다가올 것이다. 우울증의 실존적 접근 특히 개인의 의미와 영적 의미의 발견에 집중하는 것은 우울증을 줄이는 것과 비례한다 (Mascarao & Rosen, 2006, 2008).

영적인 논점들과 우울증 만약 우리가 제1장에서 논의하였던 영성[31]에 대한 넓은 의미의 정의를 인정한다면, 우울증이 영적 경험들과 연관되는 다양한 방법들이 존재한다. 우울증의 많은 경우들이 '종교적 혹은 영적인 문제들'로서(이것은 DSM-IV 안의 'V'코드 — V62.89 — 였고, 지금의 DSM-5/ICD 체계에서 'Z'코드이다 — Z.65.8.) DSM에 제시된 것에서 발전한다. 하나의 예는 Ingersoll(2000)이 '욥 증후군(Job Syndrome)'이라 부른 것이 있는데 이는 신앙 관습에 대한 믿음이 너무 크고 관습에 새로운 의미를 부여하는 능력이 부족해서 우울증 상태에 이르는 경우이다. 이러한 상황 속에서 인간의 자아 정체감 수준은 그가 속한 공동체의 수준보다 종종 너무 높아져 버린다. 여호와의 증인 종파 소속의 한 여성은 골반이 부러져 극심한 고통을 받고 바르게 앉지도 못할뿐더러 다시는 걷지 못할지도 모르는 상황 속에서 양로원에서 지내고 있다. 공동체 사람들은 (결속력 있는 이 단체 특성과 달리) 더 이상 그를 찾아오지 않았고 그는 약 3개월 동안 우울했었다. 그와 이 문제에 대해 이야기를 나누고 난 후, 그는 "옳은 것은 언젠가 보상받을 것이며, 악한 것은 벌을 받게 된다. 나는 고통받고 벌받는 느낌이기 때문에 내가 살았다고 생각한 좋은 삶을 산 것이 아님이 틀림없다."는 믿음이 확고하다는 것을 알 수 있었다. 욥 증후군에서, (유대인의 시[32] 속에 나오는 주인공처럼) 인간은 신에 대한 굳건한 믿음과 맞서 싸우는데 그들의 경험이 그와 모순되기 때문이다. 종종 이러한 충돌을 해결하기 위해, 방금 설명되었던 상황들처럼, 사람들은 악한 사람은 벌을 받는다는 신념 자체가 잘못되었다고 하기보다 자신들이 '악하게 살아왔다'고 추정하는 것이 훨씬 쉽다는 것을 알 것이다.

이 경우 내담자는 신에게, 고통의 역할에, 그리고 그의 삶에 대한 더욱 복잡한 감상에 빠질 것이다. 그는 다른 믿음은 필요하지 않았고, 그가 믿고 있는 것에 대한 더욱 깊은 탐구만 필요

---

31 이 장의 주해 16번 참조.
32 대부분의 독자들은 유대교와 기독교의 성서 '욥기'를 잘 알고 있지만, 이것은 기술적으로 말하면 시(poem)다. Mitchell(1979) 참고.

했다. 명백히 이것은 그 자체가 영적인 문제들은 아니고 영적인 삶과 연관된 심리적인 문제인 것이다. 영적인 문제들과 관련된 우울증 증상의 많은 예가 있고, 이것들을 설명하는 데 아직도 심리학적인 틀을 활용한다. 종교적이고 영적인 문제 V코드를 다루는 이 분야의 연구는 우울증이 문제가 될 수 있는 부분, 믿음의 상실, 다른 신앙으로의 개종, 수행의 강화, 숭배에 대한 개입 등과 같은 다른 예시들을 포함한다. 이 V코드는 영적이지만 심리적인 후유증이 따르는 문제들을 포함한다. 이것은 죽음체험(near-death experience), 개인의 한계를 초월한 체험, 그리고 신령스러운 상태 같은 것을 포함한다. 우울증은 영적인 위급상황이라 불리는 하나의 증상이 될 수 있다. 이것은 인간이 영적인 성장을 하는 데 어떤 이유에서든 그런 성장을 겪을 준비가 되어 있지 않은 때이다.

몇몇 연구는 우울증에 대한 취약성을 줄이기 위한 영적인 역할의 중요성에 초점을 맞췄지만, 그 결과는 분명하지 않다(Dein, 2006; Nolan, 2006; Westgate, 1996; Young, 2005). 그 문제의 일부로 영성을 어떻게 개념 정의하는지가 있다. 때로 그 정의는 단순히 누군가의 종교 수행을 뜻하고, 혹은 영적인 건강으로 개념화되고(정신건강과 관련된다고 여겨지는 요인들) 어떤 경우에는 그것의 표현할 수 없는 특성 때문에 비유적으로 표현될 때도 있다. 많은 연구들이 종교와 우울증 감소 단계들의 관계를 밝혔다 하더라도, 여전히 이러한 연구 결과에 영향을 주는 다양한 요인들이 존재한다(예 : 공동체와 사회적 지지의 역할, 영적인 성숙, 내적 믿음 대 외적 믿음). 우리가 문화와 발달의 다양성을 반영하는 개념 정의에 동의하기 전까지는 영적인 역할에 대한 결론을 확신하기는 어렵다. 분명해 보이는 것은 (다음 장에서 논의될) 영적 관습에 의한 활동들 중 몇몇은 우울한 내담자를 돕는 데 효과가 있었다는 것이다.

우울증의 치료

이 책은 정신병리를 다루는 책이지만, 통합 치료 범위에 있는 수많은 원인 변수들을 고려하여 치료의 개요를 제공하는 것이 중요하다. 여기에서는 개요를 제시할 것이다. 구체적 치료법에 대해 좀 더 많은 이해를 원하는 독자들은 여기에서 사용된 자료들을 찾아볼 수 있을 것이다. 다양한 방법으로, 정신병리 이해를 위한 통합 접근은 주제를 더욱 복잡하게 만드나, 지구상에서 가장 복잡한 존재인 인간을 지나치게 단순화하는 것보다는 낫다. 우선 통합 사분획[33]을 이용하여 우울증의 원인론에 관한 모든 이론들을 되짚어볼 것이다. 제1장에서 다루었듯이, 이러

---

33 사분획은 제1장에서 소개되었다. 그것들은 우리의 모든 측면인 4개의 관점을 제공한다. 4개의 관점은 개인의 주관적 경험(좌상 분획), 개인의 객관적인 현상들(우상 분획), 대인관계에 의한 혹은 상호주관적인 경험(좌하 분획), 그리고 객관적인 사회적 요인들(우하 분획)이다.

한 사분획은 내담자의 다양한 측면을 반영하여 임상적 '쟁점'을 강조하는 역할을 한다. 이 장에서 소개된 이론들을 갖고 우울증 증상을 모두 설명할 수는 없지만 어느 정도는 설명할 수 있다는 것을 알기 때문에, 우리는 이론들을 내담자의 특정한 사례의 한 부분인 요인들로서 볼 수 있다. 이런 의미에서, 문제를 겪고 있는 내담자를 위한 '쟁점'으로서 이러한 요인들을 하나 혹은 그 이상 증명하면, 그것들이 치료의 방향을 제시해줄 것이다. 〈그림 3.1〉은 이 장에서 다루어진 우울증에 영향을 주는 요인들을 보여준다.

이 도표를 잘 기억하여, 이 장의 첫 부분에서 나왔던 호세의 경우를 다시 생각해보자.

호세는 2년 동안 돈벌이가 되는 직업을 찾고 있었다. 그의 가족은 미국에서 저소득층에 속하는 수입으로 생활했으며, 도시 한가운데의 위험한 지역에 살고 있다. 호세는 숙련된 건설 기술자였으며 지난달 꽤 탄탄한 회사에 취직하였다. 호세와 그의 가족은 멕시코에서 불법적으로 이주하였으며, 불법이민자 신분이었다. 그는 부모님이 누군지도 모르고, 이웃들의 손에 의해 키워졌으며 교회 고아원에서 6년간 생활하기도 했었다. 정부가 불법이민자 고용을 단속할 때, 호세는 직업을 잃게 되었다. 우울증에 빠지고 자살 충동을 느꼈던 그는 사촌의 도움으로 지역 병원을 찾았다. 그는 자신이 쓸모없다고 느끼고 세상으로부터 버려졌다고 생각한다고 말하였다. 아무것도 좋아질 것 같지 않다고 생각하였다.

우리가 우울증에 대해 아는 것을 통하여, 호세의 증상에서 '쟁점'을 〈그림 3.2〉와 같이 개념화할 수 있을 것이다.

이 장에서 되짚어본 이론들에 따르면, 그의 양육 과정이 우울증 취약성을 증가시킨 애착 문제를 만들어냈을 가능성이 있다. 유전과 BDNF 역할의 증가는 단정하기 어려우나, 요인들이 될 수는 있을 것이다. 그는 분명히 많은 사람들이 부정적인 도식을 형성할 만하고 우울증에 취약하게 할 부정적인 인생 경험들을 겪었다. 결론적으로, 경제적 요인들의 역할과 호세의 생활 환경은 그의 상황을 설명할 때 간과될 수 없는 부분이라는 것이다.

호세는 불법체류 중인 외국인의 신분으로 병원에서 치료를 받을 수 있었다는 점에서 꽤 운이 좋았다. 그는 항우울제를 통한 치료와 인지 치료를 받았다. 성적 부작용이 그에게 생기는 것을 도외시할 수 없었기 때문에, 의사는 웰부트린/bupropion(성적 부작용과 무관한 항우울제)을 처방하였다. 이것은 그가 치료 기간에 "치료자가 잘 들어주었다."라고 느끼게 하였다. 2개국어를 구사하는 치료자는 그가 쉽게 도움을 청할 수 있는 자선 단체 기관과 푸드 뱅크를 통한 지원을 얻는 것뿐만 아니라 이 나라에서 불법적으로 지내고 있는 것에 대한 득실을 따져볼 수 있도록 도움을 주었다. 이상적으로는, 우리는 (의사의 허락하에) 규칙적인 운동과 같은 것들 또한 추천할 수 있을 것이나, 호세의 상황 같은 경우에서는 현실적이지 못한 조언일 수 있다. 호세를 마지막으로 만났을 때, 그는 이주노동자 일자리를 구하였고 여전히 가족을 부양하

	내부(내면)	외부(외현)
개인	유기, 방임의 후유증 부정 인지 도식 우울증 취약성 실존적 위기 연상 인지	유전자 발현 BDNF의 역할 호르몬 학습된 무기력 간접 언어 행동 검토 인지
집단	건강하지 못한 애착 대인관계 요인들	유해 환경 사회 기술들 사회 기술의 사용 방임 혹은 학대의 가족 역동

그림 3.1 사분획에 의한 우울증 관련 원인들

	내부(내면)	외부(외현)
개인	유기, 방임의 후유증 부정적 인지 도식 우울증 취약성	유전자 발현? (우하 그리고 좌상 분획을 촉발시킴) BDNF의 역할?
집단	애착 쟁점?	사회 기술의 사용 방임 혹은 학대의 가족 역동 유해 환경 경제적 기회의 부족

그림 3.2 호세의 경우에서의 '쟁점'

기 위한 방법을 찾고 있었다. 그는 항우울제 치료를 8개월 동안 지속하였고 약, 치료, 그리고 다양한 지원들의 효과가 있었던 것 같았다. 호세의 치료자가 호세는 우울증에 취약하게 만드는 많은 부정적인 도식을 갖고 있었다고 말하였고, 비논리적으로 부정적인 판단을 하지 않도록 돕는 것은 물론 그의 종교적 믿음에 있어 호세를 격려할 수 있었다. 호세는 이사를 거듭하고 조만간 노숙자가 될 수도 있으나, 부정적 생각들과 도식을 다룰 수 있는 기술들을 배웠다. 그럼에도 확실히 호세는 여러 가지로 우울하였으며, 어려운 사회 체계 역동을 짊어진 내담자를 어떻게 도와야 하는지에 대한 과제를 이 사례가 잘 보여주고 있다.

호세의 경우 문화적으로 중요하게 관찰된 것은, 그의 증상들과 진단은 '자아 이질적(ego dystonic)', 즉 그가 자신의 증상들과 진단을 자신의 일부로 보지 않았다는 점이다―그것은 그의 정체성의 일부가 아니었다. 그는 멕시코에서 자랐으며, 그곳에서 우울증 증상들은 부정해야 할 것 혹은 종교 수행을 통해 도움 받아야 할 것으로 여긴다. 이는 증상을 정체감의 일종으로 삼는 미국의 현상과 대조된다. Elizabeth Wurtzel(1994)의 프로작 나라(Prozac Nation) 출간 이후로 이 문제를 논한 많은 회고록이 출판되었다. 자신을 '걸어다니는 우울'이라 칭한 잉그리드의 경우를 떠올려보자. 그는 질환을 정체성으로 명명하는 내담자다 — 우리가 비난하는 정신건강 전문가의 진료 형태(예 : "나는 오늘 2명의 우울증이랑 1명의 경계성을 진료했다.")와 같다. 내담자가 스스로를 이런 방식으로 이야기한다 해도, 증상은 곧 그 사람이라는 생각에 부드럽게 문제 제기를 하면 그것이 치료적일 수 있다. 물론, 이것에 대한 많은 단계가 있지만, 치료자들은 내담자에 맞춰 활용할 수 있어야 한다.

일반적인 치료 방법 요약

주요우울장애를 치료하기 위해 권장되는 치료법은 전기충격요법(ECT), 반복적인 경두개자기자극(rTMS), 항우울제 약물치료, 인지행동치료, 행동치료, 대인관계 치료, 심리역동 치료, 그리고 부부치료와 같이 다양하다. 일반적으로, 우울증이 심각할수록 약물치료, rTMS, 혹은 ECT와 같은 침습 요법(intrusive intervention)이 사용될 것이다. 사용되는 가능한 치료법의 다양성을 종합하기 위한 목적으로, 우리는 이것들을 병인론 단원에서 사용된 그룹과 유사하게 나누어볼 것이다 — 몸, 마음, 그리고 영.

우울증의 몸 기반 요법

물리적인 몸에 초점을 맞춘 몸 기반 요법은 다음 부분에서 다루어질 항우울제 치료법, 전기충격요법, 그리고 미주신경자극(O'Reardon, Cristanch, & Peshek, 2006) 같은 새로운 요법이 있다.

항우울제 치료 항우울제는 약 50년 동안 다양한 종류의 우울증을 치료하기 위한 주요 치료법이었다. 비록 항우울제의 종류와 수는 기하급수적으로 증가하였지만, 예외 없이, 모든 약이 의학적 효과는 70% 정도라고 보고되었다. 간단히 말해서, 항우울제를 먹은 내담자의 대략 70% 정도가 통계적으로 의미 있는 우울증 증상의 감소를 경험했다는 것이다. 그러나 이 70%의 통계는 잘못 해석될 수 있다. 예를 들어, 대략 40%의 실험 대상자들만이 증상이 줄어든 것을 느끼지만 여전히 주요우울증 장애의 기준을 충족시킬 수 있다. 게다가, 항우울제 효과가 위약(placebo)보다 나을 게 없었다는 실험 결과가 한 번도 밝혀지지 않았기 때문에, 70%라는 것은 과장된 것이다. 식약청의 항우울제 메타 분석 연구의 자료는 실험의 50% 이상에서 연구원들은 위약과 항우울제 사이에 큰 차이점이 존재하지 않는다는 것을 증명하였다(Berton & Nestler, 2006; Khan, Leventhal, Khan, & Brown, 2002). 이미 1995년도에(Antonuccio, Danton, & DeNelsky, 1995) 일부의 내담자에게서 약물치료와 기타 치료에 대해 증명된 사실은 종종 다른 치료만 행해진 경우가 항우울제로만 치료한 경우보다 결과가 좋았다는 것이다.

항우울제가 내담자들에게 효과가 매우 좋은 것은 명백한 사실이지만 모든 약은 부작용을 동반하며, 많은 약들이 일정 기간 장복하게 되면 효과가 줄어든다. 어떤 항우울제는 내성과 금단 증상이 있으며, 내담자들은 금단 증상('중단 증후군'이라고 함)[34]을 피하기 위해 의료진에 의해 약물을 서서히 줄여나가면서 끊어야 한다. 항우울제는 내담자에게 단기간 생명을 구해주는 것 같은 역할을 하지만 상담이나 심리치료와 함께 진행될 때 그 효과는 훨씬 더 좋다. 우울증의 심각성, 내담자의 선호, 그리고 약을 처방하기 이전에 자신이나 다른 사람들에게 끼치는 위험성에 대해 측정하는 것이 최선이다.

전기충격요법 많은 사람들이 영화나 텔레비전으로부터 전기충격요법(ECT)에 대해 비현실적인 이미지를 갖고 있지만, 심각하고 치료 저항적인 우울증에 효과를 보이며 여전히 사용되고 있는 요법이다(Kellner et al., 2006). ECT와 항우울제 치료법의 효과가 비슷하다고 하는 사람들이 있는 반면 어떤 연구들은 ECT가 항우울제 치료법보다 더 효과가 있다고 주장한다(Guillen, Abad, Hernandez de Pablo, & Moreno, 2004). 아직 비전문가들에게는 부정적인 이미지이고, 어떻게 작용하는지 잘 모르는 요법이지만, ECT는 치료에 있어 좋은 반응 비율을 보인다. 이 치료 전류는 관자놀이 위에 위치한 전극을 통하여 뇌에 영향을 주는 것이다. 과거의 치료법의 사용은 양측이었던(양쪽 관자놀이에 하나씩) 반면, 현재 선호되는 방법은 편측 치료이다. 경련의 최소 시간 기준은 없지만, 그 전류는 대략 25초 동안 경련이 일어나도록 한다(Rasimas, Stevens, & Rasmussen, 2007). 치료는 내담자의 상태에 따라 일정 시기 안에 4~10번 정도 시행된다(Charlson et al., 2004). 이러한 치료법이 효과를 보이긴 하지만, 재발률은 다른 치료법과 비슷한 비율로 나타나며, 항우울제 약물 또한 ECT에 이어 바로 함께 사용된다. ECT를 실시한 내담자와 약물로 치료한 내담자 모두에게서 재발률이 높은 것을 보면, 재발 방지에 대한 노력이 더욱 중요한 의미를 갖는다.[35] ECT의 효과에 대해서는 마취만 하고 ECT를 실시하지 않은 채 ECT 요법이 실시된 줄로 아는 '허위(sham)' ECT 대상자를 검토한 Ross(2006)의 소견을 주목해야 한다. (Ross의 검토에서) 이러한 허위요법의 결과 상태는 실제 ECT를 시행한 경우와 비슷하였다.

---

34 중단 증후군의 증상들은 우울과 불안이 반등해 올라오는 것이며 감기 같은 증상들, 어떤 경우에서 '전기'충격 같이 두개골에서 느끼는 이상한 느낌들이 포함된다(Sharpe, 2012).
35 우리는 Sherwin Nuland가 자신의 ECT 경험을 공유한 'TEDtalk' 짧은 영상을 추천한다. http://www.ted.com/talks/sherwin_nuland_on_electroshock_therapy.html.

새로운 몸 기반 요법들 반복적 경두개자기자극술(rTMS)과 미주신경자극(VNS)은 모두 우울증의 최신 몸 기반 요법이다. rTMS에 의하면, 전자기 유도에 의해 뇌조직에 약한 전류가 유도된다. 비록 실제 행동 기전이 명확하게 밝혀지지 않았더라도, 전류 이론은 rTMS가 뉴런의 자극에 의한 전자의 진동에 의해 작동한다고 간주한다(Fleischmann et al., 1995). 연구가 더 이루어져야 하지만 이 방법은 ECT보다 몸에 시술을 덜하는 방식이기 때문에 호전이 훨씬 빠를 수 있다. rTMS는 내담자가 차분한 상태이거나 마취 상태여야 하는 것은 아니다. 자기 전류는 피질 속의 탈분극[36]을 생산하기 위해 두개골과 뇌를 통하며 방해받지 않고 통과한다. 이 탈분극은 두뇌 속 배측면 전전두엽 피질의 흥분성 변화로 나타난다. 감정 상태를 향상시키는 특징들은 파킨슨병을 앓고 있는 내담자들을 위한 치료법 사용의 부작용으로서 발견되었다. 부작용이 없는 치료법은 없으며, rTMS의 부작용에는 두통, 감정과 인지의 영향, 두피 통증과 화상, 일시적인 청각 역치 변동, 그리고 몇몇 경우에서 경련이 있다. 초기의 연구들은 rTMS가 우울증에 효과적인 치료법임을 보여준다(Baekan et al., 2006; Hu, Gu, Wang, & Shi, 2011; Zanardini et al., 2006).

미주신경자극(VNS)은 두뇌의 전대상회(anterior cingulate), 슬하대상회(subgenual cingulate), 편도체(amygdale)의 민감성을 증가시킴으로써 작동한다고 알고 있다. 이것은 자극을 왼쪽 미주신경[37]으로 보내는 목 안에 신경자극기 주입을 수반하는 외과적인 과정이다. 연구는 외과적 삽입을 요하지 않는 경피성 장치로 진행되어 미주신경과 주변 조직의 위험성이 수반된다. 미주신경은 12개 쌍의 뇌신경 중 10번째이고, 뇌간 속에서 시작하여 흉부와 복부까지 이른다. VNS의 작용 기전은 명확하지 않으나 2개의 뇌 구조와 관련이 있는 것으로 나타난다—후면 중앙 솔기핵(median dorsal raphe nucleus)과 청반(locus coeruleus). 전자는 세로토닌성이고, 후자는 노르아드레날린성이며, 이 두 신경전달물질 시스템은 우울증과 관련이 있다고 여겼다. VNS의 흔한 부작용으로는 목소리의 변화, 목 통증, 기침, 그리고 숨쉬기 갑갑함(호흡 곤란) 등이 있다. 물론 이것들은 극단적인 변화의 예이긴 하지만, 치료되지 않은 우울증이 자살 충동을 느낄 만큼 얼마나 심각한지를 강조한다. rTMS와 VNS는 둘 다 최신 치료법이고, 그 효과는 항우울제 치료, ECT의 효과와 비교하여 더 많은 연구가 필요하다.

우울증의 심리치료 요법

통합 관점에서, 내담자의 '쟁점들'을 이해하다 보면 임상가는 자연스럽게 심리치료를 선택하

---

36 두뇌는 전기 신호와 화학 신호를 사용한다는 것과 탈분극은 신경을 작동시키는 것과 같은 의미라고 말한 제2장을 떠올려보라.
37 우리 몸에는 2개의 미주신경이 있다. 그것들은 뇌에서부터 복부까지 이르는 12쌍의 뇌신경 중 2개이다.

게 된다. 많은 내담자들이 심리치료의 최소 첫 6개월 동안 항우울제 약물을 먹는 것 또한 흔한 일이다. 치료의 과정 속에서 내담자에게 삶을 바꾸는 새로운 방법을 적응하기 위해 화학적 요법의 기회가 제공된다.

인지 치료(Beck, 1983)와 변증법적 행동치료(DBT)(Chapman, 2006), 마음챙김 기반 인지행동치료(CBT)(Baer, 2003)를 포함한 다양한 종류의 인지 치료들이 우울증에 효과를 보였다. 여러 CBT(마음챙김 기반 CBT 포함)는 우울증 치료에 매우 효과적이기 때문에, 많은 임상가들은 이 방법 중 하나로 치료를 시작한다. 내담자가 부정적인 도식과 우울증 취약성 징후가 함께 혹은 따로 보인다면, CBT는 치료의 좋은 출발점이 될 수 있다(Haaga et al., 1991).

많은 경우에서, 부정적인 도식을 탐구해보면 어린 시절의 학대, 방임, 유기가 있었다는 사실을 알 수 있다. 이것은 결과적으로 건강하지 못한 애착 관계, 의존형 우울증이나 내사형 우울증이라는 결과를 가져왔을지도 모른다. 심리역동 치료의 많은 접근법들이 있지만, 내담자가 고통스럽고 위협을 받고 있었기 때문에 내담자가 인식하지 못하고 살았던 그들 자신이나 그들의 삶을 인식의 대상으로 삼게 하는 것이 그 기본이다. 끊임없이 고통스러운 우리 자신의 모습 혹은 우리 삶의 모습을 인식의 대상으로 만들면, 그것들을 인식의 대상으로 만들지 못하도록 억누르던 에너지를 해소시켜 없애줄 수 있다. 그 에너지는 보다 만족스러운 인생을 추구하는 것에 사용되어질 수 있다. 마음챙김 기반 훈련이라 불리는 새롭게 개발된 연구는 내담자가 고통에 쇠약해지지 않고 고통스러운 기억들을 인식의 대상으로 만드는 것을 도울 수 있다.

마음챙김은 동서양 모두에서 영적 수행으로 사용된 기법이다. 제1장에서 보았듯이, 마음챙김은 인식의 영역에서 일어나는 생각이나 느낌들을 판단하거나 연관 짓는 것이 아니라 바라보며, 단지 그것들이 어떻게 생겨나고 사라지는지를 기록하는 것이다. 마음챙김을 내담자에 적용하는 Kabat-Zinn(2003)의 초기 작업은 만성 통증 분야이고, 그의 최근 작업은 그것을 우울증 치료에 적용하는 것이었다. 이 후반 작업은 우울증 관련 문헌에서 나온 것과 같이 통합 접근에 가깝다. 문헌에서 작가들은 마음, 몸, 그리고 감정이 우울한 상황에서 함께 어떻게 작용하는지와 그것들을 인식의 대상으로 만듦으로써 마음챙김이 우울증 증상들을 없애주는 방법으로 사용되는 방법을 제공한다(Kabat-Zinn, Lipworth, & Burney, 1985). 마음챙김을 우울증과 다른 질환들에 적용한 것은 영적 전통이 심리학에 이바지한 가장 강력한 것 중의 하나이다.

우울증의 통합 정보 치료

제1장에서 다루었듯이, 전체적인 통합 모형[38]을 사용하는 것은 모든 질환들의 치료를 안내하

---

38 전체 모형은 내담자의 상태, 발달의 수준과 단계, 의식 상태, 그리고 성격과 관련된 유형의 네 측면을 반영

는 것에 도움이 될 수 있다. '쟁점'을 확인하기 위해 사분획을 사용하는 것뿐만 아니라, 사분획은 치료의 한 부분이 될 수 있는 내담자의 네 분야를 반영한다. 위의 내담자의 주관적인 상태를 반영하는 분획(좌상 분획)과 내담자의 행동적 생리학적 측면(우상 분획)을 떠올려보자. 내담자 경험의 주관적인 상태(좌상 분획)는 내담자에게 진행 중인 심리적 경험을 반영한다. 우리는 내담자가 우울한 상태일지라도 참고 효과적으로 헤쳐나갈 수 있다는 자신의 마음, 생각, 그리고 느낌들과 더욱 친근해질 수 있도록 내담자를 돕는 것을 목표로 삼았다. 우상 분획에서 우리는 적절한 식이요법과 운동으로 건강을 유지하는 방법을 내담자가 알고 있다는 사실과 함께, 내담자의 몸에 초점을 맞춘다. 운동은 항우울제와 함께 신경세포에 매우 중요한 뇌-유래 신경영양인자(BDNF)를 증가시키기 때문에, 의료진에 의해 신체적 활동에 대한 허락을 얻은 후에, 운동 프로그램 트레이너를 두는 것이 내담자에게 도움이 된다(Russo-Neustadt, Beard, & Cotman, 1999).

두 하부 분획은 내담자가 영향받은 사회 기관뿐 아니라 문화와 공유되는 가치들을 반영한다. 다른 것들 중에서 좌하 분획은, 대인관계의 건강함을 반영하고, 만약 내담자의 '쟁점'이 이 영역에 있다면 대인관계심리치료(IPT)가 가장 최선의 치료법이 될 수 있다. 이런 내담자들에게는 관계 문제를 치료의 한 부분으로 받아들이는 것이 중요하다. 마지막으로 우하 분획은 내담자가 어떻게 사회 속에 놓여 있는지를 알려준다. 어떤 기관들이 내담자에게 힘이 되는가? 어떤 기관들이 스트레스에 도움이 되는가? 내담자의 사회경제적 지위는 무엇인가? 분획에 덧붙여, 내담자의 자아 발달 수준을 평가하는 것 역시 도움이 될 수 있다. 자아 정체성은 견고한 구조이며, 이는 내담자가 가치를 부여하는 것 그리고 우리 치료 요법을 언어로 표현하는 방법(즉 어떻게 언어를 내담자의 자기감을 반영하는 방법으로 사용할지를)을 이끌어준다. 마지막으로, 내담자에게 의식 상태를 점검하도록 가르치는 것은 재발을 예방하는 방법 중의 하나이다(적절한 방법이라면 마음챙김 훈련도 그러하다).

외부 한도의 치료 : 실존 그리고 영적 접근

언급했듯이, 우리는 모두 존재의 사실을 직시하기 때문에 실존 치료는 가장 발달된 단계에서 사용될 수 있는 치료이다. 우리는 이것이 생물학적 요인들(예 : 월경 주기에 따른 기분 변화나 다양한 자율신경 증상)이 많이 나타나지 않은 내담자들의 자아 발달 단계뿐 아니라 인지 기술을 가늠하는 데(공식적으로든 비공식적으로든) 특히 유용하다는 것을 안다. 자아 발달의 후기 단계에는 고통이나 삶에 대해 밝히는 다양한 관점을 반드시 소화해내지는 않더라도 감내하

하는 네 분획이다.

게 된다. 이것은 증상으로서의 우울증을 포함하는 실존 위기로 이끌 수 있다. 실존 치료는 자아 정체성 단계의 후기 단계에 속한 사람들에게 발생하는 많은 문제들을 설명하기 위해 새로운 방법으로 인지 치료와 창의적으로 어우러질 수 있다. 마침내, 우울증의 실존 치료들은 진단을 받은 내담자들뿐 아니라 그 가족들을 치료에 포함시키는 것으로 발달되었다. 이것은 가족의 존재적인 사실에 기초한 맥락 속의 치료에 내담자를 포함시키는 혜택을 제공한다.

마음 기반 치료는 영적인 전통으로부터 나온 기법들을 사용하는 것을 보았는데, 영적인 전통을 그대로 사용하는 것은 어떨까? 그것들이 내담자의 우울증을 회복시키는 데 효과적이었는가? 예를 들 만한 연구는 거의 없고, 의문점은 여전히 해결되지 않은 채로 남아 있다. 그러나 영적 수행 과정이 긍정적인 심리 효과가 있고 심리치료법이 영적 효과가 있다고 하더라도 이 둘은 다른 영역이다. 사람들은 어떤 경우에는 치료를 필요로 할 때가 있고, 또 어떤 경우에는 영적인 수행을 필요로 할 때가 있다. Arife Hammerle(2005)에 의해 논의되었던 흥미로운 접근 중 하나는 우울증의 수피교(Sufi)[39] 요법이다. 이 치료법은 사람들과 융합되는 통일된 느낌에 내담자가 맞춰나갈 수 있도록 도와주는 것을 목표로 한다. Hammerle(2005)이 말했듯, "모든 종교에서 치료의 관점은 통일된 형태로서 완전한 존재에 속한 우리 자신을 보는 가능성을 증가시키기 위한 노력이다…"(p. 259). 이 치료법에 대한 동료 평가는 없지만, 앞으로 몇 년 안에 결실을 볼 선구적이고 개념적인 노력이다.

---

[39] 수피교(Sufism)는 이슬람교의 신비주의 종파이다. 수피교도들은 많은 주류 이슬람교도들에 의해 인정받지 못하였으나, 변형된 수행을 만드는 데 커다란 기여를 했다.

요약

사람들은 왜 우울해지는가? 우리가 보여준 것처럼, 이 질문에 대한 답은 없다. 이 질문의 진정한 가치는 우울증 증상의 기저가 될 수 있는 다수의 요인들과, 이러한 요인들이 서로 어떻게 영향을 주는지를, 그리고 그 요인들이 내담자들의 고통을 완화시키는 많은 방법을 우리에게 알려준다는 것이다. 가장 과잉 규정된 증상군들 중 하나로서, 우울증은 인간의 복합성을 나타낸다. 기억하라. 현실은 복합적이고, 복합성은 우리의 친구이다. 우리가 우울증의 복합성에 대해 더 많이 알수록, 우리는 더 많은 효과적인 치료법을 우리의 내담자에게 제공해야 한다.

복습 문제

1. 한 내담자가 여러분에게 와서 자신이 화학적 불균형 때문에 우울해졌다고 의사가 말했다고 한다고 가정해보라. 우울증에 관한 최근 연구에 기반하여 여러분은 어떻게 반응하겠는가?

2. 우울증의 아민 이론, 하향조절, cyclic AMP, 그리고 뇌-유래 신경영양인자(BDNF) 사이의 관계를 설명하라.

3. 의존형과 내사형 우울증의 기반은 무엇인가? 각각의 유형은 내담자의 경험에서 어떻게 나타나는가?

4. 우울증의 인지 취약성 이론은 무엇이며, 그것은 건강하지 않은 애착과 어떻게 연결되는가?

5. 우울증의 치료를 위한 마음챙김 기반 인지 치료의 목표를 설명하라.

6. 우울증의 기저에 있는 요인인 몸-마음-영에 대한 충분한 이해를 가진 임상가의 장점과 단점은 무엇이라고 생각하는가?

7. 어떤 영적인 기법이 우울증 치료에 유용한가?

참고문헌

Abramson, L. Y., Metalsky, G. I., & Alloy, L. B. (1989). Hopelessness depression: A theory-based subtype of depression. *Psychological Review, 96,* 358–372.

Abramson, L. Y., Seligman, M. E. P., & Teasdale, J. D. (1978). Learned helplessness in humans: Critique and reformulation. *Journal of Abnormal Psychology, 87,* 49–74.

Adlard, P. A., & Cotman, C. W. (2004). Voluntary exerciseprotects against stress-induced decreases in brain-derived neurotrophic factor protein. *Neuroscience, 124,* 985–992.

Alloy, L. B., Abramson, L. Y., Hogan, M. E., Whitehouse, W. G., Rose, D. T., Robinson, M. S., Kim, R. S., & Lapkin, J. B. (2000). The Temple-Wisconsin cognitive vulnerability to depression project: Lifetime history of axis-I psychopathology in individuals at high and low cognitive risk for depression. *Journal of Abnormal Psychology, 109,* 403–418.

Alloy, L. B., Abramson, L. Y., Smith, J. M., Gibb, B. E., & Neeren, A. M. (2006). Role of parenting and maltreatment histories in unipolar and bipolar mood disorders: Mediation by cognitive vulnerability to depression. *Clinical Child and Family Psychology Review, 9,* 23–64.

American Psychiatric Association. (2000a). *Diagnostic and statistical manual of mental disorders* (4th ed., text revision). Washington, DC: Author.

American Psychiatric Association. (2000b). *Practice guidelines for the treatment of psychiatric disorders.* Washington, DC: Author.

American Psychiatric Association. (2013). *Diagnostic and statistical manual of mental disorders* (5th ed.). Washington, DC: Author.

Anderson, G., Maes, M., & Berk, M. (2012). Biological underpinnings of the commonalities in depression, somatization, and Chronic Fatigue Syndrome. *Medical Hypotheses, 78,* 752–756.

Anderson, G., Berk, M., Moylan, S., & Maes, M. (2014). Role of immune-inflammatory oxidative and nitrosative stress pathways in the etiology of depression: Therapeutic implications. *CNS Drugs, 28,* 1–10.

Anisman, H. (2011). Inflaming depression [Editorial]. *Journal of Psychiatry and Neuroscience, 36,* 291–295.

Antonuccio, D. O., Danton, W. G., & DeNelsky, G. Y. (1995). Psychotherapy versus medication for depression: Challenging the conventional wisdom with data. *Professional Psychology: Research and Practice, 26,* 574–585.

Arieti, S., & Bemporad, J. (1980). The psychological organization of depression. *American Journal of Psychiatry, 137,* 1360–1365.

Ashton, C. H., & Moore, P. B. (2011). Endocannabinoid system dysfunction in mood and related disorders. *Acta Psychiatrica Scandinavica, 124,* 250–261.

Assagioli, R. (1975). *Psychosynthesis: A manual of principles and techniques.* London: Turnstone.

Baekan, C., De Raedt, R., Van Hore, C., Clerinx, P., De Mey, J., & Bussuyt, A. (2006). HF-rTMS treatment in medication-resistant melancholic depression: Results from FDG-PET brain imaging. *CNS Spectrum, 14,* 439–448.

Baer, R. A. (2003). Mindfulness training as a clinical intervention: A conceptual and empirical review. *Clinical Psychology: Science and Practice, 10,* 125–143.

Beck, A. T. (1983). Cognitive therapy of depression: New perspectives. In P. J. Clayton & J. E. Barrett (Eds.), *Treatment of depression: Old controversies and new approaches* (pp. 265–284). New York: Raven.

Beck, A. T. (1987). Cognitive models of depression. *Journal of Cognitive Psychotherapy: An International Quarterly, 1,* 5–37.

Beck, A. T., Steer, R. A., & Brown, G. K. (1996). *Beck depression inventory, 2nd edition manual.* San Antonio, TX: The Psychological Corporation.

Beevers, C. G. (2005). Cognitive vulnerability to depression: A dual-process model. *Clinical Psychology Review, 25,* 975–1002.

Beltran, I. S. (2005). The relation of culture to differences in depressive symptoms and coping strategies: Mexican-

American and European-American college students. Doctoral Dissertation, University of Texas at Austin.

Berton, O., & Nestler, E. J. (2006). New approaches to antidepressant drug discovery: Beyond monoamines. *Nature Reviews Neuroscience, 7,* 137–153.

Blatt, J. S., & Shahar, G. (2005). A dialectic model of personality development and psychopathology: Recent contributions to understanding and treating depression. In J. Corveleyn, P. Luyten, & S. J. Blatt (Eds.), *The theory and treatment of depression: Towards a dynamic interactionism model* (pp. 137–162). Mahwah, NJ: Erlbaum.

Blatt, S. J., & Zuroff, D. C. (1992). Interpersonal relatedness and self-definition: Two prototypes for depression. *Clinical Psychology Review, 12,* 527–562.

Bloch, M., Rotenberg, N., Koren, D., & Klein, E. (2005). Risk factors associated with the development of postpartum mood disorders. *Journal of Affective Disorders, 88,* 9–18.

Bowlby, J. (1977). The making and breaking of affectional bonds: Aetiology and psychopathology in the light of attachment theory. *British Journal of Psychiatry, 120,* 201–210.

Brown, G. W. (1998). Genetic and population perspective on life events and depression. *Social Psychiatry and Psychiatric Epidemiology, 33,* 363–372.

Chapman, A. L. (2006). Dialectical behavior therapy: Current indications and unique elements. *Psychiatry, 9,* 62–68.

Charlson, R., Siskind, D., Doi, S. A., McCallum, E., Broome, A., & Lie, D. C. (2004). ECT efficacy and treatment course: A systematic review and metaanalysis of twice vs. thrice weekly schedules. *Journal of Affective Disorders, 138,* 1–8.

Charney, D. S. (2004). Life stress, genes, and depression: multiple pathways lead to increased risk and new opportunities for intervention. *Science's STKE: Signal, Transduction Knowledge Environement, 225,* re5.

Cicchetti, D., & Rogosch, F. A. (2002). A developmental psychopathology perspective on adolescence. *Journal of Consulting and Clinical Psychology, 70,* 6–20.

Cole, D. A., Jacquez, F. M., & Maschman, T. L. (2001). Social origins of depressive cognitions: A longitudinal study of self-perceived competence in children. *Cognitive Therapy and Research, 25,* 377–395.

Coogan, A. N., & Thome, J. (2012). Special issue: Circadian rhythms, clock genes, and neuropsychiatry: Interesting times. *Journal of Neural Transmission, 119,* 1059–1060.

Cook-Greuter, S. R., & Soulen, J. (2007). The developmental perspective in integral counseling. *Counseling & Values, 51,* 180–192.

Coyne, J. C. (1976). Toward an interpersonal description of depression. *Psychiatry, 39,* 29–40.

Coyne, J. C. (1999). Thinking interactionally about depression: A radical restatement. In T. Joiner and J. C. Coyne (Eds.), *The interactional nature of depression* (pp. 365–392). Washington, DC: American Psychological Association.

Dein, S. (2006). Religion, spirituality and depression: Implications for research and treatment. *Primary Care and Community Psychiatry, 11,* 67–72.

Dow, M. G., & Craighead, W. E. (1987). Social inadequacy and depression: Overt behavioral and self-evaluation processes. *Journal of Social and Clinical Psychology, 5,* 99–113.

Duman, R. S., Heninger, G. R., & Nestler, E. J. (1997). A molecular and cellular theory of depression. *Archives of General Psychiatry, 54,* 597–608.

Dwivedi, Y., Rizavi, H. S., & Pandey, G. N. (2006). Antidepressants reverse corticosterone-mediated decrease in brain-derived neurotrophic factor expression: Differential regulation of specific exons by antidepressants and corticosterone. *Neuroscience, 139,* 1017–1029.

Engel, J. (2008). *American therapy: The rise of psychotherapy in the United States.* New York: Gotham.

Enggassar, J. L., & Young, M. A. (2007). Cognitive vulnerability to depression in seasonal affective disorder: Predicting mood and cognitive symptoms in individuals with seasonal vegetative changes. *Cognitive Therapy Research, 31,* 3–21.

Erickson, K. I., Miller, D. L., & Roecklein, K. A. (2012). The aging hippocampus: Interactions between exercise, depression and BDNF. *The Neuroscientist, 18,* 82–97.

Erikson, E. H. (1950). *Childhood and society* (2nd ed.). New York: Norton.

Fleischmann, A., Prolov, K., Abarbanel, J., & Belmaker, R. H. (1995). The effect of transcranial magnetic stimulation of rat brain on behavioral models of depression. *Brain Research, 699,* 130–132.

Frances, A. (2013). *Saving normal: An insider's revolt against out-of-control psychiatric diagnosis, DSM-5, big pharma, and the medicalization of ordinary life.* New York: Morrow.

Futterman, L. A., & Rapkin, A. J. (2006). Diagnosis of premenstrual disorders. *Journal of Reproductive Medicine, 51*(Suppl.), 349–358.

Garber, J. (2006). Depression in children and adolescents: Linking risk research and prevention. *American Journal of Preventive Medicine, 31*(Suppl. 1), s99–s103.

Gibb, B. E., Alloy, L. E., Abramson, L. Y., Beevers, C. G., & Miller, I. W. (2004). Cognitive vulnerability to depression: A taxonomic analysis. *Journal of Abnormal Psychology, 113,* 81–89.

Goldberg, D. (2001). Vulnerability factors for common mental illnesses. *British Journal of Psychiatry, 178*(Suppl.), s69–s71.

Goodwin, M., New, A. S., Triebwasser, J., Collins, K. A., & Siever, L. (2010). Phenotype, endophenotype and genotype comparisons between Borderline Personality Disorder and Major Depressive Disorder. *Journal of Personality Disorder, 21,* 38–59.

Gracely, R. H., Ceko, M., & Bushnell, M. C. (2011). Fibromyalgia and depression. *Pain Research and Treatment, 2012,* 486–490.

Guillen, J. M. B., Abad, C. S., Hernandez, de Pablo, M. E., & Moreno, S. P. (2004). Efficacy of electroconvulsive therapy: A systematic review of scientific evidence. *Actas Esp Psiquiatr, 32,* 153–165.

Haaga, D. A., Dyck, M. J., & Ernst, D. (1991). Empirical status of cognitive theory of depression. *Psychological Bulletin, 110,* 215–236.

Hammerle, A. E. (2005). Journey into the heart: Sufi ways for healing depression. In S. G. Mijares & G. S. Khalsa (Eds.), *The psychospiritual clinician's handbook: Alternative methods for understanding and treating mental disorders* (pp. 259–281). Binghamton, NY: Haworth.

Hegarty, K. L. (2011). The relationship between abuse and depression. *The Nursing Clinics of North America, 46,* 437–444.

Henn, F. A., & Vollmayr, B. (2004). Neurogenesis and depression: Etiology or epiphenomenon? *Biological Psychiatry, 56,* 146–150.

Horney, K. (1940). *Our inner conflicts: A constructive theory of neurosis.* Lund: Humphries.

Hu, M. L., Gu, Z. T., Wang, X. Y., & Shi, H. P. (2011). Treatment of depression using sleep electroencephalogram modulated repetitive transcranial magnetic stimulation. *Chinese Medical Journal, 124,* 1779–1883.

Ingersoll, R. E. (2000). Gentle like the dawn: A dying woman's healing. *Counseling and Values, 44,* 129–134.

Ingersoll, R. E., & Rak, C. F. (2006). *Psychopharmacology for helping professionals: An integral exploration.* Pacific Grove, CA: Brooks Cole.

Ingram, R. E., & Ritter, J. (2000). Vulnerability to depression: Cognitive reacitvity and parental bonding in high-risk individuals. *Journal of Abnormal Psychology, 109,* 588–596.

Joiner, T. E., Steer, R. A., Abramson, L. Y., Alloy, L. B., Metalsky, G. I., & Schmidt, M. B. (2001). Hopelessness depression as a distinct dimension of depressive symptoms among clinical and nonclinical samples. *Behaviour Research and Therapy, 39,* 523–536.

Jovanovic, H., Cerin, A., Karlsson, P., Jundberg, J., Halldin, C., & Nordstrom, A-L. (2006). A PET study of 5-HT1A receptors at different phases of the menstrual cycle in women with premenstrual dysphoria. *Psychiatry Research, 148,* 185–193.

Kabat-Zinn, J. (2003). Mindfulness based interventions in context: Past, present, and future. *Clinical Psychology Science and Practice, 10,* 144–156.

Kabat-Zinn, J., Lipworth, L., & Burney, R. (1985). The clinical use of mindfulness meditation for the self-regulation of chronic pain. *Journal of Behavioral Medicine, 8,* 163–190.

Kamata, M., Suzuki, A., Yoshida, K., Takahashi, H., Higuich, H., & Otani, K. (2011). Genetic polymorphisms in the serotonergic system and symptom clusters of major depressive disorder. *Journal of Affective Disorders, 135,* 374–376.

Kandel, E. (2006). *In search of memory: The emergence of a new science of mind.* New York: Norton.

Kaufmann, W. (1974). *Nietzsche: Philosopher, psychologist, antichrist* (4th ed., p. 156). Princeton, NJ: Princeton University Press.

Kellner, C. H., Knapp, R. G., Petrides, G., Rummans, T., A., Husain, M. M., Rasmussen, K., . . . Fink, M. (2006). Continuation electroconvulsive therapy versus pharmacotherapy for relapse prevention in major depression. *Archives of General Psychiatry, 63,* 1337–1344.

Kemker, S. S., & Khadivi, A. (1995). Psychiatric education: Learning by assumption. In C. A. Ross & A. Pam (Eds.), *Pseudoscience in biological psychiatry* (pp. 241–254). New York: Wiley.

Khan, A., Leventhal, R. M., Khan, S. R., & Brown, W. A. (2002). Severity of depression and response to antidepressants and placebo: An analysis of the Food and Drug Administration database. *Journal of Clinical Psychopharmacology, 22,* 40–45.

Kistner, J. (2006). Children's peer acceptance, perceived acceptance, and risk for depression. In T. E. Joiner, J. S. Brown, & J. Kistner (Eds.), *The interpersonal, cognitive, and social nature of depression* (pp. 1–22).

Klein, M. (1957). *Envy and gratitude and other works.* London: Hogarth.

Lee, B. H., Kim, H., Park, S. H., & Kim, Y. K. (2007). Decreased plasma BDNF level in depressive patients. *Journal of Affective Disorders, 101,* 239–244.

Lewinsohn, P. M., Weinstein, M. S., & Shaw, D. A. (1969). Depression: A clinical research approach. In R. D. Rubin & C. M. Franks (Eds.), *Advances in behavior therapy* (pp. 231–240). New York: Academic Press.

Licinio, J., & Wong, M. L. (2002). Brain-derived neurotrophic factor in stress and affective disorders. *Molecular Psychiatry, 7,* 519.

Lilly, J. (1981). *The deep self: Consciousness exploration in the isolation tank.* New York: Warner.

Lipsman, N., & Lozano, A. M. (2011). The most cited works in major depress: The "Citation classics." *Journal of Affective Disorders, 134,* 39–44.

Loevinger, J., & Wessler, R. (1978). *Measuring ego development 1: Construction and use of a sentence completion test.* San Francisco: Jossey-Bass.

Ma, T. M., Abazyan, S., Abazyan, B., Nomura, J., Yang, C., Seshadri, S., . . . Pletnikov, M. V. (2012). Pathogenic disruption of DISC1-serine racemase binding elicits schizophrenia-like behavior via D-serine depletion. *Molecular*

Psychiatry, 18, 557–567.

MacQueen, G., & Chokka, P. (2004). Special issues in the management of depression in women. *The Canadian Journal of Psychiatry, 49, Suppl. 1,* 27s–40s.

Maddox, B. (2003). *The dark lady of DNA.* New York: Harper.

Malberg, J. E., & Blendy, J. A. (2005). Antidepressant action: To the nucleus and beyond. *Trends in Pharmacological Sciences, 26,* 631–638.

Mascarao, N., & Rosen, D. H. (2006). The role of existential meaning as a buffer against stress. *Journal of Humanistic Psychology, 46,* 168–190.

Mascarao, N., & Rosen, D. H. (2008). Assessment of existential meaning and its longitudinal relations with depressive symptoms. *Journal of Social and Clinical Psychology, 27,* 576–599.

Mathew, S. J., Shah, A., Lapidus, K., Clark, C., Jarun, N., Ostermeyer, B., & Murrough, J. W. (2012). Ketamine for treatment-resistant unipolar depression. *CNS Drugs, 26,* 189–204.

McCarthy, D. J., Alexander, R., Smith, M. A., Pathak, S., Kanes, S., Lee, Chi-Ming, & Sanacora, G. (2012). Glutamate-based depression GBD. *Medical Hypotheses, 78,* 675–681.

McCranie, E. W., & Bass, J. D. (1984). Childhood family antecedents of dependency and self-criticism: Implications for depression. *Journal of Abnormal Psychology, 93,* 3–8.

Meurs, P., Vliegen, N., & Cluckers, G. (2005). Closed doors and landscapes in the mist 2: Depression in psychoanalytic developmental psychopathology: From single track models to complex developmental pathways. In J. Corveleyn, P. Luyten, & S. J. Blatt (Eds.), *The theory and treatment of depression: Towards a dynamic interactionism model* (pp. 189–226). Mahwah, NJ: Erlbaum.

Michielson, H. J., Van Houdenhove, B., Leirs, I., Vandenbroeck, A., & Onghena, P. (2006). Depression, attribution style and self-esteem in chronic fatigue syndrome and fibromyalgia patients: is there a link? *Clinical Rheumatology, 25*(2), 183–188.

Milton, J. (1969). *Paradise lost* (p. 25). Garden City, NY: International Collectors Library.

Mitchell, S. (1979). *Into the whirlwind: A translation of the book of Job.* New York: Doubleday.

Murray, L., Woolgar, M., Cooper, P., & Hipwell, A. (2001). Cognitive vulnerability to depression in 5-year-old children of depressed mothers. *Journal of Child Psychology and Psychiatry, 42,* 891–899.

Nietzsche, F. (1999). *The antichrist* (p. 77). Translated by H. L. Mencken. Tucson, AZ: See Sharp Press.

Nolan, J. A. (2006). Religious participation effects on mental and physical health. Unpublished doctoral dissertation, Cornell University.

O'Reardon, J. P., Cristanch, P., & Peshek, A. D. (2006). Vagus nerve stimulation and the treatment of depression: To the brain stem to beyond. *Psychiatry, 3,* 54–62.

Pagnin, D., de Queirox, V., Pini, S., & Cassano, G. B. (2004). Efficacy of ECT in depression: A metaanalytic review. *The Journal of ECT, 20,* 13–20.

Rapkin, A. J., & Mikacich, J. A. (2006). Premenstrual syndrome in adolescents: Diagnosis and treatment. *Pediatric Endocrinology Reviews: PER, 3,* 132–137.

Rasimas, J. J., Stevens, S. R., & Rasmussen, K. G. (2007). Seizure length in electroconvulsive therapy as a function of age, sex, and treatment number. *Journal of ECT, 23,* 14–16.

Reis, S., & Grenyar, B. F. S. (2002). Pathways to anaclitic and introjective depression. *Psychology and Psychotherapy: Research and Practice, 75,* 445–459.

Rose, D. T., & Abramson, L. Y. (1992). Developmental predictors of depressive cognitive style: Research and theory. In D. Cicchetti & S. L. Toth (Eds.), *Developmental perspectives on depression* (pp. 323–350). Rochester, NY: University of Rochester Press.

Rosenthal, N. E. (2009). Issues for DSM-5: Seasonal Affective Disorder and Seasonality. *American Journal of Psychiatry, 166,* 10–11.

Ross, C. A. (2006). The Sham ECT literature. In *Ethical Human Psychology and Psychiatry* (vol. 8, 17–28).

Rossi, E. L. (2002). *The psychobiology of gene expression: Neuroscience and neurogenesis in hypnosis and the healing arts.* New York: Norton.

Russo-Neustadt, A., Beard, R. C., & Cotman, C. W. (1999). Exercise, antidepressant medications, and enhanced brain derived neurotrophic factor expression. *Neuropsychopharmacology, 21,* 679–682.

Sahay, A., & Hen, R. (2007). Adult hippocampal neurogenesis in depression. *Nature Neuroscience, 10,* 1110–1115.

Scaccianoce, S., Del Bianco, P., Paolone, G., Caprioli, D., Modafferi, A. M., Nencini, P., & Badiani, A. (2006). Social isolation selectively reduces hippocampal brain-derived neurotrophic factor without altering plasma corticosterone. *Behavior Brain Research, 168,* 323–325.

Schwartz, G. W., Fair, P. L., Salt, P., Mandel, M. R., & Klerman, G. L. (1976a, 1976b). Facial expression and imagery in depression: An electromyographic study. *Psychosomatic Medicine, 38,* 337–347.

Seligman, M. (1975). *Learned helplessness: On depression, development and death.* San Francisco: Freeman. Seligman, M. E. P., & Maier, S. F. (1967). Failure to escape traumatic shock. *Journal of Experimental Psychology, 74,* 1–9.

Sharp, T. (2013). Cellular and molecular mechanisms of antidepressant action. *Current Topics in Behavioral Neurosciences, 14,* 309–325.

Sharpe, K. (2012). *Coming of age on Zoloft: How antidepressants cheered us up, let us down, and changed who we are.* New York:

Harper.

Singer, A. R., & Dobson, K. S. (2007). An experimental investigation of cognitive vulnerability to depression. *Behaviour Research and Therapy, 45,* 563–575.

Skolnick, P. (2012). Antidepressants for the new millennium. *European Journal of Pharmacology, 375,* 31–40.

Spangler, D. L., Simons, A. D., Monroe, S. M., & Thase, M. E. (1993). Evaluating the hopelessness model of depression: Diathesis-stress and symptom components. *Journal of Abnormal Psychology, 102,* 592–600.

Stahl, S., & Briley, M. (2004). Understanding pain in depression. *Human Psychopharmacology, 19, Suppl 1,* S9–S13.

Steele, J. D., Currie, J., Lawrie, S. M., & Reid, I. (2007). Prefrontal cortical functional abnormality in major depressive disorder: a stereotactic metaanalysis. *Journal of Affective Disorders, 10,* 1–11.

Tolman, E. C. (1948). Cognitive maps in rats and men. *The Psychological Review, 55,* 189–208.

Vigod, S. N., & Taylor, V. H. (2013). The psychodynamic psychotherapist's guide to the interaction among sex, genes, and environmental adversity in the etiology of depression for women. *Psychodynamic Psychiatry, 41,* 541–552.

Westgate, C. E. (1996). Spiritual wellness and depression. *Journal of Counseling and Development, 75,* 26–35.

Whisman, M. A., & Kwon, P. (1992). Parental representations, cognitive distortions, and mild depression. *Cognitive Therapy and Research, 16,* 557–568.

Wilber, K. (2006). *Integral spirituality: A startling new role for religion in the modern and postmodern world.* Boston: Shambhala.

Wolkowitz, et al. (2011). Serum BDNF levels before treatment predict SSRI response in depression. *Progress in Neuro-Psychopharmacology & Biological Psychiatry, 35,* 1623–1630.

Wurtzel, E. (1994). *Prozac nation: Young and depressed in America; A memoir.* Boston: Houghton Mifflin.

Yalom, I. (1980). *Existential psychotherapy.* New York: Basic.

Young, J. E., Klosko, J. S., & Wieshaar, M. E. (2003). *Schema therapy: A practitioner's guide.* New York: Guilford.

Young, J. S. (2005). Reduction in depression through participation in selected spiritual discipline. Unpublished doctoral dissertation, Oral Roberts University.

Young, M. A., Watel, L. G., Lahmeyer, H. W., & Eastman, C. I. (1991). The temporal onset of individual symptoms in winter depression: Differentiating underlying mechanisms. *Journal of Affective Disorders, 22,* 191–197.

Zanardini, R., Gazoli, A., Ventriglia, M., Perez, J., Bignotti, S., Rossini, P. M., Gennarelli, M., & Bocchio-Chiavetto, L. (2006). Effect of transcranial magnetic stimulation on serum brain-derived neurotrophic factor in drug resistant depressed patients. *Journal of Affective Disorder, 91,* 83–86.

제4장

불안장애

> "불안 문제는 다양하고도 중요한 문제들이 수렴하는 교차점이자, 그 해결이 누군가의 정신적 존재에는 광명을 줄 수 있을 만한 난제이기도 하다."
>
> — 프로이트, 정신분석 입문[1]

> "불안을 알기 위해 배워가는 과정은 불안을 모르고 혹은 불안에 빠져 지옥으로 가지 않는 한, 모든 사람에게 상처를 주어야 하는 모험이다. 그러므로 불안을 제대로 아는 사람은 가장 중요한 것을 아는 것이다."
>
> — 키르케고르, 두려움의 개념[2]

서론

많은 사람들 — 많은 유명한 심리학자들(Barlow, 2004; Beck & Emery, 1985; Freud, 1926/1943; Gold, 1993), 철학자들(Kierkegaard, 1957; Sartre, 1943/1993), 그리고 성직자들(Almaas, 1996; Walsh, 1999) — 은 불안을 일반적인 인간의 경험으로 보며, 대다수의 임상 심리학자들은 심리학적 발달과 인간이 되어가는 본질적 의미에는 불안이 수반되고 심지어 필요하다고 말한다(Mathoney, 1991). 불안장애는 미국 내 모든 정신건강 문제에서 가장 흔하다. 매년 수백만 명의 사람들이 불안과 관련된 문제들로 전문적인 도움을 구한다(Danton & Antonuccio, 1997).[3] 다양한 불안관련장애들 — 범불안장애(GAD), 특정 공포증, 사회불안장

---

1 May, R (1997), *The meaning of anxiety*, 뉴욕: W. W. Norton & Company, p. xxi에서 인용.

2 May, R (1997), *The meaning of anxiety*, 뉴욕: W. W. Norton & Company, p. xxi에서 인용.

3 대규모 역학 연구를 (다른 비슷한 연구에서도 마찬가지로) 인용하기 위해, Swendsen과 동료들은 8000

애, 공황장애, 광장공포증, 분리불안장애, 강박장애(OCD), 외상후스트레스장애(PTSD), 급성스트레스장애, 선택적함구증, 다른 의학적 상태로 인한 불안장애, 물질/약물치료로 유발된 불안장애, 달리 명시된 불안장애, 명시되지 않는 불안장애 — 을 감안하면 모든 미국인의 25~29%는 생애 어느 지점에서, 불안관련장애[4]의 진단 기준에 접하게 된다(Mineka & Zinbarg, 2006; Preston, O'Neal & Talaga, 2002).

불안의 비용은 정신건강 비용에서부터 삶의 질 저하에 생산성 손실까지 참으로 엄청나다. 여러 연구들은 모든 정신건강 의료 서비스 비용의 대략 1/3이 불안장애로 인해 청구된다고 가늠하였다(매년 약 460억 달러). 기분장애와 조현병은 각각 220억 달러와 200억 달러의 비용이 청구된다. 더욱이, 현대 미국에서 엄청난 속도로 지속되고 있는 사회문화적 역동성은 높은 발병률을 지속하고 증가시킬 뿐이다. 불안장애와 관련된 의료 서비스 비용이 불안장애와 관련 없는 의료 서비스 비용의 두 배라는 사실은 후자가 신체적 질병임에도 불구하고 특히 걱정스럽다(Simon, Ormel, Von Korff, & Barlow, 1995). 최소한 일시적으로라도 치료와 관계 없이 평균 9개월 동안 삽화가 있는 주요우울장애와 비교해볼 때, 불안장애는 성공적으로 치료되고 있다 하더라도 더 만성적이고 덜 심각한 형태로 지속되는 경향이 있다. 여러 연구들을 요약한 후에, David Barlow는 그의 저서 **불안과 불안장애**에서 "무엇보다 중요한 사실은 불안장애가 국내에서 단일 정신건강 문제로는 가장 규모가 크다."라고 결론지었다(Barlow, 2004, p. 22).

불안은 직간접 금융비용 면에서, 생애 충족의 감소로 손실이 큰 것만 아니라, 심각한 불안이 생명을 앗아갈 만큼 치명적일 수 있다. 불안장애와 관련된 죽음의 주요 원인들은 심혈관 질환, 자살 그리고 과도한 약물사용이 있다. 한 연구에서는, 낮은 수준의 불안을 가지고 있는 사람보다는 높은 수준의 공포불안을 가진 사람들의 경우, 관상동맥 심장 질환으로 사망하는 위험성이 3배 높다고 한다(Kawachi, Sparrow, Vokonas, & Weiss, 1994). 대부분의 사람들이 자살로 인한 죽음을 우울과 연관시키지만, 몇몇 연구자들은 자살 빈도는 불안장애를 가진 사람들이 우울 집단의 자살 빈도와 동일하다고 한다(Coryell, Noyes, & House, 1986; Noyes, 1991). 많은 연구자들은 불안과 약물사용장애를 동시에 앓고 있는 경우가 꽤 높다는 사실을 알아냈고, 또 다른 연구에서는 심각한 알코올중독에 있는 내담자의 25%와 60% 사이에는 불안장애를 갖고

명 이상의 시설수용자가 아닌 미국인을 면담하였다. 불안장애는 모든 질환 중 발병률이 가장 높았다(Barlow, 2004에서 인용).

4 정신질환의 진단 및 통계 편람, 제4판, 문서개정판(DSM-IV-TR; APA, 2000)에서 OCD, PTSD, 그리고 급성스트레스장애는 불안장애로 묶여 있었다. DSM-5(APA, 2013)에서 OCD는 강박 및 관련 장애의 항목으로 나열되었다. PTSD와 급성스트레스장애는 외상 및 스트레스 관련 장애의 항목으로 나열되었으며, 이 두 장은 DSM에서 신설된 장이다. 이상의 세 장은 서로의 유사성 때문에 DSM-5 책자에서 순서대로 이어 나온다.

있는 경우도 있다는 것을 보고한다(Barlow, 2004). 또한 몇몇 연구자들은 불안과 약물사용장애 간에는 인과관계가 있을 것이라고 예측한다(Swift & Mueller, 2001). 이 중 많은 사람들이 자기 스스로 치료하는 데 시간을 보내는 것으로 나타났다. 하지만 광범위하게 분석이 이루어진 후에도, 불안이 처음 어느 정도까지 오고 약물치료가 되는지는 여전히 명확하지 않으며, 또한 약물의 과다 사용이 종국에 불안장애로 이끄는지도 분명하지 않다. 그러나 공포장애와 관련해서는 공포증이 알코올사용장애에 앞서 나타난다는 명확한 증거가 있다(Swensen et al., 1998). 엄청난 분량의 연구를 검토한 후에, Barlow는 "불안장애가 약물사용장애에 앞서 나타나는지 아니면 그 뒤에 오는지 모르겠지만, 음주가 기분에 해로운 영향을 끼치는 듯하고, 악순환을 만들며, 불안과 공황이 알코올로 자가 치료될 때, 끊임없이 하향하는 자기 파괴 소용돌이 ─ 알코올 중독(또는 마약중독)뿐만 아니라 약물이 불안과 공황에 미치는 결과를 더더욱 악화시킴 ─ 로 이어지게 된다"고 결론지었다(Barlow, 2004, pp. 16~17).

다른 정신질환처럼, 불안은 통합적인 틀을 사용하는 것으로 볼 수 있다. 불안의 특징인 걱정, 근심, 두려움 그리고 공포의 경험(좌상 분획)은 유전적이고 생물학적인 구성요인들(우상 분획)을 갖고 있다. 반면, 현재 '불안의 시대' ─ 초고속화된 경쟁 문화 형태로 그리고 전통적인 가족 구조, 가치관의 몰락, 새로운 신화 창조와 다른 의미 만들기 체계들이 없는 선택을 알리는 신념들(좌하 분획) ─ 가 하는 역할을 줄이기 위해 또는 우려할 만한 생태학적 위기(예 : 기후변화) 그리고 국제 정세 우려(우하 분획)로 현 미국의 불안을 다 이해할 수가 없다.

불안이 심리치료 이론 전반에 걸쳐 아주 중요한 역할을 했음에도 불구하고, 상당히 다른 방식으로 개념화되었다. 널리 알려진 바와 같이, 불안은 프로이트의 정신분석에서 아마도 중심이 되는 병인론, 경험과 관련된 것이었다. 프로이트가 불안과 관련해 내세운 마지막 논지는 그의 저서 억압, 증상 그리고 불안(1926/1959)에 쓰여 있다. 프로이트는 이 책에서, 불안(anxiety, 독일어로 *angst*)[5]은 위험 예상 신호를 보내고[기술적으로, 그는 특정 대상의 불안은 '공포'(fear, 독일어로 *furcht*)라는 단어를 썼다] 영아기 혹은 출생 때 최초로 경험했던 절망의 감정을 불러일으킨다.[6] Wolfe는 이 점에 동의하고, "대부분의 불안과 공황장애 내담자들이 경험하는 재

[5] 독일어 *angst*는 라틴 및 희랍의 *angh*에서 유래된 것이며, 여기에서 영어 *anxiety, anguish, anger*라는 단어가 생겨났다(Barlow, 2004). Barlow가 지적한 대로, 공포와 불안은 *dread, apprehensiveness, fright* 단어와 마찬가지로, 무의식, 의식, 인지, 신체, 신호, 부유(free-floating) 등과 같은 다양한 서술 (혹은 이론) 개념이 포함되어서 구분이 흐려진다. 그러나 그는 이러한 설명이 사실 더 혼란을 초래한다고 여겼다. 나아가, Rollo May는 독일어 *angst*에 대응되는 적합한 영어 단어는 사실 없다고 하였다. 그나마 가장 가까운 영어 단어는 *dread*와 *anguish*이기 때문에, 그는 '*anxiety*'를 *angst*와 비교하여 '희석된 정서(watered-down affect)'로 보았다.
[6] DSM-5에 의하면, 공포는 실제 혹은 현재 지각된 위험에 대한 감정 반응을 담고 있다. 반면, 불안은 미래, 예견된 위험에 대한 감정 반응을 담고 있다. DSM-5는 이 둘이 다르긴 하지만 이 두 감정 반응은 중첩된다고 말

앙 이미지는 그들의 절망, 무기력, 그리고 생애 초기에 겪었던 불행을 상징한다.”고 말했다 (Wolfe, 2003, p. 374).

여러분이 정신분석을 못 미더워하거나 반대해도, 심리적 삶의 대부분이 의식 너머에 머물러 있다는 개념 즉, 불안의 무의식 영역은 의미가 있다. 정신분석가로 훈련받았던 Aaron Beck은 정신분석학계를 떠나 인지 치료의 창시자가 되었고, 불안장애와 공포증이라는 저서에서 다음과 같이 서술했다.

심리적 과정의 적은 부분만 의식적이고 대부분은 무의식적이다. 어느 영역에서도, 비의지적 과정의 작동이 불안장애에서보다 더 명확하진 않다. 불안장애에서는 명확한 이유 없이 갑자기 벙어리가 될 수도 있고, 마음이 텅 비고, 충격으로 인해 그 자리에서 굳어버릴 수도 있다(Beck & Emery, 1985, p. xvi).

Beck은 공포와 불안을, 많은 이론가들과 정반대로 구별했다.

공포가 인지적인 과정이라면, 불안은 정서적 과정이다. 공포는 위협적인 반응에 대한 지적 판단을 포함하고 있다. 불안은 그 판단에 대한 정서적 반응을 포함한다. 그래서 공포는 위험 판단이고, 불안은 공포가 자극될 때 유발되는 불쾌한 감정 상태다(Beck & Emery, 1985, p. 9).

프로이트부터 May까지 많은 불안 이론가들은 이와 반대로 주장했다. 공포는 정서적 반응이고 불안은 잠재적 위험에 대한 더 인지적인 판단이라고 한다. 철학자인 쇠렌 키르케고르(1954)는 프로이트 이전에 불안과 관련해 유일하게 알려진 책을 저술했는데, 흥미롭게도 그는 사람들을 멀리하면서 나타나는 불안뿐 아니라 절망, 우울을 분석했다. 이 저서에서 그는 처음으로 공포와 불안을 구별했는데, 불안은 종종 두려움으로 불린다. 그에게 공포는 항상 어떤 것에 대한 공포이고, 불안은 아닌 것에 대한 공포다. “여기서 아닌 것은 ‘개인이 아무것도 할 수 없다는 뜻에서의 아무것이 아니다’라고 그는 풍자적으로 말하였다”(Yalom, 1998, p. 193에서 인용). Rollo May는 이 개념에 동의하면서, ‘공포 그 자체(fear itself)’라는 말이 과연 논리적인 표현인지 의구심을 가졌다. 그는 ‘불안’이 ‘공포 그 자체’라고 주장하기까지 했다(May, 1977). 과도한 불안은 적응 행동을 방해할 수도 혹은 막을 수도 있는 반면,[7] 공포는 실제 적응적으로

했다.

7 Yerkes-Dodson 법칙은 말하길 사람이 중등도의 불안을 가지면 적당히 행동하는 반면 강한 불안은 행동을 간섭하고, 또 너무 낮은 불안은 개인이 충분히 준비하여 자신의 최대치를 발휘하게 되는 동기를 충분히 부여

행동하도록 준비시킨다. (실제 인식 가능한 대상 없는) 불안이 최적의 수행에 지장을 준다면, 불안의 가치는 무엇일 수 있을까? 특히 실존에 치우친 철학자와 심리학자들은 불안이 인간으로서의 완전한 잠재력을 실현시키도록 도와주는 데 필요하다고 했다. 실존주의자들은 불안의 근원이 대다수 외부 세계에 있지 않고 우리 내부에 있다고 믿는다 ─ 죽음과 무존재에 대한 공포부터 가장 심오한 가치에 따라 행동하는 자유를 활용하지 않는 것까지.

불안은 흔히 적응적이고 자연적이며(Beck & Emery, 1985) 또한 "모든 정신병리의 어머니"로(Fosha, 2000, p. 47) 간주된다. 포괄적인 의미에서, 대부분의 심리학자가 동의하는 것은 불안이 정서와 인지(판단) 요소를 포함하고 있다는 점과, 불안이 일반적으로 이른바 위험을 알린다는(signals) 점이다 ─ 내부 혹은 외부, 현실 혹은 비현실. 프로이트는, 다양한 충동이 이를 방어하는 것보다 높아서 표출되면 나타나는 위험을 예견하여 불안이 신호를 보낸다고 보았다. 강렬한 감정들(수치심, 외로움, 두려움, 상처받은 마음부터 즐거움, 자부심 그리고 큰 기쁨에 이르기까지)은 잠재적으로 이들과 연관된 모든 경험에 대한 불안과 방어적 배제(외적 회피 혹은 내적 방어)로 이어질 수 있다(Beck & Emery, 1985). 불안 또한 생애 전반에 걸쳐 변화한다. 아동기 초기엔 신체적 자극이 산발적이다가 점점 더 심적 불안으로 가다가 종국엔 오히려 신호 기능으로 간다(PDM Task Force, 2006).

전문적인 심리치료 문헌에서는 최소한 세 가지 다른 유형의 불안을 거론한다 ─ 정상적, 신경증적 그리고 실존적 불안. 통합 심리학에서는 불안의 네 번째 유형도 인식하는데, 이는 진정한 자기 초월 영성 수행 과정에서 마주하게 된다. **정상적 불안**은 잠재적 위험에 선택적으로 우리를 집중시킨다. 위협 강도를 부풀리는 신경증적 혹은 병리적 불안과는 달리, 정상적 불안은 합의 현실(consensus reality)에 적합하며, 우리의 반응에 힘과 동기와 변화를 부여한다(Freeman & Simon, 1989). 프로이트에 따르면, 내적 위험을 지각하면 즉, 무의식적 욕구가 표출할 조짐을 보이면 **신경증적 불안**이 초래된다. 비현실적 혹은 병리적 불안이라 불리는, 신경증적 불안은 위협 강도를 부풀리고, 상황에 합리적이기보다는 다소 고집스러우며, 삶의 만족도를 낮춘다. 건강한 심리 발달은 불안의 표출을 더 강력하고 파괴적인 형태에서 감지할 수 없을 정도의 아주 작은 형태로 바꾸고 조절한다. 이를 '신호 불안'이라고 한다. 신호 불안은 즉시 촉발 자극에 반응하거나 방어 '신호'를 준다. "따라서 정상적인 불안의 경우 강도와 지속 기간은 한정되어 있고 적응적인 방어와 관련되어 있다. 불안이 느껴지고, 강렬하며, 파괴적이고, 마비를 일으키면, 혹은 자기 파괴적인 방어 과정을 촉발시키면, 그 불안은 자기 파괴적 혹은 병리적이라 하며, 또한 '증상'이라고 부른다"(Barlow, 2004, p. 11). 실존적 불안은 죽음, 자유(즉, 자유롭고

하지 못한다(Ingersoll & Rak, 2006). Yerkes와 Dodson(1908)을 보라.

스스로 책임지는 사람으로 살지 못하는 것에 대한 혹은 자기 가치와 의미체계에 부합되게 살지 못하는 것에 대한 반응이 있을 수 있다), 무의미, 그리고 고립과 같은 문제에 직면하면서 생긴다. 좀 더 자세한 사항은 이후에 다시 언급될 것이다.

DSM-5가 진단에서 어느 정도 서로 차별될 수 있는, 수많은 불안관련장애를 포함하고 있다 하더라도, 많은 불안관련장애들이 실제로는 유사한 뇌 반응으로 이어진다. 좀 더 구체적으로 설명하자면, Ohman은 "공포의 대상에 노출된 공포증 내담자의 생리적 반응을, 관련 외상 장면에 노출된 PTSD 내담자의 반응, 그리고 공황발작 동안의 반응과 비교했을 때, 차이점보다는 유사점이 훨씬 더 많았다."고 했다(Ohman, 1992). 하지만 이 장에서 모든 불안관련장애를 자세하게 다 언급할 수는 없기에, 여기서는 일반적인 불안장애만을 다루겠다. 이 장의 후반부에서, 가장 높은 유병률을 가진 특정 불안장애가 따로 다루어질 것이다. 그 사이에 "불안장애는, 최종적인 분석으로는 정서장애(emotional disorder)이다."라는 불안 권위자 David Barlow의 입장을 기억할 필요가 있을 것이다(Barlow, 2004, p. xi).

병인론

공포와 불안을 경험하는 능력이 적응적이며, 닥칠 위험에 좀 더 신속하고 활동적인 반응 또는 먼 미래의 도전을 위한 준비과정이라는 사실은 거의 일반적으로 수용되고 있다. 하지만 부적응적인 공포와 불안 특성은 논란이 많으며, 기대할 만한 부분이긴 하지만 불안장애의 병인론과 관련한 의견일치는 아직까지 이루어지지 않았다. 따라서 불안장애는 여러 가지 다른 종류의 병인론으로 설명될 수 있다(Poulton, Pine, & Harrington, 2009, pp. 111~112, 이탤릭체 표시는 추가한 것임).

우울증과 비슷하게, 불안장애는 내담자가 내놓는 극단의 중복결정 증상군 중 하나이다(Whiteside & Ollendick, 2009). 대부분은 아닐지라도, 많은 정신질환에 흔히 있는 일이지만, 서로 다른 전문 분야들—상담, 사회사업, 심리학에서 정신의학, 신경과학에 이르기까지—에서 불안장애의 정확한 근원과 원인이 무엇인가를 놓고 서로 논쟁한다. 통합 심리치료자는 불안은 개인, 문화, 체계 요인뿐 아니라 유전, 정서, 인지 그리고 실존적 요인들의 복잡한 상호작용에 기인한다는 것을 사실로 받아들였다. 곧 알게 되겠지만, 한 사람이 불안장애로 진단될 만한 증상을 퍼뜨릴 가능성에 영향을 주는 요인들은 많다. 더욱이 DSM-III와 DSM-IV는 지극히 서술적이며 이론 배경이 없다고 알려진 반면, DSM-5는 병인론적 지식을 개발하고 서로의 지식을 주고받으려 시도했다고 한다. 그러나 DSM-5에서 대부분의 정신질환과 연루되어 있는 복잡한 병인론에 대한 통찰이 드러나지는 않는다.

David Barlow는 '삼중 취약성 모형(triple vulnerability model)'을 제안했다. 즉, 불안장애는 일반화된 심리 취약성(외부 통제 소재, 매우 반응적인 기질, 행동 억제)(Kagan, 1997; Muris, 2006; Rotter, 1975), 일반화된 생물학 취약성(신경질과 같은 유전 특성, 환경 변화에 생물학적으로 매우 반응적인, 극도로 예민한), 특정한 심리 취약성(질식의 단서 혹은 죽을 것 같은 두려움을 느끼게 하는 신체적 자극에 매우 민감한 공황장애 환자)(Barlow, 2004) 등 세 가지 취약성의 상호작용으로 발달된다. 통합 모형은 여러 가지 병인론 요인들을 체계화하기 위한 훌륭한 틀을 제공한다. 통합 모형이 어떻게 도움을 주는가는 인지 치료자인 Freeman과 Simon의 인용을 보면 알 수 있다. "우리는 (호흡기, 순환기, 위장, 피부, 근육 체계에서 일어나는) 생리학 관련 요인들 때문에 불안의 정서를 경험한다"(1989, p. 347). 통합 이론에서는 사분획들이 함께 나타난다고 주장한다. 다시 말하면, 어떤 분획도 다른 분획보다 병인론적으로 더 영향을 끼친다거나 더 존재 가치가 있는 것은 아니다. 그들 모두는 서로에게 영향을 준다. 여러분이 Freeman과 Simon의 인용문으로 되돌아간다면, "우리가 불안을 경험하는 이유는 생리학 때문이다."라고 쓰면서 우상 분획에 특권을 주고 있음을 알 수 있다. 우상 분획은 유전, 신경과학, 생리학, 그리고 좀 더 객관적인 관점 영역이다. 하지만 빈맥, 다한증, 위장 문제와 같이 생리적 문제를 가진 많은 사람들이 있다. 이 사람들이 불안 문제를 경험하지는 않는다. 따라서 생리학은 불안의 단일 이유가 아니며 많은 영향 요인들 중 하나이다. 사분획을 두루 살펴보고 서로 다른 관점에서 온 수많은 병인론을 탐색해보자.

외부-개인 관점(우상 분획) : 유전에서 행동주의까지

진화론과 유전 관점들 불안과 두려움은 잠재 위험으로부터의 다양한 형태의 회피와 밀접하게 관련되어 있다. 진화론 관점에서, 위험에 대해 '위양성(false positives)' 혹은 잘못된 위험 경보를 이끌어내는 '불안 유전자'를 갖고 있는 것은―실제 위험을 알아채지 못하게 되는 '위음성(false nagatives)'보다―생물학적으로 적응적인 경향이다(Beck & Emery, 1985; Ledoux, 1996). 많은 공포/불안(예 : 높은 곳, 동물, 어두움)이 실제 위해를 당할 가능성을 줄인다. 예를 들어 최소의 위험 신호에도 반응하고 경계하는 동물은 덜 경계하고 위험에 덜 민감한 동물보다 위험 상황을 더 잘 피할 것이다. 많은 불안장애에서 이와 유사한 '잠재 위험 상황에서의 회피' 과정을 관찰할 수 있다. 예를 들어, (사회불안장애처럼) 다른 사람들에게 창피당하고 부정적으로 평가되는 것에 민감하면 사회적 고립을 초래할 수 있는 행동을 억제하게 된다. 비슷하게, 불안 애착 과거력을 가진 개인은, '안전 기반'과의 결속을 유지하기 위해 광장공포 반응을 보일 수 있는데, 이는 분명 적응하려는 의도이다. 사람이나 동물이 위험 상황에서 벗어나는 것과 관련해, 더 경계하는 사람들과 동물은 더 빨리 쉽게 배운다는 증거가 있다(Liddell, 1949,

Barlow, 2004에서 인용).

미래에 위협이 있는 양 경계하는 동물은 당면한 미래에 무슨 일이 일어날지 관심이 있다. 기본 감각 측면에서, 동물은 "다음엔 무슨 일이 일어날까?"란 질문에 따라 미래에 적응하기 위해 계획을 세운다. 계획 기능은 누가 봐도 알 수 있다. 인간의 경우는 훨씬 적응적이다(Barlow, 2004, p. 9).

유전자가 일반화된 불안 특성의 표출 변화에 30%에서 50% 정도 공헌한다는 사실은 널리 수용되고 있다(Barlow, 2004). 하지만 유전자는 외부와 단절된 상태에서는 작동하지 않는다. 유전자 발현은 주로 환경 요인들의 기능이다. 그리 특별하진 않지만, 사실상 유전-환경 상호작용이 불안장애 발달에 관련되어 있다는 데에는 일반적으로 의견일치를 보았다. Fanous와 Kendler의 연구에서는, 몇몇 유전자가 불안장애의 임상적 특징과 경로에 영향을 주는 '변형 유전자(modifier genes)'로 작용한다고 제안했다. 반면, '민감 유전자'는 불안장애의 형성에 영향을 준다. Poulton와 그의 동료는 "정신의학의 유전학 분야는 충분히 발전적이지만, 어떻게 유전자와 그 산물(RNA, 폴리펩티드, 단백질)이 전 생애에 걸쳐 서로 다른 지점에서 영향을 주는 다수의 환경 요인과 상호작용하는지는 고사하고, 어떻게 그들끼리 서로 상호작용하는지도 우리는 거의 알지 못한다."고 결론지었다(Poulton et al., 2009, p. 117).

비판을 위한 중요한 내용으로, "분명히 합의된 사실은 불안과 (우울증 같은) 불안 관련 감정 질환들은 **공통적인** 유전 기반을 가지며, 이러한 질환들의 특별한 차이점은 주로 환경 요인에서 나타난다는 점이다. …특정 '불안 유전자' 존재를 확인했다는 증거는 아직 없다. 대신, 염색체상 각각 다른 영역에 있는 많은 유전자들이 불안에 대한 생물학 취약성에 다소 미미하게 공헌한 듯하다"(Barlow, 2004, p. 253, 고딕체 표시는 추가한 것임).[8] 방금 언급된 분명한 합의점에도 불구하고, Hettema와 그의 동료의 연구에서는, 개인이 불안장애의 두 가지 큰 범주인 특정공포증과 공황-범불안-광장공포장애 중 어느 쪽으로 형성될지에 대해 유전자가 관여된다고 제안하였다(Hettema, Annas, Neale, Kendler & Fredrikson, 2003). 하지만 타당도를 나타내는 것으로 보이는 연구로서, 보다 공통적인 유전 취약성을 제안하는 다른 연구들이 있다. 예를 들어, 한 연구에서는 불안과 우울을 동시에 앓고 있는 23쌍의 쌍둥이와 열두 가족 연구를 검토했는데, 불안과 우울의 유전 취약성은 양쪽 다 취약하든지 아니면 둘 중 하나에만 취약하든지 간에 쌍둥이 연구에서 찾아낸 동반이환을 설명했다. 반면 가족 연구들 중 일부는 그 결과를

---

8 남성과 여성의 불안장애 동반이환에서 기저의 유전 및 환경 위험 요인을 탐색하는 연구에서는 남성과 여성이 환경 및 유전 위험 요소에 관해 비슷한 기저 구조를 공유하고 있을 것으로 보고 있다(Hettema, Prescott, Myers, Neale, & Kendler, 2005).

지지했지만, 다른 가족 연구들은 두 질환 중 하나는 다른 질환의 부수현상이라고 강조한다. 다시 말하면, 불안 증상이 우울의 이차적 파생물이거나 혹은 전후관계가 그 반대다(Middledorp, Cath, Van Dyck, & Boomsma, 2005). 불안과 우울이 공통의 유전 기반을 나누든 아니면 서로의 부수현상이든 간에, 어떠한 경우에도 유전학 관점에서 봤을 때, DSM에서 보는 것처럼 각자 뚜렷이 구별되지는 않는다.

요약하면, 우리가 불안한 데에는 진화론적, 유전학적 이유들이 있다. 이와 동시에 지나친 불안은 단지 삶의 만족도만 떨어뜨리는 건 아니다. 병리적 불안이 누적되면 죽음으로 이어질 수 있다. 이는 불안의 역설 중 하나이며, 다음 질문을 이끈다. 어떻게 적응 유전자들의 누적이 부정적인 문제 상황으로 이어질 수 있는가?

이 질문의 대답 중 하나가 준비성 개념에 의한 것이다. Martin Seligman(1971)은 이미 생쥐를 대상으로 실험실-조건화된 두려움은 인간의 불안과 현저한 차이가 있다는 사실을 입증했다. 그중 하나로, 실험실 동물들의 경우 회피 반응이 방지되고 처벌 경험이 없으면 이전의 회피 조건화가 빠르게 소거된다. 대조적으로, 인간의 공포증에서 웬만해서는 소거가 잘 일어나지 않는다. Seligman은 핵심적인 차이로 실험실 경험은 임의적 자극들(버저, 섬광)을 사용하는 데에 반하여 인간의 공포는 매우 의미 있는 (비임의적인) 상황 혹은 대상(높은 곳, 뱀, 거미, 곰 등)이라고 하였다. Seligman의 견해를 요약해서, LeDoux는 설명하길 "아마도 진화에 의해 우리는 어떤 특정한 점을 다른 것보다 더 쉽게 습득하는 바탕(준비성)이 있으며, 습득에 대한 이러한 생물학적인 경우가 특히 강력하고 오래간다. 이런 관점으로 보자면, 공포증은 위험을 습득하고 습득된 정보를 특별히 강하게 지속하는 진화에 따른 준비성을 보여준다."고 하였다(1996, p. 236).

Susan Mineka와 동료들은 준비성 이론을 강하게 지지한다. Mineka는 원숭이가 뱀에 대해 유전적으로 물려받은 공포가 있다는 믿음은 실제론 뱀에 대한 다른 원숭이의 공포 반응을 관찰함으로써 학습되었다는 점을 입증했다(만약 다른 원숭이가 없을 때 뱀과 처음 마주했다면, 원숭이들은 공포 반응을 보이지 않았을 것이다). 하지만 준비성 이론에 부합하여, 원숭이들은 이러한 (준비성의) 공포 반응을 꽤 빨리 학습하였고, 반면 위험하지 않은 자극에 대한 학습은 비슷한 방식으로 아직 이루어지지 않았으며, "이는 그렇게 빠르고 강력한 학습 노출이 가능하게 되는 생물학적 관련 자극에 무언가 특별한 것이 있다는 것을 암시한다"(LeDoux, 1996, p. 237). Albert Bandura도 ―Mineka의 붉은털 원숭이 연구와 준비성 개념과 유사하게― 관찰 학습이 병리적 불안의 발달과 관계있다고 입증했다. 수많은 연구자들은 확실한 자극 회피를 다른 것보다 더 빨리 강력하게 습득하는 진화적 천부적 성향은 사실상 유전적인 것이라고 강조했다(Mineka, Davidson, Cook, & Keir, 1984; Ohman, 1986). Ohman은 천년 동안 존재했던 위험 자극(예 : 뱀)에 대한 인간의 조건화된 공포 반응들은 현대의 공포 관련 자극들(예 : 총)에 대한 반응보다 소거가 잘 일어나지 않는다는 점을 입증했다. 게다가 Ohman은 조건화된 자극 인식 없는 조건 형성 준비성을 보여주기 위해 참여자들이 의식적으로는 인지 못하는 조건화된 자극을 사용할 수 있었다(LeDoux에서 인용, 1996). 따라서 행동주의적 관점에서조차, 공포증은 그 기원에 대한 의식적 인식 없이도 학습될 수 있다. 통합 이론에서 다섯 가지 다른 형태의 무의식적 과정과 동일하게(Margquis, 2008, pp. 160~164; Wilber, 1983), 우리가 의식하지 못하는 모든 것이 억압 때문은 아니다.

생리학   공포와 불안의 행동주의적 구성요소는 '투쟁 혹은 도피'로 혹은 더 최근엔 '얼어붙음, 도피, 투쟁'으로 기술된다. 자율신경과 내분비 과정은 다리와 팔 근육 그리고 뇌로 가는 혈류를 증가시키고 다른 기관과 조직으로 가는 혈류를 감소시켜서 이러한 '투쟁 혹은 도피' 행동을 지원한다(Debiec & Ledoux, 2009).

다양한 신체 증상들은 불안장애 진단 기준을 만족할 가능성을 높인다 — 공황장애와 관련된 (심혈관 질환과 무관한) 가슴 통증, 이유 없는 현기증, 두근거림, 어지러움, 과민성대장증후군, 달리 명시된 불안장애와 관련된 만성호흡질환, 전정기관 이상, 그리고 위장관계 증상(Barlow, 2004). 그러나 심리학자 Michael Mahoney는 불안장애를 가진 개인의 경험이 다양한 생리적인 부분과 연관되어 있음에도 불구하고, 이 경험을 "단순히 생리학적 '각성(arousal)'으로만 보아선 안 된다."고 강조했다(Mahoney 1991, p. 180).[9] 생리학적 병인론으로 한정하지 말아야 하는 이러한 주의점은 평가와 선택에 대한 소견을 포함하는데, 이는 좌상 분획 관점에 해당된다. 그럼에도 불구하고, 다양한 생리적 차원을 포함하는 중요 통계들이 있다[가령, 공황은 이산화탄소에 지나치게 예민한 사람에게 더 잘 발생한다(LeDoux, 1996)]. Barlow(2004)에 의하면, 불안의 심리생리학적 측면을 평가하고 측정하는 과정이 복잡하고 방법론적으로 어렵다고 해도, 두 가지의 의견일치가 이루어졌다. 첫 번째, 만성적으로 불안한 개인은 교감신경 기능을 지속적으로 증가시켜온 경향이 있으며, 이는 잠재적인 위협 상황을 실제 위협으로 해석할 가능성을 키운다. 이러한 사람은 자율적인 유연성이 상대적으로 결핍된 것으로 보인다. 또한 불안과 공황을 경험한 사람들은 비경험자에 비해 더욱 비대칭적인 양상으로 뇌 활동이 나타난다고 밝혀졌다.

신경과학   불안장애는 신경과학자 Joseph Ledoux에 의하면 진화에 따른 적응 체계로서의 불

---

9 이에 대한 보다 자세한 내용은, Dienstbier(1989)와 Neiss(1988)를 보라.

안을 대뇌피질이 제대로 통제하지 못하는 것이다. 하지만 이는 매우 복잡한 신경생리학적 과정들에 대한 매우 일반적이고도 단순한 설명일 뿐이다. 지난 10년간 불안과 공황 발달에서 다양한 뇌 체계와 신경회로망의 역할을 조사하는 연구들이 폭발적으로 증가했다(Barlow, 2004; LeDoux, 1996). 1970년대의 신경생리학적 연구들이 1990년대 초를 거슬러가면서, 하나의 부분, 뇌기능 중 비교적 구분된 영역, 흔히는 단일 신경전달물질 체계에 초점을 두는 경향이 있었다면, 최근은 특정 신경전달물질과 신경조절 체계가 불안과 같은 정서, 특히 불안의 신경조절자인 HPA축의 신경생물학 과정과 상호작용하는 점에 초점을 두는 경향이 있다.[10] 논쟁의 여지가 있지만(Barlow, 2004, p. 43), 심한 그리고/혹은 장기간의 스트레스에 노출되는 것이 많은 불안장애들에 내포된 신경내분비, 신경전달물질 기능의 변화로 이어진다는 점은 의심의 여지가 없다(Barlow, 2004; Moreno, Lopez-Crespo, & Flores, 2007). Lang(1994), Gray와 McNaughton(1996) 그리고 LeDoux(1996)의 연구에 근거해, Barlow는 최근의 연구 시각들이 새롭게 강조된 후에도, "미세한 신경해부학에 대한 탐구는 감정의 활동에 대해, 기초 신경생물학 수준조차도, 결코 완전한 설명을 제공하지 못할 것이다."라고 말했다(2004, p. 43). 이 말이 의미하는 바는 신경생물학(즉 생물학적 스트레스 반응 체계, 신경전달물질 등)이 발달 초기의 스트레스 환경에 특히 더 영향 받기 때문에 ─뇌 회로가 보다 유동적이며 신경연결이 빠르게 정교해지고 다듬어지는 시기라서─ 불안의 병인론에 대한 포괄적인 서술에는 신경과학뿐만 아니라 불안장애 생성과 관련한 환경 경험, 심리학, 그리고 기타 요소들과 신경생물학 과정과의 상호작용이 포함되어야 한다. 그럼에도 불구하고 통합 관점은 신경과학을 비록 한 부분이지만 질환 이해를 위한 중요한 구성요소로 보기 때문에, 간략하게나마 최근 일반화되고 있는 견해들을 논의해볼 것이다.

간단히, 한 사람이 위험을 감지할 때 소뇌의 편도체는 시상하부에 메시지를 보낸다. 이는 뇌하수체선에 스트레스 호르몬인 ACTH(부신피질자극 호르몬)를 배출하도록 신호를 보낸다. 시상하부에 연결되면서, 편도체는 HPA축과 교감신경계(SNS)를 활성화시킬 수 있다. 편도체가 위험 신호를 보내는 데에 반하여, 해마는 뇌하수체와 아드레날린 스트레스 호르몬들이 얼마나 많이 배출되는지 조절하는 통제 체제 영역이다. 어느 순간엔 통제 체제와 신경전달물질 그 이상이다. 잠재적 위협을 포함하고 있는 정보는 2개의 다른 경로를 통해서 편도체에 전달될 수 있는 것으로 보인다. 첫 번째는 LeDoux(1996)가 '하위 경로'라고 불렀는데, 신호들은 시상부터 편도체에 이르기까지 재빨리 나아간다. 대뇌피질 과정을 우회함으로써 뇌 회로는 즉각적인

---

10 HPA축은 시상하부-뇌하수체-부신 축인데, 이는 시상하부, 뇌하수체, 부신의 상호교류에 의해 구성된다. 신경내분비 체계의 한 부분으로서 이 축은 스트레스, 감성, 기분 등에 대한 반응을 조절하는 것과 관련되어 있다.

조치를 허용한다. 반면 LeDoux(1996)가 '상위 경로'라고 부른 것에서, 정보는 시상에서 대뇌 피질까지 이동하고 그 후 소뇌 편도체까지 다다른다. 이 경로가 즉각적인 행동으로 이어지는 것은 아니지만, 아마 잠재적으로 유사한 위험 상황에 대한 기억을 회상함으로써 더 중요한 행동을 하도록 이끌 것이다.

쥐를 이용한 실험연구들을 통해, 너무 지속적으로 혹은 강한 스트레스에 노출되었을 때는 해마가 스트레스 호르몬의 방출을 조절하는 데 실패한다는 사실이 검증되었다. 해마에 미치는 지나친 스트레스의 결과는 외상 경험과 연관된 다른 종류의 기억 오류들과도 관련이 있어 보인다. Bruce McEwen은 심각하지만 일시적인 스트레스는 해마 내 신경세포 수상돌기들을 수축시킨다고 말했다. 그런데 이 수축은 가역적이라서 스트레스 정도가 심하다고 꼭 지속적인 건 아니다. 하지만 기간이 길어진다면 해마세포들은 되돌릴 수 없을 정도로 퇴화되고 기억은 손실되며, McEwen에 의하면 이는 영구적인 것으로 보인다(McEwen, 1992).

심한 스트레스는 또한 전전두엽 앞부분의 대뇌피질을 변화시킬 수 있다. 이 대뇌피질은 해마처럼, 아드레날린과 뇌하수체 선에 의해 방출되는 스트레스 호르몬 양을 조절하는 데 관여한다. Morgan과 LeDoux(1995)에 의하면 전전두엽 내측이 손상되었을 때는 '정서적 보속증(emotional perseveration)'이라 명명된 결과를 보인다. 즉 조건화된 공포 반응을 소거하는 데 실패한다. 그래서 지속적으로 두려움에 따른 행동들이 나타난다. LeDoux(1996)가 언급했듯이, 개인의 뇌는 개인마다 각각 서로 다르게 불안장애로 발달하는 성향이 있다. 공포증으로 발달할 성향이 강한 사람들은 특정 준비 자극에 대해 과잉 민감한 편도체를 가졌거나 준비 자극이 없을 때에도 소거에 저항적인 불안 반응을 발달시키도록 이끄는 전두엽을 가진 것으로 보인다.

두려움과 불안과 관련된 또 다른 중요 뇌 회로는 행동억제체계(behavioral inhibition system, BIS)이다(McNaughton & Gray, 2000). 이 회로는 외부 시청각 신호에서부터 내적으로 느껴진 본능적 변화에 이르기까지 잠재적인 위협 신호에 의해 뇌간으로부터 유발되어, 대뇌 변연계를 전두엽 피질과 연결한다. 활성화되면, BIS는 위험과 두려움 또는 불안 경험에 대해 행동을 얼어붙게 만들고, 인지 각성 상태를 유발시킨다(Barlow & Durand, 2002).

다양한 신경전달물질들이 두려움과 불안 반응의 통제와 조절에 관여한다. 세로토닌 재흡수 억제제(SSRI)가 불안장애 증상을 치료하는 데 도움이 되지만(몇몇 세로토닌 항진제는 불안을 억제하는 듯하다), 불안 및 공포의 근거로서 세로토닌 촉진 작용에 대한 연구는 확고한 결론을 내리는 데 그리 결정적이진 못했다(Barlow, 2004). SSRI들은 그 자체로는 불안을 목표하지 않으며, 오히려 단순히 정서적 각성을 일시적으로 억제시킬 뿐이다(Breggin, 1997).

노르에피네프린 또한 불안에 관여한다. 노르에피네프린(노르아드레날린과 동의어)과 에피네프린(아드레날린과 동의어) 모두 뇌의 청반(뇌에서 다른 대부분의 노르에피네프린 신경들에게 투사하는 신경들로 구성되어진 작은 뇌 조직)에 의해 조절되는 투쟁-도피 반응의 중심이 된다. 뇌의 청반은 위협과 관련된 자극에 직접적으로 주목하는 기능을 담당하는 부분 중 하나로 보인다. 노르에피네프린의 방출을 유발시킴으로써, 뇌의 청반은 교감신경계(SNS)를 자극할 수 있다. 이에 따라 결국 심장 박동수의 증가, 발한, 떨림, 불안 경험으로 이어진다.

1970년대 후반에, 연구자들은 불안에서 벤조디아제핀 수용체가 하는 역할을 탐구하기 시작했다. 벤조디아제핀 체계를 지지하는 증거들의 대부분은 동물 연구에서 두려움과 불안의 유발과 관련한 연구에서 항불안제 수준 결과에서 유래한다. 가설은 불안을 감소시키는 수용체 분자로 묶은 내인성 벤조디아제핀 분자가 있으며, 이 분자의 결핍은 불안장애를 유발한다는 것이다. 이 가설이 아직 검증되지 않은 사례라 하더라도, 불안장애 발달에 있어 중요하고 부분적으로나마 설명을 제공할 것이다.

뇌에서 지배적인 억제 신경전달자인 GABA는 확실히 불안장애와 관련 있는 것으로 보인다.[11] GABA 결합이 불안을 감소시킨다는 주장을 지지하는 연구 사례는 실험실 연구에서 나왔는데, GABA 억제제는 동물의 불안을 증가시킨다는 것이다(Gray, 1985). 하지만 이전에 접했던 것과 유사하게, 다른 연구자들은 특별히 항불안제보다는 GABA 체계의 다양한 기능이 전반적인 억제 전달자를 만드는 것으로 보인다고 주장한다(Zillman & Spiers, 2001). 마찬가지로 벤조디아제핀이 항불안과의 관련이 덜하고, 일반적인 정서 또는 각성을 더 감소시킬 수 있을지도 모른다(Lader, 1988). 벤조디아제핀-GABA 체계가 이전에 제안되었던 것보다 더 복잡할 뿐 아니라, 몇십 년 전에 평가되었던 것보다는 다른 체계들과 더 복잡하게 관련되어 있어 보인다(Barlow, 2004). 일련의 잘 설계된 연구에서는 불안장애를 가진 사람들 중에 부신피질 기능이 정상 혹은 심지어 줄었다고 하는데, 어느 것도 완전히 이해되지 않는다. 이런 일관되지 않은 결과들 때문에, 신경내분비 기능에 관한 연구는 1980년대 후반과 1990년대 초반 동안 활력을 잃었다(Barlow 2004). 이 체계 ― 세로토닌과 노르아드레날린 체계부터 벤조디아제핀-GABA 체계까지 ― 의 전부가 아니더라도 상당수가 잠재적 위협을 알리는 데 개별적으로 기능하기보다는 전반적으로 기능한다는 사실이 점점 더 분명해지고 있다. 따라서 신경과학자들은 현재 개별 체제가 아니라 체제 네트워크와 상호작용을 연구하고 있다. 결국 '도움보다 퇴보하는 추론'인 논리 오류를 기억하는 게 중요하다. 이러한 논리 오류는 다음 사례로 분명해질 것이다. "아스피린을 먹으면 두통이 없어진다. 그러므로 두통이 생긴 이유는 체내 아스피린 수준이 너무 낮았기 때문이다"(Abramowitz, Storch, Mckay, Taylor, & Asmundson, 2009). 다시

---

11 GABA는 gamma-aminobutyric acid인데, 인간과 다른 포유류 신경체계에서 일차적인 억제성 신경전달물질이다.

말하면, 신경전달물질 수준의 증가가 불안을 감소시킨다는 가설이 반드시 불안의 이유는 그 신경전달물질의 결핍이라는 뜻을 의미하지는 않는다.

흥미롭게도, 지난 몇십 년 내 몇몇 신경과학자들은 "심리치료는 뇌에 영향을 주는 여러 방법 중 하나일 뿐이다."(LeDoux, 1996, p. 263) 혹은 "치료는 소뇌 편도체를 통제하는 뇌 경로에서 연접 강화(synaptic potentiation)를 만들어내는 여러 방법 중 하나일 뿐이다."(LeDoux, 1996, p. 265)라고 언급했다.[12] 이런 주장들은 신경가소성(neuroplasticity)의 개념, 혹은 환경이 물리적이든 사회적이든 혹은 '정신적 힘'에 반응한 것이든 환경 내 다양한 변화에 반응하여 새로운 신경연결을 형성하는 뇌의 능력을 중요 요소로 수반한다(Schwartz & Begley, 2002). 통합 관점에 부합해, 신경과학이 맞냐 혹은 심리 이론이 맞냐는 식은 아니다. 오히려 이 두 이론은 서로 대립하기보다는 보다 보완적이며, 양쪽 모두 중요한 그러나 불완전한 설명을 제공한다. 결과적으로는 심리 관점이 더 그렇다.

행동주의   행동주의 관점에서 본 불안에 대한 다음 인용문을 보라.

불안은 정신병리의 일차 학습 문제이다. 불안이 특정 자극에 습관적 반응으로서 나타나면, 행동의 다른 측면을 약화시키거나 손상시킬 수 있고 이차 증상으로 이끌 수 있다. 이런 이차 증상들(수면장애와 성적 기능부전으로부터 긴장성 두통과 위경련에 이르기까지)은 그 자체로도 괴로움, 신체적 혹은 정신질환에 대한 학습된 두려움과의 연합, 아니면 단순히 스스로를 난처하게 만드는 사회적 결과들 때문에 불안으로 이끌 수 있다. 이런 부차적인 문제들은 부가적으로 불안을 일으키고, 이후 새로운 학습이 일어날 수도 있다. 즉, 더욱더 복잡한 증상으로 이끄는 '악순환'이 만들어지는 것이다. …시간이 흘러가면서, 일차적인 호소는 더 이상 불안이 아니라 공포증이 되었으며 불안을 피하기 위해 약물남용 내담자들이 생겨났다. 물론 약물습관은 그 자체로 불안을 생산할 수 있으며, 새로운 불안을 감소시키기 위해 약물남용으로 이끌 수 있다. 그래서 악순환이 된다(Prochaska & Norcross, 2003, pp. 285~286).

가장 단순한 행동주의 용어에서 보자면, 한 개인의 불안을 감소시키는 어떤 것이든 고도로 강화된다. 회피되고 있는 것은 외적 사건(사회적 사건에 개입하는 것에 대한 회피, 어리석은 행동과 거절에 대한 불안)과 내적 사건(불안 유발 사고에서 주의를 다른 곳으로 돌리는 정신조작 혹은 정신내면의 수행들, 실제 혹은 가상의 위험에 신호를 주는 무의식적 기억들)을 모두 포함한다

---

12 또한 Damasio(1999)와 Siegel(2007)을 보라.

는 것을 유념하자. 불안을 일으키는 상황 회피의 (부정) 강화는 순간적으로 불안의 느낌을 줄이는 동시에 오히려 불안장애를 좀 더 지속하고 자리 잡게 하는데, 이러한 유형의 부정 강화는 새로운 경험을 시도하는 행위를 제한하기 때문이다. 불행하게도, 이렇게 되면 불안의 유발과 가능성을 정확히 검토하여 개인이 민감하게 예측 혹은 '예측을 수정'할 수 있게 하는 새로운 학습의 가능성을 줄어들게 한다.

높은 불안 수준들은 정확한 정보 처리 과정에 지장을 주고, 한 개인이 낮거나 중간 수준의 불안 정도에서 할 수 있는 사고 명료성에 영향을 줄 수 있다. 그리고 이 모든 건, 이전에 확립되었던 불안 유발에 대한 기대감을 더 굳건하게 하는 데 영향을 준다(Gold, 1993). Barlow (2004)는 대규모 연구를 종합하면서, 불안의 사회적 대리학습과 불안이 특정 대상에 초점을 맞추고 있다는 것은 (공황과 관련한 신체적 경험에서부터, 특정 공포증과 관련한 두려움 대상들, 사회적 불안장애와 관련해 잠재적으로 사회적 상황 중에 위협적 측면들까지) 특정 심리 취약성 발달에 연루되어 있다고 결론지었는데, 이때 특정 심리 취약성은 불안장애를 일으키기 위해 일반 생물학 및 심리 취약성과 서로 상호작용하게 된다.

유전학, 생리학, 뇌 화학, 그리고 학습 역사가 불안장애를 지닌 사람들에게 미치는 엄청난 제약에도 불구하고, 병인론 영향의 모든 것이 외적으로 관찰 가능한 것은 아니다. 예를 들어, Wolfe가 공포증 내담자를 대상으로 한 초기 연구에서 사용했던 행동주의적 관점에 따르면, "무의식적 갈등은 이것의 존재감을 거절했던 치료적 접근에 의해 밖으로 끌어내어졌다는 아이러니로 인해 심하게 충돌하게 되었다"(2003, p. 374). 더욱이 몇십 년 동안 실험실 안에서 공황을 유발하고 연구해왔던 신경생물학 연구자들은 최근에 공황은 심리적 요인 특히 통제감의 결핍에 의해 주로 중재된다는 사실을 확신하게 되었다. 이는 초기 발달적 경험에서 유래된다 (Barlow, 2004).

내부 관점(좌상 그리고 좌하 분획) : 인지와 심리역동부터 실존까지

인지 관점　Aaron Beck은 불안장애의 핵심이 취약성에 대한 감각(항상 정확하거나 적절한 근거를 기반하지 않는 감각)이라고 주장했으며, "이 감각은 자기 통제를 잃거나 안전감을 충분히 확보할 수 없게 하는 내적 혹은 외적 위험의 대상으로서 자기 자신을 지각하는 것이라고 정의된다"(Beck & Emery, 1985, p. 67). Beck은 급성 불안을 특히 모순적으로 보았는데, 이 불안이 공포 상황을 마주하지 않고 지나갈 가능성을 높이기 때문이다. 이 관점과 부합해, Beck은 전통적으로 그동안 무시되어왔던 불안의 구성요소, 인지를 강조했다. Beck은 많은 정신질환들의 특정 인지들을 피력했다. Beck은 많은 불안장애의 핵심 신념으로 코앞에 닥친 위협/위험에 대한(지각된 위협이 내적 혹은 외적이든, 개인의 개성 및 정체성 그리고 자유에 대한, 혹은 사회적 수용 및 유대감과 소속감에 대한) 상당히 지속적이며 과도한 염려 그리고 자신의 실제 대응 기술을 과도하게 평가절하하는 문제가 있다고 하였다. 더욱이 왜곡된 인지는 정보 처리에서 체계적 편향을 반영할 뿐 아니라 영구화시키게 된다(Beck & Weishaar, 2008). "이러한 편향은 인지 오류라 불리는 몇몇 특징적 형태를 가져오는데, 내담자의 인지적 체계 중 자발적 사고 수준 아래에서(자동적 사고, 중간 사고 그리고 핵심 신념들 내에서) 감지될 수 있다"(Fall, Holden, & Marquis, 2010, p. 274). 불안장애와 관련이 있는 인지적 오류들은 다음과 같다.

- 임의적 추론 : 적절하게 지지하는 증거가 부족함에도 혹은 모순된 증거가 있음에도 불구하고 결론으로 도약하는 것. 예를 들어, A 학생이 어느 시험에서 안 좋은 점수를 받고 지속적으로 자신이 대학에 적합하지 않다고 걱정하는 것이다.
- 선택적 관념 : 상황의 한 측면에만 초점을 두고, 다른 중요한 측면들은 무시하는 식으로 상황을 보는 것. 예를 들어, 사회적 모임에서 대부분의 사람들은 존에게 미소를 띠고 웃고 있다. 하지만 한 사람이 그에게 얼굴을 찡그리고 있다. 존은 파티에 있는 누구도 그를 좋아하지 않았다고 믿는다. 왜냐하면 그가 염두에 둔 것은 오로지 그 하나의 불쾌했던 교류였기 때문이다.
- 과일반화 : 하나의 개별 사건에서 일반적 규칙을 도출해, 이를 관련 없는 상황에 적용하는 것. 예를 들어, 에린의 수업 교수 중 한 분이 그가 생각하기에 불공평하게 시험점수를 줬다. 이후 에린은 교수들이란 누구든 믿을 수가 없다고 결론 내린다.
- 이분법적 사고 : 흑백 논리적 사고. 즉, 그 속에 회색이라 명명될 만한 것은 없고 희거나 검어야 한다. 예를 들어, 빌은 사회불안장애로 씨름하고 있고, 어떤 사회적 상황이든 완전 안전하거나 아니면 완전 위험한 것으로 간주하고, 불편하지만 그에게 심각한 위험을 유발할 것 같지 않은 중간 영역은 없다고 생각한다.

불안장애 병인론에 연루된 것으로 보이는 또 다른 인지적 요인은 불안 민감성이다. 즉, (자율적 각성 같은) 불안과 연합된 감각이 부정적인 신체적, 사회적, 혹은 심리적 결과로 이끌 것이라고 믿는다(Schmidt, Zvolensky, & Maner, 2006; Taylor, Jang, Stewart, & Stein, 2008). 불안 민감성이 불안과 우울증 발달에 미치는 역할에 대해 많은 연구자들이 지적하였는데, 한 연구에서는 병적으로 간주되는 몇몇 부모 행동들(적대적, 위협적, 거부적 행동들)이 아동의 불안 민감성 수준을 예측하는 것으로 보인다고 했다(Scher & Stein, 2003). 그러한 부모 행동들이 불안 발달과 관련되어 있을 뿐만 아니라, 불안 민감성 발달과도 연관되어 있다. 특히 불안 민감성은 아동기 경험과 불안을 잇는 매개 변인으로서 기능할지도 모른다.

불안장애와 관련한 다른 인지적 요인들은 걱정에 관한 잘못된 신념, 모호함에 대한 과민증, 인지적 회피, 부정적 문제 지향, 선택적 주의, 판단 편향, 그리고 통제감이 있다(Kindt & Van Den Hout, 2001; Rheingold, Herbert, & Franklin, 2003). 불안이 선택적 주의를 증폭시킨다는 사실이 있으므로, Kindt와 Van Den Hout는 선택적 주의가 불안 수준 증가에 기여할 뿐 아니라 불안장애를 가진 사람들이 선택적 주의를 안 하기 위해 고군분투한다는 사실을 연구 결과로 보고했다. 따라서 선택적 주의는 병인론적이지 않더라도 불안장애에서 지속적으로 유지되는 것으로 보인다. 위협 관련 자극에 대한 판단 편향은 사회불안장애에 연루된 것으로 보였다. 한 연구 결과를 보면, 사회불안장애를 지닌 성인들은 부정적 사회적 사건이 일어날 가능성뿐만 아니라 비불안 통제 집단보다 고통을 느끼는 비율을 더 부풀렸다(Rheingold et al., 2003).

수많은 연구자들이 통제감이 불안장애 발달에서 하는 유의미한 역할을 검증했다. 요약하면, 통제 지점이 내부에 가까울수록 불안의 걱정 강도를 더 완화시킬 수 있다. 반대로, 외부 통제 지점이 높을수록 비례적으로 경험하는 불안 수준이 높다. 이 사실은 스스로의 환경을 통제할 수 없다는 지각이 자연스레 스스로 덜 안전하고 더 불안하게 이끈다는 것으로 이해될 수 있다. 곧 제시되겠지만, 불안이 한 개인 내에서 (주관적으로) 경험되는 것이라 할지라도, 종종 학대, 방치, 무책임, 포기 등등의 사례에서처럼 사람들 간에서 일어나기도 한다. 불안 병인론의 다면적 특성과 부합해, 스스로의 통제감(좌상 분획)은 양육자의 양육 태도(우하 분획), 아동이 양육자와의 관계에서 가지는 지각(좌하 분획)에 의해 큰 영향을 받으며, 이는 우리를 애착 이론으로 안내한다.

애착 이론 애착 이론에 따르면(Bowlby, 1987, 1988; Fosha, 2000; Gold, 1993; Guodano, 1987), 불안은 위협적인 애착 관계에서 느껴진 경험이다. 이 관점에서 보면, 최적의 심리적 발달을 위해선 아동이 예측할 수 있는 양육자와의 안전한 관계(안전 기반)가 필수다. Sroufe (1990)의 연구 결과에 의하면, 양육자가 영아의 요구 혹은 아프다는 신호에 행동을 변화시키지 않으면(즉, 양육자의 행동이 반응적이지 않으면) 아이는 환경에 대한 통제 결여를 내면화하는 경향이 있다. 이때 환경에 대한 통제 결여는 일반화된 심리적 취약성의 구성요소다. 따라서 아동이 발달시키는 '애착 표상'에 영향을 주는 건 아이의 신호에 대한 양육자의 즉각적 반응과 반응이 주는 안전감이다. Fosha는 "안전감이 없다면, 모든 정신병리의 어머니인 불안에 사로잡힌다. 불안은 양육자의 유용성 부족 혹은 무책임에 대한 반응이며 정신적 충격에 직면해 홀로 있다는 고립감에 뿌리를 두고 있다."고 말했다(Fosha, 2000, p. 47).

애착 이론에 의하면, 불안전 애착 경험들은 이후 불안장애의 주요 병인론 요인이다. '안전 기반' 즉, 이용할 수 있고, 섬세하고, 공감적으로 적절히 대응하고, 반응적인 양육자가 부족했던 아이들은 불안으로 더 고통받고, 자신의 (신체적 혹은 사회적) 외적 환경 또는 (내적 혹은 외적; Bowlby, 1987, 1988; Fosha, 2000) 능력을 덜 탐색하는 경향이 있다. 중요한 것은, 심리적 고립은 스스로 경험할 수 있는 불안을 증폭시킨다는 점이다. 따라서 고립감(좌상 분획)과 종종 고립감을 동반하는 부족한 애착 경험들은 불안장애의 인과관계에 연루되는 것으로 보인다.

통합 관점에서 보았을 때 완전히 포괄적이라고 할 수는 없지만, Bowlby, Guidano부터 Gold, Fosha에 이르기까지 애착 이론가들은 내담자의 불안장애를 초기 양육자와의 애착 경험 문제까지 거슬러 올라가 추적할 수 있었다(Guidano, 1987). 여기서, 이 개념은 애착 역학이 불안장애의 유일한 원인이라는 뜻보다는 오히려 애착 역동이 불안장애를 일으키기 위한 유전 취약성(병적 취약성)과 반드시 상호작용하는 심리 취약성(스트레스)의 중심이 된다는 뜻이다.

일단 애착 또는 주변 탐색이 부정적이며 위험해지면 개인의 활동은 자신의 경험, 사고, 소망, 행동에, 그리고 타인의 행동에 존재하는 안전에 대한 위협을 식별하는 쪽에 치우치게 된다. 그런 위협의 가능성조차도 거대한 불안 자극이 될 수 있기 때문에, 과민하고 방어적인 지각 방식이 세워지고, 상실, 버림받음, 돌이킬 수 없는 분리, 혹은 자율성과 독립의 박탈에 대한 주관적인 취약성을 실제로 혹은 상징적으로 나타내는 삶의 영역들에서 통제 혹은 보호에 대한 필요를 지나치게 강조하게 된다(Gold, 1993, p. 295).

애착 이론 관점의 지지가 단지 이론에만 한정된 것은 아니다. 애착 상태, 자녀 양육 태도, 불안 관련 기질의 상호적 영향을 검증한 한 연구에서, van Brakel 등은 높은 수준의 불안전 애착과 부모 통제가 높은 수준의 불안 증상, 장애와 관련이 있었다고 보고했다(Van Brakel et al., 2006). Bosquet(2001)는 영아기부터 청소년에 이르기까지 고위험 표본군 중에서 불안 증상 과정을 알아보기 위해 발달적인 정신병리 관점을 사용한 박사논문에서 자신의 안전 기반에 대한 확신이 부족하고, 각 단계마다 가장 중요한 발달 과제와 씨름했던 아이들은 불안 증상을 발달시킬 경향이 강하다는 사실을 알아냈다. 이때 안전 기반이 결핍되었다는 위험 요인은 남성보다는 여성에게서 더 크게 나타났다. 더욱이, 처음에 불안 증상을 가지고 있었지만 안전 기반을 지각했던 아이들은 불안 증상이 없어지는 비율이 높았다. 또 다른 종단 연구를 보면, 엄마의 불안과 아이의 기질을 통제했음에도 불구하고 생후 1년 때 불안/저항 애착은 17세 때 불안장애와 상관이 있었다(Warren, Huston, Egeland, & Sroufe, 1997).

'주변 탐색'은 애착 이론에서 가장 중요한 구성요소 중 하나다. 불안장애를 갖고 있는 사람처럼, 불안전 애착된 사람들은 탐색이 외적이든(공적으로 말하기, 대화 시도와 같은 새로운 행동을 시도하기 혹은 두려운 상황에 직면하기) 내적이든(누군가가 압도되는 것 혹은 통제 불능을 두려워해 방어적으로 정서를 배제하기보다는 오히려 강한 감정에 따른 경험을 완전히 허용하는 것) 간에 주변 탐색을 덜하는 편이다. 아이러니하게도, 공포증이나 다른 불안장애를 가진 사람들은 자신의 문제를 극복하기 위해서 그들이 두려워하는 것을 탐색하고 직면하는 게 필요하다. 하지만 그들의 안전성 결핍이 이를 더욱 어렵게 만든다.

다른 심리역동 견해　일반적으로, 심리역동 접근은 공포증과 다른 불안장애들을 주로 초기 아동기 외상(때때로 성적이거나 공격적이라 하더라도)에 기인한 무의식적 갈등에 뿌리를 둔 것으로 본다. 초기 아동기 외상은 종종 양육자의 불신, 유용성 부족, 무책임성, 공감적 돌봄의 결여, 방치 혹은 포기 등이 하나의 기능으로 작용한다. 정도 차이는 있지만, 이 관점에서 볼 때 공포증 혹은 불안을 유발하는 상황은 억압된 외상들 혹은 다른 정신 내 갈등과 상징적으로 관련성이 있으며, 스스로의 두려움과 불안을 더 구체적이고, 종종 외적 상황으로 옮기는 것은 두려움과 불안을 더 관리 가능하게 한다(Wolfe, 2005).

아동기 외상과 관련해, 우리는 '실제 외상'이 대다수 심리치료자가 인정하는 것보다 점점 더 자주 발생하고 있다는 Kohut, Bowlby, Wolfe의 의견에 동조한다. 그러나 '외상'을 구성하고 있는 것은 무엇일까 생각해볼 때, (이것이 양육자 자신의 심리적 결함, 아동의 기질, 혹은 다른 문화적 · 사회적 · 가족 구조들 때문에 일어난 것이든 간에) 스스로 욕구가 충족되지 않은 것에 대한 반복된 경험들보다는 성적, 신체적 학대에 관한 극적 사건이 흔히 훨씬 더 적게 일어난다(Kohut, 1984). 그러한 아동기 외상은, 이것이 공공연한 학대 혹은 지속적인 방치든 간에 스스로의 자아와 다른 사람을 신뢰하고 이에 적절히 대응하는 반응성, 안전성에 대한 감각이 취약해지는 등 대단한 손해를 입히게 된다. 이 모든 것이 불안장애에 대한 행동주의 견해들과는 오히려 다르게 보일지라도, 두 가지 관점 모두 (비록 다른 용어를 사용하고 있다 하더라도) 불안장애가 일종의 외상 혹은 혐오 학습 경험에서 유래한다는 견해를 갖고 있다.

정신병리의 애착 이론과 심리역동 이론[13]에 필수적인 것은 불안이 행동, 사고 그리고 감정에 영향을 끼친다는 근본적인 사실이다. "고립 경험이 불안을 악화시키는 반면, 애착 대상과의 접촉이 불안이 주는 악영향에 대응한다는 점이 두 이론의 핵심이다. 정신내적으로 위험한 상황에 직면해 고립을 경험하는 건, AEDP에서 정신병리 기원을 이해하는 데 핵심이다(Fosha, 2000, p. 37)."[14] 더욱이 Sullivan, Horney에서부터 Fosha, Wachtel에 이르기까지 역동 이론가들은 성격이 근본적으로 인간의 불안 경험에 한 역할을 담당하고, 방어기제들은 불안을 잠재

---

13 애착 이론은 심리역동의 한 형태 혹은 하위 구조로 간주되는 편이다.
14 AEDP는 가속 경험 역동 심리치료(Accelerated Experiential Dynamic Psychotherapy)이다.

우기 위해 투입되었다고 한다(Fosha, 2000; Horney, 1945; Sullivan, 1953; Wachtel, 2008). 아이와 양육자 간 상호작용 결과로 아동기 때 구조화되었던 내적 작동 모형 혹은 자기와 타인의 내면화된 표상은 개인의 감정 경험 조절과 차후 타인과의 관계/애착에 영향을 줄 뿐 아니라, 모든 탐색 행동에도 깊이 영향을 미친다. 아동은 자신을 불안감으로 이끄는 사고와 행동을 방어적으로 배제할 뿐 아니라, 양육자가 용인할 수 없는 자신의 경험 측면들 또한 양육자가 참아내지 못할 가능성을 줄이기 위해 배제할 것이다. 우리는 아동의 자아 발달이 아이와의 안전 애착을 확고히 하는 양육자의 능력 그리고 이후 따르는 안전감에 얼마나 의존적인가에 관한 Fosha의 개념에 동의한다. "안전 애착에서는, 적절하고 반응적인 양육으로 두려움과 불안은 저지된다. 불안전 애착에서는, 방어기제의 적절성으로 두려움과 불안이 저지된다(Fosha, 2000. p. 41)." 비슷하게, Leslie Greenberg(2002)[15]는 예측이 어렵고 대인관계에서 통제 결여감으로 작용하는 아동기 경험 및 관계 경험을 많은 부적응 불안의 원인으로 보았다. 특히 이런 부적응적 불안에는 친밀감과 관련된 논점들, 포기에 대한 두려움, 다른 관계 불안이 포함된다. Greenberg(2002)는 공포를 "위험을 피하거나 보호하기 위한 강력한 생존 지향 신호로 본다⋯. 반면, 불안은 마음속에 감지된 위협에 즉각적인 현재의 신체적 위험보다는 오히려 상징적이고 심리적이거나 사회적 상황들에 대한 반응이다⋯. 공포와 불안은 조용히 자동적으로 일어난다."(p. 143)고 보았다.

한 개인이 불안 유발 상황을 피하기 위해 하는 어떤 행동은 (불안의 감소는 부정 강화가 된다는 단순한 이유로) 기저에 깔린 병적 측면을 지속시킬 것이라고 우리는 이미 언급했다. 따라서 불안장애는 단순히 정신내적(좌상 분획) 역동의 기능만은 아니다. 나(Marquis)는 사회불안장애(이전에는 사회공포증으로 불리었다)를 지닌 내담자를 상담했는데 그는 사회기술훈련, 다수의 역할극, 치료 시간 외의 (대인관계) 행동 숙제들로 불과 몇 주 만에 불안이 유의미하게 감소되었다. 보통 사회불안장애를 가진 사람은 두려움을 느끼는 상황을 피하며, 이를 통해 불안이 적어지기에 회피는 강화된다.

Wachtel(1982)은 자아와 타인에 대한 내면화된 표상(좌상 분획)이 악순환 속에서 실제 세계에서의 상호작용들(우하 분획)과 어떻게 서로 관련되는지 입증했다. 예를 들어, 밥이 두려움을 느끼는 상황에 직면하기로 하고 실제 여성에게 데이트 신청을 한다면, '악순환'이 밥이 예상하는 불안 ─ 본능적으로 숨이 가빠지고, 떨리고, 땀나고, 심장이 빨리 뛰는 경험(우상 분획) 그리고 인지적으로는 거절을 기대하고, 스스로를 매력적이지 않고 능력이 없고 야망이 없는 것으

---

15 Greenberg는 감정 중심, 경험 접근을 발전시켜왔는데 그렇지만 이는 개인 중심 접근이며, 많은 이들은 이를 또한 감정에 전문가가 되는 것으로 여겼다.

로 평가했던 경험(좌상 분획) — 으로 나타날 수 있으며 이는 실제로 밥이 불편하게 행동하도록 영향을 끼치고, 그래서 실제로 여성이 그를 더욱 피하고 거절하게 한다(우하 분획). 따라서 밥의 실생활 행동들과 다른 사람들과의 상호작용 — 두 가지 모두 외부에서 관찰 가능하다(우상, 우하 분획) — 은 자신에 대한 정신내적 표상을 아무도 좋아하지 않는 매력 없고, 야망 없는 실패자(좌상 분획)로 확신하게 하고, 스스로 자신이 로맨틱한 관계를 만들 능력이 없다(좌하 분획)고 확정하도록 부정적인 영향을 끼친다. 간단히 말하면, 이것은 정신내적(좌상 분획) 혹은 신경화학적(우상 분획) 문제만은 아니다. 개인의 실제 사회 기술은 물론이고 문화, 사회 그리고 대인관계로 일어나는 어떤 것이든 다양한 불안장애에 엄청난 영향을 끼친다. 밥은 또한 메타 불안(meta-anxiety)이라 불리는 이차 불안을 설명했다. 이는 일차 불안에 반응하여 불안 혹은 고통스러운 감정을 겪는 경향이다. "첫째, 그들은 불확실한 이유로 혹은 현재 자신을 찾게 된 그 상황으로 불안해진다. 둘째, 그들은 불안해진다는 것 때문에 불안해진다. …두려움에 대한 두려움은 급속도로 본래 두려움의 강도를 강화시키고 촉매 과정을 통해 불안이 공황으로 뻗어갈 수 있다"(Wolfe, 2003, pp. 376~377).[16]

흥미롭게도, 심리역동 진단 편람은 범불안장애를 달리 명시된 불안장애 중 하나가 아닌 성격장애로 개념화한다. 이는 범불안장애가 주로 만성적이고 전반적일 뿐 아니라 개인의 일차적 심리 조직 경험일 수 있기 때문이다(PDM Task Force, 2006, pp. 56~57, 96~97).

실존 견해   실존주의 철학자와 실존주의 심리치료자의 관점에서 보았을 때, 불안은 '실존에 대한 궁극적 관심'('주어진 실존'이라 불리기도 함. 죽음, 자유, 무의미, 고립)에 관한 인식과 이에 직면하는 것에서 유래한 인간 실존의 완전히 피할 수 없는 측면이다.[17] 이 관점에서 보면 '실존 불안'은 정신건강을 위해 꼭 필요하다. 왜냐하면 이런 불안은 종종 누군가가 자유롭고 책임감 있는 사람으로서 스스로의 잠재성을 깨닫지 못하고 있다는 신호이기 때문이다(Yalom, 1980). 따라서 실존 불안을 피하는 건 상대적으로 흥미롭지 못하고, 허하고, 진짜가 아닌 삶을 살도록 이끈다.

일반적으로 실존주의 치료자들은 프로이트의 불안 역동 구조(욕동 → 불안 → 방어기제)에 동의하지만, 불안의 궁극적 근원은 성적/공격적 충동의 행동화 위협보다는 '궁극적 관심'과 직면 기능(궁극적 관심의 인식 → 불안 → 방어기제)이 더 크다고 믿는다. 심리역동 개념화에 동

---

16 Barry Wolfe(2003)는 이것을 '메타 평가'라고 부르기를 선호하였다.
17 키르케고르(1954)와 Tillich(1952)는 지적하길 실존 불안이 불가피하더라도, 자기 성찰과 개인의 삶을 용기 있게 주도하는(assuming authorship) 행위로 누그러진다고 했다. 개인의 실존 불안을 인식조차 못하는 것은 두려움과 절망의 보다 강력한 형태일 것이라고 그들은 강조하였다.

의한다는 다른 의미는 사람들이 불안을 피하거나 줄이기 위해 다수의 방어기제에 의존하며, 개인의 방어 형태는 자신의 정신병리를 구성한다는 것이다. 즉, 그 방어가 보호와 안전감을 제공해준다 하더라도, 이는 궁극적으로 인간의 경험과 발달을 제한한다(Yalom, 1998). 하지만 중요한 것은, 실존 불안 그 자체는 병리적으로 간주되지 않으며, 오히려 실존 불안의 부재 혹은 회피가 병리로 간주된다(Frankl, 1985).

실존주의자에게 결정적인 것은 실존 불안과 신경증 불안을 구별하는 것이다.[18] 두 가지 형태의 불안을 공통적으로 공유하는 한 가지가 갈등이다. 그런데 신경증 불안에서는 원본능(id)이 충동적으로 하고 싶어 하는 것과 사회 또는 자신의 초자아로부터 초래될 강력한 응징 사이의 갈등을 말하는 반면, 실존 불안은 '주어진 실존'에 의해 유발된 갈등을 말한다—존재와 무존재 간의 갈등, 사회적 관습에 따라 편안하고 안전하게 살길 원하는 것과 진실되고 자기를 초월한 개인으로서의 삶을 살아가는 것 간의 갈등, 기타. 실존적 불안을 깨닫기 위해서는 첫 번째로 스스로의 신경증적 불안을 직면하고 명확히 하는 것이 필요하며, 혹은 신경증적 불안의 기원인 실존적 불안에 맞선 방어로서 신경증적 불안에 관심 있다는 사실을 깨닫는 것이 필요하다(더 자세한 내용은 치료 단원에서 언급하였다).

중요한 것은, 실존 불안이 화, 행복 혹은 슬픔처럼 여러 감정 중 하나가 아니라는 점이다. 오히려, 실존 불안은 인간의 실존적 특성이다. 다른 말로 표현하자면, 우리는 실존 불안을 단지 갖고 있는 게 아니다. 그것은 인간 상태의 단지 한 부분이 아니다. 오히려, 실존 불안은 인간으로서 우리가 누구인가에 관한 실존적인 측면이다(May, 1958, 1977). 신경증 불안과 달리, 실존 불안은 전혀 지엽적이지 않다. "(실존) 불안은 임박한 비존재 위협의 경험이다. …자아가 사라진다는 위협은 단순히 정신건강 내담자에게만 국한된 것이 아니라 불안의 신경증적이고 정상적인 특성이다"(May, 1958, p. 50, 고딕체 표시는 원문대로임, 괄호는 추가한 것임). **공포**는 객관화(개인의 인식 대상이 되게 함)될 수 있고, 그래서 개인을 압도하지 않게 할 수 있는 반면, 불안은 (실존적으로) 개인의 존재 핵심에 공격을 가한다. "불안은 실존적이며 공포는 그렇지 않다. 공포는 기타 감정들 중 하나의 감정, 기타 반응들 중 하나의 반응으로 연구될 수 있다. 하지만 불안은 존재(Dasein)에 대한 위협으로서만 이해될 수 있다. …그것은 괴로움과 두려움을 모두 주는 위협 경험이며, 참으로 누구나 겪을 수 있는 가장 고통스럽고 근본적인 위협인데, 왜냐하면 그것은 존재 자체의 상실에 대한 위협이기 때문이다"(May, 1958, pp. 51~52).[19] 이 개념은 실존주

---

18 Rollo May와 같은 실존주의자는 흔히 '실존 불안'과 같은 의미로 '정상 불안'이라는 단어를 사용하며, 우리는 이러한 사용을 다소간 불운하다고 보는데 왜냐하면 개인의 마지막 시험, 사회적 수행 등의 결과에 대한 불안(흔히 '정상' 불안으로 간주되는 것들)은 실존 불안과 온도차가 크기(far cry) 때문이다.

19 *Dasein*은 실존주의 현상학자인 Martin Heidegger가 사용한 유명한 용어이다. 이는 많은 점에서 영어로 '번

의 분석자 Ludwig Binswanger의 주장인 (이전에 Heidegger가 지적한) "불안의 근원은 존재 그 자체이다."에 의해 재포착되었다(Binswanger, 1958, p. 206).

이전에 언급했듯이, 불안의 근원은 피할 수 없는 죽음에 대한 우리의 인식과 공포에서 그리고 경험에서 의미를 찾으려는 우리의 자유와 욕구 같은 여러 궁극적 관심에서 나온다. 대다수 서구 심리학처럼 우리 문화의 대부분은 죽음의 부인(denial)에서 작동한다. 사실 우리의 존재는 언젠가는 끝날 것이고, 죽음에 대한 불안은 무의식 수준에서조차도 삶의 구석구석 스며들어있다는 것을 안다(Becker, 1973).[20] 많은 비전문가는 자유라는 개념에 부정적인 의미를 내포하지 않으나, 우리가 스스로를 책임져야 하는 것은 자유 때문이어도 흔히 그 책임을 담당하지 않기 때문에, 우리는 '악한 믿음(bad faith)'으로 살아간다. '악한 믿음'은 실존주의 철학자인 Jean-Paul Sartre(1943/1993)가 쓴 용어로 개인이 자신의 자유를 거부하고, 항상 스스로의 선택에 책임져야 한다는 사실을 기만하는 것을 일컫는 용어이다. 이러한 허위(inauthenticity)의 상태가 불안의 일차 근원이며 이 상태에서 개인은 진위(authenticity) — 개별적으로 선택된 가치와 사명에 따라 살기로 책임감 있게, 창조적으로, 그리고 용감하게 결정하는 것 — 보다는, 수동적으로 무비판적으로 사고하고 다수처럼 [대중, 군중 혹은 '무리(herd)'의 압력(tyranny)에 맞추어] 행동한다. 허위는 완전히 자유로운 인간으로 살고 있지 않다는 신호이다. "허위 실존에서 진위 실존으로 나아가기 위해서, 한 사람(a man, 원문)은 절망의 시련과 '실존 불안', 즉 실존의 한계를 가장 큰 함의인 죽음과 무(nothingness)로 직면하는 한 사람(원문)의 불안을 겪어야만 한다. 키르케고르는 이를 '죽음에 이르는 병'이라 칭했다"(Ellenberger, 1958). 실존주의자들이 무의미(meaninglessness)의 궁극적 관심에 대해 언급할 때, 이는 인간의 삶이 의미 없다는 뜻이 아니다. 오히려 우리의 삶을 의미 있게 가득 채워야 함을 주장한다. 다시 말해, 대다수의 전통적 종교적 관점이 그렇듯이 의미는 실존 속에 내재되어 있지 않다. 불안의 또 다른 일차적 출처는 고립이다. "분리 경험은 불안을 유발시킨다. 참으로 이는 모든 불안의 근원이다"(Fromm, 1956, p. 7).[21] 영적 관점에서, 힌두교의 우파니샤드(Upanishads)에서 "다름(an other)이 있는 곳에, 공포가 있다."고 하였다. 다시 말해, 만약 우리가 실존과 동떨어진 자아감만을 규명한다면, 완벽히 두려워할 만하다. 결국 거기에서 나온 것이 여러분을 상처 입히고 죽일 수 있다!

우리는 완전히 해결할 수 없기 때문에, 사람들은 그러한 궁극적 관심에 직접적으로 직면

역하지 않고' 사용하는데도, 인간 실존의 질적 양식을 지칭하고 있다(Ellenberger, 1958).

20 이 논점에 대해 더 살피려면, Yalom(2009)의 최근 저서를 참고할 것. 태양을 응시하다 : 죽음의 위협을 넘어서기(Staring at the Sun: Overcoming the Terror of Death)라는 제목에서 느낄 수 있듯이, 이 책은 죽음 불안에 대한 논점과 이것이 어떻게 다양한 다른 모습으로 나타나는지를 다루고 있다.

21 Eric Fromm은 사회심리학자, 실존-인본주의 철학가, 비평 이론의 프랑크푸르트학파 회원이었다.

하고 다루는 것보다는, 더 구체적이고 극복할 수 있는 것으로 불안을 대치하기도 한다. 키르케고르는 이를 "아무것도 아닌 두려움의 대상이 점점 더 어떤 것이 된다."고 표현했으며, Rollo May는 "불안은 공포가 되려 한다."고 했다(Yalom, 1998, pp. 193~194에서 인용). Rollo May(1958)의 말을 다르게 표현했을 때, 개인은 불안의 실존적 차원을 수용하거나 다루기를 원치 않거나 할 수 없었기 때문에, 불안의 신경증적 형태가 (최소한 부분적으로라도) 발전되었다는 것은 이해가 어렵지 않다.

Sartre(1943/1993)는 대다수의 극한 상황에서도, 사람들은 선택할 자유가 있다고 했다 — 심지어 그 선택이 사람들이 어떻게 그 상황을 볼 것인가를 제한한다 하더라도. 우리에게 제한을 가하는 상황이 많다 하더라도 우리가 천성적으로 물려받은 유전자에서부터 태어났을 때의 정치적, 사회경제적 조건에 이르기까지 이들은 하나의 선택권을 다른 것에 겹치게 선택하도록 자유로움을 강요할 수는 없다. 우리의 선택에는 책임질 결과가 있다는 사실이 우리를 괴로움과 두려움으로 다시 말하면, 불안으로 이끈다. 실존 불안과 관련하여, 한 개인이 자신의 가능성을 실행하길 거부하거나 혹은 실행에 실패할 때, 실존 죄책감(한 인간으로서 주어진 것을 실현하는 데 실패했다는 것에 대해 느끼는 죄책감)을 경험할 수 있다. 자유를 포함한 그런 요구들은 단순히 추상적 개념이 아니라는 걸 보여주기 위해, 또 다른 실존주의 치료자 Victor Frankl의 삶과 작업을 고려해보자.

Frankl은 정신과 의사이자 제2차 세계대전 당시 나치 강제수용소 포로였으며, 수용소 안에서 그의 어머니, 아버지, 형제, 그리고 아내가 죽임을 당했다. 강제수용소에 있는 동안 Frankl(1985)은 인간의 대부분의 기본 욕구는 '의미에의 의지(will-to-meaning)'로 향한다고 믿게 되었다. 결과적으로, Frankl의 의미치료(logotherapy)는 주로 개인의 의미 창출과 의미 부여와 관련 있다. "왜 살아야 하는지 이유를 아는 사람은 어떠한 어려움도 견뎌 낼 수 있다."는 니체의 격언과 아주 일치한다. 그런 끔찍한 조건 아래, Frankl은 쉽게 절망에 빠질 수 있었고 자신의 삶은 의미 없었지만, 자신은 그렇지 않다고 굳게 다짐했다. 자기 몸은 포로로 묶여 있었지만, 그럼에도 불구하고 당시 주어진 환경에 어떻게 개입할지 정하기 위해 자신의 자유를 시험하고, 동료 포로들을 도와줌으로써 자신의 삶에 의미를 부여했다.

다수의 통합 이론가들이 발달의 실존적 단계와 자아 초월 단계들을 구별하지만, 실존적 관심은 생애 주기 내내 존재한다. 이 장의 목적을 위해, 특정 종교적 문화 및 신념 그리고 개인이 참여하는 실제에 의해 결정되는 영적 불안의 고유한 특성이 있다 할지라도, 실존적 불안에 대한 이전 논의와는 완전히 다르게 우리는 불안의 영적 차원이 치료받아야 할 영역이라고 믿지 않는다. 불안의 영적 차원에 대해 자세히 캐기 전에, 통합 관점에서 모든 영성 전통들이 합법적 그리고 본질적 차원을 모두 지니고 있다는 사실을 아는 것이 중요하다.

Wilber(1997)에 의하면, **합법적 영성**(legitimate spirituality, 번역 영성이라고도 함)은 종교 기능의 보다 흔한 형태이며, 스스로의 자아감을 강화하는 것을 포함한다. 신앙 체계와 예식 절차를 통해 사람들은 분리된 자아의 내재하는 고통을 이해하고 최소화하려 도움을 받는다. 따라서 합법적 영성은 안전감, 안락함, 위안, 보호감, 감정의 강화를 조성한다(Wilber, 1997). 이는 세계와 지위에 대한 신념에 합법성을 제공해주기 때문에 합법적 영성이라 불린다. 한편, **본질적 영성**(authentic spirituality, 변형 영성이라고도 함)은 흔하지 않은 종교 요소로 구성되어 있으며 스스로의 자아감을 초월하는 것을 포함한다.

그것은 자기를 위안하고 강화하고 혹은 정당화하기보다는, 발달적 흐름(단계)에 더한 일련의 죽음과 부활을 통해 해체하고 바꾸고 변화시키고, 일상적인 제약으로부터—궁극적으로는 분리의 환상에서 벗어나—자유롭게 해준다. 본질적 영성은 합법적 영성을 탐색하고, 후자는 현재의 발달 흐름 안에서 한 개인을 단단히 자리 잡게 하는 경향이 있고, 역설적으로 고통의 실제 근원인 분리의 환상을 연장시키게 된다(Marquis, Holden, & Warren, 2001, p. 227).

통합 관점에서 보면, 합법적 영성과 본질적 영성 모두 중요하다. 하지만 이들의 목표와 과정은 서로 다르기 때문에, 둘의 차이 또한 중요하다. 본질적 영성의 주요 특성은 자기 초월 수련을 통해 발달적 변형이 가능하다는 점이다. 다수의 실존주의자에 의해 강조되고 있는 자기 초월성에 대해, 여러분들은 아마도 실존주의 속에 내재하고 있는 영성을 깨달을 수 있을 것이다. "자기 초월은 실존의 핵심이고, 실존은 존재의 특별히 인간적인 방식을 의미한다"(Frankl, 1967, p. 74). Albert Einstein이 말하길, "인간의 삶의 의미는 무엇인가? 이 질문에 대한 만족스런 답을 찾는 것은 곧 신앙심이 깊어짐을 의미한다"(Frankl, 1967, p. 93에서 인용). 그리고 결국

우리가 인간을 이해하고자 한다면 …초월성 영역을 피해서는 안 된다. …**초월성**—말 그대로 "넘어서 오르다"—은 모든 인간이 그리 심각하지 않게 아프거나 절망 혹은 불안에 의해 일시적으로 봉쇄된 매 순간에도 연루된다(May & Yalom, 1995, p. 267).

이 모든 것을 영성과 불안으로 해야만 하는가? 전부가 아니라도 거의 대부분 본질적 영성은 자기를 초월하는 활동이며, 이는 비존재의 두려움에 직면한다. 참선, 기독교의 향심 기도, 혹은 자신을 비우는 수행을 통해 자기 자신을 내려놓는 용기를 얻게 된다. 사실상 어떤 발달 단계에서 다음 단계에 이르기까지의 변화에 내포된 역동은 현 자아감과의 탈동일시, 이후의 발달적 자아감과의 동일시, 그리고 그 두 가지의 통합을 포함하고 있다(Wilber, 2000). 발달의 자

아 초월 혹은 후기 인습 이후 단계들에서 이 과정을 더 무섭게 만드는 건, 잠재적 미래 자아들의 견고함이 부족하다는 점이다. 많은 영적 가르침이 강조한 대로 개인은 모든 형태의 자기 정체성에서 벗어나야 한다는 점을 말하려는 게 아니다. 달리 말해, 본질적 영성 수련은 자아감의 죽음을 정면으로 만나는 것이다! 강렬하고, 한결같고, 자아 초월적인 영성 수련이 그의 고유한 불안을 야기할 수 있다는 건 얼마나 놀라운 일인가?[22]

합법적 영성과 관련해, 다른 특성의 불안이 종종 연루되는데, 이 중 몇몇은 상대적으로 신경증적이고 몇몇은 특성상 더 실존적이다. 예를 들어, 자신의 신앙을 의심하는 사람이 있다고 하자. 이는 수많은 불안을 야기하는데, 이 중 다수는 DSM-5의 종교 혹은 영성 문제, 즉 자신의 종교 교육 혹은 제도와 관련한 영적 가치를 의심하고, 자신의 신앙을 의심하거나 잃고, 새로운 신앙으로 개종하는 불안 자극 특성과 유사하다.

Wolfe의 통합 관점 : 핵심으로서의 경험과 의미 부여 이전 장에서 다른 불안장애뿐만 아니라 다른 범주의 정신질환들(예 : 우울증)이 공통의 유전 기반을 나누고 있다는 연구에 대해 논의했다. Barry Wolfe(2005)의 통합 접근에서는 개인 내에 나타나는 다른 불안장애들 중에서 서로를 구분 짓는 중요한 요인은 잠재적인 위협과 위험에 직면해 스스로를 보호하기 위해 노력하는 과정에서 인지, 신체, 정서 전략 중에서 발달된다고 제안하고 있다. 이런 전략들이 불안의 단기적 완충 역할을 하지만, 또한 동시에 이 전략은 스스로 그 자체가 불안의 구성요소가 된다(Wolfe, 2005). 유전학과 바이오의료 요인이 기여하는 바를 거부하지 않지만, Wolfe의 통합 접근은 그가 '자기 상처(self-wounds)'라고 칭한 문제적 자기 인지와 경험들(좌상 분획)이 불안장애의 근본적인 원천이라고 한다. 더 나아가, 불안이 각 내담자에게 주는 명시적 의미뿐 아니라 암시적 의미 또한 강조될 필요가 있다. 일반적으로, 내담자들은 명시적 의미만 알아차리는데, 이러한 의미는 일부 불안 인식에서 파생된 이차 반응에서 유래한다. 이러한 이차 반응의 기저를 이루는 것은 암시적 의미다. 이는 내담자의 '자기 상처'—스스로를 결함 있고, 가치 없고, 싫고, 능력 없는 사람 등으로 지각하는 것—에서 비롯된 자신에 대한 재앙화 위험의 공포를 포함한다. 이렇게 주관적으로 지각된 '자기 상처(좌상 분획)'는 더 유전적이고, 생리학적이고 행동주의적인 측면과 마찬가지로, 불안장애의 병인론에 관련되어 있기에 각 내담자에게 이해되고 강조될 만하다.

따라서 유전 인자와 스트레스가 많은 아동기 경험이 불안장애에 취약하게 한다 하더라도, 불안장애가 실제 발달하기 위해서는 개인 스스로가 어떻게든 자신을 일상생활 요구에 대처할

---

22 영적 불안 논점에 대한 더 깊은 논의를 위해서는 Wilber(2000), Walsh와 Vaughan(1993), Walsh(1999), Steindl-Rast(1984), Keating(1986)을 참조할 것.

수 없는 자기 개념을 의미하는—불충분하고, 상처받기 쉽고, 결함 있고, 무능력하고, 애교 없고, 열등하고, 통제할 수 없는 등—'상처입음'으로 지각해야 한다. 이런 자기 지각으로 개인은 불안과 참을 수 없는 감정 상태에 빠지며, 이러한 것들의 요구를 직시하지 못하고 부정적으로 왜곡된 자기 지각이 강화되는 대인관계 결과를 초래할 수 있기에, 개인은 이를 벗어나기 위해 행동 회피와 감정 제한부터 인지 예식(cognitive ritual)까지 다양한 대처 전략을 나열하게 된다(Wolfe, 2005). Wolfe에 따르면, 만약 의미 부여 활동이 핵심이라면,[23] 불안장애는 근본적으로 (주로 무의식적인) 예견되는, 파국적이 아니라면, 위험한 의미에 대한 질환이다. 하지만 많은 접근법들이 오로지 외현적인 부분에만 초점을 두다 보니, 불안 증상의 이차적 측면을 보지 못한다. 짐작하겠지만, Wolfe의 치료적 접근은 내담자의 주관적 경험과 거기서 어떻게 의미를 부여하였나에 더 주의를 기울인다.

외부-집단 관점(우하 분획) : 불안에서 가족과 다른 사회 체계의 역할

불안장애들은 … 여러 요소에 의해서 나타나며 그중 일부만 아이들에게 내부적이다. 주목할 증거들은 생물생태(bioecological)와 생태행동(ecobehavioral) 영향을 말한다. …아이들은 그들 가족들, 학교, 공동체에 매우 의존적이며, 드물지 않게 이러한 상황 맥락의 영향들이 그들의 불안을 촉발 혹은 유지시킨다(Whiteside & Ollendick, 2009, p. 318).

스트레스 환경이 뇌 기술에 주는 영향은 여러 연구에서 소개되었다. 이러한 연구들은 초기 스트레스 경험(외상 사건 혹은 환경)이 신경내분비 기능, 특히 시상하부-뇌하수체-부신(HPA) 축의 기저 코르티솔 수치와 부신피질자극호르몬 방출인자(CRF) 활동에 커다란 영향을 끼치는 것을 보여주었다(Barlow, 2004). 하나의 예로, 다수의 연구들에서 소아기 성적 학대와 불안장애 발생의 상관관계가 보고되었다(McCauley et al., 1997).[24]

이 장 앞부분에서 우리는 범불안 성향의 발현에 30~50%의 유전 인자가 관여함을 언급하였다. 이것이 사실이라면, 다음 사실을 유념하는 것이 그만큼 중요하다.

생물학적(유전적) 취약성에서 도출된, 불안 걱정의 기저에 있는 신경생물학적 과정은 결과적으로 초기 심리적 과정에 의해 영향을 받는 것으로 보이는데, 이 심리적 과정은 일반화된 심리 취약성

---

23 Wolfe는 이 점과 거리가 멀다. 하버드대학교 심리학자인 Robert Kegan(1982)은 우리가 인간으로서 누구인가의 본질은 의미 부여 활동에 있다고 강조하였다.
24 그런데 이러한 관계가 불안에서만 특정적으로 나타나는 것은 아니라는 것이 중요하다. 그보다는 다양한 정신병리가 아동의 성적 학대와 관련성을 보인다.

을 이끈다. 이 점에서, 제어와 예측의 초기 경험은 주로 (하지만 전적으로는 아니다) 양육자와의 교류에 근거하는데, "…이러한 초기 경험은 어떤 심리적인 틀에 관여하며, 일부는 상대적으로 고정적이며 취약한 상태로 된다. 다른 식으로 말하면, 이러한 심리적 차원의 통제감은 스트레스 경험과 불안 사이의 매개체로 여겨지며, 시간이 지날수록 이러한 통제감은 불안 표출의 다소 안정적인 중재자가 된다"(Barlow, 2007, pp. 277~278, 괄호 표시는 원문대로이고 *이탤릭체* 표시는 추가한 것임).[25]

Jang과 Shikishima(2009)는 다음 의문을 제기하였다. "과거의 연구들에서, 표현형이 같은 유전 인자가 GAD(범불안장애)나 주요우울증 같은 고유한 해당 질환에 영향을 주는 것이라면, 무엇이 GAD, 우울증 혹은 둘 다로 표현되는 데에 작용하는 것인가?"(p. 139). 그들은 대답하길 환경의 작용과 교류가 이러한 병리적인 차이를 초래한다고 하였다. 예를 들어, 우울은 '상실 사건들'(사랑하는 이의 죽음이나 직장을 잃는 것)과 가장 연관이 많은 것으로 보이며, GAD는 '위험 사건'(개인이 손상을 입을 뻔한 경우 등)과 두드러지게 연관되어 보인다.

유전-환경 상관성의 연구는 인상적인 결과들을 보여준다. 예를 들어, Stein과 동료들은

…소아기 정서적 (혹은 신체적) 학대 수준과 5-HTTLPR 유전형과의 상호작용이 통계적으로 유의하였음을 밝혀냈다. 특별히 5-HTTLPR(세로토닌 운반체 다형성)의 두 가지 축소형을 가진 사람들이 대립형질을 보이고, 학대 강도가 심했던 경우 다른 군에 비해 의미 있게 높은 불안 예민도를 나타내었다. 이러한 결과는 불안 예민도—불안(그리고 우울)장애의 중간 표현형(intermediate phenotype)—에 영향을 주는 특별한 유전 인자의 증거가 된다. 이러한 영향은 아동기 학대의 정도에 의해 조정되며, 5-HTTLPR은 스트레스의 정서 반응을 조절하는 데에 광범위하게 작용하므로 이 영향은 일관적이다(Jang & Shikishima, 2009, pp. 140~141에서 인용함).

우리는 이미 애착과 심리역동 이론 부분에서 우울장애의 생성에서 가족과 양육자의 역할을 강조한 바 있으나, 그러한 관점들은 나중에 우울장애를 발전시키는 소인이 되는 아동의 심리적 취약성에 양육자가 얼마나 지대한 영향을 주는지를 강조하는 것과는 많이 다르며, 이러한 많은 가족 체계에 대한 연구들은 외형적인 교류를 관찰하는 것으로 진행되는데, 우리의 통합

---

25 '취약한(diathetic)'은 '취약성(diathesis)'의 형용사이며, 주어진 병리적 상태를 나타내는 유전적 혹은 체질적 경향 혹은 소인(predisposition)을 말한다. 스트레스-취약성 모형은 언급하길 많은 병리가 나타나기 위해서는, 이러한 취약성의 사전작용(predisposition)은 반드시 스트레스 경험과 병행 혹은 관계되어야 한다(Kendler, Myers, & Prescott, 2002).

진단 중 우하 분획의 관점이 된다. Rapee와 Bryant(2009)에 따르자면, "어마어마한 양의 후향성 연구들이 특정한 양육 방식과 성인 불안장애와의 연관성을 지적하고 있다"(p. 204). 게다가 Rapee와 Bryant는 결론 내리길 행동 유전 연구가 이러한 견해를 지지한다고 하였다. Chopita와 Barlow(1998)는 여러 연구들을 조사하고 나서 말하길 병적인 불안을 상쇄하는 데에 도움이 되는 양육 방식에는 아동의 자율성을 격려하고, 일관적으로 지지적이며 온화함과 섬세함을 나타내고, 경직되고 고정된 방식이 아닌 (아동의 현재 경험, 필요 그리고 능력에 근거하여) 경우에 따라 아동에게 반응하는 것이 포함된다고 하였다. 반대로, 아동의 자율성을 침해하고, 과한 통제나 과보호, 부정적이거나 비판적인 태도를 보이며, 보다 과격하거나 혼란스러운 모습을 보이고, 사회 관계에 잘 연결되지 않는 것은 아동의 통제감을 낮추게 되고 결과적으로 불안과 기타 연관 질환들을 발전시키는 심리적 취약성을 높인다. 다른 관련 체계/환경 요인들로는 사회 교류의 부족, 아동기 때 역할이 뒤바뀜, 그리고 불안장애를 가진 가족/친척으로부터 받는 대리 학습이 있다(Rapee & Bryant, 2009).

불안장애를 만들어내는 요소로서의 부모의 통제는 전 세계적으로 공통되어 보인다(Ballash, Leyfer, Buckley, & Woodruff-Borden, 2006). 다시 말해, 이 요소는 상당 부분 애착 관점과 비슷하고 일관되어 보인다. 그렇지만 통제에 대한 아동의 외적 위치는 필수적으로 분리나 상실 경험 또는 심지어 매우 스트레스가 큰 경험에 의해서만 오는 것은 아니다. 불안에 대한 아동의 인지 취약성은 과도한 관여, 과보호, 통제하는 양육 양상에서 또한 생겨날 수 있다(Barlow, 2004).

또 관찰되는 가족 요인으로는 첫째 아이가 둘째 이하 아이에 비해 통제에 관한 내부 위치들이 더 높은 경향을 보인다는 점이다(Hoffman & Teyber, 1979). 여러 개의 특징적인 가족 체계 요소들이 불안장애의 발전에 관여한다고 많은 연구들이 지지하였지만, 이들 문헌을 고찰한 한 종설에서는 결론 내리길 애착 양상, 양육 통제, 아이를 돌보는 다른 요령, 그리고 가족 기능 역동(즉, 부모 간 갈등, 형제 관계 등)과 같은 가족 요소들이 불안장애와 분명한 연관을 보이긴 하지만, 이들 가족 요소들이 확실하게 불안장애에 특징적으로 연결된다고 지적한 연구는 상대적으로 적다. 그보다는 이러한 가족 요소들은 일반적인 정신병리를 발전시키는 것에 보다 직접적인 것으로 보인다(Bogels & Brechman-Toussaint, 2006).

불안과 관련된 또 다른 사회/체계 요인은 사회 지지이다. 원숭이 실험에서 동료군에게 사회적 지지가 있는 원숭이의 경우 혼자 둔 원숭이에 비해 유의미하게 불안 반응이 적었다(Mineka, 1985). 아마 상상할 수 있는 것처럼, 이런 현상은 쉽게 사람에게도 적용될 것이며, 여기서 가장 흥미로운 것은 사회적 지지를 받는 것만 아니라 주는 것까지 불안을 감소시키는 것으로 보인다는 점이다. 비슷한 선상에서, 특별히 사회 관점(우하 분획)에 흥미로운 Rachman의 연구(1979)에 따르면 다양한 '고위험' 환경에 있는 아동들에게 여건이 안 좋은 다른 사람들(같은 지역에 있는 개인들과 가족들)을 돕게 했다. 아이들은 그들이 어려운 환경 속에서도 잘 적응할 수 있도록 돕는 역할을 맡았다. Adler의 사회 관심 개념을 재현한 것처럼 보이는, 이러한 타인의 안녕에 집중하는 작업은 도움과 지지를 제공하는 아동들에게 괄목할 만한 '제련' 혹은 '단련'의 효과를 나타내었다(Barlow, 2004에서 인용).

대부분의 세부 사항이 밝혀졌지만, 사실상 불안에 관한 모든 연구자들은 생물학적 소인과 잡다한 심리학 및 환경적 역동과의 복잡한 연결을 불안장애의 원인으로 인정하고 있다 — 이러한 점은 Barlow의 삼중 취약성 모형에 잘 담겨 있다(병인론 단원에서 언급하였음).

아직 충분히 합의되지 않은 주제로, 비공유와 대비되는, 환경의 공유 측면에 대한 상대적 영향이 있다. 일부 연구들은 환경의 **비공유** 측면으로부터 유래된 상당한 영향(즉, 가족 내 4명의 아이 중 오직 하나가 위독한 질환이 있거나 혹은 국제적인 상을 받는 경우)을 제시하고 있는 반면, 다른 연구들은 환경의 **공유** 측면에 대한 상당한 영향(즉, 가족 내 4명의 아이가 모두 엄하게 훈련을 받았고, 주변의 기대가 높고, 부모의 가혹한 통제를 경험하는 경우)을 강조한다. 예를 들어, 불안장애를 가진 쌍둥이에 관한 여러 연구들을 보면 개인의 비공유 환경이 공유 환경 요소들에 비해 더 영향력이 크다고 말한다(Asbury, Dunn, Pike, & Plomin, 2003). 반면, 다른 연구들은 **공유** 환경 역동이 일부 불안장애에 상당한 작용을 한다고 강조하고 있다. 하나의 예로, 비슷한 일반적인 생물학적 취약성을 가진 아동들은 불안을 마주할 때 부모가 회피 행동을 부추길 경우 그렇지 않은 경우에 비해 불안장애가 생길 가능성이 높아지는 편이었다(Hudson & Rapee, 2008). 게다가, Boer와 동료들의 연구(2002)에서는 공유된 부정적 생애 사건이 비공유된 생애 사건보다 불안 아동에서 더 큰 영향을 주었고 이러한 부정적인 생애 경험들은 일반군과 임상적으로 불안한 대상을 가장 확실하게 구분 짓는 부분이라고 하였다.

보다 연구가 필요한 주목할 만한 전달 기전은 후성 유전(epigenetic inheritance)에 관한 것이며, 이는 심지어 유전자 자체(유전자형)가 전달된 이후에도 유전자 발현(표현형)의 전달을 포함한다. 즉, 이는 부모가 스트레스나 다른 환경적 문제들에 대한 그들의 표현적 반응(phenotypic responses)을 스트레스 상황에의 노출이 전혀 없었던 자식에게 전달할 수 있다는 것을 나타낸다(Harper, 2005). 그러나 현재 우리는 정확히 어떻게 이러한, 특히 아래에 나열된 것들과 관련된 일이 발생되는지에 대해 완벽하게 이해하기가 어렵다.

1. 긍정적 및 부정적 결과를 모두 포함하는 광범위한 영역에 걸쳐 아이의 발달에 미치는 부모의 정신병리 영향
2. 위험성 전염의 메커니즘
3. 세대 간 정신병리 위험 요소의 전달이 불연속적인 이유

4. 아이들의 발달에 있어서 어머니 및 아버지의 정신건강의 역할

5. 부모와 자녀의 관계에서의 양방향 특성. 즉, 부모가 자녀에게 영향을 미치는 것처럼 아이들도 그들의 부모에게 영향을 미친다는 것을 말한다(Poulton et al., 2009, p. 117).

　지금까지의 논의에서 불안에 대한 환경적 영향(우하 분획)의 대부분은 가족 체계에 초점을 맞춰 왔다. 그러나 많은 사회 체계들 또한 불안장애의 발달과 연관되어 있다.[26] Ingersoll과 Rak(2006)에 따르면 불안을 고조시키는 미국의 사회문화적 힘의 일부는 9 · 11 테러와 미래에 발생할 수 있는 테러 가능성, 모든 미국인에 대한 평등한 권리의 지속적인 결핍, 정치인에 대한 불신의 증가, 경기 쇠퇴, 전통적인 가치의 붕괴를 포함한다.

　현대 미국은 흔히 '소비문화'라고 불리는데 이 속에서 우리는 물질적인 것들, 취미, 여행 등을 가지고 우리 스스로를 다양한 대인관계적, 직업적, 가족적, 실존적 및 정신적인 문제에 집중할 수 없게 한다. 이렇듯 '존재하기(being)'보다는 '소유하는(having, 소비하는)' 문화는 '자유로부터의 도피' 및 자신의 선택으로 인한 책임에 대한 고통스러운 결과로부터 탈출할 수 있는 무한한 가능성을 제공한다(Fromm, 1941, 1976). 그러므로 많은 사람들은 편안함과 (환상에 불과한) 안전을 위해 그들 자신의 자유와 책임을 거래한다. 나는 일하고 있는 직장이 불만족스러움에도 불구하고 그 일을 지속하는 많은 내담자들을 상담해왔다. 그들이 그 일을 지속하는 이유는 그들이 편안하게(어렵지 않게) 느끼고 있을 뿐만 아니라 그들이 받는 거액의 연봉으로 여행을 할 수 있고 일시적일지라도 그들의 주의를 다른 곳으로 돌릴 수 있는 요리와 관련된, 전자 장비와 관련된, 자동차와 관련된 것들 및 다른 '장난감들(toys)'을 살 수 있는 기회를 얻을 수 있기 때문이다. 문제를 더 복잡하게 하는 것은 미국이 너무 부유해서 많은 사람들이 무수히 많은 방법으로 끝내 그들에게 갑자기 극심한 불안감이 나타나는 시점에 도달하도록 불안이 쌓일 때까지 그들 스스로를 산만하게 할 수 있다는 점이다. 내 내담자인 댄은 특히 이러한 점을 잘 드러낸다. 댄은 두 채의 큰 집과 몇 대의 고급 스포츠카, 요트, 그리고 무수히 많은 다른 '장난감들'을 가진 성공한 사업가였다. 댄의 가족은 나와 먼저 대화한 후 내가 그에게 매우 '적합' 할 것 같다고 생각하여 댄을 나에게 의뢰했다. 그렇지 않았다면 그는 상담을 하려고 하지 않았을 것이다. 댄은 재계에서 '성공'을 거두었고 사람이 원할 수 있는 모든 사치품들을 모두 가졌다는 사실에도 불구하고 아주 비참했다. 알고 보니 그는 실존적인 죄책감과 불안으로 괴로워

---

[26] 학자들은 이 점에서 서로 다른 입장을 취하고 있다. 예를 들어, Frances(2013)는 인간이 언제나 스트레스와 위험이 가득한 환경에 적응해왔다고 강조한다. 그는 오늘날 우리 중 많은 사람들이 스트레스를 경험하고 있음에도 불구하고 지금의 환경적인 스트레스는 우리의 진화 역사에서 대부분 겪어왔던 스트레스들 중에 덜 심각한 것이라고 주장한다.

하고 있었다. Sartre(1943/1993)에 따르면, 그는 악한 믿음 가운데 살고 있었다. 상담을 진행하면서, 지난날 그는 그가 성취한 성공에 대한 인습적인 개념이 그에게 가장 중요한 것이라고 생각했으나 그가 (비본질적으로) 살고 있는 방식에 진심으로 만족하지 못하고 있었음을 깨달았다. 그는 이제 스스로를 과거 그가 10대 후반 및 20대 초에 기억했던 이상과는 동떨어진 사기꾼 정도로 보았다. 그의 불행이 스스로 자랑스러운 삶 또는 그의 자녀가 진심으로 존경할 수 있는 삶을 살아가지 못하는 것과 상관있다는 것을 깨달은 후, 그는 자기 자신 및 그의 시간과 에너지를 예술과 봉사 활동 쪽으로 재설정하기 시작했고 그의 실존 불안과 고통은 급격히 감소했다.

거대 체계가 불안장애 병인론에 끼친 영향에 대한 언급들은 '타당할' 뿐만 아니라 이를 뒷받침하는 실증적인 증거도 있다. 예를 들어, 한 연구는 업무와 참가자들의 개인적이고 가족적인 일상 사이의 불균형 정도와 업무 스트레스에 대한 참가자들의 인식을 가지고 기분과 불안장애 사이의 연관성을 조사했다. 다변량 분석(multivariate analysis)은 업무와 참가자들의 개인/가족 일상 그리고 업무 스트레스 사이의 불균형들이 독립적으로 불안 및 기분장애 모두와 관련되어 있다는 것을 밝혀냈다. 실제로, 가장 스트레스가 심한 업무 상황과 가장 불균형적인 업무-개인/가정 환경에 놓인 사람들은 가장 적은 스트레스 상황 및 가장 덜 불균형적인 환경에 놓인 사람들과 비교했을 때 지난달에 불안장애 발생 가능성이 4에서 5배 정도 높았다(Wang, 2006).

또한 사회적 관점에서의 적절성은 가장 적절한 치료(일반적으로 비용 효율이 높은 것을 의미한다)에 관하여 관리 의료를 행하는 강력한 영향을 의미한다.[27] 즉, 오늘날의 시장의 힘과 관리 의료 산업의 영향력 있는 기업들은 정신약물치료 요법을 추구하여 효과가 지속되거나 자기 자신에 대한 깊은 이해 및 자신의 인생에서 무엇이 가장 의미 있는 것인지를 깨닫는 것을 기대하기 어렵다(항불안제는 서구사회에서 가장 흔하게 처방되는 약물 중 하나이다; Ingersoll & Rak, 2006).

불안장애를 지닌 사람들은 매우 경쟁적이고 급변하며 끊임없이 불만족스러운 (항상 더 진보하고 성장하고 발전하기를 필요로 하는) 사회 체계의 요구에 그들 스스로를 부족하고 취약하다고 자주 평가하기 때문에 그들은 종종 편안함과 안정을 위해 그들의 깊은 자아에서 중요하고 의미 있다고 생각하는 것과 열정적인 업무의 삶을 결국 맞바꾸게 된다. 따라서 이런 사람들은 종종 수치심, 죄책감, 자기 비난, 자기 소외가 증가하는 반면 그들의 자기 효능감, 진정성, 활력을 약화시키는 제한적으로 회피적인 삶을 이끌며 살게 된다. 이러한 모든 것들은 느낌 없는 사회(lack of felt-community)의 악순환을 보이고, 심리적 고립이 수반된다.

---

27 이 때문에 관리 의료는 종종 '관리비 의료' 또는 '꽝 의료'로 언급된다.

불안장애의 발달학적 역동

스트레스 유발과 공포 회로 장애들 : DSM-5에서의 심화 연구 주제(Stress-Induced and Fear Circuitry Disorders: Advancing the Research Agenda for DSM-5) 저자들에 따르면, 발달 연구 체계는 DSM-IV에 대한 실질적인 개선으로 DSM-5를 만드는 작업에 필수적이었음에도 불구하고, 현재 불안장애에 대한 병인론적 이해가 기껏해야 초보적인 수준이라고 그들 대부분이 주장했기 때문에 그들은 이러한 체계가 성공적으로 향상될지 (회의적으로) 의심했다(Poulton et al., 2009). 어린이, 청소년, 어른이 항상 또는 필수적으로 발달의 순서대로 구성되는 것은 아님에도 불구하고(왜냐하면 자아, 인지, 도덕 발달 테스트 등을 근거로 했을 때 많은 10대들이 일부 어른들보다 더 발달했기 때문이다) 이 시점에서 DSM-5가 말하고자 하는 것은 특히 나중에 논의되는 관점들과 비교했을 때 가치 없는 것이 아니다.

DSM-5에 따르면, GAD를 지닌 아이들과 청소년들은 종종 그들의 능력과 그들이 얼마나 잘 수행할지에 대하여 걱정한다. 이것은 그들의 학점과 경기 등에서뿐만 아니라 외부적인 평가의 부재에서도 발생한다. 그들은 또한 자주 중요성의 범위에 있는 것들에 대하여 지나치게 걱정한다. 그 범위는 시간 엄수와 같은 '작은' 문제에서부터 규칙을 따르고, 승인을 얻고, '완벽'하게 되어야 하는 필요성까지 또는 전쟁, 토네이도, 허리케인과 같은 재앙까지 포함한다. 이와는 대조적으로 GAD를 지닌 성인들은 다수의 것들을 걱정한다 — 사소한 일상의 사건들부터 사회생활, 아이들, 건강, 거주하고 있는 장소 및 세계와 관련된 일뿐만 아니라 진정성, 목적, 의미, 책임, 죽음, 소외, 자유 및 그러한 영역에서 반드시 해야만 되는 많은 선택들에 대한 실존적인 걱정에 이르기까지. 다른 연구는 두려움과 불안이 생애에 걸쳐 다르게 표현된다는 일반적인 개념을 어느 정도 입증하고 있다. 예를 들어, 한 연구는 분리 불안이 6세에서 9세까지의 나이에서 가장 흔하다는 것과 죽음 및 신체적 위험에 대한 공포가 10세에서 13세까지의 나이에 가장 흔하다는 것, 그리고 실패와 비난에 대한 공포와 다른 사회적 불안들은 14세에서 17세 때 가장 우세하다는 것을 발견했다(Weems & Costa, 2005).

심리역동 진단 편람(PDM)에는 영아와 유아 초기의 발달장애들을 분류하는 영역이 있다. 여기에는, 불안장애들과 발달적 불안장애들이 모두 교류장애들로 분류된다. "영유아–양육자의 교류 패턴이 병의 주된 역할을 담당하는 경우를 말한다"(PDM 개발팀, 2006, p. 320). 이러한 질환들에 관하여 중요하게, PDM은 (1) 기능적, 정서적, 그리고 발달적 역량, (2) 감각 조절 과정의 역량, (3) 양육자와 가정의 패턴, (4) 이러한 질환들을 일으키는 의학적 그리고 신경학적 진단이 어떻게 관여하는지를 고려해야 할 필요성을 강조하였다. PDM은 특별히 유아에서, 불안의 일차적 원인이나 의미가 명확하지 않다는 점을 강조하였다. 불안장애(코드 IEC101)가 나타나는 양상에 대해 논하는 부분에서, PDM은 언급하길 아직 언어소통을 할 수 없는 아주 어린 유아에게 불안은 종종 일반화된 특성이라는 점이다 — 양육자로부터 일어날 수 있는 분리가 실제 없는 경우에서도 심한 공포, 초조함, 칭얼거림, 걱정, 공황 반응, 그리고 회피가 끊임없이 입증된다. 고작 3, 4개월인 영아에게서 위험이 없는 상황에서도 과민하고 과도하게 반응하며 자주 깜짝 놀라는 경우가 나타난다. 이와 대조적으로, 자신의 공포와 불안을 말로 표현할 수 있는 나이 든 유아는 투쟁-도피 혹은 얼어붙음 반응을 보일 수 있고 안심시키는 것에 누그러지지 않을 수 있다(PDM, 2006).

발달적 불안장애(코드 IEC102)를 논할 때, PDM은 발달 과정들 자체가 결과적으로 불안을 양산할 수 있다는 점을 먼저 언급하는데, 특히 유아가 발달적 과도기에서 나타나는 자연스러운 변화를 감당하기 어려워하는 경우에서 그러하다. 보다 심각한 사례에서, 불안은 강렬하게 나타날 수 있는데, 불안정한 애착 방식을 가진 유아의 경우, 그들의 양육자가 분리될 때 겁에 질릴 수 있고, 결과적으로 어떤 새로운 것도 탐색하기를 피하고, 어떤 활동을 하거나 다른 유아들과 교류하는 것도 거부할 수 있다(PDM, 2006).

성격 혹은 성격 형태(예 : 의존성, 연극성, 강박성, 혹은 이 사례에서는 불안성)는 발달 단계나 병리적 강도(신경증, 경계성, 혹은 정신증)의 어디에든 놓인다는 심리역동적 개념과 일관되게, PDM은 서로 다른 수준의 성격 조직에서 나타나는 불안에 대하여 논하고 사례를 든다(McWilliams, 1994). **신경증** : "내 마음은 온통 공포스런 생각들과 이미지들로 가득해요. 내 몸은 온통 예민해 있어요. 나는 잠시라도 앉아 있을 수가 없어요. …직장에서 난 아무것도 못하겠어요. 난 그저 한 발짝도 나아가지 못하겠다고 느껴요." **경계성** : "나에 대한 감각은 텅 비어 있어서, 마치 나에게는 자기란 게 없는 것 같고, 나는 내 자신에게서 떨어져나간 것 같고…. 이러한 캐릭터들이 다 나뉘어서, 나의 한 부분이 아니고, 그것들이 싸움을 시작해요. 나는 그것들을 중단하거나 통합할 수가 없어요." **정신증** : "그들은 열쇠구멍으로 독가스를 넣어왔어요. 그래서 저를 파괴하고 내 생각들을 지워버렸지요"(PDM 개발팀, 2006, pp. 98~99). 신경증 인용문에서, 이는 이 장에서 지금까지 거론한 **신경증 불안**의 형태임이 분명하다. 경계성 인용문에서, **파편화 불안**이 등장한다. 자기 붕괴에 대한 공포가, 작은 분량으로는, 정상적이고 감당할 만하다. 만성적이고 강하면, 견디기가 어렵게 되는데 이것이 경계성 성격 조직의 핵심 양상이다. 정신증 인용문에서, **사멸 불안**이 나타난다. 전체적으로 압도당하고, 침범당하고, 또는 파괴당하는 공포이다.

다른 발달 관점 — Jane Loevinger의 자아 발달 연구에서 나타난 관점 — 을 작업하면서 Susanne Cook-Greuter는 그가 만든 자아 발달 테스트와 통합적 문장완성검사(SCTi) 결과치가 서로 다른 대상에서 가장 많이 관찰되는 특징적인 불안들을 서술하였다. 인습적/순응적 발달 단계에서, 주요 불안은 "내가 아니게 되는" 것 주위를 맴돈다. "그들이 '타인에 의해 인정되는

나'로서 그들 자신에 대한 감각을 잃으면 그들은 그들의 자기감을 잃게 되는 것이다"(Cook-Greuter, 2010). 순응적 자기를 넘어서서 성장한 경우, 불안은 종종 자기의 고유한 관점과 결심을 유지할 정도로 강하지 못할 것이라는 예전 순응적 자기의 단계로 전락할 것이라는 생각이 주변을 맴돈다. 이러한 불안들과 취약성들은 종종 앞에서는 매우 강한 면모를 보인다. 인습적 이후의 ('양심적') 개인에게서, 불안은 자기 안의 서로 다른 측면(예 : 이성과 감정)을 통합하는 것과 관련된 도전을 반복한다. 이 시기의 사람들은 종종 여러 자기 양상들에 의해 혼란을 겪는다. 사람들이 점차로 자율적이 되면서, 불안은 자신의 가능성을 충족하지 못하는 것이나 개인이 독립적으로 선택한 결심과 일치하여 행동하지 못하는 것을 반복한다. 사람이 보다 복잡하게 발달되어 가면서, 자신의 경험을 이해할 수 있는 사람은 소수에 불과하다. 그러므로 이 시기 사람들의 불안들은 종종 이해가 안 된다는 느낌과 관련된다.

　PDM과 같은 다른 출처들과는 대조적으로, 지금의 DSM에서는 발달 관련 자료에 대한 고려가 거의 없다는 점이 놀라울 따름이며, 다양한 불안장애들을 포함하여 대부분의 성인 정신질환들이 이른 유아기에 병의 근원을 갖는다는 점을 고려할 때 더욱 그러하다(Kim-Cohen et al., 2003; Pine, Cohen, Gurley, Brook, & Ma, 1998; Poulton et al., 2009; Whiteside & Ollendick, 2009). 이 점에 관한 충분한 의견일치로, Widiger와 Clark(2001)은 강조하길 "DSM-IV에서 제시되는 생애 정보의 양은 우리가 알아야 할 사실로 보자면 빙산의 일각에 불과하다."(p. 956)라고 강조하였다.[28] 전체적으로, DSM에서는 발달 정보의 부족만 있는 게 아니다. Poulton과 동료들(2009)은 불안장애의 원인에 대한 발달학적 문헌들을 고찰한 후 보고하길 "청소년과 성인기를 관통하는 원인의 안정도(stability)를 명확히 검사하는 연구가 없다."(p. 113)고 하였다.

　이상적으로, 불안에 대한 발달학적 관점은 또한 **축적되는** 위험을 평가하는데, 전체 위험 요인의 무게와 이러한 위험 인자들에 노출된 기간이 모두 포함된다. 예를 들어, Koenen과 동료들은 알아내길 '더니든' 연구 참여자들 중에서 어린 시절 위험 인자가 적어도 3개 이상인 사람의 경우, 58%는 외상을 겪은 후 외상후스트레스장애(PTSD; DSM-5 이전에는 불안장애로 분류되었다)가 나타난 반면 어린 시절 위험 인자가 없었던 사람에서는 외상을 겪어도 오직 25%에서만 PTSD가 나타났다(Poulton et al., 2009, p. 115에서 인용). 또한 적당한 발달학적 기틀은 대두되는 새로운 지식을 충분히 유연하게 통합한다. "만약 진단이 곧(is) 예후(prognosis)라고 한다면, 그동안은 불안장애의 발달 측면에 거의 신경을 쓰지 않았으며, 이들 질환 각각 혹은 서로에, 생물학적 요소와 환경적 요소가 병의 과정에 어떻게 영향을 주고받는지도 거의 고

---

28 더욱이 이러한 점이 DSM-5에서도 비슷하다는 것을 우리는 말하고 싶다.

려하지 않았다고 해야 할 것이다. 최근의 DSM[DSM-IV]은 이질적인 횡단면(cross-sectional heterogeneity)을 인식하는 다축진단체계를 제공한다. DSM-5에도 그에 상응한 발달학적 요소가 요구된다"(Poulton et al., 2009, p. 118, [ ] 내용은 추가한 것임).

많은 DSM 진단 기준 간에 상당 부분의 이질적인 특성을 인식하는 것이 중요한데, 왜냐하면 이것이 범주 진단 체계의 중요한 문제점을 나타내기 때문이다. 그렇지만 발달학적 관점은 "질환들 사이에는 이질적인 아형들이 존재함을 명백하게 단정하고 있으며 이들은 확실히 구별되는 궤도로 진행하여, 발병의 나이(이른 대 늦은)와 시간에 따른 결과적인 증상 과정(일시적 대 영구적)에 반영된다"[Poulton et al., 2009, p. 116, 괄호와 강조(고딕체) 표시는 원문대로임].

성인 정신질환이 청소년 질환의 유도물(derivative)인 경우가 어느 정도인지를 연구한 Kim-Cohen과 동료들의 연구 결과를 요약하면서, Poulton 등(2009)은 "불안장애를 가진 성인은 소아 혹은 청소년기에 불안장애를 또한 갖고 있다. 그런데 불안장애를 가진 성인은 주의력결핍 과잉행동장애(ADHD)와 품행장애(CD) 혹은 적대적 반항장애(ODD)와 같은 사춘기 외현화 계열 질환(juvenile externalizing-spectrum diagnoses)을 가질 위험성도 높다."(p. 108)고 적었다. 정신질환의 원인론과 연속성에 관련한 비특이적(nonspecific) 차원들을 부각시킬 또 다른 예들이 아직 있다.

근본적으로 오해가 되는 문제는 너무나 많은 연구들이 여러 변수들(예 : 사춘기 불안장애의 존재와 성인에서 불안장애를 가지게 될 가능성) 사이의 다양한 통계적 상관관계를 찾는다는 점이며 어떤 연구자들은 매우 다양한 가능성의 상관관계를 보기 때문에, 그들은 종종, 때로는 우연히 (1) 왜 이들 연구의 결과들이 종종 똑같이 재현되지 않는지 (2) 왜 다른 연구들은 종종 완전히 반대되는 결과들을 보이는지에 대한 이유를 발견하게 된다. 이러한 특별한 경우(Kim-Cohen 등의 연구), 만약 우리가 소아기, 청소년기 그리고 성인기에 이르는 불안장애 연속성에 대한 결론의 타당도를 수용하게 된다면 우리는 각각의 불안장애들이 다른 질환과의 동반이 매우 높기 때문에 반드시 개별적인 개체이지만은 않다는 점 또한 받아들여야만 한다. 이와 함께, 다른 연구들에 의하면 공황장애, 범불안장애, 그리고 공포증은 뚜렷한 생물학적(예 : 신경화학 혹은 신경내분비) 표지를 갖는 것으로 보인다.

병인론 : 요약과 결론

우리가 봐온 것처럼, 불안과 불안장애의 병인론에 대한 다양한 서로 다른 개념들이 있다. 통합 관점은 이들 각각의 관점들이 전체 그림의 활력 있는 구성요소를 담고 있지만 각각만으로는 이 질환의 출처와 원인을 설명하는 데에 불완전하다는 점을 알고 있다. 그러므로 우리는 Poulton과 동료(2009)가 말한 대로 미래의 연구는 하나 혹은, 기껏해야 몇 가지의 위험 인자들을 측정하는 전통적인 위험 인자 접근에 더 이상 치중하지 않아야 하며 그 대신 접근을 옮겨서 가능한 많은 사분획 및 발달학 관점으로서의 누적 위험 인자를 평가하는 것을 목표 삼아야 할 것이다(사분획 관점에서의 불안장애 원인 정리로 그림 4.1을 보라).

좌상(UL) 분획 : 내부-개인	우상(UR) 분획 : 외부-개인
• 자기를 취약하고, 연약하고, 무능하고, 사랑스럽지 않다는 등으로 보는 것 • 세상과 타인을 매우 위험하고, 파괴적이고, 믿지 못할 대상으로 보는 것 • 앞으로의 요청에 부응할 개인의 역량을 고려할 때 갖는 공포, 우려, 기타 괴로운 염려들 • 과도한 불안 감수성 • 미래에 대한 불확실성과 자신의 고유한 (심지어 부정확한 것일 수 있는) 취약성에 대한 느낌, 불충분감, 그리고/혹은 다양한 수준의 우려와 예민을 낳는 열등감 • 많은 불안한 사람들이 삶을 고통과 기타 위험을 피해 다니는 끊임없는 투쟁인 것처럼 경험함 • 진정한 인간으로서 살아가기 위한 개인의 가능성에 대한 책임을 고려하지 않음 • 존재의 '궁극적 염려들'을 직면함	• 생물학적 그리고 유전적 취약 인자(Barlow의 범생물학적 취약성) • 물리적 긴장과 교감신경체계 활동의 증가 • 공포 상황의 회피 • 삶의 요구를 마주하고 자기 통제를 개발하는 광범위한 노력이 일상이 됨 • 시상하부-뇌하수체-부신(HPA) 축의 신경흐름과 부신피질자극호르몬 방출인자(CRF) 활동 • 뇌 공포 체계의 대뇌피질 조절력 상실 • 직접 그리고 대리 조건화 • 준비성 이론(preparedness theory)
좌하(LL) 분획 : 내부-집단	우하(LR) 분획 : 외부-집단
• 불안정(insecure) 애착 과거력 • 심리적 고독이 개인이 경험할 수 있는 어떤 불안이든 증폭시킴. "정신적으로 위험한 것을 직면할 때 고독의 경험이야말로 가속체험-역동심리치료(AEDP)에서 정신병인론적 이해의 핵심이다"(Fosha, 2000, p. 37). • 안전 기반(secure base) 역할을 하여 생활에서 피할 수 없는 불안들을 완화시켜주는 친밀한 교류가 결여됨 • 타인들을 소용이 없고, 믿을 수 없고, 눈높이가 안 맞는 표상으로 내면화함 • 부적응적 의미 부여 체계(예 : "자위행위를 하면 지옥에 갈 것이다.", 일부 종교적인 교육 방식들 혹은 집에서나 학교에서 보이는 경직되고 무자비하고 관용 없는 행령/강령들)	• 매우 통제적이거나, 과보호를 하거나, 거칠게 참견하고, 눈높이가 맞지 않고, 적절한 반응이 없으며, 틀에 박혀 있는 부모의 양육 방식 • 아동 학대 그리고 다른 충격들(traumas) • 불안정 애착 방식을 보이는 부모 그리고 무질서한 삶의 이야기들은 아동을 불안정 애착 방식으로 끌어갈 가능성이 높음 • 아동기에 사회 교류가 결여되어 있으나 역할이 뒤바뀜 • 불안장애를 가진 친척에게서 간접적으로 배움 • 맞벌이 부부와 같은 체계적인 구조가 스트레스를 가중시켜서 안전 애착을 길러낼 시간이 없음 • 빨리 지나가는, 긴 근무일/주(우리는 다른 나라에 비해 일을 더 많이 한다). 하지만 적게 휴식하고 휴가도 짧음 • 사회가 지나치게 경쟁적임. 대부분은 고립/소외되며 그래서 친밀감, 소속감, 사회적 지지를 잃음

그림 4.1 불안장애의 원인론에 대한 사분획 요약

치료

서론 그리고 경험으로 인정된 치료들에 대한 주의점

불안장애의 치료는 실로 방대하여, 약물학적 그리고 행동주의로부터 심리역동, 인지, 실존 등이 있다. 불안장애의 치료에 대한 수십 차례의 메타 분석 검토가 있었다. 이들 연구들이 불안장애 질환들을 서로 달리 나열하고 있음에도 불구하고, 일반적인 결론으로 심리치료가 비치료군, 대조군, 대기자 비교군과 비교하여 효과적임이 나타났다. 이 또한 일반화이긴 하지만, 심리치료 요법은 또한 약물치료 요법에 비해 치료 중단이 보다 적고 더 큰 효과 면적을 보이는편이다(Lambert & Ogles, 2004). 그러나 조금 더 들여다보면, 1990년대에 출간된 메타 분석 연구 평가에 대한 상세한 조사의 결과는 강조하길 주요우울장애(MDD), 범불안장애(GAD), 공황장애와 같은 일반 질환들에 대한 '경험적으로 인정되는 치료들'을 받은 내담자들의 평균치는 결과적으로 (치료의 마지막에) 평균 대조군 내담자들의 평균치에 비해 결과적으로 더 나아지긴 했지만, 전체 내담자 중 고작 반수 정도에서만 호전을 보인 것이고 연구 대상에 대한 수많은 포함 및 배제 기준들이 간과되어 있다(Western & Morrison, 2001). 그러므로 이러한 연구 결과의 일반화 가능성뿐만 아니라, 가용된 자료에서 결과적으로 나아졌다고 하여도 상당수가 1~2년 추적에서 호전이 유지되지 못한 점이 대두되는데 특히 MDD와 GAD와 같이 일반적인 정동(generalized affect)으로 진단이 이루어지는 질환들에서 그러하였다(Western & Morrison, 2001). 이러한 이유로, Western과 Morrison은 보다 미묘하고 검증된 방식으로 "경험으로 인정되는" 그리고 "증거 기반"과 같은 용어를 사용하고 기간, 대상군 선정, 결과 편차를 초래할 수있는 결과 보고 방식에 대한 한계점을 명확히 하기를 원하였다.

앞 문단에서 중요한 부분은 GAD와 같은 보다 만성적인 질환의 치료와 대비하여 하나의 상태(공황 혹은 불안의 일시적인 상태)를 치료하는 것을 구별하였던 점이다. 예를 들어, 응급실 방문은 일반적으로 공황 발작(상태)이 일어났을 때 효과적인 구제법이 된다. 하지만 이는 예상치 않은 공황 발작이 반복해서 나타나는 것에 불안한(GAD 혹은 공황장애) 경향을 치료하는 것과는 거리가 멀다. Western과 Morrison(2001)이 실시한 세련된 연구에서 분명하게 하였듯이, 일시적인 상태(우울 혹은 공황)를 치료하는 데 효과적인 치료 방법이 보다 만성적인 질환(재발성 우울장애와 범불안장애)을 치료하는 데에도 똑같이 효과적인지는, 혹 어느 정도인지는 현재 알 수가 없다. 장기 추적 자료를 포함한 연구들이 이 질문의 해답을 위해 필요하며, 이러한 요청이 '경험으로 인정된 치료(EST)' 문헌들에는 흔히 제기되지만, 이러한 점에 부응하는 실제 자료는 설령 있다고 해도 찾기가 힘들다(Western & Morrison, 2001).

Western과 Morrison(2001)이 살펴본 공황장애가 포함된 17개의 연구들과 GAD가 포함된 5

개의 연구들에서 배제율은 각각 64%와 65%였다. 이것이 의미하는 것은, 변수들을 독립하고 동질 그룹—실험 연구 설계의 목표인, 원인과 효과의 관계를 규명하는 데에 필수적인 요소임—을 생성하려는 노력에서 Western과 Morrison이 살펴본 연구들의 연구자들은 연구 참여자 중에서 그들에게 자살 시도력이 있거나, 과거 심리치료를 받았거나, 다른 질환이 있는, 예를 들어 주요우울장애, 물질남용 혹은 신체장애들이 동반되는 경우는 배제시켰다. 이들 연구에서 보이는 배제 기준의 일부에는 우울증과 물질남용/사용장애가 포함되는데, 우리가 이미 보았듯이 이들은 공황장애와 GAD에서 매우 흔하게 나타나며, 그렇기 때문에 이러한 EST 연구의 일반화에는 심각한 의구심이 제기된다. 요컨대, 여러 잡다한 불안장애들에 대한 해결책을 찾는 보통의 사람들에게 여러 치료들이 얼마나 효과적인지 말하는 주장에 대해서 아직은 조심스러워할 필요가 있다. EST 연구들의 제한점에 대해서 좀 더 알기 위해서는 Andrews(2000), Marquis와 Douthit(2006), Slife 등(2005), Wampold(1997), Western과 Morrison(2001), 그리고 Western, Novotny, Thompson-Brenner(2004)를 참조하기 바란다.

평가

주의 깊은, 철저한, 그리고 지속적인 (단순히 진단 기준만 아니라, 한 사람에 대한) 평가는 매우 결정적인데 왜냐하면 내담자가 관여되는 많은 특정 대상/상황은 단지 빙산의 일각만 보이며 개인이 거의 인식하지 못하는 더욱 주요한 두려움들/불안들이 상징적으로 있을 수 있기 때문이다. 또한 중요한 것은 각 내담자들이 깊은 탐색을 견딜 수 있는 역량과 불안의 경험과 그것이 어떻게 표출되고 개인에게 어떤 의미가 되는지를 이해하는 것이다. 불안과 우울은 종종 같은 사람에게 동시에 (같은 시간에 혹은 서로 다른 시간에) 나타날 뿐 아니라 이 주제에 대한 연구들을 살펴보면 불안장애를 갖는 것은 아마도 우울증을 발전시킬 가장 강력한 단일 위험 인자일 것이다(Hranov, 2007).

　일부 연구자들, 이론가들, 그리고 치료자들은 불안과 우울을 구분되는 질환으로 생각하지만, 최근의 더 일반적인 관점은 이 질환들이 DSM 범주 분류 체계에서 의미하는 것보다(그리고 DSM-5 자체에서 보여주는 것보다) 더 서로 밀접하게 관련되어 있을 뿐 아니라, 이 질환들이 공통된 신경생물학적 토대를 가진 중첩된 증후군으로 보이며 중첩된 정도에 따라 이들이 증상, 증후군 혹은 진단 단계로 묘사되는지 여부를 결정한다(Barlow, 2004; Hranov, 2007). 결과적으로, 불안의 증상 상당 부분이 우울증의 경우와 중첩되므로, 일부 불안장애 내담자들이 (혹은 불안이 주된 임상 양상인 경우) 우울증으로 잘못 진단되는 경우가 드물지 않다(Hranov, 2007; Ingersoll & Rak, 2006). 이와 동시에, Beck과 Emery(1985)에 따르자면, GAD 대상들은 (주요우울장애와 비교하여) 자신에게 보다 긍정적인 관점을 가지고, 미래에 보다 낙관적이며,

과거에 보다 긍정적인 기억을 갖는 편이라고 하였다. 불안한 대상은 그들의 문제를 세상의, 구조적인 결핍(global, structuralized deficits)에 기인한 것으로 돌리는 반면, 우울한 대상은 특징적인 결핍과 실패와 관련하여 자기 자신을 비판하는 경향이 더 높다. 이에 대한 예외는 모든 사회(평가) 불안에서 부족하거나 열등한 것으로 간주되는 공포를 갖는 것이다(Beck & Emery, 1985). 또한 GAD와 공황장애의 증상들이 주체가 되는 다른 의학적 상태(갑상선기능 항진/저하증, 저혈당, 갈색세포종, 고코르티솔혈증, 만성 폐쇄성 폐질환, 폐혈전, 아스피린 쇼크, 전정기능장애)에 의해 생겨날 수 있기 때문에, 주의 깊은 의학 평가가 통합 평가에 결정적인 요건이다(DSM의 다른 의학적 상태로 인한 불안장애 범주에서 언급되지는 않았음). 마지막으로, 알코올 금단 혹은 다른 중추신경계(CNS) 억제제에서와 같이 카페인, 코카인, 암페타민, 그리고 기타 물질들이 불안 증상들을 유발 혹은 작동시킬 수 있음을 기억하는 것이 중요하다(DSM-5의 물질/약물치료로 유발된 불안장애를 참조할 것).

일반적 (통합) 치료 목표

개개인은 모두 고유하므로, 불안장애 치료를 원하는 사람에게는 너무나 많은 목표가 있다. 우리는 다양성, 개개인의 선택, 그리고 건강한 수준의 편차를 고려하고 존중하였다. 그럼에도 불구하고, 불안장애의 통합 치료에는(Wolfe, 2005) 아래와 같은 요소들이 포함되어야 한다는 일반적인 합의가 있어 보인다.

- 불안 증상을 낮춘다.
- 내담자가 불안과 기타 고통스런 감정들에 내한 내성을 높이도록 돕는다.
- 내담자의 자기 효능감과 통제력을 높인다.
- 내담자가 고통스런 감정을 방어적으로 배제하지 않게 해준다.
- 내담자의 해로운 자기 표상들을 재구성한다.
- 내담자가 어떻게 상처받은 자신의 고통을 방어하는지를 더 잘 인식하고, 조정할 수 있게 한다.
- 내담자가 자신의 인간관계에 보다 깊이 진정으로 관여하는 법을 배우도록 하여 더욱 친밀해지고, 이로써 안전 기반의 심리적 안정을 누리게 한다.[29]

---

29 Barry Wolfe(2005)는 불안의 치료에 대한 매우 통합적인 접근을 개발하였다. 여기 나열된 것은 그의 역작 *Understanding and Treating Anxiety Disorders: An Integrated Approach to Healing the Wounded Self*의 191쪽에서 인용하였다. Wolfe의 불안장애 이해와 치료 접근에 대한 보다 단축된 개괄을 위해선, Wolfe(2003)를 참조할 것.

또 다른 불안장애 통합 접근은 Jerold Gold(1993)의 것이다. 그에 따르면, 불안한 내담자의 치료 목표는 다음을 포함한다.

- 광범위한 평가
- 증상 완화, 인지 그리고 행동 재구성, 심리역동 그리고 대인관계 탐색
- 내담자의 초기 애착 경험의 이해와 재구성, 더 구체적으로는 병적인 표상을 조정함, 이로운 자기 및 대상 표상을 내재화함, 그리고 내담자의 본질적이며 적합한 자기 경험을 촉진시킴

불안장애의 일반 접근과 일부 특정 요법들

간단히, 불안장애 대상을 치료하는 데에는 그들이 정말 무엇을 두려워하거나 염려하는지를 발견하고, 그것들에 직면하도록 돕는 것이 필요하다(Barlow, 2004; Wachtel, 1977; Wolfe, 2005). 궁극적인 불안의 원천이 무엇인지 알게 되었다면, 그 원천에 노출하는 것은 효과적인 치료의 열쇠이다(Deacon & Abramowitz, 2004; Foa, Huppert, & Cahill, 2006; Richard & Lauterbach, 2006). 또 하나의 중요한 점은 사실상 개인의 통제감 혹은 자기 효능감을 발전시키게 하는 모든 것은, 그것이 사회 기술을 배우는 것이든 기타 대응 반응의 숙련도를 발전시키는 것이든 불안의 강도를 완충하는 데에 도움을 준다.

우상 분획 치료

행동 불안장애에 도움이 되는 것으로 여겨지는 행동요법들로는 모델링, 행동 기술 훈련, 자기주장 훈련(특히 대인관계 교류와 관련한 불안장애에서), 그리고 노출 치료로 홍수법(flooding)과 체계적 둔감요법이 있다. 본질적으로, 노출 치료는 내담자가 두려워하는 것을 피하지 않고 직면시키도록 돕는 것이다. 여기서 '피하지 않는다'는 것은 '반응 예방'이라고 칭한다. 그리고 이는 노출 치료의 결정적인 요소인데 왜냐하면 공포 자극에 회피하려는 특징적인 반응은 단지 회피 행동을 강화하는데 그 행동이 실제로 그의 불안을 감소시키기 때문이고, 이는 매우 쉽게 강화된다. 다양한 노출 방법이 '경험으로 인정되는 치료들'(ESTs)에서 거론되는데, 우리가 생각하기에 EST 장려활동은 다양한 학자들에 의해 비판받아왔다는 점을 다시 상기해야 할 것이다.

　앞서 언급하였듯이, 필자(Marquis)는 EST 장려활동에 대한 비판을 출간했었는데 왜냐하면 연구 계획들의 여러 측면들—일반적 제외 기준, 우울증 혹은 불안과 같은 단일 진단 범주에 포함시키는 역동의 상이함 등—이 보통의 '현실 세상' 임상 환경에 일반적이지 못한 결과나 결론을 초래한다고 믿기 때문이다(Marquis & Douthit, 2006). 하지만 EST와 관련된 많은 방법

론적 문제들을 벗어난, 일부 불안장애를 위한 노출과 회피 반응을 예방하는 요법들을 짚어내는 것 또한 중요하다. 왜냐하면 이러한 요법들은 특정한 자극 혹은 이러한 자극의 내재화된 표상과 특정한 반응들(그것이 행동, 감정, 혹은 인지이든 상관없이 예를 들어, 공황 증상들, 단일 공포증, 특정 사회 공포, 단일 외상 경험에 따른 PTSD, 그리고 일부 강박 증상들) 사이에 연관성이 있기 때문이다. 하지만 보다 일반화된 감정 상태들로 특징적인 질환들(GAD와 MDD 같은 경우)은 EST 방법론의 기저에 위치한 거의 모든 기초 가정들을 깨뜨린다(violate). 그러므로 후자의 범주에 속하는 질환들을 위한 '경험으로 인정되는 치료들'이 1~2년 추적에서 임상적으로 유의한 호전을 거의 나타내지 않는다는 사실은 우연이 아닌 것이다(Western, Novotny, & Thompson-Brenner, 2004). 앞서 EST 치료 계획에 의해 적합하게 연구된 질환의 예로서 언급된 다섯 질환은 불안장애들[혹은 불안 관련 질환들 혹은 PTSD와 강박장애(OCD) 증상들], 많은 변화 과정과 행동 접근으로부터 파생된 특정 요법들이다.

불안의 치료에서 가장 중요한 일반적 단일 요소의 행동 접근은 노출 치료이다. Gold는 노출 요법을 고려할 때에 두 가지 결정적인 면을 강조하였다.

첫째, 노출의 수준은 점진적이어야 하며 내담자가 견딜 수 있어야 한다(Wachtel, 1977). 내담자의 불안에서 급격한 도약은 새로운 습득을 무력화시킬 것이다. …노출은 … 필히 점진적이어서 성공 가능성을 최대화하고 불안을 견디는 능력을 발전 강화하여 불편한 수준보다 기꺼이 경험하려는 의지가 강화되는 수준의 노출까지 나아가야 한다. …성공적인 노출의 둘째 기반은 치료자에 의해 세워지는 방식과 경험의 공식(formulation)인데 여기에 불안의 원천에 대한 의미가 규명되고 변화될 수 있다. …그러므로 내담자로 하여금 자기 생각들, 느낌들, 바람들 혹은 행동들이 과거에도 그리고 지금도 해롭거나 파괴적이지 않음을 알게 하는 것이 중요하다(Gold, 1993, p. 298).

점진적인 노출 치료의 원조는 **체계적 둔감법**인데, 여기서 치료자와 내담자는 협력적으로 자극 위계를 발달시킨다. 즉, 불안을 만들어내는 자극을 나열하되, 가장 가벼운 불안을 만드는 것부터 가장 심한 불안을 만드는 것까지 순위를 표시한다. 예를 들어, 뱀 공포증이 있는 어떤 이는 동물원 뱀을 상상함, 길가다 뱀을 마주하는 상상을 함, TV에서 누가 뱀을 만지는 것을 봄, 멀리서 실제 뱀을 봄, 뱀에게 다가감, 실제로 (독성이 없는) 뱀을 만짐으로 나열을 할 수 있을 것이다. 그런 다음 치료자와 내담자는 내담자가 이완을 배우는 동안 그 나열을 잠시 접어두는데, 이완은 점진적 이완의 한 형태이다. 내담자가 충분히 그리고 지속적으로 이완의 상태를 유지할 수 있게 된 후, 내담자는 나열된 항목 중 가장 겁이 덜 나는 자극을 고른다. 내담자는 1(최소)~10(최대)점의 주관적 고통 척도(SUD)로 그의 불안 수준을 표시한다. 내담자가 3점 이상을 표시한 경우, 치료자는 일시적으로 이완하도록 안내한다. 만약 1~2점으로 SUD를 표시한 경우, 치료자는 그가 불안 유도 자극에 다시 집중하도록 안내한다. 이러한 과정을 반복하면서, 내담자는 실제 혹은 상상한 조건화 자극에서 점점 더 이완을 하게 되고, 이 시점에서 위계상의 다음 자극을 마주하게 된다. 궁극적으로, 내담자는 과거 가장 무서운 자극에 놓여도 1 혹은 2점의 SUD를 나타내는 정도의 이완을 유지할 수 있게 된다. 이러한 과정이 성공적으로 진행된 후, 과거 무서운 자극을 마주한 개인은 이제 불안이 아닌 조건화된 이완 반응을 나타낸다(Fall et al., 2010).[30]

노출 기반 치료들의 효과에 대한 한 의견이 주목할 만하다. 특히 이 견해가 Barry Wolfe에 의한 것이기에 더욱 그러한데, 그는 David Barlow와 함께 공포증의 노출 치료 효과에 대해 보고서를 쓴 사람이다.

> …노출 기반 행동치료는 공포증을 거의 치료하지 못하였다. 연구 문헌에 의해 기대한 바에 따라 공포증 증상을 60~70% 정도 급속히 낮춘 경우를 내가 치료한 사례 중에서는 보지 못하였다(Barlow & Wolfe, 1981). 불안장애 내담자를 300명 넘게 25년간 봐온 내 경험에서, 나는 노출 치료가 약 30% 정도의 빠른 증상 경감을 보이는 것으로 알았다(Wolfe, 2005, p. 5).

이는 종종 EST를 확인하는 데 사용되는 무작위 임상 시험(RCT) 연구에서처럼 어떻게 현실 세계 상황에서의 치료가 종종 '산뜻하지' 않은지를 보여주는 훌륭한 예이다. Wolfe의 논점은 노출 방식들의 효과성은 감소하지 않으면서, 통합 치료 접근을 각각의 개인에게 맞춰야 할 필요성을 부각시킨다.

약물 많은 정신약물이 불안의 증상을 개선하는 데 도움을 주는 것으로 보이지만, 통합 심리치료 접근은 여러 효과적인 치료 형태를 통합할 뿐 아니라, 우리 현재 문화에서 왜 사람들이 그렇게 불안해하는지, 어떻게 하면 우리가 우리 세상을 보다 안전한 곳이 되게 할 수 있는지, 그리고 불안과 함께 구조적으로 삶의 가치가 되는 것은 무엇인지를 중요하게 고려한다. 불안장애는 비록 누구에게나 있지만, 일반적으로 다른 정신질환에 비해 심리치료 요법에 대한 (적어도 단기 치료에서는) 반응이 더 좋다(Ingersoll & Rak, 2006; Westen & Morrison, 2001). 그러므로 내담자 각각의 필요와 기대를 존중하여, 통합 치료자들은 일차적으로 항불안제를 바라는 내담자들에게 약물치료가 어려운 불안 증상들을 조절하는 데에 도움이 될 수는 있겠지만,

---

30 흥미롭지만 별로 놀랄 만하지는 않게, 개인에게 있어 성공적인 노출을 판단하는 열쇠 중 하나는 노출 요법 중에 보이는 생리적 각성의 정도이다(Borkovec & Stiles, 1979; Mineka & Thomas, 1999).

약물들이 또한 개인의 삶에서 중요한 차원(의미, 선택 등)을 일깨우는 일부 신호들을 가릴 수 있음을 고지해야 할 것이다.

불안에서 정신약물의 사용은 흥미로운 경우이다—아마도 가장 흔하게 처방되는 정신약물이라는 점뿐만 아니라 이 약물들이 비정신과 의사에게서 주로 처방된다는 점이다(80% 이상; Ingersoll & Rak, 2006). 이제 우리는 불안을 치료하는 데 사용되는 정신약물의 몇 가지 분류를 보게 될 것이다—중추신경(CNS) 억제제, SSRI 항우울제, 벤조디아제핀계 약물, 그리고 부스피론(BuSpar)과 같은 고유한 성분.

모든 CNS 억제제는 행동 억제를 유도한다. 그러므로 그 효과는 이완과 수면에만 있는 게 아니라, 불안의 경감에도 같이 작용한다. 그러나 과도하게 사용하면 일반 마취, 혼수상태, 그리고 죽음을 초래할 수 있다. 불안 치료에 사용된 초기 CNS 억제제는 바비투레이트(barbiturates) 약물이며, 1800년대 후반에 만들어져 1900년대부터 약 1960년까지 항불안제 시장에서 선두를 달렸다. 하지만 바비투레이트는 정확히는 항불안제가 아니다. 그보다, 그 약물의 불안 감소 효과는 전체적인 진정 효과에서 연유한 것으로 보이며, 이는 많은 양의 술을 먹은 효과와 다르지 않다. 이 약물에는 많은 부정적인 부작용—인지 억압, 졸음, 행동 억제, 운동 실조(근육 조정의 손실)부터 신체적 그리고 심리적 내성과 의존, 과량 복용에 따른 사망—이 있어서 바비투레이트는 현재 불안 치료로 널리 쓰이지 않는다. 쿠알루드(quaaludes)는 또 다른 CNS 억제제이고 한때 불안을 치료하는 데 사용하기도 했지만 잦은 내성과 의존 그리고 과량 복용의 문제로 더 이상 사용하지 않는다.

오늘날 벤조디아제핀계 약물은 항불안 약물의 대표이고 모든 항불안 치료의 90% 정도를 차지한다(Ingersoll & Rak, 2006; Stahl, 2002). 지금은 40종류 이상의 벤조디아제핀계 약물이 시판되고 있으며, 고전적이며 보다 지용성인 평균 반감기[31] 이상을 작용하는 2-케토 화합물(바리움/diazeapm, 클로노핀/clonazepam, 리브리움/chlordiazepoxide, 센트렉스/prazepam, 달만/flurazeapm 등)부터 보다 신약인 3-히드록시 화합물(레스토일/temazepam, 아티반/lorazepam, 세락스/oxazepam, 프로솜/estazolam), 그리고 트라이아졸 화합물[triazolam(아포-트리아조, 할시온, 하이팜, 트리렘 등의 상품명이 있음), 자낙스/alprazolam, 렌돌민/brotizolam]에 이르기까지 다양하다. 이들 세 군은 효력, 작용 기간, 반감기가 서로 다르다. 원인의 신경과학 부분에서 언급한 대로, 다른 향정신성 약물과 비슷하게 벤조디아제핀계 약물들은 불안에 대해서만 작용하는 것이 아니다. 이 약물들은 근육 이완제, 진정제, 정맥주사용 마취제, 항경련제로도 작용

31 평균 반감기는 몸에 들어가 약 성분이 분해되어 용량이 반이 되는 데에 걸리는 시간을 말한다. 일반 원칙으로, 짧은 반감기 약물은 내성과 중독의 가능성이 더 높다. 하지만 내성과 중독은 고강도 약물, 고용량 사용, 혹은 오랜 기간(즉, 4주 이상) 복용한 경우에서도 흔히 일어난다.

한다.

　벤조디아제핀계 약물들은 벤조디아제핀 자연 수용체를 통해 GABA의 결합을 촉진하여, 이에 따라 염화물(chloride)이 증가하여 연접 활동을 억제하고, 스트레스에 의해 유발된 다양한 노르에피네프린, 세로토닌 그리고 도파민의 증가를 억제한다. 벤조디아제핀계 약물들은 75% 정도의 대상에서 불안 관련 증상들을 약화시키는 것으로 보이나 부작용 없이 그러하다는 건 아니다. 우선 첫째로, 비록 바비투레이트 약물보다는 과량 복용에 따른 사망 위험이 훨씬 적긴 하지만, 벤조디아제핀계 약물은 여전히 과량 복용에서 생명에 위협을 줄 수 있으며, 특히 많은 양을 술과 함께 먹은 경우에서 그러하다(Allen, 2010). 마찬가지로, 신체적 심리적 의존에서처럼 신체적 내성을 야기할 수 있지만, 그러한 경우는 드물며 특히 반감기가 긴 벤조 약물들은 더욱 그렇다. 이들 약물을 오직 단기간에 혹은 p.r.n.(즉, 비주기적으로. p.r.n.은 라틴어 *pro re nata*이며 '필요한 경우'라는 의미이다)으로 사용하면, 벤조디아제핀계 약물들은 치료 효과에 내성을 유발하지는 않는다. 게다가, 벤조디아제핀 약물의 금단으로 반사 불안(rebound anxiety)이 나타나도, 대개 2, 3일에 해소된다(Ingersoll & Rak, 2006).[32]

　항불안제의 '이방인' 중 하나가 부스피론(BuSpar)인데, 이는 효과적으로 불안 증상을 조절하는 첫 번째 세로토닌 조절 약제였다.[33] 다른 주된 항불안제와 달리,

> 부스피론은 GABA 항진제 기능을 하여 CNS 억제를 보이는데, 사실상 부스피론은 세로토닌 항진제이며 억제제이다. 세로토닌은 행동의 탈억압에 대한 어떤 형태와 연결되어 있고 이러한 탈억압은 또한 불안을 해소하는 것과 연결되어 있다. 연구자들은 1980년대부터 세로토닌 항진제가 불안을 경감시킬 것으로 가정했다(Barlow, 2004, p. 505).

　부스피론이 벤조디아제핀계 약물들보다 이로운 점 몇 가지는 다음과 같다. 졸리거나 피로함을 덜 유발한다. 수면유도, 근육 이완 그리고 항경련 특성이 없다. 인지 혹은 운동 기능에 저하를 보이지 않는다. 알코올과의 상승 효과가 없다. 내성을 유발하지 않는다. 남용과 의존의 가능성이 거의 없다(Barlow, 2004). 그렇다고 부작용이 없는 건 아니다. 위장장애, 어지러움, 두통, 그리고 때로 긴장, 안절부절못함, 예민함이 나타난다.

　두 종류의 노르아드레날린 관련 항불안제는 불안에 따라 심박동수, 땀 흘림, 떨림을 증가시

---

[32] 반사적 불안은 금단 증상의 하나로 불안이 느껴지는 경우이다(때로는 약을 먹기 전보다 더 큰 불안을 느낀다).

[33] 흥미롭게도, BuSpar는 화학적으로 항불안제 같지 않고, butyrophnone 제재 항정신병 약물과 흡사하다. azapirone으로 분류된다(Barlow, 2004).

키는 교감신경계를 목표로 한다.[34] 이 중 하나가 propranolol이다. 베타-아드레날린 수용체를 차단함으로써('베타-차단체'라고 불린다) 교감신경계(SNS)를 억제하고 그래서 불안과 연관된 신체적 증상들을 유의하게 감소시킨다. 하지만 프로프라놀롤은 불안의 심리적 증상들에는 영향을 미치지 않는다. 불안의 신체 증상을 경감시키지만 심리적인 부분에는 영향을 주지 않는 또 다른 아드레날린 관련 항불안제는 clonidine이다.

이것이 처음엔 혼동될 수 있지만, 임상가들은 오랫동안 알듯이 항우울제를 복용하는 내담자들은 불안이 감소되는 경험을 동시에 한다. 이 장의 앞에서 말한 대로 많은 연구자들과 학자들은 우울과 불안이 DSM의 범주 분류가 시사하는 것보다 더 많은 공통 기반을 공유할 것이라고 믿고 있다. 이와 동시에, 심리치료든 약물치료든 간에 개인이 치료에 얼마나 의아하고 예상치 않게 반응하는지를 되돌아보는 것이 중요하다. SSRI 약물들이 일부 내담자들에서 공황 발작을 유발한 것(Ingersoll & Rak, 2006), 그리고 점진적 근육 이완이 일부 내담자에서 불안을 야기한 것(Mahoney, 2003) 등이다.[35] 그럼에도 불구하고, SSRI 약물들은 또한 일부 공황장애 내담자들에서 불안 증상을 감소시키는 데에 유용한 것으로 보이며(Barlow, 2004; Ingersoll & Rak, 2006) 점진적 근육 이완은 이완과 평정심을 촉진하는 탁월한 방법이다.

다른 우상 분획 요법들 많은 불안 증상들을 조절하는 데에 유용한 다른 우상 분획 요법으로 유산소 운동이 있고, 좀 더 세부적으로는 균형과 움직이는 범위, 확장성을 포함한 운동일 것이다(Mahoney, 2003, p. 119). 한 연구(Broman-Fulks & Storey, 2008)에서, 24명의 참가자는 '높은 불안 예민도'(불안 예민 척도 보정 점수>28)의 대상자들인데 이를 무작위로 운동 안 하는 그룹과 20분의 유산소 운동을 6회 마치는 그룹으로 분류하였다. 유산소 운동은 비록 불안 예민도가 높은 개개인을 불안과 매우 흡사한 심리학적 단서들에 노출시키는 것임에도 불구하고, 운동을 실시한 대상은 운동 후에 불안 예민도가 유의하게 낮아졌으며 대조군에서는 유의한 점수 차이가 없었다.

많은 불안한 내담자들은 흉식 호흡을 빠르게 하는 문제들을 보인다. 천천히 깊게 복식 호흡을 하도록 지도하는 것이 불안을 경감시키는 강력한 요소이다(Siegel, 2007). 깊은 호흡과 자기 호흡을 충실히 인식하는 것은 모두 불안을 줄이는 강력한 요소들이다. 내담자들은 이러한 호흡법을 익힐 뿐 아니라 불안할 때만 아니라 그렇지 않을 때에도 **규칙적으로** 이 방법을 연습하는 것이 중요하다. 왜냐하면 불안을 줄이는 호흡법에 숙달될수록 불안과 공황 상태에 더 효과적이기 때문이다(Greenberg, 2008; Miller, Fletcher, & Katat-Zinn, 1995; Wolfe, 2005).

---

34 노르아드레날린 관련(noradrenergic)은 노르아드레날린을 자극하는 물질을 의미한다. 노르아드레날린은 노르에피네프린(norepineprine)과 동의어다.
35 후자는 주로는 대상자들이 이완을 통제 불능처럼 느끼기 때문일 것이다.

내부에 집중하는 치료들(좌상 분획 그리고 좌하 분획)

인지적 일반적으로 인지적 접근은 역기능적 정보 처리, 핵심 신념들, 기타 인지들을 개선하여 불안한 느낌과 회피 행동의 문제들이 감소된다. 그래서 인지 치료는 재앙화 사고, 과일반화, 위협 가능성을 증폭시키는 것 등의 부적응적 사고 과정을 찾는다. 인지적 접근은 또한 내담자의 초기 불안 그리고/혹은 공황 증상을 인식하도록 도와서 다양한 대응 전략(예 : 탈재앙화, 증거를 검토함, 생각 전환, 생각 중단)을 학습하도록 돕는다(Shoenfield & Morris, 2008).

인지 치료는 어떻게 이러한 것들이 가능한가? 첫째로, 내담자들은 인지 왜곡들과 다른 잘못된 생각 영역들에 대해 배운다. 초기 또 다른 목표는 내담자의 자기 인식을 강화하여 그들에게 벌어지고 있는 왜곡되고 역기능적인 사고를 인식하게 한다. 결국 내담자가 자신의 부적응적 인지를 규명할 능력이 자라난 다음에만 그 인지들을 재구성할 수 있게 된다. 내담자가 스스로 자신의 잘못된 사고를 지속적으로 교정할 수 있게 되기 전까지, 치료자는 내담자가 치료 시간 안에 여러 번 이러한 시도를 하도록 돕고, 치료자는 질문을 통해 계속 작업해야 한다. Beck과 Emery(1985)가 내담자들에게 했던 특징적인 질문들은 다음과 같다.

- 그 생각에 대한 혹은 반하는 증거는 무엇인가?
- 논리가 무엇인가?
- 당신은 습관을 사실과 혼동하는 것이 아닌가?
- 당신은 흑백논리로 생각하고 있지 않은가?
- 당신은 맥락에서 벗어난 예를 취한 것은 아닌가?
- 당신은 낮은 확률을 높은 확률과 혼동하는 것이 아닌가?
- 당신은 걸맞지 않은 요소들에 과도하게 집중하는 것이 아닌가? (pp. 196~198)

인지 치료자들은 좋은 치료 관계의 중요성을 인지하고 있다. 그러므로 질문들은 기계적이거나, 글 읽듯 하지 않는다. 좋은 인지 치료사는 각 내담자에게 따뜻하고 공감 어린 자세를 유지할 수 있으며 인지 원리를 가르치거나 상세한 정보를 얻을 때에도 마찬가지다. 질문을 할 때 지침은 아래와 같다.

- 내담자를 위해 질문에 대답하는 식에 치우치는 것을 경계하라.
- 구체적, 직접적, 그리고 명확한 질문을 하라.
- 모든 질문은 타당한 이유를 기반으로 하라.
- 질문은 라포를 증진시키고 문제를 해결하도록 시간을 두라.

- 속사포처럼 질문들을 나열하는 것을 피하라.
- 심층 질문을 사용하라.

Beck과 Emery(1985)는 인지 치료자들이 가져야 할 세 가지 기본적 접근법을 정하고 이렇게 말했다.

거의 모든 인지 치료의 질문들은 따지고 보면 결국 다음 세 가지 질문 중 하나일 것이다. (1) "증거가 무엇인가?"(논리를 분석하고, 정보를 제공하고, 그들의 생각들, 염려들, 그리고 아직 검증되지 않은 가설과 같은 개념들을 다루는 법을 배우게 한다) (2) "그 상황을 바라보는 다른 방식은 무엇이 있나?"(상황에 대한 대인적 해석을 도출한다. 내담자가 모든 것이 돌아가는 중심에 자신이 있다는 신념에 도전을 가하여 내담자가 '중심에서 탈피하도록' 돕는다. 그리고 그의 관점을 확장시킨다.)(3) "그것이 벌어지면 뭐 어때요?"(재앙화를 벗어나게 하고 새로운 대응 기술들을 배우게 한다). 일부 내담자들은 어떤 접근에 다른 접근보다 더 잘 반응할 것이다. 하지만 내담자들은 이 세 가지 접근을 모두 활용한 기술을 발전시켜야만 한다(p. 201, 괄호는 추가한 것임).

다른 인지 요법들이다.

- 개개인에게 주어진 불안에 대한 **특이한 의미**를 이해한다.
- 증거를 질문/검토한다. 하지만 이 기법은 우울증 내담자에 비해 불안증 내담자에게는 덜 효과적이다. 왜냐하면 우울한 내담자의 희망 없는 미래에 대한 관점을 인정할 수 없는 증거들은 견해의 적절성을 강력하게 반대해주기 때문이다. 반면, 불안한 내담자들이 직업을 잃을 것 같다는 걱정과 염려들은 그보다는 반박하기가 더 어렵다. 결국, 그가 직장을 유지한다고 해도, 그는 단지 초과 근무를 했기 때문이라고 생각할 것이며, 그것으로 결혼 생활에 금이 가면, 이제는 결혼이 깨질 것이라고 염려를 할 것이다.
- 내담자의 불안을 다른 요인에 따른 것으로 원인 재규명을 하여, 유전자(우상 분획)와 바쁜 일정과 경제적 염려(우하 분획)보다는 개인의 심리적 취약성을 악화시키는 그의 생각의 특이한 패턴(좌상 분획)과 인종, 성별, 반동성애, 문화 속에서의 생활, 그리고 존재하는 기타 위협적인 여러 태도들(좌하 분획)을 원인으로 삼도록 한다.
- 대안을 개발한다. 내담자가 그들 상황과 연관 짓는 극도의 불안한 방식은 단지 여러 가지 중 하나의 선택일 뿐임을 알게 해준다.
- 재앙화를 탈피하게 한다.

- 가상하는 결과들을 검토한다.
- 장점과 단점을 검토한다.
- 왜곡들을 명명한다.
- 다른 상상을 개발한다.
- 생각 중단을 활용한다.
- 생각 전환을 활용한다.[36]

　Beck은 내담자들이 자신의 재앙화적 기대를 부정하는 통합적 경험이 가능할 만한 특정 인지 배경작업이 자리 잡은 다음에만 행동 전략을 적용하기를 권고하였다(Beck & Weishaar, 2008). 다양한 이미지 기법들이 내담자들의 불안 패턴을 치료자의 존재하에 경험하게 하고, 치료자는 그들의 가장 나쁘거나 가장 좋은 결과를 상상의 시나리오로 경험하게 한다. 이는 상황에 대한 더 큰 관점을 가져다주며 동시에 그 자체로 하나의 새로운 학습 경험의 형태가 되는 것이다(Beck & Weishaar, 2008). 흔히 활동되는 행동 개입들은 다음과 같다.

- 사회기술훈련
- 자기주장훈련
- 이완 훈련
- 활동 계획
- 독서 요법
- 과제 설정/등급
- 행동 사전연습/역할극
- 노출(머릿속으로 혹은 실제로)[37]

　심리역동/애착 이론 보다 전통적인 심리역동 접근은 프로이트의 개념화를 넘어서는 과감한 발전이 없었으며, 내담자의 의식상 불안이 성적 그리고 공격적 충동으로 표출되는 무의식 충동에서 출발한다고 말한다. 꿈, 전이, 저항을 자유 연상, 말실수, **훈습**[38]으로 분석하여, 내담자

---

36 이러한 그리고 또 다른 인지 요법들과 각각의 상세한 설명은 Freeman과 Simon(1989)을 참조할 것.
37 이러한 그리고 또 다른 행동 개입들과 각각의 상세한 설명은 Freeman과 Simon(1989)을 참조할 것.
38 '훈습(Working through)'은 내담자의 무의식적인 욕동, 욕구, 환상에 대한 반복적인 통찰의 과정이 점진적으로 이어지는 것이며 불안에 대한 방어가 실질적으로 그의 대부분의 혹은 많은 증상들을 어떻게 만들어내는지 깨닫게 한다.

는 그들의 충동을 다루는(일반적으로 승화 같은 보다 성숙한 방어를 통한) 보다 성숙한 방식을 배워서 최소한의 불안으로 충동 일부를 만족하게 한다.

보다 현대의 역동 접근은 치료와 병인론 모두에서 정신내적(좌상 분획)과 대비되는 대인관계(좌하 분획) 측면에 일반적인 중요성을 공유한다 — 구조적인 변화는 사람 안에서 일어나지 않고, 1차적으로는 사람 사이에서 일어난다(Wachtel, 2008). 보다 최근의 역동 접근은 또한 '교정적 정서 경험'의 중요성을 인식하며, 일차적인 지식 통찰과 대비된다. 이것이 의미하는 바는 잘못된 생각을 교정하는 것이 그리 간단하지 않다는 것이다(예 : "모든 사회 관계는 내가 굴욕을 맛보게 끝난다."라는 생각을 "어떤 사회 관계는 난처하지만 세상 끝은 아니고, 사실 나는 일부 사회 관계를 누리기도 하고, 이롭기도 하다."는 생각으로 바꾸는 것). 그보다, 우리는 긍정적인 사회 관계를 (신체적으로 그리고 정서적으로) **경험**할 필요가 있다(그리고 그전에 사회기술훈련을 발전시켜야 이러한 경험이 성공의 중요한 요인이 될 것이다). 이러한 점은 일부 인지행동치료(CBT) 접근과 흡사해 보이며, 많은 심리역동 이론가들이 이 점을 알고 있다(Gold, 1993; Wachtel, 2008). 하지만 최근의 역동 접근들은 여전히 대부분의 정신병리에서 무의식, 갈등, 그리고 방어 과정의 중심성(centrality)을 강조하고 있다. 그러므로 (여러 공포증에서처럼) 무엇이 두려운지 분명히 명시할 수 있는 사례에서는 분석 방식보다는 CBT 접근이 보다 효과적으로 보이고, (GAD, 공황장애, 사회불안장애 등에서처럼) 일차적 염려가 분명히 명시되기 어려운 경우에는 효과적인 치료를 위해서 내담자의 내부 그리고 대인관계 세계를 탐색하고, 갈등과 방어를 이해하며, 그리고 개인의 불안에 대한 궁극적 원인을 이해할 수 있도록 하는 해석이 있어야 한다. 이러한 요인들은 종종 그 특성상 대인관계적이다. 요인들이 밝혀진 후에, 내담자들은 불안을 유발할 만한 (실제 혹은 가상의) 상황에 반복적으로 노출된다. Wachtel은 지적하길 대부분의 역동 심리치료자들이 '노출' 그리고 '학습'과 같은 용어를 비록 사용하지는 않으나, 사실 프로이트와 많은 역동 심리치료자들은 그렇게 생각한다(Wachtel, 1987, 2008).

어떻게 이론 이해의 변화가 치료 요법의 변화로 이어지는지 또한 역동적 접근의 발전 이유를 보여주기도 하는 좋은 예가 프로이트가 불안에 대한 그의 이해를 수정한 것이다. 본래, 프로이트는 억압이 불안을 이끈다고 하였다.[39] 만약 억압이 '알 수 없는'(즉, 무의식적으로 잊혀진) 생각이라면, '치유'는 통찰 혹은 '아는 것'이 된다. 그런데 프로이트(1926/1959)는 그의 이론을 수정하여 불안이 억압의 결과가 아니라고 하였다. 그보다 불안은 결과물이며 억압을 필

---

39 1926년 전에, 프로이트는 원래 불안을 방출 현상으로 보았다. 이는 "억압과 억압이 초래한 리비도 긴장의 고조"에 따른 결과인 것이다(Wachtel, 2008, p. 197).

요로 하게 된다는 것이다. 그러므로 병리의 원인이 불안/공포라면, '치유'는 덜 두려워하는 것이며, 이는 주로 개인이 두려워하는 것에 노출되고 (이성적 그리고 정서적) 경험으로 이제 무서워할 필요가 없다는 (혹은 적어도 그렇게 무서워할 필요는 없다는) 것을 학습함으로써 이루어진다(Wachtel, 1987, 2008).

실존 어떤 사람이 재발성 공황 발작, 사회불안장애, 혹은 다른 불안장애의 치료법을 찾고 있다고 가정해보자. 의학 혹은 인지행동 관점에 기반을 둔 대부분의 임상가들은 불안 증상의 감소를 일차 목표로 삼는 반면, 실존 치료자는 조금 다른 목표를 고려한다. 그들은 다른 이론에 기반을 둔 치료자들이 말하듯 공황 발작, 강한 사회 불안 등이 적당한 생활에 맞지 않다고 동감하지만, 실존주의자들은 이러한 불안을 문제, 갈등 혹은 개인이 효과적으로 다루지 못할 가능성에 대한 중요한 정보를 어느 정도 소통시키는 것으로 보았다.

> 실존 치료자들은 불안의 파격적 단계를 낮출 수 있기를 바라긴 하지만, 불안을 없애기를 기대하지는 않는다. 삶은 불안 없이 살아갈 수 없으며 죽음 또한 불안 없이 마주할 수 없다. 불안은 대적자이며 동시에 안내자이고 진정한 실존으로의 길을 보여줄 수 있다. 치료자의 과제는 불안을 견딜 만한 단계로 낮추어주는 것이고 그래서 이 실존 불안을 활용하여 내담자의 인식과 활력을 높여주는 것이다(Yalom, 1998 p. 249).

내담자의 실존 불안을 효과적으로 작업하려면 불안의 의미 있는 메시지를 인지하고 개인으로 하여금 자신의 충분한 목적에 맞춰 살아가기 위한 행동을 취하게 해야 하며, 이로써 본질적인 삶에 보다 깊이 녹아든다(May, 1977). 실존 불안의 원초 공포는 보통 이차 공포와 불안으로 대치되거나 위장되므로, 실존 불안의 기저에 무엇이 있는지 분별하는 작업이 필요하다. "일차 불안은 항상 개인에게 덜 자극적인 무언가로 변형된다. 이것이 심리 방어의 전체 체계 기능이다"(May, 1977, p. 196).[40] 어떤 사람의 일차 문제가 신경증이며 실존 불안은 아니라면, 치료자의 작업은 그것이 분석이든 인지행동 방식이든 내담자가 그의 불안을 증폭 혹은 불필요한 방향으로 끌어가는 것을 인식하고 그것을 훈습하게 하는 것이다. 설령 불안의 이차 양상이 주된 것이 아니어도, 그럼에도 그것은 현실이며 실존 치료자는 내담자가 꺼내놓고 염려하는 것을 치료하기 시작한다. "그래서 많은 내담자의 치료에서 정신병리에 대한 실존 패러다임은 전통적인 치료 전략이나 기법에서 아주 동떨어지지는 않는다"(Yalom, 1980, p. 112). 내담자는 실

---

40 통합 심리치료자들은 다른 관점과 비슷하게 실존주의를 '사실이지만 부분적'으로 본다. 그러므로 일부 통합 치료자들이 실존적 개념화를 최고로 취급한다고 해도, 우리는 모든 불안 상태에 실존적 의미가 있다고 생각진 않는다.

존 불안을 마주하고 건설적으로 활용하게 하는 것과 함께, 신경증 공포와 불안을 근절하는 작업을 하게 된다. "불안은 공포보다 더 근원적이다. 심리치료에서, 우리의 목표 중 하나는 내담자가 가능한 불안에 직면하도록 하고, 그래서 불안이 공포가 되는 것을 줄이고, 불안을 객관화하여 다룰 수 있게끔 하는 것이다"(May & Yalom, 1995, p. 264).

키르케고르 이후로, 내담자가 어떻게 하면 '당연히 불안'할 수 있을지를 도우면서, 실존 치료자들은 내담자의 불안을 직접적으로 직면시키고, 때로는 불안을 크게 만든다. Paul Tillich (1952)가 *The Courage to Be*에서 쓴 것처럼, 만약 우리가 인생이 우리에게 주는 궁극적 질문에 의한 실존 불안을 직면하고 참여할 수 없다면, 우리는 결코 다른 동물과 구별되는 인간됨을 깨닫지 못할 것이다. 그러므로 실존 치료자는 내담자에게 "무엇이 당신을 차라리 죽는 것으로부터 지켜내고 있나요?"라고 질문할 수 있다. 비록 이런 질문이 정상적이지 않아 보이지만, 그에게 가장 의미 있는 삶이 무엇인지를 유도할 수 있다. 니체의 격언 "왜 사는가."라는 말은 필자 (Marquis)에겐 "여러분이 '왜' 사는지를 안다면, '어떻게' 살지도 알게 될 것이다."라는 말과 같다. 마찬가지로, 만약 여러분이 이제 한 달밖에 못 산다는 것을 알았다면 어떻게 할지 생각해보는 것 또한 무엇이 여러분에게 가장 중요한지를 드러낼 수 있을 것이다. 정확히, 그것이 여러분의 인생에서 가장 의미 있는 것이다. 니체(1954)의 영겁회귀(eternal recurrence) 이론과 일치하여, 만약 삶을 지금 살아가는 것처럼 계속 반복하여 살아내려 하지 않는다면 삶의 방식을 바꾸어야 한다.

불안을 포함한 다양한 신경병증과 관련하여, Frankl(1985)은 "치유는 자기 초월이다!"(p. 152)라고 적었다. Frankl은 세 가지 근본적인 방법으로 우리 삶의 의미를 창조할 자유를 연마하여야 진정한 인격체가 될 것이라고 하였다 ― 선행 혹은 창조적인 작업으로, 타인이 자기 능력을 실현하도록 돕는 방식으로 사랑함으로, 그리고 피할 수 없는 고통에서 의미를 발견함으로. Frankl이 말한 의미 있는 삶을 창조하는 세 가지 방식과 같이, 치료자의 과제는 "의미 없는 고통이 의미 있게 되도록" 하는 것이다(Miller, 2004, p. 249).

영성(spiritual) 통합 관점에서, 내담자의 불안을 영적 관점으로 접근하려 할 때, 그의 영성과 연결되는 합법성과 본질성을 분별하는 것이 중요하다(이는 이 장의 앞부분에서 논의하였다). 만약 내담자의 영성이 본래 합법적 특성이라면, 치료 중재는 그의 불안과 삶의 의미를 찾는 데에 그의 종교/영적 체계 안에서 우선 작업을 할 것이다. 이를 위해 어떻게 개인이 그들의 종교나 영적 신념을 활용해 그들의 안전과 안정을 높이는지를 같이 논의하게 된다(예 : 독실한 기독교인들과 함께, 치료자는 신의 사랑과 용서가 무한하다는 그들의 신념을 상기시킬 수 있다). 그러나 모든 종교 신념과 수행이 사람들에게 건강한 것은 아니며 일부에서는 불안을 일으키기 때문에 잘 알아보고 확인해야 한다. Battista(1996)와 Griffith(2010)의 자료는 내담자의 영적 전통 이해와 수행에 대한 건강하거나 건강하지 않은 측면을 분간하는 데에 훌륭하다.

내담자가 영적 전통 안에서 미덕을 쌓아가는 수행에 적극적으로 참여하는 것으로, 명상과 기타 훈련에 임하는 것은 불안을 줄이는 데에 유용하며, 설령 불안 자체를 없애지 못해도 유용하다. 예를 들어, **마음챙김** 영역에 포함시키는 다양한 명상 기법은 경험적으로 불안 증상을 낮추는 것으로 알려져 왔다(Linehan, 1993a; Miller et al., 1995). 본질적으로, 마음챙김 수행은 "목적에, 현재 순간에, 그리고 선입견 없이 순간순간의 경험을 펼치는 것에 집중하여 올라오는 자각"을 키우는 것이다(Kabat-Zinn, 2003, p. 145). 만약 미래의 걱정이 올라오면, 개인은 즉시 수용적, 선입견 없는 집중을 발휘하여 현재에 치중한다. 이를 위해서 내담자는 그들이 두려워하는 정서 경험에 열려 있어야 한다. 그러므로 내담자가 집중, 균형, 자기 조절 기술을 배우는 것은 필수조건이다. 핵심은 최대의 효과를 얻기 위해 내담자가 반드시 **규칙적으로** 그리고 **꾸준히** 명상을 연마해야 한다는 것이다. 관련된 정보, 연구들은 매일 명상을 수행하는 치료자들의 경험상 마음챙김 기반의 요법이 보다 효과적이었다고 말한다(Segal, Williams, & Teasdale, 2002).

자족(gratefulness)은 내담자가 불안을 감소시키는 데에 도움을 주는 또 다른 영적인 미덕이다. 저자의 임상 경험에 따르면, 종교 혹은 영적 신념 체계를 가진 내담자들이 자족 관련 탈재앙화 요법을 그들의 영적 전통에 맞추어 사용할 때 탈재앙화가 보다 효과적임을 확인하였다. 예를 들면 이러하다. "당신은 진정 승진을 원했고 그렇지 않으면 세상이 무너질 것이라는 느낌이었죠. 하지만 신께서는 당신에게 진정 필요한 것을 주실 거예요."(그래서 현재의 모든 것에 대한 감사를 도모한다). 혹은 불교 신자에겐, "걱정하는 자기 자신은 본래의 진정한 당신이 아닙니다. 모든 걱정은 그것이 언젠가 온 것처럼 또한 갈 것입니다. 지금의 순간에 머물러 인지하고 당신의 불심을 깨달으세요."

Wolfe의 통합 접근 Wolfe(2003, 2005)는 불안장애 접근의 네 가지 기본 접근을 말했다. 첫째, 치료자는 내담자와 치료 관계를 형성해야만 한다. 둘째, 치료자는 내담자에게 불안을 조정하고 경감시키는 여러 기법을 가르쳐야 한다. 그런데 이러한 기법들은 현재의 임상 실제에 국한되지 않는다(인지 사고와 걱정들보다는 신체 감각에 집중한다). 깊은 복식 호흡을 연마한다. 그리고 재앙화 사고에 대항한다(가능한 증거를 검토하기, 자기 확신 등이 포함된다). 셋째, 치료자는 내담자의 공황 유발 그리고 공포 유발 갈등을 도출해낸다. 넷째, 치료자는 적극적으로 내담자가 갈등을 해소하도록 도와야 한다. 여기에 보통 갈등의 각각 다른 요소들을 규명하는 것이 들어간다. 두 의자 기법은 대비되는 요소들의 경험을 이해하고 확대하는 데에, 대비되는 요소들의 다양한 대화들을 통해 내담자를 지도하는 데에, 그리고 궁극적으로 이 요소들을 통합하는 데에 도움이 된다. 이 작업이 있은 후에, 행동 계획이 세워져서 그가 배운 것을 적용할

수 있게 된다.[41]

공포증 단기 치료에서 다양한 노출 치료가 꽤나 효과적이긴 하지만(Westen & Morrison, 2001; Wolfe, 2003), 재발이 없는 장기 효과를 위해서는 자기 경험의 역동적 기저를 드러내는 것이 종종 필요하며, 이 중 하나가 불안에 시달리는 사람들이 할 수 있는 한 고통스런 정서를 충분히 경험하는 데에 심각한 곤란을 보이는 일반적인 경향이다. 이는 역동 경험에 보다 무게를 두는 통합 행동 접근에 대한 하나의 근거이다(Fosha, 2000; Greenberg, 2002, 2008; Wolfe, 2003).

Wolfe는 사실상 모든 내담자가 고통을 두려워함을 강조해왔으며, 특별히 정서적 고통을 강조하였다. Wolfe는 불안에 시달린 내담자가 그가 두려워하는 것을 완전히 경험하도록 마침내 허락하게 될 때, 그들의 두려움이 대개는 감소되는 것을 반복적으로 관찰해왔다. "이러한 내담자들이 특정한 외적 대상이든 혹은 내적 감각이든 무엇을 두려워하는지(염려 없이, 왜냐하면 염려는 공포를 감싸고 있는 충분한 경험을 피하게 만들기 때문이다) 정확한 시각을 고정하여 유지할 수 있을 때, 그들은 불안에 의해 보이지 않았던 분노, 모멸감, 그리고 절망을 마주하게 될 것이다. 항상은 아니지만, 내담자들은 이러한 감정들을 경험하는 것이 사실상 불안보다는 덜 고통스럽다는 것을 자각하게 될 것이다"(Wolfe, 2003, p. 376).

불안한 내담자가 자신의 정서 경험을 심화하는 것이 중요한 까닭에, 통합 접근의 일차 요소는 내담자 과거의 견디기 어려운 불안을 치료 관계를 통해 제공하는 안전한 기반의 맥락 안에서 경험하도록 돕는 것이다. 이를 통해 내담자는 불안에 대해 충분히 느끼는 탐색이 견딜만할 뿐 아니라 그것으로 인해 위험, 버림받음, 통제력 상실이 생기거나 기타 폭발적으로 두려워하는 다른 결과들이 생기지 않는다는 것을 (머리가 아니라 몸으로) 배우는 기회를 갖게 된다. 애착과 그것이 제공하는 '안전 기반'의 일차 기능은 불안을 줄여서, 정서적인 삶을 방어적으로 배제하지 않도록 하는 것이다. 이러한 감정을 막는 방어적 배제와 동시에, "개선하는 능력의 정서"(Fosha, 2000, p. 108)가 나오면서 내담자는 감정을 막으려는 것을 대항하는 핵심적이며 회복하는 정서 경험을, 강렬한 감정으로 불안이 늘어나기보다 줄어드는 경험을 즉각적으로 몸소 갖게 된다.

우하 분획 요법 주어진 몇 가지 체계 구조 즉, 빠르게 진행되고 경쟁적인 작업 환경, 가치창출 공동체에서 불공정한 (경제, 의료, 교육 등) 사회 체계로 전환하면서 소외감이 증가하는 경

---

41 Wolfe(2003, 2005)는 비록 2와 3단계를 서로 반대 순서로 서술하였지만, 그는 결과적으로 많은 내담자들이 공황 유발 그리고 공포 유발 갈등을 도출해내기 위한 작업에 깊이 관여하기 앞서서 불안 관리 '요령'을 필요로 한다는 것을 알았다(2011. 7. 27. 개인적 교류에서 들음).

우 많은 사람들의 불안을 유발시키거나 촉진시키는 것으로 보이므로, 체계 수준에서 적용되는 요법은 불안을 감소시킬 수 있을 것이다. 이러한 체계 요법은 내담자가 스트레스 요인을 적게 경험하기 위해 그의 매일의 패턴을 재구성하는 것(예 : 더 적은 시간/일 그리고 적은 일수/년 일하기, 교제/취미/운동/명상 등의 시간 갖기 등)에 대한 장단점을 논의하는 것이 들어간다. 이러한 노력은 개인이 할 수 있거나 성취할 수 있는 것을 내려놓는, 그래서 수입이 줄어들 수도 있음에도 불구하고, 주로 삶의 질을 향상시키는 결과를 보인다. 저자는 불안을 호소하는 20대 후반의 여성을 상담한 기억이 있다. 알고 보니, 그녀는 두 아이를 가진 싱글맘이었고, 전일 근무를 하고 동시에 대학원을 다니면서 아이들을 혼자 키우고 있었다. 그는 재정적인 염려, 학비 걱정, 아이들에게 시간을 내는 것 등의 스트레스가 극에 달하였다. 이러한 사례에서, 치료자가 내담자를 위한 자원 제공자가 되는 것이 가장 좋을 것이다. 그들 환경에 정확히 효과적인 다양한 사회 서비스를 접하고 제공받게 하는 것이다[예 : 정착금이나 기타 경제 지원, 공공지원 서비스, 저소득층 지원 그룹, 다양한 취학전 아동교육(Head Start), 공원이나 자연 공간 등의 무료 공공자원을 활용하기].

이미 확인된 지지 서비스를 접하도록 돕는 것에 추가하여, 우하 분획의 요법에는 내담자들에게 고통을 주는 사회 체계와 정책을 구조적으로 바꾸는 계몽운동이 있다. 예를 들어, 저자는 데이브라는 이름의 동성애 남성을 상담한 적이 있는데 그는 30년간 에릭이라는 동성 배우자와 살고 있었다. 데이브가 상담을 시작했을 때 에릭은 암 진단을 받았다. 에릭은 자영업자이고 의료보험을 들지 않았으며 데이브의 의료보험은 규정상 법적 배우자에게만 혜택이 있어서 등록을 할 수는 없었다. 상담을 하면서, 데이브는 사회적 부당함이 지금의 불안한 상황을 얼마나 더 악화시키는지 이야기하였다. 그러므로 사회 체계나 정책을 보다 정당하고 공평하게 바꿀 수 있는 데이브와 에릭 같은 이들에게 영향력을 미칠 만한 사람이 나선다면 그는 많은 사람들이 경험하고 있는 불필요한 고통을 감소시킬 수 있을 것이다.

치료 결론과 사례 설명

악순환의 고리를 반복하는 많은 불안한 내담자들에게, 통합 치료자는 사분획이 서로 상승작용을 할 만한 적절한 접근을 선보인다. 그래서 우상 관점에서, 명백한 행동을 수정하고 노출 치료를 활용하는 것이 필수적이며, 때때로 약물치료를 병행하는 것도 효과적이다. 좌상 관점에서, 공포 상황의 상징적 의미에 대해 깊은 통찰을 갖는 것과 부적응적 인지와 재앙화 이미지를 수정하는 것이 종종 결정적이다. 우하 관점에서, 직업이나 가정에서부터 경제적 그리고 광범위한 정책에 이르기까지, 다양한 체계가 내담자의 불안에 적용될 수 있다. 불공정한 사회 체계 변화를 위한 계몽운동에 대한 것도 상담사와 기타 정신건강 전문가들 사이에서 점차 강조되고 있다. 좌하 관점에서, 내담자의 중요한 관계를 (그리고 그 관계가 내담자의 안전 기반으로서 어느 정도의 역량인지) 판별하는 것이 그들 자신과 삶을 이해하는 데에 활용되는 (원가족의 절대적인 규칙과 선언으로부터 종교적 핵심 신념까지의) 의미 부여 체계를 판별하는 것만큼 반드시 필요하다. 이어지는 사례 설명은 앞서 말한 다양한 역동들을 묘사하고 있다.

25세 멕시코계 미국인인 마리아는 전문 요리사이며 최근 지역 TV에서 방송에 초대를 받았으나, 방청객 앞에서 공황 발작을 일으킬까 봐 너무 두려워서 포기를 하였다. 그는 이런 좋은 기회를 놓치고 너무 실망하여 전문가의 도움을 청하게 되었다. 마리아는 지금까지 사는 동안 많은 일에 걱정을 해왔음을 말하였고, 공황 발작이 더 일어날까 봐 염려하였다. 특히 다른 사람들이 자신이 미쳤다고 느끼게 될까 봐 두렵고 공적인 자리에서 공황 발작을 일으키면 얼마나 창피할지 걱정하였다. 그는 저녁때 가끔 한두 잔의 술을 하고, 파티에서는 서너 잔의 술을 하기도 하지만, 그동안 공황 발작을 일으킬 만한 물질남용이나 건강 문제를 보인 적은 없었다.

그가 말한 것에 기초할 때, 그의 아버지는 범불안장애인 것으로 보이나, 한 번도 치료를 받은 적은 없다. 마리아에 따르면, 아버지는 '하루 종일' 걱정하고 실제 청중 앞에서 연주하는 것이 너무 두려워서 전문 연주직을 회피하였다. 게다가 그의 세 언니오빠들 중 둘은 매우 불안한 사람들이었다. 그러므로 마리아의 불안과 공황의 유전적 요소에 추가하여, 아버지와 언니오빠를 본받아 학습된 영향으로 그는 불안을 느낄 뿐 아니라 불안을 야기한 상황들을 회피하려고 하였다.

아이 때에, 마리아는 범죄율이 높은 가난한 지역에서 가족들과 함께 살았다. 아파트는 페인트가 벗겨져 있었고 10대 초반에서야 주인이 다시 도색을 했다. 집에는 친척이 자주 와서 같이 살게 되고 그는 자매들과는 물론이고 종종 여러 사촌들과 방을 같이 써야 했다. 마리아는 부모가 돈 문제, 멕시코 친척과의 사이에서 또한 이웃 사이에서의 안전에 대해 걱정하는 얘기를 자주 들을 수 있었다. 이러한 사회/환경 문제들을 걱정하는 부모의 이야기를 들은 것은 세상이 자기 뜻대로 어떻게 할 수는 없는 곳이라는 느낌을 키워가는 요인이 되었다.

마리아와 자매들은 그들 집안에서는 처음으로 미국에서 태어난 가족이었으며, 학생 때에는 '불법이민자의 자식들' 취급을 받아 놀림을 당했다. 그는 결국 학교를 싫어하게 되었고, 어머니가 일하는 식당의 일을 도우러 학교를 자주 빠졌다(이것이 그가 요리에 관심을 갖게 된 계기이다).

TV쇼 출연을 거절한 것이 그가 원하는 중요한 상황을 오히려 회피하게 만드는 처음 있는 불안이지만, 다가올 공황 발작을 떨치지 못할 것이라고 걱정한 것은 이번이 처음이 아니었다

(그는 예전부터 자기 불안을 조절하지 못했다고 생각하였다). 그래서 그는 지금까지의 시간들을 주로 혼자 있거나, 식당에서는 가장 친한 친구 하나와 같이 있거나 아니면 집에서 가족과 있었다. 그는 자신을 약하고, 감정 조절을 못하며, 사회 기술이 떨어지는 사람으로 생각하였다. 더 깊이 보면, 그는 자신을 무능하고, 불충분하고, 가짜인 것 같은 존재로 여겼다. "나는 내가 어떻게 레스토랑의 주방장이 되었는지 모르겠어요. 정말 제가 운이 좋다고 생각해요."

많은 멕시코계 미국인들처럼, 마리아의 가족은 그에게 가히 절대적이었으며, 그의 자기감은 가족의 영향을 크게 받은 것처럼 보였다. 그는 그의 부모가 그를 사랑하고 깊이 관여했다고 말했다. 또한 동시에 말하길 부모는 매우 통제적이고 과보호했으며, 자신들의 규칙과 벌칙에 상당히 고지식하였다고 했다. 그는 부모가 자신을 독립적이 되도록 도와주지는 못했다는 점을 깨닫게 되었다(상담을 시작할 때 그는 여전히 부모와 같이 살고 있었다). 그는 종종 가족에게 무엇이 최선인지와 자신이 무엇을 하기 원하는지 사이에서 어떻게 판단해야 할지 갈등하게 된다고 말하였다.

불안장애 내담자를 돕는 결정적인 요소는 그들의 정서 경험을 보다 깊이 있게 확장하는 것이며, 이를 위해 필수적으로는 내담자가 과거 견딜 수 없었던 불안을 지금 치료자 앞에서 경험하게 해주는 것인데, 이를 위해서는 '안전 기반'으로서의 치료 관계를 활용해야 한다. 나는 Wachtel(1977)과 다른 학자들(Barlow, 2004; Wolfe, 2005)이 말한, 불안장애 내담자들을 치료한다는 것은 기본적으로 내담자가 궁극적으로 무엇을 두려워하는지를 캐내는 과정이며, 염려하는 결과가 나타나지 않은 채로 그 상황을 직시할 수 있도록 돕는 것이라는 설명에 동의한다. 나는 보통의 내 치료 경우보다 마리아에게는 심리역동/애착에 집중하지 않았다. 적어도 그는 그의 부모와 친한 친구를 진심으로 사랑하고 있었기 때문이며, 적어도 그는 그의 불안과 공황 증상들이 "가급적 빨리 없어지기를" 간절히 원했기 때문이다. 마리아는 확실히 안정 애착 양상을 보였고, 치료자와도 개방적이며 따뜻한 관계를 보였다. 그래서 마리아와 나는 매우 빠르게 작업 동맹을 공고히 할 수 있었다. 그의 불안과 가능한 공황 발작을 조절하기 위하여, 나는 그를 정신과 의사에게 연결하여 필요시 로라제팜(Lorazepam)을 사용할 수 있도록 처방받게 하였다(우상 분획). 나는 그가 로라제팜을 오로지, 내가 지도하여 앞으로 상담 중에 그리고 집에서 연습하게 될, 다음의 여러 치료 방식이 통하지 않는 경우에만 사용하도록 권하였다 ─ 복식 호흡(우상 분획)과 묵주 사용[묵주는 그를 안착시켜주는 도구이다. 그는 천주교인이었다(좌하 분획)], 마음챙김[지금의 순간에 집중하는 무비판적 인식. 생각보다는 느낌에 치중(좌상 분획)], 여러 가지들이 파국적이라고 여기는 증거를 냉정히 검토하여 재앙화 사고를 반박함(우상, 좌상 분획). 그래서 우리는 세 가지 방면에서의 접근, 즉 (1) 그의 불안 증상을 줄이고, (2) 불안의 내성을 키우며, (3) 그의 부정적 자기 관점을 보다 긍정적, 현실적인 것으로 재구성하는 과업을 추진하였다. 우리가 두 번째 과업으로 언급한 방법들 중의 하나는 그가 두려워하는 시나리오가 벌어지는 것(예 : 그가 포기한 TV쇼에 나가서 공황 발작을 일으키는 것)을 상상하는 방식이다. 그가 불안해지는 만큼, 그는 깊은 호흡을 시도하겠지만 단순히 불안을 축소하거나 회피하기보다는 좀 더 충분히 불안을 경험해보아야 한다. 이를 통해 내담자는 정서 경험을 얻게 되는데(단순히 지식만으로는 아니다) 그는 불안을 견뎌낼 수 있을 뿐 아니라, 그가 두려워하는 재앙, 즉 대중 앞에서 굴욕을 느끼거나 무능해보일 것이라는 예상이 일어나지 않았다는 점이다. 나는 또한 그가 사회적으로 세련되어 보이는 점을 볼 수 있도록 하고, 그가 스스로 생각하는 것보다 더 역량 있고 유능하다는 점을 확인할 증거들을 제시하였다(세 번째 과업). 이로써 그는 불안이 올라올 때 이를 처리할 수 있는 자신의 역량에 대해 보다 자신감을 갖게 되었다. 노출 작업으로는 체계적 탈감작화, 그만둔 TV쇼와 관련한 시나리오를 상상하는 것이 있다.

마리아의 문화적 그리고 사회적 치료 영역에는 그가 초등학생 시절 겪은 인종에 따른 괴롭힘/따돌림이 아주 심하고 부당하였지만, 10대 초기 이후로 그런 일은 없었다. 결과적으로 그는 비록 우리 사회가 인종차별에서 자유롭지는 않으나, 그가 현재 이로 인해 불이익을 받거나 억압당하지는 않는다는 사실을 유념하는 것이 바람직하다는 걸 깨닫게 되었다. 하지만 이는 그의 부모와 특히 멕시코에 있는 친척들이 일상에서 접하는 경제적 곤란(우하 분획)과는 별개의 문제이다. 여기에서, 비록 멕시코에 있는 그의 가족이 가난하게 산다고 해도, 그는 요리사로서 넉넉한 생활을 하고, 그의 친척에게 일부 돈을 보내주는 동안에도 자신에게 투자하지 않을 이유가 전혀 없다는 것을 확실하게 해두는 것이 좋다. 비록 이러한 인지적인 전략들이 사회적인 수준의 격차에서 보이는 경제적 불평등을 개선하는 것과 거리가 멀다고 해도, 그의 불안 증상을 조절하는 데에는 유용한 요소가 될 수 있을 것이다. 내가 마리아와 주로 작업한 것은 상부, 즉 개인에 해당하는 분획이었으나, 우리는 또한 하부 분획들에 대해서도 언급하였다. 그의 문화(멕시코계 미국인, 천주교인)와 사회경제수준에 관해서만 아니라, 우리 작업의 기반이었던 우리의 치료 관계에 의한 부분까지 말이다. 우리가 함께 작업을 마쳐갈 즈음, 마리아는 또 다른 TV쇼 기회가 온다면 이번에는 주저 없이 결정하겠다는 자신감을 보였다.

불안장애의 대표적 다섯 질환에 대한 간단한 설명

이 단원에서, 우리는 5개의 가장 흔한 불안 및 불안관련장애들의 보다 구체적인 원인들을 탐구할 것이다―공황장애, 특정공포증, 사회불안장애, 범불안장애, 강박장애. 강박장애(OCD)

는 DSM-5에서 더 이상 불안장애군에 포함되지 않으나, 여기서는 포함을 시켰는데 왜냐하면 강박장애는 확실히 '불안 관련'을 보이기 때문이다. 성인의 정신질환들이 청소년기 장애의 파생물인 정도를 검토한 Kim-Cohen과 동료들의 연구 결과를 요약하여, Poulton 등(2009)은 정리하길 "GAD나 OCD는 다른 불안장애들에 비해 '다른 위치에 있는 것으로 보이는' 점을 주목해야 한다. 이들 질환은 오히려 PTSD와 긴밀한 연속성을 보이는 것으로 보이며, 이 두 질환이 DSM-5에서 불안장애로부터 제외된 것에 대해서는 의구심이 커진다"(p. 110).

공황장애

DSM-5에 의하면, 공황장애의 일차적 진단 기준은 예상치 않은, 반복되는 공황 발작이며, 이의 핵심적 양상은 강렬한 불편 혹은 두려움이 삽시간에 극도에 달하며, 이 기간에 다음 중 네 가지 이상의 증상들이 나타난다—떨림 혹은 흔들거림, 숨이 멎거나 막히거나 혹은 숨이 짧아지는 느낌, 땀, 가슴 통증, 심장 두근거림, 감각마비/저림/열감 혹은 냉기, 구역질 혹은 복부 불편감, 비현실감 혹은 이인증, 머리가 핑 돌거나 어지럽거나 혹은 쓰러질 것 같은 느낌, 통제를 잃거나 미치거나 혹은 죽을 것 같은 공포(APA, 2013). 일반적으로 공황장애는 공황 발작과 연관된 신체 감각에 치중하는 극심한 불안이 있다는 관점이 실질적으로 수용되고 있다(Barlow, 2004). 마찬가지로, 광장공포증(거의 항상 미미하게라도 공황장애와 동반한다)은 회피적 대응 전략 즉, 공황 발작이 일어날 법한 상황을 회피하기 위해 나타나는 것으로 보는 편이다.

공황장애의 원인론에는 2개의 일차 관점이 있다. 첫째는 인지행동과 심리사회 과정을 강조하며, 두 번째는 생물학 모형이다(Poulton et al., 2009). 공황장애의 인지 차원에는 불안 발작의 파국적 양상을 가정하는 개인의 신념과 생각들이 있다(Barlow, 2004). 예를 들어 이러한 개인들은 자신이 간질 발작, 심장 마비, 혹은 뇌졸중을 겪는 것으로 흔히 믿는다. 이들은 자신이 쓰러지고, 숨이 막히고, 자제력을 잃고, 미치고, 혹은 이러다 죽을 것이라고 생각한다. 공황 발작은 흔히 아무런 외부 자극 없이 일어나므로, 공황장애를 겪는 내담자들은 그들 스스로의 불충분감과 취약성에 관한 잘못된 믿음(faulty beliefs)을 키운다. 우리가 이 장에서 살펴보았듯이, 공포 상황에 대한 회피는 불안장애의 핵심 열쇠이다. 불안 발작과 불안장애는 광장공포증과 흔히 같이 나타나며(DSM-IV-TR에서는, "광장공포증을 동반한 공황장애"가 하나의 정신질환이었다), 네 가지 범주의 회피 혹은 보호 행동이 공황장애를 지속하는 것으로 보인다—광장공포증 회피, 주의산만, 내부 자극(신체 자극) 회피, 안전 행동.

광장공포증 회피는 공황 발작이 일어났을 때 개인을 당혹스럽게 하거나, 피할 수가 없거나, 혹은 도움을 받을 수 없는 상황을 회피하는 것이다. 이러한 상황으로는 자기 집을 벗어나는 것 혹은 사람 많은 곳(예 : 식료품점, 교회, 극장, 마트, 식당), 자가용이나 버스 혹은 기차로 여행하는 것, 다리에 있는 것이 해당된다. 주의산만은 공황 발작의 가능성에 대한 신호를 회피하기 위한 또 다른 전략이다. 필수적으로, 사람들은 공황의 가능성에서 자신을 분산시키기 위해 그들의 관심을 다른 곳에 돌린다. 예를 들어 누군가와 말을 하거나, TV를 보거나, 음악을 듣거나, 독서를 한다. David Barlow(2004)는 확신하길 내부 자극 회피는 "보다 전통적인 광장공포 회피만큼이나 중요하다."(p. 330)고 했으며 이는 공황과 흡사한 신체 증상을 만들어내는 사실과 활동을 회피하는 것이다. 회피되는 내부 자극 활동으로 보다 흔히 나타나는 것은 음식이나 카페인 음료를 먹는 것, 춤이나 성관계를 포함하여 스포츠나 유산소 운동 활동을 하는 것, 격한 토론에 참여하는 것, 호러나 서스펜스 영화를 보는 것, 혹은 앉은 상태에서 갑자기 벌떡 일어나는 것이 있다. 안전 **행동**은 공황 발작이 일어나는 경우 보다 보호되고 은신이 되는 여러 행동이다. 예를 들어, '안전한 사람'(공황 발작 내담자를 개인적으로 알고 그를 공황의 상태에서 도울 수 있는 사람)이 같이 있을 때에만 어딜 가거나 활동을 하는 것, 항상 전화기나 처방 약물, 종교 상징물 혹은 행운의 부적을 붙들고 있는 것이다.

흥미롭게도, 23명의 공황장애 내담자와 23명의 정상 대조군(성별, 나이, 학력, 사회 수준을 동일하게 맞춤)의 생애 중대한 스트레스 경험(즉, 가까운 혈연의 심한 질병이나 죽음) 발생빈도를 비교한 연구에서, 내담자들은 첫 번 공황 발작의 두 달 전 생애 스트레스 사건이 대조군과 비교하여 유의하게 높았다(Faravelli, 1985).

생물학 관점은 핵심 병인론 요인으로 일반적이지 않게 질식 증상 혹은 호흡, 심박동, 혈압 같은 다른 생리적 반응에 대한 역치가 낮은 점을 든다. 하지만 이 장에서 반복적으로 본 것처럼, 결과 소견들은 양측을 지지하는 다른 연구들과 뒤섞인다(Roth, Wilhem, & Pettit, 2005; Silberg, Rutter, Neale, & Eaves, 2001). 그럼에도, 공황장애에 대한 유전적 영향은 명확해 보인다. 공황장애 내담자의 일차 친족은 그렇지 않은 경우에 비해 공황장애가 생길 가능성이 8배 증가한다(APA, 2000, p. 437).

인지행동 접근이 공황장애의 가장 효과적인 치료일 것이다(Barlow, 2004). 공황장애를 겪는 사람들의 핵심 양상은 그들의 불충분감과 취약성에 대한 왜곡된 신념이기 때문에, 어떤 부적응적 신념들이 있는지 깊이 탐색하고 이해하여 보다 적응적인 생각 흐름으로 바꾸거나 재구성하는 것이 중요하다. 이러한 인지적 접근은 공황 발작 그 자체에 가장 유용한 반면, 다양한 노출 치료들은 광장공포증이나 기타 회피 반응을 감소시키는 데에 보다 효과적인 편이다.

특정공포증

특정공포증은 모든 정신질환 중에 가장 중요하다. 이 질환이 가장 잘 알려져 있고 가장 효과적으로 치료되는 질환일 뿐 아니라, 인구의 약 11%가 영향을 받기 때문이다(Barlow, 2004). DSM-5에 의하면, 특정공포증의 일차 진단 기준에는 특정 상황이나 대상에 관련된 상당한 공포 혹은 불안이 있어서 실제 상황이나 대상에 어울리지 않는 공포와 불안이 꾸준히 자극된다. 그 결과로, 개인은 상황이나 대상을 피하거나, 혹은 공포 혹은 불안을 겪으며, 이로 인해 임상적으로 상당한 손상 혹은 고통이 이어진다(APA, 2013). DSM-5는 특정공포증의 명시사항 다섯 가지를 묘사하고 있다 — 동물(거미, 뱀, 개 등), 자연환경(천둥, 높은 곳, 물 등), 혈액-주사-손상(BII; 피 혹은 손상 혹은 주사 맞는 것을 보는 것), 상황(비행, 폐쇄 공간, 다리 등), 기타(이상의 네 아형에 분류되지 않는 자극에 의한 경우, 예를 들어 구토나 사레 걸림 혹은 병을 앓는 것에 대한 공포).

공포증의 병인론으로는 두 가지 일차 관점이 있다. 첫 번째는, 연상 조건화 관점인데, 공포증을 다양한 자극이 (연상 과정을 통해) 조건화되는 학습 경험에서 유래한 것으로 본다. 둘째는, (보다 태생적인) 생물학적 견해인데, 공포증을 일차적으로 내부에서 생성되는, 비연상적인 과정에서 유래한 것으로 본다(Poultron et al., 2009). 종종 그렇듯이, 두 관점을 모두 지지하는 것으로 보이는 몇몇 연구가 있다(Kendler, Myers, & Prescott, 2002; Mineka & Zinbarg, 2006).

연상 조건화 관점은 특정공포증의 병인론으로 상황이나 대상을 잠재적으로 위험하거나 아니면 실제 혹은 거짓 알람[42]을 '준비하는' 것과 연상을 맺는 것을 지적한다. Bouton, Mineka, 그리고 Barlow(2001)는 특정공포증의 병인론으로 일어나는 정서 학습은 조건화의 원리에 따른다는 확실한 증거를 제시한다. 더 나아가, 이러한 정서 학습과 공포 조건화가 의식적인 인식 없이도 일어날 수 있다(LeDoux, 1996; Ohman, 1992).

비록 흔히 결과치들이 혼재되고 서로 상반되기도 하지만(Barlow, 2004),[43] 전체적으로 볼 때 특정공포증에 대한 유전적인 영향이 중요하며, 특히 그러한 요인이 어떻게 이른 학습 경험에 관여되는지에 대하여 그렇다. 보다 세부적으로, 특정공포증에 영향을 주는 세 가지 학습 과정이 있다 — 직접 조건화(예 : 실제로 개에 물리거나 외상을 받음), 대리 혹은 관찰 학습(예 : 친구가 개에게 공격당하는 것을 목격함), 정보/교육(예 : 개가 얼마나 위험한지를 부모에게 듣거나 글로 읽음; Rachman, 1977). 그렇지만 직접 조건화의 경험이 특정공포증의 원천으로 가장 흔히 보고된다. Barlow의 삼중 취약성 모형(2004)과 일관성 있게, 특정공포증의 원인론으로 (1) 불안, 공포, 그리고/혹은 공황을 경험하는 비특이적 유전 경향, (2) 불안에 대한 일반적인

---

[42] 실제 알람은 위험한 자극 가능성이 실제 있을 때의 공포 혹은 공황이다. 거짓 알람은 위험한 자극 가능성이 없는 중에 나타나는 공포 혹은 공황이다(Barlow, 2004, p. 320).

[43] "사안을 더욱 복잡하게 하자면, 공포증 범주 안에는 병인론적 경로에 대한 의견통일이 없다"(Poulton et al., 2009, p. 112).

심리 취약성, (3) 특수한 학습 경험, 이 셋의 상호작용이 고려된다.

치료의 관점에서, "특정공포증의 치료 선택은 의견이 거의 일치한다. 거의 모든 전문가가 공포 대상과 상황에 대한 노출은 이러한 문제를 지닌 대다수의 내담자들을 치료하는 데에 적절하고 충분하다고 수긍하였다(Barlow, 2004, p. 408).[44] 대부분의 정신병리와 달리, 특정공포증의 내담자들에게는 약물치료가 별 도움이 되지 않는 것으로 널리 알려져 있다. 더 나아가, 약물은 사실상 "내담자의 불안이 적정한 수준으로 상승하는 것을 막아주는 점 때문에 노출 기반 치료의 효과를 떨어뜨릴 수 있다."는 논의가 있다(Barlow, 2004, p. 416).

사회불안장애(사회공포증)

사회불안장애는 가장 흔한 불안장애이기도 하면서 가장 흔한 3대 정신병리 중의 하나이기도 하다(Barlow, 2004). DSM-5에서, 사회불안장애의 진단 기준은 사회적 상황에서 유의한 불안이나 공포가 거의 항상 일어나는 것이며, 특별히 실제로는 아닐 수 있어도 타인에게 평가받거나 주목받을 가능성이 있을 때 그러하다. 불안과 공포가 실제 사회 상황에 맞지 않기 때문에, 그런 상황은 주로 회피되거나 괴로움을 겪으며, 이러한 점들이 임상적으로 상당한 손상 혹은 고통을 초래한다(APA, 2013).

사회불안장애의 여러 병인론적 관점 고찰―유전과 기질 요인부터 인지 왜곡, 기술 결함, 아동 양육 경험, 안 좋은 사회 경험, 기타 부정적 생애 사건들까지―에서 사회불안장애의 병인론 기반을 이해하는 것은 매우 제한적이며 여전히 초보적인 수준에 머물러 있다고 Rapee와 Spence는 결론 내렸다(Rapee & Spence, 2004). 그럼에도 어떤 상황들은 사회불안장애의 형성에 영향을 주는 것처럼 보인다. 예를 들어, 사회불안장애를 겪는 개인들이 사회 기술이 부족하지는 않다는 유념할 증거들이 있긴 하지만, 그들은 사회적인 공포가 없는 사람에 비해 자신의 사회적 수행을 부정적으로 평가하는 경향이 있으며, 실제 수행의 차이가 확실히 나타난 다음에도 그러하다(Rapee & LIm, 1992). 진화론 관점에서 비판, 거절, 혹은 분노의 사회적 자극에 민감해지는 것에는 적응적 측면이 있으며, 이는 아마도 생물학적으로 결정된 준비 태세일 것이다(Ohman, 1986).

다른 불안장애들처럼, 사회불안장애를 발전시키는 데에는 생물, 심리, 그리고 환경 요소들

---

44 그럼에도, (이 장의 앞부분에서 언급한) Barry Wolfe의 논점을 기억하는 것이 중요하겠다. "···노출 기반 행동치료는 (그 자체로) 공포증을 치유하지 못한다. 연구 문헌(Barlow & Wolfe, 1981)에 나온 것처럼 내가 치료한 경우의 60~70%에서 공포증이 신속히 경감되거나 없어지는 것을 나는 보지 못했다. 25년간 300명 이상의 불안장애 내담자를 보았는데, 그들 중 약 30% 정도에서 노출 치료가 신속한 증상 경감을 보였다"(Wolfe, 2005, p. 5).

이 상호작용할 것이다. 사실, David Barlow(2004)는 삼중 취약성 모형을 고려하면서 말하길 그가 제시한 "사회공포증의 병인론으로서의 현 모형은 … 다른 불안장애들을 위해 제시된 모형들과 매우 흡사하다."(p. 461)고 하였다. 사회불안장애에 대한 유전 영향은 비특이적임에도, 이들은 수줍음과 행동 제한(새로운 사회 상황을 마주할 때의 소심함, 신중함, 두려움) 같은 어떤 기질 변수와 상관관계를 보이는 것으로 보인다.

사회불안장애의 병인론에 대한 보다 최근의 문헌 검토에서, Beidel과 Tumer는 결론 내리길 유전자와 다른 생물학적 요소에 더하여 직접 조건화, 양육 모델링, 기타 대리 조건화가 정보 전달만큼 (앞서 특정공포증에서 언급한 것과 흡사하게) 관여되는 것으로 보인다고 하였다(Beidel & Tumer, 2007). 예를 들어, 부모가 아이들에게 세상은 안전한 곳이 아니라고 말하거나, 사람들은 믿을 게 못 된다고 하거나, 혹은 사람들은 항상 너를 평가하고 너를 착취하기 위해 약점을 찾아내려 할 것이라고 하면 이러한 정보 전달은 사회불안장애를 발전시킬 가능성이 높은 하나의 위험 인자이다. 더욱이, DSM-5를 위해 스트레스 유발 및 공포 회로 불안장애 (stress-induced and fear circuitry anxiety disorders, 여기에는 공황장애, 특정공포증과 사회공포증뿐만 아니라, PTSD도 포함된다. 이 범주는 최종적으로 DSM-5에 채택되지 못하였다)의 명확한 범주를 만들어내기 위한 연구 기초를 살펴보는 다양한 조사 연구에서, Fyer와 Brown은 그들이 관찰한 각각의 질환에서 "현재 진단 범주들의 독자성과 중복성에 대한 증거가 모두 있다. 우리들은 여러 정보들이, 다른 의학 영역에서의 소견과 마찬가지로, 병인론적 요인들(예 : 유전, 환경, 발달 과정)과 나타나는 임상 증후군의 개념 정의 사이에 더욱 복잡한 상호작용이 있음을 보여준다고 결론지었다."고 말하였다(Fyer & Brown, 2009). 더 나아가, Poulton과 동료들은 언급하길 사회불안장애에 대한 지금의 병인론 이해는 여전히 초보적이라고 하였다. 기질, 유전 요인, 부정적인 생애 사건들, 아동 양육 경험, 나쁜 사회 경험, 기술 결함, 그리고 인지 왜곡을 모두 포함한 사회불안장애의 병인론적 이해들을 검토하니 사회불안장애의 병인론에 대한 지식에 심각한 제약이 있음을 알게 됐다(Rapee & Spence, 2004).

치료에 대해서, 연구들은 인지행동 접근(특히 집단 형식; Heimberg, Salzman, Holt, & Blendell, 1993), 사회기술훈련(이를 필요로 하는 경우), (불편한 사회 상황을 넘길 수 있게 해주지만 사회불안장애 자체를 극복하는 것은 아닌) 약물치료(SSRIs, MAOIs, 벤조디아제핀, 베타-차단제, 삼환계와 그 외 항우울제; Barlow, 2004)의 효과성을 지지한다.

범불안장애

DSM-5에서, 범불안장애의 진단 기준은 불안과 걱정의 증가가 며칠간 다음 증상의 세 가지 이상과 동반한다 — 근육 긴장, 가만히 있지 못함 혹은 날선 느낌, 집중의 어려움, 쉽게 피곤해

짐, 짜증, 혹은 수면장애의 한 형태. 불안과 걱정은(개인이 조절하기 어렵다는 것을 안다) 삶의 한 영역보다 많은 곳에 작용하여 지연, 회피, 반복적인 확신 추구, 혹은 부정적 결과를 돌리려고 노력과 시간을 들이게 되며, 이러한 점들이 임상적으로 상당한 손상 혹은 고통을 초래한다(APA, 2013).

GAD의 개념과 진단 기준의 변화는 이 기준이 처음 만들어진 DSM-III 이후로 계속적인 논란의 대상이었다. GAD를 다른 불안장애들과 (심지어 기분장애와도) 상대적으로 분화시키기가 어렵기 때문에, GAD 진단의 타당도에 대해 계속 논의가 되고 있는 사실에 놀랄 것이 없다(Schmidt, Riccardi, Richey, & Timpano, 2009). 그럼에도 GAD의 주된 양상은 걱정이고, 걱정은 불안장애에서 흔한 양상이기 때문에, 일부 전문가들은 GAD를 '기본(basic)' 불안장애라고 생각한다(Barlow, 2004, p. 477). 나아가, David Barlow는 말하길 GAD에 대한 보다 깊은 병인론 이해는 모든 불안장애를 밝혀줄 뿐 아니라, 주요우울장애와의 밀접한 연결성으로 인해, GAD에 대한 더 큰 이해는 모든 정서장애들에 적합한 중요한 의미를 갖는다고 하였다(Barlow, 2004).

분류학적 분석에서, 별도의 두 큰 표본에서의 경험적 소견은 '걱정 분류군(worry taxon)' 즉, "경험되는 대부분의 걱정과는 질적으로 다른 형태의 걱정"을 시사하였다.[45] 분류군을 규정하는 것만으로 사실상 그 원인 혹은 특성을 단정할 수 없지만, 이 두 연구의 자료들은 병리적인 걱정이 이전에 생각했던 것보다 넓은 스펙트럼을 갖는다는 점을 보여주며, (과거 병으로 취급 않던) 보다 많은 대상이 GAD 진단으로 유입된다. GAD 내담자의 걱정은 과도하게 경험되고 멈추거나 조절하기 어렵다고 느낀다. 걱정은 앞으로의 두려운 결과를 해결하거나 대응하는 적극적인 노력이 없이 미래의 파국 혹은 여러 부정적 사건들을 만들어내는 개념 (말과 글, 즉 상상의 반대) 활동이다. 여러 이론들이 어쩌다 이런 현상이 나타나는지를 설명하려고 노력해왔으며, 우리는 이 이론들을 간단히 살펴볼 것이다 — 회피, 정보 처리 오차, 메타 걱정.

Borkovec과 동료들은 경험에 근거한 GAD의 회피 이론을 제시하였다. 간단히 말하면, 걱정은 사람에게 잠재적 위협을 경고하는 것뿐만 아니라 깊은 감정 경험을 차단하는 회피로서도 기능한다(Borkovec, Alcaine, & Behar, 2004). 두 가지 이유로, 걱정은 부정 강화를 통해 유지된다. 첫째, 걱정은 강화하는 자율신경 각성의 감소와 연관되어 있다. 둘째, 두려워했던 미래의 파국은 흔히 일어나지 않는데 개인은 걱정으로 그 재난이 비껴갔다고 생각하고, 그래서 걱정은 더 강화된다. 첫째와 관련하여, 여러 연구들은 걱정이 사실상 자율신경 각성을 감소시킨다는 것을 보여주고 있다. 이 말은 마치 긍정 강화처럼 들리지만, 연구들은 지적하길 감소된 자

---

[45] 분류군은 자연적으로 나타난, 비임의적 범주들을 말한다(Schmidt et al., 2009, pp. 366~370).

율신경 각성은 실질적으로 성공적인 감정 과정을 방해하여 걱정의 순환을 끊어내는 새로운 학습을 막는다. Borkovec과 동료들은 걱정이 현재 순간의 염려들에 집중하지 않고, 그보다는 미래 중심의 잠재적 재난에 치중한다는 점을 강조하면서 걱정의 회피 특성을 또한 중요시하였다.

정보 처리 과정 관점에서, 걱정이 주의집중과 해석의 오차와 연관되어 있다는 점은 분명하다. 예를 들어, GAD를 가진 개인은 위협에 대한 주의집중 오차를 가지며, 부정적 결과에 가능성을 증가시키고, 모호한 자극을 위험 혹은 위협으로 해석하는 경향이 있다(Butler & Mathews, 1983; Vasey & Borkovec, 1992). 일부 정보 처리 이론들은 걱정이 위험이 생길 것 같다는 마음을 키울 뿐 아니라 위협을 마주하는 행동을 줄이고 보다 회피적이 되게 하는데 실제 위험은 마주하여 문제해결을 할 때 없어지거나 약해진다.

GAD 경험자들은 걱정만 아니라, 걱정 자체에 대한 부정적인 신념을 종종 가지며(예 : 걱정은 바람직하지 않고, 위험하며, 자신의 불충분감을 나타내는 것이라는 생각), 이러한 부정적 신념은 걱정 회로를 강화하는 것으로 보인다. 걱정에 대한 부정적 신념 중의 하나가 메타 걱정 즉, 걱정에 대한 걱정이다(Wells, 1999). 개인이 자신의 걱정을 부정적으로 평가하면 걱정하는 것에 대한 걱정이 생기는데, 걱정을 멈추거나 최소한 조절하기 위해서 흔히 있는 노력이다. 불행히도, 이러한 노력은 오히려 걱정을 높인다. Wegner는 실험으로 설명하길 원치 않는 생각을 회피하려는 시도는 실제로 그 생각을 갖고 있을 가능성을 높인다고 하였다(Wegner, 1994). 다른 말로, "걱정에 대한 부정적인 평가는 걱정을 멈추려는 동기를 갖게 하지만, 이러한 인지적 조절의 시도는 역설적으로 걱정의 횟수를 늘릴 수 있다"(Barlow, 2004, p. 495).

쌍둥이 연구들에서는 유전적 요인을 시사하긴 했지만, 다른 연구들은 말하길 유전적인 계승은 어떤 형태의 정서장애를 발전시키는 비특이적 요인이고, 정확히 GAD 혹은 다른 불안장애를 특정하는 것은 아니라고 하였다(Kendler, 1995). Schmidt와 동료들이 결론 내린 대로, "GAD 진단은 진화하고 있다. 이 진단은 불안장애 중 가장 아는 바가 없는 영역일 것이며, 이 질환의 특성과 치료를 밝히기 위해 상당한 연구 작업을 해왔다"(Schmidt et al., 2009, p. 372).

치료에 관하여, 일부 약물학 그리고 심리치료 접근이 효과적인 것으로 보인다. 하지만 여러 치료들이 GAD에 대한 효과를 보고하고는 있으나, GAD의 치료는 다른 불안장애들에 대한 어떤 치료들에 비해서도 치료 효과가 떨어진다는 점을 주목해야 할 것이다(Barlow, 2004, pp. 506~507). GAD 치료제의 세 부류는 벤조디아제핀계 약물, azapirones, 그리고 항우울제이다. 벤조디아제핀계 약물은 (걱정 혹은 이자극성과 같은) 심리 증상보다는 GAD의 신체 증상 치료에 더 효과적인 반면, buspirone과 같은 아자피론은 신체 증상보다는 심리 증상에 보다 효과적인 것으로 보인다. 부스피론의 또 다른 장점은 벤조디아제핀계 약물에서 보이는 졸림이나 인지 및 정신운동 기능의 저하를 유발하지 않는다는 점이다. 게다가, 의존 혹은 남용의 위험성이

휠씬 적다(Barlow, 2004).

GAD에 대한 심리치료 접근에서 경험으로 인정되는 것은 대표적으로 다양한 인지행동치료들이다. CBT의 가장 중요한 부분에는 두려움과 불안 및 걱정에 대한 심리 교육, 신체 및 심리증상의 자가 평가와 조기 발견, 다양한 이완 방법의 습득(복식 호흡, 즐거운 상상, 명상, 점진적 근육 이완), 상상 및 실제 자극에 노출, 대응 기술을 학습함, 인지 재구성이 들어간다. 최근 다양한 연구자와 치료자들이 마음챙김 명상과 CBT를 통합한 것이 CBT의 효과를 배가하였음을 확인하였다(Miller et al., 1995; Orsillo, Roemer, & Barlow, 2003).

강박장애

이 책이 저술될 때, 강박장애(OCD)는 불안장애로 분류되어 있었다. DSM-5에서, OCD는 '강박 및 관련 장애들(OCRDs)'로 재분류되었으며, 여기에는 OCD, 수집광, 신체이형장애(BDD), 발모광(털뽑기장애), 피부뜯기장애, 물질/약물치료로 유발된 강박 및 관련 장애, 다른 의학적 상태로 인한 강박 및 관련 장애, 달리 명시된 강박 및 관련 장애, 명시되지 않는 강박 및 관련 장애(즉, 강박 질투, 신체 중심 반복행동장애)가 포함된다. 미국정신의학회는 불안장애, OCRDs, 그리고 외상 및 스트레스 관련 장애들(여기에는 외상후스트레스장애, 급성스트레스장애가 포함된다)과의 깊은 관련성이 DSM-5에서의 나열 순서에 반영되어 있다고 말하였다.[46] DSM-5에 의하면, OCD가 불안장애들과 구분된, 하지만 관련 있는 새로운 형태의 범주로 옮겨가게 된 이유는 이것이 임상적으로 유용하며 또한 진단 검증 인자들이 OCD와 다른 OCRDs와의 관련성을 보여주기 때문이다. 이 점의 근거는 Abramowitz와 동료들이 2009년 (그 시점에서) 이 변경 제안에 대한 비판적 검토를 통해 구체화되었다.

a. OCD와 OCRDs의 증상은 반복 사고와 행동이라는 핵심 양상을 공유한다.

b. OCD와 OCRDs 사이에 흡사한 연관 양상[예 : 동반이환, 가족 영향(familial loading)]을 보인다.

c. OCD와 제안된 OCRDs는 공통의 유전 요인, 뇌 회로, 그리고 신경전달물질 이상을 공유한다.

d. OCD와 제안된 OCRDs는 비슷한 치료 반응 프로파일을 공유한다(Abramowitz et al., 2009, p. 330).

---

46 http://www.psychiatry.org/dsm5.

그런데 Abramowitz와 동료들은 물론이고 Taylor와 동료들도 자료들이 위의 네 가지를 지지하지 않는다고 강하게 주장하였다. 종종 그렇듯이, 1996에서 2006년에 걸쳐 OCD에 대한 문헌을 낸 심리학자와 정신의학자는 OCD를 분류하는 방식에 대해 동의하지 않으며, 표본의 60% 정도에서 OCD를 불안장애 범주에서 제외하는 제안을 지지한다(Abramowitz et al., 2009; Taylor, Asmundson, Abramowtz, & McKay, 2009). 어떤 자료는 제안하길 OCD는 불안장애들 범주에 남아 있어야 한다고 하였고 OCD와 다른 불안장애들은 비슷한 심리 경험을 갖는다고 보고하였다. 예를 들어, 다양한 회피 행동이 지형학적으로 다양하게 나타남에도 불구하고, 공황장애, 특정공포증, 사회불안장애, 그리고 OCD 모두 상대적으로 질환에 고유한 정황에서 일어나는 불안 경험을 포함하고 있다. 더욱이, 위험의 가능성을 배가시키는 왜곡된 지각은 공포를 지속시킨다. 다른 식으로, OCD와 다른 불안장애들은 발모광 혹은 피부뜯기와 같은 일부 OCRDs와는 공유하지 않는 내부 논리(internal logic)를 비슷하게 공유하고 있다. DSM-5에서 OCD는 OCRDs에 속해야 한다고 제안한 연구를 학술적으로 검토한 후, Abramowitz와 동료들은 "이러한 개념과 질병분류의 커다란 변동을 경험으로 인정하는 것이 빈약하다"고 결론내렸다(Abramowitz et al., 2009, p. 346). DSM-5에서는 OCD가 OCRDs 절에서 기술되지만, 우리는 이 질환의 논의를 불안장애 부분에 포함시켰다.

DSM-5에 의하면, 강박장애의 대표 양상은 시간을 소모시키거나 임상적으로 유의미한 손상 혹은 고통을 초래하는 강박사고 혹은 강박행동의 (혹은 둘 다) 존재이다. OCD를 겪는 이들은, 다른 불안관련장애들과 달리, 간혹 극단의 결과를 겪는다(즉, 불안관련장애의 개인이 입원을 하는 경우, 주로 OCD 때문이다; Barlow, 2004). 흔히 이러한 대상들은 다른 동반질환을 갖게 되어 질환의 정도와 복잡성이 커지고, 임상 장면을 복잡하게 하며, 성공적인 치료를 어렵게 한다. OCD를 겪는 이들은,

…통제력을 갖게 되고 삶의 어디에나 항상 위험이 편재하고 있는 것으로 예측을 하면 그들은 위험한 일을 막거나 안전을 재설정하기 위한 끊임없는 마법과 예식을 의지하게 된다. OCD에서 위험은 생각, 이미지, 혹은 충동의 형태로 나타나 강렬한 불편을 자극한다. 마치 뱀 공포증의 개인이 뱀을 피하듯, 이러한 생각 혹은 이미지는 혼란을 주고 회피 반응을 일으킨다(Barlow, 2004, p. 516).

침습적인 생각이 주어지고 이를 중화하는 강박행동이 흔히 경험되는 상황에서(Barlow, 2004), 우리는 어떻게 OCD의 원인과 근원을 이해할 수 있을까? 유전 및 생물학 요인들이 일부 사람에게 자리하여 스트레스에 보다 극심한 정서 반응을 나타낼 수 있다. 추가하여, 일부 연구에서는 스트레스 경험이 침습적 생각과 강박행동을 모두 유발시킬 수 있다고 하였다(Jones

& Menzies, 1998; Mineka, 1985). 첫 번째 공황장애 발생 전 생애 스트레스 사건의 발생률에 대한 Faravelli(1985)의 연구와 흡사하게, 몇몇 연구들은 OCD 발생 전 스트레스 상황의 발생률에서 서로 비슷한 결과치를 보고하였다(de Loof, Zandbergen, Lousberg, Pols, & Griez, 1989; McKeon, Roa, & Mann, 1984). 이와 함께 대리 (오류) 학습이 포함되며 이는 많은 사람이 생애 초기에 양육자에게서 경험하는 것으로서, 침습적인 생각을 갖는 이들의 극도의 위험하고, '악하고', '비정상적인' 특성들을 반복적으로 듣게 된다.

OCD 형성에 영향을 주는 또 다른 초기 환경 역동으로는 양육자가 어린아이들에게 과도한 책임감이나 완벽주의를 갖게 하는 경우이다. Salkovskis와 동료들의 연구에서 지적하길 일부 종교 교육 형태나 그 외 가정이나 학교의 경직되고, 거칠고, 편협한 품행 규정은 생각-행동 결합(즉, 어떤 나쁜 것을 행하는 생각 자체가 그 행동만큼이나 나쁘다고 여기는 것)과 마술 사고(즉, 개인의 생각과 환상이 실제 어떤 일을 일으킨다고 여기는 것)를 촉진하게 되어 결과적으로 OCD 증상이 발생할 요인이 될 수 있다고 하였다(Rachman, 1993; Salkovskis, Shafran, Rachman, & Freeston, 1999). 다른 연구는 Barlow(2004, p. 533)의 다음 인용을 지지한다. "경직된 믿음이 OCD의 취약 요인이 될 수 있다는 점은 종교적인 신념의 (유형이 아니라) 정도가 OCD 병리 심각도와 연관된다는 현상을 통해서도 알 수 있다"(Steketee, Quay, & White, 1991). 인지 치료자들은 지적하길, 다른 불안관련장애들의 사례에서와 마찬가지로, OCD 내담자들은 위협의 가능성을 과도하게 확대한다. 이러한 위협적인 혹은 원치 않는 생각이 일어나고 그것을 통제할 수 없을 때, 내담자들은 인지하는 위험을 중화하려는 노력으로 다양한 정신적 혹은 행동적 예식(rituals)을 반복하게 된다.

다시 한 번 Barlow(2004)의 (통합 관점으로 구성된) 삼중 취약 모형은 OCD의 병인론에서 생물학 요인과 일반 및 특정 심리 취약성과의 상호작용이 OCD를 드러내는 병인론 과정에 필수적인 것으로 이해시킨다.

구체적으로, 강렬한 스트레스 관련 부정 정서와 신경생물학 반응이 부정적인 생애 사건에 의해 자극된다(생물 취약성). 결과적인 침습적 생각은, 이는 스트레스 시점에서는 (다른 불안장애들과) 정상 인구에서도 경험되는 것인데, 원치 않는 생각으로 처리된다. 이러한 생각들을 회피하거나 억제하는 시도가 이루어진다. 이러한 생각의 반복은 불안을 강화하고, 부정 정서와 이러한 생각들이 예측 불허와 통제 불허의 양상으로 전개될 것이라는 느낌이 동반된다(일반 심리 취약성). 불안의 부정적인 악순환이 발전하면서, 생각이 원치 않는 그 내용 자체로 좁혀져 그 생각만 하게 된다. 강박사고의 특정 내용은 원치 않는 특정 생각 혹은 이미지의 학습된 습성에 따라 결정된다(특정 심리 취약성)(Barlow, 2004, p. 535).

OCD 일차 치료로 경험이 쌓인 세 가지 형태는 인지 치료, 내담자들의 정상적인 중화 예식을 제지하고 두려워하는 상황에 맞서게 하는 노출 치료 그리고 세로토닌 체계를 목표로 한 약물치료이다(Barlow, 2004).

결론

불안장애의 최신 지견 : DSM-5와 그 이상의 적용(McKay, Abramowitz, Taylor, & Asmundson, 2009) 저서에서의 핵심 주제는 범주보다 차원 분류가 불안장애의 진단과 치료에 훨씬 낫다는 것이다. 범주 접근은 질환이 소수의 원인 요인들에 의해 생겼다고 가정하는 반면, 차원 접근은 질환이 여러 요인들의 점진적인 영향에 의한 결과라고 가정한다. 차원 접근은 정신질환들에서의 유전–환경 상호작용에 관한 최신 개념 및 연구와 보다 일치한다(Taylor et al., 2009).

불안장애의 최신 지견 : DSM-5와 그 이상의 적용의 결론 장에서, Taylor와 동료들은 DSM-5 불안장애의 여러 가지 제안된 재분류(regrouping)를 언급하면서 "우리 관점에서 이러한 재분류는 조금도, 혹은 거의, 임상적인 가치가 없다."고 말했다(Tayler et al., 2009, p. 492). 다른 말로, 이러한 재분류는 치료의 효과성에 영향을 주지 않는다. 이러한 재분류의 영향은 아마도 연구 현실에 있을 것이다. 예를 들어, 요인 분석 연구는 공포장애들(공황장애, 광장공포증, 특정공포증, 사회불안장애)과 고통장애들(GAD, PTSD, 주요우울장애, 기분부전장애) 두 범주가 각기 다른 요인을 보여 이 둘 사이의 구별을 지지하였다(Taylor et al., 2009). 이와 대조적으로, OCRDs의 경험적 증거들은 여전히 의견이 분분하다.

지금까지의 내용을 따라온 여러분이라면, 우리가 불안장애들의 원인론에 관하여 두 가지 점을 알고 있음을 발견했을 것이다. 첫째, 다양한 요인들이 관여되어 있는데, 이는 Barlow의 삼중 취약성 모형과 통합 이론의 사분획 모형에서 고루 언급되었다. 둘째, 우리는 이러한 무수한 변수들이 어떻게 역동적으로 상호작용하여 특정 불안장애를 나타내는지 정확히 모른다. 통합 관점에서, 우리는 불안의 서로 다른 차원들과 그 원인을 최대한 알아내기를 기대하며, 이러한 복잡한 요인들이 어떻게 작용하는지 그리고 한 사람 한 사람에게 어떻게 경험되는지 이해하도록 힘써야 한다.

복습 문제

1. 정상, 신경증, 그리고 실존 불안을 정의하라.
2. 불안장애의 병인론으로서 David Barlow의 '삼중 취약성 모형'을 설명하라.
3. 어떻게 유전자, 심리, 다른 생물학적 과정이 불안장애의 단일 병인론 인자가 될 수 없는지를 설명하라.
4. 어떻게 불안, 회피 행동, 부정 강화가 함께 작용하는지 설명하라.
5. 애착 이론은 불안장애의 발달을 어떻게 보는가?
6. 왜 노출 치료가 불안장애에 종종 유용한지를 이론적으로 설명하라. 그리고 어떻게 내담자들에게 적용하는지를 설명하라.
7. 통합 접근의 일반적인 치료 목표를 (특히 Barry Wolfe와 Jerold Gold가 언급한 것을) 논의하라.

참고문헌

Abramowitz, J. S., Storch, E. A., McKay, D., Taylor, S., & Asmundson, G. J. G. (2009). The obsessive- compulsive spectrum: A critical review. In D. McKay, J. S. Abramowitz, S. Taylor, & G. J. G. Asmundson (Eds.), *Current perspectives on the anxiety disorders: Implications for DSM-5 and beyond*. New York, NY: Springer Publishing Company.

Allen, D. M. (2010). *How dysfunctional families spur mental disorders: A balanced approach to resolve problems and reconcile relationships*. Santa Barbara, CA: Praeger.

Almaas, A. H. (1996). *The point of existence: Transformations of narcissism in self-realization*. Berkeley, CA: Diamond.

American Psychiatric Association. (2000). *Diagnostic and statistical manual of mental disorders* (4th ed., text revision). Washington, DC: Author. American Psychiatric Association. (2013). *Diagnostic and statistical manual of mental disorders* (5th ed.). Washington, DC: Author.

Andrews, G. (2000). A focus on empirically supported outcomes: A commentary on search for empirically supported treatments. *Clinical Psychology: Science and Practice, 7*, 264–268.

Andrews, G., Charney, D. S., Sirovatka, P. J., & Regier, D. A. (Eds.). (2009). *Stress-induced and fear circuitry disorders: Advancing the research agenda for DSM-5*. Arlington, VA: American Psychiatric Association.

Asbury, K., Dunn. J. F., Pike, A., & Plomin, R. (2003). Nonshared environmental influences on individual differences in early behavioral development: A monozygotic twin differences study. *Child Development, 74*(3), 933–943.

Auden, W. H. (1947). *The age of anxiety: A baroque eclogue*. New York: Random House.

Ballash, N., Leyfer, O., Buckley, A. F., & Woodruff- Borden, J. (2006). Parental control in the etiology of anxiety. *Clinical Child and Family Psychology Review, 9*(2), 113–133.

Barlow, D. H. (2004). *Anxiety and its disorders: The nature and treatment of anxiety and panic* (2nd ed.). New York: Guilford.

Barlow, D. H., & Durand, V. M. (2002). *Abnormal psychology: An integrative approach*. Belmont, CA: Wadsworth.

Barlow, D. H., & Wolfe, B. E. (1981). Behavioral approaches to anxiety disorders: Reports on NIMHSUNY, Albany Research Conference. *Journal of Consulting and Clinical Psychology, 49*, 191–215.

Battista, J. (1996). Offensive spirituality and spiritual defenses. In B. Scotton, A. Chinen, & J. Battista (Eds.), *Textbook of transpersonal psychiatry and psychology* (pp. 261–270). New York: Basic Books.

Beck, A. T., & Emery, G. (1985). *Anxiety disorders and phobias*. New York: Basic Books.

Beck, A. T., & Weishaar, M. E. (2008). Cognitive therapy. In R. J. Corsini & D. Wedding (Eds.), *Current psychotherapies* (8th ed., pp. 263–294). Belmont, CA: Thomson.

Becker, E. (1973). *The denial of death*. New York: Simon & Schuster.

Beidel, D. C., & Turner, S. M. (2007). Etiology of social anxiety disorder. In D. C. Beidel & S. M. Turner (Eds.), *Shy children, phobic adults: Nature and treatment of social anxiety disorders* (2nd ed., pp. 91–119). Washington, DC: American Psychological Association.

Binswanger, L. (1958). The existential analysis school of thought. Translated by Ernest Angel. In R. May, E. Angel, & H. F. Ellenberger (Eds.), *Existence: A new dimension in psychiatry and psychology*. New York: Basic Books.

Boer, F., Markus, M. T., Maingay, R., Lindhout, I. E., Borst, S. R., & Hoogendijk, T. H. G. (2002). Negative life events of anxiety disordered children: Bad fortune, vulnerability, or reporter bias? *Child Psychiatry and Human Development, 32*, 187–199.

Bogels, S. M., & Brechman-Toussaint, M. L. (2006). Family issues in child anxiety: Attachment, family functioning, parental rearing and beliefs. *Clinical Psychology Review, 26*(7), 834–856.

Borkovec, T. D., Alcaine, O., & Behar, E. (2004). Avoidance theory of worry and generalized anxiety disorder. In R. G. Heimberg, C. L. Turk, & D. S. Mennin (Eds.), *Generalized anxiety disorder: Advances in research and practice* (pp. 77–108). New York: Guilford.

Borkovec, T. D., & Stiles, J. (1979). The contribution of relaxation and expectance to fear reduction via graded imaginal exposure to feared stimuli. *Behavior Research and Therapy, 17*, 529–540.

Bosquet, M. A. (2001, November). *An examination of the development of anxiety symptoms from a developmental psychopathology perspective*. Dissertation Abstracts International. Section B: The Sciences and Engineering. Vol. 62 (5-B), p. 2514.

Bouton, M. E., Mineka, S., & Barlow, D. H. (2001). A modern learning-theory perspective on the etiology of panic disorder. *Psychological Review, 108*(1), 4–32.

Bowlby, J. (1987). *The making and breaking of affectional bonds*. New York: Tavistock Publications.

Bowlby, J. (1988). *A secure base: Parent-child attunement and healthy human development*. New York: Basic Books.

Breggin, P. R. (1997). *Brain disabling treatments in psychiatry: Drugs, electroshock, and the role of the FDA*. New York: Springer.

Broman-Fulks, J. J., & Storey, K. M. (2008). Evaluation of a brief aerobic exercise intervention for high anxiety sensitivity. *Anxiety, Stress, and Coping: An International Journal, 21*(2),

117–128.

Butler, G., & Mathews, A. (1983). Cognitive processes in anxiety. *Advances in Behavior Research and Therapy, 5*, 51–62.

Chorpita, B. F., & Barlow, D. H. (1998). The development of anxiety: The role of control in the early environment. *Psychological Bulletin, 124*(1), 3–21.

Cook-Greuter, S. (2010). Ego-development: Nine levels of increasing embrace. White paper. Available at *http://www.cook-greuter.com*

Coryell, W., Noyes, R., & House, J. D. (1986). Mortality among outpatients with anxiety disorders. *American Journal of Psychiatry, 143*, 508–510.

Damasio, A. (1999). *The feeling of what happens: Body and emotion in the making of consciousness.* New York: Harcourt, Inc.

Danton, W. G., & Antonuccio, D. O. (1997). A focused empirical analysis of treatments for panic and anxiety. In S. Fischer & R. P. Greenberg (Eds.), *From placebo to panacea: Putting psychiatric drugs to the test* (pp. 229–280). New York: Wiley.

de Loof, C., Zandbergen, J., Lousberg, H., Pols, H., & Griez, E. (1989). The role of life events in the onset of panic disorder. *Behaviour Research and Therapy, 27*(4), 461–463.

Deacon, B. J., & Abramowitz, J. S. (2004). Cognitive and behavioral treatments for anxiety disorders: A review of meta-analytic findings. *Journal of Clinical Psychology, 60*, 133–141.

Debiec, J., & Ledoux, F. E. (2009). The amygdala networks of fear: From animal models to human psychopathology. In D. McKay, J. S. Abramowitz, S. Taylor, & G. J. G. Asmundson (Eds.), *Current perspectives on the anxiety disorders: Implications for DSM-5 and beyond* (pp. 107–126). New York, NY: Springer Publishing Company.

Dienstbier, R. A. (1989). Arousal and physiological toughness: Implications for mental and physical health. *Psychological Review, 96*, 84–100.

DuPont, R. L., Rice, D. P., Miller, L. S., Shiraki, S. S., Rowland, C. R., & Harwood, H. J. (1996). Economic costs of anxiety disorders. *Anxiety, 2*, 167–172.

Ellenberger, H. F. (1958). A clinical introduction to psychiatric phenomenology and existential analysis. In R. May, E. Angel, & H. F. Ellenberger (Eds.), *Existence: A new dimension in psychiatry and psychology* (pp. 92–126). New York: Basic Books.

Fall, K., Holden, J. M., & Marquis, A. (2010). *Theoretical models of counseling and psychotherapy* (2nd ed.). New York: Routledge.

Fanous, A. H., & Kendler, K. S. (2005). Genetic heterogeneity, modifier genes and quantitative phenotypes in psychiatric illness: Searching for a framework. *Molecular Psychiatry, 10*, 6–13.

Faravelli, C. (1985). Life events preceding the onset of panic disorder. *Journal of Affective Disorders, 9*(1), 103–105.

Foa, E. B., Huppert, J. D., & Cahill, S. P. (2006). Emotional processing theory: An update. In B. O. Rothbaum (Ed.), *Pathological anxiety: Emotional processing in etiology and treatment* (pp. 3–24). New York: Guildford Press.

Fosha, D. (2000). *The transforming power of affect: A model for accelerated change.* New York: Basic Books.

Frances, A. (2013). *Saving normal: An insider's revolt against out-of-control psychiatric diagnosis, DSM-5, big pharma, and the medicalization of ordinary life.* New York: Morrow.

Frankl, V. (1967). *Psychotherapy and existentialism: Selected papers on Logotherapy.* New York: Simon and Schuster.

Frankl, V. (1985). *Man's search for meaning.* New York: Washington Square Press.

Freeman, A., & Simon, K. M. (1989). Cognitive therapy of anxiety. In A. Freeman, K. M. Simon, L. E. Beutler, & H. Arkowitz (Eds.), *Comprehensive handbook of cognitive therapy* (pp. 347–365). New York: Plenum Press.

Freud, S. (1926/1959). *Inhibitions, symptoms, and anxiety* (standard Edition, vol. 20, pp. 75–155). J. Strachey, trans. London: Hogarth Press.

Fromm, E. (1941). *Escape from freedom.* New York: Holt, Rinehart & Winston.

Fromm, E. (1956). *The art of loving.* New York: Bantam Books.

Fromm, E. (1976). *To have or to be.* New York: Harper & Row.

Fyer, A. J., & Brown, T. A. (2009). Stress-induced and fear circuitry anxiety disorders: Are they a distinct group? In G. Andrews, D. S. Charney, P. J. Sirovatka, & D. A. Regier (Eds.), *Stressinduced and fear circuitry disorders: Advancing the research agenda for DSM-5* (pp. 125–135). Arlington, VA: American Psychiatric Publishing Inc.

Gold, J. (1993). An integrated approach to the treatment of anxiety disorders and phobias. In G. Stricker & J. R. Gold (Eds.), *Comprehensive handbook of psychotherapy integration* (pp. 293–302). New York: Plenum.

Gray, J. A. (1985). Issues in the neuropsychology of anxiety. In A. H. Tuma & J. D. Maser (Eds.), *Anxiety and the anxiety disorders* (pp. 5–25). Hillsdale, NJ: Erlbaum.

Gray, J. A., & McNaughton, N. (1996). The neuropsychology of anxiety: Reprise. In D. A. Hope (Ed.), *Nebraska Symposium on Motivation: Vol. 43. Perspectives on anxiety, panic, and fear.* Lincoln, NE: University of Nebraska Press.

Greenberg, L. (2008). Emotion and cognition in psychotherapy: The transforming power of affect. *Canadian Psychology, 49*, 49–59.

Greenberg, L. S. (2002). *Emotion-focused therapy: Coaching clients to work through their feelings.* Washington, DC: American Psychological Association.

Griffith, J. L. (2010). *Religion that heals, religion that harms.* New York: Guilford.

Guidano, V. F. (1987). *Complexity of the self: A developmental approach to psychopathology and therapy.* New York: Guilford.

Harper, L. V. (2005). Epigenetic inheritance and the intergenerational transfer of experience. *Psychological Bulletin,*

131, 340–360.

Heimberg, R. G., Salzman, D. G., Holt, C. S., & Blendell, K. A. (1993). Cognitive behavioral group treatment for social phobia: Effectiveness at five-year followup. *Cognitive Therapy and Research, 17*, 325–339.

Hettema, J. M., Annas, P., Neale, M. C., Kendler, K. S., & Fredrikson, M. (2003). A twin study of the genetics of fear conditioning. *Archives of General Psychiatry, 60*, 702–708.

Hettema, J. M., Prescott, C. A., Myers, J. M., Neale, M. C., & Kendler, K. S. (2005). The structure of genetic and environmental risk factors for anxiety disorders in men and women. *Archives of General Psychiatry, 62*(2), 182–189.

Hoffman, J. A., & Teyber, E. C. (1979). Some relationships between sibling age, spacing, and personality. *Merrill-Palmer Quarterly, 25*, 77–80.

Horney, K. (1945). *Our inner conflicts.* New York: Norton.

Hranov, L. G. (2007). Comorbid anxiety and depression: Illumination of a controversy. *International Journal of Psychiatry in Clinical Practice, 11*(3), 171–189.

Hudson, J. L., & Rapee, R. M. (2008). Family and social environments in the etiology and maintenance of anxiety disorders. In M. M. Antony & M. B. Stein (Eds.), *Oxford handbook of anxiety and related disorders* (pp. 173–189). New York: Oxford University Press.

Ingersoll. E. R., & Rak, C. F. (2006). *Psychopharmacology for helping professionals: An integral exploration.* Belmont, CA: Thomson Brooks/Cole.

Jang, K. L., & Shikishima, C. (2009). Behavioral genetics: Strategies for understanding the anxiety disorders. In D. McKay, J. S. Abramowitz, S. Taylor, & G. J. G. Asmundson (Eds.), *Current perspectives on the anxiety disorders: Implications for DSM-5 and beyond* (pp. 127–152). New York, NY: Springer Publishing Company.

Jones, M. K., & Menzies, R. G. (1998). The relevance of associative learning pathways in the development of obsessive-compulsive washing. *Behavior Research and Therapy, 36*, 273–283.

Kabat-Zinn, J. (2003). Mindfulness-based interventions in context: Past, present, and future. *Clinical Psychology: Science and Practice, 10*(2), 144–156.

Kagan, J. (1997). Temperament and reactions to unfamiliarity. *Child Development, 68*(1), 139–143.

Kawachi, I., Sparrow, D., Vokonas, P. S., & Weiss, S. T. (1994). Symptoms of anxiety and risk of coronary heart disease: The normative aging study. *Circulation, 90*, 2225–2229.

Keating, T. (1986). *Open mind, open heart: The contemplative dimension of the gospel.* Amity: Amity House.

Kegan, R. (1982). *The evolving self: Problem and process in human development.* Cambridge, MA: Harvard University Press.

Keller, M. B., Lavori, P. W., Wunder, J., Beardslee, W. R., Schwartz, C. E., & Roth, J. (1992). Chronic course of anxiety disorders in children and adolescents. *Journal of the American Academy of Child and Adolescent Psychiatry, 31*, 595–599.

Kendler, K. S. (1995). Genetic epidemiology in psychiatry. *Archives of General Psychiatry, 52*, 895–899.

Kendler, K. S., Myers, J., & Prescott, C. A. (2002). The etiology of the phobias: An evaluation of the stress-diathesis model. *Archives of General Psychiatry, 59*, 242–248.

Kierkegaard, S. (1954). *The sickness unto death.* W. Lowrie, trans. New York: Doubleday & Co.

Kierkegaard, S. (1957). *The concept of dread.* W. Lowrie, trans. Princeton, NJ: Princeton University Press.

Kim-Cohen, J., Caspi, A., Moffitt, T. E., Harrington, H., Milne, B. J., & Poulton, R. (2003). Prior juvenile diagnoses in adults with mental disorder: Developmental follow-back of a prospective-longitudinal cohort. *Archives of General Psychiatry, 60*, 709–719.

Kindt, M., & Van Den Hout, M. (2001). Selective attention and anxiety: A perspective on developmental issues and the causal status. *Journal of Psychopathology and Behavioral Assessment, 23*(3), 193–202.

Kohut, H. (1984). *How does analysis cure?* Chicago: University of Chicago Press.

Lader, M. (1988). Beta-adrenergic antagonists in neuropsychiatry: An update. *Journal of Clinical Psychiatry, 49*, 213–223.

Lambert, M. J., & Ogles, B. M. (2004). The efficacy and effectiveness of psychotherapy. In M. J. Lambert (Ed.), *Bergin and Garfield's handbook of psychotherapy and behavior change* (5th ed., pp. 139–193). New York: John Wiley & Sons.

Lang, P. J. (1994). The varieties of emotional experience: A meditation on James-Lange theory. *Psychological Review, 101*(2), 211–221.

LeDoux, J. (1996). *The emotional brain: The mysterious underpinnings of emotional life.* New York: Touchstone.

Linehan, M. (1993a). *Cognitive-behavioral treatment of Borderline Personality Disorder.* New York: Guilford.

Mahoney, M. J. (1991). *Human change processes: The scientific foundations of psychotherapy.* New York: Basic Books.

Mahoney, M. J. (2003). *Constructive psychotherapy: A practical guide.* New York: Guilford.

Marquis A. (2008). *The integral intake: A guide to comprehensive idiographic assessment in integral psychotherapy.* New York: Routledge.

Marquis, A., & Douthit, K. Z. (2006). The hegemony of "empirically supported treatment": Validating or violating? *Constructivism in the Human Sciences, 11*(2), 108–141.

Marquis, A., Holden, J. M., & Warren, E. S. (2001). An integral psychology response to Daniel Helminiak's "Treating Spiritual Issues in Secular Psychotherapy." *Counseling and Values, 44*(3), 218–236.

May, R. (1958). Contributions of existential psychotherapy. In

R. May, E. Angel, & H. F. Ellenberger (Eds.), *Existence: A new dimension in psychiatry and psychology* (pp. 37–91). New York: Basic Books.

May, R. (1977). *The meaning of anxiety.* New York: W. W. Norton & Company.

May, R., & Yalom, I. (1995). Existential psychotherapy. In R. J. Corsini & D. Wedding (Eds.), *Current psychotherapies* (5th ed., pp. 262–292). Itasca, IL: F. E. Peacock Publishers.

McCauley, J., Kern, D. E., Kolodner, K., Dill, L., Schroeder, A. F., DeChant, H. K., . . . Bass, E. B. (1997). Clinical characteristics of women with a history of childhood abuse. *Journal of the American Medical Association, 277*(17), 1362–1368.

McEwen, B. S. (1992). Paradoxical effects of adrenal steroids on the brain: Protection versus degeneration. *Biological Psychiatry, 31*, 177–199.

McKay, D., Abramowitz, J. S., Taylor, S., & Asmundson, G. J. G. (Eds.) (2009). *Current perspectives on the anxiety disorders: Implications for DSM-5 and beyond.* New York, NY: Springer Publishing Company.

McKeon, J., Roa, B., & Mann, A. (1984). Life events and personality traits in obsessive-compulsive neurosis. *British Journal of Psychiatry, 144*, 185–189.

McNaughton, N., & Gray, J. H. (2000). Anxiolytic action on the behavioral inhibition system implies multiple typos of arousal contribute to anxiety. *Journal of Affective Disorders, 61*, 161–176.

McWilliams, N. (1994). *Psychoanalytic diagnosis: Understanding personality structure in the clinical process.* New York: The Guilford Press.

Middledorp, C. M., Cath, D. C., Van Dyck, R., & Boomsma, D. I. (2005). The co-morbidity of anxiety and depression in the perspective of genetic epidemiology: A review of twin and family studies. *Psychological Medicine, 35*(5), 61–624.

Miller, J., Fletcher, K., & Kabat-Zinn, J. (1995). Three-year follow-up and clinical implications of a mindfulness- based stress reduction intervention in the treatment of anxiety disorders. *General Hospital Psychiatry, 17*, 192–200.

Miller, R. B. (2004). *Facing human suffering: Psychology and psychotherapy as moral engagement.* Washington, DC: American Psychological Association.

Mineka, S. (1985). Animal models of anxiety-based disorders: Their usefulness and limitation. In A. H. Tuma & J. D. Maser (Eds.), *Anxiety and the anxiety disorders* (pp. 199–244). Hillsdale, NJ: Erlbaum.

Mineka, S., Davidson, M., Cook, M., & Keir, R. (1984). Observational conditioning of snake fear in rhesus monkeys. *Journal of Abnormal Psychology, 93*, 355–372.

Mineka, S., & Thomas, C. (1999). Mechanisms of change in exposure therapy for anxiety disorders. In T. Dalgeish & M. Power (Eds.), *Handbook of cognition and emotion* (pp. 747–764).

Mineka, S., & Zinbarg, R. (2006). A contemporary learning theory perspective on the etiology of anxiety disorders. *American Psychologist, 61*(1), 10–26.

Moreno, M., Lopez-Crespo, G., & Flores, P. (2007). Etiology of anxiety. In B. Helmut et al. (Eds.), *Antidepressants, antipsychotics, anxiolytics from chemistry and pharmacology to clinical application* (Vol. 1 & 2, pp. 667–783). Weinheim, Germany: Wiley.

Morgan, M., & LeDoux, J. E. (1995). Differential contribution of dorsal and ventral medial prefrontal cortex to the acquisition and extinction of conditioned fear. *Behavioral Neuroscience, 109*, 681–688.

Muris, P. (2006). The pathogenesis of childhood anxiety disorders: Considerations from a developmental psychopathology perspective. *International Journal of Behavioral Development, 30*(1), 5–11.

Neiss, R. (1988). Reconceptualizing arousal: Psychobiological states in motor performance. *Psychological Bulletin, 103*, 345–366.

Nietzsche, F. (1954). *The portable Nietzsche.* W. Kaufman, trans. New York: The Viking Press.

Noyes, R. (1991). Suicide and panic disorder: A review. *Journal of Affective Disorders, 22*, 1–11.

Ohman, A. (1986). Face the beast and fear the face: Animal and social fears as prototypes for evolutionary analyses of emotion. *Psychophysiology, 23*, 123–145.

Ohman, A. (1992). Fear and anxiety as emotional phenomena: Clinical, phenomenological, evolutionary perspectives, and information-processing mechanisms. In M. Lewis & J. M. Haviland (Eds.), *Handbook of the emotions* (pp. 511–536). New York: Guilford.

Orsillo, S. M., Roemer, L., & Barlow, D. H. (2003). Integrating acceptance and mindfulness into existing cognitive-behavioral treatment for GAD: A case study. *Cognitive and Behavioral Practice, 10*(3), 222–230.

PDM Task Force. (2006). *Psychodynamic diagnostic manual (PDM).* Silver Springs, MD: Alliance of Psychoanalytic Organizations.

Pine, D. S., Cohen, P., Gurley, D., Brook, J., & Ma, Y. (1998). The risk for early adulthood anxiety and depressive disorders in adolescents with anxiety and depressive disorders. *Archives of General Psychiatry, 55*, 56–64.

Poulton, R., Pine, D. S., & Harrington, H. (2009). Continuity and etiology of anxiety disorders: Are they stable across the life course? In G. Andrews, D. S. Charney, P. J. Sirovatka, & D. A. Regier (Eds.), *Stress-induced and fear circuitry disorders: Advancing the research agenda for DSM-5* (pp. 105–123). Arlington, VA: American Psychiatric Publishing Inc.

Preston, J. D., O'Neal, J. H., & Talaga, M. C. (2002). *Handbook of clinical psychopharmacology for therapists* (3rd ed.). Oakland, CA: New Harbinger.

Prochaska, J. O., & Norcross, J. C. (2003). *Systems of psychotherapy: A transtheoretical analysis* (5th ed.). Pacific Grove, CA: Brooks Cole.

Rachman, S. (1993). Obsessions, responsibility, and guilt. *Behavior Therapy and Research, 31,* 149–154.

Rachman, S. J. (1977). The conditioning theory of fear acquisition: A critical examination. *Behaviour Research and Therapy, 15,* 375–387.

Rachman, S. J. (1979). The concept of required helpfulness. *Behaviour Research and Therapy, 17,* 279–293.

Rapee, R. M., & Bryant, R. A. (2009). Stress and psychosocial factors in onset of fear circuitry disorders. In G. Andrews, D. S. Charney, P. J. Sirovatka, & D. A. Regier (Eds.), *Stress-induced and fear circuitry disorders: Advancing the research agenda for DSM-5* (pp. 195–214). Arlington, VA: American Psychiatric Publishing Inc.

Rapee, R. M., & Lim, L. (1992). Discrepancy between self and observer ratings of performance in social phobics. *Journal of Abnormal Psychology, 35,* 741–756.

Rapee, R. M., & Spence, S. H. (2004). The etiology of social phobia: Empirical evidence and an initial model. *Clinical Psychology Review, 24,* 737–767.

Rheingold, A. A., Herbert, J. D., & Franklin, M. E. (2003). Cognitive bias in adolescents with social anxiety disorder. *Cognitive Therapy and Research, 27*(6), 639–655.

Rice, D. P., & Miller, L. S. (1993). The economic burden of mental disorders. *Advances in Health Economics and Health Services Research, 14,* 37–53.

Richard, D., & Lauterbach, D. (2006). *Handbook of exposure therapies.* New York: Academic Press.

Roth, W. T., Wilhelm, F. H., & Pettit, D. (2005). Are current theories of panic falsifiable? *Psychological Bulletin, 131,* 171–192.

Rotter, J. B. (1975). Some problems and misconceptions related to the construct of internal versus external control of reinforcement. *Journal of Consulting and Clinical Psychology, 43*(1), 56–67.

Salkovskis, P. M., Shafran, R., Rachman, S., & Freeston, M. H. (1999). Multiple pathways to inflated responsibility beliefs in obsessional problems: Possible origins and implications for therapy and research. *Behavior Therapy and Research, 37,* 1055–1072.

Sartre, J. P. (1943/1993). *Being and nothingness: An essay on phenomenological ontology.* H. E. Barnes, trans. New York: Washington Square Press.

Scher, C. D., & Stein, M. B. (2003). Developmental antecedents of anxiety sensitivity. *Journal of Anxiety Disorders, 17*(3), 253–269.

Schmidt, N. B., Riccardi, C. J., Richey, J. A., & Timpano, K. R. (2009). Classification of worry and associated psychopathology. In D. McKay, J. S. Abramowitz, S. Taylor, & G. J. G. Asmundson (Eds.), *Current perspectives on the anxiety disorders: Implications for DSM-5 and beyond* (pp. 353–376). New York, NY: Springer Publishing Company.

Schmidt, N. B., Zvolensky, M. J., & Maner, J. K. (2006). Anxiety sensitivity: Prospective prediction of panic attacks and Axis I pathology. *Journal of Psychiatric Research, 40*(8), 691–699.

Schoenfield, G., & Morris, R. J. (2008). Cognitive behavioral treatment for childhood anxiety disorders: Exemplary programs. In M. Mayer, J. E. Lochman, & R. Van Acker (Eds.), *Cognitive-behavioral interventions for emotional and behavioral disorders: School-based practice* (pp. 204–234). New York: Guildford.

Schwartz, J. M., & Begley, S. (2002). *The mind and the brain: Neuroplasticity and the power of mental force.* New York: Harper-Collins.

Segal, Z. V., Williams, J. M. G., & Teasdale, J. D. (2002). *Mindfulness-based cognitive therapy for depression: A new approach to preventing relapse.* New York: Guilford.

Seligman, M. E. P. (1971). Phobias and preparedness. *Behavior Therapy, 2,* 307–320.

Siegel, D. J. (2007). *The mindful brain: Reflection and attunement in the cultivation of well-being.* New York, NY: Norton.

Silberg, J., Rutter, M., Neale, M., & Eaves, L. (2001). Genetic moderation of environmental risk for depression and anxiety in adolescent girls. *British Journal of Psychiatry, 179,* 116–121.

Simon, G., Ormel, J., Von Korff, M., & Barlow, W. (1995). Health care costs associated with depressive and anxiety disorders in primary care. *American Journal of Psychiatry, 152,* 352–257.

Slife, B. D., Wiggins, B. J., & Graham, J. T. (2005). Avoiding an EST monopoly: Toward a pluralism of philosophies and methods. *Journal of Contemporary Psychotherapy, 35,* 83–97.

Sroufe, L. A. (1990). Considering the normal and abnormal together: The essence of developmental psychopathology. *Development and Psychopathology, 2,* 335–347.

Stahl, S. M. (2002). Don't ask, don't tell, but benzodiazepines are still the leading treatments for anxiety disorder. *Journal of Clinical Psychiatry, 63,* 756–757.

Steindl-Rast, D. (1984). *Gratefulness, the heart of prayer: An approach to life in fullness.* New York: Paulist Press.

Steketee, G., Quay, S., & White, K. (1991). Religion and guilt in OCD patients. *Journal of Anxiety Disorders, 5,* 359–367.

Sullivan, H. S. (1953). *The interpersonal theory of psychiatry.* New York: Norton.

Swendsen, J. D., Merikangas, K. R., Canino, G. J., Kessler, R. C., Rubio-Stipec, M., & Angst, J. (1998). The comorbidity of alcoholism with anxiety and depressive disorders in four geographic communities. *Comprehensive Psychiatry, 39*(4), 176–184.

Swift, R., & Mueller, T. (2001). Comorbidity of anxiety disorders in substance abuse. In J. R. Hubbard & P. R. Martin (Eds.), *Substance abuse in the mentally and physically disabled* (pp. 11–32). New York: Marcel Dekker.

Taylor, S., Asmundson, G. J. G., Abramowitz, J. S., & McKay, D. (2009). Classification of anxiety disorders for DSM-5 and ICD-11: Issues, proposals, and controversies. In D. McKay, J. S. Abramowitz, S. Taylor, & G. J. G. Asmundson (Eds.), *Current perspectives on the anxiety disorders: Implications for DSM-5 and beyond* (pp. 481–511). New York, NY: Springer Publishing Company.

Taylor, S., Jang, K. L., Stewart, S. H., & Stein, M. B. (2008). Etiology of the dimensions of anxiety sensitivity. A behavioral-genetic analysis. *Journal of Anxiety Disorders, 22*(5), 899–914.

Tillich, P. (1952). *The courage to be.* New Haven: Yale University Press.

Van Brakel, A. M. L., Muris, P., Bogels, S. M., & Thomassen, C. (2006). A multifactorial model for the etiology of anxiety in non-clinical adolescents: Main and interactive effects of behavioural inhibition, attachment and parental rearing. *Journal of Child and Family Studies, 15*, 569–579.

Vasey, M. W., & Borkovec, T. D. (1992). A catastrophizing assessment of worrisome model for the etiology of anxiety in non-clinical adolescents: Main and interactive effects of behavioral inhibition, attachment and parental rearing. *Journal of Child and Family Studies, 15*(5), 569–579.

Wachtel, P. L. (1977). *Psychoanalysis and behaviorism: Toward an integration.* New York: Basic Books.

Wachtel, P. L. (1982). Vicious circles: The self and the rhetoric of emerging and unfolding. *Contemporary Psychoanalysis, 18*(2), 259–273.

Wachtel, P. L. (1987). *Action and insight.* New York: Basic Books.

Wachtel, P. L. (2008). *Relational theory and the practice of psychotherapy.* New York: Guilford.

Walsh, R. (1999). *Essential spirituality: The 7 central practices to awaken heart and mind.* New York: John Wiley & Sons.

Walsh, R., & Vaughan, F. (Eds.). (1993). *Paths beyond ego: The transpersonal vision.* Los Angeles: Jeremy P. Tarcher. Wampold, B. E. (1997). Methodological problems in identifying efficacious psychotherapies. *Psychotherapy Research, 7*, 21–43.

Wang, J. L. (2006). Perceived work stress, imbalance between work and family/personal lives and mental disorders. *Social Psychiatry and Psychiatric Epidemiology, 41*(7), 541–548.

Warren, S. L., Huston, L., Egeland, B., & Sroufe, L. A. (1997). Child and adolescent anxiety disorders and early attachment. *Journal of the American Academy of Child and Adolescent Psychiatry, 36*, 637–644.

Weems, C. F., & Costa, N. M. (2005). Developmental differences in the expression of childhood anxiety symptoms and fears. *Journal of the American Academy of Child and Adolescent Psychiatry, 44*(7), 656–663.

Wegner, D. M. (1994). Ironic processes of mental control. *Journal of Personality, 62*, 625–640.

Wells, A. (1999). A metacognitive model and therapy for generalized anxiety disorder. *Clinical Psychology and Psychotherapy, 6*, 86–95.

Westen, D., & Morrison, K. (2001). A multidimensional meta-analysis of treatments for depression, panic, and generalized anxiety disorder: An empirical examination of the status of empirically supported therapies. *Journal of Consulting and Clinical Psychology, 69*, 875–899 (downloaded from Ovid web gateway, pp. 1–36).

Westen, D., Novotny, C. M., & Thompson-Brenner, H. (2004). The empirical status of empirically supported psychotherapies: Assumptions, findings, and reporting in controlled clinical trials. *Psychological Bulletin, 130*, 631–663 (downloaded from Ovid web gateway, pp. 1–65).

Whiteside, S. P., & Ollendick, T. H. (2009). Developmental perspectives on anxiety classification. In D. McKay, J. S. Abramowitz, S. Taylor, & G. J. G. Asmundson (Eds.), *Current perspectives on the anxiety disorders: Implications for DSM-5 and beyond* (pp. 303–325). New York, NY: Springer Publishing Company.

Widiger, T. A., & Clark, L. A. (2000). Toward DSM-5 and the classification of psychopathology. *Psychological Bulletin, 126*, 946–963.

Wilber, K. (1983). *Eye to eye: The quest for the new paradigm.* Boston: Shambhala.

Wilber, K. (1997). A spirituality that transforms. *What Is Enlightenment?, 12*, 22–23.

Wilber, K. (2000). *The collected works, Volume 6. Sex, ecology, spirituality.* Boston: Shambhala.

Wolfe, B. E. (2003). Integrative psychotherapy of the anxiety disorders. In J. C. Norcross & M. R. Goldfried (Eds.), *Handbook of psychotherapy integration* (pp. 373–401). New York: Oxford University Press.

Wolfe, B. E. (2005). *Understanding and treating anxiety disorders: An integrative approach to healing the wounded self.* Washington, DC: American Psychological Association.

Yalom, I. (2009). *Staring at the sun: Overcoming the terror of death.* San Francisco: Jossey-Bass.

Yalom, I. D. (1980). *Existential psychotherapy.* New York: Basic Books.

Yalom, I. D. (1998). *The Yalom reader.* New York: Basic Books.

Yehuda, R. (2009). Role of neurochemical and neuroendocrine markers of fear in classification of anxiety disorders. In G. Andrews, D. S. Charney, P. J. Sirovatka, & D. A. Regier (Eds.), *Stress-induced and fear circuitry disorders: Advancing the research agenda for DSM-5* (pp. 255–264). Arlington, VA: American Psychiatric Publishing Inc.

Yerkes, R. M., & Dodson, J. D. (1908). The relation of strength of stimulus to rapidity of habit-formation. *Journal of Comparative Neurology and Psychology, 18*, 459–482.

Zillman, E. A., & Spiers, M. V. (2001). *Principles of neuropsychology.* Belmont, CA: Wadsworth.

제5장

심리 외상

Tim Black, Ph.D., 빅토리아대학교
Elliott Ingersoll, Ph.D., 클리블랜드주립대학교[1]

서론

심리 외상은 인간 경험에서 흔히 볼 수 있는 양상이다. 불교 교리에서는, 모든 사람들은 삶 속에서 어느 정도 심리 외상의 고통을 겪고 있고, 사람들이 그들의 경험을 통합할 수 있는 능력 밖의 사건들로 인해 이러한 고통이 일어난다는 인식을 가지고 시작한다. 심리 외상은 이제야 인간 경험의 한 측면으로서 폭넓은 관심을 얻고 있는 개념이다. 게다가 모두는 아니라도 대부분의 치료자들은 그들의 활동 가운데 심리 외상과 마주치게 될 것이다. 심리 외상이 새로운 것은 아니지만, 심리 외상의 경험에 대한 근본적인 이해는 정신질환의 진단 및 통계 편람, 제3판 (DSM-III; APA, 1980)에서 외상후스트레스장애(PTSD)를 불안장애 속에 포함시키면서 구축되었다. 그 후로, 심리 외상에 대한 개념을 설명하는 연구가 시작되었다.

DSM-5(APA, 2013)는 불안장애로부터 PTSD를 분리하고, 외상 및 스트레스 관련 장애라는 완전히 새로운 범주를 만들었다. 외상에 대해 작업한 대부분의 사람들은 불안장애 속에 외상을 포함시킨 것보다 이렇게 하는 것이 더 의미가 통한다며 동의할 것이다. 한 예로, 독특한 증상들을 공유하고 있는 다수의 관련 질환들을 이 범주 안에 함께 묶을 수 있다. 또한 외상의 독특한 고통 양상을 강조하고, 외상 피해자의 치료에 대한 더 전문화된 연구와 훈련이 이루어질 것이라고 기대된다. 비록 이 장에서 검토된 연구가 PTSD에 집중되어 있지만, 이들의 대부분

1 저자들은 퇴역 군인의 논점들을 연구하도록 도와주고, 그리고 이 장에서 설명하고 있는 케이샤의 사례를 자문해준 것에 대해 Laura McIntyre에게 감사한다.

은 다른 외상이나 스트레스 관련 장애의 증상과 관련되어 있다. 이들은 반응성 애착장애, 탈억제성 사회적 유대감 장애(정상적인 발달상의 낯선 사람에 대한 불안이 없는 아이들로 예시된다), 급성스트레스장애, 그리고 관련된 적응장애를 포함하고 있다.

역학 연구에서는 인간 경험의 외상에 관해 두 가지의 지속된 발견들에 대해 보고했다. 첫 번째, 테러리스트의 공격이나 자연재해와 같은 외상에 노출된 대부분의 사람들에게서 극심한 스트레스가 보고되었다(Friedman & Harris, 2004; Galeaet al., 2002). 두 번째, 외상 사건으로 인해 고통당하는 대부분의 사람들은 PTSD가 생기지 않는다(Kessler, Sonnega, Bromet, Hughes, & Nelson, 1995). PTSD 발병률은 보통 인구의 약 8%에 달한다. 그러나 외상을 입은 남성들 중에 평생 유병률은 8%이고 외상을 입은 여성들 중에 평생 유병률은 20%이다(Schnurr, Friedman, & Bernardy, 2002). 게다가 평생 PTSD를 앓은 88%의 남성과 79%의 여성들은 적어도 하나의 동반질환을 진단받았다(Kessler et al., 1995). PTSD 치료지침위원회는 사실상 외상 경험들이 우울증, 불안, 그리고 물질이용 관련 질환들을 포함한 다른 질환의 발생을 이끌 수 있다고 결론 내렸다(Foa, Keane, & Friedman, 2000).

이라크와 아프가니스탄 전쟁에서 돌아온 퇴역 군인들 상황은 더 안 좋다. 자가 보고된 PTSD와 우울증의 범위는 상담자가 상담한 연구에 따라 10%에서 44%까지 나온다(Hoge, Auchterlonie, & Milliken, 2006; Lapierre, Schwegler, & Labauve, 2007). 예를 들어, Hoge 등 (2006)은 19%가 넘는 이라크 군요원들과 11%가 넘는 아프가니스탄 군요원들에게 정신적 문제가 있다고 제시했다. 게다가, 군대 내 성적 외상은 1만 7,580명의 여성들과 1만 814명의 남성들로 이루어진 집단에서 15%를 넘는 여성들과 7%를 넘는 남성들이 보고했다(Kimberling et al., 2010). 더 최근 추정치는 9.5%에서 33% 사이의 여성들에게 강간 미수의 경험이 있다는 것을 보여준다(Wieland, Haley, & Bouder, 2011). 침묵과 보안의 문화 때문에 추정치를 얻기가 힘들다(Baltrushes & Karnik, 2013). 몇몇 연구는 20~43%의 여성 군요원들이 성폭행을 당했을 것이라고 추정하고(Lutwak & Dill, 2013; Yaeger et al., 2006), 군대 밖의 연구들은 그 수치가 더 높을 수 있다고 제시한다(Burgess, Slattery, & Herlihy, 2013). 비록 (침묵부터 금기까지) 이러한 주제에 대한 연구의 제한으로 인해 몇몇 연구가들이 군대 내 성적 외상의 남성 피해자들이 활동적인 군요원들 중 12%에 해당된다고 추정하였지만, 남성들 안에서의 군대 내 성적 외상은 1%를 조금 넘는다고 보고되었다(Hoyt, Rielage, & Williams, 2011). 군대 내 성적 외상은 또한 PTSD와 높은 상호관련이 있다.

초기 연구가들은 2005~2008년 사이에 퇴역한 군인들의 자살률이 일반 인구의 자살률보다 높을 것이라고 추정만 한 반면(Katz, McCarthy, Ignacio, & Kemp, 2012), 2012년에는 이라크와 아프가니스탄 전쟁에 참여한 퇴역 군인들의 자살률이 상당히 높았다. 2012년 퇴역 군인들의 자살률은 전년에 비해 22%가 상승했다. Leon Pannetta(당시 국방장관)는 역학조사 대상 문제로 선언했다(Murine, 2012). 초기에 2012년 추정치는 10만 명당 퇴역 군인들의 자살률이 26.2명이고, 비퇴역 군인들의 자살률은 10만 명당 18.8명이라고 제시했다(Miller et al., 2012).

　이 장은 심리 외상에 대한 통합 이해를 세우는 기준점으로 PTSD부터 시작할 것이다. 비록 이 장이 엄밀한 의미에서 PTSD에 초점을 둘지라도, DSM-5에서의 PTSD 목록에 앞서 언급한 변화를 주지하는 것이 중요하다. Friedman, Resick, Bryant, 그리고 Brewin(2011)은 새로운 범주 '외상 및 스트레스 관련 장애'를 채택한 DSM-5의 변화에 대한 논의를 정리하였는데, 이 새 범주에는 반응성 애착장애, 탈억제성 사회적 유대감 장애, 적응장애(AD), 급성스트레스장애(ASD), 외상후스트레스장애(PTSD), 달리 분류되지 않은(달리 명시된, 명시되지 않는) 외상 및 스트레스 관련 장애가 속한다.

외상후스트레스장애(PTSD)

외상후스트레스장애(APA, 2013)는 8개의 기준(A부터 H까지)과 명시사항을 통해 개념화되었다. A 기준엔 내담자가 다음의 네 가지 방법(A1~A4) 중 하나에 속하는 죽음의 위협, 심각한 부상이나 성폭력을 경험해야 한다고 적혀 있다.

- **A1** : 외상이라고 판단되는 사건을 직접적으로 겪은 개인
- **A2** : 다른 이들에게 일어난 외상 사건들을 목격한 내담자
- **A3** : 자신에게 가까운 사람에게서 일어난 외상 사건을 간접 경험한 내담자(실제 죽음이나 죽음의 위협을 받은 경우는 폭력적이 되거나 사고로 인한 것이라고 추정한다.)
- **A4** : 사건의 혐오적인 세부사항에 반복된 노출이나 혹은 극도의 노출을 경험하고 있는 내담자

　B 기준에 서술된 것은 고통스러운 기억이나 꿈, 외상 사건이 재연되는 것 같은 느낌을 주는 해리 반응들('플래시백'), 사건과 관련된 내적이나 외적인 단서에 노출되었을 때 나타나는 극심한 심리 고통, 그리고 사건을 상기시키는 것에 대한 현저한 생리 반응들이 포함되어 나타나는 끈질긴 증상들이다. C 기준에 서술된 것은 사람들이 사건과 연관된 것들(괴로운 기억들이나 기억을 상기시키는 외부 물질들)을 지속적으로 피할 수 있는 방법들이다. D 기준은 사건과 연관된 생각과 기분의 부정적인 변화에 대한 예들이다(예 : 다른 사람들로부터의 분리나 별거와 자신에 대한 부정적인 신념들). E 기준에 서술된 것은 공격적인 행동과 과잉경계와 같은 각

성이나 반응에 대한 현저한 변화이다. F 기준은 문제들의 지속기간이 한 달을 초과한다고 규정한다. G 기준은 장애가 고통이나 손상을 일으킨다고 한다. 마지막으로, H 기준은 장애가 물질이나 의학적 상태의 직접적인 결과가 아니라고 보고한다. 추가하여, 같은 8개의 기준들이 발달상 유치원 연령의 아동들에게도 적용된다.

DSM-5에서, 명시사항은 이인증(마치 자기 삶의 목격자인 것처럼 분리된 느낌을 받음), 현실감 상실(세상을 꿈처럼 느낌)과 같은 분열 증상들을 포함한다. 또한 6세나 그 이하의 어린이들을 위한 다른 기준들이 있다. 연령의 차이를 보는 것은, 소위 '간단한 외상'(예 : 텔레비전에서 폭력을 보는 것)도 어린이의 뇌에 영향을 미칠 수 있다는 증거가 축적되는 것을 통해 볼 때, 중요하다는 것을 알 수 있다(Kousha & Tehrani, 2013). 비록 DSM-5 기준의 초점은 아니지만, 외상이 '의도적'(의도적으로 피해나 학대를 실행)이든 '고의가 아닌'(예 : 자연재해) 것이든 간에 유병률과 과정을 예측할 수 있다는 증거가 있다. 의도적인 외상이 의도적이지 않은 외상보다 PTSD로 나아갈 가능성이 더 크다(Santiago et al., 2013).

PTSD에 대해 연구하고 치료하는 분야는 아직 초기 단계에 있다. 공식적인 진단은 30년 전 DSM에서 소개되었고, PTSD 연구 결과를 이해하고 해석하는 복잡성들은 연구자들과 임상의들에게 어려움을 주고 있다(Black, 2004). '외상'이라는 용어조차 발달상의 외상에 대한 복잡성이나 외상 후 반응들의 연속성을 확실하게 포착하지 못해서 충분히 검토 중이다(Briere, 2006; Koenan, 2010). 비록 국제외상스트레스연구회(International Society for Traumatic Stress Studies, ISTSS)가 PTSD 치료법에 대한 지침을 제공하지만(Foa et al., 2000), 진정으로 통합된 PTSD 치료법에 대한 관점은 아직 존재하지 않는다. 인간은 복잡하고 다각적인 차원을 가지고 있으며, 이것들은 개인의 발달에 동시에 영향을 끼친다. 외상은 정상적인 인간 발달을 복잡하게 하고 개개인이 심리, 감정, 행동, 대인관계, 그리고 영적으로 건강한 삶을 사는 능력에 부정적인 영향을 끼친다. 명료하게, 외상은 외상 사건으로 간주되지만, PTSD 증상 또한 외상이 될 수 있다. 일반적으로 외상을 이해하고 치료하는 것과 특별히 PTSD를 이해하고 치료하는 것에 대한 통합 접근은 발달의 수준과 선들, 내담자 각각의 증상과 관련된 의식 상태, 사분획에 반영된 관점들을 고려해야 한다. 다른 질환들도 마찬가지로, 우리가 아무리 PTSD에 대한 차원을 이해하더라도 치료와 이해는 그것보다 더 복잡하다. 특히, 물질사용장애들(SUD)은 PTSD와 흔히 동반하며 결과적으로 정신의학 및 기능 손상의 위험이 된다(Jason et al., 2011; Najavits, Kivlahan, & Kostin, 2011).

병인론

PTSD에 대한 다양한 병인들에 대해 논하는 것은 이상하게 보일지도 모른다. 몇몇은 "외상이 병인이 아닌가요?"라고 물을 것이다. PTSD의 근본 원인으로서 외상의 작동을 생각하는 것이 적절하다. 하지만 개별 심리학에서는 개인이 어떻게 외상 사건에 반응하고 이해하여 소화하는지에 대해서 가장 큰 역할을 하고 있고, PTSD의 증상은 또한 몇몇 내담자들에게 반복된 외상을 겪게 할 수 있다. 외상의 작용을 겪고 있는 개인들은 종종 외상이 비정상적인 사건에 대한 정상적인 반응이라는 것을 이해하지 못한다. 만약 여러분이 제I형 양극성장애와 조현병에 대한 유전적 약점에 대한 논의를 다시 생각해본다면, 그러한 생각을 여기에 똑같이 적용시킬 수 있다. 비록 대부분의 임상의들은 PTSD의 심인성 근원이 외상 사건이란 것에 동의하지만, 현재의 연구에서는 일부의 사람들이 다른 사람들보다 외상 후에 PTSD로 발달할 만큼 더 **취약**하다는 것을 보여주고 있다. 이 연구의 아이디어를 이해하기 위해서는 먼저 신경계의 진화적 유산에 대해 이해해야 한다.

신경계의 진화적 유산 교감신경계(SNS)와 시상하부-뇌하수체-부신(HPA) 축은 공포 조건화와 우리의 놀람 반사(startle reflex)처럼 명백하게 PTSD와 관련되어 있다(Schnurr et al., 2002). SNS와 노르에피네프린 방출 기전(아드레날린 신경 기전)을 활성화시키는 것은 인간 스트레스 반응에 필수적이다. PTSD를 겪지 않은 사람들에게서, 활성화 사건(스트레스 인자)이 성공적으로 처리되어 지나갔으면, 아드레날린 작용은 (개인마다 기준치는 다르다고 해도) 기준치로 되돌아온다. 이것이 PTSD를 겪는 사람들에게는 일어나지 않는다. 그들의 신경계 아드레날린 작용 기능은 지속적으로 높게 유지된다. 높은 수치의 아드레날린 대사물이 그들의 소변에서 검출되고, 이 사람들은 요힘빈(yohimbine) 같은 아드레날린 신경체계를 탈억제시키는 약물에 과도하게 민감하다(Schnurr et al., 2002).

HPA축에 관하여 말하자면(유전학 단원에서 더 많이 설명될 것임), 이 체계는 우리의 스트레스 반응과 강력하게 연관되어 있을 것이라고 생각된다. HPA축 활동의 대사물들은 소변이나 림프구 글루코코르티코이드(lucocorticoid) 수용체 수준으로 측정된다.[2] PTSD를 겪고 있는 사람들은 이 체계와는 다를 것이라는 것과 결과치가 섞이지만, Schnurr 등(2002)은 부신피질자극호르몬 방출인자(CRF)의 높은 수준과 증가된 활동이 대조군보다 PTSD를 앓는 사람에게서 더 흔하게 나타났다고 제안했다.

공포 조건화는 우리의 생존 기회를 증가시킬 수 있도록 하기 위해서 이전의 위협들에 대한 정보를 보유하도록 도와준다. 실험실 연구들은 PTSD 내담자들에게서 나타난 악화된 공포 조건화에 대해서 설명했다. 이러한 개인들은 그들의 특별한 외상 사건과 관련된 시각적이거나

---

2 글루코코르티코이드 수용체는 코르티솔과 다른 스트레스 호르몬들과 연관된 수용체이다.

청각적인 자극에 노출되었다. 강간 피해자의 경우 성폭행과 관련된 자극에 노출되었다. 퇴역 군인에게 그것은 전쟁 관련 자극에 맞춰질 것이다. PTSD에 대한 대부분의 주제들은 자극 노출이 있고 난 뒤 즉각적으로 교감신경계(SNS) 활동의 급격한 증가를 보일 것이다(Schnurr et al., 2002). 마찬가지로, 놀람 반사는 우리가 위협적인 자극들을 마주쳤을 때 경보 체계의 활동을 반영한다. PTSD를 가진 사람들은 놀람 반응이 증가되었고, 자극에 대한 정상적인 습관에 대해 더 큰 저항을 보였고, 그리고 놀람 반사에 대해 더 낮은 억제 작용을 보였다(Schnurr et al., 2002). 이 네 가지 영역들에 대한 연구와 DSM-5 위원회는 스트레스 관련 공포 회로라는 범주 안에서 외상 및 스트레스 관련 장애들을 단일군으로 편성할 가능성을 보여줬다(Andrews, Charney, Sirovatka, & Regier, 2008).

　　PTSD와 스트레스 관련 공포 회로 동물 연구는 위협적이거나 무서운 자극의 과정을 조정하는 뇌 회로를 규명해냈다. 이러한 발견들은 다른 장에서 논의한 뇌 영상 기술에 의해 인간에게까지 일반화되었다. 특히 무섭거나 위협적인 자극은 편도체(amygdalae, 뇌 양쪽에 하나씩 편도체가 존재하기 때문에 복수형으로 쓴다)라고 불리는 대뇌 변연계 체계의 두 부분을 활성화시킨다. 편도체는 해마, 안와전두엽 피질, 청반(ocus coeruleus) 그리고 등쪽/배쪽 선조체(triata) 연결점들을 가진다. 이러한 다섯 가지 구조들은 우리의 공포 회로로 알려지고 있다. 특히 편도체들의 과장된 반응들과 전전두엽 중간 부위의 감소된 활성화는 불안감을 증진시키고 부적절한 감정 규제의 기저를 이루는 것으로 보인다(Sartory et al., 2013). 공포 회로 각각의 요소는 위협으로부터 방어하는 신경계를 활성화하는 역할을 한다. 해마는 기억 창조와 공간 학습을 조정한다. 안와전두엽 피질은 감정적인 사건과 관련된 행동에 대한 기억들을 처리한다. 청반은 교감신경계의 투쟁, 도피, 혹은 얼어붙음(fight, flight, or freeze) 반응을 활성화하는 노르아드레날린 신경으로 이어진다. 등쪽/배쪽 선조체는 회피 행위들을 선동한다(Davis & Whalen, 2001). 다른 연구들에서, PTSD의 대상들은 PTSD가 아닌 대상들보다 더 많은 편도체 활동과 더 적은 해마와 전전두엽 활동을 보인다(Kaufman, Aikins, & Krystal, 2004).

　　PTSD에 대한 한 가지 이론은 전전두엽(안와전두엽 피질을 포함)의 조정(mediating) 영향이 심하게 교란되었다는 것이다(Charney, 2004). 이러한 영향은 편도체들의 탈억제 효과와 공포 조건화 가능성을 증가시킨다(Friedman & Karam, 2008). 이러한 몇몇 연구들은 인간 스트레스 반응과 아드레날린성[3] 과잉활동과 HPA축의 조절 역할 연구와 정확히 일치한다(Charney,

---

3 아드레날린 작용은 신경전달물질 노르에피네프린(NE)을 언급한다. 희한하게, 의학에서 NE 체계 용어에는 라틴어와 그리스어가 같이 있다. 그리스어에서 epi의 의미는 '위에(upon)', 그리고 nephron은 '신장(kidney)'을 의미한다. 부신(adrenal, NE가 포함된 하나의 체계이며 NE는 에피네프린의 전구물질임)은 신장 위에 위치하고 있다. 라틴어에서 ad는 '위(upon)'를 의미하고, renal은 '신장(kidney)'을 의미하므로 부신(adrenal)이 된 것이다.

2004; Friedman & Karam, 2008). 만약 여러분들이 이를 개념화하는 데 있어서 생리학 용어들이 어렵다면, 공포 회로를 자동차의 액셀에 해당하는 오토바이의 오른쪽 손잡이라고 생각하라. 손잡이를 틀수록, '공포 활성화'는 더 많이 일어난다. 오토바이 타는 것을 배울 때, 대부분의 강사들은 손잡이를 잡을 때 손을 '미리 약간 튼 채로' 잡아서 손잡이를 너무 틀어 갑자기 조종 불능이 되는 일이 없도록 가르친다. 이러한 손 배치는 전전두엽의 중재 영향과 유사하다고 볼 수 있다. 실제 상황에서는 쉽게(너무나 쉽게, 대부분 동의할 것이다) 그리고 심하게 손잡이를 틀 수 있다. 즉, 통제력을 잃을 수 있다.

인간들은 (그리고 많은 우리의 진화론적인 동족들은) "일정한 행동 양상(비슷한 입력에 대한 반응으로 늘 반복해 나와서 예측이 가능한 행동)을 일으키는 비교적 안정적인 신경 및 호르몬 활성"의 감각 정보에 자동적으로 반응한다(van der Kolk, 2006, p. 278). 다시 말하지만, 이러한 안정적인 활성은 오토바이 오른쪽 손잡이에서의 제대로 된 손 배치와 유사하다고 볼 수 있다. '자동적'으로 되는 것과 더불어, 이러한 반응들은 잠재의식에서 나타나서 정신/뇌의 의식 영역이 알아채기 전에 행동으로 나타난다는 사실이 30년간 축적된 증거로 확인된다(Harris, 2012; Libet, Gleason, Wright, & Pearl, 1983). 만약 이것이 핵심이라면 PTSD를 겪는 사람들은 그들이 의식하기 전에 고장 난 반응을 할 것이다. 이는 뇌 연구가들이 이러한 반응에 포함되는 뇌 부분을 알아내려는 이유이다.

연구는 자가 보고에 의한 것이 아닌 진단 평가로 실시되었으며 여기에는 뇌 구조를 관찰하고, 기준치 혹은 '정상' 범위를 정하는 것들이 포함되며, 이를 통해 PTSD 피해자들이 이러한 '정상' 범위를 넘어서는 신경 반응을 나타낸다는 점을 보여주었다. 이것은 의구심이 들지만 가능한 이야기이긴 하다. 예를 들어, 자극으로 유발되는 패러다임들이 있는데 대상들은 외상에 대한 간단한 내레이션이 담긴 청각이나 시각 자료와 같은 외상을 회상시키는 것에 노출된다. 이러한 연구들에서, PTSD를 지닌 대상들이 PTSD를 지니지 않은 대상들보다 심혈관계에서의 높은 활성화와 (피부 전기적 성질에 관한) 피부 전도도와 (근육세포로 인해 생성되는 전위 측면의) 근전계에서 더 많은 변화를 일으켰다(Orr et al., 2004). 이러한 정신생리 반응 검사들은 PTSD 대상들을 구별해내는 것에 60~90%의 성공률을 보였다(Friedman & Karam, 2008).

유전 연구 이 책에서 논의된 다른 정신질환들과 함께, 만약 PTSD에도 유전 취약성이 존재한다면(그리고 그렇게 보이고 있다), 그것은 다원유전자(polygenic)(두 종 이상의 원자가를 갖는 유전자 −역자 주)의 약점이고, 높은 위험성을 가진 특정한 유전자들을 (그리고 그들의 상호작용 혹은 그들을 켜는 '스위치들'의 상호작용을) 식별하게 한다. 시상하부를 지나 뇌하수체 그리고 부신을 지나는 축 혹은 뇌 회로(HPA축)가 PTSD와 연관되어 있고, 이러한 관련성은 유전자 수준에 따라 다르게 나타난다(Radant, Tsuang, Peskind, Mcfall, & Raskind, 2001). 현재 많은 연구가들 (Cornelis, Nugent, Amstadter, & Koenan, 2010)은 가설 시험보다 발견에 초점을 두는 광범위한 게놈 연구들[4]을 지지한다. 따라서 후보(candidate) 유전자 연구들이 후보 유전자들의 선택을 위해 생물학적 가설에 의존하지만, 광범위한 게놈 연구들은 하나의 염기가 차이 나는 이른바 단일 염기 다형성(SNPs) 수천 개 중 수백 개의 빈도를 비교한다. 한 번에 하나의 후보 유전자에 대한 가설에 따른 연구보다 범위 폭이 더 나은 접근이라고 생각된다(Cornelis et al., 2010).

일반적으로 (강박장애를 제외하고) 불안장애의 유전성은 20~30%로 나타난다(Eley, 2008; Skelton, Ressler, Norrholm, Jovanovic, & Bradley-Davino, 2012). 나머지 변화의 대다수(60~70%)는 아동에게 특정한, 공유되지 않은 환경에 의한 것으로 보인다. 보고된 바와 같이, 질환 발생을 위해서 유전 취약성은 환경 요인들과 상호작용한다. "…환경 병인들(pathogens)에 대한 서로 다른 반응은 아마도 유전자-환경 상호작용의 가장 중요한 표지 중 하나일 것이다"(Koenen, Amstadter, & Nugent, 2009, p. 416). 잠재적인 외상 사건들(PTEs)에 대한 반응은 유전 수준에 근원을 두고 있지만, 잠재적인 외상 사건은 항상 유전-환경 상호작용을 통해 변화한다.

Eley(2008)는 유전자-환경 상호작용이 일어나는 세 가지의 경로에 대해서 설명한다. 첫 번째는 수동적(passive)인 유전자-환경 상관관계이다. 이것은 생물학적 가족 구성원들이 유전자와 환경을 모두 공유하기 때문에 부모들이 양쪽의 유전자들을 물려주고, 모범이 되거나 학습된 행동들을 자녀들에게 보일 때 일어난다. 두 번째는 불러일으키는 유전자-환경 상호작용이다. 이것은 아이들의 행동이 다른 이들의 반응을 불러일으키고, 그다음 이것들은 숙련된 환경에 영향을 미친다. 세 번째는 능동적(active)인 유전자-환경 상관관계이다. 사람들이 자랄 때, 그들은 세상에 대해 능동적인 선택들을 하여 그들이 소유한 게놈에 따라 다시 **행동을** 한다. 비록 이러한 양상들이 연구할 가능성을 가지고 있을지라도, 이들을 지속적으로 어떤 불안장애에 적용시키는 것은 여전히 어려운 일이다. 하지만 노력은 이루어지고 있고 몇몇의 유망한 연구 프로젝트들이 베트남 시대 쌍둥이 기록(Vietnam Era Twin Registry)에서 이루어지고 있다.

베트남 시대 쌍둥이 기록(http://www.seattle.erix.research.va.gov/VETR/Home.asp)은 1939년과 1957년 사이에 태어나고 형제들이 모두 월남전에 출전한 4,774명의 남성 쌍둥이에 의해 구성된다. 이 등록 자료는 "…본래 월남전에 출전한 사람들의 장기간의 건강 결과들을 연구하기 위해서 가장 좋은 통제 집단을 제공하기 위하여 발전해왔다"(Henderson, Eisen, Goldberg,

---

4 광범위한 게놈 연관분석(association) 연구(GWAs)는 변이가 성향들과 연관되는지 보기 위하여 큰 표본에서 공통의 유전적인 변이를 조사한다. 그런 연구들은 최근에 성격의 5-요소 모형을 연구하면서 시작되었다. 그리고 PTSD에 대한 이런 의미의 연구들은 PTSD의 밑바탕에 있다고 생각되는 공포 회로의 촉발에 관련된 '성향들'을 찾는 것이다.

True, & Vitek, 1990, p. 368). 이러한 쌍둥이 집단(cohort)에 대한 연구는 두 가지 중요한 가설들을 지지했다. 첫 번째, 사람이 외상 스트레스 요인에 노출될 가능성에는 유전적인 차이가 존재한다. 두 번째, 사람이 스트레스 요인에 노출되었을 때 실제로 PTSD로 발달하는 것에 대해서는 유전적인 차이가 존재한다(Friedman & Karam, 2008; Koenan et al., 2002).

이 책에 있는 많은 연구 가설들과 함께, 우리는 아직도 그 차이들을 조정하는 명확한 기전을 알지 못한다. 하나의 가설은 세로토닌 운반체(transporter) 유전자가 적어도 우울 증상 속에서 역할을 하고, 어쩌면 PTSD에서도 작용한다는 것이다(Kaufman et al., 2004). 아마도 유전적인 요인들이 외상 후에 PTSD로 발달하는 취약성을 증가시키는 위험 요인에 기여할 수 있다. 베트남 시대 등록 자료를 통해, Gilbertson과 동료들(2002)은 PTSD가 있거나 없는 전투 참전 용사들의 해마 크기(부피)에 대해 연구했다. 더 작은 크기의 해마는 통계적으로 PTSD와 비례한다. 다시 말해서, 더 작은 크기의 해마를 갖고 있는 쌍둥이들은 PTSD의 위험에 더 크게 노출될 수 있다. 또한 PTSD를 경험한 것이 해마의 크기를 변화시킬 가능성이 있다. 해마가 기억 창조를 조정한다는 측면에서 본다면, 더 작은 크기의 해마는 기억 처리 과정과 관련된 문제로 인해 PTSD에 더 취약하다는 것일 수 있다.

다른 연구들(Morgan et al., 2000, 2001)은 스트레스성 훈련 경험에 노출된 미국 특수 부대의 군인들을 통한 것이며 그 경험 중에 신경 호르몬 검체를 채취하였다. 검체한 신경 호르몬은 Neuropeptide-Y(NPY)였는데, 이것은 36-아미노산 펩티드이며 포유류 진화 과정 동안 보존되어왔고 해리와 연관되어 있다고 믿고 있다. NPY를 동원할 수 있는 보다 큰 역량이 있으면서 스트레스에 대처하는 훈련기간 동안 NPY를 상승된 수치로 지속하는 군인들은 펩티드를 동원하거나 유지하지 못하는 특수 부대가 아닌 군인들보다 임무수행을 더 잘해냈다(Friedman & Karam, 2008).

더 최근에, 연구가들은 염증성 사이토카인(pro-inflammatory cytokines)과 PTSD 및 그에 따른 심혈관 질환의 큰 위험과의 연결을 추적해왔다. 이러한 작업은, PTSD를 앓는 것과 자가 보고된 허약한 신체 건강, 자가면역 질환 및 폐와 소화 문제를 포함한 동반질환 위험성 사이의 관련성에 기초한다. Gola 등(2013)은 통제군보다 PTSD를 겪는 사람들에서 말초 혈액 단핵 세포들[5]이 현저하게 높은 것을 발견했다. 연구가들은 이러한 생리 기전이 PTSD가 건강상 더 허약해지는 하나의 통로일 수 있다고 제시했다.

병인론 속 심리 요소들   우리는 PTSD에서 심리 요소들이 얼마나 중요한지를 알기 때문에, 심

---

5 이들은 원형의 핵을 가지고 있는 혈액 세포들이며, 면역 체계 반응에 중요하다.

리 외상 후 PTSD의 발달 가능성이 높아지거나 낮아질 수 있게 하는 인지 요인들에 관해 질문하게 된다. PTSD에 관련된 심리적 요소에 대한 초기 모형들은 특이 체질 스트레스 접근을 취했다. 이 모형은 의학 분야로부터 유래되었고, 스트레스가 유발되기 전까지는 무해하게 남아 있는 내재적인 (여러분이 '약한 연결'이라고 생각할 수 있는) 병리 기전을 가정한다(Ingram, Miranda, & Segal, 1998). PTSD의 관점에서, '약한 연결'의 기본은 인지 취약성 같은 것들로 생각되어왔다. 제3장 '우울증'에서 인지 취약성은 해석, 사건에 대한 기억, 그리고 주의집중과 같은 정신과정들에 대한 편견이 포함된다는 점을 상기하라. 더 나아가, 역기능적 사고들과 편향된 인지들은 회피 행동과 같은 역기능적 행동들로 이어질 수 있다(Elwood, Hahn, Olatunji, & Williams, 2009).

PTSD의 인지 이론들은 1990년대 이후 급증해왔다. 초기 견해들은 세상에 대한 개인의 견해 혹은 '인지 지도(map)'와 모순되는 외상 사건 그리고 세상에 대한 기존 신념과 PTSD 외상 경험에 의해 제기된 세상 사이의 불일치를 주목했다(Epstein, 1991; McCann & Pearlman, 1990). Janoff-Bulman(1992) 또한 외상이 세 가지 근본적인 가정들(즉, 세상은 의미 있고 자애롭고 자기 자신은 가치 있다)을 변화시킨다고 제시했다. 이러한 신념 변화들이 PTSD 발달에 기여한다고 생각했다.

Ehlers 등(2005)은 PTSD를 겪는 개인들이 자신에 대해 부정적인 견해를 가질 가능성이 보통보다 훨씬 많다고 보고했으며, 그래서 그들은 자신이 인생을 제대로 대처하지 못하고 대체로 무능하다고 믿는다. 그들은 또한 세상을 위협적이며 위험하다고 볼 가능성이 높다. 추가로, Ehring, Ehlers, 그리고 Glucksman(2006)은 실험적 패러다임들을 사용하여 PTSD를 겪는 내담자들이 위협이나 잠재된 부정 인지 지도를 통해 인식된 위협에 더 빨리 반응한다는 것을 보여주었다.

Halligan, Michael, Clark, 그리고 Ehlers(2003)는 일부 심리 요소들이 PTSD의 심각성을 예측할 수 있음을 발견했다. 자신에 대한 부정적인 견해(나는 무능력하다), 세상에 대한 부정적인 견해(세상은 안전하지 않다), 초기 증상들에 대한 부정적인 해석(이러한 증상들은 내가 약하다는 것을 확인해준다), 증상에 대한 타인의 반응을 부정적으로 해석하는 것(그들은 내가 미쳤다고 본다), 그리고 이러한 변화가 영구적이라는 감각은 외상 사건 이후 6개월에서 1년 사이에 PTSD의 심각성을 예측한다(Huppert, Foa, McNally, & Cahill, 2008). 게다가, 다른 연구가들은 부정적인 귀인 유형(attributional style; Abramson et al., 1999), 반추(Nolen-Hoeksema, 1991), 불안 민감성(Reiss, 1991), 그리고 PTSD의 발달 관련 심리 요소인 불안예감 인지 유형(looming cognitive style)에 대해 정의했다.

제3장 '우울증'에서 보고한 바와 같이, PTSD 안의 부정적인 귀인 유형(부정적인 인지 유형

이라고도 함)은 절망과 무력함과 같은 감정에 보다 치우치게 한다. 부정적인 사건들이 내부적, 지속적, 그리고 전반적인 원인에 귀인할 때 절망이 발달한다. 특히 외상이 일어난 이유("나는 세상이 지금도 그리고 언제나 무서운 곳이기 때문에 학대당했다."), 사건의 결과("나는 항상 이러한 결과로써 망쳐질 것이다."), 그리고 개인이 어떻게 반응해야 했는지에 대한 추론("나는 내 자신을 그 위치에 놓지 말았어야 했거나 공격을 한 사람에게 맞서 싸웠어야 한다.")에 관하여 그러하다(Abramson, Metalsky, & Alloy, 1989).

반추는 부정적인 감정들, 외상의 촉진물, 고통, 그리고 고통의 의미에 대해 반복적이고 수동적으로 생각하도록 하는 경향으로 자주 정의된다(Elwood et al., 2009). PTSD를 겪는 사람들에게 반추가 얼마나 나타나는지는 다양한 결과치를 보였지만, PTSD에서 반추는 경계의 증가 그리고 유사 외상 발생에 대한 두려움과 더 관련되어 보인다(Ehlers & Clark, 2000). 불안 민감성은 불안 관련 감각에 대한 공포로 묘사되는데, 그런 감각은 해로운 결과들을 가져온다는 신념에 기초를 둔다. 불안 민감성은 PTSD에서 취약 요인과 지속 요인으로 고려되어왔다(Federoff, Taylor, Asmundson, & Koch, 2000). 몇몇 내담자들은 PTSD 증상들을 정신이상의 전조, 거절, 심지어는 곧 닥칠 죽음으로 여긴다. 마지막으로, 불안예감(looming) 인지 유형은 위협이나 위험을 높이는 생각이나 정신적 시나리오를 가짐으로써 개인의 불안 위기가 증가하는 일종의 편향성을 의미한다(Elwood et al., 2009). Elwood와 동료들(2009)은 내담자들을 각각 평가하는 방법들과 함께 이러한 변수들을 포함하는 PTSD에 대한 인지 취약성의 통합 모형을 주장해왔다.

PTSD와 관련된 문화/사회 논점들 PTSD의 기반으로 생각되는 생리 기전들은 보편적인 인간의 특징이라고 보기 때문에, 우리가 문화를 막론하고 PTSD를 찾아야 한다는 것은 타당하게 보인다. 비록 몇몇은 자신이 사랑하는 사람이 일자리를 잃은 것을 본 후에 마치 자기도 같은 경험을 하는 듯이 외상의 고통을 겪는 사람과 전쟁 지역에서 고문을 받고 있는 누군가와는 확연히 다르다고 주장하겠지만, 불교 사상에서는 모든 사람들의 고통을 다른 유형들의 고통과 비교하는 것은 조금도 도움이 되지 않는다는 것을 일깨워준다. 만약 내담자들이 고통을 받는다면 어떤 원인이든 상관없이 우리는 그들이 있는 곳에서 만나고 증상들을 치료하기 위해 시도한다. 그리고 인식 대상인 증상들 속에 내재하고 있는 외상을 다룬다.

현재까지 해온 연구는 비록 몇몇의 차이는 존재하지만 PTSD가 문화를 막론하고 발생한다는 생각을 지지한다. Hinton과 Lewis-Fernandez(2011)는 PTSD와 인종, 민족, 그리고 전반적 문화 간의 연결성을 찾아보기 위해 1994년 이래로 문헌 검토를 수행했다. 그들은 일부 주의점만 빼고 PTSD가 문화를 가로질러 보편타당성을 지닌다는 것을 발견했다. 저자들은 PTSD의 증상으로서 회피가 나타나는 것이 문화에 따라 상당히 다양하다는 것을 발견했다. 아프리카나 중동 문화들에서는 더 적게 나타난다. 또한 신체 증상의 변화도 문화마다 다르다는 것을 찾아냈다. 예를 들어, 신체 열의 감각은 살바도르와 세네갈 피난민들 사이에서 더 흔하고, 신체 통증은 고문을 받고 있는 피난민들 사이에서 더 흔하고, 어지럼증은 캄보디아 피난민들 사이에서 더 흔하고, 호흡 곤란은 르완다 집단학살 생존자 사이에서 더 흔하다. 게다가, Jobson과 O'Kearney(2008)는 문화가 개인주의에 집중하느냐 혹은 상호의존에 집중하느냐에 따라 PTSD 내담자들 사이에도 심리적인 차이가 있다는 것을 발견했다. 개인주의 문화를 지닌 PTSD 생존자들(서유럽인, 호주인, 그리고 뉴질랜드인)은 상호의존 문화를 지닌 PTSD 생존자들(아프리카인, 아시아인, 그리고 중동 문화들)과 외상에 집중된 목표, 자기 발견 기억, 그리고 자기 인식에서 차이점을 보였다.

PTSD 진단하기 : 모든 사분획 문제

몇몇 연구들은 A 진단 기준을 '확장시키는 것'에 대한 결과를 탐색했다. 한 연구에서(Kessler et al., 1995), 외상의 개념을 확장시켜 가까운 친족에게 일어난 외상을 포함시키면 외상 사건의 발생 빈도가 68%에서 89%로 증가된다. Kessler와 동료들(1995)은 이것이 다른 어떤 PTSD 발생 빈도 비율보다 훨씬 높고 진단 기준의 유용성을 감소시킨다고 주장했다. 마찬가지로, Meltzer와 동료들(2012)은 PTSD가 초기 치료 환경에서 이미 과하게 진단되고 있다고 제시했다. 반면, 몇몇 연구가들은 두 'A' 기준은 진단의 성격을 조정하지 않고 제거될 수 있다고 말했다. 허리케인 희생자들 연구에서, PTSD 진단 발생 빈도는 'A' 기준이 있으나 없으나 11.2%였다(Demyttenaere et al., 2004). DSM-5에서 'A' 기준은 가까운 친족에게 일어난 외상을 포함시키기 위해 확장되었고, 시간이 지나봐야 이것이 부적절하게 진단 발생 빈도를 증가시키는지 알 수 있을 것이다.

'A' 기준에 대한 논쟁은 다시 일어났고, 이 논쟁은 범주 모형과 차원 모형 사이에서 일어났다. 제2장에서, 현재 DSM은 범주 정신의학의 체계이고 내담자는 증상들의 기준점(threshold)을 충족하거나(5 중에 3 이상, 7 중에 5 이상 등) 혹은 충족하지 않는다는 점을 기억하라. 차원 모형은 내담자가 증상들을 어떤 정도로 경험하는지에 보다 관심을 갖는다. Friedman과 Karam(2008)은 부분 혹은 증상 이하 PTSD 개념을 정리했다. 차원 모형은 외상 사건에 노출되었으나 모든 PTSD 기준은 충족되지 않는 대상군도 진단을 허용한다. 대상군은 이러한 기준을 옹호하는데 그들 대부분이 자신의 증상 수준에서도 고통이나 손상을 겪기 때문이다.

진단 기준은 PTSD에 대해 신뢰할 만한 진단을 제공하는 다양한 평가 도구들에 의해 과학적으로 측정 가능하다는 의미를 가진다(예 : Clinician Administered PTSD Scale, CAPS; Blake et al., 1995). 통합 시각을 통해 국제 정신 및 행동 질병 분류(ICD; WHO, 1992)와 DSM 기준을 모두 보면, PTSD가 객관적으로 관찰할 수 있는 정신질환 그 이상임을 알 수 있다. 〈그림 5.1〉은 PTSD를 위한 DSM 진단 기준을 사분획 각각으로 분산시킨 것이다. 오른쪽 두 사분획들은 외부적으로 관찰 가능하거나 원칙상 '객관적인' 정보를 포함하는 데 비해 왼쪽 사분획들은 PTSD에 흔한 주관적인 경험을 포함한다는 점을 여러분은 되새겨야 한다.

　〈그림 5.1〉이 보여주듯, PTSD는 객관적으로 관찰 가능한 기준보다 더 많은 것을 포함한다(즉, 오른쪽 사분획들). 기분의 변화와 개인의 고통스런 기억, 꿈, 플래시백과 같은 증상들의 본질은 모두 명백하게 주관적이고 심리적인 현상들이다. 다른 질환들과 마찬가지로, 이러한 증상들은 반드시 임상적으로 상당한 고통이 있거나 사회, 직업, 다른 중요한 기능 영역에 손상을 입힌다. 진단가들이 개인의 장애와 임상적으로 현저한 고통/손상 사이의 인과관계에 대해서 명백한 증거를 제공해줄 수 있는 임의적으로 부여된 실험 연구들을 수행하지 않는다면, 최상의 시나리오에서, 임상가와 내담자 사이에 치료 대화를 통해 얻은 상호 간에 합의된 결정처럼(좌하 분획) 기준 F의 존재가 세워져야만 한다. 최악의 시나리오에서, F 기준에는 장애가 "임상적으로 현저해야" 한다고 하였는데, DSM에서는 "임상적으로 현저한"이란 용어의 개념 정의가 없기 때문에 해석의 여지를 남겨둔 채, 임상가는 F 기준을 검증 혹은 무효화하는 판단을 일방적으로 내릴 수 있다. 그러므로 PTSD에 대한 최근의 치료 유형은 객관적으로 입증 가능한(즉, 오른쪽 사분획) 질환이 아니지만, 대부분의 정신질환들과 같이 최소한 일부 사회적으로 구성된 모든 사분획의 문제가 된다. 하지만 어떻게 PTSD 진단이 사분획 전체와 연관되는지를 이해하는 것은 통합 접근을 사용하는 치료자들이 직면하는 난제 중 단지 한 부분이다.

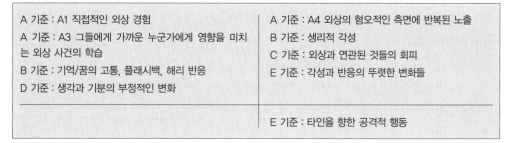

그림 5.1　PTSD 기준의 사분획 위치 — 성인에 한함

사례 예

케이샤는 PTSD와 SUD를 위한 보훈병원에서 본 24세의 흑인 퇴역 군인 여성이다. 그는 두 번의 복무기간을 수행한 이라크의 국방 수비대의 일원이었다. 케이샤는 군사 내의 보다 높은 교

육적 혜택들을 얻기 위해 수비대에 참여했다. 그는 헌병을 택했고 현장 배치에서 호송대, 직원, 그리고 전쟁 포로들의 안전을 책임지는 일을 했다. 케이샤는 처음에 이러한 일을 하는 것에 흥분을 감추지 못했다. 처음 두 달간 그녀는 이라크에서 여러 번의 성희롱을 당했고 두 번이나 성폭행을 당했다. 그녀는 강간범들과 친구였던 부대 지휘관의 보복 위협 때문에 이러한 사건들을 보고하지 않았다. 지금, 그는 교육을 계속하면서도, 성폭행에 대한 침습적(intrusive) 기억들 때문에 공부하는 데 상당한 어려움을 겪고 있고, 뿐만 아니라 극도의 자기 부정적인 대화와 일부 자살 사고들을 동반한 극심한 불안과 우울 상태를 겪었다. 술이 그의 두려움이나 성폭행 회상으로부터 무감각하게 해주기 때문에 마지막 군복무에서 그는 술을 매우 많이 마셨다. 집으로 돌아간 후로, 그는 술을 더 적게 마시지만 아직도 PTSD의 기준에 있고 알코올장애에 시달리고 있다. 그는 지역 보훈병원에서 외래로 치료받고 있다. 우리는 케이샤 사례를 가지고 치료 논의까지 진행할 것이다.

군대에서 성적 외상에 대한 통계의 정확성을 기대하는 것은 어려운 일이다. 군복무 중에 있는 5분의 1의 여성과 100분의 1의 남성이 군대에서 성적 외상을 경험했냐는 질문에 "예"라고 답했다고 미국보훈처(2012)는 보고했다. 베트남 전쟁 시대 전까지는 이러한 통계를 수집하는 시도조차 없었다. 1990년 이래로 얻은 통계들은 성폭행에 대한 사람들의 보고가 증가하고 있다는 것을 보여준다. 다시 말하자면, 예상률은 다양하다. 한 연구에서는 4~9%의 군복무 여성들이 성폭행을 당했다고 답했지만(Harvin, 2004), 다른 연구에서는 34%의 여성 응답자들이 임무 활동 중에 강간이나 강간 시도를 당한 적이 있다고 답했다. 비록 당시 응답자들 중 4분의 3은 보복에 대한 두려움, 부끄러움, 혹은 "가만히 있어라(suck it up)"는 말 때문에 보고하지 않았지만 말이다(미 국방부 가정폭력 위원회, 2006). 유명한 매체(예 : 뉴스위크)의 보고서들에서는 군복무 중 5분의 1의 여성들과 15분의 1의 남성들이 성폭행을 보고한다고 추정했다(Ellison, 2011). 비록 몇몇은 국방부가 승인한 이러한 폭행들에 잘 대처하지 못하는 군복무자들의 평균 나이 때문에 통계가 오도되고 있다고 주장하고 있지만 말이다(Editorial, 2004).

치료에 대한 최근 담론   지난 10년 동안, PTSD를 위한 광범위한 진료 지침들이 전 세계적으로 발행되었고 특별한 문화 속에 있는 특수한 집단들을 위한 것도 발행되었다. 같은 질환을 위한 지침이 장소와 시대에 따라 다르게 발행되었고, 임상가들이 각기 다른 대상들을 치료하는 지침을 찾을 때 도움이 된다(Forbes et al., 2010). 이 장의 마지막에는 많은 지침들을 찾을 수 있는 일부 웹사이트 목록(미국국방부로부터 미국정신의학협회까지)을 적었다. 외상과 치료에 대한 최근 담론에서, PTSD는 유병률이 높고 매우 손상된 상태나 오직 소수의 사람들만 치료를 받는 것으로 보인다(Kessler, 2000). 어떤 치료들은 PTSD의 핵심 증상들이 감소되는 유효성을 입증해왔으며, 여기에 해당되는 치료로는 인지행동치료(CBTs), 외상 중심 인지행동치료, 안구운동 둔감화 및 재처리치료(EMDR; Shapiro, 1995), 그리고 노출 기법(Foa, 2000; Sherman, 1998; Yaylor, Thordarson, Maxfield, Fedoroff, & Ogrodniczuk, 2003; Van Ettn & Taylor, 1998)이 있다. 유사한 효능을 가진 많은 '근거 기반' 접근들이 있다(Najavits et al., 2011).

일부는 PTSD를 가진 사람들을 초기에 공격적으로 치료하는 것이 질환에 대한 엄청난 사회 비용들을 감소시키는 데 도움이 된다고 믿는다(Kessler, 2000). 이것은 DSM-5에서 진단 기준을 넓히기 위한 근본적 이유 중 하나이다. 이것은 특히 퇴역 군인들에게 매력적인데, 왜냐하면 많은 이들이 군대 문화를 어떤 식이든 약해 보이는 것을 벌하는 것으로 경험하기 때문이다. 군대의 현역 자살이 2008년부터 2012년까지 극적으로 증가했고, 그들은 약 10만 명당 23명까지 최고조에 달했다(2003년 10만 명당 11명에서 증가함)(Guttierrez, Castro, Fitek, jobes, & Holloway, 2012). 케이샤의 사례에서, 그는 조금도 나설 기미가 없었다. 그는 여성 퇴역 군인들을 위한 대학 위탁 프로그램[6] 행사에 참석했고, 주최 측 한 사람이(물론 여성 퇴역 군인) 성폭행에 대한 발표를 위해 자신의 경험을 고백했다. 케이샤는 자기 문제가 정식으로 군대에 회부되지 않는다고 해도, 도움은 청해야겠다고 결심하였다. 보훈처 체제에서는 군대 성적 외상(MST) 치료가 가능하고 비밀이 보장된다.[7] 그는 다른 군인으로부터 유사한 이야기를 듣지 않았다면 아마 공개할 수 없었을 것이라고 말하였다.

PTSD를 위한 최근 치료는 광범위한 두 영역으로 나뉜다—(1) 심리치료, (2) 약물치료. 둘 중 어느 쪽도 사실상 종합적이거나 완전하지 않다. Grinage(2003)는 말하길 PTSD 치료는 다차원의 접근이 요구된다고 하였으며 여기에는 지지적인 환자 교육, 인지행동치료, 그리고 정신약물, 다양성과 여러 관점의 요청을 반영하는 것이 있다. Foa 등(2000)[8], Bandelow 등(2008), 그리고 Forbes 등(2010)은 치료 분야(약물/심리 디브리핑, CBTs, 약물치료, EMDR, 집단치료, 심

---

6 대학 위탁 프로그램은 여전히 미국 대학에서 흔하지 않은 것이다. 많은 발전이 있었지만, 일부 대학은 학생들에 의해 프로그램이 거부되었다. 그들이 있는 곳에서 많은 퇴역 군인들이 신분 공개를 꺼렸으며, 특히 군에 가본 적이 없는 사람이 프로그램을 관리할 때 그러하였다.

7 군대 성적 외상(MST)은 일반적인 표현이며 진단이 아니다. 여기에는 폭넓은 범주의 외상들이 있고, 많은 경우 PTSD로 발전한다.

8 이 단원에서 우리는 Foa 등(2000)의 견해를 따르고 있는데, 이는 ISTSS 간행물로서 그리고 현재의 담론에서 주요한 관점의 대표로서의 정통성을 가지고 있기 때문에 그런 것이지, 이 주제의 최종의 혹은 유일한 것이기 때문에 그런 것은 아니다.

리역동 치료, 입원 치료, 사회심리 재활, 최면, 결혼 및 가족치료, 그리고 창의적인 치료들)와 관련된 문헌들을 재검토한 후에 PTSD에 대한 효과적인 치료를 위한 치료 지침을 제시했다.

문헌 재검토로부터 얻은 치료 지침들에는 핵심 사항들이 있다. 첫째, 광범위한 재검토와 지침을 거쳐서 동의된 많은 요점들이 있다는 것을 인식하는 것이 중요하다. 모든 지침이 성인들을 위한, 그리고 때때로 아동들을 위한 PTSD 치료에서 외상 중심 심리적 치료의 유용성을 지지한다(Forbes et al., 2010). 둘째, 비록 내담자의 반응이나 유용성 자원에 따라 약제 선택이 다르다고 권고하지만, 모든 지침들은 약물치료의 이득을 치료의 한 부분으로 인식하고 있다. 예를 들어, 선택적 세로토닌 재흡수 억제제(SSRI) 항우울제는 외상 중심 치료의 유용성 여부에 따라 일차 혹은 이차 선택 요법이 될지 정해진다(Forbes et al., 2010).

약물치료에 대해서, 단일요법[9]은 오직 부분적으로 효과 있다(Shad et al., 2011). SSRIs는 일반적으로 PTSD의 치료에서 가장 중요한 약물로 간주되어왔다. 아마도 이들이 가장 먼저 식품의약품안전청(FDA)의 승인을 얻었기 때문이다. 프로작/fluoxetine, 팍실/paroxetine, 졸로프트/sertraline에서 일부 효능이 입증되었으며 세로토닌 노르에피네프린 재흡수 억제제(SNRIs), 이펙사/venlafaxine, 그리고 일부 삼환계 항우울제도 그러하다. SSRIs와 SNRIs는 삼환계 항우울제보다 선호되었는데, 왜냐하면 삼환계 약물의 과용량 가능성, 높은 부작용 발생률, 그리고 낮은 약물 순응도 때문이다(Bandelow et al., 2008). 다중 처방 연구가 진행 중에 있다. 그 예로, 프로프라놀롤(다른 형태의 NE 수용체 억제제)이 외상 기억들에 대한 감정 요소들을 감소시키는 반면 노르에피네프린 수용체 억제제(prazosin)는 외상 관련 악몽을 감소시키는 데 도움이 된다(Shad et al., 2011). 케이샤는 치료의 일부로 SSRI를 권유받았으나 체중 증가와 성기능장애라는 부작용으로 고생하는 것을 원치 않아 거절했다. 의사는 처방 시 벤조디아제핀[10]을 처방하는 것을 주저했는데, 이들은 알코올과 교차 내성이 있기 때문이다.

심리 디브리핑은 PTSD를 막기에 유효하지 않은 것으로 본다. 실제로 어떤 연구에서 보여주듯이 그것은 증상 악화와 관련 있으므로 금기로 표시되었다(Deahl et al., 2000; Mayou, Ehlers, & Hobbs, 2000). 케이샤의 사례에서, 처음에 많은 시간을 치료적 관계를 형성하는 데에 소비했다. 케이샤와 비슷한 경우에서는 현장 배치와 민간위탁교육 경험이 더 어렵다는 것을 보여줬는데, 왜냐하면 이들은 현장 배치에 앞서 훈련소에서 있던 기간이 길지 않고, 현장 배치와 민간위탁교육 사이 긴 시기 동안 흔히 훈련소 복귀가 없기 때문이다. CBT와 외상 중심 CBT는 대기자 대조군보다 훨씬 나았다(Blanchard et al., 2001). 노출 치료는 초기에 일부 연구들에

---

9 단일요법이란, 한 번에 오직 하나의 약제로만 치료하는 것을 말한다.

10 벤조디아제핀 약물은 바리움, 자낙스, 그리고 클로노핀 같은 약들을 포함한다. 이들은 GABA 항진제이다.

서는 긍정적인 결과를 보여줬고 일부 연구들에서는 부정적인 결과들을 보여주었지만(Shalev, Bonne, & Eth, 1996), 최근 가상현실 컴퓨터 프로그램 사용이 퇴역 군인에서 좋은 결과를 나타내었다(Rizzo et al., 2009). 게다가 명상과 노출 치료는 전쟁과 쓰나미 희생 아동 생존자에 대한 연구에서 도움을 주고 있다(Catani et al., 2009). 마지막으로, 한 예비 연구에서는 반복적인 TMS를 병행한 노출 방식을 지지하였다(Osuch et al., 2009).

안구운동 둔감화 및 재처리치료(EMDR)는 대기자 대조군, 보통의 치료, 혹은 적극적인 치료 통제군보다 더 유효한 것으로 보인다. 그러나 다른 특정 PTSD 치료들과 비교하여 그것의 효능을 입증하는 데 보다 더 많은 증거가 필요했다(Yaylor et al., 2003). EMDR은 영국의 국립 임상 우수성 연구소에서 철저하게 재검토되었다(NICE; 2005). 비록 EMDR의 유효성이 일반적으로 받아들여졌다고 하더라도, 가용한 무작위 대조 실험의 횟수 그리고 임상적 이득이 있다는 확실성 수준의 견지에서 볼 때는 외상 중심 CBT만큼 그 증거가 강력하지 않다(Bandelow et al., 2008). PTSD를 위한 심리적 치료들의 메타 분석 연구에서 나타난 불일치에 대해 여전히 논쟁이 있다. 논쟁은 그것들이 도움을 주느냐가 아니라, 어느 것이 다른 것보다 실제 더 나은지에 관한 것이다(Ehlers et al., 2010). 케이샤의 사례에서 치료자는 마음챙김(mindfulness)과 CBT를 같이 사용하였다.

Foa 등(2000)에 의하면, 집단치료는 잠재적으로 효과가 있다고 권고된다(p. 170). 심리역동 치료는 대부분 방법론적인 문제 때문에 유효성에 대한 결정적인 증거를 보여주지 못했다(p. 194). 그리고 입원 치료에 대한 연구는 결론이 나지 않았으나 몇몇 연구에 의하면 특수한 입원 치료는 보장이 된다고 설명하고 있다(p. 210). 심리사회적 재활기법은 한때 가장 많이 권고되었는데, 이를 통해서 PTSD 내담자들에게 특정 영역의 결함(deficit)을 보여주고, 규명하고, 그러한 문제를 극복하기 위한 목적들을 세운다(p. 239). 최면은 PTSD 치료를 위한 부가요법으로서 추천된다(p. 270). 외상 생존자들의 문제를 해결하기 위한 부부 및 가족치료 요법은 연구자들에게 등한시되었다(p. 297). 그리고 상대적으로 널리 사용되고 적용됨에도 불구하고, 창의적인 예술 치료들은 실증적인 연구를 통해 확립되지 못하고 있다(p. 311).

Luxenberg 등(2001)은 PTSD의 세 단계 치료를 소개했다—안정화, 외상 기억들의 처리 및 애도, 그리고 세상과의 재연결/재통합. 안정화는 외상의 의미에 대해 논의하는 것과 내담자의 되풀이되는 증상들에 대해서 가능한 한 많은 지식을 얻는 것을 포함한다. 케이샤의 사례에서, 어둡고, 뜨겁고, 외부와의 접촉이 없는 공간들이 두 번의 폭행 기억을 떠올리게 했다. 한 번은 창고에서 일어났고, 또 한 번은 주차장에서 일어났다. 그는 또한 남성 상관들과 많은 문제들이 있었으며, 이것은 자극 상황을 부추기는 경향이 있다. 보훈처는 내담자가 동성 치료자를 선택할지 의향을 묻는데, 케이샤는 그렇게 했다. 안정화 단계에서 더해야 할 것은 내담자의 신체적인 안녕과 수면, 식사, 운동의 조절에 대한 중요성이다. 안전한 환경에서 생활한다는 것은 안정화에 도움이 될 것이다. 예를 들어, 건강한 지원 체계를 만들면 내담자는 내 집 같은 신뢰감과 안전감이 생긴다.

케이샤는 친구와 살고 있었지만 또한 아파트를 구하고 있었다. 그의 사례에서 그가 안전하게 느끼는 주거지를 찾는 것은 치료의 일부분이었다. 그와 치료자는 그가 가용할 범주를 좁혀 가며, 여러 항목들과 안전 욕구에 기초하여, 결국 볕이 잘 드는 아파트를 선택했는데, 좀 더 비쌌지만 좀 더 나은 지역에 위치했다. 치료자들은 치료에서 적극적인 역할을 한다. 하지만 내담자는 경계를 세울 책임이, 그리고 재경험이나 극도의 각성 상태와 같은 증상들을 경험할 때 자기를 진정시키는 능력을 만들 책임이 있다. 이것은 외상이 치료 회기의 중심이 되는 것이 아니라, 대신에 건강한 성과가 가장 중요한 본질이라는 것을 내담자가 이해하는 데에 매우 중요하다(Luxenberg et al., 2001). 케이샤 사례에서는 알코올 섭취를 이야기하고 있고 그것의 영향은 수면과 생산능력에 미치고 있다는 것을 포함한다. 아파트를 구하는 작업은 초기에는 케이샤를 위한 치료의 초점이었고, 또한 그가 치료자를 신뢰할 수 있도록 도왔다.

외상 기억들을 처리하고 애도하는 단계는 내담자가 치료하는 동안 다루기에 가장 어려운 것 중 하나일 것이다. 내담자와 치료자 모두 기억들을 탐색하고 그것들을 내담자의 인생 이야기에 통합하기 위하여 적극적으로 작업해야만 한다. 이 경험은 내담자가 자신의 삶을 이야기할 때 느끼는 감정들을 정상화하는 데 목적을 두어야 한다. 내담자는 압도되거나 해리될 수 있다. 따라서 치료자가 그러한 현상의 신호를 확인하고, 그다음에 내담자가 자신을 잘 착지(ground)할 수 있게 하는 것이 중요하다(Luxenberg et al., 2001). 이 작업은 내담자의 속도에 맞춰 수행해야만 한다 — 케이샤의 치료자가 했던 것처럼, 첫 번째는 신뢰를 구축하는 데 시간을 보내야 한다. 이것은 Lindy와 Wilson(2001)이 소위 "외상 막(trauma membrane)을 존중하기"라 부른 것의 실례이다(p. 432). 케이샤는 강렬한 감정들을 다루었고, 그가 그렇게 대단히 빨리 움직이는 것은 위험하다는 것을 치료자는 깨달았다. 신뢰는 특별히 MST의 피해자들에게 중요하다. 왜냐하면 사건은 강렬하게 상반되는 감정들을 불러일으키기 때문이다. 케이샤는 한편 그를 강간한 남자와 충성과 신뢰의 동맹을 맺었고, 다른 한편으로는 그것 때문에 배신과 혼란을 느꼈다. 그는 두 번째 폭행 뒤에도 이 남성과 작업을 했고, 그것은 그에게 혼란을 더했고, "감각을 마비시키기 위해" 알코올 섭취를 부추겼다.

케이샤에게서, 외상 기억들을 다루는 것은 치료에서 가장 어려운 부분이었다. 그는 강한 여성이며, 그가 첫 임지로 헌병대를 선택한 것이 그 이유 중 하나이다. 그는 항상 강건했고, 현재는 매일 크로스핏 운동을 하고 있다. 위협당하고 압도된 상황에서 그가 느꼈던 굴욕감과 수치심은 감각 마비를 위해 알코올을 섭취하게 한 지배적인 감정들이었다. 그의 음주는 치료 중이 지점에서 증가했는데, 왜냐하면 그가 이전에 억눌러왔던 강렬한 감정들을 마주하기 시작함에 따라 초기에 그의 증상이 더 나빠졌기 때문이다. 2주 기간이 지난 뒤에 그는 다시 음주를 그만두었거나 그의 보고서대로라면 사교적으로 마신다(저녁 서너 시간에 한두 잔을 마신다).

　치료의 초기 두 단계(phase)를 지난 후, 내담자는 외상 이전에 즐겼던 우정, 관계, 취미, 종교 등과 같은 것들을 다시 이어가려고 했다. 심한 사례의 경우, 그들은 약물치료로 이어지는 것이 필요하다. 졸로프트/sertraline은 일부 PTSD의 치료를 위해 승인을 받은 첫 번째 항우울제 중 하나였고, 연구들에서는 PTSD 증상들을 다루는 위약 효과보다 더 좋다. 아동 학대이든 다른 대인관계에서의 외상들이든 말이다(Stein, van der Kolk, Austin, Fayyad, & Clay, 2006). 비록 비의료 정신건강 전문가들은 약물을 처방하지 않으나, 그들은 처방하는 정신과 및 다른 분야 의사들과 함께 작업한다. 이러한 전문가들이 흔히 추천하는 바로는 기분/불안/충동성을 위해서는 (이전에 언급된 바와 같이) SSRIs가 있고, 불안/과민성/불면증을 위해서는 벤조디아제핀 약물들, 과민성/공격성/과각성을 위해서는 기분안정제들, 편집증/사고장애/환각들을 위해서는 항정신병 약물들이 있다(Luxenberg et al., 2001; van der Kolk, 2001). 케이샤의 사례에서도 보여주듯, PTSD에서의 약물치료 전략들은 확정된 치료라기보다 개발 중인 치료 작업에 더 가깝다.

통합 접근

외상을 치료하려는 통합 접근은, 의미 있는 방법으로 모든 사분획들, 수준들, 선들, 상태들, 그리고 진단의 유형들, 계획, 치료, 추적, 그리고 내담자 외상 작업의 통합을 이해하고 받아들이는 것이다. 이 책의 몇몇 장에서는 발달 선들, 성격 유형들, 그리고 의식의 상태들을 통합하지 않지만, 우리는 외상의 작업에 이들을 포함시켜 통합하는 것이 중요하다고 느낀다.[11] 외상 치료에 대한 담론에서 통합 시각이 부족함에도 불구하고, 모든 것을 포함하는 치료 모형이 나타났고 현장의 많은 이들에 의해 받아들여졌다. 외상을 다루기 위해서 현재 받아들인 모든 것을 포함하는 모형은 다음의 것을 포함한다. (1) 내담자의 자원을 평가하기, (2) 안전과 안정화를 구축하기, (3) 외상 기억들을 처리하기, (4) 전진하기(moving forward)와 삶과 재연결하기(Baranowsky, Gentry, & Schultz, 2005; Briere, 2006; Herman, 1997). 치료 문헌에서는 대리 외상과 2차적 외상의 위험과(Pearlman, 1995; Pearlman & Saakvitne, 1995) 치료자의 연민 피로에(Figley, 2002) 대해 또한 진지하게 논의하고 있다. PTSD의 치료는 보다 더 통합적으로 알려

---

11 이들 영역은 또한 식이장애에서 Dr. Sarah Hubbard의 장에 포함되어 있다. PTSD와 식이장애는 치료하기 위해 도전해야 하는 것의 특성을 공유하고 있고, 둘 다 모두 치료자들이 전문적인 훈련과 사례지도 경험에서 도움을 받을 것이다.

지고, 치료자들은 대리 외상의 예방과 치료에 대한 통합적 인식을 할 수 있게 됐다. 이어지는 부분에서는 주로 외상 치료의 초기 단계에 집중한다. 즉, 안전과 안정화를 구축하는 통합 접근들을 말한다. 만약 우리가 우리의 내담자에게 그들의 삶 속에서 통합적으로 알려진 안전과 안정화를 성취하도록 도울 수 있다면, 외상 기억들의 처리는 덜 어려울 것이고, 세상과의 재연결은 덜 무서울 것이다.

안전과 안정화   안전(safety)과 안정화(stabilization) 용어는 심리 외상을 입은 내담자들과 작업할 때 특별한 의미를 가진다. Herman(1997)은 첫 번째로 외상 생존자와 함께 안전을 구축하는 것의 필요성에 대해서 치료적 공동체에 주의를 환기시켰다. Herman의 모형은 기억/애도 그리고 재연결 각각과 함께 외상 생존자들과 작업하는 치료의 세 단계 중 첫 번째로서 안전을 포함했다. 다른 저자들은(Baranowsky et al., 2005; Briere, 2006) 외상 치료에서 또 다른 중요 구성개념으로서 안정화를 포함시키려고 Herman(1997)의 안전 개념을 확장시켜왔다. Baranowsky 등(2005)은 Herman 모형의 매 단계에서 안전과 안정화를 언급한다. 특히 전통적 치료 3요소인 인지, 정서, 행동의 안전과 안정화에 초점을 둔다. Briere(2006)는 심리교육, 고통 감소 그리고 정서 조절 전략들, 인지적 개입들, 감정의 처리, 정신약물을 제안한다. 가장 최근 모형에서도 인지, 행동, 정서에 초점을 두고 있는 전통적인 치료의 '3요소'가 여전히 우선시된다. 비록 모형들이 PTSD 내담자들을 다루고 이해하는 데에 대단히 도움이 되는 단계를 나타낼지라도, 통합 접근은 의식의 상태에 대한 철저한 이해와 함께 이 모형들을 보완할 수 있다. 그리고 외상 치료에서의 발달 쟁점에 대하여 우리가 아는 만큼 고려할 수 있다.

통합적으로 내담자의 자원들을 발달시키기 – 안전의 기본 수준들   통합 정보 외상 치료자들은 내담자가 적당한[12] 신체, 정서, 인지, 그리고 영적인 안전[13]과 안정화를 성취하게 한다. 발달상의 안전(예 : 인지 안전)보다 더 복잡한 수준들을 이해하는 것은 보다 근본적인 수준들의 안전(예 : 신체 안전)의 결핍에 의해서 약화될 수 있다. 케이샤 사례에서, 치료자는 적당한 신체의 (생물학적) 안전과 안정화가 구축되기 전에 그가 감정적으로 강렬한 외상 기억들을 처리하기

---

12 안전과 안정화에 대해서 말할 때, 우리는 이것을 개인에게 있거나 혹은 없는 이분법적 변수로 취급하지 않도록 주의해야 한다. 우리는 내담자가 다시 심리 외상을 입는 일 없이 치료를 진행하기 위해 충분히 '안전'에 대해 말할 필요가 있다.

13 영성은 여기서 인간의 궁극적인 관심의 의미로서 사용된다. 한 사람의 깊은 가치, 의미, 그리고 존재감의 발견이 특별한 권능을 부여하는 내적인 평화뿐만 아니라, 물질적 그리고 비물질적인 실제에 대한 비전을 포함하는 것이다.

시작하기 위해 경솔해질 수 있다는 것을 인지했다. 지적한 바와 같이, 치료에서 진행된 아파트 구하기는 그의 신체의 안전을 증가시키는 케이샤의 일부였다. 적당한 안전은 각각의 내담자에 따라 다양하고, 분명한 의사소통과 진행과정 중에 내담자와의 관련뿐만 아니라 치료자의 임상 판단에 의존하게 된다. 그것 자체로, 발달의 기본 수준에서 적당한 안전을 결정하기 위한 얼마간의 일반적인 지침들은 포함하고 있지만, 다음의 소구분에서 이들에 대한 논의를 하려고 한다.

신체 안전 내담자는 자신에 의한(예 : 자살 사고, 위험성 높은 행동들), 관련된 다른 이들에 의한(예 : 육체적으로 학대하거나 폭력을 쓰는 배우자, 부모, 형제, 친족, 밀고자, 혹은 동료 등), 혹은 환경(인간이 만든 정신적 재해, 전쟁, 테러, 자연재해, 총격에 의한 강타, 강도 등에 둘러싸인 속에 거주하거나 주변에 사는 것) 때문에 나타나는 자기 신체에 대한 위험이 거의 없다.

정서 안전 내담자는 관련되거나 관련되지 않은 다른 이들에 의한 내담자의 정서 자기(emotional self) 위험이 거의 없다(예 : 부모, 양육자, 원가족 구성원이나 배우자 같은 애착 인물들이 커다란 혼란과 해로움 없이 내담자의 생활에 자연스럽게 함께 한다. 내담자는 정서적으로 학대하는 이웃이나 친구들과 접촉하지 않는다). 내담자는 정서의 학대나 관계 조작(manipulation)을 겪을 위험 없이 그의 감정들을 표현하는 데에 자유롭다. 내담자는 그의 감정들이 그를 파멸시키지 않을 것이고 파멸할 수 없다는 것을 이해하고 신뢰한다. 케이샤에게 이것은 첫 번째로 감정, 약함, 패배시킴, 그리고 취약함에 대하여 군대 문화로부터 나온 강력한 금기를 극복하는 것이다. 그다음에 그 감정들에 대하여 논의한다. 케이샤는 그의 치료자가 또한 군대의 배경을 가지고 있다는 것이 매우 도움이 되었다고 지적했다. 게다가, 이것이 필수의무는 아니지만 그들이 실제로 치료자가 인생 경험들을 나누었다고 느낀다면, 많은 퇴역 군인들이 보다 더 많이 고백할 수 있을 것이다.

인지 안전 내담자는 자신에 의해서 혹은 관련되거나 관련되지 않은 다른 이들에 의한 내담자의 인지적 자기 감각 위험이 거의 없다(예 : 가족 친구들, 배우자들은 적어도 비학대적이고 이상적으로 지지한다. 내담자의 드러난 능력들, 삶의 선택들, 그리고 자기감에 대해 칭찬하고 강화한다. 내담자는 자기를 깎아내리는 부정적인 자기 독백에 빠지지 않고, 그리고 자신은 인간으로서의 가치 혹은 중요성이 결핍되어 있다는 헛된 신념에 젖어들지 않는다). 자신을 강한 여성으로 여기는 케이샤의 생각들은 그가 한 경험으로 끔찍한 풍파를 당했으며, 부정적인 자기 독백 악순환으로 곤두박질쳤다.

안전의 세 가지 기본 수준 얘기는 비교적 무난하다. 그런데 우리가 내담자의 영적인 측면을 논의하려면, 어떻게 안전이 구축되는가를 이해하고 인정하는 것이 좀 더 복잡하다.

영적 안전 내담자는 영과의 연결감에 대한 위험이 거의 없다(예 : 내담자는 신, 부처, 예수,

알라 등이 그를 사랑한다는 느낌을 갖고 있고, 혹은 내담자가 자비를 사랑하는 영을 경험하게 된다). 영은 또한 자신보다 더 큰 어떤 것에 대한 연결로서 보다 더 많이 실존과 관련된 사상이 될 수 있다. 그러한 것은 마음챙김 실천을 사용한 케이샤의 성공사례였다. 명백하게 우리는 종교적 혹은 영적 세계관을 향하는 내담자의 인도를 따른다. 영적 혹은 종교적 세계관은 내담자가 그것을 외상과 어떻게 연결하느냐에 따라 자산이 되거나 혹은 문제가 될 수 있다. 어떤 내담자는 그의 위기를 통해 그를 지탱해준 신으로 느낄 수 있고, 또 다른 이는 위기를 사용하여 그를 벌주는 신으로 느낄 수 있다.

사분획들에 상응하는 유용한 자원들 통합 외상 치료자들은, 사분획의 각각에서 내담자들이 가진 유용한 자원들에 대하여 내담자들과 함께 대화하기 시작함으로써 안전의 모든 유형들을 마음에 새길 것이다. 치료자들은 너무 자주 내담자의 삶의 문제들에 과하게 초점을 둔다. 비록 내담자의 문제 이해가 필수적이라고 할지라도, 사분획의 각각에서 내담자의 자원들을 세우는 것은 내담자와 치료자 모두에게 외상 내용에 대한 심층적인 처치 이전에 무엇이 발달되어야 할지를 잘 알려준다.

　우상 분획의 자원들(URR) 우상 분획은 내담자의 물리적 신체와 개인적인 행동들의 영역이다. 내담자의 신뢰할 만한 자원들을 평가하는 것은 내담자의 물리적 신체의 기능을 평가하는 것을 포함한다. 내담자가 자원들로 고려될 수 있는 것에 관여하는 **행동**뿐만 아니라 신체 건강의 측면도 포함하는 것이다. 신체의 **기능**에서 자원들의 예는 다음과 같다 — 건강한 질병 없는 몸, 규칙적인 평온한 수면 패턴들, 기질적 뇌/기관 기능장애가 없음, 그리고 온전한 신체상의 시각/청각/후각/촉각/미각. 이것은 사람들의 전반적인 건강 유무에 대한 가치 판단이라기보다, 외상 치료 작업에 유용한 자원이 될 만한 건강의 유무 확인이다. **행동**들과 관련된 자원들의 예는 다음과 같다 — 적당한 수준의 운동, 적당한 영양 다이어트/식습관, 그리고 자기 진정(soothing) 행동들(예 : 따뜻하게 목욕하기, 좋아하는 음식 만들기, 영감을 주는 문헌 읽기, 불안하게 하는 매체 형식 피하기). 치료자들과 내담자들은 모두 똑같이 여기에 포함되지 않은 다른 것들 가운데서도 자원이 풍부한 행동들을 확인할 것이다. 케이샤의 사례에서, 그의 크로스핏 운동은 뛰어난 신체 상태를 유지하게 했고 그리고 아마도 알코올의 부정적인 영향이 감소하도록 도왔을 것이다.

　우하 분획의 자원들(LRR) 우하 분획은 내담자의 세계, 앞으로 외상으로부터 회복에 영향을 주는 신체 체계의 상호주관적인 측면들을 포함한다. 우하 분획 자원들은 다음과 같다 — 상대적으로 범죄 없는 지역에 거주하기, 사적인 교통이나 알맞은 대중교통에 접근 가능함, 실업 수준이 낮은 공동체에 거주하기, 자신의 집을 소유하거나 다른 건강한 개인이나 가족과 같이 아파트를 임대하기, 급여 있는 직업 갖기. 이것은 치료자의 대부분이 내담자 자원들에 대한 논의에서 명시적으로 포함하지 않을 사분획이다. 임상적으로 이 훈련을 실시하는 데서 어느 내담자는 우리의 논의 이전에는 그것 자체를 인식하지 못했었는데, 그의 집과 그의 주변의 이웃이라는 이 두 가지가 그에게 매우 중요한 자원이었다는 것을 깨닫게 되었다. 그는 자신의 집으로 돌아가는 것을 얼마나 많이 사랑했는지, 그리고 저녁에 개와 함께 그의 이웃을 지나면서 산책하는 것을 얼마나 좋아했는지를 깨달았다. 심지어 가장 위험한 이웃 속에 있더라도, 아파트 안의 특별한 방을 도피처로 삼아 안전과 안정을 느낄 수 있어서 이것이 외상 치료 작업을 위한 자원이 될 수 있었다. 케이샤의 아파트는 확실히 자원으로서의 자격을 갖추고 있다.

좌하 분획의 자원들(LLR) 좌하 분획은 대인관계 연결성과 관계성 영역이다. 이 사분획에서 자원들은 내담자가 자원으로서 의존할 수 있는 또 다른 사람, 집단, 혹은 공동체와 어떤 관계라도 포함된다. 치료자와 내담자는 또한 이 사분획 자원으로서 애완동물과 또 다른 동물들과의 관계를 조사할 수 있다. 내담자들은 그의 삶에서 사람들과 집단들과 유용한 다수의 관계를 가질 수 있고, 그들은 한 사람의 좋은 평생 친구를 가질 수 있다. 혹은 치료자가 이 사분획에서 그들의 오직 하나의 신뢰할 만한 자원일 수 있다. 내담자가 그들의 삶 속에서 얼마나 많은 연결들이 있는지 인식 못하는 경우라면 이 사분획의 자원들을 탐구하는 것이 매우 치료적일 수 있다. 종교와 기타 의미 부여된 신념은 어떨까? 이 영역은 케이샤가 공허하게 느꼈던 부분이었다. 그는 도시에서 두 사람의 친밀한 친구들이 있었고, 한 사람은 군복무를 같이 했다. 그는 종교를 받아들이지 않았기 때문에, 종교는 그를 위한 방안이 아니다. 그는 크로스핏 체육관을 통해 그의 친구 범위를 확대하였다. 그는 혹독한 훈련을 공유하는 것이 그가 군에서 경험했던 긴밀한 유대와 비슷한 유형을 만들어낸다고 느꼈다.

좌상 분획의 자원들(ULR) 좌상 분획은 많은 외상 치료자들이 자원 평가에 능숙한 영역이다. 이것은 내담자의 주관성의 사분획이고 다음과 같은 요소가 포함된다—자기감, 신념, 가치, 어떤 영적 연결, 신체 감각, 감정, 인지 등등. 많은 치료 또한 이 특별한 사분획에서 무엇이 잘못되었는지에 초점을 두고 있긴 하지만, 내담자의 내부 자원들에 초점을 두는 것은 외상 치료 작업의 '가장 어두운 지점'에 착수하기 전에 얼마나 많은 대인관계 작업이 선행되어야 하는지에 대한, 또한 그 어두운 지점에서는 무엇에 의지해야 하는지에 대한 분명한 그림을 치료자와 내담자 모두에게 제공한다. 예를 들어, 내담자는 신은 무엇이든 그가 감당할 수 없는 것을 결코 주지 않을 것이라는 확고한 믿음을 가질 수 있다. 외상 치료 작업에서 이 신념은 마치 상황이 "결코 더 좋은 것을 얻을 수 없다."고 보일 때와 그리고 내담자가 외상 기억들에 의해서 압도될 거라고 걱정할 때에 이용할 수 있다. 케이샤 치료의 대부분은 그 자신만의 능력들에 대한 것과 자기 자신을 신뢰하는 것에 대한 그의 믿음을 재구축하는 것과 관계가 있었다. 혹독한 운동에서 나온 자연스러운 고조감은 또한 이 사분획에서의 자원들이었다.

임상적으로 사분획 도표 사용하기 모든 사분획을 이해하는 치료자들은 내담자의 유용한 자원들을 내담자와 함께 기록하기 위하여 비어 있는 사분획 도표를 사용할 수 있다. 이것은 내담자들을 조명하는 과정이 될 수 있고, 그들에게 안전/안정감 단계에서 무슨 작업이 필요한지에 대한 명백한 '지도'를 제공해준다. 임상의 사용에서, 한 내담자는 좌상 분획에서 그가 가진 자원들이 거의 없는 상태임을 알게 되었고, 그것은 처리하기 단계로 이동하기 전에 매우 분명해졌다. 우리는 그의 부정적인 자기 독백을 이야기하였고, 그의 미래에 대한 부정적인 자동 사고를 변화시키려고 했다. 그는 다른 세 사분획에서 약간의 유용한 자원들을 가지고 있었으나 그 자신의 내부에는 신뢰할 만한 자원들이 결핍되었다. 도표는 점진적인 작업인데 왜냐하면 내담자와 치료자는 내담자의 삶 속에서 구축된 것으로서 자원들을 추가하고, 치료의 처리하기 단계로 이끄는 성취감을 내담자에게 제공하기 때문이다. 치료자들은 또한 사분획 도표와 함께 작업하는 그들만의 창의적인 방법을 찾아서 이를 통해 외상 치료 작업을 위한 내담자 자원을 평가할 것이다.

내담자와 치료자가 내담자의 자원들을 평가하고 논의하기 위하여 사분획 도표를 사용할 수 있는 것처럼, 그들은 사분획들 각각의 문제들을 평가하기 위해서도 도표를 사용할 수 있다. 문제들을 평가하는 것은 치료 계획의 필수적인 부분이며, 대부분의 외상 치료자들이 정통할 수 있는 것 중 하나이다. 외상 치료자들이 내담자의 삶 속에서 모든 사분획을 이해하고 '보기' 시작하면서, 그들은 아마 그들의 작업에서 사분획 도표를 사용하는 새롭고 획기적인 방법을 창안하기 시작할 것이다.

자원이 되는 발달 선들 통합 정보 치료자는 내담자가 단순히 시간과 공간을 통해 움직이는 하나의 단일한 자기(self)라고 이해하지 않는다. 대신에 그들은 내담자들은 다수의 발달 선들과 다수의 지능을 통해 살아가는 복잡한 개개인이라고 인식한다(Gardner, 1993, 1999; Gardner & Kornhaber, 1996). 다른 발달 선들이 외상의 치료 작업에 얼마나 영향을 줄 수 있는가에 대한 가장 분명한 예는 성인 내담자들에서 인지 선과 감정 선 사이의 상호작용이다. Loevinger(1976)의 견해에서 발달의 인지 선은 자기 발달에서 분화되었으며 이는 "길을 안내하는(leads the way)", 즉 개인이 누구라고 인식하고 있는지, 혹은 어떤 사람이 될지를 결정하는 선이다. 개인이 어떤 사람이 될지를 인지가 설명하게 된다면, 그는 (자기가 인식하는 세상 안에서) 누구를 동일시할지를 세워간다.

임상에서, 성인 내담자들이 왜 그런 방식으로 느끼는지 그리고 그것을 통찰해도 그 방식이 여전히 바뀌지 않는지 그 이유를 깨닫는 과정을 치료자와 내담자가 함께 경험하게 될 것이다. 어떤 내담자는 공포가 안팎의 단서에 의해 유발된 것인 줄을 알면서도 여전히 공포를 느끼고 있다는 그 자체가 현재 공포에 놓여 있는 이유임을 충분히 인식했다. 그것은 개인이 자기 감정 및 인지와 동일시하는 발달 시점에서 외상이 일어났을 때 발생할 수 있다. 감정 선이 실질적으로 영향받지 않을 때, 인지 선은 새로운 인식과 관점의 발달이 계속된다. 그리고 내담자는 이전 발달 수준의 '정서에 갇힌 상태'에 머물게 된다. 이 예에서, 인지 선은 계속 나아가는 반면 감정 선은 오직 '갇힌' 상태이다. 치료자가 관여하는 발달 선들은 각각의 내담자에 따라 그리고 치료에 오게 한 외상의 특성/기간에 따라 좌우된다.

사람들은 1차원의 존재가 아니라 많은 발달 선들을 소유한다는 것을 우리가 명심한다면, 우리는 개인이 외상 치료에 참여하는 동안 의존할 만한 자원이 되는 발달 선들을 볼 수 있다. 심한 관계 외상을 가진 내담자는, 케이샤처럼, 대인관계 선에서 결핍이 나타나, 외로움 혹은 절망감을 얼마나 느끼든 간에, 관계를 구축하고 유지하는 데에 그리고 항시 안전을 중시하는 것에 곤란을 경험할 수 있다. 그렇지만 발달에서 대인관계 선의 '손상'에도 불구하고, 그는 동시에 운동감각(kinesthetic)/운동 선(athletic line)의 자원을 소유하고 있다. 케이샤가 크로스핏 운동을 했던 것처럼 말이다. 통합 외상 치료자들은 내담자가 소유한 다수의 발달 선들을 탐구하여, 이들 발달 선들이 외상 치료 작업을 위한 자원이거나, 자원이 될 수 있음을 보여줄 수 있다. 다음의 질문들은 발달 선들을 탐구하는 데에 사용될 수 있다.

- **가치** : 나의 회복 과정에서 가장 힘든 부분들을 통과하도록 도와주는 것은 어떤 가치들인가?
- **대인관계** : 나의 치료 여행에서 내가 가고자 하는 곳에 가는 데 의지가 되는 나의 사람들은 누구인가?
- **음악** : 나의 회복 과정에서 가장 힘든 부분들을 통과하도록 도울 것이고 나에게 가장 영감을 주는 것은 어떤 음악인가?
- **인지** : 나의 인지적 역량은 무엇인가? 내가 가진 인지 도구들은 무엇인가?
- **자아** : 나는 어떤 존재라고 인식하고 있으며, 내가 동일시하는 것은 무엇인가?
- **운동감각** : 일상의 스트레스를 풀어주고 기쁨을 주는 그래서 나의 회복 과정에서 가장 힘든 부분들까지 풀어줄 수 있는 운동이나 신체 활동은 무엇인가?
- **예술** : 나 자신을 표현할 수 있는 혹은 치료 여행 동안 내가 의지할 수 있고 일상의 괴로움에 위안을 줄 수 있는 예술적 출구들은 무엇인가?

내담자와 치료자 대인관계 선들 : 교차점에서의 외상 상담 내담자와 함께 신뢰와 안전을 발달시키기 위해 고려해야 할 가장 중요한 선들 중의 하나는, 놀라운 것도 아니지만 대인관계 선이다. 이 발달 선은 일부 치료자들(Briere, 2006)이 관계 외상을 가진 내담자들과 안전을 발달시키기 위한 가장 중요한 선으로 고려하였다. 이것은 안전의 발달과 연결된 통제와 힘의 논점들로써 매우 중요한 점이며, 또한 치료자들이 내담자의 '고쳐지지 않는' 고통과 직면할 때 애써야 할 문제들이다(Plomp, 1997). 대인관계에서 강한 통제 욕구를 가진 치료자들은 어린 시절의 압도적인 외상을 겪어낸 사람들의 치료 작업에서, 그들이 치료자에게 하는 요구를 문제가 심각한 정도로 받아들일 수 있다. 치료자들은 의존하려는 내담자를 막기 위해 전문가로서의 경계를 주장하여 자신을 위한 통제를 구축할 수 있다. 그렇지만 내담자를 치료하기 위하여, 그리고 또 다른 사람들은 그들에게 상처만 주는 것이 아니라 신뢰할 수도 있다는 것을 알게 하기 위하여, 짧게라도 치료자에게 의지하는 것이 필요할 수 있다. 이 부분은 도움과 회복을 찾는 이와 그 대상에 해당하는 서로 다른 두 대인관계 선이 교차할 때 무엇이 벌어지는지를 인식하는 모든 치료자들 그리고 외상 치료자들이 유의해야 할 점이다.

자원이 되는 의식 상태들 아마도 외상 치료의 가장 흥미로운 측면들은 외상 기억들의 특성 그리고 그것이 어떻게 내담자의 몸/마음을 통해 표현되는가이다. 특별히 흥미로운 것은 플래시백 경험인데, 이는 말로 묘사되지 않는 침습적인 외상 기억들이며, 내담자는 사건의 모두 혹은 일부를 다시 체험하는 것처럼 느낀다. 플래시백들은 자주 매우 혼란을 주고 과거 사건에 대한 통합된 기억이라기보다는 '순간에 일어난' 우발 사건으로 경험된다. 케이샤의 사례에서 그는 여름밤에 대학에 있었고 주차장에서 엘리베이터를 이용했다. 어둡고, 뜨겁고, 밀폐된 공간이 어두운 창고 시설에서 일어났던 그의 첫 번째 성폭행 사건을 다시 유발시켰다.

어떻게 플래시백이 일어나는지에 대한 이론들은 변연계에 대한 논의, 특별히 편도에 대한 논의와 관련되어 있다. 플래시백은 외상 기억들이 변연계 속에 '갇혀' 대뇌피질의 사건 기억까지 도달하지 못하는 것으로 보인다. 플래시백들의 특징은 "나는 위험할 때의 기억을 가지고 있다."라기보다 "나는 지금 위험하다."의 형태이다. 따라서 의식의 수정된 상태로 고려될 수 있다. 많은 외상에서 비슷하게 흥미로운 또 하나가 해리 경험이다. 내담자의 보고에 의하면 그들의 몸을 떠나 떠올라 물러서서 무슨 일이 일어났는지 목격했다고 한다. 해리 기전은 현대 과학 이론들로도 잘 이해되지 않는다. 해리와 플래시백들은 많은 외상 내담자들이 치료 과정 동안 작용해야만 하는 의식 상태를 구성한다. 그렇지만 그것들은 일반적으로 외상 기억들을 처리하기에 도움을 주지 않는 부적응적인 의식 상태들이다. 오히려 치료에 이로운 내담자의 능력을 손상시킨다.

PTSD가 자주 부적응의 상태들을 포함하듯, 통합 정보 외상 치료자들은 또한 적응적인 '상태 훈련'을 포함시키는데 이는 내담자가 자신의 삶 속에서 안전과 안정감을 구축하게 하는 것이다. 정의에 의하면, 정상이 아닌 상태는 의식의 일시적인 전환이고, 내담자가 자기 자신을 발견하는 '일상의' 상태에서 벗어난 것이다. 외상 치료에서 적응적인 상태들은 내담자들이 외상을 입지 않은 상태로 스스로를 경험할 수 있게 하며, 그 예로서 이완 훈련, 호흡 훈련, 이미지 유도법(guided imagery, 사람이 해리되는 것은 제외), 안전 지대 훈련, 기타 유용하다고 검증된 것들이 있다. 적절한 상태-훈련 연습 수준을 판단하는 중요한 요소는 내담자가 이것으로 해리를 보일 경향이 있는지 여부이다. Baranowsky 등(2005)은 이 점에 관해서 일부 분명한 지침을 제시한다. 비록 명상이 확실한 상태-훈련 연습이 될지라도, 그곳에는 시사하고 있는 몇 가지 증거가 있는데, vipassana(마음챙김) 유형들의 명상(단순히 의식에서 무엇이 일어나는지 알아차리기)이 어쩌면 외상의 상처를 입은 내담자들을 압도하여 무의식 자료의 분출이 일어나도록 억제 장벽을 낮출 수 있다는 것이다. 우리는 내담자가 부정적인 자기 독백, 플래시백들, 그리고 다른 침습적인 기억들로부터 완화를 위한 표준을 제공하기 위하여 (호흡 자각과 같은) 보다 더 집중하고 전념하는 명상의 유형과 함께 시작하는 것을 권한다.

유형들과 안전 — 애착 그리고 대인관계 선 통합 정보 치료자가 참여해야 할 통합 이론의 마지막 측면은 유형들에 대한 개념이다. 개개인의 유형을 위해 테스트해볼 수 있는 다양한 도구들이 있는데, 몇 가지 예를 들자면 에니어그램, MBTI, 그리고 NEO-PI-R가 있으며, 비록 상담과 심리치료의 장에서는 유형의 개념에 관해 상당한 관심이 있으나, 사람들의 유형에 따라 외상 문제들의 치료에 대한 반응이 얼마나 다른지에 대한 관심은 매우 적다.[14] 예를 들어, 특정한 치료법들이 어떤 것은 외향성 내담자들에게 보다 적합하고, 다른 것들은 내향성의 내담자들에게 더 적합할까? 누군가는 보다 외향성의 내담자는 외상을 치료하기 위한 집단치료에 더 좋은 반응을 할 수 있고 내향성의 유형들은 개인치료에 더 좋은 반응을 한다고 결론지을 수 있다. 오늘날 외상 치료의 대인관계 측면을 주목하면, 치료자와 내담자의 성격 유형 상호작용이 회복 과정에서 중요한 요인을 나타낼 수 있다는 점을 우리는 유념해야 한다. 외상이 개개인의 성격을 변경할 수 있다는 결과가 주어진다면, 성격 검사들이 가진 한 가지 문제는 그런 검사들이 외상을 경험해온 사람들의 성격 유형을 확인하는 데에 얼마나 신뢰도를 보이는지와 관련된다(Wilson, 2006).

발달의 외상에 많은 관심을 가진 유형학 한 가지는 Bowlby의 연구와 애착 이론을 기반으로 한 애착 유형들이다. 최근에는 외상 노출의 특정한 유형뿐만 아니라 외상 노출 당시 내담자의 발달 단계가 PTSD에서 필수적인 요인들이라는 점을 대체로 수긍하나, 이들 요인들은 문헌에서는 강조되지 않았다. 그렇지만 연구들에서 성인 애착과 외상 후 증상론 사이의 분명한 관계를 지적하는 경우가 등장한다(예 : Dieperink, Leskela, Thuras, & Engdahl, 2001). 그러므로 우

---

14 저자들이 인식하기로 유형들은 타당성이 적으나(Ingersoll & Zeitler, 2010) 내담자들에게는 비유적으로 사용될 수 있다. 그렇다고 해도 임상가들은 어느 정도 개념을 잡아야 한다. 에니어그램과 같은 유형 시스템들은 타당성과 신뢰성을 위한 심리 측정 연구가 빈약하다(Ingersoll & Zeitler, 2010).

리가 PTSD의 치료에서 유형들을 논하려면, 성인 내담자들의 서로 다른 애착 유형 혹은 형태들을 우리가 어떻게 다루어야 하는지 고려하는 것이 좋을 것이다.

Bakermans-Kranenburg와 Ijzendoorn(1993)은 성인에게 세 가지 주요한 애착 형태들이 있다고 말한다. (1) 자율적인 혹은 안전한 성인(F로 표시함), (2) 무시하는 성인(D로 표시함), (3) 몰두하는 성인(E로 표시함). 이들 각각의 분류들은 미해결(U) 부가 분류를 받을 수 있다. 성인의 애착 형태를 결정하는 데에 연구자들과 임상가들을 도와주기 위한 도구들이 발달했으나[예 : 성인 애착 면담(AAI); George, Kaplan, & Main, 1996], 아직은 사용자 편의가 높지 않아 면담 자료에 대한 심층 분석을 할 수 있어야 한다. 가장 큰 문제는 많은 치료자들이 AAI와 같은 도구를 해석하는 훈련을 받지 않고 그럴 생각도 없다는 것이다. 외상 치료에서의 안전/안정화에 관해서, 애착 상처를 이해하는 것은 임상가가 그들의 노력을 어디에 집중해야 하는지 그리고 내담자의 발달의 대인관계 선의 관점에서 주의해야 할 것이 무엇인지를 결정하는 데 도움을 줄 수 있다. 초기 아동기 외상, 특별히 초기 아동기의 관계 외상은 애착하는 혹은 타인과 관계하는 개인의 능력에 영향을 준다. 만약 그 타인이 양육자라면, 이것은 치료자와의 관계 결속을 형성하는 내담자의 능력에 영향을 준다. 초기 아동기 외상 생존자들을 위한 외상 치료의 가장 중요한 측면들은 내담자와 치료자의 발달의 대인관계 선들 사이 교차점에서 무엇이 발생하는가이다. 일반적으로는 초기 아동기 외상을, 특별히는 초기 아동기의 관계 외상을 확인하는 것은 외상을 입은 내담자들과 작업하는 치료자들에게 필수적이다.

임상가 판별 PTSD 척도(CAPS; Blake et al., 1995)는 검사 도구 뒤에 생애 사건 점검항목이 있다. 필자(Black)는 본래 점검항목에는 없는 어떤 사건이 내담자의 삶 속에서 발생하는 것을 표시하기 위하여 이 점검항목을 수정했다. 나는 이것을 발달적 생애 사건 점검항목(DLEC; Blake et al., 1995)이라고 부른다. DLEC는 숙련자가 내담자의 성인 애착 형태를 분석하는 데에 유리한 사용자 중심의 도구이다. 예를 들어, 15세 이전에 어떠한 외상의 삶도 보고하지 않은 사람은 성인 애착 스타일이 치료를 요하게 되는 과거 0~5세 혹은 6~10세 범위에서의 몇 가지 외상의 생애 사건들을 보고하는 사람보다 더 적다. 비슷하게, 어린 시절에 발생했던 관계 외상을 가진 내담자들은 외상 치료의 과정에서 개인의 경계들(boundaries)을 관리, 개발, 유지하는 기술을 더 필요로 할 것이다. 비록 DLEC가 성인 애착 형태를 평가하는 데에 타당한 도구로 고려되지는 않으나, 숙련가들이 내담자의 과거력을 듣고 일반적인 논점 혹은 초기 애착의 '적신호들'을 밝혀내려 할 때 매우 유용하다.

유형 이외의 성격 변수 중에는 Wilson(2006)이 말한, 성격에 작용하여 외상을 소화해내려는 변형 특성이 있다. 그는 개개인의 성격을 바꾸는 삶의 외상 경험들을 설명했다. 그런 특성들은 긍정적인 개인의 가치들에 대한 지식을 나타낸 12원칙들을 포함하고 있다. 외상 후 자기에서 자기 변형의 원칙들은 취약성과 환상, 고통 및 괴로움과 변형, 수용, 자아의 한계와 겸손, 삶의 연속성에서 불연속성까지, 의미 연결과 의미 근원, 균형과 착지, 공감 및 연민과 새로운 가치 인정, 정직과 감사, 자기 변형과 재발견, 영성 의식과 이타주의이다. 이들 각각은 내담자의 필요들에 의지하고 있는 어떤 주어진 시간에서 치료의 초점이 될 수 있다. 케이샤의 경우 그의 마음챙김 수련은 균형과 착지를 도왔으며 그 자신보다 더 큰 어떤 것과의 연결을 느끼게 하였다. 그는 종교적으로 유신론자는 아니었으나 우주를 함께 붙잡고 있는 힘이 있다는 것을 믿었고, 마음챙김은 그 자신과 이 힘을 서로 연결하였다.

요약과 결론

외상의 통합 치료는 치료자와의 관계뿐만 아니라 내담자의 삶 속에서 안전과 안정화와 함께 시작한다. 비록 이 장은 안전과 안정화에 초점을 두었지만, 외상의 통합 치료는 내담자가 그들의 남은 삶 속에 그들을 재통합할 뿐만 아니라 또한 내담자가 외상 기억들을 처리하거나 비탄에 잠기도록 돕는다. 만약 개인의 대응력을 압도하는 상황 혹은 사람에 의해 짓눌린 피해자를 돕고자 한다면, 우리는 이제 그의 전인격을 세워나가야 한다. 외상 치료는 치료자와 내담자 모두에게 모호하고, 도전적인, 그리고 궁극적으로 힘든 노력이다. 카타르시스가 유일한 목적이고 그것만으로 치유에 충분하다는 때가 있었지만 외상을 다루기 위한 방법들은 이후로 긴 시간을 거쳤다. 우리는 심리 외상의 치료에 대해서 이전보다 더 많이 알고 있다. 그리고 그것은 통합 지도를 가진 우리의 희망이며, 이 영역은 연민의 불교 교리와 인간 삶 속에 불변하는 고통의 진실에 기초하여 의식의 성장과 진화를 계속할 것이다.

치료 지침에 대한 웹사이트

(원문에서 표시된 웹사이트에 연결 안 되는 것을 확인해 변경된 주소로 변경하였음 – 역자 주)

미국 국방부 http://www.healthquality.va.gov/ptsd/PTSD-FULL-2010a.pdf

건강관리 연구 및 품질 기관(다중 지침) https://www.guideline.gov/search?q=ptsd

영국 건강과 임상 우수성 연구소 http://www.nice.org.uk/Guidance/CG26

국제 외상 스트레스 연구회 http://www.istss.org/

미국 소아 아동 정신의학회 https://www.aacap.org/App_Themes/AACAP/docs/practice_parameters/PTSDT.pdf

복습 문제

1. 퇴역 군인 대 일반 인구에서 PTSD 역학 통계가 얼마나 차이가 나는가?

2. 군대 성적 외상이 무엇인가? 그리고 그것은 DSM-5와 어떻게 관련되어 있는가?

3. HPA축이 무엇인가? 그리고 그것은 PTSD 증상과 어떻게 관련시킬 수 있는가?

4. 유전학으로부터 나온 어떤 결과가 특정한 사람들이 PTSD를 발달시키는 이유를 알려주는가?

5. 부정적인 귀인 형태가 최근 외상을 겪은 사람에게 어떻게 영향을 미치는가?

6. PTSD의 관점에서 안전과 안정감의 의미가 무엇인가?

7. 내담자의 영성이 PTSD 치료에서 어떤 역할을 할 수 있나?

참고문헌

Abramson, L. Y., Alloy, L. B., Hogan, M. E., Whitehouse, W. G., Donovan, P., Rose, D. T., et al. (1999). Cognitive vulnerability to depression: Theory and evidence. *Journal of Cognitive Psychology, 13,* 5–20.

Abramson, L. Y., Metalsky, G. I., & Alloy, L. B. (1989). Hopelessness depression: A theory-based subtype of depression. *Psychological Review, 96,* 358–372.

American Psychiatric Association. (1980). *Diagnostic and statistical manual of mental disorders* (3rd ed.). Washington, DC: Author.

American Psychiatric Association. (2013). *Diagnostic and statistical manual of mental disorders* (5th ed.). Washington, DC: Author.

Andrews, G., Charney, D. S., Sirovatka, P. J., & Regier, D. A. (Eds.). (2008). *Stress-induced and fear circuitry disorders: Refining the research agenda for DSM-5.* Washington, DC: American Psychiatric Association.

Bakermans-Kranenburg, M. J., & van Ijzendoorn, M. H. (1993). A psychometric study of the Adult Attachment Interview reliability and discriminant validity. *Developmental Psychology, 29*(5), 870–879.

Baltrushes, N., & Karnik, N. S. (2013). Victims of military sexual trauma—you see them too. *The Journal of Family Practice, 62,* 120–125.

Bandelow, B., Zohar, J., Hollander, E., Kasper, S., Moller, H.-J., & the WFSBP Task Force on Treatment Guidelines for Anxiety, Obsessive- Compulsive, Post-Traumatic Stress Disorders. (2008). World Federation of Societies of Biological Psychiatry (WFSBP) Guidelines for the pharmacological treatment of anxiety, obsessivecompulsive and post-traumatic stress disorders— first revision. *The World Journal of Biological Psychiatry, 9,* 248–312.

Baranowsky, A. B., Gentry, J. E., & Schultz, D. F. (2005). *Trauma practice: Tools for stabilization and recovery.* Toronto: Hogrefe & Huber Publishers.

Black, T. G. (2004). Psychotherapy and outcome research in PTSD: Understanding the challenges and complexities in the literature. *Canadian Journal of Counselling, 38*(4), 277–288.

Blake, D. D., Weathers, F. W., Nagy, L. M., Kaloupek, D. G., Gusman, F. D., Charney, D. S. et. al. (1995). The development of a clinician-administered PTSD scale. *Journal of Traumatic Stress, 8,* 75–90.

Blanchard, E. B., Hicking, E. J., Devineni, T., Veazy, C. H., Galovski, T. E., et al. (2001). A controlled evaluation of cognitive behavioral therapy for posttraumatic stress in motor vehicle accident survivors. *Behavior Research Therapy, 41,* 79–96.

Briere, J. (2006). Dissociative symptoms and trauma exposure: specificity, affect regulation and post traumatic stress. *The Journal of Nervous and Mental Disease, 194,* 78–82.

Burgess, A. W., Slattery, D. M., & Herlihy, P. A. (2013). Military sexual trauma: A silent syndrome. *Journal of Psychosocial Nursing and Mental Health Services, 51,* 20–26.

Catani, C., Kohiladevy, M., Ruf, M., Schauer, E., Elbert, T., & Neuner, F. (2009). Treating children traumatized by war and Tsunami: A comparison between exposure therapy and meditation-relaxation in North-East Sri Lanka. *BMC Psychiatry, 9,* 9–22.

Charney, D. S. (2004). Psychobiological mechanisms of resilience and vulnerability: Implications for the successful adaption to extreme stress. *American Journal of Psychiatry, 161,* 195–216.

Cornelis, M. C., Nugent, N. R., Amstadter, A. B., & Koenen, K. C. (2010). Genetics of post-traumatic stress disorder: Review and recommendations for genome-wide association studies. *Current Psychiatry Rep, 12,* 313–326.

Davis, M., & Whalen, P. J. (2001). The amygdala: vigilance and emotion. *Molecular Psychiatry, 1,* 13–34.

Deahl, M., Srinivasan, M., Jones, N., Thomas, J., Neblett, C., & Jolly, A. (2000). Preventing psychological trauma in soldiers: the role of operational stress training and psychological debriefing. *British Journal of Medical Psychology, 73,* 77–85.

Demyttanaere, K., Bruffaerts, R., Posada-Villa, J., Gasquet, I., Kovess, V., Lepine, J. P., et al. (2004). Prevalence, severity, and unmet need for treatment of mental disorders in the World Health Organization World Mental Health Surveys. *JAMA, 291,* 2581–2590.

Department of Defense Task Force on Domestic Violence. (2006). Retrieved from http://www .refusingtokill.net/rape/domesticviolenceinthe military.htm

Dieperink, M., Leskela, J., Thuras, P., & Engdahl, B. (2001). Attachment style classification and posttraumatic stress disorder in former prisoners of war. *American Journal of Orthopsychiatry, 71*(3), 374–378.

Editorial. (2004). Military report aims to combat sex assault. *Contemporary Sexuality, 38,* 9.

Ehlers, A., Bisson, J., Clark, D. M., Creamer, M., Pilling, S., Richards, D., . . . Yule, W. (2010). Do all psychological treatments really work the same in posttraumatic stress disorder? *Clinical Psychology Review, 30,* 269–276.

Ehlers, A., & Clark, D. M. (2000). A cognitive model of posttraumatic stress disorder. *Behavior Research and Therapy, 38,* 319–345.

Ehlers, A., Clark, D. M., Hackmann, A., McManus, F., & Fennell, M. (2005). Cognitive therapy for posttraumatic stress disorder: Development and evaluation. *Behavior Research and Therapy, 43,* 413–431.

Ehring, T., Ehlers, A., & Glucksman, E. (2006). Contributions of cognitive factors to the prediction of post-traumatic stress disorder, phobia and depression after motor vehicle accidents. *Behavior Research and Therapy, 44,* 1699–1716.

Eley, T. C. (2008). The genetic basis of anxiety disorders. In G. Andrews, D. S. Charney, P. J. Sirovatka, & D. A. Regier (Eds.), *Stress-induced and fear circuitry disorders: Refining the research agenda for DSM-5* (pp. 145–157). Washington, DC: American Psychiatric Association.

Ellison, J. (2011). The military's secret shame. Retrieved from http://www.newsweek.com/2011/ 04/03/the-military-s-secret-shame.html

Elwood, L. S., Hahn, K. S., Olatunji, B. O., & Williams, N. L. (2009). Cognitive vulnerabilities to the development of PTSD: A review of four vulnerabilities and the proposal of an integrative vulnerability model. *Clinical Psychology Review, 29,* 87–100.

Epstein, S. (1991). Impulse control and self-destructive behavior. In L. P. Lipsitt & L. L. Mitnick (Eds.), *Selfregulatory behavior and risk takings: Causes and consequences* (pp. 273–284). Norwood, NJ: Ablex.

Fedoroff, I. C., Taylor, S., Asmundson, G. J. G., & Koch, W. J. (2000). Cognitive factors in traumatic stress reactions: Predicting PTSD symptoms from anxiety sensitivity and beliefs about harmful events. *Behavioral and Cognitive Psychotherapy, 28,* 5–15.

Figley, C. R. (2002). Compassion fatigue: Psychotherapists' chronic lack of self care. *Journal of Clinical Psychology, 58,* 1433–1441.

Foa, E. B. (2000). Psychosocial treatment of posttraumatic stress disorder. *Journal of Clinical Psychiatry,* 61, 43–48.

Foa, E. B., Keane, T. M., & Friedman, M. J. (2000). *Effective treatments for PTSD: Practice guidelines from the International Society for Traumatic Stress Studies.* New York: The Guilford Press.

Forbes, D., Creamer, M., Bisson, J. I., Cohen, J. A., Crow, B. E., Friedman, M. J., . . . Ursano, R. J. (2010). A guide to guidelines for the treatment of PTSD and related conditions. *Journal of Traumatic Stress, 23,* 537–552.

Friedman, M. J., & Harris, W. W. (2004). Toward a national PTSD brain bank. *Psychiatry, 67,* 383–390.

Friedman, M. J., & Karam, E. G. (2008). Posttraumatic stress disorder. In G. Andrews, D. S. Charney, P. J. Sirovatka, & D. A. Regier (Eds.), *Stress-induced and fear circuitry disorders: Refining the research agenda for DSM-5* (pp. 3–29). Washington, DC: American Psychiatric Association.

Friedman, M. J., Resick, P. A., Bryant, R. A., & Brewin, C. R. (2011). Considering PTSD for DSM-5. *Depression and Anxiety, 28,* 750–769.

Galea, S., Ahern, J., Resnick, H. S., Kilpatrick, D. G., Bucuvalas, M. J., Gold, J., & Vlahov, D. (2002). Psychological sequelae of the September 11 terrorist attacks in New York City. *New England Journal of Medicine, 346,* 982–987.

Gardner, H. (1993). *Multiple intelligences: The theory in practice.* New York: Basic.

Gardner, H. (1999). *Intelligence reframed: Multiple intelligences for the 21st century.* New York: Basic.

Gardner, H., Kornhaber, M., & Wake, W. (1996). *Intelligence: Multiple perspectives.* Fort Worth, TX: Harcourt Brace.

George, C., Kaplan, M., & Main, N. (1996). *Adult Attachment Interview.* Boston: Routlege.

Gilbertson, M. W., Shenton, M. E., Ciszewski, A., et al. (2002). Smaller hippocampal volume predicts pathologic vulnerability to psychological trauma. *Natural Neurosciences, 5,* 1242–1247.

Gola, H., Engler, H., Sommershof, A., Adenauer, H., Kilassa, S., Schedlowski, M., . . . Kolassa, I.-T. (2013). Posttraumatic stress disorder is associated with an enhanced spontaneous production of pro-inflammatory cytokines by peripheral blood mononuclear cells. *BMC Psychiatry, 40,* 40–48.

Grinage, B. D. (2003). Diagnosis and management of Post-traumatic Stress Disorder. *American Family Physician, 68*(12), 2401–2408.

Gutierrez, P. M., Castro, C. A., Fitek, D. J., Jobes, D., & Holloway, M. (2012). Status of Department of Defense funded suicide research. Retrieved from http://www.dcoe.health.mil/Content/Navigation/ Documents/ SPC2012/2012SPC-Gutierrez-etal-Status_ of_DoD_ Funded_Suicide_Research_panel.pdf

Halligan, S. L., Michael, T., Clark, F. M., & Ehlers, A. (2003). Posttraumatic stress disorder following assault: The role of cognitive processing, trauma memory, and appraisal. *Journal of Consulting and Clinical Psychology, 71,* 419–431.

Harris, S. (2012). *Free will.* New York: Free Press.

Harvin, S. (2004). The experiences of women who survived an

attack by an intimate partner relationship. *Evidence Based Nursing, 7,* 91.

Henderson, W. G., Eisen, S., Goldberg, J., True, W. R., & Vitek, M. E. (1990). The Vietnam era twin registry: A resource for medical research. *Public Health Reports, 105,* 368–373.

Herman, J. (1997). *Trauma and recovery: The aftermath of violence—from domestic abuse to political terror.* New York: Basic Books.

Hinton, D. E., & Lewis-Fernandez, R. (2011). The cross-cultural validity of posttraumatic stress disorder: Implications for DSM-5. *Depression and Anxiety, 28,* 783–801.

Hoge, C. W., Auchterlonie, J. L., & Milliken, C. S. (2006). Mental health problems, use of mental health services, and attrition from military service after returning from deployment to Iraq or Afghanistan. *JAMA, 295,* 1023–1032.

Hoyt, T., Rielage, J. K., & Williams, L. F. (2011). Military sexual trauma in men: A review of reported rates. *Journal of Trauma and Dissociation, 12,* 244–260.

Huppert, J. D., Foa, E. B., McNally, R. J., & Cahill, S. P. (2008). Role of cognition in stress-induced and fear circuitry disorders. In G. Andrews, D. S. Charney, P. J. Sirovatka, & D. A. Regier (Eds.), *Stress-induced and fear circuitry disorders: Refining the research agenda for DSM-5* (pp. 175–193). Washington, DC: American Psychiatric Association.

Ingersoll, R. E., & Zeitler, D. A. (2010). *Integral psychotherapy: Inside out/outside in.* Albany, NY: SUNY.

Ingram, R. E., Miranda, J., & Segal, Z. V. (1998). *Cognitive vulnerability to depression.* New York: Guilford.

Janoff-Bulman, R. (1992). *Shattered Assumptions: Towards a new psychology of trauma.* New York: Free Press.

Jason, L. A., Milcuiciute, I., Aase, D. M., Stevens, E., DiGangi, J., Contrera, J. R., & Ferrari, J. R. (2011). How type of treatment and presence of PTSD affect employment, self-regulation and abstinence. *North American Journal of Psychology, 13,* 175–186.

Jobson, L., & O'Kearney, R. (2008). Cultural differences in personal identity in post-traumatic stress disorder. *British Journal of Clinical Psychology, 47,* 95–109.

Katz, I. R., McCarthy, J. F., Ignacio, R. V., & Kemp, R. N. (2012). Suicide among veterans in 16 states, 2005 to 2008: Comparisons between utilizers and nonutilizers of veterans health administration (VHA) services based on data from the national death index, the national violent death reporting system and VHA administrative records. *American Journal of Public Health, 102,* S105–S117.

Kaufman, J., Aikins, D., & Krystal, J. (2004). Neuroimaging studies in PTSD. In J. P. Wilson & T. M. Keane (Eds.), *Assessing psychological trauma and PTSD* (2nd ed., pp. 389–418). New York, NY: Guilford Press.

Kessler, R. C. (2000). Posttraumatic stress disorder: The burden to the individual and to society. *Journal of Clinical Psychiatry,* 61(Suppl. 5), 4–12.

Kessler, R. C., Sonnega, A., Bromet, E., Hughes, M., & Nelson, C. B. (1995). Posttraumatic stress disorder in the National Comorbidity Survey. *Archives of General Psychiatry, 52,* 1048–1060.

Kimerling, R., Street, A. E., Pavao, J., Smith, M. W., Cronkite, R. C., Holmes, T. H., & Frayne, S. M. (2010). Military-related sexual trauma among Veterans' Health Administration patients returning from Afghanistan and Iraq. *American Journal of Public Health, 100,* 1409–1412.

Koenen, K. C. (2010). Developmental origins of posttraumatic stress disorder. *Depression and Anxiety, 27,* 413–416.

Koenen, K. C., Amstadter, A. B., & Nugent, N. R. (2009). Gene-environment interaction in posttraumatic stress disorder: An update. *Journal of Traumatic Stress, 22,* 416–426.

Koenen, K. C., Harley, R., Lyons, M. J., Wolfe, J., Simpson, J. C., Goldberg, J., Eisen, S. A., & Tsuang, M. T. (2002). A twin registry study of familial and individual risk factors for trauma exposure and posttraumatic stress disorder. *The Journal of Nervous and Mental Disease, 190,* 209–218.

Kousha, M., & Tehrani, S. M. (2013). Normative life events and PTSD in children: How easy stress can affect children's brain. *Acta Medica Irania, 51,* 47–51.

Lapierre, C. B., Schwegler, A. F., & Labauve, B. J. (2007). Posttraumatic stress and depression symptoms in soldiers returning from combat operations in Iraq and Afghanistan. *Journal of Traumatic Stress, 20,* 933–943.

Libet, B., Gleason, C. A., Wright, E. W., & Pearl, D. K. (1983). Time of conscious intention to act in relation to onset of cerebral activity (readinesspotential): The unconscious initiation of a freely voluntary act. *Brain, 106,* 623–642.

Lindy, J. D., & Wilson, J. P. (2001). Respecting the trauma membrane: Above all, do no harm. In J. P. Wilson, M. J. Friedman & J. D. Lindy (Eds.), *Treating psychological trauma and PTSD* (pp. 432–445). New York: Guilford.

Loevinger, J. (1976). *Ego Development.* San Francisco: Jossey-Bass.

Lutwak, N., & Dill, C. (2013). Military sexual trauma increases risk of post-traumatic stress disorder and depression thereby amplifying the possibility of suicidal ideation and cardiovascular disease. *Military Medicine, 178,* 359–361.

Luxenberg, T., Spinazzola, J., Hidalgo, J., Hunt, C., & van der Kolk, B. A. (2001). Complex trauma and disorders of extreme stress (DESNOS), part two: Treatment. *Directions in Psychiatry, 21,* 395–414.

Mayou, R. A., Ehlers, A., & Hobbs, M. (2000). Psychological debriefing for road traffic accident victims. Three-year follow-up of a randomized controlled trial. *British Journal of Psychiatry, 176,* 589–593.

McCann, I., & Pearlman, L. A. (1990). *Psychological trauma and the adult survivor: Theory, therapy and transformations.* New

York: Brunner-Mazel.

Meltzer, E. C., Averbuch, T., Samet, J. H., Saitz, R., Jabbar, K., Lloyd-Travaglini, C., & Liebschutz, J. M. (2012). Discrepancy in diagnosis and treatment of post-traumatic stress disorder (PTSD): Treatment for the wrong reason. *The Journal of Behavioral Health Services & Research, 39,* 190–202.

Miller, M., Barber, C., Young, M., Azrael, D., Mukamai, K., & Lawler, E. (2012). Veterans and suicide: A reexamination of the national death index— linked national health interview survey. *American Journal of Public Health, 102,* S154–S159.

Morgan, C. A., Wang, S., Rasmusson, A., Hazlett, G., Anderson, G., & Charney, D. S. (2001). Relationship among plasma cortisol, catecholamines, neuropeptide Y and human performance during exposure to uncontrollable stress. *Psychosomatic Medicine, 63,* 412–422.

Morgan, C. A., Wang, S., Southwick, S. M., Rasmusson, A., Hazlett, G., Hauger, R. L., & Charney, D. S. (2000). Plasma neuropeptide-Y concentrations in humans exposed to military survival training. *Biological Psychiatry, 47,* 902–909.

Mulrine, A. (2012, August 7). Suicide "epidemic" in army: July was worst month, Pentagon says. *Christian Science Monitor.* Retrieved from http:// www.csmonitor.com/USA/ Military/2012/0817/ Suicide-epidemic-in-Army-July-was-worst-month- Pentagon-says

Najavits, L. M., Kivlahan, D., & Kosten, T. (2011). A national survey of clinicians' views of evidencebased therapies for PTSD and substance abuse. *Addiction Research and Theory, 19,* 138–147.

National Institute for Clinical Excellence (NICE). (2005). *Post-traumatic stress disorder: The management of PTSD in adults and children in primary and secondary care.* Leicester (UK): Gaskell.

Nolen-Hoeksema, S. (1991). Responses to depression and their effects on the duration of depressive episodes. *Journal of Abnormal Psychology, 100,* 569–582.

Orr, S. P., Metzger, L. J., Miller, M. W., et al. (2004). Psychophysiological assessment of PTSD: Science and practice. In J. P. Wilson & T. M. Keane (Eds.), *Assessing psychological trauma and PTSD* (2nd ed., pp. 425–446). New York, NY: Guilford Press.

Osuch, E. A., Benson, B. E., Luckenbaugh, D. A., Geraci, M., Post, R. M., & McCann, U. (2009). Repetitive TMS combined with exposure therapy for PTSD: A preliminary study. *Journal of Anxiety Disorders, 23,* 54–59.

Pearlman, L. A. (1995). Self-care for trauma therapists: Ameliorating vicarious traumatization. In B. H. Stamm (Ed.), *Secondary traumatic stress: Selfcare issues for clinicians, researchers, and educators* (pp. 51–64). Baltimore, MD: The Sidran Press.

Pearlman, L. A., & Saakvitne, K. W. (1995). Treating therapists with vicarious traumatization and secondary traumatic stress disorders. In C. R. Figley (Ed.), *Compassion fatigue: Coping with secondary traumatic stress disorder in those who treat the traumatized* (pp. 150–177). Philadelphia, PA: Brunner/ Mazel.

Plomp, L. M. (1997). Confronting unfixable suffering: The lived experience of police officers. Unpublished master's thesis, University of British Columbia, Vancouver, BC.

Radant, A., Tsuang, D., Peskind, E. R., McFall, M., & Raskind, W. (2001). Biological markers and diagnostic accuracy in the genetics of posttraumatic stress disorder. *Psychiatry Research, 102,* 203–214.

Reiss, S. (1991). Expectancy model of fear, anxiety and panic. *Clinical Psychology Review, 11,* 141–153.

Rizzo, A. A., Difede, J., Rothbaum, B. O., Johnston, S., McLay, R. N., Reger, G., . . . Pair, J. (2009). VR PTSD exposure therapy results with active duty OIF-OEF combatants. *Medicine Meets Virtual Reality, 17,* 277–289.

Santiago, P. N., Ursano, R. J., Gray, C. L., Pynoos, R. S., Spiegel, D., Lewis-Fernandez, R., . . . Fullerton, C. S. (2013). A systematic review of PTSD prevalence and trajectories in DSM-5 defined trauma exposed populations: Intentional and non-intentional traumatic events. *PLOS One, 8,* 1–5.

Sartory, G., Cwik, J., Knuppertz, H., Schurholt, B., Lebens, M., Seitz, R. J., & Schulze, R. (2013). In search of the trauma memory: A meta-analysis of functional neuroimaging studies of a symptom provocation in posttraumatic stress disorder (PTSD). *Plos One, 8,* 1–11.

Schnurr, P. P., Friedman, M. J., & Bernardy, N. C. (2002). Research on posttraumatic stress disorder: Epidemiology, pathophysiology and assessment. *Psychotherapy in Practice, 58,* 877–889.

Shad, M. U., Suris, A. M., North, C. S. (2011). Novel combination strategy to optimize treatment for PTSD. *Hum Psychopharmacol, 26,* 4–11.

Shalev, A. Y., Bonne, O., & Eth, S. (1996). Treatment of posttraumatic stress disorder: A review. *Psychosomatic Medicine, 58,* 165–182.

Shapiro, F. (1995). *Eye movement desensitization and reprocessing: Basic principles, protocols, and procedures.* New York: The Guilford Press.

Sherman, J. J. (1998). Effects of psychotherapeutic treatments for PTSD: A meta-analysis of controlled clinical trials. *Journal of Traumatic Stress, 11,* 413–435.

Skelton, K., Ressler, K. J., Norrholm, S. D., Jovanovic, T., & Bradley-Davino, B. (2012). PTSD and gene variants: New pathways and new thinking. *Neuropharmacology, 62,* 628–637.

Stein, D. J., van der Kolk, B. A., Austin, C., Fayyad, R., & Clary, C. (2006). Efficacy of Sertraline in posttraumatic stress disorder secondary to interpersonal trauma or childhood abuse. *Annals of Clinical Psychiatry, 18,* 243–249.

Taylor, S., Thordarson, D. S., Maxfield, L., Fedoroff, I. C., & Ogrodniczuk, J. (2003). Comparative efficacy, speed, and adverse effects of three PTSD treatments: Exposure therapy, EMDR, and relaxation training. *Journal of Consulting and Clinical Psychology, 71*, 330–338.

van der Kolk, B. A. (2001). The psychobiology and psychopharmacology of PTSD. *Human Psychopharmacology: Clinical and Experimental, 16*, S49–S64.

van der Kolk, B. A. (2006). Clinical implications of neuroscience research in PTSD. *Annals of the New York Academy of Sciences, 1071*, 277–293.

Van Etten, M. L., & Taylor, S. (1998). Comparative efficacy of treatments for post-traumatic stress disorder: A meta-analysis. *Clinical Psychology and Psychotherapy, 5*, 126–144.

Veterans' Administration. (2012). Military sexual trauma. Retrieved from http://www.mentalhealth .va.gov/docs/mst_general_factsheet.pdf

Wieland, D. M., Haley, J. L., & Bouder, M. (2011). Military sexual trauma. *The Pennsylvania Nurse, 66*, 17–21.

Wilson, J. P. (2006). Trauma and transformation of the self: Restoring meaning and wholeness to personality. In J. P. Wilson (Ed.), *The posttraumatic self: Restoring meaning and wholeness to personality* (pp. 399–424). New York, NY: Routledge.

World Health Organization. (1992). *The ICD-10: Classification of mental and behavioral disorders: Clinical descriptions and diagnostic guidelines.* Geneva: World Health Organization.

Yaeger, D., Himmelfarb, N., Cammack, A., & Mintz, J. (2006). DSM-IV diagnosed post traumatic stress disorder women veterans with and without sexual trauma. *Journal of General Internal Medicine, 21, Suppl*, S65–S69.

제6장

제I형 양극성장애

R. Elliott Ingersoll, Ph.D., 클리블랜드주립대학교
Jessica Haberman, M.S., 클리블랜드주립대학교

49세의 백인 여성 알렉스는 19세 때부터 주요우울증과 조증을 겪어왔다. 다섯 가지 종류의 약을 복용해왔으며 현재는 리소비드/lithium과 디발프렉스/valproic acid를 함께 복용하고 있다. 알렉스는 현재도 우울증으로 고통받고 있으며 정부 보조로 정신건강 주거시설에서 살고 있다. 그는 정신장애로 인해 1년 이상 일한 적이 없다. 그는 자신의 삶이 싫고 살 가치가 없다고 말하며 자주 자살을 시도한다. 심리사회적 스트레스 요인들에서 여러 재발 삽화가 이어진다. 처방된 약을 복용하고 있지만, 12개월에서 16개월마다 그의 양극성장애는 재발한다. 가끔 심리치료에 참여하기도 하지만 세 번 이상 연속적으로 참여하는 경우는 드물다. 그의 병이 최근 재발한 것은 작년 10월이다. 동생은 자기 아이들(7세, 9세)에게 나쁜 영향이 될 것을 염려하여 그에게 더 이상 찾아오지 말라고 하였다. 알렉스는 그 후로 잠을 못 잤다. 일주일 후 그는 돌연 심하게 밝은 색상의 옷과 화장을 하기 시작한다. 2주간 그는 심한 조증 증세를 보였고 선거일에 절정에 달했다. 그는 선거일에 화려한 화장에 나이트가운을 입고 투표 장소에 나타나 시장 선거에 출마할 것을 선언하였다. 이 일로 그는 병원에 입원하였고 2주 후에야 안정을 되찾았다. 퇴원을 위해서는 알렉스의 삶과 삶의 만족도를 높일 수 있도록 심리치료를 받아야 한다는 조건을 제시하였다. 여동생과의 다툼을 개선하고 여동생이 문제 삼는 알렉스의 행동을 스스로 고칠 마음을 가져야 하는 것이다.

알렉스의 사례가 보여주듯, 제I형 양극성장애는 정신적 장애를 초래할 수 있는 만성 경향을 보

인다(Andrezza et al., 2008). 히포크라테스와 아레테우스는 조울증을 처음으로 진단한 사람들이지만, David Healy가 2008년에 지적했듯이, 히포크라테스 활동에 대한 번역에는 오류가 많고, 특히 그의 책에서 발견되는 '조증(mania)'은 오랜 발열을 의미하므로, 'mania'는 섬망에 더 가깝다. 조울증은 Jean Pierre Falret(1854)에 의해 조증과 주요우울증을 번갈아 겪는 증세로 처음 정의되었다. Emil Kraepelin은 나중에 Falret이 정의한 조울증을 자신의 정신의학 서적 개정판에 추가하였다. Falret과 Kraepelin이 정의한 조울증은 현재 제I형 양극성장애로 불리는 질환과 큰 유사성을 보인다. 제I형 양극성장애(이하 BPI)는 심리, 환경 요인뿐 아니라 생리 기반이 크게 영향을 미치는 질환이다. 심리, 환경 요인은 생리 기반을 촉발시키는 도화선이 된다. 이는 모든 것을 다 안다는 감상에 빠지지 않은 채 통합 모형이 이 질환을 발생시키는 잠재 요인들을 어떻게 이해하고 통합하는지 보여준다. 정신의학 전문가들이 BPI와 같은 정신질환을 일으키는 복잡한 요인들을 잘 이해하는 것은 매우 중요하다. 부정확하게 상투적으로 말해서는 안 되는데(예 : '화학적 불균형') 내담자와 그의 가족들에게 간단하게 병을 치료할 수 있다는 잘못된 생각을 심어줌으로써 피해를 줄 수 있기 때문이다. 생물 정신의학과 신경과학이 복잡하기는 하지만, 대학원생들은 BPI 병인론의 개요를 이해할 수 있을 것이라고 생각한다.

정신질환의 진단 및 통계 편람, 제5판[DSM-5; 미국정신의학회(APA), 2013]에서 BPI는 양극성 및 관련 장애라는 새로운 분류의 근간이다. 이 분류 범주에는 제II형 양극성장애, 순환성장애, 약물복용이나 의학적 상태와 관련 있는 양극성장애, 달리 명시된 그리고 명시되지 않는 양극성 및 관련 장애가 포함되어 있다. 그중 가장 중요하게 다뤄지는 것은 BPI이다. 제3장에서 언급된 것처럼, 파괴적 기분조절부전장애는 아이들이 표면상 BPI를 지닌 것으로 오진되는 것을 막기 위해 소개되었지만 우울장애 분류에 언급되어 있다. 이는 파괴적 기분조절부전장애가 BPI의 스펙트럼에 속한다는 인상을 주지 않기 위한 것으로 보인다.

BPI는 심리만 아니라 생리에도 큰 영향을 끼친다. 만약 제대로 치료되지 않는다면 자살과 같은 여러 건강상의 문제를 일으킬 가능성이 크다. DSM에 따르면 자살 경향은 BPI 내담자들에게 매우 흔하다. 실제로, 정확히 측정하기는 힘들지만(Pompili et al., 2006), BPI 내담자들 중 59%가 자살을 생각한 적이 있으며, 그중 25~56%는 실제로 한 번 이상 자살 시도를 했고, 약 20%는 자살로 사망했다(De Abreu, Lafer, Baca-Garcia, & Oquendo, 2009; Rihmer, 2009). BPI 병인론과 치료법에 대한 최신 지식과 정확한 진단으로 이 비극적인 수치를 바꿔야 한다.

BPI, 제II형 양극성장애, 파괴적 기분조절부전장애 사이에는 많은 혼동이 있다. DSM-5 출판을 준비할 때, 일부 사람들은 이 세 가지 질환이 하나의 연속선상에 있어서 '양극성 스펙트럼 장애'라고 불러야 한다고 주장하였다(Akiskal & Benazzi, 2006; Ghaemi, Ko, & Goodwin, 2002; Paris, 2009). 고맙게도, 그렇게 되지는 않았다. 양극성 및 관련 장애는 (DSM-IV-TR에서는 기분장애 분류 안에 있다가 분리되어) 고유한 범주를 갖게 되었다. 이 세 가지 질환들을 스펙트럼으로 봐야 한다는 주장에는 한 가지 문제점이 있었다. 자극적이고 주의력결핍 행동을 보이는 내담자들(특히 아이들과 청소년들)이 다른 질환이 있음에도 불구하고 이 스펙트럼 아래에서 제I형 양극성장애로 오진될 수 있다는 것이다(Baroni, Lunsford, Luckenbaugh, Toubin, & Leibenluft, 2009; Paris, 2009). 몇몇 연구자들(Alloy et al., 2012; Walsh, Royal, Brown, Barrantes-Vidal, & Kwapil, 2012)이 '가벼운' 양극성 스펙트럼이라고 명한 개념에 대해 연구하고 있기는 하지만, 현재 BPII(제II형 양극성장애)와 순환성장애는 BPI로 가는 단계가 아니라 BPI와는 다른 별개의 질환이라고 보는 것이 맞다.

　BPI가 양극성 및 관련 장애 중 가장 심각하기 때문에, 이 장에서는 BPI를 주로 다룰 것이다. 지난 5년간의 뇌 연구는 조현병과 BPI를 같은 범주에 분류할 수도 있다는 의견을 제시하였다. 이 두 질환이 근본적으로 비슷한 (어떤 경우에는 아마도 같은) 뇌 병리에서 파생되었고, 두 질환은 아마 강도만 다를 뿐 같은 질환일 수도 있다는 증거가 발견된 것이다(Craddock & Owen, 2007; Lin & Mitchell, 2008). 따라서 이 장과 조현병 장은 상당한 유사성을 지닐 것이다. 우리는 심각한 정신병들을 다룰 수 있는 새로운 방법들로 이끄는 중요한 연구 시점을 요약하겠다.

　물질사용과 남용은 또한 BPI와의 흔한 동반 양상이다. 불행히도, 어린 나이에 BPI 증상을 나타내는 내담자들은 물질사용 문제를 겪을 가능성이 크다. 다른 동반질환들은 신경성 식욕부진증, 신경성 폭식증과 같은 식이장애나 주의력결핍 과잉행동장애(ADHD), 공황장애나 사회공포증과 같은 불안장애이다. BPI 내담자들은 필수적으로 적어도 한 번의 조증 혹은 혼재성 삽화를 경험한다. 많은 BPI 내담자들이 주요우울 혹은 경조증 삽화를 나타내지만, 이것들이 BPI 진단을 받기 위해 꼭 필요한 것은 아니다. 우선은, 각 삽화들의 양상의 차이를 이해하는 것이 여러분들에게 도움이 될 것이다.

　조증 증상이 1주일 이상(입원했을 경우는 더 짧게) 지속될 때 비로소 조증 삽화라고 진단할 수 있다. 조증 삽화는 보통 사회생활을 하거나 일을 하는 데에 큰 피해를 일으키는 것으로 정의된다. 하지만 경조증 삽화는 피해를 입힐 정도로 심각하지 않다. 경조증 삽화는 조증 삽화와 같은 증상을 보인다. 하지만 경조증 삽화에서는 증상이 4일 이내로 지속된다. 증상을 보이는 기간이나 삽화의 형태(경조증 혹은 조증)와 상관없이, 내담자들은 비정상적으로 기분이 들뜨고, 의기양양하고, 과민한 기분을 보인다. BPI로 진단을 받으려면 내담자는 반드시 조증 삽화를 보여야 한다. 비정상적인 그리고 지속되는 기분 이외에, 내담자가 아래에 나열된 증상들 중 3개 이상을 보이면 조증 삽화로 진단된다(만약 과민한 기분만 계속된다면 네 가지 이상의 증상을 보여야 한다).

- 부푼 자존감
- 자야 할 필요성을 적게 느낌
- 다른 사람이 끼어들 수 없을 정도로 말을 못 참음 그리고/혹은 수다스러움
- 생각의 비약, 생각이 꼬리를 물고 이어짐
- 주의산만
- 성적인 욕망, 상상이나 행동의 증가와 같은 목표 지향적 활동의 증가
- 부정적 결과를 이끌 수 있는 행동들에 과도하게 참여(예 : 과도한 쇼핑, 무모한 운전, 비정 상적인 성적 행동)(APA, 2000a).

주요우울 삽화는 적어도 2주 이상, 조증 삽화는 1주 이상 지속된다. 주요우울 삽화에는 우울한 기분을 느끼거나 거의 모든 활동에 대한 관심 또는 즐거움을 잃는 것이 포함된다. 우울한 기분(아이들과 청소년들은 과민한 기분)과 함께, 만약 개인이 아래 증상 중 4개 이상을 경험한다면 주요우울 삽화로 진단된다.

- 식욕 혹은 체중의 변화
- 수면의 변화
- 정신운동 활동의 변화(거의 매일 정신운동이 느리거나 과함)
- 에너지의 감소
- 무가치함 혹은 죄책감을 느낌
- 생각, 집중, 그리고 결정하는 것의 어려움
- 반복되는 자살의 생각들이나 시도들

마지막으로, 혼재성 삽화는 조증 삽화와 주요우울 삽화를 함께 느끼는 것을 뜻한다. 조증 혹은 우울 삽화 중에 반대 극성의 역치 이하 증상을 보일 수 있으며 이는 혼재성 삽화로 여길 수 있다. 요동치는 기분 외에, 혼재성 삽화에서 가장 흔한 증상들로는 정신운동 초조, 수면장애(특히 불면증), 식욕의 변화, 정신증 양상(예 : 환각, 망상), 자살 위험성이 있다.

BPI를 이해하려면 단순한 감정 변화 이상을 보는 것이 중요하다. 기분안정제 안내에서 Dr. Roy Chengappa와 Dr. Paul Keck(PsychLink Video, 2001)은 BPI 증상의 네 가지 영역을 〈그림 6.1〉에 보여주었다.

조증, 기분, 행동 증상	불쾌감과 기타 기분 증상
극도의 행복감 과대성 말을 못 참음 충동성 무모함 수면 감소	우울 불안 과민성 적대감 폭력 또는 자살
정신병 증상	인지 증상
망상 환각 감각 예민	생각이 꼬리를 무는 것 주의산만 병식 부족 와해성 주의력결핍 혼란

그림 6.1 BPI의 증상들

누가 제I형 양극성장애를 겪는가

DSM에 따르면, BPI는 특정 인종이나 민족에서 더 많이 나타나지는 않는다. 몇몇 민족이나 젊은 연령층에서 BPI보다 조현병이 더 많이 나타나는 현상이 있기는 하지만 이는 정확한 진단이라기보다는 인종차별의 영향으로 보인다(Ingersoll & Rak, 2006). 특정한 인종이나 민족이 다른 이들보다 양극성 증상을 더 많이 보인다는 증거는 없다.

여성과 남성을 비교해보았을 때, BPI 증상을 겪는 사람들의 수가 거의 비슷하다는 것은 매우 흥미롭다. 하지만 남성은 조증 삽화를, 여성은 주요우울 삽화를 더 많이 나타내는 경향이 있다. 이는 주요우울장애를 겪는 여성이 남성보다 2배 정도 많다는 제3장에서의 내용과 일치한다.

일반적으로, 13세 이상부터 발병이 시작되기 때문에, BPI 증상을 보이는 사람은 20세 전후로 증상을 보이고 BPI로 진단받게 된다. 대부분의 연구가 청소년들에게 일어나는 조기 발병에 관한 것이라(게다가 증상군이 성인에 맞춰져 있어서) 소아들에 대한 충분한 데이터가 없긴 하지만, 소아들의 장애에 대한 몇 가지 추측이 있다(Birmaher & Axelson, 2006; Duffy, 2007). DSM-5에 대한 여러 논쟁 중 하나는 DSM-5가 임상 증상과 임상 이하 증상의 차이를 모호하게 하여 BPI가 아닌 양극성 **스펙트럼** 장애에 더 초점을 맞추었다는 것이다. 양극성 스펙트럼 장애의 개념을 지지하는 몇몇 연구자들(Ghaemi et al., 2002)은 DSM에서 제시된 양극성장애의 유병률이 실제 미국에서의 유병률보다 훨씬 더 높다는 것을 지적하기도 했다(Merikangas et al., 2007). 이 스펙트럼 개념은 양극성장애 증상을 보이기는 하지만 양극성장애로 진단받을 수 있는 역치에 도달하지 않는 사람들을 위해 사용된다. 사실 이에 관한 연구에 따르면 미국 인구의 2.4%가 역치 이하의 양극성장애 증상을 평생 한 번 이상 나타내는 것으로 추산된다. 최근 12개월간은 전체 인구의 1.4%가 이 같은 증상을 나타내는 것으로 추산되었다. 언급된 바와 같이, 이는 아직도 논쟁의 소지를 가지고 있다. 더욱이 이 연구는 제약회사들에게 연구비를 지원받았다(Petersen, 2008). 이에 대한 DSM-5의 일시적인 해결책은 파괴적 기분조절부전장애를 우울장애 진단군 아래에 두는 것이었다. 파괴적 기분조절부전장애의 오진을 막는 방법과(Margulies, Weintraub, Basile, Grover, & Carlson, 2012) 소아들의 BPI 치료 방법에 대해서는 아직도 밝혀진 바가 적다(Jairam Prabiuswamv, & Dullur, 2012).

유전 측면은 BPI 발병의 상당한 역할을 차지하는 것으로 보인다. DSM에 따르면, 가족 중 BPI 내담자가 있는 사람들은 4%에서 24% 정도 BPI 증상을 나타낼 가능성이 있다. 또한 일차 가족 중에 어떤 기분장애라도 있는 개인은 그렇지 않은 사람보다 20세 전에 BPI 증상을 나타낼 가능성이 매우 높아진다. 유전 관련성에 관해서는 후에 더 논의할 것이다.

제 II 형 양극성장애는 얼마나 흔한 질병인가?

위에서 말한 바와 같이, 가족 중 BPI 내담자가 있는 사람은 BPI를 가질 가능성이 크다. 하지만 이는 가족 중 BPI 증상을 나타내는 사람이 있다고 하여 그 사람이 꼭 BPI를 앓을 것이라는 뜻은 아니다. 이는 단지 BPI 가족력이 있는 사람이 그렇지 않은 사람보다 BPI를 앓을 가능성이 크다는 것을 의미한다. DSM에 따르면, 세계 어디에서나 전체 인구의 0.4%에서 1.6%는 BPI 내담자이다.

병인론

신경과학 기술의 발전 그리고 생물 요인들에 대한 의견일치에도 불구하고 실망스럽게도 BPI의 병인론에 대한 정확한 이해가 아직 없다(Young & Wang, 2007). 아마 현재까지 알려진 지식들을 가장 간결하게 정리한다면 BPI는 "…유전적 취약성, 신경생물 조절이상, 환경 요인들 사이의 지속적인 상호작용이다"(Miklowitz & Johnson, 2008, p. 372). 또는 "…양극성장애는 환경, 후성 유전학, 확률론(stochastic)[1] 구성요소들과 유전 취약성의 상호작용을 필요로 한

---

1 Stochastic 용어는 그리스어에서 유래된 것으로, '무작위'라는 의미이므로, stochastic 과정 혹은 구성요소에

다"(Hasler, Drevets, Gould, Gottesman, & Manji, 2005, p. 93). 마지막으로, BPI는 "…유전 취약 요인과 생애 스트레스 사건과 같은 환경 영향 사이의 상호작용이다"(Rush, 2003, p. 4). BPI가 처음으로 연구 주제로, 임상적으로 중요하다고 소개되었을 때, 이의 병인론에 대한 연구들은 심리 영향이 도화선이 되어 생리 요인들로 발현되는 유전 기반에 중점을 두었다. 하지만 시간이 지나면서 BPI의 정확한 원인을 연구한 연구자들은 BPI가 다른 장애들처럼 여러 원인으로 인해 발병된다는 것을 발견하였다. 다른 말로, 이는 중복결정의 특징이 있다. 특정한 사건이나 유전자가 아니라 여러 요인이 결합하여 BPI가 나타난다는 것이다. 따라서 BPI의 진단이나 예방을 위한 특정한 의료 검사나 과정 또한 현재는 없다. BPI를 특정한 유전자와 연관지어 보는 것부터(McGrath et al., 2009) 유전자 프로파일링['표현형타공(PhenoChipping)'이라 부르는 과정; Niculescu et al., 2006]과 비슷한 방법인 증상의 (표현형) 계량화까지 다양한 노력이 이루어졌다. 이로 인해 BPI에 관한 여러 정보를 습득할 수 있게 되었지만, 병인론을 밝혀내는 데에는 실패하였다.

BPI의 발병 및 유지와 관련된 많은 요인들은 생리, 심리, 환경 그리고 실존으로 설명된다. 이 장에서 소개되는 이론들은 현재 연구 흐름에서 가장 많이 언급되는 이론들이다. 지금은 우리가 각 연구들을 새로운 방법으로 정리하여 통합 모형을 만들어야 할 시기이다. 생리 이론들은 BPI를 유전적 요인, 뇌 구조, 뇌 회로와 연관 짓고 있다. 심리 이론들은 여러 심리 요인들, 습득 행동들과 BPI 발병과 악화를 연관 짓는다. 환경 이론들은 스트레스를 많이 주는 사건들, 체내 주기와 사회 리듬의 혼란에 초점을 맞춘다. 마지막 이론은 실존 절망에 집중하는데 절망감이 어떻게 BPI의 시작 및 진행 과정과 연관되는지에 관한 것이다.

생리 이론들

내부표현형 이해하기　BPI 발병 요인의 생리적 부분을 보기 전에, DSM-5의 BPI 연구 부분이었던 개념을 명확히 하겠다. 유전자는 스스로를 복제하는 DNA를 포함하는 안정적인 기본형이다. 환경과 상호작용하는 유전자들은 표현형 또는 유전자가 발현되는 세포의 구조, 기능 그리고 모양(구조)을 결정한다(Kandel, 2005). 이 내부표현형(endophenotype)은 유기체의 관찰 가능한 특성의 복합체이다. 1903년에 덴마크 식물학자 Wilhelm Johanssen(1911)이 이러한 용어들을 만들었으며, 이 표현형이 유전자형의 불완전한 표지라는 것 또한 알아냈다. 간단히 설명하면, 같은 유전자형은 여러 다른 표현형을 나타낼 수 있고 같은 표현형 또한 다른 유전자형에서 비롯될 수 있다는 것이다.

는 무작위 구성요소가 담겨 있다.

더 쉬운 말로 설명해보자. 같은 유전자들은 환경과 스트레스 사건들로 인해 다르게 발현될 수 있다. 예를 들면, BPI 내담자의 많은 친척들은 내담자와 매우 비슷한, 심지어는 같은 유전자와 뇌 구조를 가지고 있지만 BPI 증상을 나타내지 않는다(McIntosh et al., 2005). 여기에 '도약 유전자(jumping genes)'를 발견한 새로운 연구가 있다. 도약 유전자란 게놈 안의 새로운 곳에 자신을 복사하고 붙여넣거나 삽입하는 DNA 분절을 말한다. 이는 한 유전자 전체의 활동을 개조시키고 주변 유전자를 공격하게 한다. 이 도약 유전자로 정신질환에 대한 취약성과 어떻게 일란성 쌍둥이가 다른 성격을 가지는지를 설명할 수 있다(Coufal et al., 2009; Gage & Muotri, 2012). 이것이 바로 한 개인이 질환에 유전적으로 취약할 수 있으나 실제로 질환(여기에서는 표현형)이 발병하지 않을 수도 있는 이유이다. 유전자들이 환경과 어떻게 상호작용하는지(후성 유전학)에 달린 것이기 때문이다.

표현형에 근거하여 정신질환을 분류하는 것이 증상의 유전 기원을 추적하는 데에 도움이 되지 않는다는 것은 20세기 중반부터 널리 알려진 사실이다(Gottesman & Gould, 2003). 내부 표현형 개념은 Gottesman과 Shields(1973)가 곤충학(entomology)에서 가져온 것이다. 그들은 내부표현형을 내부적인 표현형(internal phenotype)으로 설명하였으며(예 : 뇌 구조가 유전적 지시에 의해 발전되었다는 식) 이는 내부 상태와 증상의 관련을 나타내는 생물화학, 신경과학, 기타 검사에 의해서 밝혀질 것이며 이것으로 내부 상태를 유전 영역까지 추적해나갈 수 있다. 개인의 유전자형과 그 요인이 비슷할수록, 장애를 계산하는 변수의 방정식에서 그 요인은 더 정확성을 가진다. 이 '방정식'의 많은 변수를 가질수록 질환을 가질 가능성이 더 커진다(Hasler et al., 2005).

내부표현형은 유전자, 병의 과정과 관찰 가능한 증상들 사이의 간격을 채우기 위해 Gottesman과 Shields(1973)에 의해 소개되었다. 이는 유전 요인, 뇌 구조, 뇌 회로에 대한 다양한 연구에서 사용된다. 내부표현형의 개념을 이용하면 우리가 관찰 가능한 증상을 내부의 생리 상태, 그리고 유전을 통한 상태와 연관 지어 설명할 수 있을 것이라는 희망이 있다. 내부표현형의 예로는 신경세포의 밀도나 크기, 편도체와 같은 뇌 구조, 신경세포를 감싸는 신경교세포, 심지어는 뇌 회로까지 들 수 있다. 아마 행동 내부표현형(behavioral endophenotype)도 있을지 모른다. 이 중 급격히 인식되고 있는 것은 지속적 주의력(sustained attention)이다. 이는 BPI로 진단받은 사람들과 보통 사람들을 계속적인 수행 시험을 통해 주의력을 측정하는 것이다. 몇몇 연구에서, BPI로 진단받은 사람들은 현저히 낮은 집중력을 보였다(Santos et al., 2010).

신경생리 검사, 생화학 분석, 신경해부 연구, 내분비 연구와 인지 및 신경 심리학 측정 방법이 내부표현형 연구를 위해 사용되고 있다. 과학 기술이 발전함에 따라 연구를 위한 새로운 도구들이 소개되었다. 내부표현형 개념은 기능성 자기공명영상(fMRI), 단일광자방출전산화단층촬영검사(SPECT), 양전자방출단층촬영검사(PET)와 같이 현재 존재하는 모든 기술들을 사용한다. 지금까지 우리는 내부표현형을 소개하면서, BPI와 관련한 연구들을 유전학, 뇌 구조 또는 모양, 뇌 회로로 정리하였다(특히 신경교세포 또는 백질의 역할). 이제는 이들을 모두 내부표현형 개념과 연관시켜볼 것이다.

병인론에 대한 구체적 이론을 보기 전에, 분만기의 손상 또는 조산 합병증과 BPI와의 상관관계에 대한 연구가 있음을 말하고 싶다(Rush, 2003). Schwarzkopf 등(1989)은 BPI 내담자들에게서 이러한 합병증이 훨씬 더 많이 생긴다는 것을 발견했다. 이 내담자들은 증상의 일부로 정신병적인 특징을 보일 가능성 또한 높다.

유전 요인들 BPI가 유전적 장애라는 것과(McGuffin et al., 2003) 다유전자(여러 유전자에 의해 발현되는) 질환이라는 것은(Baum et al., 2008) 입증된 사실이다. BPI 관련 특정 유전자(제3장에 언급된 NCAN 유전자와 DISC-1 유전자)를 연구하는 연구자들도 이에 동의한다. NCAN 유전자[2] 연구자들은 이 유전자와 조증 삽화에서 내담자들이 느끼는 행복감의 연관성을 찾기 위해 노력하고 있다(Miro et al., 2012). 다유전자 질환으로 인해 BPI가 발병되지만, 유전자 요인이 있다고 해서 꼭 BPI가 발병하는 것은 아니다. 단지 취약할 뿐이다. 현재 다유전자 모형은 다중역치모형(multifactorial threshold model)이라고 부른다. 이 모형은 많은 유전 인자들로 인해 질환이 발생할 때, 각 인자들이 미치는 영향은 적지만 여러 인자들이 합쳐졌을 경우 위험이 크게 증가한다는 것을 보여준다. 여러 인자들이 결합되었을 때, 이 인자들은 뇌에서 '계단식 효과(cascade effects)'를 발생시키는 역치를 넘어서게 한다(Hasler et al., 2005). 다른 말로는, 개인이 BPI에 민감한 유전자를 지녔을 때, 위험 부담이 점진적으로 커진다는 것이다. 더 많은 민감유전자를 지닐수록 질환에 취약할 가능성은 커진다(Rush, 2003). 이는 가설에 불과하지만 BPI의 발병 원인 모형을 이해하는 데 많은 도움을 준다. 복잡하지만 BPI(또는 다른 심각한 정신/기분장애들) 증상들을 토대로 직접 유전 인자들을 찾는 것보다는 훨씬 간단하다.

BPI의 유전성에 대한 증거는 일란성 쌍둥이와 이란성 쌍둥이에 대한 연구를 포함한 여러 연구에서 밝혀져왔다. 하지만 다양한 추정치가 존재한다. 예를 들면 Evardsen과 동료들(2008)은 BPI를 앓은 친척이 있는 3~8% 정도의 사람들은 BPI를 앓을 가능성이 있다고 추정하였다(Hajek et al., 2008; Mick, Wozniak, Eilens, Biederman, & Faraone, 2009; Pliszka, 2003 참조할 것). 하지만 BPI를 앓는 부모를 둔 아이들은 BPI를 발현하지 않았다(Goldstein et al., 2010). 또 다른 스펙트럼에서 Belmaker(2004)는 BPI를 앓은 가족이 있는 사람들은 BPI가 발현할 가능성

---

2 NCAN은 'neurocan'의 약자이며, 이는 NCAN 유전자에 의해 인코딩되는 단백질이다(neurocan 핵심 단백질).

이 50%라고 추정하였다. 일란성 쌍둥이 중 1명이 BPI를 앓을 때, 다른 1명은 BPI를 앓을 확률이 40% 있다. 이란성 쌍둥이는 5%에서 38%의 가능성(오차범주가 넓다)을 보인다(Bertelsen, 2004). 다른 다유전자 정신장애, 기분장애처럼 BPI는 모계 쪽, 부계 쪽 모두에서 영향을 받았다. 하지만 유전학만으로는 이 질환의 발병을 설명할 수 없다. 유전 성향과 여러 환경 요인 간 상호작용으로 병이 발현한다는 것이 가장 바른 설명이다(Shi et al., 2008).

BPI의 유전 병인론에 대한 또 다른 이론이 있다. 미토콘드리아 DNA와 BPI가 연관되어 있다는 것이다. 미토콘드리아 DNA는 모체의 난자로부터 자식에게 전달된다. 이 DNA는 우리가 가지고 있는 대부분의 세포에 들어 있으며 모두 다른 곳에서부터 기원하였다. 미토콘드리아 DNA는 기본적으로 현재의 진핵 세포(eukaryotic cells) 전구체에 의해 '삼켜진' 박테리아에서 나온 것으로 추정된다.[3] 이에 관한 연구에서 Jun-Feng Wang(2007)은 BPI 내담자들의 전자전달계(electron transport chain)가 결함을 가지고 있을 가능성을 제시하였다. 각 전자전달계는 아데노신3인산(ATP)의 형태로 에너지를 생성하는 전기화학 양성자 점진(electrochemical proton gradient)을 만든다. 여기에 결함이 생기면 신경세포에 산화 결함이 생기게 된다. 이 결함은 결과적으로 BPI를 발현시킬 수 있다. Wang은 기분을 안정화시키는 약물들이 산화 스트레스를 막을 수 있게 신경을 보호함으로써 이 결함을 막을 수 있다는 가능성 또한 제시하였다. 이 이론에서 설명하는 가설은, BPI 증상들이 미토콘드리아 DNA로부터 기원하여 신경세포에서 일어난 산화 결함으로 생긴다는 것이다(Wang, 2007). 이를 읽으며 분자 생물학을 모두 이해하기란 어렵다. 하지만 BPI 발병 원인이 매우 복잡하다는 것, '화학적으로 불균형하기 때문에' BPI가 발병한다는 과도하게 단순화된 설명에서 많이 발전했다는 것은 꼭 알아두어야 할 점이다. BPI는 복잡한 질환이기에 단순하게 보기보다는 여러 변수들을 이해하는 것이 훨씬 중요하다.

유전 취약성에 관한 모든 이론들을 고려하면서, 환경 스트레스 또한 BPI를 발병시키는 데 큰 영향을 끼칠 수 있다는 것도 생각해보아야 한다. 1992년에 Post는 환경 스트레스 인자들이 BPI의 초기 단계, 초기 증세, 후기 증세에 큰 영향을 끼친다는 가설을 제기하였다. 그는 **발화 효과**라는 개념을 제기하였다. 이는 하나의 삽화가 다른 삽화를 야기하는 '발화'[발화(kindling)는 점화(fires)의 의미다] 역할을 한다는 것이다. 모든 학자들이 이 모형에 동의하지는 않는다. 하지만 이는 Wang(2007)의 산화 스트레스 이론과 일치하는 면이 있다. 미토콘드리아 DNA 세포의 문제가 산화 스트레스를 야기하고, 기분안정제가 신경을 보호하고, 그리고 더 많은 BPI 증상들이 발현한다면, 더 많은 산화 스트레스를 야기하는 결함이 생길 것이다. 이는 과민성 모형과 비슷하다. 과민성 모형에서 BPI 내담자들은 BPI가 진행될수록 스트레스에 더 과민하게

---

3 이 이론은 세포내부공생설(endosymbiotic theory)이라고 부른다.

반응한다(Hammen & Gitlin, 1997). 실제 상황에서는, 어떤 모형에도 크게 의지하거나 치우치지 않아야 한다. 그보다는 이 모형들을 내담자들의 증상을 이해시키는 안내로 가볍게 여기는 것이 좋다.

뇌 구조   어떤 전문가들은 보통 사람들에 비해 개개인의 뇌의 생리학으로 인해 BPI 내담자들의 유전적 취약성(BPI에 취약한 유전성)이 다르게 발현된다고 말한다. 이는 뇌 구조/형태(뇌 형태 계측)의 광범위한 연구 주제가 되고 있다. 이 개념은 다음과 같다. 내담자가 겪는 증상들을 뇌 구조 이상과 관련시킬 수 있다면, 내부표현형 개념을 이용해 이 증상들을 특정한 유전적 구성에 관한 뇌 이상과도 연관시킬 수 있다는 것이다. 더 나아가서, 만약 정상과 다른 뇌 구조가 어떤 것인지 이해한다면, 우리는 증상 그림이 무엇인지 알아낼 가능성이 있다는 것이다.

현재 신경해부학을 연구할 수 있는 많은 방법들이 있다. 이 방법들에는 각자 장점과 단점이 존재한다. 가장 흔히 쓰이는 방법은 자기공명영상(MRI)이다. 이는 3차원 해부학적 회백질(신경세포), 백질(신경교세포), 뇌척수액(CSF) 이미지를 보여준다. 디퓨전 텐서 이미지 기술(DTI)은 신경교세포의 백질의 미세한 구조 변화를 찾아낼 수 있는 새로운 MRI 기법이다(Emsell & McDonald, 2009). 이로 인해 신경교세포가 신경세포의 축삭을 위한 접착제 또는 절연제만이 아니라[교(glia)는 접착(glue)이라는 뜻의 그리스 단어에서 온 것이다], 신경물질을 전달하고 다른 세포들과 소통하는 역할을 한다는 아주 중요한 사실이 밝혀졌다(Fields, 2009, 2010; Sasaki, Matsuki, & Ikegaya, 2011).

MRI 단층 촬영에서 정보를 얻기 위한 다른 많은 방법들이 있다. 가장 흔히 쓰이는 정량기법은 '관심영역(ROI)'과 전산 형태계측 연구(computational morphometry studies)이다. ROI 분석에서, 훈련된 평가자는 수동으로 스캔된 서로 다른 뇌의 크기를 비교하기 위해 '경계 규칙'을 사용하여 관심 영역을 추적한다. 전산 형태계측이란 서로 다른 연구 개체군의 뇌 구조를 비교하는 자동화된 방법이다. 이 방법 중 가장 흔한 것은 보셀-기반 형태계측(voxel-based morphometry, VBM)이다. 이 방법으로 회색질, 백질, 뇌척수액을 볼 수 있다(Emsell & McDonald, 2009).[4] 변형-기반 형태계측(deformation-based morphometry, DBM) 및 텐서-기반 형태계측(tensor-based morphometry, TBM) 방법도 있다. 둘 다 뇌 구조를 비교하기 위한 것이지만, 서로 다른 이론 가정을 기반으로 한다.

이렇게 이론들이 복잡하긴 하지만, 이를 과도하게 간단히 설명하려고 해서는 안 된다. 몇몇

---

4 어떤 접근이든 마찬가지로, VBM에도 기반이 되는 전제에 대한 비판이 있다. Ashburner와 Friston(2001) 그리고 Bookstein(2001)을 보라.

사례에서, 뇌 구조는 뇌에서 일어나는 활동의 대부분을 수행하는 것으로 보인다. 하지만 대부분의 사례에서 뇌 활동이 아직 완벽히 밝혀지지 않은 뇌 연결망에 의해 수행된다는 것이 밝혀졌다. 뇌 구조의 기능을 단순하게 생각하는 것은 뇌 구조 간 회로의 중요성을 모호하게 하는 경향이 있다(Shermer, 2008). 뇌 구조의 이상을 연구하는 것은 복잡한 퍼즐의 아주 중요한 한 부분을 푸는 것이다. 하지만 아직 다른 중요한 부분들도 남아 있다.

다시 말하지만, 전문가가 아닌 사람들이 이런 복잡한 연구를 이해하는 것은 어렵다. 그러나 우리 모두는 어떻게 이러한 질병들이 연구되고 있으며, 그 연구의 결과는 무엇인지 알아야 한다. 만약 이 연구들의 전체적 윤곽을 파악했다면, 왜 간단한 대답들("당신의 뇌는 화학적으로 불균형하다.")이 틀릴 뿐 아니라 내담자와 그 가족들을 오도하는지 이해할 수 있을 것이다. 또한 BPI 내담자들의 뇌를 연구하는 데 다양한 방법들이 사용된다는 것을 이해했다면, 왜 서로 모순되는 연구 결과들이 나오는지도 이해할 수 있을 것이다.

어디서부터 시작해야 하는가? 뇌의 크기, 기능 그리고 구조와 BPI와의 상관관계에 대한 연구를 보기 위해 가장 좋은 시작점은 메타 분석과 메가 분석이다. 통계학에서 메타 분석이란 유사한 가설을 제시하는 서로 다른 연구의 결과를 결합하는 방법이다. 예를 들어, BPI, 주요우울장애, 조현병과 관련하여 뇌 구조의 차이가 어떤 영향을 끼치는지는 학계의 관심사가 되어 왔다. 따라서 이 세 가지 질환을 가진 개체군을 아우르는 효과 크기(효과 크기는 연구되는 현상이 실제로 모집단에 존재하는 정도이다. ─ 역자 주)를 찾기 위해 여러 MRI 연구 결과를 결합하는 것이 좋은 방법일 수 있을 것이다(Lewine, Hudgins, Brown, Caudle, & Risch, 1995). 다른 통계적 과정과 마찬가지로, 메타 분석에서는 모순적인 결과들도 발생하기에 때에 따라 잘 수행될 수도, 형편없이 수행될 수도 있다(Milton & Wiseman, 1999).

Carlson과 Miller(1987)에 의해 소개된 메가 분석은 더 새로운 방법인 동시에 더 많은 논쟁을 불러일으켰다. 이 접근법에서, 다수의 연구에서 여러 개인들의 자료들은 모아지고 분석된다. 메가 분석은 많은 비판을 받아왔지만(Cialdini & Fultz, 1990) 신경영상 연구(neuroimaging study) 분야의 그룹 데이터에서 점점 더 많이 사용되고 있다. 하지만 메가 분석에는 BPI의 진단뿐 아니라 영상 기술 자체에도 이질성[heterogeneity, 상이함(diversity)]이 존재한다. 현재의 연구는 초기 단계에 불과하지만, 미래에는 약물의 효과, 동반약물남용, 성별에 따른 뇌의 차이를 더 정확하게 알아낼 수 있는 장기 연구와 다중 실험이 가능할 것이다(Emsell &McDonald, 2009).

메타 분석과 메가 분석의 결과 뇌 영상을 찾을 수 있는 새로운 방법들에 대해 우리는 무엇을 배웠나? 첫째, 중증 정신질환을 겪는 사람들의 뇌에서 통계적으로 유의한 이상이 규칙적으로 나타난다는 것이다. 복잡하긴 하지만, 이러한 추론적 연구 통계는 확실한 인과관계가 아닌 가

능성만을 나타낸다. 이러한 연구 결과가 BPI, 주요우울장애, 조현병과 같은 다양한 질환들을 밑받침하는 공통 인자를 보여주는 것은 매우 흥미롭다. 이전에 언급된 다중역치모형이 정확하다면, 아마 이는 유전 취약성 변수가 증가할수록 정신장애의 정도도 증가한다는 것을 의미할 것이다. 일반적으로 우리는 증상의 결과만 관찰하고 이를 별개의 범주(예 : 조현병과 주요우울장애)로 분류하지만, 질환의 종류에 상관없이 질환의 심각도가 내담자 개개인이 몇 개의 관련 요인을 가지는가와 관련이 있을지도 모른다. 따라서 차원 모형이 별개의 정신질환 모형으로 분류하는 것보다 더 정확할 수 있다.

325명의 피실험자(조현병 108명, 조현정동장애 20명, 주요우울장애 27명, BPI 20명, 건강한 자원자 150명)를 연구한 초기 연구에서(Lewine et al., 1995) 가장 큰 뇌 이상을 보이는 대상은 조현병 남성이며 그다음으로는 조현정동장애, 주요우울장애, BPI 순서로 나타났다. 가장 두드러진 차이점은 조현병 남성은 다른 피실험자들에 비해 더 큰 뇌실을 가지고 있다는 것이었다. 처음 가설은 큰 뇌실이 주변 조직을 위축되게 하거나 손실되게 하여 정신질환을 일으킨다는 것이었다(Wright et al., 2000). 이는 '회색질 감소' 이론으로 큰 뇌실이 신경세포를 손상시킨다는 것이다. 이는 구체적이진 않았지만 연구에 출발점을 제시해주었다.

최근에 BPI 내담자들의 전체 뇌는 정상적이지만 측뇌실의 크기가 정상인 사람들과 다르다는 연구 결과가 나왔다(Konarski et al., 2008). BPI 내담자들의 측뇌실은 점점 커지는 경향이 있으며, 측뇌실이 클수록 BPI 증상도 심각해진다(McDonald et al., 2004). 또한 많은 연구들이 BPI 내담자들의 뇌에서 회백질(신경세포)과 백질(신경교세포)에 손상이 있다는 점, 뇌척수액을 지니는 공간이 증가한다는 점(주변 뇌 조직이 위축된다는 점)을 밝혀냈다(Emsell & McDonald, 2009). 이 연구 결과에서 당황스러운 것은 다른 대부분의 연구들에서는 정상인과 BPI 내담자들의 뇌에서 다른 점이 전혀 발견되지 않았기 때문이다(McDonald et al., 2005). 하지만 몇 연구들에서는 뇌의 관심영역이 약간 증가한다는 것이 보고되기는 했다(Adler et al., 2006). 정상인과 비교했을 때, BPI 내담자들의 전두피질(성격, 의사결정, 도덕성과 관련있는 부분)과 전측 대상회(AAC, 감정과 인지 기능과 관련된 부분) 같은 뇌의 관심영역에서 다른 점이 있다는 연구도 보고되었다. AAC는 주의력, 기억력, 유해 자극을 처리하는 부분인 전측 대상회와 편도체, 해마, 중격핵 및 전두엽 피질을 포함하는 정서적 부분으로 나뉜다. BPI 영상 연구의 주제는 기분과 정동 조절에서 AAC의 핵심 역할을 확인하는 것이 되었다(Emsell & McDonald, 2009). 여러 연구에서 지속적으로 발견되고 있는 것은 AAC 비대칭과 크기 차이가 신경발달을 취약하게 하여 BPI를 발현할 수 있다는 것이다(Fornito et al., 2007). 흥미로운 것은, 리튬에 반응하는 BPI 환자들이 리튬에 반응하지 않은 환자들보다 더 큰 AAC를 가진 것으로 밝혀진 것이다. 이는 리튬이 신경기능을 수행하며 증상을 다룬다는 것을 시사한다

(Javadapour et al., 2007).

피질하(sub-cortical) 구조의 차이 : 편도체 편도체가 감정 관련 자극을 확인하는 역할을 하기 때문에, 연구자들은 BPI 내담자들과 정상인들의 편도체[5]가 다른지에 집중하였다. Kruger, Seminowicz, Goldapple, Kennedy, Mayberg(2003)는 PET 스캔을 사용하여 BPI 내담자들의 편도체가 정상인들의 편도체보다 더 활동적이라는 것을 밝혀내었다. fMRI를 사용한 다른 연구들은 (전부가 아닌) 몇몇 BPI 내담자들의 편도체가 정상인들의 편도체보다 더 크다는 것을 밝혀냈다. 이는 큰 편도체를 가진 사람은 감정적으로 더 민감할 수 있다는 것을 시사한다(Chang et al., 2004). BPI 내담자들의 전두엽 피질, 기저핵, 해마, 전측 대상회 피질 영역의 용량이 정상보다 적다는 것 또한 다른 연구에서 밝혀졌다. 연구자들은 이 부분의 활동 감소가 감정 조절 능력을 방해하는 것이 아닐까 추측한다(Phiplips, Drevets, Rauch, & Brannan, 2003).

피질하 구조의 차이 : 해마 해마는 기억을 형성하고 기억을 저장하며 공간 개념과 연관된 곳이다. 이는 시상하부-뇌하수체-부신(HPA) 축과 연결되어 있다. 시상하부, 뇌하수체, 부신 간 이루어지는 피드백은 신경내분비 체계의 큰 축이다. 이는 기분, 감정, 성욕, 면역 체계, 에너지 저장 및 배출을 조절한다. 연구자들은 BPI 내담자들의 왼쪽 해마가 작아졌다는 것을 발견했다. AAC와 같이, 리튬에 반응하는 내담자들은 더 큰 해마를 가지는 경향을 보였다. 이는 BPI 에서 리튬의 신경보호 역할을 시사한다.

백질의 차이 신경교세포가 생각보다 많은 역할을 한다는 것이 알려진 이후 백질(신경교세포)에 대한 연구가 많아지고 있다. 신경교세포는 우리 뇌세포의 85%를 차지하며 신경세포(나머지 15%)와 상호작용한다. 신경교세포는 또한 신경세포를 제어할 수도 있다. 중추신경계의 신경교세포는 성상세포(astrocytes), 희소돌기신경교(oligodendroglia), 슈반세포(Schwann cells), 소신경교세포(microglia)로 이루어져 있다. 성상세포는 뇌와 혈액 사이의 장벽을 지지하고 신경세포에 영양분을 제공한다. 희소돌기신경교와 슈반세포는 신경세포의 축삭 주위를 감싸는 수초의 여러 부분을 구성한다. 소신경교세포는 뇌에 침투한 세균을 죽이고 세포를 재생하며 뇌의 병과 부상에 반응한다. 신경세포는 신경교세포와 독립적으로 전기자극을 보내며 신경전달물질을 연접을 통해 전달한다. 신경세포처럼, 신경교세포에는 신경전달물질을 위한 수용체가 장착되어 세포막의 채널을 통해 신경전달물질을 내보낼 수 있다(Fields, 2011).

백질이 정신질환과 관련이 있을 수 있다는 생각은 1930년대 헝가리 병리학자 Ladislas von Meduna가 부검을 실시하다 우울증이나 조현병 내담자의 대뇌피질에서 신경교세포가 적게 발

---

5 편도체(amygdala)는 뇌의 양측 측두엽 중간에 위치한다. 양측을 함께 지칭할 때엔 편도체들(amygdalae, 복수형)이라고 부른다.

견된다는 사실을 발견했을 때로 거슬러 올라간다. 그는 또한 간질 내담자들은 같은 부분에서 더 많은 백질을 가진다는 사실을 발견하고 이로 인해 그들의 뇌에서 정기적으로 전기자극이 오는 것일 거라고 추측하였다. 이것이 바로 심각한 우울증이나 조현병 내담자들에게 전기충격 요법을 쓴 이유이다. 뇌에 약한 전기충격을 가하면 백질이 증가하고 증상이 완화될 것이라고 생각한 것이다(Fields, 2011).

BPI 대상의 백질의 양은 정상과 큰 차이가 없지만(Sherk et al., 2008), BPI 대상들의 백질에 이상이 있다는 것은 여러 뇌 스캔 연구에서 발견되었다. 이는 신경교세포의 미세구조에 이상이 있으면 뇌의 신경해부학에 (아마도 뇌 구조들 사이의 연결 면에서) 영향을 미칠 수 있고, 나아가서 BPI를 일으킬 수 있다는 것을 시사한다. 중추신경계의 신경교세포는 희소돌기신경교로 이루어져 있다. 각 희소돌기신경교는 신경세포의 축삭 주위를 감싸는 수초의 여러 부분을 구성한다. 가장 흔히 보이는 이상은 뇌 백질 고밀도(hyperintensities)이다. 이 명칭은 뇌 스캔에서 보이는 부분에서 유래하였다. 이는 본질적으로 백질의 병변이라서 수초 형성의 수준을 다르게 하거나 뇌실막세포 손실(ependymal loss)이라 칭하는 뇌실에 있는 세포의 손상이 나타날 수 있다(Grangeon et al., 2010). 뇌실막세포는 뇌실의 벽을 구성하며 척수를 형성한다. 이 세포는 감염이나 뇌졸중으로 손상을 입을 수 있다. 몇몇 사람들은 유전적으로 이러한 손상에 취약하며, 이는 BPI나 조현병 같은 정신질환을 야기할 수 있다.

뇌 반구 사이에서 백질이 어떻게 연결되는가도 BPI의 발현에 영향을 줄 수 있다. 신경세포 네트워크와 기능 회로를 형성하는 데에 백질이 중요한 역할을 하기 때문에, 백질에 손상을 입으면 회로에도 문제가 생기며, 이는 BPI 증상을 나타낼 수 있다. 모든 뇌 영상 연구에서, 백질에 대한 여러 상이한 연구 결과가 있다. 하지만 측두엽, 전두엽, 두정엽, 후두엽에서 정상 수치와 다른 점이 나타난다는 공통점이 있다(Kafantaris et al., 2009). 또한 BPI 소아 내담자와 성인 내담자의 뇌량(corpus callosum)에서 백질 연결이 정상과 다르다는 것도 발견되었다(Brambilla, Bellani, Yeh, Soares, & Tansella, 2009).

BPI를 겪는 사람들의 희소돌기신경교는 비정상적으로 기능한다. 게다가 대다수의 BPI 내담자들은 백질 기능과 관련된 유전자가 감소하는 성향을 보이는데, 이것이 바로 BPI 내담자들의 전두엽 피질 내에 있는 백질의 밀도가 낮은 이유이다(Brambilla et al., 2009). 이는 면역 체계와도 관계가 있어 보인다. 염증과 인터류킨 유전자 같은 면역 관련 기능과 BPI에 대한 유전자 취약성 사이에 연관이 있는 것으로 밝혀졌다(Papiol et al., 2004). Brambilla 등(2009)이 썼듯이, 회소돌기신경교(특정 신경교세포들)의 기능장애와 세포 재생 능력의 문제는 아마 면역 체계의 문제와 관련이 있을지도 모른다. 그리고 이는 BPI 장애를 야기하는 데 연관이 있을 가능성이 있다.

세포 가소성 계단 신경가소성이란 신경세포와 연접들이 변화에 적응하는 데 필요한 능력을 말한다. 이는 또한 신경계에서 건강하게 기능하는 데에 필수적이다. 신경가소성은 계단 신호에서의 (어떻게 신경세포가 다른 신경세포들을 계단 효과로 촉발시키는지) 변화와 신경세포 내의 유전자를 규제하는 역할을 한다. 연접 가소성은 연접을 통해 전송되는 신호의 강도에 영향을 주는 변화를 말한다. 신경가소성과 연접 가소성은 신경전달물질 분비와 교류, 축삭, 수상 돌기 구조, 그리고 신경생성(neurogenesis)에 영향을 끼친다(Schloesser, Huang, Klein, & Manji, 2008).

이 이론은 가정하길 BPI는 "…세포 가소성 계단의 이상으로부터 발생하여 정서, 인지, 운동, 신경-생장(vegetative) 기능을 매개하는 연접 및 회로의 정보 처리가 어긋나게 된다" (Schloesser et al., 2008, p. 111). 이는 내부표현형이 어떻게 뇌 회로 작동에 손상을 일으키는지에 대한 이론이다. 내부표현형은 유전 취약성으로부터 비롯되기 때문에, 이는 아직 다중인자 모형 중 하나일 뿐이다. 하지만 이 영역에서는 증상을 안정화하고 재발의 횟수와 정도를 줄이기 위해 BPI의 치료법 중 가소성 계단을 목표로 삼는다.

화학적 불균형은 무엇인가? 신경전달물질 이 장을 통해 우리는 정신 및 감정 질환이 화학적 불균형으로 야기된다는 것이 옳지 않다는 것을 강조하고 있다. 1980년대부터 '화학적 불균형'이라는 표현이 많이 쓰이긴 했지만, 실제로 화학적 불균형으로 정신 및 감정 질환이 발생한다는 가설을 뒷받침하는 연구뿐 아니라 기사도 존재하지 않는다(Baughman, 2006; Insell, 2009). 그렇긴 하지만, 아직도 신경전달물질은 BPI 연구 대상이다. 이전 장에서 언급되었듯이, 신경전달물질은 세포에서 세포로 뇌를 통해 메시지를 전달하며 기능한다. 그중 BPI와 관련이 있는 물질은 도파민(DA), 노르에피네프린(NE), 세로토닌(5-HT), 감마 아미노 부티르산(GABA)이다.

하지만 문제는 우리가 아직도 신경전달물질의 어떤 수준이 '정상'이고 '비정상'인지에 대해 합의를 도출하지 못했다는 것이다. 노르에피네프린은 환경을 인식하는 신경세포를 활성화시킨다. 제I형 양극성장애에서 비정상 수준의 신경전달물질은 아마도 행복감과 과대성을 야기할 것이다(Young et al., 1994). 세로토닌(5-HT)은 기분, 식욕, 수면, 흥분, 고통을 조절하는 기능을 한다. 세로토닌은 이러한 기능(특히 기분)조절장애를 일으킬 수 있는 신경세포의 활성화를 억제한다. 세로토닌처럼 감마 아미노 부티르산(GABA) 또한 신경세포들을 통제하며 뇌의 안정성을 돕는 신경전달물질이다. BPI와 관련해서 감마 아미노 부티르산(GABA)은 아마도 도파민과 노르에피네프린 신경세포를 억제하며 조증 증상을 막는 역할을 할지도 모른다(Dean, Scarr, & MacLeod, 2005). 지금 설명한 것들은 모두 가설에 불과하다. 또한 미래의 분자생리학과 정신의학 연구는 이런 가설들을 틀린 것으로 증명할지도 모른다.

도파민(DA)은 운동, 집중, 학습, 즐거운 활동들을 도와주는 중요한 역할을 한다. 과도한 L-도파(도파민으로 합성되는 아미노산)는 유전 취약성을 가진 사람들에게 조증 삽화를 야기할 가능성이 있다(Carlson, 2005). Berk 등(2007)은 도파민 수준이 높았다가 낮았다가 뒤바뀌는 것이 BPI의 조증과 우울증을 야기할지도 모른다는 가설을 세웠다. 이를 입증할 연구 결과는 나오지 않았지만, 이 모형이 파킨슨병 환자의 도파민 상승 약물치료 반응을 기반으로 한 것이 기에 이 가설이 맞을 가능성이 크다(O'Sullivan, Evands, & Lees, 2009). 하지만 파킨슨병은 명확한 병태생리학적 원인이 있는 반면, BPI의 발병 원인은 정확히 밝혀지지 않았다.

BPI 내담자의 뇌의 신경전달물질 수준은 너무 높거나 너무 낮은 것으로 생각된다(Post, Ballenger, & Goodwin, 1980). 신경전달물질의 장애가 소위 '도전' 과정과 함께 연구될 수 있다고 말하는 사람들도 있다(Sobczak, Honig, van Duinen, & Riedel, 2002). 도전 과정에서, 신경전달물질은 보통 측정 가능한 효과를 야기하는 관련 약물의 투여를 통해 자극되며 프로락틴 또는 코르티솔 등의 조절 호르몬의 혈중 농도를 증가시킨다. 도전 과정은 또한 임상 혹은 심리 영향을 보일 수도 있다. 하지만 도전 과정은 표준화되어 있지 않으며 도전 약물이 연구 중인 질환과 관련된 효과를 나타낼 수 있다는 사실 때문에 비판을 받고 있다(Gijsman, Cohen, & van Gerven, 2004).

다른 연구자들은 정신 및 감정 질환이 신경세포의 신경전달물질 수용체의 민감성과 관련이 있다고 주장한다(Bernstein, Penner, Clarke-Stewart, & Roy, 2008). 사실 이런 이론들은 너무 간단한 경향이 있다. 뇌 화학은 너무나 복잡해서 어떤 것이 '적정(balanced)' 기준인지 누구도 정확히 알지 못하며 이 기준들은 또 사람마다 굉장히 다를 것이다. 신경전달물질이 BPI와 관련 있을 가능성이 있지만, 이것이 BPI를 야기하는 주된 원인은 아닐 수 있으며, 사실 신경전달물질의 차이는 BPI의 원인이라기보다 결과일 수 있다(Goodwin & Jamison, 2007; Thase, Jindal, & Howland, 2002).

심리 이론

심리 행동주의 BPI의 원인을 알아내기 위해 통합 발달 접근법을 시도하면서, 몇몇 연구자들은 정신병리가 학습된 행동의 결과라는 가설을 내놓았다(Riedel, Heiby, & Kopetskie, 2001). 이는 BPI와 같은 정신병리의 발달에 세 가지 유형의 **기본 행동 레퍼토리**가 있다고 가정한다. 세 가지 유형의 기본 행동 레퍼토리는 감정동기 과정, 감각운동 과정, 언어인지 과정이다. 심리학적 행동주의에 따르면 이 세 가지 기본 행동 레퍼토리는 학습으로 습득되거나 개인의 원래 성향에서 영향을 받는 것으로 보인다(Riedel et al., 2001).

감정동기 과정은 개개인마다 다른 자극이 다양한 감정 상태를 야기하는 것을 의미한다. 감각운동 과정은 기본적인 기능적 능력과 직업, 교육, 사회, 여가 기술들을 말한다. 이 요소들이 변경되었을 때 개인은 정신질환을 경험할 가능성이 있다. 예를 들어 DSM에 언급된 많은 심리적 장애의 특성인 사회 능력의 결핍은 정신질환을 야기할 가능성이 있다. 언어인지 과정은 고전적 조작 조건화(classical and operant conditioning)에 의해 큰 영향을 받는 것으로 보인다. 그 결과, (정신병리와 연관된) 부적응 사고와 같은 현상은 학습된 언어와 인지 기술의 결과로 생각된다.

BPI를 개념화할 때, 심리 행동주의는 개인의 발달에 끼치는 생물/심리사회 요인과 같은 여러 영향을 고려한다. 그러나 궁극적으로 행동주의의 관점에서 봤을 때, 개인의 기본 행동 레퍼토리는 BPI 증상의 발현과 유지의 큰 부분을 설명할 수 있다. 구체적으로, 이러한 기본 행동 레퍼토리가 BPI 증상의 발현을 설명하는 가설이 될 수 있다는 것이다. 또한 기본 행동 레퍼토리와 개개인이 반응하는 환경이 BPI에 대한 유전 취약성을 촉발시킬 수 있다는 것이다. 하지만 이를 내부표현형과 연관 짓기 위해서는 더 많은 연구가 필요하다.

이러한 이론들이 BPI의 발병 원인을 이해하는 데 큰 도움을 줄 수 있다는 것을 이해할 수 있었으면 좋겠다. 유전 취약성으로부터 시작해서, 뇌 구조의 이상으로 이어지고, 이 이상은 환경과의 상호작용으로 이어지며 유전 취약성을 악화시켜 정신질환이 발병하게 한다. 이는 어렵기는 하지만 단순히 뇌 화학의 불균형으로 설명하는 것보다는 훨씬 정확한 설명이다.

심리사회 요인　몇몇 연구자들은 BPI의 발병 요인을 설명하기 위해 여러 심리사회 요인들을 결합시켜보았다(Holmes & Rahe, 1967; Scott & Colom, 2005). BPI가 어떻게 발병하고 유지되는지를 알아내기 위해 개인의 현재 거주 환경, 인지 능력과 성격, 심지어는 어떻게 성장했는지까지 여러 요소들이 연구되었다.

나이, 학력 수준, 결혼 여부와 고용상태가 BPI와 연관이 있다고 보는 연구자들도 있다. 한 연구는 미국에서 9,000명이 넘는 사람을 조사하였다. 그 결과 BPI가 나이와 학력 수준과 반대로 연관이 있다는 것이 밝혀졌다. 나이가 많을수록, 교육을 많이 받을수록 BPI를 앓을 가능성이 적다는 것이다. 여기서 우리는 10대나 20대 초반의 어린 나이에 BPI를 앓는 사람은 그들의 질환 때문에, 치료하기 위해 드는 많은 비용 때문에 고등 교육을 받을 가능성이 적다고 반문할 수 있다. 게다가 BPI의 (적어도 역치 아래) 유병률은 결혼 상태인 사람보다 별거했거나 이혼한 사람들에게서 더 높다. 또한 직업이 있는 사람보다 직업이 없는 사람에게서 유병률이 더 높았다.

이 결과가 흥미롭기는 하지만, 주의해서 해석해야 한다. 예를 들어, 고등 교육을 받았으며 결혼을 했고 직업을 가진 사람은 BPI를 앓지 않을 것이라는 뜻은 아니기 때문이다. 비슷하게, 나이가 어리고 이혼했으며 교육을 많이 받지 않고 직업이 없는 사람은 꼭 BPI를 앓을 것이라는 뜻도 아니다. 이는 단지 관찰된 연구 결과일 뿐이다. 나이가 많고, 결혼했으며, 좋은 교육을 받고, 직업을 가진 사람이 BPI를 앓을 가능성이 적기는 하지만, 가능성이 0이라는 뜻은 아니다. 또한 나이가 어리고 이혼했으며 교육을 잘 받지 않았고 직업이 없는 사람에 대해서도 마찬가지이다.

환경 이론

생애 사건   이 장에서 강조했듯이, BPI와 생물학적 연결고리를 나타내는 증거들은 많으며 많은 연구자들과 임상학자들도 동의하고 있다(Rush, 2003). 하지만 아직 많은 전문가들이 BPI의 다른 발병 요인들을 찾기 위해 연구를 계속하고 있다. 많은 연구에서 스트레스 사건들이 BPI의 예측 변수라는 것이 입증되었다. 1967년에, 사회 재적응 척도가 만들어졌다. 이는 후에 **생애 사건 척도**가 된다(Dohrenwend, Krasnoff, Askenasy, & Dohrenwend, 1978). 이 척도의 목적은 정신질환이 특정한 삶의 사건에 부분적으로라도 영향을 받는지를 알아보는 것이었다. 이 척도로 정신질환의 발현과 유지에는 다른 요인들도 필요하다는 것이 밝혀졌다. 스트레스 사건들(약물남용 같은 행동들도 포함)이 BPI 같은 특정 질환을 야기하기에는 충분하지 않지만, 유전 혹은 다른 취약성을 악화시킬 가능성은 있다.

스트레스성 사건들이 BPI의 발현에 얼마나 영향을 주는지 측정하는 데에는 여러 어려움이 있다(Goodman et al., 2001). 그중 하나는 언제 스트레스 요인들을 측정해야 하는지이다. BPI 내담자들은 스트레스성 사건에 익숙하기 때문에(Hayward, Wong, Bright, & Lam, 2002), 특정 사건이 개인에게 미친 영향을 일부 평가 접근이 과대평가할 수 있기 때문이다. 다른 말로 하면, BPI 내담자들은 조증 삽화 중 부주의한 행동이나 질환의 특성으로 인해 지속적으로 높은 수준의 스트레스를 경험하기 때문에, 증상이 일어나기 바로 전에 일어난 사건이 다른 사건들에 비해 내담자에게 정말 큰 영향을 미쳤는지 측정하기가 어렵다.

어떤 사건이 스트레스 사건인지 구별하는 것도 큰 문제이다. 주관성이 개입되기 때문이다. 이는 **생애 사건 척도**에서 명확히 드러난다. 이 척도에는 배우자의 죽음, 해고, 감옥 생활 등 일반적으로 스트레스를 많이 받는 사건들이 있는 반면, 그렇지 않은 사건들도 있다. 사실 **생애 사건 척도**의 몇 사건들은 오히려 긍정적인 사건들이다. 결혼, 휴가, 새로운 가족 구성원을 얻는 것들이 그렇다. 여기서 주목해야 할 점은 긍정적인 사건도 때로는 스트레스를 줄 수 있다는 것이다. 우리는 이를 **보통의 스트레스**(eustress)라 부른다. 특정한 사건의 결과로 얻는 스트레스는 개인마다 다르다. 그렇기는 하지만, 연구자와 임상학자들이 내담자들의 생애 사건에 주목하는 것은 중요하다. 부정적이든 긍정적이든, 이 사건들이 정신질환을 발현할 수 있기 때문이다.

불안정성 가설   불안정성 가설(Jones, Hare, & Evershed, 2005)은 스트레스 사건들이 BPI의 발현과 유지에 간접적인 영향을 줄 수 있다는 것이다. 이 사건들은 개인의 생체 리듬을 불안정,

불균형하게 한다. 이는 수면 패턴에 영향을 미치며, 일상생활(보통 어울리는 사람의 수, 일어나는 시간, 식사 시간, 출근 시간, 여가 시간)에도 영향을 미치게 된다. 불안정설 가설은 이러한 생체 리듬의 불균형이 부분적으로 BPI의 조증 삽화와 우울 삽화의 발현에 영향을 준다고 말한다. 이 장의 첫 부분에서 본 알렉스의 이야기를 떠올려보자. 여동생과의 말다툼 이후, 알렉스는 잠을 이루는 데 불편함을 겪었다. 얼마 지나지 않아 그의 증상이 심각해졌다. 우리는 여기서 (우리의 내부표현형 원리 안에서) 불안정성이 유전자 또는 뇌 구조에 원래 존재하던 취약성을 손상시킨다는 것을 알 수 있다.

어떤 연구자들(Miklowitz, 2002)은 스트레스 사건들이 개인에게 영향을 끼칠 가능성이 있기는 하지만, 이는 본래 취약성을 가진 사람들에게만 적용되는 것이라고 언급하였다. 예를 들면, 취약성을 가진 사람이 원래 삶의 방식을 방해하는 사건을 겪을 때 이 사람이 조증 삽화를 발현할 가능성이 커지는 것이다.

실존 관점   어떤 학자들(Havens & Ghaemi, 2005)은 우울증이 BPI의 가장 흔한 증상이기 때문에 발병 원인과 치료 방법을 이해할 때 이에 초점을 두어야 한다고 말한다. 이런 관점에서 봤을 때, BPI와 관련된 우울증은 아마 생리 또는 심리 요인으로 인한 것이 아닐지도 모른다. BPI 내담자가 겪는 우울증은 아마 **실존 절망**(existential despair) 때문일 수 있다. 우울증을 유발시키는 이 절망은 개인이 겪은 상실로 인해 더 악화될 수 있다. 예를 들어, 우울증에서 느껴지는 감정들은 조증 삽화에서 생긴 희망이 좌절되었기 때문일지도 모른다. 이 절망은 삶의 의미, 세상과의 관계, 미래의 희망을 잃은 것으로 설명될 수 있을 것이다(키르케고르, 1954). 알렉스의 사례에서 그의 자살 성향은 그가 원하는 꿈과 삶을 이루고자 하는 열망을 이루지 못하게 하는 만성 장애 때문에 악화되었다.

심리 스트레스 요인(T) 행동 레퍼토리(T) 스트레스에 대한 심리적 반응(T)	다유전자 유전성(E) 미토콘드리아 DNA와 산화 효소 스트레스 뇌실, 편도체, 해마의 이상 백질 고밀도 면역학 변수 신경가소성 계단 신경전달물질 효과 회색질과 백질의 결핍
역기능 가족 규범(T) 약물남용과 같은 고위험 하위문화의 동일시(T)	역기능 가족 체계(T) 재정 스트레스(T)

그림 6.2 BPI 장애의 병인론 및 촉발 요인들

치료에 대해 알아보기 전에, 우리는 발병 원인의 통합 모형을 볼 것이다. 〈그림 6.2〉는 취약성을 촉발하는 요인들을 포함한 모든 발병 원인을 보여준다. 생리적 변수들은 병인론인 (E) 밑에 나열되어 있다. 증상을 촉발하는 요인들은 (T)로 표시되었다. 일차 취약성들은 우상 분획(생리 요소)에 있으며, 유발 인자들은 다른 세 분획에 분포되어 있다.

BPI를 어떻게 치료하는가

BPI는 여러 방법으로 치료할 수 있다. 가장 흔하게 사용되는 치료 방법은 약물요법이다. 이는 상담요법으로 인해 증상이 호전되지 않았을 때, 특히 질환을 극복하기 위한 생활 관리 기술에 대한 통찰력을 발전시키기 위해 사용된다(Fountoulakis & Vieta, 2008). 이는 BPI의 기분 관련 증상과 행동 관련 증상들을 치료하기 위해 사용되기도 한다. BPI의 치료 요법 중 가장 어려운 측면은 BPI의 단계에 따라 치료 방법이 크게 달라진다는 것이다. BPI는 역치 아래의 기분 증상을 보이는 전구기(prodromal phase),[6] 조증 증세나 우울 증세를 주로 보이는 급성기, 증상이 완화되거나 어떤 경우에는 완치된 유지기로 나눌 수 있다. 임상가들은 치료를 하기 전 내담자가 어떤 상태인지를 먼저 파악해야 한다. 이 장에서는 급성 조증, 급성 우울, 유지기에 쓸 수 있는 치료법을 소개할 것이다.

여러 치료 지침들이 있는데(2008년까지 33종류) 모두 효과가 있는 것은 아니다. 하지만 현재 많은 임상가, 내담자, 내담자 가족들이 이를 사용하고 있다. 텍사스 약물치료 알고리즘 프로젝트(TMAP; Suppes et al., 2009), 생물정신의학세계학회 연맹 가이드라인(Grunze et al., 2009), 기분과 불안 치료를 위한 캐나다 네트워크(Yatham et al., 2009) 등의 지침이 있다.

생리 치료

BPI 생리 치료는 (전구증상기, 급성기, 유지기 모두 포함) 약물요법이나 전기충격요법(ECT)을 말한다(APA, 2000b; Fountoulakis & Vieta, 2008). BPI 치료를 위해 사용되는 대다수의 약물들은 '기분안정제'로 불린다. 하지만 사실 이 약물들은 기분안정제에 속한다기보다는 항정신병 약물부터 항경련제에 이르기까지 다양하다. '기분안정제'라는 용어는 조금 모순적인데, 기분은 '안정적'일 수가 없기 때문이다. 기분안정제는 BPI의 어느 단계에서나 병을 악화시키지 않고 효과적으로 작용해야 한다. 다른 말로 하면, 조증이나 우울증을 악화시키지 않고 치료하는

---

6 전구(prodromal)의 라틴어 및 그리스어 어원의 뜻은 '앞의 것(precursor)'이다. 이번 용례에서는 전구기가 질환이 시작됨을 알린다는 의미이다.

동시에 재발하지 않도록 하는 예방효과도 있어야 한다는 뜻이다. 하지만 실제로 이런 기분안정제는 드물다. 따라서 여러 약물을 사용해 치료를 진행해야 한다.

급성기 조증의 치료   ECT는 조증을 치료하기 위해 50년이 넘도록 사용되었으며 증상을 호전시키는 데 도움을 주고 있다. 50년간의 연구를 검토하며 Mukherjee, Sackeim, Schnur(1994)는 ECT가 80% 이상의 조증 내담자들의 증상을 현저하게 개선시켰다는 것을 알아내었다. 최근 Hiremani, Thirthalli, Tharayil, Gangadhar(2008)는 이중-맹검, 무작위, 대조 연구에서 ECT 전극의 배치가 증상의 회복 속도와 관련이 있다는 것을 밝혀냈다. 전극을 전두엽 양측에 두는 것이 양측 측두엽에 두는 것보다 회복에 더 도움이 된다는 것이다. ECT에는 위험성도 존재한다. ECT로 인해 조증이 더 심각하게 유발될 수 있으며, 리튬과 함께 사용했을 때는 정신착란을 일으킬 가능성이 있다. 이러한 주의사항이 있기는 하지만 급성기 조증의 치료로 ECT를 금지해야 할 이유는 아직 없다(APA, 2000b).

급성기 조증을 치료하기 위해 사용되는 많은 약물들이 있다. 그중 가장 좋은 효과적인 것은 아빌리파이/aripiprazole, 할돌/haloperidol, 자이프렉사/olanzapine, 세로켈/quetiapine, 리스페달/risperidone, 게오돈/ziprasidone 등 항정신병 약물들, 테그레톨/carbamazepine, 디발프로엑스/valproate 등의 항경련제와 lithium이다. 일반적으로, 의사는 내담자의 조증 증세의 형태와 정도를 파악한 뒤 이 중 좋은 효과를 보이는 약물을 처방한다. 만약 2주 후 증세가 호전된다면 그 약물로 치료를 계속한다. 만약 차도가 없거나 차도가 미미하면 다른 약물과 병행 처방하거나, 다른 1차 약물(1차 선택제 약물로서의 효과를 보이는 약물)을 처방한다. 이후에도 차도가 없다면 두 가지 1차 약물을 혼합하여 처방하는 방법을 생각해볼 수 있다(Grunze et al., 2009). 알렉스의 사례에서 그는 할돌/haloperidol로 안정이 되었으며, 리튬은 중단하고 디발프로엑스는 유지하였으며 라믹탈/lamotrigine이 추가되었다.

급성기 우울증의 치료   BPI 내담자들이 항우울제를 복용하면 조증이 유발되거나 악화될 수 있다는 것은 오래전부터 알려진 사실이다(Post et al., 2006). 우울증에 효과가 있는 1차 약제(예 : quetiapine, olanzapine, lithium 등)가 증상을 충분히 호전시키지 않는다면, 이때 항우울제를 추가로 복용할 수 있다(Yatham et al., 2009). 최초로 여러 약물을 체계적으로 다룬 연구 중 하나는 텍사스 약물치료 알고리즘 프로젝트였다(Suppes et al., 2009). 혼재성이나 급속 순환성(rapid cycling)과 관계 없는 BPI 우울증 내담자들에게는 리튬과 선택적 세로토닌 재흡수 억제제(SSRI) 항우울제(예 : 졸로프트/sertraline)가 추천되었다. 항우울제를 복용한 후 내담자가 불안정한 상태를 보이면, 다른 항우울제를 복용하여야 한다. 이후에도 차도가 없으면 다른 약물

조합을 사용해야 할 것이다. 혼재성이나 급속 순환성을 보이는 양극성장애의 우울증에서 필요한 첫 번째 단계는 기분안정제를 조합하여 복용하고 다른 증상이 보이는지를 관찰하는 것이다. 체계적인 양극성장애 치료향상프로그램(STEP-BD)에서 연구자들은 기분안정제로 내담자를 안정시킨 뒤 항우울제를 사용할 것을 권장한다(Miklowitz et al., 2007). 이 경우에 ECT는 모든 약물조합을 시도해본 뒤 마지막으로 시도하는 것이 좋다.

유지기의 치료   유지기에 치료 목적은 재발을 방지하고 최대의 치료 효과를 얻는 것이다. 증상이 재발하는 것을 막기 위해서는 내담자의 증상에 대해, 생활 습관이 어떻게 변화했는지에 대해 정확히 파악해야 한다. 이는 또한 최대의 치료 효과를 얻는 데 도움을 준다. DSM에서 급성기의 효과적인 치료법은 증상 심각도가 50% 이상 감소하는 것으로 정의된다. 하지만 유지기에서는 완치와 증상이 재발하지 않는 것을 목표로 한다(Sachs & Rush, 2003). 이에 관하여는 심리적인 치료 부분에서 더 자세히 언급할 것이다. 대부분의 치료 지침은 유지기 내담자들의 치료를 위해서, 크게 효과적인 약물들(lithium, olanzapine, risperidone, valproate, quetiapine, lamotrigine)을 사용하는 것을 권장한다(Fountoulakis & Vieta, 2008; Smith, Cornelius, Warnock, Bell & Young, 2007). 주로 리튬, 항경련제, 항정신병 약물 또는 여러 약물이 병행되어 쓰인다. 이 약물들 중 각 내담자들에게 효과적인 것을 골라야 할 것이다.

심리/심리사회 치료

심리치료   생물 요인들이 BPI의 발병에 큰 영향을 끼치는 것은 확실하다. 마찬가지로, 생물 요법(즉, 치료 약물)도 치료의 중요한 부분이다. 질환의 생물학적 측면과 함께, 심리적 측면도 BPI에 큰 영향을 미친다. 게다가 약물치료만으로는 증상을 호전시키기가 어렵다(Rothbaum & Astin, 2000). BPI의 완치는 드물며, 증상이 호전되더라도 재발되는 경우가 많다(Angst & Sellaro, 2000). 역사적으로 심리 요인들은 재발에 큰 영향을 미치는 것으로 알려져왔다(Scott, 1995). 이는 심리치료와 같은 심리사회 요법이 치료에 필요함을 시사한다. 특별히 유지기에 말이다. 알렉스의 사례에서, 변증법적 행동치료 6개월 후에 알렉스는 사회 활동에 참여할 수 있게 되었으며 삶의 만족도도 상승했다. 또한 심리치료는 그가 운동, 수면, 식이 패턴에 잘 적응할 수 있게 도움을 주었다. 아직 갈 길이 많이 남아 있지만, 알렉스는 잘 해나가고 있다.

심리치료의 한계점을 고려했을 때 급성 증상들의 통제, 자살 예방, 삶의 질 상승 등이 심리치료로 얻을 수 있는 긍정적 결과일 것이다(Sachs & Rush, 2003). 심리치료를 통해 BPI의 내담자들이 얻는 효과에 대한 자료가 많이 있다. Ball 등(2006)의 연구자들은 52명의 BPI 환자들을 연구하였다. 그 결과 심리치료를 받은 군이 약물치료만 받은 군보다 12개월 후 더 나은 효과를 경험했다는 것을 발견했다. 또한 293명의 환자를 무작위 대조 연구한 결과, 집중적인 심리치료를 받은 환자들이 그렇지 않은 환자들보다 연말에 회복률이 높은 것으로(약 61% 대 51%) 밝혀졌다. 세 가지 형태의 심리치료(가족 중심 심리치료, 대인관계 심리치료, 사회리듬 심리치료)가 있지만 서로 크게 다른 점은 없으며, 세 치료 다 일반적으로 알려진 치료 결과를 보인다 (Miklowitz et al., 2007).

심리치료는 약물로 호전되지 않는 증상을 치료하기 위해, 재발을 방지하기 위해 사용될 수 있다. 여러 생물 요법(예 : 다른 치료 약물)이 있는 것처럼, 심리치료에도 여러 접근법이 존재한다. 여러 문헌을 참고해보았을 때, 가장 효과적인 치료 접근법은 심리 교육과 여러 치료— 인지행동치료, 결혼과 가족치료, 대인관계와 사회리듬치료, 그리고 필요한 부가요법(예 : 물질사용에 대한 치료)—이다.

인지행동치료(CBT)는 내담자의 부적응 사고와 행동 양상을 알아내고 바꾸는 치료 접근법이다. BPI 내담자들은 CBT를 통해 조증, 우울증 관련 사고와 감정을 인식하며 이런 증상을 발현하는 행동들을 어떻게 바꾸는지(예 : 조증 삽화 기간 중 과소비나 건강하지 못한 성적 행동을 삼가는 것, 우울증 기간 중 부정적 기분을 중화하는 법) 배운다. CBT에 대한 25년간의 연구 결과, CBT와 약물치료가 함께 이루어질 때 내담자들이 약물에 쉽게 적응하며, BPI 증상들을 일찍 알아채며, 스트레스와 생활 습관 관리가 용이해지며, 동반증상들 치료를 돕고, 조증 및 우울증 삽화 그리고 그에 따른 입원 빈도를 낮추며, 사회 직업 기능을 향상시킨다는 것을 발견하였다(Miklowitz & Craighead, 2007).

병식(insight)은 BPI 내담자들에게 특히 중요하다. 상태가 나빠지는 것을 알아차리는 것, 병의 재발 요소들을 이해하는 것, 규칙적인 삶의 리듬을 유지하는 것 등은 모두 병식과 연관되어 있다. 병식은 신경인지기능과 관련 있는데, BPI 내담자들의 신경인지기능은 손상을 입은 것으로 알려져 있다(Dias, Brissos, & Carita, 2008). 신경인지 결함은 뇌의 이상에서 비롯된다고 말하는 연구자들이 있다. 예를 들면, Varga 등(2009)은 병식과 증상 인식의 저하가 피질과 피질하부의 위축(BPI 내담자들의 뇌의 크기 차이)에 있다고 설명한다. 저하된 병식은 내담자들이 위험한 행동을 하게 하며, 이는 질환의 재발 가능성을 높인다.

병식은 두 가지 유형으로 나눌 수 있다. 치료에 대한 병식과 질병의 인식에 대한 병식이 그것이다. 치료에 대한 병식이란 치료의 필요성에 대해 이해하고 받아들이는 것이다. 치료에 대한 병식이 부족하고 잦은 입원 경력이 있는 내담자들은 병식이 있는 내담자들보다 예후가 좋지 않다(Yen et al., 2008). 병식은 또한 약물에 쉽게 적응하는 것과도 관련이 있다. 약물의 부작용으로 내담자의 삶의 질이 떨어질 수 있긴 하지만 말이다(Yen et al., 2008). 이는 치료를 혼란스럽게 하는 딜레마를 제공한다. 병식이 있는 내담자들도 여러 약물을 복용하고 질환의 단계에 따라 약물을 자주 바꾸게 되면, 부작용을 경험할 가능성이 높아진다. 이는 삶의 질을 떨어지게 하고 심지어는 약물에 적응하는 것도 힘들게 한다.

대인관계와 사회리듬치료(IPSRT)는 대인관계, 수면부족, 식이 변화, 일상생활의 변화들이 BPI 조증 삽화와 우울 삽화를 촉발할 수 있다는 사실에 기반한다. 적절한 약물치료와 함께, IPSRT는 대인관계 심리치료와 행동치료 방법을 결합시켜 내담자들의 대인관계 문제를 찾아내고 일상생활을 규칙적으로 만든다.

IPSRT의 대인관계 요소는 어떻게 다른 사람들과 상호작용하는지, 어떻게 관계를 맺는지와 관련된 문제들이 큰 스트레스를 야기할 수 있다는 사실에 기반한다. 이 스트레스는 우울 삽화나 조증 삽화를 촉발할 수 있다. IPSRT의 행동 요소는 일상생활의 방해 요소들을 다룬다. 일상생활의 규칙성을 통제함으로써, 내담자는 BPI 증상 경험 또한 통제할 수 있다(Frank, 2000).

통합 접근

몇몇 학자들과 전문가들은 BPI의 원인과 치료에 대한 연구에 귀중한 발전을 성취해냈다. 동시에, BPI의 발현과 유지에 영향을 미치는 요인들뿐 아니라 BPI를 이해하기 위한 통합 접근이 필요하다는 생각을 하게 되었다. 시간이 지날수록 BPI에는 단일 원인이 없다는 결론을 내리는 연구 결과들이 많아지며 통합 접근 방식의 필요성에 더욱 무게가 실렸다. BPI를 일으키는 단일 유전자, 인지, 감정, 발달, 환경 요인은 없다.

단일 유발 요인이 없기 때문에, BPI 증상 호전을 위한 단일 치료법 또한 없다. 따라서 이 장에서도 단일 치료법보다는 여러 접근을 결합하는 치료 방식(예 : 약물치료와 심리치료)에 초점을 맞추고 있다.

BPI를 치료하고 이해하기 위한 통합 접근의 필요성은 통합 이론의 문맥에서 설명할 수 있다. 이 접근은 개인의 삶의 다양한 부분들을 보기보다는, 그가 속한 문화와 체계를 포함한 총체적 개인에 집중한다. 이는 한 사람에게 일어나는 일들에 여러 원인과 설명이 있다는 발상에

변증법적 행동치료 자살 성향 탐색 삶의 만족도 증가	약물치료 규칙적인 수면, 운동, 식이를 위한 일상생활 스케줄
행동을 변경하고자 하는 의지를 가지고 여동생과 대화함 다른 BPI 내담자들과의 집단치료	건강한 사회 활동 증가 부채 정리

그림 6.3 알렉스의 치료에 대한 통합 접근

서 비롯한다. 이러한 여러 원인과 설명은 내부, 신경생물학, 행동, 문화, 사회에서 어떤 일이 일어났는지를 중요하게 생각하며, 전체 그림을 볼 수 있게 한다. BPI를 치료하고 이해하기 위해서, 통합 접근 방식은 한 사람의 삶의 모든 차원을 보며 특정한 개인 경험에 대해 종합적인 설명을 제공하고 증상을 다루며 질환을 치료한다. 〈그림 6.3〉은 알렉스의 치료에 대한 통합 접근 방식이다.

소아 양극성장애

최근 몇 년간, BPI의 발병 나이에 관한 여러 논쟁이 있었다. 1996년부터 정신과 의사 Joseph Biederman과 동료들은 주의력결핍 과잉행동장애(ADHD)를 가진 소아 내담자들이 사실은 BPI로 진단되어야 한다는 의견을 제시한 논문을 출판하기 시작했다. 제약회사들에게서 자금을 지원받은 다른 연구들 또한 이를 뒷받침했다. Healy(2008)에 따르면, 이 연구에 참여한 전문가들은 정확한 증거가 없이 소아 BPI를 진단하고 치료하는 지침을 개발하는 것처럼 보였다. 성인의 조증-우울증 증세는 몇 주 또는 몇 달간 지속되는 반면, 연구자들은 명확한 증거 없이 소아들의 기분장애가 급격하게 변하는 것으로(하루에 여러 차례) 추측하려는 경향이 강했다. 또한 그들이 사용한 약물은 체중 증가, 지연성 운동장애, 당뇨 등의 부작용을 일으켰으며 심지어는 죽음에 이를 정도로 치명적이기까지 했다. 소아 BPI 진단이 많아지면서 기분안정제들은 불티나게 팔렸다.

소아 BPI 진단의 타당성에 대해 많은 논쟁이 있다. 소아 BPI 진단 기준이 유아기, 아동기, 청소년기의 발달상 문제(예 : DSM-5에서의 신경발달장애)와 모든 나이대의 사람들의 문제(예 : 우울장애, 불안장애, 물질사용장애, 충동조절장애)를 진단하는 기준과 겹치기 때문이다(Chang, 2008). 게다가, 현재 아이들을 위한 공식 BPI 진단 지침은 없으며 소아 BPI를 진단할 때 DSM 기준을 사용하는 것은 이것이 성인을 위한 기준이기 때문에 타당하지 않다(Kowatch et al., 2005; Sahling, 2009).

모든 형태의 과민성이나 과격한 행동화를 '양극성 스펙트럼'이라는 개념과 연관시키는 것도 큰 문제이다. 과민성(아동 및 청소년에서 흔함)과 BPI 증상을 구별하는 것은 매우 중요하며, 특히 위탁 양육기관에 있거나 법적 보호자가 없는 아동 및 청소년의 경우 그러하다(Banaschewski, 2009; Sahling, 2009). BPI의 이른 발병을 기능적 뇌 스캔 방식을 이용해 조사한 연구가 드물기는 하지만, 이 연구들은 소아들의 뇌가 성인의 BPI와 비슷한 뇌 이상을 보여준다는 결과를 제시한다(Frazier et al., 2005). 오직 뇌 스캔으로만 이 질환의 취약성과 연관된 내부표현형을 알 수 있기 때문에 뇌 형태 이상이 얼마나 BPI 증상을 예측할 수 있을지에 대한 의

문은 종단 연구만이 증명할 수 있을 것이다.

1994년부터 2003년까지, 아동 BPI 진단은 40배가 넘게 증가했다(이 중 대부분은 상세불명의 양극성장애이다)(Moreno et al., 2007). 이런 증가세는 정확한 진단이라고 보기는 어렵다. 많은 이들이 이는 제약회사들의 새로운 시장을 찾기 위한 정치적 공작으로 인한 것이라 지적한다(Ingersoll & Rak, 2006; Sahling, 2009).

몇몇 연구자들은 소아 BPI 진단을 위한 지침을 개발했다. 이는 성인을 위한 기준이 아동이나 청소년들에게는 부적합하다는 점을 봤을 때 매우 중요한 시작점이다. Danner 등(2009)은 표현형(질환이 드러나는 방식들)의 확장을 제안했다. 좁은 표현형(DSM에 나온 기준)에 두 가지 표현형을 추가해야 한다는 것이다. 첫째는 더 짧은 기간(3~5일) 동안의 증상을 말하며 두 번째는 과민성 삽화를 말한다. 후자는 심한 기분 및 행동 조절이상(SMD)이라고 부를 수 있는데 이는 과각성, 부정적 감정 자극에 대한 과도한 반응성, 증상 없는 기간이 두 달을 넘지 않은 채로 12개월 이상 지속되는 비정상적인 기분을 포함한다. Danner와 동료들(2009)은 각 나이에 따라 비정상 행동과 정상 행동을 구분하고자 했다. 예를 들면, 7세 아이가 파티나 가족을 보았을 때 행복해지는 것은 정상이다. 하지만 7세 아이가 교실에서 춤을 추며 세상이 얼마나 아름다운지에 대해 노래를 부르는 것은 비정상이다. 11세 아이가 축구 시합 전날 관련 물건들을 챙기는 것은 정상이다. 하지만 11세 아이가 축구 관련 물품을 정리하고 장난감 차를 닦는 도중에 숙제를 시작하는 것은 비정상이다.

Youngstrom, Birmaher, Findling(2008)은 의기양양하거나 굉장히 기쁜 상태, 기분이 급격하고 극심하게 변하고 불안정한 상태, 수면시간의 감소, 과도한 성 관심 같은 증상들은 소아 BPI 증상일 가능성이 크다는 의견을 제시하였다. 과민성이나 집중력 부족은 성인에게는 BPI 증상을 나타내는 것일 수 있지만 아동에게는 그렇지 않다. ADHD가 BPI와 종종 동반하기 때문이다. Youngstrom과 그의 동료들은 상세불명의 양극성장애가 BPI의 스펙트럼 중 하나로 생각되어야 한다고 강조했다. 물론 이는 BPI의 '핵심-양성(core-positive)' 증상을 나타내야만 한다. Youngstrom의 연구에는 모순되는 점이 있다. 과민성이 꼭 BPI를 나타내는 증상은 아니라고 한 동시에 과민성을 BPI의 핵심 증상으로 분류한 것이다.

소아 BPI 진단이 기하급수적으로 증가하는 데에는 많은 문제점이 있다. 아동의 기분이 급격하게 변하는 것은 정상이다. 치료 지침(Kowatch et al., 2005) 214쪽에서 "아이들이 미래에 어떻게 변할지는 아무도 모른다."라고 말하고 있다. 이는 BPI가 만성적이라는 점을 고려했을 때 약간 이상하게 느껴지는 부분이다. 또한 이 치료 지침에서 DSM의 성인을 위한 조증 치료 방법은 아동에게 문제를 야기할 수 있음을 명시하고도 계속 이 방법으로 치료할 것을 권고하고 있다. 이 지침은 정상 아동과 BPI 아동의 차이점을 분명히 명시하지 못한 것으로 보인다

(Sahling, 2009).

매년 강력한 기분안정제와 항정신병 약물이 다양한 BPI 증상을 보이는 아이들에게 다량 처방되고 있다는 점은 우리를 불편하게 한다. 정확하게 효과가 입증되지 않았으며, 수많은 부작용을 가지고 있고 심지어는 목숨에 치명적일 수 있는데 말이다. 특히 BPI와 ADHD는 60%에서 98%의 높은 동반이환성(comorbidity)을 보인다(Delbello, 2004; Olfman, 2007). BPI로 진단되는 증상들이 사실 ADHD 치료 약물의 부작용으로 발생한 것이라는 가능성이 제기되어왔다(Masi et al., 2006, Olfman, 2007). 더 정확한 연구 결과가 나오기 전까지, 의사들은 13세 이하의 아동에게 BPI를 진단할 때 주의를 기울여야 할 것이다. 고통과 손상의 기준을 이용하여 그리고 관찰 소견을 검증하는 종단 연구를 이용하여 정상 아동과 BPI 아동의 차이점이 명확하게 밝혀질 때까지, BPI를 진단할 때 의사들은 가능한 보수적인 입장을 고수해야 한다.

Joseph Bierderman 박사는 2009년에 아동 BPI 장애 연구와 관련해 제약회사로부터 100만 달러를 받은 것을 보고하지 않아 조사를 받았다. 뉴욕타임스에 따르면, Bierderman 박사는 2000년부터 2007년까지 제약회사로부터 100만 달러 이상을 받은 것을 대학에 알리지 않았다. 또한 그는 연구를 시작하기 전에 존슨앤존슨 회사에게 연구 결과가 회사에 큰 도움이 될 것이라는 것을 약속하였다(Harris, 2009). 존슨앤존슨은 회사의 마케팅에 대한 연방 정부의 조사를 피하기 위해 22억 달러의 합의금을 지불하였다. 이는 존슨앤존슨이 Bierderman 박사에게 연구를 부탁한 약물 중 하나인 리스페달/risperidone의 불법 판촉활동으로 인한 벌금 4억 달러를 포함한 것이다(Citizens Commission on Human Rights International, 2012). Bierderman 박사는 하버드 대학에서 이익추구활동에 대한 규율을 어긴 것에 대해 징계를 받았다(Yu, 2012). 이 내용에 관해 더 이상 구체적으로 알려진 것은 없다.

요약

이 장에서는 BPI에 대해 간략히 알아보았다 — BPI란 무엇인지, 누가 겪는지, 어떤 원인들이 있는지, 어떻게 치료되는지. BPI 스펙트럼 장애와 소아 BPI가 타당한지에 대해서도 알아보았다. 발병 나이 그리고 심각도가 어찌 되든, BPI는 심각한 손상을 야기하는 질환이다. 이는 다양한 원인을 가질 수 있으며 내담자의 삶의 모든 측면에 영향을 미칠 수 있다. 하지만 긍정적인 측면은 BPI가 치료 가능한 질환이라는 것이다. 여러 치료 접근 방식으로 BPI의 다양한 병인론과 개인의 삶에 미치는 영향을 다룰 수 있다. 완치는 어렵지만, 상당히 호전될 수 있다. 위에서 본 바와 같이, 가장 성공적인 치료법은 개인의 삶의 전체 맥락을 보는 통합 접근 방식이다.

복습 문제

1. 제I형 양극성장애의 병인론을 가장 잘 설명할 수 있는 방법은 무엇인가?
2. BPI와 뇌 구조는 연관이 있을 수 있다. BPI를 겪는 사람과 정상인의 뇌 구조 차이는 무엇인가?
3. BPI 치료에 가장 흔히 사용되는 약물은 무엇인가? 어떻게 작용하는가?
4. 어떤 심리 변수가 BPI 증상을 촉발시키거나 악화시키는가?
5. 구조화된 스케줄과 BPI 재발은 어떤 관계가 있는가?
6. 소아 BPI와 관련해서 어떤 논쟁의 여지가 있는가? 어떤 정치적 압력이 존재하는가?
7. 고등 교육을 받은 29세의 여성이 BPI로 진단을 받게 되었다. 그가 왜 병이 생겼는지 묻는다면 여러분은 어떻게 답할 것인가?

참고문헌

Adler, C. M., Adams, J., DelBello, M. P., Holland, S. K., Schmithorst, V., Levine, A., . . . Stratkowski, S. M. (2006). Evidence of white matter pathology in bipolar disorder adolescents experiencing their first episode of mania: A diffusion tensor imaging study. *American Journal of Psychiatry, 163*, 322–324.

Akiskal, H. S., & Benazzi, F. (2006). The DSM-IV and ICD-10 categories of recurrent [major] depressive and bipolar II disorders: evidence that they lie on a dimensional spectrum. *Journal of Affective Disorders, 92*, 45–54.

Alloy, L. B., Urosevic, S., Abramson, L. Y., Jager- Hyman, S., Nusslock, R., Whitehouse, W. G., & Hogan, M. (2012). Progression along the bipolar spectrum: A longitudinal study of predictors of conversion from bipolar spectrum conditions to bipolar I and bipolar II. *Journal of Abnormal Psychology, 121*, 16–27

American Psychiatric Association (APA). (2000a). *Diagnostic and statistical manual of mental disorders* (4th ed., text revision). Washington, DC: Author.

American Psychiatric Association (APA). (2000b). *Practice guidelines for the treatment of psychiatric disorders: Compendium 2000*. Washington, DC: Author.

American Psychiatric Association. (2013). *Diagnostic and statistical manual of mental disorders* (5th ed.). Washington, DC: Author.

Andreazza, A. C., Kauer-Sant'Anna, M., Frey, B. N., Stertz, L., Zanotto, C., Ribeiro, L. et al. (2008). Effects of mood stabilizers on DNA damage in an animal model of mania. *Journal of Psychiatry & Neuroscience, 33*(6), 516–524.

Angst, J., & Sellaro, R. (2000). Historical perspectives and natural history of bipolar disorder. *Biological Psychiatry, 48*, 445–457.

Ashburner, J., & Friston, K. J. (2001). Why "voxel-based morphometry" should be used with imperfectly registered images. *Neuroimage, 14*, 1238–1243.

Ball, J. R., Mitchell, P. B., Corry, J. C., Skillecorn, A., Smith, M., & Malhi, G. S. (2006). A randomized controlled trial of cognitive therapy for bipolar disorder: Focus on long-term change. *Journal of Clinical Psychiatry, 67*, 277–286.

Banaschewski, T. (2009). Editorial: Mood irritability— do we need to refine the diagnostic validity of oppositional defiant disorder and paediatric bipolar disorder? *The Journal of Child Psychology and Psychiatry, 50*, 201–202.

Baroni, A., Lunsford, J. R., Luckenbaugh, D. A., Toubin, K. E., & Leibenluft, E. (2009). Assessment review: The diagnosis of Bipolar I Disorder in children and adolescents. *Journal of Child Psychology and Psychiatry, 50*, 203–215.

Baughman, F. (2006). There is no such thing as a psychiatric disorder/disease/chemical imbalance. *PLoS Medicine, 3*, 318–319.

Baum, A. E., Akula, N., Cabanero, M., Cardona, I., Corona, W., Klemens, B., . . . McMahon, F. J. (2008). A genome-wide association study implicates diacylglycerol kinase eta (DGKH) and several other genes in the etiology of bipolar disorder. *Molecular Psychiatry, 13*, 197–207.

Belmaker, R. H. (2004). Medical progress: Bipolar Disorder. *The New England Journal of Medicine, 351*, 476–486.

Berk, M., Dodd, S., Kauer-Sant'Anna, M., Malhi, G. S., Bourin, M., Kapczinski, F., & Norman, T. (2007). Dopamine dysregulation syndrome: Implications for a dopamine hypothesis of bipolar disorder. *Acta Psychiatrica Scandinavica, 116*(Suppl. 434), 41–49.

Bernstein, D., Penner, L. A., Clarke-Stewart, A., & Roy, E. (2008). *Psychology* (8th ed.). Florence, KY: Wadsworth Publishing.

Bertelsen, A. (2004). Contributions of Danish registers to

understanding psychopathology: Thirty years of collaboration with Irving I. Gottesman. In L. F. DiLalla (Ed.), *Behavior genetics principles: Perspective in development, personality and psychopathology* (pp. 123–133). Washington, DC: American Psychological Association.

Biederman, J., Faraone, S., Mick, E., Wozniak, J., Chen, L., Ouellette, C., . . . Lelon, E. (1996). Attention- deficit hyperactivity disorder and juvenile mania: An overlooked co-morbidity? *Journal of the American Academy of Child and Adolescent Psychiatry, 35,* 997–1008.

Birmaher, B., & Axelson, D. (2006). Course and outcome of bipolar spectrum disorder in children and adolescents: A review of the existing literature. *Development and Psychopathology, 18,* 1023–1035.

Bookstein, F. L. (2001). "Voxel-based morphometry" should not be used with imperfectly registered images. *Neuroimage, 14,* 1454–1462.

Brambilla, P., Bellani, M., Yeh, P. H., Soares, J. C., & Tansella, M. (2009). White matter connectivity in bipolar disorder. *International Review of Psychiatry, 21,* 380–386.

Carlson, M., & Miller, N. (1987). Explanation of the relation between negative mood and helping. *Psychological Bulletin, 102,* 91–108.

Carlson, N. R. (2005). *Foundations of physiological psychology* (6th ed.). Boston, MA: Pearson.

Chang, K., Adleman, N. E., Dienes, K., Simeonova, D. J., Menon, V., & Reiss, A. (2004). Anomalous prefrontal-subcortical activation in familial pediatric Bipolar Disorder: A functional magnetic resonance imaging investigation. *Archives of General Psychiatry, 61,* 781–792.

Chang, K. D. (2008). The bipolar spectrum in children and adolescents: Developmental issues. *Journal of Clinical Psychiatry, 69*(3), e9.

Cialdini, R. B., & Fultz, J. (1990). Interpreting the negative mood-helping literature via "mega" analysis: A contrary view. *Psychological Bulletin, 107,* 210–214.

Citizens Commission on Human Rights International. (2012). The business of ADHD. Retrieved from http://www.cchrint.org/tag/joseph-biederman/ page/2/

Coufal, N. G., Garcia-Perez, J. L., Peng, G., Yeo, G. W., Mu, Y., Lovci, M. T., . . . Gage, F. H. (2009). L1 retrotransposition in human neural progenitor cells. *Nature, 460,* 1127–1133.

Craddock, N., & Owen, M. J. (2007). Rethinking psychosis: The disadvantages of a dichotomous classification now outweigh the advantages. *World Psychiatry, 6,* 84–91.

Danner, S., Fristad, M. A., Arnold, L. E., Youngstrom, E. A., Birmaher, B., Horwitz, S. M., . . . The LAMS group. (2009). Early-onset bipolar spectrum disorders: Diagnostic issues. *Clinical Child and Family Psychological Review, 12,* 271–293.

De Abreu, J. N., Lafer, B., Baca-Garcia, E., & Oquendo, M. A. (2009). Suicidal ideation and suicide attempts in bipolar disorder type I: an update for the clinician. *Revista Brasileira de Psiquiatria, 31,* 223–234.

Dean, B., Scarr, E., & MacLeod, M. (2005). Changes in hippocampal GABAA receptor subunit composition in bipolar 1 disorder. *Molecular Brain Research, 138,* 145–155.

DelBello, M. (2004). Diagnostic complexities and treatment issues in childhood bipolar disorder. *Medscape Psychiatry and Mental Health, 2.* Retrieved from http://www.medscape.com/viewartical/491489

Dias, V. V., Brissos, S., & Carita, A. I. (2008). Clinical and neurocognitive correlates of insight in patients with bipolar I disorder in remission. *Acta Psychiatry Scandinavia, 117,* 28–34.

Dohrenwend, B. S., Krasnoff, L., Askenasy, A. R., & Dohrenwend, B. P. (1978). Exemplification of a method for scaling life events: The PERI Life Events Scale. *Journal of Health and Social Behavior, 19,* 205–229.

Duffy, A. (2007). Does bipolar disorder exist in children? A selected review. *The Canadian Journal of Psychiatry, 52,* 409–417.

Emsell, L., & McDonald, C. (2009). The structural neuroimaging of bipolar disorder. *International Review of Psychiatry, 21,* 297–313.

Evardsen, J., Torgersen, S., Røysamb, E., Lygren, S., Skre, I., Onstad, S., & Øien, P. A. (2008). Heritability of bipolar spectrum disorders. Unity or heterogeneity? *Journal of Affective Disorders, 106*(3), 229–240.

Falret, J. (1854). Memoire sur la folie circulaire. *Bulletin de la Academie Imperiale de Medicin, 19,* 382–400.

Fields, R. D. (2009). *The other brain: From dementia to schizophrenia, how new discoveries about the brain are revolutionizing medicine and science.* New York: Simon & Schuster.

Fields, R. D. (2010). Change in the brain's white matter. *Science, 330,* 768–769.

Fields, R. D. (2011). The hidden brain: Flashy neurons may get the attention, but a class of cells called glia are behind most of the brain's work—and many of its diseases. *Scientific American Mind, 22,* 53–59.

Fornito, A., Malhi, G. S., Lagopoulos, J., Ivanovski, B., Wood, S. J., Velakoulis, D., . . . Yucel, M. (2007). *In vivo* evidence for early neurodevelopmental anomaly of the anterior cingulate cortex in bipolar disorder. *Acta Psychiatry Scandanavia, 116,* 467–472.

Fountoulakis, K. N., & Vieta, E. (2008). Treatment of bipolar disorder: A systematic review of available data and clinical perspectives. *International Journal of Neuropsychopharmacology, 11,* 999–1029.

Frank, E. (2000). Interpersonal and social rhythm therapy: Managing the chaos of bipolar disorder. *Biological Psychiatry, 48*(6), 593–604.

Frazier, J. A., Ahn, M. S., DeJong, S., Bent, E. K., Breeze, J. L., & Guiliano, A. J. (2005). Magnetic resonance imaging studies in early-onset bipolar disorder: A critical review. *Harvard Review of Psychiatry, 13*, 125–140.

Gage, F. H., & Muotri, A. R. (2012). What makes each brain unique? How can identical twins grow up with different personalities? "Jumping genes" move around in neurons and alter the way they work. *Scientific American, 306*, 26–31.

Ghaemi, S. N., Ko, J. Y., & Goodwin, F. K. (2002). "Cade's disease" and beyond: Misdiagnosis, antidepressant use, and a proposed definition for bipolar spectrum disorder. *Canadian Journal of Psychiatry, 47*, 125–134.

Gijsman, H. J., Cohen, A. F., & van Gerven, J. M. A. (2004). The application of the principles of clinical drug development to pharmacological challenge tests of the serotonergic system. *Journal of Psychopharmacology, 18*, 7–13.

Goldstein, B. I., Shamseddeen, W., Axelson, D. A., Kalas, C., Monk, K., Brent, D. A., . . . Birmaher, B. (2010). Clinical demographic and familial correlates of bipolar spectrum disorders among offspring of parents with bipolar disorder. *Journal of the American Academy of Child and Adolescent Psychiatry, 49*, 388–396.

Goodman, L. A., Salyers, M. P., Mueser, K. T., Rosenberg, S. D., Swartz, M., Essock, S. M., et al. (2001). Recent victimization in women and men with severe mental illness: Prevalence and correlates. *Journal of Traumatic Stress, 14*, 615–632.

Goodwin, F. K., & Jamison, K. R. (2007). *Manic-depressive illness: Bipolar disorders and recurrent depression.* New York: Oxford University Press.

Gottesman, I. I., & Gould, T. D. (2003). The endophenotype concept in psychiatry: Etymology and strategic intentions. *American Journal of Psychiatry, 160*, 636–645.

Gottesman, I. I., & Shields, J. (1973). Genetic theorizing and schizophrenia. *British Journal of Psychiatry, 122*, 15–30.

Grangeon, M. C., Seixas, C., Quarantini, L. C., Miranda-Scippa, A., Pompili, M., Steffens, D. C., . . . Reis de Oliveira, I. (2010). White matter hyperintensities and their association with suicidality in major affective disorders: A meta-analysis of magnetic resonance imaging studies. *Central Nervous System Spectrum, 15*, 375–381.

Grunze, H., Vieta, E., Goodwin, G. M., Bowden, C., Licht, R. W., Moller, H. J., Kaser, S., & WFSBP task force on treatment guidelines for bipolar disorders. (2009). The World Federation of Societies of Biological Psychiatry (WFSBP) guidelines for the biological treatment of bipolar disorders: Update 2009 on the treatment of acute mania. *The World Journal of Biological Psychiatry, 10*, 85–116.

Hajek, T., Bernier, D., Slaney, C., Propper, L., Schmidt, M., Carrery, N., . . . Alda, M. (2008). A comparison of affected and unaffected relatives of patients with bipolar disorder using proton magnetic resonance spectroscopy. *Journal of Psychiatry & Neuroscience, 33*(6), 531–540.

Hammen, C., & Gitlin, M. J. (1997). Stress reactivity in bipolar patients and its relation to prior history of the disorder. *American Journal of Psychiatry, 154*, 856–857.

Harris, G. (2009, March 20). Drug maker told studies would aid it, papers say. *New York Times*, p. A16.

Hasler, G., Drevets, W. C., Gould, T. D., Gottesman I. I., & Manji, H. K. (2005). Toward constructing an endophenotype strategy for bipolar disorders. *Biological Psychiatry, 60*, 93–105.

Havens, L. L., & Ghaemi, S. N. (2005). Existential despair and bipolar disorder: The therapeutic alliance as a mood stabilizer. *American Journal of Psychotherapy, 59*(2), 137–147.

Hayward, P., Wong, G., Bright, J. A., & Lam, D. (2002). Stigma and self-esteem in manic depression: An exploratory study. *Journal of Affective Disorders, 69*, 61–67.

Healy, D. (2006). The latest mania: Selling bipolar disorder. PloS Medicine at http://www.plosmedicine .org/article/info%3Adoi%2F10.1371%2Fjournal .pmed.0030185 retrieved March 4, 2014.

Healy, D. (2008). *Mania: A short history of Bipolar Disorder.* Baltimore, MD: Johns Hopkins Press.

Hiremani, R. M., Thirthalli, J., Tharayil, B. S., & Gangadhar, B. N. (2008). Double-blind randomized controlled study comparing short-term efficacy of bifrontal and bitemporal electroconvulsive therapy in acute mania. *Bipolar Disorders, 10*, 701–707.

Holmes, T. H., & Rahe, R. H. (1967). The social readjustment rating scale. *Journal of Psychosomatic Research, 11*(2), 213–218.

Ingersoll, R. E., & Rak, C. F. (2006). *Psychopharmacology for helping professionals: An integral exploration.* Pacific Grove, CA: Brooks Cole.

Insell, T. R. (2009). Disruptive insights into psychiatry: Transforming a clinical discipline. *The Journal of Clinical Investigation, 119*, 700–705.

Jackson, G. E. (2006). A curious consensus: "Brain scans prove disease?" *Ethical Human Psychology and Psychiatry, 8*, 55–60.

Jairam, R., Prabjuswamy, M., & Dullur, P. (2012). Do we really know how to treat a child with Bipolar Disorder or one with severe mood dysregulation? Is there a magic bullet? *Depression Research and Treatment, 2012,* 1–9.

Javadapour, A., Malhi, G. S., Ivanovski, B., Chen, X., Wen, W., & Sachdeve, P. (2007). Increased anterior cingulate cortex volume in bipolar I disorder. *The Australian and New Zealand Journal of Psychiatry, 41*, 910–916.

Johannsen, W. (1911). The genotype conception of heredity. *American Naturalist, 45*, 129–159.

Jones, S. H., Hare, D. J., & Evershed, K. (2005). Actigraphic assessment of circadian activity and sleep patterns in bipolar disorder. *Bipolar Disorders, 7*, 176–186.

Kafantaris, V., Kingsley, P., Ardekani, B., Saito, E., Lencz, T., Lim, K., & Szeszko, P. (2009). Lower orbital frontal white matter integrity in adolescents with bipolar I disorder. *Journal of the American Academy of Child and Adolescent Psychiatry, 48,* 79–86.

Kandel, E. R. (2005). *Psychiatry, psychoanalysis and the new biology of mind.* Washington, DC: American Psychiatric Association.

Kierkegaard, S. (1954). *Fear and trembling and the sickness unto death.* Garden City, NY: Doubleday.

Konarski, J. Z., McIntyre, R. S., Kennedy, S. H., Rafi- Tari, S., Soczynska, J. K., & Ketter, T. A. (2008). Volumetric neuroimaging investigations in mood disorders: Bipolar disorder versus major depressive disorder. *Bipolar Disorders, 10,* 1–37.

Kowatch, R. A., Fristad, M., Birmaher, B., Wagner, K. D., Findling, R. L., Hellander, M., & The Child Psychiatric Workgroup on Bipolar Disorder. (2005). Treatment guidelines for children and adolescents with bipolar disorder. *Journal of the American Academy of Child & Adolescent Psychiatry, 44,* 213–235.

Kruger, S., Seminowicz, S., Goldapple, K., Kennedy, S. H., & Mayberg H. S. (2003). State and trait influences on mood regulation in Bipolar Disorder: Blood flow differences with an acute mood challenge. *Biological Psychiatry, 54,* 1274–1283.

Lewine, R. R. J., Hudgins, P., Brown, F., Caudle, J., & Risch, S. C. (1995). Differences in qualitative brain morphology findings in schizophrenia, major depression, bipolar disorder and normal volunteers. *Schizophrenia Research, 15,* 253–259.

Lin, P. I., & Mitchell, B. D. (2008). Approaches for unraveling the joint genetic determinants of schizophrenia and bipolar disorder. *Schizophrenia Bulletin, 34,* 791–797.

Margulies, D. M., Weintraub, S., Basile, J., Grover, P. J., & Carlson, G. A. (2012). Will disruptive mood dysregulation disorder reduce false diagnosis of bipolar disorder in children? *Bipolar Disorder, 14,* 488–496.

Masi, G., Perugi, G., Toni, C., Millepiedi, S., Bertini, N., & Pfanner, C. (2006). Attention-deficit hyperactivity disorder– bipolar comorbidity in children and adolescents. *Bipolar Disorders, 8,* 373–381.

McDonald, C., Bullmore, E., Sham, P., Chitnis, X., Suckling, J., MacCabe, J., . . . Murray, R. M. (2005). Regional volume deviations of brain structure in schizophrenia and psychotic bipolar disorder: Computational morphometry study. *British Journal of Psychiatry, 186,* 369–377.

McDonald, C., Zanelli, J., Rabe-Hesketh, S., Ellison- Wright, I., Sham, P., Kalidindi, S., . . . Kennedy, M. (2004). Meta-analysis of magnetic resonance imaging brain morphometry studies in bipolar disorder. *Biological Psychiatry, 56,* 411–417.

McGrath, C. L., Glatt, S. J., Sklar, P., Le-Niculescu, H., Kuczenski, R., Doyle, A. E., . . . Tsuang, M. T. (2009).

Evidence for genetic association of *RORB* with bipolar disorder. *BMC Psychiatry, 7,* 1–9.

McGuffin, P., Rijsdijk, F., Andrew, M., Sham, P., Katz, R., & Cardno, A. (2003). The heritability of bipolar affective disorder and the genetic relationship to unipolar depression. *Archives of General Psychiatry, 60,* 497–502.

McIntosh, A. M., Job, D. E., Moorhead, W. J., Harrison, L. K., Whalley, H. C., Johnstone, E. C., & Lawrie, S. M. (2005). Genetic liability to schizophrenia or bipolar disorder and its relationship to brain structure. *American Journal of Medical Genetics, 141B,* 76–83.

Merikangas, K. R., Akiskal, H. S., Angst, J., Greenberg, P. E., Hirschfeld, R. M. A., Petukhova, M., & Kessler, R. C. (2007). Lifetime and 12-month prevalence of bipolar spectrum disorder in the national comorbidity survey replication. *Archives of General Psychiatry, 64,* 543–552.

Mick, E., Wozniak, J., Eilens, T. E., Biederman, J., & Faraone, S. V. (2009). Family-based association study of the BDNF, COMT, and serotonin transporter genes and DSM-IV bipolar-I disorder in children. *BMC Psychiatry, 9*(2), 1–6.

Miklowitz, D. A., Otto, M. W., Frank, E., Reilly-Harrington, N. A., Wisniewski, S. R., Kogan, J. N., . . . Sachs, G. S. (2007). Psychosocial treatments for bipolar depression: A 1-year randomized trial from the Systematic Treatment Enhancement Program. *Archives of General Psychiatry, 64,* 419–426.

Miklowitz, D. J. (2002). *The Bipolar Disorder survival guide: What you and your family need to know.* New York, NY: The Guilford Press.

Miklowitz, D. J., & Craighead, W. E. (2007). Psychosocial treatments for Bipolar Disorder. In P. E. Nathan & J. M. Gorman (Eds.), *A guide to treatment that works* (3rd ed., pp. 309–322). New York: Oxford University Press.

Miklowitz, D. J., & Johnson, S. L. (2008). Bipolar Disorder. In W. E. Craighead, D. J. Miklowitz, & L. W. Craighead (Eds.), *Psychopathology: History, diagnosis, and empirical foundations* (pp. 366–402). New York: Wiley.

Milton, J., & Wiseman, R. (1999). Does psi exist? Lack of replication of an anomalous process of information transfer. *Psychological Bulletin, 125,* 387–391.

Miro, X., Meier, S., Dreisow, M. L., Frank, J., Stromaier, J., Breuer, R., . . . Zimmer, A. (2012). Studies in humans and mice implicate neurocan in the etiology of mania. *American Journal of Psychiatry, 169,* 982–990.

Moller, H. J., & Nasrallah, H. J. (2003). Treatment of bipolar disorder. *Journal of Clinical Psychiatry, 64*(Suppl. 6), 9–17.

Moreno, C., Laje, G., Blanco, C., Jiang, H., Schmidt, A., & Olfson, M. (2007). National trends in outpatient diagnosis and treatment of bipolar disorder in youth. *Archives of General Psychiatry, 64,* 1032–1039.

Mukherjee, S., Sackeim, H. A., & Schnur, D. B. (1994).

Electroconvulsive therapy of acute manic episodes: A review of 50 years' experience. *The American Journal of Psychiatry, 151,* 169–176.

Niculescu, A. B., Lulow, L. L., Ogden, C. A., Le- Niculescu, H., Salomon, D. R., Schork, N. J., . . . Lohr, J. B. (2006). PhenoChipping of psychotic disorders: A novel approach for deconstructing and quantitating psychiatric phenotypes. *American Journal of Medical Genetics Part B, 141B,* 653–662.

Olfman, S. (Ed.). (2007). *Bipolar children.* Westport, CT: Praeger Publishers.

O'Sullivan, S. S., Evands, A. H., & Lees, A. J. (2009). Dopamine dysregulation syndrome: An overview of its epidemiology, mechanisms and management. *CNS Drugs, 23,* 157–166.

Papiol, S., Rosa, A., Gutierrez, B., Maring, B., Salgado, P., Catalan, R., . . . Fananas, L. (2004). Interleukin-1 cluster is associated with genetic risk for schizophrenia and bipolar disorder. *Journal of Medical Genetics, 41,* 219–223.

Paris, J. (2009). The bipolar spectrum: A critical perspective. *Harvard Review of Psychiatry, 17,* 206–213.

Petersen, M. (2008). *Our daily meds: How the pharmaceutical companies transformed themselves into slick marketing machines and hooked the nation on prescription drugs.* New York: Sarah Crichton Books.

Phillips, M. L., Drevets, M. C., Rauch, S. R., & Lane, R. (2003). Neurobiology of emotion perception I: The neural basis of normal emotional perception. *Biological Psychiatry, 54,* 504–514.

Pliszka, S. R. (2003). *Neuroscience for the mental health clinician.* New York: Guilford.

Pompili, M., Tondo, L., Grispini, A., De Pisa, E., Lester, D., Angeletti, G., . . . Tatarelli, R. (2006). Suicide attempts in bipolar disorder patients. *Clinical Neuropsychiatry: Journal of Treatment Evaluation, 3,* 327–331.

Post, R. M. (1992). Transduction of psychosocial stress into the neurobiology of recurrent affective disorder. *American Journal of Psychiatry, 149,* 999–1010.

Post, R. M., Alshuler, L. L., Leverich, G. S., Frye, M. A., Nolen, W. A., Kupka, R. W., . . . Denicoff, K. D. (2006). Mood switch in bipolar depression: Comparison of adjunctive venlafaxine, bupropion and sertraline. *British Journal of Psychiatry, 189,* 124–131.

Post, R. M., Ballenger, J. C., & Goodwin, F. K. (1980). Cerebrospinal fluid studies of neurotransmitter function in manic and depressive illness. In J. H. Wood (Ed.), *The neurobiology of cerebrospinal fluid* (Vol. 1, pp. 57–104). New York, NY: Plenum Press.

PsychLink Video. (2001). *What makes a drug a good mood stabilizer?* New York: Interactional Medical Networks.

Riedel, H. P. R., Heiby, E. M., & Kopetskie, S. (2001). Psychological behaviorism theory of bipolar disorder. *The Psychological Record, 51,* 507–532.

Rihmer, Z. (2009). Suicide and bipolar disorder. In H. K. Manji (Ed.), *Bipolar depression: Molecular neurobiology, clinical diagnosis and pharmacotherapy* (pp. 47–56). Cambridge, MA: Birkhauser.

Rothbaum, B. O., & Astin, M. C. (2000). Integration of pharmacotherapy and psychotherapy for Bipolar Disorder. *Journal of Clinical Psychiatry, 61*(Suppl. 9), 68–75.

Rush, A. J. (2003). Toward an understanding of bipolar disorder and its origin. *Journal of Clinical Psychiatry, 64*(Suppl.), 4–17.

Sachs, G. S., & Rush, A. J. (2003). Response, remission and recovery in bipolar disorder: What are realistic treatment goals? *Journal of Clinical Psychiatry, 64*(Suppl. 6), 18–22.

Sahling, D. L. (2009). Pediatric bipolar disorder: Underdiagnosed or fiction? *Ethical Human Psycholog and Psychiatry, 11,* 215–228.

Santos, A. I., Teijeira, C., SanchezMorla, E. M., Bescos, M. J., Argudo, I., Torrijos, S., . . . Cabranes-Diaz, J. A. (2010). Sustained attention as a potential endophenotype for bipolar disorder. *Acta Psychiatric Scandinavia, 122,* 235–245.

Sasaki, T., Matsuki, N., & Ikegaya, Y. (2011). Actionpotential modulation during axonal conduction. *Science, 331,* 599–601.

Scherk, H., Kemmer, C., Usher, J., Reith, W., Falkai, P., & Gruber, O. (2008). No change to grey and white matter volumes in bipolar I disorder patients. *European Archives of Psychiatry, 258,* 345–349.

Schloesser, R. J., Huang, J., Klein, P. S., & Manji, H. K. (2008). Cellular plasticity cascades in the pathophysiology and treatment of bipolar disorder. *Neuropsychopharmacology, 33,* 110–133.

Schwarzkopf, S. B., Nasrallah, H. A., Olson, S. C., et al. (1989). Perinatal complications and genetic loading in schizophrenia: Preliminary findings. *Psychiatric Research, 56,* 162–180.

Scott, J. (1995). Psychotherapy for Bipolar Disorder. *The British Journal of Psychiatry, 167,* 581–588. Scott, J., & Colom, F. (2005). Psychosocial treatments for bipolar disorder. *Psychiatric Clinics of North America, 28,* 371–384.

Shermer, M. (2008). Why you should be skeptical of brain scans: Colorful scans have lulled us into an oversimplified conception of the brain as a modular machine. *Scientific American Mind, 19,* 67–71.

Shi, J., Badner, J. A., Hattori, E., Potash, J. B., Willour, V. L., McMahon, F. J., . . . Liu, C. (2008). Neurotransmission and bipolar disorder: A systematic family-based association study. *American Journal of Medical Genetics Part B (Neuropsychiatric Genetics), 147*(7), 1270–1277.

Smith, L. A., Cornelius, V., Warnock, A., Bell, A., & Young, A. H. (2007). Effectiveness of mood stabilizers and antipsychotics in the maintenance phase of bipolar disorder: a systematic review of randomized controlled trials. *Bipolar Disorders, 9,* 394–412.

Sobczak, S., Honig, A., van Duinen, M. A., & Riedel, W. J. (2002). Serotonergic dysregulation in bipolar disorders: A literature review of serotonergic challenge studies. *Bipolar Disorder, 4*(6), 347–356.

Suppes, T., Swann, A. C., Dennehy, E. B., Habermacher, E. D., Mason Crimson, M. L., Toprac, M. G., . . . Altshuler, K. Z. (2009). Texas Medication Algorithm Project: Development and feasibility testing of a treatment algorithm for patients with bipolar disorder. *Journal of Clinical Psychiatry, 62,* 439–447.

Thase, M. E., Jindal, R., & Howland, R. H. (2002). Biological aspects of depression. In C. L. Hammen & I. H. Gotlib (Eds.), *Handbook of depression* (pp. 192–218). New York: Guilford.

Varga, M., Babovic, A., Flekkoy, K., Ronneberg, U., Landro, N. I., David, A. S., & Opjordsmoen, S. (2009). Reduced insight in bipolar I disorder: Neurofunctional and neurostructural correlates. A preliminary study. *Journal of Affective Disorders, 116,* 56–63.

Walsh, M. A., Royal, A., Bronw, L. H., Barrantes-Vidal, N., & Kwapil, T. R. (2012). Looking for bipolar spectrum psychopathology: Identification and expression in daily life. *Comprehensive Psychiatry, 53,* 409–421.

Wang, J. F. (2007). Defects of mitochondrial electron transport chain in bipolar disorder: Implications for mood-stabilizing treatment. *The Canadian Journal of Psychiatry, 52,* 753–762.

Wright, I. C., Rabe-Hesketh, S., Woodruff, P. W., David, A. S., Murray, R. M., & Bullmore, E. T. (2000). Meta-analysis of regional brain volumes in schizophrenia. *American Journal of Psychiatry, 157,* 16–25.

Yatham, L. N., Kennedy, S. H., Schaffer, A., Parikh, S. V., Beaulieu, S., O'Donovan, C., . . . Kapczinski, F. (2009). Canadian Network for Mood and Anxiety Treatment (CANMAT) and International Society for Bipolar Disorders (ISBD) collaborative update of CANMAT guidelines for the management of patients with bipolar disorder: Update 2009. *Bipolar Disorders, 11,* 225–255.

Yen, C.-F, Cheng, C.-P, Huang, C.-F, Yen, J.-Y, Ko, C.-H, & Chen, C.-S. (2008). Quality of life and its association with insight, adverse effects of medication and use of atypical antipsychotics in patients with bipolar disorder and schizophrenia in remission. *Bipolar Disorders, 10,* 617–624.

Yen, C.-F, Chen, C.-S, Yen, J.-Y, & Ko, C.-H. (2008). The predictive effect of insight on adverse clinical outcomes in bipolar I disorder: A two-year prospective study. *Journal of Affective Disorders, 108,* 121–127.

Young, L. T., Li, P. P., Lish, S. J., & Warsh, J. J. (1994). Cerebral cortex beta-adrenoceptor binding in bipolar affective disorder. *Journal of Affective Disorders, 30,* 89–92.

Young, L. T., & Wang, J. F. (2007). Applying molecular approaches to understand the etiology and treatment of bipolar disorder. *The Canadian Journal of Psychiatry, 52,* 751–752.

Youngstrom, E. A., Birmaher, B., & Findling, R. L. (2008). Pediatric bipolar disorder: Validity, phenomenology and recommendations for diagnosis. *Bipolar Disorders, 10,* 194–214.

Yu, X. (2011, July 2). Three professors face sanctions following Harvard Medical School inquiry. *The Harvard Crimson.* Retrieved from http:// www.thecrimson.com/ article/2011/7/2/schoolmedical- harvard-investigation/

제7장

조현병의 난제

조현병은 정신증 질환의 중심인 것으로 알려져 있다(Andreasan 1999). 제I형 양극성장애 뿐만 아니라 조현병은 유전 취약성 또는 아마도 임신 중의 피해(in utero insult)에서 비롯하는 전반적인 생리 기초를 갖고 있는 것 같다. 그것은 전구기라 부르는 기간에 천천히 발전해서 완전히 진행된 정신증 삽화가 되고, 보통 약물과 치료 요법을 통해 잔류 증상은 사라진다. 이 장에서는 연구자들이 두 질환의 기본적 공통 변수를 찾고 있기 때문에, 제I형 양극성장애의 장에서 설명한 것과 동일한 개념을 많이 반복한다. 이러한 개념들은 (특히 비의학 정신건강 분야에서) 대부분 새로운 것이기 때문에 반복할 만하다. 이 장에서는 우리가 아는 원인에 대해, 특별히 연구자들이 추적을 시도하는 생리 단서뿐만 아니라 진단과 치료에서 중요한 심리, 문화, 사회 요인들에 초점을 맞춰 요약할 것이다.

정신질환의 진단 및 통계 편람, 제5판[DSM-5, 미국정신의학회(APA), 2013]에서 이전 판의 DSM에서는 '조현병 및 기타 정신병적 장애'라는 제목이었는데, '조현병 스펙트럼 및 기타 정신병적 장애'로 변경되었다. DSM-IV-TR(APA, 2000)에서 조현병의 아형은 신뢰도와 타당도 부족으로 제거되었다. 제목에 표시된 대로 '스펙트럼'의 개념은 (비록 기술적으로는 여전히 성격장애로 분류되지만) 이제 정신병적 장애의 가벼운 형태로 볼 수 있는 조현형 성격장애를 포함한다. 또한 조현병은 단일 질환이 아닐 수도 있고, 서로 다른 인과관계를 가진 여러 가지 다른 질환일 수도 있다(Allardyce, Gaebal, Zielasek, & van Os, 2007). 이 경우, 다시 스펙트럼 개념은 단독 질환으로서의 조현병보다 더 큰 임상 유용성을 갖게 될 것이다. 나아가, DSM-5 조현병 스펙트럼은 의사가 진단의 한 부분으로 심각도의 '0~4' 단계 평가를 포함하도록 개정될 것으로 예상된다.

현재 우리는 조현병이 0.7~11%에 가까운 평생 유병률(lifetime risk)이 있음을 알고 있지만,

부모(또는 형제)가 이 병을 앓고 있는 경우, 자식에 대한 위험은 10~12%로 상승한다(costello, 2012). 13세 미만 어린이의 조현병은 매우 이른 발병으로 간주하고, 그 유병률은 1만 명당 1건이다. 조기 발병 조현병은 13~17세 사이이다(Masi & Liboni, 2011). 조현병은 여성보다 남성에게 더 일반적이다. 낮은 사회경제수준의 계층에서 유병률이 더 높고, 유전되기 쉬운, 질병에 대한 취약성의 80%를 차지하는 유전 요인을 가지는 것으로 보이며, 도시 지역에서 더 높은 발병률을 보인다. 유전 취약성 유발에 기여하는 것으로 생각되는 환경 요인은 겨울/봄 출생, 태아 감염, 굶주림, 따돌림, 약물남용, 조산과 분만 시의 합병증, 나이가 많은 아버지, 사회적 스트레스 등이 있다(Cantor-Graae, 2007). 조현병과 관련된 여러 생리 이상이 있지만 결정적으로 근본적인 원인으로 볼 수 있는 것은 전혀 없다. 조현병 및 기타 정신병적 장애 사이의 진단 경계가 흐려지고 있다(Stober et al., 2009). 관해(remissions)는 일반적으로 불완전하게만 이루어지고 이에 비례하여 인지장애가 지속되어 약물사용과 남용, 자살의 위험이 증가한다.

진단의 역사

조현병이 세계에서 질병 기반 장애의 10대 주요 원인 중 하나이며(World Health Organization, 2001) 연간 5,000여 출판물의 주제임에도 불구하고(Tandon et al., 2008b), 우리는 그 원인에 대해 아는 것이 거의 없다. 이뿐 아니라(또는 그것 때문일 것 같은), 조현병에 대한 약물치료는 기껏해야 '다소간 효과적'일 뿐이다(Tandon et al., 2008a, p. 4). 이 책에서 논의하는 다른 모든 질환과 마찬가지로, 조현병은 (아직) 급속히 발전하는 뇌 과학 분야에서 20년간의 노력에도 불구하고 가시적인 신경질환 표지가 없다(Andreasan 1999; Stober et al., 2009). 이것은 질환으로 고통받는 사람과 그를 사랑하는 사람들 모두에게 좌절을 줄 정도로 실망스런 일이다. 장애가 되는 상태를 뇌에서 '확인하는' 것이 왜 그렇게 어려울까? 다시 말하지만, 우리의 기술이 세포 단위에서 무슨 일이 일어나고 있는지 볼 수 있는 지점에 도달하고 있다는 사실만큼 뇌의 복잡성을 반영한다. 정신의학과 정신질환 진단 역사에서 주목할 만한 것은, 비록 조현병을 서로 다른 이름으로 다루어왔지만, 서술된 증상은 수백 년에 걸친 탐구에서 꽤 일관되게 기술되어왔다. 이것은 서로 다른 시대로부터 서로 다른 연구자들이 같은 증상군을 관찰해왔다는 것을 시사한다. 그러나 이러한 증상들을 유발한 것이 무엇인지에 대한 질문은 해결되지 않은 채로 남아 있다. Allardyce 등(2010)은 드물지만 솔직한 표현으로 지적하길 "만약 우리가 조현병에 내리는 정의가 특성상의 '실제' 구조를 드러내지 못하는 것이라면, 정신증의 기본적인 진짜 병리와 원인 기전을 설명할 수 없을 것이다. 그것은 병인론을 더 혼란스럽게 만든다"(p. 2). 현재로서 '최선의 추측'은 조현병이 사실상 다중 요인 병인론(다양한 요인들에 기인한) 즉, 여러 질환 과정들 즉 다중 유전자가 환경 위험 요인과 상호작용하여 우리가 증상이라고 생각하는 것을 초래하는 과정들의 최종 결과라는 점이다(Allardyce et al., 2010; Tandom, Nasrallah, & Keshavan, 2010).

조현병 개념(표현형)은 19세기에 발전되어 현재 전 세계적으로 통용되는 기준이 되었다(Regier, 2010). 현재 조현병에 대한 설명은 질환의 근본 특성 및 구조의 정보를 제공하기보다는 임상 활용에 더 치우쳐 있다(Allardyce et al., 2007). 이 질환의 최초 이름 중 하나는 1852년에 Benedict Morel이 그리고 이후 1896년에 Emil Kraepelin이 쓴 표현이다—*demence precoce*[조발성 치매(*dementia praecox*)], '젊은 광기'라는 뜻이다. 10대 후반에서 20대 초반에 주목할 만한 이른 발병(특히 남성에 대해) 때문에 두 임상가에 의해 이 이름이 선택되었다. 이것은 오늘날 이 질환을 겪는 많은 내담자들에게 여전히 나타나는 양상이며, 여성의 발병은 남성에 비해 좀 더 늦게 나타나는 경향이 있다. '정신분열병'이라는 명칭은 이 질환이 무엇인지에 대한 일부 오해를 유발시킬 수 있고 실제로 그래왔기 때문에 아마도 올바른 표현은 아닐 것이다. (병명이 한글은 정신분열병에서 조현병으로 바뀌었으나 영문은 Schizophrenia로 변동이 없다.—역자 주) **정신분열병**(Schizophrenia)이라는 용어는 '쪼개거나 자르는 것'을 의미하는 그리스어 *schizein*으로부터 유래한 것으로, Eugene Bleuler가 처음으로 사용했다. 이 어원은 정신분열병이 어떤 '분열된' 성격인 것처럼 잘못 이해하는 데 기여한 것으로 보인다.[1] Keshavan 등(2013)은 '정신분열병'이라는 이름이 ['정신이상(lunacy)'과 같은] 부정적 의미를 함축하고 있고 우리가 이 장애에 대해 신경생물학적으로 배운 것을 착각하게 하는, 증상에 대한 부정확한 개념을 암시하기 때문에 없애자고 주장해왔다. Keshavan 등은 '젊은 층에서 발병하는, 인지 및 현실 왜곡(youth onset <u>con</u>ative, <u>cog</u>nitive and <u>r</u>eality <u>d</u>istortion)'이라는 뜻을 담은 '조화(CONCORD)'라는 단어를 제안했다(Keshavan et al., 2013, p. 1). Keshavan이 강조한 것처럼, 그저 단순히 병명을 바꾸는 것만이 아니라, 정신분열이라는 명칭 자체가 퇴출 대상인 것이다.

정신분열이라는 명칭이 퇴출 대상인 이유 한 가지는 이제 조현병은 하나의 질환이라기보다는 정신증의 한 그룹으로 보기 때문이다. Bleuler(1911)는 조현병이 단일 질환이라기보다는 정신증의 한 그룹이라는 점을 처음 지적한 사람이며, 이는 DSM-5에서 조현병 스펙트럼으로 진화했다. 여기에는 거의 십여 가지의 다른 질병을 포함하되, 물론 이들 대다수 혹은 모두가 기본 병인론을 공유한다. DSM-5는 조현병, 조현양상장애(schizophreniform disorder), 조현형 성

---

1 오래된 농담이 있는데 정신과 의사가 내담자에게 말하길 "좋은 소식과 나쁜 소식이 있습니다. 좋은 소식은 당신의 문제를 알아냈다는 점입니다. 당신은 정신이 분열된 병을 앓고 있어요."라고 하였다. 내담자는 "그럼 나쁜 소식은 뭔가요?"라고 물었다. 의사는 말하길 "분열된 정신 각각을 치료해야 하니 지금부터 진료비가 두 배가 듭니다."라고 말했다.

격장애, 망상장애, 단기 정신병적 장애를 포함하며, 증상 기간은 서로 달라서 단기 정신병적 장애는 1일~1개월 지속되고, 조현양상장애는 1~6개월, 조현병은 6개월 이상이다.

Bleuler(1911)는 질환을 '4A'로 규정했다 — 연상 이완(loose association), 무딘 정서(affective blunting), 자폐 사고(autistic thinking), 양가감정(ambivalence). 흥미로운 점은 이것이 현재 양성 및 음성 증상으로 범주를 나눈 것과 흡사하다는 사실이다(연상 이완과 자폐 사고는 사고장애라고 부르는 것과 관련 있고, 이제는 무딘 정서와 양가감정을 음성증상이라고 부른다). 이런 경향은 1959년부터 1급, 2급 증상이라 불리는 정교한 항목을 만든 Kurt Schneider(1959)에 의해 계속되고 있다. 1급 증상은 이제 양성증상이라 불리는 것과 일치한다(없어야 하는데 있는 것. 예 : 환각, 착각, 망상 같은 것). Schneider 1급 증상은 사고전파, 사고주입, 사고박탈, 망상, 환각을 포함한다. 2급 증상은 현재 음성증상이라고 부르는 것과 일치하며(있어야 하는데 없는 것) 혼란감(perplexity)과 무딘 정서를 포함한다. 영국의 신경학자 John Hughlings Jackson은 20세기 초에 양성증상, 음성증상이라는 말을 처음으로 사용했다. Jackson(Berrios, 1985)은 양성증상으로 망상, 환각, 과대성, 흥분성, 의심, 적개심을 포함하였다. 음성증상은 무딘 정서, 사회적 철수, 차림새 및 위생의 불량을 포함하였다.

현재 조현병의 양성증상은 정도를 넘는 행위 또는 정상 기능의 왜곡으로 간주되고 환각, 착각,[2] 망상, 편집증을 포함한다. 음성증상은 정상 기능의 축소 또는 상실을 보이는 것으로 무딘 정서, 위생과 차림새의 불량, 사회적 철수, 표현력 결여, 대인관계 빈약을 포함한다(APA, 2013). 조현병을 위한 기준은 다섯 가지 특이적 증상을 포함한다[망상, 환각, 와해된 언어, 긴장증(catatonia)을 포함한 확연한 비정상 정신운동 행동, 그리고 음성증상]. 내담자는 이러한 증상 중 두 가지 이상을 1개월 이상 경험해야 하고(성공적으로 치료되었다면 그보다 적은 기간), 최소한 망상, 환각, 와해된 언어 중 한 가지가 있어야 한다. 추가로 사회 혹은 직업 기능부전과 지속적인 장애 징후를 6개월간 경험해야 한다. 와해된 사고는 여전히 병의 중요한 특징으로 간주되었지만 사고는 말로 표현하기 때문에 현재 DSM에서는 와해된 언어에 초점을 둔다 — 그동안 '사고장애'라고 부르던 것을 뜻한다. DSM-IV가 조현병의 다섯 가지 아형을 제시했지만, 통계적인 진단 신뢰성이 낮아서 DSM-5에서는 이들을 삭제했다.

북미에서는 조현병의 DSM 개념에 큰 불만을 갖고 있었고, 유럽은 한층 더했다(Stober et al., 2009). 개발도상국의 정신건강 의사들은 현재 진단은 세계인구 3/4의 논점을 무시한다고 말했다. 다른 질환처럼 차원 모형이나 결합 모형(차원과 규범을 더한 것)이 개발되었으며

---

2 환각은 착각과 다른데 전자는 자극을 느끼지만 사실 자극원이 없는 것으로 판명된다. 후자는 존재하는 자극에 대해 왜곡을 하는 것이다.

DSM-5에서 채택되기를 바랐다(Dutta et al., 2007). 차원 모형이 유일하게 사용되는 곳은 성격장애의 경우였다. 보통 말하는 DSM-5의 변화는 타당도와 신뢰도 문제에 대해 고심했다는 것이지만(예 : 조현병의 아형을 제거한 것), 어떤 면에서는 덜 구체적이고 더 일반적인 조현병 이해로 이동한 측면이 있다. 이러한 상황 변화는 우리가 병태생리학의 표지들을 찾거나, 병의 근본적인 것을 찾고자 하지 않는 한 적절히 해결되지는 않을 것이다.

이어지는 병인론과 병태생리에서는 우리의 논의를 설명하는 데 필수적인 관점인 사분획 모형을 다룰 것이다.

병인론과 병태생리

외부-개인(우상) 관점

생리 요인들　이 단원에서는 (이전 장들에서처럼) 게놈, 뇌, 중추신경계, 그리고 조현병에서 그들의 역할에 대한 연구에서 얻은 것을 정리하겠다. 이 영역에서는 유전학, 후성설이 주된 병리적 요인으로 자주 고려되는 것과, 비정상적인 뇌 구조의 발견 또는 과정이 유전학과 후성설 요인들로부터 파생되는 것에 대해 살펴보겠다. 비록 여전히 추측에 근거하지만, 여기서는 유전 요인과 유전성 연구에서부터 시작할 것이며, 그런 다음 뇌 구조와 과정에 대한 연구로 옮겨 갈 것이다. 제I형 양극성장애에서, 내부표현형의 개념은 또한 조현병 병인론 연구의 한 부분이기도 하다.

모형들과 사실들　Keshavan, Tandon, Boutros, 그리고 Nasrallah(2008)는 [Popper(1959/2002)를 반영하여] 다음과 같이 썼다. "…과학적 과정은 단순히 사실 수집의 무작위 배열이 아니다. 그 집합된 사실들은 시험적인 가설들에서 파생될 수 있는 설명 모형들을 만들기 위해 필요한 것이다"(p. 100). 현재 조현병에 대한 설명 모형들은 세 가지 유형으로 시작한다 — 병태생리 모형, 병리발생(pathogenesis) 이론들, 그리고 병인론 이론들이다. 병태생리 모형은 병을 야기하는 것에 대해 "생물학적 혹은 신경생물학적으로 무엇이 잘못된 것인가?"라는 질문을 던진다. 병리발생 이론들은 발병의 시기와 특징에 초점을 맞춘다(예 : 이것이 언제 발생했는가?). 이것은 청소년기의 연접 가지치기(synaptic pruning) 같은 발달 관점을 포함할 것이다. 마지막으로, 병인론 이론들은 "왜 이런 일이 발생했을까?"에 뿌리를 두고 유전, 이상 유전자 발현, 후성설에 초점을 맞춘다(Keshavan et al., 2008). Keshavan과 동료들(2008)은 세 유형의 이론들 사이에서 사실들을 엮어내는 통합 이론만이 유일하게 난제를 풀 수 있을 것이라고 주장한다.

이러한 통합 이론들은 질환과 일치하는 생물학적 표지들이 내부표현형으로 활용될 수 있을 때 세워진다. 제I형 양극성장애 장에서 상기해보면, 내부표현형은 중간표현형으로 질환의 기원을 이해하는 간격을 좁히는 연구를 도와줄 것이다(Gottesman & Shields, 1973). 내부표현형의 표지로 지정되기 위해서는 생물학적 표지가 5개의 규준에 맞아야 한다.

1. 적정 인구표본 안에서 질환과 상관관계/연관성이 있다.
2. 일시적이 아닌 상태로 존재한다(특히 병전 시기와 질환 시기 모두에 나타나야 한다).
3. 유전되는 요인이다.
4. 질환이 나타나는 가족들에서 질환과 같이 나온다.
5. 일반 인구보다 질병이 나타나지 않은 내담자 가족에서 더 흔히 나타난다(Keshavan et al., 2008).

알다시피, 조현병과 연결되어 조사된 생물학적 표지의 많은 부분은 작은 효과 크기를 가지고 있다(그 표지들은 질병을 앓는 대상 모두가 아닌 일부에서 발생한다는 말이다). 그리고 다른 질환들이 중복되어 있다. 이는 제4장에 기록된 질문 즉 심한 정신질환들은 모두 공통적인 몇 가지 근본 요인들에 대한 변형(variations)인지 여부를 떠올리게 한다(Allardyce et al., 2007). 이는 더 나아가 제2장에서의 질문을 떠올리게 한다. 범주적 정신의학 전체 체계가 공통적인 근본 요인들을 설명하기에 과연 충분할까? 19세기에 '조발성 치매'와 '조울증'을 이분화한 Emil Kraepelin 자신도 이러한 접근에 의구심을 가져왔고, 1920년에는 공통적인 근본 병인론적 요인들을 허용하는 차원 모형에 무게를 두는 변화를 제안했다(Dutta et al., 2007). 이제 우리가 알고 있는 조현병의 유전성에 대해 검토해보자.

유전성과 유전   조현병은 "…확실히 유전 요인들을 포함한다. 유전자들과 유전자 환경 간 정확한 상호작용들은 아직 분명히 밝혀지지 않았다"(Keshavan, Narallah, & Tandon, 2013, p. 4). 종종 일반인들은 유전 소견에 대해 들을 때, 학자들이 질환에서 '유전'이라 지칭하는 것을 간과하거나 오인한다. 제4장에서 기록되었듯이, '단일 유전자' 정신질환들은 없다. 그리고 더 복잡하게, 유전 취약성은 환경 스트레스 요인 및 위험 요인과의 상호작용으로 이해해야 한다. 이것들은 홀로 작동하지 않는다(Tsuang, Bar, Stone, & Faraone, 2004). Stober 등(2009)은 "표현형의 복합성은 '조현병 정신증 그룹'의 다양한 특성과 함께 질환군에 대해 단순하고 논리적인 생물학적 가설을 세우려는 우리 취지에 한계를 그어준다."고 결론지었다(p. 129). 조현병은 제I형 양극성장애와 많은 유전적 요인들을 공유하며, 이는 두 질병이 공통의 근본적인 유전 기초를 가진 연속성에 있을 가능성을 암시한다. 연속성의 한쪽 끝은 조현병을 앓는 사람들, (만일 이러한 질병들에 대해 표현하는 것이 공평하다면) 다른 끝은 제I형 양극성장애를 앓는 사람들 이다(McIntosh et al., 2006). 결국 Owen, Craddock, O'Donovan(2005)이 환기하였듯이, 조현 병은 비교적 작은 연관성을 가지는 여러 유전자들이 복합적으로 관여하여 일정하지 않은 모습 을 나타내는 질환이다.

비록 가족 구성원 중 조현병을 겪는 사람이 있을 확률은 1%에서 10~15%로 증가하고 있지 만, 3분의 2는 가족 내에 같은 병이 발생하지 않는다(Tandon et al., 2008b). 유전 위험 요인을 평가하는 연구 방법 중 하나는 부모 중 한쪽에 질환이 있는 아이가 다른 곳으로 입양된 경우 그들 중에서 질환이 생기는지를 보는 것이다. 둘째는 입양 부모 중 한쪽이 후에 조현병을 앓는 경우 그들이 입양했던 아동을 연구하는 것이다. 질환의 유전 기초를 발판 삼아, 우리가 50년에 걸쳐 알게 된 것은 질환의 위험 요인은 입양한 부모가 아닌 생물학적 부모들의 현 병력과 관련 이 있다는 것이다(Heston, 1966; Kety, Rosenthalm Wender, & Schulsinger, 1968). 이러한 연구 들은 질환에 대한 Bateson, Jackson, Haley, Weakland(1956)에 의해 제안되었던 부적절한 '이중 구속' 역동[3]과 같은 심리 설명들을 논박했다(주로는 반박했다). 이것은 중요한 일이었는데 20 세기 중반에 심리 설명들은 사랑을 주지 않는 어머니들에 의한다는 심리역동 의견에 따라 어 머니들을 비난하는 경향이 있었기 때문이다(비록 그런 일이 있더라도, 조현병을 '일으키는 것' 은 아니다).

유전 인자를 50% 공유하는 이란성 쌍둥이들은 만일 쌍둥이 중 1명이 질환을 겪으면 조현 병의 발생 위험은 10~15%가 된다. 이는 형제나 자매 중 조현병이 있을 때 그 위험이 증가하 는 것과 유사하다(Kendler et al.,1993). (유전 인자를 100% 공유하는) 일란성 쌍둥이들은 둘 중 1명이 질환을 겪으면 조현병 발생 위험이 40~50%가 된다(Sullivan, Kendler, & Neale, 2003). 여기서 우리는 유전자 발현에 대한 환경 영향의 중요성을 또다시 보게 된다. 최근 이 분야에서 떠오르는 관심사는 '도약 유전자(jumping-gene)'라고 부르는 현상이다. 이것은 DNA의 부분들 로 스스로를 복사할 수 있고 게놈 안의 새로운 장소로 스스로 삽입하거나 붙을 수 있으며, 전 체 유전자(full length gene)의 활동을 달라지게 하고 이웃 유전자를 '작동'시키는 능력을 포함하 고 있다. 이러한 이동성 유전자들은 정신질환의 취약성에 하나의 역할을 할 것이며 어떻게 일 란성 쌍둥이들이 서로 다른 성격으로 발달할 수 있는지 등을 설명해주기도 한다(Coufal et al., 2009; Gage & Muotri, 2012).

용어들의 빠른 검토는 다음 부분을 이해하는 데 도움이 될 것이다. 염색체는 우리 세포 안

---

3 이중구속 역동(double-bind dynamic)은 같은 사람이 2개의 갈등 메시지를 주는 것에서 정서적으로 고통이 되는 딜레마이다. 조현병에서는 갈등 메시지들을 엄마가 주는 사랑 하나와 거절 하나로 잘못 믿게 된다.

에 있는 DNA와 단백질의 조직된 구조이다. 유전자는 염색체에서 발견한 유전의 분자 단위이다. 그리고 대립유전자(allele)는 2개 혹은 그 이상의 유전자의 형태 중 하나이다. 현재의 생각은 조현병과 제I형 양극성장애의 위험이 있는 사람들은 특정한 취약성 유전자들과 '위험 대립유전자'를 공유할 수 있다(Owen, Craddock, & Jablensky, 2007). 유전 결합은 다 함께 유전으로 물려받은 대립유전자의 어떤 경향성이다. 그리고 일부 결합들은 조현병에 더 취약하게 만든다. 특정 염색체의 영역들은 질환을 앓는 개인들과 그들의 가족 구성원들에게 (물론 이것은 항상 "전부는 아닌 일부 그렇다") 확인되며 통계적으로 유의미하다(Craddock, O'Donovan, & Owen, 2005). 여기서 여러 전문가들의 다음과 같은 제안을 추가해야겠다. "…조현병에 대한 우리의 유전 개념화는 틀렸으며 이 모형에 결함이 있다는 것은 조현병의 유전 기초의 정확한 본성을 더 자세히 설명하는 것이 어렵다는 말이다"(Tandon et al., 2008b, p. 9). 간단히 말해서, 우리는 잘못 보고 있는 것일지 모르나, 우리가 유전학에 대해 더 탐구하고 더 이해하기 전까지는 아직 단정할 수 없다.

DISC-1 유전자는 우울증, 제I형 양극성장애, 조현병에 영향을 주는 것에(제3장과 제6장을 보라) 더하여, 다른 연구들은 (비록 단일 유전자가 조현병의 원인은 아니지만) 개별적인 유전자들의 존재와 상관관계를 도출해낸다. 아이슬란드인 연구에서는 NRG1으로 분류된 유전자가 원인임을 보여주었다 — 특히 NRG1에 인접한 위치의 대립유전자['반수체형(haplotype)'이라 부른다]와의 조합. 같은 조합이 스코틀랜드 환자들의 거대 표본에서도 발견되었다(Thompson et al., 2007). 조현병을 위해 연구 중인 두 번째 유전자는 DTNBP1이라고 부르는 것이다. 이 리간드[4] 유전자 코드는 디스트로브레빈 결합 단백질 1(dystrobrevin-binding protein 1)이라 부르며 디스바인딘(dysbindin)이라고 부르기도 한다. 디스바인딘은 뇌의 신경조직에서 발견된다. 특히 소뇌와 해마의 축삭과 말단에서 발견된다. 특정 디스바인딘 대립유전자와 조현병 사이에 강한 상관관계가 있다(Fanous et al., 2005). 이것들이 다양한 유전자 및 대립유전자 연구들 중의 몇 가지 예이다. 다시 말하지만 유전자들, 대립유전자들, 삶과 환경의 스트레스들, 그리고 유전적 '전환(switches)'(유전자 발현)의 어떤 조합이 조현병을 일으키는지 이해하는 것이 우리의 과제이다.

뇌 구조   제I형 양극성장애처럼, 뇌 구조와 네트워크의 일관적인 이상이 조현병 환자에게서 (다시 말하지만, 전부는 아니고 일부에서) 나타난다. 여러 연구들에서 뇌 이상, 신경인지적 기능장애는 조현병과 제I형 양극성장애 모두와 상관관계가 있다(Hartberg et al., 2011; Rimol et

---

4 생화학에서 리간드(ligand)는 수용체와 결합되는 분자물이다.

al., 2010). 조현병과 제I형 양극성장애 둘 다 뇌의 크기가 감소되는 것과 관계가 있다. 메타 분석에서, Ellison-Wright와 Bullmore(2010)는 여러 연구들을 요약했는데, 조현병을 겪는 사람들에서 회백질의 감소가 확인되었다. 일반적으로 전전두엽 피질은 감소되고, 뇌실은 커지고, 해마와 같은 변연계 구조는 5~10% 더 작다(Stober et al., 2009). 연구들에서 편도체와 측두엽 상회들[superior temporal gyri, 변연계 조직 일부−*gyri*는 회(*gyrus*)의 복수형이며, 대뇌피질 고랑들 사이의 이랑 부분을 가리킨다]의 감소를 발견했다. 이러한 차이 정도는 조현병의 양성증상들과 관련이 있는 반면, 중앙 측두엽의 감소는 기억장애와 관련이 있다(Antonova, Sharma, Morris, & Kimari, 2004). 추가하여, 대부분 사람들은 그들의 뇌의 반구에서 불균형을 가지는데, 더 큰 반구는 잘 쓰는 손(오른쪽 반구는 왼손잡이이고, 왼쪽 반구는 오른손잡이)과 관련이 있다. 이러한 불균형이 조현병을 겪는 사람들에게는 줄어들며 질환과 밀접한 연관이 있는 것으로 보인다. 이는 또한 앞서 언급한 취약성 유전자들과도 관련이 있을 것이다(Keshavan et al., 2008).

백질 병리　제I형 양극성장애에서와 같이, 백질(신경교세포들)의 감소는 몇몇 조현병 환자들에게 나타나고, 인지장애와 관련이 있는 것으로 나타난다. 환부에는 뇌량(corpus callosum), 대상속(cingulum), 궁상얼기(arcuate fasciculus)[5]가 포함된다(Kubicki et al., 2007). 신경수초(myelin)와 관련된 4개의 유전자들은 정상 대조군과 유의한 차이를 보였으며, 성상세포(astrocyte, 신경수초의 한 형태)와 관련한 유전자도 그러하였다(Barley, Dracheva, & Byne, 2009). 이러한 발견들은 조현병의 글루타메이트 모형과 일치한다. 이 모형은 글루타메이트 수용체(NMDA 수용체)를 차단하는 약물이 정신증 증상을 유발하고 신경인지기능을 손상시키는 것을 근거로 제안되었으며(Javitt, 2010), 이 수용체가 정신증 증상에 모종의 역할을 하는 것으로 본다. 이러한 현상은 일관적인데 글루타메이트 체제는 신경교세포 보전(glial integrity)에 핵심 역할을 하기 때문이다(Keshavan et al., 2008). 하지만 그렇다고 해서 글루타메이트 이론과 무관한 신경교세포 병리가 질환의 일차 단일 원인이 아니라고 할 수는 없다(Selemon & Rajkowska, 2003). 연구자들은 조현병 내담자들의 자녀에게서 고위험의 신경교세포 이상을 발견하였다(Francis et al., 2013).

신경발달 이론　이 모든 생리학적 이상들을 함께 두고 설명해내려는 연구 모형 중 하나가 조현병의 신경발달 모형이다. 다양한 방식으로, 질환이 유전자 발현에서 시작된 후에(Kahler et al., 2008), 불완전한 신경세포의 이동과 선별을 통해 뇌는 비정상적으로 발달한다고 추정한다

---

5 Arcuate fasciculus는 라틴어에서 온 용어로 구부러진 다발을 의미한다. 이는 뇌의 측두엽 및 두정엽 부분이 전두엽과 연결되는 축삭 다발을 가리킨다.

(이는 앞서 거론된 요인들에 의한 것으로 본다 — 회백질의 감소, 뇌실의 증대, 백질 병리 등). 이러한 이론들은 신경세포의 이동과 선별이 또한 제I형 양극성장애와 같은 다른 장애들의 바탕이 된다고 제안한다(Rapoport, Addington, Frangou, & MRC Psych, 2005). 이러한 모형들은 (아동과 청소년기 사이에 발병하는) 조발성 조현병 연구에 사용되어왔다(Kinros, Reichenberg, & Frangou, 2010). 이 장에서 논의되는 다른 모형들처럼, 조현병 내담자 다수에서 나타나는 뇌의 변화가 일관적인 특성이 있는지를 알기 위해 더 많은 확실한 연구들이 필요하다.

신경화학 요인들 이 책의 다른 곳에서도 주목한 것 같이, 우리는 화학 그 자체로 뇌를 직접적으로 측정하는 신뢰할 만한 기술을 가지고 있지 않으나, 조현병에서 신경화학의 역할에 대한 가설을 실험하기 위한 다른 방법들은 있다. 수소자기공명분광분석(MRS)은 이를 위한 비침습성 검사 중의 하나이다. MRS는 신경화학 '정점들'의 스펙트럼을 발생시킨다. MRS 장비는 마치 라디오 주파수처럼 '조율'될 수 있어서 신체의 서로 다른 화학물질 핵에 상응한다. 모든 화학물질이 이 기계에 등록되는 것은 아니다. 등록되는 화학물질은 (아세틸콜린과 같은) 콜린 포함 물질, (신진대사와 에너지와 관련 있는) 크레아틴, 포도당, 그리고 (앞서 언급된 신경수초와 연관된 화학물질인) N-아세틸 아스파르트산염이다. 비록 이것은 아직 해결되지 않은 착오율이 있는 새 기술이지만, 조현병을 가지고 있는 사람의 뇌에서 발생하는 일들을 이해하는 것뿐만 아니라 질환을 치료하기 위한 약물을 개발하는 면에서도 유망하다(Jansen, Backes, Nicolay, & Hooi, 2006; Stone & Pilowsky, 2006). N-아세틸 아스파르트산염(NAA)은 MRS와 함께 연구될 수 있고, 조현병을 가진 사람들의 여러 뇌 영역에서 감소가 나타난다(Abbott & Bustillo, 2006). 이러한 NAA 감소는 조현병에 유전적으로 취약한 사람과 관련이 있다(이러한 점은 기분장애에서도 보인다). 아마도 더 중요한 것으로, MRS 연구들은 조현병 초기 단계에서 신경세포와 세포막 보전의 손상을 지목한다(Keshavan et al., 2008).

도파민 20세기 중반 이후로, 도파민(DA)은 조현병에 영향을 주고 있다. 체내에서 진행되는 양전자방사단층촬영(SPECT) 스캔과 단일광자방출단층촬영 스캔은 조현병의 특정 신경전달물질의 역할을 이해하는 데 시도된다. 10년 동안 조현병의 도파민(DA) 이론은 현장에서 가장 두드러졌다. 그러나 그것에 대한 직접적인 증거는 거의 없으며 간접적인 증거는 항정신병 약물치료의 반응에 의한 것인데, 도파민 억제제 약물에 따른 보상 작용으로 도파민 생산이 촉진되기도 한다(Davis, Kahn, Ko, & Davidson, 1991). 비록 도파민 가설이 양성증상들을 어느 정도 설명한다고 해도(간접적으로, 암페타민 같은 도파민 항진제로 증상이 나타난다), 인지적 결함이나 음성증상들을 설명해내지 못한다. 이러한 것들은 중피질(mesocortical)의 도파민 체제에서 도파민 기능 저하에 따른 것이라는 가설이 있다(Davis et al., 1991). 비록 조현병에서 도파민의 역할을 정확하게 아는 것은 좀 더 연구를 해야 하지만, 치료 부분에서 나오는 대로 정신병적 증상들을 감소시키는 모든 약물들은 도파민 수용체와 어떻게든 결합된다.

글루타메이트 지적한 바와 같이, 일부 연구자들은 글루타메이트의 감소가 조현병의 단일 원인 혹은 표지일 것이라고 추정한다. 조현병 환자의 척수액에서 글루타메이트의 감소는 이 가설의 기초가 된다. 그러나 이 소견은 다시 검증이 되지는 않았다(Keshavan et al., 2008). 역시 주목해봐야 할 것은 글루타메이트 수용체들, 특히 NMDA 수용체들의 차단은 정신병적 증상들을 감소시킬 수 있다. 그러나 도파민의 경우와 함께 이것은 간접적인 증거이다. 위에서 지적한 바와 같이, 글루타메이트는 신경교세포 보전에 기능하는데, 그 과정에서 조현병에 영향을 줄 수 있다.

감마 아미노 부티르산(GABA) 조현병으로 진단된 사람의 부검에서는 일관되게 전전두엽 피질에서 GABA의 감소를 보여준다. 이는 GABA를 합성하는 리간드를 측정하여 확인한다(Lewis, Hashimoto, & Volk, 2005). GABA 수용체들은 상향조절(upregulated)될 수 있다. 이는 낮은 GABA 수치에 대한 보상 작용으로 이해된다(Jarskog, Miyamoto, & Lieberman, 2007; Keshavan et al., 2008).

생리 요인들에 관한 결론과 향후 과제 조현병에 관한 최근의 견해를 요약하자면, 생리 근본이 (이 장 뒷부분에서 다루는) 정신, 문화, 사회 요인에 의해 촉발되는 질환으로 본다. 연구자는 이전에 여러 가지 상황에서 논의된 모든 이러한 요인들을 결국 다 하나의 공식으로 연결시켜서 우리가 생물학적 표지를 확인하고, 내부표현형을 만들어 좀 더 효과적인 치료를 하게 될 것이다. 양극성장애 장에서 지적한 바와 같이, 정신건강 의사들은 조현병의 난제를 푸는 면에서 연구자들이 어디서 무엇을 찾아야 할지에 대한 일반적인 이해와 윤리적으로 연결되어 있다.

최근 두 가지 매력적인 연구 방향은 증상의 병인론과 치료의 이해 모두에 근접할 수 있도록 우리를 인도한다. 첫 번째는 '배지 속의 질병(disease-in-a-dish)'이라고 부른다. 그것의 좀 더 기술적인 이름은 세포 편성과 재편성 기술(CPART)이다. 이 기술은 만일 세포가 배지/배양에서 자랄 수 있다면 세포 결핍이 측정될 수 있을 것이라는 가정에 기초한다. 이 생각은 즉 만일 유전자들이나 세포들 중 어떤 것이 병과 관련되어 있다면, 우리는 세포 단위에서 이러한 차이들의 표현형 발현을 관찰할 수 있을 것이다(Marchetto & Gage, 2012). 이를 성취하기 위해, 조현병으로 진단된 내담자들의 결합조직세포(섬유아세포)를 피부세포에서 얻어낸다. 이러한 세포들은 성체줄기세포로 변하고 신경세포로 자란다.[6] 배양된 신경세포는 연구자들이 관찰하여

---

6 매력적이긴 하나, 이에 대한 정교한 기술적 설명은 생략되었는데 Brennand 등(2011)의 글에서 살펴볼 수 있다.

평범한 세포와의 차이를 비교한다. 조현병을 가진 사람들로부터 배양된 세포들은 신경세포의 연결성이 유의하게 감소되었으며 결함이 거의 600개의 유전자와 연결되는데, 이는 과거 알고 있었던 것보다 4배나 많다(하지만 우리는 '정크' DNA가 유전자 발현에 관련된 수백 개의 전환을 일으킴을 기억해야 한다)(Brennand et al., 2011). 명백하게 이 기술은 조현병과 관련 있는 세포의 결함에 관련된 유전자들을 따로 떼어낼 가능성이 있다. 우리가 이러한 결함들을 반전하기 위한 방법을 찾을 수 있다면, 우리는 병을 더 효과적으로 치료하는 데에 한 걸음 더 나아가게 될 것이다.

돌파구가 되는 두 번째 기술은 광학유전학(optogenetics)이라고 부른다. 우리의 세포들은 각각 같은 유전자들을 가진다. 그러나 서로 다른 세포 발현을 만드는 것은 유전자의 각 영역을 켜고 끄는 조합에 의한다. 예를 들면 신경세포들이 도파민을 분비하려면, 도파민을 만들고 담는 특정 효소들이 필요하다. 단백질 성분으로 코드화된 유전자는 도파민 생산 세포에서 이러한 작업을 켜고 다른 형태의 세포들은 끈다. 이 이론에 의하면, 만일 도파민을 만들었던 유전자가 염료착색(colored dye)을 위해 코드화된 유전자와 연결되면, 그리고 이것들이 동물 세포에서 기능하기 위해 유전적으로 조작되면, 동물은 도파민 세포들에서 단지 착색제(dye)만 생산하게 될 것이다. 따라서 만일 착색제를 추적해서 찾아낼 수 있다면, 이 작업에서 도파민 세포를 볼 수 있을 것이다(Miesenbock, 2008). 40년 전에 생물학자들은 가시광선에 반응하여 그들의 전류 흐름을 조절하는 단백질을 생산하는 미생물을 알게 되었다. 이러한 단백질의 생산은 '옵신(opsin)' 유전자들에 의해 만들어진다. 옵신은 미생물의 환경으로부터 에너지와 정보를 추출한다. 이들 중 하나인 박테리오로돕신(bacteriorhodopsin)은 초록불에 의해 짧게 활동할 수 있다. 과학자들은 양성 바이러스 유전자들 중에서 빛에 민감한 단백질 유전자를 양성 바이러스의 유전자에 넣고 실험 동물 세포에 유전 물질을 주입하기 위해 유전자를 잘라내는 방법을 생각해냈다. 빛의 파장만으로, '감염된' 세포는 발화 패턴에 관해 1000분의 1초의 정확성으로 통제된다(Deisseroth, 2011).

이러한 결과, 연구자들은 탈출 반사에 관여하는 파리의 뇌세포에 빛에 민감한 착색 단백질을 '감염'시킬 수 있게 되었다(이 반사는 파리의 뇌에서 15만 개의 세포 중 오직 2개에만 있다). 착색 단백질을 활발하게 하는 빛을 사용하여, 탈출을 위한 세포가 꾸준히 발화되며, 이로써 이 과정 속의 모든 파리들이 날게 된다. 벌레들과 쥐들을 사용한 유사한 연구들은 동등하게 성공적이었다. 만일 우리가 정신질환의 증상을 일으키는 회로를 제어하는 신경세포를 알아낼 수 있다면, 이론적으로는 우리가 빛에 민감한 착색물을 생산하는 신경세포를 얻고 두개골 내부에 광선장치를 달아서 원격조정기로 빛을 조절해 신경세포를 조정하고 이로써 나타나는 증상을 멈추게 하는 유전자 치료를 사용할 수 있게 되는 것이다. 비록 이것이 터무니없는 것처럼 보이지만, 우리는 세기의 전환기에 누구도 꿈꿔본 적 없는 그러한 가능성에 더 가까이 있다 (Miesenbock, 2008). 희망적으로, 이번 장은 여러분에게 그러한 기대를 안겨주었다. 이제 우리는 병이 정신, 문화, 사회적으로 연관이 있다는 것을 살펴보겠다. 마지막으로, 우리는 치료에 대해 논의할 것이다.

내부-개인(좌상) 관점 : 심리 요인

최근 우리는 조현병의 심리 측면 '원인들'에 대해서는 생각하지 않는다. 20세기 중반에는 조현병에 대한 심리 병인론이 많이 제안되었었다. 예를 들면, Bateson 등(1956)은 앞서 말했듯이, 이중구속 이론을 제안했다. 다시 말하자면, 이중구속은 2개 혹은 그 이상의 모순되는 메시지들을 받은 결과로 정서적 고통이 발생하는데, 이로 인해 남에게 적절하게 반응하는 것이 망가진다. 비록 정신적인 고통을 줄지라도, 이는 조현병의 '원인'은 아니다. Jaspers(1959)는 조현병 임상 사례에 실존주의 해석을 하였는데, (비록 실존주의 주제들이 기존 증상들을 악화시킬 수 있으나) 이것은 동료 평가 연구에서 조현병의 병인론에 대한 연구로 지지되지 못했다. 우리가 고려해야 하는 것은 유발 인자, 위험 요인, 치료 유형으로서의 심리 요인들이다(Abramson, 2010; Dickerson & Lehman, 2011; Tarrier, 2010). 병인론과 함께, 심리 위험 요인들도 역시 난제이다. 우리는 재발과 관련된 심리 요인들을 알지만, 질환이 생기는 데 기여하는 위험 요인들에 대해서는 아는 것이 거의 없다(Klostekotter, Schultze-Lutter, Bechdolf, & Ruhrmann, 2011). 이러한 상황에도 불구하고, 조기 치료가 여전히 목표이며, 관여된 심리 위험 요인들을 규명하는 것이 중요시된다(Addington, 2007). 생태역학(eco-epidemiology) 모형과 같은 통합 모형을 통해 여러 요인들이 규명되고 있으며, 우리가 이 책에서 사용한 통합 모형과 흡사하게 생애 전반에 걸친 유전, 후성설, 개인, 가족, 지역사회, 그리고 사회 영역을 검토한다(Kirkbride & Jones, 2011).

추가하여, 조현병이 생기는 일인칭 시점의 심리 경험이 있다. 심리 경험은 신경학적 상관관계를 찾으려는 연구 중에 가장 많은 것이다. 예를 들면, 목표 설정과 동기와 관련된 문제들은 전측대상회(anterior cingulate)와 안와 기능(orbital function)에서 질환과 상관관계를 가지고 있다(Barch & Dowd, 2010). 정서 반응에서의 결함은 정서와 관련된 신경조직 영역들과 상관관계가 있다(Kring & Moran, 2008). 자기 검토를 못하는 문제들은 뇌 처리 기능의 통합 이상과 관련되어 보인다(Stephan, Friston, & Frith, 2009). 심지어 기질과 성격의 차이도 (TCI에서의 위험회피와 연대감) 조현병의 기저가 되는 것으로 추측하는 유전 요인 또는 신경학적 질병 과정에 의한 것으로 본다(Silberschmidt & sponheim, 2007; Smith, Cloninget, Harms, & Csernansky, 2008).

조현병을 겪는 사람들은 그들의 잃어버린 정체성과 자기의 '텅 빈(empty)' 경험을 말한다 (Lysaker, Buck, & Hammond, 2007). 이론에 의해 자기 경험들을 여섯 가지로 분류한 비교연구에서 일반적으로 동의가 된 것은, 조현병을 겪는 많은 사람들은 (그들이 병전후의 자신을 비교했을 때) 자신이 감소되었음(충분히 세상에 관여되어 있지 못하다고 여김)을 경험하며 이로 인해 일상생활을 마주하는 불안이 커진다(Lysaker & Lysaker, 2008)는 것이다. 이것은 조현병을 겪는 사람들의 사회인지에 크게 영향을 준다(Green et al., 2008). 사회인지는 다른 사람의 의도를 해석하고 반응을 일으키는 것과 같은 사회적 상호작용을 기초로 하는 정신개념으로 생각할 수 있다(이러한 기술들의 일부는 흔히 '정서 지능'으로 언급된다). 이 영역 연구자들은 이러한 내담자들이 다른 사람들의 부정적인 신호들을 더 예민하게 지각하고, 그러한 신호들의 영향을 과장하여 받아들이며, 자신의 능력이나 타인에 대한 신뢰가 감소한다고 말한다(Hooker et al., 2011). 조현병 내담자들은 (대조군과 비교했을 때) 집의 환경, 동기와 우울과 같은 영역에서 좀 더 스트레스가 증가한다(Betensky et al., 2008). 시상하부-뇌하수체-부신(HPA) 축은 스트레스의 핵심 매개자이며 정신질환 악화에 어떤 역할을 하는지 조사 중이다 (Stahl & Wise, 2008). 치료 단원에서 논의될 것인데, 병식(insight)은 결정적으로 중요하고 약물복용(Cheng-Fang et al., 2005) 그리고 삶의 질(Cheng-Fang et al., 2008)과 관계있다.

조현병을 겪는 사람들은 건강한 대조군보다 인지 과제를 1.5~2 표준편차 낮게 수행한다 (Keefe & Fenton, 2010). 그리고 제I형 양극성장애를 겪는 사람들보다 0.5 표준편차 더 큰 인지 손상이 있다(Krabbendam, Arts, Van Os, & Aleman, 2005). 비록 인지 문제들은 DSM에서 조현병의 현상으로 언급되지만, 인지기능장애(이전에는 '사고장애')는 진단 기준에 나열되지 않았다. 조현병을 겪는 사람들은 수행 기억, 정신운동 속도, 실행 기능, 사회인지, 그리고 언어학습 영역에서 인지적인 손상이 있다(Tandon et al., 2010). 이 질환을 가지고 있는 대부분의 사람들은 인지적 결함을 보여준다. 그리고 조현병으로 발전하게 되는 아동들은 건강한 또래보다 더 낮은 인지 기준선에서 시작한다(Cannon et al., 2002). 인지 기능이 개인의 자아감에 얼마나 필수적인지 고려해보면, (조현병과 알츠하이머 유형의 치매 같이) 인지 기능의 결함을 초래하는 질환들은 자아감에도 영향을 줄 것으로 예상한다. 게다가 조현병을 가진 사람들은 메타 인지 역량(metacognitive capacity, 생각에 대해 생각하는 능력) 결함을 겪는다. 이러한 결함들은 정신사회 기능과 과업 수행을 손상시킨다(Lysaker et al., 2010).

하부 사분획 관점 : 병인론과 관련된 문화와 사회 논점들

도시 환경과 이민자 신분   조현병과 관련 있는 심리 요인을 검사하는 것처럼, 우리는 질환을 일으키는 것보다는, 질환의 표출을 촉발하는 문화와 사회 논점들을 일차적으로 살펴볼 것이다. 이 장의 초반부에서 주목되었듯이, 조현병이 도시 지역에서 발병률이 더 높다고 꾸준히 발견되어왔다(지난 70년간)(예 : Farris & Dunham, 1939; Kelly et al., 2010; Tandon et al., 2008). 조현병에 대한 위험성은 도시에서 태어나고 성장했을 때 증가한다. 특히 남성이 그렇다. 그리고 이러한 경향은 실제로 최근 집단에서 증가하고 있다(Krabbendam & van Os, 2005). 이러한 관련성은 대부분의 문화에서 발견되나, 예외인 경우는 일본과(Ohta, Nakane, Nisihara, & Takemoto, 1992) 대만이다(Chien et al., 2004). 이민자 신분 역시 조현병의 위험성을 높이며 도시성 연구의 통계치와 중복될 수 있다(즉 이민자들은 종종 도시에 정착하고, 그래서 이민자 신분이 도시 생활에 혼란을 줄 수 있다).

이러한 상관관계 이론 중 한 가지는 도시 생활의 스트레스 요인들이 조현병의 유전 취약성을 더 악화시킬 것이라고 보는 경우이다. 개인 수준에서, Byrne, Agerbo, Eaton, Mortensen (2004)은 사회경제 요인들이 이것을 설명할 수 있음을 발견했다. 왜냐하면 더 낮은 사회경제 수준의 생활 상태는 도시 지역에서 상대적으로 더 많으며, 이는 도시 생활 자체를 부족하게 하고, 그래서 사회경제수준을 더 낮추고, 이는 취약성을 촉발하는 요인이다. 집단 수준에서, 이민자 신분의 사람들은 조현병을 진단받을 가능성이 더 높다고 이미 언급했었다. 이러한 종류의 도시 요인들은 HPA축에 지나치게 스트레스가 될 것이고, 이 축은 조현병과 연결을 증가시킨다(Cotter & Pariante, 2002).

이민자와 조현병의 관계에 대한 연구들은 수십 년에 걸쳐 계속되고 있다. 이는 통합 모형의 관점에서 점점 더 주목할 만하다. 조현병의 병인론이 특성상 생리학적임을 동의함에도 불구하고, 도시성이나 이민자 신분 그리고 이것들과 함께 하는 스트레스 요인들이 취약성을 가진 이들에게서 질환을 촉발시킬 수 있다(Bourque, van der Ven, Fusar-Poli, & Malla, 2012). 낮

장애 자체에 대한 스트레스(t) 정서 결핍(t) 공허함(t) 낮은 삶의 질(t)	유전 취약성(e) 후보 유전자 NRG1, DTNBP1 편도체의 크기 감소(e) 전전두엽 피질 크기 차이(e) 뇌실 확대(e) 해마 크기 감소(e) 측두엽 상회 감소(e) 백질 병리(e) 신경세포의 이동/선별의 문제(e) 신경화학 요인(e)
빈약한 사회인지의 효과 사회 고립	도시 환경에서의 생활 사회 체계상 이민자 신분

그림 7.1 조현병에 대한 병인론 요인들과 심리, 문화, 사회 촉발 요인들

은 사회적 지위에, 밀집된 지역 그리고 높은 범죄율을 가진 지역에서 불우한 민족/소수자 위치로서 살아가는 것은 취약성을 가진 이들에게서 정신병적 장애를 촉발하거나 악화시킬 수 있다(Veiling & Susser, 2011). 치료를 논하기 전에, 우리는 증상들을 일으키거나 악화시킬 수 있는 병인론과 스트레스 요인들과 관련된 요인들을 요약하기 위해 우리의 사분획 모형을 사용하였다. 분명히 하기 위해, 우리는 각각의 변수들에서 병인론에는 'e'를, 촉발 인자에는 't'를 표기하였다. 병인론 이론들은 우상 분획에 기록한 요인들/이상들의 조합이다. 〈그림 7.1〉을 보라.

조현병의 치료

조현병의 치료는 생리/약리, 심리치료 그리고 지역사회 요법이 있다. 게다가 일부 작업은 위험 유전자들을 확인하고 이들의 발현을 못하게 하는 방법을 보여준다. 다시 말하면, 가장 최상의 결과는 진정한 통합이다. 비록 약물치료 요법이 지금의 치료 중심에 있지만, 다른 치료들과 함께 할 때 더 높은 치료 효과를 갖는다.

유전과 후성설 전략

이러한 치료법들은 여전히 발전 단계에 있음에도 불구하고, 이들이 조현병의 발생에 적어도 하나 이상의 중요한 요인을 밝혀낼 가능성 때문에 흥미를 끈다. 앞의 말을 반복하자면 쌍둥이의 한쪽이 조현병일 경우, 다른 한쪽도 조현병이 생길 위험성은 1~50%로 증가하지만, 여전히 100%에는 훨씬 못 미친다. 하나의 가설로 질병에 영향 없는 쌍둥이는 다른 쌍둥이에서는 발현된 어떤 유전적 양상이 후성적으로 무마된 이득을 얻었다고 할 수 있다. 어떤 형태의 조현병은 글루타메이트와 GABA의 유전 발현에 유전 그리고 환경/경험 변화가 나타나서 생긴 것으로 보인다. 그 이론은 히스톤 메틸(histone methyl)[7]과 히스톤 메틸화(histone methylation)의 결핍이 유전자 발현의 중요한 영역이라고 말한다(Connor & Akbarian, 2008). 이들 사례에서 유전자 치료는 추정되는 히스톤 메틸의 결핍을 교정하는 것이 되어야 한다(Stahl, 2010).

다른 요법들이 연구되고 있으며 이 중에는 히스톤 탈아테실화 효소(histone deacetylases)라고 부르는 일군의 효소들을 억제함으로써 '유용한' 유전 인자를 규명하고 발현시키는 것도 있다. 이 효소들은 히스톤의 아미노산에서 아세틸군을 제거하는 효소군이다. 이들이 중요한 이유는 히스톤이 DNA를 주변에서 감싸고 있고 DNA 발현은 아세틸화와 탈아세틸화(아세틸군의 부

---

7 히스톤은 eukaryotic cells에서 발견되는 단백질이며 DNA를 구조적 단위들로 묶어서 주문한다. 히스톤 메틸화는 히스톤 자체에서 메틸군이 추가됨으로써 아미노산의 변형이 일어나는 것이다. A-메틸군은 수소와 탄소를 구성하는 화합물이다.

착 혹은 탈착)로 조절되기 때문이다. 유전자의 활성화는 아세틸화(그리고 탈메틸화)가 포함되며, 유전 인자의 비활성화는 탈아세틸화(그리고 메틸화)가 포함된다. 지금까지 언급한 것들이 연구자들이 기대하는 방식대로 실제로 유전자 단계에서 간섭을 일으키면 유전적으로 취약한 개인에게 조현병이 생겨날 가능성이 줄어들 것이다(Nestler, 2009).

조현병을 유전자 단계에서 다루는 마지막 의견으로 신경세포들에서 결핍된 혹은 원하지 않는 단백질들을 규명하고 그들의 발현과 관련된 RNA를 간섭하는 것이다(Martinez, 2010). (신경세포를 포함하여) 모든 세포들은 바이러스와 기타 침입 인자들의 공격에 대한 방어 체계를 가지고 있으며 이는 RNA 간섭(interference, RNAi)이라고 부르는 과정에 의한 것이다. 만약 원하지 않는 유전 인자가 RNA를 공격할 때 과학자들이 이 방어 체계를 '써먹을 수(hijack)' 있게만 한다면, 우리는 이론적으로 결함이 있는 유전 인자의 발현을 막을 수 있게 되는 것이다. 물론 이것은 우리가 조현병과 관련된 다양한 내부표현형을 포함하는 유전자를 정확하게 한정할 수 있다는 전제가 있어야 한다(Stahl, 2010).

생리/약리 전략

과학자들이 조현병에 속한 유전 미스터리를 해결하려고 분투하는 동안, 내담자들은 여전히 치료를 요하며 질병에 의한 고통을 받는다. 그리고 오늘날의 치료는 약물치료 위주이며 50년 전 우리가 기대하던 치료와는 많이 달라졌다. 일반적으로, 항정신병 약물은 두 부류로 묘사한다 — 전형(typical)과 비전형(atypical). 전형 항정신병 약은 도파민-2(D2) 수용체를 차단하여 효과를 나타낸다. 그들은 '깔끔하지 않은' 약물, 즉 다른 신경전달물질 체계의 수용체를 같이 차단하여, 지발성 운동장애(뒤늦게 발현되는 이상 움직임) 같은 추체외로 증상, 정위불능증(가만히 있기 어려움), 급성 근위축 반응(머리, 목, 몸통에 나타나는 심한 틱), 성기능부전을 유발하는 프로락틴 수치 증가 등을 포함한 여러 부작용을 유발하였다. 전형 항정신병 약에는 몇 가지 소분류가 있지만 가장 일반적인 것으로 할돌/halopeidol과 쏘라진/chlorpromazine이 있다.[8] 이러한 화합물이 50여 개 가까이 되며, 시행착오가 있어서 어떤 내담자들이 어느 약에 반응을 보일지 알 길이 없다(Tandon et al., 2010).

1980년대에, 우리는 '비전형' 항정신병 약으로 분류되는 12개의 새로운 화합물을 접하게 된다. 이들 중 첫 번째인 클로자릴/clozapine은 1960년대 말에 개발되었으나 치명적인 부작용 때문에 시판되지는 못하였다.[9] 이 부작용이 초기 혈청 검사로 감지될 수 있어서 그제야 시판되

---

[8] 이 약물들의 개발 과정에 대해서는 Helay, D.(2004) *The creation of psychopharmacology*. Cambridge, MA: Harvard University Press를 보라.

[9] 이 부작용은 무과립구증(agranulocytosis)인데, 백혈구 수치가 급속히 저하되는 현상이며, 내담자가 감염에

었다. 이 약은 D2 수용체를 차단하는 정형 약들과는 매우 다르게 작용하고 또한 세로토닌(5-HT)을 강하게 차단한다. 초기 검사와 최종 메타 분석은 클로자핀이 할돌(정형 항정신병 약의 대표 격이라서 흔히 대조군으로 사용되는 약물)보다 효과가 좋다는 것을 지지하고 있으며 특히 치료 저항성 내담자들에게 그러하였다(Leucht et al., 2009). 이들의 시판 이후로, 연구가 쏟아져나왔다 — 일부는 확실히 지지하기를 비전형 항정신병 약물이 정형 약물보다 더 효과 있다고 한 반면, 다른 연구들은 그러한 주장에 의문을 제기하였다. 20년의 연구들과 메타 분석들이 있은 후, 이제 일부 비전형 약물들은 확실히 할돌보다 나은 것으로 보이며, 여기에는 클로자핀, 자이프렉사/olanzapine, 아빌리파이/amisulpride와 리스페달/risperidone이 포함된다(Leucht et al., 2009). 하지만 이들의 효능은 여전히 D2 수용체와 결합하는 정도를 중심으로 한다. 5-HT 수용체를 강력히 차단하는 것은 양성증상을 낮춘다고 생각되는데, 이는 5-HT 억제제가 LSD-25와 같은 세로토닌 환각제의 인지 및 지각 영향을 완화시키는 것과 같은 방식이라고 하겠다(Singh, 2005).

앞서 언급한 대로, 20세기 중반부터 1985년 정도까지, 도파민이 조현병을 이해하는 열쇠를 쥐고 있다고 대부분 믿어왔다. 하지만 조현병의 이해는 이러한 초기 발상과는 거리가 너무 먼 보다 복잡한 것으로 증명되었다. D2 수용체를 차단하는 약물(DA 억제제)을 사용한 내담자의 전부는 아니나 일부에서 조현병의 양성증상들이 감소하는 것이 사실인데, 이러한 수용체들에 다양한 작용을 나타내는 약물, 즉 수용체의 친화도에 근거한 (자이프렉사/olanzapine와 같은 몇몇 새로운 비전형) 약물 그리고 수용체에 대한 작용이 용량에 따라 변하는 약물(아빌리파이/amisulpride)도 있다. amisulpride는 선조(striatal)회로들보다 변연계에 더 결합하는 것으로 보이며, 그래서 추체외로 부작용이 적은 것 같다. 아미설프라이드는 도파민 부분항진제(DPA)인데, 이는 용량에 따라서 이 약물이 '조용한(silent)' 억제제로 또는 항진제로 작용할 수 있다는 것을 의미한다(Kim, Maneen, & Stahl, 2009). DA의 강한 활성이 있을 때, DPAs는 DA-G 단백질 이차 정보 전달자 체계의 신호 변환을 감소시킨다. 반대로 어떤 방식으로 도파민 활성이 떨어졌을 때, DPAs는 신호 변환을 증가시킨다(Mckeage & Plosker, 2004). 신호 변환의 특성은 1970년대에 밝혀졌다. 여기에는 두 단계의 과정이 있다. 첫째, (약물과 같은) 세포 밖에 있는 분자물이 세포 표면에 있는 수용체에 작용한다. 둘째, 이차 정보 전달자(second messenger)가 (주로 G 단백질)[10] 세포 내에서 신호를 전달하여, 반응을 만들어낸다. 각각의 단계에서 신호는

취약하게 된다. 이 문제는 내담자의 백혈구 수치를 모니터하면 막을 수 있으므로, 1980년대에 클로자릴이 시판될 수 있었다.

10 G 단백질은 구아닌 뉴클레오티드 결합 단백질이며 세포 외의 신호를 세포 안으로 전달하는 것을 돕는다. 이들은 분자 전환(molecular switch)으로서의 기능을 하여 진전된 신호의 연쇄 고리를 활성화시킬 수 있고 이

존재하는 다른 리간드들(ligands, 예 : 도파민)에 의해 축소되거나 증폭될 수 있다. 그러므로 하나의 분자물(혹은 약물)이 여러 반응들을 야기할 수 있다(Reese & Campbell, 2002).

　항정신병 약물들이 내담자에게 작용하면, 약물들은 약을 사용한 지 며칠이나 몇 주 사이 어느 즈음에 양성증상들을 감소시킬 것이다. 이 약물들은 양성증상들과 연결되어 있는 음성증상들 또한 낮출 수 있지만 추체외로 부작용에 뿌리를 두어 음성증상들을 악화시킬 수도 있다(Stahl & Buckley, 2007). 더욱이, 항정신병 약물은 원발성(primary) 음성증상들에 드러낼 만한 효능을 보이지 않았으며 추체외로 부작용과 연관된 '신경이완제 불쾌감(neuroleptic dysphoria)'[11]을 유발시킬 수 있다. 항정신병 약물들 간에는 인지 기능의 효과에 관해 어떤 중요한 차이점도 나타나지 않아 보인다. 항정신병 약물은 자살의 감소와 상관관계를 보이는데, 클로자릴/clozapine이 가장 강한 효과를 보인다(Tandon et al., 2010). 이러한 화합물 치료는 처방하는 전문가와 좋은 관계를 필요로 하는데 왜냐하면 어떤 화합물에 반응을 할지 도무지 예상할 수가 없기 때문이다. 더욱이, 어떤 내담자에게서 아무 반응이 없는 화합물이 다른 경우에서는 잘 반응하기도 하여, 조현병이 원래 서로 다른 심리적 요인이 병의 근원으로 작용하는 다형질의 질환군이라는 관점에 무게를 실어주기도 한다.

　전기경련치료(ECT)와 반복적 경두개자기장자극(rTMS)이 조현병 치료로 사용되어왔으나 결과는 다양하다는 점을 짚고 넘어가야겠다. ECT는 항정신병 약물의 효과를 강화시킬 수 있고 일부 사례에서 약의 반응 시점을 빠르게 했다. 이 치료는 긴장증(catatonic) 환자를 치료하는 데에 또한 유용하기도 했다. 하지만 전반적으로 이는 조현병의 일차 치료라 할 수는 없다. rTMS는 아마도 조현병의 음성증상들을 치료하는 데 유용해보이나 결론을 도출하려면 보다 많은 연구가 필요하다(Blumberger, Fitzgerald, Mulsant, & Daskalakis, 2010).

조현병의 심리사회 치료들

조현병에 의한 어려움을 상상하기는 어렵다. 병이 있는 개인과 그의 가족들 모두 그렇다. 이러한 이유로, 많은 내담자들과 가족 구성원이 질병을 관리함에 있어서 그들을 지지하는 서로 다른 형태의 심리치료를 받는다. 치료의 효과에 대한 결과는 비일관되고, 많은 사례에서 무엇이 정말로 특정 사례에 도움이 되었는지를 판단하기가 어렵다. 상기한 대로 약물치료 단독은 음성증상, 사회 기능, 인지 결함, 그리고 삶의 질의 호전에 있어서 매우 제한적이므로 치료는 종종 약물치료에 추가하여 시도하는 것이 중요하다(Dickerson & Lehman, 2011 ; Tandon et al.,

---

로써 이온 채널과 전달체 같은 세포 기능을 변화시킬 수 있다.
11 약물에 의해 생겨난 우울 기분.

2010). 치료의 핵심 요인으로는 질환에 대한 병식을 발전시키고 삶의 질을 증진시키는 것이 있다.

병식은 약물 적응(Cheun-Fang et al., 2005), 삶의 질(Cheun-Fang et al., 2008) 모두에서 상관관계를 보였다. 내담자와 그의 가족에게 질병의 정보를 제공하면서 정신건강교육 요법이 시작된다. 메타 분석은 이러한 요법이 과도한 감정을 가라앉히고 가족들의 부정적인 강한 감정 표현도 낮추게 되어 입원이 필요한 정도의 재발 또한 낮출 수 있음을 시사하였다(Giron, Fermandex-Yamez, Mana-Alvarenga, Molina-Habas, & Nolasco, 2010). 여기서 이러한 요법은 재발과 관련된 스트레스 요인을 낮추는 것으로 봐야 할 것이다. 제공될 수 있는 여러 가족 정신건강교육 방식들이 있는데, 가족 성원을 포함한 요법은 조현병 내담자만 두고 하는 요법보다 더 효과적인 것으로 언급되어왔다(Lincoln, Wilhelm, & Nestoriuc, 2007). 질병에 대한 정확한 정보가 제공되어야 한다는 점을 상기하는 것이 중요하다. 물론 그것이 이 책의 본래 목적이다. 질환들에 대한 가능한 최신의 분석을 제공하여 임상가들이 내담자와 가족들이 이해할 수 있는 방식으로 다양한 요소들을 논의하게 하는 것 말이다. 조현병 내담자를 둔 가족을 위한 최첨단 기법의 상담 중 하나가 유전 상담이다. 조현병 내담자의 유전 요인들에 대한 이해가 늘어나면서, 사람들은 그들이 질병을 가진 이와 연관되어 있다면, 자식들에게는 어떤 위험이 있는지 알고 싶을 것이다. 유전 상담사들은 이러한 주제들로 고민하고 있는 사람들과 함께 일하도록 훈련받으며 정신질환과 연관된 유전 상담을 새롭게 떠오르는 영역으로 본다(Monaco, Conway, Valverde, & Austin, 2009). 현재 상당수의 조현병 내담자와 그 가족이 유전 상담으로 이득이 있을 것이라고 말하고 있지만 막상 이 상담을 받은 사람은 매우 소수이다(Lyus, 2007). 브리티시컬럼비아주에서 유전 상담 의뢰에 대한 연구를 해온 한 그룹은 1968년에서 2007년 사이에 단 288건만 의뢰가 되었다고 보고하였다(Hunter, Hippman, Honer, & Austin, 2009). 이러한 문제에는 심한 정신질환에 대한 낙인(stigma)이 작용할 것이다. Feret, Conway, 그리고 Austin (2011)은 연구된 유전 상담사들에게서 조현병 내담자들에 대한 일부 부정적인 태도를 발견하였다. 연구자들은 이러한 점이 상담사-내담자 관계를 방해하였을 것이라고 결론지었다.

이러한 점들은 Clark(2007)이 '게놈 역량(genomic competence)'이라고 부른 단계를 비의료 정신건강 전문가들이 점점 더 필요로 하고 있음을 의미한다. 이러한 역량에는 게놈의 지식, 내담자와 가족들에게 합당한 논점과 자원들의 규명, 의뢰 절차, 그리고 교육과 지원 규정이 포함되어야 할 것이다(Clark, 2007). 조현병 및 관련 질환의 유전 경향을 밝혀내는 연구가 있는데 부모 중 하나가 이러한 질환을 잃는 사람들(1~7%의 위험성)과 부모 둘이 모두 이 질환을 앓는 사람들(1~39%의 위험성)이 대비된다(Gottesman, Laursen, Bertelsen, & Montenson, 2010). 비록 유전 상담사들이 임신과 삶의 양식에 대한 사람들의 결정에 도움을 줄 수 있지만, (앞서 말한 대로) 아직은 조현병에 대한 직접적인 유전 검사가 없다. 연구가 계속된다면, 우리는 검색 가능한 유전자 후보를 규명하게 될 것이다. 현재 조현병 내담자 중 1~2%에서 22q11 결핍증후군(혹은 DiGeorge 증후군)이라고 부르는 미묘한 염색체 이상이 보인다(Rideout et al., 2009). 비록 이 유전자 이상을 확인하는 검사가 조현병의 일차 선별 검사로 권장되는 것은 아니지만 관련 질환(예 : 내분비 질환)의 선별을 위해 사용될 때 조현병의 위험 인자로 참고할 수 있을 것이다.

일반적으로, 조현병 내담자에게 심리치료가 정말 이득이 되는지에 대한 논쟁이 매우 많다. 한쪽에서는 이 질환 자체가 내담자의 정체성, 조직, 그리고 개인의 가치를 산산조각 내고(Lysaker, Buck, & Hammoud, 2007) 다른 한쪽에서는 조현병 내담자를 괴롭히는 인지 결핍이 보다 전통적인 방식의 치료에서 얻을 수 있는 이득을 축소한다. 이 말은, 유용한 치료 요법들이 여전히 세워질 수 있다는 것이다. 약물치료를 최고용량으로 써도 여전히 증상에 시달리는 내담자들을 위한 인지행동치료(CBT)의 효과성에 대해 여러 종설들이 나와 있다. CBT는 망상과 환각들을 자기 관찰의 결핍에 의해 나타난 잘못된 해석과 비논리적 귀인(irrational attributions)이라고 본다(Tandon et al., 2010). 이상적으로, CBT는 내담자 자신이 만든 결론에 문제를 제기하도록 돕는다. 그런데 조현병 내담자들 다수가 인지 결핍을 나타내므로, 과연 얼마나 효과적인지 그리고 각각의 사례를 고려할 때 치료 효과가 치료 전 내담자의 인지 기능 평가에 얼마나 의존하는지를 말하기가 매우 어렵다. 일부 메타 분석 평가는 CBT가 효과적이라고(Pfammatter, Junghan, & Brenner, 2006) 한 반면, (늘 그렇듯이) 다른 사람들은 그러한 결과에 의문을 갖는다(Kingdon, 2010). 이 영역 연구자의 과제는 내담자에게 위험 부담을 지우는 것 그리고 동반질환과 회복을 저해할 수 있는 다른 비심리 상태를 치료하는 것이라고 Tarrier(2010)는 가정했다. 그는 만약 연구자들과 임상가들이 CBT 치료에서 이 점을 고지한다면, 결과는 보다 나아질 것이라고 생각하였다.

Tandon 등(2010)은 치료의 요약에서, 양성증상을 치료하는 CBT의 연구 자료들은 "…원래 효과보다 겸손히 낮추어 표시하는"(p. 8) 양상이었음을 지목하였다. 연구자들은 집중력, 작업 기억, 운동 속도, 실행 기능, 언어 학습, 그리고 사회인지의 결핍에 대한 인지 개선 요법들이 조현병 환자들이 직면하는 난제들에 보다 특화되어 있고 보다 효과적이라고 느꼈다. 다시금, 조현병 대상자들이 '건강한' 대조군에 비해 인지 검사에서 표준편차 점수가 1.5~2점 정도 낮은 경향을 보인다는 점을 기억하자(Keefe & Fenton, 2010). 이러한 점으로 인해, 비록 요법의 긍정 유형(right type)은 매우 유용하겠지만, 인지 요법의 이점이 잘 나타나지 않을 것이다. 이것이 인지 개선에서 고려해야 할 사항이다. 인지 개선 요법은 내담자가 정보를 체계화하고, 환경에서 고려할 사항을 상기하고(예 : 약 먹어야 할 시간), 사회 기능을 증진시킬 기법들을 자유롭게 활용하는 방법을 가르친다(Eack et al., 2010). 인지 개선은 정신과 치료와 결합될 때 더 강한 영향을 나타낼 수 있다. 인지 개선의 이점이 얼마나 오래가는지에 대한 의문이 여전히 남아 있으므로 보다 장기적인 연구가 필요하다(Tandon et al., 2010). 인지 개선 요법은 사회기술훈련(SST)과 중복되는 사회인지에도 주목하게 되는데, 사회기술훈련은 수십 년 동안 조현병 내담자들이 사회 관계를 증진시키고 삶의 질을 향상시키는 데에 지지 역할을 해왔다. 사회기술은 여러 접근이 있지만, 하나의 도전 과제는 기술을 치료 환경 밖에서도 쓰게 하는 것이다. CBT 연구에 따르면, SST도 포함해, 지역사회 기술과 지역사회 기능의 증진에는 폭발적인 효과를 보이는 반면 증상과 재발에 관해서는 미미한 효과를 보인다(Kurtz & Mueser, 2008).

적극적 지역사회 치료(ACT)는 심한 정신질환자에게 통합 서비스를 제공한다. 접근은 다학제적이며, 환자와 자주 대면하고 환자-치료자 비율은 낮추는 것을 목표한다(Tandon et al., 2010). 상상할 수 있듯이, 이러한 접근은 미국의 지역사회 정신건강 체제에서도 제공하지 못하는 많은 재정적 뒷받침이 요구된다. 여기 논의된 모든 심리사회 요법이 다 적용되므로, ACT의 효과에 대한 연구는 그러한 각각의 치료 연구와 중복된다.

영적 고려사항

조현병과 영성에 대해 우리는 무슨 말을 할 수 있을까? 가장 먼저, 이 책의 전체에 걸친 우리의 목적으로서, 심각한 정신적 질병에 따른 허구적인 형상들을 실제 경험과 구별하는 것이 중요하다. 짧은 20세기에, 일부 이론가들이 조현병이 '영적 에너지'에 포함된 것이라거나 신비 경험이 조현병을 겪는 누군가의 경험과 어떤 점에서 흡사한지에 대해 논증을 시도하였다. Mendelssohn(2004)은 "나는 조현병 내담자들은 세상들 사이에서 또한 영적 영역과 현실 영역들 사이에서의 중간자, 중개자라고 믿는다."(p. 597)라고 썼다. Mendelssohn은 이 글에서 조현병으로 진단된 사람을 단 한 번의 만남에서 '완치한' 적이 있다고 주장하였다. 우리는 이러한 주장을 지지할 이중맹검의 증거를 찾지는 못했다. 지금까지 조현병을 정신건강 문제와는 다른 어떤 것으로 취급하는 개념들은 문화적인 판단에 의존한 것이라는 비평을 받았다(Stanghellini, 2005).

흡사하게, 정신건강 의사 John Perry(1962)와 신화론자 Joseph Campbell(1972)은 조현병을 '내적 여행'으로 서술하였는데 여기에서 정신증 경험을 내면으로의 신비한 여행으로 보았으며, 치유 능력이 있는 무속인과 흡사하게, 정신증 상태의 개인은 그러한 정신증이 작용하는 것을 허용해서 온전한 영혼이 드러날 수 있게 해야 한다고 보았다. 사람은 반드시 (치료 의지나 치료 접근 여부가 어찌 되었든) 치료되지 않은 조현병을 겪는 사람과 함께 할 기회를 가져서 이 질환에 대한 잘못된 그리고 허구적인 실체를 알아야 한다고 했다. 이러한 논조의 신념에 대해서는 21세기보다 20세기 중반에 더 관용적이었다.

문화적 관점에서, Julian Silverman(1967) 박사는 정신증과 신내림(shamantic initiation)의 유사성을 탐구하였다. 그는 결론 내리길 문화적 맥락이 그 차이를 만들어낸다고 하였다. 무속인은 이 국면(crisis)을 어떤 방식으로든 문화적으로 지지하고 개인이 '더 나아져' 기존 사회에 치유자로서의 기능을 복귀하려고 하는 반면, 사회는 신내림의 심리학적인 의미를 거부해서 그 사람이 이 국면을 건강하게 거쳐 가지(work through) 못하게 한다고 Silverman은 지적하였다. 전통적 접근이 신비 상태를 병적으로 몰아가는 경향이 있다면, 그와 반대로 정신증 상태를 영적으로 취급하는 위험성이 있다(Grof & Grof, 1989). 원인이 무엇이든 간에 무엇이 끔찍한 질환이라고 허구적으로 규정하지 않는 것이다. 여전히, 조현병을 겪는 사람의 삶과 회복에 영적인 자리가 존재한다.

우리는 또한 21세기에도 형이상학적 악과 이러한 점이 조현병과 같은 질환에 다소간 연관되어 있을 것이라는 믿음을 고수하는 종교적 대상들이 있음을 유념할 필요가 있다. 목회적 돌봄이 지난 50년간 상당한 발전을 하였음에도, 정신병리의 원인과 진행에 형이상학적 악의 요인들(예 : 악마)이 작용하고 있다는 다른 믿음을 고수하는 사람들이 속한 회색 지대가 존재한다. 임상가들은 증상을 악화시킬 수 있는 특정한 지역 색체의 믿음들을 분별하는 과정에서 문화적 맥락에 대한 예민함을 필요로 한다(Yarhouse, Butman, & McRay, 2005).

20세기 말부터, 정신의학은 내담자의 종교와 영적 확신을 인정할 필요에 대해 인식하기 시작했다(Dein, 2005). 이는 정신건강에 대한 1999 공공의료서비스(Surgeon General) 보고서를 분기점으로 하여 주장된 회복 모형의 한 부분이다. 그들은 모든 정신건강 체계가 이 모형에 적용되기를 바랐는데, 여기에는 영성도 구체적으로 언급되어 있다(Lukoff, 2007). 종교와 영성은 조현병으로 진단된 사람들에게 높게 나타난다. 이러한 점은 오랜 시간을 안정적으로 머물게 하고 긍정적인 변화에 공헌하는 자원이 될 수 있다. 하지만 부당한 질병에 대해 그리고 '신'이나 다른 영적 존재들에 대해 씨름하는 내담자들 같은 대상에게서 영적 그리고 종교적 믿음은 상당히 유약할 수 있다(Mohr, Brandt, Borras, Gillieron, & Huguelet, 2006; Mohr et al., 2010).

Shah 등(2011)은 건전한 영적, 종교적, 혹은 이와 흡사한 신념 체계들은 잔류형 조현병으로 진단된 개인들에게서 능동적, 적응적 대응 기술과 연결되어 있음을 밝혔다.[12] 입원 병동에서도, 영적인 문제가 많은 임상가에 의해 고려된다. Revheim, Greenberg와 Citrome(2010) 그리고 Revheim과 Greenberg(2007)는 조현병 내담자를 위한 영성에 기초한 치료 그룹을 발전시킨 입

---

12 이 연구는 DSM-IV-TR 기준을 사용해서 이루어졌는데, DSM-5에서는 조현병의 아형 개념이 삭제되었지만 잔류형 조현병 진단 기준은 여전히 유지되었다.

원 병실에서 연구를 진행했다. 그룹 참여자들에게서, 영성은 증상에 대한 자기 효능과 사회 기능에 유의한 연관성을 보였다. 참여자들은 비참여자에 비해 더 희망적이었으며, 희망은 각자를 얼마나 '영적인지' 규정하는 정도와 비례하였다. 전체적인 자기 효능과 삶의 질은 참여자와 비참여자 사이에 차이가 없었지만, 영적인 비중에서 볼 때 이 결과들은 이러한 그룹들이 치료에 긍정적인 요소가 될 수 있다는 점을 암시한다.

지금까지 논의된 여러 연구들은 임상가들이 내담자가 표현하는 영적/종교적 참여의 '건전성'을 판단할 필요성을 보여주었다. 이는 확립된 전통이 진정한 힘을 보여주는 것이다. 만약 내담자가 세대전승과 신앙실천가들의 공동체를 포함한 주류 활동에 있는 것으로 확인되면, 임상가들은 그의 종교/영적 경험과 고백이 건전한지 아닌지를 분별하기가 좀 더 쉬울 것이다. 보는 사람에 따라 다를 수 있겠지만, 사이언톨로지(scientology)는 [적어도 결속력이나 예식(internal revenue service)으로 볼 때] 확립된 종교이긴 하지만 주류는 아니다. 예로서, 프랭클린은 아프리카 감리교 감독교회 교인이었다. 프랭클린은 영적 지도의 한 방법으로 성경 공부에 참석하였다. 그는 그들 회중의 지원을 받았고 그의 증상이 안정되어 반독립적인 생활이 가능해졌다. 또한 그의 담임 목회자는 프랭클린의 신앙이 종교에서 증상으로 되돌아가는 편향을 감지할 수 있다. 무신론자는 교회의 모든 신학을 망상이라고 말하겠지만, 교회의 맥락에서 영적 활동을 수반한 세대전승과 다양한 영적 경험이 분명히 있다. 특별히, 프랭클린이 신으로부터 오는 것이라고 생각하는 '명령하는 음성'을 보고할 때, 그 '명령'은 영적 경험의 실제에서 동의하는 다른 신앙실천가들의 세대전승과는 매우 다른 것이다. 이 사례에서, 프랭클린의 목회자는 이 점을 주제 삼았고, 프랭클린은 의학적 평가를 위해 의사를 만났다. 다시 말해, 개인은 종교적/영적 공동체, 신앙, 그리고 그 신앙이 주류 사회와 얼마나 연결되어 있는지를 반드시 고려해야 한다. 이 점은 DSM-5의 문화적 개념화 면접이 도움을 줄 수 있는 또 다른 영역이다.

기억하는 것처럼, 내담자의 영적 경험이 항상 긍정적이거나 편안하지는 않다는 점을 명심하는 것이 중요하다. 신학적으로, 조현병과 같은 상태는 '신정론(theodicy)'(신정론은 신이 과연 공의롭고 정의로운가에 대한 논의를 말한다. ─역자 주)이라고 부르는 쟁점을, 혹은 악의 실존을 사랑의 신에 대한 믿음과 화해시키는(reconcile) 시도를 일으킨다. 심각한 정신적 질병을 앓는 내담자들은 종교적 혹은 영적인 데에 치중하기 쉽기 때문에, 이는 많은 임상가들이 마주하게 되는 영역이다. Revheim과 Greenberg(2007)가 기술한 것과 비슷한 그룹들은 이러한 어려운 문제들을 탐구할 수 있는 지지적인 환경을 제공할 수 있다. Mohr 등(2010) 그리고 Phillips와 Stein(2007)은 어떻게 내담자들의 믿음이 만성 정신질환을 앓고 있는 실존과 투쟁하는 과정을 변화시킬 수 있는지를 묘사하였다. Phillips와 Stein(2007)은 Pargament, Koeing, Perez(2000)가 약술한 치료의 전 과정 동안 내담자가 매달리는 신념의 '재평가'를 논의하였다. 긍정적인 재평가들은 문제들을 영적인 이득이 있는 것으로 재정립하는 시도를 대표한다. 프랭클린 사례에서, 그는 조현병을 겪는 것이 긍휼(compassion)을 배워가는 과정이 아닐까 자주 생각하였다. Phillips와 Stein(2007)은 이러한 재평가가 높은 수치의 적응 및 성장과 상관관계를 보이고, 그래서 긍정적인 의미를 갖게 됨을 확인하였다.

일반적이지는 않게, 내담자들은 다른 두 가지 재평가와 연루되는데 이는 부정적인 결과나 증상악화(decompensation)와 상관관계를 보인다. 조현병을 개인의 죄에 대한 하나님의 형벌로 재평가하는 것은 흔한 하나의 형태이다. 또 다른 형태는 열렬히, 진심으로 기도했음에도 스트레스 문제가 해소되지 않고 나서 신의 능력에 대한 주관적인 느낌을 재평가하는 것이다. 프랭클린의 사례에서, 그는 증상이 악화될 때마다 하나님이 자신을 벌할 것이라는 편집증적인 생각에 사로잡혀 생활하기 시작하였다. 비록 합당한 염려일 수 있다 해도, 그의 이러한 표현 방식은 목회자에게 '적신호'로 작용한다. 하나의 예로, 프랭클린의 관심사(흑인 감리교 감독교회의 신학적 틀) 설명은 비논리적이다. 안정적인 시점에서 프랭클린은 삼위일체[13]와 같은 모호한 교리도 잘 감당하지만, 증상이 악화되면, 성부께서 성령을 특별히 자기에게는 증상의 모습으로 보내주셨다는 데에 몰두한다. 이러한 개인적인 편집성은 프랭클린의 증상이 악화되었음을 목회자에게 알려주는 신호가 된다. 신정론의 실체를 탐구하는 것이 프랭클린에게는 개인적으로 중요하겠지만, 그의 증상이 나빠지는 시점에서 이러한 생각의 반추를 벗어나도록 도와주는 것이 또한 필요하다. 분명히 이러한 점은 임상가가 조심스럽게 균형을 맞춰야 할 사안이며 특히 '비신자'인 임상가들에게는 더욱 그러하다. 결론을 내리기 전에, 우리는 〈그림 7.2〉에 통합 사분획을 활용해 치료 요소를 정리해보았다.

병의 인식을 발전시킴 내담자를 위한 정신건강교육 인지 개선 요법들 적절한 영적 지지	발달 유전 치료가 기대됨 정신약물치료 해당된다면 ECT
가족을 위한 정신건강교육	적극적 지역사회 치료 가족을 위한 유전 상담

그림 7.2 조현병 치료의 통합 정리

13 기독교 신앙에서, 삼위일체론은 하나님이 삼위(성부, 성자, 성령)로 묘사되는 교리이다. 그런데 교리에서는 이러한 삼위가 한 존재로 공존한다고 말한다.

결론

조현병의 난제를 정리하면서, 많은 부분이 본래는 생리적이라고 여긴다. 제I형 양극성장애와 흡사하게, 진단과 치료가 앞으로 전개되면, 우리는 이러한 부분들을 유전형질 발현과 뇌의 구조와 기능이라는 용어로 나열할 수 있게 될 것이다. 제I형 양극성장애의 내담자들은 각 삽화의 중간에는 정상적인 기능을 유지하는데, 이와는 다르게 조현병은 특히 인지 영역에서 보다

기능부전이 심해서 모든 치료의 심리사회 접근은 내담자의 능력에 맞추어야 하고 삽화 사이에 가능한 최대 기능 수준을 고려하여 이를 목표로 삼아야 한다. 이 책에 있는 모든 질환들과 함께, 비의료 정신건강 전문가들은 반드시 이 질환에 대한 최신 연구 지견을 이해하여 이를 정직하고 공감 어리게 내담자들과 그들 가족에게 전달해야 한다.

복습 문제

1. 조현병을 앓는 내담자의 부모를 만났다고 가정해보자. 그들이 이 병의 원인이 무엇이냐고 묻는다. 어떻게 답할 것인가?

2. 도시에서 생활하는 것이 조현병을 일으키는 것에 어느 정도의 위험성을 주는지를 어떻게 설명할 것인가?

3. '전형'과 '비전형' 항정신병 약물의 일차적인 차이점

은 무엇인가?

4. 조현병의 치료에서 정신건강 전문가들의 역할은 무엇인가?

5. 이상적인 세상에서, 조현병을 앓는 사람을 위한 가장 좋은 치료는 무엇이겠는가?

6. 조현정동장애, 조현병, 조현양상장애의 DSM 차이를 살펴보라. 그리고 그 차이점을 정리하라.

참고문헌

Abbott, C., & Bustillo, J. (2006). What have we learned from proton magnetic resonance spectroscopy about Schizophrenia? A critical update. *Current Opinion in Psychiatry, 19,* 135–139.

Abramson, R. (2010). Psychotherapy of psychoses: Some principles for practice in the real world. *Journal of the American Academy of Psychoanalysis and Dynamic Psychiatry, 38,* 483–502.

Addington, J. (2007). The promise of early intervention. *Early Intervention in Psychiatry, 1,* 294–307.

Publisher info - "American Psychiatric Association in Washington DC".

Allardyce, J., Gaebel, W., Zielasek, J., & van Os, J. (2010). Deconstructing Psychosis Conference February 2006. In C. A. Tamminga, P. J. Sirovatka, D. A. Regier, & J. van Os (Eds.), *Deconstructing psychosis: Refining the research agenda for DSM-5* (pp. 1–10). Washington, DC: American Psychiatric Association.

American Psychiatric Association. (2000). *Diagnostic and statistical manual of mental disorders* (4th edition, text revision). Washington, DC: Author. American Psychiatric Association. (2013). *Diagnostic and statistical manual of mental disorders* (5th ed.). Washington, DC: Author.

Andreasan, N. C. (1999). Understanding the causes of Schizophrenia. *New England Journal of Medicine, 340,* 645–647.

Antonova, E., Sharma, T., Morris, R., & Kimari, V. (2004). The relationship between brain structure and neurocognition in Schizophrenia: A selective review. *Schizophrenia Research, 70,* 117–145.

Barch, D. M., & Dowd, E. C. (2010). Goal representations and motivational drive in Schizophrenia: The role of prefrontal-striatal interactions. *Schizophrenia Bulletin, 36,* 919–934.

Berrios, G. E. (1985). Positive and negative symptoms and Jackson: A conceptual history. *Archives of General Psychiatry, 42,* 95–97.

Barley, K., Dracheva, S., & Byne, W. (2009). Subcortical oligodendrocyte- and astrocyte-associated gene expression in subjects with Schizophrenia, Major Depression and Bipolar Disorder. *Schizophrenia Research, 112,* 54–64.

Bateson, G., Jackson, D., Haley, J., & Weakland, J. H. (1956). Towards a theory of Schizophrenia. *Behavioral Science, 1,* 251–264.

Betensky, J. D., Robinson, D. G., Gunduz-Bruce, H., Sevy, S., Lencz, T., Kane, J. M., . . . Szeszko, P. R. (2008). Patterns of stress in Schizophrenia. *Psychiatry Residency, 160,* 38–46.

Bleuler, E. (1911). Dementia Praecox oder die Gruppe der Schizophreinien. In G. Aschaffenburg (Ed.), *Handbook of psychiatry* (pp. 98–145). Leipzig/Wien: Deuticke.

Blumberger, D. M., Fitzgerald, P. B., Mulsant, B. H., & Daskalakis, Z. J. (2010). Repetitive transcranial magnetic stimulation for refractory symptoms in Schizophrenia. *Current Opinion in Psychiatry, 23,* 85–90.

Bourque, F., van der Ven, E., Fusar-Poli, P., & Malla, A. (2012). Immigration, social environment and onset of psychotic disorders. *Current Pharmaceutical Design, 18,* 518–526.

Brennand, K. J., Simone, A., Jou, J., Gelboin-Burkhart, C., Tran, N., Sangar, S., . . . Gage, F. H. (2011). Modelling Schizophrenia using human induced pluripotent stem cells. *Nature, 473,* 221–229.

Byrne, M., Agerbo, E., Eaton, W. W., & Mortensen, P. B. (2004). Parental socioeconomic status and risk of first admission with Schizophrenia—a Danish national register based study. *Social Psychiatry and Epidemiology, 39,* 87–96.

Campbell, J. (1972). *Myths to live by.* New York: Viking. Cannon, M., Caspi, A., Moffitt, T. E., Harrington, H., Taylor, A., Murray, R. M., & Poulton, R. (2002). Evidence for early-childhood, pan-developmental impairment specific to Schizophreniform Disorder: results from a longitudinal birth cohort. *Archives of General Psychiatry, 59,* 449–456.

Cantor-Graae, E. (2007). The contribution of social factors to the development of Schizophrenia: A review of recent findings. *Canadian Journal of Psychiatry, 52,* 277–286.

Cheng-Fang, Y., Cheng-Sheng, C., Chih-Hung, K., Ming-Li, Y., Shang-Ju, Y., Ju-Yu, Y., . . . Chia- Chen, W. (2005). Relationships between insight and medication adherence in outpatients with Schizophrenia and Bipolar Disorder: Prospective study. *Psychiatry and Clinical Neurosciences, 59,* 403–409.

Cheng-Fang, Y., Chung-Ping, C., Chi-Fen, H., Ju-Yu, Y., Chih-Hung, K., & Cheng-Sheng, C. (2008). Quality of life and its association with insight, adverse effects of medication and use of atypical antipsychotics in patients with Bipolar Disorder and Schizophrenia in remission. *Bipolar Disorder, 10,* 617–624.

Chien, I. C., Chou, Y. J., Lin, C. H., Bih, S. H., Chou, P., & Chang, H. J. (2004). Prevalence and incidence of Schizophrenia among national health insurance enrollees in Taiwan, 1996–2001. *Psychiatry and Clinical Neuroscience, 58,* 611–618.

Clark, W. G. (2007). Schizophrenia and genomics: Linking research to practice. *Journal of Psychosocial Nursing, 45,* 25–28.

Connor, C. M., & Akbarian, S. (2008). DNS methylation changes in Schizophrenia and Bipolar Disorder. *Epigenetics, 3,* 55–58.

Costello, V. (2012). *A lethal inheritance: A mother uncovers the science behind three generations of mental illness.* Amherst, NY: Prometheus.

Cotter, D., & Pariante, C. M. (2002). Stress and the progression of the developmental hypothesis of Schizophrenia. *British Journal of Psychiatry, 181,* 363–365.

Coufal, N. G., Garcia-Perez, J. L., Peng, G., Yeo, G. W., Mu, Y., Lovci, M. T., . . . Gage, F. H. (2009). L1 retrotransposition in human neural progenitor cells. *Nature, 460,* 1127–1133.

Craddock, N., O'Donovan, M. C., & Owen, M. J. (2005). The genetics of Schizophrenia and Bipolar Disorder: Dissecting psychosis. *Journal of Medical Genetics, 42,* 193–205.

Davis, K. L., Kahn, R. S., Ko, G., & Davidson, M. (1991). Dopamine in Schizophrenia: A review and reconceptualization. *The American Journal of Psychiatry, 148,* 1474–1486.

Dein, S. (2005). Spirituality, psychiatry, and participation: A cultural analysis. *Transcultural Psychiatry, 42,* 526–544.

Deisseroth, K. (2011, November). Controlling the brain with light. *Scientific American, 12,* 49–55.

Dickerson, F. B., & Lehman, A. F. (2011). Evidencebased psychotherapy for Schizophrenia: 2011 update. *Journal of Nervous and Mental Disorders, 199,* 520–526.

Dutta, R., Greene, D. R., Addington, T., McKenzie, K., Phillips, M., & Murray, R. M. (2007). Biological, life course, and cross-cultural studies all point toward the value of dimensional and developmental ratings in the classification of psychosis. *Schizophrenia Bulletin, 33,* 868–876.

Eack, S. M., Hogarty, G. E., Cho, R.Y., Prasad, K. M., Greenwald, D.P., Hogarty, S.S., & Keshavan, M. S. (2010). Neuroprotective effects of cognitive enhancement therapy against gray matter loss in early Schizophrenia: Results from a 2-year randomized controlled trial. *Archives of General Psychiatry, 67,* 674–682.

Ellison-Wright, I., & Bullmore, E. (2010). Anatomy of bipolar disorder and Schizophrenia: A metaanalysis. *Schizophrenia Research, 117,* 1–12.

Fanous, A. H., van den Oord, E. J., Riley, B. P., Aggen, S. H., Neale, M. C., O'Neill, F. A., . . . Kendler, K. S. (2005). Relationship between a high-risk haplotype in the DTNBP1 (dysbindin) gene and clinical features of Schizophrenia. *American Journal of Psychiatry, 162,* 1824–1832.

Farris, R. E. L., & Dunham, H. W. (1939). *Mental disorder in urban areas.* Chicago: University of Chicago Press.

Feret, H., Conway, L., & Austin, J. C. (2011). Genetic counselors' attitudes towards individuals with Schizophrenia: Desire for social distance and endorsement of stereotypes. *Patient Education and Counseling, 82,* 69–73.

Francis, A. N., Bhojraj, T. S., Prasad, K. M., Montrose, D., Eack, S. M., Rajarhathinam, R., . . . Keshavan, M. (2013). Alterations in the cerebral white matter of genetic high risk offspring of patients with Schizophrenia Spectrum Disorder. *Progress in Neuropsychopharmacology and Biological Psychiatry, 40,* 187–192.

Gage, F. H., & Muotri, A. R. (2012). What makes each brain unique? How can identical twins grow up with different personalities? "Jumping genes" move around in neurons and alter the way they work. *Scientific American, 306,* 26–31.

Giron, M., Fernandez-Yanez, A., Mana-Alvarenga, S., Molina-Habas, A., & Nolasco, A. (2010). Efficacy and effectiveness of individual family intervention on social and clinical functioning and family burden in severe Schizophrenia. *Psychological Medicine, 40,* 73–84.

Gottesman, I. I., Laursen, T. M., Bertelsen, A., & Montenson, P. B. (2010). Severe mental disorders in offspring with 2 psychiatrically ill parents. *Archives of General Psychiatry, 67,* 252–257.

Gottesman, I. I., & Shields, J. (1973). Genetic theorizing and Schizophrenia. *British Journal of Psychiatry, 122,* 15–30.

Green, M. F., Penn, D. L., Bentall, R., Carpenter, W. T., Gaebel, W., Gur, W. C., . . . Heinssen, R. (2008). Social cognition in Schizophrenia: An NIMH workshop on definitions, assessment, and research opportunities. *Schizophrenia Bulletin, 34,* 1211–1220.

Grof, S., & Grof, C. (1989). *Spiritual emergency: When personal transformation becomes a crisis.* Los Angeles, CA: Tarcher.

Hartberg, C. B., Sundet, K., Rimol, L., Haukvik, U. K., Lange, E. H., Nesvag, R., . . . Agartz, I. (2011). Subcortical brain volumes relate to neurocognition in Schizophrenia and Bipolar Disorder and healthy controls. *Progress in Neuro-Psychopharmacology & Biological Psychiatry, 35,* 1122–1130.

Heston, L. L. (1966). Psychiatric disorders in the foster home reared children of schizophrenic mothers. *British Journal of Psychiatry, 112,* 819–825.

Hooker, C. I., Tully, L. M., Verosky, S. C., Fisher, M., Holland, C., & Vinogradov, S. (2011). Can I trust you? Negative affective priming influences social judgments in Schizophrenia. *Journal of Abnormal Psychology, 120,* 98–107.

Hunter, M. J., Hippman, C., Honer, W. G., & Austin, J. C. (2009). Genetic counseling for Schizophrenia: A review of referrals to a provincial medical genetics program from 1968 to 2007. *American Journal of Genomics, 152A,* 147–152.

Jansen, J. F. A., Backes, W. H., Nicolay, K., & Hooi, M. E. (2006). H MR spectroscopy of the brain: Absolute quantification of metabolites. *Radiology, 240,* 318–332.

Jarskog, L. F., Miyamoto, S., & Lieberman, J. A. (2007). Schizophrenia: New pathological insights and therapies. *Annual Review of Medicine, 58,* 49–61.

Jaspers, K. (1959). *General psychopathology: Volume II.* Berlin: Springer-Verlag.

Javitt, D. C. (2010). Glutamatergic theories of Schizophrenia. *The Israel Journal of Psychiatry and Related Sciences, 47,* 4–16.

Kahler, A. K., Djurovic, S., Julle, B., Jonsson, E. G., Agartz, I., Hall, H., . . . Andreassen, O. A. (2008). Association analysis of Schizophrenia on 18 genes involved in neuronal migration: MDGA1 as a new susceptibility gene. *American Journal of Medical Genetics Part B: Neuropsychiatric Genetics, 147B,* 1089–1100.

Keefe, R. S. E., & Fenton, W. S. (2010). How should DSM-5 criteria for Schizophrenia include cognitive impairment? In C. A. Tamminga, P. J. Sirovatka, D. A. Reigier, & J. van Os (Eds.), *Deconstructing psychoses: Refining the research agenda for DSM-5* (pp. 83–98). Washington, DC: American Psychiatric Association.

Kelly, B. D., O'Callaghan, E., Waddington, J. L., Feeney, L., Browne, S., Scully, P. J., . . . Larkin, C. (2010). Schizophrenia and the city: A review of literature and prospective study of psychosis and urbanicity in Ireland. *Schizophrenia Research, 116,* 75–89.

Kendler, K. S., McGuire, M., Greunberg, A. M., O'Hare, A., Spellman, M., & Walsh, D. (1993). The Roscommon family study 1. Methods, diagnosis of probands, and risk of Schizophrenia in relatives. *Archives of General Psychiatry, 50,* 527–540.

Keshavan, M. S., Tandon, R., Boutros, N. N., & Nasrallah, H. A. (2008). Schizophrenia, "just the facts": What we know in 2008. Part 3: Neurobiology. *Schizophrenia Research, 106,* 89–107.

Keshavan, M. S., Tandon, R., Boutros, N. N., & Nasrallah, H. A. (2013). Renaming schizophrenia: Keeping up with the facts. *Schizophrenia Research, 148,* 1–2.

Kety, S. S., Rosenthal, D., Wender, P., & Schulsinger, F. (1968). The types and prevalence of mental illness in the biological and adoptive families of adopted schizophrenics. *Journal of Psychiatric Residency, 1,* 345–362.

Kim, D. H., Maneen, M. J., & Stahl, S. M. (2009). Building a better antipsychotic: Receptor targets for the treatment of multiple symptom dimensions of schizophrenia. *Neurotherapeutics, 6,* 78–85.

Kingdon, D. (2010). Over-simplification and exclusion of non-conforming studies can demonstrate absence of effect: A lynching party. *Psychological Medicine, 40,* 25–27.

Kinros, J., Reichenberg, A., & Frangou, S. (2010). The neurodevelopmental theory of Schizophrenia: Evidence from studies of early onset cases. *The Israel Journal of Psychiatry and Related Sciences, 47,* 20–27.

Kirkbride, J. B., & Jones, P. B. (2011). The prevention of Schizophrenia—what can we learn from eco-epidemiology? *Schizophrenia Bulletin, 37,* 262–271.

Klosterkotter, J., Schultze-Lutter, F., Bechdolf, A., & Ruhrmann, S. (2011). Prediction and prevention of Schizophrenia: What has been achieved and where to go next? *World Psychiatry, 10,* 165–174.

Krabbendam, L., Arts, B., van Os, J., & Aleman, A. (2005). Cognitive functioning in patients with Schizophrenia and Bipolar Disorder: A quantitative review. *Schizophrenia Research, 80,* 137–149.

Krabbendam, L., & van Os, J. (2005). Schizophrenia and urbanicity: A major environmental influence— conditional on genetic risk. *Schizophrenia Bulletin, 31,* 795–799.

Kring, A. M., & Moran, E. K. (2008). Emotional response deficits in Schizophrenia: Insights from affective science. *Schizophrenia Bulletin, 34,* 819–834.

Kubicki, M., McCarely, R., Westin, C. F., Park, H. J., Maier, S., Kikinis, R., . . . Shenton, M. E. (2007). A review of diffusion tensor imaging studies in Schizophrenia. *Journal of Psychiatric Research, 41,* 15–30.

Kurtz, M. M., & Mueser, K. T. (2008). A meta-analysis of controlled research on social skills training for Schizophrenia. *Journal of Consulting and Clinical Psychology, 76,* 491–504.

Leucht, S., Corves, C., Arbter, D., Engel, R. R., Chunbo, L., & Davis, J. M. (2009). Second-generation versus first-generation antipsychotic drugs for Schizophrenia: A meta-analysis. *The Lancet, 373,* 31–41.

Lewis, D. A., Hashimoto, T., & Volk, D. W. (2005). Cortical inhibitory neurons and schizophrenia. *Nature Reviews: Neuroscience, 6,* 312–324.

Lincoln, T. M., Wilhelm, K., & Nestoriuc, Y. (2007). Effectiveness of psychoeducation for relapse, symptoms, knowledge adherence and functioning in psychotic disorders: A meta-analysis. *Schizophrenia Research, 96,* 232–245.

Lukoff, D. (2007). Spirituality in the recovery from persistent mental disorders. *Southern Medical Journal, 100,* 642–646.

Lysaker, P. H., Buck, K. D., & Hammond, K. (2007). Psychotherapy of Schizophrenia: An analysis of requirements of individual psychotherapy with persons who experience manifestly barren or empty selves. *Psychology and Psychotherapy: Theory, Research, and Practice, 80,* 377–387.

Lysaker, P. H., Dimaggio, G., Carcione, A., Procacci, M., Buck, K. D., Davis, L. W., & Nicolo, G. (2010). Metacognition and Schizophrenia: The capacity for self-reflectivity as a predictor for prospective assessments of work performance over six months. *Schizophrenia Research, 122,* 124–130.

Lysaker, P. H., & Lysaker, J. T. (2008). Schizophrenia and alterations in self-experience: A comparison of 6 perspectives. *Schizophrenia Bulletin, 36,* 331–340.

Lyus, V. L. (2007). The importance of genetic counseling for individuals with Schizophrenia and their relatives. *American Journal of Medical Genetics Part B, 144b,* 1014–1021.

Marchetto, M. C., & Gage, F. H. (2012). Modeling brain disease in a dish: Really? *Cell Stem Cell, 10,* 642–645.

Martinez, M. A. (2010). *RNA interference and viruses.* New York: Caister Academic Press.

Masi, G., & Liboni, F. (2011). Management of Schizophrenia in children and adolescents. *Drugs, 71,* 179–208.

McGrath, J., Saha, S., Welham, J., El Saadi, O., MacCauley, C., & Chant, D. (2004). A systematic review of the incidence of Schizophrenia: The distribution of rates and the influence of sex, urbanicity, migrant status and methodology. *BMC Med, 2,* 13.

McIntosh, A. M., Job, D. E., Moorhead, W. J., Harrison, L. K., Whalley, H. C., Johnstone, E. C., & Lawrie, S. M. (2006). Genetic liability to Schizophrenia or Bipolar Disorder and its relationship to brain structure. *American Journal of Medicao Genetics Part B (Neuropsychiatric Genetics), 141B,* 76–83.

McKeage, K., & Plosker, G. L. (2004). Amisulpride: A review of its use in the management of Schizophrenia. *CNS Drugs, 18,* 933–956.

Mendelssohn, S. (2004). From a healer to scientists: On duality. *The Journal of Alternative and Complementary Medicine, 4,* 597–606.

Miesenbock, G. (2008, October). Lighting up the brain: A clever combination of optics and genetics is allowing neuroscientists to map—even control—brain circuits with unprecedented precision. *Scientific American,* 52–59.

Mohr, S., Borras, L., Rieben, I., Betrisey, C., Gillieron, C., Brandt, P. Y., . . . Huguelet, P. (2010). Evolution of spirituality and religiousness in chronic Schizophrenia or Schizo-Affective Disorders: A 3-years follow-up study. *Social Psychiatry Epidemiology, 45,* 1095–1103.

Mohr, S., Brandt, P., Borras, L., Gillieron, C., & Huguelet, P. (2006). Toward an integration of spirituality and religiousness into the psychosocial dimension of Schizophrenia. *American Journal of Psychiatry, 163,* 1952–1959.

Monaco, L. C., Conway, L., Valverde, K., & Austin, J. C. (2009). Exploring genetic counselors' perceptions of and attitudes towards Schizophrenia. *Public Health Genomics, 13,* 21–26.

Nestler, E. J. (2009). Epigenetic mechanisms in psychiatry. *Biological Psychiatry, 65,* 189–190.

Ohta, Y., Nakane, Y., Nishihara, H., & Takemoto, T. (1992). Ecological structure and incidence rates of Schizophrenia in Nagasaki City. *Acta Psychiatry Scandanavia, 86,* 113–120.

Owen, M. J., Craddock, N., & Jablensky, A. (2007). The genetic deconstruction of psychosis. *Schizophrenia Bulletin, 33,* 905–911.

Owen, M. J., Craddock, N., & O'Donovan, M. C. (2005). Schizophrenia and genes at last? *Trends in Genetics, 21,* 518–

525.

Pagsberg, A. K. (2013). Schizophrenia Spectrum and other psychotic disorders. *European Child and Adolescent Psychiatry, 22*, S2–S9.

Pargament, K. I., Koenig, H. G., & Perez, L. M. (2000). The many methods of religious coping: Development and initial validation of RCOPE. *Journal of Clinical Psychology, 56,* 519–543.

Perry, J. W. (1962). Reconstitutive process in the psychopathology of the self. *Annals of the New York Academy of Medicine, 96*, 853–873.

Pfammatter, M., Junghan, U. M., & Brenner, H. D. (2006). Effectiveness of psychoeducation for relapse, symptoms, knowledge adherence and functioning in psychotic disorders: Conclusions from meta-analyses. *Schizophrenia Bulletin, 32,* S64–S80.

Phillips, R. E., & Stein, C. H. (2007). God's will, God's punishment or God's limitations? Religious coping strategies reported by young adults living with serious mental illness. *Journal of Clinical Psychology, 63,* 529–540.

Popper, K. (1959/2002). *The logic of scientific discovery.* New York: Routledge.

Rapoport, J. L., Addington, A. M., Frangou, S., & MRC Psych. (2005). The neurodevelopmental model of Schizophrenia: Update 2005. *Molecular Psychiatry, 10,* 434–449.

Reece, J., & Campbell, N. (2002). *Biology.* San Francisco: Benjamin Cummings.

Publisher info - "American Psychiatric Association in Washington DC"

Revheim, N., & Greenberg, W. M. (2007). Spirituality matters: Creating a time and place for hope. *Psychiatric Rehabilitation Journal, 30,* 307–310.

Revheim, N., Greenberg, W. M., & Citrome, L. (2010). Spirituality, Schizophrenia, and state hospitals: Program description and characteristics of self-selected attendees of a spirituality therapeutic group. *Psychiatric Quarterly, 81,* 285–292.

Rideout, A. L., Carroll, J. C., Blaine, S. M., Cremin, C., Dorman, H., Gibbons, C. A., . . . Allanson, J. (2009). Genetics Schizophrenia. *Canadian Family Physician, 55,* 1207.

Rimol, L. M., Hartberg, C. B., Nesvag, R., Fennema- Notestine, C., Hagler, D. J., Pung, C. J., . . . Agartz, I. (2010). Cortical thickness and subcortical volumes in Schizophrenia and Bipolar Disorder. *Biological Psychiatry, 68,* 41–50.

Schneider, K. (1959). *Clinical psychopathology.* New York: Grune & Stratton, Inc.

Selemon, L. D., & Rajkowska, G. (2003). Cellular pathology in the dorsolateral prefrontal cortex distinguishes Schizophrenia from Bipolar Disorder. *Current Molecular Medicine, 3,* 427–436.

Shah, R., Kulhara, P., Grover, S., Kumar, S., Malhotra, R., & Tyagi, S. (2011). Relationship between spirituality/religiousness and coping in patients with residual Schizophrenia. *Quality of Life Research, 20,* 1053–1060.

Silberschmidt, A. L., & Sponheim, S. R. (2007). Personality in relation to genetic liability for Schizophrenia and Bipolar Disorder: Differential associations with the COMT. *Schizophrenia Research, 100,* 316–324.

Silverman, J. (1967). Shamans and acute Schizophrenia. *American Anthropologist, 69,* 20–32.

Singh, B. (2005). Recognition and optimal management of Schizophrenia and related psychoses. *Internal Medicine Journal, 35,* 413–418.

Smith, M. J., Cloninger, C. R., Harms, M. P., & Csernansky, J. G. (2008). Temperament and character as Schizophrenia-related endophenotypes in non-psychotic siblings. *Schizophrenia Research, 104,* 198–205.

Stahl, S. M. (2010). Fooling mother nature: Epigenetics and novel treatments for psychiatric disorders. *CNS Spectrum, 15,* 358–365.

Stahl, S. M., & Buckley, P. F. (2007). Negative symptoms of Schizophrenia: A problem that will not go away. *Acta Psychiatrica Scandinavica, 115,* 4–11.

Stahl, S. M., & Wise, D. D. (2008). The potential role of a Corticotropin-releasing factor recept-1 antagonist in psychiatric disorders. *CNS Spectrum, 13,* 467–476.

Stanghellini, G. (2005). Schizophrenic consciousness, spiritual experience, and the borders between things, images and words. *Transcultural Psychiatry, 42,* 610–629.

Stephan, K. E., Friston, K. J., & Frith, C. D. (2009). Dysconnection in Schizophrenia: From abnormal synaptic plasticity to failures of self-monitoring. *Schizophrenia Bulletin, 35,* 509–527.

Stober, G., Ben-Shachar, D., Cardon, M., Falkai, P., Fonteh, A. N., Gawlik, M., . . . Riederer, P. (2009). Schizophrenia: From the brain to peripheral markers. A consensus paper of the WFSBP task force on biological markers. *The World Journal of Biological Psychiatry, 10,* 127–155.

Stone, J. M., & Pilowsky, L. S. (2006). Antipsychotic drug action: Targets for drug discovery with neurochemical imaging. *Expert Review of Neurotherapeutics, 6,* 57–70.

Sullivan, P. F., Kendler, K. S., & Neale M. C. (2003). Schizophrenia as a complex trait. Evidence from a meta-analysis of twin studies. *Archives of General Psychiatry, 60,* 1187–1192.

Tandon, R., Keshavan, M. S., & Nasrallah, H. A. (2008a). Schizophrenia: "Just the facts": What we know in 2008. Part 1: Overview. *Schizophrenia Research, 100,* 4–19.

Tandon, R., Keshavan, M. S., & Nasrallah, H. A. (2008b). Schizophrenia: "Just the facts": What we know in 2008. Part 2: Epidemiology and etiology. *Schizophrenia Research, 100,*

1–18.

Tandon, R., Nasrallah, H. A., & Keshavan, M. S. (2010). Schizophrenia, "just the facts" 5: Treatment and prevention: Past, present and future. *Schizophrenia Research, 122,* 1–23.

Tarrier, N. (2010). Cognitive behavior therapy for Schizophrenia and psychosis: Current status and future directions. *Clinical Schizophrenia & Related Psychoses, 4,* 176–184.

Thompson, P. A., Christoforou, A., Morris, S. W., Adie, E., Pickard, B. S., Porteous, D., . . . Evans, K. L. (2007). Association of neuregulin 1 with Schizophrenia and Bipolar Disorder in a second cohort from the Scottish population. *Molecular Psychiatry, 12,* 94–104.

Tsuang, M. T., Bar, J. L., Stone, W. S., & Faraone, S. V. (2004). Gene-environment interactions in mental disorders. *World Psychiatry, 3,* 73–83.

Veiling, W., & Susser, E. (2011). Migration and psychotic disorders. *Expert Review of Neurotherapeutics, 11,* 65–76.

World Health Organization. (2001). *Mental health report 2001. Mental Health: New understanding, New Hope.* Geneva: Author.

Yarhouse, M. A., Butman, R. E., & McRay, B. W. (2005). *Modern psychopathologies: A comprehensive Christian approach.* Downers Grove, IL: Intervarsity Press.

제8장

물질관련장애[1]

우리 미국인들은 ─ 다른 문화권과 마찬가지로, 고대와 현대, 원시와 문명 시점 모두 ─ 약물을 사용하는 사람들이다. 참으로, 호모사피엔스는 물질사용 종족이며, 수천 년간 그래왔다…. (그래서 확실히) 우리 문화권 내에서 비약물사용자들은 상대적으로 희박하다. 정신에 영향을 미치는 약물을 전혀 사용하지 않는 사람의 숫자를 확인할 수는 없으나 … 매우 적을 것이며, 기껏해야 몇 퍼센트 나올 것이다. 참으로, 정신에 영향을 미치는 약물에 대한 비사용은 엉뚱한 행동으로 묘사될 수 있으며, 미국 사회의 규범에서 치우친 것이라고 하겠다(Brecher, 1972, pp. 480~481).

서론

다양한 의식전환상태 경험에 대한 열망은 정상적이며 선험적이지만, 사람들이 스트레스와 다른 안 좋은 경험에 따라 다양한 합법 그리고 불법 약물을 일상적으로 사용한다는 뜻은 아니다 (Carlso, 2006; Mahoney, 1980; Weill, 2004). William James, Huston Smith, Aldous Huxley에서부터 Roger Walsh, Ram Das, Timothy Leary에 이르기까지 영향력 있는 사람들이 일부 약물(특히 정신자극제)이 우리의 인식과 의식 그리고 현실을 증대시키는 점을 강조해왔다.

몇 년 전 나는 내 스스로 아산화질소 중독 작용(intoxication)의 양상을 관찰할 수 있었으며, 그것들은 출판물에 보고되었다. 그 당시 하나의 결론에 이르렀고, 그 진실의 인상은 아직도 변함이 없

---

1 정신질환의 진단 및 통계 편람, 제4판 문서개정판[DSM-Ⅳ-TR; 미국정신의학회(APA), 2000]에서 이 질환군의 진단 분류를 '물질관련장애'라고 표기하였다. DSM-5(APA, 2013)에서는 도박장애를 포함하여 (이전 DSM-Ⅳ-TR에서는 달리 분류되지 않은 충동조절장애에 속했다) '물질 관련 및 중독 장애'로 바꾸었다. 이 장에서는 물질관련장애만 다룬다.

다. 우리가 정상 인식과 합리적 인식으로 여기는 것은, 하나의 의식 형태일 뿐이며, 그 단편들을 모아서 완전체를 만들면 그것은 완전히 다른 의식 형태로 놓이게 된다. 우리는 그 실존을 의심하지 않고 살 수 있다. 하지만 필요한 자극을 적용할 수도 있고, 그 순간 완전성, 어딘가에서 그러한 적용과 적응을 했을 법한 정신세계의 명확한 형태가 거기에 있음을 알 것이다. 어디에서도 온전함을 찾을 수 없다는 것이 결론일 수 있으나 그 모습은 의식의 다른 형태로 남아 있으며 쉽게 무시된다. 그것을 어떻게 해야 할지가 관건이다….(William James, 1902, Walsh & Vaughan가 인용함, 1993, p. 94)

같은 시대, 물질 관련 문제는 역사를 통해 개인과 사회의 차원에서 해악으로 여겨왔으며, 물질사용장애는 21세기 미국에서 가장 주요한 건강 문제로 평가되었다(Bevins & Bardo, 2004). 알코올의존[2]의 단독 발생률은 들쑥날쑥하다. 미국 성인이 인생 어느 시점에서 진단 기준을 만족하는 경우가 12.5~15% 사이다(APA, 2000; Hasin, Stinson, Ogburn, & Grant, 2007). 물질 관련 문제에 대한 결과는 엄청나다. 치명적인 과다복용부터 범죄와 폭력의 증가, 관련 질환(간경화, 폐암, B형 간염과 C형 간염 등)의 피해까지 이어지고, 중독된 산모에 의해 자녀의 선천적 장애가 증가하며, 적절한 양육 능력이 감소된다(Bry, 1983; Johnson & Belfer, 1995). 미국에서 물질 관련 문제는 청소년 사망의 가장 큰 원인으로 나타나며, 많은 청소년들이 젊은 연령에서 약물사용을 시작하여 증가하는 것으로 나타났다(Allen, 2003; Sussman, Skara, & Ames, 2008; Weinberg, Rahdert, Colliver, & Glantz, 1998). 이는 개인이 다양한 물질을 사용하기 시작하였을 때 젊은 연령에서 특히 급속도로 나타나기 때문에 물질사용장애(SUD)가 생길 가능성이 높다(Kassel et al., 2010).

전통적으로 중독을 개인의 도덕/영적 파산, 귀신들림 또는 의도적인 비행으로 해석하는 경

---

2 DSM-III와 DSM-IV는 물질남용과 물질의존에 대한 범주 구별을 포함하고 있으며, 후에 좀 더 엄격한 조건을 가진다. DSM-5는 남용과 의존을 '물질사용장애' 개념으로 합쳤으며 여기에 심각성 척도를 포함시켰다―경도, 중등도, 고도. DSM-IV에서는 물질남용에 하나의 진단 기준을 그리고 물질의존에 3개의 진단 기준을 필요로 하는데 DSM-5에서의 물질사용장애는 2개의 진단 기준을 필요로 한다. DSM-5에서 물질남용과 물질의존에 대한 진단을 삭제한 것은 '중독'과 '의존'에 대한 일반적인 혼동 때문이다(즉, 물질의존에서 특정적인 내성과 금단이 정상적으로, 그리고 처방된 치료 약물에 따른 비병리적인 반응에서 나타나므로 이것이 중독의 필수 지표가 아니다). DSM-5 물질사용장애위원회(n.d.)에 따르면, 이러한 변화의 이유에는 몇 가지 경험 소견이 포함된다. "의존과 남용 간의 높은 상호작용은 두 요소 개념의 활용에 의문을 제기한다…. 임상 및 일반 인구표본에서 남용과 의존 진단 기준 구조에 대한 많은 양의 문헌들은 가정하길 DSM-IV 남용과 의존 진단 기준은 일차원 구조를 형성하여, 남용과 의존 진단 기준을 하나의 심각도 스펙트럼 안에 분산시킬 수 있는 것으로 보았다." 본 저서는 DSM-5 출판 이후 얼마 지나지 않아 출판되었기 때문에 '물질사용장애'라는 단일 영역에 대한 연구를 포함하지는 못했다. 그래서 이 책이 인용된 다수의 연구들은 DSM-IV의 물질남용과 물질의존 범주에 의한다.

향과 달리 오늘날의 가설들은 점차적으로 복잡하며 다양한 측면을 보기 시작하였다(Childress, 2006; Giese, 1999). 그럼에도 불구하고 "우리의 해석이 보다 정교해지고 있지만 중독에 대한 우리의 이해는 완전함과는 거리가 멀다"(DiClemente, 2003, p. 3). 이 영역의 연구자 대부분은 강조하길 SUD는 개인의 특정 수준(class)이나 유형에 국한하지 않으며('전형적' 알코올 또는 약물남용자라는 말은 없다) 뇌뿐만 아니라 심리, 문화, 그리고 사회 요인과 관련되어 있다고 하였다(Carroll & Miller, 2006; DiClemente, 2003).

많은 측면에서 약물남용에 대한 문제는 다양한 정신건강 문제의 실체를 사로잡고 있다. 자기 파괴적인 행동을 어떻게 그리고 왜 개인이 자주 반복적으로 하게 되는지, 자신/가족/지역사회에서 직접적인 만족과 장기간의 행복 사이의 긴장, 생물학 그리고 개인과 사회의 상황에 따라 역동적으로 서로 영향을 미친다(Carroll & Miller, 2006). 반면 대부분의 다른 정신건강 문제들은 '탐욕적'이거나 혹은 본능적 쾌락 및 강화 효과에 매이거나 하지 않는다(즉, 우울과 정신증 삽화는 쾌락적이지 않은 반면 약물과 알코올 영향은 쾌락적이다; DiClemente, 2003).

이 책 대부분의 질환처럼 물질사용장애에 대한 병인론도 다차원적이며 개개인마다 특유한 어떤 것이다. 예를 들면 기대하는 특정 의식 상태 경험을 유발할 목적으로 특정 약물을 사용하는 것은 중독으로 발전하는 근본 동력이다. 반면, 불편한 감정으로부터 회피하기(escape) 위해 또는 다양한 사회망의 멤버십을 구성하거나 유지하기 위해 물질사용을 시작할 수도 있다. 나아가, 개인이 물질사용을 의지적으로 선택하기 이전에 관련된 요인들과 행동을 강화하는 (물질 이외의) 대상의 존재, 개인의 생리학 및 뇌 회로 그리고 다른 유전 요인들, 개인의 사회문화 상태, 이 모든 것이 개인에게 물질사용장애를 일으키는 정도 혹은 여부와 관련된 요인들이다.

이 장에서 여러분이 반복적으로 만나게 되는 것은 "비정상이라는 의미로 물질사용이라는 이름표를 붙이는 것은 절대 간단하거나 조용히 넘어가는 행동일 수 없다."는 것이며 (Mahoney, 1980, p. 348), 물질사용과 물질사용장애 사이의 선은 별것 아니지만 매우 명확히 나뉜다는 점이다. 한 가지 논점은 무엇이 약물을 구성하는가이다. 예를 들어 여러분은 카페인을 약물이라고 생각하는가? 만약 아니라고 생각하면 여러분은 이 영역에 관한 대부분의 문헌에서 약물이라 칭하는 것은 정상적으로 영양을 위해 필요한 것이 아닌 어떤 것을 우리가 먹거나 다른 방법으로 우리 몸속에 넣는 것을 의미한다는 점을 알아야 한다(Mahoney, 1980). 더욱이, 카페인은 마음, 신체, 행동에 자극제로서 영향을 미칠 뿐만 아니라 매일 커피 5잔 정도를 정기적으로 마시는 것은 신체 의존을 만들어내고, 습관적으로 커피를 마시다 중단하면 금단 증상을 경험하게 된다—늘어지고 예민한 정도에서 두통과 과민성까지. 그런데 왜 이러한 약물을 금지하지 않고, 오히려 우리 사회에서 사실상 권장하는가? 카페인 사용자의 생산성을 증진할 수 있기 때문이며, 그러한 증진이 우리 사회의 가치인가? 그리고 왜 DSM-5에서 '사용장애' 진단을 포함시킬 때 ― 사실 많은 카페인 사용자는 (물질사용장애 진단 기준보다 더 많은 항목을 요하는) 물질의존의 모든 기준을 만족하는데 ― 카페인 이외의 물질이라고 했을까?[3] (커피와 초콜릿부터 차이 소프트드링크까지) 우리 문화적 소비품에 카페인이 포함되어 있으며 어린아이들에게 계속 이러한 것을 권한다고 해도, 지나친 카페인 사용은 역시 건강에 해롭다.[4]

DSM-5에 따르면, 물질사용장애는 문제되는 양상의 물질사용이 임상적으로 유의한 고통 혹은 손상을 초래하는 것으로서, 다음 기준들 중 두 가지(혹은 그 이상)가 12개월 기간 안에 이어져야 한다 ― 물질에 대한 사용량의 증가 또는 의도한 것보다 길어짐, 개인이 물질을 갈망함(crave), 개인이 반복적으로 물질사용을 줄이거나 중단하기 원함, 또는 그러한 시도가 실패함, 개인은 구매에 혹은 물질로부터 회복되는 것에 많은 시간을 보냄, 물질사용이 가정이나 학교 또는 직장에서 개인의 책임감을 방해함, 개인은 이전에 중요했던 직업 및 사회 또는 여가활동을 줄이거나 중단함, 관계에 문제를 일으키거나 악화되고 있음에도 개인이 물질사용을 지속함, 물질사용이 심리적 혹은 신체적 문제를 유발 혹은 악화시킨다는 점을 알면서도 물질사용을 계속함, 물질에 대한 내성이 생김, 개인이 물질에 대한 금단 증상들을 경험함.

Tarter, Vanyukov, Kirisci(2008)는, SUD에 대한 병인론을 포괄적으로 이해하기 위해서, 연구는 모든 SUD 범주들에서 공통적인 위험 요인만 규명할 것이 아니라(즉, SUD의 심각도 ― 경도, 중등도, 고도), 연구에 특화된 것이 규명되어야 할 것이라고 지적하였다(즉, 알코올 SUD, 담배 SUD, 암페타민 SUD 등). 하지만 이러한 SUD 특화 변수들이 나타나면서, 이들은 주로 이화작용과 약리작용에만 국한되어 있고, 포괄적인 이해와는 거리가 멀었다. 대부분의 경우에서 규명된 생물, 유전, 환경, 사회문화, 발달의 위험 요인들은 모든 SUD 범주들에서 공통적이다(Tarter et al., 2008). 이러한 이유로, 본 장은 모든 SUD에서 공통적인 병인론 요인에 일차적인 초점을 둘 것이다.

용어 : 어떻게 분별할 것인가

비록 DSM-IV-TR에서 물질남용이란 단어를 언급할 때 "이 단어를 '사용', '오용', 또는 '위험한 사용'과 동의어로 사용해서는 안 된다."고 했을지라도(APA, 2000, p. 198), 물질 영역의 많은 저자들은 '문제되는 사용'(Carroll & Miller, 2006; DiClemente, 2006; Humphreys &

---

3 DSM-IV-TR과 실제 유사하다(APA, 2000, p. 192). DSM-5가 카페인과 관련된 장애(즉, 중독과 내성 등)를 포함하고 있다 할지라도 카페인은 (DSM-5가 나열한 10개 영역의 물질 중) 물질사용장애에 적용되지 않는 유일한 물질이다.

4 불면, 근육 떨림, 불규칙적인 심박, 호흡기 질환, 경련으로 카페인의 영향이 광범위할뿐더러 대략 10그램은 치명적일 수 있으며, 커피를 거의 100잔을 소비하는 것이라 할 수 있다(Mahoney, 1980).

Gifford, 2006), '오용'(Carlson, 2006), '중독'(Childress, 2006; DiClemente, 2003; Koob, 2006), 그리고 '중독적인 행동'(Miller, 2006) 같이 DSM과 다른 용어들을 사용하였다. Carroll과 Miller(2006)가 강조한 대로, "여러분은 무엇이라고 부를 것인가"(p. 5). 물질과 씨름하는 사람들의 결말처럼 '술고래', '알코올중독자(alcoholics)', '문제 음주자', '중독자', '약물남용자', '마약 중독자', '약물의존', 또는 '범죄자'와 같은, 과음이나 불법 약물을 사용하는 사람을 지칭하는 것에 대한 복잡한 논점을 개념화해서 어떤 것을 의미하는지 고민해보자.

　　두 가지는 우리에게 좀 더 명확하게 나타난다. 첫째, 대부분의 정신건강 문제처럼, 물질 관련 논점은 스펙트럼으로 나타나서, 사용이 전적으로 문제가 되지 않는 범위(가끔 음주하거나 허가된 상황에서 대마초 흡연), **과다사용**(좀 더 정기적인 물질사용을 하나 개인의 건강, 인간관계, 또는 직업에 방해되지 않음, 경도 SUD), 그리고 **오용, 남용, 또는 잠재적인 위험한 사용**(건강, 상호작용, 또는 직업의 영역에서 물질사용으로 만성적, 과다사용상태, 중등도 SUD), 그리고 확실히 건강을 해치는 의존(통제를 상실한 헤로인 중독처럼, 고도 SUD)까지 있다. Miller와 Carroll(2006)에 따르면, "진단 기준에 의해 '약물남용'과 '약물의존'을 분류하는 것은 점진적인 연속선상에 있는 것을 임의 기준으로 잘라 나누는 것"이다(p. 296). 대부분은 아니라고 해도, 이 영역의 많은 연구자들이 물질사용에 관한 연속선 혹은 '스펙트럼' 관점에 동의한다(그림 8.1을 보라). 이 장에서, 우리는 일차적으로 물질사용장애(SUD)라는 용어를 사용할 것이나, 인용된 문헌의 문맥에 따라 '중독'과 같은 다른 용어도 사용할 것이다.

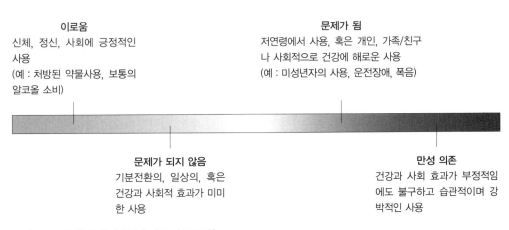

그림 8.1　정신활성 물질사용에 대한 스펙트럼[5]

---

5 출처 : 건강한 정신, 건강한 사람 : 브리티시컬럼비아주에서 정신건강과 물질사용에 대한 10년 계획. Victoria, British Columbia. 브리티시컬럼비아주의 건강서비스 및 아동가족발달 부처로부터 재인쇄 허가받음(2010년 11월 1일).

DSM-5에서, 물질사용장애 진단 기준에 물질사용만 들어가는 것이 아니라, '임상적으로 유의미한 손상이나 고통'이 들어가는 점을 상기하는 것이 중요하다. 이러한 관점은 이 영역의 전문가들이 대부분 인정하는 것이다.

알코올증(보다 정확한 용어는 알코올의존)은 결과에 의해 정의된 질환이다. 개인이 소비하는 양은 중요한 단서이다. 하지만 진단 자체는 음주가 개인과 환경에 미친 영향에 기준하고 있다 (Morrison, 2008, p. 100).

이 책의 다른 질환들과 마찬가지로, SUD는 동질상태와 다름 아니다.

개인에게 물질남용과 의존이 어떻게 발전되는지 그리고 문제되는 사용 초반에 이를 탈피하는 여부에서 의미 있는 차이뿐만 아니라, 알코올과 물질남용자의 생애 이력에서 매우 큰 차이가 있다. 몇몇은 고도의 의존 이전에 매우 긴 기간 동안 남용 또는 폭음의 형태를 유지하는 것으로 나타났다. 다른 사람들은 수년간 반복적으로 또는 매일 사용하였다. 그 외의 다른 사람들은 여러 가지 형태로 의존에 대한 기간과 금주 기간을 (가끔은 남용까지는 아닌 사용이 포함되기도 함) 보였다. (DiClemente, 2006, p. 86)

동반이환 논점

물질관련장애와 다른 정신건강 질환의 동반이환율은 높으며, 동반질환 상태를 더 심각하게 만든다. 우울증 혹은 불안증 대상 중에 물질관련장애의 평생 유병률이 25~30%가량 되고 조현병이나 조울병 대상 중에는 거의 50%에 달한다(Muesser, Drake, Turner, & McGovern, 2006). 임상적으로 매우 중요한 사실은 이러한 동반질환 상태가 병의 투쟁을 더 복잡하게 하고 치료를 더 어렵게 한다는 점이다. SUD가 다른 정신병리의 원인 혹은 결과인지 여부에 대한 오랜 논쟁이 있었다. 일부 학자(예 : Bean-Bayog, 1988)는 SUD가 그 자체로 외상의 형태가 되어 다른 정신병리를 일으키는 원인이 된다고 주장하였고, 다른 학자는 그 반대로 주장하였다. 즉, 기존의 정신건강 문제에 대한 반응으로 물질사용이 생긴다고 하였다. 한편 다른 학자들은 "물질남용과 연관된 고통에 대한 복잡함은 알코올증과 중독이 그러한 고통의 결과인지 원인인지에 대한 결론으로 쉽게 단순화할 수는 없다."고 하였다(Khantzian, 1987, p. 522).

높은 동반이환을 설명하기 위해 메타 모형으로 문헌을 검토한 후에,[6] Muesser와 동료들

---

6 메타 모형에는 이차적인 물질남용 모형 즉, '자가 약물치료(self-medication)' 가설에 따라 사람들이 그들의

은 어떤 모형도 물질 관련 질환과 다른 정신건강 질환 사이의 높은 동반이환성을 충분히 설명하지 못한다는 결론에 도달하였다. 그들은 심지어 "확실한 한 가지는 개별적인 정신질환과 물질사용장애의 병인론에 대한 이해가 거의 없다. 그러므로 동반이환에 대한 설명은 미궁의 수수께끼이다."라고 하였다(Muesser et al., 2006, p. 122).[7] 나중에 좀 더 자세히 언급하겠지만, SUD와 동반 정신질환들을 각각 별도로 다루는 치료 요법은 거의 성공적이지 못했다(Muesser et al., 2006). SUD와 이어지는 질환들 사이에 높은 동반이환성을 나타내기 때문에, 임상가는 SUD 내담자를 대할 때 다음과 같은 질환들이 있는지 반드시 검토하기 바란다 —우울증(McDowell & Clodfelter, 2001), 불안(Barlow, 2004; Swift & Mueller, 2001), 조현병(Buckley, 1998), 양극성장애(Clodfelter & McDowell, 2001), 외상후스트레스장애(PTSD) (Ouimett & Brown, 2002), 품행장애(Weinberg et al., 1998), 반사회적 그리고 경계성 성격장애(Compton, Thomas, Stinson, & Grant, 2007; Linehan, 1993), 주의력결핍 과잉행동장애(ADHD; Childress, 2006) 그리고 섭식장애(Katz, 1990).

병인론

> "중독은 잘 이해되지 않는다."
>
> Bickel & Potenza, 2006, p. 8

물질사용장애 치료 영역에서, SUD에 대한 병인론 이해가 나아질수록, 이 질환의 예방과 치료에 대한 역량 또한 나아질 것이며(Glantz, Weinberg, Miner, & Colliver, 1999), 비전문가들도 유사한 관점을 가진다. Kuppin과 Carpiano(2008)의 연구에서, 물질 문제가 본래 생물학적인지

정신질환 증상을 줄이거나 대항할 목적으로 특정 물질(LSD, 자극제, 대마초와 같은 물질)을 사용하는 것은 이차적인 정신병리 모형 즉 일시적인 정신증 삽화만 아니라 보다 지속적인 정신질환을 초래할 수 있다. 공통 요인 모형 즉, 빈곤과 인지 손상 같은 양측에 공통적인 독립 요인이 동반이환에 작용한다. 그리고 상호작용 모형즉, 물질사용이 불안장애 발병을 촉발하고 그 후 불안장애 증상의 해소를 위해 물질이 사용된다(Muesser et al., 2006). 흥미롭게도, 자가 약물치료 가설을 함께 주창한 하버드 의대 정신과 Edward Khantzian 교수는 물질의존이 다른 정신병리의 원인인지 결과인지에 대한 논쟁에서 미묘한 입장을 보였다. "이 둘은 경쟁적이라기보다 보완적이다. 논점은 물질의존이 정신병리의 원인이냐 결과냐가 아니라, 우리가 이 다양한 견해의 소견을어떻게 통합해나갈 것인지 그리고 정신병리와 물질의존 사이에 나타난 복잡한 상호관계를 어떻게 명료화할것인지이다"(Khantzian, 1987, p. 525).

7 더욱이, 대부분의 역학 연구에서는 이러한 동반이환 논점을 '대상들 사이의' 수준에서 분석한다. 이러한이유로, 개인 수준에서 이러한 동반이환이 어떻게 나타나는지에 관하여는 거의 아는 바가 없다(Kassel & Veilleux, 2010).

여부에 대한 일반인의 신념은 가장 적절한 치료 형태가 무엇인지에 대한 그들의 신념과 상관관계를 보인다.

우울, 불안처럼 중독도 심하게 중복결정적으로 보이며 혹은 Bickel과 Potenza(2006)가 언급한 대로 "다양한 요소의 복잡한 현상이며 … 중독에서 단일 과정에 의한 중앙 통제는 없다"(p. 9). 연구자들과 임상가들은 전통적으로 SUD에 대한 설명으로 단일하고 단순한 기전을 추구하였다. 예를 들어 중변연계(mesolimbic) 도파민 신경전달(우상 분획), 갈망(좌상 분획), 또는 가족, 거시환경 또는 다른 사회문화 질병들이다(우하/좌하 분획). 우리는 통합 이론이 SUD의 복잡성을 이해하는 훌륭한 기틀을 제공할 것이라고 생각한다. DiClemente(2003)는 저술하기를 "중독에 대한 단일 원인의 병인론 모형은 애처롭도록 불충분하다."(p. 6)고 하였다. SUD에 대한 병인론에 사분획과 발달 요인만 들어가는 것이 아니다. SUD는 한 개인의 유일한 문제라기보다, 더 큰 문제들 덩어리의 한 부분일 것이다. 그 문제들은 기분/불안 또는 다른 정신질환들, 아동 학대와 방임 그리고 다른 심각한 가족 문제, 빈곤/실업/재정 문제/노숙, 건강 문제/손상/장애, 폭력과 비행 등이다(Miller & Carroll, 2006). 그래서 누군가는 알코올과 약물을 사용하나 문제가 생기지 않는 반면 다른 이는 고도의 SUD로 발전하는 이유를 알기 위해서는 생물, 경험, 문화, 그리고 사회 요인들을 아우르는 복합 모형이 필요하다(DiClemente, 2003; donovan & Marlatt, 1988; Glantz & Pickens, 1992).

이번 논점에서 "알코올증/중독이 한 가지 요인은 아니며 다중적 결정 인자를 가진다는 우리 반론에도 불구하고, 우리들은 반드시는 아니어도 거의 언제나 우리 자신의 공식화, 개념, 자료를 고려할 때 그 외의 관점을 배제하는 입장에 서 있다."는(Khantzian, 1987, p. 521) 점을 기억해야 한다. 이러한 마음을 가지고, SUD의 병인론 견해들에 대해 살펴보자.

우상 분획 관점 : 행동주의부터 신경과학까지

"중독은 자기 구성 복합체(self-organizing complex) 질환이며 점진적으로 오래된 행동 과정 및 그와 연결된 뇌 영역들의 상호작용으로부터 출현한다"(Bickel & Potenza, 2006, p. 9). 이것은 다중적인 과정이 교류하여—수천 년간의 자연선별적 진화—하나의 체계가 되어 외부 조직(agent)의 의도적 개입 없이 그 자체로 질서를 갖추고 지속시킨다는 말이다. 이러한 교류의 복합체 중 가장 강력한 구성요소는 조작적 조건화와 이 과정이 뇌에 어떻게 영향을 미치는가이다(O'Brien, 2007). 우리는 먼저 조건화 과정을 언급하고, 이어서 SUD의 신경과학을 다룰 것이다.

행동 관점 우리가 앞의 장들에서 알아왔던 것처럼, 다수의 우리 행동은—정신질환 진단에 따른 행동을 포함하여—긍정 그리고 부정 강화이다. 알코올과 다른 물질의 긍정 강화 효과(기분을 좋거나 나쁘게 만드는 것, 또는 좀 더 재미있는 방법으로 우리 자신과 타인 그리고 세계를 바라보는 것)는 SUD가 생기는 데 매우 결정적인 역할을 한다.[8] 주목할 점은 물질사용과 무관한 긍정 강화가 적고, 스트레스 완충 자원이 부족하고, 지지 자극이 되는 환경이 적은 사람들은 SUD가 생길 위험이 증가되는데, 그 단순한 이유는 만족을 주는 일, 취미, 인간관계 등이 아니라 물질이 주된 혹은 유일한 인생 즐거움의 원천이기 때문이다(de Wit & Phan, 2010).[9] 이미 즐거운 활동 중에 만족을 높이기 위해 물질을 사용하는 사람들과 달리, 삶의 문제를 회피(avoid)하거나 탈피(escape)하는 의미로 물질을 사용하는 사람들은 물질 문제가 나타날 위험이 더 높다. 그들은 긍정 강화(즐거운 경험을 더함)보다는 부정 강화(혐오 경험을 제거함)를 위해 물질을 사용하는 편이다(McCarthy, Curtin, Piper, & Baker, 2010). 자세히, 만약 개인이 자신의 회피 대응 스타일에 더하여 알코올 등의 물질이 긍정 강화 효과를 줄 것이라고 기대하거나 믿는다면, 이 조합은 물질사용이 물질사용장애로 될 가능성을 높인다(Cooper, Russell, & George, 1988).

누군가 약물을 사용하기 시작해서 우울한 기분, 불안, 또는 과민성과 같은 금단 증상이 흔히 나타나면, 유쾌하지 않은 기분의 탈피가 강하게 (부정) 강화된다. 약물사용이 금단 증상이나 다른 혐오 정서를 감소시킨다고 학습이 되면 이는 SUD가 생길 수 있는 지속적인 물질사용의 중심 동기로 작용한다(McCarthy et al., 2010). 하지만 연구 결과들은 금단 증상이 언제나 약물사용을 예고하는 것은 아니라고 설명하며, 이러한 증거들이 부정 강화는 SUD가 되는 일차적 요소가 아니라고 말해준다.[10] 이러한 자료에 따라 Baker, Piper, McCarthy, Majeskie, 그리고 Fiore(2004)는 전통적 부정 강화 모형에 세 가지 요소를 첨가한 약물 동기의 부정 강화 모형을 재공식화하였다. 첫째, Baker 등(2004)은 금단의 (신체가 아닌) 정서적 차원에서 회피 혹은 탈피하는 것은 지속적인 약물사용의 일차적 동기라고 했다. 둘째, 비록 사람들이 약물을 사용한다는 점을 정상적으로 인식하더라도, 약물을 사용하게 되는 동기와 결정 과정을 종종 인식하지 못한다. 마지막으로, 경험된 부정 강화 원칙은 단지 경험된 금단만 아니라, 모든 혐오 경

---

8 대부분 약물의 긍정 경험 효과는 상대적으로 즉각적이나, 부정적인 결과는 일반적으로 한참 지연된다는 사실이 매우 중요하다.

9 알코올이나 물질을 사용하지 않는 사람들과 양질의 친밀한 관계를 유지하는 것은 주된 보호 요인이며, 그밖의 보호 요인은 스트레스를 줄이고 긍정 강화를 주는 대응 기술들(운동, 명상, 글읽기, 자연 속에서 지내기, 취미, 생활의 문제를 상담/심리치료 혹은 비공식적인 방법으로 다룸)이다.

10 부정 강화는 금단 증상을 줄이거나 제거함으로써만 아니라 모든 혐오 경험을 줄이거나 제거함으로써 일어난다는 점을 꼭 명심해야 한다.

험으로 일반화된다. "우리는 중독된 개인이 고통을 탈피하기 위해 약물을 사용한다고 생각하며, 그 고통은 약물이 떨어지는 것(박탈) 또는 환경 스트레스에 의한 것이다"(McCarthy et al., 2010, p. 20). 더욱이 긍정 그리고 부정 강화 원칙들은 같이 작용한다. 상호배제되거나 또는 모순되지 않는다.

> 재공식화된 모형은 고통이 충동 혹은 자기 관리 문제의 유일한 유발원이라고 여기지 않으며, 비록 고통에 대한 회피 또는 탈피가 물질사용의 주된 동기라고 할지라도 … 재공식화된 모형은 … 긍정 강화가 약물사용에 기여하는 역할을 알고 있으며, 특히 내성이 감소하는 금욕(abstinence) 기간이 지난 다음 다시 사용을 시작하는 시점에 그렇다(McCarthy et al., 2010, p. 21).

Miller와 Carroll(2006)에 따르면,

> 몇몇 약물은 다음과 같은 방식으로 뇌의 중앙 강화 체계를 빼앗는다. (1) 인위적으로 자극하고 약물 사용을 강력하게 강화함, (2) 본래의 보상 체계를 마비시키고 약화시킴, (3) 스트레스와 긍정 강화를 동시에 부추겨 긍정 강화에 대한 갈증을 증가시킴. 이러한 약물의 영향으로 지속적인 약물사용 선호가 유발되고 본래의 강화 원천이 약물로 대체된다(pp. 296~297).

신경생물학자 George Koob(2006)의 개념은 단지 물질을 사용하는 것에서 물질에 중독되는 것으로의 이행(transition)을 강조하였는데, 후자는 개인이 물질사용을 하지 못할 때 과민성, 불안, 불쾌감, 그리고 다른 혐오 상태를 경험하는 것이다. 여기서 우리는 다시 한 번 물질사용과 물질사용장애가 동등하지 않다는 논점과 마주한다. 연속선상의 가장 위험한 한쪽 끝은 일차적으로는 통증과 고통으로부터 벗어나기 위해(부정 강화) 물질을 사용하는, 약물 이외의 강화가 거의 혹은 아예 없는 사람들이다. 덜 위험한 다른 쪽 끝은 다양한 해소법(일, 인간관계, 취미 등)으로 즐겁게 편안함을 느끼지만 추가적인 자극이나 즐거움의 원천(긍정 강화)으로 물질 또한 사용하는 사람들이다.

Bickel과 Potenza(2006, pp. 17~18)의 말을 쉽게 옮기면, 짧고 강한 자극(물질의 작용과 효과는 이 특징으로 구분된다)은 덜 강하거나 더 긴 작용의 자극보다 더 강력한 강화를 나타낸다. 그 결과, 몇몇 사람은 이러한 짧고 강한 자극을 소유하고 경험하는 시간과 행동을 늘려가는 데에 몰두하게 된다. 이렇게 자극을 점점 더 원하는 과정은 시간 길이를 단축시켜 결과적으로 덜 강하고 더 긴 시간의 자극(의미 있는 일, 악기 연주, 운동, 그리고 그림이나 도예 등의 취미처럼 자신에게 투자하는 활동)에 대한 강화 효과를 감소시킨다. 다시 말해서, 약물사용에 보내는 시간이 점점 늘어나면 즉시 만족하려는 관점이 끝없이 강화되고 장시간, 지연된 만족을 주는 것들은 점점 더 어려워진다.[11] 그래서 사람들이 물질이 주는 짧고 강한 자극을 얻으려고 시간, 집중, 그리고 에너지를 들이면 그들은 건강한 강화를 주는 장기간 활동을 평가절하고 무시하는 경향을 가지며, 물질에 대한 의존 가능성이 증가된다. 요약하면, 개인이 지연된 보상을 무시하고 평가절하 할수록, 물질 관련 문제의 위험이 높아진다. 물질사용이 이러한 무시하는 방식을 확대시켜서 악순환이 더 강해진다. 이 점과 관련하여, 몇몇 연구자들은 반대되는 동기 요소들을 강조하길, 변화(즉, 건강하지 않은 물질사용의 형태로부터 벗어나기)를 기대하는 행동(action)을 적극적으로 취하는 것은 다른 구체적인 행동보다 더 결정적일 것이라고 하였다 (Miller & Carroll, 2006).

유전 요인   유전 요인은 SUD가 점점 진행되거나 감소되는 위험에 분명히 놓이게 한다 (Prescott, Piper, McCarthy, Majeskie, & Fiore, 2006). 이것은 알코올 문제에서 대부분 분명하며(Bohman, Sigvardsson, & Cloninger, 1981; Coninger, Bohman, & Sigvardsson, 1981), 다른 물질 문제에서도 유전 경향이 중요한 역할로 작용한다는 증거를 나타내고 있다(Miller & Carroll, 2006). 예를 들어, 친부가 SUD인 경우, 자녀에게 SUD가 생길 가능성은 4~7배 증가한다(Tarter & Vanyukov, 2001).

> 비유전 경향의 개인에 비해 유전 경향이 있는 개인의 음주는 혐오 자극을 이끄는 자동 스트레스 반응을 상당히 감소시킨다. 유전 경향을 가진 사람은 약물사용의 약리 강화에 보다 민감해서 비유전 경향의 사람보다 상대적으로 약물을 과다하게 사용하려는 경향을 가질 수 있다(Kassel et al., 2010, p. 198).

하지만 유전자는 신경전달물질부터 물질 관련 행동까지 모든 것에 매우 복잡한 방법으로 영향을 주며, 단일유전자로는 병이 생기는 이유에 대한 설명을 거의 할 수 없다(Hasin, Hatzenbuehler, & Waxman, 2006). 다른 질환과 마찬가지로, 유전과 환경 요인은 복잡한 형태로 상호작용한다(Dick et al., 2006; Jacob et al., 2001). 유전자와 환경의 상호작용에 대한 하나

---

11 부정 강화에 대한 감정 처리 모형을 재공식화하는 것으로부터, 약물의 단서(자극)들(일반적으로 높은 보상 가치, 다시 말해서 단기간 그리고 강도 높은 보상)은 개인의 관심을 끌어모을 뿐만 아니라, 단서들은 또한 개인의 인지 조절을 끌어모을 수도 있다. 그러므로 약물 단서가 워낙 도드라져서 긍정 강화의 어떤 대안적인 보상이나 자원도 흐려질 수 있다(Baker et al., 2004). "매우 매력적인 보상을 이용할 수 있을 때, 강화의 기회를 놓치지 않기 위해 인지 조절 자원을 끌어모을 수 있다"(McCarthy et al., 2010, p. 26).

의 예로 알코올사용 여성에서 종교성의 완충 효과가 있다. 종교성이 낮은 여성의 경우 유전 영향이 환경 영향을 확연히 앞지르는 것으로 나타났다. 반대로, 종교성이 높은 여성의 경우 환경 영향이 컸고 유전 영향은 실질적으로 없었다(Hesselrock & Hesselrock 2006). 약물남용과 의존에 영향을 주는 유전과 환경에 대한 두 입양아 연구에서, 비록 가족 영향의 한 가지가 유전 요인이긴 하지만, 가정 환경 또한 SUD가 나타나는 입양아 행동에 직접적으로 영향을 주는 것으로 결론 내렸다(Cadoret, Troughton O'Gorman, & Heywood, 1986; Cadoret, Yates, Troughton, Woodworth, & Steward, 1996). 더 구체적으로, 입양아의 원친척에서 반사회적 행동 이력이 있는 경우, 입양아는 반사회적 성격이 생길 가능성이 높으며, 이는 SUD와 깊이 연관되어 있다. 더욱이, 입양아의 원친척에서 음주 문제 이력이 있는 경우, 입양아는 SUD가 생길 가능성이 높다. 결과적으로, 원부모가 아닌 입양한 부모의 문제(이혼, 물질 관련, 또는 어떠한 다른 정신의학적 문제이든) 또한 입양아의 약물남용을 높일 수 있다(Cadoret et al., 1986).

일반적으로, 알코올의존은 50~60%의 유전성을 나타내며, 다른 물질장애들의 유전성은 더 다양한데, 왜냐하면 연구에 참여한 대상들의 양상이 비교적 다양하기 때문인 것으로 본다(즉, 일부는 알코올남용 및 의존만 있었고 다른 이들은 중등도 및 고도의 약물사용을 함께 갖고 있었다). 하지만 일반적으로, 약물의존에 대한 연구들은 알코올의존을 위한 유전성과 유사한 수준을 보인다(Hasin et al., 2006). 다른 중요한 점은 환경 요인이 실험을 넘어선 초기 사용과 지속 사용에 더 중요한 역할을 하는 반면, 유전 영향은 의존으로 이행하는 데에 보다 큰 역할을 하는 것으로 보인다(Hasin et al., 2006).

물질 관련 문제에서의 유전성이 시사하는 것은 뇌의 차이가 이러한 현상의 중요한 역할을 할 수 있다는 것이다(이 장의 후반부 신경과학 부분을 보라; Childress, 2006). 약물의 강화 특성은 때로는 유전적인 것에 의한다. 예를 들어, 알코올에 대한 혐오 효과는 일부 아시아인에게서 대사 과정 때문에 증가되며, 그렇기 때문에 이 군에서 알코올 문제 가능성은 적다. 반대로 몇몇 사람들은 '주량이 센' 것을 물려받아(과음에 대한 거북한 영향에 대해 상대적으로 무디다) 음주 문제가 생길 가능성이 높다(Miller & Carroll, 2006).

마지막으로 언급할 술과 약물에 대해 잘 알려진 요소는 여성보다 남성에게 좀 더 흔하다는 점이며, 그래서 유전 측면에서 성별에 따른 차이가 관심사로 떠오른다. 하지만 Hasin과 동료들(2006)은 가족 및 쌍생아 연구에서 알코올 질환의 성별 차이는 유전 영향에 기인한 것이 아니라고 결론지었다. 다른 물질사용장애에선 관련 연구가 부족하다. 물질 질환들에서 유전 요인이 명백히 관여하지만, 결정적인 요소는 아니다. 최종적으로, 알코올증 부모의 자녀가 주로 알코올 관련 문제가 나타나는 것은 아니었다(Hesselbrock & Hesselbrock, 2006). 앞으로 거론하겠지만, 개인과 사회 요인들은 동등하게 중요한 역할을 한다.

신경과학 많은 신경과학자들은 점차로 SUD를 뇌의 질환으로 간주하였다(O'Brien, 2007; Goldstein & Volkow, 2002; Volkow, Fowler, Wang, Swanson, & Telang, 2007). 같은 시점에, 대부분의 신경과학자들은 뇌가 진공 상태로 (다른 요소 없이) 작동하지는 않는다고 인식하였다. Nora Volkow와 동료들(2007)에 따르면, 중독(addiction)은 기본적으로 반복적인 중독 작용(intoxication)에 의한 복잡한 뇌 질환이며 유전, 심리(표면적으로는 긍정 및 부정 강화), 환경, 경험, 그리고 발달 요인에 의해 좌우된다. 대부분의 신경학 연구들이 약물중독 관련 위치로 변연계 피질하부 구조를 주목하고, 전두엽 피질 구조는 증가된 주의력과 관련된 위치이다. 특별히 전측 대상회와 안와전두엽 피질이며, 두 부분 모두 신경해부학적으로 변연계와 연관되어 있다(Goldstein & Volkow, 2002). 전두엽 피질의 이 두 영역은 중독된 개인이 갈망, 폭음, 중독 작용 기간에 활성화되며, 금욕 기간에 비활성화된다. 또 중요한 것은 같은 영역이 동기부여(motivation) 기능과 다른 고차원(higher-order) 인지 기능에 결정적이며, 여기에는 잠재적 강화 정도를 평가하는 역량과 행동 반응을 조절 혹은 억제하는 능력이 포함된다. 뇌 영상 연구 결과 중독은 뇌 구조와 과정에서 보상과 즐거움에 대한 변연계 반응을 넘어서서 대뇌피질의 감정과 인지 전반에까지 관여하며, 이에 따른 결과로 물질에 대해서는 상향평가하는 보상 작용이 진행되고, 강화의 대안들은 하향평가하고, 그리고 약물에 대한 억제 반응은 결여된다(Goldstein & Volkow, 2002).

뇌 영상 자료는 다음과 같은 매우 다양한 뇌 측면을 보여준다. (1) 즉각적인 만족 충동을 통제하는 역량. 여기에는 바라는 보상 선택이 어떤 결과를 낳을지 가늠하는 것이 포함된다. (2) 자연적인 보상에 대해 강한 동기를 부여하는 오랜 보상 신경회로. 즉, 알코올과 약물의 경험 및 반응에 준하는 음식과 섹스. Childress(2006)는 1번 내용을 뇌의 'STOP!' 체계(억제적인, 즉 '제동을 거는' 체계이다. 장기 목표를 따르고, 동기를 유지하며 금욕을 실행한다)로 언급하였고, 2번 내용을 'GO!' 체계(어떤 물질이 개인에게 보상이 되는지에 밀접하게 영향을 준다)로 언급하였다. 이러한 두 체계의 차이로 어떤 이들은 장기간의 물질사용을 전문가의 도움 없이 중단할 수 있는 반면 다른 이들은 물질사용이 비참한 결과를 초래한다 해도 금욕을 일주일도 유지하지 못한다.

뇌의 'GO!' 체계 측면에서 헤로인, 코카인, 니코틴이나 알코올에 중독된 성인이 약물복용을 하였을 때, 그들의 뇌 보상 신경회로는 비중독자들과 다른 반응을 보여준다. 예를 들어 코카인에 중독된 성인은 D_2 도파민 수용체[12] 수준이 낮다. 뇌의 'STOP!' 체계 측면에서 코카인이나

---

[12] 다른 저자들은 관찰된 D_2 수용체 변화가 물질남용의 원인인지 결과인지는 불분명하다고 지적하였다(Chipkin, 1994).

알코올에 중독된 성인의 뇌 전두엽의 결핍이 관찰되며, 신진대사가 낮고, 혈류가 저하되며, 회백질의 밀도가 저하된다. 뇌 기능의 이러한 결핍은 사람들이 다양한 물질 자극에 반응하여 강하게 투쟁하게 하는 데에 분명한 역할을 한다. 또 하나의 중요한 뇌 영상 소견은 전두엽 결함을 가진 청소년에게 SUD 위험성이 증가한다는 점이다. 가벼운 전두엽 장애라고 해도 'STOP!' 체계 발달을 취약하게 한다는 가설은 아직 치료받지 못한 전두엽 결함의 정신질환자들(예 : 품행장애와 ADHD)이 청소년기에 물질 위험이 증가한다[13]는 소견에서 확인이 되었다(Childress, 2006).

SUD 발생의 핵심적인 과정이 뇌의 보상 체계(즉, 다양한 강화에 어떻게 반응하는지) 변화를 초래하는 것으로 보인다. 그러므로 물질의 급성 강화 효과에 대한 신경생물학적 기반은 SUD의 병인론을 이해하는 핵심 요소이다. 중뇌피변연계(mesocorticolimbic) 도파민 체계가 물질의 보상 효과에 결정적이라는 증거가 쌓이고 있다.

의존이 생기는 중에, 남용 약물의 급성 강화 효과 관련 신경전달물질('밝은 쪽' : 도파민, 오피오이드 펩타이드, 세로토닌, GABA)의 기능 변화와 뇌의 스트레스 체제 신경전달물질['어두운 쪽' : 부신피질자극호르몬–방출인자(CRF)와 노르에피네프린]의 축적과 뉴로펩타이드 Y(NPY) 대뇌 항스트레스 체제 불균형이 모두 일어난다(Koob, 2006, p. 38).

'확장된 편도체'(전뇌 기저의 특별한 상위 구조)에서의 신경전달물질(도파민, 엔도카나비노이드, GABA, 오피오이드 펩타이드, 니코틴성 아세틸콜린)은 남용성 물질이 되게 하는 급성 강화 효과를 중재하는 것으로 알려졌다(Koob, 2006). 물질 관련 문제가 발생해가면서, 이러한 '보상' 신경전달물질이 뇌의 다른 스트레스 체계와 마찬가지로 점차로 기능을 못한다. 더 특징적으로, (스트레스 반응을 활성화하는 데에 관여하는) CRF는 증가하고 (반스트레스 효과를 나타내는) NPY는 감소한다(Helig, Koob, Ekman, & Britton, 1994).

지나친 약물사용이 확실히 뇌의 보상 체계 기능을 못하게 하지만, 그 밖의 다양한 환경적 그리고 생물학적 요인이 뇌의 보상 체제와 스트레스 체제 모두에 영향을 주어 약물사용장애 원인이 되는 신경전달 기능 취약성 혹은 조절마비를 막아주거나 혹은 부추긴다(Koob, 2006). 급성 강화 효과와 관련된 신경전달물질은 코카인과 암페타민에서는 도파민과 GABA이다. 아편(opiates)과 THC(대마초 활성성분)에서는 오피오이드 펩타이드, 도파민, 엔도카나비노이드이

---

13 같은 시간, 다른 연구들은 품행장애가 없는 ADHD가 SUD의 위험 요인으로 나타나지 않는 것으로 보았다—적어도 남성에서 그러하다. 여성에서 SUD 위험 요인으로서의 ADHD 증거는 상당히 빈약하다(Lynskey & Hall, 2001).

다. 니코틴에서는 니코틴성 아세틸콜린, 도파민, GABA, 그리고 오피오이드 펩타이드이다. 알코올에서는 도파민, 엔도카나비노이드, GABA, 그리고 오피오이드 펩타이드이다(Koob, 2006).

자기 구성 체계로서의 SUD 중독 연구자들이 주목한 또 다른 현상은 SUD가 생기는 과정 중에 다른 부수적인 문제들처럼 개인의 약물사용이 점차 자기 구성 그리고 자기 지속 체계로 되어간다는 점이다(Bickel & Potenza, 2006; Miller & Carroll, 2006). 무슨 말이냐면, 약물사용에 대한 다양한 차원들이 물질을 얻는 과정 중에 만나는 여러 사람들부터 물질을 얻느라 소모하는 시간, 건강과 관계에 해로운 영향들까지 실질적으로 그들 개인의 인생 한 부분을 쥐게 되며(선택과 의지가 아예 없다는 말은 아니다) 이러한 행위들이 자기 조절이 된다는 인식을 못한 채 점차 체계의 구조가 커진다(Bickel & Potenza, 2006, p. 14). 그래서 많은 중독자들의 경우, 그들의 삶에서 물질사용에 의한 부적응적인 여러 기능과 많은 과정들이 반복되고, 배열된다. 이러한 과정들 중의 일부는 본래 생물학적이나, 나머지는 확실히 심리적 필요(운전해서 기분 좋아지기를 바라는 것부터 개인의 의식을 변화시키는 것까지)를 따르며 이에 대해서 이제 논하겠다.

좌상 분획 관점 : 인지 견해부터 정서 견해까지

인지 요인들 SUD에서 긍정/부정 강화, 유전자, 신경화학/뇌 구조가 주요한 역할을 하지만 인지 과정 역시 분명하게 관여된다(Kassel et al., 2010).[14] 다양한 인지 변수들이 SUD의 형성에 영향을 주는 것으로 밝혀졌다 — 인지 기능의 일반 수준(빈약한 통찰, 행동을 조절하는 사고 과정 활용이 떨어짐), 기대, 주의력 편중, 그리고 인지 조절.[15] 하지만 "현재까지, 물질남용 문제 가능성이 높은 사람들에서 특정 인지 결함이 일정하게 보고되지는 않았다"(Hesselbrock & Hesselbrock, 2006, p. 102).

기대 Bandura의 사회학습이론(Bandura, 1977a, 1977b)은 기대를 두 가지 유형으로 나눴다 — 결과 기대 그리고 효능 기대. 전자는 "만약 내가 A 행동을 했을 때, B 결과가 나와야 한다." 같은 신념이다. 후자는 주어진 행동을 성공적으로 수행할 능력에 대한 개인의 신념이다(Scheier, 2010b). 주어진 약물에 대한 개인의 결과 기대는 그 약물에 대한 개인의 반응에 결정적 역할을 한다. 예를 들어 만약 누군가 술이 불안을 감소시킬 수 있다고 믿으면, 그는 비

---

14 "인지 과정은 정서 반응과 영향을 주고받는다. …인지는 그저 의식적 사고로만 규명될 수 없다."고 명시하였다(Kassel et al., 2010, pp. 62~63).

15 인지 조절은 "노력과 통제에 따른 주의력의 활성화 및 배분이며 이를 통해 목표 중심 정보를 선택하고 처리하여 매우 어렵고, 새롭고, 선택이 불분명하고, 결과가 좋지 않은 과제들에 대한 행동 적응을 용이하게 한다"(McCarthy et al., 2010, pp. 22~23).

교적 음주 이후 감정이 덜 불안하다고 할 것이며, 심지어 알코올이 없는 음료를 (알코올인 줄로 알고) 마셔도 그렇다. 반대로 알코올을 먹은 줄 모르면 그는 불안의 감소를 거의 혹은 전혀 못 느낀다(Wilson & Abrams, 1976). 다른 알코올 관련 결과 기대는 사회적 관계의 강화, 개인적 힘의 증가, 성적 흥분과 행위의 강화, 이완의 증가 등의 신념을 포함한다(Hesselbrock & Hesselbrock, 2006). 많은 인지 관점은 결과 기대의 위력, 즉 알코올이 어려운 상황에 대한 개인의 대응을 돕는다는 신념의 힘을 주목하는데, 결과 기대는 개인의 효율 기대가 낮은 경우 더욱 그러하다(즉, 대응 효율이 낮은 개인. 그는 어려움을 성공적으로 대응할 적응적 전략을 구사할 확신이 없다; Collins, Blane, & Leonard, 1999).

기대 관점은 알코올과 다른 물질의 신체 영향이 그렇게 강력하지 않다는 말을 하려는 것이 아니며, 오히려 이 관점은 생물, 심리(예 : 이완, 사회적 관계, 힘에 대한 열망 등), 사회 요인(예 : 광고나 음주 장면을 보는 영향)(Hesselbrock & Hesselbrock, 2006)의 상호작용이 중요함을 강조한다. 문헌 고찰로 확실한 점은 알코올 기대는 청소년 음주 상태와 상관관계를 보일 뿐만 아니라 "과거 음주하지 않은 청소년이 음주를 개시하는 것, 그리고 문제되는 음주를 개시하는 것을 예측하게 된다"(Collins et al., 1999, p. 158). 기대에 대한 대부분의 연구가 알코올에 관한 것이지만 니코틴, 코카인, 대마초에 대한 증거도 축적되고 있다(Collins et al., 1999). 게다가 "시작부터 재발에 걸친, 모든 약물이용 시점에서 약물 기대가 연루되어 있다는 증거가 대두되고 있다"(Kassel et al., 2010, p. 72).

물질사용 빈도 및 양의 예측에 대한 긍정적 결과 기대의 위력에 더하여, 부정적 감정 상태가 줄거나 없어지는 것에 대한 기대(즉, 부정 강화의 기대) 또한 SUD 생성과 상관관계에 있다고 반복적으로 밝혀졌다(Cooper, 1994; Shiffman, 1984). 약물의 결과 기대가 여러모로 안정적이며 일정하다(trait-like)고 해도, 그 기대는 환경(집, 바, 혼자 대 단체), 신체(충동, 금단 증상들), 정서(감정, 기분), 인지(약물 관련 정보의 유용성)의 다양한 맥락에 따라 다르게 나타난다는 점이 중요하다(Kassel et al., 2010). 특히 부정적인 정서 맥락(혐오 정서가 수반된 경험)은 긍정적인 결과 기대와 비례하여 지속적으로 나타나며 그래서 물질사용은 증가된다(Hufford, 2001; McKee, Wall, Hinson, Goldstein, & Bissonnette, 2003). 이 점에 대해서는 다시 언급할 것이다.

주의력 편중 SUD가 있는 사람들은 물질 단서에 대한 선택적 주의력에서 흔히 편중을 가지며, 그러한 주의력 편중은 주관적인 약물 갈망과 양방향 관련성을 가진다. 다시 말해, 물질 문제가 있는 사람들 중 물질에 대한 갈망이 증가함에 따라 약물과 관련된 단서를 더 크게 인지한다. 이러한 주의력 편중이 갈망 경험을 더 고조시킨다(Field, 2006).

인지 조절 약물사용에 대한 조건화가 선행되었을 때, 인지 조절은 이전의 강화 이력을 극복하고 약물사용의 일상화된 형태로부터 유래된 강한 자극-반응 연결성을 극복하는 개인 능력의 결정적인 요소이다(McCarthy et al., 2010). 개개인은 얼마나 인지 조절을 갖고 있느냐에 따라 서로 다르다. 그래서 경우에 따라 위험 요인이 될 수도 보호 요인이 될 수도 있다. 하지만 인지 조절 연속선의 가장 높은 끝에 있다고 해도, 가중된 고통이 개인의 인지 조절을 파괴하고, 곧 알게 되듯이 정서적 고통은 약물사용으로 이끄는 주요 요인이 된다. 누군가 약물사용을 줄이거나 끊으려 할 때, 그의 인지 조절 수준은 이전에 학습된 약물 습관과 싸우기 위해 비약물적인 행동을 선택하고 실행하는 여부에 결정적이다(McCarthy et al., 2010).

초대 정신분석과 현대 심리역동 견해 프로이트는 알코올중을 구강기 고착(fixation)이나 자기 파괴의 표현으로 보았다. Alfred Adler는 알코올중을 열등감에 대한 반응으로 여겼다. 하지만 이러한 견해에 대한 경험 증거는 기껏해야 얼마 안 되며, 오늘날의 많은 정신분석가들은 이러한 견해가 "매우 사변적이며 당혹스럽게도 쓸모없다."고 한다(Khantzian, 1987, p. 531).

그런데 현대 심리역동 관점에서, SUD는 자기 기능의 결핍에서 기인한다. 여기서 자기 기능이란 생기/주도성/가치/재능으로 특징지어진 일관적인 자기 감각을 조직하는 역량, 자존감을 조절하고 자기 필요를 마주하는 역량, 정서를 조절하는 능력 등등을 말한다. 따라서, SUD의 근본 원인에는 만성 정서적 고통(물론 개인이 의식적으로 경험하는 고통의 정도는 상당한 차이가 있다) 그리고 물질사용자의 자기와 타인 간의 관계 단절(disruption) 등이 있다(Kassel et al., 2010; Khantzian, 1987; PDM Task Force, 2006). 이러한 연속선상의 한 극단에서 사람들은 갑자기 고통스럽고 참을 수 없는 감정을 경험하지만, 그 반대 극단에 있는 사람들 입장에서 정서는 인지되지 못하거나 덜 명확하다—좀 더 막연하게 불쾌하거나 혼란스러우며, 종종 지루하거나 공허하다. 유사하게, SUD 내담자들은 정신증과 경계성 질환부터 불안과 기분장애까지 다양한 기저 정신병리를 나타낼 수 있다. 모든 경우에서, 심리역동 견해는 강조하길 SUD는 (부분적일지라도) 혐오스러운 정서 경험이나 자기 돌봄 기능 결핍에 의한다고 하였다. 따라서 이 질환은 자가 치료의 혹은 조절 시도의 한 형태로 보인다(PDM Task Force, 2006). 물질을 남용하는 많은 사람들은 자기 삶을 인식, 이해, 조정하거나 조절하지 못하지만,

> 그들이 약을 먹으면 그러한 사실 혹은 감정의 상태를 벗어나는데 왜냐하면 약물에 의해 나타나는 상태는 설령 불쾌하거나 고통스러워도 나중에 이를 인식, 이해, 그리고 조절할 수 있다고 여기기 때문이다. 즉, 종종 그들은 모호하고 조절 불가능한 불쾌감을 자신이 만들어내고 조절 가능한 불쾌감으로 대체하려 한다(Khantzian, 1987, p. 533).

대체로 심리역동 이론가들은 중독에 취약한 이유가 자아와 자기 구성의 발달 결핍에 의한

것으로 보는데, 이러한 결핍은 방임, 학대, 그리고 붕괴된 가정 환경과 관련 있으며 이러한 환경은 종종 양육자나 중요한 대상의 물질남용에 따른 결과이다. 감정 조절, 자존감, 인간관계, 그리고 자기 관리에 대한 역량은 이러한 결핍으로 깊이 영향 받는다. 그래서 매우 심하고, 혼란스럽고, 혹은 혐오스러운 정서 경험들을 개선하고, 조절하고, 바꾸고, 혹은 누그러뜨리기 위해 물질이 사용된다(PDM Task Force, 2006).

고통스러운 정서는 흔히 물질을 사용하고픈 동기를 유발하기 때문에, 특정 정서는 종종 그 정서를 가진 이들이 특정 군의 물질을 남용하게 만든다. 예를 들어, 알코올이나 다른 진정제(benzodiazepines, barbiturates)는 극심한 불안 또는 다른 극심한 혐오 정서를 '마비시키기(numb out)' 위해 사용된다. 반대로 몸이 약하고, 무기력하며, 사랑받지 못한다고 느끼는 사람들은 자극제에 의존한다. 아편제는 자신이 보다 '정상적'이며, 차분하고, 명랑하다고 여기게 만든다(PDM Task Force, 2006).

앞 장들에서 이야기했듯이, 애착 이론은 심리역동적 관점과 많은 관련이 있으며, 어떤 연구는 개인의 애착 양식과 그에 따른 정서적 유대(bonding)와 융합(merging)의 경험은 SUD의 병인론에 중요한 역할을 한다고 하였다(Stapleton, 2004). 요컨대, 안정 애착의 부재나 그와 관련된 융합 경험은 삶의 우여곡절에서 불안을 고조시키며, 그러한 불안은 약물남용과 깊은 관련성을 가진다(Barlow, 2004). 게다가, Stapleton(2004)은 불안정 애착 양식을 가진 사람들은 대안적인 융합 경험을 갖기 위해 알코올과 다른 물질을 사용한다고 주장한다.

성격과 기질 성향   많은 연구가 성격과 기질 성향 간의 상관관계에 대해 논하고 있다. Tarter, Kabene, Escaller, Laird, Jacob(1990)에 따르면 개인의 행동 활성도, 주의력 범위/지속도, 사교성, 정서, 진정도(soothability)는 행동과 정서 조절 능력에 영향을 미치며, 조절이 (정서와 행동 모두) 덜되는 사람들은 SUD 발병 위험이 높다(Glantz, Conway, & Colliver, 2005; Kassel et al., 2010; Tarter, 2002). 청소년기 약물남용 및 행동 조절 부전과 연관된 또 다른 기질 성향으로는 반사회성(Sanford, 2001), 비행(delinquency[16], Hawkins, Lishner, Catalano, & Howard, 1985), 충동성과 욕구 충족을 미루는 능력의 부족(Dawe et al., 2007), 정신증(Hesselbrock & Hesselbrock, 2006), 자극 추구 기질 행동(Grande, Wolf, Schubert, Patterson, & Brocco, 1984)이 있다. 일반적으로 부정적 정서(더 많이 우울과 다른 혐오 감정을 경험하는 것)는 SUD의 발병 가능성에 영향을 주는 것으로 나타난다(Hesselbrock & Hesselbrock, 2006).

---

16 다른 연구 결과에 의하면 비행과 알코올 사용은 인과적이라기보다는 허상(spurious)에 가깝다(Felson, Savolainnen, Aaltonen, & Moustgaard, 2008).

　　Tarter와 동료들(1990)은 나쁜 환경에 의해 악화되는 신경 및 신체 발달의 탈선은 정서적, 행동적 조절 부전을 증가시키며, 이러한 "조절 부전은 후성설(후성설은 유전자가 환경과 상호작용하여 특정한 구조와 기능을 만들어내는 생물학적 과정이다)에 따라 진행되는데 유아기의 까다로운 기질로부터 아동기의 품행장애, 청소년 초기의 물질사용 그리고 성인 초기의 고도 SUD까지 진행된다"(p. 657, 괄호 설명은 추가된 것임). 비록 40년의 종단 및 횡단 자료는 아동기의 행동 문제(특히 품행장애, 적대적 반항장애, ADHD의 특성)가 청소년기와 성인기의 물질남용과 매우 강한 관련이 있음을 시사하지만,

　　이러한 연구 대다수가 품행 문제 혹은 과잉행동만 있거나 주의력결핍장애가 있는 표본 아동이 물질남용과 같이 나타나는 영향에 대해서는 잘 설명해내지 못한다. 과잉행동이나 주의력결핍장애가 단독으로 알코올증에 취약해지는 독립적 기여를 한다는 증거는 없다(Hesselbrock & Hesselbrock, 2006, p. 100).

의지와 선택　의지와 선택이 물질 관련 문제와 관련이 있지만, 그 중요성은 자주 평가절하되거나 노골적으로 부정된다(Miller & Carroll, 2006). SUD 발병이 각 개인의 선택임을 강조한다고 해도 이것이 꼭 그들에게 도덕적 결함이 있다거나 가혹한 도덕의 잣대로 평가되어야 한다는 것을 의미하지는 않는다. 비록 약물사용이 분명하게 신경학적 요인이나 강화와 같은 행동 원리에 의해 영향을 받지만, 약물사용이 다양한 행동 옵션 중에 선택된 행동이라는 사실에는 변함이 없다(Miller & Carroll, 2006). 이러한 관점에서 볼 때 SUD 내담자들은 그런 선택으로 인해 비난을 받아야 하기보다는 치료에 적극적으로 참여하여 책임 있는 선택을 할 수 있는 행위자로 간주되어야 한다. 사실 물질 관련 문제로부터 회복한 대다수의 사람들은 정식 치료 없이 실제로 그렇게 하고 있다(DiClemente, 2006; Miller & Carroll, 2006). 이렇게 스스로 회복하는 경우는 대개 흔히 결정 또는 참여에 대해 '바닥치기'를 반영하는 중요한 '선택'을 포함한다(Miller & Carroll, 2006). 비록 사람들이 이후에 물질 관련 문제의 중요한 선택을 하는 것이 사실이지만, 어느 누구도 의식적으로 중독이 되려고 하는 것은 아니다. 그보다는 중독이나 기타 관련 문제들은 유전적 소인, 대인관계, 사회 체계 그리고 자신이 처한 환경의 다른 강화 요인과 같은 다른 요인들과 함께 점진적으로 시간을 두고 전개된다.

동기　동기 역동(광의의 의미로 정의된 것)[17]이 SUD의 발병에 유일한 요소는 아니지만, 핵심

---

17 비록 동기에 관한 이 부분이 좌상 분획(개인의 내부) 안에 놓였지만, Miller도 통합 이론가들도 동기를 단

적이라는 것은 잘 알려진 사실이다(Miller, 2006). 문제되는 물질사용을 그만둔 사람들이 왜, 그리고 어떻게 스스로(즉, 전문적인 도움 없이) 그렇게 했는지를 말할 때, 그들은 흔히 선택의 계기나 전환점에 대해 언급한다(Miller & Carroll, 2006). 비슷하게, 초이론적(transtheoretical) 연구에서는(DiClement, 2003; 2006) 물질사용자들이 통과하는 변화의 단계를 강조하는데, 그 단계는 동기 고취나 변화의 관심으로 시작하여, 결심을 고려하고 변화를 각오하며, 변화를 위해 필요한 행동을 실행하고 유지하는 것까지 진행된다. Miller와 Carroll(2006)에 의하면, 많은 사람들이 변하기로 마음을 먹는 데에 많은 도움이 필요한 것은 아니다. 그런데 동기는 특히 물질 관련 문제를 변화시키기 위한 것은 매우 가변적이다. 바닥치기를 해야만 도움을 받게 된다는 말은 그야말로 잘못된 생각이다(Miller & Carroll, 2006). 이는 누군가의 변화 동기 고취를 위해 친구나 가족이 자주 영향을 주어야 한다는 임상 의미를 담고 있다.

다른 경험 요인들   낮은 자아 개념이 SUD의 병인론 요인이라는 가정을 검증할 때, Samuels와 Samuels(1974)는 청소년 참여자들이 물질사용에 있어서 영향이 되었다고 말한 다음 요인들을 발견하였다 — 공허함과 호기심(92%), 낮은 자아 개념(76%), 또래 압력(68%), 그리고 파생된 쾌락이다(65%). 비록 이러한 조사가 심도 있는 것은 아니지만 경험 상태(즉, 공허함, 호기심, 쾌락)가 SUD의 시작이나 발달에 중요한 기여를 한다는 것을 지적한다.

감정과 정서 관점들   만약 감정 보상이 없으면 물질을 남용할까? 이 문제에 대해 Panskepp 등 (2004), Kassel과 Veilleux(2010), 그리고 다른 사람들은 강하게 "아니다"라고 한다. 그러나 이러한 주장이 SUD 내담자들이 충동을 조절하지 못하는 단순한 쾌락주의자라는 의미는 아니다. 사실 약물사용과 감정의 연관성으로 관찰된 것은 극심한 SUD를 앓고 있는 대부분의 내담자가 경험하는 강한 정서적 고통을 반영하는 것임을 유념해야 한다. 참으로 '행복한 만취자'로서의 인격화 혹은 들뜬 쾌락주의자로서의 중독자는 극심한 중독자들에게는 거의 나타나지 않는

순히 개인 내적 현상으로 보지는 않았다. 동기의 주관적이며 개인 내적 측면(욕구, 유혹, 충동, 물질의 효과에 대한 기대, 물질사용이 문제가 된다는 지각, 결정의 과정, 변화를 감지하는 능력, 의지 등)에 더하여, 동기는 사실상 사분획 전체의 영역에 걸친 산물이다. 따라서 동기는 생물학/유전자의 작용이기도 하며, 개인의 더 '객관적인' 차원이기도 하며(우상 분획), 친구나 가족의 개인 간 영향부터 광고/매체/경제/교육/공공정책/다른 사회적 체계(우하 분획)까지 관계적이며 사회적인 요인이기도 하며, 어떤 사람의 민족/젠더/종교 아니면 다른 관계적 요소(좌하 분획)가 개인이 알코올이나 물질사용에 변화를 주는 동기에 강력하게 영향을 미친다는 사실을 많은 근거가 뒷받침하고 있다(Miller, 2006). 자기 결정 이론가들의 동기 연구를 보면 SUD에서 동기의 중요성만 강조하는 것이 아니라, 자기 결정이나 내재적 동기와 같은 개념이 관계나 자율적이고 지지적인 관계에 대한 요구와 별개가 아님을 강조한다(Ryan, Lynch, Vansteenkist, & Deci, 2010).

다. 대신 SUD를 다루는 임상가들은 항상 현저한 정서적 고통을 가진 이들을 보게 된다(Kassel & Evatt, 2010, p. 282).

어떤 분야의 연구는 감정과 물질사용 및 오용 사이의 복잡한 관계를 다루기 시작했는데 이러한 연구는 정서신경과학, 발달정신병리학, 신경심리학에서 행동약리학과 약력학에 이르기까지 다양한 학문 분야의 학자들에 의해 연구된다. 이렇게 이질적이지만 연관성 있는 분야의 연구로부터 자료를 뽑을 때 Kassel과 Evatt(2010)는 "사실상 거의 모든 관점에서 볼 때 감정은 중독성 물질의 소비와 남용에 있어서 중심적인 역할을 한다."고 강조한다(p. 281). 하지만 정서가 하는 역할의 정확한 본질은 불분명하다. 예를 들어,

강한 정서적 고통을 경험한 사람이 마약을 사용하거나 남용하기 더 쉽다는 것은 잘 알려져 있다. 마약을 남용하는 사람이 더 정서장애를 겪기 쉽다는 순환 관계에 대한 근거도 급증하고 있다. 몇 가지의 이유에서 우리는 이러한 결과가 중요하다고 본다. 첫째, 이러한 연구는 분명한 (하지만 자주 간과되는) 사실, 즉 물질남용이 거의 항상 정서 고통을 수반하고 있다는 사실을 지적한다. 다시 말해 중독은 통제되지 않은 쾌락 욕구라는 이전 생각과는 다르게 약물을 남용하는 사람은 거의 대부분 우울하거나 불안해하거나 여러 정서 고통의 증상을 보이고 있다(Kassel & Veilleux, 2010, p. 7).

앞서 물질남용이 대개 정서적 고통을 수반한다는 언급과 관련하여 SUD가 우울증, 불안, 양극성장애, 그리고 조현병[18]과 같은 정서적 고통을 수반하는 질환들과 높은 동반이환을 가지고 있음을 기억하자. 하지만 정서와 SUD의 관계가 표면적으로 보이는 것보다 훨씬 더 복잡하고, 이러한 관계를 뒷받침하는 대부분의 자료가 상호적이다. 그래서 지금으로서는 인과관계 결론을 내릴 수가 없다(Kassel et al., 2010). 게다가 물질이 개인에게 미치는 정서적 효과는 또한 그 물질이 사용되는 사회 정황의 기능이기도 하다. 예를 들어, Armeli와 동료들(2003)은 그들의 연구에서 알코올의 스트레스 완화 효과는 대상자가 남이 있는 자리에서 음주할 때에만 나타난다고 하였다. 이제 사회적 정황의 중요성을 염두에 두고, SUD 발병에 대한 체계 요인의 범위와 역할에 대해 논하겠다.

우하 분획 관점 : 가족 체계에서 공공 정책까지

SUD 분야의 많은 연구자나 임상가들은 SUD가 개인에게 내재된 문제라기보다는 사회 문제라

---

18 SUD와 반사회적 성격장애와 같은 외현화 장애와의 동반이환은 불안이나 기분장애 같은 내면화 장애와의 동반이환보다 높았다(Kassel et al., 2010).

고 생각한다(Peyrot, 1984; Scheier, 2010a). 다양한 차원의 사회 정황(가정, 학교, 그리고 또래 그룹에서부터 직업, 이웃 환경, 공공 정책과 거시적 체계 요인까지)이 물질 관련 문제들의 발병 위험을 높이거나 낮춘다. 그러나 통합 이론의 관점에서, 이러한 사회 요인들은 당사자들이 물질을 사용 혹은 금욕의 특정 양식을 이루도록 당사자들의 생물학적 요인과 선택 사이에서 서로 혹은 같이 작용한다. 간단한 예로, 청소년기에 또래 그룹이 물질사용을 선보이거나 용인해주는 것이 청소년들의 물질사용이나 잠재적 오용의 가능성을 높인다는 것을 알고 있다. 하지만 청소년은 단지 수동적 피해자이기만 한 것은 아니며, 누가 또래 그룹으로 선택되는가에 대한 어느 정도의 선택권이 있다. 유사하게 아이들과 부모 간에 서로 영향이 나타난다. 부모의 감시와 돌봄이 부족하면 청소년의 초기 물질사용을 조장하게 되고, 이는 결과적으로 부모에게 좌절과 절망을 가져다주며 이는 또다시 부모의 감시와 돌봄을 저하시킨다. 유사한 예로 친밀감이 부족한 가정은 구성원이 대응 기전의 하나로서 물질을 의존할 기회를 높이는데, 이는 이미 있는 가족 친밀감 문제를 증폭시키며, 그 악순환은 다음 세대로 이어진다(Coleman, 1982). 그러므로 유전, 행동, 문화, 경험 그리고 기타 요인들처럼 사회 정황은 물질 문제를 발전시킬 가능성에 강력한 영향을 미치지만, 그러한 문제들의 일차적인 원인과는 거리가 멀다. 개인의 선택, 유전, 그리고 다른 요인들은 항상 어떠한 결과를 초래하도록 복합적인 경로로 상호작용한다. 유감스럽게도 대부분의 연구는 지금 그러한 복합적인 상호작용의 세부사항을 단언할 수 없다.

> 약물남용의 다원적인 병인론에도 불구하고 … 약물남용 연구는 보다 넓고 상호적인 작용의 이해 (사회적 요인)는 뒷전으로 미룬 채 주로 개인적인 위험 요인에만 초점을 맞춰왔으며 앞으로도 그럴 것이다. …약물사용의 역학은 필연적으로 개인적 요소와 가족, 생물, 사회 환경적 요인들과의 상호작용을 검토해야 하고, 또 이러한 상호작용들이 장기간에 걸쳐 그리고 세대 간에 걸쳐 축적된 것을 검토해야 한다(Thomas, 2007, p. S141; 괄호 내용은 추가된 것임).

가족 영향   연구에 의하면 가족이나 가까운 관계가 SUD의 시작, 발병, 진행, 회복뿐 아니라 보호 기능까지 담당한다(Friesen, 1983; Kliewer, 2010; McCrady, 2006; Moos, 2006). 비록 일반 사람들이 사회적 관계의 복잡한 연결망에 대해 정형화 혹은 과간략화된 견해를 견지하지만, 몇몇 견해들은 상당히 견고하다. 예를 들어, 청년기에 물질을 사용하거나 오용하게 되는 주요한 위험 요인이 부모의 물질사용이다(Friesen, 1983; Hawkins et al., 1985; Kliewer, 2010; Moos, 2006). SUD를 앓고 있는 부모들은 그 자식들을 학대할 뿐만 아니라, 아이들이 마약 문제를 일으키지 못하게 완충하는 부모 역할도 부족하다. 게다가 부모의 물질사용이 본이 되어 물질사용에 대한 아이들의 긍정 기대가 높아진다. 이와는 대조적으로 부모가 물질사용을 허용하지 않으면서 관리 감독하면, 아이들이 물질을 처음 사용하는 시기를 늦출 뿐 아니라 그렇게 물질을 사용하는 것이 SUD로 발전하게 되는 위험을 낮춘다(Grant & Dawson, 1997; Hawkins, Graham Maguin, Abbott, Hill, & Catalano, 1997).

부모의 약물사용이 자녀들의 물질사용 가능성을 늘린다는 것은 다양한 표본과 방법, 연구 디자인을 사용한 많은 연구로 볼 때 상당히 유력하다. …특히 이러한 연관성 대부분은 인구통계 그리고 또래 영향을 통계적으로 동일하게 처리한 여러 사례에서 드러난다(Kliewer, 2010, p. 372).

많은 젊은이들은 그들의 첫 음주가 아버지와 함께였다고 이야기한다 — 함께 놀이를 하거나 친밀감을 가질 기회를 만들지 않는 아버지들. 다른 아이들은 물질을 남용하는 부모에 의해 물질을 사용하는 습관에 '이끌렸다(pulled in)'고 이야기하였다. 이러한 경우, 아이들이나 청년들은 부모와 음주를 하거나 물질을 사용하는 것 이외에는 부모와 친밀해질 수 있는 기회가 없었다(PDM Task Force, 2006).

SUD와 이들의 병인론 영향에 대한 과학적 연구를 요약하여, Miller와 Carroll(2006)은 강조하길 적절한 양육 방식은 지지적이고, 일관되며, 권위 있는 방식(이는 처벌적인 권위주의와 방치하는 허용주의의 중간을 말함), 아이의 활동과 친구들을 관리 감독하는 것, 종교나 사회 구성에 관심을 갖게 하되 단지 도와만 주는 것이 아니라 바람직한 본보기도 되는 것이라고 하였다. 반대로 높은 SUD 위험도와 관련된 양육 방식은 학대하고, 방임하며, 혹은 무관심한 방식이며, 부모끼리의 관계는 특징적으로 정서 갈등이 높고, 세대 간 경계가 산만하고 애매하다(Friesen, 1983). "아동기의 피해와 청년기의 물질남용과의 인과관계를 밝히기 위해 구상된 연구에서 … 비록 성 학대는 그렇지 않았지만, 아동기의 신체 학대는 현재 청년기에 문제 되는 물질남용의 강력한 예측 변수로 증명되었다"(Lo & Cheng, 2007, p. 139). 부모의 행동은 영향력을 행사한다. 특히 모성의 영양과 질병은, 임산부의 음주와 흡연만큼 자녀들의 SUD 위험율 증가와 관련 있다. 비록 제시된 많은 정보들이 사회과학자들에 의해 상당한 합의를 보이고 있지만, 이러한 결론들은 상관관계 자료의 결과이므로 인과론적 추론은 적절하지 않다.

발달심리학자 Wendy Kliewer(2010)의 연구는 가족과 부모가 청소년의 마약 사용에 영향을 주는 세 가지 일차 요소에 초점을 두었다 — 본보기(modeling, 아이들이 목격하는 부모 행동, 앞서 암시하였다), 지도(coaching, 부모들이 아이들에게 하는 언어적 메시지), 가족 정황(family context, 아이들의 행동을 지지하기도 완충하기도 하는 규칙이나 감정 수준 같은 가족 환경의 양상). 확실히 Kliewer는 이 세 가지 요소가 아이들의 대응 기술에 영향을 미친다고 하였는데,

이는 SUD의 발병에 있어서 가장 중요하다. 일반적으로, 능동적(접근 지향적) 대응 전략을 쓰는 청소년이 회피 전략을 쓰는 경우보다 훨씬 더 문제와 스트레스 요인에 잘 대처하는데, 후자는 청소년기에 있어서 마약 사용과 상관관계가 있다(Kliewer, 2010; Wills & Filer, 1996).

부모의 지도 메시지는 마약 사용과 관련된 대응 전략뿐만 아니라 마약 사용을 바라보는 태도도 담겨 있다. 마약 사용에 대한 부모의 가치관(안 된다는 식의 표현)이 청소년들이 약물 관련 문제를 덜 일으키는 것과 상관관계가 분명히 있다(Kliewer, 2010). 더욱이 부모가 언어로 북돋는 대응 전략은 청소년 자녀들의 대응 방식과 상관관계가 있다. 회피적 대응 전략은 더 많은 마약 사용을 유발할 뿐만 아니라, 마약 사용 자체가 회피적 대응의 한 형태일 수 있다(Kliewer, 2010).

가족 정황은 약물사용과 SUD의 병인론에 관한 것으로 다방면으로 연구되어왔다. 가장 중요한 개념으로, 가족 정황에는 부모의 정신건강, 가족 구조, 가족 관리(규칙과 경계 설정, 관리 감독, 훈육 전략), 청소년-부모 관계의 질(얼마나 따뜻하고, 지지적이고, 정서적이고, 상호 애착적인지 등), 가족의 일반적 기온(정서적 표현, 응집력, 갈등) 영역이 있다. 이 다섯 영역 모두 약물사용이나 SUD와 상관관계를 나타낸다(Kliewer, 2010). 간단히, 다음의 항목이 청소년 물질사용 증가나 SUD와 연관되어 있다―정신병리를 가진 부모, 아버지 부재의 가정, 부모의 관리 감독이 적음, 따뜻하고 정서적인 부모-청소년 관계의 결핍, 혹은 부모와 자녀 사이 상호 애착의 결핍, 가족 응집력의 결여와 높은 수준의 감정 갈등(Kliewer, 2010).

가족은 아이들이나 청소년들에만 아니라, 부모가 물질을 사용하거나 오용을 하는 데에도 커다란 역할을 한다. 가족 보호 요인에는 적대적인 언쟁 없이 응집력이 있는 가족, 친밀한 관계, 상대의 물질사용에 대해 직접적으로 명확히 우려하는 배우자, 비물질사용자와 사회 연결망을 갖는 것, 그리고 금욕에 대해 지지받는 것이 있다. 반면, 가족 위험 요인에는 불만스러운 결혼 생활, 상대의 물질사용을 용인하거나 간접적인 의사전달만 하는 배우자, 적대적인 논쟁, 그리고 물질을 사용하는 친구와 관계를 지속하는 것이 있다(McCrady, 2006).

또래 그룹과 학교   비물질사용 사회 관계망이 없는 사람들이 SUD 발병뿐 아니라 물질사용을 시작할 위험이 높다는 것은 분명해 보인다. 부정적인 또래의 영향은 어린 또래 그룹부터 단체 소속까지 미치며, 단체 소속은 대학 동아리 같은 후기 청소년 환경이 포함된다. 우리가 인식하기로 또래 그룹이 아이들에게 상당한 영향을 미치며, 이에 더하여 어떤 아이들은 다른 아이들에 비해 부정적인 영향에 더 취약하다. 그러한 아이들은 (미래 그리고 지연된 만족에 마음을 두는 이들과는 달리) 주로 즉각적인 것에 관심을 가지고, 외향적이며, 주로 회피/도피 대응 방식을 보이고, 사교적 기술이 빈약하며, 그리고 낮은 자존감을 가진다(Moos, 2006). 학생들에게 과외 활동과 사회적 관찰, 그리고 훈련을 적극 격려하는 학교는 학생들이 물질사용을 시작하는 것과 악화되는 것을 지연시킨다(Moos, 2006). 사회적 고립은 또 다른 위험 요소이다. 비약물적 긍정 강화(스포츠, 음악, 그리고 기타 방과 후 과외 활동이나 취미부터 학교나 일이나 사회에서 의미 있는 역할을 맡는 것까지)의 활용 정도가 SUD의 발병을 줄일 수 있을 것이라는 의견은 (앞서 언급하기는 했지만) 아주 확실한 것은 아니다(Miller & Carroll, 2006).

스트레스/외상 경험 스트레스와 외상이 물질사용에 기여한다는 것은 자명하며, 극심한 스트레스가 SUD 발병 가능성을 높인다는 것도 연구에 의해 뒷받침된다(Carroll & Miller, 2006). 예를 들면, 베트남 참전 군인에서 심각한 전투를 경험한 여부와 SUD 발병을 비교한 연구에서, 경험이 있는 경우에는 참전 이후 SUD 발병이 배로 증가되었다(Fischer, 1991). 비록 여러 연구들이 스트레스 경험이 증가함에 따라 SUD도 증가한다고 하지만, 다른 연구자들은 주로는 방법론적으로 비판을 하였다. 가장 흔한 오류로 많은 연구들이 스트레스를 받는 생애 사건이 SUD의 얼마나 실질적인 원인인지에 적절한 주의를 기울이지 않아서, 인과관계의 방향을 오판하거나 상관관계를 인과관계로 혼동하였다(Allan & Cooke, 1985). 그렇지만 스트레스가 재발의 촉진제가 될 수 있다는 것에는 어느 정도 의견이 일치한다. "Marlatt의 재발분류체계에 대한 최근의 요인 분석은 다양한 형태의 스트레스 인자를 포함하는 부정 정서가 재발의 관건임을 밝혔다"(Koob, 2006, p. 30). 이는 앞서 언급한 정서의 역할뿐만 아니라 약물사용이 스트레스와 다른 혐오 경험을 완화시키는 부정 강화 효과와도 맞아떨어지는 것이다.

일 단지 상호관련성일 뿐이라고 해도, 청소년 자료들은 고등학교 때 더 많이 일하는 경우(즉, 유급고용) 또래의 물질사용을 더 따라 하며, 부모들과의 유대관계에서도 덜 건강한 경향이 있음을 보여준다. 그래서 그들이 물질을 사용할 가능성은 더 높다(Moos, 2006). 반면 성인의 경우 보통 직장의 관리 감독과 지도 감독은 물질사용이 SUD로 악화되는 것을 막는다. 어떤 연구에 의하면, 불완전 고용에 있거나 실업인 경우는 (아마도 사회적 소외나 감독의 부재로 인해) 더 많은 물질을 사용한다고 한다. 다른 연구에서는 구조방정식 모형으로 분석하면 "실업 상태가 얼마 되지 않은 경우는 알코올사용이 감소하지만, 기간이 경과하면 증가한다."고 말한다(Khan, Murray, & Barnes, 2002, p. 405). 한편, 근무 환경 스트레스가 매우 높고 물질사용을 좋게 보는 분위기라면 물질을 사용하거나 오용할 위험이 증가하기 쉬우며, 보다 현실도피적인 이유로 물질을 사용하는 이들에게는 이러한 영향이 커진다(부정 강화; Moos, 2006).[19]

---

19 문헌에 대한 다른 검토에 의하면 "정규직과 물질사용의 관계는 분명하지 않음을 강조한다. 어떤 연구

거시 사회 영향   물질사용이나 물질 관련 문제들은 지역부터 전 세계에 이르는 사회정치, 경제 상황에서 발생한다. Spooner와 Hall(2002)은 이러한 것들을 '거시환경' 영향이라고 하고 그러한 영향이 병인론과 치료에 대한 우리 시야를 넓힐 만큼 중요하다고 주장한다. 21세기에는 물질사용의 추세가 최근의 광란 현상(rave phenomenon)부터 농촌 지역의 헤로인 사용 증가까지 온 나라를 빠르게 휩쓸고 있다(Carlson, 2006). 논쟁할 가치조차 없을 정도로 마약을 손에 넣을 수 있는 환경에서는 마약의 사용이 증폭되었다.[20] 더욱이 '중독 문화'는 자체 사회기반 시설을 가지고 있는데 마약 거래처, 나이트클럽, 술집부터 카지노, 스트립 클럽, 그리고 성매매 업소까지 이른다(du Plessis, 2010). 마약 밀매꾼들만 마약의 잠재 시장에 대해 전보다 훤히 꿰고 있는 것이 아니라, 이제는 인터넷이 정식 약품을 불법적으로 유포하는 데 사용된다. 그래서 마약은 구하기 쉬우며, 여느 때보다도 '더하다'. 여기에 빈곤과 인종차별, 실업, 사회적 고립, 그리고 전반적인 불평등 같은 사회 체제 요인이 더해지며, 너무도 흔히 선전되는 '좋은 삶'의 상품을 갖지 못하는(긍정 강화를 주지만 덜 위해한 것들을 얻지 못하는) 사람들이 쾌감과 즐거움을 위해 점점 더 마약을 찾게 되는 것을 이해하기란 그리 어렵지 않다.

사회경제수준   환경의 역할이나 혐오 경험 완화를 위해 물질을 사용하는 부정 강화에 대해 이미 논의한 것들을 기억해볼 때 많은 학자들이 사회경제수준(SES)이 SUD에 있어서 병인론 역할을 한다고 한 것은 놀라운 것이 아니다. 예를 들면 24세에서 70세까지 높은 사회경제수준을 가진 41명의 남자와 같은 연령대의 낮은 사회경제수준을 가진 40명의 남자에 대한 연구에서, 지위가 낮은 그룹은 알코올사용의 외적 귀인(attribution)을 보이는 반면, 높은 그룹은 내적 속성을 보이는 편이었다(McKirnan, 1984). 비록 주관적인 귀인이 결코 실제 원인과 동일시될 수는 없지만, 실업이나 빈곤 또는 그 외 낮은 사회경제수준 문제를 가진 사람들에게는 이러한 사회경제 스트레스 요인이 알코올이나 기타 물질오용을 추구하는 주요 요인이 되는 반면, 덜 스트레스를 받는 사회경제 상황의 사람들에게서는 내적/심리적 요인이 알코올이나 다른 물질오용에 더 크게 작용할 것이다. Williams와 Latkin(2007)은 직업이나 사회 지지와 같은 많은 요인

에 의하면 정규직은 알코올사용을 줄이며(Gotham et al., 1997), 또 다른 연구는 정규직이 알코올사용을 늘린다고 밝혔다(Temple et al., 1991). 그러나 다른 연구들은 정규직과 알코올사용 간의 아무런 연관성을 찾지 못했다(Bachman, O'Malley, & Johnston, 1984; Gotham et al., 2003)"(Jochman & Fromme, 2010, p. 569).

20 그리고 이는 마약에 이미 접근 가능할 때, 마약을 획득하기 쉽다는 것만은 아니다. 환경 정황(우하 분획)이 사실상 주관적 갈구나 욕구에 영향을 미치며, 많은 초기의 간단한 병인론 모형들이 이를 인지하지 못하였다. Juliano와 Brandon(1998)의 연구에 의하면, SUD 개인이 마약에 접근할 통로가 없음을 인식하였을 때(예 : 그들이 입원하였을 때) 마약 사용을 가능하게 할 만한 환경 정황에 있을 때보다 덜 욕구를 느낀다고 하였다.

을 통제한 이후에도 이웃의 빈곤이 SUD와 상당한 관련이 있음을 보여주었다. 낮은 사회경제 수준의 극단에서, 빈곤은 SUD와 단지 관련 있는 정도가 아니다. Khan과 동료들(2002)의 구조방정식 모형을 사용한 연구에서 빈곤의 증가는 알코올 관련 문제들과 실제 인과적으로 관련이 있는 것으로 나타났다(p. 405).

약물 정책 물질사용과 오용에 관련된 다른 제도적 요인은 약물과 음주에 관한 정책들이다. 지방자치정부가 음주운전(DUI)과 미성년 음주를 단속하고, 기타 약물 관련 법률을 집행한다. 주와 연방 정책도 그러하다. 특히 중요한 것은 연방법이 약물 소지를 범죄로 인정하는 것과 SUD를 공중보건이나 의학적 논점으로 보기보다는 형사법 논점으로 보는 지배적인 관점이다. 현행 공공정책은 SUD의 본질과 이를 치료하는 가장 적절한 방법에 대해 이중적이다. 우리는 모두 약물사용에 대한 서로 상반된 메시지들을 접한다. 어떤 사람들은 약물의 폐해에 대해 이야기하거나, 약물과의 전쟁을 벌이려 노력하며, 다른 이들은 (주류와 담배 업계부터 노래, 예술, 영화 또는 기타 매체까지) 약물을 미화하고 홍보한다.

약물과 형사 사법체계의 논점은 SUD의 병인론을 종합적으로 이해하는 데에만 필수적인 것이 아니라, 이를 치료하는 데에도 필수적이다. SUD와 같은 문제가 발전하는 것은 다시 말하지만, 많은 연구자들은 개인적인 문제보다 사회적인 문제로 본다(Peyrot, 1984; Scheier, 2010a). 최소한 부분적으로라도 정부 정책이나 법과 같은 정치 과정이 작용한 것이다. 비록 어떤 병원들이나 치료 센터, 그리고 연구자들은 SUD를 의학 혹은 임상 문제라고 하지만, 정부 재정차원에서는 여전히 분명하게 사법정의적 문제라고 강변한다(Bertram & Sharpe, 2011; Moyers, 1998). 사회학자 Mark Peyrot(1984)이 말하듯이 "약물남용 정책을 '의학적' 문제에서 보는 현재 관점은 이전에 제도화된 형사 사법적 대응의 의미를 경감시켰다"(p. 84).[21] Peyrot(1984)은 우리의 현행 약물남용 정책이 서로 다른 시기에 제도화되어온 다른 견해들의 결과이며, "한편으로는 처벌과 억압, 다른 한편으로는 치료와 재활이라는 모순된 접근법의 혼동된 결과를 낳았다."는 것을 보였다(p. 84). 여러분은 헤로인, 아편, 코카인, 대마초 같은 약물들이 1875년 전에는 사실상 법적 제한을 받지 않았다는 것을 알면 놀랄 것이다(Peyrot, 1984). 많은 학자들이 이야기하듯이 지방과 연방 정부 입법이 약물을 범죄화한 것은 소수의 약물사용자들에, 특히 중국의 아편전쟁이나 흑인과 히스패닉계의 대마초 사용자에 대한 공포에 기인한 것으로 보이며, 그들을 통제하고 억압하기 위한 수단이었다(Helmer, 1975; Peyrot, 1984).

---

21 약물사용의 개념과 이에 대한 대응으로서의 약물 정책이 역사적으로 변천된 개요에 관심이 있다면 Peyrot (1984)을 참고할 것.

대부분이 알고 있듯이 금주법(금주법하에서 알코올사용은 14년 동안 금지되었다)은 알코올 소비와 관련된 문제들의 해결에만 실패한 것이 아니라, 조직 범죄에서 시민 불복종에 이르기까지(누구든 술을 마시기만 하면 범죄자가 되었다) 사실상 많은 새로운 문제를 만들었다 (created). 만약 현행 정부의 약물 정책의 실패에 의문을 가진다면, 끊임없는 '약물에 대한 전쟁'만 한번 생각해보라. 약물 정책 중 70%의 재원이 나라 혹은 거리에서 약물을 몰아내려고 쓰이고 있지만, 지난 30년 동안 물질 관련 문제를 유의하게 감소시키지 못하고 있다(Bertram & Sharpe, 2011).[22] 이전에 미국 정부의 약물 '단속 총책임자(czar)'였던 Barry McCaffrey 장관조차도 "우리는 160만의 미국인을 감옥에 가두기 위해 1년에 170억 달러를 쓰고 있습니다…. 우리는 이 재원을 예방 프로그램에만 허비하는 것이 아니라 약물사용의 효과적인 치료를 위해서도 쓰도록 정책적 결의를 키워야 합니다."라고 말하였다(Bertram & Sharpe, 2011, p. 13에서 인용).

현재의 약물 정책은 SUD를 기본적으로 탈선자나 잘못된 생각을 하고 있는 사람 또는 비도덕적인 사람들의 범죄 문제로 보려는 경향이 있다(Bertram & Sharpe, 2011). 이러한 인습적인 견해는 유전학, 신경과학, 의학, 심리학, 사회학 분야에서 제시한 압도적인 근거에도 불구하고 바뀌지 않는다(Hasin et al., 2006; Koob, 2006; Moos, 2006; Thomas, 2007). 왜 그리고 어떻게 형사 사법적인 관점이 의학, 임상, 공공보건 관점보다 우세하게 지속될까? Peyrot(1984)은 결정적인 역사 요인은 과거 문제해결을 위한 접근법이 제도화된 정도라고 설명한다. 뒤따르는 접근은 대개 이전의 것을 완전하게 대체하기보다 그전의 기반 위에 덧붙여지기 때문에 이전 접근이 깊이 배어 있을수록 새로운 접근이 이전 것을 대체하기 어려운 까닭이다. 예를 들면 음주에 대한 형사 제재가 오늘날 알코올사용장애 임상 접근이 생기기 오래전에 끝났지만, 알코올남용과 의존에 관한 이전의 형사/도덕 관점은 여전히 영향력을 행사하고 있다. 마찬가지로 약물남용을 처리할 때에도 임상, 공중보건, 의학, 정신건강 접근보다 형사 사법 접근이 더 두드러진 역할을 한다. Peyrot(1984)이 이러한 역학관계를 지적한 것이 비록 오래전이지만, 그의 관점은 지금의 물질 전문 임상가나 연구자들에 의해서 많은 반향을 일으켜왔다(Beatty, 2010; du Plessis, 2010; Thomas & Conway, 2010).

사회 모든 계층의 사람들이 약물을 사용하지만, 약물 법을 적용하여 중형으로 감옥에 보내

---

22 물질사용에 대한 형사적 제재가 물질사용을 막는 데 상대적으로 비효과적인 반면, 물질사용에 대한 사회적 모범이나 규준이 상당한 영향을 미친다. "제한은 규범과 본이 되며 약물사용을 낙인으로 인식하는 문화에서는 약물사용이나 약물 관련 문제가 훨씬 더 낮다"(Miller & Carroll, 2006, p. 301). 물질 광고에서 나타나는 상징적 의미들은 강한 대조를 보이는데, 이들은 물질사용을 정상화하는 경향뿐만 아니라 동시에 물질사용을 성공과 부 아니면, 매력적인 사람들로 연관시키기 때문이다.

지는 대상은 주로 흑인 혹은 라틴계 미국인 그리고 빈민 지역이나 문제가 빈번한 도시 지역의 사람들이라는 점은 의미가 있다(Beatty, 2010; Moyers, 1998). 수감자 중 65~70%가 물질 관련 문제(약물 소지나 판매, 약물을 구매할 돈을 벌기 위해 절도나 매춘을 하는 등)로 수감된 경우이고, 소수 민족의 비율이 상당히 높다(Beatty, 2010).[23]

현행 미국 공공정책의 또 다른 사회적 불평등 중 하나는 SUD 치료를 자비로 할 수 없는 사람에게는 제공되지 않는다는 것이다. 최소 3~6개월은 기다려야 서비스를 받을 수 있는데, 그 정도의 시간에 SUD 내담자들은 자주 재발하곤 한다. 부자가 아니면 장기입원치료는 거의 받을 수 없다. 감옥에 수감되는 것은 거의 무제한의 여유가 있는 듯이 보이나, 예방과 치료 그리고 재활을 위해서는 턱없이 부족하다. 너무도 빈번하고 안타까운 현실은 가난한 사람이 불법 물질을 사용하다가 잡혔을 때 그들을 기다리는 것은 감옥에 투옥되어 재활 센터에 배치되기를 기다려야 하는데, 실상 그들이 재활 센터에 배치되는 것은 거의 불가능한 일이다. 본질적으로 말해 우리의 공공정책은, 돈 많은 사람이 약물 문제가 있다면 Betty Ford 재활 센터로 보내지만, 가난한 사람은 감옥으로 가게 한다는 것이다(Moyers, 1998).

알코올과 담배로 인해 문제가 있는 사람들의 수가 각종 불법 약물로 인해 문제가 있는 사람들[24]보다 훨씬 더 많지만, 그렇지 않았으면 생산적이고 법을 잘 지킬 많은 사람들이 대마초 흡연[25]으로 인해 지금 감옥에 있다. 모순된 정책과 약물 법의 다른 예도 대마초 사례와 관련이 있다. 대마초는 1937년에 '불법' 약물로 되었는데, 이전에 일부 의사는 이를 근육 이완제, 천식 치료제, 진통제로 처방하였다(Mahoney, 1980). 오늘날에도 여전히 대마초는 항구토제로 쓰이며, 통증이나 그 외의 많은 질병(예 : AIDS, 녹내장, 암, 다발성 경화증)을 치료하기 위해서도 쓰인다. 하지만 연방 규제 물질 법에 의하면 대마초는 일급 약물(schedule I drug)이다(이는 가장 엄격하게 관리하는 분류로 헤로인이 여기에 속하며, 이급 약물에는 암페타민과 코카인이 있다). 이에 반해서 저명한 학자이며 과학 저술가인 Edward Brecher(1972)의 중독 연구에 대한 공로를 살펴보자.

---

23 약물 정책이 민족 지위에 따라 시행된 것은 차별받는 다른 방식의 스트레스와는 다르며, 후자에서는 대응 방식으로 물질남용을 할 가능성이 높아진다(Gibbons, Pomery, & Gerrard, 2010).

24 40만 명 이상이 매년 담배/니코틴으로 인해 사망하며, 10만 명 이상이 알코올 때문에 죽는다. 알코올은 살인 사건의 60%와 관련이 있는 것으로 나타났으며, 보고된 아동 학대의 38%가 관련이 있는 것으로 나타났다 (Bertram & Sharpe, 2011; Moyers, 1998).

25 그렇지 않았으면 정치적으로 보수적인 많은 사람들이 일부 어떤 약물을 비범죄화하려는 주도적인 요소 중 하나는 법으로 인해 법을 지키는 사람들을 범죄자로 만들기 때문이다. 더욱이 많은 시민들은 비폭력적인 SUD 내담자들보다는 살인자, 강간, 절도범을 감옥에 보내고 싶어 한다(Moyers, 1998). 약물남용을 일차적으로 범 죄로 보는 것에 대한 대안은 그것을 공공보건 문제로 보는 것이며, 이는 초범이나 재범을 감옥보다는 치료/재 활 시설로 보내는 것을 의미할 것이다.

대마 사용을 억제하기 위해 현재 우리가 형법을 사용해서 생긴 개인 및 사회의 해악(젊은 생명의 손실과 법 경시 풍조를 포함)은 대마의 오랜 사용 역사와 해악의 증거가 부족함을 고려할 때 대마 자체가 줄 수 있는 해악보다 훨씬 중대하다. …모든 이유를 종합해볼 때, 대마는 정부가 품질과 유통을 관리하여야 할 것이다(p. 466).

비록 연방 수준의 합법화는 아니더라도, 컬럼비아를 포함한 25개 주는 여가용 대마초를 합법화 혹은 비범죄화하거나, 의학용 대마초의 사용을 합법화하였다(Wikipedia, n.d.). 지금까지 많은 사회 역동을 다루었지만, 관찰 가능하고 측정 가능한 사회 체계(사회경제수준, 법, 공공 정책)가 SUD 병인론에 미치는 역할은 이제 우리가 다루게 될 많은 상호주관, 관계, 문화 요인들로부터 분명하게 구분되지 않는다.

좌하 분획 관점 : 중독의 문화부터 합일의 황홀감 갈망을 채우는 문화까지

비록 간단하고 일반적인 이야기지만, 물질 관련 문제가 사회문화와 관계의 정황에서 발전한다는 것을 인식하고 기억하는 것은 중요하다(Khantzian, 1987; Kliewer, 2010; PDM Task Force, 2006). 이 중 일부분은 앞의 우하 사분획의 논의에서 다루었다. 더욱이 다문화와 하위문화는 향정신성 물질의 사용에 매우 상이한 역할을 지정한다―사교적 윤활유, 치유적 역할, 의식의 상태를 고양하기 위한 성스러운 목적부터 축귀적 역할까지. 그런데 SUD의 병인론과 지속에 관련된 문화 역동을 다루기 전에 의식의 상태에 대해 조금 다룰 필요가 있다.

의식의 상태 우울, 조증, 불안, 공황, 섬망의 삽화 심지어 정신증까지 그것이 대개는 의식의 상태(다시 말해, 대부분의 인간은 내담자들처럼 우울, 조증, 불안, 섬망, 혹은 정신증이 영속적이지는 않음)를 의미하지만 SUD처럼 정신병리가 핵심적으로 의식에 머무르는 형태는 거의 없다. 아무튼, 사람들은 왜 물질을 사용할까? 의식의 상태를 바꾸기 위해서일까? "약물사용과 중독은 의식전환상태(alterd states of consciousness, ASC)와 관련 있다. 하지만 중독을 의식 이론의 관점에서 혹은 ASC를 이용하는 문화-교차 양식(cross-cultural patterns)의 관점에서 분석하는 일은 거의 없다"(du Plessis, 2010, p. 76). 이 장 초반에 언급한 것처럼 ASC를 추구하는 욕망은 타고나는 것처럼 보인다(Weill, 2004). 이러한 측면에서 보면 약물사용이 본질적으로 비정상적인 것은 아니며, 중등도에서 고도 수준의 물질사용이 만성 과식에 따른 문제와 근본적으로 다르다고 취급해서도 안 된다(Wang et al., 2001).

서로 다른 문화는 ASC를 매우 상반되게 여긴다. 사실 Laughlin, McManus, 그리고 Shearer (1993)와 같은 인류학자는 서구 문화의 '단상주의(monophasism)'에 제한되어 있는 특성을 주목하였다. 이는 의식의 한 가지 상태(정상 각성 상태)에서 파생된 가치와 세계관이다. 반면 대부분의 문화는 가치와 세계관이 '다상적(polyphasic)'이어서 각성 상태나 꿈속이나 여러 가지 명상적이고 신비적인 상태 또는 약물로 인한 상태까지 포함한 다층적 상태를 존중한다. 많은 연구자들은 사람들이 ASC 경험을 필요로 한다는 사실 그리고 ASC를 유의하지 않는 것이 치료를 요하는 높은 재발률의 이유라는 사실을 대부분의 치료 프로그램이 간과하고 있다고 강조하였다(du Plessis, 2010; McPeake, Kennedy, & Gordon, 1991). Winkleman은 다음과 같이 서술한다.

> 서구의 만연한 ASC에 대한 편견은 이를 사회에서 소외시키고, 박해하고, 병리화하려는 노력에서 나타났다…. 이는 대부분의 문화 집단 습성이 ASC에 도달하려 애쓰는 것과 상반된다. 이러한 문화 편견은 약물남용과 예방에 기여하는 요인을 인식하지 못하게 한다. 비록 문화마다 ASC를 평가하고 지지하는 것이 다르지만, 모든 문화의 사람들은 ASC를 경험하려 하는데, 이는 그들이 생물학적으로 전인적 성장을 하고, 통합적인 의식을 가지려는 의식 구조 때문이다. ASC를 위한 수행이 보편적으로 제도화되고 있는 것은 인간의 정신심리학적인 필요가 반영된 것이다…. 지금의 인도와 유럽 사회는 ASC를 얻는 정당한 제도 절차가 없기 때문에, 유해하고 자기 파괴적인 형태(알코올증, 지나친 흡연, 불법 물질 의존)로 ASC가 추구되고 소모된다(du Plessis, 2010, pp. 76~77에서 인용).

우리 진화 조상들이 수천 년 동안 함께 한 갱신하는 황홀경의 ASC 유형을 지금의 사회문화 역량은 거의 제공하지 못한다는, 그래서 어떤 이들은 약물이나 알코올 같은 퇴화하는 것과 같은 방식으로 황홀경 상태에 도달하려 한다는 단편적이나 매우 흥미로운 견해를 철학자 Bruce Wilshire는 다음과 같이 표현하였다.

"그리움은 어떤 것을 잃어버렸다는 어떤 느낌이다(missing is any sense that anything is missing)"(Wilshire, 1999, p. 14). 인간은 수백만 년의 여정을 거쳐 진화하였고, 그동안 우리의 선인류와 현생인류의 조상들은 '야생 자연'과의 깊은 연결을 통해 생존하였다(Wilshire, 1999).[26] 생물학적 생존(수렵, 채집, 주거나 다른 기본적 욕구의 충족)은 초기 인류의 의식을 지배했을 것이며, 그 감정이 공포와 테러였을지라도 아마 심도 있는 감정의 생활이 되었을 것이다. Wilshire는 인간이 적어도 한 단계에서는 원시적 형태의 관심, 연대감, 흥분을 갈망한다고 가정하였다. 하지만 그러한 갈망은 현대의 사회화 과정, 기술이 끊임없이 고민하게 하는

---

26 99%의 인류에 대해 볼 때, 우리 조상은 야생에서 사냥과 수렵을 하며 살았다(Kellert & Wilson, 1993).

것, 그리고 현대생활에 상대적으로 편리하고 편안하게 하는 것으로 인해 대부분 억압되고 좌절되었다. 우리의 문명화된 생활 양식의 문화는 더 이상 우리에게 야생의 자연과 그 세월과의 깊은 관여로 인한 만족과 연대를 제공하지 않는다.

> 나는 우리 종족들이 갱신의 원천과, 긴 세월 야생의 자연과 동식물과의 동족감, 돌과 나무와 지평선과의 참여적 연대를 끊음으로 중독이 파생된다고 생각한다. 심지어 공포마저도 공포스러운 것과의 연대이다. 그 순간 우리는 '우리를 벗어나' 황홀한,[27] 자연적인, 모든 것이 충만한 부푼 실존에 빠진다. 중독은 황홀한 동족감을 상실하여 생긴 공허를 채우려 노력한다. 중독은 오래 지속될 수 없는 대리만족이다. 공허를 궁지에 몰아넣기 위해 굴종적으로 반복하는 시도이다(Wilshire, 1999, pp. x~xi).

달리 말하면 우리의 원초적, 생물심리영적 욕구가 충족되지 않으면 우리는 자신에게 솔직할 수 없고, 종종 막연한 충동을 갱신하는 방식이나 그 욕구에 부합하는 것이 아닌 다른 것으로 만족시킨다. 오히려 우리는 물질 형태로 퇴화하는 쾌락을 대리물로 선택하며, 이는 궁극적으로 우리를 욕구와 순간 만족의 끝없는 순환을 통해 소용돌이치게 만든다. 어떤 이들은 음식, 돈, 섹스, TV, 가상적 사회망의 여부이든, 아니면 인터넷의 다른 측면에서든 이미 우리의 문화 전체가 중독되었다고 말하기에 이르렀다(Schaef, 1987).

인류학자 Robert Carlson은 모든 문화에서 향정신성 물질은 좀 더 상징적인 매체로 작용하기도 하며, 상품으로 기능하는 등 그 양상을 달리한다고 지적하였다. 전자의 경우, (환각제 같은) 다양한 물질은

> 일상생활 영역과 (불경스럽든 신성하든) 영적 세계를 다양한 방법으로 매개하고 연결하는 데 쓰일 수 있다. 아메리카 원주민 종교에서 페요테(peyote) 선인장을 사용하는 것도 다른 종교에서 포도주를 사용하는 것과 비슷한 맥락이라고 할 수 있다(Carlson, 2006, pp. 205~206).

상징적 매개체 역할에서 볼 때, 향정신성 물질은 생물학적으로 각각 분리되어 있는 근본적인

---

27 단어 *ecstasy*의 어원은 그리스어 *ek-stasis*에서 유래하였다. 이는 "밖에 서 있다" 혹은 "누군가 자신의 밖에 서 있다"는 의미이다. ecstasic(황홀하다)은 단순히 기분이 좋다는 의미가 아니라, 무엇에 몰두해 있다든지, 자기 자신보다 거대한 무엇에 쌓여 있다는 것이다. "우리를 황홀하게 붙잡는 이러한 소속 경험은 성스러운 경험이다…. 자아를 잃어버린다는 것은 자아보다 훨씬 위대한 무엇에게 공간을 내준다는 일종의 성스런 예식(sacrament)이다"(Wilshire, 1999, p. 13).

사실과 씨름하는 사람들을 도와주며 주로 문화적으로 정의되는 현실과의 분리 느낌에 대해서도 마찬가지다.

향정신성 물질과 관련하여 상징적 매개체는 세 가지 일반적 형태를 가진다. (1) 분리되었다고 문화적으로 정의된 현실 감지 영역을 결합함(즉 영적이고 신성한 것과, 세속적이고 불경한 것), (2) 삶의 어떤 측면의 변화와 관련하여 전환이나 경계를 나타냄. 즉 삶의 상황(예 : 출생, 결혼), 안식일과 주말 혹은 일상의 변화(예 : 노동에서 휴식으로 전환), (3) 사회 유대의 촉진 혹은 개인 경험을 공동의 공유 경험으로 연결함(Carlson, 2006, p. 207; 괄호 내용은 추가된 것임).

물질들이 상징 매개 특성의 가치를 얼마나 가지는지에 대한 관점은 사회와 문화들마다 다양하다. 게다가, 물질이 상품이 되면(화폐 가치를 가지게 되면) 건설적인, 그리고 상징 매개적인 특성이 자주 모호해지고 약화된다. 상품화된 물질은 사람들이 다른 실재 영역을 창조적으로 이해하고 연결하기보다, 지금의 사회와 점점 더 멀어지게 한다(Carlson, 2006). '지금의 사회(the rest of society)', 그중 특별히 가깝고 건전한 관계가 SUD를 이해하는 관건이다.

고도의 SUD만이 관계를 악화시키고 잃게 만드는 것이 아니라, 만족스럽고 친밀한 관계가 없는 것도 SUD 발병의 관건이 되는 경우가 빈번하다. du Plessis(2010)에 따르면,

가족과 친구들은 중독자의 행동에 당황해하고 격분한다. 왜냐하면 그런 행동이 문화적 규범을 넘어서기 때문이다. 결국 많은 중독자들은 문화적 *변혁*(cultural shift)과 그들의 중독 행동을 수용하고 고무되어지는 새로운 (하위)문화에 소속된 자신을 발견한다(p. 72, 강조된 부분은 원문과 동일함).

'중독 문화'는 SUD를 유지하는 데 중요하다.

인간-약물 상호관계에 수반하는 신체, 심리, 영적 변형은 중독의 문화 내에서 일어나고 형성된다. 중독이 진행되면 자주 일반 사회에서 이탈하게 되고, 중독 문화에 얽매이게 된다. 이러한 중독 문화에 들어가게 되면 존재의 모든 차원이 영향을 받고 변형된다. 인간-약물 상호관계로 시작한 것이 인간의 모든 문제로 나아간다. 중독의 문화는 성격의 모든 측면에 영향을 미친다(White, 1996. du Plessis, 2010, p. 72에서 인용됨).

SUD와 씨름하는 사람들이 속한 관계와 문화는 그들이 변하기 어려운 대표적인 측면이며, 성공적인 치료의 열쇠이기도 하다. 간단히 말해 물질사용은 문화적 가치와 기준이 물질사용에

관련된 사회문화 사건에 영향을 미쳐 사회적으로 매개되는 활동이다. 이러한 문화 가치와 기준은 장소(도시, 농촌), 종교, 사회계층, 인종, 성별 등의 작용에 따라 다르다(Collins et al., 1999).

인종과 성별 차이 "물질사용은 모든 인종과 민족 배경으로부터 일반적으로 영향을 받는다"(Marsinglia & Smith, 2010, p. 289). 증가하는 혼혈 비율 때문만이 아니라, 남성다움 선호(machismo)나 현모양처 선호(marianismo)[28]와 같은 많은 문화적 변수들이 물질사용에 긍정적, 부정적으로 모두 영향을 미치고 있는 것으로 보이기 때문에 민족성이 복잡한 구조체임을 기억하는 것이 중요하다(Castro & Nieri, 2010). 더구나, 인종과 민족성이 SUD의 병인에 어떻게 연관되는지를 알아내기 위해 수십 년 동안 시도된 연구에도 불구하고 인종과 민족성 그리고 SUD 사이의 정확한 관련성은 불확실한 채로 남아 있다(Marsiglia & Smith, 2010). Holder(2006)는 인종과 성별의 함수로 물질 관련 문제들을 다룬 문헌들이 자주 모순되는 불일치를 보인다는 점을 분명히 전제하면서, 다음과 같이 요약했다. "우선 남성 청소년이 여성 청소년보다 음주율이 높으며, 이러한 차이는 사춘기와 성인에게서 더욱 명확하다. 백인과 히스패닉 청소년이 미국 흑인 청소년보다 더 과음하였다. 적어도 미성년(12세 이상)의 음주 자기 보고에 따른 발생 순위는 백인, 미국 원주민/알래스카 원주민, 히스패닉, 미국 흑인, 아시아인 순이었다"(p. 154). 성인기에서 미국 흑인과 백인은 알코올 문제에서 비슷한 양상을 보이는 듯한데, 백인들이 결혼 이후 문제가 감소하는 경향을 보인 반면, 흑인들은 결혼 이후 문제가 증가하는 경향을 보인다. 비록 여성들이 남성보다 알코올 관련 혹은 물질 관련 문제를 덜 갖는 것 같지만, 음주가 심해질수록 여성이 알코올 관련 문제의 위험률에서 높게 보고되며, 이러한 수치 차이는 흑인보다 백인에게서 더 크다(Holder, 2006). 흑인은 백인이나 히스패닉[29]보다 불법 약물 사용이 많은 것으로 보고된다. 백인은 가계 소득이 낮거나 비천한 직업일수록 대마초 사용이 더 일반적인 데 반해, 흑인의 경우 이러한 상관관계가 없었다(Holder, 2006).

---

[28] "남성다움 선호는 초남성적(hypermasculine) 젠더 역할 규범이고, 남성의 우세와 특권을 강조하는 것이다…. 현모양처 선호는 여성적(feminine) 젠더 역할 규범이며 가족과 가정에 대한 자기 희생과 헌신을 강조하는 기대이다"(Castro & Nieri, 2010, p. 308). 남성다움 선호의 긍정적 차원(가족에 대한 충성을 포함)이 보호 요소로 작용하는 반면, 공격성이나 특권 의식을 포함하는 남성다움 선호의 부정적 차원은 위험 요소로 나타난다. 비슷하게 애정 어린 돌봄과 배려를 포함하는 현모양처 선호의 긍정적 차원은 보호 요소로 작용하는 반면, 굴복을 포함하는 현모양처 선호의 부정적 차원은 위험 요소로 보인다(Castro & Nieri, 2010).

[29] 다른 연구들은 백인 미국인이 히스패닉 및 흑인 미국인보다 알코올이나 불법 약물을 더 많이 사용하는 것으로 보지만, 히스패닉계 청소년의 크랙(crack)과 아이스(ice), 그리고 헤로인 사용은 예외이다(Jochman & Fromme, 2010).

이와 동시에 다른 문헌들을 검토해보면 조금 다른 결론을 가지며 "하지만 성별과 민족성은 단독으로 관찰된 차이를 완전하게 설명할 수는 없다는 것이 점점 더 분명하다."고 강조한다 (Castro & Nieri, 2010, p. 307). 게다가 라틴이나 미국 흑인과 같은 어떤 문화를 단일한 변수로 보는 것은 흔히 도움이 잘 되지 않으며, 그보다는 문화순응(acculturation), 민족적 자긍심, 가족주의, 남성다움 선호, 현모양처 선호, 전통주의 등과 같은 특징적인 문화적 요소가 어떻게 SUD 병인에 영향을 미치는지를 알아보아야 한다. 예를 들면 강한 집단주의 성향, 가족에 대한 관여나 충성도, 많은 라틴 문화에서 가족주의로 가족에 대한 사회적 책임을 강조하는 등의 방식들은 보호 기능을 수행한다(Castro & Nieri, 2010). 민족적 자긍심은 또 다른 보호 기능을 하지만, 일차적으로는 **전통적인 가정**에서 사는 청소년들로서의 보호 기능인 것으로 보인다. 연구에서 일관되게 보여주는 하나의 흥미로운 사실은 (다른 민족의 개인이 주류 미국 문화의 가치관이나 행동을 따르는) 미국 문화로의 문화순응이 높을수록 SUD 발병률도 높다는 것이다(Castro & Nieri, 2010). 여기에는 몇 가지 그럴 만한 이유가 있다. 첫째는 문화순응이 심할수록 방금 언급하였던 가족주의나 민족적 자존심, 전통을 소중하게 여기는 마음이 덜하다는 것이며, 둘째는 비교적 보다 더 허용적인 미국 문화 적응은 보다 자유로운 선택의 가능성을 보이며, 더 나아가 다양한 중독성 물질도 이 선택에서 예외가 아니라는 것이다.

백인과 흑인의 SUD 병인론의 차이에 대한 문헌을 검토하며 Roberts(2000)는 결론짓기를 "백인과 흑인 중독자들은 약물을 남용하는 근원적인 이유에서 차이를 보인다. 흑인들의 약물 남용은 사회환경 요인에서 가장 잘 이해되는 반면, 백인들에게 있어서 약물중독은 대개 정신병리와 관련이 있다."고 하였다(p. 667). Roberts의 결론이 지나치게 간소화되고 부분적인 설명에 불과하다고 해서 전혀 가치가 없는 것은 아니다. 인종집단에 대한 편견, 차별, 적대감 같은 심리역동이 그러한 인종집단에 대해 불공평이나 억압만을 초래하는 것만이 아님을 생각해 보라. 그러한 심리역동은 분명한 정신상태를 선호하는 것 같은 지배적인 문화 가치를 고의적으로 거부하는 지역사회 수준의 "반항적인 문화를 이끌 것이며, 또한 깡패짓이나 약물 밀매, 불법 약물 사용 승인, 기타 반사회적 행동을 용인하는 대안적 하위문화"를 수용하려 할 것이다(Castro & Nieri, 2010, pp. 312~313).

어떤 경우에는 성별 차이도 역시 의미 있게 나타난다. 일반적으로 불법 물질의 사용이나 고도 수준의 음주부터 시작해서 물질사용을 시작하거나 지속하는 것은 여성보다는 남성이 더욱 가능성이 높다(Jochman & Fromme, 2010). 병인론에 관련한 Lev-Wiesel과 Shuval(2006)의 보고에 의하면 남성은 그들의 SUD가 호기심이나 물질을 사용하고 있는 친구들 때문이라고 보는 반면, 여성들은 가정 폭력이나 근친상간과 같은 가족 역동이 SUD의 주요 원인이라 여겼다. 비록 이 연구가 이스라엘에서 실시되었고, 무엇이 실험 참가자들의 SUD 원인인가에 대한 자기 보고적 인식이라는 한계는 있지만, 백인과 다른 민족 집단 간에 어느 정도 유사성을 보이던 것이 남녀 간에는 병인론 차이가 있음을 암시한다.

발달 역동

알코올, 니코틴, 불법 물질의 태아 노출부터 많은 생애 전환기에 관련된 잠재적 보호 요인에 이르기까지 발달 역동은 SUD의 병인론에서 분명한 역할을 한다. 아마도 가장 주목할 만한 것은 물질사용 시작 연령이 어릴수록 SUD 발병 가능성이 높다는[30] 정론화된 상관관계인데, "약물의존으로 진행되는 대부분은 청소년기에 약물복용을 시작한다."(Kassel et al., 2010, p. 185)고 하였다. SUD의 유병률은 분명히 발달상의 궤적을 따르는 것처럼 보이는데, 18~29세 사이에 가장 유병률이 높다(Kassel et al., 2010). 이는 SUD를 가지고 있는 많은 청년들이 나이 듦에 따라 자력으로 회복한다는 것을 의미한다. 사실 20대는 물질사용이 정점에 달하거나 지속되거나 그렇지 않으면 멈추거나 하는 중요한 시기이다(Jochman & Fromme, 2010). 연구자들이 가장 주목하는 발달 시기인 청소년기를 다루기 전에, 산모의 배 속에서 초등학교까지의 발달 역동의 영향을 고려하여야 한다. 궁극적으로, 청소년기가 되기 전 10년이 넘도록 생물심리사회 발달이 발생하는 것이다(Tarter, 2002).

임신과 유아기부터 학령전기와 초등학교 시기까지

많은 병리학적 발달의 경로는 니코틴, 알코올 그리고 기타 약물과 같은 물질의 태아기 노출에 기인하는 것으로 나타난다. 비록 일부 특정 물질의 효과에 대해 덜 알려져 있지만, 니코틴의 태아기 노출은 차후에 담배를 남용하게 될 기회를 높이는 면에서 명확해 보인다(Cornelius, Leech, Goldschmidt, & Day, 2000). 엄마가 임신 중에 사용했던 다양한 약물에 중독된 상태로 아이들을 출산할 때, 유사한 역동이 니코틴에서와 같이 작용하는 것을 보였다.

유아기 동안 많은 요인들이 나중에 SUD를 발병시킬 가능성에 영향을 미친다. 많은 기질적 요인들이 SUD와 상호연관되어 있으며, 이러한 경향은 이미 높다. 역시 앞서 언급한 것과 같

---

30 2만 7,616명의 현재와 과거 음주자를 대상으로 한 연구에서 생애 중 알코올에 의존하는 비율이 15세 이전에 음주를 시작한 경우는 40%를 넘었는데, 19세 이후에 음주를 시작한 경우에는 약 10%로 줄었다. 유사하게도 생애 중 알코올을 남용하는 것은 17세 이전에 처음으로 알코올을 사용한 경우는 11% 이상이었으며, 19세 이후에 음주를 시작한 경우는 약 4%로 떨어졌다(Grant & Dawson, 1997). 이 연구의 저자들의 결론은 잠재적 혼란 변수를 조정하고 나면 알코올의존이나 남용으로 발병할 가능성은 각각 최초의 알코올 사용을 늦춘 뒤에 각각 14%와 8%가 감소하였다. 다른 연구에서도 비슷한 결과를 보고하였으며(Hawkins et al., 1997), 이 모두가 젊은이들이 물질의 최초 사용을 늦추는 것이 중요함을 강조하고 있다.

이 다른 역동의 관건은 애착 과정과 관련 있으며, 이 경우 아동-보호자 유대가 불안정하면 많은 아동기 문제의 가능성을 높인다. 특히 적대적 반항장애, 품행장애, ADHD와 같은 외현화 장애가 SUD의 발병에 가교 역할을 하는 것으로 나타났다(Tarter, 2002). 방임, 학대, 함부로 다루어진 아동기의 경험 역시 SUD 발병 위험을 증가시킨다. 행동, 감정, 그리고 자기조절장애는 SUD의 병인과 명확하게 관련되어 있기 때문에 유아기, 걸음마 시기, 학령전기, 초등학교 시기의 부적응은 이후 물질오용의 기반이 된다.

청소년기

왜 청소년기는 물질사용과 관련하여 취약한 시기인가? 신체, 호르몬, 뇌의 변화부터 정서, 인지, 사회 영역의 많은 발달 과제까지 많은 심리역동이 이러한 현상에 기여한다(예 : 정서 불안정성, 미래에 대한 압박, 부모로부터 점차적 독립, 성적-낭만적 관계의 시작, 자기 정체성의 형성). 일반적으로 청소년 후기와 성인 초기(20대 초기)에는 이전에 경험하였던 것보다 많은 자유와 자율권이 주어지지만, 성인보다는 적은 책임을 가진다(Jochman & Fromme 2010). 특히 주목할 만한 것은 전두엽 피질이 25세까지는 충분하게 발달하지 않는다는 것이며 이는 이 시기에 정서 조절이나 충동 통제, 의사결정, 그리고 위험 부담이 있는 행동의 평가와 같은 많은 종류의 실행인지기능이 미성숙한 이유를 설명한다(Tarter, 2002).[31] 추가하여, 뇌 구조의 다른 변화는 아마도 청소년기 동안 많은 심리행동기능에 영향을 미치며, 이러한 신경발달 변형에는 다음과 같은 것들이 있다.

중뇌피변연계 도파민 체계의 변화는 약물과 알코올의 강화 특성을 조절하는 것과 관련 있다. 더욱이 전전두엽 피질과 편도체 성숙이 청소년기에 일어나는데, 이러한 뇌의 영역은 목적 지향 행동, 감정 처리, 감정 반응과 관련되며 … 이런 이유로 인해 청소년기에는 위험과 보상에 대한 지각뿐만 아니라 행위, 감정, 인지의 결정적인 측면을 조절하는 데 원인이 되는 뇌 영역과 체계에서 발달이 일어난다(Steinberg et al., 2004). 이러한 신경생물학 재조직은 청소년기를 극심한 정서 불안의 취약성을 보이는 고유한 시기로 만들며, 이러한 이유로 약물을 사용하거나 오용하게 될 경향이 증가한다(Kassel et al., 2010, p. 187).

청소년기에는 감정 불안정이나 기분 저하가 빈번하게 증가한다. 그리고 이러한 것들은 물

---

31 동시에 이러한 기능 역량은 신경행동 탈억제라고 부르며, 예비연구에 의하면 신경행동 탈억제가 물질의 소비량보다 SUD 발병 내담자를 더 잘 예측하는 것으로 나타났다.

질사용을 시작하는 중요한 위험 요소가 된다(Kassel et al., 2010; Tarter, 2002). 따라서 청소년 발달 시기는 특별히 취약한 시기이며, 사실상 처음으로 약물이나 알코올사용이 대부분 이 시기에 일어난다(Compton, Thomas, Conway, & Colliver, 2005; Kassel et al., 2010).[32]

신경인지 발달에 있어서 최근 이해되고 있는 것과 아울러 청소년기의 감정 경험에 대한 기초 연구를 종합해보면, 동기부여체계의 민감성 변화뿐만 아니라 미성숙한, 일부는 기능하지 않는, 인지 통제 체계는 결과적으로 감정과 행동 조절을 못하게 한다. 이는 자율이 증가하는 결정적인 시기에 발생하는데, 어른과 함께 하는 시간이 줄면 또래 관계가 중요하게 영향을 미치며, 청소년은 성인 수준의 책임을 지지는 않는다. 이러한 발달 변화를 수렴하면, 청소년들은 부정 정서에 대응하거나 긍정 정서를 강화하기 위해 물질사용을 포함한 높은 수준의 위험 행동을 하게 된다(Colder, Chassin, Lee, & Villalta, 2010, p. 113).

심리역동 진단 편람(PDM)에 따르면 청소년들은(그리고 더 낮은 범위에서는 아동들) 다양한 정서 상태로 인해 물질사용에 흔히 동기부여된다. 이러한 정서는 다양한데, 실험으로 유도된 흥분이나 또래 그룹에 소속되고 싶다는 욕구로부터 어색함, 모욕, 공허함, 우울, 분노와 같은 다양한 발달, 사회 도전에 따르는 불안에 이르기까지 그 영역이 다양하다(PDM Task Force, 2006).

Fischer(1991) 연구에서 발달 역동과 SUD 병인론과의 관계에 대한 좋은 예는 앞서 외상 부분에서 언급했다. 발달 안정 및 통합이 덜한 젊은 병사가 힘든 전투를 경험했을 때 유사한 수준의 전투를 경험한 나이 많은 병사보다 SUD에 이환될 확률이 유의하게 높았다. 이 경우 발달 역동과 환경이 (외상) 상호작용하며, 나이는 중재 변수로 작용하였다.

Giese(1999)는 알코올남용에서 위험 감수 행동의 결과를 예측할 수 있는 발달 관련 능력인 '개인적 의미'의 역할을 조사하였는데, 청소년의 개인적 의미가 발달할수록 알코올남용 가능성은 낮았으며, 만일 그 청소년이 보호 요인을 가지고 있으면 보다 높은 수준의 개인적 의미를 가진 이들에게 더 큰 영향이 된다는 점을 발견하였다. Fischer(1991)와 Giese(1999)의 연구 모두 위험 요소에 추가하여 일부 발달 역동이 SUD의 발병 가능성에 완충 역할을 할 수 있다고 하였다.

---

32 Kassel과 동료들(2010)의 보고에 의하면, 12학년(고3)의 73%가 알코올을 사용해보았고 … 1/4 이상 (27%) 청소년이 대마초 이외의 불법 약물을 사용해보았으며, 이때 대마초는 가장 많이 사용되는 불법 약물로 고등학생 31.5%의 유병률을 보였다. 더 큰 관심은 많은 청소년들이 고등학교 이전에 약물이나 음주를 시작하였으며, 첫 시작이 어릴수록 성인기에서 더 많은 약물사용과 관련 있다는 것이다(p. 185).

성인 초기

성인 초기는 문제 되는 물질사용을 개선하는 발달 전환을 흔히 나타낸다. 이러한 전환 중 많은 부분은 일을 시작하거나 결혼 혹은 부모가 되는 경우 같이 전보다 책임이 증가한다고 보이는 상황에서 일어난다. 이는 많은 사람이 물질사용을 줄이도록 하는 결과로 연결된다. 이러한 전환의 이유 중 하나는 이 기간 중에 생긴 물질사용의 결과가 더 큰 문제가 되기 때문이다. 예를 들어 19세 독신의 음주 운전은 최근 결혼하고 정식으로 직장 생활을 시작한 경우의 음주 운전보다 충격이 덜하다(DiClemente, 2006).

성인 후기와 노년기

나이가 든 성인들은 물질사용과 오용에서 초기 성인과는 다른 양상을 보인다. 문제가 될 정도의 알코올사용과 여러 약물복용(polypharmacy)[33]이 노인들에서 보이는 가장 흔한 물질 관련 문제이다. 50세 이후 과음 발생률은 조기 사망, 진단 기준 문제[34], 보고 누락에 따라 감소하지만, 알코올사용장애 노인의 3분의 1 이상이 60세 이후에 생긴 경우이다(Kennedy, 2000). 더욱이 국민건강면접조사에 따르면 조사 1년 내에 보고한 60세 이상의 노인 중 여성의 39%, 남성의 50%가 거의 매일 술을 마셨다(Trevisan, 2008에서 인용). 게다가 57% 이상의 여성이 다섯 가지 이상의 처방 약을 복용하였으며, 12%는 10가지 이상을 복용하였다(Trevisan, 2008). 다섯 가지 이상의 약물을 복용하는 65세 이상의 196명 외래 내담자를 연구한 연구에서 65%는 부적당한 복약을 한 것으로 나타났는데, "128명(65%)은 하나 이상의 부적당한 약물을 사용하였고, 73명(37%)은 Beers의 금기 약물 기준을 위반한 약물을 복용하였고, 112명(57%)은 효과 없거나, 질환에 안 맞거나, 혹은 중복된 약물을 복용하였다"(Steinman et al., 2006, p. 1516).

　노인 인구에서 SUD가 얼마나 빈번하게 일어나지 않는지를 아는 것은 중요하다. 그렇기 때문에 치료 개선을 위한 노인 물질남용 지침은 모든 임상의들에게 60세 이상의 내담자들이 알코올이나 처방약 오용이 있는지 조사를 권고한다. 이러한 문제들은 베이비부머 세대들ㅡ그들

---

33 여러 약물복용(polypharmacy)은 다량의 약물을 복용하는 것과 관련된다. 특히 복약이 임상적으로 보증되지 않을 때 복용량을 지나치게 과다복용하거나, 하나 혹은 그 이상의 약물이 역효과를 내며 상호작용을 하기도 하며, 다른 약물의 기전에 지나치게 집착한다. 65세 이후에는 불법 물질에 중독되는 발생률이 '0'에 근접한다. …(그들은) 흔히 '유유자적(mellow out)'하거나, 죽거나, 혹은 남용 가능성이 있는 알코올이나 처방 약물에 치중한다(Kennedy, 2000, p. 209). 여러 물질의존(polysubstance dependence)은 DSM-IV-TR에서는 정신질환이었지만, DSM-5에서는 삭제되었다.

34 이 시기는 대부분의 사람들이 은퇴하기 때문에 알코올오용의 부정적인 직업, 사회적 영향이 감지되기 어렵거나 불가능하다. 은퇴하고 사회적으로 고립된 노년기의 남성들은 알코올로 공허감을 채우지만, 알코올과 관련된 사회/직업 활동의 상실을 있는 그대로 보고하지는 않는다(Kennedy, 2000, pp. 211~212).

은 불법 약물과 알코올에 노출되고 과거 세대보다 더 과도하게 사용했다 — 이 노년에 이르는 시기에 더 높아질 것이 분명하다(Trevisan, 2008). 따라서 이 문제에 대해 더 연구하고, 임상 주의를 기울여야 한다.

병인론 : 요약과 결론

케임브리지의 신경과학자인 Jeff Dalley와 동료들이 언급하였듯이 수십 년의 연구에도 불구하고 어떤 사람은 아무 문제없이 해당 물질들을 잘 사용하였는 데 반해, 어떤 사람들은 알코올과 약물중독에 왜 그렇게 민감한지의 이유는 아직 불명확하다(Dalley et al., 2009). 지금까지 살펴본 것과 같이 유전, 생물학, 환경, 성격, 경험, 문화, 사회, 발달의 역동이 SUD의 병인론에 영향을 미치는 복잡한 상호작용은 상세하게 이해하기가 극도로 어렵고, 지금 통용되고 있는 많은 문헌들이 감당하지 못할 정도로 넘칠 뿐 아니라 흔히 상호모순된다(Hesselbrock & Hesselbrock, 2006; Pihl, 1999; Scheier, 2010a). 그렇지만 각각의 관점은 물질의존의 일부 특징과 병인론 결정 인자를 기술하는 데 이점이 있다. 물론 각각의 관점은 각각의 한계도 가진다(Khantzian, 1987, p. 534). 이 장의 여러 단원/관점에서 발견했을 불일치나 명백한 모순이 어떤 것은 옳고 다른 것은 틀리다는 것을 의미하지는 않는다. 그보다는 각각의 관점들 중 하나는 SUD의 어떤 차원을 설명하거나 해설에 유익한 반면, SUD의 다른 측면을 설명함에 있어서는 보다 많은 한계가 있음을 의미한다. 예를 들어 신경과학/유전/행동 관점이나, 다른 우측 사분획 관점들은 뇌의 작용이나 생리 그리고 이러한 것들이 강화 역동과 어떻게 상호작용하는지에 대해 강력한 과학적 통찰을 제공한다. 하지만 이러한 것들은 SUD를 가진 사람들이 현상으로 경험하거나 씨름하는 것들과는 동떨어져 있거나 충분히 고려하지 못하고 있다. 심리역동, 실존, 그리고 그 외의 좌측 사분획 관점들은 물질이 어떤 사람에게 주고 있는 경험과 문화 차원, 의미, 기능들의 일부를 조명함으로써 우측 사분획 관점들을 모순되지 않게 보완할 수 있다. Hesselbrock과 Hesselbrock(2006)이 강조하듯이, 알코올과 약물사용장애들은 유전, 환경, 개인, 그리고 다른 요인의 복잡한 관련 속에 다양하게 정의된다(p. 103). 다음의 예를 살펴보면 각 사람은 SUD 발병의 병인론 위험 범위에서 그 위험 수준이 다름을 발견할 수 있다.

존은 SUD를 가진 구성원이 많은 백인 집안 출신이다. 그래서 존은 SUD 발병에 취약한 유전자나 생리적 조건 가정에서 자랐다(우상 분획 위험 요인). 가정은 그의 필요를 이해심 있게 다뤄주지 않았으며, 결과적으로 그는 좋은 정서조절기술을 개발하지 못했다(좌상 분획 위험 요인). 본보기가 되어야 할 부모-자식 관계가 매우 좋지 않기 때문에 존은 친근한 관계를 만들기 위해 노력해왔으며(좌하 분획 위험 요인), 또한 자주 고립과 소외감을 느꼈다. 그는 그가 어디에도 맞지 않으며 속해 있지 않다고 느꼈다. 도시 빈민가에서 가난하게 살았기 때문에 덜 파괴적인 형태의 강화 요인을 제공하는 기회나 활동에 접근할 수 있는 통로가 거의 없었으며, 그가 접촉하고 있는 대부분의 사람들이 다양한 종류의 불법 물질을 사용한다(우하 분획 위험 요인).

알렉스는 최근에 결혼한 흑인으로 그와 그의 아내는 자녀를 갖기를 희망한다(잠재적인 발달 혹은 좌하 분획 보호 요인). 알렉스는 "불쾌한 것은 말하지 않는다."는 규칙을 가진 가정에서 성장하였으며, 그의 부모와 형과 누나들은 삶의 문제에 대해 회피형 대응을 하였다(우하 분획 위험 요인). 그의 부모들은 사교적으로 음주하였으며, 알코올을 오용하지는 않았다. 그가 10대 후반과 20대였을 때, 그는 록 밴드의 일원으로 순회공연을 하였으며(우하 분획 위험 요인), 앨범을 발매하고 일상적으로 밤이면 한 병의 보드카를 마셨다. 그가 26세 때 밴드의 인기는 시들어졌고, 갑자기 그의 인생과 미래가 암울하고 공허하게 느껴졌다(좌상 분획 위험 요인). 바로 이때 그는 결혼할 여성을 만났고, 금주하기로 결심하였다(좌상 분획 결정점).

리는 아이비리그대학의 중국계 학생이며, 그의 전공인 음악 연주뿐만 아니라 테니스 팀에서도 발군의 실력을 발휘하며 여대생 클럽에서도 인기가 있다(우하 분획 보호 요인). 그는 중상류층의 가정에서 부모의 각별한 보호를 받았으며, 부모의 결혼 생활은 행복했고 불법 약물을 사용하지도 않았다(우하 분획 보호 요인). 부모는 적당한 수준의 음주를 하였다. 그는 술을 두 잔 이상 하게 되면 유전/생리적으로 매우 꺼림칙한 경험을 하였다(우상 분획 보호 요인). 더욱이 그가 좋아하는 여대생 클럽의 파티에서 술과 다른 약물이 흔히 애용되고 있음에도 불구하고 그에게는 다른 만족이 많았다(바이올린, 테니스, 친구, 가족—우하 분획 보호 요인). 그리고 정신건강상의 어떤 문제도 없었다. 그래서 그는 쾌락을 경험하거나 지나치게 불쾌한 정서적 상태를 피하기 위해 물질에 의존하는 요구를 경험하지 않았다(좌상 분획 위험 요인의 결여). 그와 자주 만나는 가까운 친구 중 어느 누구도 음주하거나 물질을 사용하지는 않는다(좌하 분획 보호 요인).

방금 예를 든 세 사람을 살펴보면, SUD 발병 가능성이 가장 높은 사람부터 가장 낮은 사람까지 순서대로 서술했다는 것을 알 수 있다. 물론 누가 SUD를 발병하고 하지 않을지를 100% 확신할 수는 없다. 왜냐하면 부분적인 이유로 어떤 사람의 의도적 선택이나 중요한 관계에 있는 사람으로부터의 긍정적 영향, 그리고 비물질 관련 강화 요인을 완전하게 예측할 수는 없기 때문이다. 그럼에도 불구하고 왜 존이 가장 위험하고, 리가 가장 덜 위험하지를 고려해보자. 사분획의 관점에서 볼 때, 존은 사분획의 네 군데 모두 위험 요소가 존재하며, 연구 결과에 의하면 알코올오용과 위험 요소의 수 사이에서 확실한 관련이 있다(Giese, 1999). 비록 유전/생리 요소와 다른 가정(환경) 영향을 분리하기는 어렵지만, 약물사용의 본이 되는 가정에서 자란 부정적 영향과 그 가정에서 학대와 이해 부족은 그가 물려받은 유전 성향을 강화할 것이다. 게다가 그가 정서를 조절하는 기술의 부족은 많은 물질들의 효과에 더욱 부정적인 강화를 가진다(심호흡, 긍정적 자기 암시를 하거나, 혐오스러운 정서에 대응하기 위한 다른 자기조절기술을 사용하기보다는 알코올이나 정서를 둔화시키는 다른 물질에 의존할 것이다). 더욱이 도시 빈민가 또래 그룹은 그에게 유용한 비물질사용을 위한 사회 관계망을 감소시키며, 이로 인해 그는 오직 물질사용자 사이에서만 소속감을 느낄 것이다.

　반대로 리에게는 SUD 위험 요소는 없고, 많은 보호 요소가 있는 것처럼 보인다. 그는 즐거움과 목적을 가까운 친구들만큼이나 테니스나 바이올린에서도 얻을 수 있다. 그의 가까운 친구들은 그의 물질사용을 부추기지도 않는다. 만약 그의 친구들이 과음을 한다고 하여도 그의 생리적 조건은 그가 알코올 관련 문제를 일으키는 확률을 줄일 것이다. 더욱이 그가 여성이라는 점은 통계적으로 SUD의 발병 가능성을 낮추게 한다.

　SUD 발병 가능성에 대해 알렉스는 존과 리의 중간에 있다. 비록 그가 회피 유형이며 대부

좌상 분획 : 내부-개인	우상 분획 : 외부-개인
• 갈망 • 부정 정서 • 선택과 의지 • 결과와 효과에 대한 기대 • 인지 조절 • 빈약한 정서 조절 • 회피적 대응 양식	• 유전 성향 • 중변연계 도파민 신경전달 • 물질의 긍정/부정 강화 작용 • 감작화(sensitization) • 전두 부위의 결핍/결함
좌하 분획 : 내부-집단 • 만족스러운 관계의 부족 • 소외감과 외로움 • 소속 문화나 가족에서의 고도의 음주나 물질사용 • 사회 결속력/소속감 • 중독 문화 • 의식의 변화에 저항하는 문화 편견 • 자연과 하나 되는 황홀경 혹은 개인에게 갱신의 황홀경을 주는 것을 권장하지 않는 문화	**우하 분획 : 외부-집단** • 가족 영향(역할 본 보이기, 양육 관리 감독, 학대 혹은 방임의 이력) • 양육의 질 • 중요 스트레스/외상, 이들 중 일부는 인종차별 혹은 사회적 부당함에서 기인 • 낮은 사회경제수준(SES) • 물질을 오용하지 않는 사회 지원이나 사회 관계망의 결여 • 또래 집단의 압력 • 지역에서의 물질 허용 특성 • 사회 정책 • 대안적 강화 자원의 접근 결여 • 주거 안정/불안정

그림 8.2 　물질관련장애의 병인론 사분획 견해

분 록 밴드 문화("섹스, 약물, 그리고 로큰롤" 구호를 알 것이다) 그리고 그의 생활이 침체되고 있다는 위험 요소가 있지만, 그가 최근에 결혼을 하여 아빠가 되려고 한다는 점은 그가 물질을 끊는 결심에 성공하게 한다.

많은 요인이 SUD의 발병에 분명하게 관련되어 있고(그림 8.2 참조), 다른 학문 분야로부터 종종 발견되는 모순적인 사실뿐만 아니라 그러한 요인들의 복잡한 상호작용에 의해 섞여 있다고 할 때, 일부 저자들은 SUD가 어떻게 유지되는지에 대한 이해보다 SUD의 특정 병인론을 해독해내는 노력이 별 도움이 안 된다고 주장해왔다. 이러한 관점에서 사람들의 SUD를 중단하는 방법, 즉 SUD의 치료 형태에 대해 살펴보자.

치료

서론과 개관

SUD를 치료하기 위한 미국보건체계의 접근은 심각한 어려움에 부딪혀 있으며, 연구자들에 의하면 여러 측면에서 SUD에 대처하는 조직 체계는 아직 존재하지 않는다고 하였다.

> 이미 고갈된 치료와 예방 노력에 대한 급진적인 재정 삭감으로 전 미국의 많은 알코올, 약물치료 프로그램이 그냥 중단되었다. 효과가 있다고 밝혀진 것과 실제 임상에서 실행되는 것 사이에 커다란 격차가 계속되고 있다. 약물 문제를 위한 서비스는 계속해서 낙인찍히고, 하찮게 여겨지고 있으며 보건 체계의 나머지 부분들과는 격리되었다(Carroll & Miller, 2006, p. 4).

다음의 인용에서 언급된 연구와 실제 사이의 간격[35]은 학교뿐만 아니라 지역 진료소에서도 상당한 의미로 여겨진다. "비록 효과적인 예방적 접근법을 밝히는 데 상당한 진전이 이뤄졌다고 해도 연구에서 효과적이라고 밝혀진 것과 학교에서 일반적으로 사용되는 방법 사이에는 커다란 격차가 존재한다"(Botvin, 2000, p. 887). 발달 관점에서 물질 관련 문제에 대한 위험 요인 관련 문헌을 검토하니 예방 노력은 어렸을 때 시작하고, 한 개인만 목표로 삼는 것이 아니라 또래 그룹/가족/지역사회/사회 정책의 영역까지 목표를 가질 때 가장 효과적이라는 점이 분명해졌다(Hesselrock & Hesselrock, 2006). 따라서 DSM에 있는 대부분의 질환들과 비교할

---

35 Kassel과 Evatt(2010)는 다음에 동의하였다. "물질남용과 의존의 분야(다른 정신병리 분야보다 논쟁이 심함)는 연구 체계와 임상 사이의 깊은 골로 오랜 역사를 시달려왔다"(p. 283). 초창기의 논쟁은 주로 공공정책의 관점에서 SUD를 정신건강이나 임상 혹은 공중보건의 문제로 인식하기보다는 형사 체계와 같은 사법적인 문제로 인식한 것에서 기인한다.

때 SUD는 (현재 있는 문제를 줄이거나 없애는 조치에 초점을 두는) 치료에 비해 (청소년이나 다른 연령층에 있는 사람에게 예측할 수 있는 부정적 결과의 예방을 도울 수 있도록 의도적 조치의 준비 혹은 현재의 건강 상태 유지와 바람직한 결과를 고취하는) 초기 예방에 더 많은 주목을 얻고 있다(Leukefeld, McDonald, Stroops, Reed, & Martin, 2005). 이러한 점에서, 가장 효과적인 예방은 심리사회 관점에서 작용하는 것이며, 초기 청소년들(이때 많은 청소년들이 물질을 시험 삼아 경험한다)을 대상으로 하여 약물을 부추기는(pro-drug) 사회적 영향에 학생들이 저항하도록 돕는 기술만 강조하는 것이 아니라, 올바르지 못한 규범/신념을 교정하고 사회 기술과 대응 기술을 가르치는 것까지도 포함한다(Botvin, 2000). 이러한 프로그램들은 많은 청소년들이 약물사용을 시작하는 것은 또래 친구의 술과 담배, 불법 약물 사용 여파에 저항할 수 있는 요령이나 확신이 부족하기 때문이라고 가정한다. 비록 이런 예방 프로그램의 효과가 시간이 지나면서 감소하기도 하지만, 어떤 연구들은 약물사용의 감소가 고등학교를 마칠 때까지 계속 유지되었음을 보여주었다.[36]

이 분야의 대부분 연구자들은 SUD를 유약한 성격이 아닌 질병으로 보고 있다. 다른 만성 질환의 사례에서도 그러하듯이 SUD를 가진 이들은 도움받거나 치료받는 것이며, '완치되는' 것이 아니라고 해야 한다. 더 나아가, 모두에게 도움 되는 한 가지 접근법이란 없다.

SUD의 해결책을 찾는 대부분의 사람들은 고용주나 법 체계, 가족이나 친구와 같은 주변의 압력에 의해 억지로 참여한다(Bickel & Potenza, 2006). 잘 알려진 것처럼 SUD를 가진 사람들은 흔히 그들의 물질오용을 부인하지만, 비난 혹은 윤리도덕의 가치를 배제하고 물질사용을 질문하는 치료자 앞에서는 그들의 물질사용을 더 솔직하게 말한다(PDM Task Force, 2006).

SUD를 가진 이들 대부분은 다른 정신질환을 포함하여 많은 다른 문제를 가지고 있기 때문에, 단순히 SUD만 다루기보다 내담자 생활의 넓은 영역을 다룰 때 치료 요법이 보다 성공적이다. 게다가 물질을 끊는 것이 우선순위가 아니고, 성공적인 치료는 중독자들이 보람되며 만족스러운 생활을 갖도록 하여 유일한 쾌락의 원천으로 여겼던 물질사용에 더 이상 의존하지 않게 하는 것이기 때문에, 치료 프로그램에서 물질 관련 문제만을 초점으로 삼는 것은 의미가 없다(Miller & Carroll, 2006). 비약물 강화를 향상시키기 위해서 내담자는 긍정적 관계와 다른 건전한 대응 기술을 발전시켜야 한다. 또한 앞서 언급하였듯이 SUD가 누군가에게 나타났다면 (특히 고도의 수준이라면) 이는 자기 구성 체계가 되어 개인의 (통합) 치료로 다각적인 개입이 이루어지지 않는 한 그 체계를 무마시키기 어렵다(Bickel & Potenza, 2006; Miller & Carroll, 2006).

---

36 반면 "학교 기반에서 가장 널리 사용되는 접근의 일부는 효과가 없다. 이 중 주목할 만한 것은 약물남용의 부정적 결과에 대한 정보 제공에 의존하는 접근들이다"(Botvin, 2000, p. 894).

달리 말하자면 체계의 한 측면(생물학, 행동, 감정, 사회 체계 중 하나)만 다룬다면 의미 있고 지속적인 변화를 이끌어내기는 어렵다.

과거에는 (비록 잘못이지만) SUD를 가진 사람이 자력으로 회복하는 것은 불가능하다고 여겼다. 이와 반대로 DiClemente(2006)는 SUD를 가진 사람이 정식의 전문 요법 없이 모든 물질남용으로부터 회복할 능력이 있음을 입증하였다. 대단히 중요하게도 "자연적 회복은 치료를 통해서 이루어진 회복과 다른 과정이 아니다"(DiClemente, 2006, p. 94). 누군가 전문 치료를 찾는다면 그 치료는 실질적으로 자기 변화[37] 과정과 상호작용하며, 그 사람의 자기 변화 전 과정 중 한시적인 구성요소이다. 그래서 DiClemente(2006)는 모든 물질남용의 회복을 자기 변화로 보며, 형식상의 요법은 이를 촉진하는 역할을 한다. 그러한 관점은 치료보다는 사람에 보다 중점을 둔다. 이때 사람은 물질오용의 경험과 가치, 그의 발달의 상황, 그의 변화 단계, 그리고 물질이 그의 인생에서 하는 역할과 씨름하고 있다.

치료 요법은 철저한 평가로 시작하여 물질사용의 양상과 양 그리고 부정적인 삶의 결과만 아니라 동반이환 논점,[38] 동기, 그리고 회복에 필요한 힘과 자원(특히 긍정 강화를 위한 대안자원)까지 평가해야 한다. 치료나 도움을 찾는 초기 단계에서 가장 흔한 장애물 중 하나는 물질사용자가 자기 문제에 대해 갖는 양가감정이다. 그의 문제가 변해야 할 만큼 충분히 심각한 문제가 아니라고 믿는다. 이런 경우 동기 면담(Miller & Rollnick, 2002)이 권장된다.[39]

물질남용의 숙고(Rethinking Substance Abuse)라는 훌륭한 편저의 결론에서 Miller와 Carroll(2006)은 SUD 영역의 요법에 대해 다음의 10가지를 권고한다.

1. 요법은 전문가의 문제가 아니라, 많은 공적/사적 영역이 함께 해야 할 광범위한 사회적 책임이다.
2. 가장 심한 것만 다루는 것이 아니라, 약물 문제의 전 영역을 조사하고 다룬다.
3. 보다 넓은 삶의 상황에서 약물사용과 문제를 다루고, 포괄적인 보살핌을 제공한다.

---

[37] '자기 변화'는 DiClemente의 용어로 물질 문제로부터 공식적, 전문적 치료나 도움 없이 회복한 것을 말한다. 이는 근본적으로 당사자 본인의 의지에 의한 변화이다.

[38] 어떤 개입은 동반질환의 역동을 다루기 위해 개발되었다. 예를 들어 Ouimette과 Brown(2002)은 SUD나 PTSD가 있는 사람들을 위해 인지행동치료(CBT)와 노출 치료를 혼합하였다. SUD와 조현병이 동반질환인 사람들에게는 클로자핀(clozapine)이 알코올과 흡연 그리고 코카인 사용을 줄이는 것으로 나타났다(Buckley, 1998).

[39] 동기 면담은 내담자 지향적이며 반지시적인 질문으로 감정 이입적 이해의 결합과 관련된 것이다. 이는 변화가 없는 것에 대한 찬성과 반대를 조명하거나 탐구한다. 혹은 내담자가 표현하는 부분에 있어서 불일치나 모순을 반추하며, 양가감정을 해소함으로써 내담자가 물질사용에 변화를 가지도록 내재적 동기를 흔히 유인하며, 증폭시킨다.

4. 약물사용과 문제의 원인 그리고 해결책을 위해 대상자가 보는 이상의 것을 본다.

5. 변화를 위해 동기를 강화하고 결심하는 것은 요법 초기에 이루어져야 하며, 가장 중요한 요소가 되어야 한다.

6. 약물사용의 고착된 양상을 변화시키기 위해서는 그러한 양상을 중지시키고 처음으로 약물을 끊는 기간을 만든다.

7. 비사용에 긍정 강화를 촉진하고, 긍정 강화를 위한 대안 자원을 더 많이 만든다.

8. 약물사용으로 인한 보상 측면을 감소시킨다.

9. 서비스 접근이 쉽고, 저렴하며, 호응적이고, 도움이 되며, 능력 있고, 신속하며, 매력적이다.

10. 근거 기반 접근을 활용한다(pp. 302~310).[40]

좌상 분획 치료

감정, 기대, 동기가 SUD에서 하는 중요한 역할을 고려해볼 때, SUD로부터 회복하려는 치료가 그들의 주관적 경험의 다른 차원에 주의를 기울여야 하는 것이 당연하다. 감정 조절과 관련하여 내담자는 고통을 인내하는 기술이나 안정화 전략과 바람직한 정서 상태에 도달하는 다른 요령들(심호흡, 긍정적 자기 대화, 생각 멈추기, 의도적인 집중 기술 등; Jongsma, Peterson, & Bruce, 2006; Linehan, 1993; McCarthy et al., 2010)을 개발할 수 있다. 마음챙김 수련은 인지 조절 강화만 아니라 정서, 인지 경험에 더욱 익숙해지도록 사용할 수 있다. 마음챙김과 다른 형태의 명상도 많은 사람들이 강력하게 바라는 의식전환상태(ASC)에 접근할 수 있는 건강한 통로를 제공하기 때문에 중요하다.[41] 알코올중독자협회는 이러한 것들이 "의식이나 존재의 새로운 상태"를 요구하는 것으로 중요하다고 강조한다(du Plessis, 2010, p. 77에서 재인용). 수감자들과 관련된 최근의 연구는 일상적 치료 대조군에 비해 마음챙김 기반의 과정에 참가한 사람들이 대마초, 크랙 코카인, 알코올 사용에 있어서 의미 있는 감소가 있다는 것을 알았다(Bowen et al., 2006).

---

40 10개 항목에 관심을 가진 독자는 Miller와 Carroll(2006)의 책을 참고하라. 예를 들어 근거 기반 접근에 대한 권고에서, 그들은 다음의 설명으로 요지를 분명히 한다. "마지막 충고로 우리는 '공인된' 근거 기반 치료 목록을 제시하지는 않는다. …확실한 근거에 기반을 둔 요법이 좋은 시작이기는 하지만, 창의적인 서비스 체계는 특정 목표를 성취하는 혁신 그리고 어떤 임상이 결과를 낳았는지 알아내기 위해 계속 지켜보는 혁신, 사실상 이러한 목표의 성취를 증진시키는 혁신을 장려할 것이다"(p. 311).

41 불행하게도, 명상만으로 ASC에 도달하려면 흔히 수년에 걸친 부지런한 수련이 필요하다. 우하 분획 치료 단원에서 알 수 있듯이 ASC에 도달시키는 기술 지원의, 비파괴적인 방식은 이 과정을 엄청나게 단축시킬 수 있다.

결과 기대가 물질사용에 분명하게 기여하기 때문에 치료에는 (예방적 접근부터 재발 방지까지) 반드시 기대 수정이 포함되어야 한다(Kassel et al., 2010). 일반적으로 인지 접근은 내담자의 도식이 자기 인식, 기대 효능, 그리고 낙심을 키우거나 금욕 유지의 결심을 약화시키는 여러 신념에 어떻게 영향을 주는지 탐구한다. 이러한 신념의 근거를 살펴보게 하는 것은, 물질을 계속 사용하는 것의 장단점에 관한 근거를 살펴보는 것만큼 도움이 된다.

우상 분획 치료

물질사용을 끊는 기간을 갖는 것이 물질의존을 약화[42]시키는 주요 요소라는 점은 널리 알려져 있으며, 이러한 금욕은 투옥이나 가족의 개입부터 비물질사용을 위한 친사회적 강화, 억제제 약물치료, 의지적 선택까지 다양한 방식으로 나타난다(Miller & Carroll, 2006). 만약 내담자가 물질 관련 문제를 인정하거나 수용하지 않는다면, 그의 물질사용으로 인해 안 좋은 몸 상태가 생겼는지 신체검사를 받아보게 하는 것도 도움이 된다(즉 만성 과음에 의한 간 손상이 있는지). 그러한 객관적 자료가 물질사용으로 삶에 부정적 영향을 미친 것들을 스스로 나열하게 하는 등의 방법보다 흔히 더 설득력이 있다.[43] 특히 동반질환이 있는 경우는 정신건강 의사에게 의뢰하여 약물치료를 받게 하는 것이 적절하다(Jongsma et al., 2006).

독서 요법이나 화학적 의존에 대한 심리 교육 자료를 주고 진행하는 것 또한 치료의 주요 구성요소가 될 수 있다. 마찬가지로, 내담자가 12단계 프로그램의 성공적인 알코올중독자협회 (AA)나 마약중독자협회(NA)의 구성원과 만나게 하는 것도 권장된다. 가능하다면, 우선 내담자가 AA나 NA 모임에 참석하도록 하고 이후에 치료자와 모임 경험을 나누게 한다(Jongsma et al., 2006).

행동 관점에서 최소한 부분적으로라도 SUD가 주로 약물에 의해 주어지는 짧고 강한 자극에 의한 것이라면, 즉각적인 친사회적 강화 요인을 제공하는 것 또한 치료의 효과적인 요소가 될 수 있다(Bickel & Potenza, 2006). Miller(2006)에 의하면 "물질사용은 우연한 긍정 강화 요인에 매우 잘 반응한다. 의존이 심한 물질사용자도 긍정적 인센티브에 반응하여 음주나 약물

---

42 비록 최초의 금욕 기간이 효과적인 치료에서 매우 중요하게 보이지만, 모든 연구자와 임상가가 금욕이 물질 관련 문제를 경험한 모든 사람들에게 목표가 되어야 한다는 의견에 동의하는 것은 아니다.
알코올 분야에서 DSM-IV 알코올의존의 회복을 위해 정말 누가 금주를 해야 한다든지, 적당한 음주를 할 때조차도 의존으로부터 안정되게 회복할 수 있는지에 대한 지침은 없다. 많은 지침이 심리적(즉 동기부여, 인지 계획), 환경 변화 면(새로운 또래 그룹, 폭식할 요인의 회피)에서 어떻게 줄이거나 끊는지에 대해 다루는 반면, 금욕 혹은 조절음주에 대한 문제는 다루지 않는다(Hasin et al., 2006, pp. 75~76).
43 좌하/우하 분획 관점에서 내담자의 몇몇 가까운 친구나 가족에게 내담자의 물질사용이 생활에 어떻게 부정적인 영향을 미치는지에 대한 관찰을 기술하는 목록을 만들거나 편지를 작성하게 하는 것도 유용하다.

사용을 끊거나 조절할 수 있다"(p. 149). 강화의 대안을 찾는 데 더하여 물질과 관련된 자극-반응 연결을 바꾸는 것 또한 중요하다. 약물을 사용 못하게 하고 욕구를 일으키는 약물 관련 단서(신체, 정서, 인지 단서부터 환경, 사회, 관계 단서까지)에 반복적으로 노출시키는 고전적 조건화의 소거는 대개 그러한 자극(단서)과 약물사용의 반응 사이의 관련성을 약화시킨다. 게다가 보상 그리고 약물을 멀리하게 하는 다른 강화 요인들은 약물에 관한 욕구를 더 감소시킨다(McCarthy et al., 2010). 이 저자들은 강조하길 치료 성공의 관건은 "당사자가 다양한 내적/외적 상황에 대한 대안적인 반응을 폭넓게 훈련하는 것이다. …그러한 반복은 여러 정황에서 약물을 추구하는 과학습된, 각인된 반응을 이겨내는 데 필수적일 것이다."(McCarthy et al., 2010, p. 31)라고 하였다. 그리고 또 강조하기를 심도 있게 훈련을 해도, 반복만으로 대부분의 SUD를 성공적으로 완화하기가 힘들 것이라고 하였다. 다른 문제들, 즉 약물사용 연상을 촉발시키지 않는 동료들이나 환경을 선별하는 것도 똑같이 중요하다.

내담자에게 발생(초회, 가역적인 물질사용)과 재발(물질오용의 양상으로 돌아가겠다는 다양한 수준의 의지에 따른 결정)의 차이를 가르치는 것도 도움이 된다. 내담자가 치료에서 배웠던 기술들(인지 재구성, 노출과 반응 예방, 비물질 긍정 강화를 위한 대안적 자원에 참여하기 등)을 다양한 상황에서 정기적으로 연마하고 활용하도록 격려해야 한다(Jongsma et al., 2006).

약물치료 약물치료의 역할과 효과는 오용된 특정 물질의 기능에 따라 매우 다양하다. 예를 들어 니코틴 의존에서는 약물치료가 주된 치료이며, 최소한의 행동요법 보조치료가 통상적으로 사용된다. 반면, 암페타민이나 코카인 같은 자극제의 경우 FDA 승인을 받은 약물치료는 현재로서는 없다(O'Malley & Kosten, 2006). 아편 의존은 약물치료(methadone, suboxone)가 치료의 주축인 다른 예이며, naltrexone은 지난 15년간 알코올의존 치료제로서 급속도로 수용되어왔다.

SUD 치료에서 약물치료제를 쓰는 것은 두 가지의 영역으로 나뉜다. (1) 극심한 금단 증상을 관리하거나, 금욕 초기를 용이하게 하는 경우와 (2) 재발을 예방하기 위해 사용되는 경우이다(O'Malley & Kosten, 2006). 이러한 약물치료제는 네 가지 상이한 경로로 작용할 수 있다.

항진제(agonist drugs)는 수용체를 직접 자극하며(예 : 메사돈은 아편 수용체와 결합함) 종종 남용되는 약물의 대체로 활용된다. 다른 약물은 전달물질의 수준을 간접적으로 높여 간접 항진제(indirect agonist)로 작용한다. …부분 항진제(partial agonist)는 항진제와 같지만 수용체를 같은 수준으로 자극하지는 않는다. 억제제(antagonist)는 수용체와 결합하지만, 자극하지는 않으며 항진제가 결합하는 것을 막는다(O'Malley & Kosten, 2006, p. 241).

비록 억제제의 작용이 효과적이지만 억제제는 내담자의 협조 문제로 종종 임상적으로 효과적이지 않으며, 선호하는 물질을 혐오스럽게 만드는(즉, 알코올의 경우 disulfiram) 약물치료는 내담자가 복용을 거부하기 쉽다(O'Malley & Kosten, 2006).

다른 형태의 명상 수련에 첨가하여, 의식전환상태에 도달하는 기술 지원의 비파괴적인 방식이 있다. EEG 바이오피드백부터 (신경치료) 뇌파동조(brainwave entrainment, BWE)에 이르기까지 다양하다(du Plessis, 2010; Trudeau, 2005). 특히 BWE 기술은 고도의 명상 상태가 (그리고 여러 물질들이) 유도하는 알파(alpha) 및 세타(theta) 뇌파 상태에 신속히 도달하게 한다.

우하 분획 치료

물질 관련 문제가 있는 많은 사람들은 실연을 당하거나 실직을 하거나 감옥에 가거나 하는 등의 외부적 환경 강압이 없다면 치료를 받으려 애쓰지 않을 것이다(Bickel & Potenza, 2006). 그래서 우하 분획 역동은 많은 물질남용자들의 회복에 필수불가결한 것이다. 더욱이 어떤 형태의 치료에 들어가는 바로 그 행위(입원 재활과 12단계 프로그램부터 외래 상담까지)가 회복의 사회 체계를 구성한다. 재발을 피하기 위해 물질사용과 관련된 '사람, 장소, 사물'을 피하는 것만 아니라, 어떤 형태의 지지적인 공동체 안에서(그것이 겨우 몇몇 친구나 가족에 한정되더라도) 생활하는 것이 이 과정에 있는 사람 대부분에게 필수적이다(du Plessis, 2010).

공공정책 공중보건의 관점에서 SUD가 있는 사람뿐 아니라 전 지역사회가 고려되어야 한다. 아마도 이러한 관점에서 더 중요한 것은 SUD의 문제나 윤리적 문제가 아니라, 공중보건의 문제로 다루는 것이다(Compton, 2005). 약물 문제를 공중보건의 논점으로 다루는 것이 형사 범죄에 대응하는 것보다 실질적으로 비용 면에서 더 효과적이다(Miller & Carroll, 2006). 한두 번 술이나 담배를 끊으려 하는 사람에게 아무도 사실상 "이미 기회를 다 썼고, 이젠 다시 끊을 수가 없다."고 말하지는 않는다. 그런데 불법 약물을 잘못 사용한 사람에게 우리의 현행 정책은 본질적으로 "당신이 한두 번에 성공 못하면, 당신은 앞으로 성공할 수가 없다. 당신은 분명 끊으려는 의지가 없으니, 따라서 감옥에 가야 한다."라고 말한다. 이를 생각해볼 때 불법 약물을 사용하고 회복하려는 사람에게도 알코올과 니코틴 문제를 극복하려는 사람과 유사한 태도를 가져야 할 필요가 있다는 것이며, 특히 의학 및 생리 관점에서 볼 때 이 두 가지를 구별하는 것은 아무 의미가 없다.

미국은 약물과 싸우는 데 사법 및 교정 체계에 많이 의존하고 있다. 비록 형법 제재가 초기 사용을 주저하게 할 수는 있지만, 감옥에 보내는 것은 약물의존을 억제하는 데 대개 비효과적이며 때에 따라서는 역효과를 가진다. 우리가 보기에는 비폭력 위반자를 감옥에 보내기보다 근거 기반 치료로의 전환과 함께 정상적인 책임 문책과 제재가 낫다고 본다.

남용 잠재성이 큰 약물들은 인간의 기본적 욕구를 충족시키기 때문에 약물 문제에 대한 사회적 해법을 정서 차단이나 처벌에서 찾기는 어렵다. 이러한 약물을 사용 못하게 하려는 시도는 긍정 강화에 대한 정상적 대안이 담보되지 않고는 앞날을 장담할 수 없다. 예방을 하고 치료를 하려면 Aldous Huxley가 말한 '인공적인 낙원'에 대한 욕구를 감소시킬 개인 및 사회 자원과 연결하는 수정 가능한 보호 요인이 있어야 한다(Miller & Carroll, 2006, p. 306).

Bill Moyers(1998)에 의하면 '약물과의 전쟁'은 이 시대의 베트남 전쟁이 되었다. 우리의 정책은 변하지 않으며 다른 결과를 희망한다. 이런 관점에서, 정책 입안자들이 (약물 문제를 우선 사법 문제로 대응하는 것이 효과 없다는 것에 대해) 부정하는 것은 많은 중독자들이 자기 중독을 부정하는 것과 거의 같은 수준이다.

이러한 불법 물질에 중독되는 것은 우선적으로 건강의 문제로 보이지 않고 범죄 문제로 여겨지며 대개 사법 체계를 통해서 저지되고 처벌된다. 1980년대 초부터 연방 정부의 약물과의 전쟁 예산의 약 70%가 약물을 근절하거나 금지하고, 약물 매매자나 사용자를 체포하고 기소하는 법 집행 노력에 충당되어왔다. 약물남용과 중독에 대한 예방과 치료, 연구에는 겨우 30%의 연방 예산만이 사용되었다. 안타깝게도 약물과의 전쟁은 공급과 중독의 수준을 의미 있게 감소시키는 데 실패하였다(Bertram & Sharpe, 2011, p. 12).

또 다른 제도적 문제는 알코올중독에 대한 사회적 낙인이 존재하더라도 헤로인이나 코카인 그리고 다른 불법 약물 오용에 대한 사회적 낙인보다는 훨씬 덜하다는 것이다. 불법 약물 사용자들을 위한 치료 센터를 개설하려고 일하는 사람도 더 적다. 마지막으로, 치료가 모든 물질오용자들에게 효과적이지는 않다는 점에 대해서는, 치료가 우울증이나 불안, 암, 당뇨병 등 다른 건강 문제를 가진 사람에게도 모두 효과적이지는 않다는 점을 기억하는 것이 중요하다.

가족 체계 접근 아동과 청소년들의 발달에 있어서 가족 역동이 가지는 중요한 역할로 "많은 학자들은 부모가 어린 시절에 약물남용 예방에 가장 부족했던 자원이라고 믿는다"(Kliewer, 2010, p. 366). 가족 체계 접근은 가족의 역동이 물질 문제의 발병 책임에 있어서 일부이기 때문에 가족 역동을 다루는 것을 치료의 중요한 요소로 가정한다. 일반적으로 가족 체계 접근은 분명하고 직접적인 의사소통 양식을 만드는 것, 너무 엄격하지도 너무 산만하지도 않은 경계를 만드는 것, 분명하고 타당한 한계를 정하는 것, 그리고 구성원들이 가족 내에서 자율성과 소속감 모두를 느낄 수 있도록 돕는 것에 초점을 맞춘다(Friesen, 1983). "가족에게 효과적으로 개입하는 것은 두 가지 요소에 특히 초점을 맞춘다. ⑴ 긍정적인 의사소통과 관리 감독을 위한 가족 기술의 강화, ⑵ 긍정 강화를 교환하고 공유하는 가족 상호성을 세우는 것"(Miller & Carroll, 2006, p. 300)이다.

그리고 효과적인 가족 관련 요법은 다중 차원의 위험을 다루기 위해 다음과 같은 다중 요소적 프로그램을 포함한다 ― 가족 관리를 강조하기(즉, 부모들은 그들의 청소년들을 관리 감독하도록 권장되며, 수용할 수 있는 행동을 위해 더 명확한 규칙과 확실한 경계를 만들기를 권장한다), 집에서 따뜻하고 다정하고 화합하는 감정적 대화를 만들기, 최고 위험군 가족에 있는 이들에게는 가장 조기에 개입하기, 치료를 더 오래 유지하기 위해 매우 매력적인 인센티브를 사용하기, 잘 작동하는 사회 관계망이 없는 사람을 돕기 위해 사례 관리 전략 사용하기(Kliewer, 2010; McCrady, 2006). 비록 청소년기에 또래 그룹의 영향력이 점차적으로 증가하지만, 가족도 청소년의 약물사용과 오용의 예방에 중요하기 때문에 청소년 약물 예방에 가족도 참여해야 한다(Kliewer, 2010).

임상가는 내담자의 생활 환경이 물질사용에서 하는 역할을 평가하는 것이 중요한데, 물질을 사용하는 친구나 가족 구성원과의 생활에서부터 물질을 일반적으로 사용하는 이웃과의 생활까지 평가한다. 이러한 상황에서는 내담자가 생활 환경을 바꿀 계획을 세우도록 돕는 것이 권장된다(Jongsma et al., 2006). 부부 역동이 내담자의 SUD와 관련될 때에는 부부 상담이나 부부 치료가 권장된다.

가족의 영향이 얼마나 강력한지를 잊어서는 안 된다. Miller(2006)는 여러 차례 강조하길 연구에 의해 명확히 지지된 사실은 개인이 알코올이나 물질남용에서 벗어나려는 동기는 배우자나 부모 또는 가까운 가족 구성원이나 친구 같은 중요한 타인의 일방적인 개입으로 향상될 수 있다는 점이다. 이러한 '개입'의 다른 형태가 많이 있지만, 놀랍게도 80%에 달하는 가정들이 직면시키는 개입을 수용하지 못하고, 그래서 진행이 안 된다. 하지만 그 방식대로 개입한 가족 중에는, 매우 높은 비율의 물질사용자들이 치료를 시작한다(Miller, 2006).

지방에 거주하는 사람들은 대부분의 사람보다 치료를 받는 데 있어서 더 많은 어려움을 경험하는데, 정신과 치료를 받는 것에 대한 문화 규범에서부터, 비밀 유지가 더 어려운 점, 물질남용 치료 시설의 '도시 위주 분포'로 인해 치료를 받기 위해 더 많은 거리를 이동해야 하는 점까지 다양하다(Johnson, 2009; Simanksy, 2008). 현재 지방에 있는 청소년들의 물질남용 발생 정도가 도시와의 비교에서 같거나 더 높은 점을 감안하였을 때, 이는 특별히 문제가 된다(Simansky, 2008).

사회적 낙인   왜 전문적 도움을 찾지 않는지 질문할 때 물질 관련 문제가 있는 많은 사람들은 사회적 낙인을 꼽는다. 달리 말해 사회가 물질사용 문제를 일탈이나 범죄로 보는 것은 그들이 도움을 찾는 것에 장벽이 되며, 변화하기 힘든 다른 물질사용자들과 쉽게 동일시하게 만든다. 중독으로 낙인찍히는 것에서 피하려는 기대는 물질사용을 문제라고 여기지만, 낙인 때문에 전문적 치료를 원하지 않는 일부에게는 스스로 개선하려는 동기로 작용할 수도 있다(DiClemente, 2006).

좌하 분획 치료

SUD가 관계의 맥락(종종 기능적 맥락) 속에서 발병한다고 볼 때 "배려하는 관계의 상황에서 회복이 일어난다."는 말에 놀라서는 안 될 것이다(Khantzian, 1987, p. 533).[44] Miller와 Carroll(2006)은 어떤 상담자들이 SUD 내담자를 대상으로 일할 때는 그 효과가 얼마나 다른지를 논의하면서 이러한 점을 강조하였다. 우선 "상담자가 아주 따뜻하고 공감적일 때 내담자가 약물사용과 문제에 있어서 대단한 개선을 가져오며 … 내담자를 방어적으로 만드는 방식은 치료에 역행하는 것으로 보였다"(p. 301). McCrady(2006)에 의하면 배려하는 다른 관계에서 고려할 때 부부 상담이 개인 상담보다 음주나 약물사용을 줄이는 데 흔히 더 효과적이다. 더욱이 "어떠한 형태의 치료이든 건강한 회복 문화에 대한 필요뿐만 아니라 중독 문화 뒤에 있는 원리를 인정하고 이해하지 못하면 효과가 없게 된다"(du Plesis, 2010, p. 73). 회복을 뒷받침하는 소속의 문화는 아마도 12단계 프로그램이 효과적인 주요 이유 중의 하나일 것이다. 이 프로그램에서는 각 구성원에게 소속감과 수용감을 느낄 수 있게 회복의 문화를 제공한다. 건강한 회복 문화는 건강한 통과 의례를 제공한다. "NA 모임의 주요 단계에서 중독자들이 받는 칩이나 열쇠고리는 인간의 깊은 '원형적(archetypal)' 욕구를 만족시킨다. 그런 것들은 '시작의 상징'으로 작용하며 종종 자랑스럽게 여겨진다"(du Plesis, 2010, p. 73). 유사한 맥락에서 내담자가 '술을 안 마시는 친구'를 사귀도록 돕고, 물질사용과 관련이 없는 여가 활동이나 사교 활동에 참여하는 것은 금욕을 유지하는 데 가장 중요하다.

흑인 남성 임상 표본의 한 연구에서 확인된 바로는 그들은 물질 관련 문제 생성에 기여하는 것으로 문화적 고통 및 분노만 고려하지 않고, (설문조사와 지정된 집단의 면접 모두에서) 주류 문화 출신의 물질남용 전문가들에 대한 상당한 불신도 보고하였다(Williams, 2008). SUD만이 아니라 심리치료 전체에 대한 메타 분석 연구는 비록 내담자와 치료자의 민족을 일치시킬

---

[44] 비록 종교적 개입이 약물이나 알코올 문제 발생에 강력한 완충의 일종이기는 하지만, 이미 발병하고 난 뒤에는 그것들이 그리 효과적으로 보이진 않는다(Carroll & Miller, 2006).

때 더 나은 결과를 뒷받침하지는 않지만(Norcross, 2010), Williams(2008)의 연구 결과는 치료 인력의 민족적 다양성이 갖는 기능과 각 내담자의 민족적 정체성, 특히 내담자가 비주류 집단에서 왔을 때의 중요성에 대해 우리를 일깨운다. 히스패닉계 미국인을 치료할 때 문화적 민감성에 대한 필요는 Gullickson과 Ramser(1996)에 의해 강조되었는데, 특히 가족과 협동을 가치 있게 여기는 것, 행동 지향적이고 지시적인 면담 접근을 선호하는 것, 그리고 존경(respeto), 성격주의(personalismo), 공감(simpatia)의 구성 등이 강조되었다.

통합 접근

SUD 치료의 통합 접근의 한 예는 du Plessis(2010)의 통합 회복(integrated recovery, IR) 모형이다.[45] 통합 정보 치료 접근으로서 IR 모형은 회복의 여섯 가지 특성을 강조하고 수행한다.

1. **신체** : 근처의 해변이나 산을 걷는 것을 포함한 신체 운동, 파도타기 수업, 요가, 태극권, 쿵후, 영양 평가와 보충 … 영양 교육, 침술, 필요시 정신과 전문의에 의한 정신의학적 평가와 약물치료 요법, EEG 바이오피드백과 QEEG 평가를 이용한 신경학적 평가나 신경치료

2. **정신** : 강연/워크숍/문서를 통한 심리사회적 교육, 중독자들을 위한 변증법적 행동치료, 이성적 정서행동치료 워크북, 인지행동치료, 12단계 교육과 문서, 심리 평가들

3. **감정** : 개인 상담, 심리치료 집단(젠더 집단 포함), 애도 집단, 식이장애 집단(마음챙김 식이 수련과 연계), 성과 사랑 중독 집단, 정서 파악 및 조절 기술

4. **영성** : 마음챙김 스트레스 완화 프로그램을 응용하고 뇌파 동조기술을 보조 활용하는 매일의 마음챙김 명상, 꽃꽂이(ikebana)와 분재(bonsai)를 중심 활동으로 하는 마음챙김 수련 집단, 음악과 예술 집단, 영성 교육과 토론에 초점을 둔 영성 집단, 회복의 의미 있는 활동 추구에 초점을 둔 실존 집단

5. **사회** : 12단계 모임과 활동에 규칙적으로 참석, 12단계 후원자, 가족 프로그램, 가족 모임, 예식(ritual)의 사용과 단계 기반 치료 과정의 시작

6. **환경** : 지역사회와 환경 서비스, 재활용 활동에 참여, 생태보호 원예, 이력서 디자인, 생활 관리 기술과 재정 교육, 안전한 시설을 찾기 위한 안내(du Plessis, 2010, pp. 74~75).

---

[45] 통합적 치료 접근의 또 다른 보기는 Guajardo, Bagladi, 그리고 Kushner이다(2004).

IR 모형은 외래 치료와 달리 공식회복센터에서 시행된다.[46] 그렇지만 공식회복센터에서 활동하지 않는 치료자가 IR 모형을 응용하고 사용할 수 있다. 본질적으로, IR 모형은 "자기와 타인 그리고 초월자와 교류하는 지속적인 성격 성장을 위해 준비된 통합 회복 생활 양식의 일환으로 개인의 신체, 정서, 정신, 영성, 재정 차원을 마음챙김 수련하는 것과 관련된다"(du Plessis, 2010, p. 75).

치료 요약

앞서 서술한 치료법 하나만으로는 흔히 효과가 없기 때문에 이는 각각의 치료 접근이 SUD의 다차원 근원과 본질의 한 측면만을 다루고 있다는 것을 나타낸다. 너무나 많고 상이한 요인들이 SUD의 발병에 관계하고 있기 때문에 가장 효과적이라 여기는 요법은 통합적이며 생물과 환경부터 사회, 문화, 경험까지 각각의 (가급적 대부분의) 요소를 다루는 것이다(그림 8.3 참조; du Plessis, 2010; Pickins & Svikis, 1991). 더 나아가 자원은 예방 노력을 충당해야 하며, 청소년 초기에 초점을 두고 가족과 지역사회에만 관계될 것이 아니라, 보다 더 큰 사회 정책에도

좌상(UL) : 내부-개인	우상(UR) : 외부-개인
• 필요시, 변화를 위해 내담자의 동기와 결단을 증대시킴 • 건강한 대응 기술(긍정적 자기 대화부터 감정 조절까지) • 마음챙김 그리고 다른 영성 수련 • 즐거움을 주는 활동에 참여(긍정 강화) • 실존-인본주의 접근	• 일정 기간 물질을 끊음, 즉 금욕으로 물질사용 양상을 방해함 • 물질사용으로 인한 부정적인 의학/신체 결과를 살피기 위해 건강검진 실행 • 약물치료로 메사돈, 부프레노르핀, 니코틴 패치 등을 사용 • 인지행동 접근 • EEG 바이오피드백과 BWE
좌하(LL) : 내부-집단 • 관심 있는 중요한 대상으로부터의 일방적인 '개입' • 물질사용을 하지 않는 사람과의 건전한 관계 • 회복을 지원하는 소속 문화 • 자연과의 혹은 갱신의 주체와의 황홀한 합일을 격려하는 문화 • 심리역동 및 애착 이론 접근	**우하(LR) : 외부-집단** • 긍정 강화의 대안적 자원에 더 많이 접근함 • AA나 NA 모임에 참여 • 물질사용과 관련된 '사람, 장소, 사물'을 피함 • 가족 체계 접근 • SUD를 일차적으로 범죄 논점에서 공중보건 논점으로 전환

그림 8.3 물질관련장애 치료의 사분획적 관점

---

46 du Plessis(2010)는 남아공 케이프타운의 타반쿨루(Tabankulu) 2차 중독회복센터에서 IR 모형 개발을 시행하였다.

관계되어야 한다. 마지막으로 SUD에 대한 전문적 도움을 찾거나 받는 것에 대한 사회적 낙인이 줄어야 하며, 재활서비스는 물질사용과 씨름하는 사람들에게 보다 저렴하고 접근성이 용이하며, 호응적이며, 매력적이어야 한다.

결론

여러분이 본 것처럼, 물질사용장애는 복잡다단한 문제를 제기하고, 물질사용을 비정상이라거나 '장애'라고 이름 붙이는 것 자체가 곤란하고 잠재적으로 문제가 있는 것이다. SUD의 병인은 분명 중복결정적이며, 제대로 이해되지 못한 복잡한 상호작용을 가진다. 많은 병인론 원리(유전적 성향, 신경전달, 강화의 내력, 혐오 정서 경험, 불충분한 충동 조절로부터 많은 가족/사회문화 역동까지)가 다루어졌지만 SUD 발생을 희한하게 자주 특정 개인의 문제로 돌린다. 어떤 사람은 물질을 문제로 여기지 않고 적절하게 사용하는 반면, 다른 사람들은 분명 문제가 될 정도로 남용하며 파괴적으로 사용한다는 점도 다시 상기할 만하다.

SUD의 치료 또한 복잡하고 SUD만 다루는 것이 아니라 인간 생활의 다차원적인 특징을 다룰 때 성공이 더 용이하다. 따뜻하고, 보살피며, 단정하여 판단하지 않는 태도는 SUD를 겪는 사람들을 치료하는 사람들에게 필수적이다. 건강한 관계는 내담자와 임상가 사이에만 중요한 것이 아니다. 회복 중인 사람은 이러한 관계와 함께, 회복의 지지 그리고 친사회적 의미의 즐거운 경험을 누림으로써 굳이 대체 만족으로서의 물질이 필요 없는 '소속 문화'도 반드시 필요하다.

복습 문제

1. 이 장의 주제로서 가장 적당한 용어는 무엇이라고 생각하는가? (예 : 중독, 알코올증, 물질남용, 물질의존, 물질오용, 유해 사용, 물질사용장애, 물질 관련 문제) 그리고 이유는?

2. 〈그림 8.1〉과 향정신성 물질의 범위를 고려해보라. 이에 대한 견해는? 가능한 많은 근거로 여러분의 반응과 생각을 피력해보라.

3. "내가 알코올중독인 것은 완전하게 물려받은 유전자 때문이다."라고 말하는 사람에게 여러분은 어떻게 말하겠는가?

4. 물질을 주로 긍정 강화 특성을 얻기 위해(즉, 쾌락적인 경험을 획득하기 위해) 쓰는 사람보다 부정 강화 특성을 위해(즉, 혐오스러운 경험을 제거하기 위해) 물질을 사용하는 사람이 결국에 가서 물질과 관련하여 심한 문제를 일으키기 쉬운지를 토론해보

라. 그리고 물질사용이 SUD가 될 가능성에 기여하는 다른 관련 요소(즉, 기쁨을 얻을 다른 수단을 이용할 가능성과 그 사람이 가지고 있는 대응 기술 등)를 토론하라.

5. 의지와 선택이 개인의 SUD 발병에 얼마나 중요하다고 생각하는가?

6. 이 장은 SUD를 이해, 예방, 치료하는 데 관한 부분적인 문제가 미국 사회가 이를 공중보건이나 의학/정신적 논점보다 범죄 논점으로 보는 경향이 있다고 강조한다. 이 문제에 대해 어떻게 생각하는가? 가능한 많은 근거를 가지고 자신의 입장을 대변하라.

7. SUD의 예방과 발병에 관련하여 가족과 학교 그리고 다른 체계는 어떤 역할을 하는가? 물질사용을 일찍 시작할수록 결국 SUD로 발병하기 쉽다는 연구 결과가 되풀이하여 발생함을 기억하라.

참고문헌

Allan, C. A., & Cooke, D. J. (1985). Stressful life events and alcohol misuse in women: A critical review. *Journal of Studies on Alcohol, 46*(2), 147–152.

Allen, D. (2003). Treating the cause not the problem: Vulnerable young people and substance misuse. *Journal of Substance Use, 8*(1), 47–54.

American Psychiatric Association. (2000). *Diagnostic and statistical manual of mental disorders* (4th ed., text revision). Washington, DC: Author.

American Psychiatric Association. (2013). *Diagnostic and statistical manual of mental disorders* (5th ed.). Washington, DC: Author.

Armeli, S., Tennen, H., Todd, M., Carney, M. A., Mohr, C., Affleck, G., & Hromi, A. (2003). A daily process examination of the stress-response dampening effects of alcohol consumption. *Psychology of Addictive Behaviors, 17,* 260–276.

Baker, T. B., Piper, M. E., McCarthy, D. E., Majeskie, M. R., & Fiore, M. C. (2004). Addiction motivation reformulated: An affective processing model of negative reinforcement. *Psychological Review, 111,* 33–51.

Bandura, A. (1977a). Self-efficacy: Toward a unifying theory of behavior change. *Psychological Review, 84,* 191–215.

Bandura, A. (1977b). *Social learning theory.* Englewood Cliffs, NJ: Prentice-Hall.

Barlow, D. H. (2004). *Anxiety and its disorders: The nature and treatment of anxiety and panic* (2nd ed.). New York: The Guilford Press.

Bean-Bayog, M. (1988). Alcohol and drug abuse: Alcoholism as a cause of psychopathology. *Hospital and Community Psychiatry, 39*(4), 352–354.

Beatty, L. A. (2010). Drug abuse research: Addressing the needs of racial and ethnic minority populations. In L. Scheier (Ed.), *Handbook of drug use etiology: Theory, methods, and empirical findings* (pp. 325–340). Washington, DC: American Psychological Association.

Bertram, E., & Sharpe, K. (2011). The politics of addiction. Retrieved from http://www.google.com/search?q=politics+of+addiction+moyers&ie= utf-8&oe=utf-8&aq=t&rls=org.mozilla:en-US: official&client=firefox-a

Bevins, R. A., & Bardo M. T. (Eds.) (2004). *Motivational factors in the etiology of drug abuse: Volume 50 of the Nebraska symposium on motivation.* Lincoln, NE: University of Nebraska Press.

Bickel, W. K., & Potenza, M. N. (2006). The forest and the trees: Addiction as a complex self-organizing system. In W. R. Miller & K. M. Carroll (Eds.), *Rethinking substance abuse: What the science shows, and what we should do about it* (pp.

8–24). New York: The Guilford Press.

Bohman M., Sigvardsson S., & Cloninger, C. R. (1981). Maternal inheritance of alcohol abuse. *Archives of General Psychiatry, 38,* 965–969.

Botvin, G. J. (2000). Preventing drug abuse in schools: Social and competence enhancement approaches targeting individual-level etiological factors. *Addictive Behaviors, 25*(6), 887–897.

Bowen, S., Witkiewitz, K., Dillworth, T. M., Chawla, N., Simpson, T. L., Ostafin, B. D., et al. (2006). Mindfulness meditation and substance use in an incarcerated population. *Psychology of Addictive Behaviors, 20*(3), 343–347.

Brecher, E. M. (1972). *Licit and illicit drugs.* Mt. Vernon, NY: Consumers Union.

Bry, B. H. (1983). Substance abuse in women: Etiology and prevention. *Issues in Mental Health Nursing, 5,* 253–272.

Buckley, P. F. (1998). Substance abuse in schizophrenia: A review. *Journal of Clinical Psychiatry, 59*(3), 26–30.

Cadoret, R. J., Troughton, E., O'Gorman, T. W., & Heywood, E. (1986). An adoption study of genetic and environmental factors in drug abuse. *Archives of General Psychiatry, 43*(12), 1131–1136.

Cadoret, R. J., Yates, W. R., Troughton, E., Woodworth, G., & Steward, M. A. (1996). An adoption study of drug abuse/dependency in females. *Comprehensive Psychiatry, 37*(2), 88–94.

Carlson, R. G. (2006). Ethnography and applied substance misuse research: Anthropological and crosscultural factors. In W. R. Miller & K. M. Carroll (Eds.), *Rethinking substance abuse: What the science shows, and what we should do about it* (pp. 201–222). New York: The Guilford Press.

Carroll, K. M., & Miller, W. R. (2006). Defining and addressing the problem. In W. R. Miller & K. M. Carroll (Eds.), *Rethinking substance abuse: What the science shows, and what we should do about it* (pp. 3–7). New York: The Guilford Press.

Castro, F. G., & Nieri, T. (2010). Cultural factors in drug use etiology: Concepts, methods, and recent findings. In L. Scheier (Ed.), *Handbook of drug use etiology: Theory, methods, and empirical findings* (pp. 305–324). Washington, DC: American Psychological Association.

Childress, A. R. (2006). What can human brain imaging tell us about vulnerability to addiction and to relapse? In W. R. Miller & K. M. Carroll (Eds.), *Rethinking substance abuse: What the science shows, and what we should do about it* (pp. 46–60). New York: The Guilford Press.

Chipkin, R. E. (1994). D2 receptor genes: The cause or consequence of substance abuse? *Trends in Neuroscience,*

17(2), 50.

Clodfelter, R. C., & McDowell, D. M. (2001). Bipolar disorder and substance abuse: Considerations of etiology, comorbidity, evaluation, and treatment. *Psychiatric Annals, 31*(5), 194–199.

Cloninger, C. R., Bohman, M., & Sigvardsson, S. (1981). Inheritance of alcohol abuse. *Archives of General Psychiatry, 38*, 861–868.

Colder, C. R., Chassin, L., Lee, M. R., & Villalta, I. K. (2010). Developmental perspectives: Affect and adolescent substance use. In J. D. Kassel (Ed.), *Substance abuse and emotion* (pp. 109–135). Washington, DC: American Psychological Association.

Coleman, E. (1982). Family intimacy and chemical abuse: The connection. *Journal of Psychedelic Drugs, 14*(1–2), 153–158.

Collins, R. L., Blane, H. T., & Leonard, K. E. (1999). Psychological theories of etiology. In P. J. Ott, R. E. Tarter, & R. T. Ammerman (Eds.), *Sourcebook on substance abuse: Etiology, epidemiology, assessment, and treatment* (pp. 153–165). Boston: Allyn & Bacon.

Compton, W. M. (2005). Applying a public health approach to drug abuse research. *Journal of Drug Issues, 35*(3), 461–467.

Compton, W. M., Thomas, Y. F., Conway, K. P., & Colliver, J. D. (2005). Developments in the epidemiology of drug use and drug use disorders. *American Journal of Psychiatry, 162*, 1494–1502.

Compton, W. M., Thomas, Y. F., Stinson, F. S., & Grant, B. F. (2007). Prevalence, correlates, disability, and comorbidity of DSM-IV drug abuse and dependence in the United States. *Archives of General Psychiatry, 64*, 566–578.

Cooper, M. L. (1994). Motivations for alcohol use among adolescents: Development and validation of a four-factor model. *Psychological Assessment, 6*, 117–128.

Cooper, M. L., Russell, M., & George, W. H. (1988). Coping, expectancies, and alcohol abuse: A test of social learning formulations. *Journal of Abnormal Psychology, 97*(2), 218–230.

Cornelius, M., Leech, S., Goldschmidt, L., & Day, N. (2000). Prenatal tobacco exposure: Is it a risk factor for early tobacco experimentation? *Nicotine Tobacco Research, 2*, 45–52.

Dalley, J. W., Fryer, T. D., Aigbirhio, F. I., Brichard, L., Richards, H. K., Hong, Y. T., . . . Robbins, T. W. (2009). Modeling human drug abuse and addiction with dedicated small animal positron emission tomography. *Neuropharmacology, 56*(1), 9–17.

Dawe, S., Loxton, N. J., Gullow, M. J., Staiger, P. K., Kambouropoulos, N., Perdon, L., & Wood, A. (2007). The role of impulsive personality traits in the initiation, development, and treatment of substance misuse problems. In P. M. Miller & K. Kavanagh (Eds.), *Translation of addictions science into practice* (pp. 321–339). New York, NY:

Elsevier Science.

de Wit, H., & Phan, L. (2010). Positive reinforcement theories of drug use. In J. D. Kassel (Ed.), *Substance abuse and emotion* (pp. 43–60). Washington, DC: American Psychological Association.

Dick, D. M., Agrawal, A., Schuckit, M. A., Bierut, L., Hinrichs, A., Fox, L., . . . Begleiter, H. (2006). Marital status, alcohol dependence, and GABRA2: evidence for gene-correlation and interaction. *Journal of Studies on Alcohol, 67*(2), 185–194.

DiClemente, C. C. (2003). *Addiction and change: How addictions develop and addicted people recover.* New York: The Guilford Press.

DiClemente, C. C. (2006). Natural change and the troublesome use of substances: A life-course perspective. In W. R. Miller & K. M. Carroll (Eds.), *Rethinking substance abuse: What the science shows, and what we should do about it* (pp. 81–96). New York: The Guilford Press.

Donovan, D. M., & Marlatt, G. A. (Eds.). (1988). *Assessment of addictive behaviors.* New York: Guilford Press.

DSM-5 Substance Use Disorders Workgroup. (n.d.). Proposed revision. Retrieved from http://www.dsm5 .org/ProposedRevision/Pages/proposedrevision .aspx?rid=452#

du Plessis, G. P. (2010). The integrated recovery model for addiction treatment and recovery. *Journal of Integral Theory and Practice, 5*(3), 68–85.

Felson, R., Savolainen, J., Aaltonen, M., & Moustgaard, H. (2008). Is the association between alcohol use and delinquency causal or spurious? *Criminology: An Interdisciplinary Journal, 46*(3), 785–808.

Field, M. (2006). Attentional biases in drug abuse and addiction: Cognitive mechanisms, causes, consequences and implications. In M. Munafo & I. P. Alperly (Eds.), *Cognition and addiction* (pp. 73–99). New York: Oxford University Press.

Fischer, V. J. (1991). Combat exposure and the etiology of postdischarge substance abuse problems among Vietnam veterans. *Journal of Traumatic Stress, 4*(2), 251–277.

Friesen, V. I. (1983). The family in the etiology and treatment of drug abuse: Toward a balanced perspective. *Advances in Alcohol and Substance Abuse, 2*(4), 77–89.

Gibbons, G. X., Pomery, E. A., & Gerrard, M. (2010). Racial discrimination and substance abuse: Risk and protective factors in African American adolescents. In L. Scheier (Ed.), *Handbook of drug use etiology: Theory, methods, and empirical findings* (pp. 341–362). Washington, DC: American Psychological Association.

Giese, J. K. (1999). The role of personal meaning and multiple risk factors in adolescent alcohol abuse. *Dissertation Abstracts International: Section B: The Sciences and Engineering, 59*(11-B), 6064.

Glantz, M. D., Conway, K. P., & Colliver, J. D. (2005). Drug abuse heterogeneity and the search for subtypes. In Z. Sloboda (Ed.), *Epidemiology of drug abuse* (pp. 15–27). New York, NY: Springer.

Glantz, M. D., & Pickens, R. (Eds.). (1992). *Vulnerability to drug use.* Washington, DC: American Psychological Association. Glantz, M. D., Weinberg, N. Z., Miner, L. L., & Colliver, J. D. (1999). The etiology of drug abuse: Mapping the paths. In M. D. Glantz & C. R. Hartel (Eds.), *Drug abuse: Origins and interventions* (pp. 3–45). Washington, DC: American Psychological Association.

Goldstein, R. Z., & Volkow, N. D. (2002). Drug addiction and its underlying neurological basis: Neuroimaging evidence for the involvement of the frontal cortex. *American Journal of Psychiatry, 159*(10), 1642–1652.

Grande, T. P., Wolf, A. W., Schubert, D. S. P., Patterson, M. B., & Brocco, K. (1984). Associations among alcoholism, drug abuse, and antisocial personality: A review of literature. *Psychological Reports, 55*(2), 455–474.

Grant, B. F., & Dawson, D. A. (1997). Age at onset of alcohol use and its association with DSM-IV alcohol abuse and dependence: Results from the national longitudinal alcohol epidemiologic survey. *Journal of Substance Abuse, 9*, 103–110.

Guajardo, H. S., Bagladi, V. L., & Kushner, D. L. (2004). Integrative psychotherapy in addictive disorders. *Journal of Psychotherapy Integration, 14*(3), 290–306.

Gullickson, T., & Ramser, P. (1996). Review of Hispanic substance abuse. *Contemporary Psychology: APA Review of Books, 41*(1), 83–84.

Hasin, D., Hatzenbuehler, M., & Waxman, R. (2006). Genetics of substance use disorders. In W. R. Miller & K. M. Carroll (Eds.), *Rethinking substance abuse: What the science shows, and what we should do about it* (pp. 61–80). New York: The Guilford Press.

Hasin, D., Stinson, F. S., Ogburn, E., & Grant, B. F. (2007). Prevalence, correlates, disability, and comorbidity of DSM-IV alcohol abuse and dependence in the United States: Results from the National Epidemiologic Survey on Alcohol Related Conditions. *Archives of General Psychiatry, 64*(7), 830–842.

Hawkins, J. D., Graham, J. W., Maguin, E., Abbott, R., Hill, K. G., & Catalano, R. F. (1997). Exploring the effects of age alcohol use initiation and psychosocial risk factors on subsequent alcohol misuse. *Journal of Studies on Alcohol, 58*(3), 280–290.

Hawkins, J. D., Lishner, D. M., Catalano, R. F., & Howard, M. O. (1985). Childhood predictors of adolescent substance abuse: Toward an empirically grounded theory. *Journal of Children in Contemporary Society, 18*(1–2), 11–48.

Helig, M., Koob, G. F., Ekman, R., & Britton, K. T. (1994). Corticotropin-releasing factor and neuropeptide Y: Role in emotional integration. *Trends in Neurosciences, 17*, 427–440.

Helmer, J. (1975). *Drugs and minority oppression.* New York: Seabury Press.

Hesselbrock, V. M., & Hesselbrock, M. N. (2006). Developmental perspectives on the risk for developing substance abuse problems. In W. R. Miller & K. M. Carroll (Eds.), *Rethinking substance abuse: What the science shows, and what we should do about it* (pp. 97–114). New York: The Guilford Press.

Holder, H. D. (2006). Racial and gender differences in substance abuse: What should communities do about them? In W. R. Miller & K. M. Carroll (Eds.), *Rethinking substance abuse: What the science shows, and what we should do about it* (pp. 153–165). New York: The Guilford Press.

Hufford, M. R. (2001). An examination of mood effects on positive alcohol expectancies among undergraduate drinkers. *Cognition and Emotion, 15*, 593–613.

Humphreys, K., & Gifford, E. (2006). Religion, spirituality, and the troublesome use of substances. In W. R. Miller & K. M. Carroll (Eds.), *Rethinking substance abuse: What the science shows, and what we should do about it* (pp. 257–274). New York: The Guilford Press.

Jacob, T., Sher, K. J., Bucholz, K. K., True, W. T., Sirevaag, E. J., Rohrbaugh, J., . . . Heath, A. C. (2001). An integrative approach for studying the etiology of alcoholism and other addictions. *Twin Research and Human Genetics, 4*(2), 103–118.

Jochman, K. A., & Fromme, K. (2010). Maturing out of substance use: The other side of etiology. In L. Scheier (Ed.) *Handbook of drug use etiology: Theory, methods, and empirical findings* (pp. 565–578). Washington, DC: American Psychological Association.

Johnson, A. O. (2009). The geographic availability of substance abuse treatment facilities and services to rural veterans of the Unites States armed forces. *Dissertation Abstracts International: Section B: The Sciences and Engineering, 69*(7–B), 4121.

Johnson, E. M., & Belfer, M. L. (1995). Substance abuse and violence: Cause and consequence. *Journal of Health Care for the Poor and Underserved, 6*(2), 113–121.

Jongsma, A. E., Peterson, L. M., & Bruce, T. J. (Eds.). (2006). *The complete adult psychotherapy treatment planner.* Hoboken, NJ: Wiley.

Juliano, L. M., & Brandon, T. H. (1998). Reactivity to instructed smoking availability and environmental cues: Evidence with urge and reaction time. *Experimental and Clinical Psychopharmacology, 6*, 45–53.

Kassel, J. D., & Evatt, D. P. (2010). Afterword: New frontiers in substance abuse and emotion. In J. D. Kassel (Ed.), *Substance abuse and emotion* (pp. 281–286). Washington, DC: American Psychological Association.

Kassel, J. D., Hussong, A. M., Wardle, M. C., Veilleux, J. C., Heinz, A., Greenstein, J. E., & Evatt, D. P. (2010). Affective influences in drug use etiology. In L. Scheier (Ed.), *Handbook* of drug use etiology: Theory, methods, and empirical findings (pp. 183–205). Washington, DC: American Psychological Association.

Kassel, J. D., & Veilleux, J. C. (2010). Introduction: The complex interplay between substance abuse and emotion. In J. D. Kassel (Ed.), *Substance abuse and emotion* (pp. 281–286). Washington, DC: American Psychological Association.

Katz, J. L. (1990). Eating disorders: A primer for the substance abuse specialist: II. Theories of etiology, treatment approaches, and considerations during co-morbidity with substance abuse. *Journal of Substance Abuse Treatment, 7*(4), 211–217.

Kellert, S., & Wilson, E. O. (1993). *The biophilia hypothesis.* Washington, DC: Island Press.

Kennedy, G. K. (2000). *Geriatric mental health care: A treatment guide for professionals.* New York: Guilford. Khan, S., Murray, R. P., & Barnes, G. E. (2002). A structural equation model of the effect of poverty and unemployment on alcohol abuse. *Addictive Behaviors, 27*(3), 405–423.

Khantzian, E. J. (1987). A clinical perspective of the cause-consequence controversy in alcoholic and addictive suffering. *Journal of the American Academy of Psychoanalysis, 15*(4), 521–537.

Kliewer, W. (2010). Family processes in drug use etiology. In L. Scheier (Ed.), *Handbook of drug use etiology: Theory, methods, and empirical findings* (pp. 365–381). Washington, DC: American Psychological Association.

Koob, G. F. (2006). The neurobiology of addiction: A hedonic Calvanist view. In W. R. Miller & K. M. Carroll (Eds.), *Rethinking substance abuse: What the science shows, and what we should do about it* (pp. 25–45). New York: The Guilford Press.

Kuppin, S., & Carpiano, R. M. (2008). Public conceptions of serious mental illness and substance abuse, their causes, and treatments. Findings from the 1996 General Social Survey. *American Journal of Public Health, 98*(1), S120–S125.

Laughlin, C., McManus, J., & Shearer, J. (1993). Transpersonal anthropology. In R. Walsh & F. Vaughan (Eds.), *Paths beyond ego: The transpersonal vision* (pp. 190–194). Los Angeles, CA: Jeremy P. Tarcher.

Leukefeld, C. G., McDonald, H. M. S., Stroops, W. W., Reed, L., & Martin, C. (2005). Substance misuse and abuse. In T. P. Gullotta & G. R. Adams (Eds.), *Handbook of adolescent behavioral problems: Evidence- based approaches to prevention and treatment* (pp. 439–465). New York: Springer.

Lev-Wiesel, R., & Shuval, R. (2006). Perceived causal and treatment factors related to substance abuse. *European Addiction Research, 12*(2), 109–112.

Linehan, M. (1993). Cognitive-behavioral treatment of Borderline Personality Disorder. New York: Guilford.

Lo, C. C., & Cheng, T. C. (2007). The impact of childhood maltreatment on young adults' substance abuse. *The American Journal of Drug and Alcohol Abuse, 33*(1), 139–146.

Lynskey, M. T., & Hall, W. (2001). Attention deficit hyperactivity disorder and substance use disorders: Is there a causal link? *British Journal of Addiction, 96*(6), 815–822.

Mahoney, M. J. (1980). *Abnormal psychology: Perspectives on human variance.* San Francisco, CA: Harper & Row.

Marsiglia, F. F., & Smith, S. J. (2010). An exploration of ethnicity and race in the etiology of substance abuse: A health disparities approach. In L. Scheier (Ed.), *Handbook of drug use etiology: Theory, methods, and empirical findings* (pp. 289–304). Washington, DC: American Psychological Association.

McCarthy, D. E., Curtin, J. J., Piper, M. E., & Baker, T. B. (2010). Negative reinforcement: Possible clinical implications of an integrative model. In J. D. Kassel (Ed.), *Substance abuse and emotion* (pp. 25–42). Washington, DC: American Psychological Association.

McCrady, B. S. (2006). Family and other close relationships. In W. R. Miller & K. M. Carroll (Eds.), *Rethinking substance abuse: What the science shows, and what we should do about it* (pp. 166–181). New York: The Guilford Press.

McDowell, D. M., & Clodfelter, R. C. (2001). Depression and substance abuse: Considerations of etiology, comorbidity, evaluation, and treatment. *Psychiatric Annals, 32*(4), 244–251.

McKee, S. A., Wall, A. M., Hinson, R. E., Goldstein, A., & Bissonnette, M. (2003). Effects of an implicit mood prime on the accessibility of smoking expectancies in college women. *Psychology of Addictive Behaviors, 17*, 219–225.

McKirnan, D. J. (1984). The identification of alcohol problems: Socioeconomic status differences in social norms and causal attributions. *American Journal of Community Psychology, 12*(4), 465–484.

McPeake, J. D., Kennedy, B. P., & Gordon, S. M. (1991). Altered states of consciousness therapy: A missing component in alcohol and drug rehabilitation treatment. *Journal of Substance Abuse Treatment, 8*, 75–82.

Mello, N. (1983). Etiological theories of alcoholism. *Advances in Substance Abuse, 3*, 271–312.

Miller, W. R. (2006). Motivational factors in addictive behaviors. In W. R. Miller & K. M. Carroll (Eds.), *Rethinking substance abuse: What the science shows, and what we should do about it* (pp. 134–152). New York: The Guilford Press.

Miller, W. R., & Carroll, K. M. (2006). Drawing the scene together: Ten principles, ten recommendations. In W. R. Miller & K. M. Carroll (Eds.), *Rethinking substance abuse: What the science shows, and what we should do about it* (pp. 293–312). New York: The Guilford Press.

Miller, W. R., & Rollnick, S. (2002). *Motivational interviewing: Preparing people to change.* New York: Guilford Press.

Moos, R. H. (2006). Social contexts and substance use. In W. R. Miller & K. M. Carroll (Eds.), *Rethinking substance abuse:*

What the science shows, and what we should do about it (pp. 182–200). New York: The Guilford Press.

Morrison, J. R. (2008). *The first interview* (3rd ed.). New York: The Guilford Press.

Moyers, B. (1998). The politics of addiction [from the PBS series: Close to Home /DVD].

Mueser, K. T., Drake, R. E., Turner, W., & McGovern, M. (2006). Comorbid substance use disorders and psychiatric disorders. In W. R. Miller & K. M. Carroll (Eds.), *Rethinking substance abuse: What the science shows, and what we should do about it* (pp. 115–133). New York: The Guilford Press.

Norcross, J. C. (2010, May). Psychotherapy relationships that work II: Evidence-based practice and practice-based evidence. Presented at the Society for the Exploration of Psychotherapy Integration, Florence, Italy.

O'Brien, C. P. (2007). Brain development as a vulnerability factor in the etiology of substance abuse and addiction. In D. Romer & E. F. Walker (Eds.), *Adolescent psychopathology and the developing brain: Integrating brain and prevention science* (pp. 388–398). New York: Oxford University Press.

O'Malley, S. S., & Kosten, T. R. (2006). Pharmacotherapy of addictive disorders. In W. R. Miller & K. M. Carroll (Eds.), *Rethinking substance abuse: What the science shows, and what we should do about it* (pp. 240–256). New York: The Guilford Press.

Ouimette, P., & Brown, P. J. (Eds.) (2002). *Trauma and substance abuse: Causes, consequences, and treatment of comorbid disorders.* Washington, DC: American Psychological Association.

Panskepp, J., Nocjar, C., Burgdorf, J., Panskepp, J. B., & Huber, R. (2004). The role of emotional systems in addiction: A neurobiological perspective. In R. A. Bevins & M. T. Bardo (Eds.), *Nebraska Symposium on Motivation: Vol. 50. Motivational factors in the etiology of drug abuse* (pp. 85–126). Lincoln, NE: University of Nebraska Press.

PDM Task Force. (2006). *Psychodynamic diagnostic manual.* Silver Spring, MD: Alliance of Psychoanalytic Organizations.

Peyrot, M. (1984). Cycles of social problem development: The case of drug abuse. *The Sociological Quarterly, 25,* 83–96.

Pickins, R. W., & Svikis, D. S. (1991). Prevention of drug abuse: Targeting risk factors. In L. Donohew, H. E. Sypher, & W. J. Bukoski (Eds.), *Persuasive communication and drug abuse prevention* (pp. 35–49). Hillsdale, NJ: Lawrence Erlbaum Associates, Inc.

Pihl, R. O. (1999). Substance abuse: Etiological considerations. In T. Millon, P. H. Blaney, & R. D. Davis (Eds.), *Oxford textbook of psychopathology* (pp. 249–276). New York, NY: Oxford University Press.

Prescott, C. A., Piper, M. E., McCarthy, D. E., Majeskie, M. R., & Fiore, M. C. (2006). Challenges in genetic studies of the etiology of substance use and substance use disorders:

Introduction to the special issue. *Behavior Genetics, 36*(4), 473–482.

Roberts, A. (2000). Psychiatric comorbidity in White and African-American illicit substance abusers: Evidence for differential etiology. *Clinical Psychology Review, 20*(5), 667–677.

Ryan, M. R., Lynch, M. F., Vansteenkiste, M., & Deci, E. L. (2010). Motivation and autonomy in counseling, psychotherapy, and behavior change: A look at theory and practice. *The Counseling Psychologist, 39*(2), 193–260.

Samuels, D. J., & Samuels, M. (1974). Low self-concept as a cause of drug abuse. *Journal of Drug Education, 4*(4), 421–438.

Sanford, M. (2001). The relationship between antisocial behaviour and substance abuse in childhood and adolescence: Implications for aetiology, prevention and treatment. *Current Opinion in Psychiatry, 14*(4), 317–323.

Schaef, A. W. (1987). *When society becomes an addict.* San Francisco: Harper and Row.

Scheier, L. (Ed.). (2010a). *Handbook of drug use etiology: Theory, methods, and empirical findings.* Washington, DC: American Psychological Association.

Scheier, L. (2010b). Social cognitive models of drug use etiology. In L. Scheier (Ed.), *Handbook of drug use etiology: Theory, methods, and empirical findings* (pp. 93–112). Washington, DC: American Psychological Association.

Shiffman, S. (1984). Cognitive antecedents and sequelae of smoking relapse crises. *Journal of Applied Social Psychology, 14,* 296–309.

Simansky, J. A. (2008). Rural adolescent perceptions of the availability and accessibility of substance abuse treatment. *Dissertation Abstracts International: Section B: The Sciences Vol. 68*(12-B), p. 8412.

Spooner, C., & Hall, W. (2002). Preventing drug misuse by young people: Why we need to do more than "just say no." *Addiction, 97*(5), 478–481.

Stapleton, M. T. (2004). Attachment theory and psychological merging: Understanding the etiology and treatment of substance abuse. *Dissertation Abstracts International: Section B: The Sciences and Engineering, 65*(1), 453.

Steinman, M. A., Landefeld, C. S., Rosenthal, G. E., Berthenthal, D., Sen, S., & Kaboli, P. J. (2006). Polypharmacy and prescribing quality in older people. *Journal of the American Geriatric Society, 54,* 1516–1523.

Sussman, S., Skara, S., & Ames, S. L. (2008). Substance use among adolescents. *International Journal of the Addictions, 43*(12–13), 1802–1828.

Swift, R., & Mueller, T. (2001). Comorbidity of anxiety disorders in substance abuse. In J. R. Hubbard & P. R. Martin (Eds.), *Substance abuse in the mentally and physically disabled* (pp. 11–32). New York: Marcel Dekker.

Tarter, R. E. (2002). Etiology of adolescent substance abuse: A developmental perspective. *The American Journal on Addictions, 11*(3), 171–191.

Tarter, R. E., Kabene, M., Escaller, E. A., Laird, S. B., & Jacob, T. (1990). Temperament deviation and risk for alcoholism. *Alcoholism: Clinical and Experimental Research, 14*, 380–392.

Tarter, R. E., & Vanyukov, M. (2001). Introduction: Theoretical and operational framework for research into the etiology of substance use disorders. *Journal of Adolescent Chemical Dependency, 10*(4), 1–12.

Tarter, R. E., Vanyukov, M., & Kirisci, L. (2008). Etiology of substance use disorder: Developmental perspective. In Y. Kaminer & O. G. Bukstein (Eds.), *Adolescent substance abuse: Psychiatric comorbidity and high-risk behaviors* (pp. 5–27). New York: Routledge.

Thomas, Y. F. (2007). The social epidemiology of drug abuse. *American Journal of Preventive Medicine, 32*(6S), S141–S146.

Thomas, Y. F., & Conway, K. (2010). The epidemiology of drug abuse: How the National Institute on Drug Abuse stimulates research. In L. Scheier (Ed.), *Handbook of drug use etiology: Theory, methods, and empirical findings* (pp. 19–28). Washington, DC: American Psychological Association.

Trevisan, L. A. (2008). Baby boomers and substance abuse. *Psychiatric Times, 25*(8), 28–36.

Trudeau, D. L. (2005). EEG biofeedback for addictive disorders—the state of the art in 2004. *Journal of Adult Development, 12*(2–3), 139–146.

Volkow, N. D., Fowler, J. S., Wang, G., Swanson, J. M., & Telang, F. (2007). Dopamine in drug abuse and addiction: Results of imaging studies and treatment implications. *Archives of Neurology, 64*(11), 1575–1579.

Walsh, R., & Vaughan, F. (Eds.) (1993). *Paths beyond ego: The transpersonal vision.* Los Angeles, CA: Jeremy P. Tarcher.

Wang, G. J., Volkow, N. D., Logan, J., Pappas, N. R., Wong, C. T., Zhu, W., et al. (2001). Brain dopamine and obesity. *The Lancet, 357*, 354–357.

Weill, A. T. (2004). *The natural mind: A revolutionary approach to the drug problem.* New York: Houghton Mifflin Company.

Weinberg, N. Z., Rahdert, E., Colliver, J. D., & Glantz, M. D. (1998). Adolescent substance abuse: A review of the last 10 years. *Journal of the American Academy of Child Psychiatry, 37*(3), 252–261.

Wikipedia (n.d.). Medical cannabis. Retrieved from http://en.wikipedia.org/wiki/Medical_cannabis# Safety_of_cannabis

Williams, C. (2008). Cultural pain and anger as causal factors to substance abuse in an African-American male clinical population. An exploration with implications for treatment. *Dissertation Abstracts International: Section B: The Sciences and Engineering, 69*(6), 3863.

Williams, C., & Latkin, C. A. (2007). Neighborhood socioeconomic status, personal network attitudes, and the use of heroin and cocaine. *American Journal of Preventive Medicine, 32*(6S), S203–S210.

Wills, T. A., & Filer, M. (1996). Stress-coping model of adolescent substance abuse. In T. H. Ollendick & R. J. Pinz (Eds.), *Advances in clinical child psychology* (Vol. 18, pp. 91–132). New York: Plenum Press.

Wilshire, B. (1999). *Wild hunger: The primal roots of modern addiction.* Lanham, MD: Rowan & Littlefield Publishers, Inc.

Wilson, G. T., & Abrams, D. (1976). Effects of alcohol on social anxiety: Cognitive versus pharmacological processes. *Cognitive Therapy and Research, 1*, 195–210.

제9장

주의력결핍 과잉행동장애

Karthryn Z. Douthit, Ph.D., 로체스터대학교
Tami K. Sullivan, Ph.D., 뉴욕주립대학교 오스위고캠퍼스

"ADHD의 의학 모형이 치료적으로 도움이 될까? 완전히 반대다. 맥락에서 떼어놓은 단순화한 견해는 우리 모두(부모, 교사, 의사)가 아이들을 건강하게 양육해야 하는 사회 책임에서 멀어지게 한다. 오히려 우리가 치료해야 할 문화 질병의 증상이 된다. 제약회사는 판매 시장을 확장시키기 위해 ADHD 개념을 만들고 퍼트리는 것으로 고발되어왔는데, 우리가 제약회사의 이익을 돕는다. 우리는 사회를 통제하는 역할을 하고 아이들의 다양성을 억누르며, 아이들에게 장기적인 이득이 입증되지 않은 … 그리고 동물 연구에서 뇌에 장애를 초래하는 것으로 나타난 … 매우 중독적인 약물을 주어 수백만 아동에게 피해를 입히고 있다…"(TIMIMI & TAYLOR, 2004, p. 8).

서론

많은 심리학자들은 **정신질환의 진단 및 통계 편람(DSM)**에서 얻는 것이, 공적인 입장에서, 단지 일상의 필요에 적응하는 매일의 투쟁을 묘사하는 것에 지나지 않는다고 문제를 제기한다. 예를 들어 주요우울장애와 깊은 슬픔 및 애도, 적대적 반항장애와 규율 위반 아동, 사회불안장애와 숫기 없음, 또는 조증 상태와 21세기 세계에서 살아남기 위해서 요구되는 열광적인 멀티태스킹 기술 같은 둘 사이의 모호한 구분은 비전형 행동 양상과 정상적인 심리 고통을 집요하게 의학화하려는 정신의학과 일반적인 감성 사이의 격차를 드러낸다.

주의력결핍 과잉행동장애(ADHD)처럼 공적인 비판을 받아온 진단은 DSM에 거의 없다. ADHD와 관련된 행동은 아버지의 부재, 훈육의 실패, 지나친 비디오 게임으로 어머니와 멀어짐, 음식 색소와 첨가제, 아이의 필요와 어긋나 있는 학교 등의 다양한 병인론 요인에 의해 명

명되었다. ADHD가 통합 분석을 위한 관심사가 되는 것은 이러한 광범위한, 부분적인 진실들이 설득력 있게 엮여 있으나 포괄적인 특성은 결여되어 있기 때문이다.

이 장은 현재 DSM-5의 ADHD를 세워나간 장구한 역사를 설명하는 것으로 시작한다. 그 다음 우리는 ADHD의 병인론으로 통합 모형의 선들, 단계들, 상태들에 따른 사분획을 논할 것이다. ADHD의 어떤 토론도 질환의 폭넓은 동반질환 양상을 고려하지 않으면 분명 불완전할 것이다. 이 양상들은 ADHD 개인의 인생의 결과를 예측하는 중요한 결정 요인이며, 따라서 여기에서 세부적으로 소개할 것이다. 마지막으로, 우리는 ADHD로 진단 내리기 위해 가장 광범위하게 사용되는 임상에서 현재 사용 중인 평가 도구와 ADHD의 범위에 대해 고려하게 될 것이다. 질환의 다차원 측면을 이해하는 데에 통합 모형이 어떻게 적용되는지를 보여주기 위해 하나의 사례를 제시하였다.

ADHD의 역사

초기 뇌손상 모형

*ADHD*와 주의력결핍장애(ADD)란 용어는 1980년에 DSM-III가 나오기 전까지는 정신과 용어가 아니었다. 이전 시기에 ADHD로 여기는 행동들(즉, 과잉행동, 충동성, 주의력결핍)은 당시의 생물학 변천(bio-historical)과 철학적 이해에 맞추어 설명되었다. 첫 번째로 ADHD가 생기게 된 역사적 순간은 실질적으로 1798년이다. 그 당시 스코틀랜드 출신 의사인 Alexander Crichton 경은 그의 저서 정신착란(derangement)의 본질과 기원에 관한 연구 : 인간 정신의 생리와 병리에 대한 간결한 체계 그리고 열정의 역사와 그 영향에 관한 이해 중 '집중' 장에서 정신불안(mental restlessness)이란 용어를 소개했다(Palmer & Finger가 인용, 2001). 그는 정신불안을 정신운동성 초조로 특징지어 이것이 연약한 개인으로 하여금 집중력과 인내력을 요하는 중요한 과제 수행을 피하게 한다고 설명했다.

다음의 역사적인 순간은 의사인 George Still(1902)이 임상에서 경험한 오늘날의 ADHD와 같은 행동 특징을 보여주는 20명의 아동을 왕립의과대학에서 소개한 내용에서 나왔다(Barkely, 2006b). Still이 지칭한 아동들은 충동적이고, 규칙에 저항적이며, 훈육이 어렵고, 매우 감정적이었으며, 집중을 유지하기 어려운 특징을 가지고 있었다. Still은 그 아이들이 정신적인 통제를 유지하는 데 무능력한 것은 신경학적인 원인이라고 믿었으며 이 질환은 확실히 만성적 경과를 보인다고 하였다. 그는 그의 관찰과 추측에 기초해 보다 만성적인 사례는 인생 후반부에 범죄를 저지르는 경향이 있다고 하였다.

Still이 또한 관찰한 것은 그의 환자들의 행동이 동년배들과 상당히 다르다는 점이다

(Barkley, 2006b). 이 관찰은 정상 행동과 구분하여 이를 벗어난 유년기 ADHD를 진단하는 임상의 길을 열었으며, 한 세기 동안 인지와 정서 선들 그리고 발달 단계를 고려하는 것이 일반화되고, 현대 정신의학에서는 ADHD 아동을 규명하는 것이 임상의 중심에 놓이게 되었다.

　Still은 아동들의 ADHD형 행동에 대한 관찰을 보고하는데, 이러한 행동은 불화가 있는 가정과 건강한 가정 모두에게서 나타났지만 문제는 그가 가난한 가정의 아동들을 그의 ADHD 내담자 집단에서 제외하여 이 질환의 원래 모습이 마치 유전적으로 물려받았거나 출생 이전 혹은 출생 당시 손상을 입은 사람인 것처럼 묘사되었다는 것이다(Barkley, 2006b). 또 초기, 가벼운, 드러나지 않은 형태의 발달 지연을 유발하는 어떤 형태의 신경 수정이라도 아동에게 ADHD형 행동장애를 초래할 수 있다고 한 Still의 주장은 논쟁거리가 된다(Barkley, 2006b).

　가벼운, 생애 초기, 영구적인 뇌손상이 아동들의 ADHD형 행동에 대한 원인이라는 개념은 1950년 후반과 1960년 초기까지 일반적이었다. 20세기 중반을 향해갈 때, 신체 손상 혹은 감염 질환의 신경 후유증 자연 경과에서 주의력결핍, 과잉행동, 충동성 등의 ADHD형 증상이 관찰되는 것을 통해 가벼운 손상 관점의 ADHD 모형은 계속 지지되었다(Barkley, 2006a). 이러한 자연적 모형들은 뇌염 생존 집단, 홍역 후유증 집단, 납중독과 외상을 겪은 집단을 포함했다. 중추신경계의 손상이 충동성, 반항, 과잉운동행동의 결과를 초래한다는 정신의학과 일반의학의 증거들은 결국 전문가들로 하여금 미세뇌손상(minimal brain damage) 또는 MBD라는 용어를 만들어내게 하였다. 이 용어는 1950, 1960년대에 미세뇌기능부전(minimum brain dysfunction)으로 완곡하게 바뀌었다(Barkley, 2006a).

　MBD 진단 아동의 상태는 의학 요법으로 도움이 되지 않는다는 절망적인 임상 견해들이 한동안 지배적이었다. 그러고 나서, 1937년과 1941년 사이 일련의 연구 보고서들은 MBD 진단의 아동들을 암페타민으로 치료하니 무질서한 행동이 감소하고, 학교 적응 능력은 향상되었음을 주장하였다(Bradely, 1937; Bradely & Bowen, 1941). 많은 현대 ADHD 학자들은, 이 발견을 ADHD 치료에서 혁명의 시작으로 보았다. 반면 일부학자들은 의학과 상업적 이해 사이의 불안한 결합의 시작으로 보았다(Conrad, 1976; Kohn, 1989; McGuinness, 1989).

정신분석 모형

1960년대의 격동적이고, 반권위주의적인 정치적 분위기는 정신의학의 세계를 확장시켰다. 점점 증가하는 대중들의 반정신의학 운동은 의학에 기초한 MBD 모형에 반영된 생물학적 결정론을 폄하하고(Laing, 1967; Szasz, 1970) 심리적 고통에 대한 좀 더 해석적, 심리역동적 이해를 지지하는 결과를 가져왔다. 통합 모형의 용어로 말하자면, 지배적인 관점이 일차적으로 외부–개인에 치우쳤다가 이를 벗어나 내부–개인 그리고 내부–집단에 대한 설명과 요법으로 바꿔기 시작했다.

20세기 후반 가장 영향력 있는 ADHD 학자인 Russell Barkley는 정신분석이 지배적이었던 이 시기가 ADHD의 이해와 치료에 있어서는 퇴보했다고 하였다. Barkley는 당시 등장한 반생물의학 학풍을 묘사할 때 '과잉', '난해한', '현학적'과 같은 용어를 사용했다. 그리고 부모와 가족 역동에 책임을 두는 것에 대해 매우 비판적이었다(Barkley, 1990, p. 10).

세 용어(triumvirate)의 대두 : 과잉운동, 주의력결핍, 충동성

MBD와 정신분석의 결합은 아주 짧게 이루어졌고, 곧 과잉운동행동이 핵심인 서술(descriptive) 모형으로 대체되었다(Chess, 1960). 새로운 과잉행동아동증후군은 정신의학에서 새로운 트렌드의 한 예였다. 즉, 병리 연구보다는 증상에 초점을 두었다. 통합 이론상의 '외부-개인' 관점은 MBD를 이해하는 우리의 관점에서 중요한 위치로 다시 나타났다. 이러한 MBD의 새로운 되풀이는 "유년기 과잉운동 반응"으로 불리고, DSM-II에 포함되었다(APA, 1968).

과잉운동 아동의 연구는 1970년대에 진전되어, 주의력결핍과 충동성이 MBD 개념의 중심에 놓이기 시작했다. Virginia Douglas(1972)는 주의력결핍과 충동조절 문제가 과잉운동 그룹보다 어려움을 경험할 가능성이 좀 더 많다고 주장하였다. Barkley(1990)는 주의력결핍과 충동성을 강조한 새로운 이론이 Gabrielle Weiss의 연구에 의해 강화되었다고 했다. Weiss는 과잉행동, 주의력결핍과 충동성이 모두 있는 아동 코호트를 청소년기까지 추적하였는데, 이들이 나이가 들면서 과잉행동은 줄어드는 반면 주의력결핍과 충동성은 남아 있다는 것을 발견했다(Weiss & Hechtman, 1986).

이러한 역사적 순간에서 가장 영향력 있는 전환점은 Douglas(1972)의 주장이며 그는 자극제를 복용한 어린이들이 주의력 유지 시험에서 놀라운 호전을 보여주었다고 하였다(Barkley, 1990). 주의력 유지의 향상은 주의력/충동성의 통제에서 신경생리학적 결함이 있다는 직접적인 증거로 채택되었으며, 주의력장애의 치료를 위한 자극제 사용이 전례 없이 급증하는 토대가 되었다(Zito et al., 2000).

자극제라는 획기적인 사건에 견줄 만한, 영향력 있는 또 다른 역사적 전환점은 1980년 DSM-III의 출판이었다. DSM-II에서 급진적인 전환이 이루어진 DSM-III(APA, 1980)는 서술적인 생물의학적 질병분류의 선호에 따라 정신의학적 사고의 사료에서 정신분석 이론을 없애는 마지막 과정이 되었다(Douthit & Marquis, 2006). 등장한 분류에는 경계가 지어진 수백 개의 정신질환들이 포함되었으며, 그중에는 주의력결핍장애(ADD)도 있었다. DSM-III에 수록된 ADD는 이 질환을 이해하는 새로운 시각을 소개하였는데, 이는 두 유형으로 나뉜다 — 과잉행동을 보이는 ADD(ADD+H) 그리고 과잉행동을 보이지 않는 ADD(ADD−H)(APA,

1980). 이러한 결정을 지지하는 경험 증거가 제한적임에도 불구하고, 새 진단명을 만든 이 결정은 약물치료, 공격성, 그리고 사회 적응도에서 두 그룹을 비교하기 위한 연구 의제의 발판이 되었다(Barkley, 1990). 비록 이 연구들로부터 많은 상충되는 결과들이 나오기는 했지만, Carlson(1986) 그리고 후에 Lahey와 Carlson(1991)은 보여주길 ADD−H 아동들은 ADD+H 아동들과 비교했을 때 좀 더 무기력하고 성취도가 낮은 반면 공격성과 또래 관계에서의 어려움이 적었다. Carlson과 Lahey의 발견은 주목할 만했지만, DSM-III의 개정판(DSM-IIIR) 고려사항에 포함되지는 않았다(APA, 1987; Barlkley, 1990). 그 결과 ADD−H는 없어지고, 새로운 이름인 ADHD가 되었다.

현재 ADHD 분류

1994년에 출판된 DSM-IV, 2000년에 출판된 DSM-IV의 개정판 DSM-IV-TR, 2013년에 출판된 DSM-5에는 ADHD가 현재의 분류 형태로 반영되어 있다. 이 질환 분류는 관찰된 증상을 기반으로 만들어졌다. (1) 나이에 비해 발달적으로 비전형적이다. (2) 12세 이전에 나타난다. (3) 다양한 상황에서 드러난다. (4) 과제 수행, 관계, 놀이, 학교에 관련된 규칙과 기대 행동에 잘 맞추는 능력이 방해 받는다. 현재의 이러한 반복에서(APA, 2013), ADHD는 서로 대비되는 증상군을 갖는 3개 아형 중의 1개로 나타날 수 있다. 이러한 아형들은 주의력결핍이 우세형, 과잉행동−충동 우세형, 복합형으로 분류된 DSM-IV-TR 아형 분류와 짝이 맞는다. 첫 번째 아형인 주의력결핍 우세형은 주의력결핍 문제가 우선 드러난다. 반면, 과잉행동−충동 우세형은 과잉행동과 충동성으로 알려진 증상에 의해 주목된다. 복합형의 개인은 과잉행동−충동성과 주의력결핍 증상을 모두 가진다.

주의력결핍 증상들은 주의력에 초점을 맞추어 설명한다. 주의력결핍에 대한 9개의 분류 중 적어도 6개의 증상이 6개월 동안 지속될 때 '주의력결핍'이라고 명칭한다. 주의력결핍의 분류에는 잘 잊어버리는 것, 중요한 물품을 잃어버리는 것, 일을 하거나 놀이를 할 때 지속적으로 주의를 집중할 수 없는 것, 그리고 지시에 따르는 것을 힘들어하는 것 등이 포함된다. 마찬가지로 과잉행동−충동성의 진단도 과잉행동과 충동성 혹은 과잉행동이나 충동성의 증상 중 최소 6개가 6개월 동안 지속되어야 한다. 과잉행동을 위한 분류에는 몸을 계속 움직임, 착석이 어려움, 지나치게 뛰어다니거나 기어오름, 지나치게 수다스러움, 청소년이나 성인의 경우에는 좌불안석으로 느끼는 등 과도한 신체 행동이 포함된다. 반대로 충동성 분류는 사회적으로 허용된 규칙들을 이행하지 못하는 것에 초점을 둔다. 충동성 행동의 일부는 차례를 기다리지 못하는 것, 다른 사람의 말이나 행동을 방해하는 것, 질문을 끝까지 듣지 않고 성급하게 대답하는 것, 다른 사람의 물건을 허락 없이 사용하는 것, 어른과 청소년의 경우에는 상황을 통제하기 위한 부적절한 시도를 하는 것 등을 포함하고 있다. ADHD를 진단할 때 진단의 기초가 되는 관찰 증상들이 조현병, 물질중독 또는 금단, 기분장애, 불안장애 등과 같은 다른 정신질환에 의한 것이 아니어야 한다.

지금의 형태로, ADHD의 유병률은 아동에서 5%, 성인에서 2.5%이며(APA, 2013), 유사한 방법론의 역학 연구에서, 질환은 전 세계에 균등한 분포를 보인다(Polanczyk, de Lima, Horta, Biederman, & Rohde, 2007). 4세 이전의 유아에게는 진단을 내리기가 어렵다. 왜냐하면 더 어린 유아의 행동은 좀 더 다양하고, 많은 발달 단계상 적합한 행동들이 ADHD의 특징과 일치하기 때문이다(APA, 2013). 일반적으로 ADHD의 진단은 초등학교에 입학한 후에 이루어진다. 낯설고 구조화된 환경에 대해 과잉행동, 충동성, 주의력결핍인 아동은 힘들어한다(APA, 2013). 비록 일부 아동들은 시간이 지나면서 ADHD 증상이 줄어들겠지만, 대다수의 아동들은 증상이 유지될 것이다. 특히 충동성과 주의력결핍은 성인까지 지속된다(APA, 2013). 질환은 아형에 따라 다양한 결과를 보이며 복합형이 공격성, 범죄를 포함한 품행 문제, 담배 및 알코올 그리고/혹은 다른 약물들을 포함한 물질사용에 가장 견고하고 그리고 가장 흔하게 연관되어 있다(Spencer, Biederman, & Mick, 2007).

비록 ADHD의 주의력결핍 우세형에서 여성 유병률이 증가하고 있음에도, DSM-5에서는 여전히 남녀비율을 아동은 2:1, 성인은 1.6:1로 보고하고 있다(APA, 2013). 게다가 Biederman 등(2002)의 연구에서 ADHD를 진단받은 140명의 남아와 여아를 비교했을 때 ADHD 표현형 발현에서 뚜렷한 성별 차이가 나타났다. 이 연구 결과 여자가 남자보다 ADHD 주의력결핍 우세형이 더 많이 생기나, 읽기와 수학 영역에서의 학습 부진이 더 적었으며 학교나 여가 활동에서 문제도 더 적게 보였다. ADHD와 알코올 혹은 약물남용 및 의존 사이의 연관성에서도 ADHD 대상자의 성별에 따른 의미 있는 영향을 통계적으로 나타냈다. 특히 동일한 조건의 대조군과 비교할 때 ADHD를 가진 여성이 ADHD를 가진 남성보다 물질사용장애 가능성이 더 높았다.

DSM-IV-TR에서 DSM-5로 전환 시 ADHD의 주목할 만한 변화

DSM-5에도 DSM-IV-TR에 있는 ADHD의 잘 알려진 특징(주의력결핍, 과잉행동, 충동성)이 들어 있기는 하나, 여러 개의 주목할 만한 변화가 있다. 가장 두드러진 변화는 ADHD를 충족하는 진단 기준 연령이 7세에서 12세로 올라간 점과, 증상 설명이 청소년과 성인을 포함할 수 있도록 조정된 점이다.

ADHD 진단을 위한 증상이 나타날 나이가 7세 이전에서 12세 이전으로 변동된 것은 DSM-5의 '더 넓은 폭' 경향을 반영하며, 따라서 진단에 들어가는 사람이 더 많아진다(Frances,

2010). ADHD의 경우 이전에는 7세 이전만 인정이 되었으나 기준 나이의 변화에 따라 7세에서 12세 사이에 나타나는 증상의 대상에게도 진단이 허용되었다.

DSM-5에서 연령 포함 진단 기준 설명의 수가 늘어난 것은(예 : 청소년과 성인에서 보이는 것을 포함하는 설명) DSM-III, IV, IV-TR에서 유지한 아동에 초점을 맞추었던 ADHD 진단 특성에서 벗어나고 있음을 드러낸다. 예를 들면, 주의력결핍 진단 기준의 경우 건망증과 관련되어 있는데, 후기 청소년과 성인 서술에는 제때에 돈을 내는 것, 전화 회신하는 것, 약속을 잘 지키는 것이 포함되어 있다(APA, 2013).

병인론

현존하는 문헌으로부터 그려진 ADHD의 통합 사분획 분석은 불가피하게 현시대 ADHD의 병인론과 중재 연구의 엄청난 편향을 반영한다. 신경과학, 유전학, 약학의 발달에 크게 무게를 실어준 생물의학은 최근 들어 ADHD 관련 강연에 주를 이룬다. 이 편향은 ADHD의 DSM-IV-TR와 DSM-5 내용에서 느낄 수 있다. DSM은 '정신질환'이라고 부르면서 그에 대한 이론적 중립성을 주장하고 있지만(APA, 2000, 2013), DSM-IV-TR에 있는 ADHD의 탈구조적 분석에서는 현재 ADHD로 알려진 증상군을 의학으로 포장하고 있는 점이 분명히 드러난다(Douthit, 2001 ; Douthit & Marquis, 2006).

역사적으로, 아동의 심리사회 도전, 진보된 기술의 적응적 심리 각인, 포스트모던 부모의 일반적인 허용과 같은 요인들의 정황 안에서 ADHD를 이해하는 것에 보다 전문적인 관심이 부여되었다. 이러한 대안적인 문헌의 대다수는 현재 잊혀져가고 있고 이 질환의 생물학적 기초에 대한 다량의 그리고 충분한 기금의, 매우 세부적으로 좁은 연구 주제들로 대체되고 있다. 그러므로 이렇게 한 부분에 치우친 특성은 불가피하게 통합 분석의 외부-개인 사분획 요인과 대조하면서 생물학 관련 저자들의 편향에 따라서만 이해하지 않고 현재 가용한 정보들에 따라 정확히 숙고할 필요가 있다.

ADHD 병리가 생물학 설명으로 편향됨에도 불구하고, 병인론 이질성 의견은 최근 탄력을 받아, 다방면의 병인 경로가 약간씩 구분되는 질환 현상들을 어떻게 이끌어가는지에 대한 연구를 더욱 자극하고 있다. 이러한 이질성(heterogeneity)의 관심은 최근 등장한 ADHD 개념 즉 ADHD는 병인론에 따른 '유형들'과 원인 경로를 갖고 있다는 개념에 빛을 비추며, 이러한 개념은 DSM-IV-TR에서는 인식 못하다가 DSM-5에서 등장하게 되었다(APA, 2013 ; Sonuga-Barke, 2003). Sonuga-Barke(2005)는 ADHD 병인론 평가 축이 단일의 핵심 기능장애로부터 신경심리 영역의 여러 결핍들과 증상들이 복잡하게 상호작용하는 다양한 발달 경로들로 옮겨가야 한다고 주장했다. 병인론 이질성의 정신을 가지고 우리는 ADHD의 사분획 탐구를 시작한다.

외부-개인(우상 분획) 관점들

Russell Barkley는 ADHD의 병인론을 규명하는 데 오랜 그리고 저명한 경력을 가진 심리학자이며 이 영역의 선구자이다. 가족 불화, 비디오 게임, 애착 관련 논점, 급변하는 현대 생활 같은 정황 요인들이 ADHD 병인론 이해의 근거로는 충분히 설명되지 않는다는 Barkley의 '분명한'(2006a, p. 220) 주장은 유전학, 신경과학, 정신약리학을 포함한 생물과학에서 자료가 만들어지고 이를 관습에 제한된 견해 안에서만 해석하는 그러한 정신병리 연구에 치우친 경향을 반영하는 것이다.

과학적 탐구의 제한된 형식에 녹아 있는 위험성 그리고 이와 우상 분획과의 관련성을 이해하는 것이 ADHD를 논하기 전에 중요하다. 생물학적 증거가 호소력을 앞세우고, 시각적으로 강렬하며(예 : 다양한 뇌 영상), 실증주의자가 옳다고 말한 주장에 기초하고, 경험에 기초한 그러한 연구 형태에서 온다면, 언제나 단순하게 액면 그대로 받아들일 수 없다. 예를 들어, ADHD와 관련된 '유전자' 찾기, 또는 ADHD 증상이 있는 개인에게 뇌 영상 기술을 사용하여 결함 있는 신경회로나 구조 이상을 보여주는 것은, ADHD의 '바로 그' 병인론을 밝혀내는 것과 동일한 게 아니다. 유전 연구는 '생물학적 오류(biogenic fallacy)'라고 부르는 과학적 자료 해석 특성에 따른 적당한 모습을 제공한다. 이러한 생물학적 오류는 ADHD 개인에게서 특정 유전자가 통계적으로 유의하게 존재한다는 것과 같은 어떤 생물학적 증거를 ADHD의 근본 원인에 대해 말하는 것처럼 무비판적인 수용을 보인다. 이러한 유전 결정론은

> …철저한 발맞추기 기전이 유전자 표현을 일으킨다고 가정한다. 만일 개인이 우울증 '유전자'를 가지고 있다면, 유전 결정론은 그들이 우울증이 생기도록 결정되어 있다고 말한다. 유전 결정론에 의하면 개인의 유전자는 융통성 없는, 고집 센 청사진이라서 유전자 하나가 물리적 존재인 개인의 모든 뉘앙스를 결정짓는다(Douthit, 2006, pp. 17~18).

결정론의 개념과는 반대로, 현대 정신의학의 유전학 이해는 강조하길, 대개 유전자는 다른 변수들의 상호작용 없이 단독으로 정신질환을 초래하지 않는다. 유전자 단독 작용의 드문 예로 조기 발병 알츠하이머 치매(Bertram & Tanzi, 2008) 그리고 헌팅턴병 관련 치매(Walker, 2007)가 있다. 대부분 정신의학적으로 중요한 행동/증상들은 많은 유전자들의 복합체이며[즉, 다중유전(polygenetic)이며] 유전자 표현은 환경에 따라 조절되고, 조절된 다수는 발달 역동과 마찬가지로 신체 자기와 사분획의 남은 세 부분과 관련된 현재 상태와의 상호작용이다. 일부

사례에서, 규제된 다중유전 표현은 사회적 규범을 벗어난 어떤 행동 성향을 초래하여, 특정 정황 속에서 사회적으로 외면당하고, 범죄를 행하고, 또는 그러한 예외적인 행동을 칭송하는 상태가 된다. 어쨌든, 유전 결정론의 간단한 묘사를 통해 배울 점은 **생물학 자료는 반드시 비판적으로 분석되어야 한다는 사실이다**. 유전자들은 그 스스로 정신질환을 야기할 수 없으며, 마찬가지로 비정상적으로 나타나는 뇌 구조 또는 뇌 화학은 환경에 따른 생물학적 결과일 수 있다.

생물학적 자료의 해석에 대한 이러한 주의점을 강조하면서, 외부-개인 분획에 대해 계속 다루면서 이 영역이 우리가 ADHD라고 부르는 증상군과 어떻게 관련되는지의 증거를 고려할 것이다. 우리는 ADHD의 유전 개요를 언급한 후, 최근 몇 년간 알려진 신경과학 소견 일부에 대해 논의할 것이다.

ADHD 유전의 개요　정신의학적 영역 안에서 ADHD는 정신질환에서 가장 유전적인 것으로 알려져 있다(Barkley, 2006a; Faraone & Mick, 2010). 이러한 주장의 근거는 세 가지 일차 증거 선들이다—유전학 관련 연구들, 유전자 연관분석 연구들, 일란성(MZ)/이란성(DZ) 쌍둥이와 입양아 연구들. 이 세 가지 자료 출처 각각은 그 자체에 강점와 약점을 가지고 있으며, 추가적인 연구 선들을 위한 발판이 된다. 아마도 ADHD 유전에 대한 통합 연구에서 가장 크게 미개발된 자료 출처는 후성설 영역일 것이다. 후성설은 유전으로 나타나는 표현형 혹은 성향을 연구하는(예 : 표현형이 한 세대는 지나가고 그다음 세대에 나타날 수 있다) 그리고 기본 DNA 구조는 그대로이면서 환경에 따른 분자 조작을 통한 유전자 표현의 가역적 조절을 연구하는 떠오르는 분야이다. 후성 기전 연구는 특히 통합 정보 연구와 밀접한 관계가 있는데 왜냐하면 그것은 인간 생물학 기능의 기본 요소(우상 분획) 일부가 좌상, 우하, 좌하 분획과 그리고 발달의 다양한 선들 및 수준과, 명백한 '피와 살' 방식으로 어떻게 연결되는지에 대한 경험적 이해 틀을 제공하기 때문이다.

유전과 유전성　다른 DSM 질환들에 비해 ADHD는 76~78% 이상의 꽤 높은 유전성을 가지고 있다(Faraone & Mick, 2010; Sklar, 2005). DSM의 다른 정신질환에 비해 상대적으로 높은 ADHD의 유전성은 넘쳐나는 연구들의 초점이 되어 어떻게 이렇게 유전성이 높은지 해명되는 유전자 근거를 찾으려 했다. 이 영역의 연구는 워낙 많아서, 수많은 종설과 메타 분석으로부터 그동안의 소견에 대한 개요를 얻을 수 있다.

유전자 연결　ADHD의 유전자 연결 연구는 ADHD 증상이 있는 혈연가족과 공유되는 염색체 부분을 밝히는 것을 목표로 한다. 연구들은 발현과 일차 직계의 유전자 비교를 통해 유사점을 찾아내며, 종종 형제자매를 대상으로 삼을 것이다. 드러난 공유 유전자에 의해, 유전학자들은 특별한 유전자들이 문제 질환 증상을 발생시키는 역할을 밝혀낼 수 있다. 전체 게놈 스캔이 포함된 연구 종설에서, Faraone과 Mick(2010)은 ADHD의 유전자 연결 연구 결과들은 "적당한 영향력의 유전자들이 존재하지 않는다."(p. 160)고 말하는 것으로 결론 냈다. 즉, 단일 유전자로 인한 질환의 위험성은 작다. Sklar(2005)는 ADHD는 유전적으로 매우 복잡하며 연구를 통해 복제가 가능하다고 확인된 단일 유전자 위치가 나타나지 않는다고 주장하였다. 이러한 복제성 결여는 여러 가지의 설명을 가지고 있다. (1) ADHD는 많은 표현형들을 가지고 있는데, 모두가 DSM-5(APA, 2013) 진단 기준에 반영된 것은 아니다. (2) ADHD는 DSM에서 병인론으로는 이론을 배제한 진단 기준으로 규정되었다(Douthit & Donnelly, 2010), 즉 실질적으로는 병인론이 서로 무관한 질환군이 비슷한 형태를 보이고 있는 것이다. (3) 쌍생아 연구에서 관찰되어온 유전성이란 사실상 유전 전달이기보다는 물려주는 후성 전달이다. 이 모든 것은 각 표본들 간에 많은 이질성이 있음을 암시하며 그러므로 신뢰할 만한 복제 소견이 등장하게 될 가능성은 희미하다. 어쨌든, 다른 유전적으로 복잡한 질환들과 마찬가지로 ADHD에 대해서도 이질성 그리고 지속적이나 미묘한 유전적 영향에서도 반복되는 통계적 유의성을 얻으려면 엄청나게 많은 표본 크기가 있어야 한다(Risch & Merikangas, 1996). 이 경우 '유전자 연관분석'이라고 이름 붙여진 방법은 연결 연구들보다 질환의 유전 기여를 드러내는 데에 보다 가망이 있다(Faraone & Mick, 2010; Risch & Merikangas, 1996).

유전자 연관분석 연구들   좀 전에 언급한 연결 연구들과 대비되는, 연관분석(association) 연구들은 적당한(modest) 효과를 감지하는 능력이 월등하고, ADHD와 같이 적당한 효과의 질환에 방법론적으로 좀 더 어울린다(Risch & Merikangas, 1996). 연관분석 연구들의 일반적인 목표는 질환과 관련된 대립 형질(즉, 질환과 관련 있는 염색체에서의 위치들)을 알아내는 것이다. 대립 형질은 일반 사람들에 비해 특정 질환 증상의 개인들에게서 다소간 흔하다. Sklar(2005)의 주장에 의하면, ADHD와 다른 복합 유전 질환에서, "기본 신호는 덜 강할 것인데 왜냐하면 하나의 연결 연구에서의 질환 위험에 여러 유전자들이 기여하기 때문이다"(p. 1358).

연결 연구와는 대조적으로, 풍부한 연관분석 연구들이 이용 가능하고 수많은 후보 유전자들과 관련되어 있다. 여러 메타분석 연구들은 ADHD와 도파민 D4 수용체 유전자(DRD4) 사이의 관련성을 강조한다(예 : Li, Sham, Owen, & He, 2006를 보라). 이 장의 뒷부분에서 논의하겠지만, 이 특별한 유전자와의 연관은 ADHD로 진단받은 개인들이 어떻게 중추신경 자극제에 반응하는지에 대한 것과 일관된다. 불행히도, 수많은 유전자 스캔은 이론상으로 설득력 있는 유전자 연관을 포착하는 데 실패했다(Faraone & Mick, 2010). 유전자 연관분석 연구

종설에서, Faraone과 Mick은 보고하길 ADHD 병인론과 가장 강한 연관을 가지는 유전자는 DRD4, DRD5, SLC6A3, SNAP-25, HTR1B이며, 비록 작은 효과에도 불구하고, 이들 유전자들의 역할이 점차 분명해지면서 ADHD에서의 표현형 이질성에 관심이 모아지고 있다.

> …이질성을 줄이는 세련된 표현형 검사는, 이제 결실을 맺기 시작하지만, 확장된 작업으로서 ADHD 우세형(예 : 주의력결핍 우세형과 HTR1B), 동반 정신병리 또는 인지 손상(예 : 우울과 SNAP-25 또는 학습장애와 ADRA2A), 유전과 환경의 상호작용(예 : ADHD의 태아기 또는 심리사회적 위험 요인과 SAC6A3)에 중점을 둔 연구가 좀 더 필요하다. ADHD 유전학 연구는 신경심리학 기능 또는 뇌 영상과 같은 내부표현형의 연구로 도움이 될 것이다(Faraone & Mick, 2010, pp. 170~171).

유전 영향을 규명하기 위한 내부표현형의 사용 Faraone과 Mick(2010)의 연구를 인용하면, ADHD와 관련된 유전 연구는 임상적으로 적절한 유전 영향을 위한 조사에서 많은 결실을 입증할 수 있는 내부표현형의 사용에 의해 도움을 주었다. 유전자-내부표현형 연구의 간단한 토론은 DSM 질환들의 필수적인 이해의 맥락에서 특히 타당하다. 왜냐하면 내부표현형 연구는 질환 분류의 병인론 이질성을 인정한다. 그리고 통합 사분획 이론에서 발달 단계 영향의 종합 생태학에 의해 ADHD가 어떻게 형성되었는지에 대한 이해를 돕게 해주었다.

내부표현형 용어는 임상 연구에 국한된 것에서 벗어나기 시작한 긴 역사를 가지고 있다. 정신의학적 분자 유전자 영역 안에서 내부표현형은 단일의 특징 또는 표시로서 이해되며 "임상 질환의 신호와 증상보다 생물학적 병인론에 더 근접해 있고, 같은 취약 유전자에 의해 영향을 받는다"(Doyle et al., 2005, p. 1324). 예로서 ADHD 내부표현형 연구를 보면, 보다 관습적인 ADHD 유전 연구는 주제의 모집단을 식별하는 것, 즉 모두가 질환의 DSM-5 진단 기준에 맞는지 확인하는 것부터 시작한다. 내부표현형을 동조하는 이들은 ADHD 진단을 구성하는 많은 관찰 행동들 중에 다음 사항을 취지로 삼는다. (1) ADHD의 행동들 또는 관찰된 특징들은 대부분 유전자들의 복합적인 집합체, 중요한 유전자-환경 상호작용, 유전 기능과 무관한 생물학적 공격(예 : 납), 그리고 더 큰 생태학적 발달과 관련된 환경적 상태에 의해 통제된다. (2) ADHD DSM 진단 기준 실제 양상의 복잡성은 DSM 진단을 받은 개개인 사이의 납득할 만한 병인론 이질성을 보여준다. (3) 병인론의 잠재적 다양성 때문에, 질환 양상에 직접적인 영향을 주는 특정 유전자 탐색에서, DSM 진단에는 포함 안 된 질환 행동 일부 혹은 공유 신경생리나 신경해부 표식을 순차 정돈하여 어느 것이 다른 것보다 유전자에 의해 더 조절되는지를 보는 것이 보다 생산적일 것이다. ADHD의 경우, 내부표현형(즉, 직접적인 유전자 조절을 받는 질환 관련 특성)은 신경심리 검사에서 억압 조절을 수행하는 것이거나 시공간 기억과 같은 억압 조절의 주요 부분일 수 있다.

ADHD의 수많은 잠재적 내부표현형은 최근에 알려지기 시작했다. 특히 쌍둥이, 가족, 그리고 입양 연구들은 실행 기능의 이러한 측면을 제안한다. 게다가 "수행 속도, 시각적 주의력, 그리고 변동성에 대한 반응은 ADHD의 유전적 책임과 관련이 있다"(Doyle et al., 2005, p. 1328). 마찬가지로, 다른 쌍둥이 연구들은 뇌 용적의 어떤 평가만 아니라 뇌파검사(EEG)와 사건유발전위검사(ERP)에서 잠재적인 내부표현형의 가치를 강조한다(Doyle et al., 2005). 비록 ADHD 내부표현형과 관계된 소견들은 기대감을 주긴 했지만, 지금까지의 연구들에서 ADHD 참여자에서 일관되게 관찰되는 "특별히 분명하고, 유전적이며, 가족 관련의" 단일 내부표현형은 나타나지 않았다(Doyle et al., 2005, p. 1331).

ADHD, 환경 요인들, 그리고 떠오르는 후성설 영역　폭넓은 의미에서 후성설은 DNA 서열 외의 것과 관련된 표현형 변이 경향, 즉 다른 DNA 서열에 의한 것이 아닌 변이 경향 등의 기전 연구로서 정의될 수 있다(Bonasio, Tu, & Reinberg, 2010). 후성설 요인들은 환경 상태에 대한 유기체의 반응 중에서 핵심 매개체로 그리고 그런 이유 때문에 정신건강 연구의 중요한 초점으로 고려된다. 대부분의 후성설 정보는 자가 증식하는 '분자 특징들'이 포함되어 있으며, 본질적으로 이는 자극에 대한 분자 단위의 각인이며, 이러한 자극으로는 맥락상의 경험과 이를 매개하는 정신내적 과정에서 만들어진 자극이 있다. 유전자들과 물리적 접촉을 통해 작용하는 이러한 분자 특징들은 여러 형태로 온다. 이러한 다양한 형태에 대한 검토는 이번 장이 다루는 범위를 넘어서기 때문에, 이것만은 기억해두자. 후성설 과정은 우리 물리적 존재가 이 과정을 통해 우리 각각에 대한 발달 생태학의 특정 관념을 구성하게 되는 하나의 방법인 것이다.

비록 후성설 과학이 여전히 초창기에 있지만, 최근에 만들어졌다고 하더라도 정신질환의 복잡한 생태학 이해의 중요한 관점이다. 그리고 통합 이론의 사분획 전체를 흡수하는 모형을 만들기 위한 우리의 시도와 밀접한 관련이 있다. ADHD의 경우 후성설은 방대한 자료들을 통합하는 기틀을 제공하여 ADHD 증상들과 정신내부, 심리사회, 사회경제, 문화, 기타 변수들 사이에 믿음직한 연관성을 보여준다. 이러한 연관성의 많은 논의들은 이 장의 다른 부분에서 발견할 수 있지만, 지금은 표현형의 후성설 변형의 후보가 되는 일부 변수를 좀 더 심도 있게 조사할 것이다. 논의가 펼쳐지면서, 유전자 표현을 변화시키는 환경 및 다른 힘(즉, 후성 변형)은 후성 변형을 위한 특정 유전 취약성과 필수적으로 일치하지 않는다는 사실을 이해하는 점이 중요하다. 비록 일부 물려받은 유전자들이 사실상 다른 것보다 후성적으로 더 쉽게 변형될 수 있다 할지라도, 다른 경우 후성 과정을 일으키는 외부 힘은 강력하여 후성설적 변화를 위한 유전자 민감성의 범위를 넘어선 표현형 변형을 일으킬 것이다. 정신질환에서 보이는 후성 변형 종류들은 실제로 심리적 혹은 정신의학적 고통을 야기하는 환경에 따른 불균형의 한 형태로 이해된다(Mill & Petronis, 2008).

ADHD와 관련된 후성 과정들의 원인으로 출산 전후 환경의 위험성을 주목하는 경우가 많다. ADHD의 위험 요소들로 알려진 대다수는 태아 발달 또는 신생아기에 영향을 끼친 것으로 보인다(Mill & Petronis, 2008). 이러한 초기 영향의 양상은 최근 생겨난 "출생 전후 시기의 열악한 환경이 몸속 다양한 신진대사 과정들의 영구적인 변이들로 나타난다고 주장하는 건강 및 질병의 발달 근원설(DOHaD)"(p. 1021)과 일치한다. 그러나 이러한 논의가 전개됨과 동시에 ADHD의 발달 기원에 책임이 있는 유전 또는 환경 영향력들이 꼭 어린이, 청소년, 그리고 성인 발달의 장애와 경험과 같은 최종 결과들의 원인인 것은 아님을 유념하는 것이 중요하다(Thapar, Langley, Asherson, & Gill, 2007). 또한 DOHaD 이름하에 발생하는 정밀한 기전들은 대체로 충분히 연구되지 않았기에 명확한 유전자 환경 기전은 여전히 추측임을 명심해야 한다.

태아기 때 어머니의 흡연에 노출된 아이는 도파민 경로와 연관된 어떤 유전자들과 결합된 경우, 흡연 노출은 있었으나 도파민 경로 유전자는 없는 아이들보다 ADHD 진단 가능성이 크게 증가하는 것으로 나타난다(Neuman et al., 2007). 비슷하게, Becker, El-Faddagh, Schmidt, Esser, 그리고 Laucht(2008)는 남성에서, 태아기 때 흡연에 노출된 영향은 특정 도파민 경로와 연관된 아이의 유전자형에 달려 있고, 그 유전자형이 없는 남성들에 비해 취약 유전자형을 가진 남성들에게서 상당히 높은 수준의 과잉행동-충동성이 야기된다는 것을 발견하였다. 취약한 유전자형과 그 어머니의 결혼 생활 불안정성이 상호작용할 때 취약 유전자형 아이들이 ADHD로 진단받을 가능성이 더 많다는 연구를 통해 도파민 경로에 대한 관심이 추가되었다(Waldman, 2007).

다른 환경 요인들은 ADHD와 관련이 있는 것으로 보이는 후성 연구의 유망한 연구 대상이다(Mill & Petronis, 2008). 이러한 변수들로는 어머니가 가진 스트레스의 태아기 노출(Cottrell & Seckl, 2009; Van den Bergh et al., 2006; van den Bergh, Mulder, Mennes, & Glover, 2005), 어머니의 혈중 살충제 농도에 의해 결정되는 태아기 유기인산염 살충제 노출(Bouchard, Bellinger, Wright, & Weisskopf, 2010), 저체중 출산(물론 논란이 있어서 저체중 출산이 뚜렷한 관련성이 없다는 연구들도 있다; Mick, Biederman, Prince, Fischer, & Faraone, 2002), 그리고 폴리염화비페닐(PCBs; Eubig, Aguiar, & Schantz, 2010; Sagiv et al., 2010), 납(Eubig et al., 2010), 글루코코르티코이드(glucocorticoids; Kapoor, petropoulos, & Matthews, 2008), 코카인(Accornero et al., 2007) 같은 산업 물질의 태아기 노출이 있다. 비록 ADHD 증상들과 태아기 알코올 노출 간의 연관성이(Mick, Biederman, Faraone, Sayer, & Kleinman, 2002) 입증되고 있

음에도 불구하고, 알코올 노출과 관련된 원인과 유전적 원인 사이를 구별하도록 설계된 후속 연구들은 어머니의 알코올남용 유전 성향이 아이의 ADHD형 증상을 예견하며 유전 영향은 차치하고 알코올 노출보다 더 강력한 예측 변수임을 제시한다(Knopik et al., 2006).

신경영상을 통해 밝혀진 구조 및 기능 이상들   지난 몇십 년간의 신경영상기술 발전은 ADHD 증상들과 관련된 구조 이상들에 초점을 맞춘 활발한 학술 활동으로 이어졌다. 대다수의 연구들은 일반적으로 20명 이하의 대상자들로 구성되어 있어 검증력이 낮았으나, 보다 큰 단위의 연구들에서 이러한 소단위 연구의 결론들 중 많은 것들이 지지되었다(Seidman, Valera, & Makris, 2005). 영상 연구의 또 다른 한계는 ADHD 표본에서 이질성의 다양한 출처에 그다지 주목하지 않았다는 점이다. 이러한 이질성은 많은 요소들을 포함하며, 이 요소들은 ADHD의 원인과 임상 양상을 설명하는 ADHD의 통합 모형의 중요성을 강조한다. 모든 것은 이 질환과 구조 및 기능과 밀접한 연관이 있는 광범위 연구들에서 재검토할 필요가 있다. 이러한 요소들에 포함되어 있는 하위 유형으로는 출산 전후 환경 독소 노출, 출산 전후 산모의 스트레스, 가정 불화, 유아기 외상, ADHD에 대한 가족력, 약물남용에 대한 가족력, 약물치료 내력, 동반 질환 양상, 그리고 출산 합병증이 있다(Seidman et al., 2005). 영상 연구 자료를 볼 때, 해부학적 이상이 있다고 해서 이 질환의 병인론은 우상 분획에서 유래한 것이라는 결론으로 바로 연결되는 것은 아니라는 점을 기억해야 한다. 비록 영상들이 상당히 설득력 있다 해도, 정상적인 구조 또는 기능 외의 것들이 가족, 사회, 문화 영향에 의해 생겨나 후성설 및 다른 기전을 통해 신경해부학과 신경생리학에 영향을 미칠 수 있다.

신경영상 분야의 도구들은 점점 더 정교해지고 있으며, 대사 활동 수준뿐만 아니라 뇌 구조의 상대적인 용적에 대한 자료들(예 : 산소 소비 및 각종 뇌 기능 단위와 관련된 혈류 측정)을 제공할 수 있다. 가장 기본 수준으로, 전산화축단층촬영(CAT)은 크기와 모양 등의 해부학적 특징들을 평가하기 위한 뇌 구조 방사선 영상을 제공한다. 자기공명영상(MRI)은 더 명확한 해부학적 자료들을 생성하는 데에 사용될 수 있고, 기능적 MRI(fMRI), 양전자방사단층촬영(PET), 그리고 단일광자방출전산화단층촬영들(SPECT)을 포함한 기술적인 진보들을 통해 연구자들은 뇌 영역 대사 활동을 가시화하는 영상들을 제공할 수 있다.

ADHD의 뇌 영상 자료들에서 새로운 양상들을 확인했다는 많은 보고서들이 출판되었다. 24개가 넘는 연구들의 체계적인 검토에서, Bushm Valera, 그리고 Seidman(2005)은 실행 기능과 관련이 있는 것으로 알려진 전두선조 회로(frontostriatal circuit)의 이상이 ADHD 증상의 중심이 된다는 오랜 관점을 확인했다. 다른 보고들(Cherkasova & Hechtman, 2009; Dickstein, Bannon, Castellanos, & Milham, 2006)뿐만 아니라 동일한 보고에서, 전두두정 회로(frontoparietal circuit)와 소뇌 등의 추가적인 중요한 영역이 알려졌으며, 소뇌는 전두엽 피질
과 관계있고 시간 자료의 처리, 작업기억, 주의 전환, 감정 조절, 실행 기능 등과 같이 ADHD
와 밀접한 관련이 있는 다수의 기능들과 연관된 것으로 알려져 있다(Cherkasova & Hecktman,
2009).

ADHD의 생리 모형들 이 책의 중요한 공헌 중 하나는 인간 발달의 건강한 형태와 손상된 형
태 모두를 담은 복합 생태학(complex ecology)을 명확하게 표현했다는 데 있다. 상담 및 심리
치료에 적용되는 복합 생태학은 통합 이론의 반복에서 적절하게 포착되며(Ingersoll & Zeitler,
2010; Marquis, 2007, 2008), '심리학적 증상들'을 오로지 개인 내 생물학적 원인의 탓으로 돌
리는 것은 곤란하다고 강조한다. ADHD가 무의미한 생물학적 모형에 치중한 것은 아마도
ADHD 같은 행동 성향을 지닌 동물 종족, 선택적인 뇌손상을 받은 동물 개체군, 또는 ADHD
와 관련된 특정한 증상들을 야기하는 신경 독에 노출된 동물들을 이용한 연구들에서 나올 수
있다. 동물 모형들의 이점은 잘 알려져 있다. 이러한 개체들은 비교적 유전적으로 동질성을 지
니고, 알코올/니코틴/납 등과 같은 독소에 노출된 경험이 없으며, 복잡한 가족 역학 또는 더
큰 사회 역학의 대상이 되지 않고, 획일적인 식습관을 가지며, 연구 분야에서 동반질환에 의한
혼란을 불러오지 않는다(David, Zhang, Tarazi, & Baldessarini, 2003). 모범적인 ADHD 동물
모형은 "증상 발현, 치료 반응, 병태생리, 그리고 이상적으로는 병인론을 포함하여 가능한 한
세부적으로 임상 질환과 비슷하게"(Davids et al., 2003, p. 2) 될 것으로 기대된다. 인간과 동물
연구의 관련성은 대개 직접적이며 명백하다. 동물 연구에서 밝혀진 조사 결과들은 또한 인간
중심의 생체 연구의 영역에 있는 연구 문제들에 직접적으로 영향을 미칠 수 있다.

쥐와 생쥐 연구들은 가장 널리 지지받는 ADHD 병인론 모형들에게 영향을 끼쳐왔다. 예
를 들어, 자연적 고혈압 생성 쥐(spontaneously hypertensive rats, SHR)의 Wistar-Kyoto 계통을
위한 선택적 근친 교배로 ADHD에 준하는 행동을 보이는 동물이 나타났다(Sagvolden, 2000).
SHR 연구는 인간 영상 연구에서 주로 의심되는 부분과 유사한 쥐의 뇌 영역에 위치한 신경
말단에서 방출된 손상된 도파민의 문제점을 시사했다. 이러한 장소로는 전두엽 피질, 측좌핵
(nucleus accumbens), 신선조체(neostriatum), 미상-피각(caudate-putamen)이 고려된다. 또한
SHR 모형은 신경전달 과정에서 중요한 효소인 단백질 키나아제(protein kinase II)를 포함한 연
접후 신경전달에 이상이 연루되어 있다는 점을 보여주었다. SHR 생리학이 인간 ADHD 생리
학에 반향 했다는 추가 증거는 자극제에 대한 SHR의 반응에서 얻어지는데, SHR의 ADHD
형 행동들이 감소하며 이는 손상된 도파민 신경전달의 교정에 따른 것으로 추정된다(Davids et
al., 2003; Russell, Sagvolden, & Johansen, 2005; Sagvolden, 2011). 도파민 전달체(transporter)

가 제거된 생쥐, coloboma 돌연변이 생쥐, 그리고 Naples 과흥분성 쥐를 포함한 다른 설치류 모형들은 ADHD가 도파민 신경전달 작용 손상에 기인한다는 추가 증거를 제공한다(Davids et al., 2003).

내부-집단(좌하 분획) 관점

한 세기 이상 정신병리학적 구조로서 ADHD는 많은 정밀 조사와 비판의 대상이 되어왔다(Still, 1902). ADHD의 정밀 검사는 과학과 의학의 단독 권한이 아니었고, 오히려 활발한 학제 담론으로 질환의 존재에 반박하는 몇 가지의 주제들과 함께 대두되었고, 지금의 통념적 견해와 의견을 같이하는 사람들과 역사적 지리적으로 구분된 문화적 구조들로서 ADHD를 이해하려고 시도하는 사람들, 여러 학문 분야에 걸친 복잡한 질환 모형을 개념화하는 것을 시도하려는 사람들까지 생겨났다. 이 장에서 ADHD에 대한 생물학적 설명이 현재 지배적임을 이미 충분히 말했다는 점을 고려하여, 이 단원에서는 ADHD 원인을 사회문화적으로 나타낸 것에 초점을 맞추겠다.

1980년대와 1990년대 초반부터 ADHD에 대한 생물학 외의 설명들 중 문화 요소에 초점을 맞춘 문헌들이 줄어들었다. 그러나 이러한 상황에도 불구하고 이 문헌들과 ADHD에 대한 강도 높은 통합 분석과의 관련성은 감소하지 않았다. 이 부분은 이상 행동 치료에 관한 연구로 사회학계에서 유명하게 된 학자인 Peter Conrad의 업적을 소개하며 시작한다. 그다음 Sami Timimi의 연구가 설명될 것인데, 그는 ADHD형 증상에 대한 이해에서 생물학적 치료 역할 또한 강조하였다. 그리고 진보적 언론인이자 사회 비평가였던 Thom Hartmann의 연구로 넘어갈 것이다. 그의 주목하지 않을 수 없는 1993년 ADHD 연구는 질환으로 진단된 사람들이 흔히 보이는 행동들을 정상으로 보기 위한 시도로서 ADHD의 문화적, 역사적 체계를 제시하였다.

Conrad가 말한 편향의 의학화   Conrad(1976, 1980, 2006, 2007)는 점점 더 강력하고 만연한 의학 제도의 산물 중에는 사회 편향(deviance) 행동을 의학화하는 추세가 있음을 지적한다. 통합 관점에서 보면 Conrad의 주장은 과학 자료들이 가치중립적인 것이 아니며, 우상 분획의 영향으로부터 기인한 의미가 반드시 사회, 문화, 역사적 힘의 맥락 속에서 고려되어야만 한다는 이해의 중요성을 강조한다. Conrad(1976, 2007)는 알코올중독, 마약 중독, 성적 행동에 대한 강박, 비만, 폭력, 과잉행동 등 이상들의 원인이 이전에는 모두 부도덕의 관점에서 설명되었지만 현재는 주로 의학의 권한에 놓여 있으며, 징벌하기 위해 다루어지기보다는 수술, 약물, 또는 행동 중재의 대상이라고 주장한다.

Conrad는 질병의 객관적인 상태 또는 '질병'이라고 우리가 칭하는 것들의 많은 부분이 사실은 개인의 상태에 대한 상대적인 문화 평가임을 강조함으로써 질병 구조에 이의를 제기한다. Conrad의 말에 따르면, "개체나 상태는 그것이 문화에 의해 인정되거나 정의되는 경우에만 질환이나 병이다"(1980, p. 104). 그러므로 문화가 유기체 재배열의 다양한 상태에 즉, '질환'의 상태를 발생하는 생리적 상태에 의미를 부여하며, 문화는 이러한 방식으로 다양한 생리적 상태에 맞춘 기대, 의식, 역할을 구축한다는 개념을 Conrad는 소개하였다. 질병으로 이름 붙여진 문화적 의미가 있기 때문에 '질병'으로 여겨진 것은 비생물학적 결과의 책임을 떠맡는다. 예를 들어, 개인은 그들이 게으르고 무책임한 사람으로 분류되느냐, 이와는 대조적으로 만성 피로 증후군 내담자로 분류되느냐에 따라 다른 사회적 위치를 직면하게 된다. 내부-집단(좌하 분획) 현상으로서 개념화된 이러한 문화적 위치 선정은 질환에 대한 주관적인 (내부-개인/좌 상 분획) 경험에 기여한다. 따라서 예컨대 ADHD와 같은 진단 분류의 단순한 생성은 그 자체로 '정상'의 범주 안에 있다고 간주되는 것에 대한 문화적 판단이며, 고통받는 개인이 어떻게 자신의 생리학적 상태를 경험하게 될 것인지에 대하여 어느 정도 지시한다.

일반적으로 편향 행동은 고의적이며, 질병은 고의가 아닌 것으로 보이나 두 상태 모두 특정 역할 수행과 관련된 개인의 실행 능력을 방해한다(Parsons, 1951; Widiger, Livesley, & Clark, 2009). 그러나 편향과 질병 사이의 현저한 차이는 개선이 고려될 때 나타난다. 질병의 경우, 문화적으로 정당하지만 정상적으로 기능할 수 없는 이른바 아픈 역할의 상태이다. 그런데 정당한 상태를 유지하려면 아픈 개인은 특정 사회 역할 수행을 못하게 하는 신체 상태를 고쳐줄 의사와 반드시 관계를 맺어야 한다. 편향의 경우, 개선은 처벌을 통해 이루어지며 이는 편향된 개인의 동기를 바꾸어 좀 더 사회적으로 수용적인 사회 역할에 참여하도록 하는 것을 목표로 한다(Conrad, 1980).

신체 질환에 대한 문화 상대적인, 좁은 정의가 얼마나 지나칠 정도로 환원주의적일 수 있는 지를 이해하는 것은 결코 어렵지 않다. 그러나 Conrad의 문화 상대성은 행동 편향과 관련된 현상에 적용되었을 때 문제가 적다. "이에 비추어볼 때, 질병으로 정의된 상태가 사회 가치와 일반 사회의 세계관(weltanshauung)을 반영한다는 것은 이해 가능하다"(Conrad, 1980, p. 107).[1]

Conrad(1980)는 편향의 의학화를 향한 변화가 강력한 의료계의 출현 및 일반적으로 사회 현상의 전형을 이해하려고 하는 정신분석적 임상의 우위를 포함한 몇 가지의 요소들에 의한다고 가정한다. 그는 행동 현상을 접할 때 이를 통해 의학화 과정의 수순을 밟는 일련의 조건을 제시하였다. 조건들은 아래와 같다.

---

1 Weltanshauung(독일어)은 개인의 세계관(worldview)을 의미한다—개인이 자신과 그를 둘러싼 세상에 대해 느끼는 생각과 신념의 합이다.

1. 하나의 행동 또는 일련의 행동들이 반드시 사회 한 부분에 의해 개선 필요성이 있는 편향 및 문제라고 정의되어야 한다….

2. 사회적 통제의 과거 혹은 전통적 형태가 비효율적 또는 비수용적인 것으로 보인다….

3. 의학적 통제의 형태가 사용될 필요가 있다.

4. 문제의 원인에 대한 일부 모호한 유기적 자료(organic data)가 반드시 존재해야 한다….

5. 의료 전문가가 그 편향 행동을 자신의 권한 영역으로 수용하는 것이 필수적이다(Conrad, 1980, pp. 111~114).

Conrad(1980)는 과잉행동에 대해 관심을 가져, 이 질환이 앞서 나열한 조건에 적합하다는 것을 설명하였다. (1) 과잉행동은 어머니, 교직원 같은 사람들에 의해 정도를 벗어난 행위이자 치료를 받아야 되는 것으로 여겨진다. (2) 교실 내에서의 체벌이 시대에 뒤떨어지고 수업에 지장을 주는 아이들을 학교 밖으로 추방시키는 것이 더 이상 윤리적으로 사회 통제의 실용적인 형태라고 보지 않는다. (3) 자극제가 역설적으로 과잉행동을 보이는 아이들에게 진정효과를 지닌다는 발견은 의학 기관에 치료 수단을 주었다. (4) 많은 생물-생리 가설들은 유전자, 환경 독소, 난산, 태아기 환경, 뇌손상, 식품 첨가물 등을 포함한 유기적 구조가 과잉행동의 원인임을 암시한다. (5) 대략 12명의 의사와 행동 과학자들은 "과잉행동의 존재를 알리고, 의학적 치료의 유용성에 대하여 장려하고, 과잉행동을 하는 아이들의 규명과 치료를 옹호하는"(p. 116) 다수의 논문을 출간하며 의료 기업가 행보를 보인다. 과잉행동 치료는 상징적으로 "블루리본(당면과제 대응) 전문조사위원회에 의해 승인된다…. 이 승인은 1971년에 보건 교육부와 아동 발달 복지 사무소에 제출되었던 보고서에서 나왔다"(p. 116).

과잉행동이, 더 넓게는 ADHD가, 편향에서 질병으로 변화의 과도기를 겪으며 적어도 경제적으로 특혜를 받은 것은 의문이 없다 쳐도, 왜 의학화 과정을 우려스럽게 여겨야 하는지는 아직 의문이 남아 있다. Conrad(1980)는 이 의문을 언급하여, 여러 논점을 비춘다. 첫째, 의학화는 개인의 자율적이고 고의적인 행동에 대한 가능성을 축소하여 개인의 잘못을 무마하는 경향이 있다. 둘째, 의학은 요법의 유효성과 상관없이 계속해서 범위를 확장시켜나갈 것이고, 높은 수익성의 편재하는 제약산업에 의해 지지받는다. 셋째, 의학이 중립적인 과학의 산물인 것으로 여겨지지만 실제로 의학은 사회도덕 질서에 상당히 영향을 받는다. 넷째, 의학화는 인간과 사회 문제에 대한 대화와 이해를 정해진 의학 전문가들로 제한하고, 이러한 제한적인 대화는 "의학적 개념 정의라는 권세와 패권(으로) … 종종 결론적인 과학적 발언으로 취급"된다(p. 119). 다섯째, 편향 행동을 치료하도록 의학에서 사용되는 기술은 종종 개인의 인격을 바꿀 수 있으며 때때로 불가역적이다. 이러한 강력한 치료 방법은 사회 관습 준수의 이름으로 제정된다. 마지막으로, 개인 병리의 개선에 초점을 맞추다보니, 인간 행동의 집단적 사회 차원이 흐려진다.

ADHD 구조에 대한 Conrad의 문화적 비판에 가세하여, Timimi(2005)는 현시대의 문화 상황이 아이들에게서 보이는 과잉행동의 많은 부분을 만들어내었고, 현시대의 문화 상황은 대가족 체계의 해체, 약해지는 어른들의 도덕 권위, 가정 교육의 경쟁적인 패러다임, 가정 생활의 '과잉행동' 상태, "개성, 경쟁력, 그리고 독립을 강조하는 시장 경제 가치 체계"(Timimi & Taylor, 2004, p. 8)와 같은 현실을 포함하고 있다고 주장하였다. 이러한 시장 경제 가치 체계가 "이익에 의존하는 제약산업과 새로운 역할을 찾는 높은 지위의 전문가와 (합할 때) … 우리는 ADHD 구조의 탄생과 전파를 위한 이상적인 문화 조건을 갖추게 된다"(Timimi & Taylor, 2004, p. 8).

소아 정신의학이 그리고 일반 정신의학이, 현대 의학에서 자신의 영역을 확고히 하려는 시도로서 인간 행동을 의학화라는 탈정황(decontextualized) 렌즈를 통해 보는 추세가 증가했다(Timimi & Taylor, 2004). Timimi와 Taylor는 어른들이 ADHD 구조의 신설과 유지에 공모했다는 점을 강조하며 이러한 탈정황화가 품행이 바른 아이들을 양육하는 책임을 포기하는 어른들(보호자, 선생님, 또는 의료 전문가의 여부를 떠나)을 발생시킨다고 주장한다. 나아가 그들은 이렇게 주장한다. "사회 통제 역할을 하고 아이들의 다양성을 억압함으로써, 우리는 수백만 명의 아이들을 장기적인 이익이 입증되지 않았을(Timimi, 2002) 뿐만 아니라 뇌를 무능하게 만드는 효과가 동물 실험에서 드러난(Moll et al., 2001: Sproson et al., 2001: Bregging, 2002) 높은 중독성을 지닌 약물의 희생양으로 만들고 있다"(Timimi & Taylor. 2004, p. 8). 이 경우가 편향의 의학화이든 시장 경제의 힘이든, 거시적 구조물들의 합이 내면화된 '최악의 상황(perfect storm)'인 ADHD를 생성하는 제도 및 교류를 만들어내고 있다. 그러나 기관의 사람에 의해 그리고 사분획 각각의 힘들 사이의 역동적인 교류에 의해 내부-집단 분획 행동의 결과물이 재생산되고 지속된다는 점을 이해하는 것이 중요하다. 여전히 ADHD 사례에서 내부-집단 분획 요소들은 신념, 행동, 경험을 담은 일련의 강력한 '현실들'을 제공한다.

Hartmann의 ADHD에 대한 사회생물 재구성 ADHD 진단의 급격한 상승에 중요한 기여는 남성의 특성을 병리적인 것으로 간주하는 미국 교육 내 관행과 관계가 있다는 주장이 생겨났다(Stolzer, 2009). 이 개념에 동의하여 Hartmann(1993)은 일반적인 인구의 10%와 모든 남성의 20% 이상이 정신질환으로 고통받을 수 있다는 현실에 불편해한다. 남성들 사이의 높은 ADHD 유병률에 대한 더 자연주의적인 설명을 구축하기 위한 시도로 Hartmann은 이상 증세를 드러내는 개인이 실제로 행동 스펙트럼의 끝인 '사냥꾼'을 나타낸다는 것을 제안한다. 이 행동 스펙트럼의 끝은 사냥꾼 같은 행동을 특징으로 하고 다른 한쪽 끝은 농부 같은 행동을 하는 것을 특징으로 한다. ADHD의 특징이 되는 행동은 사냥 사회에서 성공과 궁극적인 생존에 필수적인 행동이라는 것이 Hartmann의 견해이다. 불행하게도 현대, 서양, 후기 산업 환경에서는 사냥꾼 자질을 지배적으로 드러내는 사람들에게 '농부'의 안정적이고 끈질기며 꼼꼼한 자질을 선호하는 학교 교육과 직업 영역이 펼쳐진다.

ADHD를 재구성하려는 노력으로, Hartmann(1993)은 그가 유능한 사냥꾼의 맥락에서 설득력 있게 재해석한 ADHD 특성들의 목록을 작성했다. 그는 또한 유사한 상황하에서 이러한 사냥꾼 행동들과 유능한 농부의 행동들을 대조하였다. 예를 들어, ADHD 행동의 경우에서 Hartmann은 주의산만을 끊임없이 자기 환경을 조사해야 하는 성공적인 사냥꾼의 필수 도구로 재구성한다. 이와는 반대로, 그는 성공적인 농부가 반드시 느리게 움직이는 것과 단조로운 반복 작업에 초점을 맞추고 변함없는 성향을 보여야만 한다는 점을 지적한다. 마찬가지로, 충동성 및 무질서의 ADHD 행동들은 뛰어난 사냥꾼의 특징인 유연성과 재빠른 전략 변경으로 재구성하였으며 상대적으로 농부의 초상은 전략을 유지하고 질서를 지키며 파괴적 상황에서 계획에 집중한다. Hartmann에 의해 재구성된 다른 ADHD 행동들에는 과민성에 따른 집중 시간 단축, 시간의 왜곡, 신체 위험을 방지하는 식의 행동, 그리고 참을성 부족과 결과 지향성이 포함된다.

Hartmann은 ADHD 특성을 사냥 사회에서 적응할 수 있는 것으로 보았지만, 똑같은 특성들이 현대 사회문화적 환경에서도 유용하다고 주장하였다. 법원 변호사, 판매원, 그리고 기업가 등 직업의 대다수가 사냥꾼 행동들로 가득하다. Hartmann은 또한 ADHD 아이들이 그들의 비교적 구속받지 않은 관점들로 인해 창의적인 생각의 인물이 될 경향이 있고 그래서 미국의 많은 대통령들과 '건국의 아버지들'이 사냥꾼-농부 연속선의 사냥꾼 쪽 끝을 향하는 경향이 있어왔다고 재빨리 주장하였다.

내부-집단 영향의 미시-교류 차원들   Conrad, Timimi, Hartmann의 연구들은 집단 영향의 내부 경험을 다루는 반면, 21세기 전환기에 앞서 많은 학자들은 어떻게 미시-교류 과정들이 내부 경험에 영향을 미치고 ADHD 증상들을 발생시킬 수 있는지 관심을 가졌다. ADHD 병인에 끼친 미시-교류의 심리사회적 영향들을 지지하는 연구 대부분은 정신분석적 사고의 해석주의자 인식론(epistemology)으로 여전히 강하게 각인되어 있는 시대인 1970년대와 1980년대에 이루어진 연구들을 재조명한다. 정신분석의 핵심 목표는 사회적 경험의 내면화를 이해하는 것이며 따라서 정신병리학의 세계에서 정신분석은 사회 구조가 내부화되는 변화 즉, 심리 과정에 예리하게 초점을 맞추는 렌즈를 제공한다. 1980년 DSM-III의 출간으로 정신의학의 세계에서 생물의학의 유명세가 급부상했고 정신분석의 가파른 쇠퇴가 시작되었다. 인식론과 철학의 이러한 전환은 심리치료의 관심을 정신내적(좌상 분획) 영역에서 멀어지게 하고 상호주 관적(좌하 분획)인 과정을 생물학적(우상 분획) 속성 쪽으로 방향 전환하고, 정신질환에 대한 우리의 이해와 평가에서 정량화 및 식별할 수 있는 기준을 우선시하였다.

후기 정신분석학 중심의 의학 모형이 "신경학적으로 장애가 있는 뇌" 이론을 촉진하였음에 도 불구하고, 사회 경험이 어떻게 ADHD형 행동에 이르게 했는지에 대한 대안적인 설명이 양 육자와의 애착 관계, 가족 체계 역동, 긴밀한 관계의 질을 결정하는 아이의 기질 역할에 대한 다수의 문헌에 나와 있다. 이어서 각각의 영역에 미치는 내부-집단 영향에 대해 검토하겠다.

애착 애착 이론의 시각을 통해 ADHD 행동을 바라보는 것은 맥락적인 구조 내에서 ADHD 의 대인관계와 관련된 정서적인 문제를 이해하기 위한 기초를 제공한다(Erdman, 1998; Newman, 1996; Olson, 1996; Stiefel, 1997). 관계 심리학에서 현재 정착된 개념인 애착은 부모 와 그들의 아기가 서로 관련되어 있는 방식을 특징으로 하는 지배적이고 지속적인 양상으로서 이해된다(Ainsworth, Blehar, Waters, & Wall, 1978; Bowlby, 1982). 아기는 초기 양육자와의 안전 기반을 구축하려고 시도한다. 아기는 초기 양육자로부터 기능적인 또는 제대로 기능하지 않는 탐색 활동을 개발한다. 이러한 방식으로 성장하는 아기는 안전 기반을 제공하는 양육자 의 능력에 의존한다. 이 안전 기반에 따라 자율 규제 능력이 발달된다. 이러한 자율 규제 능력 은 아기의 신호에 따른 양육자의 반응이 얼마나 이상적으로 민감한지에 기초를 둔다(Cassidy, 1994). 건강한 아기-양육자 관계에서 나타나는 '안정 애착' 양상은 삶에서 아이들이 어떻게 타 인과 관계를 맺는지 그리고 그들이 어떻게 환경을 경험하는지에 있어서 중요하다. 통합 개념 에서 애착은 내부-집단 분획(좌하 분획) 내에 있는 내부 관계 경험의 배경으로 고려된다.

그래서 애착 양상은 아이의 안정감 및 신뢰 관계를 형성하는 능력에 엄청난 영향을 미친다. 만약 양육자가 일관성이 없거나 아이의 요구에 반응하지 않는다면, 그 아이는 '불안정 애착' 상태가 될 수 있으며 탐색의 시도들이 극도의 스트레스가 되고 종종 아이를 낙담시키게 된다. 결국 불안정 애착은 아동기의 정서, 행동 통제 문제와 관련이 된다(Cassidy, 1994). 따라서 초 기 양육자와 아이의 긍정적 및 부정적인 경험이 훗날 성인뿐만 아니라 동료와의 모든 관계들 을 형성하는 청사진을 제공하고 예시하게 된다.

Bowlby(1988)는 아이의 '내부 작동 모형'으로 이러한 구체화를 언급한다. 애착의 작동 모 형들은 구체적인 경험 촉발 인자에 의해 동원될 때까지는 아이의 일상적인 기능에서 휴면기 일 수 있다(Bowlby, 1982). 안정 애착이 나중에 적응력이 뛰어난 건강한 기능에 책임이 있는 반면에, 건강하지 못한 애착 방식은 적응력이 떨어지고 추후 행동 문제에 강력하게 영향을 끼 친다. 불안정하게 애착된 아기들은 세상을 "안락함이 없고 예측할 수 없는 것으로" 보게 되며 "세상을 겁내거나 세상을 상대로 싸움으로써 반응한다"(Bowlby, 1973, p. 208). 불신으로 특징지어지는 부모와 아이의 관계 및 불안은 아이를 적응 실패의 위험에 처하게 한다. 사실 Blowlby(1982)는 애착 관계에서의 불화에 의해 야기된 적응 실패가 일반적으로 정신병리의 주요 원인이라고 제안한다.

따라서 초기 양육자와 아이의 불안정 애착은 많은 양의 대인관계와 관련된 문제를 양산하고 아이가 사회 기능에서의 어려움을 경험하는 위험에 처하게 한다. 심리학자들은 불안정 애착 아이들이 대인관계에서 건강한 애착 양상을 지닌 아이들보다 더 많은 문제를 겪는다는 것을 오랫동안 알고 있었다(Erickson, Stroufe, & Egeland, 1985). 이 장에 가장 밀접한 관계가 있는 것은 ADHD와 관련된 결함과 불안정 애착과 관련된 결함들 사이의 눈에 띄는 유사성이다. 불안정 애착의 장애는 또한 ADHD의 자기 통제력 결핍의 특징이고 이는 충동을 억제하고, 스스로 차분해지는 행동, 결단력, 인내, 그리고 억제에 대한 아이의 능력에 영향을 미친다(Clark, Ungerer, Chahoud, Johnson, & Stiefel, 2002; Olson, 1996; Steifel, 1997). Barkely(1997)는 ADHD에서 보이는 장애로 자기 통제의 중요성을 강조한다. 최적의 상태로 작동할 때 이러한 자기 통제 능력은 아이가 효과적으로 여러 상황에서 행동을 적응하고 변화하는 상황적 요구에 반응하여 인지, 정서, 운동 기능을 통합할 수 있도록 한다(Barkley, 1997).

ADHD와 애착 관련 문제와의 관련성은 다수의 세련된 연구가 뒷받침한다. 1970년대 개발된 초기 미시-교류 연구는 ADHD 증상을 지닌 아이들과 그들의 양육자들 사이의 바람직하지 않은 다수의 양상을 밝혀냈다. 아이-양육자 통제를 비교했을 때, 양육자-과잉행동아 짝은 지시적 행동이 높았고, 더 많은 반감과 부정의 표현을 보였으며, 아이-양육자 관계를 비평하는 아이를 향한 양육자 반응이 적었다(Barkley, Karlsson, & Pollard, 1985; Campbell, 1973, 1975; Cunningham & Barkley, 1979). 동일한 연구는 '정상' 대조군보다 과잉행동 아이가 덜 안정적이고, 더 파괴적이며, 과제 수행을 지속하지 못하는 편이다.

이러한 미시-교류 자료가 발표되니 이의 해석은 논쟁을 불러일으키고 ADHD 학자들은 상반된 두 세력으로 나뉘었다. 양육자 결핍 모형을 원인 중 하나로 주장하는 사람들은 ADHD 행동 및 관계 문제가 발생하는 이유는 애착 관계에 질적 영향을 미치고, 긍정적인 부모-자녀 교류가 없는 것과 같은 양육 결핍들 때문이라고 믿었다(Campbell, 1987, 1990; Campbell & Ewing, 1990). 더 나아가 그들은 지속적인 반항 및 과잉행동이 부모의 명령식 및 비판적 언어 사용과 일부 관련되어 있다고 주장했다.

양육자 결핍 모형을 반박하는 학자들은 ADHD 증상의 아이들이 다루기 힘든 방법으로 행동함으로써 양육자에게 부정적인 반응을 불러일으킨다고 주장한다(Barkely & Cunningham, 1979; Barkely, Karlsson, Pollard, & Murphy, 1985; Cunningham & Barkely, 1979). 그들의 입장에 대한 지원은 ADHD로 진단받은 아이들에게 메틸페니데이트를 투여한 후 부모의 양육 행동 변화를 평가한 연구로부터 나온다(Barkely & Cunningham, 1979). 이러한 메틸페니데이트 연구 결과에 따르면 아이들의 부정적이고 순응하지 않는 행동이 약물학적으로 완화되니 이에 상응하여 부정적이고 지시적인 어머니의 행동이 감소한다. 그러므로 어머니의 바람직하지 않은 양육 방식이 부정적인 아이의 행동에 대한 직접적인 반응이라는 결론이 도출된다.

이러한 초기 논쟁에서 벗어나, 최근의 연구들은 ADHD 증상을 발생시키는 애착의 역할에 대한 증거를 제공한다. 한 연구는 아이가 걸음마 시기였을 때 가족 구성원들 사이의 적대감이 초등학교 때 아이의 ADHD 증상들을 예견한다는 것을 이야기한다(Jacobvitz, Hazen, Curran, & Hitchens, 2004). 아이들의 주의력 문제에 대한 발달 궤적을 평가하는 최초의 종단 연구는 가정 환경이 조절 효과를 지닌다는 증거를 발견하였다(Jester et al., 2005). 후속 연구는 부모-자식 관계가 충동적, 부정적, 관심 끄는, 그리고 과잉행동들에 의해 영향을 받으며 이러한 행동들은 정서가 메마른 부모에게 관심을 더 얻어내려는 자녀의 레퍼토리가 된다고 보았다. Carlson, Jacobvitz, Stroufe(1995)에 의한 또 다른 종단 연구는 초기 애착이 ADHD 증상의 시작에 대해 예측하는 능력이 있음을 입증했다. 아이가 6개월일 때 어머니의 참견과 무감각은 유아기의 주의산만성 및 아동기의 과잉행동을 생물학적 또는 기질적 요소들보다 더 강력하게 예측한다.

애착 및 아이들의 요구를 알아차리는 부모의 능력과 관계가 있을 수 있는 또 다른 ADHD 연관성은 부모의 정신이상 영역이다. 예를 들어, 어머니의 우울증은 ADHD 행동장애를 추후 발달시키는 위험 인자인 것으로 밝혀졌다(Chronis et al., 2007). 또한 일차 친척 내에 ADHD 여부를 떠나 기분, 품행, 약물남용, 불안장애가 높을수록(Biederman et al., 1992) 애착 문제 및 일반적인 가족 기능부전을 예상하거나, 정신질환의 유전적 소인을 반영하게 된다.

외부-개인(우상 분획) 요소를 끌어들이지 않고서 애착과 ADHD 증상 사이의 관계에 대하여 논하는 것은 어렵다. 신경과학은 어떻게 부정적인 부모-자식 상호작용이 애착 관계에서의 장애를 이끄는지에 대한 통찰력을 제공해왔다. 더 정확하게, 신경과학자들은 초기 발달에서의 극심한 혼란은 아이들의 통제 능력을 지원하는 도파민 및 노르아드레날린에 의해 활성화되는 경로뿐만 아니라 다른 신경경로들도 바꿈으로써 심리학적이고 신경학적인 발달에 영향을 미칠 수 있다는 것을 관찰해왔다(Nigg, 2006). 이 장의 외부-개인 단원은 ADHD 증상의 생성에서 신경전달물질과 신경경로가 하는 역할에 대한 확장된 논의를 포함한다. 외부-개인 힘은 또한 양육자에 의해 제공되는 양육의 질을 결정한다. 예를 들어, 일정 수준의 자폐스펙트럼 또는 분열성 행동을 지니는 양육자의 유전적 기질은 성장하는 아이를 공감적으로 반영하거나 아이의 필요에 효과적으로 반응하는 부모의 능력을 방해할 수 있다. 비슷하게, 농약 또는 중금속 노출과 같은 직업의 위험성 때문에 무증상의 신경학적 손상으로 고통받는 부모 또는 양육자는 집중 능력, 실행 기능, 효과적인 양육을 위해 필요한 정서적 안정을 지니지 못할 수 있다. 이러한 양육자의 능력 문제가 ADHD와 비슷한 행동의 생물학적 성향을 지닌 아이들에 의해 더 심화될 수 있다. 이렇듯 내부-집단 사분획에 있는 예들 중 대다수는 다른 사분획들과 연관되어 있으므로 모든 사분획의 병인 역동들 간의 상호작용을 이해하는 것이 정말 중요하다.

외부-집단(우하 분획) 관점

통합 이론의 복합성과 ADHD 연구의 넓이와 정도에 대하여 고심할 때, 종종 ADHD의 결과를 하나의 통합 사분획으로 한정하기가 어렵다. 이런 이유로 이 부분에서 제시된 자료의 우세는 또 다른 사분획에 틀림없이 위치할 수 있다. 특히 '외부-집단'의 표제 아래 여기에서 제시된 개념들의 대다수는 어떻게 사회 구조(우하 분획)가 생물학적인 결과의 원동력이 될 수 있는지를 강조하는 생물학적(우상 분획) 연구들에서 얻어진 것이다. 후성설에 대한 논의에서 설명되었듯이 태아기 이전 또는 이후에 다양한 환경 독소 중 어느 하나에라도 노출되는 것은 ADHD와 비슷한 행동의 발달과 관련이 있다. 이 논의에서 중요한 것은 환경에서 이러한 독소의 존재가 외부-집단 힘의 결과라는 데에 있다. 외부-집단 힘은 항상은 아니지만 대부분 자주 사회경제적 지위, 인종, 성별, 나이, 사회 구조 불의에 대한 다른 많은 원인들에 입각한 구조적 불평등과 관련 있다. 사분획들은 각각 독립적이지 않고 유기적으로 작용하여 결과가 나타난다는 점을 유념할 때, 이후 언급되는 ADHD에 미친 외부-집단 영향의 예들은 ADHD 증상과의 궁극적인 관련을 설명하기 위해 일반적으로 외부-개인 사분획으로도 활용된다.

납 노출   무기질의 납은 알려진 신경독소이자, ADHD 및 다른 발달장애와 관련된 환경 위험 인자들 중 가장 일반적으로 알려진 것이다. 이 연관성의 증거는 인간 연구와 동물 연구 모두에서 얻어진 것이다. ADHD 특징들과 높은 혈중 납 농도(즉, $10\mu g/dl$ 이상) 사이의 관계가 수십 년 동안 문서에 의해 충분히 입증되었음에도 불구하고, 이러한 발견들은 정부 규정으로 페인트 및 휘발유와 같이 흔히 볼 수 있는 물건들에 허용되는 납의 수치를 제한하는 나라들에서 이 정도로 높은 수치는 비교적 일반적이지 않았기 때문에 많은 관심을 얻지는 못했다(Nigg, 2008). 최근의 연구는 엄격한 납 규제 법안을 채택한 나라들에서(Fewtrell, Prussi-Ustun, Landrigan, & Ayuso-Mateos, 2004) 더 적게 관찰된 혈중 납 농도(즉, $1\text{-}3\mu g/dl$)와 ADHD 관련 기능부전 및 행동 사이의 관련성을 조사한다(Canfield, Kreher, Cornwell, & Henderson, 2003; Nigg et al., 2008). 이러한 최근 연구들의 결과는 ADHD와 혈중 낮은 납 농도 사이의 연관성을 드러낸다(즉, $1\sim3\mu g/dl$ 범위).

　낮은 사회경제수준 소수 인종 신분, 낮은 주거 환경을 포함한 많은 외부-집단 요소들은 납 노출의 위험 인자로 알려져 있다(Tong, von Schirnding, & Prapamontol, 2000). 저소득층 주택 생활자에서 납의 출처는 특히 추적하기 쉽다. 후기 1970년대 이전에 미국에서 지어진 특히 보수되지 않은 집에서 사는 경우 벗겨진 납 성분의 페인트 조각 및 껍질이 납 섭취의 출처일 가능성이 있으며 신생아, 유아, 아직 태어나지 않은 아이들에게 심각한 위험을 줄 수 있다. 드물지 않게 납 페인트 조각과 먼지가 창틀과 먼지 가득한 카펫 및 바닥에 나타나며, 오래된 페인트 조각과 껍질들이 집 주변 토양에서 자주 보이는 것은 문제이다.

　가난과 납의 유독성 사이의 또 다른 연결 고리는 오랫동안 알려진 것으로 납의 유독성과 아이들의 칼슘 섭취에 관한 것이다. 식단에 칼슘이 풍부한 아이들은 납의 신경독소 효과에 더 면역력이 높을 수 있다(Mahaffey, 1995). 이러한 식단과 유독성의 교집합이 인과관계 사슬의 끝쪽에 있는 외부-개인 현상임에도 불구하고, 초기 아동기와 태아기 영향에 대한 문제는 사회 및 경제 정책들, 인종차별 및 사회경제 소외, 교육 기회, 양질의 식량원과 밀접하게 묶여 있는 것이며 이러한 모든 요소들은 외부-집단 분획(우하 분획)에 위치하고 있다.

폴리 염화 바이페닐과 유기인산염 노출　납은 ADHD 관련 신경독소 물질로서 단독적인 것은 아니다. 그것의 병인론 인과관계 사슬은 우상 분획과 우하 분획의 영향을 통합한다. 통합된 경로의 중요한 두 가지의 다른 물질들은 폴리 염화 바이페닐(polychlorinated bipheny, PCB)과 유기인산염 살충제이다. 유기염소(organochlorides)로 알려진 유기 물질 그룹에 속한 PCB는 환경 오염물질이다. 이는 1970년대까지 냉각제, 시멘트, 페인트 가소제, 내연제, 윤활유, 밀폐제, 농약 전색제, 그리고 산업화된 장소에서 흔히 볼 수 있는 다른 물질들에서 사용되었다. 상당한 증거가 태아기 PCB 노출과 ADHD 증상들 간의 관계를 암시한다(Crandjean et al., 2001; Sagiv et al., 2010). 매사추세츠주의 뉴베드퍼드에 있는 PCB에 오염된 항구 근처에 살았던 엄마에게 태어난 아이들에 대한 연구에서 Savig 등(2010)은 심지어 엄마가 탯줄에 낮은 혈중 PCB 농도를 지녔던 아이들 사이에서도 적정한 연관성이 여전히 발견된다는 것을 밝혀냈다. 혈중 PCB 농도는 유기염소 수준과 ADHD형 증상 사이의 분명한 연관성을 보이는 여러 집단 연구와 관련되어 있다. 가능성 있는 ADHD-PCB 인과관계 사슬은 납-ADHD 인과관계 사슬의 특징이 되는 우상 분획과 우하 분획 요소들의 상호작용을 반복한다. 산업 폐기물 오염으로 인해 손상된 주택이 저소득 지역에만 독점권이 있는 것은 아니지만, 저렴한 주택은 현재 또는 이전에 공업 생산 용지였던 곳 근처이거나 산업 폐기물 처리가 물, 토양, 대기의 질을 위태롭게 한 장소 근처에 위치하는 경우가 자주 있다. 이런 이유로 ADHD 같은 증상들을 발생시키는 많은 PCB 병인론 요소들의 마지막 단계는 아마도 명백히 생물학적일 것이다. 그러나 산업 규제 정책과 일생 동안 저소득층 주택의 위험을 외면하는 사회 태도의 팽배, 열악한 교육, 인종 주변인, 경제적 기회의 결핍과 관계된 깊게 자리 잡은 사회 재생산 체계는 동등하게 과실이 있다. 이것은 소득이 환경 오염에 대한 면역력을 보장해준다는 것을 의미하지는 않는다. 우리는 모두 산업 화학물질 및 기타 신경독소 위험이 축적되고 따라서 사람이 살 수 없는 부동산의 양이 증가하게 만드는 폐쇄적인 생태 체계에서 살고 있다.

사분획들의 상호작용 또한 유기인산염-살충제 관련 ADHD 기준에서 두드러지는 특징이다. 유기인산염 물질은 다수의 살충제를 포함하는데 그중에는 잘 알려진 살충제인 말라티온과 파라티온, 그리고 일반적으로 시린(sirin) 및 VX 신경작용제로 알려진 더 해로운 화학전 무기가 있다. 이러한 물질들은 신경연접에서 아세틸콜린 신경전달물질의 초과량을 분해하는 효소(acetylcholinesterase)에 불가역적 손상을 입힐 수 있으며, 또한 연접에서 아세틸콜린 수용체에 부착할 수 있다. 아세틸콜린 기능이 위태로워질 때 이것은 결국 ADHD 병인과 연루되는 신경전달물질인 도파민의 세포 파괴 반응을 이끈다(van Hienen, 2010). 유기인산염 노출은 주로 과일 및 채소에 묻은 농약 오염 잔여물 및 물의 섭취, 농약의 주거 용지에 의해 발생한다. 우하분획의 개입을 반영하는 것으로서 유기인산염 노출은 작물을 수확하고 유지하는 데 참여하는 대부분 이민자들인 농장 일꾼들 또는 농장 근처에 거주하는 사람들에게 심각한 위협이 될 수 있다(Eskenazi, 2010; United States National Research Council cited in Bouchard et al., 2010). 자료가 한정적임에도 불구하고, 태아기 및 아동기에 유기인산염에의 노출을 조사하는 연구는 이러한 물질과 주의력 및 기타 신경발달 이상들에 대한 문제를 연결시킨다(Bouchard et al., 2010; Grandjean, Harari, Barr, & Debes, 2006; Marks et al., 2010).

담배와 알코올 노출   ADHD와 태아기 많은 합법적 및 불법적 물질들에의 노출 사이의 관계는 수많은 조사의 초점이었다. 결과는 다양하지만 증례 대조 연구들로부터 나온 대규모의 증거는 태아기 담배 노출과 ADHD 증상들 사이의 연관성을 암시한다(Linnet et al., 2003). 담배는 특히 사회경제수준과 흡연 사이에 명백한 관련성이 존재하고(Centers for Disease Control and Prevention, 2011) 담배 광고가 종종 저소득 인종 및 민족 인구를 목표 대상으로 한다는 점에서 ADHD에 미치는 외부-집단 영향에 대한 논의와 관련되어 있다(Stoddard, Johnson, Boley-Cruz, & Sussman, 1997).

담배 관련 증례 대조 연구에 따르면 엄마가 임신기에 흡연을 했을 경우 아이가 ADHD 진단을 받을 가능성이 2.1배나 많으며(Mick et al., 2002), 다른 연구에서는 엄마가 임신기에 흡연을 한 아이가 ADHD 특징들을 나타낼 가능성이 대조군보다 4배나 많다(Milberger, Biederman, Faraone, & Jones, 1998). 비슷하게, 4세부터 15세까지의 4,700명 이상의 아이들을 상대로 한 대규모의 후향성 연구는 태아기 담배 노출에서 2.5의 ADHD-보정(adjusted) 교차비(odds ratio)를 보였다(Braun, Kahn, Froehlich, Auinger, & Lanphear, 2006).

태아기 담배 노출과 ADHD 사이의 연결을 조사하는 최근 연구는 아이들의 ADHD 취약성에 대한 유전자 역할에 초점을 맞춘다. 지금까지의 결과들은 특히 고도 ADHD 과잉행동 주의력결핍 복합형 남성에게서 특정 도파민 수송 대립형질 유전자들이 태아의 담배 노출에서 유아 ADHD 발달이 증가되는 것과 관련되어 있다는 설득력 있는 증거를 제공한다(Becker et al., 2008; Neuman et al., 2007).

임신 시 알코올 소비는 외부-집단 영향을 나타내며 이는 담배 사용에 의한 것과 흡사하며 태아기 알코올 노출과 관련 있는 두 가지 주요 위험 인자는 가난과 노숙이다(Bhuvaneswar, Chang, Epstein, & Stern, 2007). 상당한 연구가 아이들의 ADHD와 그들을 임신했을 동안 어머니의 알코올 소비 사이의 관련성을 밝혀내도록 마련되었다. 이러한 연관성을 뒷받침하는 증거들이 태아기 흡연에 대한 증거만큼 잘 구축되지는 못했지만, 몇 가지 연구들은 태아기 알코올 노출이 아이들의 ADHD를 예측하며, 앞서 언급한 대로 유전자들이 어머니의 알코올 소비에 따라 태아의 취약성을 결정하는 데 역할을 수행하는 것으로 보인다(Knopik et al., 2006; Mick et al., 2002). 한 증례 대조 연구에 따르면 ADHD 진단을 받은 아이들의 어머니가 임신 시 알코올을 소비했을 가능성이 통제집단에 비해 2.5배 더 높다(Mick et al., 2002). 많은 연구들은 ADHD와 태아기 어머니의 알코올 소비 사이의 연관성을 발견하는 데에 실패했다. 이러한 연구들 중 몇 개는 Linnet 등(2003)의 종설에 포함되었다.

내부-개인(좌상 분획) 관점

ADHD 행동과 관련된 많은 사회적 정서적 어려움들은 아이의 자기 발달에 해로운 영향을 끼칠 수 있으며 종종 자기 자신과 사건들을 자주 부정적 귀인 양상의 특징으로 묘사하는 결과를 낳을 수 있다(Hoza, Waschbusch, Pelham, Molina, & Milich, 2000). 우리가 아이들의 자기 정체성이 사회, 생물학, 문화적으로 구성된다는 개념을 수용하고 이러한 이유로 다른 사분획들에서 발생한 현상을 추적할 수 있음에도 불구하고, 우리는 이 부분에서 내부-개인 분획(좌상 분획)의 반영으로 자기에 대한 지속적 견해를 경험적으로 고려할 것이다.

자기 인식 청소년들의 자기 경험 감각과 관련되어 있는 ADHD 경험을 탐구하는 질적 연구에서 개인들은 "연구자들이 예상했던 것보다 더 적대적이고 부정적"이었다(Krueger & Kendall, 2001, p. 64). 자기 묘사는 심지어 진단 이전에 ADHD 정의 자체 내에서 얽혀 있으며 여아의 무능력과 남아의 분노 및 반항에 초점이 맞춰져 있다. 연구진은 질환을 둘러싼 잘못된 생각과 부정적인 태도에 깊이 빠져 있는 청소년의 자기 발달 처리과정을 확인하였다. "나는 어렸을 때부터 내 자신과 ADHD에 대한 꽤 부정적인 생각을 가지고 있었으며, 특히 내가 저질러놓은 것에 사람들이 잔소리를 할 때 그러했다. 나는 일들을 바로잡으려고 노력하지만 그럴 수 없었다. 나는 앞으로도 계속 이럴 것이라고 생각한다"(p. 66).

아이들의 내부 경험에 미친 ADHD의 영향은 또한 39명의 아이들이 지닌 자기 인식을 살펴본 질적 연구에서 탐구되었다(Kendall, Hatton, Beckett, & Leo, 2003). 다수의 아이들은 ADHD를 묘사할 때 오랜 시간 동안 얼마나 나쁘게 느껴왔는지를 말했다. 슬픔, 화남, 좌절, 부끄러움을 느끼는 것은 인터뷰 동안의 일반적 주제였고, 이러한 반응들은 종종 그들이 경험한 학습 및 행동적인 문제의 결과임을 보여준다. 아이들의 정체성은 ADHD와 깊게 얽혀 있으며, 연구진은 이를 'ADHD-정체성'(p. 122)이라고 명명했다.

이전에 언급된 연구에서 아이들의 묘사는 역사, 사회학, 문화가 자기 발달에 미치는 영향에 대한 관심을 가져왔다. 이러한 자기 발달은 "말한 이야기로서의 자기(self-as-a-story-told)"로서(Benson, 2001, p. xi) 자신의 발달을 의미하며, 여기서 이야기는 "문화-역사적 배경"(p. xi)에 따라 구성된다. Kendall 등(2003)은 정체성 형성에서 ADHD를 질병으로 여기는 아이들과 ADHD를 단순히 하나의 자기 차원으로 보는 아이들 사이의 차이점을 확인했다. ADHD를 "있는 그대로의 모습(just the way you are)"(p. 123)으로 생각한 아이들은 ADHD를 자신의 정체성에서 비교적 정상적인 부분으로 여겼다. 일반적으로 ADHD를 질병으로 보는 아이들은 적응, 질환과 함께 사는 것, 그리고 대응 전략을 식별하는 것의 어려움을 보고했다. 주로 의사 또는 선생님과 같은 권위자를 통한 형식화된 진단은 아이들의 삶에 ADHD에 대한 현실을 만들어냈다. 따라서 이러한 아이들에게 ADHD는 자기 규정의 중요한 특징이 되었다.

ADHD 진단을 받은 미국 흑인, 히스패닉, 백인 아이들 사이에서 자아 정체성 형성에 대한 인종적 및 민족적 차이가 발견되었다. 미국 흑인 아이들은 그들 스스로를 '나쁜'이라는 단어로 묘사한 반면, 히스패닉 아이들은 '골칫거리'라는 단어를 사용했다. 이와 대조하여, 백인 ADHD 아이들은 그들 스스로를 '이상한' 또는 '미친'으로 언급했다(Kendall et al., 2003).

기질 기질은 우리가 외부 세계 영역에 반응하고, 경험하고, 처리할 수 있게 하는 매개체이기 때문에 분명 다수의 사분획에 위치할 수 있다. 경험적 목적에 따라 우리는 기질을 내부-개인 현상에 배열하지만 기질이 다른 사분획과 관련되어 있는 인과관계 사슬의 처음, 중간, 끝에 배열할 수도 있음을 유념하기 바란다.

기질의 기능은 외부 세상과의 거래를 중재하고, 내부 경험의 기반으로 작용하는 것이다. 아이의 기질은 지속적으로 사회 환경과 협상하는 아이의 인지 감정 기술들을 예견한다. ADHD

병인의 맥락 안에서 아이의 기질은 조절 및 주의력 역량의 발달을 방해할 수 있을 뿐만 아니라 (Johnson & Mash, 2001), 아이들이 특정한 개별생태학(idiographic ecologies)과 거래하며 내부 경험 형성에 중요한 영향을 미칠 수 있다. 예를 들어, 환경 변화에 저항하고, 진정이 어렵고, 과민하고, 매우 활동적인 아이들은 부정적인 감정을 내포한 내부 경험을 지닐 뿐만 아니라 또한 부모에게 도전한다(Campbell, 1990). 이러한 경우, 어려운 기질은 부모가 아이의 요구를 알아채고 그 요구에 민감한 방식으로 대응하는 것을 더 어렵게 할 수 있다. 결국 부모의 반응은 어느 정도 조절장애가 있는 아이에게 부정적 내부 경험을 야기할 수 있다. 그리고 이러한 기질적 어려움은 부모가 감정적으로 힘든 상호작용 및 불쾌한 협상을 두려워하게 하여 아이와의 관계 형성을 줄어들게 한다.

기질과 관련된 많은 특성들은 동기유발 체계에 중심이 되는 감정 반응을 구성하는 신경심리 기능에 영향을 미친 것으로 보인다. 이러한 특성들 중 접근과 철회는 ADHD 연구에서 핵심적이다. 행동 활성화 체계(Gray, 1991) 요소인 접근 성향은 ADHD에서 보이는 보상반응 이상과 관련되어 있다. 보상반응 이상을 지닌 ADHD 진단을 받은 아이들은 지체되는 것을 참는 것에 어려움을 겪고(Sonuga-Barke, 2003), 실수로부터 학습하는 것에 어려움이 있고(Johansen, Aase, Meyer, & Sagvolden, 2002), 지연된 더 큰 보상보다 즉각적인 보상을 더 선호하는 경향이 있다(Solanto et al., 2001).

철회 성향은 의도적 통제에 영향을 주는 행동억제체계(Gray, 1991) 요소이다. 이 성향은 지배적 반응의 억제와 관련된 자기 규제의 기질적인 차원이다. 온전한 행동억제체계 기능을 지닌 아이들은 계획하기 위해 충동에 저항할 수 있고 자극에 반응하여 더 적응적인 행동을 실행할 수 있다. 철회와 관련된 성향은 초점(focus), 주의력 역량, 충동 억제, 문제해결 및 부정적 감정을 다루는 것과 같은 실행 기능에 영향을 미친다(Rothbart, 2003). 이러한 철회 성향은 또한 자기 통제의 발달과 처벌과 관련된 대응에 영향을 미치며 이는 임박한 처벌에 아이를 둔감하게 만든다. 철회 성향은 스트레스 대응의 어려움과 높은 불안이 두드러진 모습인 ADHD를 위시한 정신병리 상태에서 상승되는 것으로 보인다(Nigg et al., 2002).

철회가 부모-자녀 관계의 질에 미치는 영향에 관한 연구들은 긍정적인 사회적 교환, 예견적 지침, 아동 활동에 대한 관리감독, 그리고 부모의 정서 표현 영역에서의 문제를 밝혀냈다(Greenberg, Speltz, & DeKlyen, 1993). 또한, 과민하고 충동적인 아이들은 공격적이고 반사회적인 행동을 할 위험이 있다(Sanson, Hemphill, & Smart, 2004). 아이가 반항과 불복종에 반응함으로써 부모는 크게 스트레스를 받게 된다(Coplan, Bowler, & Cooper, 2003). 따라서 양방향 관계는 아이의 어려움과 부정적인 양육 사이에서 형성되며, 이는 아이의 부정적이며 충동적인 과잉행동 방식을 촉진한다. 이러한 이유로 부모-자식 관계의 정서 상태는 상호 간에

ADHD형 행동을 이끄는 발달 궤적을 수립할 수 있다. 정반대로, 아이들이 질환에 대한 생물학적 소인을 가지고 있더라도, 아이들에게 민감하게 관심을 보이며 호응하는 환경을 제공하고 양육함으로써 자기 규제 능력의 발달을 가능하게 하는 부모의 자식들은 ADHD 증상을 약화시키거나 심지어 없앨 수 있다(Johnston & Mash, 2001).

병인론 : 요약 및 결론

상당한 수의 경험적인 그리고 그 밖의 ADHD 병인론 지지 모형은 모든 사분획에서의 설득력 있는 묘사와 함께 '정신병리'의 조건에 대한 통합 분석의 중요성을 강조한다. ADHD에 대한 병인론 설명의 광활함을 고려할 때—유전과 후성설 기전 및 환경 독소들, 태아기 스트레스 및 담배 노출, 유아기 애착 문제, 부모의 정신병리, 불안정한 가정 생활, 남성적 충동과 상반된 침착한 대응 및 충동 억제의 문화적 요구들—여러 잠재 요인들 중에서 특정 질환 형태를 구별하고, 질환 형성에 관련되는 특정 병인론 기전에 맞춘 치료 요법을 골라내는 종합 평가의 필요성이 대두된다. 이 장의 남은 부분에서 주로 밝히고 있듯이, ADHD 평가와 요법은 근본 원인 대신 너무 자주 질환 행동을 목표로 한다. 이러한 증상 초점 접근은 종종 상당한 가치를 지닌다. 그러나 다수의 경우에서 명백히, 평가 도구와 치료 요법 전략은 병인론에도 똑같이 적용되었던 사분획 분석의 주제가 되어야 한다. 이러한 분석이 시행될 때까지는 근본 원인들이 해결되지 않은 채로 남아 있을 것이며 그사이에 평가는 대부분 고작 DSM 기준에 따르고 치료 요법은 안타깝게도 약물과 행동 전략에 따른 증상 박멸을 목표할 것이다.

ADHD 동반이환

내부-개인 현상의 분석이 보여주듯이 ADHD를 지닌 아이의 내부 세계는 불안, 분노, 갈등, 소외, 슬픔 등으로 얽혀 있다. 따라서 ADHD 진단을 받은 아이들이 일반적으로 그들의 임상 장면들을 복잡하게 하는 추가적인 심리 문제들을 지닌다는 것은 놀랍지 않다. ADHD와 자주 나타나는 다양한 동반질환은 중요한 문제들을 제기하며 그 해답은 복잡한 현실 세계 환경에서 흔히 드러내는 다양한 질환 표출에 대한 효과적인 예방 및 치료의 열쇠를 쥐고 있다. 〈그림 9.1〉을 보라.

　동반이환은 Gillberg 등(2004)이 말하듯이 표본의 특성에 따라 ADHD 진단을 받은 사람들에게 60~100%로 발현되기 때문에 ADHD에 대한 어느 논의에서나 특히 중요한 주제이다. 가장 흔한 ADHD 동반질환들에는 소위 '파괴적 행동' 장애 즉, 적대적 반항장애(ODD) 그리고

좌상 분획 : 내부-개인	우상 분획 : 외부-개인
• 질환을 둘러싼 부정적인 태도와 신념에 얽매인 자기 발달 과정 • 부정적인 자기 인식 • 적응의 어려움 • 기질 특성과 그에 따른 감정 반응 및 자기 조절의 조율 • 고조된 불안 • 낮은 자기 효능감 • 고립 및 슬픔에 취약함	• 우울 • 불안 • 유전자 연결, 유전자 연관, 내부표현형 • 후성설 기전 • 전두선조(frontostriatal) 경로 이상 • 신경전달 • 태아기 환경 • 난산
좌하 분획 : 내부-집단	**우하 분획 : 외부-집단**
• 사회 지위에 사용되는 명칭 • 학교, 가정, 공동체에서 문화적으로 정당화된 기대 • 다양성 관련 정상적 행동의 사회 통제 • 대인관계 문제를 만드는 애착 양상 • 학습 문제 • 가정에서의 경험 • 가정 교육에서 경쟁 패러다임의 경험 • 인종 또는 민족의 과장표출 경험 • 성인의 도덕 권위 약화 • 사회 교류 및 친구 사귀기 시도 • 개선을 요하는 ADHD 행동의 의학화	• 신경독소 노출 • 식이 섭취 • 환경 오염 • 임신 중 산모의 담배 및 알코올 노출 • 낮은 사회경제수준 • 소수 인종 지위 • 갈등 해결 기술의 부족 • 부모의 정신질환

그림 9.1 ADHD 병인론의 사분획 견해

품행장애(CD), 우울이나 불안과 관련된 내면화 장애, 학습장애, 약물남용 및 의존장애, 투렛장애가 있다. 동반이환 양상의 기본 기전에 대한 세밀한 논의는 이 장의 범위를 넘어서는 것이지만, 파괴적 행동을 보이는 ADHD는 내면화 장애가 동반되는 ADHD와 구분되는 질환 형태이며 두 군의 진단 분리가 실패한 것은 병인론을 고려하지 않은 분류 체계에서 충분히 예견된 오류라는 설득력 있는 추측이 있어왔다(Douthit & Donnelly, 2010; Jensen, Hinshaw, Kraemer et al., 2001).

파괴적 행동

가장 널리 알려진 유명한 ADHD 동반진단은 이른바 '외현화' 장애이며 파괴적 행동의 특징을 지니고 DSM상에서는 ODD와 CD로 알려져 있다(APA, 2000). ODD는 특성상 아이들에게서 확인되며 비협조, 반항, 떼쓰기, 그리고 대인관계에서 성질나게 하는, 공격적인 행동을 주된 특징으로 보인다. 초기 아동기와 초등학생 때 확립되면, 덜 심한 파괴적 행동인 ODD는 종종

CD와 관련된 더 중대한 행동을 초래하는데, CD는 절도, 거짓말, 방화, 무단결석, 폭행, 재물 손괴 등과 같은 사회적으로 어긋난 행동 특징을 지닌 질환이다(APA, 2000; Campbell, 1990; McGee, Partridge, Williams, & Silva, 1991; Richman, Stevenson, & Graham, 1982).

3세부터 8세까지의 어린아이들에서 비협조, 반항, 떼쓰기, 그리고 대인관계에서 성질나게 함으로 싸움이 일어나거나 다른 공격적인 일이 커지는 일련의 행동들과 ADHD 사이에 중요한 연관성이 있음을 보인다(Campbell, 1990). 공격성 및 외현화 행동에 대한 부모의 보고는 아장아장 걷는 유아기에 걸쳐 상대적으로 안정적이며, 증상들이 진단 가능한 수준에 도달하는 취학 연령과 청소년기에 아이들은 치료에 비교적 적대적이 된다(Campbell, Shaw, & Gilliom, 2000). 미취학 연령 아이들의 연구에서, Wilens 등(2002)은 ODD에 대한 모든 진단 기준을 충족시키는 파괴적 행동들이 ADHD를 지닌 아이들의 59%에서 발생된다고 보고한다. 또한 그 연구는 ADHD를 지닌 동일한 아이들의 23%가 보다 극단적인 CD를 포함한 동반질환을 가지고 있음을 발견했다. 특히 강제적인 의사소통 방식, 일관성 없는 훈육, 부족한 부모의 참여로 특징되어지는 양육 관행은 ODD 및 CD와 관련되어 있다(Pfiffner, McBurnett, Rathouz, & Judice, 2005).

ADHD, ODD, CD의 동반질환에 대한 이유가 충분히 이해되지 않았음에도 불구하고 이러한 외현화 장애들 사이의 연관성은 그들을 묘사하는 데 사용된 증상들에서 공통부분을 반영할지도 모른다는 점에서 중요하다(Greenberg et al., 1993). 파괴적 행동을 보이는 동반질환을 다루는 자료에 대한 다른 해석은 특히 통합 분석에 적합하다. 예를 들어, ADHD 아이들의 가정에서 주로 발생하는 상호주관 교류 양상(좌하 분획)은 아이의 부정적인 관심 유도 행동을 발전시킬 수도 있다. 부모 또는 양육자와 그들의 ADHD 아이 사이의 주된 연결이 확실히 붕괴와 반감의 순환(좌하 분획)에 빠질 때, ADHD 진단을 받은 아이들은 진행 중인 애착의 존재를 확인하기 위해 이 악순환을 지속할 뿐 아니라 부지불식간에 편향의 자기 정체성을 육성한다. 이러한 편향 정체성은 특정 발달선을 조율하게 되는데, 건강한 자기 도식과 도덕 발달에서 아이는 점점 대응 기전으로서의 편향을 고집하고 인지 발달에서 아이는 교실 학생 공동체와 가정으로부터 멀어진다.

Snyder, Reid, Patterson(2003)은 양육 기술의 무능이 아이들에게 보이는 적대, 반항, 공격 행동의 원인 역할을 한다고 보고했다. Greenberg 등(1993)에 의해 제안된 초기 아동기에서 나타나는 파괴적 행동 양상의 원인에 대한 더 광범위한 위험 인자 모형은 까다로운 기질, 아동 생물학 취약성, 부족한 양육 관리 전략, 가족의 역경, 부모의 정신병리와 같은 많은 중요한 위험 인자들을 포함한다. Greenberg 등의 모형과 일관되게 Pfiffner 등(2005)은 어머니의 따뜻함 및 아이와의 관계 부족으로 나타나는 애착 결핍은 건강한 애착 관계와 비교했을 때 CD를 동반하는 ADHD 진단 가능성의 증가와 연관됨을 발견했다.

ADHD 하나만 지닌 아이들은 ADHD-CD를 같이 지닌 아이들과 몇 가지 다른 방식들로 분명하게 구별할 수 있다. 예를 들면, Lahey 등(1988)의 초기 연구는 주장하길 ADHD-CD 진단을 받은 아이들은 낮은 사회경제 배경 출신일 가능성이 더 높고[이 통계는 특권층 논점(우하 분획), 교차-문화 몰이해(좌하 분획)가 많이 관련된 것으로 보임] 대조군 아이들보다 공격성, 수감, 지속적인 법 위반의 이력을 가진 아버지를 두었을 가능성이 더 높다(모든 사분획 혹은 특정 사분획과 연관이 있을 수 있음). 같은 연구는 또한 CD 증상의 발현을 아버지의 약물남용 및 반사회적 성격 특성과, 그리고 어머니의 반사회적 성격 특성, 약물남용, 신체화 장애와 연결시켰다(Lahey et al., 1988). Brook, Zhang, Koppel의 최근 연구(2010)는 ADHD 아이들의 CD 증상과 성인기 물질사용장애 사이의 명백한 연관성을 입증했다.

ADHD만 단독 진단받은 아이들과 비교했을 때, ADHD와 CD를 함께 진단받은 아이들은 학습 문제를 보일 가능성이 높으며 여기에는 높은 비율의 읽기장애 그리고 언어, 시공간, 시각-운동 협응 기술의 손상이 있다. 그러나 CD 단독으로 특정학습장애와 관련 있다는 점을 고려하면 ADHD-CD 결합의 어떤 고유한 측면이 이러한 인지 및 감각 손상에 기여하는 것인지는 분명하지 않다. 그러므로 ADHD-CD 진단을 받은 개인이 하나의 고유한 아형일 것이라는 개념은 표현형 표출 양상에서 지지되지도 반박되지도 않는다.

내면화 장애

세련된 ADHD 동반이환 문헌은 ADHD가 기분과 불안장애 모두와 관련되어 있다고 일관성 있게 주장한다. ADHD와 기분장애의 동시 발생에 대한 문헌 종설에서 Pliszka(1998)는 내면화 장애 동반이환에 관한 내재된 문제를 강조했는데, 내면화 장애의 증상 면모는 CD와 달리 직접 관찰을 할 수 없다는 것이다. 각각 별도로 볼 때, 아이들의 보고와 부모의 보고는 종종 증상의 단편적인 면모만을 제공하며, 이는 연구자 및 임상가에게 아이들의 종합적인 증상들에 대한 다양한 정보 입력으로 적절한 진단이 가능한지 여부를 결정할 부담을 지운다(Pliszka, 1998).

아이들에게 나타나는 주요우울장애는 MDD에 대한 DSM-5 기준뿐만 아니라 아이와 청소년들 특유의 증상들에 의해 특징을 갖는다. MDD에 대한 DSM 정의와 일치하여(APA, 2013) 아이들은 슬프거나 짜증 내거나 그렇지 않으면 그들에게 기분 좋았을 것들에 대해 별로 기뻐하지 않는다. 또한 그들은 식욕의 변화, 피로, 수면 문제를 갖고, 무가치함, 죄책감, 자살 생각을 느낀다. 어른들과는 다르게 아이들은 학교에서의 행동 변화, 등교 거부, 공격적 및 반사회적 방식을 보일 수 있으며 복통, 두통, 그리고 다른 신체 불편을 가질 수 있다. 조증 또한 아이들에게서 독특한 방식으로 나타난다. 조증의 아이들은 기분에 따라 가족 및 다른 관계에서 폭발적이고 지나치게 파괴적인 극도의 과민한 기분을 보인다. 덜 심한 경우에 조증 증상은 DSM

-5 묘사와 거의 일치하고(APA, 2013), 목표 지향 활동의 증가, 짜릿함 추구, 부족한 판단력, 수면에 대한 감소된 필요성, 고조된 에너지 수치를 포함한다(Spencer et al., 2007).

ADHD와 MDD의 동반에 대한 문헌 종설에서 Pliszka(1998)는 9~38% 범위의 유병률을 보고했고, Spencer 등(2007)은 4년간 추적한 전향성 연구에서 ADHD 진단을 받은 아이들에게 우울증이 동반되는 경우가 기준시점 29%에서 평균 15세에 45%로 늘어난다고 보고했다. 비슷한 관점의 전향성 연구들은 기준시점에 MDD 진단을 받은 아이들이 MDD를 지니지 않은 아이들보다 더 위태로운 심리사회 및 대인관계 기능을 가질 가능성이 있으며 입원할 확률이 더 높다는 것을 밝혀냈다. 비슷한 증가 추세는 조증에서도 언급되었다. 기준시점에서, 조증은 아이들의 11%에서 발견되었고(평균나이 11세), 4년 후 아이들의 23%가 조증으로 진단되었다. MDD와 마찬가지로, 조증 진단을 받은 아이들은 심리사회 기능에서 심각한 어려움을 가지며 ADHD만 지닌 아이들보다 입원할 가능성이 더 높다.

ADHD 동반이환에 대한 검토에서, Pliszka(1998)는 ADHD 진단을 받은 아이들의 25%가 불안장애의 기준을 충족시킨다고 추정하였다. 25%의 수치는 일반적인 인구에서 기대되는 것보다 10~20% 증가된 수치를 나타낸다. 문헌 종설에서, Schatz와 Rostain(2006)은 ADHD 진단 아이들과 불안 동반 ADHD 진단 아이들을 비교할 때, 후자의 아이들이 공격성을 드러낼 가능성이 더 높고 더 낮은 자존감을 갖는다는 것을 발견했다. 또한 Schatz와 Rostain은 대규모 ADHD 다방면 치료 연구 자료에서 불안을 동반한 ADHD 진단 아이들이 충동성보다 주의력 결핍 경향이 높고 병적 품행 문제를 덜 나타낸다고 보고하였다. 외현화 증상들은 ADHD 아이들이 어떻게 규정되는지 그래서 어떻게 치료받는지와 관련 있다. 그래서 외현화 증상들이 없으면 아이의 치료 필요성이 간과될 가능성이 늘어날 수 있다.

물질사용

물질사용과 ADHD 사이의 연결을 탐구하는 연구들은 담배, 알코올, 불법 약물과 같은 물질을 다룬다. 이러한 연구들의 결과는 물질사용과 ADHD 진단 사이의 명백하고 영속적인 연관성을 보여준다. 성인의 회고 및 청소년 관찰을 수집하여, "ADHD 소년은 청소년기에 흡연 및 물질사용 위험이 높으며 … ADHD 청소년은 불균형적으로 담배, 알코올, 마약에 연루된다."(Spencer et al., 2007, p. 77)는 것이 밝혀졌다. 또한 밝혀진 것은, 동반이환의 독립성으로, ADHD로 진단된 개인은 ADHD가 아닌 대조군과 비교하여 장기간의 물질남용장애를 가질 가능성이 더 많다(Spencer et al., 2007). ADHD와 물질사용 간의 연관성이 동반이환과는 독립적이라고 밝혀짐에도 불구하고 품행장애, 주요우울장애, 불안장애 등의 뚜렷한 ADHD 동반이환들이 특별히 높은 흡연 비율을 보인다는 것은 주목해야 한다(Milberger, Biederman,

Faraone, Chen, & Jones, 1997). 흡연과 약물남용 간의 의미 있는 상관관계가 발견되었다는 점도 주목할 만하다(Milberger et al., 1997).

학습장애

ADHD를 지닌 아이들 사이에서 학습장애의 유병률은 연구 대상을 식별하는 데 사용되는 학습장애(LD)의 실질적인 정의에 따라 달라진다. 예를 들어, Lambert와 Sandoval(1980)은 수학 및 언어적 성취에 대한 표준화 검사의 결과와 지능에 대한 표준화 검사의 점수를 비교하는 접근법을 제안한다. 또 다른 접근법은 성취에 대한 표준화 검사 평균 이하의 표준편차 1.5에서 2.0에 속한 개인들을 간단히 LD로 지정하는 것이다(Barkely, 1990). 마침내 Rutter, Tizard, Whitmore(1970)은 성과, 지능 지수, 생활 연령을 살펴보는 일반 대중 자료에서 발생된 회귀방정식으로부터 예측된 행동 결과들을 산출했다. 수학, 철자, 읽기에서의 어려움을 포함하는 LD 동반이환에 대한 종설에서 Pliszka(1998)는 LD의 보다 허용적인 추정은 ADHD 아이들의 40~60%의 유병률을 나타내는 반면, 보다 원칙적인 추정은 20~30%로 확인된다고 언급했다. LD 진단 아이들이 성취도 검사와 지능 검사 수행에서 어려움을 나타내는 것에 더하여, 실제 학교에서도 낮은 성적을 받고, 유급되며, 특수 학급에 보내질 가능성이 높다(Barkley, 2006a).

투렛장애

투렛장애는 1년 이상 지속된 운동 틱 및 음성 틱 모두와 관련된 유전적인 증후군이다(APA, 2000). ADHD를 지닌 사람들의 7%만 투렛장애를 동시에 진단받지만(Barkley, 2006a), Erenberg(2006)는 1980년으로 거슬러 올라간 종설에서 투렛장애로 병원에 의뢰된 어린이 중에서 ADHD가 발생할 범위는 35~95%임을 발견했다. 지금껏 ADHD 아이들에게 사용되는 자극제가 틱장애의 원인 요소일지도 모른다는 추측이 있어왔다. 그러나 Erenberg(2006)는 문헌 종설에 근거하여 그룹 자료를 분석했을 때, 자극제와 틱장애 사이에 의미 있는 연관성은 없다고 결론지었다.

어린이의 ADHD 평가

ADHD는 아이들의 행동, 인지, 감정 능력에서의 결핍이나 지연을 반영하는 장애이다. 아이들에게서 ADHD를 평가하는 것은 현재의 기능, 문제들의 이력, ADHD와 관련된 문제들이 아이의 삶에 미친 손상 정도를 포함하는 종합적인 과정이다. 더 자세하게, ADHD 평가는 질환이 포함하는 중요한 측면들을 고려해야만 한다. (1) ADHD를 생물심리사회장애로 간주하여 평가가 광범위해야만 한다는 것, (2) 아이의 연령과 발달 단계에 따라 평가가 달라질 수 있다는 것, (3) 정황에 따라 아이의 ADHD 증상이 다르게 표현될 수 있다는 것, (4) 질환의 징후는 환경에 다양한 이미를 부여하며 문화, 사회 위치, 심리사회 역사를 포함하는 시각을 통해 정보제공자에 의해 인식된다는 것(Barkley & Edwards, 2006; Pliszka & the AACAP Work Group on Quality Issues, 2007).

이전에 논의되었듯이 ADHD는 종종 다른 질환들과 함께 존재한다. ADHD 진단을 받은 아이들의 40% 이상이 그들의 사회, 감정, 인지 기능에 심각하게 손상을 주는 다른 정신질환을 적어도 하나 이상 가지고 있다(Barkley, 2006a). 동시 발생의 이러한 높은 비율을 고려할 때, 평가는 반드시 ADHD와 다른 질환들을 구분해야 하며 DSM-5에 설명된 기준이 ADHD 진단을 확인하는지에 대해서도 밝혀야 한다. ADHD의 주요 특징들은 쉽게 관찰되지만 종종 ADHD의 특징이 되는 행동들을 반영하는 다른 질환들의 진단 특성을 구별하는 것은 어렵다. 주의력 결핍, 과잉행동, 산만함, 부족한 의사결정의 아이들 모두가 ADHD인 것은 아니다. 이러한 ADHD와 비슷한 행동들은 많은 이유로 존재할 수 있다. 예를 들어 불안 또는 기분장애, 동기저하, 감정 문제, 좌절, 가족의 스트레스 및 역기능에 대한 반응 등의 또 다른 심리적 장애로 말이다. 그러나 대다수의 경우, 또 다른 질환의 증상은 ADHD를 배제하기보다는 ADHD와 더불어 존재한다(Barkley, 2006a).

광범위한 평가는 종종 작업하는 전문가들과 ADHD 아동의 부모도 함께 구성된 팀에 의해서 실시된다. 일반적으로 임상 및 학교 심리학자, 상담교사, 임상 사회복지사, 학습 전문가, 교육자들이 포함되어 있지만 이에 국한되지는 않는 많은 전문가들이 평가 절차에 관련되어 있다. 평가 팀의 구성원들은 각각 아이의 증상에 대한 독특한 측면들을 다룬다. 부모는 주로 자녀의 학교 혹은 지역 내 의료 환경에서부터 평가를 시작한다. ADHD에 대한 단일 심리 또는 신경 검사가 없기 때문에 평가는 대개 신속하거나 명백하게 정해져 있지 않다. 철저한 평가는 일반적으로 여러 정보 제공자 및 여러 설정에 걸친 포괄적인 행동 자료의 수집을 포함하며, 아이의 행동에 대한 면담, 척도 검사, 관찰, 직접 평가를 수반한다.

면담

면담은 아이의 특정한 문제들과 아이가 실생활 환경에서 어떻게 행동하는지에 대한 정보를 얻기 위해서 사용된다. 아이의 문제와 강점에 대한 정보와 함께 아이의 사회, 학업, 발달, 의료 이력에 대한 정보가 필요하다. 이러한 정보는 이상적으로 부모, 양육자, 교사, 아이 자신을 포함한 여러 정보 제공자들에 의해 얻어진다. 부모, 양육자, 교사는 가정과 학교 환경에서 아이의 기능에 대한 정보의 귀중한 정보 제공자이다. 아이들이 항상 그들의 어려운 행동들을 인지하거나 묘사할 수는 없으므로, 평가를 받고 있는 아이의 부모 및 교사와 면담하는 것은 일반적으로 아이에게서 얻은 것보다 더 완벽한 자료를 생성하는 데 도움이 된다(Smith, Barkley, & Shapiro, 2006). 그럼에도 불구하고, ADHD형 행동을 지닌 아이는 복잡한 면모를 갖고 있으므로 다양한 통합 사분획에서 나오는 대다수의 문제들이 부모, 양육자, 문제 학교 교사와의 상호작용을 통해 영향 받는다는 점을 명심하는 것이 중요하다. 그러므로 현명한 임상가는 모든 이용 가능한 자료를 중요하게 고려할 것이며 아이의 생태에 대한 포괄적인 그림을 구성하기 위해 모든 노력을 다할 것이다.

정보 제공자와의 구조화 및 반구조화 면담은 아이의 문제 행동에 대한 빈도, 강도, 심각성의 정보를 수집하는 생태학적으로 타당한, 신뢰를 주는, 효율적인 방법을 제공한다(Barkley & Edwards, 2006). 음성과 심리 측정 속성을 지닌 가장 널리 알려진 구조화 면담 도구는 어린이와 청소년에 대한 진단 면담-IV(DICA-IV)과 아이들에 대한 진단 면담 일정(DISC)(Barkley & Edwards, 2006)이다. 이러한 도구들은 DSM-5에 기술된 18가지 ADHD 증상들에 대한 정보를 수집하는 신뢰와 효과 있는 방법을 제안하며, 다양한 환경에서의 아이의 기능적인 손상에 대한 정보를 제공한다. 반구조화 면담은 풍부한 자료의 가능성 및 넓은 범위의 토론을 가능하게 하는 상당히 개방된 구조에서 실시된다. 아이에 대한 부모의 인식과 반응에 대한 직접 질문이 필요한데 이러한 점이 환경에 교류하는 아이들의 행동 양상에 중심이 되기 때문이다. 진단 목적을 제공하는 것과 더불어 반구조화 면담은 의사가 부모–아이 상호작용, 가족 관계, 아이의 행동이 어떻게 다루어지는지, 아이의 문제의 고통의 정도가 가족을 어떻게 만드는지 이해하는 것을 도울 수 있다(Barkely & Edwards, 2006).

교사와의 면담은 학교 환경에서의 아이의 어려움에 대한 필수적인 정보의 근원이 될 수 있다. 부모는 그들의 자녀가 학교 환경에서 어려움을 경험한다는 것을 이해할지도 모르지만, 그들은 문제의 심각성을 과소평가할 수 있다(Mitsis, Mckay, Schultz, Newcorn, & Halperin, 2000). 더 나아가 교사들은 아이들의 문제가 어떻게 학습 진행, 교실에서의 행동, 동급생과의 관계에 영향을 미치는지, 그리고 이러한 문제들에 기여하는 조건을 명확하게 할 수 있다. 게다가 교사는 전략, 실행, 학교에서의 아이의 문제를 다루는 데 성공적으로 이용된 요법을 확인함으로써 앞으로의 치료를 계획하는 데 유용한 정보를 제공한다. 또한 교사는 교실 환경에서 타협하며 학업과 관련된 구조, 지원, 도움을 제공하는 중요한 역할을 한다.

ADHD를 지닌 아이들은 학습장애를 지닐 위험이 높다. ADHD 아이들 중에 학습장애 비율은 연구마다 다르며, 15~40%의 범위로 보고된다(Rucklidge & Tannock, 2002). ADHD로 진단받은 아이들은 학습장애 또는 행동/감정장애의 범주하에 장애인 교육법(IDEA)의 일부로서 교육 및 관련된 서비스뿐만 아니라 특별한 평가에 대한 권리를 가진다(IDEA, 2004). 학습장애의 진단 없이도 ADHD를 지닌 아이들은 조직화, 일정 및 계획, 학문적 기술, 그들의 활동 정도 조절, 기분, 매일의 학업 과제와 필기와 학업을 꾸준히 지속하는 능력에 영향을 주는 자존감 문제와 같은 학교 관련 어려움을 겪을 가능성이 많다(Barkley & Edwards, 2006). 교사들은 주의력 결핍, 산만, 과잉행동에 기인하는 학교에서의 문제를 확인하는 데 커다란 도움이 될 수 있다.

척도 검사

척도 검사와 점검 항목은 ADHD 증상을 평가하고 아이의 문제가 확립된 기준에서 어느 정도 벗어났는지에 대한 정보를 제공하는 대중적인 도구이다. 척도 검사와 점검 항목은 수치를 매기고 관리하는 데 있어서 노력 및 시간을 거의 필요로 하지 않으며 편리하다. 부모와 교사를 위한 많은 척도 검사가 있다. 이 중 몇 개는 범위가 넓어 ADHD뿐만 아니라 다른 아동기 질환들을 확인하는 반면, 다른 것들은 범위가 좁아 특정 증상 평가에 초점을 맞춘다(예 : 파괴적 행동, 사회 기술, 동료 평가, 부모 스트레스). 대부분의 척도 검사는 주의력 지속 시간, 과잉행동, 자기 조절, 사회 기술, 파괴적 행동, 기분, 불안과 관련된 많은 요소에 표준화된 점수를 제공한다. 임상적으로 안전한 널리 적용되는 3개의 넓은 범위 척도는 아동 행동 평가 척도 제2판(BASC-2; Reynolds & Kamphaus, 2004), 아동 행동 점검 항목(CBCL/6-18; Achenbach & Rescorla, 2001), 그리고 코너 척도 개정판이다(Conners, 2001).

관찰

여러 상황과 날짜에서 아이를 관찰하는 것은 ADHD의 상황 및 행동 증상을 이해하는 충분한 자료를 얻는 데 일반적으로 유용하다. 여러 교실, 동급생과의 상호작용, 집과 같은 자연환경에서 아이를 직접 관찰하는 것은 아이의 어려움을 종합적으로 이해하는 데 매우 유용할 수 있다. 행동 관찰은 의사에게 문제 행동의 빈도, 세기 및 지속 기간, 아이가 타인과 맺는 관계에 대한 정보를 제공할 수 있다(Forehand & McMahon, 1981). 이러한 관찰은 또한 아이의 증상 윤곽을 생성하는 동적 상호작용에 대한 의사의 이해에 필수 자료를 생성할 수 있다. 학습 및 행동 문제를 악화시키거나 개선하는 상황과 결과에 대한 정보는 평가 및 치료를 계획하는 데 매우 중요할 수 있다.

직접 관찰의 단점은 많은 시간이 걸리고 비싸다는 점이다. 자연적인 환경에서 여전히 사용될 수 있는 대안적인 관찰 기반 평가 절차는 관찰 부호(coding) 체계이다. 부호 체계는 의사가 신뢰할 수 있고 타당한 방식으로 관찰을 수행하는 것과 특정한 아이의 행동뿐만 아니라 상호작용 양상의 식별을 가능하게 한다(Forehand & McMahon, 1981). 의사는 부모-아이 상호작용, 양육 기술의 긍정적 및 부정적 측면, 아이 행동 문제를 수량화하는 부호 체계를 개발할 수 있다. 일반적으로 간격 샘플링 절차는 명시된 관찰 기간 동안 이러한 행동을 기록하는 데 사용된다. 게다가 임상가의 진료실은 부모-자녀 상호작용, 검사 실시 중 특정 행동, 아이의 학습 전략을 관찰하기에 편리한 관찰 세팅으로 활용될 수 있다.

평가 자료의 기타 출처

ADHD 평가를 개선하기 위해 심리 검사와 연속 수행 검사가 종종 아이에 대한 면담, 척도 검사, 관찰을 보충하는 '객관적' 척도로 사용된다(Gordon, Barkley, & Lovette, 2006). 표준화된 지능 및 학습 성취도 검사는 아이의 학습 어려움의 원인이 되는 인지 요소들을 식별하는 유용한 정보를 제공할 수 있다. 전반적인 인지 능력은 아이의 언어, 추론, 기억, 지각의 사용을 측정하는 표준화된 지능 검사로 평가될 수 있다. 성취도 검사는 읽기, 문자 언어, 산수와 같은 교과 영역에서 아이의 약점을 진찰할 수 있다. 두 종류의 검사 모두 아이의 예상되는 수행 기준치를 알아내는 것에 도움이 된다.

연속 수행 검사는 아이의 충동성 수준을, 그리고 지속적 및 선택적 주의력을 평가하는 구체적인 검사이다. 전산화된 연속 수행 검사(CPTs)는 널리 사용되며 아이들이 컴퓨터 스크린에 나타나는 자극에 구체적인 방식으로 반응하는 것을 필요로 한다(Gordon et al., 2006). 자극은 소리, 글자, 상징, 형태가 될 수 있고 보여주는 방식의 빠르기 및 순서가 여러 가지일 수 있다. 아이는 자극의 특정 숫자에 반응하도록 지시받는다. 그 자극은 시간의 기간에 걸쳐 반복적으로 제시되며 이렇게 하여 아이들이 집중을 유지하도록 요구한다. CPTs 사이에서 더 흔히 사용되는 것은 시각 청각 통합 연속 수행 검사(Sandford & Turner, 2000), 주의력 요인 검사(T.O.V.A)(Greenberg, Kindschi, Dupuy, & Hughes, 2007), 코너 연속 수행 검사 제2판(CPT-II), 그리고 고든 진단체계이다(GDS)(Gordon et al., 2006).

신경심리 검사는 연구 환경에서는 유용했지만 ADHD 평가에서는 신뢰성을 입증하지 못한 일련의 도구들을 제시한다(Pliszka & the AACAP Work Group on Quality Issues, 2007). 신경심리 검사는 다른 영역의 실제 인지 기능을 측정하고 비교한다. 신경심리 기능을 측정하는 검사는 특히 수행 기능의 손상을 확인하는 데 유용할 수 있지만, Pliszka와 AACAP 질적 논점 작업 그룹이 주장하듯이 ADHD 진단을 받은 모든 개인이 수행 기능 손상을 가진 것은 아니므로 이러한 검사의 유용성은 제한된다.

결국 의학 평가는 다른 질병으로부터 ADHD 증상을 구별하고, 의료 처치가 요구되는 조건을 평가하고, 아이의 치료 계획에 영향을 미치는 의학 또는 발달 요인들이 존재하는지를 알아내기 위해 필요하다(Barkley & Edwards, 2006).

치료

서론

ADHD 진단을 받은 개인을 위한 포괄적, 통합 정보 치료 계획을 창안하는 것은 각 요법들을 융합하여 치료 처방을 만들어내는 어려운 과정이다. 많은 경우, 이러한 요법들은 복합적인 병인 및 사분획을 모두 채우는 것을 의미한다. 이와 같이 정해진 요법을 특정 통합 사분획에 배치하려는 시도는 종종 확실히 논쟁의 여지가 있는 논리로 가득 차 있다. 예를 들어, 약물요법은 명백히 우상 분획에 위치할 것으로 보이지만, 여러분은 자극제 약물이 실제로 내재된 생물학적 장애를 해결하고 있는 것인지 또는 어려운 가정 환경(우하 분획)에 의해서 파괴적이 된 아이를 적응 행동으로 바꾸지 못하는 교사의 부담을 덜어주는 것인지(좌하 분획) 여부에 대해 당연히 의문을 가질 수 있다. 이와 같이, 통합 사분획 경험을 사용하여 ADHD 치료를 구성하는 것의 명확성과 단순성에도 불구하고, 이러한 구성은 실제(in vivo) 임상에 내재된 모형 복잡성을 반영하지 않았다. 그래서 우리는 본문에서 다룬 요법을 정해진 사분획에 배치하는 것을 자제할 것이며, ADHD 요법의 통합 특성에 관해 관심 있는 독자들은 〈그림 9.2〉를 참조하기 바란다. 이 도표는 치료 방식 혹은 치료 방식의 측면을 사분획의 특정 위치로 배치하려고, 주저되긴 하지만, 시도했던 것이다.

정신약물 요법

　…국립보건원(NIMH)은 미취학 아동(3세)의 ADHD 치료를 위한 약물사용에 대한 유례없는 연구를 시작했다. 향후 10년간 과학계가 직면하게 될 가장 중요한 도덕적 문제이다. 유전자 조작 토마토, 의료 배급(health care rationing), 장기 이식, 처방 환급(prescription drug reimbursements), 조력 자살에 대한 윤리 문제는 발달 중인 뇌를 향정신성 약물에 노출시키는 것의 윤리 문제에 비하면 아무것도 아닌 일이다(Leo, 2002, p, 52). (의료 배급, 처방 환급은 공공의료의 몇 가지 방안들이다. 미국의료는 사보험제도가 주축으로서, 꾸준히 공공의료를 시도하려고 노력하고 있으나 우리나라만큼 정착시키지는 못하고 있다. ─역자 주)

　흔히 정신약물의 다수 영역은 일반 대중의 인식 밖에 있음에도 불구하고, 오늘날 ADHD에 대한 약물요법은 전문과 비전문 경계를 초월한다. 자극제 리탈린이 ADHD 치료의 일차 방어선이라는 생각은 일반 문화에서 잘 알려진 사실이며 종종 '통제 불능의' 어린이, 청소년, 어른과 관련된 풍자 유머에 사용된다(예 : "그는 오늘 아침에 리탈린 먹는 걸 깜빡 잊었을 거야!"). 1980년 DSM-III의 출간에서 주의력결핍장애(ADD)가 소개된 후, 학교 점심시간이 일상적 의

좌상 분획 : 내부-개인	우상 분획 : 외부-개인
• 다름의 발견 및 수용 • 건강한 대응 기술 • 마음챙김/명상	• 약물요법 • 인지행동 접근 • 약물요법과 행동요법의 결합
좌하 분획 : 내부-집단	우하 분획 : 외부-집단
• 가족 및 또래 관계 • 어떻게 질환에 대한 동화, 언어 장벽, 견해가 발달 및 기능에 영향을 미쳤는지에 대한 인식 • 건강한 대인관계 만들기	• 학교 전체 및 교실 체계의 지원 • 가정 및 지역사회를 둘러싼 지원 • 가족 체계 접근 • 이웃과 지역사회 및 학교의 요인들이 아동 발달에 어떻게 영향을 미쳤는지에 대한 증가된 인식 • 납 및 다른 독성 물질 감소 • 기술 부족의 개선 • 부모 훈련 • 학교 수행 향상을 위한 지원과 공급

그림 9.2 ADHD 요법의 사분획 견해

례 절차를 나타내는 시대가 생겨났다. 학교 점심시간에 많은 소년들과 그보다 적은 수의 소녀들이 리탈린 점심약 복용을 위해 학교 보건실 밖까지 줄을 섰기 때문이다. 1980년대 초반, 자극제 사용의 빠른 상승은 ADHD 진단을 받은 아이들 및 어른들을 위한 요법들의 중심으로 오늘까지 계속되고 있다. 그때부터 자극제는 노르에피네프린 재흡수 억제제와 교감 신경 α_2 차단 및 아드레날린 α_{2A} 항진제를 포함하는 향정신성 약물의 여러 다른 종류에 의해 결합되었다. 이러한 약물요법 영역 각각을 더 자세히 설명하겠다.

자극제 파괴적인 행동에 대한 치료로서 사용되는 자극제의 출현은 실제로 주의력결핍 진단이 급증한 1980년 이후보다 수년 앞서 우연히 시작됐다. 1937년 두통을 호소하는 과잉행동 아이들 집단을 치료하던 Charles Bradley는 진통 효과를 지니지 않은 자극제 신약인 Benzedrine이 이러한 아이들의 과잉행동 경향을 진정시키는 놀라운 일을 우연히 발견했다(Whitaker, 2010). Bradley의 발견이 아이들의 과잉활동 및 파괴적인 행동을 치료하기 위한 자극제의 즉각적인 광범위한 사용으로 이어지진 못했지만 1980년대 및 1990년대 자극제 사용 급증을 위한 장을 마련했다. 현재 자극제는 ADHD 증상의 치료를 위해 가장 널리 사용되는 약물이다(National Resource Center on ADHD, 2011). 질병 통제 센터는 4세에서 17세 아이들의 23명 중 1명 가까이 자극제 약물을 투여받고 있다고 2007년에 보고했다(Whitaker, 2010).

수백 번의 무작위 대조 실험(RCTs)에서 자극제는 ADHD의 여러 증상을 조절하는 능력을 꾸준히 입증했다(Pliszka, 2007). Swanson 등(1993)의 획기적인 '종설들의 종설'에서, 단기 자극제 유발 호전은 미취학 아동부터 성인까지 다양한 연령군 대상의 많은 연구에서 발견되었다. Pliszka(2007)는 비록 증상 변화 편차가 크지만 RCTs에서 자극제 치료를 받은 5,899명의 내담자들 중 65~75%가 병의 호전을 보였다고 보고했다(National Resource Center on ADHD, 2011). 이러한 호전은 위약군에 배치된 내담자의 4~30% 수치와 대조된다. 그들의 연구에 기초하여 Swanson 등(1993)은 자극제 약물요법을 투여받는 아이들에게서 예상되는 결과의 개요를 제공했는데, 다음과 같다 — 과잉행동을 통제하는 능력, 주의력을 잘 지속하는 능력, 충동성 증상을 잘 통제하는 능력, 협조성 증진, 계속적인 노력 증진, 줄어든 물리적 및 언어적 공격성, 덜 부정적인 대인관계 행동, 늘어난 학습 생산성, 늘어난 학업 정확도.

'자극제'라는 명칭은 과잉활동 아이들이 더 흥분되는 고통스러운 이미지를 떠올리게 하지만, 자극제 약물치료의 성공에 바탕이 되는 구조는 주의력, 자기 통제, 현대 학교 교육 관행의 요구를 충족시키는 데 중요한 많은 기능들에 필수적인 도파민에 반응하는 통로를 활성화시키는 능력과 관련되어 있다. 자극제는 많은 향정신성 의약품의 토대로서의 역할을 한 기본 암페타민 분자의 다양한 조작에 기반을 둔다. 아동기 ADHD의 치료에 사용되는 가장 유명한 자극제 약물로는 리탈린, 덱세드린, 에더랄이라는 상품명을 가지며 이들의 성분은 각각 methylphenidate, dextroamphetamine, amphetamine/dextroamphetamine이다(Ingersoll & Rak, 2006). 다른 자극제의 상품명으로는 콘서타, 메타데이트, 포칼린, 덱스트로스텟, 사일러트, 그리고 잠재적으로 중독성이 있는 메스암페타민 염산염의 상품명으로 데소자인이 있다(National Resource Center on ADHD, 2011). 최근 몇 년간, 제약산업에서의 연구 및 개발은 자극제를 단시간 및 장시간 작용제의 다양한 선택이 가능한 종류로 확장시켰다(Pliszka, 2007). 장시간 작용제는 초기 자극제 사용 특징으로 낙인찍힌 아동 청소년들이 양호실에 점심약 복용 줄 서는 것을 피할 수 있게 한다.

약을 먹는 아이들과 그 양육자는 자극제 사용의 부작용으로 고통받을 수 있다. 구통, 식욕 감퇴, 수면장애, 조증을 포함하는 부작용과 약물이 치료 수준 이하에서 대사 작용함으로써 발생하는 '기운 빠지는(let-down)' 효과이다. (Let-down 효과란 반짝 좋은 효과 뒤에 더 안 좋은 느낌이 오는 경우를 말한다. — 역자 주) 2개의 종설은(Faraone, Biederman, Morley, & Spencer, 2008 ; Poulton, 2005) 자극제 약물요법이, 특히 약물복용의 처음 1년에서 3년 사이에 통제군 아이들에 비해 약물치료를 받는 아이들의 키 성장을 저해시키는 것으로 보인다고 하였다.

1987년에 이른바 '과잉행동' 아이들 28명을 대상으로 리탈린에 대해 이중 맹검 연구를 시행한 Herber Rie는 자극제의 또 다른 부작용을 강조하였다(Whitaker, 2010에서 인용). 연구 기간 동안 그가 기술한 관찰 내용은 다음과 같다.

과거에 적극적인 약물치료를 받아온 것으로 확인된 아이들은 평가할 때 더 단조롭거나 정서적으로 '둔감한' 것처럼 보인다. 또한 그 나이에 일반적으로 나타나는 정서적인 표현의 다양성과 빈도가 부족한 것처럼 보인다. 그들은 덜 반응하고, 진취성이나 자발성을 거의 또는 전혀 드러내지 않고, 관심 또는 반감을 거의 표현하지 않고, 사실상 관심이나 놀라움, 기쁨을 전혀 보이지 않았고, 유머가 없는 것 같았다. 우스꽝스러운 발언과 웃긴 상황들은 무시되었다. 요약하자면, 적극적인 약물치료를 받는 동안 아이들은 비교적 그러나 명백하게 유머감각이 없고 냉담했다(Rie, 1978, Whitaker, 2010, p. 223에서 인용됨).

Breggin(2001) 및 다른 사람들이 주장하듯이, 이렇듯 ADHD 아이의 행동이 완화된 것은 아이가 전보다 교실 내 규율을 더 잘 준수하게끔 만들지만, 이것이 반드시 ADHD 아이에게 긍정적인 경험만을 준다고 할 수 없다. 통합 측면에서, 본질에서 다소 해리되는, 즐거움과 자발성이 억제되는 변화 '상태(state)'를 경험하는 것으로 보인다.

아이들의 자극제 약물 경험을 확인하려는 시도로 Sleater, Ullmann, von Veuman(1982)은 연구 대상 52명의 의견을 물었다. 자극제를 복용한 경험에 대하여 묻자, 아이들은 다음과 같이 언급했다. "그것은 나를 슬프게 했고 먹고 싶지 않았어요. 나는 참여하고 싶지 않았어요. 나는 말하지도 웃지도 아무것도 하지 않았어요. 나는 놀고 싶지 않았어요. 최면술에 걸려 있는 것처럼 이상한 기분이 들게 만들었어요. 마치 내 자신이 아닌 것처럼"(p. 477). 심지어 더 고통스러운 점은 이러한 상태 변화가 성인이 되어서도 지속될 수 있다는 증거가 동물 연구에서 드러났다는 것이다. 청년기 이전 시기에 단 15일 동안 methylphenidate를 처방받고 90일의 나이에 도달할 때까지 방해받지 않고 살았던 쥐는 불안, 우울, 그리고 자연적 보상(즉, 설탕) 및 약물 보상(즉, 모르핀)에 대한 반응 감소 등의 결과를 보였다(Bolanos et al., 2008). Bolanos와 그의 팀은 이러한 결과들이 fluoxetine(즉, 프로작)의 투여로 다소 완화될 수 있다는 것을 발견했지만, 그들은 자극제 약물치료의 장기적인 신경발달 영향에 대한 연구가 시급하다고 강조했다.

비자극제 비록 자극제와 특히 메칠페니데이트가 ADHD 약물치료의 일차 방어선임에도 불구하고(Zito et al., 2000), 몇 가지 다른 종류의 약물이 자극제의 대안으로 등장했다. Atomoxetine(상품명 스트라테라)은 아이, 청소년, 성인의 ADHD 증상을 다루는 데 효과적이라고 드러났던 노르에피네프린 재흡수 억제제이다(Michelson et al., 2001, 2002, 2003). Atomoxetine은 불안이나 틱을 동반한 ADHD에 특히 유용할 것이다(Geller et al., 2007; Allen et al., 2005). 식품 의약품 안전청(2005)은 atomoxetine이 비교적 드물지만 간에 대한 독성과 자살 충동의 위험을 수반한다고 경고했다. 또 다른 좀 덜 심각한 부작용으로는 불면증, 과민성, 공격성, 현기증 등이 있다(Ingersoll & Rak, 2006).

Atomosetine이 틱을 동반한 ADHD의 치료에 대한 유일한 대안은 아니다. 다른 종류인 알파-항진제는 또한 훌륭한 결과를 보였다(Tourette's Syndrome Study Group, 2002). 이러한 특정 교감신경 화합물은 혈압, 공황장애, 다양한 불안장애, 투렛장애를 치료하기 위한 곳에서 사용되어왔다. 여기에 포함되는 2개의 밀접한 화합물은 clonidine과 guanfacine이다.

ADHD와 주요우울장애의 동반질환을 앓고 있는 아이들은 복잡한 모습을 드러낸다. ADHD 약물치료 지침을 만들어낸 텍사스 아동 약물치료 알고리즘 프로젝트(CMAP)는 ADHD와 주요우울장애 심각성을 둘 다 평가하고 둘 중 더 심각한 것을 치료하기를 권고한다(Pliszka, 2007). Pliszka에 따르면, (CMAP에서 언급한) 알고리즘은 만약 ADHD가 먼저 치료가 되고 주요우울장애가 가라앉는다면, 주요우울장애에 대한 더 이상의 치료는 불필요하다고 제안한다. 만약 주요우울장애가 지속된다면 항우울제 또는 심리사회 요법이 권장된다.

정신약물요법과 행동요법의 결합 : 다중치료 연구

1992년, 국립 보건원(NIMH)은 주의력결핍 과잉행동장애 다중치료(MTA) 연구로 알려진 다중임상 ADHD 요법 실험에 참가시키기 위해 입지적인 6명의 ADHD 학자와 그들 각각의 연구 팀을 고용했다. Jensen, Hinshaw, Swanson 등(2001)에 의해 묘사된 이 실험은 동반질환 프로필을 기준으로 제외되지 않은, 80%는 남성이고 20%는 여성인 7.0세에서 9.9세 연령대의 1학년에서 4학년 아이들 총 579명을 포함했다. 14개월 동안 아이들은 네 그룹으로 나뉘었다. (1) 약물치료 단독, 대상들은 면밀한 점검 및 약물조정을 받았다(약물의 대다수는 메칠페니데이트였다), (2) 행동요법 단독, (3) 면밀한 약물감독과 행동치료의 결합, (4) 지역사회 대조군, 개인은 지역사회 치료자에게 치료받는다. 지역사회 대조군에 있는 대다수의 아이들은 약물치료만 받는다. 약물은 지역사회 내의 일차 보건 의사로부터 제공되며, 약물치료 단독 및 약물-행동 결합 치료군에서 투여된 약보다 덜 점검받는다.

ADHD 요법에 대한 전문가의 임상과 민간의 지혜 모두를 통해 나타난 연구 결과는 결합치료와 약물치료 단독이 행동요법 단독보다 아이들의 ADHD 증상을 더 감소시킬 수 있다는 것을 보여준다(Jensen, Hinshaw, Swanson et al., 2001). 모든 실험 조건의 치료군은 지역사회 대조군보다 나은 결과를 보였다(Jensen, Hinshaw, Swanson et al., 2001).

비록 MTA 결과는 대부분의 사람들에게 확정적인 것으로 묘사되고 ADHD 문헌에서도 널리 인용되었지만, 이 연구에 대한 냉혹한 비판이 없는 것은 아니다. Leo(2002)는 대상 모집과 자료 수집에서의 큰 결함을 말했다. 대상은 무작위 추출 표본이 아니라 스스로 요청한 부모의 아이들이었다. 이러한 부모들은 이미 연구의 성격을 인지하고 있었으며 ADHD의 의학적 모형에 친숙했다. 게다가, 대다수 자료가 아이들의 행동에 대한 부모 및 교사의 보고에서 나왔는데 부모와 교사 모두에게 아이의 그룹 지정이 비밀로 가려지지 못했다(즉, 부모와 교사는 그들의 아이들이 어떤 치료 방식을 받았는지 알고 있었다).

이 연구가 결함 있는 방법을 기반으로 형성되었다는 사실은 여러 이유로 언급된다. MTA는 기초 의학부터 임상 의사를 위한 영역까지 다양한 범위의 전문 학술지에서 자주 인용된다. 이러한 광범위한 영향 그리고 성장하는 아이들의 뇌에 약물치료를 함으로써 발생되는 잠재적인 장기간의 위험으로, 그 편향은 나중에 큰 값을 치를 것이다.

통합 관점에서, MTA 연구의 결함은 생체의학의 그리고 행동주의 심리학자의 외부-개인 시각을 지지하는 요법 패러다임을 강화했다는 것이다. MTA에서 행동요법과 약물치료가, 예를 들어 내부-집단의 가족 및 또래 관계를 돕는 것이 확실히 가능함에도 불구하고, 이러한 결과는 치료의 초점(즉, 증상 감소)과 거의 관계가 없는 것이었고 기껏해야 우연한 것이었다. 이처럼, 예를 들어 요법의 초점이 근원을 제외하고 행동 증상을 근절하는 것에 있는 동안 외상 관련 학대 혹은 방임의 내부 경험과 같은 내부-개인 논점들, 또는 우범지역, 부모의 실업, 부모의 수감과 같은 외부-집단 쟁점들은 무시되었다. 결과적으로, 동화(assimilation), 언어 장벽, 정신질환의 견해와 관련된 잠재적인 외부-집단 논점들 또한 요법 전략에서 고려되지 않았는데 이들 논점은 구조화되고 문화적으로 다른 환경에서 아이들이 어떻게 기능하는지에 크나큰 영향을 미칠 수 있다. 요약하자면, 우리는 아이의 상황에 대한 철저한 통합 평가가(Marquis, 2008) 기본 ADHD 요법에 필수적임을 주장한다. 아동기 우울, 불안, 분노, 식습관, 수면 양상, 가정 내 형제자매 관계 책임, 그리고 다른 많은 요소들은 ADHD와 구별하기 매우 어려운 증상을 초래할 수 있고, 이를 위한 자극제, 비자극제, 행동요법은 아무리 봐도 부적합하다.

심리사회 요법

ADHD의 편만한 특성을 고려할 때, 심리사회 요법은 보다 침습적인 약물치료와 다르게 신경 성장 중의 아이들에게 향정신성 약물과 관련된 위험을 전혀 부과하지 않음과 동시에 건강한 대인관계와 기능적인 가족 체계를 구축하는 데 이점을 지닌다. 약물과 함께 사용되더라도 엄격하게 적용된 심리사회 요법은 자기 조절, 집중, 과제 참여와 같은 ADHD와 연관된 문제들을 통제하기 위해 필요한 자극제 양을 감소시킬 수 있다(Daly, Creed, Xanthopoulos, & Brown, 2007). 효능성과 안전성 때문에 심리사회 요법은 미국소아청소년의학회 및 미국소아청소년정신의학회에서 나온 ADHD 치료 지침에 중요하게 나타난다(Diller, 2006). 약물학 접근과 비교했을 때, 행동 중심 요법들은 사회적 관계 및 가족 관계와 학교 수행과 같은 기능적인 영역을 개선하는 데 더 많은 중요성을 둔다.

여기 서술하는 근거 기반 심리사회 요법은 행동에 기반을 둔 가정에서의 행동이나 감정 문제들을 다루기 위해 설계된 부모 훈련 프로그램, ADHD 아이들의 부족한 기술을 개선하는 것을 목표로 하는 교육 요법, 수업 참여 행동 및 작업 완성률 향상을 위해 개발된 학습 요법이다.

부모 훈련

부모 훈련은 ADHD 내부-집단 사분획 분석에서 자세히 기술된 ADHD 아이-부모 상호작용의 대다수 문제들을 직접적으로 다룬다. ADHD 아이를 양육하는 것은 끊임없는 시련이라고 할 수 있다. ADHD 진단을 받지 않은 상대와 비교했을 때, 부모와 ADHD 아이들 간의 의사소통이 덜 보람차고, 더 지시적이며, 더 부정적이라는 점에서 부모와 아이 사이에 상당한 갈등이 있다(Barkley, 2006a). 부모는 이러한 아이들의 요구와 필요에 의해 압도될 수 있으며, ADHD와 관련된 행동 정서 문제들은 가족의 어려움 및 부모의 높은 스트레스에 기여할 수 있다.

ADHD를 지닌 아이들에 의해 나타나는 문제의 심각성은 가족마다 크게 다르다. 부모의 반응이나 훈육법 또한 상당한 차이가 있다. 양육 능력의 저하, 대가족 및 친구들에서의 고립의 증가, 부부 갈등의 증가, 부모의 약물남용 증가, 이혼율 증가 등은 ADHD를 지닌 아이의 가정에서 경험되는 어려움들에 포함될 수 있다(Barkley, 2006a).

부모 및 교사의 ADHD 아이들 중재에 대한 100개가 넘는 연구는 파괴적 행동을 감소시키는 대인관계와 관련된 심리사회 중재의 유효성을 증명한다(Daly et al., 2007; Maughan, Christiansen, Jenson, Olympia, & Clark, 2005; Pelham, Wheeler, & Chronis, 1998; Pelham et al., 2005). 부모 훈련(PT)은 가정에서 자녀의 도전적이고 파괴적인 행동(Kazdin, 1997), ADHD와 관련된 특정 행동 문제들(Chronis, Chacko, Fabiano, Wymbs, & Pelham 2004), 그리고 강경함과 꼼수의 부모-자녀 줄다리기(McMahon & Forehand, 2003)를 다루는 다양한 기술을 부모에게 제공한다. PT의 유효성 수준은 아이의 나이에 좌우된다(Chronis et al., 2004). PT는 4세에서 12세 연령 ADHD 아이들의 부모에게 제일 적합하다(Anastopoulos, Rhoads, & Farley, 2006).

아이들이 청소년으로 성숙함에 따라 부모가 지도하는 훈육법은 효과가 떨어지게 된다. 청소년기는 아이들이 그들의 정체성을 발견하고 독립을 위해 노력함으로써 가족 구성원에게 덜 의존하는 시기이다. 이 발달 시기에서 중재는 성장하는 청소년이 스스로의 삶을 관리할 수 있도록 자유와 기회를 더 주는 데 부모에게 필요한 것을 제공하는 것에 초점을 맞춘다. 행동요법은 목표 행동을 정하는 데 청소년이 함께 하고, 책임 있는 행동을 강화하기 위해 특권을 이용하고, 독립을 조성하기 위해 자기 관리 기술을 가르침으로 청소년들에게 최적화될 수 있다(Robin, 2006). 문제 해결 및 긍정적인 의사소통 기술과 같은 중재는 청소년이 독립적이고 책임감 있는 청년이 되는 데 필요한 기술을 배우게 할 수 있으며 이 시기에 가장 효과적이다.

치료 목표 PT 프로그램의 형식과 길이는 다소 달라질 수 있지만 공통적인 목표는 아이를 다루는 기술을 가르치는 것이다. PT의 광범위한 치료 목표는 첫째, 부모가 ADHD 장애의 생물학적 기초를 더 잘 이해할 수 있도록 ADHD에 대한 지식 기반을 제공하는 것이다. 둘째, ADHD를 지닌 아이들에게 예방적 요법을 시행할 때 보상과 비징벌적 결과를 더 자주 사용하도록 부모를 가르치는 것이다. 요법은 이후 12개월 동안 영향이 유지된다는 증거가 있다(Daly et al., 2007). 부모는 일반적으로 비생산적이고 자기 파멸적인 양육 관행을 초래하는 ADHD에 대한 기준틀을 가지고 있다. 자녀의 문제 행동을 다루기 위한 부모의 지시적이고 강압적이고 부적응적인 시도들은 역효과를 낳을 수 있으며, 심지어 자녀들의 문제 행동을 영속시킬 수 있다 (Daly et al., 2007). 설명하기, 추론하기, 경고하기, 질책하기와 같은 보통의 훈육 방식들은 종종 효과적이지 못하다. 좌절에서 벗어나 부모들은 자녀의 어려움을 게으름, 조작, 반항의 탓으로 볼 수도 있고 청소년 행동을 악의적이고 의도적인 동기에 의한 것이라고 말할 수 있다. 부모는 또한 그들 스스로 기초적인 양육 기술이 부족하다고 생각할 수 있다(Anastopoulos et al., 2006).

부모는 또한 그들이 자녀의 문제를 초래했다는 생각 때문에 죄책감을 품을 수 있다. ADHD에 대한 그리고 그것이 자녀의 행동, 사회화, 학업 수행, 가정 생활에 미치는 영향에 대한 지식을 갖는 것은 부모가 느낄지도 모르는 좌절감과 무력감을 일부 완화시킬 수 있다. 자녀의 어려움에 대한 더 큰 이해는 긍정적인 훈육 방법의 사용을 증가시키고 아이가 자기 통제를 갖는 데 도움을 줄 수 있다(Barkley, 2006a).

부모가 치료받는 것을 고려하는 것은 행동 관리 전략에서의 감정 지지와 지침을 이상적으로 통합하는 것이며 이를 통해 부모는 ADHD 진단 자녀를 관리할 수 있다. 부모들은 통제된 학습 환경에서 아이와의 상호작용 시 나타나는 문제 양상을 변화시키게 되는 행동 관리 기술을 배운다(McMahon & Forehand, 2003). 교훈적인 지도를 통해 치료 전문가들은 본보기와 역할시연 같은 양육 기술들을 가르친다. 아이 행동의 '성공적인' 관리는 아이의 행동을 통제하에 두는 것, 행동 결과에 대한 아이의 이해를 촉진하는 것, 동반질환의 발달을 완화하는 것, 가족의 스트레스를 감소하는 것으로 나타난다(Anastopoulos & Farley, 2003). ADHD 증상을 줄이기 위해 부모에게 행동요법을 가르치는 것은 가족의 고통을 약화시키고 부모의 양육 기술과 유능감을 향상시킨다(Daly et al., 2007).

Chronis 등(2004)은 부모를 위한 성공적인 행동요법 프로그램의 개요를 서술했고, ADHD 핵심 증상의 그리고 연관된 비협조 및 반항의 관리를 강조하였다. 주제에는 (1) ADHD 특성과 관련된 교육, (2) 부모-자녀 관계의 향상, (3) 사회 학습 이론 및 행동 관리 기술, (4) 아이 행동에 대한 부모의 주의를 향상시키고 발달시키는 것, (5) 사소한 부적절한 행동은 무시하고 적절한 행동에 주의를 기울이는 것, (6) 토큰 강화, 반응 대가, 긍정적인 강화의 시간 제한 등의 강화 체계를 구축하는 것, (7) 다양한 환경에서 행동을 수행하는 방법, (8) 문제해결 기술, (9) 유지 및 재발 방지를 위한 전략들이 포함된다. ADHD는 만성 질환으로 인식되기 때문에 부모는 또한 향후 잘못된 행동을 다루는 방법을 반드시 배우고 장기간에 걸쳐 중재를 유지하는 방법을 배울 수 있도록 후속 수업을 받아야 한다(Smith, Barkley, & Shapiro, 2006). 행동요법에 대한 메타 분석 소견은 연구 방법과 설계를 통한 치료 효능을 지지하였다(Chronis et al., 2004; Fabiano et al., 2009).

교육 요법

ADHD를 지닌 많은 아이들은 학교에서 극도의 어려움을 경험하고 ADHD가 아닌 상대와 비교했을 때 그들보다 낮은 생산성, 성적, 학습 성취도를 지닌다(Mash & Wolfe, 2010). 이러한 학습의 어려움 양상은 특별히 문제가 많은데, 이는 연구에서 만성적인 학습 실패가 유급, 퇴학, 자퇴, 청소년기 및 성인기의 직업적 기능 손상을 야기할 수 있다는 것을 보여주기 때문이다(Loe & Feldman, 2007). 다행히 교육 요법은 행동요법 및 교수법 조정을 통해 학교에서 아이들의 수행을 향상시킬 수 있다.

　ADHD를 지닌 대다수의 아이들은 학습 능력이 부족하고, 후기 아동기에 거의 80% 학습능력장애 진단을 받을 자질을 갖고 있다(Mash & Wolfe, 2010). 이러한 아이들 중 약 25%는 일반적인 지적 기능에 영향을 미치는 읽기, 산수, 맞춤법에서 상당한 지연을 경험하거나 또는 특정 학습 과목에서 매우 낮은 성취도를 나타낸다(Barkley, 2006a). ADHD를 지닌 학생들은 그들의 동급생보다 학습 지도에 덜 적극적으로 참여하며, 지도 중 과제 수행 행동을 덜 보이며, 학습의 어려움을 지니지 않은 또래 아이들과 보조를 맞추기 위해서 더 많은 지도 및 연습을 필요로 한다(Barkley, 2006a). ADHD를 지닌 아이들의 일부가 일정 시간 특수 학급에 있음에도 불구하고, ADHD를 지닌 대부분의 아이들은 그들에게 소수의 특수 학급이 제공하는 집중 지원이 필요 없다는 이유로 일반 학급에 배치된다(Mash & Wolfe, 2010). 국가 재활 행동과 IDEA는 모두 ADHD를 지닌 아이들을 위한 적절한 교육 서비스를 요구하는 입법 노력이다. 1991년 미국교육부는 아이에게 기능 제한이 있다고 학교가 판단한 경우 ADHD 대상을 '기타 건강장애' 범주의 Part B로 분류할 수 있도록 규정했다(Barkley, 2006a).

학급 행동 관리　학급 행동 관리 요법이 ADHD를 지닌 아이들의 교육에 대한 치료를 잘 지원하고 있음을 연구가 보여준다(Pelham & Fabiano, 2008). 학급 행동 관리 전략은 흔히 교사 주최의 보상, 포인트 체계, 아이에게 개별화된 반응 대가 절차와 같은 비상 관리 절차이다

(Pelham, Fabiano, 2008). 행동 수정 체계는 세 가지 기본적 성질을 가진다. (1) 아이의 행동에 대한 예측이 명확히 확인되고 전달된다. (2) 체계는 바람직한 행동을 증가시키고 바람직하지 않은 행동을 감소하기 위해 적용된다. (3) 규칙은 명확하게 규정된다(Forehand & McMahon, 1981). 이러한 수정안은 학급 교사와 협동하여 자문위원(예 : 학교 심리학자, 학교 상담자, 특수 학급 교사)에 의해 관리된다(Daly et al., 2007). 교사들은 교실 학습 환경에 영향을 미치는 데 있어서 중요하며 효과적인 학급 행동 관리 계획을 수행하는 도구가 될 것이다.

교사들은 일반적으로 교실에서 ADHD를 지닌 아이들의 부정적인 사태에 대해 긍정적인 행동 지원을 선호하는 것으로 보인다(Pfiffner, Barkley, & DuPaul, 2006). 선택적 주의력을 이용하고, 적절한 또는 과제 수행 활동을 칭찬하는 긍정 강화를 주며, 부적절한 또는 과제에서 벗어난 활동을 다시 지도하고 무시함으로써 교실에서 보인 아이의 행동은 조정될 수 있다. 행동 변화를 격려하는 효과적인 방법은 토큰 계산 체계이다. 토큰 계산 체계는 만약 아이가 기대에 부응하는 행동을 하면 교사가 일정한 보상이나 특권을 제공하는 교사와 아이와의 계약이다. 스티커 또는 포인트와 같은 토큰은 아이에 의해 선택된 예비 강화물로 교환되고 축적될 수 있다. 시각적인 성취 기록, 직접적 언어적 칭찬과 연관되거나 학생 집단에 긍정적인 강화를 제공하는 사회 강화는 토큰 계산 체계의 유효성을 증가시킬 수 있다(Daly et al., 2007).

학급에서 효과적으로 긍정 행동을 지원하는 또 다른 방법으로는 대응 계약이 있다(Daly et al., 2007). 교사와 아이는 아이가 어떻게 행동할지 그리고 발생될 수 있는 만일의 사태에 대하여 명시한 문서 계약에 서명한다. 보통 계약은 교사와 아이와의 협상 과정이다. 이는 (1) 변화를 목표로 하는 행동, (2) 행동의 목표, (3) 목표 달성의 결과를 명시한다. 아이의 수행에 있어서 학급과 부모와의 소통은 필수적이다. 부모에게 전달하는 일일 가정통신문은 아이가 바람직한 행동 목표에 도달하기 위해 어떻게 나아가고 있는지에 대한 정보를 제공할 수 있다.

ADHD를 가진 아이들의 수행과 행동 향상을 위한 긍정 행동의 효과적인 보완에는 부정적인 결과에 대한 전략적인 대응이 포함되며, 학급에서의 파괴적 또는 손을 놓는(off-task) 행동을 벌하기 위해 설계된 반응 대가 절차 또는 '종료(time-out)' 같은 것이다(Pfiffner et al., 2006). 반응 대가 절차는 부적절하고 비생산적인 행동으로 인한 손해, 또는 특권, 활동, 토큰과 같은 강화물을 포함한다. Pfiffner 등(2006)은 아이의 행동 수정 프로그램에서 부정적인 결과가 사용될 때, 교사들은 반드시 부적절한 행동과 양립할 수 없는 대안적인 적절한 행동을 가르치고 강화해야 한다고 조언한다. 긍정 강화(예 : 교사의 관심, 또래의 관심, 선호되는 활동들)의 종료는 ADHD를 가진 아이들의 파괴적 비순응적 행동을 다루는 데 있어서 효과적인 부정적 대응이다(Fabiano et al., 2009). 종료 절차는 유형과 제한 수준에 따라 다르다. 일반적으로 종료 절차는 시작할 때 최소의 제한 조건부터 실시되어야 한다(mercugliano, Power, & Blum, 1999).

학습 요법 파괴적 행동 및 과업 참여를 위한 행동요법과 더불어 교사에 의한 학습 요법 즉, ADHD를 지닌 아이들의 문제 및 특별한 요구를 충족시키기 위해 수정된 교수법은 ADHD를 지닌 아이들의 결과적인 학습 성공을 보장하기 위해 설계된 다중 프로그램에 중요한 부가 요법이다(Pfiffner et al., 2006). 아이들은 그들에게 기대하는 바가 무엇인지 알 때 그리고 교사들이 발달적으로 적합하고, 잘 구성된, 예측 가능한 학습 자료를 사용할 때 주의를 기울일 가능성이 더 높다. 교육 완성도를 위해 시각 보조 자료 및 단서들을 사용하며 말로 지도하는 것은 ADHD 아이들에게 더욱 도움이 될 수 있다. 교육 자료나 교수법을 바꾸는 방식은 ADHD 아이들이 주의를 기울이고 수업을 완료할 가능성을 높일 수 있으며, 이러한 방법에는 지도 방식에 변화를 주는 것, 설명을 반복하는 것, 숙제를 완료하기 위한 추가 시간을 제공하는 것, 필기 숙제의 양을 줄이는 것, 노트 필기에 체계적인 접근을 사용하는 것, 구두 지도와 서면 지도를 함께 하는 것, 구성의 향상을 위해 시각 보조 자료를 이용하는 것이 포함된다(Pfiffner et al., 2006).

ADHD를 지닌 아이들은 그들이 직접 참여하는 새로운 학습 자료를 사용할 때 더 주의를 기울일 가능성이 있다(Barkley, 2006a). 학습 자료가 다양하고 색감을 지닌 자료일 때 그리고 학생들이 활동적이고 운동 반응을 요구하는 과제에 참여하는 기회를 가졌을 때, 주의력 지속시간은 향상되고 과잉행동은 줄어들 수 있다(Mercugliano et al., 1999). 컴퓨터 활용 지도(CAI) 프로그램은 아이들이 과제를 단순화하는 것에 도움이 되며, 아이의 특정 학습 필요에 맞출 수 있고, 정확하게 아이의 기술 수준을 확인할 수 있고, 아이의 정신 구성을 향상시킬 수 있다(Pfiffner et al., 2006). CAI 프로그램은 산수 풀이 연습과 단어 뜻 맞추기 같은 따분하고 반복적인 과제를 재미있고 보람 있게 만드는 게임 비슷한 형식으로 매우 흥미로운 가르침을 제공한다.

명상

명상은 ADHD와 관련된 문제 행동들을 다루는 데 있어서 효과적인 것으로 보여왔으나, 지금까지의 연구 설계는 ADHD와 관련 약물을 적극적으로 복용하는 참가자를 제외시키는 것에 대부분 실패했고 이는 명상 그 자체만의 효과에 대한 결론을 약화시켰다(Krisanaprakornkit, Ngamjarus, Witoonchart, & Piyavhatkul, 2010; Zylowska et al., 2008). ADHD 증상 감소에 효과적이라고 보여왔던 명상의 두 가지 형태는 집중 명상과 마음챙김 명상이다(Krisanaprakornkit et al., 2010). 집중하는 형태의 명상이 ADHD 아이들의 주의력을 증가시키는 데 도움이 된다고 한다면, 마음챙김 명상의 주의력 연습은 인식의 개방을 촉진하여 인지, 정서, 행동적 자기 조절을 향상시킨다(Brown, Ryan, & Creswell, 2007).

Grosswald, Stixrud, Travis, Bateh(2008)는 중학생을 대상으로 지속하는 주의력을 강조하는 집중 명상인 초월 명상(Transcendental Meditation™) 사용의 타당성을 입증했다. 이 연구는 하루에 두 번 10분씩 3개월 동안 명상을 하니, 자극제 약물치료를 받고 있던 8명을 포함한 10명의 ADHD를 지닌 학생들에서 수행 기능과 행동 조절이 향상되었다고 하였다. 이 학생들은 스트레스, 불안, 스트레스 관련 ADHD 증상의 50% 감소를 보고했다. 두 번째 연구에는 11세에서 14세 나이의, 약물치료를 받는 10명을 포함하여 18명의 ADHD 진단 아이들이 참여했다. 이 아이들은 TM을 6개월 동안 수행했고 뇌 기능 및 언어 기반 기술들이 개선되었으며 이는 학업, 조직화 기술, 자주적 학습 집중을 향상시키는 결과를 낳았다(Travis, Grosswald, & Stixrud, 2011).

마음챙김 명상은 스트레스 감소 접근법으로서 ADHD 치료에 또한 통합되어왔다. 마음챙김 명상의 주안점은 정신과정에 대한 열린 인식과 현재 감정 상태에 대한 무비판적 수용에 있다. ADHD 증상으로 인해 약물치료를 받고 있는 몇 명을 포함한 ADHD를 지닌 24명의 성인과 8명의 청소년을 대상으로 한 연구에서, 연구 대상들은 8주간의 마음챙김 명상 훈련 프로그램에 참가했다. 연구자들은 이 마음챙김 프로그램의 참가자 중 78%가 ADHD 증상 감소를 경험하였음을 자가 보고를 통해 확인했다(Zylowka et al., 2008). 이 연구의 참가자들은 마음챙김 명상이 그들의 정서 조절, 인지 억제, 주의력 향상에 도움이 되었다고 보고했다. 게다가 성인 참가자들 사이에서 불안 및 우울증이 개선되었다. 이 연구로부터 Zylowska와 Smalley는 ADHD를 위한 마음챙김 인식 수련(MAPs for ADHD)을 개발했다(Zylowska, Smalley, & Schwartz, 2009). MAPs 프로그램은 그룹 형식으로 제공되며 심리 교육, 안내된 명상, 매주 실천 과제, 인지행동 지도, 주로 ADHD와 관련된 낮은 자존감 문제를 다루도록 설계된 자애 명상을 포함한다.

체계적 요법 전략의 고려

이 책은 정신건강 전문가들이 개인의 정신건강 문제를 개념화하는 것에 지침을 주는 데 중점을 두고 있지만, 우하 분획에 위치하는 다수의 잠재적인 ADHD 병인론은 광범위한 전체적 요법 전략을 고려하게 만든다. 보다 구체적으로, 내담자가 국회의원, 지역사회 지도자, 교육자, 법 집행, 상업적 관심으로 하여금 체계적인 논점 즉, 납 금지, 유해 폐기물 처리, 학교 기반 개선 프로그램, 지역 안전을 다루는 정책 및 사업을 시행하도록 계도해나가는 것이 핵심적인 예방 및 개입 전략이라고 할 수 있다. 이러한 체계화된 행동은 정신건강 임상의 학제간, 통합 이해에서 중심이 되는 내담자 옹호 및 권위 부여 개념의 선봉에 있다.

앤서니 존스의 사례

앤서니 존스는 그의 학교 심리학자와 교감에 의해 지역의 정신건강의학과 외래에 의뢰된 3학년 9세 소년이다. 의뢰는 그가 교사에게 학교 비품을 던진 것으로 두 번째 교외 정학을 당한 후 일어난 것이다. 앤서니의 어머니인 존스 씨는 아들에게 아무 문제가 없다고 보기 때문에 그리고 아들이 화를 낼까 봐 병원에 데려가기를 꺼렸다. 편모인 어머니는 앤서니를 '가장'으로 의지했지만, 그가 "항상 학교에서 말썽을 일으키는 것처럼 보였고 교사들은 그를 통제 불능으로 생각한다."고 말했다. 정학 후, 학교는 앤서니를 다시 받아주는 조건으로 병원에서 평가를 받아오라고 했다. 앤서니의 걸핏하면 화를 내는 성질, 공격성, 주의산만성, 과제 완료의 어려움, 언어 충동성, 차분하지 못한 점이 주요 걱정거리였다. 존스 씨와 앤서니는 마지못해 병원에 갔고 이로써 그는 다시 학교에 다니는 것으로 합의를 할 수 있었다.

존스 씨는 앤서니가 그의 대가족 그리는 것을 좋아하는 매우 명랑하고 창의적인 아이라고 했다. 그는 읽는 것을 매우 좋아하고 "항상 더 많은 것을 하기 원하고 도전하기 원한다."고 존스 씨는 말했다. 어머니는 그가 왜 숙제를 하지 않는지, 또는 심지어 그 숙제를 왜 집에 가져오지 않는지 이해하지 못하겠다고 말했다. 학교에서 그가 좋아하는 과목이 무엇인지 묻자, 앤서니는 그가 좋아하는 유일한 것은 과학 관련 내용이라고 대답했다(참고로 최근 학급에서는 화산에 대하여 공부하였다). 타인과 함께 있을 때 앤서니의 행동은 골칫거리이다. 그는 학교에 진정한 친구가 없으며 그들은 "모두 멍청하다."고 말한다. 존스 씨는 앤서니가 아파트 이웃 아이들과 함께 놀 수 있도록 부모끼리 약속하고 노는 날을 정하면서 노력했지만 아이들이 자주 싸웠다고 보고했다. 아이들과 노는 날이 끝나고 앤서니가 집에 돌아오면, 그는 심지어 식사할 때도 방문을 잠그고 나오지 않는다. 앤서니는 언어적으로 충동적이고, 자주 그의 엄마에게 나쁜 말을 불쑥 내뱉는다.

올 초 앤서니의 선생님은 그를 학교 상담교사에게 보냈다. 학교 상담교사는 그가 4개월 전 학기 초보다 더 제어하기 어려워졌다고 보고했다. 초기에 그는 매력적이었고 종종 학교에 있는 다른 어른들이나 그의 선생님에게 농담을 했었다. 그러나 그가 점차 학급과 친숙하게 되자 그의 행동은 더 어려워지게 되었다. 앤서니는 평균적으로 일주일에 몇 번씩 성질을 부리고 그때마다 그는 숙제가 얼마나 쓸모없는지에 대해 장황한 말로 비난했다. 그는 친구들을 밀치고 "바보 같은 이런 숙제"를 하기 싫다고 울며 뛰어다녔다. 학년이 올라가면서 앤서니는 그가 화났을 때 마음을 가라앉힐 수 없게 되었다. 그런 행동 때문에 교실 밖으로 내보내져 하교 시간까지 교내 정학 교실에 있어야 될 정도로 충분히 심각했다.

그의 담임선생은 앤서니가 매우 쉽게 산만해지고, 숙제를 구성하거나 과제를 완료하는 데 어려움을 갖고, 집에서 수업에 필요한 준비물 가져오는 것을 자주 잊는다고 말한다. 이와 더불어 앤서니는 가만히 앉아 있는 것을 힘들어하고, 그의 자리에서 꼼지락거리며, 그의 자리에서 일어나 교실을 돌아다니며 흥얼거린다. 그가 혼자 또는 모둠에서 과제를 할 때 과제에 집중하라고 자주 지적해야 하며 그는 종종 과제와 관계없는 말을 내뱉는다. 학교 심리학자와의 논의에서 앤서니의 지능 수준은 평균 이상 범위에 속한다는 것이 밝혀졌다. 그의 전반적인 시험 성과 수준은 평균적으로 낮았지만 그의 지능 점수와 표준편차 2점 차이를 넘지는 않았다. 앤서니가 학습장애 진단에 타당하지는 않았다.

사례 분석

앤서니의 행동에 대한 표면적인 분석은 ADHD를 지닌 소년에게서 흔히 보이는 양상을, 전적으로는 아니지만, 드러낸다. 앤서니가 "매우 쉽게 산만해지고, 숙제를 구성하거나 과제를 완료하는 데 어려움을 갖고, 집에서 수업에 필요한 준비물 가져오는 것을 자주 잊는다."는 사실은 주의력결핍과 관련된 진단 기준을 반영한다. 반면, 그가 "가만히 앉아 있는 것을 힘들어하고, 그의 자리에서 꼼지락거리며, 그의 자리에서 일어나 교실을 돌아다니며 흥얼거린다. …혼자 또는 모둠에서 과제를 할 때 과제에 집중하라고 자주 지적해야 하며 … 종종 과제와 관계없는 말을 내뱉는다."라는 묘사는 과잉행동 주의력결핍 진단 기준을 반영한다. 이러한 기준이 다양한 환경에서 보이고 이것이 명백히 삶의 큰 혼란이나 외상, 건강 상태, 또는 물질 문제 때문이 아니라면, 과잉행동 주의력결핍 복합형의 ADHD 진단이 그가 보이는 상태와 일치한다.

이 장의 동반이환 부분에서는 종종 ADHD와 동반되는 외현화 및 내면화 동반질환에 대하여 다루었고, 남아들은 흔히 ODD 및 CD와 같은 외현화 동반질환을 더 겪는 반면, 여아들은 우울 및 불안과 같은 내면화 동반질환을 감내할 가능성이 더 많다는 점을 강조했다. 성질을 부리고, 말로 장황하게 비난하고, 싸우고, 분노를 폭발하는 것을 포함한 교실 안팎에서 보이는 앤서니의 행동은 ODD를 지닌 아이를 반영한다. 비록 몇 가지 그의 폭발적인 행동은 CD와 관련된 반사회적 행동과 가깝지만, 앤서니가 사람들, 동물들, 재산에 해를 끼치려는 또는 다른 반사회적 행동에 참여하려는 일관되고 계획적인 의도를 가졌다고 할 수는 없다.

또한 앤서니의 사례에서 그의 행동에 대한 대체 가능한 진단 혹은 설명을 고려하는 것이 중요하다. 이 사례의 묘사는 외부-개인 분획 요인들에 크게 의존하고 있으며 앤서니의 행동이 남은 세 분획에서 어떻게 형성될지에 대해서는 해결되지 못한 많은 의문을 남기고 있다. 앤서니에 대하여 논의할 때 고려해야 할 추가적인 논점들은 그의 가정 생활 환경에서부터 시작해야 하며, 여기에는 그의 어머니와의 관계, 아버지의 존재와 부재, 또 다른 중요한 남성상의 존재와 그와의 관계의 질, 형제자매 관계, 부모의 실업, 주택 품질, 인종 또는 경제적 소외, 이웃 환경의 안전성 등의 사회경제 스트레스 요인, 죽음, 별거, 이혼, 질병, 그리고 부모의 약물남용이 포함된다. 앤서니가 9세의 나이에 '가장'이 되었다는 점에서 집에 아버지가 없거나, 또는 존재하는 남성상의 행동이 완전히 동참하는 부모 역량으로는 충분하지 않다고 추론할 수 있다. 아무튼 앤서니는 매우 힘겨운 생활 환경에 대한 반응으로 '행동화'한 것일 수 있다. 우울하고, 불안하고, 괴로운 아이들은 종종 화를 내거나 짜증을 낼 수 있으며 그로 인해 파괴적, 반항적, 산만한 모습을 보여줄 수 있다.

앤서니의 교실 경험에 대한 정보를 더 얻는 것 또한 중요하다. 혹시 그는 동질적인 백인 학급의 유일한 흑인 아이가 아닌가? 그는 괴롭힘의 대상이 아닌가? 그는 교사와 특별히 어려움을 겪고 있지 않는가? 그는 3학년의 학습 수준으로 전환하는 것에 ADHD 관련 위기를 겪는 것인가?

앤서니의 심리사회 이력에서 특별히 어려운 생활 환경이 없었다면 그리고 그가 임상 양상을 복잡하게 만드는 의학 또는 물질 문제를 가지고 있지 않다고 가정한다면, ODD를 동반한 복합형 ADHD 진단이 그가 나타내는 모습과 일치한다고 할 수 있다. 가능한 요법으로는 앤서니의 어머니에게 행동 관리 기술, ADHD 심리 교육 자료, ADHD를 지닌 아이들의 부모 지원 단체를 제공하는 것이 있다. 앤서니는 다면적인 접근을 받아야만 하며, 여기에는 철저한 의학 평가, 사회기술훈련, 나이에 적절한 심리 교육 요법, 교실에서 자기 시간을 관리하는 데 사용할 수 있는 행동 관리 기술, 분노 관리, 질환 자체와 이를 악화시키는 주변 정황을 적응하는 심리치료 요법, 그가 경험하는 조절 안 되는 감정을 다스리게 하는 마음챙김 훈련이 있다. 질환을 위한 자극제 약물치료는 비약물요법이 문제 행동을 다루는 데 역부족일 때 고려될 수 있다. 마지막으로, 앤서니의 선생님은 교육과 동기부여에 효과적인 교실 개입법을 아는 것이 중요하다. 앤서니가 학습 성취를 위한 인지 역량을 가지고 있다는 사실은 교실에서 자산 기반 접근의 기초 역할을 할 수 있다. 특히 '직접 해보는' 과학에 대한 그의 흥미를 그려보면 선생님은 앤서니의 학습 방식 그리고 그가 주변 세상에 갖는 호기심에 대해 통찰을 얻게 된다.

결론

ADHD는 가족, 학교, 교회, 동아리, 스포츠 팀, 예측 가능하고 질서 정연한 사회 활동이 요구되는 거의 모든 환경에 파문을 불러일으키는 질환이다. 또한 이 질환은 내담자들을 파괴할 수 있다. 그들을 소외시키고, 분노하게 하고, 부끄럽게 하고, 혼란스럽게 하고, 불안하게 하고, 우울하게 하고 자아 존중감을 감소시킴으로써 말이다. 이 질환의 중요한 특징은 고통의 병인론이 모든 사분획 안에서 그리고 그 사이에서 상호작용하는 역동에 의해 나타난다는 것이다. 정황의 영향 없이도 지속적으로 심리적 고통을 발생시키는 우울 또는 불안의 경험과 다르게, ADHD 피해는 거의 항상 가족 구성원, 제도 구조, 사회 계층, 문화 기대가 서로 공모하여 나타난다. 이러한 이유로 ADHD의 상처를 치료하기 위해서는 이를 생태학적 현상으로 개념화하는 것, 즉 관계 속의 개인을 치료 요법의 일차 관심으로 두는 것이 필요하다.

복습 문제

1. ADHD의 유전 기초를 다룬 중요한 연구를 설명하라.

2. 인간의 편향 측면 치료가 증가하는 추세에 대한 Peter Conrad의 우려들을 논의하라.

3. ADHD 특성이 한쪽 끝에는 사냥꾼 같은 행동을, 반대편 끝에는 농부와 같은 행동을 범위로 하는 스펙트럼의 자연적인 특성을 반영한다는 Hartmann의 생각에 대하여 어떻게 생각하는가?

4. 애착 관련 역동이 ADHD와 어떻게 연루되는가?

5. 납, PCB, 유기 인산 화합물에 노출되는 것이 어떻게 우상 및 우하 분획 역동의 상호작용에 대한 좋은 예시가 되는지, 그리고 어떻게 그들이 ADHD의 병인론 요소가 되는지 설명하라.

6. ADHD와 관련된 핵심적인 기질 특성에 대하여 설명하라.

7. ADHD와 다른 DSM 질환들 사이에서 발견되는 높은 동반이환에 대해 어떻게 생각하는가?

8. ADHD에 대한 심리사회 및 약물치료 요법의 장단점을 설명하라.

참고문헌

Accornero, V. H., Amado, A. J., Morrow, C. E., Xue, L., Anthony, J. C., & Bandstra, E. S. (2007). Impact of prenatal cocaine exposure on attention and response inhibition as assessed by continuous performance tests. *Journal of Developmental Behavioral Pediatrics, 28,* 195–205.

Achenbach, T. M., & Rescorla, L. A. (2001). *Manual for ASEBA school-age forms and profiles.* Burlington, VT: University of Vermont, Research Center for Children, Youth, & Families.

Ainsworth, M. D. S., Blehar, M. C., Waters, E., & Wall, S. (1978). *Patterns of attachment: A psychological study of the strange situation.* Hillsdale, NJ: Erlbaum.

Allen, A. J., Kurlan, R. M., Gilbert, D. L., Coffey, B. J., Linder, S. L., Lewis, D. W., . . . Spencer, T. J. (2005). Atomoxetine treatment in children and adolescents with ADHD and comorbid tic disorders. *Neurology, 65,* 1941–1949.

American Psychiatric Association. (1968). *Diagnostic and statistical manual of mental disorders* (2nd ed.). Washington, DC: Author.

American Psychiatric Association. (1980). *Diagnostic and statistical manual of mental disorders* (3rd ed.). Washington, DC: Author.

American Psychiatric Association. (1987). *Diagnostic and statistical manual of mental disorders* (3rd ed., rev.).

Washington, DC: Author.

American Psychiatric Association. (2000). *Diagnostic and statistical manual of mental disorders* (4th ed., text rev.). Washington, DC: Author.

American Psychiatric Association. (2013). *Diagnostic and statistical manual of mental disorders* (5th ed.). Arlington, VA: American Psychiatric Publishing.

Anastopoulos, A. D., & Farley, S. E. (2003). A cognitivebehavioral training program for parents of children with attention-deficit/hyperactivity disorder. In A. E. Kazdin & J. R. Weisz (Eds.), *Evidence-based psychotherapies for children and adolescents* (pp. 187–203). New York: Guilford Press.

Anastopoulos, A. D., Rhoads, L. H., & Farley, S. E. (2006). Counseling and training parents. In R. A. Barkley (Ed.), *Attention-deficit hyperactivity disorder: A handbook for diagnosis and treatment* (3rd ed., pp. 453–479). New York: Guilford Press.

Barkley, R. A. (1990). *Attention-deficit hyperactivity disorder: A handbook for diagnosis and treatment* (1st ed.). New York: Guilford Press.

Barkley, R. A. (1997). *ADHD and the nature of selfcontrol.* New York: Guilford Press.

Barkley, R. A. (2006a). *Attention-deficit hyperactivity disorder:*

A handbook for diagnosis and treatment (3rd ed.). New York: Guilford Press.

Barkley, R. A. (2006b). The relevance of the Still Lectures to Attention Deficit Hyperactivity Disorder: A commentary. *Journal of Attention Disorders, 10*, 137.

Barkley, R. A., & Cunningham, C. E. (1979). The effects of methylphenidate on the mother-child interactions of hyperactive children. *Archives of General Psychiatry, 36*, 201–208.

Barkley, R. A., & Edwards, G. (2006). Diagnostic interview, behavior rating scales, and the medical examination. In R. A. Barkley (Ed.), *Attention-deficit hyperactivity disorder. A handbook for diagnosis and treatment* (pp. 337–368). New York: Guilford Press.

Barkley, R. A., Karlsson, J., & Pollard, S. (1985). Effects of age on the mother-child interactions of hyperactive children. *Journal of Abnormal Child Psychology, 13*, 631–638.

Barkley, R. A., Karlsson, J., Pollard, S., & Murphy, J. (1985). Developmental changes in the motherchild interactions of hyperactive boys: Effects of two doses of Ritalin. *Journal of Child Psychology and Psychiatry, 26*, 705–715.

Becker, K., El-Faddagh, M., Schmidt, M. H., Esser, G., & Laucht, M. (2008). Interaction of dopamine transporter genotype with prenatal smoke exposure on ADHD symptoms. *The Journal of Pediatrics, 152*, 263–269.

Benson, C. (2001). *The cultural psychology of self: Place, morality and art in human worlds.* New York: Routledge.

Bertram, L., & Tanzi, R. E. (2008). Thirty years of Alzheimer's disease genetics: The implications of systematic meta-analysis. *Nature Reviews Neuroscience, 9*, 768–778.

Bhuvaneswar, C. G., Chang, G., Epstein, L. A., & Stern, T. A. (2007). Alcohol use during pregnancy: Prevalence and impact. *The Primary Care Companion to the Journal of Clinical Psychiatry, 9*, 455–460.

Biederman, J., Faraone, S. V., Keenan, K., Benjamin, J., Krifcher, B., Moore, C., . . . Tsuang, M. T. (1992). Further evidence for family genetic risk factors in attention deficit hyperactivity disorder: Patterns of comorbidity in probands and relatives in psychiatrically and pediatrically referred samples. *Archives of General Psychiatry, 49*, 728–738.

Biederman, J., Mick, E., Faraone, S. V., Braaten, E., Doyle, A., Spencer, T., . . . Johnson, M. A. (2002). Influence of gender on Attention Deficit Hyperactivity Disorder in children referred to a psychiatric clinic. *American Journal of Psychiatry, 159*, 36–42.

Bolanos, C. A., Willey, M. D., Maffeo, M. L., Powers, K. D., Kinka, D. W., Grausam, K. B., & Henderson, R. P. (2008). Antidepressant treatment can normalize adult behavioral deficits induced by early-life exposure to methylphenidate. *Biological Psychiatry, 63*, 309–316.

Bonasio, R., Tu, S., & Reinberg, D. (2010). Molecular signals of epigenetic states. *Science, 330*, 612–616. Bouchard, M. F.,

Bellinger, D. C., Wright, R. O., & Weisskopf, M. G. (2010). Attention-Deficit/Hyperactivity Disorder and urinary metabolites of organophosphate pesticides. *Pediatrics, 125*, e1270–e1277.

Bowlby, J. (1973). Separation: Anxiety and anger. *Attachment and loss. Vol. 2.* London: Hogarth Press.

Bowlby, J. (1982). *Attachment and loss. Vol. 1: Attachment* (2nd rev. ed.). New York: Basic Books. (Original work published 1969).

Bowlby, J. (1988). *A secure base: Parent-child attachment and healthy human development.* New York: Basic Books.

Bradley, C. (1937). The behavior of children receiving Benzedrine. *American Journal of Psychiatry, 94*, 577–585.

Bradley, C., & Bowen, M. (1941). Amphetamine (Benezedrine) therapy of children's behavior disorders. *American Journal of Orthopsychiatry, 11*, 92–103.

Braun, J. M., Kahn, R. S., Froehlich, T., Auinger, P., & Lanphear, B. P. (2006). Exposures to environmental toxicants and attention deficit hyperactivity disorder in U.S. children. *Environmental Health Perspectives, 114*, 1904–1909.

Breggin, P. R. (2001). *Talking back to Ritalin: What doctors aren't telling you about stimulants and ADHD.* Cambridge, MA: Perseus.

Brook, D. W., Brook, J. S., Zhang, C., & Koppel, J. (2010). Association between attention-deficit/hyperactivity disorder in adolescence and substance use disorder in adulthood. *Archives of Pediatrics and Adolescent Medicine, 164*, 930–934.

Brown, K. W., Ryan, R. M., & Creswell, J. D. (2007). Mindfulness: Theoretical foundations and evidence for its salutary effects. *Psychological Inquiry, 18*, 211–237.

Bush, G., Valera, E. M., & Seidman, L. J. (2005). Functional neuroimaging of attention-deficit/hyperactivity disorder: A review and suggested future directions. *Biological Psychiatry, 57*, 1273–1284.

Campbell, S. B. (1973). Mother-child interaction in reflective, impulsive, and hyperactive children. *Developmental Psychology, 8*, 341–349.

Campbell, S. B. (1975). Mother-child interactions: A comparison of hyperactive learning disabled and normal boys. *American Journal of Orthopsychiatry, 45*, 51–57.

Campbell, S. B. (1987). Parent-referred problem three-year-olds: Developmental changes in symptoms. *Journal of Child Psychology and Psychiatry, 28*, 835–846.

Campbell, S. B. (1990). *Behavior problems in preschool children: Clinical and developmental issues.* New York: Guilford Press.

Campbell, S. B., & Ewing, L. J. (1990). Follow-up of hard-to-manage preschoolers: Adjustment at age nine years and predictors of continuing symptoms. *Journal of Child Psychology and Psychiatry, 31*, 871–889.

Campbell, S. B., Shaw, D. S., & Gilliom, M. (2000). Early externalizing behavior problems: Toddler and preschoolers at risk for later maladjustment. *Development and Psychopathology, 12,* 467–488.

Canfield, R. L., Kreher, D. A., Cornwell, C., & Henderson, C. R. (2003). Low-level lead exposure, executive functioning, and learning in early childhood. *Child Neuropsychology, 9,* 35–53.

Carlson, C. (1986). Attention Deficit Disorder Without Hyperactivity: A review of preliminary experimental evidence. In B. Lahey & A. Kazdin (Eds.), *Advances in clinical child psychology* (Vol. 9, 99, pp. 153–176). New York: Plenum.

Carlson, E. A., Jacobvitz, D., & Stroufe, L. A. (1995). A developmental investigation of inattentiveness and hyperactivity. *Child Development, 66,* 37–54.

Cassidy, J. (1994). Emotion regulation: Influences of attachment relationships. *Monographs of the Society for Research in Child Development, 59*(2/3), *The development of emotion regulation: Biological and behavioral considerations,* 228–249.

Centers for Disease Control and Prevention. (2011, September 9). Vital signs: Current cigarette smoking among adults aged ⩾ 18 years—United States, 2005–2010, *Morbidity and Mortality Weekly Report, 60*(35), 1207–1212. Retrieved from http:// www.cdc.gov/mmwr/preview/mmwrhtml/mm6035a5.htm?s_cid=mm6035a5_w

Cherkasova, M. V., & Hechtman, L. (2009). Neuroimaging in attention-deficit hyperactivity disorder: Beyond the frontostriatal circuitry. *Canadian Journal of Psychiatry, 54,* 651–664.

Chess, S. (1960). Diagnosis and treatment of the hyperactive child. *New York State Journal of Medicine, 60,* 2379–2385.

Chronis, A. M., Chacko, A., Fabiano, G. A., Wymbs, B. T., & Pelham, W. E. (2004). Enhancements to the behavioral parent training paradigm for families of children with ADHD: Review and future directions. *Clinical Child and Family Psychology Review, 7,* 1–27.

Chronis, A. M., Fabiano, G. A., Gnagy, E. M., Onyango, A. N., Pelham W. E., Lopez-Williams, A., . . . Seymour, K. E. (2004). An evaluation of the summer treatment program for children with attention deficit/ hyperactivity disorder using a treatment withdrawal design. *Behavior Therapy, 35,* 561–585.

Chronis, A. M., Lahey, B. B., Pelham, W. E., Williams, S. H., Baumann, B. L., Kipp, K., . . . Rathouz, P. J. (2007). Maternal depression and early positive parenting predict future conduct problems in young children with attention-deficit/hyperactivity disorder. *Developmental Psychology, 43,* 70–82.

Clark, L., Ungerer, J., Chahoud, K., Johnson, S., & Stiefel, I. (2002). Attention deficit hyperactivity disorder is associated with attachment insecurity. *Clinical Child Psychology and Psychiatry, 7,* 179–196.

Conners, C. K. (1995). *Conners' continuous performance test.* Toronto: Multi-Health Systems Inc.

Conners, C. K. (2001). *Conners' rating scales-revised: Technical manual.* North Tonawanda, NY: Multi-Health Systems.

Conrad, P. (1976). *Identifying hyperactive children: The medicalization of deviant behavior.* Lexington, MA: Lexington Books.

Conrad, P. (1980). On the medicalization of deviance and social control. In D. Ingleby (Ed.), *Critical psychiatry.* New York: Pantheon Books.

Conrad, P. (2006). The shifting engines of medicalization. *Journal of Health and Social Behavior, 46,* 3–15.

Conrad, P. (2007). *The medicalization of society: On the transformation of human conditions into treatable disorders.* Baltimore: Johns Hopkins University Press.

Coplan, R. J., Bowler, A., & Cooper, S. M. (2003). Parenting daily hassles, child temperament, and social adjustment in preschool. *Early Childhood Research Quarterly, 18,* 376–395.

Cottrell, E. C., & Seckl, J. R. (2009). Prenatal stress, glucocorticoids and the programming of adult disease. *Frontiers in Behavioral Neuroscience, 3,* 1–9.

Cunningham, C. E., & Barkley, R. A. (1979). The interactions of hyperactive and normal children with their mothers during free play and structured tasks. *Child Development, 50,* 217–224.

Daly, B. P., Creed, T., Xanthopoulos, M., & Brown, R. T. (2007). Psychosocial treatments for children with Attention deficit/hyperactivity disorder. *Neuropsychological Review, 17,* 73–89.

Davids, E., Zhang, K., Tarazi, F. I., & Baldessarini, R. J. (2003). Animal models of attention-deficit hyperactivity disorder. *Brain Research Reviews, 42,* 1–21.

Dickstein, S. G., Bannon, K., Castellanos, F. X., & Miham, M. P. (2006). The neural correlates of attention deficit hyperactivity disorder: An ALE meta-analysis. *The Journal of Child Psychology and Psychiatry, 47,* 1051–1062.

Diller, L. H. (2006). *The last normal child.* Westport, Connecticut: Praeger.

Douglas, V. I. (1972). Stop, look, listen: The problem of sustained attention and impulse control in hyperactive and normal children. *Canadian Journal of Behavioral Sciences, 4,* 259–282.

Douthit, K. Z. (2001). The psychiatric construction of attention deficit/hyperactivity disorder: A critical evaluation of the theoretical precepts. (Unpublished doctoral dissertation). University of Rochester, Rochester, NY.

Douthit, K. Z. (2006). The convergence of counseling and psychiatric genetics: An essential role for counselors. *Journal of Counseling and Development, 84,* 16–28.

Douthit, K. Z., & Donnelly, D. (2010). Theoretical neutrality in DSM classification: Diagnosing the manual. Unpublished manuscript, Counseling and Human Development Program, University of Rochester, Rochester, NY.

Douthit, K. Z., & Marquis, A. (2006). Empiricism in

psychiatry's post-psychoanalytic era: Contemplating DSM's atheoretical nosology. *Constructivism in the Human Sciences, 11,* 32–59.

Doyle, A. E., Willcutt, E. G., Seidman, L. J., Biederman, J., Chouinard, V. A., Silva, J., & Faraone, S. V. (2005). Attention-deficit/hyperactivity disorder endophenotypes. *Biological Psychiatry, 57,* 1324–1335.

Erdman, P. (1998). Conceptualizing ADHD as a contextual response to parental attachment. *American Journal of Family Therapy, 26,* 177–185.

Erenberg, G. (2006). The relationship between Tourette syndrome, attention deficit hyperactivity disorder, and stimulant medication: A critical review. *Seminars in Pediatric Neurology, 12,* 217–221.

Erickson, M. F., Sroufe, L. A., & Egeland, B. (1985). The relationships between quality of attachment and behavior problems in preschool in a high-risk sample. *Monographs of the Society for Research in Child Development, 50*(1/2), *Growing Points of Attachment Theory and Research,* 147–166.

Eskenazi, B. (2010). Organophosphate pesticide exposure and attention in young Mexican-American children: The CHAMACOS study. *Environmental Health Perspectives, 118,* 1768–1774.

Eubig, P. A., Aguiar, A., & Schantz, S. L. (2010). Lead and PCBs as risk factors for attention deficit/hyperactivity disorder. *Environmental Health Perspectives, 118,* 1654–1667.

Fabiano, G. A., Pelham, W. E., Coles, E. K., Gnagy, E. M., Chronis-Tuscano, A., & O'Connor, B. C. (2009). A meta-analysis of behavioral treatments for attention-deficit/hyperactivity disorder. *Clinical Psychology Review, 29,* 129–140.

Faraone, S. V., Biederman, J., Morley, C. P., & Spencer, T. J. (2008). Effect of stimulants on height and weight: A review of the literature. *Journal of the American Academy of Child and Adolescent Psychiatry, 47,* 994–1009.

Faraone, S. V., & Mick, E. (2010). Molecular genetics of attention deficit (sic) hyperactivity disorder. *Psychiatry Clinics of North America, 33,* 159–180.

Fewtrell, L. J., Pruss-Ustun, A., Landrigan, P., & Ayuso-Mateos, J. L. (2004). Estimating the global burden of disease of mild mental retardation and cardiovascular diseases from environmental lead exposure. *Environmental Research, 94,* 120–133.

Food and Drug Administration. (2005). New warning for Strattera. Retrieved from http://www.fda.gov/bbs/topics/ANSWERS/2004/ANS01335.html

Forehand, R. L., & McMahon, R. J. (1981). *Helping the noncompliant child.* New York: The Guilford Press.

Frances, A. (2010). Opening Pandora's box: The 19 worst suggestions for DSM5. *Psychiatric Times.* Retrieved from http://www.psychiatrictimes.com/home/content/article/10168/1522341?page Number=2&verify=0

Geller, D., Donnelly, C., Lopez, F., Rubin, R., Newcorn, J., Sutton, V., . . . Sumner, C. (2007). Atomoxetine treatment for pediatric patients with Attention-Deficit/ Hyperactivity Disorder and comorbid Anxiety Disorder. *Journal of the American Academy of Child & Adolescent Psychiatry, 46,* 1119–1127.

Gillberg, C., Gillberg, I. C., Rassmussen, P., Kadesjo, B., Soderstrom, H., Rastam, M., . . . Niklasson, L. (2004). Co-existing disorders in ADHD—Implications for diagnosis and intervention. *European Child and Adolescent Psychiatry, 13* (Suppl. 1), i80–i92.

Gordon, M., Barkley, R. A., & Lovett, B. J. (2006). Tests and observational measures. In R. A. Barkley (Ed.), *Attention-deficit hyperactivity disorder: A handbook for diagnosis and treatment* (pp. 369–388). New York: The Guilford Press.

Grandjean, P., Harari, R., Barr, D. B., & Debes, F. (2006). Pesticide exposure and stunting as independent predictors of neurobehavioral deficits in Ecuadorian school children. *Pediatrics, 117,* e546–e556.

Grandjean, P., Weihe, P., Burse, V. W., Needham, L. L., Storr-Hansen, E., Heinzow, B., . . . White, R. F. (2001). Neurobehavioral deficits associated with PCB in 7-year-old children prenatally exposed to seafood neurotoxicants. *Neurotoxicology and Teratology, 23*(4), 305–317.

Gray, J. A. (1991). Neural systems, emotion, and personality. In J. Madden (Ed.), *Neurobiology of learning, emotion, and affect* (pp. 273–306). New York: Raven Press.

Greenberg, L. M., Kindschi, C. L., Dupuy, T. R., & Hughes, S. J. (2007). *T.O.V.A.* clinical manual: Test of variables of Attention Continuous Performance Test. Los Alamitos, CA: The TOVA Company.

Greenberg, M. T., Speltz, M. L., & DeKlyen, M. (1993). The role of attachment in the early development of disruptive behavior problems. *Development and Psychopathology, 5,* 191–213.

Grosswald, S. J., Stixrud, W. R., Travis, F., & Bateh, M. A. (2008). Use of the transcendental meditation technique to reduce symptoms of Attention Deficit Hyperactivity Disorder (ADHD) by reducing stress and anxiety: An exploratory study. *Current Issues in Education, 10*(2), December 2008. Retrieved from http://cie.ed.asu.edu/volume10/number2/

Hartmann, T. (1993). *Attention-Deficit Disorder: A different perception.* Lancaster, PA: Underwood-Miller.

Hoza, B., Waschbusch, D. A., Pelham, W. E., Molina, B. S. G., & Milich, R. (2000). Attention-deficit/hyperactivity disorder and control boys' responses to social success and failure. *Child Development, 71,* 432–446.

Individuals with Disabilities Education Improvement Act of 2004, Pub. L. No. 108-446. 118 Stat. 328. (2004).

Ingersoll, E. R., & Rak, C. F. (2006). *Psychopharmacology for helping professionals: An integral exploration.* Belmont, CA:

Thomson Brooks/Cole.

Ingersoll, R. E., & Zeitler, D. M. (2010). *Integral psychotherapy: Inside and out.* Albany, NY: SUNY Press.

Jacobvitz, D., Hazen, N., Curran, M., & Hitchens, K. (2004). Observations of early triadic family interactions: Boundary disturbances in the family predict symptoms of depression, anxiety, and attentiondeficit/ hyperactivity disorder in middle childhood. *Development and Psychopathology, 16,* 577–592.

Jensen, P. S., Hinshaw, S. P., Kraemer, H. C., Lenora, N., Newcom, J. H., & Abikoff, H. B. (2001). ADHD comorbidity findings from the MTA study: Comparing comorbid subgroups. *Journal of the American Academy of Child and Adolescent Psychiatry, 2,* 147–158.

Jensen, P. S., Hinshaw, S. P., Swanson, J. M., Greenhill, L. L., Conners, C. K., Arnold, L. E., . . . Wigal, T. (2001). Findings from the NIMH Multimodal Treatment Study of ADHD (MTA): Implications and applications for primary care providers. *Developmental and Behavioral Pediatrics, 22,* 60–72.

Jester, J. M., Nigg, J. T., Adams, K., Fitzerald, H. E., Puttler, L. I., Wong, M. M., & Zucker, R. A. (2005). Inattention/ hyperactivity and aggression from early childhood to adolescence: Heterogeneity of trajectories and differential influence of family environment characteristics. *Development and Psychopathology, 17,* 99–125.

Johansen, E. B., Aase, H., Meyer, A., & Sagvolden, T. (2002). Attention deficit/hyperactivity disorder behavior explained by dysfunctional reinforcement and extinction processes. *Behavioural Brain Research, 130,* 37–45.

Johnston, C., & Mash, E. J. (2001). Families of children with attention-deficit/hyperactivity disorder; Review and recommendations for future research. *Clinical Child and Family Psychology Review, 4,* 183–207.

Kapoor, A., Petropoulos, S., & Matthews, S. G. (2008). Fetal programming of hypothalamic-pituitary-adrenal (HPA) axis function and behavior by synthetic glucocorticoids. *Brain Research Reviews, 57,* 586–595.

Kazdin, A. E. (1997). Parent management training: Evidence, outcomes and issues. *Journal of the American Academy of Child and Adolescent Psychiatry, 36,* 1349–1356.

Kendall, J., Hatton, D., Beckett, A., & Leo, M. (2003). Children's accounts of attention deficit/hyperactivity disorder. *Advances in Nursing Science, 16,* 114–130.

Knopik, V. S., Heath, A. C., Jacob, T., Slutske, W. S., Bucholz, K. K., Madden, P. A., . . . Martin, N. G. (2006). Maternal alcohol use disorder and offspring ADHD: Disentangling genetic and environmental effects using a children-of-twins design. *Psychological Medicine, 36,* 1461–1471.

Kohn, A. (1989, November). Suffer the restless children. *Atlantic Monthly,* pp. 90–100.

Krisanaprakornkit, T., Ngamjarus, C., Wittonchart, C., & Piyavhatkul, N. (2010). Meditation therapies for Attention-Deficit/Hyperactivity Disorder (ADHD). *Cochrane Database of Systematic Reviews,* Issue 6, Art. No.: CD006507.

Krueger, M., & Kendall, J. (2001). Descriptions of self: An exploratory study of adolescents with ADHD. *Journal of Child and Adolescent Psychiatric Nursing, 14,* 61–72.

Lahey, B. B., & Carlson, C. L. (1991). Validity of the diagnostic category of Attention Deficit Disorder without Hyperactivity: A review of the literature. *Journal of Learning Disabilities, 24,* 110–120.

Lahey, B. B., & Piacentini, J. C., McBurnett, K., Stone, P., Hartdagen, S., & Hynd, G. W. (1988). Psychopathology in the parents of children with conduct disorder and hyperactivity. *Journal of the American Academy of Child and Adolescent Psychiatry, 27,* 163–170.

Laing, R. D. (1967). *The politics of experience and the bird of paradise.* Harmondsworth: Penguin.

Lambert, N. M., & Sandoval, J. (1980). The prevalence of learning disabilities in a sample of children considered hyperactive. *Journal of Abnormal Child Psychology, 8,* 33–50.

Leo, J. (2002). American preschoolers on Ritalin. *Society, 39*(2), 52–60.

Li, D., Sham, P. C., Owen, M. J., & He, L. (2006). Metaanalysis shows significant association between dopamine system genes and attention deficit hyperactivity disorder (ADHD). *Human Molecular Genetics, 15*(14), 2276–2284.

Linnet, K. M., Dalsgaard, S., Obel, C., Wisborg, K., Henriksen, T. B., Rodriguez, A., . . . Jarvelin, M. (2003). Maternal lifestyle factors in pregnancy risk of Attention Deficit Hyperactivity Disorder and associated behaviors: Review of the current evidence. *American Journal of Psychiatry, 160,* 1028–1040.

Loe, I. M., & Feldman, H. M. (2007). Academic and educational outcomes of children with ADHD. *Journal of Pediatric Psychology, 32,* 643–654.

Mahaffey, K. (1995). Nutrition and lead: Strategies for public health. *Environmental Health Perspectives, 103*(Suppl. 6), 191–196.

Marks, A. R., Harley, K., Bradman, A., Kogut, K., Barr, D. B., Johnson, C., . . . Eskenazi, B. (2010). Organophosphate pesticide exposure and attention in young Mexican-American children: The CHAMACOS study. *Environmental Health Perspectives, 118*(12), 1768–1774.

Marquis, A. (2007). What is integral theory? *Counseling and Values, 51*(3), 164–179.

Marquis, A. (2008). *The integral intake: A guide to comprehensive idiographic assessment in integral psychotherapy.* New York: Routledge.

Mash, E. J., & Wolfe, D. A. (2010). *Abnormal child psychology.* Belmont, CA: Wadsworth.

Maughan, D. R., Christiansen, E., Jenson, W. R., Olympia, D., & Clark, E. (2005). Behavioral parent training as a treatment for externalizing behavior disorders: A meta-analysis. *School Psychology Review, 34,* 267–286.

McGee, R., Partridge, F., Williams, S. B., & Silva, P. A. (1991). A twelve-year follow-up of preschool hyperactive children. *Journal of the American Academy of Child and Adolescent Psychiatry, 30,* 224–232.

McGuiness, D. (1989). Attention deficit disorder: The emperor's clothes, animal "pharm," and other fiction. In S. Fisher & R. P. Greenburg (Eds.), *The limits of biological treatments for psychological distress* (pp. 151–187). Hillsdale, NJ: Lawrence Erlbaum.

McMahon, R. J., & Forehand, R. (2003). *Helping the noncompliant child: A clinician's guide to effective parent training.* New York: Guilford.

Mercugliano, M., Power, T. J., & Blum, N. J. (1999). *The clinician's practical guide to Attention Deficit Hyperactivity Disorder.* Baltimore: Paul H. Brookes.

Michelson, D., Adler, L., Spencer, T., Reimherr, F. W., West, S. A., Allen, A. J., . . . Milton, D. (2003). Atomoxetine in adults with ADHD: Two randomized, placebo-controlled studies. *Biological Psychiatry, 53,* 112–120.

Michelson, D., Allen, A. J., Busner, J., Casat, C., Dunn, D., Kratochvil, C., . . . Harder, D. (2002). Once daily atomoxetine treatment for children and adolescents with attention deficit hyperactivity disorder: A randomized, placebo-controlled study. *American Journal of Psychiatry, 159,* 1896–1901.

Michelson, D., Faries, D., Wernicke, J., Kelsey, D., Kendrick, K., Sallee, F. R., & Spencer, T. (2001). Atomoxetine in the treatment of children and adolescents with attention-deficit hyperactivity disorder: A randomized, placebo-controlled, doseresponse study. *Pediatrics, 108*(5), 1–9.

Mick, E., Biederman, J., Faraone, S. V., Sayer, J., & Kleinman, S. (2002). Case-control study of attention-deficit hyperactivity disorder and maternal smoking, alcohol use and drug use during pregnancy. *Journal of the American Academy of Child and Adolescent Psychiatry, 41,* 378–385.

Mick, E., Biederman, J., Prince, J., Fischer, M. J., & Faraone, S. V. (2002). Impact of low birth weight on attention-deficit hyperactivity disorder. *Journal of Developmental & Behavioral Pediatrics, 23,* 18–22.

Milberger, S., Biederman, J., Faraone, S. V., Chen, L., & Jones, J. (1997). ADHD is associated with early initiation of cigarette smoking in children and adolescents. *Journal of the American Academy of Child and Adolescent Psychiatry, 36,* 37–44.

Milberger, S., Biederman, J., Faraone, S. V., & Jones, J. (1998). Further evidence of an association between maternal smoking during pregnancy and attention deficit hyperactivity disorder: Findings from a high-risk sample of siblings. *Journal of Clinical Child Psychology, 27,* 352–358.

Mill, J., & Petronis, A. (2008). Pre- and peri-natal environmental risks for attention-deficit hyperactivity disorder (ADHD): The potential role of epigenetic processes in mediating susceptibility. *Journal of Child Psychology and Psychiatry, 49*(10), 1020–1030.

Mitsis, E. M., McKay, K. E., Schulz, K. P., Newcorn, J. H., & Halperin, J. M. (2000). Parent-teacher concordance for DSM-IV attention-deficit/hyperactivity disorder. *Journal of the Academy of Child and Adolescent Psychiatry, 39,* 308–313.

National Resource Center on ADHD. (2011). Diagnosis & treatment: Managing medication for children and adolescents with ADHD (WWK3). Updated February 2008. Retrieved from http://www .help4adhd.org/en/treatment/medication/WWK3

Neuman, R. J., Lobos, E., Reich, W., Henderson, C. A., Sun, L., & Todd, R. D. (2007). Parental smoking exposure and dopaminergic genotypes interact to cause a severe ADHD subtype. *Biological Psychiatry, 61,* 1320–1328.

Newman, L. (1996). ADHD—Rethinking the epidemic. *Australian and New Zealand Journal of Family Therapy, 17,* 107–108.

Nigg, J. T. (2006). *What causes ADHD?: Understanding what goes wrong and why.* New York: Guilford Press.

Nigg, J. T. (2008). ADHD, lead exposure and prevention: How much lead or how much evidence is needed? *Expert Reviews in Neurotherapeutics, 8,* 519–521.

Nigg, J. T., John, O. P., Blaskey, L. G., Huang-Pollock, C. L., Willcutt, E. G., Hinshaw, S. P., & Pennington, B. (2002). Big Five dimensions and ADHD symptoms: Links between personality traits and clinical symptoms. *Journal of Personality and Social Psychology, 83*(2), 451–469.

Nigg, J. T., Knottnerus, G. M., Martel, M. M., Nikolas, M., Cavanaugh, K., Karmaus, W., & Rappley, M. D. (2008). Low blood levels associated with clinically diagnosed Attention-Deficit/Hyperactivity Disorder and mediated by weak cognitive control. *Biological Psychiatry, 63,* 325–331.

Olson, S. (1996). Developmental perspectives. In S. Sandberg (Ed.), *Hyperactivity disorders of childhood. Cambridge Monographs in Child and Adolescent Psychiatry* (pp. 149–194). Cambridge: Cambridge University Press.

Palmer, E. D., & Finger, S. (2001). An early description of ADHD (Inattentive Subtype): Dr. Alexander Crichton and the "Mental Restlessness" (1798). *Child Psychology and Psychiatry Reviews, 6,* 66–73.

Parsons, T. (1951). *The social system.* Glencoe, IL: Free Press.

Pelham, W. E., Burrows-MacLean, L., Gnagy, E. M., Fabiano, G. A., Coles, E. K., & Tresco, K. E. (2005) Transdermal methylphenidate, behavioral, and combined treatment for children with ADHD. *Experimental and Clinical Psychopharmacology, 13,* 111–126.

Pelham, W. E., Jr., & Fabiano, G. A. (2008). Evidencebased psychosocial treatments for attention-deficit/hyperactivity disorder. *Journal of Clinical Child and Adolescent Psychology, 37,* 184–214.

Pelham, W. E., Wheeler, T., & Chronis, A. (1998). Empirically supported psychosocial treatments for Attention Deficit Hyperactivity Disorder. *Journal of Clinical Child Psychology, 27,* 190–205.

Pfiffner, L. J., Barkley, R. A., & DuPaul, G. J. (2006). Treatment of ADHD in school settings. In R. A. Barkley (Ed.), *Attention-deficit hyperactivity disorder: A handbook for diagnosis and treatment* (3rd ed., pp. 547–589). New York: Guilford Press.

Pfiffner, L. J., McBurnett, K., Rathouz, P. J., & Judice, S. (2005). Family correlates of oppositional and conduct disorders in children with ADHD. *Journal of Abnormal Child Psychology, 33,* 551–563.

Pliszka, S. R. (1998). Comorbidity of attention-deficit/ hyperactivity disorder: An overview. *Journal of Clinical Psychiatry, 59,* 50–58.

Pliszka, S. R. (2007). Pharmacologic treatment of attention-deficit/hyperactivity disorder: Efficacy, safety, and mechanisms of action. *Neuropsychological reviews, 17,* 61–72.

Pliszka, S. R., & the AACAP Work Group on Quality Issues. (2007). Practice parameter for the assessment and treatment of children and adolescents with attention-deficit/ hyperactivity disorder. *Journal of the Academy of Child and Adolescent Psychiatry, 46,* 894–921.

Polanczyk, G., de Lima, M. S., Horta, B. L., Biederman, J., & Rohde, L. A. (2007). The worldwide prevalence of ADHD: A systematic review and meta-regression analysis. *American Journal of Psychiatry, 164,* 942–948.

Poulton, A. (2005). Growth on stimulant medication; clarifying the confusion: A review. *Archives of Diseases of Childhood, 90,* 801–806.

Reynolds, C. R., & Kamphaus, R. W. (2004). *Behavioral Assessment System for Children, Second Edition (BASC-2).* Bloomington, MN: Pearson Assessments.

Richman, M., Stevenson, J., & Graham, P. J. (1982). *Preschool to school: A behavioural study.* London: Academic Press.

Risch, N., & Merikangas, K. (1996). The future of genetic studies of complex human diseases. *Science, 273,* 1516–1517.

Robin, A. L. (2006). Training families with adolescents with ADHD. In R. A. Barkley (Ed.), *Attention-deficit hyperactivity disorder: A handbook for diagnosis and treatment* (3rd ed., pp. 499–546). New York: Guilford Press.

Rothbart, M. K. (2003). Temperament and the pursuit of an integrated developmental psychology. *Merrill-Palmer Quarterly, 50,* 492–505.

Rucklidge, J. J., & Tannock, R. (2002). Neuropsychological profiles of adolescents with ADHD: Effects of reading difficulties and gender. *Journal of Child Psychology and Psychiatry, 43,* 988–1003.

Russell, V. A., Sagvolden, T., & Johansen, E. B. (2005). Animal models of attention-deficit hyperactivity disorder. *Behavioral and Brain Functions, 1*(9), 1–17. Retrieved from http://www.behavioralandbrainfunctions.com/content/1/1/9

Rutter, M., Tizard, J., & Whitmore, K. (Eds.). (1970). *Education, health, and behavior.* London: Longman and Green.

Sagiv, S. K., Thurston, S. W., Bellinger, D. C., Tolbert, P. E., Altshul, L. M., & Korrick, S. A. (2010). Prenatal organochlorine exposure and behaviors associated with attention deficit hyperactivity disorder in school-aged children. *American Journal of Epidemiology, 171,* 563–601.

Sagvolden, T. (2000). Behavioral validation of the spontaneously hypertensive rat (SHR) as an animal model of attention-deficit/hyperactivity disorder (ADHD). *Neuroscience and Biobehavioral Reviews, 24,* 31–39.

Sagvolden, T. (2011). Impulsiveness, overactivity, and poorer sustained attention improve by chronic treatment with low doses of l-amphetamine in an animal model of Attention-Deficit/Hyperactivity Disorder (ADHD). *Behavioral and Brain Functions, 7*(6), 1–10. Retrieved from http://www.behavioralandbrainfunctions.com/content/7/1/6

Sandford, J. A., & Turner, A. (2000). *Integrated visual and auditory continuous performance test manual.* Richmond, VA: Brain Train.

Sanson, A., Hemphill, S. A., & Smart, D. (2004). Connections between temperament and social development: A review. *Social Development, 13,* 142–170.

Seidman, L. J., Valera, E. M., & Makris, N. (2005). Structural brain imaging of attention-deficit/hyperactivity disorder. *Biological Psychiatry, 57,* 1263–1272.

Schatz, D. B., & Rostain, A. L. (2006). ADHD with comorbid anxiety: A review of the current literature. *Journal of Attention Disorders, 10,* 141–149.

Sklar, P. (2005). Principles of haplotype mapping and potential applications to attention-deficit/ hyperactivity disorder. *Biological Psychiatry, 57,* 1357–1366.

Sleator, E. K., Ullmann, R. K., & von Neuman, A. (1982). How do hyperactive children feel about taking stimulants and will they tell the doctor? *Clinical Pediatrics, 21,* 474–479.

Smith, B. H., Barkley, R. A., & Shapiro, C. J. (2006). Attention deficit/hyperactivity disorder. In E. J. Mash & R. A. Barkley (Eds.), *Treatment of childhood disorders* (3rd ed., pp. 65–136). New York: Guilford.

Snyder, J., Reid, J., & Patterson, G. R. (2003). A social learning model of child and adolescent antisocial behavior. In B. B. Lahey, T. E. Moffitt, & A. Caspi (Eds.), *Causes of conduct disorder and juvenile delinquency* (pp. 27–48). New York: Guilford.

Solanto, M. V., Abikoff, H., Sonuga-Burke, E., Schachar, R., Logan, G. D., & Wigal, T. (2001). The ecological validity of delay aversion and response inhibition as measures of impulsivity in AD/HD: A supplement to the NIMH Multimodal Treatment Study of AD/HD. *Journal of Abnormal Child Psychology, 29,* 215–228.

Sonuga-Barke, E. J. S. (2003). The dual-pathway model of ADHD: an elaboration of neuro-developmental characteristics. *Neuroscience and Behavior Review, 27,* 593–604.

Sonuga-Barke, E. J. S. (2005). Causal models of attention-deficit/hyperactivity disorder: From common simple deficits to multiple developmental pathways. *Biological Psychiatry, 57,* 1231–1238.

Spencer, T. J., Biederman, J., & Mick, E. (2007). Attention-deficit/hyperactivity disorder: Diagnosis, lifespan, comorbidities, and neurobiology. *Ambulatory Pediatrics, 7,* 73–81.

Stiefel, I. (1997). Can disturbance in attachment contribute to attention deficit hyperactivity disorder? A case discussion. *Clinical Child Psychology and Psychiatry, 2,* 45–64.

Still, G. F. (1902). Some abnormal psychical conditions in children: The Goulsonian lectures. *Lancet, 1,* 1008–1012.

Stoddard, J. L., Johnson, C. A., Boley-Cruz, T., & Sussman, S. (1997). Targeted tobacco markets: Outdoor advertising in Los Angeles minority neighborhoods, *American Journal of Public Health, 87,* 1232–1233.

Stolzer, J. M. (2009). Attention deficit hyperactivity disorder: Valid medical condition or culturally constructed myth? *Ethical Human Psychology and Psychiatry, 1,* 5–15.

Swanson, J. M., McBurnett, K., Wigal, T., Pfiffner, L. J., Lerner, M. A., Williams, L., . . . Fisher, T. D. (1993). Effect of stimulant medication on Children with attention deficit disorder: A "review of reviews." *Exceptional Children, 60,* 154–162.

Szasz, T. (1970). *The manufacture of madness.* New York: Harper Colophon.

Thapar, A., Langley, K., Asherson, P., & Gill, M. (2007). Gene-environment interplay in attentiondeficit hyperactivity disorder and the importance of a developmental perspective. *The British Journal of Psychiatry, 190,* 1–3.

Timimi, S. (2005). *Naughty boys: Antisocial behavior, ADHD and the role of culture.* New York: Palgrave MacMillan.

Timimi, S., & Taylor, E. (2004). ADHD is best understood as a cultural construct. *British Journal of Psychiatry, 184,* 8–9.

Tong, S., von Schirnding, Y. E., & Prapamontol, T. (2000). Environmental lead exposure: A public health problem of global dimensions. *Bulletin of the World Health Organization, 78,* 1068–1077.

Tourette's Syndrome Study Group. (2002). Treatment of ADHD in children with tics: A randomized controlled study. *Neurology, 58,* 527–536.

Travis, F., Grosswald, S., & Stixrud, W. (2011). ADHD, brain functioning, and transcendental meditation practice. *Mind & Brain, The Journal of Psychiatry, 2*(1), 73–79. Retrieved from http://content.yudu.com/ Library/

A1t5r8/MindampBraintheJourn/resources/index. htm?referrerUrl=http%3A%F%2Fwww.yudu .com%2Fit em%2Fdetails%2F371567%2FMind-Brain-the-Journal-of-Psychiatry-Volume-2Issue-1

van den Bergh, B. R. H., Mennes, M., Stevens, V., Van der Meere, J., Borger, N., Stiers, P., Marcoen, A., & Legae, L. (2006). ADHD deficit as measured in adolescent boys with a continuous performance task is related to antenatal maternal anxiety. *Pediatric Research, 59,* 78–82.

van den Bergh, B. R. H., Mulder, E. J. H., Mennes, M., & Glover, V. (2005). Antenatal maternal anxiety and stress and the neurobehavioral development of the fetus and child: Links and possible mechanisms. A review. *Neuroscience and Biobehavioral Reviews, 29,* 247–258.

van Hienen, F. J. W. (2010). Organophosphate based pesticides and ADHD. Unpublished doctoral dissertation. University Utrecht, Utrect, The Netherlands.

Waldman, I. D. (2007). Gene-environment interactions reexamined: Does mother's marital instability interact with the dopamine receptor D2 gene in the etiology of childhood attention-deficit/hyperactivity disorder? *Development and Psychopathology, 19,* 1117–1128.

Walker, F. O. (2007). Huntington's disease. *Lancet, 369,* 218–228.

Weiss, G., & Hechtman, L. (1986). *Hyperactive children grown up.* New York: Guilford Press.

Whitaker, R. T. (2010). *Anatomy of an epidemic: Magic bullets, psychiatric drugs, and the astonishing rise of mental illness in America.* New York: Crown.

Widiger, T. A., Livesley, W. J., & Clark, L. A. (2009). An integrative dimensional classification of personality disorder. *Psychological Assessment, 21,* 243–255.

Wilens, T. E., Biederman, J., Brown, S., Tanguay, S., Monuteaux, M., Blake, C., & Spencer, T. J. (2002). Psychiatric comorbidity and functioning in clinically referred preschool children and school-age youths with ADHD. *Journal of American Academy Child and Adolescent Psychiatry, 41,* 262–268.

Zito, J. M., Safer, D. J., dosReis, S., Gardner, J. F., Boles, M., & Lynch, F. (2000). Trends in the prescribing of psychotropic medications to preschoolers. *Journal of the American Medical Association, 238,* 1025–1030.

Zylowska, L., Ackerman, D. L., Yang, M. H., Futrell, J. L., Horton, N. L., Hale, T. S., . . . Smalley, S. L. (2008). Mindfulness meditation training in adults and adolescents with ADHD: A feasibility study. *Journal of Attention Disorders, 11,* 737–746.

Zylowska, L., Smalley, S. L., & Schwartz, J. M. (2009). Mindful awareness and ADHD. In F. Dodonna (Ed.), *Clinical handbook of mindfulness* (pp. 319–338). New York: Springer.

제10장

성 장애

Deborah Hudson, Ph.D. Candidate, 로체스터대학교
Jessica Germaono-Fokin, Ed.D., Sexual Health Discoveries
Ander Marquis, Ph.D., 로체스터대학교

"성은 바로 친밀감과 같은 기본 욕구이며 접촉, 감정 표현과 사랑도 인간 삶의 필수적인 구성요소이다"(CROOKS & BAUR, 2011).

서론

성기능장애는 거대한 공동체 속에서 그들의 짝과 가족들에게 상당한 고통과 괴로움의 원인이기도 하다(Laumann, Paik, & Rosen, 1999; Sadovsky & Nusbaum, 2006). 여러 종류의 성기능장애가 있고, 그중 일부 질환은 매우 흔하다.[1] 질환들은 많은 부분 공통점을 가지고 있지만, 일부는 뚜렷한 차이를 가지고 있다(Crooks & Baur, 2011; Laumann et al., 1999; Sadovsky & Nusbaum, 2006). 대다수의 사람들은 삶의 어떤 시점에서 일종의 성적 관심사를 경험하게 될 것이다(Mezzich & Hernandez-Serrano, 2006). 그들은 또한 성적인 행동에 대해 정상과 비정상의 선을 긋는 것과 진단상의 특정 범주와 논점을 잡는 것에 관한 중요한 논쟁도 하고 있다(Althof, Dean, Derogatis, Rosen & Sisson, 2005; Balon & Wise, 2011; Fagan, 2004; Singy, 2010).

이러한 질환이 초래하는 고통뿐만 아니라 빈번한 발생 빈도에도 불구하고, 연구자들은 성

---

1 성기능부전의 높은 유병률에 대해서는 일반적으로 동의하지만, 그 숫자를 정확히 가늠하기는 어렵다(Kingsberg & Althof, 2009). 정신질환의 진단 및 통계 편람, 제4판, 문서개정판(DSM-IV-TR)에 의하면, 포괄적인 조사에서 여러 성 문제 호소에 대한 유병률은 다음과 같다—남성 성교 통(dyspareunia) 3%, 여성 성교 통 15%, 남성 극치감 문제 10%, 여성 극치감 문제 25%, 여성 성욕 저하 33%, 조기 사정 27%, 여성 성 흥분 문제 20%, 남성 발기 문제 10%(APA, 2000, p. 538).

장애를 간과하거나 연구하지 않고, 상대적으로 임상가와 일반 의사에 의해 무시되는 경향이 이어졌다(Kingsberg & Althof, 2009; Maurice & Yule, 2010; Mezzich & Hernandez-Serrano, 2006; Sadofsky & Nusbaum, 2006). 또한 남성보다 여성의 성욕에 대한 연구가 더 적었다(Kingsberg & Althof, 2009). 긍정적인 특징은 여성의 고유한 요구를 포함한 성기능의 영역에 대한 관심이 최근 부활되고 있는 것이다(Laumann et al., 1999; Sutherland, 2012). 질병, 개인, 쌍에 따라 성적 경험과 방식이 다르다. 뿐만 아니라, 중요한 태도는 문화적으로 어떻게 성 경험을 이해하는지이다[미국정신의학회(APA), 2013; Crooks & Baur, 2011]. 따라서 남자와 여자의 고유한 경험과 내담자의 가치를 조율하고 공감하는 것이 중요하다(Tiefer, 1991).

통합 이론의 다각적인 성격은 내담자 각각 그리고 내담자 체계의 특이하거나 포괄적인 개념화 모두를 인정하는 데 도움이 된다(Dallos, Wright, Stedman, & Johnston, 2006).[2] 즉, 수줍음과 불안 경험(좌상 분획)은 성기능장애에 중요한 요소이다. 생리학 및 생물학적 요인(우상 분획)은 최근 성기능부전장애에 관한 특별한 관점을 주었다. 관계적 요인과 문화적 이슈(좌하 분획)는 폭넓은 사회적 관점과 마찬가지로 특정 상황에서 분명하게 개인의 성 경험이 성 상대를 결정하는 중요한 요인이다. 그리고 구조적인 문제들(우하 분획) 역시 사후 법적으로 문제가 발생할 수 있는 변태성욕장애[3]의 경우와 특히 관련이 있다.

DSM-5에는 성 장애가 두 가지 범주인 성기능부전장애와 변태성욕장애로 분류된다.[4] 성기능부전장애는 섹스를 즐기거나 성적으로 반응하는 개인의 능력에 따라 임상적으로 유의한 장애를 포함한다(APA, 2013). 변태성욕장애는 육체적으로 성숙한 상대의 동의와 전희 또는 성기 자극과 관련 없이 지속적이고 강렬한 성적 끌림을 포함한다(APA, 2013). 성별 불쾌감은 드물게 일어나며(APA, 2000) 이것은 끝부분에서 간단히만 다룰 것이다.

성기능부전장애와 변태성욕장애에 대해 다루기 앞서, 우리는 성 건강에 대한 생각의 소용돌이 속에서 더욱 명확한 이해를 촉구하는 상황 기반을 만들고자 한다. 지그문트 프로이트의 논의로 시작하겠다. 프로이트는 성적 취향은 남성뿐 아니라 여성도 타고났다고 주장하여 성에 대한 사회적 관점에 큰 영향을 미쳤다(Crooks & Baur, 2011). 프로이트는 좌절된 성 욕구에 대해 "결과적으로 어린아이에게 가장 대립적인 경험은 대부분의 성격 형성에 영향력을 끼친다."(Fall, Holden, & Marquis, 2004, p. 48)는 점을 믿어야 한다고 강조하였다. 프로이트의 이론은 심리성적발달 단계와 심리학적 발달 단계의 맥락에서 개인이 특정 단계에 집착하거나 고

---

2 또 다른 다각적인 접근은 '관점들(perspectives)'의 견해이며, McHugh와 Slavney(1998)가 기틀을 놓았고 이를 Fagan(2004)이 특별히 성 장애에 적용하였다.
3 이 질환은 DSM-IV-TR에서 변태성욕증(paraphilias)이라고 불린다.
4 이 장의 상당 부분은 DSM-IV-TR에서 DSM-5로 변동되는 중도에 저술되었다.

착될 수 있음을 가정하였다(Fall et al., 2004). 프로이트는 일곱 권의 책 성 심리 연구(studies in psychology of sex)에서 아무에게도 피해를 주지 않는다면 모든 성적인 행위는 ― 종종 변태적인 것이라고 생각되는 동성애와 자위를 포함하여 ― 건강한 것이라고 상정한다(Crooks & Baur, 2011). 프로이트는 음핵이 "발달되지 못한 남근"이라는(Crooks & Baur, 2011, p. 169) 관점을 취하고, 이에 따라 여성의 음핵 극치감이 성을 경험하는 남성적인 방식과 연관되어 있다는 결론을 내렸으며, 여성은 청소년기 말에는 음핵 극치감에서 질 극치감 경험으로 발전해나가야 한다고 주장했다. 만약 여성이 그렇게 할 수 없다면, 그 여성은 미성숙한 것으로 평가된다. 비록 프로이트의 발정적인(말장난 표현임) (원문 seminal은 '발전적인'이라는 뜻으로 쓰이지만 중의적으로 원래 '정액의'란 뜻이다. ―역자 주) 작업들이 도전과 반박을 받고 있고 비록 인간의 성은 계속 진화하고 있으나, 그의 이론은 오늘날에도 여전히 성 과학(sexology) 문헌에서 눈에 띈다.

다음으로, 우리는 Alfred C. Kinsey와 동료들의 혁신적인 작업에 관심을 갖는데(Kinsey, Pomeroy, & Martin, 1948; Kinsey, Pomeroy, Martin, & Gebhard, 1953) 그는 1940년대와 1950년대에 일반인들의 실제 성 경험을 처음으로 연구하였다(Crook & Baur, 2011; Mezzich & Hernandez-Serrano, 2006). Kinsey와 동료(1948)의 과학적인 방법은 "인구의 다양성 속에서 어떤 요소들이 개인 간의 성 차이를 나타내는지 조사하고 성 행동을 발견하는 데 헌신했다."고 묘사되고 있다(p. 3). Kinsey 등(1948, 1953)은 성 면접 조사를 통해 전국의 미국인 남성 5,300명과 여성 5,940명의 조사를 실시하고 기술통계방법으로 부호화하고 분석하였다(Kinsey et al., 1948, 1953; Mezzich & Hernandez-Serrano, 2006). 심리적으로 건강하거나 건강하지 않은 사람들을 구분하는 시도는 없었다(Kinsey et al., 1948, 1953). Kinsey(1948, 1953)는 "성의 정치색은 배제하고 단순히 '사실'에 집중하는 것에"(Lrvine, 1990, p. 39) 철저하였지만, 미국 사회에서 그의 연구는 논란거리가 되었는데 연구 결과는 일반적으로 지지를 받고 있는 시대 도덕상과 실제 성 행동이 일치하지 않았기 때문이다(Crooks & Baur, 2011; Irvine, 1990; Mezzich & Hernandez-Serrano, 2006). Kinsey에 의한 유용한 발견은 성 행동은 개인마다 큰 차이가 있고 정상이나 개념을 정의하기가 힘들다는 것이다(Edwards & Booth, 1994; Udry & Campbell, 1994).

성 반응주기

Kinsey와 동료들의 선구적인 작업에 이어 William Masters와 Virginia Johnson(1966, 1970)은 성적인 문제를 해결하기 위해 처음으로 성 치료를 제공하였다(Green, 1994). Kinsey와 동료(1948, 1953)는 주류 미국인들에게 성이라는 주제를 개방시키고, 남성과 여성 사이의 유사점을 강조한 성 반응의 심리를 주제로 쓴 초기 논문들을 통해서 Masters와 Johnson의 연구에 도움을 주었다(Irvine, 1990).

Masters와 Johnson(1966)은 건강하고 극치감을 느끼는 균일한 참가대상을 직접적으로 실험 관찰하여 처음으로 인간 성 반응주기(HSRC)를 규명하였다(Crook & Baur, 2011). 그들의 작업은 혁명적이었으며 HSRC가 DSM-IV-TR의 성기능부전장애의 진단 틀을 제공할 정도로 대단한 영향력을 미쳤다(Balon, Segraves, & Clayton, 2001; Crooks & Baur, 2011; Tiefer, 1991). 구체적으로, 성기능부전은 남녀의 정상 성기능 모형에서 나타나는 HSRC의 일부 위치에서 나타나는 고장(malfunction)으로 간주된다(APA, 2002; Balon et al., 2001; Troisi, 2008).

인간 성 반응주기의 포스트모던 비평

성기능의 생리적 측면을 보다 깊이 파고 생물학적 관점에서의 HSRC를 설명하기 앞서, HSRC의 특히 여성에서의 타당도와 적용 가능성에 대해 강한 비판이 나타났음을 말하지 않을 수 없다[생식보건전문가협회(ARHP), 2008; Bancroft, 2002; Basson, 2000, 2001a, 2001b, 2005; Crooks & Vaur, 2011, Hinderliter, 2010; Tiefer, 1991]. 비록 Masters와 Johnson의 연구(1966)는 "임상적으로 관련된 특징에 따라 치료와 연구 방향을 잡는 것을 돕는"(Schiavi, 2000, p. 267) 측면에서 중요한 수행을 하였고 '시간의 시험'을 잘 견뎌 냈으나(Crooks & Baur, 2008, p. 37), 사회 구성주의 관점 위주의 비평은 존재하며, 여기에선 "가치와 상관없는 과학은 없어서, 우리가 일반적 혹은 지속적으로 활용하는 개념들은 그것이 타당(valid)해서가 아니라 사회적으로 그리고 정치적으로 유용하기 때문이다"(Rossi, 1995, p. 5). 비평은 Tiefer(1991)에게서 나왔으며, 그는 말했다. "내 추정으론 HSRC 모형의 흔한 활용은 과학적 혹은 지적 분석을 거의 받지 못했으며, 전문가의 필요에 부응하도록 성급하게 채택되었다"(p. 2).

Kaplan(1974)이 Masters와 Johnson(1966)의 HSRC 모형에 욕구 단계를 추가했으나, Tiefer(1991)는 개정된 모형을 연구, 임상, 페미니스트에 기초하여 비판하였다. 첫째, 그는 이 모형이 성 행동의 시작 기전으로서의 욕구 개념을 간과한다고 하였다(Tiefer, 1991). Tiefer(1991)는 이러한 생략이 성(sexuality)을 개별적으로 구성된 것으로 볼지 아니면 "인간에게 필수적인"(Rossi, 1995, p. 5) 특성으로 모든 인간들에게 고정된 결정론적인 것으로 볼지를 구분하는 데에 결정적인 역할을 한다고 하였다. 더 구체적으로, HSRC 모형은 성 반응에서 다른 양상을 허용하지 않아서, 보통의 사람은 성기 변화가 강조된 각 단계를 일정한 순서에 따라서만 진행하는 것으로 본다(Basson, 2000, 2001a, 2001b, 2005; Crooks & Baur, 2011).

두 번째 비판으로 Masters와 Johnson(1966)의 연구는 대규모의 인구에 일반화되지 못하였는데, 왜냐하면 자원자로 이루어진 연구라서 편향된 연구 결과가 생성되기 때문이다(Bentler

& Abramson, 1980l; Crooks & Baur, 2011; Rosenthal & Rosnow, 1969; Rowland, 1999). Tiefer(1991)는 구체적으로 Masters와 Johnson(1966)의 방법론에 대한 몇 가지 선택적 편견을 지적하였다. 첫째로, 피험자가 되기 위한 조건은 "긍정적인 자위와 성교 극치감 경험"이었다(Tiefer, 1991, p. 311). Tiefer(1991)가 지적하듯이, 이것은 성적 어려움을 경험하는 개인과 쌍이 이 질문에 대한 결과와 적용 가능성에 의문을 제기한다. 또한 HRSC에 의하면 만족스러운 성적 경험이라는 것은 극치감을 반드시 포함해야 하는 것이며, 이때 극치감은 목표로 삼아야 하는 것이고 성교의 유일한 목적이라고 개념화한다. 다시 말해서, HRSC는 불특정한 방법을 통해서 쾌락을 경험하거나, 극치감의 유무와 관계없이 개인적인 관점에서 결합하는 수단으로써의 성을 받아들이지 않는다(Basson, 2000, 2001a, 2001b, 2008; Basson et al., 2004; Levine, 1992; Tiefer, 1991). 여성은 극치감에 도달하는 것보다 대인관계에 더 높은 가치를 둔다고 하는 측면에서는, HSRC는 남성적인 성 경험 방식 쪽에 편향되어 있다(Tiefer, 1991; Crooks & Baur, 2011). 마찬가지로, Masters와 Johnson의 실험실 연구를 위해 선택된 대상은 성에 대한 관심이 상당하다고 표시해야 했다(Masters & Johnson, 1966). 이러한 기질은 성의 문제를 겪는 개인들에게는 별로 존재하지 않을 것이라고 우리는 생각한다.

대상 선택 편향 외에도, Masters와 Johnson(1966)의 실험실 연구는 인위적인 환경에서 이루어졌으며 실험자 편향이 가득했다. 따라서 이것은 그 결과의 타당성에 대한 의문을 불러일으킨다(Rosenthal, 1966; Tiefer, 1991). 특히 Masters와 Johnson(1966)은 실행 논점을 강조했으며, 실험실에서 발생하는 것을 언급할 때 '성공'과 '실패' 같은 말들로 연구 대상들에게 쉽게 전달되었다(Masters & Johnson, 1996; Tiefer, 1991). 요약하자면, HSRC 모형은 주로 사회심리 관점을 가지고, 신체의 반응과 성기에 대부분의 초점을 두고 있지만 성적인 경험에 대한 감정 그리고 심리 측면에 주안점을 두는 것은 부족하다(Tiefer, 1991). 이것은 성 반응은 심리학적이거나 관계적인 것이라기보다 본질상 주로 생리적인 것이라는 통상적 인식을 이끌어냈다(Crooks & Baur, 2011).

인간 성 반응주기의 서술

Masters와 Johnson(1966)은 원래 1966년에 HSRC를 남성과 여성 모두의 성 반응에 대한 선형 모형(linear model)으로 제안했다(Crooks & Baur, 2011). Masters와 Johnson(1966)은 2개의 주요 사회심리 작동 기전을 추적했다. 그중 하나는 울혈(vasocongestion)이고 다른 하나는 근긴장(myotonia)이다(울혈은 혈류의 증가와, 근긴장은 근육 긴장도와 관련이 있다). Masters와 Johnson(1996)이 원래 개념화했던 HSRC는 네 단계로 구성된다—흥분기, 고조기, 극치감기, 회복기. Masters와 Johnson(1966)은 또한 남성은 추가적으로 한 단계를 더 가진다고 믿었다. 즉 불응기인데 회복기로 알려져 있으며 그 기간 동안에는 더 이상 성기에 대한 자극이 또다시 극치감을 발생시키지 않는다(Crooks & Baur, 2011).

성기능부전을 개념화하는 데 있어서 HSRC의 중요성을 고려해, 이제부터 HSRC를 더 자세하게 설명해볼 것이다. 원모형에 충실하여, 이 부분에서는 성기 과정과 신체 과정에 초점을 둘 것이다. HSRC의 첫 번째 단계는 흥분기이다. 이것은 전희라고도 불려지며, (남성이든 여성이든) 성 자극에 노출되었을 때 일어난다. 특정 개인마다 자극이라고 여겨지는 것에는 매우 큰 차이가 있다. 시각적인 이미지, 생각/공상, 신체적인 접촉들은 모두 성 자극원이 될 수 있다(Haber & Runyon, 2011). 남성이 성 흥분을 경험하고 있다는 것을 알 수 있는 주된 지표는 혈액이 모여 음경이 충혈되고 발기를 하게 되는 것이다(Crooks & Baur, 2011). 그의 고환은 올라가기 시작할 것이고, 유두가 딱딱해질 수도 있다(Sipksi & Alexander, 1997a). 여성의 경우에는 그러한 징후로 음핵이 팽창하고, 질 윤활액이 분비되며, 가슴이 부풀고, 유두가 곤두서게 된다(Haber & Runyon, 1984). 남성과 여성 모두 호흡의 빈도, 심장 박동, 혈압이 상승하기 시작하고, 근육긴장도가 증가하고, 성 홍조(sex flush)라고 불리는 핑크색 반점이 생길 수도 있다(Crooks & Baur, 2011; Haber & Runyon, 1984; Satterfield & Stayton, 1980).

흥분기 단계 다음은 고조기 단계이다. 고조기에서는 성 반응이나 쾌감이 매우 강렬해진다(Crooks & Baur, 2011). 남성의 경우 음경과 고환의 크기가 점점 확대되고, 음경에서 약간의 정액이나 쿠퍼액이 분비될 수도 있다. 여성들은 윤활액의 분비가 감소하고, 음핵은 음핵포피 밑으로 오그라들지만, 가슴은 커지는 것을 경험한다. 남성과 여성 모두 근육의 긴장도, 심장 박동, 혈압이 계속해서 상승한다(Crooks & Baur, 2011).

성 쾌감은 극치감기에서 절정에 도달한다. 이때 사람들은 '일시적 강렬한 쾌감의 최고점'을(Kingsberg & Althof, 2009, p. S36) 경험한다. 여성과 남성 모두 호흡의 빈도, 심장 박동, 혈압이 정점에 도달한다(Levine, 1992). 남성의 극치감 경험은 사정과 동시에 음경의 수축으로 이루어지고(Crooks & Baur, 2011), 이것은 '사정의 불가피성(ejaculatory inevitability)'이라고(Levine, 1992, p. 33) 알려진 강렬한 쾌감의 상태 이후에 일어난다. 여성의 경우도 질 주변부에서 이와 비슷한, 강한 수축과 파르르 떨림을 경험한다(Crooks & Baur, 2011; Haber & Runyon, 1984). 극치감이 종종 성교의 주된 목적이라고 단정 짓지만, 성관계는 극치감이 일어나지 않는다고 할지라도 매우 가치 있고 기분 좋은 것일 수 있다(Basson, 2005; Basson et al., 2004).

극치감 이후에 회복기를 경험하게 되고, 성교 도중에 발생했던 신체적인 변화는 정상적인 상태 즉, 흥분기 이전의 정도로 되돌아간다(Crooks & Baur, 2011). 이 단계는 회복기라고 알려져 있으며, 이때 쌍은 친밀한 한때를 경험하기도 한다. 이 시기에 그들은 서로를 안거나 애무를 하며 다정한 대화를 나누기도 한다(Levine, 1992). 남성의 경우, 보통 추가적으로 불응기가 있고, 이 동안에는 극치감을 경험할 수 없다(Levine, 1992; Sipski & Alexander, 1997a). 여성은 불응기를 겪지 않아서 한 번의 성적인 접촉이 이루어지는 동안 여러 번의 극치감을 느낄 수 있다(Crooks & Baur, 2011).[5]

성 치료 영역에서 매우 영향력 있는 또 다른 인물로는 정신과 의사이자 심리분석학자인 Helen Singer Kaplan(1974, 1979)이 있는데, 그는 성 문제들에 대한 다양한 (심리역동, 인지, 대인관계, 행동) 접근들을 통합한 것으로 유명하다(Mezzich & Hernandez-Serrano, 2006; Schiavi, 2000). 1974년에, Kaplan은 Masters와 Johnson(1966)의 원래 모형을 수정하여 흥분기와 고조기를 하나로 압축하였으며 욕구 개념을 추가하였는데, 이는 "성 자극을 일으키거나 반응하도록 자극하는 기분"(Sipski & Alexander, 1997a, p. 77)이라고 정의되었다. Kaplan(1979)은 대부분의 성 문제들은 적어도 이 세 가지의 단계들과 연관되어 있으며, 다른 두 단계에서는 잘 기능할 수 있지만, 한 단계에서 어려움을 겪을 수 있다고 주장했다(Crooks & Baur, 2011). Kaplan(1979) 모형의 가장 중요한 공헌은 이것이 성기의 변화 이외에 성 반응주기 측면들 특히, 욕구를 다루었다는 것이다(Crooks & Baur, 2011; Ferreira, Narciso & Novo, 2012). Kaplan(1979)은 처음에 이 모형을 세 단계 모형이라고 불렀으며, 이는 Masters와 Johnson(1966)의 앞선 작업과 통합되었다.

Kaplan(1979)이 변화시킨 HSRC는 네 단계로 정리된다 — 욕구기, 흥분기, 극치감기, 회복기. 욕구 단계는 관능적이거나 혹은 성적인 활동인 접촉에 관한 공상에 참여함으로써 마음을 자극하는 것으로 구성된다. 흥분 단계는 극치감을 준비하는 신체적인 변화들을 특징으로 한다. 극치감 단계는 성적 쾌감의 가장 고조된 순간으로, 이후 성적인 만족의 결과로써 긴장의 이완이 이어진다. 마지막은 회복 단계인데, 이때 성적으로 고조된 상태를 가라앉히게 되고, 보통 전반적인 행복감과 함께 매우 편안함을 느낀다(APA, 2000; Crooks & Baur, 2008; Mezzich & Hernandez-Serrano, 2006).

성 반응의 대안 모형

Kaplan의 모형에 욕구 단계가 추가되었음에도 불구하고 그것은 여전이 불완전한 것으로 남아 있다고 생각된다. 그리고 성 표현들 모두가 자발적인 성 욕구들을 포함하고 있지 않다는 것은 명백하다(Basson, 2001b; Basson et al., 2004; ter Kuile, Both & van Lankveld, 2010). Basson(2001a)은 특히 여성들이 성 활동에 참여하게 되는 다양한 동기들을 제안했다. 예를 들

---

5 다중 극치감과 불응기에 대해서는 문헌마다 이견이 있다. 일부 사례에서, 남성들이 다중 극치감을 경험할 수 있으며(Chia & Abrams, 1997), 일부 여성은 불응기를 경험한다. 인간 성 반응주기(HSRC)에 관한 보다 상세한 정보를 얻으려면, 우리의 성(Our Sexuality, Crrooks & Baur, 2011)을 참조하기 바란다.

어, 여성은 아마도 성 욕구 그 자체에 의해서가 아니라 정서적인 친밀감 또는 여성스럽다거나 매력적이라는 감정들을 더 느끼려는 욕구에 의해, 혹은 상대의 욕구에 맞추기 위해 주어진 성 행위를 하려고 마음먹을 수 있다.

앞에서 언급한 것처럼, 몇몇 사람들은 HSBC 모형이 남성과 여성의 성 반응 양상이 사실상 동일하다고 가정한다는 사실을 문제 삼으면서, 이 모형을 여성에게 사용하는 것에 있어서 의문을 가지고 있다(Basson, 2000; Kingsberg & Kingsverg, 2009; Althof, 2012; Sutherland, 2012; Tiefer, 1991; Troisi, 2008). Whipple과 Brash McGreer(1997)는 여성들이 극치감 이외에도 성의 즐거움을 경험할 수 있는 많은 방법들이 있다고 강조하고 동시에 건강 전문가들이 "성의 즐거움을 얻기 위한 옳거나 정상적인 방법은 없고 각 개인들은 고유하고 다양한 변수들에 따라 다양하게 반응한다는 것을 알아야 한다."고 주장했다(p. 516). 연구에 의하면 여성들은 생물학 요소와 함께 상황, 심리, 개별 문제와 같은 요소들이 여성의 성 경험에 영향을 주며, 여성들은 폭넓은 다양한 이유를 가지고 성에 동참할 수 있다(Basson, 2000; Kingsberg & Kingsverg, 2009; Althof, 2012; Sutherland, 2012; Tiefer, 1991; Troisi, 2008; Wipple & Brash McGreer, 1997). 사실 성 반응을 위해 긍정 관계 요인을 내세우는 것은 아이들이 성적 교류를 안전하지 않고 만족스럽지 않은 것으로 취급하지 않게 하려는 지극히 진화론적인 목적을 달성시킨다(Troisi, 2008).

따라서 여성들의 욕구에 잘 맞는 대안 모형들이 제안되었고 David Reed의 성 자극 경로 모형(Erotic Stimulus Pathway Model)은 성기에 초점을 맞추기보다 심리학과 인간의 성 반응을 구성하는 사회 행동들에 더욱 초점을 맞추었다(Sexual Health Network, 2004). Reed는 유혹, 감각, 압도, 반영의 네 단계가 있다고 보았다. 유혹 단계에서, 우리는 우리와 잠재적인 상대를 성적인 활동들로 이끌게 하는 행동들, 예를 들어 외적인 모습을 가꾸는 것, 좋은 냄새가 나는 것, 함께 시간을 보내기 위해 계획하는 것 등에 참여한다. 감각 단계에서는 우리는 감각들을 이용해서 흥분으로 이끄는 잠재적인 성적인 자극들을 받아들이거나 해석한다. 압도 단계에서, 우리는 극치감을 경험하며, 이를 위해선 통제의 포기 그리고 자신과 상대에 대한 신뢰가 요구된다. 반영 단계에서, 우리는 성적인 경험을 되돌아보고 이것이 긍정적이고 즐거웠는지 생각해 본다. 이 단계는 아주 중요다고 여겨지는데 왜냐하면 성적인 경험이 긍정적으로 느껴졌는지 아닌지는 강화의 역할을 통해 미래의 성적인 만남에 대한 기초가 되고 미래에 성 경험의 저항을 이끌어낼 수도 있기 때문이다(Sexual Health Network, 2004). Whipple과 Brash McGreer는 Reed의 모형을 해석하면서 "이 모형은 순환적이다. 왜냐하면 반영 단계는 다음 성 경험의 유혹 단계를 이끌기 때문이다."(p. 526)라고 주장했다.

Basson(2008)은 또한 정서 친밀감, 성 자극과 관계 만족 간에 서로 밀접한 영향들이 있음을 강조하면서, 여성 성 반응의 비선형적인 모형을 만들었다. Basson(2001b)에 의하면, 여성은 자신의 욕구 이외에 그의 상대에 호응하거나 정서적인 유대를 경험하는 것과 같은 이유들 때문에 성에 동참할 수 있다. 그리고 나아가 신체 심리 요인들(신체/우상 분획 그리고 마음/좌상 분획) 사이의 상호관련성을 지적하면서, 여성들의 경우 종종 성 반응 단계들이 겹치거나 단계마다 다양할 뿐만 아니라, 정신과 신체 요소들이 혼합된다고 했다(Basson, 2005). Basson(2001a)의 모형에 의하면, 여성은 '성 중립성'에서 시작해서, 여성은 성적인 자극에 개방적이나 찾아나서지는 않는다(ARHP, 2008). 그러한 자극과 접촉하게 되면 심리학적, 생물학적인 요소들은 욕구와 흥분을 증가시키고 만약 욕구와 자극이 (지속되는 것을) 방해받지 않는다면, 정서 및 신체 만족과 함께 절정을 맞게 된다. 그리고 그것은 이후의 성 접촉에 대해 갈망하거나 개방적이게 할 가능성을 높인다(ARHP, 2008; Basson, 2000). Basson(2001a)의 모형은 성 행위의 목적은 반드시 극치감에 도달하는 것이 아니라 오히려 개인적인 만족을 얻기 위한 것이라는 것을 분명하게 하고 이러한 만족은 신체 만족과 정서 만족(상대에 대한 친밀한 그리고 연결된 느낌)을 포함하고 있다.

성기능의 생물심리사회 관점과 병인론 요약

Kinsey 등(1948, 1953), Masters와 Johnson(1966) 그리고 Kaplan(1974)과 같은 초기 성 연구자들의 작업들은 오늘날 인기를 얻고 있는 질병 모형과 잘 맞지 않으며, 인간의 성(sexuality)에 대한 최신 접근들은 상당히 의학화되어 있다(Bancrofr, 2002; DeLamatar & Sill, 2005; Mezzich & Hernandez-Serrano, 2006; Rosen & Leiblum, 1995; Rossi, 1995; Sutherland, 2012; Tiefer, 2001, 2004). 이전에는 심리 요인들에 초점을 두고, 심리 분석이 성 문제들을 다루기 위한 주된 접근이었다(Schiavi, 2000). 통합 이론의 관점에서, 대부분의 성 문제들은 처음에는 주관적이고 사분획 중 좌상 분획에 위치하는 현상이라고 생각되어졌다. 최근에는 우상 분획의 현상이라고 여겨지는 경향이 있다. 더 최근에는, 심리학 원인과 생리학 요인을 병인론 영향으로 공히 나누고 있는 것으로 보인다(Mezzich & Hernandez-Serrano, 2006). 심리학과 생리학을 나누어 이분법적으로 성에 대해 접근하는 것은 개인의 성 경험에 대해 모든 것을 포괄적으로 이해하는 데 있어서 실질적인 장애가 될 뿐이다. 최악의 경우 여성에게 인간의 성(sexuality)과 성 문제에 대한 치료에 효과적으로 접근하기에는 오류가 있고 완전히 잘못될 수도 있다(Basson, 2001b; Mezzich & Hernandez-Serrano, 2006; Rossi, 1995; Sadovsky & Nusbaum, 2006, Schiavi, 2000; Sutherland, 2012; Tiefer, 2001; 2004). 심리학과 생리학 이외에도 개인 상호 간, 사회문화 영향력들(좌하 분획과 우하 분획 현상) 또한 성 문제들을 개념화하고 치료하는 데 있어서 중요하다(Basson, 2001a; DeLamater & Sill,2005; Mezzich & Hernandez-Serrano, 2006;

Rossi, 1995; Sutherland, 2012; Tiefer, 2001).

따라서 인간에 대한 일차원적인 접근에서 벗어나 성 건강에 대해 생물, 심리, 사회, 환경, 문화 요인들의 상호작용을 고려한 생물심리사회 관점으로 발전하는 추세가 있다(Bergeron, Meana, Binik, & Khalife , 2010; Fagan, 2004; Mezzich & Hernandez-Serrano, 2006; Rossi, 1995). Mezzich와 Hernandez-Serrano(2006)는 성 보건에 대한 세계정신의학회 교육프로그램을 대표해 논문을 쓰면서, 포괄적인 관점을 받아들였고, 성 보건의 문제에 대해 접근하는 데 있어서 문화적인 고려 요소들을 포함하는 것에 대한 가치를 강조했다. 이러한 요인들은 매우 중요하고 다양한 측면을 가지고 있으며, 서로 밀접한 관련이 있고, 직선적이고 고정된 것과는 반대로 그것들 사이에 순환적이고 역동적으로 상호영향력을 발휘한다고 언급하였다(Mezzich & Hernandez-Serrano, 2006).

성에 대한 해부학과 생화학 같은 생리학 측면은 발달, 성격, 자아, 생각 그리고 느낌과 같은 심리 요소나 성 역할, 개인 상호 간의 관계, 불평등에 대한 구조들과 같은 사회 요인들로부터 분리되어 취급될 수 없다. 문화 요소들을 고려하는 것 또한 중요한데 왜냐하면 인간 성(sexuality)과 관련된 정의, 표현, 규정 그리고 의미들이 문화적인 기반 위에 자리 잡고 있으며 그 영향을 받기 때문이다(p. 3).

범위의 폭과 통합 특성 때문에 생물심리사회 관점은 통합 이론과 일치하며, 성기능에 대한 통합 접근과 쉽게 통합될 수 있다. 이제 기초를 닦았으니 성기능부전장애를 살펴보자.

성기능부전장애

DSM-5에서 정의했듯이, 성기능부전은 성적으로 반응하는 또는 즐거운 성 경험을 갖는 능력의 손상을 가리킨다. DSM-5에는 일곱 가지 주된 성기능부전장애가 있다. 그것은 사정지연, 발기장애, 여성극치감장애, 여성 성적 관심/흥분장애, 성기-골반통증/삽입장애, 남성성욕감퇴장애, 조기사정이 있다. 그리고 물질 혹은 약물치료로 유발된 성기능부전 진단 범주가 있고, 위에서 언급한 일곱 가지의 성기능부전장애들에 대한 기준에는 부합하지 않지만, 성기능부전을 암시하는 증상들과 관련된 고통을 경험하는 몇몇 상황들에 있어서 달리 명시된/명시되지 않는 성기능부전 진단 범주가 있다.

성기능부전은 자주 일어날 뿐만 아니라(Heiman & Meston, 1998; Simon & Carey, 2001), 매우 복잡한 문제이다. 왜냐하면 그것을 일으키는 요인들이 많고, 성기능부전장애들이 동시에 일어나기 때문이다(Balon & Wise, 2011; Crroks & Baur, 2008; Mahan, 2003). 예를 들어,

극치감을 느끼는 데 어려움이 있는 사람은 또한 욕구과 흥분에 대한 어려움을 가질 가능성이 높다. 반대로, 욕구과 흥분에 대해 문제를 가진 사람은 종종 극치감을 느끼는 데 문제를 겪을 것이다(APA, 2000; Crooks & Baur, 2008).[6] 게다가 성 장애에 대한 DSM 기준에 부합하지 않더라도 성 장애가 있는 특정 행동을 보일 수도 있다(Fagan, 2004). 이처럼 성기능부전이 복잡하고 동시에 일어나는 경우가 많기 때문에 대체로 많은 임상의들이 이 문제를 피하는지도 모른다(Mahan, 2003). 더 나아가, 개인이 성기능을 어떻게 인지하는지도 사람마다 다르다. 몇몇 사람들에게 (다른 사람들이 보기에) 성 장애라고 인식되는 문제가 발생되기는 하지만, 그 사람이 반드시 개인적으로 성기능에 대해 만족하지 않거나 불행을 겪는 것은 아니다(Balon & Wise, 2001; Crooks & Baur, 2008). 다른 요인들, 예를 들어 정서적인 건강 상태와 정서적인 관계의 질과 같은 요인들도 성적인 경험을 인식하는 데 영향을 줄 수 있다(Chao et al., 2011; Crooks & Baur, 2008).

성기능부전은 또한 주요우울장애, 강박장애, 외상후스트레스장애와 같은 특정 정신건강 진단과 흡사하다. 성기능부전의 원인이 주로 다른 정신건강 진단을 통해 밝혀지는 경우는, 후자의 진단만 부여된다(APA, 2013).

성욕장애

성욕이란 "성적인 활동 혹은 그러한 활동들에 즐거운 기대를 하며 그것들을 찾으려고 하거나 반응하고자 하는 바람, 욕구 또는 충동"이라고 정의된다(Giargiari, Mahaffey, Craighead, & Hutchison, 2005). Levine(1992)은 나아가 욕구를 3개의 분리된 구성요소로 나누었고, 그것을 Kingsbers와 Althof(2009)가 다음과 같이 묘사하였다.

첫 번째 구성요소는 충동, 즉 신경내분비적인 기제에 기반한 생물학 요소이고, 자연스러운 성 관심이 나타난다. 내담자들은 이것을 '성적 흥분'을 느끼는 것으로 인식한다. …두 번째 구성요소는 *인지*(cognitive)이다. 이것은 성에 대한 개인의 기대, 신념, 가치를 반영한다. 세 번째 구성요소는 욕구에 대한 정서적이고 대인과 관련된 요소이며, 성 활동에 기꺼이 참여하는 것에 의해 특징지어지고, 동기로 분류된다(p. S35).

DSM-IV-TR에서 2개의 성욕장애 즉, 성욕감퇴장애(HSDD)와 성혐오장애는 성욕이 줄

---

6 아마도 이러한 중복 때문에, 성욕감퇴장애와 여성 성흥분장애는 DSM-5에서 새로운 진단 범주인 성적 관심/흥분장애에 귀속되었다(APA, 2010, 2013).

어든 문제가 있다는 점에서 유사하다. 이런 이유로, 이러한 장애 모두 성 반응주기의 욕구 단계에서 어려움을 보여준다(Crooks & Baur, 2008). 성욕감퇴장애의 경우, 내담자가 성행위에 관심이 부족함에도 불구하고, 일반적으로 성행위가 시작되면 그것에 참여한다(APA, 2000; Morrison, 2006).[7] 성혐오장애의 경우에는, 내담자가 성기에 접촉하는 것에 대한 개념에 의해 혐오감을 느낀다(APA, 2000; Morrison, 2006). 많은 경우 이 두 질환이 함께 겹쳐져서 발생되고 종종 함께 진단된다. 이것이 DSM-5에서 그것들을 한 가지의 진단으로 결합한 것에 대한 근거이다. 비록 진단 범주들을 결합하는 것에 대한 결정이 몇몇 학자들의(DeRogatis, Clayton, Rosen, Sand, & Pyke, 2001) 저항에 맞닥뜨리긴 했지만, 낮은 수준의 욕구를 가지고 있는 여성들은 종종 성기능에 있어서 대부분 또는 전 영역에 걸쳐 문제를 겪고 있다는 증거에 기반해 그렇게 결정되었다.

성흥분장애

성흥분장애는 성적인 활동을 갈망하지만 그럼에도 불구하고 성행위에 충분한 흥분에 도달하지 못한 사람과 관련이 있다(APA, 2000; Crooks & Baur, 2008; Morrison, 2008). 이러한 장애는 성 반응주기에서 흥분기에 발생되고, DSM-IV-TR에 의하면 여성 성흥분장애와 남성 성흥분장애가 있다(APA, 2000; Crooks & Baur, 2008; Morrison, 2006). 이전에 언급한 것처럼 발기장애는 DSM-5에 남아 있는 반면, 여성 성흥분장애는 여성 성적 관심/흥분장애에 포함되었다. 이러한 장애들은 심리적인 고통을 일으키고, 사랑의 교류에 붕괴를 초래한다(APA, 2000). 여성 성흥분장애(FSAD)에 대해 꽤 많은 혼동이 있었고, 이것은 이 질환이 얼마나 자주 일어나는지에 대해 이해하는 데 어려움을 초래했다. 그리고 질병학 연구는 그것의 발생 빈도에 있어서 상당한 차이가 있다는 것을 보여주었다(Simon & Carey, 2001; Spector & Carey, 1990). FSAD는 적절한 질액을 분비하면서 성 활동을 완성하는 데 있어서의 무능력으로 정의된다. 성 자극에 대한 성기 반응의 부재나 손상은 DSM-IV-TR의 진단 기준의 필수 요소이다(Kingsberg & Althof, 2009, p. S36). 여성에게 있어서 성 흥분의 과정은 복잡하고, FSAD는 많은 경우에 있어서 다른 성기능부전장애들 특히, 성욕감퇴장애와 함께 발생하는 경우가 많다(APA, 2000; Basson, 2008).[8] 다시 말하자면, 명확성의 부재는 DSM-5에서 여성의 성욕장애와 흥분장애를 합치게 되는 결론을 이끌었다(Brotto et al., 2011).

---

7 Basson(2000, 2001a, 2001b, 2005)이 지적하였듯이, 이것은 사실상 일부 여성에게 규범일 수 있으며, 그는 여성의 성욕을 개념화할 때 수용성 개념을 포함하길 권장한다.
8 여성 성흥분장애(FSAD)는 DSM-5에서 성욕감퇴장애(HSDD)와 합쳐져서 여성 성적 관심/흥분장애 진단 범주 아래에 귀속되었다. HSDD와 FSAD가 많은 부분 중복되기 때문에 우리는 이러한 변화를 지지한다.

남성 발기장애(ED)는 때로 발기부전이라 부르며(Rosen & Leiblum, 1992), 특징적으로 발기 상태 도달이나 성관계를 마칠 때까지의 발기상태 유지에 반복적 지속적 불능을 보인다(APA, 2013). ED는 성행위 도중 다양한 지점에서 일어날 수 있으며 성행위 시작, 삽입 시도, 삽입 중을 포함한다(APA, 2013). 몇몇 남성들의 경우 아침에 기상할 때, 자위를 할 때, 또는 성매매 상대 앞에서와 같은 특정 상황에서만 발기가 가능하다(APA, 2013; Morrison, 2006). ED가 간헐적으로 일어나는 경우 또는 부적절한 자극이 있는 경우에는 정확한 진단을 내릴 수 없다.

극치감장애

극치감장애는 성 주기 단계 중 극치감 단계에서 일어나고, 남녀 모두 경험한다(Crooks & Baur, 2011). 극치감과 관련된 문제들은 그것이 너무 길거나 너무 짧거나 혹은 얼마나 절정의 순간이 지속되는지뿐만 아니라, (최소한 그 사람이 원하는 한) 극치감을 경험하는 능력을 포함한다(Crooks & Baur, 2011). 다른 성기능부전들과 마찬가지로 극치감장애는 당황하거나, 낮은 자존감, 사회 고립, 몸에 대한 부정적인 이미지, 불임, 파괴된 사랑의 교류와 같은 형태로 상당한 고통을 일으킬 가능성을 포함하고 있다(APA, 2000; Mahan, 2003). DSM-IV-TR에서는 세 가지 극치감장애를 포함하고 있다. 그것은 여성 극치감장애, 남성 극치감장애, 그리고 조루증이다. 비록 다르게 불리기는 하지만 이 세 가지 장애 모두 DSM-5에 남아 있다. 여성 극치감장애는 이름을 그대로 유지하고 있지만, 더 정확하고 덜 경멸적인 용어를 사용하고자 하는 노력으로 남성 극치감장애는 사정지연으로, 조루증은 조기사정[premature(early) ejaculation]으로 이름 붙여졌다(APA, 2010). [Premature ejaculation은 직역하면 미숙한 사정이며, 용어 순화를 위해 early라는 단어를 혼용한 것이다. 한글 번역은 애초부터 early에 뜻이 가까운 조기사정으로 번역해왔기에 DSM-5에서 '조기(이른) 사정'이라고 중복 번역해 쓸 필요가 없어서 그냥 조기사정이라고 쓴다. – 역자 주) 여성과 남성 극치감장애는 "정상 성 흥분 단계 이후의 극치감을 느끼는 데 있어서 지속적 혹은 반복적으로 지체되거나 느끼지 못하는 것"(APA, 2000, p. 547)이라고 정의된다.[9] 조기사정은 남성의 경우 지역사회 내의 유병률이 약 25~40%일 정도로 매우 흔하다(Levine, 1992; Rosen & Leiblum, 1995). 그리고 이것은 "개인이 원하기 전에, 그리고 삽입 전, 삽입 중, 삽입 직후에 최소한의 성 자극으로

---

9 여성 성 반응에 관한 최신 연구에 근거하여 Basson(2005)은 극치감장애의 이러한 정의를 수정하길 비록 여성에게서 높은 성 흥분이 보고되어도, 극치감은 지연되거나, 없거나, 강도가 현저히 약화될 수 있다고 하였다. 이러한 정의에 따르면 건강하고, 극치감을 갖는 여성을 포함하여 많은 여성은 극치감을 상황에 따라—오직 특정한 형태의 자극과 함께—경험하며 성교만으로는 극치감을 경험하지 않는다(Crooks & Baur, 2008; Donahey, 2010; Kingsberg & Althof, 2009). DSM 진단 기준에서 '대인관계 어려움' 서술에 대한 논점과 함께, 수정된 정의에서는 강조하길 여성은 스스로 고통스러워하지 않는 한 극치감의 경험이 없다 하여 이를 병적으로 보거나 성 장애로 명명하지 않는다(Basson, 2000).

사정이나 극치감이 시작되고 이것이 지속적 혹은 반복적으로 발생하는 것"으로(APA, 2000, p. 552) 정의된다.

성통증장애

DSM-IV-TR에는 두 가지의 성통증장애가 있는데 하나는 성교 통이고 다른 하나는 질 경련이다(APA, 2000). 이 두 가지는 DSM-5상의 성기-골반통증/삽입장애라는 하나의 질환으로 통합되었다(APA, 2010, 2013). 남성과 여성 모두 성교를 하는 도중 통증을 느낄 수 있지만, 이러한 장애들은 주로 여성들이 경험한다(Crooks & Baur, 2011; Morrison, 2006; Rosen & Leiblum, 1995). 성교를 하는 도중 남성이 통증을 느끼는 경우 의학적 상태와 관련이 있는 경우가 많다(Crooks & Baur, 2011; Morrison, 2006). 그 통증은 성 반응주기의 어느 곳에서나 일어날 수 있지만, 주로 성교를 하는 동안에 발생하고 특히, 삽입이 이루어지는 때에 주로 일어난다(APA, 2000; Crooks & Baur, 2008; Morrison, 2006).

성통증장애는 성 만족에 상당히 부정적인 영향을 줄 수 있고 성욕장애와 극치감장애와 같은 다른 성기능부전들과 중복될 수 있다(Crooks & Baur, 2011; Morrison, 2006). 게다가 이 질환은 불안, 좌절, 낮은 자존감, 거부 감정, 발기 문제 등을 일으킬 수 있다(Morrison, 2006). 성통증장애는 성적 관계에 심각한 해를 끼칠 수 있고, 결혼이나 임신을 꺼리게 될 수 있다(APA, 2000; Morrison, 2006).

성기능부전장애에 관해 전반적으로 살펴보았으니 이제 그 질환들의 병인론에 대해 논의해 볼 것이다. 성기능부전의 병인론은 (부분적으로는 성기능부전이 동시에 발생하는 것 때문에) 매우 복잡하다. 이러한 질환들의 복잡한 특징들에 대해 먼저 논의해보고, 그 후 성기능부전장애의 병인론이라고 알려진 것을 다뤄볼 것이다.

성기능부전의 병인론

이번 단원에서는 특정 개인 혹은 쌍의 성기능부전의 원인을 결정하는 것과 관련된 복잡한 특성을 강조하면서 시작할 것이다(Mezzich & Hernandez-Serrano, 2006). 성 장애들의 병인은 복잡한데 그 이유는 생물, 심리, 사회문화 요인들과 관련되어 있고 상호작용뿐만 아니라 이러한 요인들이 사람마다 상대적으로 다양한 형태로 나타나기 때문이다(Troisi, 2008). 다양한 성기능부전장애들이 동시에 발생할 뿐만 아니라, 실제로 몇몇 경우들(예 : 여성의 성흥분장애와 성교 통 혹은 조기사정과 발기장애)에 있어서는 한 가지 질환이 나머지 질환을 일으킬 수 있다(Mezzich & Hernandez-Serrano, 2006). Fagan(2004)에 의하면, 우리는 성에 관해 잘 알고 있지만 성 행동의 다차원적, 상호교류적인 특히, 생물학과 문화적 병인론에 대해서는 잘 알지 못한다. 모든 성기능부전에 있어서 단 하나의 단독 요인을 찾아내는 것은 사실상 불가능하기 때문에, 통합 틀을 이용해 하나의 그룹으로서의 모든 성기능부전장애의 병인론에 대해 논의해볼 것이다. 이런 접근법은 성기능에 대한 심리 측면과 의학 측면, 둘을 대립시켰던 이원론적인 역사 경향들에서부터 시작되었고, 이전에 논의했던 성(sexuality)의 생물심리사회 모형과는 더욱 선을 같이한다(DeLamater & Sill, 2005).

우상 분획 관점 : 생물학과 생리학 요인

진화 그리고 유전 개념들 진화 심리학 입장에서는 특정한 생각이나 행동이 병적인지 아닌지를 판단할 때, 구체적인 환경에 대한 개인의 기능과 적응성에 대한 개념을 염두에 두는 것이 필수적이다(Hinderliter, 2010). 다시 말해서, 무엇을 기능할 수 없는 것인지를 알기 전에 무엇을 기능할 수 있는 것인지를 먼저 알아야 한다(Troisi,2008). 인간의 성의 경우 성 선택설을 적용하는 데 있어 특히 상대적인데 이것은 심리, 사회 신호에 대한 반응들, 성교 전략들의 차이점이 어떻게 진화적인 기원을 가지게 되었는지를 상세히 설명한다(Troisi, 2008).

  잠시 성 장애들을 결합하여 하나의 전체로 생각해보면, 변태성욕장애는 남성이 여성보다 훨씬 많이 발생하는 것과는 반대로, 성기능부전은 여성이 남성보다 훨씬 많이 발생한다. 이것은 아마 남성들에게 관찰되는 짝짓기에 관한 접근이 여성들에게서 관찰되는 것과 대조적으로 다르기 때문일 것이다(Troisi, 2008). 진화 이론에 의하면, 남성들은 성을 가볍게 여기는 경향이 있고, 특정 상황에서 성행위에 참여할지 말지를 결정할 때 상대방을 차별하는 경향이 적은 반면에 여성의 경우는 대개 그들이 후손을 양육하기 위해 요구되는 높은 수준의 투자 때문에 훨씬 많은 차별을 하는 경향이 있다. 이러한 맥락에서 성기능부전은 남성들보다는 여성들에게서 더 흔하기는 하지만, 이것은 성 선택을 하는 자연적인 경향을 과장한 것으로 보인다. Troisi(2008)는 흔히 여성에게 성기능부전이라고 진단 내려지는 것이 어떻게 진화를 거듭하며 적응해온 성교 전략 중 극단의 형태가 되는지에 대해 설명했다(즉, 성 자제력을 발휘하는 능력, 그의 짝이 될 수도 있는 상대방의 건강을 평가하는 것, 그가 누구와 성교할지에 관해 깊이 숙고해보는 것). 이것은 여성의 성 경험을 결정하는 관계 요인들에 관한 중요성에 대한 최근의 연구 결과와 일치한다. 관계 역학이 만족스럽지 못할 때, 규범적이고 적응적인 반응으로써 성욕의 부족이 발생할 것이다(Troisi, 2008). 특히 "진화 관점을 사용하는 것은 임상가들이 성 심리학에서 진화된 성별 측면에 적절히 주의를 기울이도록 하고 남성의 성 반응 양상을 여성에게 그대로 적용하는 것을 피하도록 한다"(Troisi, 2008, p. 461).

생리학   나이, 호르몬, 질병, 수술, 장애, 약물과 같은 생리학적인 요인들은 종종 성 문제를 일으킨다(Annon, 1976; Crooks & Baur, 2011; DeLamater & Sill, 2005; Dedde, Can De Wiel, Weijmar Schultz, Vanwesenbeek, & Bender, 2010; Miller & Hunt, 2003; Stterfield & Stayton, 1980). 예를 들어, DSM-5에 따르면 성욕장애의 경우 일반적인 의학적 상태가 불특정 방식으로, 고통이나 취약함에서부터 생존에 대한 염려와, 몸에 대한 부정적인 이미지까지 성욕에 안 좋은 영향을 줄 수 있다(APA, 2013). 성기능부전의 경우 생리 요인들과 다른 요인들이 동시에 일어나거나 서로 영향을 미치는 경우가 종종 있음을 유념하는 것은 매우 중요하다(Crooks & Baur, 2011; Kedde et al., 2010). 성기-골반통증장애의 경우, 신체 상태들이 성교를 고통스럽게 만들 수 있는데, 여기에는 감염, 포진, 골반의 기형이나 이상(흉터, 유착, 자궁내막증), 골반 감염질병, 에스트로겐의 부족, 폐경기와 관련된 질의 변화, 위장 문제, 요로 염증/감염이 있다(APA, 2000; Morrison, 2006; Saks, 1999).[10] 거의 10%의 여성들에게 고통을 일으키는 아주 흔한 신체적인 병은 외음 전정부 증후군(vulvar vestibulitis syndrome)[11]이라고 불린다(Bergeron et al., 2010; Heiman, 2002).

성기-골반통증이 의학 상태나 신체 이상에 의해 유발된다는 것이 알려진다면, 이것은 정신질환으로 진단되지 않을 수 있다(APA, 2013). 이것은 또한 성기-골반통증이 약물의 사용으로부터 기인할 수 있다는 것이다. 이러한 경우는 물질/약물치료로 유발된 성기능부전으로 진단될 수 있다(APA, 2010, 2013; Balon & Wise, 2011). 성기-골반통증의 경우는 일반적인 성 장애와 마찬가지로, 의료 기관과 함께 치료를 조율하는 것이 현명하다. 다른 동반질환도 반드시 배제해야 하는데 이에는 불안장애, 기분장애, 정신증, 신체화장애가 있으며(Granot, Zisman-ilani, Ram, Goldstick, & Yovell, 2011), 고통스러운 성교가 이들의 진단 기준에 포함될 수 있기 때문이다(APA, 2000). Kingsberg와 Althof(2009)는 성적인 문제를 일으키는 상당한 생물학 요인들이 있을 때조차도 여전히 그 문제에 대해서 심리 및 행동 요인들을 함께 치료하는 것이 필수적이라고 강력하게 주장하였다. 예를 들어, 몇몇 성기-골반통증에 대한 경미하고 단기적인 치료법들은 질액의 사용과 다른 성관계 자세를 시도해보는 것을 포함한다(Crooks & Baur, 2011; Saks, 1999).

남성들의 경우 성교를 하는 데 있어서 통증을 호소하는 경우는 매우 드물다. 통증이 일어나는 경우는, 의학 질환과 관련된 경우가 많다(Crooks & Baur, 2011; Morrison, 2006). 통증이 있는 경우들은 포경수술을 받지 않은 남성의 포피가 꽉 끼는 경우, 포피 밑이 감염된 경우, 성기

---

10 보다 상세한 내용으로, Crooks와 Baur(2011)를 참조할 것.
11 외음 전정부 증후군에 대한 상세한 서술은, Basson(2005)을 보라.

부위에 발생하는 다른 감염들, 성 접촉에 의한 질병들 그리고 페이로니병(Peyronie's Disease) 등이 있다. 이러한 요인들을 가지고 있는 남성이 성교 통증을 호소하는 경우, 의학 치료가 필수적이고, 종종 그 치료가 문제를 해결하는 경우가 있다(Crooks & Baur, 2011).

전반적인 건강과 안녕 신체 건강은 긍정적인 성 경험의 토대가 된다(Chao et al., 2001; Crooks & Baur, 2011). 심지어 신체 질환이 없더라도, 어떤 특정한 경우에 몸 상태가 성기능에 영향을 미칠 것이다. 예를 들어, 스트레스를 효율적으로 관리하지 못한 경우 몸의 긴장을 유발할 것이고, 이는 성기능부전의 한 요인이 될 수 있다. 그리고 피로는 성욕을 줄어들게 하는 하나의 요인이며, 치골미골(PC) 근육의 힘은 극치감을 느끼거나 사정을 통제하는 데 영향을 준다(Mezzich & Hernandez-Serrano, 2006).

나이 연구에 의하면 노화가 절대 즐거운 성생활을 방해할 수는 없다고 하더라도 성욕과 노화 사이에는 관련성이 있다(Chao et al., 2011; Kontual & Haavio-Maniila, 2009; Sipski & Alexander, 1997a).[12] 하지만 몇몇 연구들은 나이와 성기능 간의 관계에 정상 참작을 해야만 하는 요인들이 있고, 나이만으로 성생활에 부정적인 영향을 주지는 못할 것이라고 주장한다(Chao et al., 2001; DeLamater & Sill, 2005). 성생활에 부정적인 영향을 끼치는 요소들 중 하나는 성호르몬 분비의 감소이다(Crooks & Baur, 2011; DeLamater & Sill, 2005). 또 다른 요소는 약물인데, 많은 수의 처방된 약과 처방전 없이 살 수 있는 약들이 성기능에 부정적인 영향을 끼치거나 부작용을 가지고 있기 때문이다. 심리 요인으로는 증가하는 우울증 경향(Lourenco, Azevedo, & Gouveia, 2011), 나이 든 사람의 성생활에 대한 부정적인 태도와 주류 문화에서 노인들의 성 활동에 대한 편견들이 있다(Delamater & Sill, 2005). 유사하게 자존감, 신체상(몸에 대한 이미지), 몸의 변화에 따른 불안정은 수행 불안이 병행되면서 성 경험에 부정적인 영향을 미칠 수 있다(Kontula & Havvio-Mannila, 2009; Sipski & Alexander, 1997a). 따라서 성 욕구가 지나치게 억제되어 있는 경우, 신체 기관이나 나이와 관련된 요인을 의심하기보다 심리적인 요소가 그러한 기능장애의 밑바탕이 될 가능성을 생각해보는 것이 중요하다(Levin, 1992). Chao와 그의 동료들은 "…성욕은 심리 상태이다."(p. 400)라고 주장했다.

호르몬 호르몬 또한 성기능에 큰 영향을 미치며(Delanater & Sill, 2005; Mezzich & Hernandez-Serrano, 2006), 성호르몬 분비에 영향을 줄 수 있는 질병과 수술은 성기능에 해를 끼칠 수 있다(Satterfield & Stayton, 1980). '성호르몬'이라는 용어는 리비도에 영향을 주는 호르몬을 말하며, 이 호르몬에는 안드로겐과 에스트로겐이 있다. 안드로겐(주로 테스토스테론)은 일

---

12 나이와 성에 대해 관심 있는 독자들을 위한 훌륭한 자료로 DeLamater와 Sill(2005) 그리고 Sipski와 Alexander(1997a)가 있다.

반적으로 남성의 성호르몬이라고 여겨지고, 에스트로겐은 보통 여성의 성호르몬이라고 여겨진다. 하지만 이 두 가지의 성호르몬 모두 남성과 여성 모두에게서 어느 정도는 생산된다(Crooks & Baur, 2011; Satterfield & Stayton, 1980). 안드로겐과 에스트로겐은 스테로이드 호르몬이고, 부신에서 —남성의 경우 고환, 여성의 경우 난소— 분비된다. 또한 뇌에서 분비되는 신경펩타이드 호르몬(예를 들어 옥시토신)은 인간의 성생활에서 중요하다(Crooks & Baur, 2011).

남성의 경우 성욕의 감소, 발기 문제, 성의 즐거움 감소는 테스토스테론의 부족이 원인이라고 보았다(Crooks & Baur, 2011; Mezzich & Hernandez-Serrano, 2006). 사실 남성은 성적으로 기능을 하기 위해서는 테스토스테론 수치가 정상적이어야 한다(Mezzich & Hernandez-Serrano, 2006). 성선자극호르몬 결핍증(hypogonadism, 혈액 내 테스토스테론의 수치가 감소하는 것과 관련된 전문용어)은 35%의 많은 수의 발기부전 사례와 관련 있다(Mezzich & Hernandez-Serrano, 2006). 테스토스테론은 또한 여성의 성기능에서 중요한 역할을 한다. 순환되는 테스토스테론의 수치가 줄어들면, 다음과 같은 것들에 안 좋은 영향을 미치기 쉽다 — 성욕, 성 환상, 성 자극에 대한 민감성, 흥분, 극치감을 느끼는 능력, 성 활동의 빈도(Crooks & Baur, 2011; DeLamater & Sill, 2005; Mezzich & Hernandez-Serrano, 2006).

에스트로겐은 또한 여성의 몸을 여성스럽게 하는 데 영향을 주며, 에스트로겐의 수치는 여성의 성생활과 성기능의 여러 측면과 관련이 있다. 이러한 측면들에는 질액의 분비, 성욕, 성의 즐거움, 극치감을 느끼는 능력이 있다(Crooks & Baur, 2011; DeLamater & Sill, 2005). 에스트로겐은 또한 성 표현에 도움이 되는 비특이적 효과를 가져온다. 이러한 효과로는 좋은 기분, 자신감, 그리고 전반적인 행복감이 있다(Mezzich & Hernandez-Serrano, 2006).

성생활에 영향을 미치는 다른 호르몬으로는 옥시토신과 프로게스테론이 있다. 프로게스테론은 리비도에 영향을 주는 한 요인이라고 알려져 있다(Mezzich & Hernandez-Serrano, 2006). 옥시토신의 분비는 접촉에 의해 유발되며, 성교 도중 수치가 올라가고, 성적 매력, 유대, 상대에 대한 애정 표현에 기여한다(Crooks & Baur, 2001).

의학적 문제들 내과 문제들은 간접적으로 전반적인 통증, 피로, 활기의 상실, 부정적인 신체상과 같은 심리 영향을 통해 성기능에 해를 줄 뿐만 아니라, 특정 생물학 기전이나 몸의 기능 전체에 부정적인 영향을 끼침으로써 성기능에 해를 가한다(Chao et al., 2011; DeLamater & Sill, 2005; Kedde et al., 2010; Satterfield & Stayton, 1980; Sipski & Alexander, 1997b).[13] 관련된 내과 문제들에는 장애, 질병, 부상, 전체적인 상태가 있으며, 이들은 요로, 혈액순환, 호

---

13 성에 관한 질환(illness)과 장애(disability)의 영향에 대한 훌륭한 문헌으로 Sipski와 Alexander가 편저한 *Sexual Function in People with Disability and Chronic Illness*(1997b)가 있다.

르몬, 근긴장, 신경체계에 영향을 줄 수 있다(Annon, 1976; Kedde et al., 2010; Mezzich & Hernandez-Serrano, 2006). Sipski와 Alexander(1997b)[14]는 성기능에 질병과 장애가 끼치는 영향에 관한 논의는 반드시 개개인에게 개별적이어야 하고, 다음과 같은 여러 요인들을 통합하여야 한다고 강조했다. "(1) 개인적인 장애나 만성 질환의 종류, (2) 장애나 만성 질환의 영향을 받는 각 개인의 강점과 약점"(p. 3). 성기능부전과 연관이 있을지 모르는 다른 의학 질병에는 심근경색이나 뇌졸중 같은 심혈관질환, 호흡기질환, 고혈압, 당뇨, 관절염, 전립선 질환, 암, 갑상선 이상, 동맥경화증, 다발성 경화증, 뇌성마비, 질염, 요도감염을 포함한다(Kedde et al., 2010; Mahan, 2003; Mezzich & Hernandez-Serrano, 2006; Sipski & Alexander, 1997b). 신체적인 질병이 성기능부전을 일으켰을 경우, 그 질병을 다루는 것은 종종 성기능을 향상시키는 결과를 가져오기도 한다(Mahan, 2003). 따라서 성기능에 관한 문제를 치료할 때에는 자격이 있는 의료진과 협력하는 것이 매우 중요하다.

신체장애가 성기능에 미치는 영향은 다양하다. 몇몇 사람들은 장애를 가진 이후에도 만족스러운 성생활을 유지하거나 재개할 수 있지만, 반면에 다른 사람들은 성생활의 영역에 있어서 돌이킬 수 없는 손상을 경험하기도 할 것이다(Crooks & Baur, 2011). 장애와 개인의 성기능 사이의 관계에 영향을 주는 생리 요소들에는 손상된 운동제어능력, 신체 민감도의 감소, 통증, 신체 기형 때문에 자위나 성교의 신체 활동을 하는 데 겪는 어려움, 감각 상실이 있다(Crooks & Baur, 2011; Sipski & Alexander, 1997b). 이전 문단에서 언급했던 많은 질병들은 장애를 수반하기도 한다. 성기능에 영향을 주는 또 다른 장애들에는 정신외상을 초래하는 뇌의 부상, 절단, (마비를 동반하는) 척수 부상, 뇌성마비, 실명, 청각소실이 있다(Sipski & Alexander, 1997b). 게다가 복부수술, 자궁절제술, 여성 성기 수술과 같은 몇몇 수술들은 성기능부전을 가져올 수 있다(Levine, 1992; Mezzich & Hernandez-Serrano, 2006).

치료 약물과 불법 약물 약이나 다른 물질들 또한 성기능부전의 잠재 원인일 수 있다. 이러한 약물에는 처방된 약, 처방전 없이 구입하는 약, 불법 약물을 포함한다(Crooks & Baur, 2011; Mahan, 2003).[15] 질병의 경우와 마찬가지로, 약물은 건강과 행복에 간접적인 영향을 주며 성기능에 부정적인 영향을 끼칠 수 있다(Delamater & Sill, 2005; Weiner & Rosen, 1997). 불법 물질은 "성 행동을 보완하기 위해 또한 향상시키거나 늘이거나 단축하거나 대체하거나 그 외의 조정을 위해"(Mezzich & Hernandez-Serrano, 2006, p. 37) 사용될 수 있다. 약물의 영향은 사용한 용량, 횟수, 지속 기간, 원인 상황 같은 요인들에 따라 달라질 수 있다. 많은 경우 약을

---

14 성기능부전과 관련된 신체 질환의 목록으로, Mezzich와 Hernandez-Serrano(2006), p. 102를 참조할 것.
15 Weiner와 Rosen(1997)의 훌륭한 자료가 있다.

조절하거나 사용을 중단함으로 성기능부전을 치료할 수 있다(Crooks & Baur, 2011 ; Mahan, 2003). 성기능부전을 일으키는 일반적인 물질로는 항경련제, 혈압강하제, 콜레스테롤 저하제, 위장약, 항암제, 부정맥치료제, 항히스타민제, 항우울제[특히 선택적 세로토닌 재흡수 억제제(SSRIs); Lourenco et al., 2011], 항정신병약, 리튬, 항불안제, 진정제, 신경안정제, 멀미약, 그리고 술이나 대마초나 다른 불법 유통 약물 같은 불법 물질들이 있다(Crooks & Baur, 2011 ; Mahan, 2003; Weiner & Rosen, 1997).

행동주의 관점 행동주의 관점에서 극치감과 같은 성 반응들은 학습된 행동이다(Carlson & Wheeler, 1980). 성기능부전을 가진 많은 사람들은 성 기술이 부족한데 이는 성 해부학과 인간 성 반응주기에 대한 부적절한 지식과 불충분한 성교육과 성 경험에서부터 기인했을 것이다(Mezzich & Hernandez-Serrano, 2006). 회피는 성기능부전에 중요한 영향을 줄 수 있는 해당 반응이다. 다시 말해, 한 개인이 성 문제에 상당히 고군분투하거나 실패나 무기력의 감정을 경험할 때, 결국 성적인 상황을 회피하는 양상을 만들어낸다는 것이다(Satterfield & Stayton, 1980). 음란물을 보며 자위를 하는 반복 양상은 남성 극치감장애를 가진 이들에게 관찰되었다(Mezzich & Hernandez-Serrano, 2006). 우리는 이것이 사교성이 부족하거나 친밀감 문제를 겪는 사람들에게 상대와의 관계 스트레스를 피하는 동안 성욕을 만족시키기 위한 전략일 것이라는 가설을 세웠다. 다른 행동 문제로 이완(relax) 능력부족, 성교 중 자기신체감각 집중의 어려움, 종종 수행 불안을 일으키는 신체반응제어 능력부족이 있다.

좌상 그리고 좌하 분획 관점 : 태도에서 관계 요소까지

성기능부전 경험에는 심리, 관계, 문화 요인들이 상당히 많이 기여한다. 사실 (주로 개인이 속한 문화로부터 온) 성에 관한 태도는 개인의 성생활에 생물학 요인보다 더 많은 질적 영향을 준다는 증거가 있다(Crooks & Baur, 2011 ; DeLamater & Sill, 2005). 사회 그리고 관계 요인들 또한 중요하다(Mezzich & Hernandez-Serrano, 2006). 이번 장에서는 개인이나 쌍이 성기능부전을 겪게 될 수 있는 심리, 관계, 문화 요인들에 대해 논의해볼 것이다.

정서 건강과 정신질환 성 장애를 경험하는 많은 사람들은 정신건강 문제를 동반한다(Mezzich & Hernandez-Serrano, 2006). 정신질환을 겪는 사람들에게 흔히 있는 성 문제들로는 성욕 감퇴, 발기 문제, 사정(ejaculaiton) 문제가 있다(Maurice & Yule, 2010). 심리 체계에 심각한 혹은 만성의 질환이 있는 경우, 주요 정신질환과 마찬가지로 정신건강 문제가 성기능부전을 일으킬 수 있다(Mezzich & Hernandez-Serrano, 2006). 성기능을 방해할 가능성이 있는 정신질환들의 예는 조현병, 강박장애, 우울증(Lourenco et al., 2011; ter Kuile et al., 2010), 양극성장애, 공황장애, 기타 불안장애들(ter Kuile et al., 2010), 외상후스트레스장애(PTSD; Brotto, Seal, & Rellini, 2012), 성격장애, 섭식장애, 물질남용(Mezzich & Hernandez-Serrano, 2006; Satterfield & Stayton, 1980)이 있다. 개인이 심리 고통을 경험할 때, 비록 그것이 적응 문제의 선을 따라 가는 것이거나 혹은 상황에 따라 자연스럽게 나타난 것이라 해도, 이것이 성기능부전의 한 요 인이 될 수 있고 성 문제의 원인과 결과 둘 중 어느 하나로 나타날 수 있다(Chao et al., 2011).

지식 부족 성 경험 관련 지식이나 경험의 부족은 성기능부전의 흔한 요인이다(DeLamater & Sill, 2005). Deida(2005)에 따르면, 많은 사람들은 어떤 것이 건강한 성인지에 대한 현실적인 지침이나 예시 없이 자신의 '성적 물건'을 관리한다. 그 결과, 종종 그들의 성 발전은 기대에 미치지 못하고, 결국 성 영역에 대해 해박하거나 더 많은 기술이 있을 때 가능한 교향곡이나 재즈 즉흥곡을 즐기기보다 똑같은 미숙한 노래만 되풀이하게 된다.

많은 사람들은 성 해부학이나 인간 성 반응주기(HSRC)에 관한 가장 기본적인 지식도 없다 (Mezzich & Hernandez-Serrano, 2006). 이것은 성에 관한 기술을 부족하게 하고, 따라서 성기 능부전을 일으키는 데 기여한다. 지식 없는 사람들은 또한 성에 대한 근거 없는 믿음이나 오해 의 희생양이 되고, 이것은 종종 잘못된 기대를 하도록 한다. 실현시키지 못한 잘못된 기대를 하는 사람들은 실망, 좌절, 자기 회의의 감정에 취약하다. 이 모든 것들은 최상의 성 건강을 위 해 필수적인 편안하고 자신감 있는 성 행동과는 정반대되는 긴장되고, 부담되며, 걱정스러운 성 경험으로 이끈다(Mezzich & Hernandez-Serrano, 2006).

태도 성에 대한 태도 또한 개인의 성 경험의 질에 있어서 중요하다(DeLamater & Sill, 2005). 경험과 밀접하게 관련 있는 것은 성과 관련된 개인의 신념인데, 그것들 대부분은 어린 시절에 학습되었고, 본질적으로는 자신이 속한 문화와 관련되어 있다. Crooks와 Baur(2001)는 사회문 화 요인들이 성에 대한 태도에 미치는 영향을 우리가 얼마나 모르고 있는지를 강조했다. 우리 는 종종 우리의 성 충동 혹은 행동들이 자연스럽고 생물학적으로 내재되어 있다고 생각하지만 우리 성생활의 대부분은 사회적인 의견에 의해 학습된 것이다. 다른 사회 및 시대에 관한 사회 학 분석들은 우리가 성적으로 자연스럽다고 여긴 것들이 명백히 상대적이라는 것을 설명한다 (Crooks & Baur, 2011).

하나의 예로, 성의 거북함(흔히 죄책감과 수치의 형태로 나타난다)은 성기능부전의 흔한 요인인데, 특히 여성 극치감, 관심, 흥분장애에서 그러하다(Mezzich & Hernandez-Serrano, 2006). 성병에 걸릴까 봐 두려워하는 등의 공포가 또한 작용한다. 유의한 문화 요인으로는 종교 신념과 개인의 본이 된 성 풍습이 있다. 미국 사회에는 높은 수준의 성욕을 유지해야 한다는 압력이 존재하며, 이로 인해 특정 수준의 성적 친밀감에 따라 기대감 혹은 불충분감이 생긴다(Mezzich & Hernandez-Serrano, 2006).

노화와 관련된 생리 변화들과 함께, 심리 변화들 역시 일어난다. 그리고 이러한 심리 변화들이 성생활에 상당한 영향을 줄 수 있다(Chao et al., 2011; Mezzich & Hernandez-Serrano, 2006). 특히 성 경험에 해로운 영향을 줄 수 있는 몸의 기능과 관련된 두려움, 성과 관련된 걱정, 주의산만, 그리고 수행에 대한 압박이 증가할 수 있다. 나이가 들어가면 성생활의 질이 감소할 수 있다는 막연한 믿음이 실제 그럴 가능성을 높인다. 일부 남성들은 더 어린 상대를 원할 것이고, 여성들은 자신의 일이나 창조적인 활동에 더 집중할 것이다. 이러한 변화들은 장기적 관점에서 성적 관계에 어려움을 가져올 수 있다. 추가하여, Mezzich와 Hernandez-Serrano(2006)는 '성적 소진'이란 용어를 만들어냈는데, 이는 사람들이 자신들의 전형적인 성 관행에 싫증을 느끼는 것을 의미한다. 이런 상태가 되면, 사람들은 다른 성 상대를 찾고, 이는 기존 관계에 파괴적인 영향을 준다.

또 중요한 것은 상대의 매력에 어느 정도 끌리는지뿐만 아니라, 성적 존재로서 자기 자신을 바라보는 태도이다(Mezzich & Hernandez-Serrano, 2006). 성교를 하는 데 적절치 못하다고 느끼는 것과 동시에, 압박을 느끼는 것은 수행 불안을 일으킬 수 있으며 수행 불안은 성 행동에 도움이 되지 않는다.

영적 요인　현대 서구 문화에서는 성은 세속적이고 나쁜 것으로, 정신적인 것은 신성하고 좋은 것으로 여겼고 이 둘을 분리된 영역이라고 여기지만, 이것이 사실은 아니다(Copelan, 1995). 고대 문화에서, 성은 종교 의식에서 중요한 부분이었고, 많은 동양의 종교들은 정신적인 영적 수행의 한 요소로서 남성과 여성의 성 에너지 결합을 가치 있게 생각했다(Copelan, 1995). 오늘날 겉보기에 정반대인 영성과 성의 개념이 어떻게 연관되는지에 대해 이해하려는 사람들이 있다(Deida 2005; Marquis, 2008; Moore, 1980).

성의 영적 관점(Eugene, 1994) 즉 관계 맺는, 자기를 초월하는 그리고 자유롭게 몰입하는 우리의 역량을 아우르는 관점은 '성을 통해 신을 찾는 것(find God through sex)'(Deida, 2005, p. xiv)이 참으로 가능하다는 개념을 포용하고, 성이 단순히 인간 성 반응주기 단계 그 이상의 것임을 보여준다. 영적 시각을 통해 성을 볼 때, 성은 사랑의 한 표현이고, 그렇기 때문에 '기능부전'일 수 없다(Deida, 2005). 한편, 성관계는 '완벽하다' — 심장, 마음, 성기가 조화된다. 다른 한편 성은 불안하고 갈등이 된다. 그럼에도 불구하고, Deida는 이러한 경험들을 '실패'한 것으로 보는 것은 도움이 되지 않는다고 생각한다. 오히려 그러한 경험들은 사랑에 대해 배우고,

성장하고 열려 있는 기회라고 보는 것이 적절하다. 이러한 관점은 성에 대한 전통적인 유대 기독교 시각과는 명백한 대조를 이룬다. 성에 대한 경직되고 도덕적인 접근은 종종 성기능부전의 요인이며, 전통적인 종교 신앙은 사람들이 성에 대해 배우는 것을 낙담시키고, 성의 수행에 죄책감을 갖게 한다(Mahan, 2003). 프로이트는 성적 표출 기저의 갈등을 정신질환과 정신적 고통의 요인으로 보았음을 기억하자(Copelan, 1995; Crooks & Baur, 2011).[16]

그런데 성기능부전장애라는 진단을 받지 않은 사람들조차도, 성적 좌절이 흔하다(Deida, 2005). 성 문제가 생물학 손상 또는 이전의 성 경험으로부터 기인할 수 있다는 것을 부인할 수는 없지만, 영적 관점에서는 종종 성 문제가 닫힌 마음 그리고 기타의 정서 속박에서 온다고 지적한다. "전혀 방어하지 않는 유약한 마음"(Deida, 2005, p. 52)을 유지하는 것이 충족 이하의 성 경험뿐 아니라 충족 이하의 삶에 대한 해독제가 될 수 있다.

관계 요인 성은 (짝이 있거나 서로 맞아야 시작하듯) 애정 관계 정황에서 경험된다고 할 때 많은 관계 요소들은 성기능에 영향을 준다(DeLamater & Sill, 2005). 성적 관계는 다양한 형태를 띠고 있고, 경험되는 문제의 종류가 각자의 관계에 따라 독특할 수 있다는 것을 인지하는 것이 중요하다. 예를 들어, 오랜 기간 만남의 관계를 하고 있는 사람들이 직면할 수 있는 문제는 데이트와 연애가 이제 시작인 청소년이나 젊은이들이 직면하는 문제와는 다를 것이다. 또한 결혼을 끝내거나 오랜 기간의 관계를 청산한 뒤 다시 데이트를 시작하는 나이 많은 성인이 직면하는 문제와 레즈비언, 게이, 양성애자, 성전환자(LGBT)에 속하는 사람들이 겪는 문제는 다를 것이다(Scott & Levine, 2010).

Meana(2010)는 특정 쌍에게 있는 관계 문제나 성적 고통이 명백하게 드러나지 않을 수도 있고 흔히 성 경험에 영향을 주는 개인 간에 일어나는 다양한 요인들에는 각 상대가 가진 성의 기술뿐만 아니라, 갈등이 존재하고, 그 쌍이 갈등을 해결하는 데 필수적인 기술들을 어느 정도 가지고 있는지도 포함한다(Mezzich & Hernandez-Serrano, 2006). Meana(2010)가 지적했듯이 몇몇 쌍은 '투쟁의 사고방식(battleground mentality)'이라고 부르는 것을 가지고 있는데, 이것은 그들의 성적 상호작용을 포함한 둘의 삶이 이기고 지는 투쟁이 되는 것을 말한다. 예를 들어, 성욕이 낮은 경우에 있어서 연인과의 관계가 성적 기회를 회피하거나 차단하는 식의 부정적인 영향을 받을 수 있다(Schover & LoPiccolo, 1982). 또한 잦은 갈등, 학대, 상대로부터의 압력과 같은 관계 요소들 때문에 성욕이 줄어드는 경우도 있을 수 있다. 일부에서는 성이 완전

---

16 이 점은 질 경련(DSM-IV-TR) 혹은 성기-골반통증/삽입장애(DSM-5; Butcher, 1999) 사례에서 특히 두드러진다.

히 혐오스러운 것으로 경험될 수 있고, 개인은 공포, 심한 걱정, 호흡곤란, 구역질, 현기증, 어지러움, 그리고 심장의 떨림을 포함한 공황 상태와 유사한 증상을 경험할 수 있다(APA, 2013). 또한 성 접촉을 피하려고 행한 행동 자체가 문제가 될 수 있다. 예를 들어 이러한 행동들에는 위생에 신경 쓰지 않고, 외모를 가꾸지 않거나, 약물의 사용, 그리고 일이나 사람들을 만나는 것과 같은 대외적인 활동들에 지나치게 많이 참여하는 것 등이 있다(APA, 2000). 그런데 관계의 어려움을 갖고 있는 매우 많은 사람들이 성 문제를 경험하고 있음에도 불구하고(Satterfield & Stayton, 1980), 관계 요소가 항상 성 문제의 뿌리가 되는 것은 아니다. Meana(2010)가 언급했듯이, "행복한 쌍에게도 안 좋은 성관계가 있을 수 있다"(p. 104). 이와 유사하게 안전한지 그리고 사생활이 보장되어 있는지, 아이들이 있는지 없는지와 같은 환경 요인도 영향을 줄 수 있다(Scharff, 2010).

갈등의 흔한 원인은 한 쌍의 각각이 서로 다른 수준의 성욕을 가지고 있거나 얼마나 자주 관계를 가질지에 대한 합의가 이루어지지 않을 때 발생된다(Mezzich & Hernandez-Serrano, 2006).[17] 이 경우, 친밀감이나 의사소통 기술이 부족하고, 힘의 불균형이 존재하는 경우, 둘 중 성욕이 적은 사람은 상대방의 불만족에 대한 반응을 회피하면서 문제가 견고해지기 쉽다(Mezzich & Hernandez-Serrano, 2006). '요구-차단 양상(demand-withdrawal pattern)'은 둘 중 1명이 회피하려 할 때 다른 1명이 더 요구적이 되고 더 많이 요구할수록 상대방은 더 차단하려 하는 소통 순환과 관련 있다(Meana, 2010). 이런 종류의 반응을 보이는 성 장애의 경우, 성 문제가 해결이 되기 위해서는 둘 사이의 협동하는 자세를 이끌어내는 것이 필수적이다(Mezzich & Hernandez-Serrano, 2006).

성 문제를 일으키는 다른 관계 요소에는 불임인 사람들이 자주 느끼는 무능감이다(Scharff, 2010). 특히 여자들에게는 전체적인 행복감뿐만 아니라 불임이 성적 자존감에 끼치는 영향이 매우 크다(Troisi, 2008). 추가하여, 불임 치료의 일환으로 성관계를 계획하는 경우, 불안이나 실망 같은 정서 상태와 함께 성관계에 상당한 부담을 야기할 수 있다. 외도 또한 애인과의 성관계에 해로운 영향을 줄 수 있고(Scharff, 2010), 이것은 대개 다른 관계 문제와 연결된다(Levine, 2010; Meana, 2010).

성 장애와 관계 문제에 관한 순환적인 인과관계(상호적인 영향)의 예는 조기사정에서 두드러지게 나타나는데, 이러한 증상이 종종 큰 고통이나 친밀한 관계의 붕괴를 초래하며(Levine, 1992; Morrison, 2006), 관계 붕괴는 불안, 반감, 혹은 다른 당혹스러운 감정을 가져온다. 그

---

17 쌍이라도 성행위를 얼마나 자주 원하는지는 흔히 서로 다르다(Crooks & Baur, 2011). 2005 국제 성 조사에 따르면, 여성의 29%와 남성의 41%에서 자신들이 하는 것보다 더 많은 횟수의 성관계를 원했다(Crooks & Baur, 2011).

리고 이러한 감정들은 성기능부전의 가능성을 높인다. 쌍의 하나 혹은 둘 다 경험하는 흔한 감정으로 좌절, 분개, 당혹, 죄책감, 불충분감이 있다(Haber & Runyon, 1984; Levine, 1992; Morrison, 2006). 남성에게 발생하는 다른 성기능부전과 유사하게, 부끄러움 그리고 수행의 염려는 불안을 이끌 수 있고(Levine, 1992), 이것은 상황을 더 악화시켜 의사소통의 단절, 성에 대한 회피 행동, 또는 발기장애를 가져올 수 있다(Morrison, 2006).

또 다른 대인관계/문화 역동은 발기부전(impotence)이라는 용어에 내포된 비하적인 의미인데 이것은 남성성, 힘, 개인적인 권한과 같은 것에 대한 광범위한 영향력을 포함한다(Rosen & Leiblum, 1992). Tiefer(1986)는 주장했다.

> 놀랄 것도 없이, 성기가 '해야만' 하는 것을 실행하는 것에 어떤 어려움이 있든 그것은 깊은 모욕이나 절망의 근원이 될 수 있으며, 그 즉시는 자신감에 그리고 이어서는 남성으로서의 평판에 치명타를 입는다는 점에서 그러하다(p. 581).

발기 상태를 유지하지 못함으로 인해 겪는 심각한 심리 및 대인관계 결과들은 예기 불안과 자의식을 일으키며, 이에 더하여 발기 상태를 유지하는 데 어려움을 주게 된다(Resen & Leiblum, 1992). 따라서 발기장애를 가진 남성들이 성기능을 유지하는 데 지속적인 문제의 악순환이 반복된다(Haber & Runyon, 1984; Morrison, 2006). 몇몇 연구들에 따르면 여성들이 성의 만족에 점차 비중을 둠에 따라서 성적 수행에 관한 공포에 가까운 생각이 최근 몇십 년 동안 증가하고 있다(Frosch, 1978). 따라서 발기장애가 남성들이 성 치료를 찾게 되는 가장 대표적인 성기능부전인 것은 놀라운 일이 아니다(Rosen & Leiblum, 1992, 1995).

앞서 언급한 것처럼, 괜찮은 쌍의 경우에도 만족스러운 성생활에 대한 어려움을 겪을 수 있다. 오래 교제 관계를 유지하는 사람들이 겪는 흔한 고민은 성 흥분을 퇴색시키지 않는 것이다(Welwood, 1996). Meana(2010)는 일상생활의 스트레스(가족을 양육하는 것과 관련된 많은 의무들이나 안정적인 미래를 만드는 것과 관련한 일들을 포함)가 성욕을 줄어들게 할 수 있다고 한다. 또한 오랜 관계에서 오는 지나친 친숙함은 연애의 감정을 줄어들게 하고, 성관계를 하나의 의무로서 생각하는 것은 (원하는 것과 반대가 되므로) 만족스러운 성생활에 해가 된다(Meana, 2010).

아동기 경험   아동기 때의 경험들은 성인의 성행위나 성생활과 관련된 문제를 일으키는 것에 영향을 준다(Deida, 1995; Scharff, 2010). 가정에서 사랑이나 애정이 부족한 경우, 성인이 되어도 관계에 있어 이러한 것들이 부족할 수 있다(Maurice & Yule, 2010). 또한 가족 내에서 성을 너무 강조하거나 과시하는 경우, 성 문제를 일으킬 가능성이 증가된다(Scharff, 2010). 아이러니하게도 정반대의 경우(가족 내 성이 억압된 경우) 또한 문제를 일으킬 가능성이 높다. Scharff(2010)의 설명에 따르면, 성을 억압하는 가족 내에서 양육된 아이들의 경우, 성인이 되어서 성관계를 피하거나 부정하고 공포를 갖는 일이 흔하다. 이와 유사하게, 정신질환이나 발달상의 문제가 있을 때 흔히 연애 경험이나 청소년기에 성을 경험할 기회를 박탈당한 사람들은 초기 경험의 부족으로 성인기에 성 문제를 겪을 수도 있다(Maurice & Yule, 2010).

학대와 외상 이력 아동기 때 정서, 신체, 성적 학대를 경험한 사람들의 경우 성 문제를 겪을 가능성이 훨씬 높다(Brotto et al., 2012; Mezzich & Hernandez-Serrano, 2006). 생애 초기에 긍정 애착의 관계를 갖는 것이 건강한 성적 관계를 맺는 데 매우 중요하고 상대와의 안정감과 안락함을 느끼도록 이끌기 때문이다(Scharff, 2010). Mezzich와 Hernandez-Serrano(2006)가 설명한 대로, 성적이지 않은 학대나 방임조차도 성인이 된 피해자에게 불신이나 분노와 같은 태도에 해로운 영향을 주고 상처를 주는 것과 동시에 성욕의 감퇴, 성에 대한 혐오, 또는 고통스러운 성교와 같은 결과를 가져온다.

성 학대는 아이의 모든 발달 측면에 엄청나게 파괴적인 영향을 준다(Scharff, 2010). 이러한 학대가 신체적으로 이루어진 것이 아니라 할지라도, 아이가 부모의 역할을 하도록 하거나, 부모와 자녀 사이의 사랑이 아닌 어른의 요구를 만족시키기 위해 이용될 경우, 이 아이는 어린 나이에 매우 성적인 행동을 할 가능성이 있다(Scharff, 2010). 실제 성 학대가 있는 경우, 이것은 아동의 모든 발달을 사정없이 파괴하는 "마음에 대한 성적인 침략"(Scharff, 2010, p. 76)과 같다. 해리성정체감장애(Levine, 1992), 경계성 성격장애(Linehan, 1993), 그리고 외상후스트레스장애(Brotto et al., 2012; Grillon, 2005)와 같은 심각한 정신질환뿐만 아니라, 매우 성애적인 삶의 방식을 갖거나 성 장애 같은 문제를 일으킬 정도로, 성 학대는 매우 큰 피해를 준다. 예를 들어 이러한 대상들이 성 혐오, 통증, 삽입장애를 가지고 있다면 이들은 재피해(re-victimization)가 가능한 상황에서 자신을 방어하려는 것으로 보인다(Mezzich & Hernandez-Serrano, 2006).

우하 분획 관점 : 사회문화 요인

우리는 각각 사회 규범을 통해 사회적인 존재로서 우리의 역할을 학습했다. 그리고 이러한 규범들에 순응하도록 하는 사회 압박을 느낀다. 하지만 이것들은 우리의 성적 경험이나 기능에 도움이 안 될 수 있다(Mosher, 1980; Satterfield & Stayton, 1980). 사회문화적으로 전수된 이러한 태도는 성에 대해 어느 정도까지 참여해야 하고 어느 정도의 질적 수준까지 도달해야 하는지를 좌우한다(Mosher, 1980). 예를 들어, 문화적으로 수동적인 성향을 발달시킨 여성은 성

관계 동안 침묵할 것이고 이것은 그 자신의 만족감과 그의 짝에게도 해가 된다(Satterfield & Stayton, 1980).

성별 관련 이중 잣대는 과거부터 성기능부전을 일으키는 요소였다(Crooks & Baur, 2008; Satterfield & Stayton, 1980). 사람들이 성에 관련해 받는 다음의 사회적 메시지들을 생각해보자. "질에서 극치감을 느끼는 여성은 오직 클리토리스에서 극치감을 느끼는 여성보다 더 성숙하다.", "오직 타락한 여성만이 정말 섹스를 즐긴다.", "진정한 남자는 그의 여자를 만족시킬 것이다"(Mosher, 1980). 성에 관련된 사회 풍습이 변함에 따라, 몇몇 여성들은 순결을 유지하도록 하는 요구들과 이와 대조적으로 성에 민감하게 반응하도록 하는 최근의 요구들 사이에 끼어 있다(Satterfield & Stayton, 1980). 남성들 또한 성 압박을 경험하고 있는데 이것은 수행 불안을 가져올 수 있고 이와 관련된 성기능부전을 일으킬 수 있다. 그러한 질환들에는 발기장애와 조기사정이 있다(Satterfield & Stayton, 1980). 성적 관계에 있어서, 남성과 여성은 그들만의 상황과 그들이 어떻게 성 발달을 이루었는지에 따라 역할에 대해 다른 기대를 가지고 있다. 성 문제는 두 사람 사이의 역할에 대한 기대가 일치하지 않을 때 자주 발생한다(Mosher, 1980). 다행히 남성과 여성의 역할에 대한 문화적인 기준이 최근 몇 년간 느슨해졌고, 따라서 여성들의 남성적 성향이 자연스러운 것으로 인정받고 있고 남성의 경우도 마찬가지이다(Deida, 1995).

사분획 각각의 병인론을 제시하였으니, 이번에는 사례를 통해 이 다양한 원인들이 어떻게 수렴되는지를 살펴볼 것이다. 키라와 그의 남편 제프리는 그들의 성관계와 상황 때문에 부부상담에 참여했다. 키라는 32세의 흑인 미국인 여성이고 독실한 침례/오순절 교파 기독교 집안에서 태어나서 자랐고, 그의 아버지는 목사였다. 그는 세 딸 중 막녀였으며 그는 늦둥이로 태어났기 때문에, 그의 언니들보다 각각 9살, 6살 어렸다. 키라는 그의 어린 시절이 전반적으로 안정적이라고 묘사했지만, 그가 13에서 14살 사이에 맏언니의 남자친구에게 몇 번 성적 학대를 당한 비밀을 가지고 있었다. 성을 결혼을 위한 성스러운 것으로 간직해야 한다는 고귀한 가치를 둔 그에게 이러한 경험은 상당한 고통과 수치심을 일으켰다. 이전까지 그는 좋지 않은 시선과 그로 인해 거절당할지 모른다는 공포 때문에 제프리를 포함한 누구에게도 그 일에 대해 말하지 않았다. 제프리도 비슷한 분위기의 집안에서 자라났다. 다시 말해, 그 또한 흠잡을 데 없고, 독실한 기독교 근본주의 집안에서 태어났고 양육되었다. 제프리는 그의 부모가 각방을 쓰고, 서로에게 어떠한 신체적인 애정 표현을 보이지 않고, 그에게 자위행위나 아이를 갖기 위한 목적이 아닌 성 접촉은 잘못된 것이라고 가르침을 받은 성적인 배경을 가지고 있었다.

키라와 제프리는 성경학교에 다니는 동안 만났고, 제프리는 현재 그들의 교회에서 부목사로서 일하고 있다. 둘 다 기독교 집안에서 태어나고 자랐기 때문에, 그들은 순결을 지키기로 결심하였고, 때로는 이것이 매우 힘들기도 했지만, 그들은 첫날밤까지 가까스로 성교를 하지 않을 수 있었다. 그들은 결혼한 지 8년이 되었고, 키라의 '생물학적 시계'가 멈추기 전에 아이를 갖기를 원했다.

그들이 성 건강에 관한 문제를 다루기 위해 쌍 상담(couples counseling)에 온 것은 키라와 제프리에게는 매우 힘든 결정이었다. 그들은 제프리가 교회에서 지도자의 역할을 하고 있는 것 때문에 상담가가 성과 관련된 그들의 종교 가치를 존중하고 그들의 비밀을 지켜줄 것인지에 대해 특히 걱정을 하였다. 그들은 둘 관계에서 성 문제로 갈등을 가지고 있다는 사실뿐만 아니라 전반적인 성생활 문제를 판단받는 것에 대한 공포를 가지고 있다는 것을 인정했고, 이러한 공포에는 약간의 죄책감과 수치스러움이 동반하고 있었다. 그들은 진료 예약만 하고 거의 가지 않았었다고 했다. 하지만 아이를 갖고 싶다는 바람은 그들이 도움을 받는 동기가 되었다.

키라와 제프리는 둘 사이를 활발한 의사소통과 친밀한 감정을 포함하여 전반적으로 긍정적인 관계라고 묘사했지만, 거의 성관계를 하지 않았다. 그들은 연애 기간 동안 성교하는 것을 참고 기다려온 후에 가진 첫날밤이 매우 실망스러웠다는 것에 동의했다. 키라의 경우 고통이 너무 강렬했고 그래서 계속할 수 없을 정도에 이르렀고, 키라를 아프게 했다는 생각은 제프리를 힘들게 하였고 이는 성은 해로운 것이라는 그의 믿음을 증명해주는 것이 되었다. 그들은 첫날밤 이후 몇 번이나 성관계를 갖기 위해 노력했지만, 키라에게 삽입은 여전히 고통스러운 것이었다. 그는 이렇게 설명했다. "누군가가 내 안에서 깨진 유리병으로 긁는 듯하다." 성 경험은 그들에게 더 나아진 것이 없었다. 사실 그들은 시도할 때마다 안 좋아졌고, 이것은 성관계는 좋지 않다는 믿음을 강화시켰다.

여기서 주목할 것은 전반적으로 키라와 제프리는 둘의 관계에서 성생활이 부족하다는 것 때문에 고통받고 있는 것이 아니라는 것이다. 키라는 둘 사이에 애정이 어려 있고 따뜻한 관계라는 것에 만족하고 있다. 제프리 역시 성적인 생각이나 욕구가 거의 없으며 그런 생각이 나더라도 빠르게 지나갈 때까지 다른 생각을 함으로써 그런 생각을 하지 않도록 했다. 그들은 연애 기간 중에도 성관계 없이 함께 지내는 데 익숙했고, 손을 잡거나 포옹과 같은 성적이지 않은 방식의 신체 애정 표현에 상당히 만족하고 있었다.

키라와 제프리의 경험은 한 개인이나 쌍의 성 문제가 여러 가지 요인들 특히, 관계역동 같은 요소들에 의해 어떤 방식으로 영향을 받는지 보여주고 있다. 키라와 제프리는 관계에 있어 전반적인 조화로움을 이끄는 그들만의 특이한 관념이 일치한다는 면에서 운이 좋은 편이다. 사실 그들이 아이를 가지기 위해 성관계를 하겠다는 바람이 없었다면, 키라나 제프리가 진단 가능한 성 장애를 가지고 있는지 의문이다. 왜냐하면 현재까지는 그들 중 누구도 "임상적으로 현저한 고통"(DSM-5 진단 기준; APA, 2013)을 경험하고 있지 않기 때문이다. 만약 둘 중 누군가가 현 상태에 불만족했다면 그들은 아마 고통을 경험했을 것이고 훨씬 전에 도움을 구했거나, 그렇지 않았다면 관계가 끝났을 수도 있었다.

키라와 제프리의 경우 좌상 분획에 위치한 요인들의 역동이 특히 두드러진다. 그들은 각각 오래 지속된 죄책감과 수치스러움을 수반한 성에 관한 부정적인 믿음을 가지고 있었고, 이것이 아마도 그들에게 문제를 만든 요인일 것이다. 키라의 경우 성 학대(우하 분획)라는 배경과 그로 인한 영향들과 함께 강렬한 수치심이라는 심리적인 경험은 임상적으로 진단을 내리자면 성기-골반통증장애에 취약하게 된 원인이었다. 그들은 또한 규범적인 성기능에 관한 지식이 부족해보였다. 성관계는 잘못된 것이라는 제프리의 믿음은 삽입이 키라에게 고통을 일으켰을 때 느꼈던 감정과 결합하여 낮은 수준의 성욕을 가지도록 만드는 강력한 요인이었을 것이다. 하지만 생리적인 요인(우상 분획)을 제외한다면 의학적인 평가는 타당한 것이다. 키라와 제프리에 관한 추가적인 행동(우상 분획) 역동은 성에 관한 부정적인 믿음이 고통스러운 시도가 있을 때마다 강화된다는 사실이고, 이것은 또한 성교에 대한 불안을 증가시키고 그들의 노력을 처벌하며, 그래서 미래에 성적인 행동을 할 가능성을 낮춘다. 또한 그들은 성적으로 경험이 없어서 기본적인 성적 기술이 없다. 키라와 제프리는 사회문화 정황(우하, 좌하 분획)에서 학습했을 것이고, 이러한 정황은 그들의 가족과 종교로부터 받은 (성관계는 잘못된 것이라는) 명백한 메시지들과, 그들의 가족들로 인해 형성된 것(성이 금기시되고, 부모는 각방을 쓰는 것), 그리고 집안 내에서 이루어진 실제 성 경험(키라의 성 학대)을 포함한다. 키라와 제프리에게는 종교적인 믿음과 교회 단체(좌하, 우하 분획), 과거와 현재 모두가 그들의 삶에 강력한 영향력을 행사하고 있다.

발달 역동, 의식 상태, 그리고 성격 유형

발달 역동 심리역동 이론에서는 발달 역동이 성 문제에 중요한 역할을 하고 있으며, 성기능부전은 아동기로부터 기인한 발달 문제로부터 기인한 결과라고 보고 있다(Scharff, 2010). 오랜 시간 다른 사람들과의 관계 배경에서 자신만의 독특한 성 정체성을 발달시키고 있는 것과(Mosher, 1980) 성 건강의 문제에 관련된 서비스를 제공하는 사람들이 발달 요인들을 간과하고 있다는 사실을 고려하여, 우리는 성 문제로 도움을 구하는 사람들이 그들의 성을 삶의 다른 측면과는 관련이 없는 것처럼 행동하거나 말하는 것에 대해 의구심을 가져야만 한다(Scharff, 2010). 우리의 생각 이상으로 성은 삶의 많은 다른 측면들(자존감이나 정체성에서 신뢰와 친밀함의 문제까지)과 관련되어 있다.

발달 문제라는 시각을 통해 성 문제를 보면, 성 문제는 종종 어린 시절에 기반을 둔 애착의 형태에서 나오는 취약성을 대표하는 것으로 보인다(Granot et al., 2011). Scharff(2010)가 설명한 대로, 개인의 초기 애착 배경에서 일어난 것들이 이후로 어떤 성생활을 할지 영향을 줄 것이다. 특히 긍정적이고 안정적인 초기 관계는 정신적인 성숙과 성적 경험을 풍부하게 하는 길을 열어주어 성인기 관계에서의 안정감을 얻는 기반이 된다(Granot et al., 2011). 따라서 깊은 친밀감과 성 만족은 확고한 자신감, 자기 자신의 욕구에 책임을 지는 것, 그리고 자신의 욕구와 다른 욕구를 가지고 있는 분리된 인격체로서의 상대와 관계를 맺는 것 등의 발달 능력과 관계가 있다(Ferreira et al., 2012; Meana, 2010).

성생활은 삶의 다른 측면과 마찬가지로 매우 개방적이고 배려 깊고 애정 어린 방식으로 관계가 이루어질 수도 있고, 혹은 이기적이며 유치한 방식으로 이루어질 수도 있다(Deida, 2005). 미성숙한 욕구를 해결하기 위해 성적 관계가 이용되는 경우, 편함과 보안 유지가 부각되고(Deida, 2005), 성이 주로 신체적인 즐거움이나 성적 긴장을 해소하기 위한 수단으로 여겨진다(Mosher, 1980). 많은 사례들에서 사람들은 불확실성, 고독, 죽음과 같은 현존하는 문제들로부터 자신을 보호하기 위한 누에고치 환상으로서 사랑의 관계를 이용한다.

기대하는 안전과 평화에 도움이 되는 행동을 하지 않을 경우, 사랑의 관계에서 갈등이 흔하게 일어나는데, 이것은 회피와 마음의 방어를 만든다(Deida, 2005; Psaris & Lyons, 2000). 이와는 대조적으로 더욱 성숙한 연인들은 불쾌한 감정이나 관계 상황에서도 여전히 개방적이고 비방어적이다. 그리고 이러한 태도는 앞으로의 성장을 위한 길이 된다(Deida, 2005). 이런 일들이 일어날 때 그들은 현재에 충실하고, 주의를 집중할 수 있을 것이다. 따라서 성관계를 짝과의 일체감으로서 경험하게 될 것이고, 피상적인 쾌락이나 감정적인 만족감을 넘어 깊은 황홀감과 더없는 행복을 가져올 것이다(Deida, 2005). 상대가 인습적인 방식의 성관계에서 더 만족을 느끼는 경우에는, 이러한 점은 "자극과 방출의 상식적인 불평"으로 취급될 것이다.

의식 상태 성행위 그 자체는, 특히 집중된 상태로 어느 정도 참여할 때 종종 일반적인 의식 각성과는 다른 의식 상태를 촉진시킨다(Levine, 1992; Mosher, 1980). 성관계가 즐거움을 유발하는 상태라고 의식하는 것과 더불어, 불안과 공포 역시 성과 상당한 관계가 있는 의식 상태이다. 왜냐하면 이러한 감정들은 사람들이 성적 감정을 경험할 때 흔히 일어나기 때문이다(Annon, 1976, Satterfield & Stayton, 1980; ter Kuile et al., 2010). 성 과학 문헌에서 '목격(spectatoring)'이라고 부르는 특정 현상은 "그 역할의 참여자에서 벗어나 관찰자가 되는 때"를(Crooks & Baur, 2005, p. 163) 의미한다. 이러한 강박적인 종류의 자의식은 성관계의 과정을 방해한다(Satterfield & Stayton, 1980). 또한 공황장애를 가지고 있는 내담자들은 성적으로 흥분할 때 일어나는 신체 감각에 공포를 느끼는 경향이 있고, 불안은 명백히 성에 대한 혐오나 성기-골반통증장애의 원인이다(Mezzich & Hernandez-Serrano, 2006; ter Kuile et al., 2010).

몇몇 사람들, 특히 성적 외상을 경험한 사람들은 성적 경험을 하는 동안 스스로를 그 상황과 분리시키려 하거나, 정신적으로 연결되지 않도록 할 것이다. 그리고 이것은 성 반응이나 만족에 직접적으로 부정적인 영향을 줄 것이다(Brotoo et al., 2010, p. 3). 수행 불안은 자주 일어나는 일이다. 이와 유사하게, 극치감을 느끼는 것에 어려움이 있는 여성은 그의 짝에게 압박이나 불안을 느끼게 된다. 불안 상태에서, 극치감을 느낄 수 있는 가능성은 더 적어진다(Carlson & Wheeler, 1980).

성격 유형 인간의 성생활에 대해 전반적인 이해를 하기 위해서는 반드시 성격 유형이라는 개념을 고려해야 하고, 성격 유형 중 가장 명백하고 중요한 것은 남성스러운 것과 여성스러운 것이다. 진화 심리학의 시각으로 보면, 성격 유형의 문제는 짝짓기(mating) 전략에 영향을 미치는데, 여성적인 유형은 성 상대를 선택할 때 더 차별하는 경향이 있고, 남성적인 유형은 성에 관해 더 가볍게 생각하는 경향이 있다. 또한 성 장애의 유병률 면에 있어서도 성기능부전장애의 경우 여성적인 유형에서 더 흔하고, 변태성욕장애의 경우 남성적인 유형의 경우가 더 많다(Troisi, 2008).

David Deida(2005)는 그의 책 섹스를 통한 구도 : 두 육신을 통해 하나의 영을 일깨움에서, 성 경험이 남성적인 유형과 여성적인 유형에 따라 다양하게 나타나는 것에 관해 논의하면서,[18] 동시에 각각의 성이 성적 선호도와 관계적인 선호도에 차이를 경험한다고 하였다. Deida(1995)는 또한 여성적인 사람과 소통하고 있는 남성적인 사람이 어떻게 성적 매력과 열정을 일으키는지를 지적했다. Deida(2005)는 정신적인 면에서 성을 보았을 때, 이것은 여성의 성적 본질과 남성의 성적 본질이 있다고 주장했다.[19] 예를 들어, 남성적인 유형의 사람은 자유와 인생에서 그들의 임무를 성취하는 것을 우선시하는 반면에, 여성적인 유형의 사람은 폐쇄적이고 관계에 가치를 부여하는 경향이 많다. Deida(2005)는 여성은 사랑에 의해 만족감을 얻는 반면에 남성은 자유에 의해 만족감을 얻는다고 강하게 주장했다. Deida(2005)는 여성은 그들의 마음과 성기를 분리하는 것에 훨씬 어려움을 느끼고(여성의 질은 마음과 함께 열린다) 성과 사랑은 불가분의 관계에 있다고 주장했다. 이와는 반대로, 남성의 경우는 훨씬 쉽게 그 둘이 분리된다. 즉, 사랑은 그의 마음과 관련 있고, 성은 그의 성기와 관련 있다.

---

18 Deida(2005)는 더 설명하길 생물학적 성별과 개인의 본질적인 성별은 필히 같지는 않다고 하였다. 각 개인들은 그들이 생물학적으로 남성 혹은 여성인지와 상관없이 그들의 본질이 얼마나 여성적이거나 남성적인지에 대해 천차만별이다.
19 남성은 여성적일 수 있고 여성은 남성적일 수 있다는 것을 유념하는 것이 중요하다. 우리 대부분은 이 둘의 혼합이다.

병인론 요약

우리는 통합 틀의 사용이 성기능부전을 개념화하고 다양한 현상을 이해하는 데 있어서 매우 도움이 된다고 믿는다. 성기능부전의 다차원 특성을 강조하면서 성 경험의 생물학, 정신, 사회, 문화, 그리고 발달 측면들 사이의 상호작용에 초점을 맞추었다. 그리고 인과관계의 요소들이 어떻게든 겹치게 되어 일반적으로 어떤 사례에서도 단 하나의 단독적인 원인을 찾아내는 것은 불가능하다는 것을 보여주었다.

말했다시피, 중요한 생물 및 생리 요소들로는 진화 과정과 유전학, 의학적 문제와 물질사용을 포함한 신체 건강과 질병, 나이, 그리고 호르몬이 있다. 이미 살펴본 행동 영향에는 제한된 성 기술과 학습된 성 반응이 있다. 중요한 감정 및 심리 요인들에는 성에 관련한 지식 부족, 성 경험과 반응에 대한 태도, 정신건강이 포함된다. 추가하여, 관계 요인이 매우 중요한데, 여기에는 아동기 경험, 성욕의 정도가 다른 것, 관계 갈등의 존재, 그리고 갈등을 다루거나 해결하기 위한 의사소통 능력이 있다. 그리고 영적 요소와 사회문화 요소와의 관련성에 관해 논의해보았

좌상 분획 : 내부-개인	우상 분획 : 외부-개인
• 신체상 • 성과 자신의 짝에 대한 태도 • 성적 실패 경험(예 : 좌절과 무력감) • 자존감 • 개인 취향 • 성 지식의 부족/잘못된 정보 • 성에 대한 병적 신념 • 불안/스트레스/긴장 • 우울 • PTSD(괴리 그리고 반응 부족) • 부적절한 성적 기대(기운 빠짐이나 불충분감을 수반) • 자의식	• 전반적 건강 상태 • 영양 • 약물치료 • 물질사용 • 질병 • 장애 • 비정상 호르몬 수치 • 노화에 따른 신체 변화 • 성적 상황의 회피
좌하 분획 : 내부-집단	우하 분획 : 외부-집단
• 관계 요소/문제 • 짝의 매력 수준 • 짝과의 갈등/갈등해결 능력 결핍 • 친밀감 역량 • 성적 관계에서의 신뢰 • 성적 관계에서의 힘의 균형/불균형 • 짝에 대한 부정적 감정 • 문화적인 신념과 실제 : 성과 관련된 편견, 여성과 아동의 권리에 관한 태도, 높은 성욕을 나타내는 압박	• 유년 시절 경험 : 양육자의 애착, 학대나 방임의 이력, 외상 이력 • 환경 : 안전, 집의 공간 쟁점/사생활 보호 • 짝을 만날 가용성 • 짝과의 의사소통 • 불륜

그림 10.1 성기능부전의 병인론에 대한 사분획 요약

다. 통합 틀을 사용함으로써 우리는 발달상의 역동성, 의식의 상태를 다루었고, 남성적인 성격 유형과 여성적인 성격 유형을 성기능부전이라는 상황에서 살펴보았다(그림 10.1을 보라).

이제는 성기능부전의 치료를 살펴볼 것이다. 특히, 주된 치료법들에 대한 논의를 시작하기 전에 성 치료의 일반적인 원리를 다룰 것이다. 치료에 관한 생물, 심리, 관계 그리고 영적 접근을 설명할 것이다.

성기능부전의 치료

성기능부전의 치료에 관한 단원을 시작하며, 어떤 내담자에게나 궁극적인 목적은 성적인 건강이고, 이것은 전반적인 삶의 질에 있어서 상당히 중요한 요소라고 주장하고 싶다(Chao et al., 2011; Crooks & Baur, 2011; Mezzich & Hernandez-Serrano, 2006). Mezzich와 Hernandez-Serrano(2006)에 따르면, 성 건강은 만족스러움을 주는 생식적이며 관능적인 경험이고 역동적인 동시에 균형 잡힌 상태이다. 중요한 것은 이것이 단순히 성 장애가 없는 것이 아니라, 행복이라는 더 큰 정황에서 일어나는 것으로 인지해야 한다는 것이다 — 신체, 감정부터 대인관계, 윤리, 영성까지. 더 나아가 성 건강을 위해 힘쓰는 것은 "성 문제를 찾아내고 치료하는 것을 넘어선 것이다."(p. 402)라는 Crooks와 Baur(2011)에 의해 제기된 개념에 동의한다. 일반적으로, 건강한 몸은 만족스러운 성생활을 위한 전제조건이다(Copelan, 1995; Myers, 2010). 따라서 좋은 (신체, 감정, 영적으로) 건강을 유지하는 것은 성 문제나 장애를 예방하거나 치료하기 위한 첫걸음이다. 효율적인 스트레스 관리, 충분한 휴식, 건강한 체중, 신체 운동, 좋은 영양 상태는 모두 최상의 성 건강을 유지하는 데 도움이 되는 긍정적인 삶의 습관들이다(Brisben, 2008; Copelan, 1995). 또한 철저한 개인위생과 긍정적인 신체상 또한 중요하다(Myers. 2010). 만약 주요 정신질환이 성기능부전의 주된 원인이라면, 그 문제를 치료하는 것을 치료의 우선으로 해야 할 것이다(Mezzich & Hernandez-Serrano, 2006).

개인 또는 쌍의 성에 관한 불만 사항을 치료하는 첫 단계는 철저한 임상 평가를 하는 것이고 이것은 의학적 배경과 성적 이력을 포함한다(Donahey, 2010; Hertlein, Weeks, & Sendak, 2009). 성 문제의 다원적 성질을 고려해보면, 평가는 포괄적이고(Mezzich & Hernandez-Serrano, 2006), 지속적이어야 한다는(Hertlein et al., 2009) 것은 중요하다. 뿐만 아니라 문제를 진단하고, 원인과 배경 요소를 찾아내며, 치료 계획을 세우기 위해서 정보를 수집해야 한다(Althof et al., 2005).[20]

---

20 평가 도구 항목들을 포함하여 평가와 진단에 관한 유용한 논의를 보려면 Althof 등(2005), Hertlein 등

성 문제에 관련해서는, 각각 따로 면담하는 것만 아니라 쌍을 함께 면담하는 것과(Basson, 2005; Mezzich & Hernandez-Serrano, 2006), 둘의 관계 역학을 고려해보는 것도 도움이 된다 (Ferreira et al., 2012; Granot et al., 2011; Meana, 2010; Sutherland, 2012). 임상가는 다음의 질문으로 시작하는 것이 중요하다. 왜냐하면 많은 임상가들이 성에 대한 주제를 꺼내는 것에 대해 꺼리기 때문이다(Kingsberg & Althof, 2009). 성 건강과 관련한 질문을 포함한 사전 설문지는 임상 면담에 도움이 될 것이다(Phillips, 2000). Mahan(2003)은 잠재된 성 문제를 찾는 데 도움이 될 수 있는 다음의 질문들을 제시하였다.

1. 당신의 성생활에 대한 질문이나 걱정거리가 있습니까?
2. 당신은 현재 성적으로 활동적입니까?
3. 최근 성에 대한 관심이 감소하지는 않으셨습니까?
4. 질 건조증이나 발기 문제가 있습니까?
5. 극치감(혹은 사정)에 도달할 수 있습니까?(p. 90)

또한 내담자의 성적 취향을 판단하는 것도 중요한데, 그 이유는 성 정체성과 관련한 걱정이 성 문제들과 관련되는 경우가 종종 있기 때문이다(Phillips, 2000).

상담이나 심리치료에 대한 적절한 훈련을 받는 것 또한 성기능부전을 판단하고 치료하는 데 있어서 중요한데, 이는 성 증상이 정신의학적 어려움과 연관되어 자주 일어나기 때문이다. 추가적으로, 성 치료자는 결혼 생활과 가족치료, 인지행동치료와 자기주장훈련에 대한 기초에 능통해야 한다(Mezzich & Hernandez-Serrano, 2006). 더 나아가 신체 관찰을 할 수 있는 검증된 의료진과 팀을 이루는 것을 추천한다. 이는 임상적으로 문제가 있다고 생각되는 경우 질병이나 다른 신체 이상이 기능부전을 일으키는지 확인할 수 있기 때문이다(Phillips, 2000).[21] 성 문제에 있어서 우상 분획의 요인도 중요하며 성 문제들이 다른 신체 통증인 것처럼 가장해서 일어날 수 있어서, 내담자의 문제에서 신체 원인 가능성을 점검해 배제하는 것이 중요하다 (Phillips, 2000). Mezzich와 Hernandez-Serrano(2006)는 만약 성 문제의 원인이 대부분 신체적인 경우에서 심리적 치료가 제공되면, 그 경험은 내담자에게 효과가 없고 가슴 아플 것이라고 했다. 전통적인 진단 공식화를 채우는 것은 모든 사례 개념화에 필요한 중요 측면들을 다루게

(2009), Mezzich와 Hernandez-Serrano(2006), Philips(2000)를 참조할 것.
21 성에 관한 전문 지식을 포함한 의학적 전문성을 세우기 위해, 독자들은 미국 성교육자, 상담사, 치료자 협회(AASECT)에 문의할 수 있다. http://www.AASECT.org.

해줄 것이다.[22]

성 문제를 경험하고 있는 사람들을 치료하기 위해 기본적이며 훌륭한 상담 기술을 갖추는 것은 중요하다. 내담자가 가지고 있는 성 관련 가치, 신념, 태도를 인식하는 것과 동시에 이러한 것들에 대해 자기 자신이 가지고 있는 인식 또한 중요하다. 몇몇 내담자들은 치료를 거절할 수 있다. 이런 경우, 내담자의 자기 결정권은 존중되어야 한다(Phillips, 2000). 치료자가 자신의 개인적인 가치나 의견을 내담자에게 강요하지 않는 것은 필수적이며, 가치의 충돌 때문에 다른 상담자에게 치료를 맡겨야 할 때도 있다(Mezzich & Hernandez-Serrano, 2006).

성 치료의 PLISSIT 모형

PLISSIT 모형은 Jack Annon(1976)과 그의 동료들에 의해 1970년대 중반에 개발되었다.[23] 이것은 치료자의 역량이나 수용 정도에 따라 단계별 성 치료를 계획하기 위한 수단 역할을 하는 유연한 모형이다(Annon,1976). Annon(1976)의 설명에 따르면, "PLISSIT 모형은 전문가들이 다양한 종류의 사람들을 도울 때 사용하기 편하고, 개인 임상의들이 능력 정도에 맞는 다양한 치료법을 선택하도록 개발되었다"(p. 45). PLISSIT 모형 안에는 구체적으로 네 단계의 치료가 있다. 즉, P는 동의(permission)를 의미하는 것이고, LI는 정해진 정보(limited information), SS는 구체적 제안(specific suggestion), IT는 집중 치료(intensive therapy)를 의미한다(Annon, 1976). 첫 번째 단계인 동의에서 치료자는 내담자의 성생활에 대한 질문을 하고, 성기능에 관한 기본적인 사항들을 공유하고, 만일 임상적으로 문제가 있다면 앞으로의 치료를 위해 위탁할 수도 있다. 그들은 또한 내담자의 짝에 해로운 영향을 끼치지 않으면서 즐거움을 증가시키는 환상, 생각, 느낌, 욕구, 행동을 정상화시킨다(Crooks & Baur, 2005). 두 번째 단계인 정해진 정보에서 치료자는 내담자에게 그들이 성에 관해 우려하는 것에 관한 특정 정보를 제공한다. 세 번째 단계인 구체적 제안에서, 치료자는 내담자의 구체적인 불만 사항을 돕기 위해 제안하고 참여하며, 동시에 내담자가 치료를 받고 목표를 달성하는 것을 돕기 위한 의도를 갖는다. 치료자는 쌍이 집에서 할 수 있는 활동들을 추천한다. 이러한 활동들은 아마 손으로 성기를 자극하는 기술, (이후에 논의될) 오감의 집중 또는 정지-시작 기술에 관한 설명을 포함할 것이다. 마지막 단계인 집중 치료는 내담자나 쌍의 개인적 구체적 요구에 맞추어 훈련된 성 전문가가 행하는 깊이 있는 치료이다(Annon, 1976).

---

22 성 장애 개인을 위한 포괄적인 진단 공식을 완성하기 위한 유용한 양식으로, 독자들은 Mezzich와 Hernandez-Serrano, 2006, pp. 91~92를 참조하는 것이 좋겠다.
23 PLISSIT 모형의 구체적인 설명을 보려면, Annon(1976)의 책 성 문제의 행동치료 : 간략치료(*Behavioral Treatment of Sexual Problems: Brief Therapy*)를 참조할 것.

통합 접근은 포괄적인 성격을 가지고 있기 때문에 개인이나 쌍의 성 건강에 관련된 모든 요인들을 고려하는 것이 가능하고, 또한 다양한 요인들을 연결하는 양상을 찾는다(Marquis, 2008). 결국 이것은 내담자를 치료할 때 가능한 모든 자원들을 끌어올 수 있도록 한다. 이어지는 단원에서는 성기능부전을 위한 일반적인 치료 전략들을 통합 모형 안에서 논의할 것이다. 우리는 사분획 중 우상 분획, 즉 생물, 행동치료부터 시작할 것이다. 왜냐하면 전통적 성 치료는 성기능부전을 치료할 때, 이러한 관점에서 시작하는 경향이 있기 때문이다(다루어지지 않았던 생물학적 원인이 성기능부전의 기저에 있다면, 상담은 영향을 미치지 못할 것이다. Mezzich & Hernandez-Serrano, 2006). 또한 생물 원인들은 개선시키기가 아주 간단할 수 있다. 따라서 이것들을 먼저 다루어야 한다.

성기능부전의 우상 분획 요법

이완 훈련 이완 훈련은 성 치료 측면에서 중요하다. 왜냐하면 신체적 편안함이 성 흥분을 경험하기 위한 선행 조건이기 때문이다. 많은 경우 불안, 특히 수행 불안이 성기능부전에 영향을 준다(Mezzich & Hernandez-Serrano, 2006). 많은 형태의 이완 훈련은 도움이 된다. 그리고 이러한 훈련에는 자주 격렬하게 하는 운동, 근육 이완, 호흡에 집중하기, 요가, 특히 자신의 신체 감각에 집중하도록 돕는 운동들이 있다(Copelan, 1995). 또한 케겔(Kegel)/골반근육 강화운동이 추천된다(Brisben, 2008).

약물치료 약물요법은 신체 생리기능을 개선함으로써 성에 관한 통제력을 얻는 것을 도울 수 있다(Fagan, 2004). 이는 남성이 발기장애를 경험하는 경우 가장 많이 사용된다(Mezzich & Hernandez-Serrano, 2006). 다른 요인들 또한 종합적인 계획과 통합시킬 때 약물치료가 가장 효과적이라는 Fagan(2004)의 의견에 동의한다. 약물의 사용은 기능부전이 명백한 신체 원인에 의하거나, 혹은 개인의 성기능에 부정적인 영향을 끼치는 동반된 상태가 있을 때 가장 적당하다. 흔히는 심리치료와 심리성적 기술훈련 프로그램이 함께 연결될 때 가장 효과적이다(Fagan, 2004; Mezzich & Hernandez-Serrano, 2006).

오늘날 사용되는 가장 잘 알려진 약물치료는 아마 발기장애를 위한 혈관작용 약물들일 것이다. 이러한 약물들로는 Sildenafil(비아그라), Vardenafil(레비트라), 그리고 Tadalafil(시알리스; Crooks & Baur, 2011; Mahan, 2003)이 있다. "시장에 출시된 첫 2주 동안에 거의 4만 개 정도가 처방되었다. 그리고 그 이후로는 비아그라가 매년 세계적으로 10억 개 판매되고 있다…."(Crooks & Baur, 2005, p. 463)고 보고된다. 이러한 경구투여되는 약은 발기부전증을 가진 남자들이 발기를 시작하거나 유지하는 데 도움을 준다. 연구들은 비록 이 3개의 약물들이 부작용, 효과 빠르기, 지속 시간이 각기 다르긴 하지만 모두 거의 동일한 정도의 효과를 가지고 있다고 지적한다(Mezzich & Hernandez-Serrano, 2006). 심장질환을 가진 내담자는 이러한 약물을 복용할 경우 위험할 수 있고, 다른 약, 예를 들어 알파-차단 고혈압제재(고혈압 및 전립선염 치료제)와 질산염제재(협심증 치료제; Mezzich & Hernandez-Serrano, 2006)와 함께 사용되는 경우에도 약물 관련 위험성이 있다.

향정신성 의약품, 예를 들어 SSRIs, 항불안제, 또는 신경정온제 같은 것들 또한 성적인 문제를 치료하는 데 사용되어왔다(Donahey, 2010; Rosen & Leiblum, 1995). 특히 fluoxetine(프로작)과 clomipramine(안프라닐)과 같은 SSRIs는 조기사정으로 고생하는 남성에서 사정 시간을 늘리기도 한다(Levine, 1992).

호르몬 치료　호르몬 보충치료는 여성의 테스토스테론 결핍으로 성욕 감소, 성 환상 감소, 성 자극의 신체 감응 감소, 그리고 흥분과 극치감을 느끼는 것에 문제가 있을 때 유용할 수 있다(Mezzich & Hernandez-Serrano, 2006). 테스토스테론은 대량 투여하는 경우 해로운 부작용이 있을 수 있기 때문에 사용상 주의를 언급해야 한다. 부작용 중 가장 문제가 되는 것들은 간 손상, 남성의 성적 특징 발현, 콜레스테롤 수치 감소, 탈모, 그리고 체중 증가 등이다(Mezzich & Hernandez-Serrano, 2006). 테스토스테론 보충은 또한 성선기능저하증 질병을 겪는 남성들을 치료하는 데 유용하다. 왜냐하면 이 질병은 혈중 테스토스테론 수치를 감소시키기 때문이다. 에스트로겐 대체요법은 여성들에게 사용된다. 동시에 이 요법이 주의 깊게 행해져야 하는 것은 외인성 에스트로겐이 실제로 성기능에 부정적인 영향을 미칠 수 있기 때문이다(Mezzich & Hernandez-Serrano, 2006).

윤활제와 국소 크림　인공 윤활제를 사용하는 것이 도움이 되고, 특히 폐경기나 성호르몬 수치가 정상 범위 이하인 여성들의 경우 성적인 즐거움을 증가시킬 수 있다(Mezzich & Hernandez-Serrano, 2006). 사실 자기개발서 *Pure Romance Between the Sheets*의 작가 Patty Brisben(2008)은 "모든 사람은 훌륭한 윤활제를 가져야 한다. 끝."(p. 153)이라고까지 말했다. 윤활제는 질이 마르는 것을 완화시켜주고, 통증이나 불편함을 느낄 가능성을 낮추며, 성적인 활동을 더 만족스러운 것으로 만든다(Brisben, 2008). 성적인 활동을 즐거운 것으로 경험하게 되면, 성욕이 향상되고, 욕구가 증가하여, 흥분이 더 쉽게 될 것이다.

허브 처방　몇몇 허브 처방은 성 문제를 경감시킬 가능성을 보여준다. 이중 맹검 위약 대조 교차연구에서, 성기능부전에 대한 전통적인 아시아 치료법으로 900밀리그램의 한국 홍삼을 하루 세 번 복용하는 것은 부작용 없이 발기 기능을 상당히 향상시키는 것을 발견하였다(Ito, Kawahara, Das, & Strudwick, 1998). 또한 인삼, 은행, L-아르기닌, 다미아나, 그리고 14개의 다른 비타민과 미네랄을 포함한 ArginMax라고 불리는 영양 보조제는 처방전 없이 구입할 수 있으며 여성의 성욕을 증가시키고, 전체적인 만족감을 높일 수도 있다(Mahan, 2003). 이것들은 아직은 새로운 치료법들이어서 그 효과와 안정성에 관한 판단이 제한적이다.

외과 치료   통증을 느끼는 정전부 조직을 잘라내는 정전부제거술(vestibulectomy)이라고 부르는 외과 치료는 때로 여성들의 외음전정부통증(vestibulodynia)을 치료하는 데 이용된다(ter Kuile et al., 2010). 또한 몇몇 남성들에게도 수술이 도움이 될 수 있다. 혈관 수술과 인공 음경의 외과적 삽입은 약물치료나 다른 방법들로는 차도가 없는 발기장애 남성들의 선택 사항이다(Lewis, Rosen, & Goldstein, 2005).

기계 장치   구강성교나 성행위 시 성기로 혈액을 보내는 장치가 발기부전을 치료하기 위해서 그리고 성적인 즐거움을 높이기 위해서 1980년대 중반 이래로 사용되고 있다(Mezzich & Hernandez-Serrano, 2006). 남성들이 사용하는 장치에는 외부 진공 수축 보조기가 있는데, 이것은 처방에 의해서만 사용 가능하고, 진공실, 펌프, 축 늘어진 음경 위에 놓이는 음경 수축 밴드로 구성되어 있다(Crooks & Baur, 2011). 고환을 수축시키는 찍찍이 테이프 형태의 장치는 때로 조루증을 방지하기 위해 사용된다(Mezzich & Hernandez-Serrano, 2006). 또한 일부 남성들에게 도움이 되는 것은 음경에 사용되는 고무 밴드이다(cock ring 혹은 c-ring이라고 흔히 부른다). 축 처진 음경에 c-ring이 끼워지면, 혈액의 흐름을 느리게 하고 결국은 사정액 분출을 연장시킬 수 있다. 몇몇 제품은 상대의 항문이나 클리토리스를 자극하는 진동기가 부착되어 있어, 이로써 발기 상태를 더 오래 지속하면서 동시에 상대의 즐거움도 향상시킬 수 있다(Brisben, 2008).

여성의 경우, 클리토리스 자극기나 진동기와 같은 것들이 성적인 즐거움을 향상시킬 수 있다(ter Kuile et al., 2010). 클리토리스를 자극하는 장치들은 그 주변의 혈액의 흐름을 증가시키기 위한 흡입기를 사용하는 반면, 진동기는 강렬한 자극을 준다. 일부의 사람들은 '섹스 토이'라고 불리는 진동기를 사용하는 데 약간의 저항감이 있긴 하지만(Brisben, 2008), 이러한 장치들은 욕구의 증가와 흥분, 극치감을 향상시키는 데 꽤 효과적이다(Mezzich & Hernandez-Serrano, 2006). 진동기는 다양한 스타일, 모양, 크기로 클리토리스와 G-spot 또는 둘 다 자극하기 위해 고안되었다(Brisben, 2008).

인지행동치료　인지행동치료는 성기능부전 치료에 선호되는 치료이다(Mezzich & Hernandez-Serrano, 2006; ter Kuile et al., 2010). 인지행동치료는 내담자들이 인지, 행동, 생물, 그리고 대인관계 기능들 사이의 복잡한 상호작용을 이해하도록 돕는다. 그리고 이것은 성기능부전에 대한 인지행동적 이해의 중심이 된다(Magan, 2003). 예를 들어, 내담자들은 성행위와 관련된 불안과 다른 부정적인 생각들이 어떻게 성적 신호를 무시하고 즐거움과 성 반응을 감소시키는지에 대해 교육을 받는다(Mezzich & Hernandez-Serrano, 2006; ter Kuile et al., 2010). 샌프란시스코 베이에어리어 인지치료센터(2006)는 부적응적인 성 생각과 행동을 바꾸는 데 초점을 맞춰, 다음과 같은 개선책들을 제안했다. (1) 심리교육, 일반적으로 잘못된 통념과 성에 대한 정보에 초점을 맞춘다. (2) 사적인 시간에 대한 계획을 짜는 것. (3) 노출 기반 치료, 개인 또는 쌍의 성 상황에 대한 불안을 줄이고, 성행위의 즐거움 증가를 위해 고안된 일련의 특정한, 집에서 실천하는 행동 숙제를 제공한다. (4) 성적 의사소통 훈련. (5) 성 관련 부정적인 생각에 대한 인지 재구성. (6) 지루함을 최소화하고 흥미를 최대화하기 위해 성적 레퍼토리를 확장하는 논의. (7) 성 반응에 도움이 될 운동과 수면 위생과 같은 생활 습관의 개선. (8) 갈등을 해결하고 성행위를 향상시키기 위한 부부치료. (9) 우울증과 같은 기타 요인들을 다루기 위한 개인치료. 성 치료에 사용되는 또 다른 인지행동 기술은 인지적인 조율 안배이다. 이것은 성적으로 흥분시키는 자극들을 인지하고 이것들이 얼마나 효과적인지 순서를 매기는 과정을 수반한다. 이를 통해 사람들은 성교 도중 흥분의 속도를 낮추거나 높이는 데 도움을 받을 수 있다(Mezzich & Hernandez-Serrano, 2006).[24]

성기능부전의 좌상 그리고 좌하 분획 요법

성교육　많은 사람들이 HSRC에 대한 기본적인 지식조차도 가지고 있지 않다는 것을 고려해 볼 때, 성교육을 제공하는 것은 종종 성기능부전을 치료하는 데 필수적인 첫 단계가 된다. 적절한 지식은 치료를 성공으로 이끄는 전제 조건이기 때문이다. 잘못된 정보는 비현실적인 기대와 동시에 이러한 기대를 충족시키지 못했을 경우에 오는 좌절감을 불러일으킨다. 흔히 나타나는 성 문제들을 정상화하고, 잘못된 성 통념들이 틀렸음을 밝히고, 해부학과 생리학에 관한 기초, 성 기술, 성관계 짝과 관련된 관계 기술 등을 설명하는 것은 도움이 된다(ter Kuile et al., 2010). 또한 성 흥분을 유도하는 다양한 방법을 교육하는 것도 도움이 된다. 이것은 그들과는 다른 방향을 추구하는 상대의 행동을 잘못 해석하는 것을 막을 수도 있다. 예를 들어, 여성은 자신의 상대에 초점을 맞추는 반면 남성은 그 자신의 만족에 초점을 맞추게 되면 여성이

---

24 성기능부전의 여성을 위한 인지행동치료 접근에 대한 포괄적인 정리는 Kuile 등(2010)을 보라.

남성의 행동을 거부하는 것이라고 잘못 인식할 수 있다. 도움이 되는 부가 치료에는 독서 치료가 있다(Donahey, 2010). 오늘날 시중에는 내담자들의 성 욕구를 다루고 있는 유용한 자기개발서가 많이 있다(Mezzich & Hernandez-Serrano, 2006).

성에 대한 긍정적인 자세를 증진시킴   기본적인 인지 상담의 원리들은 일상에서 우리가 그 일들을 어떻게 생각하는지와 그에 대해 특정한 감정을 경험할 가능성을 높이고, 결국 이것은 감정들과 관련된 신체 느낌들을 불러일으킨다는 개념을 뒷받침한다(Fall et al., 2004). 그들이 신체와 성에 관한 부정적인 시각을 가지고 있을 경우, 이에 수반되는 불안이나 혐오 같은 부정적인 감정들이 나타날 가능성이 있다(Mezzich & Hernandez-Serrano, 2006). 따라서 성기능부전을 치료하는 데 있어서 기본적으로 선행되어야 할 것은 그들의 성에 대한 모든 부정적인 시각들을 상쇄시키고, 보다 긍정적인 태도를 주입하는 것이다(ter Kuile et al., 2010).

내담자의 자기 인식을 키움   연구에 따르면, 성적으로 만족감을 주는 결정적인 요인들은 감정과 신체에 대한 자기 인식을 포함한다. 그리고 그들의 성적 감정, 욕구, 성 자극에 대한 몸의 반응을 아는 사람들은 자신에 대해 잘 모르는 사람보다 상대와 이러한 정보들에 대해서 더욱 잘 공유할 수 있다(Crooks & Baur, 2011). 감각 인식 훈련은 내담자들이 그들의 몸, 특히 접촉에 대한 그들의 반응과 관련된 것에 대해 더 잘 알 수 있도록 돕는 성 치료의 한 요소이다(Mezzich & Hernandez-Serrano, 2006). 물론 성기 부분만 아니라 몸의 모든 부분을 탐색하는 것이 도움이 되겠지만, 연구들은 자위행위가 남성과 여성 모두에게 그들의 성 흥분과 반응에 대해 더 잘 알 수 있도록 하는 유용한 방법임을 보여준다(ter Kuile et al., 2010).

심리역동치료   심리역동치료는 1960년대와 1970년대에 있었던 Masters와 Johnson, 그리고 Helen Singer Kaplan의 연구 이전에 성적인 문제를 치료하기 위한 선택이었다(Mezzich & Hernandez-Serrano, 2006). 심리역동치료는 성기능부전의 경감을 기대하며 무의식의 심리 갈등을 의식 전면으로 가져오는 데 초점을 맞추었다. 아쉽게도, 이 치료법은 이제 거의 사용되지 않는데, 더 직접적이며 표면적인 원인들이 성 문제의 중요한 요인들이라고 보기 때문이다(Mezzich & Hernandez-Serrano, 2006). 그럼에도 불구하고, 심리역동치료는 성 문제의 감정 측면을 다루는 데 도움이 되며 직접 원인들을 다루는 것이 효과적이지 않을 때에도 사용된다(Mezzich & Hernandez-Serrano, 2006).

영성 치료   몇몇 사람들에게는 성관계의 목적이 영적인 것이고, 그것을 통해 분리된 나와 감각을 초월하여 모든 살아 있는 존재와 사랑의 힘이 연결되는 것을 경험할 수 있는 열린 마음(heart-openness)을 촉진하고(Marquis, 2008) 나와 너의 통합을 경험한다(Mosher, 1980). 이러한 목적이 성적 결합이라는 배경을 통해 성취될 때, 종종 일반적으로 인지되는 타자와 나 자신 사이의 경계를 초월하게 되는 의식의 변화가 동시에 일어난다. 이러한 성적 결합은 대부분의 사람들이 가능하다고 믿는 정도보다 훨씬 황홀하다(Mosher, 1980).

성을 더 높은 단계의 개방성과 깊이를 위한 영적인 길의 일부로 바라보기 시작한 사람들은 이러한 목적들을 빠르게 성취하기 위해 개선 사항들을 받아들인다. Deida(2005)는 성관계를 하는 동안 영적 연결을 경험하기 위한 지침서를 제공했다. 그는 감각에 집중하는 행동적인 접근과 유사한 것을 추천했다. (1) 자신의 감각들을 충분히 느낀다. (2) 상대의 감각 경험으로 완전히 돌아선다. (3) 광대한 질적 경험을 할 때까지 상대의 감각을 "넘어서서 느낀다." Deida(2005)는 이런 방식의 경험이 공포와 긴장감 또는 현재 순간의 개방성에 대해 공포나 긴장감을 느끼거나 닫히지 않도록 하는 것과 관련이 있으며, 그럼으로써 자신을 초월한 성적 사랑만이 만들어낼 수 있는 일체감의 경험을 촉진시킨다고 한다.

또한 성관계에 대한 사전 준비를 하도록 해야 한다. 예를 들어 음악이나, 양초, 향수와 같은 소품들을 이용해서 모든 오감을 이끌어낼 수 있는 감각 환경을 만들기 위한 노력을 해야 한다고 주장한다(Copelan, 1995). 성관계 이전에 이완 운동을 하는 것 또한 추천된다. 에로틱 마사지는 성관계를 향상시키는 또 다른 유용한 기술이다. 관계에 완전히 집중하도록 하고, 신체적으로도 몰입하는 데 도움을 주는 동시에 집중을 방해하는 요소들을 최소화하는 정신적인 훈련을 하는 것도 추천된다(Copelan, 1995; Mosher, 1980). 정기적으로 명상을 하는 것도 하나의 수단인데, 명상을 진행하면서 집중, 알아차림, 그리고 현재의 경험에 몰입하는 훈련을 할 수 있다. 신체적인 접촉이 이루어지면, 여유 있게 진행되어야 하며 극치감과 같은 특정한 결과를 달성하려는 것이 아니라 짝과 함께 공감하고, 연결되는 것에 집중해야 한다. 이러한 단계들은 영적인 연인들이 갈망하는 충만하고, 황홀하며, 영적인 영혼의 결합을 이끈다(Copelan, 1995).

탄트라(tantric) 요가는 힌두-자이나-불교 전통에서 유래된 동양의 수행 방법이다. 이것은 수행을 하며 살아가는 삶으로서, 성행위를 향상시키고 성 만족을 더 풍부하게 느끼며 극치감의 경험을 증가시키기 위해 사용되어왔다(Muir & Muir, 1989). "탄트라는 인간됨의 **황홀한 시적 감성**을 통전적으로 껴안는 것이며, 우리의 가장 깊은 신성의 갈망에 초점을 맞추고 있다. … 개별적인 영성 훈련에는 수행자들이 그들 삶의 모든 측면을 깨달음의 과정으로 헌신하는 것이 요구된다"(Barratt & Rand, 2007, p. 7). 하지만 탄트라의 방법론이 효과가 있기 위해서 "수행자들은 이것을 구현해내는 동안 미묘한 에너지를 경험하는 데 다소 개방적이어야 한다."(Barratt & Rand, 2007, p. 7)고 언급되어 있다. 전에 언급했던 영적 접근들과 유사하게, 탄트라도 다섯 가지 감각의 모든 양상들을 인식하도록 한다. 이러한 다섯 가지 감각들은 호흡, 움직임, 소리, 시각화, 그리고 매만짐(touch)이다(Barratt & Rand, 2007).

카마수트라도 고대 인도의 사랑 수행의 근원인데, 이것은 약 A.D. 400으로 거슬러 올라간다. 이것은 다양한 성 기술을 사용하고 성과 영성에 관한 철학과 관련되어 있다(Crooks & Baur, 2011). 이것이 고대에서 기원하기는 했지만, 현대에 다시 카마수트라에 대한 관심이 일어나고 있다. Hopper(2007)는 "카마수트라에 따르면, 남성은 그의 연인을 만족시켜야 할 의무가 있다."(p. 39)고 언급했으며, 다음과 같은 감각적 움직임을 제안했다. (1) 황소의 콧김(blow of the bull), 질의 한쪽 면을 따라서 성기를 문지르는 것, (2) 압박, 강하게 질을 누르는 것, (3) 쪼아댐, 질의 안팎에서 빠르고 가볍게 움직이는 것, (4) 전진(일직선 삽입), (5) 꿰뚫음, 위에서 질 안에 삽입한 상태에서 클리토리스를 밀어누르는 것, (6) 휘저음, 질 안에 있는 음경을 붙잡고 움직이는 것, (7) 타격, 음경을 빼면서 그것으로 질을 치는 것.

성기능부전의 우하 분획 요법

쌍 치료 쌍(couple) 치료는 성기능부전을 치료하는 중요한 요법 중의 하나이다(Mezzich & Hernandez-Serrano, 2006; Rosen & Leiblum, 1992).[25] 몇몇 경우들에서, 쌍 치료가 우선시된다. 다른 경우에서는, 개인치료에 대한 중요한 보조적인 치료일 수 있다. 쌍을 위한 효과적인 성 치료는 쌍의 전체적인 관계 배경 내에서 성기능부전을 놓고 고려해본다. 그리고 성 문제를 치료하는 것과 함께 관계 향상을 위해 노력한다(Meana, 2010). Mezzich와 Hernandez-Serrano(2006)는 상호적으로 즐거움을 주고받는 친밀한 짝으로서의 쌍의 기능의 중요성을 지적하였다—'전쟁터 정신력(battleground mentality)'과는 정반대이다. 또한 쌍의 각각이 가지고 있는 성 역할에 대한 기대를 다루는 것 역시 중요하다. 왜냐하면 그들이 이러한 기대들을 명확히 하고, 그들만의 관계에 있어서 이러한 역할을 어떻게 해주기를 원하는지에 대해 합의하는 것을 돕기 때문이다(Mosher, 1980). 쌍 치료에서 다뤄지는 흔한 문제들은 다음과 같은 것들이 있다. 즉, 얼마나 자주 성관계를 할 것인지에 대한 갈등, 성 욕구에 대한 차이, 아동기 학대로 인한 문제를 해결하는 것, 흥분에 관한 문제, 극치감을 느끼는 데 겪는 어려움, 조기사정, 성기-골반통증 그리고 삽입의 어려움, 물질사용이나 의학적 문제와 관련된 성기능부전이 있다.

성적 경험들이 없었다면 행복한 관계에서 그들의 관계를 불안정하게 하는 경우도 있다(Ferreira et al., 2012; Meana, 2010). 요약하자면, 성관계가 점점 지루해지는 것이다. 왜냐하

---

25 성 장애를 위한 쌍 치료로 여러 권의 책이 저술되어 있다. 간단히, 우리는 Meana(2010)의 치료 방식을 지지한다. 한 영역의 호전은 다른 영역의 호전을 이끌어낼 것이라고 기대하면서 "성 문제와 관계 문제를 동시에 작업한다"(p. 104).

면 오래된 관계에서는 열정이 줄어드는 경우가 자주 있고, 점차 안정적인 가정의 생활 방식을 유지하는 데 필요한 "책임을 나누는 과정"에서(Meana, 2010. p. 106) 길을 잃게 된다. 서로에게 너무 익숙해지고 적절히 서로를 구분 짓는 일들이 부족해졌을 때, 성 흥분이 줄어들기 쉽다(Ferreira et al., 2012). 이러한 경우에 해결책은 그들의 삶에서 서로 거리를 두고 흥미로움을 줄 수 있는 형태로 그들만의 관계를 만들어가는 것에 우선순위를 두고 창의성을 발휘하도록 권장하는 것이다(Meana, 2010).

의사소통 훈련 쌍이 직접, 특히 성에 관하여 의사소통하게 하는 것은 성 치료의 기본 요소이다. 의사소통 훈련은 성행위 시 요구되는 편안함을 만들 뿐만 아니라, 둘 사이에 서로를 지지하는 태도를 기르는 데 목적이 있다. 또한 성 문제에 관해 상대와 직접적으로 이야기하는 것은 성과 관련된 당혹감, 죄책감, 부끄러움을 줄일 뿐만 아니라 그들 자신의 감정, 선호도, 기타 여러 가지를 더 명확하게 해준다(Mezzich & Hernandez-Serrano, 2006). 쌍들이 다른 주제들에 관해서는 의사소통이 원활하다고 하더라도, 당혹감이나 죄책감 같은 감정들은 성적 주제와 관련된 의사소통을 더욱 어렵게 만들 수 있고, 사람들이 민감한 주제라고 여기는 것에 어떻게 접근해야 하는지 방법을 모를 수도 있다(Crooks & Baur, 2011). 그럼에도 불구하고, 성 문제에 관해서 편안하고, 자신감 있는 태도를 갖는 것은 종종 긍정적인 성 경험을 하는 데 도움이 된다. 치료자들은 종종 서로의 감정을 공유하도록 하고, 어떻게 상대방의 얘기를 들어야 하는지에 관한 기술들을 증진시키기 위해 의사소통 훈련을 사용한다(Donahey, 2010). 의사소통 훈련에서 다루어야 하는 중요한 기술들에는 상대를 공감하기, 비난하지 않기, 바꿔 말해보기, 그리고 반영하고 경청하기가 있다(Mezzich & Hernandez-Serrano, 2006).

인지행동 쌍 훈련 감각집중치료는 인지행동치료 접근으로 포함될 수도 있는 성기능부전에 대한 전통적인 행동치료이다(Donahey, 2010; Fagan, 2004; ter Kuile et al., 2010). 감각집중 훈련의 목표는 관찰, 행동 목표 설정, 비상시 관리를 활용해서, 쌍의 교류의 질을 향상시키는 것이다(Fagan, 2004). 한 여성이 스스로 그의 성기능을 향상시키기를 원하는 경우, 치골미골(PC) 근육을 강화하고 스스로를 자극하는 능력을 향상시키도록 고안된 운동들이 도움이 될 것이다(Satterfield & Stayton, 1980). 감각집중치료는 상호 간 성적 즐거움을 더 증가시킬 수 있는 가장 유용한 쌍 지향 활동이라고 보고 있는데(Crooks & Baur, 2011), 이 치료는 (극치감만을 얻으려는 것과 같은) 목표 중심의 실망스런 성 경험을 줄이고 쌍으로 하여금 의사소통, 즐거움, 친밀감을 높이며, 그래서 둘 모두에게 성 경험의 과정 전체가 편안하고, 위협적이지 않으며, 즐거운 것이 되도록 구성되어 있기 때문이다(Fagan, 2004; Mahan, 2004). 집에서 숙제를 함으로써, 몇 주가 지나면서 성관계 짝이 점점 "서로 자연스럽게 감각적이고 성적인 즐거움을 주는 행동들을 많이 하게"(Fagan, 2004, p. 87) 된다. 촉각과 다른 감각적이며 성적인 행동들이 주는 즐거움에 집중함으로써, 감각적으로 성적인 즐거움을 주고받는 능력이 발전한다(ter kuile et al., 2010). 전통적으로, 초기 단계에서 성교는 억제되며(Rosen & Luiblum, 1989), 그 이후 서서히 다시 진행되면서 점차적으로 증가된다. 과정의 각 단계에서 불안의 감소, 기술 훈련, 수행 부담과 기타 스트레스를 최소화하는 것들을 다루게 된다(Mezzich & Hernandez-Serrano, 2006).

쌍의 성기능부전에 대한 인지행동치료 원칙에 통합될 수 있는 다른 치료법도 있다(ter Kuille et al., 2010). 이러한 기술 중 한 가지는 "쌍 성기 탐색 이완 훈련"인데, 이것은 집에서 할 수 있는 과제로 두 사람 각각에게 서로의 몸에 대한 탐색을 촉진하는 감각적인 대화를 번갈아 가며 한다. 그리고 또 다른 것은 "쌍 흥분 안배 훈련"인데(Mezzich & Hernandez-Serrano, 2006, pp. 140~141), 이것은 쌍의 각각이 서로의 성 흥분을 돕기 위해 사용된다. "성교 적응 기법"(Mezzich & Hernandez-Serrano, 2006, pp. 142)은 성 행동을 하는 데 어려움을 겪는 남성들에게 도움이 된다. 이것은 남성이 발기를 할 때까지 그의 음경을 짝의 질이나 입 안에서 머무르게 하고, 오랜 시간 동안 그 상태를 유지하는 과정으로 구성된다.

'정지-시작' 기술은 쥐락펴락 기술이라고도 부른다. 극치감 전에 느끼는 감정을 더 길게 하기 위해 James Semans에 의해서 개발되었고, 이것은 조루증을 가지고 있는 남성에게 가장 많이 사용된다. 정지-시작 기술은 극치감 직전까지 음경을 자극하고 사정 전 멈추는 것을 포함하며, 이것은 사정을 보다 통제된 방식하에서 일어나게 한다. 쥐는 기술을 사용할 수도 있는데, 여기서 쥐는 기술은 사정하려는 충동이 잦아들 때까지 두 손가락을 이용해(한 손가락을 귀두 아랫살에 다른 손가락을 귀두 윗살에 놓아) 귀두 끝부분을 그리고 엄지로는 포피소대(frenulum) 부분을 세게 압박하는 것이다(Crooks & Baur, 2005). 정지-시작 기술은 남성이 사정을 잘 통제할 수 있을 때까지 점차적으로 계속 행해진다. 쥐는 기술은 신체적인 통증을 유발할 수 있고, 잠재적으로 성행위에 부정적인 영향을 줄 수 있기 때문에, 이 기술에 대한 회의적인 시각들이 있다는 것을 언급해야 한다(Schnarch, 2002).

마지막으로, 쌍을 위한 성 치료의 인지행동 접근은 '점진적 성교 : 대안 시나리오'를 쌍의 성 행동 레퍼토리에 넣는 것이다. 이것은 짝이 구강성교, 새로운 성행위 자세, 그리고 역할 연기 같이 더 다양하고 유연한 것들을 하기 위해 새로운 활동이 소개되는 것이다(ter Kuile et al., 2010). 또한 최면, 요가, 침술, 바이오피드백, 그리고 춤과 같이 성 치료에 효과적일 수 있는 매우 많은 통전적 접근법이 있다. 성 치료를 마치기 전에, 쌍들이 그들의 성과를 유지하고 성 건강을 추구하는 동안 발생하는 문제를 정상화할 수 있는 계획을 세워보게 하는 것도 중요하다(Mezzich & Hernandez-Serrano, 2006).

성기능부전 치료 요약

성기분부전의 치료를 정리하며 우리는 신체, 감정, 대인관계, 영적 차원을 모두 포괄하는 성 건강의 중요성을 강조한다. 우리는 포괄적인 평가의 중요성, 심리치료에 대한 충분한 훈련, 임상가의 역할에 대한 자기 인식, 그리고 성 치료의 PLISSIT 모형과 같은 기본 원리에 대한 논의를 다루었다. 그리고 우리는 통합 모형 내에서 성 장애를 위한 중요한 치료 전략을 고려해보았다. 중요한 생물 및 행동치료법에는 이완 훈련, 약물치료, 호르몬치료, 허브 처방, 국소 윤활제와 크림, 수술, 기계 장치가 있다. 개인이나 쌍을 위한 인지행동치료는 성 장애에 대한 가장 효과적인 치료 요법 중 하나라고 여겨진다. 심리, 감정, 그리고 문화 치료법에는 심리 교육, 심리역동치료, 그리고 영성 치료가 있다. 관계 접근은 쌍 치료와 의사소통 훈련으로 이루어져 있다. 성기능부전에 대한 논의를 마치고 이제 변태성욕장애로 우리의 관심을 돌려볼 것인데, 변태성욕장애는 성기능부전과는 질적으로 다른 것이다.

변태성욕장애

변태성욕증(paraphilia)[26]이란 용어는 글자 그대로 '보통의 사랑(philia)을 넘어섬(para)'을 의미한다(Clipson, 2004). 계속 되풀이되는 강력하고 자극적인 성 환상, 성 충동, 또는 행동들이 (1) 인간이 아닌 대상에게, (2) 자기 자신이나 상대에게 고통이나 수치심을 주고, 또는 (3) 아동이나 동의하지 않은 사람들에게 나타나는 것으로, 적어도 6개월 이상의 기간에 거쳐 발생되고, 임상적으로 상당한 고통이나 기능손상을 일으키는 것으로 정의된다(APA, 2000). 이전에는 '탈선(deviations)' 그리고 '도착(perversion)'이라고(Hinderliter, 2010) 부르던 변태성욕증은 성 반응을 고려하지 않는다는 점에서 성기능부전과 다르다. 오히려 성 자극 그 자체가 증상을 구성한다(Person, 2005). Person(2005)이 설명한 것처럼, "성 반응은 보존되어 있으나 그 증상, 즉 성 자극이나 활동에서 상당히 편향된 것이 성 흥분이나 극치감의 전제조건이 된다"(p. 1965).

　변태성욕증을 가지고 있는 사람들 대부분은 남성이다(Troisi, 2008). 변태성욕증의 유병률을 정확히 언급하는 것은 불가능한 일이지만(Fedoroff, 2010), 이 질환은 상대적으로 흔하고, 치료자들에 의해 간과되는 것처럼 보인다(Berlin, Malin & Thomas, 1995).[27] 구체적인 질환들은 강

---

26 DSM-5에서는 변태성욕, 즉 피해를 초래하지 않는 일반적이지 않은 성 관심과 변태성욕장애, 즉 합의하지 않은 개인에게 행동이 표출되거나 정서적 고통 혹은 기능부전을 경험하는 등의 피해를 초래한다고 판단되는 것의 구분이 이루어졌다(APA, 2010).

27 이러한 견해가 문헌에서 일반적이나, Person(2005)은 반대 의견으로 다음과 같이 말했다. "가학증과 피학증의 가능한 예외와 함께, 변태성욕증은 성기능부전에 비해 상대적으로 드물다. 그런데도 변태성욕증은 성기

압적인 행동들과 관련되는지 그렇지 않은지에 따라 분류될 수 있다.[28] 강압적 변태성욕증에는 (Crooks & Baur, 2011) 노출장애(성기를 노출시키는 것), 마찰도착장애(동의하지 않은 사람에게 신체적인 접촉을 하거나 문지르는 것), 관음장애(옷을 벗거나, 나체이거나, 혹은 성적인 행위에 참여하는 사람들을 몰래 훔쳐보는 것), 그리고 소아성애장애(사춘기 전의 아동들을 성적 즐거움을 위해 이용하는 것)가 있다. 비강압적 변태성욕증에는 물품음란장애(성적인 자극을 위해 물체를 사용하는 것), 복장도착장애(보통 반대의 성이 입는 옷을 입는 것), 성적피학장애(고통이나 굴욕의 대상이 되는 것), 그리고 성적가학장애(상대방에게 고통이나 굴욕을 가하는 것)가 있다.[29] 또한 달리 명시된 변태성욕장애와 명시되지 않는 변태성욕장애 분류가 있으며, 여기에는 언급된 진단들의 기준에는 맞지 않는 변태성욕장애가 포함된다(APA, 2013). 임상가가 변태성욕장애의 특성으로 설명할 수 있는지 그리고/혹은 왜 진단이 변태성욕장애의 완전한 기준을 충족하지 않는지에 따라 달리 명시된 장애인지 아니면 명시되지 않는 장애인지를 결정한다. 달리 명시된 장애의 예로는 동물성애증(동물과의 성행위를 선호하는 것), 시체성애증(시체와의 성적 행위에 대한 욕구), 분변/분뇨성애증(분변이나 소변에 접촉함으로써 성적인 흥분을 얻는 것; Brockman & Bluglass, 1996)이 있다. 변태성욕장애의 종류는 매우 많다. 합해서 거의 550가지 종류의 것이 제시되고 있다(Fedoroff, 2010).[30]

비정상적인 성적 선호의 존재만으로 진단을 내릴 수 있는 것은 아니다. 소아성애장애, 관음장애, 노출장애, 그리고 마찰도착장애와 성적가학장애는 개인이 오직 이런 특성의 성 충동으로만 행동하거나, 혹은 이런 충동으로 인해 직업적, 사회적, 그리고 다른 중요한 기능 영역에서 임상적으로 현저한 손상이나 고통이 있는 경우에 한해 진단이 내려진다(APA, 2010). 물품음란장애, 성적피학장애, 그리고 복장도착장애의 경우에는 그 사람이 임상적으로 현저한 고통을 경험하고 있거나, 혹은 기능손상이 있는 경우에 한해 진단이 내려진다(APA, 2010).

변태성욕증은 공상과 행동들로 구성되어 있는데, 이것들은 아동기 때 시작하는 경우가 있지만, 보통은 사춘기 무렵에 시작되고, 일단 습관이 되면 평생 지속된다(Mezzich & Hernandez-

---

능부전만큼의 주목을 받아왔다"(p. 1966).

28 비록 DSM은 이러한 방식으로 구성되어 있지는 않으나, 우리는 이러한 구분을 선호한다. 비강압적인 변태성욕증은 상대적으로 무난하다(benign)는 점을 명심하는 것이 좋다. Person(2005)은 다음과 같이 짚었다. "변태성욕증 그룹은 피해를 초래하여 모든 대상을 낙인찍고 사람들이 변태성욕증을 불변하는 악의적인 것으로 생각하게 한다"(p. 1966).

29 가학 행위가 합의되지 않은 개인에게 강제되는 경우에서는, 성적가학장애가 강압적인 변태성욕장애로 고려될 수 있다(APA, 2000, 2010).

30 국제 질병 및 건강 통계 분류(The International Statistical Classification of Disease and Related Health Problems)의 Fedoroff(2010) 저술 부분에서 변태성욕증 종류를 포괄적으로 제시한 도표가 유용하다.

Serrano, 2006; Saleh & Berlin, 2003). 일부 사람들에게는 변태성욕 선호도가 우세하게 나타나고, 성적인 쾌감을 느끼기 위한 필수조건이 된다(APA, 2000). 하지만 또 다른 사람들의 경우는 변태성욕 공상이나 행위들이 성적 행위를 하는 데 간헐적으로 나타나고 성적 쾌감을 느끼기 위해 필수적인 것은 아니다(APA, 2000; Hinderliter, 2010). 흥미로운 것은, 어떤 사람들의 경우에는 그들이 스트레스를 받는 경우 도착적인 성행위를 선호하고 이후에 스트레스가 가라앉은 경우에는 보다 정상적인 성행위를 하는 것으로 돌아온다는 것이다(Person, 2005).

변태성욕증들이 겹쳐서 일어나는 일은 드물지 않다. 즉, 한 사람이 많은 변태성욕을 동시에 가지고 있을 수 있다(APA, 2000; Hinderliter, 2010; Mason, 1997). Fedoroff(2010)에 의하면 변태성욕증은 보통 "교감하고, 서로 상호 간에 영향을 주는 관계"(p. 404)이며 환경 바깥에서 발생한다는 점을(물론 항상 그렇지만은 않음) 공통점으로 가지고 있다. 많은 경우에서, 어떤 사람들은 그들의 변태성욕적인 충동이나 행위를 숨길 수 있다. 그리고 이러한 것들을 오직 고립된 곳에서 행하고, 심지어는 그들의 짝에게 숨기기도 할 것이다(Brockman & Bluglass, 1996). 이런 행위가 발각되었을 때, 감정적으로 상당한 고통을 경험하고 중요한 애정 관계를 잃을 가능성이 있다. 반면 다른 종류의 사람들은 그들의 변태성욕적 성행위를 즐기고 그들의 성적 선호와 관련한 어떤 고통도 경험하지 않는다(Person, 2005). 변태성욕증을 가지고 있는 개인은 동시에 정신건강상의 문제 예를 들어 기분장애, 불안장애, 충동조절장애, 물질사용장애, 또는 성격장애와 같은 것들을 흔히 가지고 있다(Brockman & Bluglass, 1996). 문화 전반에 걸쳐 다양한 종류의 성 관행이 있다는 것을 고려하면, 정상과 비정상적인 성 행동을 확실히 구분하는 것은 어렵다(Mezzich & Hernandez-Serrano, 2006). 그리고 변태성욕을 정신질환으로 여겨야 하는지에 대한 논의가 많이 있다(Hinderliter, 2010; Moser, 2009). 특히 비강제적인 성행위의 경우, 그러한 종류의 변태성욕 행동들이 해롭지 않다고 여기는 사람들이 많다(Crooks & Baur, 2008; Hinderliter, 2010). Person(2005)은 "많은 사람들이 의식적인 수준에서 생활하고 있지만 자신이 가지고 있는 하나 이상의 변태성욕이 표현된 영화나 책에 관해 확실한 흥미를 표현하는 것은 그 특성 안에 비뚤어진 성적 관심의 가닥들이 있기 때문이다."(p. 1966)라고 보았다. 비정상적 성 관행 때문에 몇몇 사람들이 불안정한 상태에 있기는 하지만(Fedoroff, 2010; Mezzich & Hernandez-Serrano, 2006), 비정상적인 성적 관심을 탈선, 병으로 진단하는 경향은 무고한 사람들을 하찮은 존재로 느끼도록 만들거나 변태성욕을 겪는 사람들이 도움 구하는 일을 어렵게 만들 수 있기에 그만큼 염려스러운 일이다(Hinderliter, 2010; Mose, 2009).

Moser(2009)는 사회 규범으로부터 벗어난 성 행동을 병적이라고 너무 쉽게 단정 짓게 되지만, 이러한 시각은 사회적으로 만들어진 것이고, 문화 체제가 더해진 것에 불과하기 때문에 시간이 흐르면서 변하는 경향이 있다는 것을 강하게 주장했다. 성이라는 것이 보편적으로 강력한 힘이라고 여겨왔지만, 비정상적 성 선호는 변태적이고, 죄악시되며, 범죄라고 여기는 시각들도 있었다(Person, 2005). 한때는 범죄이고 왜곡된 것이라고 여겨지던 성 관행들을 지금은 정상 성 행동들로 여기고 있다. 예를 들어 동성연애나 자위행위 같은 것들이 그러하다(Hinderliter, 2010; Levine, 1992; Mose, 2009; Sadock, 2005). 단순히 생각이나 공상으로 그런 생각을 하는 사람을 사회에서 소외되고 위험에 처하도록 하고, 범죄자로서 낙인찍을 수 있다는 가능성에 대해 지금도 우려를 하고 있다(Hinderliter, 2010; Moser, 2009). 하지만 (대부분이 아니라면) 많은 변태성욕은 사실상 범죄가 아니다. 그리고 만약 변태성욕 충동에 따라 행동했다면 범죄자가 되겠지만 충동을 가진 상당수가 그 충동에 따라 행동하지 않는다(Fedoroff, 2010). 그럼에도 불구하고, 현재에도 성범죄를 둘러싼 상당한 공포감이 있다. 몇몇 연구들에 의하면 높은 재범률을 보인다고 하지만(Brockman & Bluglass, 1996), 최근 조사에 따르면 더 낮은 재범률과 변태성욕장애를 겪는 사람의 효율적인 치료 방법들에 대해 낙관적인 전망이 증가하고 있다(Fedoroff, 2010).

몇몇 경우에서, 이러한 우려는 타당해보인다. 특정 변태성욕 충동이 강제적인 방식으로 행해질 때 무고하고 동의하지 않은 사람들에게 해를 끼칠 수 있기 때문이다(Crooks & Baur, 2011; Hollin, 1997). 변태성욕 행동은 다른 사람들을 물건 취급하는 것과 관련이 있는 경향이 있다. 그리고 그들에게 가해지는 행동에 따라 강간당한다거나 무력하다거나 이후의 학대에 대한 공포감을 느낄 수 있다(Crooks & Baur, 2011). 어떤 변태성욕의 경우는 자위행위 도중에 경험하는 공상으로부터 시작할 수 있고, 이것은 이러한 충동이 강렬해짐에 따라 외부 세계에서 그러한 행동을 하도록 발전하게 된다(Fagan 2004). 더 심각한 경우, 원치 않는 성행위의 피해자는 엄청난 외상을 입을 수 있고 심지어 죽기도 한다(Hollin, 1997). 이러한 이유 때문에 성충동과 관련된 행동으로 본의 아니게 피해를 입은 사람들을 보호하기 위한 법이 제정되었고, 몇몇 변태성욕 행동은 범죄 행위가 된다(Crooks & Baur, 2011). 또 강간과 같이 매우 해로운 성 행동들이 정신질환으로 여겨지지 않는다는 것 또한 중요한데, 사회에 미치는 파괴적인 영향이 명백하지만 이번 장에서는 논의하지 않을 것이다.

이번 장의 나머지 부분에서는, 각각의 변태성욕장애에 관해서 자세히 알아볼 것이다. 병인론이 되는 요소들과 각 증상에 특화된 치료 방안들도 살펴볼 것이다. 이번 단원에서 변태성욕장애의 원인과 치료에 관한 일반적인 정보들을 전체적으로 살펴보고 마무리 지을 것이다.[31]

---

31 변태성욕장애에 대한 수많은 치료가 있으며, 각각은 엇비슷하면서도 어떤 면에선 완전히 다르기 때문에 우리는 이 정도의 구조로 저술을 결정했다. 여러 질환들이 중첩되고 분할되기 때문에, 장의 구분 없이 단행본 장으로 기술해볼까 생각하기도 했다. 사실 Hudson과 Ward(1997)는 이 난제를 해결할 조직적 초이론이 필요함을 지적하였다. 그러한 정도에서, 독자들에게는 다소 어색한 구조로 자료를 정리할 필요도 있음을 우리는 알고 있다.

노출장애

노출증의 법률 용어는 성기 노출(indecent exposure)이며(Rosen, 1996), 그(거의 항상 남성)의 성기를 생각지도 않은 낯선 사람들에게 노출시키는 사람과 관련되어 있다. 그리고 당하는 사람은 보통 여자아이 혹은 성인 여성이다(Crooks & Baur, 2011). DSM-5(APA, 2010, 2013) 진단기준은 다음과 같다.

- 자신의 성기를 생각지도 않은 낯선 사람에게 노출시키는 것에 대한 공상, 충동, 그리고 행동과 관련한 성 흥분의 발생
- 적어도 6개월 이상 이러한 흥분이 반복
- 개인은 그러한 충동에 따라 행동하거나, 혹은 현저한 고통이나 기능손상을 초래한다.

연구에 의하면, 성범죄자의 약 1/3이 노출증자이다(Laws & O'Donohue, 1997; Rosen, 1996). 그리고 변태성욕장애 중에는 임상가들에 의해 가장 흔히 자주 관찰된다(Rosen, 1996). 이러한 장애를 가진 사람 대부분은 20대와 30대 남성이며 결혼을 했거나 이전에 결혼을 한 적이 있는 것으로 보인다(Crooks & Baurs, 2011). 많은 노출증자의 경우 수년간 발견되지 않고, 자기 통제가 강하다거나, 그들 삶의 다른 영역에 높은 도덕적 기준을 가지고 있는 것에 자부심을 가지고 있기도 하다(Rosen, 1996).

노출증자는 종종 그러한 행위를 한 직후에 자위행위를 함으로써 성적인 만족감을 얻기도 하며, 여기서 그의 흥분을 증가시키기 위한 자위행위는 보통 그러한 행위에 대한 상상이나 공상(특히 관찰자의 반응, 대개 충격이나, 혐오, 그리고 공포감 같은 상상)을 수반하고 있다(Crooks & Baur, 2011). 어떤 성 학자들은 노출증자들이 피해자들과 성행위에 참여할 의도가 없다는 견해를 가지고 있다. 사실 이 내담자는 그의 피해자들과 성관계를 할 기회를 갖는다 하더라도 그것을 두려워하고 육체적인 관계를 하지 못할 것이다(Brockman & Bluglass, 1996). 다른 학자들은 적어도 몇몇 노출증자들은 결국 성폭력적인 방식으로 행동할 것이라는 입장을 취한다(Crooks & Baur, 2005; Rosen, 1996).

내부 요인(좌상 그리고 좌하 분획 현상)이 노출증의 원인을 밝히는 데 매우 중요하다. 노출증자에 대한 성격 유형이 없다고 밝히는 연구가 있지만(Laws & O'Donohue, 1997), 노출증 충동을 경험하는 사람의 대부분은 친밀감의 문제를 겪고 있고, 부끄러움을 타며, 부적응과 불안의 감정을 지속적으로 느끼고 있다는 점이 주목된다(Crooks & Baur, 2011). 그렇지만 그들은 일상생활에서 꽤 효율적으로 기능을 수행하는 능력을 가지고 있다. 추가적인 병인론 요인에는 (a) 강렬한 불충분감, (b) 그들의 남성성에 관한 확인, (c) 고립감이나 관심의 부족으로 인한 관

심의 욕구, (d) 그들을 주목하지 못한 사람들을 향한 화나 적대감, 그리고 이러한 느낌들이 일으키는 감정 고통, (e) 감정 문제, 정신질환 문제, 혹은 지적장애(Crooks & Baur, 2011)가 있다. 노인들에게서 노출증이 일어났을 경우, 우상 분획의 현상 중 하나인 치매에 의할 수도 있다 (Brockman & Bluglass, 1996).

노출증의 주된 치료법은 인지행동적인 것이다. 치료는 개인적인 평가로부터 시작하고 (Rosen, 1996), 이후에 전기충격, 내재적 감작화(covert sensitization), 최소흥분 조건화(minimal arousal conditioning), 혐오행동기법, 대리 감작화(vicarious sensitization), 사회기술훈련, 대체행동훈련과 같은 행동 기법들을 포함하는 개인 및 집단 심리치료가 이루어진다(Laws & O'Donohue, 1997). 이제까지 사용되어왔던 다른 행동 기법들에는 자위 기술, 환상 바꾸기, 포만(satiation), 충동억제훈련, 그리고 신체반응 피드백(plethysmographic feedback)이 있다. 연구에 의하면, 신경이완제나 SSRIs와 같은 향정신성 약물들이 노출증 충동을 감소시킨다고 한다 (Rosen, 1996). 도움이 되는 또 다른 약물은 Fluphenazine이 있는데, 이것은 특히 Fluoxetine과 같이 복용할 때, 유의한 항안드로겐 효과[32]를 가져온다(Laws & O'Donohue, 1997).

물품음란장애

물품음란증(fetishism)은 무생물인 물건을 보거나 성기가 아닌 몸의 일부를 상상하면서 성적인 흥분을 하는 것을 가리킨다(APA, 2013). DSM-5 진단 기준은 다음과 같다(APA, 2013; Kafka, 2010).

- 살아 있지 않은 물건을 사용하거나 성기가 아닌 몸의 일부에 집중하거나 이에 대한 공상, 충동, 행동과 관련한 성 흥분의 발생
- 적어도 6개월 이상 이러한 흥분이 반복
- 그러한 변태성욕적인 충동이나 행동의 결과로, 삶의 중요한 영역에서 상당한 고통이나 기능손상을 경험한다.
- 여장을 하며 입었던 옷이나 물체, 성기 자극 기구는 진단 고려 대상이 아니다.

다른 변태성욕증과 유사하게, 무엇이 이례적인 행동을 구성하는 것인지 판단하는 것은 어렵다(Crooks & Baur, 2011; Moser, 2009). 예를 들어, 속옷이나 몸의 특정 부위에 의해 성적으

---

32 안드로겐은 테스토스테론과 같은 남성 호르몬이다. 항안드로겐 효과는 이 호르몬의 특정 생리 현상이 발현되기 전에 차단되는 것을 말한다.

로 흥분하는 것은 흔한 일이다(Crooks & Baur, 2011). 성적인 자극을 위해 사용되는 일반적인 물건들에는 여성의 속옷, 하이힐, 검은색 부츠, 스타킹, 가죽제품, 실크, 고무와 같은 것들이 있다(Brockman & Bluglass, 1996; Crooks & Baur, 2011; Kafka, 2010; Mason, 1997). 일부 사람은 완벽한 성행위를 하기 위해 변태성욕 물품(fetishistic object)을 짝이 입도록 요구할 수 있다. 물품음란증은 친밀함에 방해가 될 정도로 사람보다 물건을 더 소중하게 여길 때 인간관계에 문제가 생긴다(Kafka, 2010; Levine, 1992). 물품음란증의 문제를 겪는 사람들 또한 변태성욕 물품을 만지고 싶은 욕구가 차단되면 강한 분노를 경험할 수 있다.

물품음란증의 기저에 있는 원인들이 완전히 명확하지는 않지만(Laws & O'Donohue, 1997), 전형적이고 자발적으로 이루어지는 조절 능력(우상 분획의 현상)이 상당히 중요한 역할을 하는 것처럼 보인다. 단순한 행동 조건들 즉, 자위행위를 하며 공상하는 동안 특정 물체나 신체의 일부에 집중하는 것과 극치감을 경험할 때 성적 흥분을 일으키는 대상물이 쾌락의 경험과 연결되고 변태성욕적인 행동은 강화된다(Crooks & Baur,2011; Junginger, 1997). 예를 들어, 자위행위를 하는 동안 여성의 속옷에 관한 상상을 하고, 그로 인해 성적으로 흥분하고 절정에 도달한다면, 장차 여성의 속옷에 대한 생각 하나만으로도 성적인 흥분을 일으킬 수 있다.

또 다른 견해로 변태성욕적인 행동이 아동기에 특별한 의미를 지니고 있던 물건에서 발전되었다는 것이다(Crooks & Baur, 2011). 아이들은 그의 어머니, 누나, 감정적으로 중요했던 사람의 (장갑 혹은 팬티와 같은) 특정한 물건을 성적인 흥분과 연관시키게 되기도 한다. 이것은 그 아이가 성인기에 접어들어서도 변태성욕 물품의 원래 소유자와 계속해서 연관 짓게 한다. 극단적인 경우, 그 사람은 물품음란증 행동에만 몰두하고, 자신의 성관계 짝과는 거리를 둔다(Crooks & Baur, 2011).

물품음란증 행동에 대한 치료가 효과적이지 않을 때가 종종 있다는 것을 보여주는 연구가 있긴 하지만(Brockman & Bluglass, 1996), 전형적인 치료로는 인지치료와 함께 전기충격, 내재적 감작화(covert sensitization), 자위행위 포만(satiation)에 의한 역조건화의 사용이 있다(Brockman & Bluglass, 1996; Laws & O'Donohue, 1997).

마찰도착장애

마찰도착증(frotteurism)은 공공장소에서 동의하지 않은 사람, 보통의 경우 여성에게 문지르거나 압박함으로써 성적인 흥분을 얻는 사람이다(보통의 경우 남성)(APA 2013; Crooks & Baur, 2011). 마찰도착증을 위한 DSM-5 진단 기준은 다음과 같다(APA, 2010, 2013; Långström, 2010).

- 동의하지 않은 사람을 만지거나 문지르는 것에 대한 환상이나, 충동, 행동과 관련한 성 흥분의 발생
- 적어도 6개월 이상 이러한 흥분이 반복
- 동의하지 않은 사람에게 이러한 행동을 해본 적이 있거나, 성 충동이나 공상이 두드러진 고통이나, 기능손상을 일으키는 경우

꽤 흔하게 발견되는 변태성욕증인 마찰도착증은 알아차리지 못할 수 있다. 이 행동은 보통 엘리베이터, 지하철, 버스, 또는 큰 스포츠 경기나 야외 콘서트처럼 사람들이 붐비는 공공장소에서 일어나기 때문이다(Crooks & Baur, 2011; Rosen, 1996). 마찰도착증은 가해자가 손을 사용해 다른 사람의 허벅지를 만지거나, 옷으로 감춰진 그의 성기를 문지르거나, 또는 피해자의 엉덩이나 다리, 가슴을 쓸어올리는 것과 관련되어 있다. 그리고 피해자를 미리 선택했을 수도 있다(Laws & O'Donohue, 1997; Rosen, 1996). 이러한 행동들을 하는 동안 혹은 대다수의 경우 이후 자위행위를 할 때 그 행동을 정신 이미지(공상)와 통합하여 흥분과 극치감을 일으킨다(Crooks & Baur, 2011; Rosen, 1996). 중요한 점은 이러한 행동을 실제로 하는 사람들의 수가 얼마나 되는지를 추정하는 것이 어렵고, 보통 비연속적으로 일어나기 때문에 피해자가 알아차리지 못하는 경우가 많다는 것이다.

다른 강제적인 변태성욕증과 마찬가지로 마찰도착증은 사회적, 성적 불충분감으로 인해 이러한 행동에 개입된 남성에게서 관찰된다(Crooks & Baur, 2011). 연구에 의하면, 마찰도착증은 보통 노출증을 가지고 있는 사람에게 명백히 드러나는 특성과 아주 밀접한 관련이 있다(Crooks & Baur, 2011). 다시 살펴보면, 이것은 대개 좌상 및 좌하 분획 현상들이다. 이러한 현상에는 수줍음, 불충분감, 고독과 다른 사람들로부터 이해받지 못하는 감정들, 그들을 주목하지 못하는 사람들에 대한 분노의 감정들이 있다. 다른 연구들은 마찰도착증과 관음증, 노출증, 강간식 성관계 선호(preferential rape)[33]와 관련이 있다는 것을 보여주었다(Laws & O'Donohue, 1997).

연구자들을 포괄적인 접수 평가를 하고, 그 이후에는 인지행동 접근을 하는데, 여기에는 자위행위 포만, 내재적 감작화, 인지 재구성, 성교육, 사회 기술, 자기주장훈련이 있다(Laws & O'Donohue, 1997).

---

33 Preferential rape은 "강제적인 섹스를 변태성욕적으로 선호하는 것"(Freund & Seto, 1998, p. 433)으로 정의된다.

소아성애장애

소아성애증은 아이를 대상으로 한 모든 성 행동이며, 보통 13세 이하의 아이들이 대상이 되고(APA, 2000), 현재 사회의 심각한 문제이다(Brockman & Bluglass, 1996; Crooks & Baur, 2011). 통계에 의하면 아동에 대한 성 학대가 놀랄 만한 비율을 차지하고 있고, 여자아이 3명 중 1명, 남자아이 6명 중 1명이 18세가 되기 이전에 성적 학대의 희생자가 된다(Araujo, 2008). 성적 학대의 생존자들을 미국의 경우 60만 명 이상이며 이는 인구의 약 20%를 차지한다(Araujo, 2008). 16세 또는 그보다 나이가 많은 경우 신체적으로 성숙한 어른들과는 다르고, 그보다 적어도 5세 이상 어린아이들에게 주로 성적인 흥분을 느끼는 경우 소아성애증으로 진단 내려질 수 있다. 또한 아이에 대한 성적인 흥미가 적어도 6개월 이상 지속되어야 하고, 그런 충동에 따른 행동이 있었으며, 상당한 감정 고통과 대인관계 어려움이 있어야만 한다(APA, 2010, 2013). 뿐만 아니라 특정 나이와 특정 성별이 끌리는지와 관련한 선호 대상이 있다. 소아성애증의 경우, 그 충동으로 인한 고통 여부가 이것을 진단하는 전제조건은 아니다(APA, 2013).

소아성애 범죄자들을 어떤 특정한 프로파일로 설명할 수는 없지만, 이들은 전형적으로 "이성애자인 남성이고 피해자가 알고 있는 사람"이다(Crooks & Baur, 2011, p. 533). 그들 대부분이 이성애자로 확인되긴 하지만, 그들과 동성인 아이들과의 성적 접촉을 욕망하기도 한다(Groth & Birnbaum, 1978). 보통 어린이 성추행자라고 불리는 소아성애자들은 사회적 지위, 직업, 재정 상황, 종교, 지능, 교육 상태 등에 관계없이 모든 범위에 걸쳐 나타난다. 하지만 연구에 따르면 많은 소아성애 범죄자들은 외롭고, 부끄러움이 많으며, 사회에 부적응하고, 성과 종교, 그리고 도덕적으로 다소 일관적이지 못하다(Crooks & Baur, 2011). 여기에는 또한 학대의 악순환이 있어 보이는데, 많은 소아성애 범죄자들이 아동기에 성 학대의 피해자였다(Crooks & Baur, 2005; Rosen, 1996). 몇몇 경우들에서 소아성애 행동이 일반적으로 행해지는 것이 아니라 스트레스나 외로움, 고독감 같은 가해자의 고통스러운 감정적 경험으로 인해 발생하며, 이 경우 아이들은 그 가해자가 진정 필요로 하는 성인과의 연결에 대한 부적절한 대치물(substitute)이다(Brockman & Bluglass, 1996). 연구에 따르면 애착 문제도 소아성애장애의 원인론에서 상당한 부분을 차지한다(Marshall & Marshall, 2002).

그들을 위한 효과적인 치료법에 관해 임상가와 연구자들 사이에 많은 논쟁이 있다(Laws & O'Donohue, 1997). 애착 이론(Marshall & Marshall, 2002), 대상 관계(Leguizamo, 2002) 같은 심리역동 개념들이 성적 범죄의 행동들에 관해 타당한 설명을 한 것 같지만, 전통적인 심리치료 전략과 정신약물학은 이들에게 효과적이지 않은 것처럼 보인다. 하지만 행동 조치들 예를 들어, 전기혐오치료, 내재적 감작화, 자위행위 포만은 소아성애 범죄자들을 치료하는 데 권고된다(Laws & O'Donohue, 1997). Schwartz(2002)와 Longo(2002)에 의해 성범죄자들에 대한 치료를 위한 혁신적인 모형이 발전하였는데 이 모형은 통합적이며 전체적인 원리들을 이용한 것이다. 이 포괄 치료 프로그램은 소아성애 범죄자들을 치료하는 가장 효과적인 형태의 치료법으로 보인다(Laws & O'Donohue, 1997).

성적피학증과 성적가학증

성적피학증은 정신적으로 모욕을 당하거나 또는 신체적으로 묶여 있거나, 맞거나, 기타 다치게 되면서 성적으로 흥분하게 되는 것과 관련 있다. 성적가학증은 이러한 신체적 또는 정신적인 고통을 가함으로써 성적인 흥분을 하게 되는 것과 관련 있다(Crooks & Baur, 2008). 진단이 내려지기 위해서는 이러한 양상이 6개월 동안은 일어나야 하고, 이것으로 인해 심리적 고통 혹은 기능손상을 초래해야만 한다. 추가하여, 성적가학증의 경우 이러한 충동을 동의하지 않은 사람에게 실행한 적이 있다면 진단이 내려질 수 있다(APA, 2013; Krueger, 2010a).

합하여, 이들 진단을 흔히 가학피학 행동으로 아는데, 왜냐하면 이들이 모두 "성적인 표현이 고통과 연관되어"(Crooks & Baur, 2011, p. 501) 있기 때문이다. 가학피학성의 구어체 용어는 BDSM이고, 이것은 속박-지배-가학-피학(bondage-domination-sadism-masochism)을 나타낸다(Crooks & Baur, 2011). 사람들이 성의 가학피학 요소를 즐기는 일은 매우 흔하다(Person, 2005). 다른 변태성욕증과 마찬가지로, 이러한 성적 선호를 질환으로 정의하는 것에 이의를 제기하는 사람들이 있다(Glasser, 1996; Krueger, 2010a, 2010b). 많은 사람들이 성관계 중에 거친 교류를 즐기고, 가학피학 활동에 성적으로 반응한다(Crooks & Baur, 2011; Person, 2005).

어디서 성적피학증이 끝나고 어디서 성적가학증이 시작되는지를 구분 짓는 확실한 경계선이 있는 것이 아니다(Brockman & Bluglass, 1996). 사실 가학피학 행동에 임하는 사람들은 그들 자신이 성적가학증이나 성적피학증 어느 한 곳에 국한시키지 않고 두 형태의 성 행동 모두를 번갈아 가며 한다(Brockman & Bluglass, 1996; Crooks & Baur, 2011; Krueger, 2010a, 2010b). 이러한 행동은 대개 역할 연기에 의해 이루어지고, 지배/복종 그리고 통제의 요소를 포함한다. 속박에 대한 환상은 속박하는 기구를 사용함으로써 실현된다. 그것에 대한 지식을 가지고 있지 않은 사람은 상대방에게 의도치 않게 고통이 가해질 수 있다고 오해를 할 수 있지만, 대부분의 경우 성 행동은 동의된 것이고, 둘 다 이를 즐긴다(Crooks & Baur, 2011).

때때로, 가학피학 성 행동들은 매우 위험하다(Krueger, 2010a, 2010b). 몇몇 경우에서 "그들이 피학적인 행동을 하는 데 있어서, 사람들은 위험하고 부상을 유발할 수 있는 행동을 즐기기도 하는데"(Baurmeister & Butler, 1997, p. 227) 예를 들어 "전기자극, 매달기, 질식, 질식 아닌 속박, 또는 독의 복용"(Baurmeister & Butler, 1997, p. 227)이 있다. '저산소기호증(hypoxyphilia)'이라고 부르는 매우 위험한 피학적 행위로 인해 사람들이 죽었는데, 이러한 행위는 산소를 박탈당함으로써 성적인 즐거움을 얻는 것이다(APA, 2000; Brockman & Bluglass, 1996; Kruieger, 2010a). 올가미나 매듭 사용과 같이 산소 결핍 상태를 만드는 방법들은 잘못될 수 있고, 예기치 않게 사망할 수 있다(APA, 2000; Brockman & Bluglass, 1996). 우리가 접한 내담자 중에는 낯선 인물을 만나 묶임을 당해 매우 취약한 성적 행위에 빠지는 경우가 있는데 이는 걱정스럽다.

또한 '포식자'에 상응한 성적가학자들도 있다(Hucker, 1997).[34] 때로, 성적가학의 과정이 덜 심각한 것에서 더 심각한 것으로 발전될 수 있고, 동시에 쾌감을 위한 필요조건이 피해자에게 심각한 신체 피해를 가하는 것이 된다(APA, 2000). DSM에서 지적했던 것처럼, 성적가학이 반사회적 성격장애와 결합되어 있을 때, 누군가 심각하게 다치거나 죽임을 당할 위험성이 증가한다(APA, 2000; Krueger, 2010b).

가학피학 성행위에 참여하는 사람들은 고통을 가하거나 고통의 경험을 원하는 것이 아니라, 지배 혹은 복종 경험을 욕망하는 동기로 그러한 행위를 하게 된다(Crooks & Baur, 2011; Krueger, 2010a). 추가적인 동기는 다음과 같다—흥분을 위한 추가적인 비성적 자극의 필요, 상대의 저항이나 긴장을 경험하면 성적인 면이 향상됨, 일상의 엄격하고 통제된 양상에서의 탈출, 성과 고통 사이의 연관성을 이끌었던 초기 경험에 대한 반복(Crooks & Baur, 2011; Laws & O'Donohue, 1997). 가학피학 현상은 성에 대해 먼저 고통을 경험하지 않고 즐거움을 경험할 권리에 대해 확신하지 못하는 죄책감, 갈등, 부정적 시각과 관련 있다. 그러므로 가학피학 행위는 성적 쾌락에 대해 처벌을 하거나 처벌을 받는 형태일 수 있다(Crooks & Baur, 2011).

가학피학 성 행동이 남녀 모두에게서 흔하게 일어난다는 것을 고려하여(Krueger, 2010a), Person(2005)은 이러한 충동들이 "힘의 쟁점이 커지는 것"(p. 1969)과 관련 있다고 추측했다. 가학피학 행동을 하는 사람들은 성생활과 관련된 불만 외에는 차분하고, 매우 안정적이다(Crooks & Baur, 2011; Krueger, 2010a, 2010b). 이러한 경우, 임상적으로 치료가 필요하지 않다. 가학피학 행동이 그것과 관련된 사람 혹은 자발적이지 않은 대상이나 피해자에게 문제와 고통을 일으킨다면 치료가 필요하다(Hollin, 1997; Kruegerm, 2010a, 2010b). 성적가학자에 대한 치료의 목적은 흥분의 양상을 변화시키고, 피해자에 대한 동정심을 기르고, 인지 왜곡들을 개선하며, 내담자의 특이한 욕구를 다루는 것이다(Hollin, 1997). 성적피학증 내담자에 대한 치료가 필요할 때, 그 목표는 흥분을 위한 여러 가능성을 추가하기 위해 그의 성 레퍼토리를 확장시키는 것이다(Crooks & Baur, 2011). 이 행동을 변화시키기 위해 도움이 될 수 있는 몇 가지는 이러한 흥분 형태에 의존하는 것에 대한 혐오를 불러일으키고 동시에 상대와의

---

34 Hollin(1997)은 이러한 극단적 사례들에 대한 상세한 탐구를 제시하였다.

친밀감 동기를 불러일으키는 것이다(Thornton & Mann, 1997). 동기 면담(Miller & Rollnick, 2002)은 다양한 행동 접근들만큼 유용한 전략이다(Thornton & Mann, 1997).

복장도착장애

복장도착 물품음란증(transvestic fetishism)은 여장을 하는 것으로 성 흥분을 느끼는 사람들과 관련이 있지만, 이것은 여장을 하는 다른 형태의 것들과는 구별되어야 하는데, 다른 형태의 것들은 주된 동기가 성적 흥분이 아니다(Crooks & Baur, 2008). 후자의 경우에는 여흥 목적으로 반대 성별의 옷을 입는 것, 상대방을 매혹시키기 위해 여성의 옷을 입은 게이 남성, 반대 성의 옷을 입을 때 비로소 정상적인 느낌을 갖는 성전환자가 있다(Crooks & Baur, 2008). 복장도착장애로 진단 내리기 위해서는 여장을 하는 것으로부터 얻어진 성 흥분이 적어도 6개월간 일어나야 하고, 그 결과로 상당한 고통이나 기능손상을 겪어야 한다(APA, 2010, 2013; Blanchard, 2010).

복장도착 물품음란증을 병적이라고 여겨야 하는지에 관한 많은 논쟁이 있다(Blanchard, 2010; Laws & O'Donohue, 1997). 성전환자 집단 일원을 포함한 몇몇 사람들은 여장을 하는 것이 병적이거나 비정상적이 아닌 용인될 수 있는 성적 발산의 수단이라고 생각하는 성향이 강하다(Crooks & Baur, 2011).

복장도착 물품음란증이 있는 남성은 성인의 취미와 직업 선택에 있어서 상당히 남성스러울 수 있고, 종종 남성 지배적인 직업에서 발견되기도 한다(Zucker & Blanchard, 1997). 게다가, 복장도착 물품음란증을 가지고 있는 남성은 사춘기 이전 혹은 사춘기 때 여장을 하는 경향이 없고, 어렸을 때 여자아이들과 함께 놀거나 여성적인 활동들을 즐기는 경향도 없다(Zucker & Blanchard, 1997). 어떤 임상가들은 어릴 적 '여자 옷 입기 벌칙(petticoat punishment)'이라고 불리는 일종의 벌칙이나 모욕의 형태로 여장을 강요받은 것에서 복장도착 물품음란증이 생길 수 있다고 주장했다(Zucker & Blanchard, 1997). 또 다른 가능성은 "여장을 하는 것이 편안함과 안정감을 주고 이것이 성적인 자극, 자위, 그리고 극치감을 동반했을 때 더 강화되는 특성이 있다"(Zucker & Blanchard, 1997, p. 271).

복장도착 물품음란증 치료를 위한 접근은 "행동 접근 위주이며, 비정상 행동을 털하도록 하고 정상적인 행동을 강화하는 데 중점을 둔다"(Adshead, 1997, p. 288). 초기의 치료법들은 전기나 화학 자극을 포함한 처벌 및 유해혐오 기법, 자위행위 재조건화나 내재적 감작화를 포함한 행동치료 수치(shaming) 기법에 초점을 맞추었다(Adshead, 1997). 항안드로겐 물질과 향정신성 약물치료 또한 이러한 행동들을 제거하기 위한 일종의 혐오 접근으로 여겼다. 이러한 접근들은 효과가 의심스럽고 이러한 혐오 기법들의 사용은 윤리적인 이유로 이견들이 제기되었다. 더 최근의 치료법들은 복장도착 물품음란증의 치료로 인지행동 그리고 심리역동치료의 사용에 초점을 맞추고 있다.

관음장애

관음증(voyeurism)은 나체이거나 성행위를 하고 있는 낯선 타인을 관찰할 때 성 흥분이 되는 것과 관련 있다(APA, 2013). 관음증의 정의는 이것보다는 넓게 정의되어왔고, 그래서 다음의 것들 즉, scopophilia(옷을 벗은 사람을 보는 것), scoptophilia(성관계를 하는 사람들을 보는 것), 그리고 triolism(자신의 파트너가 다른 사람과 성관계를 하는 것을 보는 것)을 포함한다(Laws & O'Donohue, 1997; Rosen, 1996).

　정상에서 벗어난 행위로 관음증을 개념화하는 것은 다소 논쟁의 여지가 있을 수 있다. 왜냐하면 특정 범위까지는 이것이 사회적으로 허용된다고 여겨지기 때문이다. 준성인용 그리고 성인용 등급 영화의 인기, 성인용 잡지, 라이브 쇼, 그리고 포르노를 생각해보면 간단히 알 수 있다(Brockman & Bluglass, 1996; Crooks & Baur, 2011). 주된 차이는 실제 관음증 행동은 관찰을 당하는 역할의 사람들이 그러한 것을 동의하지도 않았고 인지하지 못한다는 것이 특징이다(Brockman & Bluglass, 1996). 관음증 특징을 가지고 있는 사람들은 종종 관찰에 대한 생각만으로 흥분을 경험하기도 한다. 따라서 나체촌이나 누드 비치는 그들의 관심을 끌지 못한다(Crooks & Baur, 2011). 18세나 그 이상 나이의 사람들이 나체이거나, 옷을 벗고 있고, 일종의 성행위를 하고 있는 사람들을 관찰함으로써 성적인 흥분을 하게 되면 관음증으로 진단 내려진다. 게다가 관음증 자극으로 느끼는 흥분이 적어도 6개월간 발생해야 하고, 동의하지 않은 피해자들에 대한 관음증 행위를 하거나 혹은 상당한 감정 고통이나 기능손상을 경험해야 한다(APA, 2010, 2013).

　관음증 행동은 남성들에게서 더 흔하게 나타나고, 침실 창가에서 응시하는 것도 포함된다. 다시 말해, 여성의 욕실 입구에 서 있는 것, 공공 탈의실의 벽에 구멍을 뚫는 것, 그리고 비디오 관음증도 포함된다(Crooks & Baur, 2011). 비디오 관음증은 진보되고 다양한 기능을 가진 기술 장비들, 주로 비디오카메라에 대한 접근성으로 인해 증가했다(Crooks & Baur, 2011). 카메라는 연기 감지기, 천장, 운동용 가방과 같은 예상치 않은 곳에 설치될 수 있다. 또한 그들이 관찰하기를 바라는 특정한 사람에 대한 집착을 키워나가게 하고, 이것은 또 다른 변태성욕증과 결합하게 될 수 있으며 신체 접촉과 관련된 더 심각한 범죄를 이끌 수도 있다. 성적가학증과 유사하게, 관음증은 종종 공격성, 힘, 그리고 지배적인 요소를 가지고 있다(Brockman & Bluglass, 1996).

　심리역동 이론, 사회학습 이론, 사회생물 이론들은 관음증의 병인론을 설명하는 데 유용하다(Kaplan & Krueger, 1997). 정시역동 이론에 의하면, 관음증은 (다른 변태성욕증과 함께)

해결되지 않은 심리성적 갈등과 관련된 보다 근원적인 정신병리에서 기인한 것으로 여긴다(Kaplan & Krueger, 1997).

관음증을 포함한 비정상적인 성적 흥미들은 발달적인 면에서 보다 이른 시기의 심리성적 발달 단계로 퇴행했다는 것을 가리키는 것일 수 있다. 그리고 이것은 초기 아동기 때 외상으로부터 유래된 적대감에 대한 심리 방어일 수 있다(Kaplan & Krueger, 1997). 특히 남성의 관음증은 그들의 어머니로부터 심리적으로 분리되려는 필요와 관련될 수 있는데, 개인이 처음 어머니와 특정 정도의 심리적 거리감을 성취하게 된 후, 어머니 모르게 어머니를 관찰하는 비상호적인 행위를 통해 결과적으로 이 거리는 줄어들게 된다(Kaplan & Krueger, 1997).

사회학습 이론은 관음증 충동을 포함한 그의 성에 대한 독특한 표현법들이 조작적 조건화, 모델링, 강화와 같은 행동 규칙의 결과로 발달 및 유지되어왔다고 본다(Kaplan & Krueger, 1997). 성적 자극을 일으키도록 학습되어진 상황이나 자극 종류들뿐만 아니라, 그 사람의 이전 경험들은 성을 표출하기 위해 그가 하는 특정 행동 방식의 주된 결정요인들이다(Kaplan & Krueger, 1997). 다시 말해, 쾌락이 특정 자극과 관련될 때, 그 자극은 강화될 것이고, 개인은 이후에 그 자극을 성적 쾌락과 연합시키는 학습 양상을 만들기 쉽다. 게다가 성 흥분과 연관되는 특정 자극은 그의 환경에 달려 있다.

사회생물 이론은 관음증 행동에 진화 관점을 적용해서, 남성은 여성의 성기, 특히 전에 본 적이 없었던 성기를 보고 성적으로 흥분한다고 주장했다. 결과적으로, 진화 역사에서 이러한 동기 과정들이 남성들의 생식 성공률을 극대화했기 때문에 그들은 여성의 성기를 보고자 하는 강한 욕구를 경험한다(Kaplan & Krueger, 1997).

연구는 관음증 성향을 보이는 사람들과 그들 자신을 노출시키는 사람들(노출증)은 사회적인 성적 기술의 발달이 뒤처지거나 부적응 혹은 열등감을 강하게 느끼는 것 등의 서로 비슷한 특성을 가지고 있음을 보여주었다(Crooks & Baur, 2011). 이러한 사람들은 그들이 알 수도 있는 사람이 아니라 낯선 사람들을 '훔쳐보는' 것을 바라기도 한다. 그리고 이것은 발각이 될 위험성이 꽤 높아지게 됨에 따라 그들이 느끼는 흥분의 정도를 증가시킨다(Crooks & Baur, 2011).

이 질환에 대한 치료법에 대한 정보가 거의 없기는 하지만, 치료법은 관음증 행위를 예방하기 위한 한계를 설정하는 것과 관음증 행동을 통해 느꼈던 성적 만족감에 대한 보다 건강하고 적절한 대치를 찾는 것이 포함되어야 한다고 주장되고 있다(Laws & O'Donohue, 1997).

변태성욕장애의 병인론

많은 성인들이 비정상적인 성적 자극에 반응할 것이라는 것이 일반적으로 받아들여지기는 하지만, 이러한 욕구에 따라 행동하는 사람들이 있는 반면에 그렇지 않은 사람들에 대한 이유가 명확하지 않다(Brockman & Bluglass, 1996). 다른 정신질환들과 비교해서 변태성욕장애의 원인론에 대해서는 거의 알려져 있지 않으며(Fedoroff, 2010; Person, 2005), 일관된, 논리적인, 체계적인 이론이 부족하다(Hudson & Ward, 1997). 성기능부전과 마찬가지로, 비정상인 성적 선호를 가지고 있는 기저에는 가능성 있는 요인들이 많이 있으며, 통합적이며 다차원적인 접근이 타당하다(Fedoroff, 2010; Mezzich & Hernandez-Serrano, 2006; Troisi, 2008). Brockman 와 Bluglass(1996)는 인지 분석 치료의 원리에 기반하여 변태성욕장애에 대한 개념화와 치료법에 대한 통합 접근법을 제안했다. 그들은 제안하길 동기요인으로 역할 하는 몇몇 요인들이 존재하고, 이것들이 변태성욕 행동에 더 연루되도록 하며, 반면 억제 역할을 하는 요인들도 존재한다고 하였다. 비정상적인 성 욕구에 따라 행동할지 여부는 동기요인과 억제요인 중 어느 쪽 요인들에 더 무게가 실려 있는지에 달려 있다(Brockman & Bluglass, 1996).

우상 분획의 관점 : 생물 그리고 심리 요인들

진화 관점　진화 요인들은 변태성욕 현상에서 두드러진다(Freund & Seto, 1998; Trosi, 2008). 역학 자료에 따르면 변태성욕자는 주로 남성이고, 변태성욕장애를 겪는 남성과 여성의 수의 차이는 매우 크다(Troisi, 2008). 진화 이론은 남성과 여성은 짝짓기에 대한 접근 방식이 다르다고 받아들이고 있다. 즉, 남성은 성행위를 위한 필요조건에 대해 훨씬 덜 까다롭다. 반면 여성의 경우는 훨씬 신중하다. 왜냐하면 그들에게 요구되는 부모로서의 요건이 까다롭기 때문이다. 따라서 변태성욕장애는 생물학적으로 적응된 생식 목적에 따라 성 행동을 많이 하는 남성 성향을 과대해석한 것일 수 있다. Troisi(2008)의 설명대로, 변태성욕증은 (남성에서) 진화 적응 중 극단의 형태를 보인다. 쉽게 성적으로 흥분하고 그가 할 수 있는 거의 모든 여성과 무차별로 짝짓기를 하는 것이다.

신체 이상　뇌의 이상은 외상에 의한 뇌손상 또는 기질적인 요인들 때문일 수 있다. 이러한 뇌의 이상은 비정상 성 행동을 선호할 가능성을 높일 수 있다(Brockman & Bluglass, 1996; Freund, Seto & Kuban, 1997). 특히 측두엽 손상이나 측두엽 발작은 비정상 흥분 양상을 일으킬 수 있다(Brockman & Bluglass, 1997; Person, 2005). 그에 대한 가능한 설명은 다음과 같다.

　　뇌의 이상은 이미 가지고 있는 변태성욕 충동에 대한 통제를 줄이며, 억압된 충동을 발산하며, 개인이 불리하게 결국 고통을 당하며, 변태성욕 대치(substitutions)를 유도하며, 혹은 직접적인 뇌 작동(cerebral wiring) 결과이다(Person, 2005, p. 1970).

내분비계 문제와 그로 인한 호르몬 불균형은 클라인펠터(Klinfelter) 증후군[35]에서 발견되는 것과 같은 염색체 이상과 마찬가지로 변태성욕 행동의 요인이 될 수 있다(Brockman & Bluglass, 1996). 변태성욕장애를 유발할 수 있는 다른 유전 장애는 취약(fragile) X 증후군인데, 이것은 "대개 남아에게 영향을 주고 정신지연과 연관이 있는 유전 손상"이다(APA, 2007, p. 388). 그리고 또 다른 유전적인 장애로 자폐스펙트럼장애가 있다(Fedoroff & Richards, 2010).

발달장애   발달장애를 가지고 있는 몇몇 사람들에게 변태성욕 행동 경향이 증가하는 것으로 보인다(Brockman & Bluglass, 1996). 발달장애는 동시에 사회 학습과 대인관계 기술의 문제를 일으킬 수 있고, 이것은 비사교적인 행동을 하게 한다(Fedoroff & Richards, 2010). 또한 동의하는 성관계 짝을 가질 가능성을 줄일 수 있다(Brockman & Bluglass, 1996). 짝이 없으면 사회적으로 바람직한 배출구를 통해 만족할 수 없는 성적 좌절이 생긴다. 뿐만 아니라 이러한 사람들은 성격장애와 공격적 행동 성향을 동시에 가지게 될 가능성이 높다. 그리고 이것들은 변태성욕 행동을 이끌 수 있는 추가 요인들이다(Brockman & Bluglass, 1996).

행동 견해   행동 관점에서, 성 행동은 (변태성욕 행동을 포함하여) 모두 학습된 것이다. "여기에는 성 행동을 '편향' 혹은 '비정상'과 '정상'으로 구별하는 원칙이 없다. …화두는, 어떻게 행동이 학습되는가 혹은 어떻게 어떤 것을 좋아하거나 가치를 두게 되는가?"(Annon, 1976, p. 12). 이러한 견해의 희망적인 면은 학습된 모든 것은 혐오 등의 행동 기법으로 비학습화할 수 있다는 것이다(Annon, 1976). 특히 변태성욕장애는 '행동의 과도함' 문제로 여겨질 수 있는데 그 이유는 그것들이 극단 형태를 띠고 사회가 바라거나 용납하지 않을 때 발생하기 때문이다 (Freund et al., 1997). Annon(1976)은 성 흥분이 환경 자극과 맞닿을 때 어떻게 비정상적인 성적 선호 및 행동이 발달하는지를 설명했다.

특정 성 활동을 생각하거나 상상하는 것은 흥분을 가져올 수도 있고 때로는 극치감으로 이어진다. 이러한 성적 생각과 공상을 '중립적인' 자극과 지속적으로 연상하면, 개인은 이전에는 중립적이었던 사람이나 사물을 보고도 흥분 반응이 나오게 학습할 수 있다(p. 53).

---

35 클라인펠터 증후군은 정의상 "짧은 목, 낮은 헤어라인, 척추가 일부 붙어 정상 개수보다 적은 선천적 상태이다. 종종 청각장애와 정신지연이 동반된다"(APA, 2007, p. 515).

좌상 분획의 관점

성적 스타일과 정체성 개인의 성적 스타일이 시간이 흐르면서 진화하는 것은 생물학적 진화, 아동기 경험, 사회문화 영향, 그리고 수많은 다른 요인들의 역할이다(Deida, 2005). Person(2005)의 설명에 따르면,

> 각각의 사람들은 변태성욕이든 그렇지 않은 간에, 성적인 표현을 하는 데 있어서 특징적인 양상을 발달시킨다. 이런 양상은 종종 *섹스 출력*(sex print) 혹은 *사랑 지도*(love map)라고 부른다. 이것은 애정 표식(erotic signature)이 되는데, 이것은 그 사람의 성 잠재력이 유아기를 거쳐 성인기에 이르면서 점차 한정됨을 나타낸다(p. 1966).

이 '애정 표식'은 그 사람이 선호하는 성 환상이나 활동을 내포하고 있는데, 이러한 성 선호도는 매우 단단히 자리 잡고 있다(Person, 2005). 성 정체감은 성 선호에 대한 그 사람만의 독특한 양상을 내면화하고 인식함으로써 형성된다. 변태성욕장애의 경우, 성 만족감을 줄 수 있는 공상과 실행 범위가 제한적이고, 종종 성 흥분을 위한 전제조건이 된다(Person, 2005).

정서 건강과 정신질환 인지 왜곡의 존재, 내적 갈등의 경험, 분노 같은 특정 감정의 존재를 포함한 개인의 인지 특성이나 감정 상태는 변태성욕장애의 원인을 밝히는 데 상당히 중요하다(Brockman & Bluglass, 1996). 함께 발생하는 정신질환(예 : 불안, 우울, 조현병, 성격장애) 같은 심리적 요인들 또한 중요하다(Brockman & Bluglass, 1996; Geffner, Franey & Falconer, 2003; Mezzich & Hernandez-Serrano, 2006).

태도 변태성욕 행동 경향을 가질지 여부에 관련한 중요한 요인들은 그 사람의 인지와 다른 내적 동력들과 관련이 있다(Brockman & Bluglass, 1996). 각각의 변태성욕장애에 관한 이전 설명에서 알아차릴 수 있듯 자존감, 자신과 타인을 보는 시각, 인간관계 사건의 감지와 그러한 사건에 대한 신념, 그리고 상상의 세계(fantasy life) 등의 요인들은 변태성욕장애를 유발하는 데 있어서 중요하다(Brockman & Bluglass, 1996).

영성 관점 비정상적 성 선호는 영적 사고와 연관되어왔다(Deida, 2005; Moore, 1980). Troisi(2008)는 진화 관점을 택했고, Deida(2005)는 영성 관점을 택했지만, 이 둘 모두 비정상적 성 선호는 남성에게서 매우 흔하게 나타난다는 데 의견을 같이한 것으로 보인다. Deida(2005)는 "대부분의 남성은 꽤 이상한 성적인 욕구를 가지고 있다."(p. 177)면서 "이를 인정하기가

당혹스러울 수 있다."(p. 178)고 하였다. 많은 경우들에서, 이러한 욕구는 단지 공상으로 경험되고, 이것은 "충족되지 않은 영성의 욕구를 … 흔히 반영하는 것이다"(Deida, 2005, p. 179). 특히 (남성적인 성향과 여성적인 성향 모두에게서 나타나는) 성적인 힘에 대한 공상은 내적인 힘과 강인함을 얻고자 하는 심연의 욕구를 나타내는 것일 수 있다(Deida, 2005). 피학적 성 환상은 또한 성별에 관계없이 일어나고 "항복, 헌신, 그리고 신뢰"를 경험하고자 하는 욕구를 성취하기 위해 나타날 수 있다(Deida, 2005, p. 180). Moor(1980)는 이러한 개념을 정교화하여, 강간당하는 공상은 "영적 욕구의 성적 표현이며 '신성한 남성' 성기를 삽입당하여 황홀하고 희열에 찬 경험에 굴복하려는 것"(p. 169)이라고 가정하였다.

좌하 및 우하 관점

변태성욕 현상에 대한 더 새로운 접근들은 변태성욕장애를 유발시키는 데 있어서 관계 요인들(현재와 과거의 관계 경험, 그리고 이러한 경험에 대한 개인적인 해석)의 중요성을 강조한다(Fedoroff, 2010). 특히 변태성욕장애의 병인론에 관한 최근 시각에 의하면, 이것들은 대체로 "합의된(consensual) 성 관심의 발달이 실패한 질환"(Fedoroff, 2010, p. 404)이라고 한다. 아동기 때의 일들, 예를 들어 학대를 당했을지 여부와 같은 것들은 매우 중요하며, 기억들이 유발 요인이 될 수 있다(Brockman & Bluglassm, 1996; Deida, 2005). 현재의 관계 상태, 예를 들어 갈등이 존재하는지, 최근에 헤어짐이나 거절, 유기의 경험 등이 있는지 여부 또한 매우 큰 연관이 있다(Brockman & Bluglass, 1996). 다른 사람에 대한 개인의 감정 즉, 분노, 우발적 감정, 또는 공감 능력이 있는지 여부 또한 중요하다. 사회 학습의 손상과 사회 암시를 정확히 인지하지 못하는 것은 발달의 장애를 가지고 있는 사람에게서 자주 나타나고, 이것은 변태성욕 행동의 기여 요인이 될 수 있다(Brockman & Bluglass, 1996).

사회 기술 부족과 대인관계 갈등을 다루는 어려움은 변태성욕장애의 병인론을 다루는 데 있어서 매우 중요한 것들이다(Troisi, 2008). 변태성욕장애의 징후에서 부적절한 관계 기술을 중요한 요소로 인지하는 것은 변태성욕장애가 친밀하고 동의하는 성관계 경험을 방해하는 것이라는 최근의 시각과 맥락을 같이한다(Fedoroff, 2010). Troisi(2008)는 다음과 같이 설명했다.

변태성욕이 아닌 적절한 성 흥분이 가능한 변태성욕자라도 적절한 사회 기술은 부족하다. 그들은 아마도 적절한 짝에 대해 성 흥분을 할 수도 있으나, 대화를 시작하거나 이어가며, 관심이나 걱정을 표현하며, 불안감 없이 교류할 수 있는 사회 기술은 부족하다(p. 460).

그래서 많은 변태성욕자가 그들의 비정상적 성 흥미와 관련된 성 행동을 실행하게 되는데 왜냐하면 짝이 될 수 있는 사람들과 관계를 맺으려고 노력하는 것보다 더 쉽고 불안감을 일으키지도 않기 때문이다(Troisi, 2008).

개인의 문화와 사회 환경은 성 선호와 행동 결정에 중요한 역할을 한다. 예를 들어 사춘기에 들어서 젊은 남성은 증가하는 성적, 공격적 욕구를 사회에서 용인되는 방식으로 다루어야 하는 문제에 직면하게 된다(Hudson & Ward, 1997). 만약 이러한 문제들을 다른 사람들에게 해로운 행동을 하고 바람직하지 않은 환경에서 행동하면, 개인은 자기 욕구를 효과적으로 다룰 수 있는 필수적인 기술들을 배우기 매우 어렵게 된다. 특별히 두드러진 환경 인자로는 가족 간의 역동과 성 학대의 이력(Miranda & Davis, 2002), 그리고 반사회적 또래 문화(Agee, 2002)가 있다. 그러므로 특별한 취약성을 가지고 있는 사람이 스트레스 환경에 있으며 문제가 되는 성 행동을 보일 가능성이 높다(Hudson & Ward, 1997). 이러한 문제를 일으킬 수 있는 몇몇 중요한 환경 요인은 그 지역의 문화인데, 여기에는 폭력에 대한 태도나 폭력이 보고될 가능성 그리고 여성에 대한 태도와 여성에 대한 폭력성, 우발적인 성관계에 대한 태도, 물질사용의 발생 빈도, 잠재적인 피해자의 존재가 속한다(Hudson & Ward, 1997). 점진적으로, 대중매체는 사회적 태도와 현대 문화에 상당한 영향력을 행사한다(Cushman, 1990; Impett, Schooler & Tolman, 2006; Moran, 2002; Russell, 2005).

변태성욕장애의 원인론 요약 및 사례 설명

추측할 수 있듯이, 변태성욕장애의 원인을 밝히는 것은 복잡하고 다면적이다. 변태성욕장애의 발달에 영향을 주는 여러 요인들은 〈그림 10.2〉에 있다.

조의 경우는 많은 변태성욕장애들에서 나타나는 복잡성과 고통 모두를 보여준다. 조는 40세이고, 중산층의 백인 남성이며, 최근까지는 소아 치과에서 치위생사로 일했다. 그는 애완동물로 골든 리트리버를 키우는 독신이다. 약 한 달 전에 체포된 이후, 보호 관찰소에서 그의 정신건강 평가와 위험성 평가가 의뢰되었다. 조는 그의 아주 친한 친구 마이크의 욕실에 몰래카메라를 둔 것이 처음 발각되었다. 마이크와 조는 고등학교를 함께 다녔고, 그 이후로 마이크의 가족들과 20년 이상을 친구로 지냈다.

조는 외동으로 정상적인, 노동자 집안에서 양육되었다. 그의 아버지는 그의 집과 가까운 공구점에서 일하였고, 집 안에서나 밖에서 한결같은 '터프가이' 이미지를 보여주었다. 그의 아버지는 다정하지 않고 거칠게 행동했는데 특히 어머니에게 그러했다. 조의 어머니는 전업주부였기 때문에 지배적인 성격인 남편에게 복종적인 태도를 유지했다. 어머니는 천성적으로 다정하고 잘 보살피는 성격이었지만, 결혼 생활이 행복하지 않았고, 가끔 우울증을 경험한 것이 확실

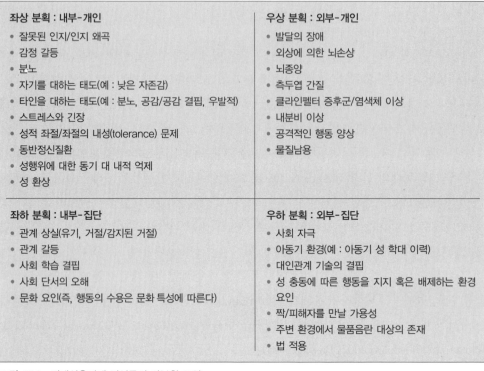

좌상 분획 : 내부-개인
- 잘못된 인지/인지 왜곡
- 감정 갈등
- 분노
- 자기를 대하는 태도(예 : 낮은 자존감)
- 타인을 대하는 태도(예 : 분노, 공감/공감 결핍, 우발적)
- 스트레스와 긴장
- 성적 좌절/좌절의 내성(tolerance) 문제
- 동반정신질환
- 성행위에 대한 동기 대 내적 억제
- 성 환상

우상 분획 : 외부-개인
- 발달의 장애
- 외상에 의한 뇌손상
- 뇌종양
- 측두엽 간질
- 클라인펠터 증후군/염색체 이상
- 내분비 이상
- 공격적인 행동 양상
- 물질남용

좌하 분획 : 내부-집단
- 관계 상실(유기, 거절/감지된 거절)
- 관계 갈등
- 사회 학습 결핍
- 사회 단서의 오해
- 문화 요인(즉, 행동의 수용은 문화 특성에 따른다)

우하 분획 : 외부-집단
- 사회 자극
- 아동기 환경(예 : 아동기 성 학대 이력)
- 대인관계 기술의 결핍
- 성 충동에 따른 행동을 지지 혹은 배제하는 환경 요인
- 짝/피해자를 만날 가용성
- 주변 환경에서 물품으란 대상의 존재
- 법 적용

그림 10.2 변태성욕장애 병인론의 사분획 요약

하다. 조는 어머니가 우울할 때 매우 외로움을 느꼈고, 냉담하고 다소 거칠기도 한 아버지에게 더 관계를 갈구했다. 조는 혼자 틀어박혀 있거나, 어렸을 때는 대체적으로 상상 속의 놀이를 하고, 좀 더 크고 나서는 독서, 텔레비전, 비디오 게임과 같은 혼자 하는 활동에 몰두함으로써 이러한 상황에 대처했다. 학교에서는 친구가 거의 없었고, 친구들은 그를 '괴짜'라고 불렀다.

조와 마이크가 처음 학교에서 친해지게 되었을 때, 조는 사회적으로 받아들여진 것에 대해 매우 감사했다. 특히 마이크는 학교에서 상대적으로 인기가 있었고 축구팀에서 활동했었다. 그들이 친해지기 시작했을 때, 둘 사이에는 전형적인 동지애가 있었고, 조의 입장에서는 당연히 감탄과 존경의 감정들이 섞여 있었다. 그런데 시간이 흐르면서, 조는 마이크에 대해 애정 어린 성적 감정을 가지기 시작했다. 마이크에 대한 조의 감정은 성 욕구와 결합되어 점점 집착으로 변해갔다. 따라서 조는 그 사람이 남성이든 여성이든 간에 일반적인 쌍의 관계를 만드는 데는 흥미가 없었다. 대신, 진한 우정이라는 가면을 쓰고 마이크의 집에서 상당한 시간을 보냈다. 조의 감정은 마이크가 결혼하고 아이를 가지기 시작하면서 훨씬 더 강렬해졌다. 마이크는 시간이 흐르면서 조의 감정이 어떻게 발달했는지 인지하지 못했다. 왜냐하면 조는 마이크의 가족에 정말 애정이 있는 것처럼 행동했고, 그래서 아무도 그가 마음속에 품고 있는 생각이나 감정을 의심하지 않았다.

　결국 조는 마이크에 대한 성적 공상을 자위행위를 하면서 실현하기 시작했다. 공상을 통해 충족시킬수록, 성적 접촉에 관한 그의 감정과 욕구는 점점 강해져갔고, 그는 실제 마이크의 나체인 모습을 볼 수 있는 방법에 대해 생각하기 시작했다. 조는 마이크가 그와 성적인 관계를 가질 가능성이 없다는 것을 알았지만, 그의 공상과 자위행위를 충족시켜줄 시각적인 이미지를 간절히 원했다. 따라서 그는 몰래카메라를 구입했고, 어느 날 밤 저녁식사를 위해 마이크의 집에 들렀을 때, 변기 앞면을 향해 위쪽을 보도록 카메라를 변기 뒤에 두었다. "나는 이것이 마이크를 잘 볼 수 있도록 할 것이라는 것을 확신했지만, 이것이 큰 문제가 될 것이라는 것은 몰랐다."고 조는 말했다.

　다음번에 그가 마이크의 집에 갔을 때, 그는 카메라를 가져왔다. 그는 비디오를 볼 수 있었고, 마이크의 몸과 성기의 일부를 훔쳐볼 수 있었지만, 만족스럽지 못했다. 조는 더 많은 것을 보기를 원했고 더 대담하게, 다시 시도했다. 변기 뒤에 카메라를 두긴 했지만, 이번에는 약간 더 왼쪽으로 나오게 했고, 이것이 더 나은 장면을 찍기를 기대했다. 하지만 이번에는 마이크의 아내가 이것을 즉시 발견했다. 그녀는 겁에 질려서 카메라를 손에 들고 소리 지르면서 남편에게 달려갔다. 경찰을 불렀고, 조는 체포되었다.

　마이크와 그의 아내는 자기 아이들을 걱정했다. 그들은 이러한 상황들을 잘못 이해해서, 조가 아이들의 사진을 찍으려고 했다고 생각했다. 그의 체포는 사람들에게 알려지게 되었고 조는 소아성애자로 낙인찍혔다. 그의 직업은 아동들과 접촉이 있기 때문에 직장에서 해고되었고, 지금은 지역 내 사람들의 시선에 대한 두려움 때문에 스스로 집 안에서 나가지 않고 고립되어 있다. 지난 몇 달 동안, 그는 딱 한 번 법정에 출두하기 위해 집에서 나갔을 뿐이다. 마이크와 그의 가족들은 그가 체포된 이후로 그와 말을 섞지 않고 있다. 그의 삶이 망가지면서, 지금 조는 상당한 절망감과 자살에 대한 생각과 함께 주요우울증을 앓고 있다.

　조의 상황은 성 장애를 겪는 것이 개인의 삶에 지대한 영향을 끼치는 결과들을 보여주고 있다. 그리고 그의 심각한 상태는 통합 모형의 모든 사분획에 위치하는 각 요인들의 상호작용으로 발생되었다. 좌상 분획에서, 가장 두드러지는 요인들은 조의 개인적인 경험인 성적 생각과 공상이다. 뿐만 아니라, 그는 현재 우울증과 관련된 감정과 인지가 있다. 또한 조의 심리사회 이력을 고려해보면, 그는 살아가면서 최소한 몇 번의 불안이나 우울증을 경험했을 것이다. 우상 분획에서, 그의 성적 요구를 실행하고자 욕실에 카메라를 둔 조의 행동 선택이 가장 두드러진다. 게다가 조는 회피성 성격 특성을 보여주는데, 이것은 내적 심리 방어(좌상 분획), 사회 접촉으로부터 고립되도록 한 행동 선택(우상 분획), 그리고 그의 행동 선택에 대한 사회적 강화(좌하 분획) 사이의 상호작용과 관련되어 있을 것이다. 좌하 분획의 관점에서 보면, 원가족 내에서 그의 경험, 그 경험들에 그가 부여한 의미, 그에 대한 느낌 또한 요인이 되었다. 특히 조는 그의 부모와 일관된 정서 접촉이 박탈된 상태였고, 긍정적인 남성의 관심을 갈구했었다. 가족 내에서 외동이었기 때문에 의미 있는 상호작용과 친밀함이 결핍되었고 다양한 측면의 사교 기술을 발달시키지 못했다. 그리고 이것은 이후 또래와의 관계에서 문제를 유발했고, 동시에 일반적인 연애의 관계를 이루는 것을 꺼리게 되었다. 우하 분획의 요인들에는 조의 관음증 행동에 대해 사법체계와 사회문화 반응들이 있다. 마지막으로, 조의 관음증 행동의 의미(좌하 분획)가 오해를 받아 소아성애자로 잘못 알려졌고, 이것은 공황, 낙인을 가져왔고 지역 사람들로부터 배척당하게 되었다.

변태성욕장애의 치료

변태성욕장애를 겪고 있는 사람들을 치료하는 목적은 균형 잡히고 의미 있는 삶의 중요한 부분으로서 만족스럽고 합법적인 성생활을 하도록 하는 것이다(Fedoroff, 2010). 변태성욕장애의 치료를 위해 구분되는 중요한 특징은 (성기능부전과는 반대로) 많은 경우들에서, 변태성욕 행동은 다른 사람들을 위험에 빠뜨린다는 것이다. 이러한 경우들은, 그 행동들을 멈추게 하는 것이 치료의 중요한 목적이 될 것이다(Berlin et al., 1995). 사실 종종 치료를 위해 오긴 하지만, 이때는 그들의 변태성욕증을 실현한 것 때문에 법적인 혐의가 부여된 이후이다(Mezzich & Hernandez-Serrano, 2006).

변태성욕장애를 치료하는 수많은 내담자들이 이러한 치료를 받도록 강요된 것이라는 것을 고려해보면, 치료에 대한 내담자의 동기를 확인해보는 것은 사설 의료보험의 이해 충돌에 휘말리게 되는 것을 피하는 것만큼 중요하다. Fedoroff(2010)는 가능한 한 많은 정보를 얻으면서도 동시에 '형사'(p. 410) 같은 심문조가 아닌 자세를 유지하는 균형이 필요하다고 강조했다. 내담자의 자기 결정권 및 기밀유지와 관련한 윤리 문제들은 특히 중요하다. 기밀유지에 한계가 있으며 언제 다른 사람들이 그의 치료에 관해 알 수 있는지를 내담자에게 고지함으로써 이 문제의 소지를 피할 수 있게 된다. 특히 아동 학대가 발견되면 곧바로 보고하며 이러한 행동이 불법적으로 계속되는 것은 허용할 수 없다는 점이 중요하다. Fedoroff(2010)는 내담자들이 하는 "어쩔 수 없었다." 혹은 "통제를 벗어난 것이었다."라는 변명을 받아들여서는 안 된다고 충고한다. 대신 내담자에게 어떤 불법 행동도 반드시 그만두어야 한다고 분명하게 말하기를 권한다. 다른 경우, 내담자는 자신의 고통이나 짝의 고통을 경감시키기 위해 치료받으러 온다(Mezzich & Hernandez-Serrano, 2006). 변태성욕장애가 효과적으로 치료될 수 없을 것이라고 믿었던 때가 있긴 하지만, 지금은 예후가 상당히 좋아졌고, 따라서 성 장애는 치료할 수 없는 것이라고 말함으로써 새로운 내담자들의 희망을 내동댕이치지 말아야 한다(Fedoroff, 2010).

앞서 성기능부전 단원에서 논의한 것처럼, 모든 내담자들은 독특하며, 각 개인들의 성 문제에는 수많은 요인들이 있다. 이 장 앞부분에서 포괄적인 평가의 중요성에 대해 논의했던 원칙들이 변태성욕장애의 경우에도 적용된다. 변태성욕증 치료를 받는 내담자에게 철저한 의학적 검사가 이루어져야 한다. 어떤 경우에는 신경학적 상태나 내분비 질환과 같은 의학적 문제가 변태성욕증을 일으킨 것일 수 있다(Fedoroff, 2010).

Fedoroff(2010)는 도움을 구하는 개인을 위한 변태성욕장애의 효과적인 치료 방안 개요를 제공했다. 첫째, 철저한 임상 평가가 이루어져야 하고, 감별 진단의 배제도 매우 중요하며, 동반질환의 규명 또한 결정적이다. 그 후, 평가한 것과 치료 시 선택 사항들을 내담자와 함께 다시 살펴본다. 이상적으로는, 치료자와 내담자가 함께 치료에 합의하는 것이다. 그리고 개인에 따라 치료 계획을 맞추고, 처벌적인 것은 피한다.

우상 분획 치료

약물치료 약물치료는 변태성욕장애를 겪는 사람들에게 도움을 줄 수 있다(Fedoroff, 2010; Nelson, Soutullo, Delbello & Mcelory, 2002). 약물은 변태성욕 행동이 우울이나 불안 같은 감정 상태와 관련이 있을 때, 강박적인 어려움이 요인일 때, 혹은 의학적 상태가 문제의 구성요소일 때 많은 도움이 된다(Berlin et al., 1995). 변태성욕장애를 치료하는 데 사용되는 몇몇 약물 처방들은 꽤 복잡하다(Schwartz, 2002). 유용한 약물의 범주에는 항우울제, 항불안제, 기분조절제, 항경련제, 항정신병 약물, 그리고 항강박증 약물들이 포함된다(Berlin et al., 1995; nelson et al., 2002). 최근에, SSRI와 Buspirone은 변태성욕장애를 치료하는 데 어느 정도의 성공을 보여주었다(Fedoroff, 2010; Nelson et al., 2002).

'화학적 거세'라고도 불리는 항안드로겐 약물의 사용이 변태성욕장애를 치료하는 데 적용되거나(Nelson et al., 2002), 혹은 모든 성적 욕구를 떨어뜨리는 것이 임상적으로 필요할 때 사용된다(Fedoroff, 2010). 항안드로겐은 테스토스테론과 같은 몸 안의 자연적인 안드로겐의 영향을 차단시켜 "성욕이나 비정상적인 성적 행동을 줄이는 데 시행되는 수술적 거세의 대치가 된다"(Nelson et al., 2002, p. 13-6).[36] 항안드로겐 사용이 도움이 되는지는 의문의 여지가 있는데 낮은 수치의 테스토스테론이 반드시 공상 혹은 성 흥분의 감소와 항상 일치하지는 않기 때문이다(Mezzich & Hernandez-Serrano, 2006). 게다가 항안드로겐은 개인의 성적 선호 특성을 변화시킨다고 볼 수 없다(Nelson et al., 2002).

---

36 이 책의 쪽수 표시에서 '13'은 장을, '6'은 그 장의 쪽을 가리킨다.

행동 기법   행동 접근은 변태성욕장애를 치료하는 데 있어서 중요하다. 행동 기법의 목적은 "변태성욕 흥분(욕구와 공상 모두)을 제거하는 것"이다(Berlin et al., 1995, p. 1947). 일부 행동 치료들은 혐오를 유발하며, 그 예는 전기충격 치료와 후각 혐오이다—내담자들에게 암모니아 같은 자극적인 냄새를 맡게 한다(Berlin et al., 1995). 비혐오 전략에는 내재적 민감화와 보조 내재적 민감화가 있는데, 이것들은 "적절한 성 흥분은 적극 강화하고 편향된 성 흥분은 부정 연상과의 결합을 통해 줄인다"(Schwarts, 2002, p. 1-21).[37] 자위행위 포만 역시 이러한 전략 중의 하나이다. 이것은 "일정 시간(1시간 정도) 동안 내담자가 그의 변태성욕 환상을 계속해서 반복시키는 것인데, 자위행위로 극치감을 얻는 직후 즉시 다시 시작하게 한다"(Berlin et al., 1995, p. 1951).

인지행동치료   성기능부전과 마찬가지로, 인지행동치료는 변태성욕장애를 치료하는 데 유용하다. Schwartz에 따르면, "인지행동치료는 부적응 행동을 강화시키는 생각 양상을 다루는 것이다"(pp.1~21). 특히 변태성욕장애를 가지고 있는 내담자의 인지행동치료는 인지 재구성, 문제해결, 병적 생각 양상을 다루는 것에 초점을 맞춘다. 변태성욕장애를 가진 사람들에서 다루는 흔한 인지 왜곡에는 합리화, 극소화, 그리고 부정이 있다. 유용한 인지행동 기법의 하나인 생각 차단은 내담자들에게 변태성욕 환상이 일어나는 즉시 비변태성욕적인 환상으로 바꾸도록 하는 것이다(Berlin et al., 1995).

좌상, 좌하 분획 치료

심리치료   심리치료는 변태성욕장애 대상자가 자기 행동이 타인들에게 얼마나 해로운 영향을 주는지를 이해시키는 것, 변태성욕 행동을 일으키는 기저 감정의 장애에 대한 통찰력을 증가시키는 것, 그리고 내담자의 자존감을 고양시키는 것에 도움이 될 수 있다(Mezzich & Hernandez-Serrano, 2006). 심리역동 관점에서, 변태성욕장애는 발달 정지(arrest), 즉 개인이 심리성적 발달의 초기 단계에서 고착되어 있음을 대표하는 것으로 본다(Berlin et al., 1995). 심리역동 관점이 어느 정도 도움이 될 수는 있지만, 변태성욕장애에 대한 교정 기전으로서 통찰력의 가치는 논란의 여지가 있으며, 심리역동 접근은 더 이상 치료로 채택되지 않고 있다(Berlin et al., 1995).

Schwarts(2002)는 변태성욕 욕구를 느끼는 몇몇 사람들은 (특히 성범죄자들은) 그들의 감정과 단절되어 있고, 공감이 결여되어 있는 것이 큰 문제라고 했다. 따라서 내담자가 그들의 감

---

37 이 책의 쪽수 표시에서 '1'은 장을, '21'은 그 장의 쪽을 가리킨다.

정과 다시 결합하게 하고 공감 능력을 기르는 치료법이 추천된다. 가능한 경험 치료에는 음악, 드라마, 예술 치료가 있다. 유사하게, 비정상 성 선호의 개인은 기분조절부전과 이에 수반하는 충동성으로 자주 씨름한다. 내담자의 화를 조절하고 감정을 통제하도록 돕는 것은 개인치료에 있어서 중요한 부분이다. 기분을 조절하기 위해 물질을 사용하고 있다면, 약물남용 혹은 의존에 대한 문제를 다루고 해결하는 것이 필수적이다. 일반적으로 변태성욕 행동과 동시에 나타나는 정신질환과 정신건강 문제가 있으면 반드시 치료되어야 한다(Schwarts, 2002).

우하 분획 치료들

집단 심리치료   변태성욕장애를 겪는 사람들을 치료하는 데 효과적인 치료법에는 짝, 가족, 그리고 집단 심리치료가 포함된다(Mezzich & Hernandez-Serrano, 2006). 내담자를 돌보는 데 관여하는 지지자가 있으면 도움이 되고, 비슷한 문제를 가지고 있는 다른 사람들과 집단을 만드는 것은 변태성욕 충동이나 행동과 연관된 수치심을 줄이는 데 유익할 수 있다. Fedoroff(2010)는 그가 책임자로 있는 유명한 Royal Ottawa 치료 그룹 성 행동 클리닉에서의 세 가지 변태성욕 치료 집단에 대해 설명했다. 첫 번째 집단은 조현병과 같은 주요 정신질환을 가지고 있는 사람들이 대상이며, 일반적인 삶의 기술을 위한 집단이고, 바람직한 여가 선용이나 직업 추구와 같은 논점에 도움을 준다. 두 번째인 '성교육과 사회적 기술 집단'(Fedoroff, 2010, p. 417)은 모든 내담자들에게 공개되어 있고, 긍정 관계를 발전시키기 위해 만들어졌다. 세 번째 집단은 특히 아이들의 성에 대해 관심을 가진 사람들을 위한 것이다. 집단치료뿐만 아니라, 든든한 사회망을 가지고 사회 지지를 받는 것과 다른 사람들과 만족스러운 방식으로 관계를 맺도록 돕는 것은 변태성욕 행동을 관리하는 사람들에게 도움이 된다(Berlin et al., 1995; Schwartz, 2002).

환경 치료   변태성욕장애를 지닌 몇몇 사람들은 다른 사람들에게 해를 끼칠 수 있는 행동을 하고 있고, 따라서 사법체계와 관련된다(Steen, 2001). 그러한 일이 일어날 때, 감옥에 투옥되거나 거주 프로그램에 놓이게 된다. 지도감독(또 다른 해를 끼칠 가능성을 예방)이 프로그램의 중요한 부분이다(Schwarts, 2002).[38]

---

38 성범죄자의 치료에 관한 종합적인 지침을 위해 Schwartz(2002)가 편찬한 성범죄자 : 최신 치료 양식과 체계 논점들(The Sexual Offender: Current Treatment Modalities and Systems Issues)을 참조할 것.

성별 불쾌감

성별 불쾌감은 DSM-IV-TR상에서 성 정체감 장애라고 불리며, 이것은 자신의 생물학적 성에 수반하는 행동에 대한 전형적인 기대와 전통적인 성 역할뿐만 아니라, 이것에 대해 심각한 불만족을 느끼는 주관적인 경험(좌상 분획)을 가리킨다(Cohen-Kettenis & Pfafflin, 2010). 다시 말해서, 극심한 고통을 일으킬 정도로 "자신이 '잘못된' 성의 몸 안에 갇혀" 있다고(Crooks & Baur, 2011, p. 128) 느낀다. 성별 불쾌감은 2세에서 4세 사이의 아동에게 처음 드러나는데 보통 반대 성별과 관련된 활동에 강한 흥미를 보이면서 반대 성별의 일원처럼 보이고 싶어 하는 바람을 보인다(APA, 2000, 2010, 2013; Morrison, 2006; Zucker, 2010). 아동에서 나타나는 추가적인 성별 불쾌감의 표시는 다음과 같은 것들이 있다─반대 성별의 옷을 입기를 원하거나 반대 성별의 놀이 친구를 강하게 선호하거나, 그들의 놀이 형태를 선택하는 것(상상의 게임에서 반대 성별의 역할을 하는 것, 일반적으로 반대 성별의 아이가 선택하는 장난감이나 활동을 선택하는 것, 반대 성별의 영웅상을 동일시하는 것), 그리고 다른 성별의 신체 구조를 원하는 것(자신의 성 신체 구조를 싫어하고 반대 성의 성적 특징을 바라는 것; APA, 2010, 2013; Zucker, 2010).

성별 불쾌감을 겪는 성인들은, 자신의 생물학적 성을 대단히 불편하게 여기면서 자기 성별 특성은 부정하고 반대 성별의 성적 특성을 바라고, 다른 사람들이 자신을 반대 성별인 것처럼 대우해주기를 바라고, 반대 성별이 하는 방식대로 느끼거나 행동한다고 믿는 것과 같이 반대의 성별이 되려는 것에 끊임없이 집착한다(APA, 2010, 2013; Cohen-Kettenis & Pfafflin, 2010). 청소년들에게는 발달 정도에 따라, 아이와 어른들을 위한 진단 기준 모두가 적용될 것이다. 성별 불쾌감을 진단 내리기 위해서는 그것을 나타내는 지표가 6개월 혹은 그 이상 계속되어야 하고, 임상적으로 현저한 고통이나 기능손상이 있어야만 한다(APA, 2013).

성인들의 경우 성별 불쾌감이 진단되는 경우는 매우 드물다. 여성의 경우 10만 명당 겨우 1명의 그리고 남성의 경우 역시 10만 명당 3명이 성인이 되어서 이 진단을 받게 된다(Morrison, 2006). 아동기 때 성별 불쾌감을 보이는 사람들의 대부분은 성인이 되어서 동성애를 하거나 그중 몇몇은 이성애자가 되거나, 약 16% 정도는 성인이 된 후 성전환을 하거나 계속해서 진단 가능한 성별 불쾌감을 가지고 있게 된다(Hewitt et al., 2012).

DSM상에 성별 불쾌감이 포함되어 있긴 하지만, 이것이 정말 정신질환인지에 대한 많은 논쟁이 있었다(Crooks & Baur, 2011; Wyndzen, 2008). 자신이 반대의 성별이라고 여기는 사람들은 자신을 질환자로 여기지 않을 수 있다. "…모든 성적 불일치가 임상적인 관심이 필요한 것이 아니다…"(Cohen-Kettenis & Pfafflin, 2010, p. 505). 모든 성전환자가 반대인 성에 대한 그들 자신의 성향을 다 장애로 여기지 않으며, 우리는 무엇이 소위 말하는 성별에 따른 정상적인 생각, 느낌, 그리고 행동인지에 대한 의문을 갖는다. 많은 명칭과 고정 관념들은 사회적으로 형성된 것이고, 이것들은 성별에 따라 으레 어떤 식으로 행동할 것이라고 생각하는 가정을 세운다(Wyndzen, 2008). 불행히도, 이러한 명칭들은 "사람들이 편하게 표현하는 행동 범위를 제한하며"(Crooks & Baur, 2011, p. 112), 극단적으로, 성별에 따라 기대되는 것 이외의 방식으로 행동하는 사람을 병적이라고 취급하게 만든다.

성 정체성의 갈등을 겪는 몇몇 사람들이 경험하는 고통은 심각할 수 있고 따라서 불안, 우울증, 자살 생각/시도, 약물남용 모두가 성별 불쾌감과 관련하여 일어날 수 있다(APA, 2010). 마치 이러한 고통이 충분치 않기라도 한 것처럼, 성별 불쾌감을 겪는 개인의 정서적인 고통은 그들에게 보이는 다른 사람들의 반응에 의해 악화될 수 있다(좌하/우하 분획). 특히 사회적 고립은 성별 불쾌감을 겪고 있는 사람들에게 흔하게 일어나고 있고, 이것은 아마 그들이 어울리지 않는다는 내면적인 느낌 때문일 것이다. 실제로 그들이 다르게 행동하게 되는 것 때문에 낙인찍히고 배척당하는 것뿐만 아니라(APA, 2000, 2013). 결과적으로 사회적 고립은 다른 불건전한 생각의 양상과 행동을 유발하게 되고 이전에 언급되었던 정신건강 문제를 일으킬 수도 있다.

성전환의 원인에 대한 이론들이 풍부하기는 하지만, 다른 이론을 넘어서서 하나의 이론을 확실히 보장하는 결정적인 증거가 없다(Crooks & Baur, 2011). 통합 관점으로 성전환에 대한 현상을 보면, 그 원인은 다차원적이며 사람마다 다양하다. 심리역동 이론들은(좌상/좌하 분획) 원가족 내에서 애착의 문제와 관련이 있다. 예를 들어 남성에서 여성으로의 성전환자는 "어린 시절 과도한 모자 공생관계"를 경험했을 것이라고 보며(Green, 2005, p. 1983), 이것은 시간이 흘러 자신의 어머니로부터 분리되어 개별화되는 데 어려움을 수반하게 된다고 본다. 생물학적인(우상 분획) 설명들로는 유전적이고 호르몬적인 영향이 포함된다(Crooks & Baur, 2011; Greem, 2005). 사회 학습의 시각에서(우하 분획) 보면 성전환을 한 아이들은 일반적으로 반대의 성별에서 발견되는 행동들을 강화한다(Crooks & Baur, 2011).

성별 불쾌감의 주된 치료 목적은 생물학적(물리적) 몸이 내담자의 내적 정체성과 조화를 이루도록 하는 것이다(Wyndzen, 2008).[39] 부차적인 목적들은 환자가 경험하고 있는 모든 감정 고통에 대한 지원, 심리 교육, 치료를 제공하는 것과 성 정체성에 대한 문제와 관련해 경험하고 있는 심리 갈등을 줄이도록 돕는 것이다. 또한 가족치료는 내담자의 짝, 원가족, 혹은 아이

---

39 성전환은 동성애와 다른데 성전환자는 일반적으로 자신의 생물학적 성이 같은 대상과 성관계를 갖지만, 그들은 전형적으로 다른 성별이라는 관점으로 그렇게 원하는 것이다. 즉, 성전환자들은 자신을 다른 성별이라고 간주하기 때문에 이성애적 성 경험을 하는 것으로 여긴다.

들과 관련해서 발생되는 문제들을 돕기 위해 권고될 수 있다(Green, 2005). 많은 경우에서, 내담자들은 그들의 성 정체성과 일치되기 위해 몸을 변화시키는 신체적인 치료로 많은 도움을 얻을 것이다. 유방을 평평한 가슴이 되게 묶거나 얼굴의 수염을 제거하는 것과 같은 변화들은 상대적으로 피상적일 수 있다. 또는 호르몬 치료의 사용이나 성전환 수술처럼 더 큰 변화를 주는 것도 있다(Crooks & Baur, 2011; Green, 2005). 상담의 중요한 역할은 성전환 내담자들이 스스로 자기 필요에 잘 맞는 치료가 무엇인지 결정하는 것을 도와주는 것이다(Crooks & Baur, 2011).

요약

이번 장은 통합 틀에서 성 장애(성기능부전, 변태성욕장애, 성별 불쾌감)의 병인론과 치료와 관련된 전반적인 정보를 제공하는 데 집중해서 쓰였다. 마무리하면서, 어떻게 성 장애가 경험되고 드러나는지는 개인, 쌍, 혹은 내담자 체계에 따라 개별적으로 보는 것이 중요하다는 것을 강조한다. 성 장애 각 질환들 간에 그리고 개인/쌍들 간에 커다란 차이들이 존재한다는 것을 고려할 때, 통합 이론은 치료를 기다리는 내담자 각각에게 도움이 되는 방식으로 관련 자료들을 통합하고, 하나로 정리된 이론 틀을 제공하여 독자들이 성 장애 임상에 효과적인 사례 개념화 및 치료 요법을 발전시키게 할 것이라고 우리는 확신한다.

복습 문제

1. 인간 성 반응주기를 Kaplan(1979)이 변화시킨 것을 포함하여 서술하라.

2. 왜 성기능부전이 여성에서 흔하고 변태성욕증은 남성에서 흔한지를 진화 관점으로 설명하라.

3. 어떻게 성에 대한 개인의 태도가 (사회와 종교가 태도에 미친 영향을 포함하여) 다양한 성기능부전에 기여할 수 있는지를 설명하라.

4. 어떻게 관계 문제가 성기능부전과 자주 얽히는지 논의하라.

5. 성 치료의 PLISSIT 모형을 서술하라.

6. DSM-5에서 물품음란증과 같이 성 흥분을 위한 다양한 물품(란제리나 섹스 장난감 등)으로 아무도 해를 입지 않는 경우인 변태성욕을 병적으로 분류하는 것에 대한 여러분의 생각은 어떠한가?

참고문헌

Adshead, G. (1997). Transvestic fetishism: Assessment and treatment. In D. R. Laws & W. O'Donohue (Eds.), *Sexual deviance: Theory, assessment, and treatment* (pp. 280–296). New York: The Guilford Press.

Agee, V. M. (2002). Creating a positive milieu in residential treatment for adolescent sexual abusers. In B. K. Schwartz (Ed.), *The sex offender: Current treatment modalities and systems issues* (Vol. IV, pp. 23-1–23-20). Kingston, NJ: Civic Research Institute.

Althof, S. E., Dean, J., Derogatis, L. R., Rosen, R. C., & Sisson, M. (2005). Current perspectives on the clinical assessment and diagnosis of female sexual dysfunction and clinical studies of potential therapies: A statement of concern. *Journal of Sexual Medicine, 2*(Suppl. 3), 146–153.

American Psychiatric Association. (2000). *Diagnostic and statistical manual of mental disorders* (4th ed., text revision). Washington, DC: Author.

American Psychiatric Association. (2007). *APA dictionary of psychology*. Washington, DC: Author.

American Psychiatric Association. (2010). DSM-5 development. Retrieved http://www.dsm5.org/Pages/Default.aspx

American Psychiatric Association. (2013). *Diagnostic and statistical manual of mental disorders* (5th ed.). Washington, DC: Author.

Annon, J. S. (1976). *Behavioral treatment of sexual problems*. New York: Harper & Row.

Araujo, A. V. (2008). An integral solution to healing sexual abuse trauma. *Journal of Integral Theory and Practice, 3*(4), 125–153.

Association of Reproductive Health Professionals. (2008). What you need to know: female sexual response. Retrieved from http://www.arhp.org/factsheets

Balon, R., Segraves, R. T., & Clayton, A. (2001). Issues for DSM-5: Sexual dysfunction, disorder, or variation along normal distribution: Toward rethinking DSM criteria of sexual dysfunctions. *American Journal of Psychiatry, 164*(2), 198–200.

Balon, R., & Wise, T. N. (2011). Update on diagnoses of sexual dysfunctions: Controversies surrounding the proposed revisions of existing diagnostic entities and proposed new diagnoses. *Advances in Psychosomatic Medicine 31*, 1–15.

Bancroft, J. (2002). The medicalization of female sexual dysfunction: The need for caution. *Archives of Sexual Behavior, 31*(5), 451–455.

Barratt, B. B., & Rand, M. A. (2007). On the relevance of tantric practices for clinical and educational sexology. *Contemporary Sexuality, 41*(2), 7–12.

Basson, R. (2000). The female sexual response: A different model. *Journal of Sex & Marital Therapy, 26*, 51–65.

Basson, R. (2001a). Female sexual response: The role of drugs in the management of sexual dysfunction. *Obstetrics & Gynecology. 98*(2), 350–353.

Basson, R. (2001b). Human sex-response cycles. *Journal of Sex & Marital Therapy, 37*, 33–43.

Basson, R. (2005). Women's sexual dysfunction: revised and expanded definitions. *Canadian Medical Association Journal, 172*(10), 1327–1333.

Basson, R. (2008). Women's sexual function and dysfunction: current uncertainties, future directions. *International Journal of Impotence Research, 20*, 466–478.

Basson, R., Leiblum, S., Brotto, L., Derogatis, L., Fourcroy, J., Fugl-Meyer, K. et al. (2004). Revised definitions of women's sexual dysfunction. *Journal of Sexual Medicine, 1*(1), 40–48.

Baumeister, R. F., & Butler, J. L. (1997). Sexual masochism: Deviance without pathology. In D. R. Laws & W. O'Donohue (Eds.), *Sexual deviance: Theory, assessment and treatment* (pp. 225–239). New York: The Guilford Press.

Bentler, P. M., & Abramson, P. R. (1980). Methodological issues in sex research: An overview. In R. Green & J. Wiener (Eds.), *Methodology in sex research: Proceedings of the conference held in Chevy Chase, Maryland November 18 & 19, 1977* (pp. 308–332). Rockville, MD: National Institute of Mental Health.

Bergeron, S., Meana, M., Binik, Y., & Khalife, S. (2010). Painful sex. In S. B. Levine, C. B. Risen, & S. E. Althof (Eds.), *Handbook of clinical sexuality for mental health professionals* (2nd ed., pp. 193–214). New York: Routledge.

Berlin, F. S., Malin, H. M., & Thomas, K. (1995). Nonpedophiliac and nontransvestic paraphilias. In G. O. Gabbard (Ed.), *Treatment of psychiatric disorders* (2nd ed., pp. 1941–1958). Washington, DC: American Psychiatric Press.

Blanchard, R. (2010). The DSM diagnostic criteria for Transvestic Fetishism. *Archives of Sexual Behavior, 39*, 363–372.

Brisben, P. (2008). *Pure romance between the sheets: Find your best sexual self and enhance your intimate relationship*. New York: Atria Books.

Brockman, B., & Bluglass, R. (1996). A general psychiatric approach to sexual deviation. In I. Rosen (Ed.), *Sexual deviation* (3rd ed., pp. 1–42). New York: Oxford University Press.

Brotto, L. A., Graham, C. A., Binik, Y. M., Segraves, R. T., & Zucker, K. J. (2011). Should sexual desire and arousal disorders in women be merged? A response to DeRogatis, Clayton, Rosen, Sand, and Pyke (2010). *Archives of Sexual Behavior 40*, 221–225.

Brotto, L. A., Seal, B. N., & Rellini, A. (2012). Pilot study of a brief cognitive behavioral versus mindfulness-based intervention for women with sexual distress and a history of childhood sexual abuse. *Journal of Sex and Marital Therapy, 38*, 1–27.

Butcher, J. (1999). Female sexual problems II: Sexual pain and sexual fears. *British Medical Journal, 318*, 110–112.

Carlson, B., & Wheeler, K. A. (1980). Group counseling for pre-orgasmic women. *Topics in Clinical Nursing, 1*(4), 9–19.

Chao, J.-K., Lin, Y.-C., Ma, M.-C., Lai, C.-J, Ku, Y.-C., Kuo, W.-H., et al. (2011). Relationship among sexual desire, sexual satisfaction, and quality of life in middle-aged and older adults. *Journal of Sex and Marital Therapy, 37*, 386–403.

Chia, M., & Abrams, D. (1997). The multi-orgasmic man: Sexual secrets every man should know. New York, NY: Harper Collins Publishers.

Clipson, C. R. (2004). Practical considerations in the interview and evaluation of sexual offenders. *Journal of Child Sexual Abuse, 12*(3/4), 257–278.

Cohen-Kettenis, P. T., & Pfafflin, F. (2010). The DSM diagnostic criteria for Gender Identity Disorder in adolescents and adults. *Archives of Sexual Behavior, 39*, 499–513.

Copelan, R. (1995). *100 ways to make sex sensational and 100% safe.* Hollywood, FL: Lifetime Books.

Crooks, R., & Baur, K. (2005). *Our sexuality* (9th ed.). Belmont, CA: Wadsworth.

Crooks, R., & Baur, K. (2008). *Our sexuality* (10th ed.). Belmont, CA: Wadsworth.

Crooks, R., & Baur, K. (2011). *Our sexuality* (11th ed.). Belmont, CA: Wadsworth.

Cushman, P. (1990). Why the self is empty. *American Psychologist, 45,* 599–611.

Dallos, R., Wright, J., Stedman, J., & Johnstone, L. (2006). Integrative formulation. In L. Johnstone & R. Dallos (Eds.), *Formulation in psychology and psychotherapy: Making sense of people's problems.* New York: Routledge.

Deida, D. (1995). *Intimate communion: Awakening your sexual essence.* Deerfield Beach, FL: Health Communications, Inc.

Deida, D. (2005). *Finding god through sex: Awakening the one of spirit through the two of flesh.* Boulder, CO: Sounds True.

DeLamater, J. D., & Sill, M. (2005). Sexual desire in later life. *The Journal of Sex Research, 42*(2), 138–149.

DeRogatis, L. R., Clayton, A. H., Rosen, R. C., Sand, M., & Pyke, R. E. (2011). Should sexual desire and arousal disorders in women be merged? *Archives of Sexual Behavior, 40*(2), 217–219.

Donahey, K. M. (2010). Female orgasmic disorder. In S. B. Levine, C. B. Risen, & S. E. Althof (Eds.), *Handbook of clinical sexuality for mental health professionals* (2nd ed., pp. 181–192). New York: Routledge.

Edwards, J. N., & Booth, A. (1994). Sexuality, marriage, and well-being: The middle years. In A. Rossi (Ed.), *Sexuality across the life course* (pp. 233–260). Chicago: The University of Chicago Press.

Eugene, T. M. (1994). While love is unfashionable: Ethical implications of black spirituality and sexuality. In J. B. Nelson & S. P. Longfellow (Eds.), *Sexuality and the sacred: Sources for theological reflection* (pp. 105–112). Louisville, KY: Westminster/ John Knox Press.

Fagan, P. J. (2004). *Sexual disorders: Perspectives on diagnosis and treatment.* Baltimore, MD: Johns Hopkins University Press.

Fall, K. A., Holden, J. M., & Marquis, A. (2004). *Theoretical models of counseling and psychotherapy.* New York: Brunner-Routledge.

Fedoroff, J. P. (2010). Paraphilic worlds. *Handbook of clinical sexuality for mental health professionals* (2nd ed., pp. 401–424). New York: Routledge.

Fedoroff, J. P., & Richards, D. A. (2010). Sexual disorders and intellectual disabilities. *Handbook of clinical sexuality for mental health professionals* (2nd ed., pp. 461–468). New York: Routledge.

Ferreira, L. C., Narciso, I., & Novo, R. F. (2012). Intimacy, sexual desire and differentiation in couplehood: A theoretical and methodological review. *Journal of Sex & Marital Therapy, 38*(3), 263–280.

Freund, S., & Seto, M. C. (1998). Preferential rape in the theory of courtship disorder. *Archives of Sexual Behavior, 27*(5), 433–443.

Freund, S., Seto., M. C., & Kuban, M. (1997). Frotteurism and the theory of courtship disorder. In D. R. Laws & W. O'Donohue (Eds.), *Sexual deviance: Theory, assessment and treatment* (pp. 111–139). New York: The Guilford Press.

Frosch, W. A. (1978, June). Psychogenic causes of impotence. *Medical Aspects of Human Sexuality,* 57–58.

Geffner, R., Franey, K. C., & Falconer, R. (2003). Adult sexual offenders: Current issues and future directions. In R. Geffner, K. C. Franey, T. G. Arnold, & R. Falconer (Eds.), *Identifying and treating sex offenders: Current approaches, research, and techniques* (pp. 1–16). New York: The Haworth Press, Inc.

Giargiari, T. D., Mahaffey, A. L., Craighead, W. E., & Hutchison, K. E. (2005). Appetitive responses to sexual stimuli are attenuated in individuals with low levels of sexual desire. *Archives of Sexual Behavior, 34*(5), 547–556.

Glasser, M. (1996). Aggression and sadism in the perversions. In I. Rosen (Ed.), *Sexual deviation* (3rd ed., pp. 279–299). New York: Oxford University Press.

Granot, M., Zisman-Ilani, Y., Ram, E., Goldstick, O., & Yovell, Y. (2011). Characteristics of attachment style in women with Dyspareunia. *Journal of Sex & Marital Therapy, 37,* 1–16.

Green, R. (1994). Sexual problems and therapies: A quarter century of developments and changes. In A. Rossi (Ed.), *Sexuality across the life course* (pp. 341–362). Chicago: The University of Chicago Press.

Green, R. (2005). Gender identity disorders. In B. J. Sadock & V. A. Sadock (Eds.), *Kaplan and Sadock's comprehensive textbook of psychiatry: Volume I* (8th ed., pp. 1979–1991. New York: Lippincott Williams & Wilkins.

Grillon, D. (2005). Anxiety disorders: Psychophysiological aspects. In B. J. Sadock & V. A. Sadock (Eds.), *Kaplan & Sadock's comprehensive textbook of psychiatry Vol. I,* (8th ed., pp. 1728–1739). New York: Lippincott Williams & Wilkins.

Groth, A. N., & Birnbaum, H. J. (1978). Adult sexual orientation and attraction to underage persons. *Archives of Sexual Behavior 7*(3), 175–181.

Haber, A., & Runyon, R. P. (1984). *Psychology of adjustment.* Homewood, IL: The Dorsey Press.

Heiman, J. (2002). Psychologic treatments for female sexual dysfunction: Are they effective and do we need them? *Archives of Sexual Behavior, 31*(5), 445–450.

Heiman, J. R., & Meston, C. M. (1998). Empirically validated treatments for sexual dysfunction. In K. S. Dobson & K. D. Craig (Eds.), *Empirically supported therapies: Best practices in professional psychology* (pp. 259–303). New York: Sage Publications.

Hertlein, K. M., Weeks, G. R., & Sendak, S. K. (2009). *A clinician's guide to systemic sex therapy.* New York: Routledge.

Hewitt, J. K., Paul, C., Kasiannan, P., Grover, S. R., Newman, L. K., & Warne, G. L. (2012). Hormone treatment of Gender Identity Disorder in a cohort of children and adolescents. *The Medical Journal of Australia, 196*(9), 578–581. Retrieved from https://www.mja.com.au/journal/2012/196/9/ hormone-treatment-gender-identity-disorder-cohort-children-and-adolescents/

Hinderliter, A. C. (2010). Defining paraphilia: Excluding exclusion. *Open Access Journal of Forensic Psychology, 2*, 241–272. Retrieved from http:// www.forensicpsychologyunbound.ws/

Hollin, C. R. (1997). Sexual sadism: Assessment and treatment. In D. R. Laws & W. O'Donohue (Eds.), *Sexual deviance: Theory, assessment, and treatment* (pp. 210–224). New York: The Guilford Press.

Hooper, A. (2007). *Kama Sutra for 21st-century lovers.* New York: DK Publishing, Inc.

Hucker, S. J. (1997). Sexual sadism: Psychopathology and theory. In D. R. Laws & W. O'Donohue (Eds.), *Sexual deviance: Theory, assessment, and treatment* (pp. 194–209). New York: The Guilford Press.

Hudson, S. M., & Ward, T. (1997). Future directions. In D. R. Laws & W. O'Donohue (Eds.), *Sexual deviance: Theory, assessment, and treatment* (pp. 481–500).

Impett, E. A., Schooler, D., & Tolman, D. L. (2006). To be seen and not heard: femininity ideology and adolescent girls' sexual health. *Archives of Sexual Behavior, 35*(2), 131–144.

Irvine, J. M. (1990). *Disorders of desire: Sex and gender in modern American sexology.* Philadelphia: Temple University Press.

Ito, T., Kawahara, K., Das, A., & Strudwick, W. (1998). The effects of ArginMax, a natural dietary supplement for enhancement of male sexual function. *Hawaiian Medical Journal, 57*, 741–744.

Junginger, J. (1997). Fetishism: Assessment and treatment. In D. R. Laws & W. O'Donohue (Eds.), *Sexual deviance: Theory, assessment and treatment* (pp. 92–110). New York: The Guilford Press.

Kafka, M. P. (2010). The DSM diagnostic criteria for Fetishism. *Archives of Sexual Behavior, 39*, 357–361.

Kaplan, H. S. (1974). *The new sex therapy: Active treatment of sexual dysfunctions.* New York: Brunner/Mazel.

Kaplan, H. S. (1979). *Disorders of sexual desire.* New York: Brunner/Mazel.

Kaplan, M. S., & Krueger, R. B. (1997). Voyeurism: Psychopathology and theory. In D. R. Laws & W. O'Donohue (Eds.), *Sexual deviance: Theory, assessment and treatment* (pp. 297–310). New York: The Guilford Press.

Kedde, H., Van De Wiel, H. B. M., Weijmar Schultz, W. C. M., Vanwesenbeek, W. M. A., & Bender, J. L. (2010). Efficacy of sexological healthcare for people with chronic diseases and physical disabilities. *Journal of Sex and Marital Therapy, 36*(3), 282–294.

Kingsberg, S., & Althof, S. E. (2009). Evaluation and treatment of female sexual disorders. *International Urogynecology Journal and Pelvic Floor Dysfunction, 20*(Supp. 1), S33–S43.

Kinsey, A. C., Pomeroy, W. B., & Martin, C. E. (1948). *Sexual behavior in the human male.* Indianapolis, IN: Indiana University Press.

Kinsey, A. C., Pomeroy, W. B., Martin, C. E., Gebhard, P. H. (1953). *Sexual behavior in the human female.* Philadelphia: W.B. Saunders Company.

Kontula, O., & Haavio-Mannila, E. (2009). The impact of aging on human sexual activity and sexual desire. *Journal of Sex Research, 46*(1), 46–56.

Krueger, R. B. (2010a). The DSM diagnostic criteria for sexual masochism. *Archives of Sexual Behavior, 39*, 346–356.

Krueger, R. B. (2010b). The DSM diagnostic criteria for sexual sadism. *Archives of Sexual Behavior, 39*, 325–345.

Långstrom, N. (2010). The DSM diagnostic criteria for exhibitionism, voyeurism, and frotteurism. *Archives of Sexual Behavior, 39*, 317–324.

Laumann, E. O., Paik, A., & Rosen, R. C. (1999). Sexual dysfunction in the United States: Prevalence and predictors. *Journal of the American Medical Association, 281*(6), 537–544.

Laws, D. R., & O'Donohue, W. (1997). Fundamental issues in sexual deviance. In D. R. Laws & W. O'Donohue (Eds.), *Sexual deviance: Theory, assessment and treatment* (pp. 1–21). New York: The Guilford Press.

Leguizamo, A. (2002). The object relations and victimization histories of juvenile sex offenders. In B. K. Schwartz (Ed.), *The sex offender: Current treatment modalities and systems issues* (Vol. IV, pp. 4-2–4-39). Kingston, NJ: Civic Research Institute.

Levine, S. (1992). *Sexual life: A clinician's guide.* New York: Plenum Press.

Levine, S. B. (2010). Infidelity. In S. B. Levine, C. B. Risen, & S. E. Althof (Eds.), *Handbook of clinical sexuality for mental health professionals* (2nd ed., pp. 87–102). New York: Routledge.

Lewis, J. H., Rosen, R., & Goldstein, I. (2005). Patient education series. Erectile dysfunction. *Nursing 35*(2), 64.

Linehan, M. M. (1993). *Cognitive-behavioral treatment of borderline personality disorder.* New York: The Guilford Press.

Longo, R. E. (2002). A holistic/integrated approach to treating sexual offenders. In B. K. Schwartz (Ed.), *The sex offender: Current treatment modalities and systems issues* (Vol. IV, pp. 3-1–3-19). Kingston, NJ: Civic Research Institute.

Lourenco, M., Azevedo, L. P., & Gouveia, J. L. (2011). Depression and sexual desire: An exploratory study in psychiatric patients. *Journal of Sex and Marital Therapy, 37*,

32–44.

Mahan, V. (2003). Assessing and treating sexual dysfunction. *Journal of the American Psychiatric Nurses Association, 9*(3), 90–95.

Marquis, A. (2008). *The Integral intake: A guide to comprehensive idiographic assessment in Integral psychotherapy.* New York: Routledge.

Marshall, L. E., & Marshall, W. L. (2002). The role of attachment in sexual offending—An examination of preoccupied-attachment-style offending behavior. In B. K. Schwartz (Ed.), *The sex offender: Current treatment modalities and systems issues* (Vol. IV, pp. 3-1–3-8). Kingston, NJ: Civic Research Institute.

Mason, F. L. (1997). Fetishism: Psychopathology and theory. In D. R. Laws & W. O'Donohue (Eds.), *Sexual deviance: Theory, assessment and treatment* (pp. 75–91). New York: The Guilford Press.

Masters, W. H., & Johnson, V. E. (1966). *Human sexual response.* Boston: Little, Brown and Company.

Masters, W. H., & Johnson, V. E. (1970). *Human sexual inadequacy.* Boston: Little, Brown and Company.

Maurice, W. L., & Yule, M. (2010). Sex and chronic and severe mental illness. In S. B. Levine, C. B. Risen, & S. E. Althof (Eds.), *Handbook of clinical sexuality for mental health professionals* (2nd ed., pp. 469–482). New York: Routledge.

McHugh, P. R., & Slavney P. R. (1998). *The perspectives in psychiatry* (2nd ed.). Baltimore: Johns Hopkins University Press.

Meana, M. (2010). When Love and sex go wrong: helping couples in distress. In S. B. Levine, C. B. Risen, & S. E. Althof (Eds.), *Handbook of clinical sexuality for mental health professionals* (2nd ed., pp. 103–120). New York: Routledge.

Mezzich, J. E., & Hernandez-Serrano, R. (2006). *Psychiatry and sexual health.* New York: Jason Aronson.

Miller, H. B., & Hunt, J. S. (2003). Female sexual dysfunction: Review of the disorder and evidence for available treatment alternatives. *Journal of Pharmacy Practice, 16*(3), 200–208.

Miller, W. R., & Rollnick, S. (2002). *Motivational interviewing: Preparing people for Change.* New York: Guilford Press.

Miranda, A. O., & Davis, K. (2002). Sexually abusive children—etiological and treatment considerations. In B. K. Schwartz (Ed.), *The sex offender: Current treatment modalities and systems issues* (Vol. IV). Kingston, NJ: Civic Research Institute.

Moore, J. (1980). *Sexuality and spirituality: The interplay of masculine and feminine in human development.* San Francisco, CA: Harper & Row.

Moran, J. (2002). *Teaching sex: The shaping of adolescence in the 20th century.* Cambridge, MA: Harvard University Press.

Morrison, J. (2006). *DSM-IV made easy: The clinician's guide to diagnosis.* New York: The Guilford Press.

Moser, C. (2009). When is an unusual sexual interest a mental disorder? *Archives of Sexual Behavior, 38,* 323–325.

Mosher, D. L. (1980). Three dimensions of depth of involvement in human sexual response. *The Journal of Sex Research, 16*(1), 1–42.

Muir, C., & Muir, C. (1989). *Tantra: The art of conscious loving.* San Francisco: Mercury House, Inc.

Myers, L. S. (2010). Single again. In S. B. Levine, C. B. Risen, & S. E. Althof (Eds.), *Handbook of clinical sexuality for mental health professionals* (2nd ed., pp. 121–137). New York: Routledge.

Nelson, E. B., Soutullo, C. A., DelBello, M. P., & McElroy, S. L. (2002). The psychopharmacological treatment of sex offenders. In B. K. Schwartz (Ed.), *The sex offender: Current treatment modalities and systems issues* (Vol. IV, pp. 13-1–13-30). Kingston, NJ: Civic Research Institute.

Person, E. S. (2005). Paraphilias. In B. J. Sadock & V. A. Sadock (Eds.), *Kaplan & Sadock's comprehensive textbook of psychiatry* (Vol. I, 8th ed., pp. 1965–1979). New York: Lippincott Williams & Wilkins.

Phillips, N. A. (2000). Female sexual dysfunction: Evaluation and treatment. *American Family Physician, 62,* 127–136, 141–142. Retrieved from http://www.aafp.org

Psaris, J., & Lyons, M. (2000). *Undefended love.* Oakland, CA: New Harbinger Publications.

Rosen, I. (1996). Exhibitionism, scopophilia, and voyeurism. In I. Rosen (Ed.), *Sexual deviation* (3rd ed., pp. 174–215). New York: Oxford University Press.

Rosen, R. C., & Leiblum, S. R. (1989). Assessment and treatment of desire disorders. In S. R. Leiblum & S. C. Rosen (Eds.), *Principles and practice of sex therapy: Update for the 1990s* (pp. 19–45). New York: Guilford.

Rosen, R. C., & Leiblum, S. R. (1992). Erectile disorders: An overview of historical trends and clinical perspectives. In R. C. Rosen & S. R. Leiblum (Eds.), *Erectile disorders: Assessment & treatment* (pp. 3–26). New York: The Guilford Press.

Rosen, R. C., & Leiblum, S. R. (1995). Treatment of sexual disorders in the 1990s: An integrated approach. *Journal of Consulting and Clinical Psychology, 63*(6), 877–890.

Rosenthal, R. (1966). *Experimenter effects in behavioral research.* New York: Appleton-Century-Crofts.

Rosenthal, R., & Rosnow, R. L. (1969). The volunteer subject. In R. Rosenthal & R. L. Rosnow (Eds.), *Artifact in behavioral research* (pp. 59–118). New York: Academic Press.

Rossi, A. S. (1995). *Eros and caritas*: A biopsychosocial approach to human sexuality and reproduction. In A. S. Rossi (Ed.), *Sexuality across the life course* (pp. 3–36). Chicago: The University of Chicago Press.

Rowland, D. L. (1999). Issues in the laboratory study of human sexual response: A synthesis for the nontechnical sexologist. *Journal of Sex Research, 36*(1). Retrieved from http://galenet.

galegroup.com

Russell, S. T. (2005). Conceptualizing positive adolescent sexuality development. *Sexuality Research & Social Policy, 2*(3), 4–12.

Sadock, V. A. (2005). Normal human sexuality and sexual dysfunction. In B. J. Sadock & V. A. Sadock (Eds.), *Kaplan & Sadock's comprehensive textbook of psychiatry* (8th ed., pp. 1902–1935). Philadelphia, PA: Lippincott Williams & Wilkins.

Sadovsky, R., & Nusbaum, M. (2006). Sexual health inquiry and support is a primary care priority. *Journal of Sexual Medicine, 3*, 3–11.

Saks, B. R. (1999). Identifying and discussing sexual dysfunction. *Journal of Clinical Psychiatry Monograph, 17*(1), 4–8.

Saleh, F. M., & Berlin, F. S. (2003). Sexual deviancy: Diagnostic and neurobiological considerations. In R. Geffner, K. C. Franey, T. G. Arnold, & R. Falconer (Eds.), *Identifying and treating sex offenders: Current approaches, research, and techniques* (pp. 53–76). New York: The Haworth Press, Inc.

San Francisco Bay Area Center for Cognitive Therapy. (2006). Sexual dysfunction. Retrieved from http://www.sfbacct.com

Satterfield, S. B., & Stayton, W. R. (1980). Understanding sexual function and dysfunction. *Topics in Clinical Nursing, 1*(4), 21–32.

Scharff, D. E. (2010). How development structures relationships. In S. B. Levine, C. B. Risen, & S. E Althof (Eds.), *Handbook of clinical sexuality for mental health professionals* (2nd ed., pp. 73–86). New York: Routledge.

Schiavi, R. C. (2000). Psychiatrists' role in the management of sexual disorders. *Current Opinion in Psychiatry, 12*, 267–269.

Schnarch, D. (2002). *Resurrecting sex: Resolving sexual problems and rejuvenating your relationship.* New York: Harper Collins.

Schover, L. R., & LoPiccolo, J. (1982). Treatment effectiveness for dysfunctions of sexual desire. *Journal of Sex & Marital Therapy, 8*(3), 179–197.

Schwartz, B. K. (2002). The JRI model for treating varied populations with inappropriate sexual behavior. In B. K. Schwartz (Ed.), *The sex offender: Current treatment modalities and systems issues* (Vol. IV, pp. 1-2–1-30). Kingston, NJ: Civic Research Institute.

Scott, D. L., & Levine, S. B. (2010). Understanding gay and lesbian life. In S. B. Levine, A. B. Risen, & S. E. Althof (Eds.), *Handbook of clinical sexuality for mental health professionals* (2nd ed., pp. 351–368). New York: Routledge.

Sexual Health Network. (2004). Human sexual response cycles. Retrieved from http://www.sexualhealth .com/article_print. php?Action=read&article_id=243

Simons, J. S., & Carey, M. P. (2001). Prevalence of sexual dysfunctions: Results from a decade of research. *Archives of Sexual Behavior, 30*(2), 177–219.

Singy, P. (2010). What's wrong with sex? *Archives of Sexual Behavior, 39*, 1231–1233.

Sipski, M. L., & Alexander, C. J. (1997a). Basic sexual function over time. In M. L. Sipski & C. J. Alexander (Eds.), *Sexual function in people with disability and chronic illness* (pp. 75–83). Gaithersburg, MD: Aspen Publishers.

Sipski, M. L., & Alexander, C. J. (1997b). Impact of disability or chronic illness on sexual function. In M. L. Sipski & C. J. Alexander (Eds.), *Sexual function in people with disability and chronic illness* (pp. 3–12). Gaithersburg, MD: Aspen Publishers.

Spector, I. P., & Carey M. P. (1990). Incidence and prevalence of the sexual dysfunctions: A critical review of the empirical literature. *Archives of Sexual Behavior, 19*(4), 389–408.

Steen, S. (2001). Contested portrayals: Medical and legal social control of juvenile sex offenders. *Sociological Quarterly 42*(3), 325–350.

Sutherland, O. (2012). Qualitative analysis of heterosexual women's experience of sexual pain and discomfort. *Journal of Sex and Marital Therapy, 38*(3), 223–244.

ter Kuile, M. M., Both, S., & van Lankveld, J. J. D. M. (2010). Cognitive behavioral therapy for sexual dysfunctions in women. *Psychiatric Clinics of North America 33*, 595–610.

Thornton, D., & Mann, R. (1997). Sexual masochism: Assessment and treatment. In D. R. Laws & W. O'Donohue (Eds.), *Sexual deviance: Theory, assessment, and treatment* (pp. 240–252). New York: The Guilford Press.

Tiefer, L. (1986). In pursuit of the perfect penis. *The American Behavioral Scientist, 29*(5), 579–599.

Tiefer, L. (1991). Historical, scientific, clinical and feminist criticisms of "the human sexual response cycle" model. *Annual Review of Sex Research, 2*(2), 1–24.

Tiefer, L. (2001). A new view of women's sexual problems: Why new? Why now? *The Journal of Sex Research, 38*(2), 89–93.

Tiefer, L. (2004). *Sex is not a natural act & other essays.* Boulder, CO: Westview Press.

Troisi, A. (2008). Psychopathology and mental illness. In C. Crawford & D. Krebs (Eds.), *Foundations of evolutionary psychology* (pp. 453–474). New York: Lawrence Erlbaum Associates.

Udry, J. R., & Campbell, B. C. (1994). Getting started on sexual behavior. In A. Rossi (Ed.), *Sexuality across the life course* (pp. 187–208). Chicago: The University of Chicago Press.

Weiner, D. N., & Rosen, R. C. (1997). Medications and their impact. In M. L. Sipski & C. J. Alexander (Eds.), *Sexual function in people with disability and chronic illness: A health professional's guide* (pp. 85–118). Gaithersburg, MD: Aspen Publishers.

Welwood, J. (1996). *Love and awakening: Discovering the sacred path of intimate relationship.* New York: HarperCollins.

Whipple, B., & Brash McGreer, K. (1997). Management of

female sexual dysfunction. In M. Sipski & C. Alexander (Eds.), *Sexual function in people with disability and chronic illness: A health professional's guide* (pp. 511–536). Gaithersburg, MD: Aspen Publishers.

Wyndzen, M. (2008). All mixed up: Perspectives on transgenderism and Gender Identity Disorder. Retrieved from http://www.genderpsychology.org Zucker, K. J. (2010).

The DSM diagnostic criteria for Gender Identity Disorder in children. *Archives of Sexual Behavior, 39*, 477–498.

Zucker, K. J., & Blanchard, R. (1997). Transvestic fetishism: Psychopathology and theory. In D. R. Laws & W. O'Donohue (Eds.), *Sexual deviance: Theory, assessment, and treatment* (pp. 253–279). New York: The Guilford Press.

제11장

수면각성장애[1]

Ari J. Elliot, Ph.D. Candidate, 로체스터대학교

"잠은 고통의 헝클어진 실타래를 풀어주는 것, 매일의 삶을 마감 짓는 죽음, 힘든 노동 뒤의 샤워, 상처받은 마음의 향유, 위대한 자연의 두 번째 과정, 인생 향연의 자양분."

세익스피어, 멕베스

셰익스피어가 시적으로 보여주었던 것처럼 수면은 우리의 매일의 삶에서 중요하면서도 피할 수 없는 과정이며 건강에 반드시 필요한 요소이다. 그러나 불면증에 대한 최고의 치료는 잠을 많이 자는 것이라는 W. C. Field의 역설적인 말은 가장 자연스러운 자양분인 수면을 밤마다 누리는 것은 결코 간단한 문제가 아니라는 것을 강조한다고 볼 수 있다. 우리 대부분은 대략 인생의 삼분의 일을 자는 데 사용한다는 말을 들어봤을 것이다. 그러나 통계 자체보다 더 흥미로운 것은 이에 대한 반응의 다양성인데 이는 수면이 어떤 것이라 여기고, 수면에 임하고, 수면을 경험하는 방식의 다양함을 반영하는 것이다. 예를 들면 수면은 잘 보낸 시간으로 여겨지기도 하지만 반대이기도 하며 가볍게 여겨지기도 하지만 조심하고 숙고해야 할 것으로 다가오기도 하며 걱정거리의 근원이기도 하지만 원기회복의 근원으로 혹은 그 사이의 어느 단계로 느껴지기도 한다. 가장 기본적인 생물학적 필요임에도 불구하고 수면은 매우 복잡

---

1 이 장을 저술할 당시에는 일차 불면과 다른 질환(정신 또는 신체 질환)을 동반하는 불면을 구별하던 DSM-IV-TR을 기준으로 연구가 이루어졌다. DSM-5에서는 이 두 진단이 불면장애로 합쳐졌다. 우리는 불면장애의 진단 범주를 사용할 것이나 참고한 연구가 특별히 일차 불면을 다룬 경우에는 이를 사용할 것이다. 본 저서의 다음 판에는 새로운 DSM-5 질환에 대한 연구를 포함시킬 것이다.

하고 과학적 시각을 아직도 피해가는 다차원적인 현상이다. 더 나아가, 본문의 주제를 유지한 다면 수면장애는 육체와 정신의 건강 영역에서 흔한 임상 문제이며(Chokroverty, 2009; Reite, Weissberg, & Ruddy, 2009), "수백만 명의 삶에 있어 엄청난 영향을 주는"(Walsh & Lindblom, 1997, p. 104) 것이다.

이 장의 목적은 수면장애에 대한 개요를 제공하고 병인론에 주된 초점을 맞추면서도 분류학(여러 유형의 분류), 역학조사, 치료들을 다루어보는 것이다. 광범위한 양의 이론 모형과 연구 결과, 수면장애에 관련된 임상적 지식이 주어지기에 이러한 검토는 필연적으로 요약본이 될 것이다. 하지만 전체적인 체계는 기초적인 것일지라도 수면과 그 병리에 대한 통합적이고 다차원적인 이해를 제시하는 데 활용될 수 있다. 이 장은 수면과 각성의 조절을 포함한 경험 측면과 생물학 측면의 다양한 상태와 과정에 대한 토론으로 시작하여 수면장애의 결과를 다루게 될 것이며 그것은 다양한 수면의 병리를 검토하게 하고 입체적으로 병인론을 논하게 되어 최종적으로 치료 접근에 대한 개요를 제공하게 될 것이다. 이어지는 토론 과정에서 여러분은 몇 가지 조심할 점을 명심하기 바란다. 첫째는, 어떤 증후군의 경우에(특히 불면) 수면측정과 진단 증상은 (있다 없다로 단언하는 것보다) 정상과 병리의 명확한 경계가 없이 개개인 간 지속적인 다양성을 보인다는 것이다. 둘째는, 수면장애의 원인과 연관성과 결과는 각각을 구분하기가 어렵다는 것이다.

의식의 상태

각성, NREM 그리고 REM 상태

비이원론(Advaita Vedanta, 동양의 전통 철학 중 하나)의 통합 이론은 수면을 각성과는 근원적으로 다른 의식의 상태라 여기고, 수면은 다시 꿈과 깊은 잠의 상태로 더 나뉜다(Sharma, 2004; Wilber, 2000). 이러한 차이는 현대과학에서도 증명되어 수면은 단일 또는 획일적인 생리적 과정이나 상태가 아니라고 여긴다. 가장 넓게는 수면은 REM과 non-REM(NREM)으로 나뉘는데 이는 각성상태와, 또 서로 간에도 질적으로 다른 면이 있다(Chokroverty, 2009). 이렇게 볼 때, "REM 수면은 각성과 NREM(서파) 수면과는 본질적으로 독립적인 신경형성과 조절 체계에 관여하는 제3의 주요 생리적 상태라 여기고 있다"(Reite et al., 2009, p. 31). 각각의 수면상태의 주관적 경험 특성 또한 이를 구분한다. REM 수면에는 꿈이 우세하고 빈번이 나타나는데(Chokroverty, 2009), 반면 깊은(서파 NREM) 수면에는 회상 가능한 정신적 경험이 대개 없다. 이러한 중대한 차이에도 불구하고 이 두 상태들의 경계는 절대적이지 않다. 예를 들면 느린 파형(서파) 수면은 뇌파의 넓은 연속선상의 기간인 NREM의 많은 하위단계 중의 하나일 뿐이라는 것이다. 더 나아가 Reite 등(2009)은 "(각성, NREM, REM) 상태들은 상호배제적이지 않으며 혼합 또는 빠른 전환이 일어날 수 있다."(p. 31)고 하였지만, 그러한 현상은 일반적이기보다는 예외적인 것이다.

꿈, 의식, 그리고 초월

꿈의 특성과 기능은 논란의 주제로 남아 있다. 지그문트 프로이트의 **꿈의 해석**(1900/1911)에서는 꿈의 개념(그는 꿈을 "무의식으로 가는 지름길"이라 칭했다)을 무의식적인 욕구의 발현으로 규정했다. 고전적인 정신분석이 감소하면서 꿈의 해석은 상담이나 정신치료 분야에서 그 중요성을 잃어가고 있다. 그럼에도 불구하고 여전히 임상가의 관심을 사로잡고 있으며(Yalom, 2002), 융 심리학이나 심리역동, 실존주의 방향성을 가진 치료자에게 여전히 중요하게 여겨진다. 꿈의 신경심리학 개념은 꿈의 내용이 전적으로 무작위적인 신경정보처리과정의 부수현상이라는 가설에서부터(Hobson & McCarley, 1977) 기억 함축의 과정이 반영된다는 최근의 이론에까지(Payne & Nadel, 2004) 이른다. 명백하게 꿈은 주관적으로 꽤 의미 있게 또는 꽤 무작위적으로 경험될 수 있다. 그러나 종종 논리적으로는 맞지 않는 감정적 서술로서의 일반적인 꿈의 묘사는 신경생물학적 결과로 이루어져 있는데 "여기에는 REM 수면 동안 편도와 감정을 일으키는 변연계의 선택적 활성과 논리적 생각의 중심 부위인 배외측 전전두엽의 비활성화가 있다"(Reite et al., 2009, p. 33). 그러므로 정신분석가나 신경과학자 모두에게 꿈은 의식의 영역과 각성상태를 대표하는 논리적 자각의 밖에 놓여 있다. 그러나 "자신이 꿈을 꾸는 것을 자각하며 심지어 꿈의 경험을 조절할 수 있는"(Reite et al., 2009, p. 33) 자각몽(lucid dreaming)으로 인해 명백한 모순점이 나타난다.

의식과 수면과 관련된 또 다른 현상은 초월 경험이다. 각성상태는 독립된 자기의 정체성에 대한 자아의 의식에 지배되는 경향이 있다. 다양한 영적 전통에 따르면 꿈을 꿀 때와 깊은 잠에 빠져 있을 때 우리의 정신은 상대적으로 이러한 자아의 직관적이고 개념적인 제한으로부터 자유로우며, 그래서 초월 경험에 접근할 수 있는 것이다(Wilber, 2000). Kuiken, Lee, Eng, Singh(2006)는 '초월적 꿈'을 서술하였는데 이는 영적 감각의 경험과 서술적 주제를 포함하며 경외감과 재생감이 상승하는 영적 변화와 관련이 있다.

수면의 생물학과 생리학

수면구조

수면의 가장 핵심적인 생리학적 연관성은 뇌의 파형, 안구운동, (근육긴장도라 알려진) 근육활동이며 이들은 각각 뇌파검사(EEG), 안구전도(EOG), 근전도(EMG)로 측정이 된다. 뇌파활동은 주파수(초당 회전수)와 뇌파의 진폭으로 측정되며 대개 주파수 범위에 기준하여 네 가지 파(리듬)로 분류되는데 그것은 느린 것에서 시작하여 델타파(0.5~3cps), 세타파(4~7cps), 알파파(8~13cps), 베타파(14~25cps)이다. 각성상태와 비교하면 수면 시에는 알파파와 베타파가 감소해 있고 반대로 나머지 파는 증가되어 있다(Chokroverty, 2009). 예를 들면 서파수면(SWS)은 베타파가 현저히 증가해 있거나 우세한 단계이다. NREM 수면에서는 안구운동이 대개 느리고 최소로 나타나며 반면에 빠른 안구운동은 REM 단계의 주요한 특징이다. NREM 수면에서는 근긴장도는 감소하고 반면 REM 수면 시는 자발적인 근육활동이 거의 또는 전혀 없으며, "모든 의도와 목표에 따라, 개인은 REM 수면 중에 마비 상태가 된다"(Hirshkowitz et al., 1997, p. 19).

개인 간의 다양한 차이 때문에 수면에 있어 '정상'을 정의하기는 어렵다(Lichstien, Durrence, Riedel, Taylor, & Bush, 2004). 그럼에도 수면의 육안적 구조에서(단계구성요소) 다양한 원형적 양상이 관찰된다(Chokroverty, 2009). 수면은 전형적으로 NREM과 REM이 번갈아 반복되는 구조로 이루어져 있으며 각각 90분에서 120분 정도가 지속되며 4회에서 6회 정도 나타나게 된다. 최근 분류에 따르면 NREM 수면은 N1, N2, N3의 3단계로 다시 나뉠 수 있다[미국수면의학협회(AASM), 2007]. 수면이 시작된 후 빠르게(10~12분) N1 단계가 되고 N2 단계가 좀 더 길게(30~60분) 유지된다. N3 단계로[서파수면(SWS)을 포함] NREM 수면이 끝나고 수면이 시작된 후 60분에서 90분 사이에 REM 단계가 시작된다(Chokroverty, 2009). NREM 수면은 보통 수면의 75~80%를 차지하고 나머지 20~25%는 REM 수면이 차지한다. 대부분의 SWS는 처음 몇 주기 사이에 나타나며 반대로 대부분의 REM 수면은 후반부 주기에 나타나는

표 11.1 기본 수면구조

단계	총 수면시간 중의 %	EEG (뇌파)	EOG (안구운동)	EMG (근긴장도)
각성	–	알파	정상	정상
NREM				
N1	2~8%	< 50% 알파, 중도에 베타와 세타 등장	느린 회전	저하
N2	45~55%	중도에 sleep spindles, K complexes의 등장	없음	저하
N3	15~20%	서파수면	없음	저하
REM	20~25%	대부분 베타, 일부의 세타 활동	빠른 회전	근무력(긴장 없음)

출처 : Chokroverty, 2009, Hirshkowitz et al., 1997.

데 수면주기의 마지막 3분의 1에 몰려 있다(Chokroverty, 2009). 〈표 11.1〉은 특징적인 EEG 활성과 성인에서 각각의 단계에 해당하는 시간의 비율을 표시한 것이다.

나이가 들면서 수면의 시간과 구조에서 변화가 일어난다. 총 수면시간은 유아기부터 아동기를 거쳐 성인에 이르면서 감소한다(Reite et al., 2009). 유아는 수면시간의 많은 부분(>50%)이 REM으로 이루어져 있고 청소년기까지는 줄어들어 성인기에 안정화되는데 REM 수면은 신경학적 발달에 중요한 역할을 한다는 보고도 있다. 또한 N3 단계와 SWS의 양은 청소년기부터 노년기까지 감소한다(Hirshkowitz et al., 1997; Reite et al., 2009).

수면다원검사와 수면측정

수면다원검사(PSG)는 수면생리를 기록하는 것으로 임상적 평가와 연구에 모두 사용된다. 대개는 실험실에서 사용되며,[2] EEG, EOG, EMG 측정이 포함되어 있고 심박동과 패턴, 호흡과 흐름, 자세, 사지 움직임을 기록한다(Reite et al., 2009). 수면평가에서의 개념은 서로 다른 몇 가지 차원에서 질환이 일어나는 수면병리를 이해하는 데 중요하다. 수면유도 대기시간(SOL 또는 SL)은 잠들기까지의 시간을 말한다. 수면연속성(SC)은 방해받지 않는 수면의 양이며 수면효율(SE)은 침대에서 보낸 시간에 대한(잠자리에 드는 때부터 일어날 때까지) 실제 수면시간의 비율이다. 다른 변수에는 총 수면시간(TST), 수면과정에서 깨어난 수(NWAK), 수면 시작 후 깨어난 시각(WASO) 등을 포함한다. 이러한 변수들은 실험실 혹은 가정 수면다원검사 혹은 자가 보고로 측정될 수 있다.

수면조절

아마도 '역대 최대의 생물학적 미스터리'인 수면의 유기체적인 목적은 명확하게 또는 결정적으로 밝혀지지 않았다(Chokroverty, 2009, p. 19). 유력한 가설에는 수면이 세포와 조직의 성장과 회복을 제공한다는 '회복 이론', 수면 중 감소한 대사활동이 생물학적인 스트레스를 줄인다는 '에너지 보존 이론', 수면에 의한 무활동과 에너지 보전은 선택적 압력(selection pressures)에 의한 진화론적 적응이라는 '적응 이론', 수면이 다양한 형태의 기억의 과정과 보유를 용이하게 한다는 '기억 응고화(memory consolidation)와 강화 이론' 등이 있다(Chokroverty, 2009, pp. 19~21). 인간은 잠의 필요를 충족시키려는 생물학적 욕구에서 시작하여 수면을 통제하는 다양한 조절 기전을 갖고 있다(Hirshkowitz et al., 1997). 다른 조건이 동등할 때는 사람은 장시간 깨어 있을수록 더 많은 졸음(잠을 들려 하는 경향으로 정의)을 경험하게 된다. 서파와 REM 수

---

2 일반적으로 종합성이 떨어지지만 가정에서의 수면다원검사도 행해진다.

면은 또한 항상성 욕구를 보이는데 이 단계의 잠을 박탈시킨 후 회복수면에서 ('압력'으로 알려진) 이 단계로 들어가려는 경향의 증가와 ('반사'로 알려진) 전체 수면 중의 비율증가가 관찰된다(Hirshkowitz et al., 1997). 또 다른 일차 조절 기전은 하루주기리듬(circadian rhythm)이다 [circa는 둥근(around)의 뜻이며 dian은 하루(day)의 뜻이다]. 졸음과 각성의 생리학적 양상은 일반적으로 24시간 낮밤주기와 일치한다.[3] 빛과 어둠에의 주기적 노출은 그러한 동시성('동기화'라고 알려진 과정)을 나타나게 돕는 '단서'인 것이다. 그러나 하루수면리듬은 외부 자극이 없이도 유지가 되는데 이는 시상의 시교차상핵(SCN)에 위치한 주 생체시계의 존재를 증명하는 것이다(Zee & Manthena, 2007). 졸림과 각성의 주기적 양상은 수면박탈에서 또한 분명해진다. 즉 24시간 수면박탈 시 기본적인 졸림이 대체로 증가하는데도 불구하고 다음 날 아침에 일시적으로 에너지 증가가 종종 관찰되는데 이는 항상성(process S)과 하루 기전(process C)이 수면 조절을 위해 상호작용을 하는 것이다(Hirshkowitz et al., 1997; Reite et al., 2009).

수면문제로 인한 결과

수면은 명백하게 생존에 필요하며 최적의 신체, 정신건강에도 필요한 것으로 보인다. 실험, 역학 연구에서 볼 때 부족한 잠은 심리, 생리, 심리사회, 사회 기능의 부정적 결과와 연관이 있다. 우리는 널리 보이는 문제의 개인 그리고 사회 건강 비용에 대해 심각한 고려를 하게 된다. 국립수면장애연구센터(NCSDR, 2003)는 5,000만 명에서 7,000만 명의 미국인이 수면장애로 어려움을 겪고 있다고 했으며 최근에 전국적으로 13세에서 64세의 미국인에게 시행된 설문조사에서 응답자의 반 이상(60%)이 매일 또는 거의 매일 불면증상(밤에 깨는 것, 너무 일찍 깨는 것, 아침에 개운하지 않은 것) 또는 코골이와 같은 수면문제를 경험한다고 보고하였다[국립수면재단(NSF), 2011].

수면박탈의 가장 일관된 효과는 졸림(즉, 객관적으로 측정되는 자려는 경향; Walsh & Lindblom, 1997)의 증가이며 만성적으로 수면이 방해받았거나 불충분한 사람들은 주간 과다졸림(EDS)을 경험할 수 있으며 이는 일상생활의 많은 영역의 기능을 방해할 수 있다(Chokroverty, 2009). 전체적 수면박탈과 부분적 수면박탈 모두 긴장, 혼란, 피로의 지표(즉, 피곤함을 느끼는 주관적인 보고; Ikegami et al., 2009)인 기분 저하를 유발한다. 더 나아가 수면박탈은 각성, 주의, 집중, 기억을 포함한 인지 기능과 다른 고차원적 기능에 부정적인 영향

---

3 다른 하루주기생체리듬은 하루주기수면리듬과 일치하고 협력하여 작용하는데 체온주기와 호르몬 분비 등이 포함된다.

을 미치는 것으로 밝혀져 있다(Belenky et al., 2003; Chokroverty, 2009; Ikegami et al., 2009). 부분적 수면박탈(PSD)[4]의 효과는 일시적이고 심각하지 않은 것으로 알려져 있다(Walsh & Lindblom, 1997). 그러나 연구들에서 만성적 부분적 수면박탈이 영구적인 수행 저하와 기분장애와 관련되는 '수면 빚'을 쌓이게 한다는 주장이 나오고 있다(Belenky et al., 2003; Van Dongen, Maislin, Mullington, & Dinges, 2003).

꽤 많은 연구가 수면부족이 신체적 건강에 부정적인 영향을 미친다고 하였다. 불면증을 겪는 사람들이 더 많은 신체적 문제를 보고한다(Lichstein et al., 2004). 종단 연구에서 짧은 수면시간은 BMI의 증가와 비만과 연관 있는 것으로 보고되는데(Gangswich, Malaspina, Boden-Albala, & Heymsfield, 2005), 이는 아마 수면으로 인한 대사, 내분비 변화에서 기인한 것일 것이다(Taheri, Lin, Austin, Young, & Mignot, 2004). 아직 직접적인 원인 근거가 제한적이고 생리 기전이 잘 알려져 있지 않으나, 역학 연구에서 지나친 수면부족이나 과다수면은 두 가지 모두 제2형 당뇨(Gangswich et al., 2007), 여성의 심혈관계 질환(Ayas et al., 2003), 전반적 사망률의 위험도를 증가시킨다고 보고된다(Kripke, Garfinkel, Wingard, Klauber, Marler, 2002; Patel et al., 2004).[5]

수면장애는 부정적인 심리사회 결과를 초래할 수 있는데 그것은 기분 저하를 거친 인지 분열, 과도한 졸림일 수 있다. 대상이 제한적이긴 하나 몇몇 연구의 결과는 시사하는 바가 있는데, 예를 들면 부모의 불면은 출산 다음 해에 첫아이 부모의 결혼 만족도 저하와 연관이 있으며(Meijer & van den Wittenboer, 2007), 아이의 수면문제로 이후 시기에 부모와 아이의 친밀감 저하를 예측할 수 있다(Bell & Belsky, 2008). 수면장애의 사회적 비용은 관련 사망, 직접적 의료비용, 직업적 생산성 손실 등을 포함한다. 졸림은 승용차와 트럭사고의 주요 원인 중 하나이며(Lyznicki, Doege, Davis, & Williams, 1998) 체르노빌과 스리마일섬 원전사고와도 연관이 있다고 알려져 있다(Colten & Altevogt, 2006). 더 나아가 수면장애는 직장 내 잦은 결근, 생산성 저하, 비교통사고와 관련이 있다(Leger, Massuel, & Arnaud, 2006). 교육적 영역에서는 짧은 수면시간(6시간 이하)은 청소년에서 저조한 학업 수행과 연관이 있다(Roberts, Roberts, & Duong, 2009).

요약하면 진단 가능한 수면장애의 신체, 심리, 사회 어려움은 그것이 단독으로 발생하든 다른 신체, 정신건강 상태와 동반되든 간에 광범위하다(Colten & Altevogt, 2006; NCSDR, 2003). 잠재 증상까지 고려한다면 불충분한 수면은 현대의 서구사회에서 '일반표준의 병리'의

---

4 수면연구에서 부분적 수면박탈은 기간을 변경하여 4시간에서 6시간 사이의 수면제한을 수반하게 된다.
5 두 연구 모두에서 최저 사망률은 하루 평균 7시간 수면에서 관찰되었다.

(Maslow, 1968, p. 71) 가장 핵심적인 예 중 하나일 수 있으며 중요한 공공의료의 관심사로 여겨지고 있다.

수면장애의 진단 분류

수면장애를 분류하는 진단 체계는 몇 가지가 있으며 대표적으로 사용되는 두 가지는 국제수면장애분류(ICSD-II; AASM, 2005)와 정신질환의 진단 및 통계 편람[DSM-5; 미국정신의학회 (APA), 2013]이다. 이 장은 주로 DSM-5의 분류학을 바탕으로 서술되었고 그것은 수면의학만의 특별한 실기보다는 일반적인 정신의학과 의학적 실기를 염두에 둔 것이다(APA, 2013). 현재의 DSM에서 규정하는 수면각성장애는 수면과 각성의 타이밍과 이행을 조절하는 신경생리학적 과정의 붕괴나 비정상이 수반되는 것을 강조하고 있다. 이러한 장애와 관련 질환은 독립적으로 발생할 수 있으나 일반적으로 기분장애와 불안장애를 동반하며 그 질환의 심각도와 경과에 영향을 미칠 수 있다(APA, 2013). 더 나아가 동반질환의 치료로 인해 필연적으로 회복되는 경우보다는 불면증 같은 수면장애는 복합질환의 맥락에서라도 독립적인 임상적 관심을 기울이는 것이 타당하다. 그러므로 정신건강 종사자는 다양한 수면장애와 그 증상을 잘 알고 있어야 한다. 아래의 단원은 DSM에 있는 대부분의 수면각성장애에 대한 간단한 개요를 제공할 것이다.

불면장애

주기적인 불면증상은 일반 대중에게 매우 흔하여 30~40%에 이르고 기능장애를 일으키는 진단할 수 있는 질환으로서의 유병률은 5~10%로 추정된다(NCSDR, 2003; Ohayon, 2002). 임상 상태로서 불면을 정의하고 평가하는 데 쓰이는 기준은 수면연구에서 폭넓게 변하는데 이는 빈도와 심각도(예 : 한 주의 밤 횟수, 수면유도 대기시간의 최소 평균), 낮 시간에 미치는 영향, 불면이라 느끼는 자기 지각 등에 대한 다른 필요요건에 의한 것이다(Lichstein et al., 2004; Ohayon, 2002). 더욱이 불면은 객관적인 면과 주관적인 면을 동시에 갖고 있다. 불면증상이나 좋지 못한 수면(객관적으로 측정된 것)을 가진 사람들이 모두 수면에 불만족스러워하지는 않으며 반면에 객관적으로 수면이 정상적 범주에 든다고 관찰된 사람들이 불만족스러워하기도 하는 것이 수면의 주관적인 면을 강조하는 근거이다(Lichstein et al., 2004). DSM-5(APA, 2013)에서 불면장애의 중심 기준은 양적 또는 질적인 잠에 대한 불만족이며 이는 잠들기 어렵거나 잠을 유지하기 어렵거나(반복해서 깨거나 다시 잠들지 못하는) 너무 일찍 깨는 것이다. 이러한 증상 유형은 각각 수면유도(sleep-onset) 불면, 수면유지 불면, 말기/후기(terminal/late)

불면이라 알려져 있다. 불면의 전형적인 형태가 잠을 시작하는 것에 대한 어려움이지만 이것이 질환의 유일한 현상은 결코 아닌 것이다. DSM의 진단 기준은 수면장애가 일주일에 적어도 3회 이상 있어야 하고 적어도 3개월 동안 경험해야 하는 것을 요구하고 있다. 거의 모든 수면 각성장애의 진단에 대한 필요조건은 증상이 반드시 임상적으로 현저한 고통과 손상을 초래해야 한다는 것이다. 또한 불면증상은 다른 수면각성장애, 물질의 영향, 또는 동반되는 정신질환 혹은 의학적 상태에서 기인하거나 설명되어질 수 없어야 한다. 불면이 3~6개월 이상 지속되면 지속성 혹은 만성 불면으로 여기게 된다(AASM, 2005).

과다수면장애

과다수면장애의 핵심 기준은 충분한 기본적 수면을 취한 상태에서도(7시간 이상) 발생하는 과도한 졸림이다. 이는 다음의 증상 중 하나 이상을 동반한다 — 하루 동안 반복되는 수면(예 : 의도하지 않은 낮잠), 길지만(9시간 이상) 개운치 않은 기본 수면, 깨어난 뒤 부족한 각성도. 불면증의 경우와 달리 과다수면에서는 비록 깨어날 때 혼미하거나 각성에 어려움이 있는 수면에 취한 상태를 보일 수 있고 아침에 일어나기 어려워할 수 있으나 쉽게 잠들고 잠을 유지한다(APA, 2013; Reite et al., 2009). 또한 불면의 경과는 스트레스에 대한 반응으로서 개별적이고 삽화적인 반면 과다수면의 경과는 연속적이고 끊임없는 양상을 보인다(APA, 2013).

기면증

기면증의 주된 진단 특징은 하루 동안에 일어나는 반복되는 강렬한 졸림 삽화, 낮잠, 짧게 드는 잠 등이다(APA, 2013). 보편적이지는 않은 또 다른 특징은 탈력발작인데 이는 근육조절의 갑작스런 소실이며 대개 수 초간 지속된다. 탈력발작 삽화는 미미하거나 혹은 확연한 신체 움직임을 가져오며 전형적으로 웃음이나 장난 같은 강한 감정적 자극으로 인해 나타나거나 촉발된다(APA, 2013). 다른 흔한 특징은 대개 환시로 나타나는 입면(잠들기 전) 환각 혹은 출면(깬 다음) 환각과 수면마비(입면 시나 출면 시 일시적으로 나타나는 음성 또는 운동 박탈; APA, 2013; Reite et al., 2009)이다. 기면증은 일반적으로 만성적 경과를 보인다(APA, 2013). DSM-5(APA, 2013)에서는 탈력발작과 하이포크레틴(기면증의 병태생리에서 뇌척수액에서 감소되어 있는 신경전달물질) 저하의 유무를 바탕으로 기면증의 아형을 구분한다.

호흡관련수면장애

호흡관련수면장애는 호흡의 중단이나 비정상이 수면을 방해하거나 수면으로 인한 회복을 어렵게 하는 것을 포함한다. DSM-5에는 이 범주가 3개의 특정한 질병으로 분류된다. 가장 흔한 것은 폐쇄성 수면무호흡/저호흡(수면무호흡으로 더 많이 불린다)인데 이는 상기도의 폐색으로 기류가 완전히 막히거나(무호흡) 감소되는 것(저호흡)을 말한다. 무호흡 또는 저호흡은 수면다원검사에서 관찰되며 코골이 또는 야간호흡의 중단을 유발해 반복적인 각성 또는 깨어남을 유발한다(APA, 2013; Reite et al., 2009). 폐쇄성 수면무호흡/저호흡이 과체중인 사람에서 가장 흔하지만 다양한 연령대와 몸매, 신체적 상태에서 발생할 수 있다는 것에 주목해야 한다(Reite et al., 2009). 폐쇄성 수면무호흡/저호흡과는 달리 중추성 수면무호흡증은 기류의 차단이 아닌 근본적인 수면의 생리적 조절의 이상으로부터 기인한다. 마지막으로 수면 관련 저환기는 산소레벨을 저하시키는 비정상적인 환기를 포함한다. 이들 질환의 병태생리상 실질적인 차이가 있으나 결국 잦은 깨어남, 비회복성 수면, 주간 졸림 등을 포함하는 불면과 비슷한 증상을 유발한다(APA, 2013). 게다가 치료를 하지 않으면 지속되는 경향이 있고 더 악화된다.

하루주기리듬 수면장애

하루주기리듬 수면장애는 하루 체계의 장애나 하루 체계와 사회적, 직업적 요구로 인한 수면-각성 일정의 부조화로 인해 수면중단이 발생하는 것이다(APA, 2013). 이는 보통 수면생리의 근본적인 기능장애라기보다는 생물학적 수면주기와 환경적 수면일정요구 불일치의 산물인 것이다. DSM-5와 ISCSD-II에 몇 가지 유형이 있으나 가장 흔한 것은 뒤처진 수면위상형(delayed sleep phase type)과 교대근무형(shit work type)이다. 뒤처진 수면위상형에서는 하루수면주기가 원하거나 요구되는 순차적인 수면일정과 비교해 느려져 있고(자신이 자려 하거나 깨어나려는 시간보다 늦게 생물학적인 욕구가 나타난다는 의미이다) 그로 인해 이 시간에 자거나 깨어나는 것이 어렵고 자주 주간 졸림을 유발한다(APA, 2013). 교대근무형에서는 하루수면주기가 밤 시간의 근무 또는 교대근무의 순환으로 인해 붕괴되어 수면의 시간이나 질의 저하와 근무 중의 졸림을 가져온다(Reite et al., 2009). 다른 유형으로는 뒤처진 수면위상형의 반대인 앞당겨진 수면위상형(advanced sleep phase type)과 와해되거나 매우 변화가 많은 수면-각성 일정을 보이는 불규칙한 수면-각성형(irregular sleep-wake type)이 있다.

사건수면

사건수면(parasomnia)은 수면이나 수면-각성의 이행과정에서 일어나는 비정상적 혹은 바람직하지 않은 신체, 행동, 경험 사건으로 정의된다(APA, 2013; Bornemann, Mahowald, & Schenck, 2006). 그것은 신경, 운동, 인지 이상을 포함할 수 있으며 REM 수면이나 NREM 수면 중에(특히 서파수면) 발생할 수도 있다. 양성의 수면보행증은 가장 흔한 사건수면이지만 이 질환은 종종 자신의 의식 조절의 범위를 벗어나고 이후 기억을 못하는 폭력적 행동이나 부적절한 성 활동["성 수면(sexsomnia)"]으로 악명을 얻었다. 사건수면에서 기인한 '분별 있는 자동증(sane automatism)'(정신이 있는 상태임에도 불구하고 비자율적으로 하는 행동)은 야간 범죄행위를 포함한 몇몇의 사건에서 이를 방어하는 이유로 성공적으로 제시되기도 하였다(Bornemann et al., 2006). 그러한 극단의 경우는 드물지만 인구기반 조사에서 폭력적 행동, 수면 중 성적 행동을 포함한 사건수면은 서구사회에서 드물지 않다고 보고된다(Bjorvatn, Grønli, & Pallesen, 2010; Ohayon, Caulet, & Priest, 1997).

악몽장애 악몽장애(nightmare disorder)는 안전이나 생존을 위협당하는 매우 무섭거나 기분 나쁜 꿈이 반복되는 것이다. 이러한 꿈에서 깰 때 빠르게 각성을 되찾고 꿈을 상세히 기억할 수 있게 된다(APA, 2013). 악몽 그리고 연관된 깨어남은 충분한 회복수면을 갖기 어렵게 하는 동시에 수면에 대한 예기불안을 유발한다. PTSD에서 흔한 특징인 외상성 악몽은 전형적으로 외상경험을 재현하는 잦은 반복수면을 포함하며 이 악몽은 특발성 악몽의 대다수가 REM 수면에서 일어나는 것과 달리 NREM 수면에서 일어날 수 있다(Hartmann, 1984; Spoormaker, Schredl, & van den Bout, 2006). 어떠한 경우에서도 중요한 것은 외상에 노출되어 유발된 악몽 및 다른 수면장애는 만성적, 기능적 자율기능장애로 발전될 수 있으며 이는 일반적인 PTSD 치료로는 잘 조절되지 않아 좀 더 직접적인 수면요법을 요구한다는 것이다.

REM 수면행동장애 REM 수면행동장애는 사건수면의 하나로 드물기는 하나 최근 수년 동안 ICSD-II와 DSM에 더해지는 등 현저하게 연구의 관심이 모아지고 있다. 이 질환은 침대에서 떨어지거나, 사지를 흔드는 등의 혼합 운동행동이나 발성을 포함한 REM 수면 중에 일어나는 비정상적 각성을 의미한다(APA, 2013; Reite et al., 2009). 이러한 행동은 당사자와 함께 침대를 쓰는 사람에게 부상을 입힐 수 있다. 앞서 말했듯 일시적인 근마비[무긴장(atonia)]는 REM 수면에서 정상 현상이다. 하지만 REM 수면행동장애를 갖는 개인 중에는 이러한 생리적 보호장치가 작동하지 않아 이들이 그야말로 그들의 꿈대로 행동할 수 있게 되는 것이다.

NREM 수면각성장애 서파 NREM 단계에서(전형적으로 수면의 첫 3분의 1에 해당) 일어나는 사건수면은 종종 '각성장애'로 불린다(AASM, 2005). 이는 "대뇌피질을 포함한 대부분의 뇌가 NREM 수면에 (머물러 있는)"(Reite et al., 2009, p. 151), 그래서 의식적 자각이나 조절이 없는 상태 동안 일어나는 비정형적인 운동이나 감정적 활성을 의미한다. 이 각성장애는 깊은 수면과 각성상태의 흥미롭고 기이한 혼합체인 것이다. 근본적인 병태생리학이 많은 부분 밝혀지지 않았으나 이 장애가 수면-각성 단계의 분할과 이행의 조절이상이라는 이론이 제시되고 있다(Reite et al., 2009). DSM-5와 ICSD-II에서 분류된 다양한 아형들이 각각의 증상적, 행동적 특성에서 상이하다. 그러나 이것은 동일한 근본적인 신경생리적 이상의 발현이라 믿어지고 있다(Bornemann et al., 2006). 각성장애가 과거 생각됐던 것보다 성인에서 더 흔하지만(Bornemann et al., 2006), 그 발병은 아동기에 더 흔하며 유병률은 나이가 들면서 상당히 감소한다(Laberge, Tremblay, Vitaro, & Montplaisir, 2000).

야경증형 야경증(sleep terror type)은 강렬한 공포를 보이고 자율신경 각성(빈맥과 빠른 호흡, 발한) 동안 갑작스런 각성을 수면 중에 반복해서 보이는 것을 말한다. 대개 타인이 깨우려 하고 적응시키려는 시도에 반응하지 않으며 악몽장애와 달리 보통 꿈의 내용을 기억하지 못한다(APA, 2013). 야경증 삽화 중에 환자는 높은 목소리를 내거나 비명을 지르고 울 수 있으며 난폭하고 복잡한 움직임을 보일 수 있다(Reite et al., 2009). '혼란 각성(confusional arousa)'과 비슷하나 강도가 낮은 NREM 사건수면이며 뚜렷한 동요와 혼미증상을 보이지만 대개 비슷한 정도의 감정적 고통이나 생리적 각성을 보이지는 않는다(Reite et al., 2009).

수면보행증형 수면보행증[sleepwalking type, 몽유병(somnambulism)]은 수면 중 일어나는 복합적 운동행동을 의미한다. 이는 침대를 떠나고, 주위를 걸어다니는 것을 포함하고 드물지만 운전과 같은 정교한 행동도 나타난다. 환자는 대개 삽화 중에는 타인에게 반응이 없으며 깨어서 최소한의 회상만을 보이지만 정상기능을 빠르게 되찾는다.

하지불안 증후군(RLS) 현재 DSM에서 정식 질환으로 인정된 하지불안 증후군은 "다리를 움직이고 싶은 욕구이며, 대개는 다리에 불편하고 불쾌한 감각을 느끼는 것을 동반하거나 그에 따른 것"(국제하지불안증후군그룹, Allen et al., 2003, p. 102에서 인용함)을 특징적으로 보이는 신경 및 감각운동 상태이다. 다리를 움직이려는 욕구는 다리를 쉬고 있을 때와 저녁이나 밤에 심하며 다리를 움직임으로써 부분적으로 해소된다(Allen et al., 2003; APA, 2013). 증상의 심각도와 경과는 다양하며 가벼운 경우에는 간헐적일 수 있으나 대개 만성적이고 진행성이다. 하지불안 증후군은 자주 수면의 시작과 유지를 방해한다.

수면각성장애의 병인론

이 책에 논의된 정신병리의 많은 다른 형태와 마찬가지로, 수면장애는 중복결정되어 있다. 그들의 원인은 종종 생물학(인지, 정서, 행동 포함), 심리, 사회 요인의 상호작용에 연결되며, 그러한 상호작용은 각기 다른 수면장애의 각기 다른 수준에 관여된다. 예를 들어, 다양한 행동들은 호흡관련수면장애의 심각도에 영향을 미치지만 생리학이 주요한 원인이 된다

(Guilleminault & Zupancic, 2009). 이에 대비하여 심리적 과정은 전형적으로 만성 불면증의 중심적인 역할을 한다(Espie, 2002; Harvey, 2002; Morin, 1993). 마지막으로, 예컨대 특발성 과다수면 같은 특정 수면장애의 원인은 아직 알려져 있지 않다(Reite et al., 2009).

이어지는 논의는 다양한 수면장애의 병인에 연관되어진 현상-분류 사분획의 범위를 검토한다. 그러나 불면증은 수면장애의 가장 일반적이고 광범위하게 조사된 형태[6]임을 가정할 때, 그 조사는 주로 불면증 원인의 이론적 모형을 근거로 한 경험 증거에 초점화되어 있다. 따라서 '3-P'모형으로(Spielman, 1986) 알려진 선행 요인, 촉발 요인, 지속 요인(perpetuating)의 상호 작용을 통하여 불면증 발생을 나타내는 중요한 개념 도안을 유념해야 한다.

선행 조건들은 종종 수면장애의 발생 앞에 나타나서 수면장애의 발병을 위한 무대를 만든다. 예를 들어, 선행 조건은 불면증이 발생하는 역치를 낮춘다. 선행 조건은 원인으로서 강력하기는 하지만 불면증을 일으키는 자체로는 설명이 충분하지 않으며, 그 경향을 확고히 하거나 불면증 발생에 기여하는 요인으로서 제공된다. 촉발 환경은 연속적으로 불면증의 발병으로 이어지고 불면증을 표면화하게 만든다. 지속 요인은 불면증을 유지 또는 지원하는 양상이다(Spielman, 1986, p. 14).

우상 분획 관점

유전 쌍둥이 연구는 수면의 지속 시간, 타이밍, 질에 중요한 유전적 기여를 알 수 있게 하였다(Heath, Kendler, Eaves, & Martin, 1990). 일란성(MZ)과 이란성(DZ) 쌍둥이 거대 표본의 자기 보고서를 검토한 한 연구는 "유전적 차이는 수면의 질과 수면장애에 적어도 33%의 분산을 차지한다."고 결론 내렸다(Heath et al., 1990, p. 318). 또한 유전은 기본적인 수면욕구가 6시간에서 8시간 또는 그 이상이 될 수 있는 개인적인 차이의 근거가 되며(Hor & Tafti, 2009) 중단된 혹은 불충분한 수면에 의한 주간 손상과 누적된 수면 빚(sleep debt)의 정도에 영향을 줄 수 있다.

유전 인자는 여러 수면장애의 원인 역할을 하는 것으로 보이나 그 발현의 정확한 기전과 그 영향의 정도가 여전히 미지수이다(Dauvilliers, Maret, & Tafti, 2005a). 대부분의 수면장애에 유전자형(genotype)은 충분하지는 않지만 선행 요인으로 간주한다. 왜냐하면 "수면과 수면장애는 많은 유전과, 유전적 상호작용, 환경(요인들), 그리고 유전-환경 상호작용에 의해 조절

---

6 유병률의 추정치는 한정적인 기준과 연구 방법론에 따라 상당히 다양하다. 역학조사는 인구의 30~40% 사이에 하나 또는 그 이상의 주기적인 불면증 증상을 가지고 있다고 제시한다. 10~20%는 또한 불면에 따른 주간 결과(daytime consequences)와 수면에 대한 불만족을 경험하며, 어디에서나 1~10%의 불면증 장애를 만날 수 있다.

되어 형성된 복합적인 표현형이기 때문이다"(Dauvilliers et al., 2005a, p. 91). 몇몇 드문 그리고 매우 심각한 질환은 특정 유전자의 존재에 기인하는 단일유전자(monogenic)이거나 특정 염색체의 돌연변이지만, 수면장애의 원인에 대한 유전적인 기여는 이처럼 일반적으로 **다유전자**(polygenic, 여러 개의 유전자를 포함)이다(Hamet & Tremblay, 2006). 예를 들어, 치명적인 가족성 불면증(FFI, 심한 불면증과 자율신경계의 급속하고 치명적인 변성으로 특징지어진 매우 드문 질환)은 20번 염색체에 프리온 단백질 유전자 돌연변이에 의해 야기된다. 기면증의 경우, 연구자들은 HLA 복합체(전문 면역기능과 관련된 유전의 세트)에서 특정 대립 유전자를 확인했으며(특별히 DQBI*0602), 그것은 탈력발작(cataplexy)을 동반하는 기면증을 앓고 있는 사람들의 대부분(85~95%)에 존재한다(Dauvillers et al., 2005a; Hamet & Tremblay, 2006). HLA 시스템과 관련된 자가면역 기능부전은 기면증의 병태생리인 뇌척수액과 뇌 조직의 하이포크레틴(hypocretins) 신경전달물질이 비정상적으로 낮은 이유가 될 것이다(Dauvilliers, Billiard, & Montplaisir, 2003). 그럼에도 불구하고, 특정 유전자는 "기면증을 발달시키는 필요조건도 충분조건도 아니다"(Hamet & Tremblay, 2006, p. S9). 환자들의 일차 친척 속에서 기면증의 발생 위험은 어디에서나 일반 인구에서보다 10배에서 100배 정도 크다. 그럼에도 불구하고, 일차 친척의 2% 미만이 영향을 받으며, 일란성 쌍생아에서는 단지 25~30%가 탈력발작을 동반한 기면증에 일치하여 나타난다(Mignot, 1998). 이 자료는 기면증이 단순 유전 질환이 아니라 환경 요인과 상호작용하는 유전 소인이 관여됨을 의미한다(Mignot, 1998, p. S16).

특정 하루주기리듬 수면장애는 강하게 유전에 의해 영향을 받는다. 연구자들은 하루 수면 조절에 관여된 특정 '시계 유전자'를 확인했으며(Hamet & Tremblay, 2006) 쌍둥이 연구는 사람들의 수면스케줄이 강한 유전적인 기반을 두고 자연스럽게 유형학적으로 아침형/저녁형 또는 '시간형(chronotype)'으로 알려진 경향을 따른다고 보고했다(Hur, Bouchard, & Lykken, 1998). 즉, 어떤 사람들은 아침 일찍 일어나는 경향이 있으며 아침에 보다 활력적인 반면에 (종달새) 반대의 사람은 아침에 깨어나기가 힘들고 부진함을 느끼며, 밤에 더 정신이 맑고 늦게까지 깨어 있는 경향이 있다(올빼미; Chokroverty, 2009). 특히 실례로 유전-환경 상호작용, 즉 수면시간과 관련한 유전적인 하루주기 성향과 환경적인 외인적 요구 간에 시간상 불일치의 상호작용이 충분히 심각하다면 하루주기리듬 수면장애가 나타날 수 있다. 뒤처진 수면위상 증후군은 특정 유전자의 번호에 연결되어 있으며, 가족력도 일반적으로 보고되지만(Dauvilliers et al., 2005a; Reite et al., 2009), 사회 및 행동 요인도 역시 그 요인에 기여한다(Crowley, Acebo, & Carksadon, 2007). 보다 단일유전자 경로에서 심한 수면위상 증후군의 경우 일부(지나치게 각성된 스타일로 체크되는 드문 상황) 시계 유전자 *Per2*의 돌연변이와 연결되어 있다(Dauvilliers et al., 2005a).

최근 연구의 보고는 불면증에 유전이 보다 강한 역할을 하는 것으로 보고했다(Drake, Friedman, Vright, & Roth, 2011; Hubin, Partinen, Koskenvuo, & Kaprio, 2011; Watson, Goldberg, Arguelles, & Buchwald, 2006). 어린 나이에 발병하는 불면증과 마찬가지로 1차성 불면증은 불안 또는 우울을 동반한 불면증보다 강한 유전적 영향을 받음을 제시하는 자료가 있다(Bastien & Morin, 2000; Dauvilliers et al., 2005b).

수면무호흡증은 유전에 의해 영향을 받는 또 다른 상태이다.

위험한 요인의 대부분은 광범위하게 유전적으로 결정되어지는 병태생리에 관여되어 있다. 이것은 상부기도 폐쇄에 걸리기 쉬운 신체 지방 분포 및 신체 대사(특히 상체비만), 환기조절이상, 그리고 두개안면이상 형태증에 대한 예에서는 사실이다(Dauvilliers et al., 2005a, p. 94).

마지막으로, 연구는 유전적 소인이 사건수면(parasomnia)과 연관되어 있음을 제안했다. 어떤 쌍둥이 연구는 유전적 특질이 약 45%로, 아동기와 성인의 악몽이 분산의 37%로 각각 사건수면에 차지하는 것으로 추정한다(Hublin, Kaprio, Partinen, Koskenvuo, 1999). 그리고 거기에는 NREM 사건수면(수면보행증, 야경증)과 REM 수면행동장애에서 공유된 운동억제 이상에 대한 약간의 공통적인 유전적인 근거가 있을 수 있다(Lecendreux et al., 2003). 다시 말하지만 유전, 환경 요인은 주어진 사건수면을 표현할지 여부를 결정하기 위해 상호작용한다. 예를 들어 몇몇 환자들은 증상을 이끌어내는 특별한 스트레스 인자나 외상이 필요할 수 있으며, 반면에 매우 강한 유전 요소를 동반한 또 다른 환자들에게는 그런 심리 영향은 임상 상황에 크게 존재하지 않을 수 있다(Reite et al., 2009, p. 50).

물질의 영향 향정신성 물질(정신과 치료 약품 및 합법과 불법 약물을 포함)은 수면과 수면구성에 영향을 미치는 것으로 안다. 물질은 발병의 원인 또는 완화에 영향을 미칠 수 있으며, 종종 제공된 약물과 개인에게 매우 특별한 영향을 미친다. 항우울제는 예를 들어, 잠을 향상시킬 수 있기는 하나 또는 불면증, 과다수면, 또는 주간 과다졸림(EDS) 등의 문제에 기여할 수 있다(Reite et al., 2009). 수면에 영향을 미치는 물질의 더 일반적으로 관찰된 효과는 〈표 11.2〉에 요약되어 있다.

서구 사회에서 많은 양의 알코올과 카페인 섭취가 수면에 끼친 영향은 특히 주목할 만하다. 많은 양의 카페인 섭취는 수면에 파괴적인 영향을 끼칠 수 있으며(Bonnet & Arand, 1992), 심지어 적당한 양이라도 너무 늦은 시간의 섭취는 잠을 방해할 수 있다. 알코올은 처음에는 수면을 촉진하지만 일반적으로 REM 수면을 억제한다. 4시간 지나서 혹은 상응하게 연속적 수면

표 11.2 물질이 수면에 미치는 두드러진 영향들

약물	일반 효과	수면구조에 주는 효과	참고
수면제와 진정제			
벤조디아제핀계 약물	< 수면유도 대기시간(SL), > 총 수면시간(TST)	< REM 수면, < 서파수면(SWS), > N2	내성, 반사(rebound) 불면, 금단의 위험
비벤조디아제핀계 수면제 (예 : Zolpidem)	< 수면유도 대기시간(SL), > 총 수면시간(TST)	관찰되는 일정한 효과 없음	벤조디아제핀계보다 위험 요소가 적음
항우울제			
삼환계 그리고 모노아민 산화효소 억제제(MAOIs)	약마다 다름	< REM 수면	수면에 도움이 되거나 혹은 불면에 기여할 수 있음
선택적 세로토닌 재흡수 억제제 (SSRIs)	> 수면유도 대기시간(SL), < 수면 연속성(SC) : 일부 사례에서	< REM 수면	수면에 도움이 되거나 혹은 불면, 과수면, 과량복용 시 주간 과다졸림에 기여할 수 있음
기타 향정신성 물질			
항정신병 약	< 수면유도 대기시간(SL), > 수면효율(SE)	< REM 수면	약마다 다름
리튬	일정한 효과가 없음	< REM 수면, > 서파수면(SWS)	NREM 사건수면을 일으킬 수 있음
알코올	< 수면유도 대기시간(SL), > 수면 연속성(SC) : 초저녁, 이후 < SC < 총 수면시간(TST) : 만성/과다사용 시	< REM 수면 REM 반사	호흡관련수면장애를 악화시킬 수 있음, 과다사용에 따라 수면이 나빠짐, 금단 효과
카페인	> 수면유도 대기시간(SL), < 수면 연속성(SC)	< 서파수면(SWS)	개인마다 효과가 다르고 사용 용량/시간에 비례함
니코틴	> 수면유도 대기시간(SL), < 수면 연속성(SC)	< REM 수면	용량에 비례한 효과
항히스타민제[일반약품(OTC) 수면제]	< 수면유도 대기시간(SL), > 수면 연속성(SC)	< REM 수면	숙취 효과, 내성이 빠르게 생김

출처 : Reite et al., 2009; Franzen and Buysse, 2009.

이 더 빈약해지고, REM 수면이 부활하여('REM 수면반동현상'이라고 부르기도 한다) 일찍 깨는 원인이 된다(Partinen, 2009; Reite et al., 2009). 이러한 효과는 더 많은 알코올 용량에서 더 뚜렷하게 나타나며, 많은 양의 알코올 섭취는 불면증과 연결되어 있다(Partinen, 2009).

다이어트는 수면장애 증상의 정도에 영향을 줄 수 있다. 예를 들어, 많은 양의 고탄수화물 식사[특히 빠르게 흡수되는(high-GI) 탄수화물]는 트립토판(아미노산 종류)의 수준을 증가시켜서 주간 졸음을 악화시킬 수 있다(Partinen, 2009). 같은 맥락으로 고탄수화물, 저단백질의 저녁식사뿐만 아니라 늦은 밤의 간식(예 : 우유 한 잔)은 높은 트립토판으로 수면대기시간을 감소시킬 수 있다(Partinen, 2009). 특정 비타민과 미네랄도 수면에 영향을 미칠 수 있다. 특히 하지 불안 증후군, 철 결핍증(보다 정확하게는, 평균 아래의 혈중 페리틴 농도)과 연관되며 이러한 경우에는 철분 보충으로 처리한다(Partinen, 2009).

의학적 질병과 수면 다양한 의학적 상태는 수면장애의 원인이 되거나 상태를 악화시킬 수 있다. 수면을 방해하는 증상은 통증, 고르지 않은 호흡 및 비정형 운동을 포함한 질병 범위에서 발생할 수 있다. Reite 등(2009)은 "심장 부정맥, 협심증, 호흡장애와 관련된 심장 상태는 모두 각성과 수면분절(fragmentation)의 원인이 될 수 있다."(p. 173)고 하였다. 일반적으로 수면장애와 연관된 다른 질환은 근골격계(예 : 류마티스 관절염, 섬유 근육통), 신경계(예 : 파킨슨병), 내분비계(예 : 갑상선), 또는 폐(예 : 폐기종) 질환을 포함한다(APA, 2000). 비록 "그것은 개인의 건강 문제 때문인지 또는 불면증 발생에 대한 염려 때문인지 불분명하다."(Bastien, Vallières, & Morin, 2004, p. 57)고 하지만, 불면증을 가진 사람들은 종종 의료 스트레스 요인의 발생 조건과 연결된다(Healey et al., 1981).

불면증의 신경생물학 및 생리학 요인 인간의 신경체계는 중추신경계(뇌와 척수)와 말초신경계로 구성되며, 이들은 신체 체계와 (자발적 근육을 조절 담당하는) 자율신경계로 되어 있다. 자율신경계는 내부 항상성을 유지하고 환경에 대처하는 많은 불수의 기관(involantary organ)의 기능을 조절한다. 이것은 호흡 및 심장 기능을 제어하는 교감신경계와 타액의 분비나 소화, 배설의 기능을 제어하는 부교감신경계로 구성되어 있다. 자율 각성은 내인성 원인(예 : 공포, 통증, 근육 긴장) 또는 외인성 원인(예 : 열 또는 소음; Hirshkowitz et al., 1997)의 교감신경계 자극에 의한다. 자율 각성이 수면을 억제하는 것은 놀라운 일이 아니다(Waters, Adams, Binks, & Varnado, 1993).

순간적인 상황 각성은 주어진 일반 수면양상과 상관없이 잠을 방해할 수 있다. 그러나 Monroe(1967)의 영향력 있는 한 연구는 빈약한 잠을 자는 수면인 그룹과 잠을 잘 자는 수면인 그룹 사이에서 중요한 생리학적 차이를 발견했다. 그 가정에 따르면 보다 지속적으로 상승된 각성 수준은 불면증에 기여한다(Bonnet & Arand, 1995). 지난 40년 동안 불면증의 생리적 과다각성 모형은 불면증군(persons with insomnia, PWI)과 정상수면군(normal sleepers, NS) 간에 신체, 신경, 그리고 내분비 수치가 다르다는 추가 소견을 통해 점점 더 지지받고 있다. 불면증군(PWI)은 정상수면군(NS)보다 수면상태에서나 깨어 있을 때나 심박수, 체온, 대사율 등을 포함한 신체적 측정의 수치에서 높은 각성을 나타내는 것으로 입증되었다(Adam, Tomeny, & Oswald, 1986; Bonnet & Arand, 1995; Monroe, 1967; Stepanski, Glinn, Zorick, Roehrs, & Roth, 1994). 예상할 수 있는 한 가지는 수면손실 계산에서 불면증군(PWI)은 그렇지 않은 대상보다 낮에 더 졸린 경향을 나타낸다는 점이다. 현실적으로, 만약 평균 수면대기시간 검사에서(MSLT; Stepanski, Zorick, Roehrs, Young, & Roth, 1988) 측정한 주간 졸림이 적은 것이 아니라면 불면증군(PWI)은 확실히 평형을 유지하는 경향이 있는 것이며, 이는 수면 빚이 많아져도 과다각성이 지속적으로 밤의 수면을 억제할 수 있다고 이해해야 한다.

생리적 과다각성 모형의 추가적인 지지는 신경 및 내분비 자료 비교에서 나온다. 불면증군(PWI)은 일반적으로 정상수면군(NS)과 비교했을 때 뇌파 활동의 주파수가 베타파가 높고 델타파가 낮게 나타났으며(Cortoos, Verstraeten, & Cluydts, 2006; Krystal, Edinger, Wohlgemuth, & Marsh, 2002; Perlis et al., 2001) 이는 상승된 대뇌피질의 각성 상태를 암시한다. 이것이 더 큰 인지 활동을 반영한다고 보면(좌상 분획 관련), 대뇌피질의 높은 각성은 왜 불면증군(PWI)이 객관적으로는 자고 있는 것으로 측정된 상태에서 주관적으로는 깨어 있었다는 경험을 갖는지 설명할 수 있다(Cortoos, Verstraeten, & Cluydts, 2006).[8] 또한 뇌 영상 연구에서 불면증군(PWI)은 더 높은 대뇌 포도당 대사활동과 함께 잠을 깰 때 작게 감소된 신진대사활동을 보여주며, 이는 신경적 과다각성의 상태를 의미한다(Nofzinger et al., 2004). 마지막으로, 불면증에서 스트레스 체계 활성화[특히 시상하부-뇌하수체-부신(HPA) 축 활성]를 나타내는 몇 가지 증거가 있는데, 스트레스 호르몬인 코르티솔과 부신피질 자극 호르몬(ACTH; Vgontzas et al., 2001)의 혈중 농도 수치 상승이 그러한 예이다.

물론 높은 각성은 부분적으로 수면조절장애의 부차적 결과 혹은 그에 따른 스트레스일 가능성을 대부분의 연구 관련 자료가 배제하지 않는다. 하지만 높은 각성은 불면증의 결과라기보다 원인임을 Bonnet와 Arand(1995)가 실험 자료에서 제시했다. 추가적으로, 정상수면군(NS)은 주간 졸림 수준이 다양하게 나타난다. 그것은 수면박탈과 같은 상황에 크게 영향을 받지 않으며, 심장의 교감-부교감신경 균형 수치와 관련되어 있다. 이 소견은 수면경향의 기반이 생리적 각성 수준과 연결되어 있음을 제시한다(Bonnet & Arand, 2005). 결국 다수의 연구

---

7 평균 수면대기시간 검사(MSLT)는 다양한 낮잠의 기회를 통해 수면유도의 평균시간을 측정하는 특정 수면다원검사이다.

8 불면증을 가진 사람들은 수면유도 대기시간을 과대평가하고, 총 수면시간을 과소평가하며 심지어 잠들고 난 직후 짧은 각성에도 깨어 있다고 보고한다. 이 현상을 '수면상태 오해'라고 지칭한다.

들에서 불면증이 없는 개인의 수면도 역시 실험을 위한 스트레스 요인에 대응하여 보다 쉽게 방해받는다는 것을 확인했다. 그 영향은 상당 부분 상대적으로 과도한 심리 반응성에 의한 것으로 파악된다(교감신경계의 활성화를 포함; Bonnet & Arand, 2003; Drake, Jefferson, Roehrs, & Roth, 2006; Drake, Richardson, Roehrs, Scofield, & Roth, 2004). Drake와 동료들(2006)은 개인의 차이를 '스트레스 관련 수면장애 취약성'[9]이라고 부른다. 이러한 취약성 측정에 높은 점수를 보이는 사람이 일차적 불면증으로 진행되는 가장 큰 위험을 가지고 있다고 가정했다.

요약하면, 경험적인 연구 결과는 생리적 과다각성의 지속적이고 다각적인 상태가 불면증으로 연결된다는 것으로 모아진다. 이는 경향과 같은 특성을 나타내고 질환의 핵심 성향을 구성할 수 있다. 그러나 객관적 수면부족이 불면증의 주관적 불평을 항상 동반하지는 않는다는 사실은 "생리적 각성만으로는 설명이 불충분하다."는 것을 제시한다(Espie, 2002, p. 223). 실제로, 이 책 대부분의 정신질환에서 검토한 것과 같이, 불면증의 경우 유전 또는 다른 선행 요인들이 일종의 일방적 및 결정론적 형태로 질환을 이끄는 것이 아니라, 오히려 기저 취약성이 환경 조건 또는 특정 경험과 조화롭게 작용해야만 질환이 생겨난다.

스트레스 요인과 스트레스 : 촉발 요인   불면증은 규명되는 스트레스 요인의 존재와 일반적으로 같이 발생한다(APA, 2000; Healey et al., 1981; Morin, 1993). 초기 연구에서, 불면증군(PWI)은 불면증이 발생한 연도에서 바람직하지 않은 스트레스 생활 사건이 다른 연도보다 혹은 정상수면군(NS)보다 더 많이 일어났다고 보고했다(Healey et al., 1981). 최근 Bastien, Vallieres 및 Morin(2004)은 불면증 치료를 찾은 8~10여 명의 개인들에게서 가족, 건강, 직장 또는 학교 행사를 포함하여 발병과 관련된 (대다수의 부정적인 감정이 동반된) 특정 촉발 사건을 확인하였다. 대규모 코호트(통계 요인이 동일한 집단) 연구에서, Vahtera와 동료(2007)는 부정적인 생애 사건이 차후 결과로서의 빈약한 수면과 크게 관련이 있다고 보고했다. 스트레스 요인(stressor)은 환경 기반을 둔 사건과 상황(예 : 관계 또는 직업의 상실)을 나타내는 반면, 스트레스(stress)는 사건 자체를 둘러싸고 있는 사건에 대한 경험과 그에 대한 주관적인 평가 및 생리적 반응을 포함하는 광범위하고 다차원적 현상이다―생리적 반응은 인간 '스트레스 체계'의 중요한 두 구성요소의 자극이다[시상하부-뇌하수체-부신(HPA) 축과 교감신경계](Vgontzas et al., 1998). 자료는 엄격히 상관성이 있지만, 생리학적 그리고 자가 보고식 스트레스 측정은 객관적인 수면장애와 주관적인 불평 정도에 각각 영향을 받는다(Hall et al., 2000; Vgontzas et al., 1998). 또한 스트레스는 야경증(sleep terrors)과 수면보행(sleep walking)

---

9 최근의 한 연구는 수면 관련 반응성에 상당한 유전뿐 아니라 환경적 기여도를 보였다.

같은 NREM 삽화(Ohayon, Guilleminault, & Priest, 1999) 그리고 악몽의 빈도를 증가시킨다(Schredl, 2003). 추가하여, 외상 사건의 노출,[10] 극단적인 심리 스트레스는 불면증상과 악몽을 포함한 수면문제를 일으키되 일반적으로는 급성으로 나타나며 경우에 따라서는 장기적으로 이어진다(Hefez, Metz, & Lavie, 1987 ; Noll, Trickett, Susman, & Putnam, 2006).

잠재적인 원인 경로를 보면, HPA축 자극과 관련된 스트레스 호르몬 상승은 수면을 망가뜨리며(Van Reeth et al., 2000), 여러 연구들은 감지된 스트레스를 수면 중에 더 높은 신경각성과 관련짓는다(즉, 뇌파에서 감소된 델타 EEG와 증가된 베타 EEG 활동; Hall et al., 2000, 2007). 스트레스는 또한 침습적 정신활동(예 : 반추, 걱정, 문제해결)이나 정서적 각성(예 : 분노, 불안, 불쾌감)을 조장하여 수면을 방해할 수 있다. 어떤 경우, 스트레스 관련 수면장애의 정도는, 이론적으로 스트레스 자극에 대한 개인의 반응뿐만 아니라 스트레스의 빈도 및 규모에 달려 있을 것이다. Vahtera 등(2007)의 관찰은 이 상호작용의 일부를 지지하였다. 6개월 이내에 심각한 생애 사건에 대한 노출은 일반적으로 수면문제의 위험을 높이며, 불안각성에 예민함을 보이는 개인에게서 위험 비율이 더 높아진다. 비록 추가 조사를 통해 스트레스가 수면에 영향을 미칠 수 있는 정확한 기전뿐만 아니라 개인차와 관련된 특성을 규명할 필요가 있지만, 여전히 스트레스 요인에 노출되어 형성된 높은 스트레스 반응 현상이 어떻게 급성 불면증의 삽화로 나타나는지 설명하기에는 갈 길이 멀다. 그럼에도 Spielman의 3-P 모형의 한 조각은 아직 행방불명이다. 일시적 또는 급성 수면장애가 만성 불면증으로 진행하기 위해서는 질환을 유지 또는 강화시키는 지속 요인이 임상 상황에 들어가야만 한다는 점에 대부분 동의하며, 그 요인 대부분은 인지 또는 행동 특성과 관련되어 있다.

행동 요인 행동은 특히 만성 일차 불면증, 다양한 형태의 수면장애에 중요한 역할을 한다(Morin, 1993). 조건화된 자동 반응과 하루주기 조절을 포함한 수면의 생리학에 영향을 미침으로써 그것은 매우 중요하다. 교감/부교감 신경의 균형의 변화를 포함한 수면발생에 관련된 생리학적 과정은 고전적 조건화가 적용된다. 즉, "소리가 음식과 결합된 후 Pavlov의 개가 종소리에 타액을 분비하는 것처럼, 인간은 침실 환경에 존재하는 자극에 자동적으로 반응할 수 있다"(Hirshkowitz et al., 1997, p. 26). 수면장애의 조건화 역할은 Bootzin(1972)에 의해 소개된 자극통제 이론(Stimulus control theory)에서 처음으로 정교화되었다. 이 모형에 따르면, (침대 또는 침실뿐만 아니라 시간과 같은 물리적 대상이나 설정이 포함되는) 수면 관련 자극은 일반적으로 "습득된 변별된 통제를 가지며, 이로써 졸음과 수면발생과 관련된 유력한 단서가 된

---

10 DSM-5(APA, 2013)에서 외상 사건은 위협감, 무력감, 두려움, 공포를 느끼는 개인적 경험으로 명시한다.

다"(Morin, 1993, p. 56). 그러나 이러한 자극이 각성[11]과 함께 결합되어 반복될 때 이는 수면보다는 각성의 단서로 연결될 가능성이 있다(Bootzin, 1972). 충분히 졸리지 않을 때 잠을 청하는 것은 자주 잠을 깨게 하는 흔한 이유이며, 잘 시간에 가깝게 각성 활동(일이나 운동)을 하거나, 자주 또는 많이 낮잠을 자거나, 늦은 시간에 혹은 많은 양의 카페인을 섭취하는 것이 그러하다(Reite et al., 2009).

　자극이 수면보다 각성과 지속적으로 결합될 때마다 수면억제 조건화 과정이 발생할 수 있지만, 가장 위험한 것은 좌절이나 불안과 같은 두드러진 정서 각성과 잠 깨는 것이 연결되어 학습된 연상이 만들어질 때이다(Hirshkowitz et al., 1997).[12] 성공적이지 못하나, 몰두하고, 애를 쓰는 수면시도들, 즉 "잠이 빨리 오도록 하고, 잠의 자세를 찾으려고 엎치락뒤치락하고, 마치 잠든 것처럼 움직이지 않고 누워 있고, 잠이 안 와 다시 일어나는 것은 '포기'로 여겨 허용하지 않는 것"과 같은 시도는 부정적인 감정 각성을 선동하는 경향이 있다(Espie, Broomfield, MacMahon, Macphee, & Taylor, 2006, p. 235). 자극 제어 이론을 지지하는 경험 증거는 적으나(Espie, 2002), 수면을 망가뜨리는 연상에 대한 일관된 언급과 함께 Robertson, Broomfield, 그리고 Espie(2002)는 보고하길 전체적으로 적게 자는 것에 더하여, 불면증군(PWI)은 정상수면군(NS)에 비해 누워 잠들기 이전에 한동안 졸려오는 속도가 느리다고 하였다. 게다가 자극 통제 모형에 기초한 치료 요법은 불면증에 효과적이며 널리 이용되는 치료이기 때문에 임상 경험이 그 이론을 지지한다(Espie, 2002; Morin et al., 2006).

　부적응 수면 관련 행동들은 잠재적으로 수면장애의 발생에 관여하지만, 특히 질환의 지속 요인으로 가장 큰 손상을 끼칠 것이다. 왜냐하면 일시적 혹은 우연한 스트레스에 따른 급성 수면장애는 하루주기 및 항상성 과정에 미치는 조건화된 각성과 다른 나쁜 영향에 의해서 결국 심해지거나 길어질 수 있기 때문이다(APA, 2000; Morin, 1993; Reite et al., 2009). 일반적인 예를 들어, 잠이 드는 데 어려움을 가진 사람은 역효과를 낳은 보상 (혹은 '안전') 행동에 연루되어 있을 수 있다. 침대에서 의도적으로 시간을 연장하는 것과 같이(즉, 일찍 침대로 가거나 깨어난 후에 침대에 머물러 있는 등) 감지된 수면결핍을 보상하려는 시도를 한다. 그러나 이것은 시간이 지남에 따라 수면의 효율성을 감소시키는 경향이 있고(Espie et al., 2006) 사실상 조건화 과정을 강화할 수 있다(Harvey, 2002).

　행동은 또한 다른 수면장애들의 병인론과 연루된다. 비만은 종종 폐쇄성 수면무호흡증의 발달과 악화에 기여한다. (음식과 운동 습관 같은) 체중에 영향을 주는 생활 양식 행동은 질

---

11 수면환경에서의 각성은 장시간 동안 침대에 누워 깨어 있는 것부터 침대에서 TV 시청을 하는 것과 같이 보다 의도된 활동 등 다양하다.

12 이와 같이, 조건화된 각성은 환경 자극에 따른 행동에 적용될 수 있다.

환의 심각성과 과정에 중요한 영향을 미칠 수 있다(Guilleminault & Zupancic, 2009). 불규칙한 수면-각성 일과를 유지하는 것은 하루주기리듬에 방해를 줄 수 있으며, 몇몇 사례에서 (특히 '올빼미형 인간' 및 기타 선행 요인을 갖고 있는 개인들 속에서) 뒤처진 수면위상 증후군(delayed sleep phase syndrome) 혹은 다른 하루주기리듬 수면장애(circadian rhythm sleep disorder)의 발달을 이끈다(Reite et al., 2009). 추가로 DSM-IV(APA, 2000)는 수면일정의 변화는 야경증 삽화의 가능성을 증가시킬 수 있다고 보고한다. 마지막으로, ICSD-II에 나열된 수면장애 중 하나인 유년기 행동성 불면증은 부모의 연속적인 행동의 조건화로 인해 발생하는 것으로 간주된다(AASM, 2005). 한 가지 형태는, (일반적으로 6개월에서 3세 사이의) 어린아이들에게 나타나는 것으로 잠이 들 때 (젖병 같은) 대상이나 익숙한 사람 없이는 잠드는 데 어려움을 보이는 것이다(Reite et al., 2009). 또 다른 형태로, 2세 이상의 아이들에게 나타나는 잠 자러가는 것에 대한 극도의 반대와 저항이다. 이는 "일상적으로 취침 시간을 준수하는 수면지침의 부족"의 결과로 간주된다(Reite et al., 2009, p. 254).

좌상 분획 관점

불면증의 인지 모형   Morin(1993)에 의해 설명된 바와 같이 불면증 병인론의 인지 이론은 불면증에서 인지 각성의 병리 역할을 강조했다.

> 인지 각성은 부정적인 경험, 중립적인 경험, 심지어 긍정적인 경험도 될 수 있으며, 그것은 걱정, 경쟁심, 반추, 침습적 사고, 계획, 분석, 또는 흥분된 사고의 조절 어려움 등의 관점에서 표현될 수 있다. 이 모형에 따르면 그것이 유쾌하든 그렇지 않든 과도하게 활성화된 인지는 수면을 방해한다 (p. 51).

인지 각성은 정상수면군(NS)보다 불면증군(PWI) 속에서 더 높으며(Nicassio, Mendlowitz, Fussell, & Petras, 1985; Robertson et al., 2007), 한 연구에서는 인지 각성이 수면의 어려움에 가장 공통적인 요인으로 나타났다(넓은 의미에서 과부하된 신체 긴장; Lichstein & Rosenthal, 1980). 실제로, 다수의 연구들은 인지 각성이 생리 각성보다 불면증에 더 큰 역할을 수행하며(Nicassio et al., 1985; Robertson et al., 2007), 상호배타적이기보다는 실제로 함께 발생할 가능성이 있음을 제시했다(deValck, Cluydts, & Pirrera, 2004). 아마도 우리 모두가 한 번 또는 여러 번 침대에 누워서 자지 않고 생각하던 경험이 있었고 대부분이 평소보다 잠이 드는 데 오랜 시간이 걸렸다는 것을 발견했을 것이다. 물론 인지 각성이 다소 길게 깨어 있음의 부산물일 가능성은 있지만(Espie, 2002), 실험 연구는 정상수면군(NS) 속에도 인지 각성은 잠드는 데 큰 어려움이 되는 것으로 나타났다(deValck et al., 2004; Haynes, Adams, & Franzen, 1981).

불면증의 인지 모형은 불면증군(PWI)과 정상수면군(NS)이 수면 전 정신활동의 양만 아니라, 보다 광범위하고 중요하게 그들 인지의 초점과 내용에서도 다르지 않다고 여긴다(Harvey, 2002; Morin, 1993). 여기에서 인지는 주의력, 지각, 인지, 귀인, 기대, 생각, 신념 같은 그런 과정으로 둘러싸여 있다. 그러나 이러한 과정은 차례로 이어지는 일직선상의 형태라기보다는 원형 모양의 인과관계 순환에 연결되어 있고 따라서 어떤 부분에서도 임의적으로 시작점이 된다. 그렇지만 주의력의 역할부터 시작하는 것이 좋겠다. Espie 등(2006)은 Abraham Maslow(1943)의 욕구 이론에서와 같이 수면에 대한 욕구 또한 배고픔, 갈증 그리고 다른 생리적 욕구와 마찬가지로 우리의 가장 시급한 유기체 본능 욕구임을 말한다. 일차성 불면증을 가진 사람들 중 수면부족에 대한 인식은 잠에 대한 동기부여가 되기도 하지만 오히려 더욱더 수면부족이 될 가능성이 높다(Espie et al., 2006). 그 결과, 수면은 관심의 근원이 되고 각성의 초점이 된다. "개인들은 잠을 충분히 못 자게 되는 것과 하루 동안 잘 대처하고 잘 기능하지 못하는 것을 하나의 지표로 삼아 수면 관련 위협을 내부(즉, 신체 감각)와 외부(즉, 환경)로 점검할 것이다"(Harvey, 2002, p. 571). 이 수면 관련 자극과 위협의 선택적 주의력(또는 주의력 편향이라고 함)은 정서 중립(affect-neutral)이라기보다 불안 가중(anxiety-laden)에 가까운 경향이며, 이는 과다각성에 비유할 수 있다. 정상수면군(NS)이라면 감지도 못할 미미한 자극의 감지가 높아져 있고, 위협으로 해석하는 편향이 같이하여, 일차 불면증(PI)을 가진 개인들은 "결핍에 대한 지각 왜곡"을 갖게 된다. 수면손실 정도를 과대평가하고, 그에 따라 낮 시간이 손상되고 결과적으로 더욱 몰두하고 염려하게 된다(Harvey, 2002, pp. 873~874).

이러한 주의력과 지각 과정의 양상이 의식하는 인식 밖에 있다 해도, 그들은 Harvey(2000)가 "지나치게 부정적인 수준의 인지 활동"(p. 871)이라 부르는 불면증의 전형적인 의식적 사고 양상에 부합된다. 이 이론에 따르면, 불면증을 가진 사람들의 수면 전 사고(pre-sleep thoughts)는 수면 자체에 더 침습적이고 더 집중될 가능성의 경향이 있다. 예를 들어, 잠을 충분히 자지 못할 것에 대한 걱정과 그것이 자신의 건강과 낮 시간의 기능에 끼칠 영향 등에 대한 걱정이다(Harvey, 2002; Morin, 1993). 이 전제에 부합하여 잠드는 것에 대한 일반 수준의 걱정이든 특별한 수준의 걱정이든 양측 모두의 걱정은 정상수면군(NS)보다 불면증군(PWI)에서 더 보고되었다(Nicassio et al., 1985). 또한 수면 자체에 대한 부정적 또는 걱정스러운 생각은 다른 유형의 사고 내용보다 수면 억제(특히 보다 긴 수면유도 대기시간)에 더욱 강력하게 연결되어 나타날 것으로 보이는 사고 내용 유형이다(Wicklow & Espie, 2000). Haynes 등(1981)은 실험에서 주어진 인지 스트레스가 불면증군(PWI)에서는 수면유도 대기시간을 실질적으로 감소시킴을 확인했으며 반면 정상수면군(NS)에서는 증가시켰다. 이러한 역설의 결과를 해석하면서, 저자들은 가정하길 불면증군(PWI)의 경우, 인지 스트레스가 습관적인 "수면을 어렵게 하는 내부 원인 제공이나 수면 관련 생각, 반추하는 인지 활동"(p. 604)을 대신함으로써 실질적인 탈각성 기능을 제공한다고 제시했다. 후속 연구 역시 대안적인 인지 과업으로의 이행(예 : 이미지)이 아마도 걱정 또는 비참한 생각 내용으로 가득 찬 것과는 다른 방식으로 '인지 공간'을 점유함으로써 낮아진 침습적 정신활동과 짧아진 수면유도 대기시간에 관련되어 있음을 발견했다(Harvey & Payne, 2002, p. 273). 마지막으로, 침습적 수면 전 사고는 그 사람이 그 사고에 반응하는 방식에 따라 아마도 더 많이 지속되고 더 파괴적이거나 또는 더 적게 지속되고 덜 파괴적일 것이다. 강제적으로 생각을 멈추는 정신제어 양식인 사고 억제는 사실상 원하지 않은 사고의 빈도를 증가시킨다는 Wegner(1989)의 관찰과 일치되게, Harvey(2003)는 불면증군(PWI)과 정상수면군(NS) 양측에서 사고 억제가 수면유도 대기시간을 늘이고 수면의 질을 낮추는 것을 발견했다. 또 다른 연구에서는 적극적인 억제, 특히 억제의 자기 비난 양식은 불면증군(PWI) 사이에서 더 많았고 높은 불면증 심각성을 예측했다(Ree, Harvey, Blake, Tang, & Shawe-Taylor, 2005).

주로 Aaron Beck의 영향력 있는 이론(1976)에 기초한 현대 정신병리 인지 이론은 핵심 신념[보다 외부적, 습관적 생각의 기저에 있는 자신과 세계에 대한 뿌리 깊은, 내면적 도식(schema)]의 인과적 역할에 대해 설명한다. 잠에 대한 걱정과 같은 반복적인 사고 양식에 더하여, 신념 역시 불면증의 병인론에 연루되어 있으며, 특히 만성 형태로 나타난다. Morin(1993)은 주장하길 불면증군(PWI)은 "자신의 수면요구에 대한 비현실적 기대와 불면증의 부정적 결과에 대한 강한 신념을 붙잡고 있다."(p. 127)고 하며, 그들의 "인과적 귀인은 보다 더 외부적이고(즉, 불면증은 생화학적 불균형의 결과라고 믿는다) 불안정한(즉, 수면은 통제할 수 없고 예측 불가능한 것이라고 인식한다) 경향을 나타낸다"(p. 53). 이 이론에 따르면, 불면증의 개인들은 수면은 낮 시간의 기능을 충분히 하기 위해 알맞게 최상에 가까워야 하며, 수면 곤란의 시작은 수면통제력 부족이나 상실 때문이라고 해석하고, 활력이나 기분 및 실행의 변동(fluctuation)이 곧바로 수면을 방해할 것이라고 믿을 가능성이 높다(Harvey, 2002; Morin, 1993). 또한 빈약한 수면은 좌절된 욕구뿐만 아니라 성능 실패로 인식되어 자기 효능감을 떨어뜨리고 향후 결과의 부정적 기대에 기여한다(Espie et al., 2006). 비현실적인 또는 부정적인 기대와 잘못된 귀인, 인지 왜곡은 그것들이 다른 형태의 정신병리에서처럼 불면증에도 작용할 것으로 생각한다. 여기에는 극대화 및 재앙화("만약 내가 잠을 자지 못하면 신경쇠약에 걸릴 것이다."), 과일반화("나는 결코 다시는 잠을 잘 자지 못할 것이다."), 그리고 이분법적 사고("나의 수면은 끔찍했다.")가 포함된다. 이러한 '역기능적 인지'가 실행 불안, 학습된 무기력, 더한 걱정을(Morin, 1993) 이끌어내어 문제가 된다. 경험적으로, 이러한 수면에 관한 역기능적 신념과 태도의 정도는 불면증의 심각도와 연결되어 있다(Morin, Vallières, & Ivers, 2007).

우리가 설명한 인지 과정은 각각의 별도 작용이라기보다는 Wells(2000)가 인지-집중력 증후군이라고 부르는 하나의 병적 악순환에 포함된다. 사건의 '하향식' 사슬 안에서 위협에 대한 선택적 주의력 그리고 결핍에 대한 인지 왜곡은 잠에 대한 부정적이며 걱정스러운 생각을 키우며, 이 모두는 역기능적인 수면 관련 신념을 증가 또는 강화시킨다(Harvey, 2002). 이러한 신념에 따른 걱정은 더불어 과다각성을 부추기고 수면 관련 사건의 확증적인 해석을 촉진시키는 '상향식' 차례가 동시에 발생한다. 대부분의 만성 불면증에서, 이러한 인지 과정은 이전에 논의된 생리학적 기전에 따라 불안 그리고 수면 전과 주간의 각성을 증가시킨다(Harvey, 2002). 그리하여 전체적인 절차는 점진적인 악화의 자기 강화 피드백 고리를 형성하며, 그 후 수면 관련 걱정 및 역기능적 신념이 만성 불면증 환자에게서 자기 충족적 예언으로 종종 나타난다.

인지-집중력 증후군뿐만 아니라, 의도 상태 역시 불면증에 관여된다. 의도의 역할은 Espie 등(2006)의 모형에서 강조되었는데, 여기에서는 주의력(attention)-의도(intention)-노력(effort) 경로(A-I-E)의 작동을 지적한다. 모형에 따르면, 주의력의 주요 목적은 다음 목표 지향 행동을 위한 준비에 많은 관련 정보를 수집하는 것이다. 즉 "우리는 주의력을 발휘하여 의도를 가질 수 있다"(p. 229). 이 과정은 일반적으로는 적응적이나, 수면 같은 보통의 자동적 생리 기능의 경우에서, 표면적인 의도는 역효과처럼 보인다. 임상 및 실험 증거의 많은 사례들은 특정 생리적 결과(예 : 말더듬, 얼굴 빨개짐, 성적 반응)를 피하려는 치밀한 자기 점검과 강한 의도는 일반적으로 그래야만 하는 결과의 도달을 감소시킨다는 점을 보여주었다. 이 자료로부터 추론하여 Espie 등(2006)은 표면적인 그리고 고양된 의도는 "정상 수면의 자동성을 억제한다."고 제안한다(p. 239).

수면의도와 밀접하게 연결되어 있는 A-I-E 경로의 마지막 구성요소는 수면노력이다. 의도는 '계획 모드'이며 노력은 '실행 모드'이다(Espie et al., 2006, p. 235). 둘 다 모두 [정상수면군(NS)은 하지 않는] 잠을 위한 '시도(trying)'에 해당한다. 저자는 주의력과 의도 요인이 중요하지만, "계속되는 불면증을 일으키는 영구적인 손상은 문제를 고치거나 통제하려는 강한 욕구가 커질 때 생긴다."(p. 235)고 추정하였다. 수면노력은 생각 관리와 이완 기법 같은 겉보기에는 일반적인 수면 전략을 포함하지만, 앞에서 설명했던 분명 부적응적인 '안전' 행동에 해당한다. 이러한 전략 중 일부는 경우에 따라 유용할 수도 있지만, 이러한 활동의 노력이 역효과적으로 표출되어 유익한 효과를 저해할 수 있다.

역효과적 수면행동 외에 의도와 노력이 수면을 방해하는 정확한 기전에 대해서는 아직 알려지지 않고 있다(Espie et al., 2006). 이렇듯 불확실하지만, 표면적인 의도의 부재 또는 제거는 확실히 수면을 촉진시킨다. ICSD-II(AASM, 2005)는 일차적 불면증을 가진 개인이 종종 특별히 잠을 자려는 의도가 없는 상황에서는 잠에 빠지는 데 어려움이 없다고 보고한다. Victor Frankl(1963)에 의해 개발된 역설적 의도가 담긴 수면요법 연구에서의 경험적 권고는, 수면 적용에 있어 개인은 잠을 자려고 시도하지 않고 오히려 수동적으로 깨어 있도록 지도받는다. 역설적 요법은 수면노력뿐만 아니라 실행 불안을 감소시킴으로 일부 불면증에서의 효과를 입증했다(Broomfield & Espie, 2003; Morin et al., 2006).

A, I, 그리고 E 과정은 전체 주기가 더욱더 확고해지고 영향력 있게 되어 불면증의 유지와 수면장애의 확대에 기여함으로써 서로 상호 간에 강화되는 것으로 나타난다(Espie et al., 2006). 나아가서 수면의도와 노력은 잠을 억제하는데, 빈약한 결과는 더욱더 주의력에 몰두하고 잠을 자려고 애를 쓰게 만들고 따라서 더욱 수면조절장애 결과로 이어진다. 사고 패턴과 신념 같은 인지 요인이 불면증의 임상 현상에 자주 두드러지긴 하지만, A-I-E 경로는 일차적 불면증의 사례 전반에 가장 꾸준히 균일하게 나타나는 병리 과정들을 구성하는 것으로 보이며, 스트레스 요인의 해소에 이어지는 불면증 과정에 이러한 경로의 여부가 강력한 영향을 끼친다. 즉, 수면이 염려하는 주의력과 표면적인 의도/노력의 초점이 되느냐의 여부에 따라 급성 불면증으로 끝날지 아니면 만성이 될지를 판가름한다(Espie et al., 2006).

심리역동, 성격, 정서 요인

불면증 불면증의 잠재적인 심리역동과 정서 토대의 탐험은 불면증으로 고통받는 사람의 성격 평가 자료의 수집과 함께 시작했다. Kales, Caldwell, Soldatos, Bixler, 그리고 Kales(1981)의 영향력 있는 연구는 불면증군(PWI)의 MMPI 검사에서 우울, 분노 억제, 불안과 반추, 건강의 몰두 척도의 상승을 관찰했다. 저자는 많은 사례의 성격 프로파일에서 상대적으로 동질적이고 일관된 결과를 주목했고, "투사, 행동화, 공격성과 같은 외현화 행동으로 처리하기보다는 감정의 내면화를 통해 갈등과 스트레스를 처리하는 강한 종합적인 양상"(p. 350)을 제시했다. 같은 맥락에서, Healey 등(1981)은 보고하길 불면증군(PWI)이 어려서 충족감을 덜 느끼고 더 많은 섭식과 수면문제를 경험하는데 이는 이러한 불만족이 행동의 어려움으로 표현되기보다는 건강 문제로 내면화되는 것이라고 하였다. 그리하여 이러한 성격과 심리사회 연관 자료에서 '내면화 가설'이 비롯되었다(van de Laar, Verbeek, Pevernagie, Aldenkamp, & Overeem, 2010). 이 가설에 의하면 각성 시의 부정 감정(특히 분노)은 표현되거나 방출되기보다 억압되고 나중에 수면 전 시점에서만 나타나 결과적으로 만성적으로 상승된 감정 각성과 생리 각성으로 이어져 불면증을 야기한다는 것이다(Kales et al., 1983). 이 역동은 다음과 같은 다른 깊이로 서술할 수 있다.

낮 시간에 불면증 환자는 전형적으로 갈등을 억제하고 부정하고 억압한다. 그러나 외부 자극과 산만함이 적어지는 밤에는 방어가 느슨해지고 주의력이 내부로 집중된다. 분노, 공격적 사고와 슬픔이 의식으로 뚫고 나오고 불면증 환자는 그러한 부정적 감정의 출현에 맞서 씨름하면서 불면은 악화되는 것이다(Kales et al., 1983, p. 28).

Kales 등(1983)의 실험에서 관찰된 성격 요인은 이후에도 계속 반복 연구되었고(Kalogjera-Sackellares, & Cartwright, 1997), '부정적' 정동(예 : 불안, 기분 저조, 화)의 정도가 수면 전의 신체 긴장과 수면장애와 관련 있다는 모형과 일치하는 것이다(Waters et al., 1993). 그러나 내면화 가설을 직접적으로 입증하는 자료는 거의 없다(van de Laar et al., 2010).

불면증과 연관이 있다고 알려진 다른 성격 특성은 완벽주의, 신경증(neuroticism)[13] 그리고 불안이 포함된다(van de Laar et al., 2010). 이러한 연관성의 본질과 범위에 대해서는 논쟁의 여지가 있으나 이러한 경향은 다양한 중계역할을 할 것이다. 예를 들면 완벽주의 경향을 가진 사람은 잠의 '실패'에 대해 자아 비판적이 되기 쉬워서, 비생산적인 수면노력에 빠져들 수 있다(Espie et al., 2006; van de Laar et al., 2010; Vincent & Walker, 2000). 좀 더 일반적으로, 완벽주의와 신경증과 불안은 모두 생리, 인지, 감정적 각성 상태에 기여할 수 있다. 따라서 인과관계는 차치하고 어떤 성격 특성은 불면증을 유발하는 경향이 있는 것이다(van de Laar et al., 2010). 그러나 불면증군(PWI)과 정상수면군(NS)의 성격 차이가 실은 불면이 생겼다는 결과 상태일 수 있으며, 불면과 동반하는 다른 정신병리(예 : 우울증)는 이러한 자료를 해석하는 데 혼란을 줄 수 있다(van de Laar et al., 2010; Vincent & Walker, 2000).

Waters 등(1993)의 연구에서 부정적 정서는 수면 전 정신활동과 함께 신체 긴장과도 연관이 있으며 이로 인해 감정 각성이 인지 각성의 원인 또는 결과가 (혹은 둘 모두) 될 수 있다. "과도한 부정적 인지 활동"에서[Harvey, 2002, p. 871, 강조(고딕)는 추가한 것임] 보듯 불면증의 원인에서 정서와 인지 요소가 상호작용을 하는 것은 분명하다. Morin(1993)이 제시한 "인지의 정서적 가치(affective valence) …는 불면증을 매개하는 주요한 중재자이다"(p. 53). 다른 말로, 감정 톤 그리고 특정 생각에 따른 고통의 양은 수면방해에 크게 영향을 줄 수 있다. 예상대로, 수면 전 인지 활동의 정서적 톤은 정상수면군(NS)에 비해 불면증군(PWI)에서 더욱 부정적으로 나타났다(Kuisk, Bertelson, & Walsh, 1989). 선행 요인으로서 인지적 각성이 같이 작용을 하겠지만, 감정적 각성 또한 사건과 심리학적 반응 사슬에서 중요한 연결고리가 되어 일차적 불면증을 지속시킨다. 언급했듯이, 잠들지 못하거나 자주 깨는 것은 좌절을 그리고 수면에 대

13 MMPI에서 신경증은 부정적 감정 상태를 경험하는 경향이 지속되는 것을 의미한다.

한 추가적인 불안을 일으키며, 이는 수면을 위한 역효과적인 노력을 충동질한다(APA, 2000; Espie et al., 2006; Hirshkowitz et al., 1997).

악몽 알려진 바와 같이 악몽의 원인에 대한 심리역동 가설은 정립되어 있다. 꿈에 대한 욕구 충족 이론에 따라 프로이트(1920/1961)는 처음으로 제시하길 악몽은 처벌에 대한 초자아의 욕구를 반영한다고 하였다. 하지만 후에는 이 시각에서 벗어났으며 포괄적이며 영향력 있는 설명을 하지는 않았다(Hartmann, 1984). 그럼에도 불구하고, 악몽의 최종 설명은 꿈은 깨어 있는 동안의 불안과 감정적 갈등을 "확실히 다른 언어-시각적 이미지의 언어"로 재현한다는 프로이트의 기본적인 전제에 머물러 있다(Yalom, 2002, p. 226). 악몽에 대한 서로 다른 심리역동 이론이 각기 다른 정서 및 대인관계 역동(공격적 충동에 대한 죄책감과 처벌 공포를 포함)을 강조함에도 불구하고 "악몽은 가장 깊은 불안의 일부분을 포함한다."(Hartmann, 1984, p. 47)는 핵심 전제를 공유한다. 이러한 의미에서, 어린 시절과 어린아이의 악몽에 종종 나타나는 공포(예 : 유기 공포 혹은 신체적 위해나 파괴 공포)가 성인 악몽에서 다시 나타나는 것으로 보이며, 설령 그것이 위장되어 나타난다 해도 말이다(예 : 괴물 대신 군인에게 협박을 받는 것; Hartmann, 1984). 어떻게 보면 이러한 꿈의 내용은 지나간 발달 시기의 억압된 잔재라기보다는 실존주의자들이 묘사한 궁극의 관심과 연관된 보편적인 인간 불안의 반영에 가깝다고 볼 수 있다(예 : 죽음, 외로움, 공허에 대한 두려움; Yalom, 1980). 특히 죽음 불안은 악몽의 중심에 자주 등장한다(Yalom, 1980).

반복적으로 악몽을 경험하는 사람들이 광범위한 고통으로 힘들 수 있다 하더라도 악몽 자체는 이상하거나 본질적으로 병리적인 것은 아니다(APA, 2000; Spoormaker et al., 2006). 불면증과 함께, 연구자들은 만성 악몽과 연관된 성격 양상을 발견하려고 노력했다. Hartmann(1984)은 일생 동안 잦은 악몽이 있는 사람군은 MMPI의 '정신증' 척도[편집증, 불안강박(psychasthenia), 조현병을 포함][14]의 상승을 보이는 반면, 만성 불면증군은 '신경증' 척도(히스테리, 우울, 건강 염려)의 현저한 상승을 보이지 않는다는 점을 발견하였다. Hartmann(1984)은 또한 심리 검사 결과와 임상 면담에서의 다른 관찰을 서술하였으며, 만성 악몽이 있는 사람에게 흔한 성격 특성은 개방성, 방어성의 결여, 감정 예민성과 취약성, 예술가적 경향이라고 하였다. 악몽과 조현병 사이의 연관성과 함께,[15] 그는 이러한 결과를 통해 만성 악몽이 있는 사람은 '유약한 혹은 불선명한 경계'(대표적으로는 꿈/깸, 자아, 대인관계 경계)를(p.

---

14 다면적 인성 검사에서 불안강박 척도는 강박성향 그리고 과도한 공포 및 의심을 효과적으로 자극하는 특정 행동이나 생각의 불가피성을 측정한다.
15 Hartmann은 악몽이 조현병 환자에서 흔하고 정신증 삽화의 발병 시점에 자주 관찰되는 점의 증거를 인용하였다.

104) 갖고 있다고 여기게 되었다. 다른 말로, Hartmann에 따르면, 이러한 사람들은 꿈을 매우 생생하고 실제인 것처럼 묘사한다. 그들은 '원본능(id)' 내용을 쉽게 의식에 허용한다(전형적으로 지나치게 견고한 자아 경계를 보이는 신경증적 불안을 겪는 사람과는 대조된다). 그리고 타인을 극단적으로 믿고 방어를 쉽게 풀어버린다. 결과적으로, 이러한 사람들이 유년기에서 외상을 더 경험하거나 혹은 분노, 적대감, 불안을 더 느낀 것은 아니라고 해도 "일반적인 공포와 분노가 더 '뚫고 나와' 어느 누구보다도 더 선명하고 무섭게 되었다"(Hartmann, 1984, p. 105). Hartmann은 정신분석 이론을 유지하여 부모의 초기 양육을 포함시키긴 했지만, 더 큰 가설을 세우길 이러한 애매한 경계가 아동기 초기에 발달하여 아직 잘 모르는 환경 영향과 함께 생물학적 선행 요인이 된다고 하였다.

악몽과 성격의 연관성에 대한 경험적 결과들은 아직 결론 내리지 못했다. 그럼에도 의미 있는 자료들은 악몽의 빈도가 불안이나 우울 같은 일반적 정신병리와 상관관계를 보이고, Hartmann(1984)의 자료와는 상반되지만 신경증 성격 특성과 긴밀한 관련이 있음을 보여주고 있다. 악몽 고통, 즉 악몽이 낮 시간 기능에 미치는 영향 측정치는 또한 신경증과 연관 있으며 악몽 빈도보다 정신병리와 더 관련이 있다(Kothe & Pietrowsky, 2001). 여러 성향(trait) 변수를 포함하는 연구에서 Schredl(2003)은 악몽의 빈도가 경계의 유약함과 진정 관련이 있더라도 신경증과의 상관성이 실제 더 크다는 것을 발견했다. 더 나아가 반복된 연구에서 Schredl은 현재 스트레스 정도는 악몽 빈도의 강한 예측 인자임을 확인하였고, 종합적으로 성향 변수보다 스트레스 정도가 더 많은 차이를 설명해냄을 보았다. 저자는 지적하길 이러한 소견은

> 성향 요인의 효과는 상태 요인에 의해 매개된다는 가설을 뒷받침하는 것이다. 즉, 신경증 점수가 높은 사람(성향 요인)이 스트레스를 더 자주 경험하고 그 스트레스(상태 요인)가 악몽 빈도를 증가시키는 것이다. 다른 한편, 현재 스트레스의 강한 영향은 꿈의 일반적 연속성 가설, 즉 악몽은 각성 시의 부정적 경험을 반영한다는 가설을 뒷받침한다(p. 246).

우하 분획 관점

수면장애와 관련 있는 주요 역학 변수

연령과 성별 역학 연구에 의하면 불면증 증상(특히 입면의 어려움)은 일관되게 여성에서 더 많은 것으로 알려져 있으며, 낮 시간에 미치는 영향과 주관적인 수면 불만족이 포함된다(Ohayon, 2002; Lichstein et al., 2004). 이 성별 차이를 설명하는 요소로는 여성에서 우울과 불안이 더 많은 것, 월경이나 폐경 등의 호르몬 변화에 의한 과정으로서의 수면장애, 그리고 전통적으로 여성의 삶에서 더 흔한 다양한 심리적인 사건과 과도기(예 : '빈집증후군', 노인부양)

가 포함된다(Soares, 2005).

불면(특히 수면유지형)은 또한 노인에게서 더 흔하다(Ohayon, 2002). 최근의 방법론적으로 앞선 대규모 조사에 의하면(Lichstein et al., 2004), 불면은 젊은 사람보다 고령자에서 더 자주 그리고 더 심하게 나타난다고 한다. 같은 연구의 '정상' 표본에서(불면이 있는 사람 제외), 나이가 올라갈수록 깨어나는 횟수(NWAK)나 깨어나는 시간(WASO)에 부정적인 변화가 주관적 수면의 질 평가(SQR)가 좋은 중에도 나타난다고 보고되었다. 더 나아가 총 수면시간(TST)은 중년기에 가장 낮고 이후 연령대에서 점차 증가한다(60대, 70대, 80대). 이 결과는 나이가 들수록 수면이 점차 나빠지는 것이 (최소한 주관적인 경험으로) 정상이라는 일반적 신념에 반하는 것이다. 수면의 어려움이나 질환 위험이 증가하는 것은 연령과 연관된 수면저하 자체보다는 생리학적 수면방해(예 : 수면무호흡)와 노인 질환의 부작용일 수 있다(Ohayon, 2002). 임상적 결론으로, 수면증상 호소는 젊은 사람과 고령자 모두에서 동등한 무게로 다루어져야 한다(Reite et al., 2009).

인종/민족성 수면장애에서 인종과 민족의 차이에 대한 연구는 주로 흑인 또는 아프리카계 미국인과 백인의 비교이다. Lichstein 등(2004)의 연구에서는 불면의 심각도는 전자의 그룹에서 더 크지만 불면의 비율은 거의 동일하였다. 2010년 미국인구조사(NSF, 2010)에서는 백인과 미국 흑인이 비슷한 비율(약 20%)로 의사에게 수면 관련 진단을 받은 것으로 보고되었다.

반면에 같은 조사에서 미국 흑인은 백인보다 확실히 짧은 평균 수면시간을 보였으며 (사망률 증가와 관련이 있다고 토론되었던) 6시간 이하의 수면을 더 많이 보고하였으며 이러한 결과는 다른 대규모 조사에서도 보고되었다(Hale & Do, 2007). 결과가 완전히 일관되지는 않으나 다수의 자기 보고 조사와 가정용 수면다원검사 연구에서 아프리카계 미국인이 더 높은 수면유도 대기시간을 보이고 더 낮은 수면시간, 연속성/효율, 서파수면 양이 관찰되고 있다(Hall et al., 2009, Lichstein et al., 2004, Mezick et al., 2008). 2010년 NFS 인구조사에서 아시아계 미국인이 다른 인종과 민족 그룹에 비해 더 나은 잠을 자는 것으로 보고되고 수면장애 진단 비율이 반 정도라 보고하지만[16] 다른 인종/민족 그룹 간의 수면에 대한 자료는 믿을 만한 결론을 이끌어내기에는 아직 불충분하다. 히스패닉계 미국인은 백인과 비교해 동일한 진단 비율을 갖으나 더 안 좋은 수면으로 보고된다.

사회경제수준(SES)과 인종/민족성의 수면차이에 대한 영향 역학 연구에서 연령과 성별, 민족을 고려한 후의 수면(불면의 증상과 수면의 질)과 사회경제수준(교육과 수입으로 측정)은 연관

---

16 아시아계 미국인의 낮은 진단율은 일정 부분 의사와 수면문제를 상의하거나 질문받을 때 낮은 빈도로 답하는 것에서 기인한다.

성이 있는 것으로 보고되고 있다(Gellis et al., 2005; Mezick et al., 2008). 그러나 주목할 것은 수면과 사회경제수준과의 연관성은 일반적으로 보통 정도이고 어느 경우에는 일관되지 않으며 이는 이러한 구성들과 상호관계의 복잡성을 의미하는 것이기도 하다(Ohayon, 2002). 그럼에도 몇 가지 요소는 수면에 대한 사회경제수준의 가능한 원인적 영향을 설명할 것으로 제안되고 있다. 수면의 질과 사회경제수준의 연관성을 연결하는 데 재정 압박, 부정적 정서, 환경 상태(예 : 소음과 방 온도)의 역할을 설명하는 몇몇 예비 연구가 있다(Hall et al., 2009; Mezick et al., 2008). 재정 압박의 증가와 낮은 사회경제수준에서 동반되는 다른 스트레스는 인지(예 : 걱정), 정서(예 : 불안, 우울), 생리(예 : 신체 긴장) 경로를 거쳐 수면을 방해할 수 있다(Hall et al., 2009). 소음이나 열기 같은 부정적 환경 상태는 자율신경계 각성을 유발시켜 수면을 방해할 수 있다(Espie, 2002).

인종/민족과 연관된 사회경제수준의 전반적 차이가 아프리카계 미국인과 백인과의 수면의 차이를 설명할 수도 있을 것이다(Mezick et al., 2008). 한 연구에서는 사회경제수준과 도심지역 거주가 인종/민족과 위험성이 큰 수면시간과의 연관성을 약화시키는 것으로 밝혀졌다(Hale & Do, 2007). 더 나아가 사회경제수준과 일치하고 건강 차이와 연관되어 최근의 NSF 인구조사(2010)에서 흑인과 히스패닉계 미국인은 관계성 염려는 그렇게 영향을 준다고 하진 않았지만 백인과 아시아계보다 두 배나 많이 개인적 재정 염려, 취직 염려, 그리고 건강 관련 염려가 수면을 방해한다고 보고하였다. 반면 사회경제수준과는 무관한 여러 가지 수면측정에 인종/민족이 영향을 미친다고 보고되기도 한다. 결과의 한계점과 비일관성을 고려하면 인종과 사회경제수준의 수면차원에 대한 고유한 영향은 현재로서는 확실치 않다.

그 외 수면에 대한 제도 그리고 사회 영향 미국의 평균 수면시간은 최근 6.7시간으로 추정되고,[17] 점차로 줄어가고 있으며 반면에 수면문제의 발생률은 증가되고 있는 것으로 보인다(NSF, 2009, p. 45). 물론 이러한 경향에 대한 무수히 많은 이유들이 있겠으나 몇몇의 제도 및 사회 요소가 연관되어 있을 수 있다. 특히 국가, 세계의 경제 불안과 연관된 고용과 재정 안정성 감소는 심리 스트레스를 통해 수면장애를 유발할 수 있다(논의한 대로, 불면증을 유발할 수 있다). 2009년의 미국수면조사에서 응답자의 25% 이상이 재정 문제, 고용, 또는 다른 경제적인 걱정으로 인해 수면을 잃었다고 대답했다(NSF, 2009, p. 17). 더 나아가 일반적인 시간에 맞춰야 하는 업무 관련 요구사항은 불충분 수면증후군[18] 그리고 주간 과다졸림과 확실한 연관

---

17 전문가들이 측정한 7시간에서 9시간의 충분한 수면이라는 것은 개인에 따라 다르다.
18 정식 진단명은 아니지만 불충분 수면증후군은 개인이 사회적, 직업적 의무로 인해 지나치게 수면을 제한하고 이로 인해 낮 시간 졸음을 유발하는 경우를 지칭하는 임상 용어이다. 불면의 진단은 적절하게 잘 기회가 있음에도 어려움이 있어야 한다.

이 있다. 최근 수년간 6시간보다 짧은 수면을 보고하는 사람들이 상당히 증가하고 있으며(약 13~20%, NSF, 2009, p. 8), 약 25%는 그들의 업무 일정이 충분한 잠을 잘 수 없게 한다(NSF, 2010, p. 23). 불면의 발생 및 유지와 연관되는 특정 직업 스트레스에는 상사 또는 다른 사람과의 갈등, 부담스럽게 느껴지는 업무량, 결정에 대한 낮은 영향력 등을 포함한다(Bastien et al., 2004, Jansson & Linton, 2006). Shochat(2012)은 지적하길 들쑥날쑥하고 압박하며 불규칙한 업무 스케줄은 수면의 질과 노동자 건강 지표들에 해를 주는데도 불구하고 세계경제에서 점차 흔해지고 있다고 하였다(Martens, Nijhuis, Van Boxtel, & Knottrerus, 1999).

　결과적으로, 수면장애는 정보통신기기(ICT)와 오락 매체가 눈에 더 잘 띄고 쉽게 접할 수 있는 첨단의, '24시간-7일' 쉼 없이 돌아가는 사회에서 빠르게 퍼져나간다. 이러한 기기의 사용은 수면에 사용되어야 할 시간을 빼돌릴 수 있는 것이다. 게다가 그러한 기기는 정신적 각성을 유발하는 경향이 있는데, 특히 그러한 사용이 상호적일 때이며, 수면 전 그러한 기기의 인공 빛에 노출되는 것은 하루주기리듬을 늦추고 멜라토닌의 분비를 억제하여 결국 수면을 방해할 수 있다(Shochat, 2012). 결국 기기의 과도한 이용에 따라 앉아 있는 시간이 많아지면 비만이 발생하고 수면무호흡과 그 연관된 질환의 위험성이 성인 혹은 어린이에게서 증가된다(Shochat, 2012). 이러한 경향과 우려가 인지되면서 최근 수년간 기기 이용의 수면 관련 효과에 대한 연구에 관심이 높아져가고 있다. 최근 미국수면조사(NSF, 2011)에서 응답자 중 대다수가 수면 전에 TV 시청, 비디오 게임, 휴대전화 사용, 컴퓨터나 노트북 사용 같은 다양한 기기를 이용한다고 답했다. 어린이와 청소년 중 전자기기(예 : 텔레비전, 비디오 게임)에 더 많이 노출되는 것이 늦은 취침과 짧은 수면시간과 관련 있다고 일관되게 보고되고 있다. 성인의 연관성 연구는 아직 초기이나 여러 나라에서 정보통신기기/매체의 과도한 이용과 좋지 않은 수면습관(Brunborg et al., 2011), 자가 보고되는 불충분한 수면과 짧은 수면시간(Suganuma et al., 2007), 수면장애 특정 증상들과(Thomée, Eklöf, Gustafsson, Nilsson, & Hagberg, 2007) 연관이 있다고 보고한다. 많은 다른 연관성도 연구되었으며 통계학적 의미는 없었으나 결과의 임상 의미는 더 두고 보아야 할 것이다. 그럼에도 정보통신기기/매체 사용은 점차로 수면과 관련된 보건 관심 영역으로 여기고 있다.

좌하 분획 관점

심리사회 요소와 수면　앞서 언급했듯이 불면증의 시작은 심리사회 스트레스와 연관이 있으며 특히 대인관계의 상실과 갈등이 그러하다(Bastien et al., 2004, Healey et al., 1981). 사회 기능과 연관된 어떤 요소도 잠재적으로 포함시켜야 하지만 수면 관련 영향은 가족에서 시작된다. 가족 체계 모형과 일치하여 부모 요인(예 : 어머니의 우울증, 아버지의 부재)과 부모와 자녀의 상호작용 요인(예 : 일반적 친밀/갈등 그리고 행동 실행)이 어린이의 수면문제와 관련 있다(Bell & Belsky, 2008; Reite et al., 2009). 더 나아가 원가족의 영향은 청소년기와 청년기까지 확장된다. 한 연구에서 가족과 학업 스트레스의 조합이 대학생에게 높은 불면증 비율을 예측할 수 있으며 이러한 영향은 또래 관련 스트레스에서는 관찰되지 않았다고 하였다(Bernert, Merrill, Braithwaite, Van Orden, & Joiner, 2007). 또한 몇 가지 변인 통제 후 아동기 가족 갈등이 18세 불면증의 예측 인자로 알려졌다. 가족 갈등은 각성과 걱정의 경향을 유발하거나 좋지 않은 수면위생을 유발하여 수면장애 경향의 지속을 가져온다는 가설을 세울 수 있다(Gregory, Caspi, Moffitt, & Poulton, 2006). 보다 직접적인 촉발 요인으로서, 환자들이 불면증 발생과 연관 있다고 보고하는 가족 사건으로는 이별/이혼, 결혼 문제, 가족 구성원의 질병 혹은 사망, 출산이 있다(Bastien et al., 2004). 짐작컨대 이들이 수면에 주는 파괴적 영향은 주관적 스트레스 정도, 연관된 생리/인지/감정 각성으로 매개될 수 있다. 중요한 것은 수면에 대한 사회 영향은 병리적 의미만을 갖지는 않는다는 것이다. 예를 들면 사회 지지는 불면장애와 기면증과 같은 수면장애의 발생을 막거나 질환을 완화시킨다(Alaia, 1992; Jansson & Linton, 2006).

문화 요소와 수면   상호주관 태도와 신념은 수면에 병리 혹은 보호 영향 모두를 제공할 수 있다. 시간이 점차 귀한 것으로 되고 생산성이 중요한 가치인 바쁜 삶의 사회문화 맥락에서 필요 이상의 지나친 잠은 감당할 수 없고 사치스러운 것으로 여긴다(죽어서야 잠잘 수 있을 것이라는 사고방식). 같은 맥락에서 부적절하거나 좋지 못한 잠은 어쩔 수 없거나 사소한 문제로 여기고 당연히 전문적 도움을 받을 만한 것이 아니라고 본다. 예를 들면 2009년 NSF 조사에서 주간 졸림에 대한 가장 흔한 대응 방식이라고 보고된 것은 "받아들이고 계속해라."였다(p. 23). 어느 사회 집단에서는 적은 수면에도 기능을 다하는 것이 부지런하고 굽히지 않는 용기로 여겨져 긍정적으로 보고 있다(Turek, 2005). 이러한 가치와 태도의 조합은 "졸림이 만연한 문화"를 뒷받침하고 이는 서양 사회 환경에서 두드러지지만 군대, 사업 분야와 의료수련과정에서 특히 강조되고 있다. 반대로 미국수면조사의 자료에서(NSF, 2010) 부적절한 잠은 반드시 사회, 직업, 건강의 결과를 가져온다는 광범위한 신념이 증명되었는데 이것은 수면문제의 도움을 찾게 되는 것과 동시에 좋은 수면위생을 만들려는 중요한 동기가 되기도 하는 것이다. 어떤 면에서 일반화가 유용하긴 하나, 수면에 대한 태도 그리고 수면장애에 담긴 의미는 문화에 따라 다양하다는 것을 반드시 유념해야 한다(APA, 2000; NSF, 2010). 그런데 현재로서는 적절한 자료가 지극히 제한적이다.

불면증의 병인론 요약

우리는 불면증의 원인에 대한 몇 가지 선행 요인에 대해 살펴보았는데 특히 스트레스를 받았을 때 더 많은 생리, 인지, 감정의 각성을 유발하는 경향성을 포함하는 것이다. 연관되어 있으나 일정 부분은 다른 해석이 Waters 등(1993)에 의해 제시되는데 불면증군(PWI)과 정상수면군(NS)은 정동, 스트레스 반응, 또는 주의력 각성의 자기 보고 단순 측정에서는 다르지 않으나 이러한 요소들은 불면증군에서 수면 요인과 더 강한 관련성을 갖고 있으며 그것은 "감정, 스트레스 또는 새로운 자극의 붕괴에 버티지 못하는 수면-각성 체계를 갖고 있을 수 있다."(p. 134)는 주장을 하게 해주는 것이다. 정확한 본성이 무엇이든 불면증 취약성에 관련된 현상 요소는 개인의 경험과 환경 영향, 그리고 유전 요소와 생물학 요소들의 상호작용에서 기인하는 것이다. 또한 불면의 위험 요소 차이는 나이, 성별, 인종/민족, 그리고 사회 계층 같은 인구통계 특성과 연관이 있다. 부분적으로는 생물학 차이에서 기인한 것일지라도 위험도의 증가는 건강, 재정, 심리사회, 환경 스트레스의 불균형적 노출의 문제일 수 있다. 논의된 대로 급성 불면증의 실질적 시작[19]은 전형적으로 그러한 스트레스 요인에 따라 유발되며, 물론 "선행 요인이 없을 때엔 … 사건의 심각도와 영향이 더 커야 할 것이다"(Espie, 2002. p. 219).

결국 어떤 경우에는 원래의 촉발 상태가 사라진 뒤에도 불면이 지속되고 만성화가 된다.[20] 달리 말해, "불면은 그 근원으로부터 독립적이 되고 기능적으로는 자율성을 갖게 된다"(Morin, 1993, p. 47). 이러한 효과로 지속 요인은 언제나 만성 불면의 발생과 유지에 연관이 있다(Espie, 2002; Morin, 1993). 이러한 것은 계속되는 원인으로 스트레스가 수면장애를 유발하는 경우가 될 수 있으며 한 연구에서는 역기능적 수면 관련 인지가 수면과 스트레스의 많은 연관성을 매개한다고 보고된다(Brand, Gerber, Puhse, & Holsboer-Trachsler, 2010). 불면증의 병인론과 연관되는 지속 요인으로는 의도 상승['의도 과다(hyperintention)'], 다양한 인지 내용과 과정(예 : 선택적 주의력과 암시적 각성, 수면 관련 걱정, 다른 침습적 사고, 역기능적 신념), 연상 학습(조건화), 역효과 행동을 포함한다. 각각이나 조합으로 이러한 요소들은 더 많은 생리, 인지, 감정 각성을 조장하여 정상적이고 자동적인 수면과정을 파괴한다(조건화된 수면반응, 수면 전 탈각성 과정, 상대적으로 수월한 행동 방식; Espie, 2002). 불면에 대한 통합 모형에서(Espie, 2002; Harvey, 2002; Morin, 1993) 다양한 동기, 인지 그리고 행동 요소의 기여도에 대한 강조에는 차이가 있으나 이러한 과정은 상호강화를 통하여 그것의 강도와 영향을

---

19 확인된 스트레스로 인한 단기간의 일시적 불면증은 ISCD-II에서 적응 불면증(adjustment insomnia)이라고 한다.
20 이 경우는 ISCD-II에서 정신생리(psychophysiologic) 불면증이라고 한다.

좌상 분획 : 내부-개인	우상 분획 : 외부-개인
• 위협 관련 자극에 대한 선택적 주의력 • 인지 각성(즉, 걱정) • 역기능적 수면 관련 신념 • 의도 과다 • 감정 각성 • 예기/수행 불안	• 유전 선행 요인 • 생리 각성 및 스트레스 체계 반응성(신체, 신경, 내분비)의 증가 • 조건화된 각성 • 보상 행동 • 의학 및 기타 심리 질환들
좌하 분획 : 내부-집단	우하 분획 : 외부-집단
• 상실과 갈등 등의 심리사회 스트레스 요인 • 문화 태도 및 감각(예 : 불가피하거나 혹은 권장되는 수면박탈, 호화로운 충분한 수면) • 과량의 카페인과 같은 졸림을 해결하는 일반 문화 처방	• 스트레스 인자/스트레스 사건의 촉발 및 악화 역할 • 낮은 사회경제수준 정황에 따라 스트레스 요인에의 불균형 노출(예 : 경제적) 그리고 수면방해 환경 상태(예 : 열, 소음) • 직장에서의 시간 및 시간외근무 요구 • 정보통신기기/매체의 저녁 시간 이용 일상화

그림 11.1　불면증의 원인론에 대한 사분획 요약

증가시키고 있다는 점이 강조된다(그림 11.1을 보라). 임상적으로 말한다면 의도 과다와 연관된 역효과 행동에서 기인한 악순환은 부정적인 수면결과를 이끌어내고 결국 더 수면을 억제하는 과다각성과 추가의 의도/노력을 가져오게 되는 것이다(APA, 2000). 수면손실에 대한 자각과 경험은 수면에 대한 역기능적 신념을 강화시키고 각성과 걱정을 조장하여 인지-주의력 증후군을 가져오게 된다(Harvey, 2002). 그리하여 불면이 어떻게 진행성 경과를 거치고 심각도와 만성화가 확대되는지 명확해진다. 결국 심리생물, 심리사회 과정이 불면의 주된 즉각적 원인을 차지하지만, 우리는 또한 몇 가지 사회문화, 제도 규범, 그리고 불면과 수면부족의 집단적 취약성 동향을 아우르는 전체 윤곽을 잡을 수도 있다. 이러한 맥락 요소의 역할에 대해 입증할 수 있는 더 많은 연구가 필요하다.

　이러한 과정의 누적된 작용이 시간이 흐르면서 매우 실제적이고 파괴적인 수면부족을 가져올 수 있다는 것이 매우 중요하다. 그러나 대개 건강과 기능에 대한 수면손실의 심각한 결과는 만성 장애와 질환에서 비롯된 누적 효과이다. 항상성 기전은 대개 더 급성이며 일시적인 수면장애를 보상한다. 그리하여 완전히 근거가 없거나 비논리적이지는 않으나 불면증군(PWI)의 수면 관련 염려는 어느 정도 왜곡되어 있고 궁극적으로 부적응적인 경향을 보인다. 내부 원인 귀인 속성(예 : 수행 실패, 심각한 기저 질환)과 함께 수면장애의 매일의 결과를 과장하여 감지하는 것은 관련된 고통을 증폭시키고 수면을 억제하는 각성을 강화한다(Harvey, 2002).

불면증과 동반이환 상태

수면장애와 다른 정신병리 증상과 질환의 동반이환은 많이 보고되어 있다(Ford & Kamerow, 1989; Lichstein et al., 2004; NSF, 2009; van Mill, Hoogendijk, Vogelzangs, van Dyck, & Penninx, 2010). DSM-5(APA, 2013)에 의하면 불면증에 동반된 다른 정신질환이 40~50%에 달한다고 한다. 연구 결과와 임상 관찰에 의하면 양방향의 관련성이 있다. 불면을 겪고 있는 것은 대체로 주요우울증과 불안장애의 발병 위험을 증가시키며(Ford & Kamerow, 1989), 반대로 불안정한 수면은 이러한 질환들의 흔한 특징이다(Ohayon & Roth, 2003; Reite et al., 2009). 또한 수면장애는 PTSD의 (이차 증상보다) 주요 증상으로 생각되고 있다(Spoonmaker & Montgomery, 2008). 우울증에서는 우울증 아형에 따라 서로 다른 수면문제들이 연관된다. 아침에 너무 일찍 깨는 것은 멜랑콜리아 아형 우울의 특징이며 과다수면은 비전형적 양상 우울에 해당한다(APA, 2013). 불면과 기분과 불안이 동시에 자주 발생하지만 불면은 기분장애에서는 발병에 선행하고 불안장애에서는 발병 후에 나타나는 편이다.

　병인론에서는 우울이나 불안 동반여부와 상관없이 특정 원인 과정이 불면증에 흔히 있는 것으로 보인다. 이런 과정은 불면과 다른 정신건강 상태 사이의 많은 관계를 설명해준다. 예를 들면 스트레스와 문제 있는 수면 관련 인지의 수위를 조절해주면 우울과 불면은 관련이 약해진다(Brand et al., 2010). 또한 스트레스 체계 과활성은 불면과 우울에서 선행 요인과 지속 요인으로 작용한다(Stepanski & Rybarczyk, 2006). 또한 우울이나 불안을 동반하거나 안 하는 경우 모두에서 불면은 비슷한 과정이 작동하여 나타날 수 있지만 정도는 다르다. 예를 들면 대부분 일차적 불면의 경우에 해당되는데 불안은 수면에 대한 예기 불안의 형태로 나타나며(즉, 잠자는 것을 '실패'할 것과 그 결과에 대한 불안), 불안을 동반한 불면에서 더 일반적이며 더 영향력이 있다. 이런 전제로, 한 연구는 "(범불안장애를) 동반한 불면이 있는 대상자는 불면증만 있는 것보다 더 큰 수면 전 인지 각성을 보고하였으며, 결국 정상적인 수면의 사람보다 더 큰 인지 각성을 보고하였다"(Behanger, Morin, Gendron, & Blais, 2005, p. 19). 일차적 불면과 동반질환 불면의 원인에는 확실한 차이가 있는데 예를 들면 가족력에 대한 예비 연구에서 유전의 영향은 후자보다 전자에서 많다고 보고된다(Dauvilliers et al., 2005b).

불면 : 사례 연구

19세 도미니카 출신 미국인 대학생인 루이스는 노스웨스트의 명문 사립대학교에서 첫 학기의 2개월을 맞이했다. 루이스는 몇 개월간 잠들기 어려움을 경험했고 최근 몇 주 동안은 불면이 악화되었다고 보고했다. 그는 가끔 잠들기까지 약 45분을 깨어서 누워 있기도 했다. 그는 한밤

중에 깨어나는 경우는 드물었으나 그의 잠은 '쉬지 못하고' 많이 '뒤척이는' 느낌이었으며 자주 아침에 피곤한 상태로 깨어나곤 했다. 그는 1주에 4~5일은 잠들기 어려웠고 개운하지 않은 잠을 경험하였다. 그는 자주 낮 시간에 졸렸으며 그 결과 가끔은 학업을 제대로 하지 못했다. 그는 종종 침대에 누워 하루 활동에 충분한 에너지가 없다고 걱정하면서 "나는 하루 종일 피곤하고 100%의 상태가 아니어서 어떻게 하면 모든 것을 다 끝낼 수 있는지 모르겠다."고 말하였다. 그는 이러한 생각 때문에 자주 모자란 잠을 '보충하려' 일찍 잠자리에 들고 주말에도 잠을 자려 노력했다. 그는 고교시절에는 수면에 어려움이 없었으나 더 어려서는 가끔 잠을 못 자기도 했다.

루이스의 가족은 뉴욕 대도시권의 저소득층 지역에 살고 있으며 그의 부모는 그가 태어나기 몇 년 전 미국으로 이민을 왔다. 도미니카에서 그의 어머니는 교사였으며 아버지는 엔지니어가 되기 위한 교육 중이었다. 미국 이민 후에 그의 아버지는 건축 일을 하였고 어머니는 지역 중학교에서 보조교사 일을 했다. 그에게는 1명의 형과 2명의 여동생이 있다. 그는 가족 중에 최초로 대학에 가려 했고 그래서 고교 1년 때부터 의욕이 많았다. 그의 부모는 이를 격려하고 지지했지만 건축 일을 하던 그의 형은 "너는 왜 대학생 거지가 되려고 하니? 여기 있으면 내가 돈 벌 수 있는 일자리를 마련해줄게."라고 했다. 그는 부분성적장학금을 받았지만 나머지 학비를 위해 부모는 꽤 많은 대출을 받았다. 그는 비용에 대해 걱정했지만 그의 부모는 "우리가 여기 온 이유가 그것이야."라면서 그가 대학에 가기를 고집했다고 한다. 2주 전 공교육 감축으로 인해 그의 어머니가 해고되었다고 한다. 그의 부모는 그의 형이 최근에 상당한 돈을 벌었고 가족의 재산으로 어느 정도 도울 수 있어 그의 대학 학비를 아직 지불할 수 있다고 반복해서 그를 안심시켰다고 한다.

루이스는 열심히 해서 고등학교에서는 올 A를 받았지만 대학은 "빅 리그에 나아가는 것처럼" 더 어려웠다고 말하였다. 그는 시작은 좋았으나 학기 중간에는 낮은 B학점 정도로 조금 떨어졌다고 한다. 피로감으로 원하는 만큼의 공부가 어려웠으나, 그는 시험공부를 했고 "더 열심히 해야 했다."고 말하였다. 루이스는 전공을 정하지 못했으며, 최근에는 "한번 정해보려고" 직접 상담실에 방문하였다. 그는 몇몇 친구를 사귀었지만 여러 수업에서 "히스패닉 짜식"으로 불리는 느낌을 받았다. 그는 라틴계 학생조직의 모임에 몇 번 참석했고 "그들 중 몇몇은 나보다 라틴계 현안에 더 치중했다."고 여겼지만 "좋은 사람을 만나기도 했다." 그는 학자금 대출상환의 일환으로 시간제 일을 해야 해서 많은 만남이나 다른 자리에 참석할 시간이 없었다. 한번은 루이스가 "나는 신경 쓰는 게 너무 많다."고 말했다.

수면장애의 치료 : 개요

수면장애의 치료는 생리와 심리 범위를 모두 포함한다. 치료 적응증과 선택은 다양한 요소에 달려 있는데 이는 수면의 불편함과 진단 유형, 추정 원인, 환자의 선호도, 치료 환경의 유형 등을 포함한다(Reite et al., 2009).

불면증의 치료

심리 그리고 행동치료   불면증의 인지행동치료(CBTI)는 대규모의 경험적 지지가 축적되었으며(Morin et al., 2006; Morin et al., 2009) 만성 불면의 일차 치료로 인정받고 있다.[21] 개인이나 집단 형태로 전형적으로 4~7회기를 진행하는 CBTI는 약물치료와 견줄 만한 급성 증상 완화를 보이고 있다. 그러나 치료 중지 후에는 효과 유지가 되지 않는 것으로 보인다(Morin et al., 2009; 국립보건원, 2005). 더 많은 근거들이 CBTI는 청년과 중년 성인과 마찬가지로 노인에게도 효과가 있으며(Sivertsen et al., 2006; Irwin, Cole, & Nicassio, 2006), 일차적인 그리고 동반질환으로서의 불면 모두에게 효과가 있는 결과를 보이고 있다(Edinger et al., 2009).

CBTI에서 인지 작업은 수면에 대한 오해를 바로잡고 더 적응 가능한 신념을 강화시켜서 주기성 수면방해를 정상화시키고, 그 결과에 대한 현실적인 자각을 얻게 하며 감지되는 조절을 증가시키려고 한다(Morin, 1993; Morin et al., 2009). 이러한 인지 재건의 주요 목표는 수면 관련 불안과 이와 관련된 각성을 줄여 이전에 서술한 악순환을 깨버리는 것이다(Morin, 1993). CBTI는 또한 몇 가지 행동 기법을 돕는다. 자극 조절과 수면제한은 두 가지 모두 효과적인데(Morin et al., 2006), 조건화 과정과 수면습관('수면위생'이라고도 한다)을 목표로 하는 기법이다. 전자의 목표는 "수면과 전형적으로 일어나는 자극 조건의 연관성을 재구성 또는 강화시키는 것이다"(Morin, 1993, p. 115). 그래서 대상자는 더 규칙적인 수면시간표를 유지하도록 권장되고, 낮 시간에 수면은 피하며, 침대와 침실은 수면과 성행위만을 위해 사용하고, 졸리지 않다면 잠을 청하는 거나 침대에 누워 있는 것을 피하도록 한다(10~20분이 지나면 침대에서 나오고 졸릴 때만 돌아온다, Morin, 1993; Morin et al., 2009; Reite et al., 2009). 수면제한은 침대에서의 총 시간을 줄이는(예 : 초기 시간은 5시간으로) 흔한 방법으로서 수면의 질과 효능을 높이기 위한 것이다. 수면제한을 같이 한 항상성 수면압박은 전형적으로 수면분절을 줄이고, 수면효율성을 향상시키며, 수면시간은 점차 확장된다(Spielman, Saskin, & Thorpy, 1987). 이 기법은 대부분 사람에게 도움이 되지만 치료 초기에 주간 졸림이 증가해 치료 지속과 성공

---

21 구조화된 치료 과정의 서술에 대해서는 Morin(1993)을 보라.

에 어려움이 있을 수 있다(Morin, 1993; Spielman et al., 1987). CBTI는 대개 수면위생을 개선하기 위한 심리 교육을 포함한다. 환자들은 최상의 수면환경을 만드는 법을 배우고(예 : 조명, 열, 소음을 줄이는 것) 생활 방식의 수정으로서 카페인이나 담배를 줄이고, 규칙적인 운동을 하고, 잠자리 시간에 가깝게는 일이나 각성 활동을 피하는 것도 배우게 된다(Morin & Benca, 2009; Reite et al., 2009).

치료 효과는 알려져 있으나 치료 선택으로서의 CBTI의 가용성은 종종 제한적이다. 그래서 앞에서 언급한 인지, 행동, 심리 교육 기법은 종종 공식적인 CBTI 프로그램 외에서 활용되며 일차 의료를 포함한 다양한 치료 환경과 통합될 수 있다(Edinger & Sampson, 2003). 이완 기반 요법도 불면의 치료에 활용된다. Morin과 Benca(2009)는 "어떤 방법(예 : 점진적인 근육 이완)은 신체적 각성(예 : 근긴장)을 줄이는 데 초점을 맞추는 반면, 주의력집중 방식(예 : 상상훈련, 명상)은 걱정, 침습적 사고, 치닫는 마음(racing mind)과 같은 다양한 형태의 정신 각성을 치료할 대상으로 정한다"(p. 366). 마음챙김 기반 스트레스 감소법(MBSR)은 만성 불면의 치료에 적용되고 있으며 현재까지의 결과가 일견 일정하지 않으나(Winbush, Gross, & Kreitzer, 2007), 최근 무작위 임상 시험(RCT)에서 불면증 증상과 전체적인 수면의 질에 MBSR의 확고한 효과가 보고되었다(Gross et al., 2011). 특정 스트레스 원인이 있는 급성 불면증에서 임상적 관심은 수면위생을 개선시키거나 탈각성 전략을 교육하고, 수면제한과 같은 더욱 정형화된 행동 전략을 쓰는 등 수면 관련 증상을 직접 다루는 것도 유용하지만 적응을 용이하게 하고 관련된 염려를 해결하는 것에 초점이 맞추어진다(Reite et al., 2009).

약물치료

비벤조디아제핀계와 벤조디아제핀계 수면제 대부분의 경우에 불면에 대한 약물치료는 비벤조디아제핀계 수면제(흔히 'Z-약물'이라 부른다, Wilson et al., 2010)를 수반한다. 그 예는 Zaleplon(소나타), Zolpidem 'Z-약물', Eszopiclone(루네스타)이다. 비벤조디아제핀계(NBDZ) 수면제의 단기 효과는 잘 인정되고 있으며, CBTI와는 다르지만 약물을 중지하면 대개 효과는 유지되지 않는다(Jacobs, Pace-Schott, Stickgold, & Otto, 2004). 장기간 사용의 효과에 대한 근거는 제한적이나 몇몇 연구에서 6~12개월 수면제 치료의 안정성과 효능에 대해 긍정적 결과가 보고되었다(Krystal, Erman, Zammit, Soubrane, & Roth, 2008; Roehrs, Randall, Harris, Mann, & Roth, 2012). 연구들에서 이 수면제는 반사 효과(rebound effects) 혹은 금단 증상이 거의 없어 적어도 일차적 치료로 벤조디아제핀계 수면제보다 선호된다(Reite et al., 2009). 벤조디아제핀계 약물은 진정, 수면, 항불안, 항경련 효과를 갖고 있다(Reite et al., 2009). 불면치료에 허용된 더 새로운 세대의 벤조디아제핀계 약물에는 Triazolam(할시온), Temazepam(레스

토릴), Estazolam(프로솜)이 포함된다. 그 약물들은 대개 급성에서 수면을 유도하고 유지하는 데 효과적이지만 사용 시에 수면의 구조를 변형시켜(예 : 서파수면 감소) 높은 의존 성향, 내성과 연관된 반사 불면, 부정적인 금단 효과 등의 심각한 단점도 있다(Morin & Benca, 2009). 결과적으로, 벤조디아제핀계 약물은 급성 불면증에서 불안장애를 동반할 때 가장 적절하다(Reite et al., 2009).

이 두 계열의 수면제의 흔한 부작용은 (진정작용이 남고 인지와 정신운동 불능이 동반되는) '숙취(hangover)'와 "약 복용 이후에 일어난 일을 잊어버리는 전향성 기억상실"이 있다(Morin & Benca, 2009, p. 372). 여러 수면제들은 흡수 속도와 반감기 등의 약리학 특징이 서로 달라서 불면증 양상(수면유도와 유지) 그리고 다음 날의 남아 있는 진정작용이 견딜 만한가에 따라 더 알맞기도 하고 그렇지 않기도 하다(Reite et al., 2009). 이러한 부작용에 대한 고려가 노인의 치료에서 더욱 중요한데 그것은 정신운동 불능은 넘어짐의 위험을 증가시키기 때문이고 그리하여 노인에게는 짧은 반감기의 수면제가 더 선호된다. 일반적으로 수면제 관련 부작용의 위험은 치료 기간에 따라 증가한다. 즉, '필요시'(매일 저녁이 아닌) 간헐적인 사용이 필요한 치료적 효과를 내고 위험은 줄이게 된다(Krystal et al., 2008). 그럼에도 수면제와 연관된 위험 때문에 CBTI 혹은 비약물치료가 강력히 고려돼야 하며 적절한 경우에는 약물이 주어져야 하나 최소 기간, 최소 용량을 결정하는 데 노력을 기울여야 한다(Reite et al., 2009).

인지행동치료의 장기적 이점과 약물의 실용성 그리고 단기 활용성을 인정하여, 최근 연구의 초점은 약물치료와 인지행동치료의 상대적인 효과성과 최적의 조합이다. Morin 등(2009)의 요약에 의하면, "인지행동치료와 약물의 조합은 치료 초반, 한 가지 치료 방식보다 좀 더 이점이 있으나 장기 효과는 환자에 따라 다양하다"(p. 2006). 최근의 대규모 무작위 임상 시험(RCT)에 의하면(Morin et al., 2009) CBTI에 약물을 더한 치료는 CBTI 단독 치료보다 결과가 좋았으나 가장 좋은 장기적 결과는 CBT 유지와 같은 치료 연장 시기 이전에 약물을 중지할 때 나왔다. 불면증과 주요우울증이 모두 있는 대상에 대한 다른 연구에서 CBTI에 약물치료를 더했을 때 우울과 불면의 관해율이 항우울제만 사용한 경우보다 더 높았다(Manber et al., 2008).

그 외의 약물 진정작용이 있는 항우울제가 불면에 자주 처방['비공식(off-label)']된다. 특히 Trazodone은 효과에 대한 자료가 부족함에도(Reite et al., 2009), 불면에 가장 널리 처방되는 약 중 하나이다(Morin & Benca, 2009). 이러한 약물을 사용하는 이유는 수면제에 대한 장기적 효과와 부작용에 대한 고려와 우울과 같은 동반질환을 동시에 다루어보려는 욕구이다(Morin & Benca, 2009). 송과체에서 분비되어 하루주기리듬을 조절하는 기능을 하는 내인성 호르몬 멜라토닌의 외인성 투여는 일부 사람들에게 불면의 치료로 받아들여지고 있다. 특히 주의력결핍 과잉행동장애 아동과(ADHD; Bendz & Scates, 2010) 자폐스펙트럼장애 아동의(Guénolé et al., 2011) 만성, 특발성 수면유도 불면증의 치료에 멜라토닌의 효과와 안정성을 제시하는 많은 근거들이 있다. 또한 서방형 멜라토닌이 55세 이상의 환자군에서 수면유도 대기시간을 줄이고 수면의 질과 아침 각성을 호전시킨다고 알려져 있다(Luthringer, Muzet, Zisapel, & Staner, 2009; Wade et al., 2007). 멜라토닌이 수면제와 동일한 효능을 가질 수는 없으나 정신운동장애가 적기 때문에 이러한 환자군 치료 목록에 들어가는 유망한 약물이 되었다(Wilson et al., 2010).

술이나 일반 약품(OTC) 수면보조제를 통한 자가 치료가 흔하다(NSF, 2010; Ohayon, 2002). 일반 약품은 거의 다 diphenhydramine(베나딜) 또는 doxylamine succinate(유니솜)와 같은 항히스타민제를 포함하고 있다. 항히스타민제가 진정작용이 있으나 그 효과에 대한 내성이 빠르게 나타나 이러한 약물들은 짧은 기간에만 유용하다(Morin & Benca, 2009). 모든 경우가 조직적으로 연구된 것은 아니지만 길초근과 같은 허브 약은 어떤 사람들에서 수면을 촉진시키는데 특히 일시적이고 가벼운 경우에 그러하다(Reite et al., 2009).

기타 수면장애에 대한 치료

하루주기리듬 수면장애 하루주기 수면장애는 보통 멜라토닌 보충과 밝은 빛에 정기적인 노출, 그리고 수면–각성 주기 조절을 위한 행동 전략으로 치료된다(Reite et al., 2009). 연구 결과들이 일관적이지 않고 최적의 용량과 시기가 확실히 정립되지 않았으나, 멜라토닌이 하루주기 수면리듬을 변화시키는 데 효과적이라는 많은 근거가 제시되고 있다(Zee & Manthena, 2007). 뒤처진 수면위상장애의 치료를 위해(즉 수면위상을 앞당기기) 멜라토닌을 원하는 취침 시간 몇 시간 전인 저녁에 투여한다. 태양빛 형태 혹은 전등의 밝은 빛은 이상적으로는 최저 체온점 이후인 아침에 받게 해주고 저녁에는 줄여주어야 한다(Reite et al., 2009). 앞당겨진 수면위상과 교대근무 관련 수면문제가 있는 대상에게는 반대 방식을 적용한다.

기면증과 과다수면 기면증의 치료에 사용되는 약물은 modafinil, methylphenidate와 주간 졸림을 방지하는 다른 자극제와 REM 수면 증상과 탈력발작(cataplexy)을 위한 항우울제를 포함한다. 밤에 복용하는 중추신경계 억제제인 sodium oxybate(자이렘)는 효과적인 전반적(across-the-board) 치료가 될 수 있으나 복잡하고 남용의 가능성이 높다(Reite et al., 2009). 자극제들은 효과가 잘 정립되어 있지 않으나 특발성 과다수면과 연관된 주간 졸음의 치료에 쓰일 수 있다(Reite et al., 2009).

사건수면 사건수면(parasomnias) 치료의 효과에 대한 임상 대조 실험은 많지 않다(Harris &

Grunstein, 2009). 각성장애에 관하여, 일차 치료는 수면환경이 가급적 안전하게 보장되어야 하고 또한 알려진 자극(예 : 술과 다른 약물, 스트레스)의 노출을 최소화하도록 돕는 심리 교육과 행동 코칭, 그리고 적절한 총 수면시간을 위한 일정한 수면-각성 시간표를 유지하는 것이다(Winson et al., 2010). 더 심한 경우에는 약물치료를 필요로 하는데 보통 clonazepam 같은 벤조디아제핀계 약물, melatonin, 그리고 imipramine과 paroxetine 같은 항우울제로 이루어진다(Harris & Grunstein, 2009). Clonazepam, melatonin과 다른 약물은 악몽장애와 REM 수면 행동장애의 치료에 대한 시도가 될 수 있으며 반대로 악몽과 다른 증상은 SSRI, 항콜린제, 베타차단제에 의하여 악화될 수 있다(Reite et al., 2009; Wilson et al., 2010).

사건수면 치료에 적용되는 심리치료는 최면요법과 다양한 인지행동치료가 있다. 악몽과 야경증(sleep terrors)의 치료로 최면요법은 많은 경험적 뒷받침을 얻고 있는데 환자군 일부가 1회 또는 2회 치료 후 장기적 증상 감소를 보였다(Hauri, Silber, & Boeve, 2007). 외상과 연관된 악몽은 이미지 트레이닝 치료법(IRT)으로 성공적으로 치료되는데, 이는 인지행동 요법으로서 개인이 꿈을 새로운, 고통스럽지 않은 수준으로 구성해보고['재서술(rescripting)'이라 한다] 연상되는 이미지를 리허설해보는 것이다(Germain & Nielsen, 2003; Krakow & Zadra, 2006). 다양한 노출과 탈감작 기법 그리고 이완 훈련은 악몽 치료에 오랜 기간 사용되었으며(Miller & DiPilato, 1983), 이러한 기법들과 통합된 다중요소(multi-component) 인지행동치료는 외상 노출 성인의 만성 악몽 치료에 효과적이다(Davis et al., 2011).

호흡관련수면장애 폐쇄성 수면무호흡과 다른 호흡관련수면장애의 치료에는 행동치료, 의료기구, 수술이 포함된다. 행동 전략은 체중 감량(종종 무호흡의 빈도와 심각도를 감소시키는 데 꽤 효과가 있다; Guilleminault & Zupancic, 2009), 수면자세교정(예 : 옆으로 자는), 상태를 악화시킬 수 있는 흡연과 호흡 저하제(예 : 술과 진정제) 사용을 피하는 것이다(Reite et al., 2009). 의학적 치료는 보통 지속적기도양압(CPAP) 기구의 사용인데 이는 마스크를 통해 공기흐름을 전달하여 기도가 열려 있도록 해주는 머리맡의 작은 기구이다. 적정하게 맞추어지면 기준 CPAP 기구는 일정한 압을 유지한다. 그러나 새로운 이중레벨 기구(BIPAP)는 들숨과 날숨의 압력을 다르게 유지하고 공기흐름을 개인의 호흡에 맞추어 조정하는데 이는 날숨에서의 저항을 낮추어 더 편안하며 효과적 호흡 비율을 최소화한다(Guilleminault & Zupancic, 2009). CPAP 치료는 수면의 질과 연속성, 낮 시간의 각성을 향상시키는 데 효과적이다. 흔한 부작용은 코막힘이나 자극 또는 건조, 콧물, 그리고 피부 불편감이 있으나 대개 몇 개월이면 약화된다(Guilleminault & Zupancic, 2009). 그럼에도 많은 환자가 CPAP을 견디기 어려워하며 유지율은 약 50~80%로 알려져 있다. 그래서 후속 조치와 지원이 중요하다.

수술 접근에는 원래 방식인 기관(trachea)에 숨길을 여는 기관절개, 더 흔히 시행하는 목젖 부위 조직을 절제하는 구개수구개인두성형술(UPPP), 가장 포괄적인 것으로 턱의 위치를 바꾸는 양악전진술(MMA) 등이 있다. 수술은 더 심한 경우에 시행되며 더 위험하고 비용도 더 들며 효과가 보장되는 것도 아니다. 성공률은 다양하여 UPPP는 약 50%, MMA는 90% 정도이다. 편도선 수술은 소아 폐쇄성 수면무호흡에 종종 적용된다(Guilleminault & Zupancic, 2009).

결론

우리의 수면에 대한 이해는 계속 미지의 영역까지 확장되어가고 있으며 아직 많은 미스터리가 남아 있다. 예를 들면 불면에 대한 주관적 보고와 객관적 보고 사이의 때에 따른 꽤 많은 차이를 어떻게 설명할 것인가? 기면증과 과다수면, 사건수면의 정확한 원인은 무엇인가? 더 나아가 과학적, 임상적 지식의 발전에도 불구하고 수면장애의 대부분은 아직 진단이 확정되지 않고 치료되지 않고 있다(Colten & Altevogt, 2006). 또 다른 도전은 서로 다른 수면장애들은 자주 많은 증상의 중복을 보이고 수면문제의 평가와 감별 진단은 복잡한 일이라는 것이다. 그럼에도 수면장애는 수면유도와 유지, 우울과 다른 정신병리의 영향과 관련되어 있으며 수면증상 호소는 직접적 치료가 필요한지 여부를 항상 검토해야 한다(Reite et al., 2009).

우리가 묘사하고 싶은 것처럼, 수면장애 특히 불면증은 대개 유전, 생리, 인지, 행동, 정동, 심리사회 그리고 문화 영향을 포함하는 요소들의 다양성의 상호작용을 가져온다. 그래서 그것들의 원인의 이해는 통합 이론의 사분획 틀에 잘 맞는 통합 관점을 필요로 한다. 수면은 신체와 마음의 결합에 놓여 있는 것으로 보아 최소한 포괄적인 설명 모형은 사실상 정신생물학적이다(Espie, 2002). 그러나 수면은 또한 사회문화 태도와 관습에 영향을 받으며 점점 결정적인 집단 차원과 개인의 건강과 안녕의 영역으로 인정되고 있어서(Walsh, 2006), 공공의 건강 치료로서의 수면교육의 중요성이 주장되고 있다. 비슷하게, 통합 사분획이 개인 치료의 맥락에서도 분명히 필요하다. 예를 들면 폐쇄성 수면무호흡의 치료를 위한 의학기구는(우상 분획) 꽤 발전하였고 효과적이지만 치료 유지나 전반적 성공은 자기 효능감과 동기(좌상 분획), 사회 지지(좌하 분획; Olsen, Smith, & Oei, 2008) 등에 달려 있다고 보고되고 있다.

복습 질문

1. 수면의 유기체적 목적을 고려할 때 주된 이론은 무엇인가?
2. 불면에 적용되는 생리적 과다각성의 역할에 대해 논하라.
3. 불면에 적용되는 스트레스 요인 및 스트레스의 역할에 대해 논하라.
4. 만성 일차성 불면과 연관된 행동 조건화는 어떤 것인가?
5. 주의력-의도-노력(A-I-E) 경로 모형과 불면의 인지 관점을 설명하는 방식을 기술하라.
6. 불면에 관한 사회경제수준(SES)의 역할과 사회체계 요소를 기술하라.
7. 현대 미국 문화가 불면과 그 외 수면장애에 어떠한 영향을 주고 있는가?

참고문헌

Adam, K., Tomeny, M., & Oswald, I. (1986). Physiological and psychological differences between good and poor sleepers. *Journal of Psychiatric Research, 20*(4), 301–316.

Alaia, S. L. (1992). Life effects of Narcolepsy: Measures of negative impact, social support, and psychological well-being. *Loss, Grief & Care, 5*(3–4), 1–22.

Allen, R. P., Picchietti, D., Hening, W. A., Trenkwalder, C., Walters, A. S., & Montplaisir, J. (2003). Restless legs syndrome: diagnostic criteria, special considerations, and epidemiology: A report from the restless legs syndrome diagnosis and epidemiology workshop at the National Institutes of Health. *Sleep Medicine, 4*, 101–119.

American Academy of Sleep Medicine. (2005). *International classification of sleep disorders: diagnostic & coding manual* (2nd ed.). Westchester, IL: Author.

American Academy of Sleep Medicine. (2007). *The AASM manual for the scoring of sleep and associated events: Rules, terminology and technical specifications.* Westchester, IL: Author.

American Psychiatric Association. (2000). *Diagnostic and statistical manual of mental disorders* (4h ed., text revision). Washington, DC: Author.

American Psychiatric Association. (2013). *Diagnostic and statistical manual of mental disorders* (5th ed.). Arlington, VA: Author.

Ayas, N. T., White, D. P., Manson, J. E., Stampfer, M. J., Speizer, F. E., Malhotra, A., & Hu, F. B. (2003). A prospective study of sleep duration and coronary heart disease in women. *Archives of Internal Medicine, 163*, 205–209.

Bastien, C. H., & Morin, C. M. (2000). Familial incidence of insomnia. *Journal of Sleep Research, 9*, 49–54.

Bastien, C. H., Vallières, A., & Morin, C. M. (2004). Precipitating factors of insomnia. *Behavioral Sleep Medicine, 2*(1), 50–62.

Beck, A. T. (1976). *Cognitive therapy and the emotional disorders.* New York: International Universities Press.

Belanger, L., Morin, C. M., Gendron, L., & Blais, F. C. (2005). Presleep cognitive activity and thought control strategies in insomnia. *Journal of Cognitive Psychotherapy, 19*(1), 19–28.

Belenky, G., Wesensten, N. J., Thorne, D. R., Thomas, M. L., Sing, H. C., Redmond, D. P., & Russo, M. B. (2003). Patterns of performance degradation and restoration during sleep restriction and subsequent recovery: A sleep dose-response study. *Journal of Sleep Research, 12*, 1–12.

Bell, B. G., & Belsky, J. (2008). Parents, parenting, and children's sleep problems: Exploring reciprocal effects. *British Journal of Developmental Psychology, 26*, 579–593.

Bendz, L. M., & Scates, A. C. (2010). Melatonin treatment for insomnia in pediatric patients with Attention-Deficit/Hyperactivity Disorder. *The Annals of Pharmacotherapy, 44*(1), 185–191.

Bernert, R. A., Merrill, K. A., Braithwaite, S. R., Van Orden, K. A., & Joiner Jr., T. E. (2007). Family life stress and insomnia symptoms in a prospective evaluation of young adults. *Journal of Family Psychology, 21*(1), 58–66.

Bjorvatn, B., Grønli, J., & Pallesen, S. (2010). Prevalence of different parasomnias in the general population. *Sleep Medicine, 11*(10), 1031–1034.

Bonnet, M. H., & Arand, D. L. (1992). Caffeine use as a model of acute and chronic insomnia. *Sleep, 15*(6), 526–536.

Bonnet, M. H., & Arand, D. L. (1995). 24-hour metabolic rate in insomniacs and matched normal sleepers. *Sleep, 18*(7), 581–588.

Bonnet, M. H., & Arand, D. L. (2003). Situational insomnia: Consistency, predictors, and outcomes. *Sleep, 26*(8), 1029–1037.

Bonnet, M. H., & Arand, D. L. (2005). Performance and cardiovascular measures among normal adults with extreme MSLT scores and subjective sleepiness. *Sleep, 28*(6), 685–693.

Bootzin, R. (1972). A stimulus control treatment for insomnia. *Proceedings of the American Psychological Association*, 395–396.

Borkovec, T. D. (1981). Insomnia. *Journal of Consulting & Clinical Psychology, 50*(6), 880–895.

Bornemann, M. A. C., Mahowald, M. W., & Schenck, C. H. (2006). Parasomnias: Clinical features and forensic implications. *Chest, 130*(2), 605–610.

Brand, S., Gerber, M., Puhse, U., & Holsboer- Trachsler, E. (2010). Depression, hypomania, and dysfunctional sleep-related cognitions as mediators between stress and insomnia: The best advice is not always found on the pillow! *International Journal of Stress Management, 17*(2), 114–134.

Broomfield, N. M., & Espie, C. A. (2003). Initial insomnia and paradoxical intention: An experimental investigation of putative mechanisms using subjective and actigraphic measurement of sleep. *Behavioural and Cognitive Psychotherapy, 31*(3), 313–324.

Brunborg, G. S., Mentzoni, R. A., Molde, H., Myrseth, H., Skouverøe, K. J. M., Bjorvatn, B., & Pallesen, S. (2011). The relationship between media use in the bedroom, sleep habits and symptoms of insomnia. *Journal of Sleep Research, 20*(4), 569–575.

Carskadon, M. A., Dement, W. C., Mitler, M. M., Guilleminault, C., Zarcone, V. P., & Spiegel, R. (1976). Self-reports versus sleep laboratory findings in 122 drug-free subjects with complaints of chronic insomnia. *American Journal of Psychiatry, 133*, 1382–1388.

Chokroverty, S. (2009). An overview of normal sleep. In S. Chokroverty (Ed.), *Sleep disorders medicine: Basic science, technical considerations, and clinical aspects* (3rd ed., pp. 5–21). Philadelphia, PA: Saunders Elsevier.

Colten, H. R., & Altevogt, B. M. (Eds.). (2006). *Sleep disorders and sleep deprivation: An unmet public health problem.* Washington, DC: The National Academies Press.

Cortoos, A., Verstraeten, E., & Cluydts, R. (2006). Neurophysiological aspects of primary insomnia: Implications for its treatment. *Sleep Medicine Reviews, 10,* 255–266.

Crowley, S. J., Acebo, C., & Carskadon, M. A. (2007). Sleep, circadian rhythms, and delayed phase in adolescence. *Sleep Medicine, 8,* 602–612.

Dauvilliers, Y., Billiard, M., & Montplaisir, J. (2003). Clinical aspects and pathophysiology of narcolepsy. *Clinical Neurophysiology, 113,* 2000–2017.

Dauvilliers, Y., Maret, S., & Tafti, M. (2005a). Genetics of normal and pathological sleep in humans. *Sleep Medicine Reviews, 9,* 91–100.

Dauvilliers, Y., Morin, C., Cervena, K., Carlander, B., Touchon, J., Besset, A., & Billiard, M. (2005b). Family studies in insomnia. *Journal of Psychosomatic Research, 58,* 271–278.

Davis, J. L., Rhudy, J. L., Pruiksma, K. E., Byrd, P., Williams, A. E., McCabe, K. M., & Bartley, E. J. (2011). Physiological predictors of response to exposure, relaxation, and rescripting therapy for chronic nightmares in a randomized clinical trial. *Journal of Clinical Sleep Medicine, 7*(6), 622–631.

de Valck, E., Cluydts, R., & Pirrera, S. (2004). Effect of cognitive arousal on sleep latency, somatic and cortical arousal following partial sleep deprivation. *Journal of Sleep Research, 13,* 295–304.

Drake, C. L., Friedman, N. P., Wright Jr., K. P., & Roth, T. (2011). Sleep reactivity and insomnia: Genetic and environmental influences. *Sleep, 34*(9), 1179.

Drake, C. L., Jefferson, C., Roehrs, T., & Roth, T. (2006). Stress-related sleep disturbance and polysomnographic response to caffeine. *Sleep Medicine, 7*(7), 567–572.

Drake, C., Richardson, G., Roehrs, T., Scofield, H., & Roth, T. (2004). Vulnerability to stress-related sleep disturbance and hyperarousal. *Sleep, 27*(2), 285–292.

Edinger, J. D., Olsen, M. K., Stechuchak, K. M., Means, M. K., Lineberger, M. D., Kirby, A., & Carney, C. E. (2009). Cognitive behavioral therapy for patients with primary insomnia or insomnia associated predominantly with mixed psychiatric disorders: A randomized clinical trial. *Sleep, 32*(4), 499–510.

Edinger, J. D., & Sampson, W. S. (2003). A primary care "friendly" cognitive behavioral insomnia therapy. *Sleep, 26*(2), 177–182.

Espie, C. A. (2002). Insomnia: Conceptual issues in the development, persistence, and treatment of sleep disorder ini

adults. *Annual Review of Psychology, 53,* 215–243.

Espie, C. A., Broomfield, N. M., MacMahon, K. M., Macphee, L. M., & Taylor, C. M. (2006). The attention-intention-effort pathway in the development of psychophysiologic insomnia: A theoretical review. *Sleep Medicine Reviews, 10,* 215–245.

Ford, D. E., & Kamerow, D. B. (1989). Epidemiologic study of sleep disturbances and psychiatric disorders: An opportunity for prevention? *JAMA, 262,* 1479–1484.

Frankl, V. E. (1963). *Man's search for meaning: An introduction to Logotherapy.* (I. Lasch, Trans.). London: Hodder & Stoughton.

Franzen, P. L., & Buysse, D. J. (2009). Sleep in psychiatric disorders. In S. Chokroverty (Ed.), *Sleep disorders medicine: basic science, technical considerations, and clinical aspects* (3rd ed., pp. 538–549). Philadelphia, PA: Saunders Elsevier.

Freud, S. (1911). *The interpretation of dreams* (3rd ed.). (A. A. Brill, Trans.). Retrieved from http://www.psychwww.com/books/interp/toc .htm [Original work published 1900]

Freud, S. (1961). *Beyond the pleasure principle* (rev. ed.). (J. Strachey, Trans.). London: Hogarth Press and the Institute of Psychoanalysis. [Original work published 1920]

Gangswich, J. E., Heymsfield, S. B., Boden-Albala, B., Buijs, R. M., Kreier, F., Pickering, T. G., . . . Malaspina, D. (2007). Sleep duration as a risk factor for diabetes incidence in a large US sample. *Sleep, 30*(12), 1667–1673.

Gangswich, J. E., Malaspina, D., Boden-Albala, B., & Heymsfield, S. B. (2005). Inadequate sleep as a risk factor for obesity: Analyses of the NHANES I. *Sleep, 28*(10), 1289–1296.

Gellis, L. A., Lichstein, K. L., Scarinci, I. C., Durrence, H. H., Taylor, D. J., Bush, A. J., & Riedel, B. W. (2005). Socioeconomic status and insomnia. *Journal of Abnormal Psychology, 114*(1), 111–118.

Germain, A., & Nielsen, T. (2003). Impact of imagery rehearsal treatment on distressing dreams, psychological distress, and sleep parameters in nightmare patients. *Behavioral Sleep Medicine, 1*(3), 140–154.

Gregory, A. M., Caspi, A., Moffitt, J. E., & Poulton, R. (2006). Family conflict in childhood: A predictor of later insomnia. *Sleep, 29*(8), 1063–1067.

Gross, C. R., Kreitzer, M. J., Reilly-Spong, M., Wall, M., Winbush, N. Y., Patterson, R., . . . Cramer-Bornemann, M. (2011). Mindfulness-based stress reduction versus pharmacotherapy for chronic primary insomnia: A randomized controlled clinical trial. *Explore (NY), 7*(2), 76–87.

Guénolé, F., Godbout, R., Nicolas, A., Franco, P., Claustrat, B., & Baleyte, J. M. (2011). Melatonin for disordered sleep in individuals with Autism Spectrum Disorders: Systematic review and discussion. *Sleep Medicine Reviews, 15*(6), 379–

387.

Guilleminault, C., & Zupancic, M. (2009). Obstructive sleep apnea syndrome. In S. Chokroverty (Ed.), *Sleep disorders medicine: Basic science, technical considerations, and clinical aspects* (3rd ed., pp. 319–339). Philadelphia, PA: Saunders Elsevier.

Hale, L., & Do, D. P. (2007). Racial differences in self-reports of sleep duration in a populationbased study. *Sleep, 30*(9), 1096–1103.

Hall, M., Buysse, D. J., Nowell, P. D., Nofzinger, E. A., Houck, P., Reynolds III, C. F., & Kupfer, D. J. (2000). Symptoms of stress and depression as correlates of sleep in primary insomnia. *Psychosomatic Medicine, 62*(2), 227–230.

Hall, M., Thayer, J. F., Germain, A., Moul, D., Vasko, R., Puhl, M., . . . Buysse, D. J. (2007). Psychological stress is associated with heightened physiological arousal during NREM sleep in primary insomnia. *Behavioral Sleep Medicine, 5*(3), 178–193.

Hall, M. H., Matthews, K. A., Kravitz, H. M., Gold, E. B., Buysse, D. J., Bromberger, J. T., . . . Sowers, M. (2009). Race and financial strain are independent correlates of sleep in midlife women: The SWAN sleep study. *Sleep, 32*(1), 73–82.

Hamet, P., & Tremblay, J. (2006). Genetics of the sleep-wake cycle and its disorders. *Metabolism Clinical and Experimental, 55*(S2), S7–S12.

Harris, M., & Grunstein, R. R. (2009). Treatments for somnambulism in adults: Assessing the evidence. *Sleep Medicine Reviews, 13*(4), 295-297.

Hartmann, E. (1984). *The nightmare: The psychology and biology of terrifying dreams*. New York: Basic Books.

Harvey, A. G. (2002). A cognitive model of insomnia. *Behaviour Research and Therapy, 40*, 869–893.

Harvey, A. G. (2003). The attempted suppression of presleep cognitive activity in insomnia. *Cognitive Therapy and Research, 27*(6), 593–602.

Harvey, A. G., & Payne, S. (2002). The management of unwanted pre-sleep thoughts in insomnia: Distraction with imagery versus general distraction. *Behaviour Research and Therapy, 40*(3), 267–277.

Hauri, P. J., Silber, M. H., & Boeve, B. F. (2007). The treatment of parasomnias with hypnosis: A 5-year follow-up study. *Journal of Clinical Sleep Medicine, 3*(4), 369–373.

Haynes, S. N., Adams, A., & Franzen, M. (1981). The effects of pre-sleep stress on sleep onset insomnia. *Journal of Abnormal Psychology, 90*(6), 601–606.

Healey, E. S., Kales, A., Monroe, L. J., Bixler, E. O., Chamberlin, K., & Soldatos, C. R. (1981). Onset of insomnia: Role of life-stress events. *Psychosomatic Medicine, 43*(5), 439–451.

Heath, A. C., Kendler, K. S., Eaves, L. J., & Martin, N. G. (1990). Evidence for genetic influences on sleep disturbance and sleep pattern in twins. *Sleep, 13*(4), 318–335.

Hefez, A., Metz, L., & Lavie, P. (1987). Long-term effects of extreme situational stress on sleep and dreaming. *American Journal of Psychiatry, 144* (3), 344–347.

Hirshkowitz, M., Moore, C. A., & Minhoto, G. (1997). The basics of sleep. In M. R. Pressman & W. C. Orr (Eds.), *Understanding sleep: The evaluation and treatment of sleep disorders* (pp. 11–34). Washington, DC: American Psychological Association.

Hobson, J. A., & McCarley, R. W. (1977). The brain as a dream state generator: An activation-synthesis hypothesis of the dream process. *American Journal of Psychiatry, 134*, 1335–1348.

Hor, H., & Tafti, M. (2009). How much sleep do we need? *Science, 325*(5942), 825–826.

Hublin, C., Kaprio, J., Partinen, M., & Koskenvuo, M. (1999). Nightmares: familial aggregation and association with psychiatric disorders in a nationwide twin cohort. *American Journal of Medical Genetics, 88*(4), 329–336.

Hublin, C., Partinen, M., Koskenvuo, M., & Kaprio, J. (2011). Heritability and mortality risk of insomniarelated symptoms: A genetic epidemiologic study in a population-based twin cohort. *Sleep, 34*(7), 957–964.

Hur, Y., Bouchard, T. J., & Lykken, D. T. (1998). Genetic and environmental influence on morningness-eveningness. *Personality and Individual Differences, 25*, 917–925.

Ikegami, K., Ogyu, S., Arakomo, Y., Suzuki, K., Mafune, K., Hiro, H., & Nagata, S. (2009). Recovery of cognitive performance and fatigue after one night of sleep deprivation. *Journal of Occupational Health, 52*, 412–422.

Irwin, M. R., Cole, J. C., & Nicassio, P. M. (2006). Comparative meta-analysis of behavioral interventions for insomnia and their efficacy in middle-aged adults and in older adults 55 years of age. *Health Psychology, 25*(1), 3–14.

Jacobs, G. D., Pace-Schott, E. F., Stickgold, R., & Otto, M. W. (2004). Cognitive behavior therapy and pharmacotherapy for insomnia: A randomized controlled trial and direct comparison. *Archives of Internal Medicine, 164*(17), 1888–1896.

Jansson, M., & Linton, S. J. (2006). Psychosocial work stressors in the development and maintenance of insomnia: A prospective study. *Journal of Occupational Health Psychology, 11*(3), 241–248.

Kales, A., Caldwell, A. B., Soldatos, C. R., Bixler, E. O., & Kales, J. D. (1983). Biopsychobehavioral correlates of insomnia. II. Pattern specificity and consistency with the Minnesota Multiphasic Personality Inventory. *Psychosomatic Medicine, 45*(4), 341–356.

Kalogjera-Sackellares, D., & Cartwright, R. D. (1997). Comparison of MMPI profiles in medically and psychologically based insomnias. *Psychiatry Research, 70*(1), 49–56.

Kothe, M., & Pietrowsky, R. (2001). Behavioral effects of

nightmares and their correlations to personality patterns. *Dreaming, 11*(1), 43–52.

Krakow, B., & Zadra, A. (2006). Clinical management of chronic nightmares: Imagery rehearsal therapy. *Behavioral Sleep Medicine, 4*(1), 45–70.

Kripke, D. F., Garfinkel, L., Wingard, D. L., Klauber, M. R., & Marler, M. R. (2002). Mortality associated with sleep duration and insomnia. *Archives of General Psychiatry, 59*, 131–136.

Krystal, A. D., Edinger, J. D., Wohlgemuth, W. K., & Marsh, G. K. (2002). NREM sleep EEG frequency spectral correlates of sleep complaints in primary insomnia subtypes. *Sleep, 25*(6), 626–636.

Krystal, A. D., Erman, M., Zammit, G. K., Soubrane, C., & Roth, T. (2008). Long-term efficacy and safety of zolpidem extended-release 12.5 mg, administered 3 to 7 nights per week for 24 weeks, in patients with chronic primary insomnia: A 6-month, randomized, double-blind, placebocontrolled, parallel-group, multicenter study. *Sleep, 31*(1), 79–90.

Kuiken, D., Lee, M., Eng, T., & Singh, T. (2006). The influence of impactful dreams on self-perceptual depth and spiritual transformation. *Dreaming, 16*(4), 258–279.

Kuisk, L. A., Bertelson, A. D., & Walsh, J. K. (1989). Presleep cognitive hyperarousal and affect as factors in objective and subjective insomnia. *Perceptual and Motor Skills, 69*(3, Pt.2), 1219–1225.

Laberge, L., Tremblay, R. E., Vitaro, F., & Montplaisir, J. (2000). Development of parasomnias from childhood to early adolescence. *Pediatrics, 106*(1), 67–74.

Lecendreux, M., Bassetti, C., Dauvilliers, Y., Mayer, G., Neidhart, E., & Tafti, M. (2003). HLA and genetic susceptibility to sleepwalking. *Molecular Psychiatry, 8*(1), 114–117.

Leger, D., Massuel, M., & Arnaud, M. (2006). Professional correlates of insomnia. *Sleep, 29*(2), 171–178.

Lichstein, K. L., Durrence, H. H., Riedel, B. W., Taylor, D. J., & Bush, A. J. (2004). *Epidemiology of sleep: Age, gender, and ethnicity.* Mahwah, NJ: Lawrence Erlbaum Associates.

Lichstein, K. L., & Rosenthal, T. L. (1980). Insomniacs' perceptions of cognitive versus somatic determinants of sleep disturbance. *Journal of Abnormal Psychology, 89*(1), 105–107.

Luthringer, R., Muzet, M., Zisapel, N., & Staner, L. (2009). The effect of prolonged-release melatonin on sleep measures and psychomotor performance in elderly patients with insomnia. *International Clinical Psychopharmacology, 24*(5), 239–249.

Lyznicki, J. M., Doege, T. C., Davis, M., & Williams, M. A. (1998). Sleepiness, driving, and motor vehicle crashes. *JAMA, 279*(23), 1908–1913.

Manber, R., Edinger, J. D., Gress, J. L., San Pedro- Salcedo, M. G., Kuo, T. F., & Kalista, T. (2008). Cognitive behavioral therapy for insomnia enhances depression outcome in patients with comorbid Major Depressive Disorder and insomnia. *Sleep, 31*(4), 489–495.

Martens, M., Nijhuis, F., Van Boxtel, M., & Knottnerus, J. (1999). Flexible work schedules and mental and physical health. A study of a working population with non-traditional working hours. *Journal of Organizational Behavior, 20*(1), 35–46.

Maslow, A. H. (1943). A theory of human motivation. *Psychological Review, 50*, 370–396.

Maslow, A. H. (1968). *Toward a psychology of being.* Princeton, NJ: Van Nostrand.

Meijer, A. M., & van den Wittenboer, G. L. (2007). Contribution of infants' sleep and crying to marital relationship of first-time parent couples in the 1st year after childbirth. *Journal of Family Psychology, 21*(1), 49–57.

Mezick, E. J., Matthews, K. A., Hall, M., Strollo Jr., P. J., Buysse, D. J., Kamarck, T. W., . . . Reis, S. E. (2008). Influence of race and socioeconomic status on sleep: The Pittsburgh SleepSCORE study. *Psychosomatic Medicine, 70*, 410–416.

Mignot, E. (1998). Genetic and familial aspects of narcolepsy. *Neurology, 50*(S1), S16–S22.

Miller, W. R., & DiPilato, M. (1983). Treatment of nightmares via relaxation and desensitization: A controlled evaluation. *Journal of Consulting and Clinical Psychology, 51*(6), 870–877.

Monroe, L. J. (1967). Psychological and physiological differences between good and poor sleepers. *Journal of Abnormal Psychology, 72*(3), 255–264. Morin, C. M. (1993). *Insomnia: Psychological assessment and management.* New York: The Guildford Press.

Morin, C. M., & Benca, R. M. (2009). Nature and treatment of insomnia. In S. Chokroverty (Ed.), *Sleep disorders medicine: Basic science, technical considerations, and clinical aspects* (pp. 361–376). Philadelphia, PA: Saunders Elsevier.

Morin, C. M., Bootzin, R. R., Buysse, D. J., Edinger, J. D., Espie, C. A., & Lichstein, K. L. (2006). Psychological and behavioral treatment of insomnia: Update of the recent evidence (1998–2004). *Sleep, 29*(11), 1398–1414.

Morin, C. M., Vallières, A., Guay, B., Ivers, H., Savard, J., Mérette, C., . . . Baillargeon, L. (2009). Cognitive behavioral therapy, singly and combined with medication, for persistent insomnia. *JAMA, 301*(19), 2005–2015.

Morin, C. M., Vallières, A., & Ivers, H. (2007). Dysfunctional beliefs and attitudes about sleep (DBAS): Validation of a brief version (DBAS-16). *Sleep, 30*(11), 1547–1554.

National Center on Sleep Disorders Research. (2003). *2003 national sleep disorders research plan* (NIH Publication No. 03-5209). Bethesda, MD: Author. Retrieved from http://www. nhlbi.nih.gov/health/ prof/sleep/res_plan/index.html

National Institutes of Health. (2005). National Institutes of Health State of the Science conference statement on manifestations and management of chronic insomnia in adults. *Sleep, 28*(9), 1049–1057.

National Sleep Foundation. (2009). *2009 Sleep in America poll: Summary of findings.* Washington, DC: Author. Retrieved from http://www.sleepfoundation.org/category/article-type/sleep-america-polls

National Sleep Foundation. (2010). *2010 Sleep in America poll: Summary of findings.* Washington, DC: Author. Retrieved from http://www.sleep foundation.org/category/article-type/sleepamerica-polls

National Sleep Foundation. (2011). *2011 Sleep in America poll: Summary of findings.* Washington, DC: Author. Retrieved from http://www .sleepfoundation.org/category/article-type/sleep-america-polls

Nicassio, P. M., Mendlowitz, D. R., Fussell, J. J., & Petras, L. (1985). The phenomenology of the presleep state: The development of the pre-sleep arousal scale. *Behaviour Research and Therapy, 23*(3), 263–271.

Nofzinger, E. A., Buysse, D. J., Germain, A., Price, J. C., Miewald, J. M., & Kupfer, D. J. (2004). Functional neuroimaging evidence for hyperarousal in insomnia. *American Journal of Psychiatry, 161,* 2126–2129.

Noll, J. G., Trickett, P. K., Susman, E. J., & Putnam, F. W. (2006). Sleep disturbances and childhood sexual abuse. *Journal of Pediatric Psychology, 31*(5), 469–480.

Ohayon, M. M. (2002). Epidemiology of insomnia: What we know and what we still need to learn. *Sleep Medicine Reviews, 6*(2), 97–111.

Ohayon, M. M., Caulet, M., & Priest, R. G. (1997). Violent behavior during sleep. *The Journal of Clinical Psychiatry, 58*(8), 369–376.

Ohayon, M. M., Guilleminault, C., & Priest, R. G. (1999). Night terrors, sleepwalking, and confusional arousals in the general population: Their frequency and relationship to other sleep and mental disorders. *The Journal of Clinical Psychiatry, 60*(4), 268–276.

Ohayon, M. M., & Roth, T. (2003). Place of chronic insomnia in the course of depressive and anxiety disorders. *Journal of Psychiatric Research, 37,* 9–15.

Olsen, S., Smith, S., & Oei, T. P. S. (2008). Adherence to continuous positive airway pressure therapy in obstructive sleep apnea sufferers: A theoretical approach to treatment adherence and intervention. *Clinical Psychology Review, 28*(8), 1355–1371.

Partinen, M. (2009). Sleep and nutrition. In S. Chokroverty (Ed.), *Sleep disorders medicine: Basic science, technical considerations, and clinical aspects* (3rd ed., pp. 307–318). Philadelphia, PA: Saunders Elsevier.

Patel, S. R., Ayas, N. T., Malhotra, M. R., White, D. P., Schernhammer, E. S., Speizer, F. E., . . . Hu, F. B. (2004). A prospective study of sleep duration and mortality risk in women. *Sleep, 27*(3), 440–444.

Payne, J. D., & Nadel, L. (2004). Sleep, dreams, and memory consolidation: The role of the stress hormone cortisol. *Learning & Memory, 11*(6), 671–678.

Perlis, M. L., Kehr, E. L., Smith, M. T., Andrews, P. J., Orff, H., & Giles, D. E. (2001). Temporal and stagewise distribution of high frequency EEG activity in patients with primary and secondary insomnia and in good sleeper controls. *Journal of Sleep Research, 10,* 93–104.

Ree, M. J., Harvey, A. G., Blake, R., Tang, N. K., & Shawe-Taylor, M. (2005). Attempts to control unwanted thoughts in the night: Development of the thought control questionnaire-insomnia revised (TCQI-R). *Behaviour Research and Therapy, 43,* 985–998.

Reite, M., Weissberg, M., & Ruddy, J. (2009). *Clinical manual for evaluation and treatment of sleep disorders.* Washington, DC: American Psychiatric Publishing.

Roberts, R. E., Roberts, C. R., & Duong, H. T. (2009). Sleepless in adolescence: Prospective data on sleep deprivation, health and functioning. *Journal of Adolescence, 32*(5), 1045–1057.

Robertson, J. A., Broomfield, N. M., & Espie, C. A. (2007). Prospective comparison of subjective arousal during the pre-sleep period in primary sleep-onset insomnia and normal sleepers. *Journal of Sleep Research, 16,* 230–238.

Roehrs, T. A., Randall, S., Harris, E., Maan, R., & Roth, T. (2012). Twelve months of nightly zolpidem does not lead to rebound insomnia or withdrawal symptoms: A prospective placebo-controlled study. *Journal of Psychopharmacology, 26*(8), 1088–1095.

Roth, T., Walsh, J. K., Krystal, A., Wessel, T., & Roehrs, T. A. (2005). An evaluation of the efficacy and safety of eszopiclone over 12 months in patients with chronic primary insomnia. *Sleep Medicine, 6*(6), 487–495.

Schredl, M. (2003). Effects of state and trait factors on nightmare frequency. *European Archives of Psychiatry and Clinical Neuroscience, 253,* 241–247.

Sharma, A. (2004). *Sleep as a state of consciousness in Advaita Vedanta.* Albany, NY: State University of New York Press.

Shochat, T. (2012). Impact of lifestyle and technology developments on sleep. *Nature, 4,* 19–31.

Sivertsen, B., Omvik, S., Pallesen, S., Bjorvatn, B., Havik, O. E., Kvale, G., . . . Nordhus, I. H. (2006). Cognitive behavioral therapy vs. zopiclone for treatment of chronic primary insomnia in older adults. *JAMA, 295*(24), 2851–2858.

Soares, C. N. (2005). Insomnia in women: An overlooked epidemic? *Archives of Women's Mental Health, 8,* 205–213.

Spielman, A. J. (1986). Assessment of insomnia. *Clinical Psychology Review, 6,* 11–25.

Spielman, A. J., Saskin, P., & Thorpy, M. J. (1987). Treatment of chronic insomnia by restriction of time in bed. *Sleep, 10*(1), 45–56.

Spoormaker, V. I., & Montgomery, P. (2008). Disturbed sleep in Post-Traumatic Stress Disorder: Secondary symptom or core feature? *Sleep Medicine Reviews, 12*, 169–184.

Spoormaker, V. I., Schredl, M., & van den Bout, J. (2006). Nightmares: From anxiety symptom to sleep disorder. *Sleep Medicine Reviews, 10*, 19–31.

Stepanski, E., Glinn, M., Zorick, F., Roehrs, T., & Roth, T. (1994). Heart rate changes in chronic insomnia. *Stress Medicine, 10*(4), 261–266.

Stepanski, E. J., & Rybarczyk, B. (2006). Emerging research on the treatment and etiology of secondary or comorbid insomnia. *Sleep Medicine Reviews, 10*, 7–18.

Stepanski, E., Zorick, F., Roehrs, T., Young, D., & Roth, T. (1988). Daytime alertness in patients with chronic insomnia compared with asymptomatic control subjects. *Sleep, 11*(1), 54–60.

Suganuma, N., Kikuchi, T., Yanagi, K., Yamamura, S., Morishima, H., Adachi, H., . . . Takeda, M. (2007). Using electronic media before sleep can curtail sleep time and result in self-perceived insufficient sleep. *Sleep and Biological Rhythms, 5*(3), 204–214.

Taheri, S., Lin, L., Austin, D., Young, T., & Mignot, E. (2004). Short sleep duration is associated with reduced leptin, elevated ghrelin, and increased body mass index. *PLoS Medicine, 1*(3), e62: 210–217.

Thomée, S., Eklöf, M., Gustafsson, E., Nilsson, R., & Hagberg, M. (2007). Prevalence of perceived stress, symptoms of depression and sleep disturbances in relation to information and communication technology (ICT) use among young adults–an explorative prospective study. *Computers in Human Behavior, 23*(3), 1300–1321.

Turek, F. (2005). The prevailing culture of sleepiness. *Sleep, 28*(7), 798–799.

Vahtera, J., Kivimäki, M., Hublin, C., Korkeila, K., Suominen, S., Paunio, T., & Koskenvuo, M. (2007). Liability to anxiety and severe life events as predictors of new onset sleep disturbances. *Sleep, 30*(11), 1537–1546.

van de Laar, M., Verbeek, I., Pevernagie, D., Aldenkamp, A., & Overeem, S. (2010). The role of personality traits in insomnia. *Sleep Medicine Reviews, 14*, 61–68.

Van Dongen, H. P., Maislin, G., Mullington, J. M., & Dinges, D. F. (2003). The cumulative cost of additional wakefulness: Dose-response effects on neurobehavioral functions and sleep physiology from chronic sleep restriction and total sleep deprivation. *Sleep, 26*(2), 117–126.

van Mill, J. G., Hoogendijk, W. J., Vogelzangs, N., van Dyck, R., & Penninx, B. W. (2010). Insomnia and sleep duration in a large cohort of patients with Major Depressive Disorders and anxiety disorders. *Journal of Clinical Psychiatry, 71*(3), 239–246.

Van Reeth, O., Weibel, L., Spiegel, K., Leproult, R., Dugovic, C., & Maccari, S. (2000). Interactions between stress and sleep: From basic research to clinical situations. *Sleep Medicine Reviews, 4*(2), 201–219.

Vgontzas, A. N., Bixler, E. O., Lin, H., Prolo, P., Mastorakos, G., Vela-Bueno, A., . . . Chrousos, G. P. (2001). Chronic insomnia is associated with nyctohemeral activation of the hypothalamicpituitary-adrenal axis: Clinical implications. *Journal of Clinical Endocrinology & Metabolism, 86*(8), 3787–3794.

Vgontzas, A. N., Tsigos, C., Bixler, E. O., Stratakis, C. A., Zachman, K., Kales, A., . . . Chrousos, G. P. (1998). Chronic insomnia and activity of the stress system: A preliminary study. *Journal of Psychosomatic Research, 45*(1), 21–31.

Vincent, N. K., & Walker, J. R. (2000). Perfectionism and chronic insomnia. *Journal of Psychosomatic Research, 49*, 349–354.

Wade, A. G., Ford, I., Crawford, G., McMahon, A. D., Nir, T., Laudon, M., & Zisapel, N. (2007). Efficacy of prolonged release melatonin in insomnia patients aged 55–80 years: Quality of sleep and next-day alertness outcomes. *Current Medical Research and Opinion, 23*(10), 2597–2605.

Walsh, J. K. (2006). Insights into the public health burden of insomnia. *Sleep, 29*(2), 142–143.

Walsh, J. K., & Lindblom, S. S. (1997). Psychophysiology of sleep deprivation and disruption. In M. R. Pressman & W. C. Orr (Eds.), *Understanding sleep: The evaluation and treatment of sleep disorders* (pp. 73–110). Washington, DC: American Psychological Association.

Waters, W. F., Adams Jr., S. G., Binks, P., & Varnado, P. (1993). Attention, stress and negative emotion in persistent sleep onset and sleep maintenance insomnia. *Sleep, 16*(2), 128–136.

Watson, N. F., Goldberg, J., Arguelles, L., & Buchwald, D. (2006). Genetic and environmental influences on insomnia, daytime sleepiness, and obesity in twins. *Sleep, 29*(5), 645–649.

Wegner, D. M. (1989). *White bears and other unwanted thoughts.* New York: Viking.

Wells, A. (2000). *Emotional disorders and metacognition.* New York: John Wiley & Sons.

Wicklow, A., & Espie, C. A. (2000). Intrusive thoughts and their relationship to actigraphic measurement of sleep: Towards a cognitive model of insomnia. *Behaviour Research and Therapy, 38*, 679–693.

Wilber, K. (2000). *Integral psychology: consciousness, spirit, psychology, therapy.* Boston, MA: Shambhala Publications.

Wilson, S. J., Nutt, D., Alford, C., Argyropoulos, S., Baldwin, D., Bateson, A., . . . Espie, C. (2010). British association for psychopharmacology consensus statement on evidence-based treatment of insomnia, parasomnias and Circadian Rhythm Disorders. *Journal of Psychopharmacology, 24*(11), 1577–1601.

Winbush, N. Y., Gross, C. R., & Kreitzer, M. J. (2007). The effects of mindfulness-based stress reduction on sleep disturbance: A systematic review. *Explore (NY), 3*(6), 585–591.

Yalom, I. D. (1980). Existential psychotherapy. New York: Basic Books.

Yalom, I. D. (2002). *The gift of therapy: An open letter to a new generation of therapists and their patients.* New York: HarperCollins.

Zee, P. C., & Manthena, P. (2007). The brain's master circadian clock: Implications and opportunities for therapy of sleep disorders. *Sleep Medicine Reviews, 11,* 59–70.

제12장

갈망과 포만 : 섭식장애의 이해와 치료에 대한 통합 접근

Sarah T. Hubbard, Ph.D., Center for Change[1]

DSM-5는 지금까지 섭식장애라고 불려왔던 것을 급식 및 섭식(feeding and eating)장애로 변경했다(APA, 2013). 현재 편람에는 이식증, 되새김장애, 그리고 회피적/제한적 음식섭취장애가 포함되어 있다. 이식증과 되새김장애는 유아기와 청년기에 처음 진단되는 질환으로 분류되어 있었다. DSM-5는 DSM-IV-TR의 부록에 있었던 폭식장애를 진단에 포함시켰으며(보다 연구가 필요한 상태들; APA, 2000), 이 변화는 아직도 논의되고 있다(Bingegard, Clinton, & Norring, 2013). 또한 DSM-5는 DSM 섭식에 대한 오랜 비평을 다루고 있다. 즉, 상세불명의 섭식장애(EDNOS)가 가장 흔한 섭식장애인데 연구자들에게 가장 많이 간과되어 왔다는 점이다(Grave, 2011). 이제 DSM-5는 달리 명시된 급식 또는 섭식장애와 명시되지 않는 급식 그리고 섭식장애를 함께 제시하고 있다. 명칭이 상징하듯, 전자의 것은 제거장애와 야식증후군과 같은 명시사항을 통해 제안을 함으로 상세불명(NOS) 범주를 지정한다. 초반 연구들은 과거 NOS 범주보다 지금이 더 명쾌하다고 하는 편이다(Machado, Concalves, & Hoek, 2013). DSM-5가 아직도 범주 진단 방식을 사용하고 있음에도 불구하고, 연구자들은 아직까지 섭식장애의 심한 정도를 측정하기 위한 차원 도구의 사용을 옹호하고 있다(Pike, 2013). 이 장은 섭식장애, 특히 신경성 식욕부진증(AN)과 신경성 폭식증(BN)에 초점을 맞출 것이다. 섭

---

1 이 장은 필자가 Sheppard Pratt Health System 섭식장애센터에서 근무할 때 썼으며, 이 작업을 훌륭하게 뒷받침해준 Harry Brandt, MD와 Steven Crawford, MD에게 감사드린다.

식장애는 흔치 않은 정신의학적 질병이다. AN의 유병률은 여성이 0.6%에서 4.0%이다. BN의 경우, 유병률이 여성이 1.2%에서 5.9%이다. 섭식장애는 남성일 경우보다 여성일 경우 더 흔하게 나타난다. 남성의 AN과 BN 유병률은 1%조차 되지 않는다. 섭식장애의 유병률은 교외보다 도시일 경우에 많이 나타나게 되며, 발병 연령 또한 지속적으로 감소한다. 섭식장애 발생률은 증가하고 있는 것으로 보인다. 예를 들어 Hoek와 van Hoeken(2003)은, 1935년부터 1989년, 특히 15세에서 24세 사이 여성들의 섭식장애 증가율을 보고하고 있다. 부분 증후군과 역치 아래의 섭식장애에 관한 발생률 자료는 없지만, 임상 경험상 그 비율은 높을 것이라고 본다.

심리치료자들은 섭식장애 환자를 상대할 때 특이한 상황을 마주한다. 환자들은 다양하다. 섭식장애를 가진 개인은 넓은 범위의 증상을 다양한 심각도로 겪으며, 동반 정신질환 상태는 예외라기보다 기본이다(Harrop & Marlatt, 2010). 게다가, 이 사람들은 치료사들에게 다루기 힘들다는 평판을 받았다. AN의 특징은 증상을 부정하는 것이기에 이 평판이 근거 없지는 않다. 심각한 섭식장애를 겪는 사람들은 치료와 회복에 극도로 양가적이다.

이러한 상황에서 어떻게 섭식장애를 가진 사람들을 이해하고 치료할 수 있을까? 심리역동, 인지행동, 대인관계 그리고 페미니즘을 포함하는 이론적인 접근들은 섭식장애를 개념화하고 치료할 수 있게 만든다. 약물요법, 영양 재활, 개인치료, 집단치료, 가족치료와 지지 그룹 또한 치료 역할을 한다. 이렇게 무수히 많은 접근과 방식들은 의미 있게 통합될 수 있을까? 통합 이론은 섭식장애 환자들에게 특정 치료를 어떻게, 언제, 왜 적용하는지에 대한 이론적인 감각을 세워준다. 이와 같은 모형들은 치료자들이 치료 과정 속에서 '조율하는 치료 도구'로서 계속 활동하게 해준다.

이 장은 통합 모형의 실용적 지식(제1장에서 언급된 사분획, 단계, 선, 유형과 상태)을 보여준다. 이 장의 주요한 목적은 섭식장애 영역에 대해 통합 지도를 안내 삼아 탐구하는 것이다. 통합 지도는 이 광대한 영역에서 치료자들이 '어디에 있는지'와 '무엇에 집중해야 하는지'를 알 수 있게 한다. 두 번째 목적은 통합 지도가 치료 과정과 '치료 도구로서의 자신'의 조율을 지원하는 방법을 개괄하는 것이다. 섭식장애는 간단하지 않기 때문에, 우리는 치료자들이 자신을 확장하는 것만 아니라 병인론과 치료에 관해 연구 결과들이 알려주는 것을 넘어서야 한다고 생각한다. 이것은 무모한 치료에 면죄부를 주려는 것이 아니라, 섭식장애가 치료자들을 그들의 지식과 기술의 끝으로 몰고 가끔은 그보다 더 나아갈 수 있음을 인정하기 위한 것이다. 이 태도에 우리는 조사하기는 힘들지만 치료의 가치가 있는 구성요소들을 추가했다. 통합 이론을 받아들인 치료자들은 통합 모형이 영적 존재의 역할을 언급하기 때문에 대개 영적 지향점을 갖는다. 이 존재는 단계와 선 그리고 치료적 조율 논의에서 제공된다. 하지만 이 모형을 작업하기 위해 반드시 특정한 정신세계관을 받아들일 필요는 없다.

섭식장애 : 영역

우리는 이 여정을 섭식장애의 영역을 탐구하는 것부터 시작하는데 모든 사분획, 모든 수준 (AQAL) 틀을 사용한다. 우리의 목적은 그 영역을 충분히 포괄해서 여러분이 통합이라는 시각을 통해서 섭식장애에 대한 기본적인 이해를 얻게 되는 것이다. 우리는 영역을 횡단하며 치료 요법 및 방편들을 마주하게 되고 후속 단원에서 보다 구체적으로 논의하게 될 것이다. 모든 현상의 포괄적인 서술을 위해서는 다방면의 관점이 요구된다. 통합 치료는 모든 현상에 대한 4개의 상호적인 그러나 부정할 수 없는 관점이 있다고 본다.

사분획

섭식장애의 병인론에 대해서는 알려진 바가 적기 때문에, 우리는 통합 치료의 사분획으로 병인론과 질환 현상 모두에 공통된 요소들을 살펴볼 것이다. 많은 증상들(그리고 관련된 생각/행동)이 상태를 악화시키거나 다른 증상들을 촉발시키기 때문에 섭식장애 증상에서 병인론을 끌어내는 것은 어려운 일이다. 하나의 예는 칼로리 제한이 음식에 대한 강박을 촉발 혹은 악화시킨 것으로 보이는 초기 연구이다(Keys, Brozek, Henschel, Mickelsen, & Taylor, 1950).

우상 분획 : 외부-개인   섭식장애의 영역을 이해하기 위한 하나의 방법은 치료를 요하는 개인의 특징을 살펴보는 것이다. 우리 눈을 통해, 무엇을 볼 수 있는가? 섭식장애를 가진 개인은 어떻게 행동하는가? 섭식장애를 가진 개인에 대해, **객관적으로** 무엇을 말할 수 있는가?

섭식장애의 전형적인 내담자는 여성이다. 남녀 비율을 측정하니 1:6에서 1:10 정도였다 (Hoek & van Hoeken, 2003). 섭식장애의 발생은 종종 발달 과도기 혹은 스트레스 사건과 관련이 있는데, 예를 들어 사춘기, 집에서 벗어남, 직장생활을 시작함, 중요한 관계를 끝냄, 혹은 신체적 및 성적 학대와 연관이 있다(Akkermann et al., 2012; Camphell, Mill, Uher, & Schmidt, 2011; Jahng, 2012; Sassaroli et al., 2011). 섭식장애가 발생한 대부분은 사춘기 혹은 성인 초기이다. 그런데 8, 9세의 여아와 40대의 여성도 최근의 증상 발현으로 치료를 요하였다. 미국에서 섭식장애는 백인, 히스패닉, 미국 원주민 여성에서 균등하게 나타나고 아프리카계 미국인과 동양 여성에서는 그보다 적게 나타난다(Crago, Shisslak, & Estes, 1996; Striegel-Moore et al., 2003). 치료에 들어가서, 개인은 DSM-5 섭식장애 진단들 중 하나로 분류된다.

개인의 이상적인 체중 비율과 폭식 및 제거 행동 유무는 진단 기준에 있어 섭식장애 영역을 의미 있는 방식으로 묘사 및 분류한다. 이러한 진단은 서술적으로 유용하지만, 이 책에 서술되어 있는 것처럼 대부분의 증상 묶음들이 오직 시작점일 뿐이다. DSM-5 진단에는 반드시 언급해야 할 두 가지 유의점이 있다. 첫째, 진단 범주들 사이에는 핵심적인 유사성이 있다. 특정 진단과 관계없이, 섭식장애 상당수가 체중과 체형에 강력하게 몰입되어 있다. 많은 이들이 심한 칼로리 제한 시기를 갖거나 혹은 체중을 줄이거나 체중 증가를 방지하기 위한 보상 행동에 치우친다. 이러한 양상은 시간이 지나 진단이 달라지는 경우에도 지속적으로 남아 있는 편이다. 예를 들어 AN 내담자의 50~64%는 나중에 BN 증상을 보이며, 초기에 폭식 증상을 보인 일부 내담자는 나중에 식욕부진 증상을 보인다(APA, 2006).

DSM-5 전까지, 상세불명의 섭식장애(EDNOS)로 진단받아 외래 치료를 받은 사람이 50%를 넘는데(APA, 2006), 이 점은 섭식장애 증상이 하나의 연속선에 있다는 사실을 보여주는 예일 것이다. 지금의 달리 명시된 급식 또는 섭식장애(혹은 명시되지 않는 급식 또는 섭식장애)는 AN과 BN의 진단 기준을 충분히 충족하지 못하는 경우(예 : 저체중이나 생리가 끊기지는 않은 내담자, 폭식과 제거가 한 주에 두 번 이하의 횟수를 보이는 내담자) 그리고 제거 없는 폭식 혹은 폭식 없는 제거를 보이는 내담자에게 적용할 수 있다.

섭식장애 행동의 연속선은 넓게 주어져 있어서, 두 번째 유의점은 진단 범주들 각각에 (within) 보이는 다양성(variability)과 관련 있다. 동일한 진단 기준을 만족하는 개인들끼리도 증상의 정도와 형태에서 많은 차이를 보일 수 있다. 이는 일부 치료자들이 범주 진단에 차원 방식을 추가하자고 주장하는 이유이기도 하다(Pike, 2013). 참으로, 치료자는 병의 심각도를 가늠하는 의도로 종종 제한의 횟수와 정도(즉, 다이어트), 폭식, 제거 행동을 평가한다. 이러한 행동을 탐색하는 데에 질적 차원을 추가하는 것이 (범주에 전적으로 의존하는 DSM에 대항하여) 유용하다. 우리는 이러한 행동들을 탐구할 때 기초적인 방식으로 차원의 한쪽 끝은 '전형'을 배치하고 다른 끝에는 임의의 어떤 형태를 배치하여 어디쯤에 위치할지를 고심한다[섭식장애의 유무와 심각도를 측정하는 임상 면접 예는 다음 자료들을 보라. 섭식장애 검사(Fairburn & Cooper, 1993), 예일-브라운-코넬 식이장애 척도(Sunday, Halmi, & Einhorn, 1995), 거식 및 폭식 증후군을 위한 구조화 면담(Fichter, Herpetz, Quadflieg, & Herpetz-Dahlmann, 1998)].

대부분의 섭식장애 개인들은 식이조절 이상이 높으며 어느 정도 모두 식사 제한에 노출되어 있다. 이러한 사람들은 음식의 종류를 제한하는 것만큼 음식의 양도 제한한다. 가벼운 제한은 하루 1,200칼로리 이하의 '건강한' 음식을 먹는 방식이다. 지방과 당이 높은 음식들(예 : 디저트, 과자)은 피하지만, 식품 영양 피라미드의 음식들은 빠뜨리지 않는다. 심한 제한은 보통 하루 500칼로리 이하의 '안전한' 음식을 먹는 방식이며, 주로 과일과 채소를 먹는다. 고기와 유제품은 전적으로 피한다. 이러한 제한은, 제한이 심할수록 종종 언제 어떻게 먹는지에 관한 고지식하고 강박적인 규칙을 수반한다. 어떤 내담자는 하루는 특정 시간대에만 먹기도 하고 혼자서만 먹으려고 한다. 어떤 이는 음식을 모두 잘게 자른 다음, 한입 넣은 음식을 정한 횟수에 맞춰 씹어서, 음식을 조작하고, 음식을 저장한다. 식사가 정교한 의식처럼 진행되어 남들 보기에 상당히 기이해보일 수 있다.

　폭식하는 개인은 상당한 양의 음식을 짧은 시간 안에 먹어치우며 식이 행동이 조절 안 되는 경험을 갖는다. DSM 진단 기준에는 '많은' 음식량에 대한 칼로리 기준을 명백히 제시하지 않기 때문에, 치료자는 반드시 이에 대한 임상적 판단을 내려야 한다. 말하자면, 내담자는 1,000 칼로리에서 많게는 5,000칼로리 넘게 폭식을 보인다. 예를 들어 5,000칼로리 폭식에는 한 판의 케이크, 1.8리터의 아이스크림, 두 그릇의 시리얼, 토스트 네 조각, 과자 한 봉지, 다섯 캔(한 캔 185ml)의 다이어트 콜라 정도가 필요하다. 내담자는 종종 과도한 탄수화물 그리고 과도한 지방 함유 음식과 같은 '금기시되는' 음식을 폭식하며, 동시에 어디서든 구할 수 있는 음식이라면 다 먹는다. 때로는 통제가 전혀 안 돼서 부엌에 있는 모든 음식을 먹거나 혹은 음식물 쓰레기통에 있는 음식을 먹는다. 음식이 동이 날 때까지 그리고 괴로운 포만감에 이를 때까지 폭식이 이어진다. 임상적으로, 내담자가 보이는 폭식 증상은 거의 안 나타나는 정도에서부터 하루에도 여러 번씩 보이는 정도까지 범위가 넓다.

　섭식장애 개인은 체중 증가를 방지하기 위한 보상 행동에 흔히 빠진다. 제거형의 보상 행동에는 스스로 하는 구토나 하제, 이뇨제, 관장, 좌약, 다이어트 약, 구토(ipecac) 시럽의 오용이 있다. 내담자는 많은 양의 체중 감소 보조제(예 : 두세 배의 하제)를 소비할 수 있고, 제거 행위가 섭식장애의 여러 의학적 합병증을 초래한다. 임상적으로, 내담자가 보이는 제거 증상은 거의 안 나타나는 정도에서부터 하루에도 여러 번씩 보이는 정도까지 범위가 넓다. 비제거형의 보상 행동으로는 금식과 과도한 운동이 있다. 내담자는 달리기, 심장강화 도구운동(cardio machines), 근력운동, 운동 비디오, 단체 운동실습과 같은 다양한 규칙 운동에 참여한다. 어떤 이는 하루 한 시간 운동하는 반면 다른 이는 하루 5시간 이상을 운동한다. 많은 이들이 다치거나(예 : 스트레스 골절) 병중에도 운동한다. 이 내담자들은 운동을 안 하고 있을 때조차도 칼로리를 소모하기 위해 이동하거나 몸을 움직인다(예 : 다리 떨기, 서성거리기).

　섭식장애의 흔한 양상으로 제한과 폭식의 양극단이나 그 사이를 왔다 갔다 넘나드는 것이 목격된다. 이러한 행동의 횟수와 정도에 따라 DSM 진단 범주가 다르게 결정된다. 제한형 AN에서, 제한의 극단이 우위에 있고 폭식의 극단은 가볍다. (DSM의 정확한 기준에서는 제한형 AN에 폭식은 없으나, 환자는 자신이 폭식을 했다고 느끼기 쉽다. 그에게 쿠키 하나는 폭식일 수 있다. 이러한 현상을 치료자는 '주관적 폭식'으로 본다.) 폭식장애(BED)에서, 폭식의 극단이 우세하고 제한의 극단은 가볍거나 오직 정신내적으로 경험된다. BN에서는, 폭식과 제한의 양극단이나 폭식과 제거의 양극단이 수시로 뒤바뀐다.

　인지행동치료는 다이어트가 원칙적으로 심리적이며 동시에 신체적인 배고픔을 유발시키며, 이것이 개인을 폭식에 치우치게 한다고 가정한다. 그래서 제한과 폭식 그리고 폭식과 제거의 순환이 개인에게 지속적인 박탈과 과보상의 악순환으로 확고하게 자리 잡게 된다. 식사 양상을 정상화하여, 이러한 순환이 개선될 수 있다. 영양 교육과 재활이 정상화에 관여한다.

체중과 체형에 대한 강박적 집착 또한 두드러지게 나타난다. 섭식장애 개인들은 체중과 외형을 점검하는 예식 수준의 강박행동을 자주 보인다. 예를 들어, 그들은 하루에 여러 번 체중을 재기도 한다. 그들은 '신체 점검'에 빠져 주기적으로 재보고, 집어보고, 만져보고, 혹은 신체 부분 부분을 조사한다. 먹은 음식 칼로리 혹은 체중의 세세한 항목을 지속한다. 그들은 또한 몇몇 회피 행동을 나타낸다. 어떤 이들은 절대로 거울을 보지 않고 몸을 가리기 위해 오직 헐렁한 옷만 입는다. 그들은 수영이나 해변에 가는 것, 그 외에도 몸에 이목이 집중될 만한 활동들을 거절한다.

섭식장애에 따른 일반적인 신체 증상이 있다(APA, 2006). 내담자는 허약, 어지러움, 추위를 탐, 피로, 심장 두근거림, 가슴 통증, 변비, 부은 뺨과 목, 건조하고 푸석한 머릿결, 생리 불균형 등을 호소한다. 관련되는 급성 합병증으로는 탈수, 저체온증, 여러 심장 부정맥, 위장관 운동장애가 있다. 제거 행동과 함께 하는 합병증으로는 전해질 장애, 침샘비대와 충치 그리고 부종(부기)이 있다. 무월경(생리 주기의 결여)은 골감소증(뼈의 무기질 밀도 저하)과 관련되며, 이는 비가역적인 골다공증(약해진, 유약한 뼈)으로 이어져서 골절의 위험이 높아진다. 이러한 의학적 합병증의 심각성은 간과할 수가 없다. AN은 정신의학 질환 중에서 최고의 치사율을 보인다(Sullivan, 1995). AN과 BN 관련 사망은 종종 심장 마비에 따른 것이며, 이는 금식과 전해질 불균형이 심장 기능을 심각하게 변형시키기 때문이다.

어떤 연구는 섭식장애의 일부 임상 현상들이 영양부족 혹은 반-기아(semi-starvation) 상태에 의해 생기는 것으로 본다. Keys와 동료들의 고전적 연구에서, 심리적으로 건강한 자원자들을 6개월간 평소 음식 섭취의 거의 반 정도로 제한하였다. 이들은 다양한 신체, 심리, 그리고 사회적 장애를 경험하였는데, 거기에는 심각한 음식 집착, 음식 축적, 이상한 맛의 선호, 폭식, 집중력 결여, 우울, 강박, 짜증, 그리고 사회적 철수가 있다(Keys et al., 1950). AN 내담자의 체중이 늘어날 때 이러한 금식 관련 현상은 감소될 수 있다. 하지만 강박성과 같은 성향들은 기존의 그리고 지속적인 성향들 모두에 영향을 주고, 반-기아 상태에서 심해지며, 영양 재활에 의해서는 극히 일부만 호전될 수 있다(APA, 2006). 비록 BN 내담자는 정의상 '식욕부진' 체중을 보이지는 않으나, 개인적인 적정 체중 이하일 때 그들 또한 영양부족 관련 증상을 경험할 수 있다.

이것은 예외라기보다 일반적인데, 섭식장애 개인은 동반이환의 다른 정신의학적 상태를 갖는 편이다(이어지는 통계는 APA, 2006에서 인용하였음). 생애 중 주요우울장애 혹은 지속성 우울장애가 동반되는 것은 AN과 BN 내담자의 50~75%로 보고되었다. 불안장애 동반, 특히 사회불안장애와 강박장애의 동반 또한 섭식장애 내담자에게 흔하다. 특별히 AN 환자에게서 생애 중 OCD 발병률은 25%로 보고되며, 자주 OCD 증상이 AN보다 먼저 발생한다. 물질 남용은 AN보다 BN 내담자에게 더 흔하며, 동반이환율은 23~40%에 이른다. 성 학대(sexual abuse)는 AN과 BN 내담자의 25~50%에서 보고되며, 이들 여성이 성 학대 경험이 없는 여성에 비해 다른 정신의학 상태 동반이환을 더 많이 나타낸다. 섭식장애 내담자들은 동반질환으로서 성격장애 진단 기준에 부합하기도 하는데, 42~75%에 이른다. BN은 경계성 성격장애와 자기애성 성격장애와 연관이 있고, AN은 강박성 성격장애와 회피성 성격장애와 연관이 있다.

연구들은 섭식장애의 발달에 유전 요소가 있다고 추정한다. 예를 들어 대조군의 친족에 비해 AN과 BN 개인의 일차 친족에서 섭식장애가 더 많이 발생하며(Lilenfeld et al., 1998; Strober, Freeman, Lampert, Diamon, & Kaye; 2000), 이란성 쌍생아에 비해 일란성 쌍생아에서 섭식장애 일치율이 높았다. AN과 BN의 유전성(heritability)은 .54에서 .80까지 나타나며 (Devlin et al., 2002) "이러한 유전성 수치는 조현병과 양극성장애의 연구와 비슷하고, 이는 섭식장애가 '유전적으로 영향을 받는' 즉 특성상 생물학적으로 여겨온 질환인 것으로 추정된다"(Kaye, Wagner, Frank, & Bailer, 2006, p. 124). 분자 유전 연구의 한 방법인 연동 분석에서, 부모가 자식에게 주는 유전 영향의 변이는 질환의 유전자 혹은 성향에 영향을 주는 유전자를 밝히는 데에 활용된다. 이러한 접근을 위해서는 관심 갖는 질환 혹은 성향을 가진 친척(일반적으로 형제)이 최소 둘 이상인 가족 표본이 다량 필요하다(Mazzeo, Landt, van Furth, & Bulik, 2006). 유전 연구의 연동 분석은 AN을 일으키는 유전자의 위치를 1p라고 명한 염색체에서 (Grice et al., 2002) 그리고 BN은 10p라고 명한 염색체에서 규명하였다(Bulik et al., 2003). 하지만 구체적으로 부모의 어떤 취약성이 자녀에게 인계되는지 그리고 이러한 취약성이 섭식장애의 발생에 공헌하는 기전이 무엇인지는 아직 밝혀지지 않았다. 또한 후성설(epigenetics)이 섭식장애 연구의 한 영역으로 급성장하고 있다. 이는 유전학 연구 단독에 비해, 유전-환경 상호작용에서 보이는 연결들을 더 잘 밝혀줄 것으로 보인다(Campbell et al., 2011). 섭식장애에서 그렐린(ghrelin)의 역할 그리고 이것이 질환의 지속에 영향을 주는 원인 요소 혹은 변수인지에 대한 서로 상충되는 연구들이 또한 있다. 그렐린은 위벽을 덮는 세포와 췌장(pancreas)에서 생성되는 아미노산 펩타이드와 호르몬이다. 그렐린 수위는 식사 전에 올라가고 식사 후에 내려가기 때문에, 그렐린의 불균형이 섭식장애에 어떤 역할을 할 것으로 제시되어왔다(Atalayer, Gibson, Konopaka, & Geliebter, 2013). 언급한 대로, 이러한 영역의 연구들은 서로 상충되어서, 어떤 것은 가정을 지지하고 다른 것은 그렇지 않다.

최근 몇 년간, 증가된 많은 연구가 AN과 BN 내담자에서 신경생물학적 변화가 이 질환에서 보이는 식욕 불균형, 기분 문제, 강박성, 신체상 왜곡에 관여됨을 시사하였다(Jimerson & Wolfe, 2006; Kaye et al., 2006). 예를 들어, 생리 연구(뇌척수액에서 세로토닌 대사물의 농도를 측정), 뇌 영상 연구[뇌의 다양한 부위에서 세로토닌 전달체(transporter)의 가용성(availability)과 수용체 결합을 규명], 그리고 유전 연구의 결과들이 모두 비정상적인 세로토닌 기능이 AN과 BN에 영향을 주고, 아마도 성향 관련의 지속적인 변화가 이 질환 발달의 생물학적 취약 요인에 작용하였음을 시사한다. 선택적 세로토닌 재흡수 억제제(SSRIs)는 섭식장애 치료에 흔히 사용되며, 미국 FDA는 BN 치료에 fluoxetine을 허가하였다(APA, 2006).

좌상 분획 : 내부-개인   우리의 통합 여정은 섭식장애 영역의 주관적, 경험적 요소를 탐험함으로써 계속된다. 개인들이 그들 자신, 타인, 그리고 세상에 대해 어떤 생각, 기분, 그리고 인지를 가지고 있는 것일까? 섭식장애를 가짐으로써 어떤 현상학적 경험을 하는 것일까? 보통 이것들은 (제한되어 있지는 않지만) 완벽성, 낮은 자부심, 감정 상태를 대처하는 어려움, 그리고 대인관계에 관련된 어려움을 포함한다(Hoiles, Egan, & Kane, 2012).

섭식장애가 있는 대다수 개인들의 공통분모는 몸무게와 모습에 관한 지나친 자기 평가에 사로잡혀 있다는 점이다(Garner, Vitousek, & Pike, 1997; Wilson et al., 1997). 그러한 내담자들은 그들이 깨어 있는 대부분의 시간에 음식, 칼로리, 몸무게, 모습, 외모를 집요하게 생각한다. 그들의 생각은 주로 불안을 만들고 고통을 갖게 한다. 섭식장애가 확립되면 개인은 몸무게와 모습에 모든 자아 존중감의 기반을 둔다. 걱정의 규모가 몸무게/모습에 약간 불만족한 개인과는 구별된다.

음식과 몸무게에 대한 생각은 섭식장애가 있는 내담자들에게는 왜곡되고 비현실적이다. 이분법적 사고는 그들의 분류에서 전형적인 예가 되는데 음식이 좋거나 나쁘거나, 자신이 뚱뚱하거나 마르거나, 음식을 제한할 땐 자신을 '통제력 있고' '좋다'고 보지만 먹을 땐 '통제력 없고' '나쁘다'고 본다. 그들의 생각은 미신적일 수 있다. 예를 들어 어떤 특정한 음식을 먹는 것이 곧바로 허벅지 살이 붙는다고 생각하는 것이다. 이러한 사람은 먹는다는 중요한 사건을 확대 해석한다. 예를 들면 과자 하나를 먹는 것이 '재앙'이라고 여기는 것이다. 이러한 재앙은 사회적 고립을 초래할 수 있는데 왜냐하면 그는 이제 '뚱뚱하기' 때문이다. 이것은 엄청난 폭식을 초래할 수 있는데 왜냐하면 "다이어트는 이제 끝났어. 이제 패배를 인정하고 내가 먹고 싶은 것을 먹을 거야."라고 하기 때문이다. 내담자들은 그들의 '느낌'이 현실이라고 추정하며 그들은 자기 몸무게와 모습에 관한 생각을 더 객관적인 입장에서 보는 것이 불가능하다. 전형적인 가정은 "나는 뚱뚱하다고 느껴, 따라서 나는 뚱뚱해." 그리고 "나는 못생겼다고 느껴, 따라서 나는 못생겼어."이다.

내부 대화는 대부분 폭식과 제한 혹은 폭식과 제거를 왔다 갔다 한다. 이것은 다음과 비슷하다. "나는 엉망이야. 내 몸은 너무 뚱뚱해, 너무 역겨워. 나는 그냥 딱 한 입만 먹을 거야. 그냥 작은 한 입. 내가 이걸 먹었다는 것을 믿을 수 없어! 나는 정말 돼지야. 나는 50파운드의 살이 찔 거야! 내 몸은 통제할 수 없어. 나는 정말 끔찍한 기분이 들어. 나는 토해야 돼. 나는 내일 아무것도 안 먹을 거야. 나는 내가 싫어!" 이 대화는 폭식한 양이 5,000칼로리인지 20칼로리인지에 따라 달라질 수 있다. 변덕스러운 기분 변화는 먹기를 원하는 것, 먹기를 무서워하는 것, 그리고 먹기를 꺼리는 것과 관련될 수 있다.

섭식장애가 있는 개인들은 몸을 '자신이 아닌' 낯선 것으로 경험한다. 몸이 자기 자신이 아닐 뿐만 아니라 적이자 통제되어야 하는 것이다. 특별히 AN이 있는 사람들은 몸을 무력하게 만들고 싶어 한다. 그들은 배고픔을 몸으로 느끼는 것을 이국적으로 느끼며 몸이 그들을 배신할까 봐 두려워한다. 예를 들어 음식을 한 입만 먹는 것도 무서운 것인데 왜냐하면 그들은 아마 멈출 수 없기 때문이다. 그들은 만족할 수 없는 식욕을 두려워한다. 어떤 내담자들은 몸에 갇혀 있음을 느낀다. 그들의 몸은 갇힘과 제한으로 경험되며 그들은 단지 그들의 살에서 '기어 나오고' 싶어 한다. 그들은 그들의 몸이 달리기나 다른 스포츠를 얼마나 견딜 수 있는지를 보면서 자부심을 느낀다. 이것이 건강한 전형이 아니라는 것을 이해하는 것이 중요하다. 이것은 몸을 완벽하고, 조각되고, 벌 받아야 하는 물체로 여기는 경험이다(Bordo, 1993).

섭식장애가 있는 개인들은 '마른' 것이 바람직한 기분, 속성, 그리고 결과를 줄 것이라고 추정한다. 예를 들어 마른 것은 행복을 가져다줄 것이다. 마른 것은 "나는 잘 통제되고, 나는 성공했고, 나는 가치 있고, 나는 사랑받을 만하다."는 것과 동일하다. '살찐' 것은 불행을 초래한다. 살찐 것은 "나는 게으르고, 나는 실패자이고, 나는 무가치하고, 나는 사랑받을 만하지 못하다."는 것과 동일하다. 억눌려져 있을 때는, 섭식장애가 있는 개인들은 주로 마르거나 뚱뚱함을 정의할 수 없다. 그들의 장애의 초기에는 마름이나 뚱뚱함은 주로 저울의 특정한 숫자와 동일하다. 살찐 것은, 예를 들어, 개인들이 자신의 삶 중 가장 높은 몸무게를 받은 것과 주로 동일하다. 마른 것은 주로 임의적으로 정의된다. 그것은 10파운드를 잃은 것과 같을 수도 있고, 완전한 숫자만큼(예 : 100, 110, 120파운드) 몸무게가 나가는 것과 같을 수도 있고, 두 자릿수만큼(예 : 100파운드보다 적게 나가는 것) 몸무게가 나가는 것과 같을 수도 있다. 그들이 몸무게를 잃으면서 마름과 동일한 원래의 숫자를 성취하게 되더라도 그들은 주로 행복함이나 성공이나 가치를 느끼지 않는다. 몸무게를 잃는 것이 바람직한 결과와 연결되지 않음을 알아차리는 대신 그들은 주로 새롭고 더 적은 몸무게가 마름을 결정해야 한다고 정의한다. 시간이 지나면서 어떠한 몸무게도 충분히 마른 것이 아니라는 것이 명백해진다. 충분히 마른 것은 얻을 수 없는 목표이다. 또한 '마르지 않은' 모든 몸무게는 '뚱뚱함'이 된다. 즉 중립적인 몸무게란 없다. 이분법적인 사고는 확연히 저체중인 AN의 개인으로 하여금 진심으로 "나는 너무 뚱뚱해."라고 생각하게 만든다. 인지치료는 내담자들이 이러한 모든 종류의 왜곡된 생각, 그리고 몸무게에 대한 추정과 맞서 싸우게 해준다(Garner et al., 1997; Wilson et al., 1997).

섭식장애가 있는 개인들에게는 이 궁극적인 모순에 대한 인식이 어렵다. 즉, 절대 얻을 수 없는 마른 이상형에 대한 추구 말이다. 그러므로 그들은 몸무게를 줄이는 것을 즐기며 한 파운드가 줄어들 때마다 중요성을 더 부과한다. AN의 사람들은 몸무게가 줄었을 때 승리(triumph), 통달(mastery), 자기 통제, 그리고 우월감을 느낀다. 시간이 흐를수록, 섭식장애는 자신에 대한 인식을 말해준다. 이런 내담자들은 선언하기를, "마른 것은 나를 특별하게 만들고 다른 사람과 나를 구별해요." 그리고 "나는 먹지 않을 때 더 강하고 유능하고 통제력 있어요."라고 한다. 질병의 불인정과 치료에 대한 종종 열정적인 거부는 AN의 자아 동조적 성향을 나타낸다. BN을 앓고 있는 사람들은 그들의 폭식 행위에 대하여 대체로 굉장히 부끄러워하는데 그들은 이것을 약함의 상징이자 자기 통제의 실패로 보기 때문이며 따라서 이 행동을 포기하기 위한 동기를 가지고 치료에 임한다. 그러나 이러한 사람들은 AN 사람들처럼 마름을 포기하지 않는다. 그들은 수치심에도 불구하고, 그들은 종종 섭식장애를 '단짝 친구'라고 특징짓는다. 이런 이유로, 그들은 또한 치료를 통해 변하려는 동기가 결여되어 있다. 그러므로 변하려는 동기의 전략은 주로 내담자들을 회복에 끌어들이는 데 종종 사용된다(Villapiano & Goodman, 2001).

폭식장애(BED) 진단의 개인은 먹는 것, 모습, 그리고 몸무게에 대한 걱정이 BN 사람들과 비슷한 수준이다(Marcus, Smith, Santelli, & Kaye, 1992). 그들도 비현실적으로 높은 다이어트 기준을 가지고 있으며 음식과 몸무게에 대해서 왜곡된 신념을 유지한다. 전형적으로 그들은 마름의 중요성에 대해 똑같은 과대평가를 하지 않는다. 대부분의 폭식을 하는 섭식장애를 가진 내담자들은 몸의 평균 크기의 개념에 대해 편하게 느낀다. 비만은 폭식을 하는 섭식장애를 가진 개인들에게서 흔하며, 그들의 수치심과 강렬한 불만족은 객관적으로 더 큰 신체 크기를 가진 데서 온다. 폭식은 그들의 '제일 친한 친구'가 될 수도 있지만 그들은 치료에 동기가 부여되어 있는데, 왜냐하면 그들은 폭식의 조절이 체중 감소로 이어질 것이라고 희망하기 때문이다.

섭식장애를 가진 여성들과 남성들 사이에 많은 정신내부의 유사성이 존재함에도 불구하고, 차이점이 보고되었다(Anderson, Cohn, & Holbrook, 2000). 여성들은 주로 허리 아래쪽의 신체 모양에 대해 불만족스러워하는데 남성들은 허리 위쪽에 불만족스러워하는 경향이 있다. 여성들은 마름에 더 초점을 맞추는 반면 남성들은 호리호리하고 다부진 체격을 이루는 데 더 초점을 맞춘다. 어떤 남성들은 '부피를 늘리기' 위해 체중을 늘리며 그들이 더 이상 충분히 커질 수 없다고 믿는다. 이런 상태는 AN의 역전 또는 신체이형증이라 하며 이는 거의 독점적으로 남성들만 괴롭힌다(Anderson et al., 2000). 마치 식욕부진증 환자들(anorexics)이 그들 자신이 충분히 마를 수 없다고 느끼는 것처럼, 이 남성들은 그들이 충분히 커질 수 없다고 느낀다. 주로 이 남성들은 더 큰 근육 덩어리를 가지기 위해 근육증강제를 이용한다.

다른 역설은 섭식장애가 적응을 위한 대응 기능을 한다는 것이다. 어떤 개인들은 그들의 섭식장애 기능을 알아볼 수 있지만 다른 사람들, 특히 AN 사람들은 (감정 인식 부족으로 인해 말로 표현을 못하는) 감정표현불능(alexithymic)일 수 있다. 이런 내담자들은 억제와 억압을 모두 동원하여 감정을 의식에서 밀어낸다. 내담자들이 그들의 내부 경험을 연관시키고 묘사할 수 있는 정도는 그들의 자기 구성 기능으로 보인다. 즉, 그들의 신체, 인지, 감정 경험들이 응집 및 통합의 자기(self)로 조직화되고 통합되는 정도이다(Goodsitt, 1997). 치료 목표 중의 하나는 내담자들로 하여금 섭식장애의 기능과 그것이 어떻게 자기들에게 작용하는지를 이해하게 해주는 것이다.

많은 내담자에게서 섭식장애는 압도된 감정적 상태, 예를 들어 슬픔, 외로움, 불안, 긴장, 지루함, 화남, 거절, 그리고 스트레스를 조절한다. 예를 들어 어떤 사람들은 절망적이라고 느낀다. 그들은 그들의 문제들을 절대 해결할 수 없을 것이라고 믿는다. 어떤 사람들은 엄청 슬프고 외롭다고 느끼며 아무도 그들을 이해해주지 않는다고 느낀다. 어떤 사람들은 세상에 자리를 차지하는 것에 대한 확연한 자기 혐오와 죄책감의 느낌을 경험한다. 어떤 사람들은 완벽주의 불안을 경험한다. 그들은 지속적으로 불안/초조하고 긴장되며 모든 것을 완벽하게 하기를 원한다. 불길한 예감의 먹구름이 드리운 채 그들은 모든 결정, 모든 말, 모든 행동에 대해 걱정한다. 때로 이것은 심한 자의식 또는 노출된 느낌으로 혹은 그들이 남들에게 어떻게 평가받을지에 대한 걱정으로 나타난다. 이러한 다양한 감정들은 특정 기분장애의 일부이거나 외부 삶의 사건들에 대해 촉발된 것일 수도 있다. 감정의 출처와는 상관없이, 이 감정들은 조절되거나 참아낼 수 없고 제한이나 폭식 및 제거 행동이 이러한 감정을 대응하게 해준다는 감각이 존재한다. 섭식장애는 내담자의 기분 상태를 분산시키고 감정들을 무디게 하거나 어떤 면에서는 감정의 긴장을 이완시킨다. 이 중 긴장 이완의 결과는 비록 건강하지 않은 대응에 기초하지만 그래도 일종의 평형감각 재건이다.

섭식장애는 어떤 개인에게는 감정 평형 그 이상을 세운다. 자기 심리학 용어를 빌려, 섭식장애는 응집과 자기 구성의 감각을 촉진시킨다(Goodsitt, 1997). 많은 내담자들은 자신을 비어 있거나 결점이 있다고 느낀다. 그들은 완전하거나 진짜라고 느끼지 않는다. 다른 사람이 겉에서 본 것은 안에서 느끼는 것과 일치하지 않는다는 감각이 있다. 어떤 이는 원하고 필요한 것을 얻으려 할 때 자신이 비효율적이고 무능하다고 느낀다. 어떤 이는 그들이 원하거나 필요한 것을 모른다고 한다. 어떤 이는 다른 사람보다 열등하다고 느낀다. 즉 그들은 어떻게든 돌이킬 수 없을 만큼 결함 있고 귀엽지 않다고 말이다. 섭식장애는 자신에 대한 이러한 고통스러운 경험을 떠내려가게 한다. 강박사고의 몰두와 강박행동 예식은 개인에게 안전, 예측 가능함, 그리고 지배의 기분을 제공한다. 압도적인 내부 상태들이 인식을 벗어나 몸으로 밀려나가, 몸을 통제하는 것이 통제력을 회복한다는 착각을 일으키는 이러한 과정은 일종의 투사라고 할 수 있다. 섭식장애 증상은 그들의 삶을 관리 가능한 어떤 것으로(몸을 통제하는 것) 좁게 보며 자기감(sense of self)을 느끼는 기반이 된다. 다시 말해, 통합 용어로 말하자면 자기의 일부가 부정되고 그 대신 그림자가 생성된다.

어떤 이에게서, 섭식장애는 실패에 대한 약한 자기감을 보호한다. 질환은 궁극적인 피난처가 되며 자신과 타인들의 기대를 충족시키지 못함에 대한 변명이 된다. 만약 개인이 '잘 지내는 데' 실패하면 그 실패는 견딜 수 없게 느껴질 것이므로 '아픈 사람으로' 남는 것이 더 낫다.

많은 사람들이 섭식장애는 분리 개별화의 발달 과제를 타협하는 과정이라고 하였다(Johnson, 1991a). 예를 들어, 어떤 청소년 내담자들은 부모의 필요를 접하고 부응하는 것을 위해 존재한다고 느낀다. 부모들은 그들에게 이런 필요를 주입하거나(예 : 자녀를 양육받는, 비밀 없이 막역한 존재로 여기는 부모가 있다) 그렇게 생각하게 유도한다. 이러한 청소년들은 스스로 절대 짐이 되지 말고 부모를 챙겨야 한다고 생각한다. 그들은 순응하고 잘 협조하며 다른 사람들을 대접하는 데 초점이 맞추어져 있다. 극단적으로, 이러한 청소년들은 단순히 존재하는 것만으로도 죄책감을 느낀다. 그들은 자신을 부정하려 하는데, 자기의 필요를 갖는 것은 '이기적'이며 그들은 오직 남을 돌보기 위해서만 살아야 한다고 여기기 때문이다. 성장하고 자기 삶을 추구하는 것은 문제 있는 것으로 보며 섭식장애는 이를 '해결한다.' 섭식장애 때문에 바깥에서 충분히 기능하지 못하는 이들은 부모의 도움을 받는 것이 용이하도록 주로 집이나 집 근처에 산다. 추가하여, 이러한 청소년들은 자라는 것과 성인의 책임을 떠안는 것을 무서워한다. 그들은 발달상의 자율성 필요를 충분히 접하지 못하여 어떡해야 독립적으로 기능하는지 모르거나 준비되지 않았다.

동시에, 청소년들이 발달상의 필요를 완전히 버리는 것은 어려우며, 섭식장애가 이 문제를 또 해결해준다. 그것은 특별히 AN이 있는 개인들이 다음과 같이 소통하는 셈이다. "나에게 집중하세요. 나를 보세요. 나는 필요가 있어요. 나를 돌봐주는 것이 필요해요." 질환은 소통하길 성숙 과정에서 뭔가 잘못되었다고 하고 청소년은 채워지지 않은 돌봄의 필요들을 갖고 있다고 한다. 동시에, 이 청소년들은 그들의 몸을 조절함으로써 그들의 부모로부터 분리와 독립의 조치를 가한다. 부모들은 청소년 자녀가 섭식장애를 멈추는 것을 그들이 강요할 수 없음을 곧 배운다. 그래서 질환은 청소년들을 의존적으로 유지하는 동시에 독립을 느끼게 해주는 역설적인 기능을 수행한다.

폭식은 어떤 필요든 만족시킬 수 있다. 예를 들어 폭식은 자기 진정, 자기 확신, 그리고 연결을 간접적으로 접하는 방식이다. 폭식은 "나는 정당한 필요가 있어요. 나의 한 부분이 원하고 있고 나는 그 요구에 반응할 거예요. 나는 나 자신을 (심리적으로) 이어갈 거예요. 나는 안정되고 싶고, 인정받고 싶고, 교감을 느끼고 싶어요."를 의미하는 말이다. 섭식장애가 있는 개인은 종종 이러한 필요들에 대해 갈등을 겪는다. 많은 이유로 인해, 내담자들은 필요를 가질 자격이 없다고 느낀다. 필요에 너무 굶주려 있다는 감각이 존재하며 제거 행동은 이러한 폭식을 '취소(undo)'하는 하나의 방법이다. 제거는 필요를 갖는 개인을 처벌한다. 그러므로 폭식 행동은 자기 주장이고 제거 행동은 이에 대한 처벌이다(Reindl, 2001).

섭식장애는 또한 사춘기 '문제'의 해결책이 되기도 한다(Crisp, 1997; Strober, 1991). AN 개인의 신체 형태는 사춘기 이전 수준이다. 몸이 여전히 어린이 같을수록, 개인은 성과 같은 주제들과 연관된 성인 발달의 진입을 회피할 수 있다. 성 학대 혹은 성폭행을 당했던 이들에게 사춘기 이전의 외형은 보호막이 될 수 있다. 그것은 타인에게서 원치 않는 성적 관심을 걷어낼 수 있고 동시에 자신의 성 충동을 스스로 마주해야 할 필요도 없앤다. 이러한 개인들은 (문화 규범에서 볼 때) 신체적으로 안 좋게 됨으로 성 관심을 회피하려고 하며 그들은 지방(fat)을 심리적인 보호막으로 사용한다. 지방은 그들을 타인의 학대로부터 '완충'하며 타인의 학대로부터 멀어지게 하는 '벽'이 된다. 제거 행동은 성적 트라우마와 관련된 특정 행동을 '내쫓는' 하나의 상징적 방식이 될 수 있다(Schwartz & Cohn, 1996).

섭식장애 증상은 타인과 의사소통하는 데에 활용된다. 의도적으로, 개인은 타인에 대한 화, 좌절, 불쾌함을 전달하기 위해 그들의 증상을 나타낸다. 예를 들어, 청소년들이 그들 부모 면전에서 "나는 당신들이 끔찍해. 당신들이 괴로웠으면 좋겠고, 나는 당신들에게 벌을 줄 거야."라고 털어놓는 것과 같다. 증상은 무기가 되고 자신이 바라는 대로 되기 위해 타인을 검토, 조작하거나 죄책감을 심는 요령이 된다.

이것들이 섭식장애가 보이는 일반적인 정신내적(일부는 대인관계적) 기능들이다. 우리는 여러분의 관심을 앞서 언급한 연속선의 양극을 왔다 갔다 하는 것으로 옮기려고 한다. 이 논의에 들어가는 주제에는 포만과 갈망, 방종과 감금, 욕망과 결핍, 통제 불능과 통제, 자기 혐오와 자긍심, 불안과 안정, 자양분과 자기 포기, 연결과 단절, 의존과 독립, 취약성과 보호, 이기심과 무욕심의 양극을 왕래하는 것이 있다. 이러한 것들은 객관적인 폭식과 제한 행동에 평행되는 주관적인 경험들이다. 이는 섭식장애에서 음식과 체중보다 더 두드러진다. 음식에는 점차 대체되는 의미가 부여된다.

좌하 분획 : 내부-집단   통합 여정의 이 시점에서, 우리는 섭식장애 개인의 상호주관 경험을 탐색한다. 이들에게 있어 중요한 대상과의 관계 안에 있다는 경험은 무엇일까? 이들에게 있어 서로 공명하고 알아가는 '우리 공간' 안에 있다는 경험은 어떤 것일까? 이런 질문에 대한 일부 대답들은 앞 절에서 잠깐 다루었다. 이러한 관점은 개인이 동일시하는 문화 맥락, 즉 '집단적 우리'를 가늠하고, 어떻게 이러한 맥락이 자기감, 가치, 관습, 세계관을 제시하는지를 평가한다.

사람들이 맺는 첫 인간관계는 가족으로 시작하기에 우리는 이 탐색을 가족에서부터 자연스럽게 시작할 수 있다. 많은 심리역동 문헌은 초기 모녀 관계의 문제가 청소년기에 섭식장애를 일으킬 가능성이 높다고 기술했다. 제한형 AN 사례에서, 모녀 관계는 특징적으로 얽혀 있다 (Johnson, 1991b). 어머니는 주로 딸들에게 지배적이고 과보호적이다. 어머니는 많은 이유로 인해 딸에게 적절한 발달을 제공하거나 독립심을 고취시킬 수 없는 것으로 보인다. 이런 어머니는 적절한 수용(holding) 환경을(Winnicott, 1965) 제공하지 못하고 대신 자신들의 욕망을 채우기 위해서 딸들을 (의식 혹은 무의식으로) '사용'한다. 예를 들어 어떤 어머니는 자신의 정서적으로 지지받고, 필요한 존재가 되고, 나이 드는 공포를 감소하기 위해 딸을 가까운 곳에 두고 싶어 한다. 딸에 대한 어머니의 과도한 관여는 자율을 침해하고 너무 가깝고 부담스러울 수 있다. 어떤 내담자들은 이러한 사실을 인식하고 어머니의 과보호에 대해서 불만을 토로하고 자신만의 "공간이 없다."고 한다. 반면 이러한 사실을 인지하지 못하는 딸들은 어머니를 "자신의 가장 친한 친구이자 자신에 대해서 모든 것을 아는 사람"으로 묘사한다. AN 청소년들에게 "자기 절식은 자신에 대한 자율권이자 약한 자신을 어머니의 침해로부터 보호하고 약한 자아를 성인기의 심리생물학적 요구로부터 보호하기 위한 필사적인 수단이다"(Johnson, 1991b, p. 170). 음식 제한은, 상징적으로 대상을 제외하려는 시도이다.

BN의 경우 모녀 관계는 부족한 관여로 묘사된다(Johnson, 1991b). 어머니들은 흔히 수동적, 거부적, 그리고 회피적이라고 설명된다. 이러한 내담자들은 감정적으로 어머니에게 방임되었으며 그것은 어머니가 어떤 식으로든 곁에 없는 것과 같다. 어머니는 우울증, 자기 문제에 몰두, 질병, 이혼 등의 다양한 이유로 적절한 수용 환경을 제공하지 못했을 것이다. 이 결과로 나타난 BN 환자들은 자기 필요, 특히 교감과 자기 안정 필요를 어머니가 충족하지 못한다고 믿는다. 내담자들은 자신들이 더 원한다는 것과 어머니가 올바르게 자신을 기르지 못했다는 것을 뼈저리게 느낀다. 음식은 모성의 대체물이 된다. 이는 안정을 주고 쉽게 구할 수 있다. 폭식은, 상징적으로 대상을 취하려는(take in) 시도이다.

페미니스트 치료사들은 성 정체성이나 관계성과 관련된 문제들이 모녀 관계와 섭식장애를 이해하는 데 중요하다고 의견을 추가한다(Chernin, 1985; Rabinor, 1994). 지난 40년간 성 역할은 끊임없는 변화를 거쳤고 현대 성인 여성들은 어머니 세대와 전혀 다른 세상을 마주한다.

Chernin(1985)은 이러한 대비가 매 세대마다 있고, 딸이 여성이 되는 경험은 다소간 어머니의 경험에 의해 정해진다고 하였다 — 어머니의 선택, 좌절, 제한 그리고 강압. 자신과 어머니와의 이러한 비교는 위험해보이기도 하고 실제로도 위험한데, 오늘날의 여성은 삶의 선택에서 어머니들보다 더 나은 사회 및 심리 기회를 가지고 있기 때문이다. 딸은 이러한 새로운 세상에 대해 아직 준비되지 않은 어머니에게 강한 분노를 (그리고 분노의 기저에 엄청난 슬픔과 갈망을) 느끼기 때문에 이런 어머니와의 동일시는 위험하다. Knapp(2003)은 지적하길 이는 치료자와 교류가 없으며 치료자에게 혼란과 고통을 주는 어머니를 향한 분노. 이러한 분노는 애를 쓰고, 자신의 즐거움은 부정하면서 이 시점에서 치료자가 무엇을 원하는지는 보지 못하는 그런 어머니로 인해 생긴 것이다.

좌하 분획 관점에서, 이러한 점은 문제의 핵심이 되는데 왜냐하면 지금 어머니와의 관계가 위험하기 때문이다. 어떤 학자들은(Kaplan & Surrey, 1984) 가정하길 자아 정체성 발달 과제가 남성들에게 분리-개별화로 나타나는 것과 반대로 여성들에게는 관계-분화로 나타난다고 하였다. 여성의 기본적인 자기 가치 감각은 여성 자신이 관계 속에서 이해와 상호성을 찾는 능력과 연관된다고 여긴다. Chernin(1985)은 이와 관련해서 딸들은 강렬한 갈등을 겪는다고 한다. 어머니와 연결되어 충성스런 관계를 유지함과 어머니와의 관계를 끊고 세상 변화에 따라 새로운 역할로 나아감 사이에서 갈라진다. 이는 섭식장애에 있어서 핵심적이다. 섭식장애는 어머니와 조율하는 수단이며, 말로 하자면 "나는 어머니처럼 자기를 박탈하고 채워지지 않아요. 우리는 똑같아요."라고 하는 것이다. 그런데 섭식장애는 이러한 조율의 거부이기도 하다. 어머니와 음식을 동일시하여 굶거나 토해내는 행위는, 상징적으로 어머니를 거부하는 행위다. 어머니를 배신하고 버리는 일은 죄책감을 만들기도 한다. "엄마가 가지지 못한 것을 내가 가지면 안 되지 않나?" 섭식장애는 이러한 죄책감을 덜고 속죄의 방법이 되기도 한다. 본질적으로 "나는 엄마를 버리지만 멀리가지는 않을 거야."라고 하는 것이다. 페미니스트 치료자들은 딸들이 분노와 비난을 넘어서게 해주어 모녀 관계를 회복 및 변환할 수 있게 한다(Rabinor, 1994).

심리역동 문헌에서는 섭식장애에서 아버지의 역할도 주목한다. 일부 저자에 따르면 아버지는 가정 밖 세상을 상징한다(Maine, 2004; Zerbe, 1993). 아버지는 초기 모녀 관계에 "관대하게 끼어들어서" 딸을 외부 세상, 새로운 사람들과 새로운 도전들로 이끌고 자신만의 끼와 관심을 발전시킬 수 있게 허락한다(Zerbe, 1993). 아버지는 또 딸의 성을 인정하고 권장하며 친족 경계를 존중하는 역할을 한다. Maine은 서구 문화권 아버지는 여러 사회적 제약과 불문율로 인해 가정 밖에 머물러 감정적으로 딸들에게 도움이 되지 못한다고 주장했다. "아버지에 대한 갈망"은 아버지가 정서적으로 부재했던 여성들이 경험하는 공허함이다. 이 공백은 신체 이미지의 염려, 다이어트 요요현상, 그리고 병적인 식습관으로 이어질 수 있다.

Humphrey(1991)는 보살핌, 안정, 그리고 개별화의 결함을 섭식장애 가족의 세대를 넘는 발달 마비의 반영으로 추정한다. 부모들 자신이 제대로 보살핌 받지 못했고 안정되지 않았으며 발달 욕구가 충족되지 못했다. 이런 부모들은 결과적으로 자신들이 받은 처지를 자기 자녀들에게 재현함으로써 이런 결함을 극복하려 한다. 이런 결함에 적응하는 방식은 다르다. Humphrey가 저술했듯이, 식욕부진증 가족들은 딸이 의존적이고 아이 같을 때만 사랑을 준다. 폭식증 가족들은 전반적인 사랑 결여나 애정 갈망이 있는 것으로 보인다.

대를 이어 전달된 수용 환경 실패의 결과는 자녀와 부모가 심리적 안정과 통합을 위해 서로 근본적인 의존을 지속하는 것이다. 가족 구성원들은 개별적인 자아를 유지하지 못하며, 섭식장애는 한 덩어리인 가족이 안전감을 세우는 하나의 방식이 된다.

지금까지는 섭식장애에 관여하는 가족의 '우리' 문화에 관한 이론 중 일부일 뿐이다. 좌상 분획에서 지금까지 논의된 양극은 다음의 양극을 오가는 논의로 확장되었다─의존과 독립, 연결과 단절, 혼란과 조절. 이러한 이론들은 경험적으로 검증하기 어려우며, 가족 관계에서 일관된 양상이 존재한다는 언급은 최근의 가족 연구 문헌에서 찾아보기 힘들다(Dare & Eisler, 2002). 가족을 체계로서 보는 경향이 높아졌고, 우리는 이를 우상 분획의 논의에 배치했다. 우리는 이 이론들이 **일부** 가족의 관계 역동을 이해하는 개념적인 유용성을 주고, 가족 요인들이 섭식장애의 발생과 지속에 중요한 영향을 끼친다는 연구가 있기 때문에 이 이론들을 지금의 논의에 포함시켰다(Vandereycken, 2002).

가정은 모든 개인의 첫 번째 '문화'인데, 문화는 개인의 소속, 예를 들어 특정 또래 집단, 스포츠 팀, 성적 취향 등을 뜻한다. 아동기 비만과 또래들의 체중 관련 놀림이 병적인 식습관에 내재된다(Becker & Fay, 2006). "나는 다시는 뚱뚱하다는 이유로 거절당하지 않을 거야."라고 말한 내담자들이 한둘이 아니다. 섭식장애가 올 가능성은 발레, 체조, 장거리달리기, 레슬링과 같은 체중이 중요한 스포츠 선수들이 그렇지 않은 스포츠 선수들보다 높다(APA, 2006). (팀과 달리) 개인에 대한 집중, 그리고 더 낮은 체중이 더 좋은 결과를 불러올 것이라는 신념 등의 이유가 이런 스포츠를 하는 선수들에게 신체 불만족을 주고 섭식장애를 가져온다. 성 정체성과 관련해서 이성애자 여성과 레즈비언 여성과의 신체 불만족 차이는 크지 않았으나 게이는 이성애자 남성에 비해 외모에 불만족을 느낀다고 답했다(Myers, Taub, Morris, & Rothblum, 1999). 어떤 동성애자 남성은 더 매력적이 되기 위해서, 관계 개선을 위해서 AN이 생기기도 한다(Anderson et al., 2000).

섭식장애 개인들은 주로 가족 밖 관계에서 문제를 가진다. 대인관계 이론들은 섭식장애가 어느 정도 대인관계 역할 분쟁(즉, 관계에서 기대의 상이함), 역할 변동(즉, 생활 상태의 변화), 대인관계 결핍(즉, 사회적으로 외롭거나 충족하지 못하다고 느낌), 그리고 애도(즉, 중요한 사람이나 관계의 상실)의 고통에 의해서 야기된다고 말한다(Fairburn, 1997). 내담자는 관계에서 피양육자의 역할을 전형적으로 맡게 되며 섭식장애는 이러한 역할에 따른 스트레스를 해소하는 도구가 될 수 있다(Tantleff-Dunn, Gokee-LaRose, & Peterson, 2004). 많은 내담자들이 타인과 교류할 때에는 '진짜' 자기를 숨겨야 한다고 믿는다. AN 여성은 관계를 두려워할 수 있는데 복잡하게 얽히는 것을 혼란스러워하기 때문이다(Steiner-Adair, 1991). 이러한 사람들은 다음과 같이 말한다. "나는 당신이 필요 없어요. 내가 당신을 필요로 하게 되면 나는 내 자신을 잃어버리게 되니까요." 보상의 취지로, 그들은 가성독립이 되고 다른 사람이 필요 없다고 주장한다. 많은 BN 여성들은 버림받는 것과 조각나는 것이 두려워 관계의 분리/개별화에서 몸부림친다(Steiner-Adair, 1991). 이러한 내담자들은 "나는 당신이 필요해요. 하지만 얼마나 필요로 하는지를 알려줄 수 없어요. 왜냐하면 나의 필요가 너무 커서 당신이 떠나게 될 테니까요."라고 느낀다. 그들은 종종 타인을 민감하게 감지하여 타인을 주목하고 그를 즐겁게 하는 일에 몰두한다. 그래서 많은 섭식장애 사람들에게 관계는 진정한 연결이 결여된 것 그리고 거짓된 것이라고 볼 수 있다.

연결과 친밀감의 이러한 어려움은 개인의 영성에도 확장되어 영향을 미친다(이 사례에서는 신과의 관계). 인간 본성의 신적 견지에서는 영성이 정체성과 성격의 핵심이라고 본다(Richards, Hardman, & Berrett, 2006). Richards 등(2006)은 섭식장애가 영적인 문제라고 주장한다. 개인이 겪는 자신이 가치 없다는 깊은 감정과 정체성의 부재는 신과 주요 대상들로부터의 거리감에서 비롯된다. 예를 들어, 어떤 여성은 자신이 신과의 관계에서 용서받을 수 없고, 용납되지 않고, 무가치하다고 여긴다. 어떤 이는 그들의 괴로움을 신에게 원망하거나, 신을 분노, 정죄, 처벌하는 존재로 본다. 이러한 내담자들은 자신의 믿음을 신 대신 섭식장애에 두며, 그들의 영적 정체성과 가치를 내던진다. Lelwica(1999)는 주장하길 섭식장애는 영적 굶주림과 의미 그리고 통전성 감각의 필요성에 치중한다고 하였다. 지금의 종교는 남성 우월주의와 데카르트 이원론에 의해 여성의 필요가 무시되고 있다고 그는 가정하였다. 그 결과, 여성들은 의미와 구원의 영적 필요를 마주하려는 노력이 옅어지게 되었다. 그는 지적하길 인터넷과 출판에서 여성의 이미지는 여성이 되는 아이콘으로서 단지 이미지일 뿐이 아니라 그보다 더한 기능이라고 하였다. 이러한 페미니즘 이상(ideal)은 거의 초월적 진리와 흡사하게 취급된다. 이러한 감각으로 여성을 바라보면, 그들은 종교적으로 기능하여 모호함과 고통의 세상에서 의미와 목적을 약속받는다.

우리는 우하 분획 영역으로 대중매체가 섭식장애에 미치는 영향에 대해서 알아볼 것이다. 섭식장애와 영성의 관계에 대해서는 거의 연구가 없으며, 내담자의 사례 연구와 증언들에 의하면 영성이 회복에 중요한 역할을 하는 것으로 보인다(Garrett, 1998; Richards et al., 2006).

현대 미국에서는 개인의 미모를 증진시키고 보존하려는 노력이 여성성의 핵심적인 특징이라고 여긴다. 다양한 맥락을 통해서 여성의 미를 강조하는 문화적 경향은 강화된다. Striegel-Moore(1995)는 여성들을 위해 만들어진 상품들(예 : 옷 그리고 장난감)이 미의 중요성을 부각시킨다고 정리하였다. 한 연구에서 여학생들은 외모에 더 많은 관심을 받고 남학생들에 비해 학업적인 지도나 피드백은 덜 받는다고 하였다. 미모는 여성의 경쟁력, 성취, 그리고 대인관계 성공과 연결되어 있다. 신체적으로 매력적인 여성들은 그렇지 못한 여성들보다 더 여성적이라고 평가받고, 조금 먹는 여성은 많이 먹는 여성보다 더 여성적이라고 여긴다.

이러한 문화적 배경이, 즉 집단적 '우리 공간'이 다이어트 행위와 외형적인 태도에 커다란 영향을 끼친다. 전국식이장애협회(2005)에서 나온 통계자료들은 이를 확인시켜준다. 미국 여성들 중 터무니없이 많은 숫자인 80%가 자신의 외모에 만족하지 못한다고 답했다. 10세 여아의 81%가 자신이 뚱뚱해질까 봐 두렵다고 했고 9세부터 11세 여아의 46%는 가끔 혹은 자주 다이어트를 한다고 답했다. 여대생의 91%는 다이어트를 하는데 22%는 '자주', 혹은 '항상' 다이어트를 한다. 미국인 남성의 25%, 미국인 여성의 45%가 다이어트를 한다[National Eating Disorder Association(NEDA), 2005]. 연구에서, 신체 이미지와 실제 체중은 상관이 없다고 한다. 글래머 잡지가 3만 3,000명의 여성들을 대상으로 한 설문조사에 따르면 여성들 중 오직 25%가 의학적인 과체중임에도 불구하고 75%나 되는 사람들이 자신을 뚱뚱하다고 생각했고 저체중 여성의 45%는 자신이 뚱뚱하다고 답했다(Wolf, 1991). 섭식장애 치료를 바라는 많은 사람들은 증상의 시작점을 다이어트를 시작한 시기나 체중이 줄어든 시기라고 답한다. 오랫동안 다이어트, 외모에 대한 걱정, 그리고 부정적인 신체 이미지는 섭식장애의 원인이 아니라면 중요한 전단계(precursor)로 여긴다(Jacobi, 2005). 섭식장애에서 마르고자 하는 욕구와 문화의 마르고자 하는 욕구는 깊은 관련이 있다.

어떤 이는 마른 것에 강박적으로 집착하는 미국 문화를 새로운 종교라고 부른다(Seid, 1994). 개인의 도덕 성향에 따라 식습관과 체중에 대한 성찰이 늘어났다. 살찐 것은 수치스럽고, 더럽고, 게으름의 상징이다. 마른 것은 존경스럽고 깔끔하며, 강한 의지와 훈련의 상징이다. '체중주의(weightism)'(즉, 뚱뚱한 사람에 대한 차별)는 그러한 편견 중의 하나이며 개인의 삶에 막대한 영향을 끼친다. Steiner-Adair(1994)는 다음과 같이 정리한다.

체중 요인이 밀접하게 연관되어 있는 것으로 확인된 부분은 (1) 학생에 대한 교사의 평가, (2) 내담자에 대한 정신건강 전문가의 평가(덩치가 큰 사람에게 보다 정서적인 문제가 영향을 준다), (3) 환자에 대한 의사의 평가(의사는 뚱뚱한 사람들을 의지가 약하다고 판단하며, 체중 증가가 의지 능력 부족의 단적인 면모인 것처럼 여긴다), (4) 고학력 대상에 대한 행정위원회의 평가, (5) 채용과 승진에 있어서의 개인 판단, (6) 세입자 결정에 대한 소유자의 판단이다(p. 385).

　　뚱뚱한 내담자와 활동하는 치료자들은 이러한 요소들과 관련한 개인 경험들을 듣게 된다. 체중주의는 사람들에게 다이어트는 사회 내 성공의 첫째가는 도구라고 말한다. 3만 3,000명의 여성에게서 10~15파운드 빼는 것이 인생 목표인 이유도 체중주의 때문이다. 이 목표는 직업이나 사랑의 성공보다 순위가 높았다(Wolf, 1991). 요약하면, 미국 문화는 날씬함에 강박적이다. 여성의 아름다움에 대한 좁은 정의가 강조되어 대부분이 도달하기 어려운 체중과 체형을 내세운다. 신체 외형은 개인의 도덕적 가치를 가능하게 된다. 이것이 섭식장애가 들어와 커가는 문화이다.

　　일부 인종이나 민족에서 섭식장애에 '면역'이 있는 것으로 한동안 추정하기도 했는데, 왜냐하면 그들 문화가 신체 이미지의 불만족으로부터 보호하는 특성이 있다고 보았기 때문이다. 예를 들어, 흑인 미국 여성은 섭식장애가 나타날 가능성이 적은데 그들 문화가 전통적으로 주류 문화에 비해 체격이 큰 체형을 포용하기 때문이다. 문화 적응 과정, 그리고 주류의 이상에 대한 동화 과정은 유색인종 여성에게서 섭식장애 발생 가능성을 높인다. 연구에서 볼 때 적응 과정은 중요하지만, 적응 과정의 수준이 항상 섭식장애 취약성을 예견하게 되는 건 아니다(Kempa & Thomas, 2000; Lake, Staiger, & Glowinski, 2000). 그보다 개인의 민족 정체성 수준이 취약성에 영향을 주는 것으로 보인다. 민족 정체성은 일반적으로 인종/민족성의 중요성을 인지하지 못하는 수준부터, 주류 문화 고정관념에 적합한 것, 고정관념과 조화롭지 않은 것, 주류 문화를 거부하는 것, 개별적인 통합을 이루는 것까지 나아간다(Myers, 1988). 예를 들어, 적합 수준의 개인은 주된 미의 가치를 내면화하여 섭식장애로 이어질 수 있고 부조화 수준에서는 억압적 환경을 느끼고 대응하는 방식으로 섭식장애가 발전될 수 있다.

　　현대 미국 문화는 과도한 소비에, 특히 물질 상품에 광적으로 집착하고 있다. 미국인들은 행복을 추구하는 것과 물건을 사는 것을 같은 것으로 취급하고 있으며, 미국 소비의 83%를 여성이 책임진다(Knapp, 2003). 소비자 문화는 "이 물건을 사면 너를 괴롭히는 것들을 해결해 줄 거야."라고 한다. "그 신발만, 그 옷만, 그 차만, 그 집만 있다면 나는 충분해."라는 일종의 집단적인 믿음이 있다. 여기에는 "이웃과 비등하게 지내려는" 문제가 있다. (keeping up with the Joneses : 사회 계층 또는 물질 상품의 기준으로 이웃과 비교하는 것을 의미하는 영어 관용구이다. 위키피디아 참조-역자 주) 섭식장애에서 원하고 폭식하는 감각은 우리들 집단이 물질 상품을 원하고 구입하는 감각과 조화된다. 여기에 채워 넣으려는 집단 욕구가 있다. 하지만 개인이 아무리 많은 양을 소비하여도 결코 충분하지 않다. 광범위한 문화 양상을 주목하자. 보류와 구매, 절제와 과소비 등 이러한 양상은 제한과 폭식, 통제와 통제 상실의 개인 양상과 평행을 이룬다.

문화로서, 여성은 진정 무엇에 굶주리는가? 어떤 문화적 갈망이 날씬함과 물질 소유의 강박으로 전환되는가? Knapp(2003)은 설득력 있게 주장하길 여성은 세상과 함께 하는(partake) 것, 삶의 풍부함과 가능성의 감각, 자유와 능력에 굶주려 있다고 하였다. 여성 운동이 40여 년 지나서 이제 여성은 전보다 많은 개인의 자유를 누리고 있으나, 능력과 자신감의 **집단 내부 감각**(collective visceral sense)으로 변환시키지는 못하였다. 사회 통계치는 그 원인을 나타낸다. 의회는 90%가 남성이며, 미국 일류기업 사무실 직원의 98%가 남성이고, 포춘 500 회사 CEO 중 4.4%만이 여성이며, 남성이 1달러를 벌 때 여성은 84센트를 번다. 개인의 자유와 정치적 능력 사이에는 격차가 있다. Knapp(2003)은 무엇이 내담자를 만족시키는지 의문을 제기하였다. 날씬함의 목표 기저에 진정한 열정이 있는가? 그는 많은 여성이 이러한 점을 탐구할 기회를 전혀 갖지 못하고 있다고 지적한다.

우하 분획 : 외부-집단 우리의 사분획 통합 탐구를 마무리하기 위해 우리는 섭식장애의 상호 객관적인 관점에 집중한다. 외부적으로 관찰되는, 사회적인 섭식장애 측면들에 대해서 어떠한 결론을 도출할 수 있는가? 우리는 이 논의를 이전의 사분획에서 시작했고, 그리고 우리는 그 둘 사이에서의 유사점을 찾아낼 것이다. 특히 우리는 현대의 미국 문화에서 작용하는 역사, 가족, 사회, 정치, 경제의 힘의 시각을 통해 섭식장애를 바라볼 것이다.

역사 그리고 인류학 연구들은 제시하길 13세기 이래로 여성은 식욕과 음식 조절을 하나의 표현으로 사용해왔다(Brumberg, 2000). 예를 들어, 성찬식(Eucharist)에 참여하려고 먹는 것을 금한 교회 여성들['금식 성인들(fasting saints)']에 대한 기록들이 있다. 하지만 역사가들은 재빨리 단호하게 주장하길 하나의 행동이 문화나 시대를 넘어서서 발생한다 하여 그것이 반드시 같은 원인이나 의미를 갖고 있다고 말할 수는 없다고 하였다. 오늘날 우리가 알다시피 섭식장애는 현대적인 장애로 간주된다.

AN은 1870년대에 처음 명명되고 식별되었으며 미국, 영국, 그리고 프랑스에서 거의 동시에 인식되었다. 그것은 산업 혁명 당시에 출현했으며 분명한 중산층 가정 생활의 정신병리에 해당되었다. 식사 거부는 부르주아 계층의 어린 소녀들이 '적절한' 여성상이 되는 기대를 거절하거나 적절한 혹은 유리한 결혼을 찾기 위한 방법의 하나로 여겼다(Brumberg, 2000). 폭식의 등장은 20세기에 AN과 처음 연관되었고, 1979년에 이르러서야 BN이 분명한 질환으로 인식되었다.

문헌 고찰에 의하면 가족 구성원들 사이의 관계 역동은 섭식장애의 발전이나 유지에 중요하다. BN 내담자들은 그들 가족들이 갈등이 있으며, 연합되지 않고, 무질서하며, 양육이나 돌봄이 없다고 인지하는 반면, 관찰자들은 내담자들이 적대적이고 무시하는 부모에게 분노 어린

순종을 나타낸다고 본다. AN 내담자들은 그들 가족들을 안정적이고, 조화롭고, 화합한다고 인지하는 반면, 관찰자들은 이러한 가족들을 경직되고, 과잉보호하며, 갈등을 회피한다고 본다(Vandereycken, 2002). 섭식장애 내담자들의 부모들은 정신병리 점수에서 대조군보다 높은 수치를 보인다(le Grange, 2005). 여기서 가족 연구 상당수는 횡단면 연구 설계라는 커다란 한계를 지적해야만 한다. 그래서 가족 문제가 섭식장애에 기여하는지, 섭식장애가 가족 역기능에 기여하는지를 규명하기가 어렵다.

몇몇 가족치료 전문가들은 섭식장애를 개인이나 역기능 가족 체계의 '소유물'로 보지 않는다(Dare& Eisler, 1997, 2002). 도리어 개인과 가족 '밖의' 증후군으로 본다. 포스트모던주의와 페미니즘에 의하면 이들 치료자들은 섭식장애를 "사회적인 견해에 의거하여 여성성으로, 신체상으로, 그리고 청소년 발달 과정으로" 본다(Dare & Eisler, 1997 p. 315). 특히 Maudsley 모형은(Lock, le Grange, Agras, & Dare, 2001) 가정하길 개인과 가족은 증상, 유전, 사회문화, 그리고 발달/생애주기 과정들 간의 복합 상호작용의 영향을 받는다고 하였다. Maudsley 접근은 가족이 AN 청소년의 치료에 자원과 힘의 원천이 된다고 하였다. 치료는 이러한 외부 힘을 마주하도록 가족을 결속시키는 것으로 구성된다.

왜 섭식장애는 대개 여성에게 영향을 주는가? 왜 섭식장애가 증가하는 것으로 보이는가? 날씬함과 과도한 소비지상주의를 위한 운동에 표현된 문화적 태도와 나란히 작용하는 사회적 힘들은 무엇인가? 많은 페미니스트 작가들은 현대사회에서 작용하는 사회정치 힘들에 대해 논의했고, 어떤 형태이든 가부장제가 원인이라고 결론을 내린다.

> *가부장제*는 … 여성보다 우위에 선 남성의 면면과 제도화를 의미한다. …이것은 남성이 모든 사회의 기관들에서 권력을 거머쥐고 있으며 여성은 접근을 박탈당하였음을 암시한다. 그렇다고 여성이 완전히 무력하거나 권리, 영향, 자원들을 완전히 빼앗겼다는 뜻은 *아니다*(Lerner, 1986, p. 239).

가부장제 용어의 사용이 특별히 여성이 때로 발전하지 않고 그들 스스로 권력 불평등을 확장시킨다는 것을 뜻하는 것도 아니다(Bordo, 1993).

정확히 가부장제가 어떻게 그 영향을 발휘하느냐는 논쟁이 되고 있다. 대부분의 작가들은 현대 문화의 날씬함의 집착과 여성 운동을 연관 짓는다. Steiner-Adair(1994)가 강조하듯, 미국 사회는 전통적으로 남성적인 특징을 과대평가한다(예 : 근육질의, 독립적인, 공격할 수 없는, 장악하는, 매우 경쟁심이 강한). 그리고 전통적으로 여성적인 특성을 과소평가한다(예 : 둥글둥글한, 상호의존적인, 협력적인, 양육하는). 그는 보다 둥글둥글한 신체로 상징되는 공동체 및 상호연결에 반대되는 자율성 및 주체성에 대한 미국 사회 집착의 상징으로 날씬한 여성 신체가 이상화된다고 보았다. 여성들이 직장에 입사하면서 그들은 경제적으로, 전문적으로 성공하기 위해서는 남성적인 이상을 적용하고 투영해야 했다. 마른 여성의 몸은 풍만한 여성적인 몸과 대조되며 자기 조절과 독립과 같은 남성적인 이상을 함의한다. 이와 같이, 날씬함에 대한 집착은, 어떤 면에서 사회에서 여성의 지위를 향상시키기 위한 여성 운동 중에 발생한 것이다.

Wooley(1994)는 여성의 몸에 대한 혐오는 '구조적'인데, 이는 우리의 사회 체제 안에 내재되어 있으며 성별 정치를 기반하고 있다고 하였다. 가부장적인 문화의 등장 이래로, 남성은 여성의 몸을 나타내는 방법을 지배했다. 현대 잡지에서의 여성의 몸의 날씬해짐은 1950년대 포르노의 등장과 1960년대 여성 운동의 등장과 함께 시작했다고 그는 말한다. 포르노는 보여지고, 해석되고, 판결 내려지는 대상으로서의 여성의 자의식을 강화시켰다. 여성이 직장에 진출하면서, 그들은 그러한 포르노에 대항할 수 있는 여성의 상징이나 이상적인 이미지를 필요로 했다. 언뜻 보기에는 여성에게 공감적으로 보이나 여성의 잡지는 마르고 남성적인 이미지를 제공했다(그리고 지속한다). 하지만 이 이미지들은 바람직하지 않다. Wooley의 결론은 '육감적인' 포르노 이미지는 마음은 없고 몸은 존재하는 여성을 상징한다. 대중 잡지들의 모델들은 (문자적으로는) 몸은 거의 없고 마음은 존재하는 여성 이미지를 목표로 하였다. 문화는 여전히 가부장적인 관점에 의해 과도하게 영향을 받아 여성 전체를 나타내지 못하고 있다.

많은 작가들은 우리들이 여성 운동에 의한 발전에 대한 폭력적인 항거의 한가운데에 있다고 말한다(Faludi, 1991; Wolf, 1994). 날씬함에 대한 미국 문화의 집착은 사회에서의 여성의 권력과 지위를 강화시키는 것이 아니라 약화시키는 것으로 의도되었다. Wolf(1994)는 성 그리고 금전의 자유를 누리는 여성들은 가부장 관점을 향한 직접적인 도전이라고 열정적으로 주장했다. 사회에서 성공한 능력 있는 여성은 다이어트 하는 자신만을 허용하며 날씬함에 대한 강박으로 그들 스스로 기진맥진하게 된다.

따라서 날씬함은 정말로 취약성과 자기 소멸의 상징이다. '아름다움의 신화'는 대부분이 도달할 수 없는 이상적인 날씬함을 주목함으로써 여성의 사회적 야망을 통제하고 비축하는 방법이다(Wolf, 1991). 더 나아가, 이상적인 날씬함은 여성에게 쉽게 얻어지는 목표라고 투영되었기 때문에(그저 의지만 있으면 된다고 말함), 이상적인 목표 성취에 대한 실패는 자기 강화 감각를 저하시킨다. 섭식장애는 이러한 사회정치 맥락에 끼어 있다. 페미니스트 작가들은 이러한 맥락이 병인론에서 주된 역할을 한다고 주장한다.

지난 몇 세기 동안 외모 관련 산업이 성장하면서 몸매와 외모에 관한 여성의 걱정을 유지하는 데에 상당히 경제적인 이해관계가 존재한다. 미국인들은 매년 4억만 달러 이상을 다이어트 산업에, 매 시간 대략 1만 달러를 화장품에 소비한다(Knapp, 2003). 1999년 가슴 확대 수술을 한 여성의 수는 1992년에 비해 413% 증가했다. 같은 시기에, 가슴 성형 수술은 381%, 지방 흡입술은 389%로 증가했다. 여성이 다이어트, 상품 구매, 그들의 몸매 변화로 그들의 매력을 향상시킬 수 있다는 생각을 계속한다는 것은 이러한 산업들의 이익에 필수적이다.

　광고는 문화적인 기준에 영향을 주고 강화시키는 주된 힘이다. 비록 광고가 섭식장애를 일으키지는 않지만 그것은 아름다움과 매력의 정의를 만들어내며, 몸의 모양과 사이즈를 중요하게 강조한다. 유선TV사업 연구에서는 3.8개 광고 중 하나가 '매력 메시지', 즉 시청자들에게 무엇이 매력적이고 아닌지를 전달하고 있다고 하였다. 청소년은 매년 평균 5,260건이 넘는 '매력 메시지'를 보는 것으로 추정된다(NEDA, 2005). 오늘날 대부분의 패션모델들은 미국 여성들의 98%보다 더 말랐다(NEDA, 2005). Kilbourne은 인쇄 광고물을 검토하여, 소녀와 여성에 역점을 두는 것이 어떻게 항상 **바람직한**(desirable) 것이 되는지를 주목하였다. 연구는 추정하길 광고는 여성들이 남성에 비해 그들의 신체를 객관화하려고 한다는 인상을 주입한다고 보았다(Kilbourne, 1999). 즉, 여성은 자신의 몸을 밖에서(예 : 신체 매력, 성적 어필, 체중) 안으로 보는 경향이 있으며 건강, 힘, 운동보다 그들의 신체 정체성에 더 비중을 둔다. 연구에서는 매우 매력적인 모델을 보여주는 광고의 노출이 자기 외모에 대한 만족 저하의 결과를 초래한다고 하였다(Heinberg & Thompson, 1995; Thompson, Heinberg, Altabe, & Tantleff-Dunn, 1999). 최근 광고에서 보이는 남성상은 남성 신체의 불만족에 영향을 주고 그들에게 섭식장애가 생기게 한다(Anderson et al., 2000).

　광고주들은 미국인들에게 매력의 이미지나 이상을 파는 것 그 이상의 일을 한다. 광고주들은 미국인들로 하여금 **물건들과의 관계**를 발전시키도록 부추기며(Kilbourne, 1999), 이는 과도한 물질 소비에 영향을 주고 강화한다. 모든 인간의 감정과 모든 인간의 욕구는 무언가를 팔기 위해 사용되어왔다. 이러한 광고들의 누적 효과는 사람들이 물건에 대해선 낭만적으로, 인간에 대해선 냉소적으로 여기게 한다.

　　우리의 소개팅이 잘못되었을 때 아이스크림은 우리에게 위안을 주고, 매니큐어는 우리에게 산뜻함을 주고, 자동차는 지루한 배우자로부터 우리를 멀리멀리 데려다주고, 손목시계야말로 우리의 진정한 자랑이자 즐거움이다―사람들이 우리의 기대를 저버렸을 때 상품들은 신뢰를 약속한다(Kilbourne, 1999, 표지).

　이러한 메시지들이 경제에 끼친 영향은 주목할 만하다. 미국인들은 매년 5조 달러 이상의 상품이나 서비스를 소비하고(1960년대 소비 지수의 두 배 이상이다) 10년 전보다 60% 더 많은 신용카드 빚을 떠안고 있다(Knapp, 2003). 일부 사회정치 관문들은 여성들에게 닫혀 있지만, 여성들은 외모와 물질적인 영역 안에서의 갈망이 허락되었고, 또 권장되었다. 여성들은 소비 상품들을 흥청망청 쓰는 것을 권장받는다. 하지만 연관된 감정은 일종의 불협화음이다. Knapp(2003)이 언급한 대로 이론상 사람들 특히 여성은 자기 식욕을 만족시킬 자유가 있으며 식욕은 어떠해야 한다거나 결과적인 포만감은 어떠해야 한다는 부분에서 자유를 허용하지 않는 선택을 할 수 있다. 가부장제에 근거를 둔 사회 및 경제 힘은 여성의 욕구에 영향을 주었다. 여성들은 가능성과 억제, 힘과 무력의 양극 사이에 놓였다. 이러한 'dis-ease'[질병이란 단어가 '간단치(ease) 않음(dis)'을 상징함. - 역자 주]가 섭식장애에 표출된다.

사분획 요약 우리는 섭식장애 영역을 살펴보았다. 통합 정보 치료자는 사분획 모든 이론을 선호하거나, 기대하거나, 능숙하다고 할 수 있다. 사분획 검토의 목표는 통합적인 이해에 있다. 치료자가 섭식장애의 행동, 경험, 문화, 사회 견지들 각각이 다른 나머지를 경감시킬 수 없다는 것을 인식할 때, 치료자는 내담자 증상의 복잡성을 보다 잘 견뎌낼 수 있게 된다. 여러분 중에는 이미 이 사실을 확고하게 알고 있거나, 혹은 이번 논의를 통해서 분명해졌을 것이다. 하지만 속지 말아야 한다. 이러한 통합 정립은 매우 어렵게 얻어진다. 하나의 견해가 다른 견해에 대응하는 '올바름(rightness)'의 싸움은 치료 기관, 학술회의, 수련과정, 그리고 이론 저술에서 늘 보아왔으며, 시간이 지나면서 견해는 유행처럼 왔다가 사라진다. 통합 이론은 이러한 견해들이 어떻게 부분적인 진실들을 함유하고 있는지를 부각한다. 이러한 부분적 진실들이 사분획에서 통합되어, 각각의 견해들은 상호독립적으로 교류한다. 〈그림 12.1〉에 섭식장애의 병인론 및 경험의 핵심 요인들을 요약하였다. 언급한 대로, 섭식장애의 병인론을 밝혀내는 것은 어려운 일이라서 〈그림 12.1〉에는 병인론(예 : 유전 발현)에 대한 가설과 섭식장애를 악화시킬 수 있는 경험 측면에 대한 가설 모두를 담았다.

체중/신체 형태에 몰두 낮은 자존심 음식에 대한 강박사고 이분법적 사고 자기 비판적 내면 언어 자기를 공허하게, 부정적으로 경험함	병적인 식사 행동 • 영양부족/폭식/제거 가능한 유전 요인 유전자-환경 상호작용 식사와 배고픔의 순환 신경생물학적 변이
붕괴된 모녀 관계 '아버지 갈망' 양육, 다독임의 결핍 가족 안에서 개인 역동의 결핍	자기 표현/통제의 필요성 맥락에 따른 식욕 조절 가부장적 사회 • 여성 신체상의 남성 통제

그림 12.1 섭식장애의 병인론 및 경험과 관련된 요인들의 통합 정리

단계와 선들

이 단원에서는 통합 지도의 발달 차원에 따른 이해를 포함하여 섭식장애 영역에 대한 우리의 통합 탐구를 지속할 것이다. 우리는 단계와 선들에 대해 간단히 개념을 검토한 후, 발달과 관련 있는 '갈망'에 대해서 논하고, 섭식장애 이해에 특별히 타당한 발달 역동을 살펴볼 것이다. 비록 의식 단계의 구성에 대해서는 여러 추측과 반대 의견들이 존재하지만, 이는 섭식장애를 이해하는 차원을 제공하며, 특히 이 질환의 도전적인 특성을 이해하는 데 중요하다. 환자의 필요와 치료 가능성(그리고 항상, 질적인 사후관리)을 맞춰나가는 일은 임상가로서 필자(Hubbard)가 더욱 힘써야 하는 분야이다. 나는 적절한 사례를 명시하기보다는, 내담자의 발달 여정을 전반적으로 서술하고, 특정 발달 시기들이 어떻게 섭식장애에 영향을 주는지 설명할 것이다.

통합 모형은 의식 발달의 여러 수준/단계 혹은 구조에 대해 요약하고 있다(Wilber, 1986, 2000). 이 내용들은 대부분 발달 심리학자인 Jane Loevinger(1976)와 Lawrence Kohlberg(1984)의 연구에서 비롯된다. 심리학계에서는 여전히 수준 특성과, 무엇이 발달 선을 구성하는지에 대한 논쟁이 계속되고 있지만, 이러한 개념들은 섭식장애를 이해하는 데 도움을 주며, 가볍게 본다면 윤리적으로 응용될 수도 있다. 나는 내가 이러한 개념들을 어떻게 연구하는지 여기서 대략을 보여줄 것이다. 심리학적 구조라는 것은 심리학적 세계관들의 순차적인 전개로 생각할 수 있다. 각각의 세계관은 그전의 구조를 포함하는 동시에 그것을 초월하게 되며, 개인이 심리적으로 하나에서 그다음으로 나아가듯, 그들의 심리 경험이 더욱 넓어지고 깊어진다(Wilber, 2006).

가장 첫 번째 심리 구조를 인격전(prepersonal) 영역이라 칭하고, 그다음 세 구조들을 인격(personal) 영역, 마지막 네 구조들을 인격후(postpersonal) 혹은 인격초월(tanspersonal) 영역이라고 칭한다. 인격전 정체성은 말 그대로 자기 감각이 아직 세워지지 않은 상태를 말한다. 인격전 세계관에 속해 있는 사람은 단기적인 것에 집중하고, 즉흥적으로 행동하며, 사회의 관례를 이해하지 못하거나 무시하기도 한다. 인격 시기 정체성은 사회 관습을 이해하고, 받아들이며, 어떠한 경우에는 규명하기도 한다. 인격후 혹은 인격초월(이후로는 인격초월이라고 쓰겠다) 세계관은 단순히 사회 관례를 알아차리는 것에서 더 나아가 그 상황 맥락과 자기가 생각하는 옳고/그름 기준에 따라 자신의 행동을 결정한다.

이러한 의식 발달 구조에 더하여, 여기에는 다수의 발달 선들, 혹은 자기 측면들이 있으며, 이들은 의식 구조를 통해 발달한다(예 : 인지, 정서, 대인관계, 도덕, 영성, 가치, 필요, 재능 등의 선들). 통합 이론의 이러한 '개인 관련' 선들은 개인의 자아 정체성 혹은 자기감 확립에 영향을 끼친다.

건강한 발달에서, 개인은 현 단계의 주체에서 탈동일시와 동시에 다음 단계의 주체를 동일시하면서 한 단계에서 그다음 단계로 넘어간다. 이러한 과정에서 현 단계의 가치관들은 다음 단계로 전달되어 통합된다. 현 단계에서 '인식의 주체'는 다음 단계의 주체를 위한 '인식의 객체'가 된다. 내담자가 의미를 형성하는 활동은 각 사람들의 발달 단계에 따라 달라질 것이다. 예를 들어, 사람이 어떻게 자신의 경험을 이해하고, 정서를 다루고, 다른 사람들 혹은 세상과 교류하는지는 심리적 단계에 따라 달라진다. 통합 정보 치료자는 환자들의 발달 수준[2]이 그들의 문제에 어떠한 영향을 끼치는지를 고려해야 할 것이다.

발달 수준들 속에서 성장해나가는 것은 자기 실현에 대한 갈망이라고 정의할 수 있다. 인격 전 영역에서의 갈망이란 **되기 위한 갈망**(hunger to become) 즉, 정체성으로 나아가는 것이다. 이러한 발달 단계들을 거쳐 나가면서 사람은 타인과 구분되는 자기만의 신체적 자기, 정서적 자기, 정신적 자기를 깨닫는다. 인격 영역에 도달해서, 사람은 새롭게 생겨나는 고유한 개인으로서의 자기감을 이해하고 탐색하게 된다. 인격 영역에서의 갈망은 존재하기 위한 갈망(hunger to be) 즉, 개인의 정체성을 할 수 있는 만큼 정제하고 다듬는 것이다. 이 발달 단계를 거치면서, 개인은 삶에서 실존적으로 주어진 것과 자기 역할 등을 인식하기 시작한다. 그는 과거의 인물과도 다르고 추구하던 모습과도 다른 통합적이며 자율적인 존재로서의 자기 관점을 풍성하게 세워나간다.

모순적으로, 사람이 인격초월 영역에 도달해도, 존재하기 위한 갈망이 여전히 갈망으로 남아 있다. 한때 영광스럽게 보였던 것들(자신의 독특함과 특별함)이 이제는 제약으로 느껴진다. 사람은 더 깊은 갈망, 초월하려는 갈망(hunger to transcend)을 느끼게 된다. 성장의 인격초월 단계를 거치면서, 사람은 정체성을 인격적 자기를 넘어서서 확대하며, 여기에는 모든 인간에 대한 범인류적 동일시 그리고 영적 세상의 포용이 있다. 지속적인 명상 수련은 사람들이 초월 발달로 나아가는 한 가지 방법이며, 이러한 발달에는 개인의 정체성을 더욱더 분명히 하는 과정과 개인의 인식 대상을 경험하는 것이 있다.

개인이 여러 수준들을 거쳐 발달하면서, 그의 자기 경계가 넓어진다. 더 많이 자기다워지면서 자신과 자신이 아닌 것 사이의 구분선이 우리가 영적이라고 말하는 수준까지 내려간다. 처음에, 사람은 그저 신체 자기이다. 신체 자기와의 동일시가 선의 한쪽에 놓이고, 그 밖의 모든 것은 선의 반대쪽에 놓인다. 이제 사람은 신체 자기와 정서 자기이다. 자기 경계를 정하는 선이 제거된다. 경계의 자기 방편은 이제 신체 자기와 정서 자기가 있고, 다른 나머지는 자기가

---

2 자기 발달 모형의 종합적인 예를 위해 Cook-Greuter(2005), Coo-Greuter와 Soulen(2007), Robert Kegan (1982, 1994)의 작업을 직접 접할 수 있다.

아닌 쪽에 놓인다. 그다음에 사람은 신체 자기, 정서 자기, 정신 자기이다. 모든 것이 제대로 이루어진다면, 각 단계에서 사람은 더 **많은 것을 동일시한다**. 자기로 동일시하는 것이 커지고, '자기가 아닌' 부분은 작아진다. 전에 말한 대로, 자신으로 경험하는 것이 너무나 커서, 자기가 아닌 부분으로 남은 게 전혀 없을 수도 있다. 다른 말로, 사람의 자기감은 일어나는 모든 현상들과 동급이 될 수 있다. 어떤 영성 전통에서, 이는 무한한 풍족함으로 묘사되고 내담자는 이를 더 이상 아무것도 갈망하지 않는 것으로 이해한다.

역설적으로, 이러한 수준들을 헤쳐나가면서 개인은 성장만 아니라 퇴보하기도 한다. 처음에 개인은 확실히 분화되어 있지 않다. 그 후 개인은 점차 신체 자기를 동일시하면서, 물리적 환경에 있는 모든 것을 자기 밖의 '대상'으로 보게 된다. 다음 시기에서, 개인은 자신의 정서 자기와 신체 자기를 동일시하고 물리적 환경은 이제 그의 인식 대상이 된다(예 : 그는 몸을 갖고 있다. 하지만 더 이상 그는 곧 몸이라 할 수 없다). 다음 시기에, 개인은 정신 자기, 정서 자기와 신체 자기를 동일시하면서 물리적 환경은 여전히 인식의 대상이다. 이런 경우를 살펴볼 때, 사람은 각 단계를 지나면서 자신과 동일시하는 것들보다 **동일시하지 않는 것들이 더 많다**. 이렇듯 자기 경계 선이 움직이고, 더 이상 자기로 경험되는 것이 없을 때까지 점점 더 불분명해진다. 이로써 인식 영역에 떠오른 대상의 내용물이 아니라 인식 영역 그 자체를 동일시하는 해방감이 나타난다. 어떤 영성 전통에서는, 이는 무한한 공허 혹은 일체감으로 묘사된다.

자기 관련 선들을 살펴볼 때, 은유로서 다음의 의문점들이 떠오른다. 섭식장애 사람들은 진정 무엇을 갈망하는 것인가? 그들에게 필요한 것은 무엇인가? 갈망은 심리적 혹은 영적 은유인가? 우리는 각각의 발달 단계들마다 그들과 연관된 '갈망'이 있다고 생각한다. 이러한 갈망 충족의 실패가 섭식장애 행동을 나타낼 수 있다. 이러한 갈망에 대해서 잘 들으면, 치료자가 내담자의 발달 단계를 특정하는 데에 도움이 된다(Cook-Greuter, 2005; Kegan, 1982, 1994; Wilber, 1986, 2000). 앞서 설명한 갈망들은 이후로 더 구체적으로 설명하겠다.

기본적 필요 — 음식의 갈망 일부 내담자에게, 일차적 갈망은 음식이다. 그들의 신체 및 인지 기능은 불충분한 음식 섭취의 결과로 손상되었고, 신체적으로 보다 안정이 되기 전까지는 실질적인 심리 작업이 이루어지지 않는다. 이러한 내담자에겐 병적 섭식 증상을 차단하기 위한 입원 치료의 구조가 영양 재활과 함께 필요할 것이다. 안정화 이후, 자기 발달과 연관된 갈망 수준이 보다 명백해질 것이다.

신체 자기의 갈망 신생아는 외부와 구별된 분명한 물리적인 신체를 학습하기 전까지는 물리적 환경과 공생관계에 있게 된다. 인격전 단계에서 갈망은 **되려는** 갈망이며, 첫 번째 '갈망'은 신체 자기에 대한 것이다. 정신분석 개념은 정신증(psychosis)을 이 단계가 실패한 결과로, 그래서 어디서 자기 몸이 끝나면서 외부 환경이 시작되는지를 말할 수 없는 자기 상태로 본다. 보통 섭식장애는 이러한 발달 수준에서 나타나지 않으나, 우리는 전체적인 묘사를 위해 이 단계를 언급하였다.

심리적인 자기감의 갈망　다음으로 등장하는 단계는 자신이 분명한 정서 자기를 갖고 이러한 정서적인 생활을 타인과 구분할 수 있음을 터득하는 시점에 시작된다. 정신분석적 분리-개별화 이론에서의 재접근기에서처럼(Mahler, Pine, & Bergman, 1975), 유아는 정서를 느끼게 하는 몸의 자극에 따라 근접 자기(proximate self)가 규명된다. 정서 경계는 이 시기의 등장 시점에는 유동적이며 투과적이다.

　정신분석 개념에서 자기애성 그리고 경계성 성격장애는 이 시기의 실패에 따른 결과로 본다. 이러한 성격 병리를 가진 개인은 자기와 타인 간의 분명한 심리 경계 감각을 갖지 못한다. 그들은 자기 충동에 연유하며 종종 그 마음속의 양가감정을 감내하지 못한다. 모든 것을 전적으로 선하거나 전적으로 악한 것으로 받아들인다. 그들은 쉽게 감정에 압도되고 떨어져나가는 감각으로 묘사한다. 이러한 내담자는 공허감을 느낀다. 그들은 병적인 자기감을 갈망한다.

　이 단계의 발달 실패는 섭식장애에서 관찰된다. 섭식장애 증상은 자기 응집성(cohesion) 감각, 자기라고 느끼는 감각을 성취하려는 방식이다. 분명한 경계가 결핍되면 개인은 혼동(chaos)을 초래한다. 완벽한 대상과의 조화에 대한 상실감과 충동을 제어 못하는 자기를 향한 분노감 사이에 긴장이 고조된다(Kegan, 1982). 이러한 개인은 자신의 내적 혼란(turmoil)을 몸으로 투사하여 자기를 관리하려고 한다. 음식과 몸에 대한 지속적인 몰두는 자기를 통제하고 동시에 자기를 붙잡으려는 방식이 된다. 이러한 내담자는 자신의 섭식장애를 정신적으로 규명하지 못한다(그들은 다음 단계가 되기 전까지는 그러한 역량을 가질 수 없다). 그보다, 그들은 정서적으로/행동적으로 섭식장애 그 자체이다. 치료의 목표는 보다 단단한 자기-타인 경계를 세우고 개별화된, 심리적인 자기감을 만들어내는 것이다.

'보여지려는' 갈망　아이의 정신과 육체는 다음 발달 단계인 정신 자기가 등장하면서 융합된다. 언어 발달의 많은 도움을 받아, 아이는 감정과 행동을 보이고 구별되는 자기 개념을 발달시킨다. 아이의 근접 자기[3]는 자신의 즉각적인 필요, 요구, 기대를 확인하고 이러한 필요를 인

---

3 통합 용어에서, 근접(근거리) 자기는 주관적 자기, 또는 개인이 스스로를 느끼는 '나'이다. 이와 반대로 원격(원거리) 자기는 개인이 인식하게 된 객관적 측면에서의 자기 모든 것(예 : 딸, 교사, 갈색 머리, 플루트 연주를 즐김 등등의 자기 묘사)을 말한다.

식하고 부응하는 환경을 본다. 이 시기의 아이들은(대략 '잠재기' 연령대) 자신과 타인에 대한 통찰력이 부족하고, 타인의 입장에서 생각하지 못한다. 이 시기에 그들은 자신을 "전시한다." 그리고 점점 '자신의 특성'이 분명해지기 위해 타인을 본다(Kegan, 1982). 타인들이 자신의 필요를 마주하듯, 자신도 정신적/구별된 자기를 수용한다.

　섭식장애의 개인은 이 시기에 타인에게 충분히 '보여지지' 않는다. 감정의 타협 사이에서 긴장이 존재하게 되는데 왜냐하면 그들의 욕구는 아직 충족되지 않았고 충족 결핍이 커서 화를 느끼기 때문이다(Kegan,1982). 그들은 타인이 자신을 좌절시키거나 축소시켰다고 생각하고, 섭식장애는 타인이 통제할 수 없는 하나의 자기 주장의 형태가 된다 — "나는 내 몸을 통제해.", "다른 아무도 나를 먹게 할 수 없어.", "아무것도 필요 없어."(음식 제한으로 이러한 상징이 표출된다). 그런데 "내가 알아서 해."라는 표명 기저에는, 자신은 능력이 없다는 연약한 자기가 있다. 무능감에 자주 빠지는 내담자들은 "나는 존재할 가치가 없어.", "나는 나서고 싶지 않아.", "나는 보여지고 싶지 않아."라고 말한다(하지만 그렇게 역설적이진 않게, 이러한 내담자들은 사실 '보여진다' — 극소수의 시각에서만 AN 개인의 골격과 같은 당혹감과 공포가 일어난다). 다른 이들은 정신적 자기에 대한 갈망에 보다 더 양가감정을 느낀다. 폭식은 자신의 욕구와 필요를 정당화하려는 하나의 상징적인 방법이며, 구토에 의해 '취소(undoing)'된다. 이 발달 단계에서, 섭식장애는 유약한 자기에 대한 자기 보호 형태이다. 시간이 지나면서, 내담자들은 종종 **자기를 섭식장애와 동일시**하며 왜 그것이 자리 잡게 되었는지 까먹기도 한다. 치료의 목적은 내담자들의 구별되는, 정신적 자기를 발달 및 강화하기 위해 '자신의' 진정한 필요와 욕구를 확인하도록 하는 것이다.

연결의 갈망　발달의 다음 단계에서는, 자기 역할이 등장한다. 청소년기는 더 이상 필요와 욕구를 배타적으로 확인하지 않고, 타인의 관점을 취할 수 있다. 소속과 연결의 갈망이 존재한다. 이는 남들과 잘 맞고, 수용되고, 집단의 일부가 되려는 바람이다. 집단은 가족, 또래, 팀, 국가 등이 될 수 있다. 근접 자기는 집단의 규율과 표준을 확인 및 순응한다. 그러나 이 발달 시기에서는, 자신을 집단과 분리하여 이해하지 못한다. 자기는 대인관계 상황에 삽입되어 있다. 이러한 자기는 청소년기에 등장하기 시작하며, 일부 성인에게는 이것이 발달의 최고 단계이다.

　이 단계의 적응 문제가 섭식장애 개인들에게 명백하게 나타난다. 특히 가족들로부터의 기대가 연결의 유의한 손상을 일으킨다. 한쪽의 "고유한 나 자신을 내려놓는 것"과 다른 한쪽의 "이기적이 되어 다른 신경을 쓰지 않는 것" 사이에 긴장이 고조된다. 앞 단원에서 다뤘던 것처럼, 섭식장애는 이 갈등을 "해결한다." 섭식장애 관련 행동을 제외한 모든 것에서, 개인은 순응하고, 충성스럽고, 관계를 위해 자기 희생적이다. 일부는 가족이나 집단의 표준이 너무 높아서 자기 역할을 유지하기 위한 대가가 너무 크다. 그들은 타인의 욕구를 부정하고 연결을 회피하게 될 것이다. 그들은 사회적으로 고립된다. 하지만 고립되었다는 생각조차 부정한다. 이런 개인들은 섭식장애를 통해 연결의 갈망을 접한다. 말 그대로 섭식장애는 그들의 '단짝 친구'가 된다. 또 다른 이들은 연결에 필사적이지만, 만족스러운 관계를 유지할 충분한 대인관계 기술을 가지고 있지 못하다. 필요가 좌절된 개인들은 타인을 끌어들이는 상징의 한 방편으로 폭식에 치우친다. 치료 목적은 타인과 만족스러운 연결을 맺는 것이다.

이제, 우리는 인격전 단계를 지나 인격 영역에 들어왔다. 섭식장애는 발달상 일차적으로 정서 자아, 정신 자아, 그리고 역할 자기(role-self) 수준의 병리를 반영하며, 치료를 받는 대부분은 이 세 시기에 특징적인 발달 과제와 씨름하게 될 것이다. 이러한 소견은 발달 평가(예 : 대부분의 섭식장애 발병 연령)와 임상 관찰을 통해 이루어진 것이고 이는 경험적으로 검토된다. 섭식장애 행동은 일차적으로 '자아 축소'의 한 형태이다. 자기에 대한 일종의 저항, 방어, '조이는' 그리고 '붙잡는' 것이다. 여기서 보이는 행동들은 고착이나 퇴행으로 인해 발달 단계 적응을 실패한 것으로 볼 수 있다.

그러나 때때로 이런 행동들이 '자기 확대'를 반영하기도 한다 — 다음 발달 수준으로 성장하려는 기대이다. 발달 연속선에서 이동은 유동적이고 역동적이다. 모든 발달 수준들은 잠재력이 있고 다음 수준으로 가기 위한 계속적인 당김이 있다. 폭식과 제한은 성장의 시선에서 바라본다면, 자기 밖으로 나와서 현재의 의미 있는 경험을 넘어서서 세상 속의 존재가 되는 다른 차원의 방식을 성취하려는 욕구로 볼 수 있다. 초월의 갈망을 위한 속삭임이 들려온다. 이는 영성을 위한 실존적 동경이다. 실현 자기[4]는 말한다. 폭식은 좀 더 '자유로운' 자기감을 위해 꽉 조인 자기 통제를 '놓아주려는' 욕구라고 말이다. 제한도 자유의 욕구, 보다 큰 무언가로 '확장'하기 위해 현 존재의 '무게'로부터 자유하려는 것을 반영한다. 그러므로 행동들은 발달의 고착이나 퇴행만 아니라, 발달 성장의 기대를 의미할 수 있다. 즉, 모순적으로 두 가지 병리, 퇴행과 초월추구를 모두 나타낼 수 있다.

상태와 유형

우리는 섭식장애의 통합 지형에 대한 탐색을 상태와 유형에 대해 간단히 언급하며 마치려고 한다. 의식 상태는 섭식장애 증상에 의해 상태가 달라지는 것에 특별히 관심을 두게 된다. 예를 들어, 일부 AN 개인은 생기(liveliness) 증가와 과잉행동이 동반되는 고조된(euphoric) 기분

---

4 실현 자기는 아직 구현되지 않은 발달적으로 최종적인 자기이다.

상태를 경험한다. 동물 연구에 따르면 세로토닌 활동은 보상 체계의 일부로서 금식에 상응하게 움직임을 증가시킨다. 아마도 음식을 찾는 활동을 높이기 위함일 것이다. 이러한 적응이 AN에서는 '잘못 발화'되어, 금식 중 활동 고조 상태는 모순적으로 영양을 더 약화하고 활동을 더 높여서, AN이 지속되게 한다(Casper, 1998; Fessler, 2002). 최근 연구는 세로토닌과 섭식장애의 연관성을 계속 탐구하고 있다(Akkermann et al., 2012).

성격 유형론은 통합 모형의 또 다른 차원이며, 서로 다른 개인의 방식이 세상에 '존재(be)'함을 묘사한다(예 : 5-요소 모형, MBTI, 에니어그램). 다시, 다양한 유형론은 신뢰도와 타당도가 부족하다는 쟁점이 있으나(Ingersoll & Zeitler, 2010) 규정된 성격 형태들은 내담자와 섭식장애의 관계를 이해하는 데에 활용될 수 있다. AN, BN, EDNOS 진단 간에 그리고 각 진단 안에 이질성이 관찰되므로 각각의 섭식장애를 성격 성향에 따라 소분류하는 것이 DSM 범주들보다 유용한 조직 구조일 수 있겠다. Westen과 Harnden-Fischer(2001)의 연구는 이 영역 연구의 소견들을 대표한다. 그들은 군집 분석 기법을 적용하여, 섭식장애 내담자를 세 그룹으로 규명했다. '고기능과 완벽주의'로 규명된 내담자(BN 내담자에 의해 부각됨)는 비록 강박과 우울의 양상을 보이고 자기 비판, 경쟁심, 죄책감을 느끼지만 직업과 대인관계 면에서 잘 기능한다. '위축과 과통제'로 규명된 내담자(제한성 AN 내담자에 의해 부각됨)는 생활 전반에서 제한되어 있고, 만성적으로 우울하며, 불충분감, 공허감, 불안, 부끄러움을 느낀다. '정서 불균형과 통제 결여'로 규명된 내담자('폭식자'에 의해 부각되나, '식욕부진' 혹은 '정상' 체중의 내담자에서도 비슷하게 나타남)는 고통, 강렬한 그리고 불안정한(labile) 정서, 그리고 관계 절망을 회피하거나 최소화하기 위한 다양한 충동 행동을 보인다. 이러한 범주화는 DSM에 기반한 섭식장애 진단보다 더 적절하게 섭식장애 증상, 적응 기능(즉, GAF 점수와 정신과 입원 횟수), 병인론적 요인(즉, 성 학대)을 예견한다. 비록 이 연구는 현재 섭식장애를 앓고 있는 내담자에게 진행되었던 것이지만, 이러한 분류는 회복 상태에서도 존재하므로, 지속적인 성격 스타일을 반영하는 것으로 보인다(Wagner et al., 2006).

Westen과 Harnden-Fischer(2001)는 제안하길, 섭식장애 행동의 적응적 의미는 DSM 진단보다는 개인의 성격 '스타일'에 보다 의존적일 것이라고 하였다. 예를 들어, 정서 불균형인 BN 내담자에서 폭식과 제거의 기능은 물질남용이나 자해와 동등해서, 강렬한 정서를 벗어나 만족을 추구하려는 충동적인 노력을 표명한다. 이와 대조적으로, 고기능과 완벽주의인 BN 내담자에서 폭식과 제거의 기능은 불안과 죄책감을 관리하려는 노력을 표명한다.

섭식장애 : 통합 정보 치료

섭식장애들의 영역 탐구를 통합 지도에 정리하면서, 우리는 이제 통합 모형의 네 방식의 정보를 검토한 후 치료를 제시할 것이다. 우리 의도는 철저한 제안보다는 적용을 위한 기본적인 예시들을 제공하는 것에 있다. 첫째, 통합 지도는 치료 선택에 유용하다. 섭식장애 치료의 수많은 접근 방식과 양상은 사분획 중 하나 혹은 둘과 연결된다. 이 사분획에 따라 전체적인 '건강'을 평가하여, 치료자들은 전 세계 모두에게 공통된 통합 정보 치료 선택을 할 수 있게 되었다. 둘째로, 통합 지도는 내담자의 자기 발달에 기초한 특정 요법을 세밀히 고르도록 한다. 셋째로, 이 지도는 치료 과정을 되짚어가는 데에 있어서 구체적인 시야를 준다. 넷째로, 이 지도는 치료사의 자기 관리 그리고 '도구로서의 자기'를 맞추는 데에 도움을 준다.

치료

섭식장애의 통합 정보 치료는 표준 정신의학 평가 면담으로 시작하며, 여기에는 통합 견해에 따른 환자의 섭식장애 증상과 전체적 기능도 기여한다. 섭식장애 검사(Fairburn & Cooper, 1993) 그리고 신환 종합평가(Marquis, 2008)를 보라.

치료에 관해선 영양과 의학적 안정화, 약물치료, 그리고 심리요법들의 학제간 전문가 연합 팀이 필요하다는 것이 널리 동조되고 있다(APA, 2006). 내담자들은 동시에 하나 이상의 치료 요법으로 더 큰 효과를 본다. 이러한 사실은 통합 정보 관점이 치료 선택을 담당할 때의 유용성을 공고히 한다. 사용되는 치료 접근의 형태와 이러한 치료 접근의 정도와 기간은 서로 다를 것이다. 어떤 환자들은 인지행동 접근의 단기 외래 개인치료로 호전될 수 있으며, 반면 다른 이들 중엔 여러 치료 방법들을 동원한 병원 입원 치료가 필요할 것이다.[5] 우리는 이제 가장 일반적인 치료 접근들을 검토하여, 각 접근의 관점이 이 사분획의 영역과 어떻게 연결되는지를 강조할 것이다.

영양 재활은 우상 분획 접근이며, 내담자가 건강한 체중을 획득하고, 섭식 양상을 정상화하

---

5 섭식장애의 경과와 결과는 매우 가변적이며 긍정적인 결과를 예측하기가 어렵다. 예를 들어, AN의 개인 일부는, 특히 적절한 관심을 받은 청소년은 한 번의 삽화 후로 회복될 것이다. 다른 이는 재발을 반복하며 체중 증가 양상이 들쑥날쑥할 것이며, 또 다른 이는 몇 년간 만성 경과를 경험할 것이다(APA, 2006). BN의 결과 또한 가변적이다. 치료를 받은 일부는 회복할 것이나, 일부는 질병의 만성 혹은 간헐적 경과를 보일 것이다(APA, 2006). Sullivan(2002)의 장기 결과 문헌 검토에서(즉, 임상에 의뢰된 후 10년 이내의 경과 추적) BN 내담자의 70%와 AN 내담자의 50%는 섭식장애가 없었다. 나머지 내담자는 확연히 발병했거나 섭식장애 진단 기준을 충분히 만족시키지 못하는 섭식장애였으며, AN 내담자의 10%는 사망하였다. 이러한 소견은 다음 몇 가지를 강조한다. (1) 질병의 간헐적 경과로 인해 섭식장애가 회복하기까지 몇 년이 걸릴 수 있다. (2) AN에 특화된 확실히 효과적인 치료 방식은 아직 정립되지 않았다.

며, 폭식과 제거 행동을 없애고, 영양부족의 생물학 및 심리적 결과를 교정하며, 배고픔과 포만의 정상 인식을 획득하도록 한다(APA, 2006). 일반적으로 잘못된 정보가 많기 때문에(유행식단 다이어트 등) 건강한 섭식 양상과 영양에 대한 교육은 특히 유용하다.

약물치료는 내담자의 임상 양상에 의거하여 섭식장애 치료에 흔히 사용된다. 약물치료 사용의 일반적인 목표는 기분장애를 치료하고, 체중과 체형에 대한 몰두를 최소화하며, 폭식과 제거의 횟수를 감소시키는 것이다. 비록 소수의 연구에서 선택적 세로토닌 재흡수 억제제(SSRIs)가 체중 유지에 유용할 것으로 제시되긴 했지만, AN에서 체중 증가를 성취하는 데에 있어서는 약물치료가 효과적이라는 소개가 없다. SSRIs는 경험적으로 볼 때 BN 치료에서 폭식과 구토를 감소시킨다. SSRIs는 또한 섭식장애와 함께 일어나는 우울, 불안, 강박사고, 강박행동 증상을 치료하는 데에 주로 사용된다.

인지행동치료(CBT)는 섭식장애를 유지시키는 역기능적 혹은 불합리한 사고와 부적응적 행동을 조정하는 것이 목표이며 그러므로 이는 좌상 및 우상 분획 접근이다. CBT는 BN에서 일차 선택 치료로 고려되며, AN 그리고 EDNOS[DSM-5에서는 명시되지 않는(unspecified) 섭식장애라고 명칭이 변경됨] 내담자의 치료에도 광범위하게 활용된다. 내담자는 자신의 음식 섭취를 모니터하고 병적인 섭식 행동과 연관된 일반적인 촉발 요인(예 : 외부 및 내부 자극)을 살핀다. 대안 전략은 이러한 촉발 요인에 대응하기 위해 마련된다. 음식 섭취는 정상화된다. 음식, 체중, 체형에 대한 부정적인 사고들과 가정들은 제거된다. 사고 왜곡은 유념된다. 개인의 생각이 정확한지 증거를 살핀다. 보다 현실적인 사고 방식이 소개된다. Fairburn, Cooper, 그리고 Shafran은 '진단초월(transdiagnostic)' 인지행동치료를 제안하였는데 이는 일부 내담자에서 증상과 상호작용하며 증상을 유지시키는 4개의 부가적인 과정 사고를 지정한다 — 임상 완벽주의, 핵심적인 낮은 자존심, 기분 못 견딤, 그리고 대인관계 어려움(Fairburn, Cooper, & Shafran, 2003; Hoiles et al., 2012). 이러한 갱신된 CBT 모형은 좌상 분획으로 지정되는 지형을 넓혀서 좌하 분획(즉, 대인관계 어려움)을 추가한다. 변증법적 행동치료(Linehan, 1993)는 전통적인 CBT의 많은 요소를 차용하였으며, 간혹 부가요법으로 활용되는데, 특히 동반질환으로 성격장애 진단 기준에 해당되는 내담자에게 대인관계 어려움, 감정 조절, 그리고 고통의 감내를 명시한다. 변증법적 행동치료(DBT)는 마음챙김, 즉 인식 대상을 분명히 하여 경험을 목격하는 개인의 역량을 증진시키기 위한 기술을 가르친다.

심리역동 치료는 정신내적 그리고 대인관계적 갈등과 결핍(좌상 그리고 좌하 분획)에 중점을 둔다. 치료자-내담자 관계는 치료의 핵심으로 작용하며, 치료자와 내담자 사이의 작용과 반작용은 내담자의 대인관계 어려움들을 보여주는 것으로 간주된다(좌하 분획). 전이 반응은 타인(예 : 부모)의 통제를 방어하기 위한 노력의 결과로 보인다. 전이 반응이 분석되고 훈습되면서, 내담자들은 자신의 역기능적 적응 노력들(예 : 섭식장애)을 통찰하게 된다. 통찰은 치료자와의 긍정적인 관계 경험과 연결되며, 섭식장애의 변화와 탈피(remittance)를 가능하게 해준다(Herzog, 1995; Johnson, 1995). Goodsitt(1997)는 발달 및 자기 심리학 관점을 강조하고, 치료자는 수용적 환경을 제공하여 내담자가 이전에 만나지 못했던 자기 대상 필요를 접하게 해준다고 하였다. 섭식장애의 치료를 전문으로 하고 심리역동 관점으로 활동하는 치료자들은 특정한 증상 관리 전략들을 통합한다.

대인관계 심리치료는 섭식장애와 연관 있을 것으로 생각되는 특정 문제 영역(예 : 애도, 대인관계 역할 분쟁, 대인관계 결핍, 역할 변동) 한두 가지에 집중하는 단기 치료 접근이다(특히 좌하 분획 접근). 치료자는 환자들이 다른 이들을 보다 더 정확히 인지하게, 현실적인 관계 기대를 만들게, 그리고 문제되는 의사소통을 조정하게 한다. 뿐만 아니라, 치료자는 환자들이 과거와 현재 역할을 비교 평가하고, 새로운 역할에 따라 생긴 문제들을 명시하고, 새로운 역할에 대응하는 전략을 발전시키도록 돕는다(Wifley, Stein, & Welch, 2003). 섭식장애를 가진 환자들의 공통적인 주제는 타인에게 부탁하는 것의 필요성이며, 대인관계 치료는 관계 문제의 기저에 있는 개인의 고유한 필요를 집중하게 해준다(Tantleff-Dunn et al., 2004).

많은 종류의 가족치료 접근이 섭식장애에 사용되었다(예 : 구조적 가족치료, 전략적 가족치료, 밀란 체계 치료). 이러한 치료법의 일반적인 목적은 활발한 가족 교류와 관계 양상(우하 분획 접근)을 만들기 위함이다. 가족들은 섭식장애를 가진 아이가 감정을 느끼고 공유하며, 가족에 대한 의존을 줄일 수 있도록 지지받는다(Dare & Eisler, 1997). 가족치료는 AN을 3년 이하로 겪은 청소년들에게 개인치료보다 더 뛰어난 것으로 나타났다(APA, 2006). Maudsley 모형은 AN을 가진 청소년의 회복 과정에서 가족이 가장 중요하다고 여긴다. 부모는 섭식장애에 따른 비난에서 면제된다. 부모는 자녀를 다시 먹이는 일에 치중하도록 격려받고, 아이가 안정된 체중에 도달한 이후에야 다른 발달 과제들(예 : 자율성 향상, 적절한 가족 경계)을 고려한다(Lock et al., 2001).

페미니스트 견해는 개인이 여성을 객관화하는 메시지를 내면화할 때 혹은 날씬함이 능력이라고 여기는 사회문화적인 메시지에 대한 반응으로 섭식장애가 생긴다고 본다(Gilbert, Keery, & Thompson, 2005). 또한 섭식장애는 미숙하고 무모한 성 역할 기대에 대한 대응 전략으로 본다. 그래서 좌하 및 우하 분획 견해가 강조되었다. 치료는 가족과 사회에서의 힘과 역할 기대치에 중점을 둔다. 치료의 장은 이 주제들에 대한 고통과 역경을 표출시키는 곳이다(Piran, Jasper, & Pinhas, 2004). 여성들은 체중주의에 대항하고 현실적 및 상징적 힘의 원천으로서의 원만한 여성 신체를 되찾도록 격려받는다.

최근 섭식장애의 치료에 관한 종교적 접근이 개발되고 있다(Richards et al., 2006). 치료의 표준은 아니라고 해도, 우리는 자연주의 가정에 대한 심리학의 헌신에 도전하는 영적 및 심리적 요법들에 대한 문헌들이 지난 20년간 쌓이고, 영적 접근들에 대한 관심과 증거가 미래에는 더 증가할 것이라고 보기에 이 견해를 포함시킨다. 건강한 기능에 대한 영적 접근은 제안하길 영원한 영적 존재를 믿고, 신의 영성을 추구하며, 우주적인 도덕 원리와 조화롭게 사는 개인은 사회적으로 또한 심리적으로 더 건강한 자세를 나타낸다고 하였다. 정리하면, 모든 치료와 변화는 그것이 의료, 가족, 혹은 인지 요법이든 간에 영적인 과정으로 개념화되어 있다.

Richards와 동료들이 갖는 섭식장애에 대한 종교적 접근의 치료 목적은 내담자들의 영적 가치감과 신의 창조물로서의 정체성을 발견 혹은 회복하는 것, 그리고 내담자들이 지지와 통제의 자원으로 (섭식장애가 아닌) 신과 다른 사람들을 치중하게 만드는 것이다. 그들의 치료 모형은 자아 정체성의 인습적인 감각에 비등하게 좌상 그리고 좌하 분획에 주로 집중되어 있다. 사전 연구 결과들은 그들의 종교적 접근이 효과적인 요법임을 입증했다(Richards et al., 2006). 섭식장애 입원 치료 중인 여성들이 영성 집단, 인지행동치료 집단, 정서 지지 대조군으로 배정되었다. 모든 대상은 보통의 치료 일환으로 일부 영적 및 인지적 훈련을 받았지만, 추가 논의와 과제는 각각의 치료군에 따라 제공되었다. 영성 집단은 신앙, 역경, 영적 정체성, 삶의 목적과 의미, 책임감, 용서, 조화, 균형, 사랑, 소속감, 감사, 영적 조화에 관한 주제들을 담은 워크북을 다루었다. 퇴원할 때, 영성 집단의 여성들은 식사, 우울증, 불안 증상에서 많은 호전을 보고하였으며, 인지행동치료와 정서 지지군보다 대인관계 고통과 사회 역할 갈등이 더 적었다.

집단치료가 종종 치료에 활용된다. 일부 집단은 단기적이며 증상 관리(우상 그리고 좌상 분획에 집중) 그리고 대인관계 어려움(좌하 분획 집중)과 같은 특정 주제에 집중하는 반면, 다른 집단은 장기적이고 통찰 위주의 집단이다(좌상 및 좌하 분획 집중). 집단치료는 합의적 확인, 대인관계 피드백, 적응 모형, 정보를 참여자들에게 제공한다. 자존감과 자기 통제감은 자신과 다른 참여자를 돕는 것에 참여함으로 증가될 수 있다. AN을 가진 몇몇 사람들에게, 집단치료는 오히려 독이 될 수 있다. 이런 내담자들은 자신이 가장 날씬하고 가장 아파 보이려고 경쟁하며, 그들이 치료를 따라오지 않는 이상 집단은 효율적이지 못하다(Harris, Wiseman, Wagner, & Halmi, 2001).

발달에 맞춘 요법

통합 지도(map)는 치료자들이 각 내담자의 자기 발달 수준에 부응해야 함을 기억하고 있다. 치료자의 특별한 요법과 상관없이(예 : 심리역동, CBT, 가족 체계 등) 이러한 발달 역동에 맞추는 것은 치료 기술을 세심하게 적용하는 것을 증진시킨다. 심한 AN과 BN을 일차적으로 보이는 내담자들에게 외래 개인치료 제공자로서, 필자(Hubbard)는 가장 많이 CBT 기술을 적용하는데, 많은 치료자들이 섭식장애의 일차 치료 요법으로 고려한다. 하지만 일반적인 CBT 요법은 내담자의 자기 발달 수준에 따라 효과가 좌우되는 편이다. 나는 자기 발달의 정서 자기, 정신 자기, 역할 자기 수준에 주안점을 두고 어떻게 치료자가 내담자의 "수준을 넘어서서"(Kegan, 1994) 있는지를 보여주는 사례들을 공유하겠다.

'자존감 파이'는 CBT에서 주로 활용되는 과정이다(McCabe, McFarlane, & Olmsted, 2003). 내담자에게 원을 그리게 하는데, 이것이 그의 자존감 전체를 의미하며, 그다음에 이를 분할한다. 각 분할은 내담자의 자기 가치에 중요하다고 고려되는 각각 다른 측면을 의미한다(분할이 클수록, 중요도도 커진다). 이를 통해 내담자는 자기 자존감이 모습/외형에 절대적으로 묶여 있음을 "배우게 된다." 비슷한 방식으로 바구니에 자신의 자존감을 상징하는 알을 가득 채우게 한다. 그리고 이 중 자존감을 위한 전략으로 '쓸모없는' 것이 있는지 생각해보게 한다. 대부분의 사람에게 이 요청은 별 도움이 되지 않는다. 그다음으로 내담자에게 그가 가치를 두는 다른 무엇이 있는지, 가령 그의 재능과 능력, 또는 친구, 학생, 딸 등등으로서의 자기가 맡은 역할을 생각해보게 한다. 내담자가 그러한 재능과 역할에 집중할 수 있도록 하여, 외모에 부적절하게 치중하는 것을 감소시킨다. 내담자가 무엇을 가치로 여기는지, 무엇이 진정한 의미를 안겨주는지에 집중함으로 보다 건강한 자기 감각을 세우는 것이 목표이다. 정서 자기와 정신 자기의 발달 단계에 있는 내담자에게는, 이러한 과제가 자기 수준을 넘어선다. 인지적으로, 그들은 과제를 완수할 수는 있겠지만, 과제의 뜻을 충분히 반영했다고 볼 수 없다. 그들은 진정 이것을 '마음 깊이' 이해할 수 없다. 정서 자기의 발달 단계에 있는 내담자는 자존감 파이를 나눌 심리적 자기 감각을 아직 갖고 있지 않다. 그들의 경계는 유동적이고 투과적이며 자기의 아직 많은 부분이 타인과 한 덩어리다. 역할 자기 단계 그 이상의 내담자만이 다양한 역할을 동일시할 역량을 갖는다.

일반 원칙으로, 정서 자기 단계의 내담자는 자기 감각을 세우고 구축하는 다양한 기법을 필요로 한다. 그들의 충동과 정서 표현에 밀착하여, 이 단계는 정서 자기를 인식 대상으로 삼는 것이 목표이다. 변증법적 행동치료(DBT; Linehan, 1993)와 도식 치료와 같은 몇 가지 접근이 유용하다. Jeffrey Young과 동료들(Young, Klosko, & Weishaar, 2003)은 대부분의 내담자가 반영되는 도식 군집과 대응 반응 양식을 규명하고 명명하였다. 예를 들어, 내담자는 화내고 충동적인 아이, 절망하는 아이, 처벌하는 부모 등등에서 올라오는 정서, 사고, 행동을 규명하고 명명한다. 어느 순간 내담자는 슬픔, 연약함, 놀람을 느낄 것이다(절망하는 아이). 이어지는 순간, 내담자는 그 절망하는 아이를 꾸중하기 위해 처벌하는 부모 양식으로 전환한다. 그다음 내담자는 자신을 보호하기 위해 사람들과 거리를 두고 정서를 마비시키는 분리 방어자 양식으로 후퇴한다. 시간이 지나, 여러 측면에서 심리적 자기 감각를 내면화하기 시작한다.

CBT 기법은 내담자의 부적응적 핵심 신념을 규명하고 바꾸기 위해 자주 사용된다. 흔한 한 가지 핵심 신념은, "나는 결함이 있고 가치가 없다."이다. 내담자에게 이러한 신념을 확인할 혹은 반박할 증거를 찾아보라고 한다. 그들은 이러한 신념을 확인하는 정보들에 어떻게 동화 되었는지를 알게 되고, 일부는 이러한 신념을 반박할 증거를 무시하거나 약화하였다는 점을 인정하게 된다. 그들은 왜 그리고 어떻게 그러한 신념이 자리하게 되었는지를 서술할 수가 있 는데, 주로는 부모의 심한 비판이 관여된다. 일부는 이를 전환하여 타인은 조건 없이, 노력 없 이 가치를 갖는다. 즉, 타인에게, 가치는 인간이 되기 위해 선천적으로 있다고 여긴다. 가장 밑 바닥의 감정은 다음과 같다. "나는 남들과 다르다. 그게 말이 안 된다는 것을 알지만, 이게 내 방식일 뿐이다." 도출되는 하나의 결론은 인지 작업이 충분히 이루어지지 않았다는 점이다. 부정적인 핵심 신념에 대항하기 위해서는 보다 많은 증거가 축적되어야 한다. 도출할 수 있는 또 다른 결론은 치료자가 내담자를 적용시키기 위해 기술적으로 충분히 숙련되지 않았다는 점 이다. 우리는 또 하나의 결론을 제안한다. 아마 이 요법이 이 내담자의 "수준을 넘어서는" 것 이다. 인지적으로, 내담자는 과제를 완결할 수 있으나, 아마도 그것은 그의 자기 발달 수준이 우세해서는 아닐 것이다. 역할 자기 발달 수준의 내담자는 자신과 관계를 구분할 수 없다. 그 들은 자신을 자기 내면의 심리적인 생활 작품을 만들어낸 사람으로 볼 수 없다(그보다는 자신 을 그저 극장으로 여길 것이다)(Kegan, 1994). 기대하는 "나는 가치 있고, 온전한 존재"라는 결 론은 그들 인간관계 맥락에서는 불가능하다.

역할 자기 발달 단계의 내담자는 대인관계 맥락 안에 삽입되어 있다. 다른 예를 보자. 많은 섭식장애 내담자는 남이 자신을 좋아하기를 바라며, 자신을 내려놓고 관계 속으로 들어간다. 그들이 스스로를 어떻게 느끼는지는 타인들이 그들을 어떻게 봐주는지에 따른다. 분노 표출 이 관계를 해치는 것을 두려워하기 때문에, 그들은 분노를 어찌할 줄 모른다. 이러한 내담자는 타인의 부정적인 의견에 심하게 영향받는 것으로 보인다. 대인관계 및 인지행동 전략은 이러 한 내담자가 자발적인 의지를 가지고, 갈등은 관계에서 불가피하며, 자신의 견해는 타인의 것 만큼 가치 있고, 타인의 의견이 '옳은지'를 판단하여 그 의견을 수용할지 말지를 정할 수 있다 는 점을 가르치려고 한다. 이러한 치료 기대는 그들 수준을 넘어선다. 이러한 역량은 다음 발 달 단계(성숙 자아, 양심 자기)에서 나오는데, 이 단계에서 개인은 자신이 (관계에 의해 정의된 다는 것과 달리) 관계를 소유하고 있음을 알 수 있다. 이러한 발달 역량에 이르지 못한 내담자는 그들이 학습한 것을 다시 앵무새처럼 반복할 수는 있다. 예를 들어 "내가 뚱뚱하다고 생각해서 그가 날 안 좋아한다면, 그의 의견도 그도 이제 중요하지 않아." 그리고 "내 생각만큼 남들이 나를 나쁘게 생각하지는 않는다는 점을 명심할 거야."라고 말할 수는 있다. 하지만 이러한 선 언이 역할 자기 단계에서 만들어졌다. 첫 번째 예에서, 어떻게 관계가 무시되고 관계를 유지할 능력이 없으며 의견이 무시되는지를 주목하라. 두 번째 예에서, 자기 인정을 다짐하는 내담자의 능력이 그의 반복된 말과는 아무런 관련이 없다.

　개인이 역할 자기 단계에 있음을 단적으로 알려주는 전략이 보다 효과적이다. 예를 들어, 하나의 기법은 어떻게 가까운 타인(예 : 부모, 친구 등)이 사람들로 모양이 세워지는지 그리고 왜 그들은 그런 식으로 사람을 대하는지 이해하게 해준다. 내담자는 공감적 동일시하는 자신의 능력에 의해, 어떻게 타인의 생활 상황이 그들의 대인관계 양상에 공헌하는지를 알아가게 된다. 가설적 예로서, 내담자는 그의 어머니에게서 받은 분노와 비판이 진정 결혼 생활의 긴장에서 우러나온 분노로 대치될 수 있다. 이를 이해함으로, 내담자는 어머니에 의한 거친 정죄와 비판을 가볍게 느끼게 될 수 있다. 내담자는 어머니가 사실 얼마나 내담자를 사랑했는지 그리고 가치 있는 사람으로서의 내담자의 독립적인 사고와 자기 주장을 지지해주기를 원했는지 볼 수도 있다. 이러한 내담자는 관계의 충성이나 심취를 포기하도록 요구받지 않는다. 그보다 내담자는 자기 관점을 대인관계 안에서 넓히도록 격려받는다. 이러한 확장된 관점은 내담자가 자신을 가치 있다고 인정하고 자기 주장을 감내할 만하며, 이러한 행동들이 반드시 내담자가 관계를 포기하려는 것은 아니라는 사실을 터득하게 한다. 결론은 역할 자기 단계에서의 보다 건강한 기능인 것이다. 치료자와의 관계 또한 이 단계에 유용한데, 내담자가 보다 온화한 관계 경험 즉 내담자의 가치와 주장을 표현하는 것이 격려되고 확인되는 관계 경험을 내면화하게 되기 때문이다.

　섭식장애의 문화 역할을 강조하는 치료는 개인의 발달 단계에 의지할 때에 보다 성공적일 것이다. 인격전 단계에서 내담자의 세계관은 자기중심적이다. 이러한 내담자는 문화가 자기 정체성 혹은 섭식장애에 미치는 영향에 대해 초보적인 방식으로 논할 것이며, 이러한 논의가 개인의 고유한 고통에 대한 유일하고 창조적인 표출로서의 섭식장애 표출을 간과하기 때문에 많은 경우 결국 이 논의를 중단할 것이다. 인격 그리고 인격초월 단계의 내담자들은 사회 중심적 그리고 세상 중심적인 관점을 가지고 있어서 이러한 종류의 논의를 잘 따르고, 유익한 점을 찾아낼 것이다.

　우리는 몇 가지 사례만 제공하였지만, 내담자의 발달 수준에 따라 어떻게 치료 요법이 다른 영향을 나타내는지 여러분이 잘 이해했기를 바란다.

치료 과정

통합 지도(map)는 치료자가 순간순간의 치료 과정을 따라가도록 돕는다. 이 지도는 섭식장애의 영역에서 "어느 위치에 있는지" 이정표의 역할을 한다. 치료자가 영역에 반응하는 방법은, 물론 치료를 향한 접근 방식마다 다르다. 이어지는 내용은 필자(Hubbard)가 치료실에서 통합 지도를 사용하는 몇몇 예시들이다. 이는 단순히 예시일 뿐이며 치료 진행의 '최선' 혹은 '옳은'

방식으로 여겨서는 안 된다.

통합 지도는 치료실에서 균형을 촉진한다. 지도는 모든 사분획, 모든 수준(AQAL) 모형에서 각각의 측면을 상기할 단서 역할을 한다. 예를 들어, 필자는 사분획을 주기적으로 검토하여 각각의 기능을 평가하고 집중한다. 여기에는 하나의 분획을 다른 분획보다 특화하고 일부 환자는 그에 결탁하는 그런 경향이 있을 수 있다. 예를 들어, 일부 내담자들은 그들에게 어떤 행동 변화(우상 분획)도 고려하지 않고 섭식장애(좌상 분획) 발생에 대해서만 치중하려고 한다. 이러한 점은 치료자가 반드시 피해야 할 함정이다. 앞서 논의한 대로, 필자는 내담자의 자기 발달 수준과 '그림자 자기'⁶에서 나온 내용들을 경청한다. 그림자 내용들은 이인칭 혹은 삼인칭으로 언급되며, 일인칭과 반대된다(예 : 과체중을 인지한 것을 가리켜 '그 체중'이라고 묘사한다). 이 내용들은 치료 관계를 통해 제대로 인식할 대상이 되어야 한다. 섭식장애 환자의 가장 두드러진 그림자는 그들의 몸이다. 그들은 종종 그들의 몸에 대해 삼인칭으로 말하며, 치료의 중점 과제는 몸으로 투사한 그들의 생각과 느낌 모두를 인식하고 수용하게 하는 것이다.

통합 지도는 나, 우리, 그것의 관점에 따른 치료 과정의 기반이 된다. 관점은 환자의 주관적 관점(좌상 분획), 필자의 주관적 관점(좌상 분획, 특히 역전이 반응 평가에서), 상호주관적인 '우리' 관점(좌하 분획), 그리고 보다 객관적인 관점(우상/우하 분획)에서 비롯된다.

내담자의 주관적 관점에 대해서 잠깐 다루자면, 환자들이 지지받고 그들의 말을 들어준다는 느낌을 갖는 것이 중요하다. 어떤 심리치료에서든지, 내담자와 치료적 동맹을 맺는 것이 중요하다. 섭식장애 환자들과 동맹을 형성하는 것은 어려운데, 많은 이들이 변화에 양가적이기 때문이다. 치료자들은 종종, 적어도 초반에는 위협으로 인식된다. 치료자들은 환자들의 체중을 늘리려고 하고 혹은 굶은 것이나 제거 행위를 중단시키려 한다고 여겨진다. 치료 동맹을 원활하게 하는 한 가지 방법은 환자의 발달 수준에 동참해서, 환자의 관점을 공감적으로 공명하는 방식으로 말을 하는 것이다. 또 다른 치료 동맹 강화 기법은 환자의 변화 준비 상태를 평가하고 이해하는 것이다(McFarland, 1995; Villapiano & Goodman, 2001). 많은 내담자들은 회복 기간 동안 변화의 명상 단계를 들락날락한다. 비침습적인 방식으로, 특별히 이 단계를 지칭하기 위해, 필자는 내담자가 그의 인생 무언가를 넘어선 고통을 표현할 때 귀 기울인다―그가 자신에 대해서, 관계에 대해서 어떻게 느끼는지 등등. 우리는 섭식장애가 어떻게 그들의 고통을 돕고(그들의 관점을 지지), 또한 어떻게 그들을 불만족스럽게 하는지(섭식장애에 따른 침해를 문제제기함) 이야기한다. 이러한 점을 언급하는 간단한 요령이 있다. 필자는 변화의 장단점

---

6 우리 목적에 따라, '그림자 자기'는 개인의 자기감을 위협하기 때문에 스스로 속이는 어떤 부분이라 할 수 있다. 그래서 개인은 그림자 자기를 억압, 부정, 투사 등으로 처리한다.

을 규명하는 동기변화 전환 전략을 사용하는데, 광범위하게 그리고 반복적으로 사용한다. 지속적인 대화를 통해 이러한 작업이 이어져, 섭식장애의 자아 동조적인 특성은 줄어든다. 치료의 마지막 단계에서, 논의는 내담자의 '섭식장애 측면'에서부터 '섭식장애 외의 측면'으로 견해가 발전된다. 대부분의 내담자는 이러한 자기의 두 부분 개념을 좀처럼 이해하지 못하며, 이 두 측면을 자세히 살피고 통합하는 작업은 앞으로 계속되는 치료 작업이 된다. 여러분에게 Reindl(2001)을 추천하며, 그는 이러한 기법으로 '미녀와 야수' 상징을 활용한다.

도구로서의 자기

'도구로서의 자기'는 치료자들이 치료에 도입하는 일차 도구이다(Ingersoll & Zeitler, 2010). 관심 있는 치료자에게, 통합 지도는 치료자 개인의 고유한 발달과 성장을 진작시키나, 환자와 함께 하는 역량을 증진시키는 데에 활용될 수 있다. 이와 같은 치료자는 이 지도를 내담자에게 사용하는 것과 같은 방식으로 자신에게도 적용할 수 있다. 치료자는 자신의 건강을 사분획과 자기 발달 수준에 따라 평가하고, 자기의 그림자 측면들을 통합할 길을 모색하며, 몸/인지/정서/대인관계/영적 선들과 같은 다른 발달 측면에 참여한다. 이러한 훈련의 목표는 회복을 위한 최대의 정제된 혈관 즉 공급 통로가 되는 것이다. 충분히 제공되는 타인을 위한 존재가 되는 것이다. 치료자가 영적 세계관을 가지면, 그는 자신의 임상 활동을 자신을 열어가는 과정으로 생각하여 자신과 환자와의 작업을 통해 '영성'이 찬란하게 임할 것이다. "이제 내가 아니라 그분께서 뜻을 이루신다." 물론 이러한 경험은 개개인마다 고유하다.

겸손히 나의 수련을 하나의 예로 제시하겠다. 이 길이 '바른' 길 혹은 전망은 아니고, 한 사람이 통합의 여정을 항해하는 시도의 한 예일 뿐이다. 나의 영적 수련의 중심은 마음챙김 명상이다—하루 동안 있었던 것은 물론이고 앉아 있는 명상 자세 중에 떠오르는 생각, 느낌, 감각을 관찰하는, 경험의 목격자로서, 옳고 그름이 없으며, 어떤 판단도 없는 상태가 된다. 수준과 선들의 통합 흐름에서 보이는 물결과 파도일 뿐이다. 이러한 보다 각성된 생명 교류는, Prendergast(2007)의 말에 따르면, "드넓은 친밀감"이란 감각의 문을 연다. 내가 내 집에 있을 때, 나는 내 경험을 인지하지만 거기서 길을 잃지는 않는 이른바 드넓음의 감각을 경험한다. 이러한 드넓음은 (내 자신의 그리고 내담자의) 경험을 변경하거나, 고치거나, 멀리하거나, 가까이 함 없이, 있는 그대로 받아들일 수 있다. 추가적으로, 나는 내담자와 더 깊어지는 친밀감을 경험하는데 왜냐하면 존재의 가장 깊은 수준에서, 나는 다른 모든 것과 하나라는 인식이 있기 때문이다. 나 자신과 내담자 사이에는 어떤 차이점도 없으며, 내담자의 경험은 나 자신의 것이라는 관점이 있다. 이것은 경계를 흐리는 것이 아니라 우리가 영(spirit)이라는 사실을 인식하는 것이다. 이러한 드넓은 친밀감은 내담자를 수용하고 조화를 이루는 나의 감성을 증진시킨다.

명상은 내가 마음/가슴을 열고, 내가 할 수 있는 최대한의 지혜와 연민을 내담자에게 향하게 하는 방법이다. 〈그림 12.2〉는 섭식장애의 치료 선택과 목표에 대한 통합적 요지를 제공한다.

| 인지행동치료(CBT)
진단초월 CBT
변증법적 행동치료(DBT)
페미니스트 치료
영적 가치의 감각
갈망과 포만의 정상 인식을 획득 | 건강한 체중을 성취
섭식을 정상화
폭식을 제거
영양부족의 결과를 교정
SSRIs의 사용(치료와 함께) |
| 대인관계 갈등을 위한 심리역동치료
대인관계 심리치료
집단치료
가족치료 | 가족체계치료 |

그림 12.2 섭식장애 치료 선택 요약

결론

통합 지도는 근본적으로 우리 실존의 지도이다. 우리 존재에 대한 다양한 지식들이 조직화되어 총체적, 통합적 모형을 이루는 초이론적 기틀이다. 현상을 통합 시각에서 탐색하는 것은 중요한 것은 간과되거나 없어지지 않는다는 것과 다양한 견해는 고려되어야 한다는 것을 확실히 한다. 섭식장애의 학술 영역에서는 잘 알고 있듯이 섭식장애를 보다 잘 개념화하고 치료를 향상시키려면 여러 관점이 원인으로 상호작용하고 있음을 설명해내는 병인론 모형이 필요하다. 통합 모형은 이러한 과제에 부응한다. 섭식장애의 개념화에 확장을 더하여, 통합 모형은 임상 치료 실제를 풍성하게 하기 위한 강력한 방식이다. 모형은 치료 결정과 치료 과정을 알려준다. 민감한 존재, 지각, 반응을 위한 치료자의 능력이다. 주목할 만한 치료자가 통합 모형을 병인론과 치료에 제대로 적용해주기를, 그래서 보다 나은 내담자 치료가 이루어지기를 기대한다.

복습 질문

1. 증상에 의한 각각의 병인론 요인들은 왜 섭식장애를 일으키는가?
2. 건강한 다이어트의 기준은 칼로리와 섭식 행태의 입장에서 어떤 기준을 가지는가?
3. 성 학대와 섭식장애는 어떤 관련이 있는가?
4. 페미니스트는 섭식장애에 공헌하는 미국 사회에 대해 무슨 비판을 하는가?
5. 섭식장애 구성원이 있는 가족에게는 어떤 종류의 가족 문제가 흔한가?
6. 섭식장애를 앓는 내담자를 치료하기 위해 치료자는 무엇을 활용하는가?
7. 섭식장애를 앓는 내담자와 작업할 때 치료자의 자기 관리가 특별히 중요한 이유는 무엇인가?

참고문헌

Akkermann, K., Kaasik, K., Kiive, E., Nordquist, N., Oreland, L., & Harro, J. (2012). The impact of adverse life events and the serotonin transporter gene promoter polymorphism on the development of Eating Disorder symptoms. *Journal of Psychiatric Research, 46,* 38–43.

American Psychiatric Association. (2000). *Diagnostic and statistical manual of mental disorders* (4th ed., text rev.). Washington, DC: Author.

American Psychiatric Association. (2006). *Practice guidelines for the treatment of patients with eating disorders* (3rd ed.) Retrieved from http://www.psychiatryonline.com

American Psychiatric Association. (2013). *Diagnostic and statistical manual of mental disorders* (5th ed.). Washington, DC: Author.

Anderson, A., Cohn, L., & Holbrook, T. (2000). *Making weight: Men's conflicts with food, weight, shape & appearance.* Carlsbad, CA: Gurze Books.

Atalayer, D., Gibson, C., Konopaka, A., & Geliebter, A. (2013). Ghrelin and Eating Disorders. *Progress in Neuropsychopharmacology and Biological Psychiatry, 40,* 70–82.

Becker, A. E., & Fay, K. (2006). Sociocultural issues and Eating Disorders. In S. Wonderlich, J. E. Mitchell, M. de Zwann, & H. Steiger (Eds.), *Annual review of Eating Disorders: Part 2—2006* (pp. 35–63). Oxford, United Kingdom: Radcliffe Publishing.

Birgegard, A., Clinton, D., & Norring, C. (2013). Diagnostic issues of binge eating in Eating Disorders. *European Eating Disorders Review, 21,* 175–183.

Bordo, S. (1993). *Unbearable weight: Feminism, western culture, and the body.* Berkeley, CA: University of California Press.

Brumberg, J. J. (2000). *Fasting girls: The history of Anorexia Nervosa.* New York: Random House Vintage Books.

Bulik, C. M., Devlin, B., Bacanu, S. A., Thornton, L., Klump, K. L., Fichter, M. M., . . . Kaye, W. H. (2003). Significant linkage on chromosome 10p in families with Bulimia Nervosa. *American Journal of Human Genetics, 72,* 200–207.

Campbell, I. C., Mill, J., Uher, R., & Schmidt, U. (2011). Eating Disorders, gene-environment interactions and epigenetics. *Neuroscience and Biobehavioral Reviews, 35,* 784–793.

Casper, R. C. (1998). Behavioral activation and lack of concern, core symptoms of Anorexia Nervosa? *International Journal of Eating Disorders, 24,* 381–393.

Chernin, K. (1985). *The hungry self: Women, eating and identity.* New York: Perennial Library.

Collins, R. (2013). Treatment challenges for men with Eating Disorders. *Canadian Medical Association Journal, 185,* 137–138.

Cook-Greuter, S. R. (2005). Ego development: Nine levels of increasing embrace. Unpublished manuscript.

Cook-Greuter, S. R., & Soulen, J. (2007). The developmental perspective in integral counseling. *Counseling & Values, 51,* 180–192.

Crago, M., Shisslak, C. M., & Estes, L. S. (1996). Eating disturbances among American minority groups: A review. *International Journal of Eating Disorders, 19,* 239–248.

Crisp, A. H. (1997). Anorexia Nervosa as flight from growth: Assessment and treatment based on the model. In D. M. Garner & P. E. Garfinkel (Eds.), *Handbook of treatment for Eating Disorders* (2nd ed., pp. 248–277). New York: Guilford Press.

Dare, C., & Eisler, I. (1997). Family therapy for Anorexia Nervosa. In D. M. Garner & P. E. Garfinkel (Eds.), *Handbook of treatment for Eating Disorders* (2nd ed., pp. 307–324). New York: Guilford Press.

Dare, C., & Eisler, I. (2002). Family therapy and Eating Disorders. In C. G. Fairburn & K. D. Brownell (Eds.), *Eating Disorders and obesity: A comprehensive handbook* (2nd ed., pp. 314–319). New York: Guilford Press.

Devlin, B., Bacanu, S., Klump, K. L., Bulik, C. M., Fichter, M. M., Halmi, K. A., . . . Kaye, W. H. (2002). Linkage analysis of Anorexia Nervosa incorporating behavioral covariates. *Human Molecular Genetics, 11,* 689–696.

Dubosc, A., Capitaine, M., Franko, D. L., Bui, E., Brunet, A., Chabrol, H., & Rodgers, R. F. (2012). Early adult sexual assault and disordered eating: The mediating role of posttraumatic stress symptoms. *Journal of Traumatic Stress, 25,* 50–56.

Fairburn, C. G. (1997). Interpersonal psychotherapy for Bulimia Nervosa. In D. M. Garner & P. E. Garfinkel (Eds.), *Handbook of treatment for Eating Disorders* (2nd ed., pp. 278–294). New York: Guilford Press.

Fairburn, C. G., & Cooper, Z. (1993). The Eating Disorder Examination (12th edition). In C. G. Fairburn & G. T. Wilson (Eds.), *Binge eating: Nature, assessment, and treatment* (pp. 317–360). New York: Guilford Press.

Fairburn. C. G., Cooper, Z., & Shafran, R. (2003). Cognitive behaviour therapy for Eating Disorders: A "transdiagnostic" theory and treatment. *Behaviour Research and Therapy, 41,* 509–528.

Faludi, S. (1991). *Backlash: The undeclared war against American women.* New York: Crown Books.

Fessler, D. M. (2002). Pseudoparadoxical impulsivity in restrictive Anorexia Nervosa: A consequence of the logic of scarcity. *International Journal of Eating Disorders, 31,* 376–388.

Fichter, M., Herpetz, S., Quadflieg, N., & Herpetz-Dahlmann, B. (1998). Structured Interview for Anorexic and Bulimic disorders for DSM-IV and ICD-10: Updated (third) edition. *International Journal of Eating Disorders, 24*, 227–257.

Garner, D. M., Vitousek, K. M., & Pike, K. M. (1997). Cognitive-behavioral therapy for Anorexia Nervosa. In D. M. Garner & P. E. Garfinkel (Eds.), *Handbook of treatment for Eating Disorders* (2nd ed., pp. 94–144). New York: Guilford Press.

Garrett, C. (1998). *Beyond anorexia: Narrative, spirituality and recovery.* Cambridge, United Kingdom: Cambridge University Press.

Gilbert, S. C., Keery, H., & Thompson, J. K. (2005). The media's role in body image and Eating Disorders. In E. Cole & J. H. Daniel (Eds.), *Featuring females: Feminist analysis of media* (pp. 41–57). Washington, DC: American Psychological Association.

Goodsitt, A. (1997). Eating Disorders: A self-psychological perspective. In D. M. Garner & P. E. Garfinkel (Eds.), *Handbook of treatment for Eating Disorders* (2nd ed., pp. 205–228). New York: Guilford Press.

Grave, R. D. (2011). Eating Disorders: Progress and challenges. *European Journal of Internal Medicine, 22*, 153–160.

Grice, D. E., Halmi, K. A., Fichter, M. M., Strober, M., Woodside, D. B., Treasure, J. T., . . . Berrettini, W. H. (2002). Evidence for a susceptibility gene for Anorexia Nervosa on chromosome 1. *American Journal of Human Genetics, 70*, 787–792.

Harris, W. A., Wiseman, C. V., Wagner, S., & Halmi, K. A. (2001). The difficult-to-treat patient with Eating Disorder. In M. J. Dewan & R. W. Pies (Eds.), *The difficult-to-treat psychiatric patient* (pp. 243–271). Washington, DC: American Psychiatric Publishing.

Harrop, E. N., & Marlatt, G. A. (2010). The comorbidity of substance use disorders and Eating Disorders in women: Prevalence, etiology and treatment. *Addictive Behaviors, 35*, 392–398.

Heinberg, L. J., & Thompson, J. K. (1995). Body image and televised images of thinness and attractiveness: A controlled laboratory investigation. *Journal of Social and Clinical Psychology, 14*, 325–338.

Herzog, D. B. (1995). Psychodynamic psychotherapy for Anorexia Nervosa. In K. D. Brownell & C. G. Fairburn (Eds.), *Eating Disorders and obesity: A comprehensive handbook* (pp. 330–335). New York: Guilford Press.

Hoek, H. W., & van Hoeken, D. (2003). Review of the prevalence and incidence of Eating Disorders. *International Journal of Eating Disorders, 34*, 383–396.

Hoiles, K. L., Egan, S. J., & Kane, R. T. (2012). The validity of the transdiagnostic cognitive behavioural model of Eating Disorders in predicting dietary restraint. *Eating Behaviors,* *13*,123–126.

Humphrey, L. L. (1991). Object relations and the family system: An integrative approach to understanding and treating Eating Disorders. In C. Johnson (Ed.), *Psychodynamic treatment of Anorexia Nervosa and Bulimia* (pp. 321–353). New York: Guilford Press.

Ingersoll, R. E., & Zeitler, D. M. (2010). *Integral psychotherapy: Inside out/outside in.* Albany, NY: State University of New York Press.

Jacobi, C. (2005). Psychosocial risk factors for Eating Disorders. In S. Wonderlich, J. E. Mitchell, M. de Zwaan, & H. Steiger (Eds.), *Eating Disorders review: Part 1* (pp. 59–85). Oxford, United Kingdom: Radcliffe Publishing.

Jahng, J. W. (2012). An animal model of Eating Disorders associated with stressful experience in early life. *Hormones and Behavior, 59*, 213–220.

Jimerson, D. C., & Wolfe, B. E. (2006). Psychobiology of Eating Disorders. In S. Wonderlich, J. E. Mitchell, M. de Zwann, & H. Steiger (Eds.), *Annual review of Eating Disorders: Part 2—2006* (pp. 1–15). Oxford, United Kingdom: Radcliffe Publishing.

Johnson, C. (Ed.). (1991a). *Psychodynamic treatment of Anorexia Nervosa and Bulimia.* New York, Guilford Press.

Johnson, C. (1991b). Treatment of eating-disordered patients with borderline and false-self/narcissistic disorders. In C. Johnson (Ed.), *Psychodynamic treatment of Anorexia Nervosa and Bulimia* (pp. 165–193). New York: Guilford Press.

Johnson, C. (1995). Psychodynamic treatment of Bulimia Nervosa. In K. D. Brownell & C. G. Fairburn (Eds.), *Eating Disorders and obesity: A comprehensive handbook* (pp. 349–353). New York: Guilford Press.

Kaplan, A. G., & Surrey, J. L. (1984). The relational self in women: Developmental theory and public policy. In L. Walker (Ed.), *Women and mental health policy* (pp. 79–94). Beverly Hills, CA: Sage.

Kaye, W. H., Wagner, A., Frank, G., & Bailer, U. (2006). Review of brain imaging in Anorexia and Bulimia Nervosa. In S. Wonderlich, J. E. Mitchell, M. de Zwann, & H. Steiger (Eds.), *Annual review of Eating Disorders: Part 2—2006* (pp. 113–129). Oxford, United Kingdom: Radcliffe Publishing.

Kegan, R. (1982). *The evolving self: Problem and process in human development.* Cambridge, MA: Harvard University Press.

Kegan, R. (1994). *In over our heads: The mental demands of modern life.* Cambridge, MA: Harvard University Press.

Kempa, M. L., & Thomas, A. J. (2000). Culturally sensitive assessment and treatment of Eating Disorders. *Eating Disorders, 8*, 17–30.

Keys, A., Brozek, J., Henschel, A., Mickelsen, O., & Taylor, H. L. (1950). *The biology of human starvation.* Minneapolis, MN: University of Minnesota Press.

Kilbourne, J. (1999). *Deadly persuasion: Why women and girls* must fight the addictive power of advertising. New York: Simon & Schuster Adult Publishing Group.

Knapp, C. (2003). *Appetites: Why women want.* New York: Counterpoint.

Kohlberg, L. (1984). *The psychology of moral development: Volume Two: Essays on moral development.* New York: Harper & Row.

Lake, A. J., Staiger, P. K., & Glowinski, H. (2000). Effect of Western culture on women's attitudes to eating and perceptions of body shape. *International Journal of Eating Disorders, 27,* 83–89.

le Grange, D. (2005). Family issues and Eating Disorders. In S. Wonderlich, J. E. Mitchell, M. de Zwaan, & H. Steiger (Eds.), *Eating Disorders review: Part 1* (pp. 15–25). Oxford: Radcliffe Publishing.

Lelwica, M. M. (1999). *Starving for salvation: The spiritual dimensions of eating problems among American girls and women.* New York: Oxford University Press.

Lerner, G. (1986). *The creation of patriarchy.* New York: Oxford University Press.

Lilenfeld, L. R., Kaye, W. H., Greeno, C. G., Merikangas, K. R., Plotnicov, K., Pollice, C., . . . Nagy, L. (1998). A controlled family study of Anorexia Nervosa and Bulimia Nervosa: Psychiatric disorders in first-degree relatives and effects of proband comorbidity. *Archives of General Psychiatry, 55,* 603–610.

Linehan, M. M. (1993). *Cognitive-behavioral treatment of Borderline Personality Disorder.* New York: Guilford Press.

Lock, J., le Grange, D., Agras, W. S., & Dare, C. (2001). *Treatment manual for Anorexia Nervosa: A family-based approach.* New York: Guilford Press.

Loevinger, J. (1976). *Ego development.* San Francisco: Jossey Bass.

Machado, P. P. P., Goncalves, S., & Hoek, H. W. (2013). DSM-5 reduces the proportion of EDNOS cases: Evidence from community samples. *International Journal of Eating Disorders, 46,* 60–65.

Mahler, M., Pine, F., & Bergman, A. (1975). *The psychological birth of the human infant.* New York: Basic Books.

Maine, M. (2004). *Father hunger: Fathers, daughters, and the pursuit of thinness* (2nd ed.). Carlsbad, CA: Gurze Books.

Marcus, M. D., Smith, D., Santelli, R., & Kaye, W. (1992). Characterization of eating disordered behavior in obese binge eaters. *International Journal of Eating Disorders, 12,* 249–255.

Marquis, A. (2008). *The integral intake: A guide to comprehensive idiographic assessment in Integral psychotherapy.* New York: Routledge.

Mazzeo, S. E., Landt, M., van Furth, E. F., & Bulik, C. M. (2006). Genetics of eating disorders. In S. Wonderlich, J. E. Mitchell, M. de Zwann, & H. Steiger (Eds.), *Annual review of Eating Disorders: Part 2—2006* (pp. 17–33). Oxford, United Kingdom: Radcliffe Publishing.

McCabe, R. E., McFarlane, T. L., & Olmsted, M. P. (2003). *The overcoming Bulimia workbook: Your comprehensive, step-by-step guide to recovery.* Oakland, CA: New Harbinger Publications.

McFarland, B. (1995). *Brief therapy and Eating Disorders: A practical guide to solution focused work with clients.* San Francisco, CA: Jossey-Bass.

Myers, L. (1988). *Optimal psychology: An Afrocentric perspective.* New York: Kendall/Hunt.

Myers, A., Taub, J., Morris, J., & Rothblum, E. (1999). Beauty mandates and the appearance obsession: Are lesbian and bisexual women better off? *Journal of Lesbian Studies, 3,* 15–26.

National Eating Disorders Association. (2005). *Statistics: Eating Disorders and their precursors.* Retrieved from http://www.nationaleatingdisorders .org/p.asp?WebPage_ID=286&Profile_ID=41138

Pike, K. (2013). Classification, culture and complexity: A global look at the diagnosis of Eating Disorders: Commentary on Wildes and Marcus: Incorporating dimensions into the classification of Eating Disorders. *International Journal of Eating Disorders, 46,* 408–411.

Piran, N., Jasper, K., & Pinhas, L. (2004). Feminist therapy of Eating Disorders. In J. K. Thompson (Ed.), *Handbook of Eating Disorders and obesity* (pp. 263–278). Hoboken, NJ: Wiley.

Polivy, J., & Federoff, I. (1997). Group psychotherapy. In D. M. Garner & P. E. Garfinkel (Eds.), *Handbook of treatment for Eating Disorders* (2nd ed., pp. 462–475). New York: Guilford Press.

Prendergast, J. J. (2007). Spacious intimacy: Reflections on essential relationship, empathic resonance, projective identification, and witnessing. In J. J. Prendergast & K. Bradford (Eds.), *Listening from the heart of silence: Nondual wisdom and psychotherapy* (vol. 2, pp. 35–53). St. Paul, MN: Paragon House.

Rabinor, J. R. (1994). Mothers, daughters, and Eating Disorders: Honoring the mother daughter relationship. In P. Fallon, M. A. Katzman, & S. C. Wooley (Eds.), *Feminist perspectives on Eating Disorders* (pp. 272–286). New York: Guilford Press.

Reindl, S. M. (2001). *Sensing the self: Women's recovery from Bulimia.* Cambridge, MA: Harvard University Press.

Richards, P. S., Hardman, R. K., & Berrett, M. E. (2006). *Spiritual approaches in the treatment of women with Eating Disorders.* Washington, DC: American Psychological Association.

Sassaroli, S., Apparigliato, M., Bertelli, S., Boccalari, L., Fiore, F., Lamela, C., Scarone, S., & Ruggiero, G. M. (2011). Perfectionism as a mediator between perceived criticism and Eating Disorders. *Eating and Weight Disorders, 16,* e37–44.

Schwartz, M. F., & Cohn, L. (Eds.). (1996). *Sexual abuse and Eating Disorders.* New York: Brunner-Routledge.

Seid, R. P. (1994). Too "close to the bone": The historical context for women's obsession with slenderness. In P. Fallon, M. A. Katzman, & S. C. Wooley (Eds.), *Feminist perspectives on Eating Disorders* (pp. 3–16). New York: Guilford Press.

Steiner-Adair, C. (1991). New maps of development, new models of therapy: The psychology of women and the treatment of Eating Disorders. In C. Johnson (Ed.), *Psychodynamic treatment of Anorexia Nervosa and Bulimia* (pp. 225–244). New York: Guilford Press.

Steiner-Adair, C. (1994). The politics of prevention. In P. Fallon, M. A. Katzman, & S. C. Wooley (Eds.), *Feminist perspectives on Eating Disorders* (pp. 381–394). New York: Guilford Press.

Striegel-Moore, R. H. (1995). A feminist perspective on the etiology of Eating Disorders. In K. D. Brownell & C. G. Fairburn (Eds.), *Eating Disorders and obesity: A comprehensive handbook* (pp. 224–229). New York: Guilford Press.

Striegel-Moore, R. H., Dohm, F. A., Kraemer, H. C., Taylor, C. B., Daniels, S., Crawford, P. B., & Schreiber, G. B. (2003). Eating Disorders in White and Black women. *American Journal of Psychiatry, 160,* 1326–1331.

Striegel-Moore, R. H., Franko, D. L., & Ach, E. L. (2006). Epidemiology of eating disorders: An update. In S. Wonderlich, J. E. Mitchell, M. de Zwaan, & H. Steiger (Eds.), *Annual review of Eating Disorders: Part 2—2006* (pp. 65–80). Oxford, United Kingdom: Radcliffe Publishing.

Strober, M. (1991). Disorders of the self in Anorexia Nervosa: An organismic developmental paradigm. In C. Johnson (Ed.), *Psychodynamic treatment of Anorexia Nervosa and Bulimia* (pp. 354–373). New York: Guilford Press.

Strober, M., Freeman, R., Lampert, C., Diamond, J., & Kaye, W. (2000). Controlled family study of Anorexia Nervosa and Bulimia Nervosa: Evidence of shared liability and transmission of partial syndromes. *American Journal of Psychiatry, 157,* 393–401.

Sullivan, P. F. (1995). Mortality in Anorexia Nervosa. *American Journal of Psychiatry, 152,* 1073–1074. Sullivan, P. F. (2002). Course and outcome of Anorexia Nervosa and Bulimia Nervosa. In C. G. Fairburn & K. D. Brownell (Eds.), *Eating Disorders and obesity: A comprehensive handbook* (2nd ed., pp. 226–232). New York: The Guilford Press.

Sunday, S. R., Halmi, K. A., & Einhorn, A. (1995). The Yale-Brown-Cornell Eating Disorder Scale: A new scale to assess Eating Disorder symptomatology. *International Journal of Eating Disorders, 18,* 237–245.

Tantleff-Dunn, S., Gokee-LaRose, J., & Peterson, R. D. (2004). Interpersonal psychotherapy for the treatment of Anorexia Nervosa, Bulimia Nervosa, and binge eating disorders. In J. K. Thompson (Ed.), *Handbook of Eating Disorders and obesity* (pp. 163–185). Hoboken, NJ: Wiley.

Thompson, J. K., Heinberg, L. J., Altabe, M., & Tantleff-Dunn, S. (1999). *Exacting beauty: Theory, assessment, and treatment of body image disturbance.* Washington, DC: American Psychological Association.

Vandereycken, W. (2002). Families of patients with Eating Disorders. In C. G. Fairburn & K. D. Brownell (Eds.), *Eating Disorders and obesity: A comprehensive handbook* (2nd ed., pp. 215–220). New York: Guilford Press.

Villapiano, M., & Goodman, L. J. (2001). *Eating Disorders: Time for change.* Philadelphia, PA: Brunner-Routledge.

Wagner, A., Barbarich-Marsteller, N. C., Frank, G. K., Bailer, U. F., Wonderlich, S. A., Crosby, R. D., . . . Kaye, W. H. (2006). Personality traits after recovery from Eating Disorders: Do subtypes differ? *International Journal of Eating Disorders, 39,* 276–284.

Westen, D., & Harnden-Fischer, J. (2001). Personality profiles in Eating Disorders: Rethinking the distinction between Axis I and Axis II. *American Journal of Psychiatry, 158,* 547–562.

Wilber, K. (1986). *Transformations of consciousness: Conventional and contemplative perspectives on development.* Boston, MA: Shambhala.

Wilber, K. (2000). *Integral psychology: Consciousness, spirit, psychology, therapy.* Boston, MA: Shambhala. Wilber, K. (2006). *Integral spirituality: A startling new role for religion in the modern and postmodern world.* Boston, MA: Shambhala.

Wilfley, D., Stein, R., & Welch, R. (2003). Interpersonal psychotherapy. In J. Treasure, U. Schmidt, & E. Van Furth (Eds.), *Handbook of Eating Disorders* (2nd ed., pp. 253–270). West Sussex, United Kingdom: Wiley.

Wilson, G. T., Fairburn, C. G., Agras, W. S. (1997). Cognitive-behavioral therapy for Bulimia Nervosa. In D. M. Garner & P. E. Garfinkel (Eds.), *Handbook of treatment for Eating Disorders* (2nd ed., pp. 67–93). New York: Guilford Press.

Winnicott, D. W. (1965). *The maturational process and the facilitating environment: Studies in the theory of emotional development.* New York: International Universities Press.

Wolf, N. (1991). *The beauty myth: How images of beauty are used against women.* New York: William Morrow and Company.

Wolf, N. (1994). Hunger. In P. Fallon, M. A. Katzman, & S. C. Wooley (Eds.), *Feminist perspectives on Eating Disorders* (pp. 94–111). New York: Guilford Press.

Wooley, O. W. (1994). . . . And man created "woman": Representations of women's bodies in Western culture. In P. Fallon, M. A. Katzman, & S. C. Wooley (Eds.), *Feminist perspectives on Eating Disorders* (pp. 17–52). New York: Guilford Press.

Young, J. E., Klosko, J. S., & Weishaar, M. E. (2003). *Schema therapy: A practitioner's guide.* New York: Guilford Press.

Zerbe, K. J. (1993). *The body betrayed: A deeper understanding of women, Eating Disorders, and treatment.* Carlsbad, CA: Gurze Books.

제13장

정신병리, 고통, 그리고 도덕 영역

"정신건강 전문가가 무엇을 하든지 또는 말하든지
그들은 도덕 영역에 들어와 있다."
(Miller, 2004, p. 19)

서론

이 책은 가끔 진단과 관련된 논점이 언급되지만 진단에 대한 책은 아니다. 우리가 미국정신의학회(APA) 정신질환의 진단 및 통계 편람(DSM)에 있는 특정 정신질환들에 대한 설명과 기준을 자주 언급하였지만 이제는 DSM 안에 있는 많은 진단 범주들이 만들어질 때 내재된 몇몇 다양한 문제들로 돌아갈 것이다. 이 책에서 우리의 목표는 여러분이 정신병리를 상세히 알기 위해 필요한 모든 것을 제공하는 것이 아니다(이것은 어떤 책이든 그 분량이 몇천 장이 되지 않는 이상 어려울 것이다). 대신에 우리의 주요한 목표는, 자주 마주하게 되는 정신병리의 병인론과 관련된 복합적인 역동에 대한 이해를 돕고 여러분이 정신질환에 대해 지나치게 단순화된 오해들(즉, 정신질환은 뇌 질환일 뿐이다)을 지속하지 않도록 충분히 가르치는 것이다. 이제 정신질환 또는 정신병리 같은 단어들을 사용하는 것만으로도 수반되는 문제들과 이러한 범주들을 만드는 많은 가치들, 그리고 이것들이 인간의 삶에 내재되어 있는 고통들과 어떻게 연관되어 있는지에 그리고 어떻게 잠재적으로 혼동되는지에 대해 이야기할 수 있겠다. 논의의 한 부분으로, 도덕 철학과 과학의 중심 논점들이 정신병리와 고통의 구성 및 분류에서 어떠한 역할과, 사용/오용을 나타내는지 검토할 것이다.

이 마지막 장에서 우리가 분석하게 될 중심 질문은 "정신병리란 무엇인가?"이다. 이 질문과 관련된 질문은 이 장을 여는 인용문이 상정한 "도덕 영역에 들어와 있다."가 무엇을 의미하는

가이다. 정신병리의 현대적 정의는 '정신병에 대한 연구'(dictionary.cambridege.org) 또는 '정신
질환의 과학적 연구'(Oxforddictionaries.com)이지만 이 책이 집중하고 있는 이 단어의 요소들
을 어원적으로 살펴보는 것이 유익하다. *Pathos*는 헬라어의 고통(suffering)에서 왔다(Partridge,
1958). *logos*는 (학문에 있어서) 설명을 의미한다. 그리고 여기에서, *psycho*는 심리적 차원을 나
타낸다. 그러므로 '정신병리'는 실제로 심리적 고통에 대한 학문이다(심리적 고통에 대해 설명하는
것). 심리적 고통에 대한 학문과 현대의 '과학적' 정의의 중요한 차이는 인간의 고통[다차원의,
하지만 직접적으로 경험에 의한 (좌상 분획) 현상]이 그저 객관적이고(우상 분획), 주로 일차원
적인 구성이라는 것이다. 정신건강 분야에 있어서 정치적 역동의 현 상태가 주어졌을 때, 이
것은 놀라운 것이 아니다. Nancy Andreasen(신경과학자, 신경정신과 의사 그리고 *The American
Journal of Psychiatry* 전 편집장)은 결국 "우리는 표준화와 객관성에 높은 가치를 붙이는 세상에
살고 있다. 미묘함과 복잡성은 이 세상을 위태롭게 한다."고 말했다(Andreasen, 1995, p. 965).
우리는 여러분에게 정신병리와 고통은 '모든 사분획, 모든 수준(AQAL)'에서 복합적이며 다차
원적인 복잡미묘한 구성체임을 기억하라고 촉구한다. 고통은 보통 생물의학 과정과 관련이 있
지만(우상 분획) 이것은 직간접으로 경험되고(좌상, 좌하 분획), 문화 역동으로 형성되며(좌하
분획), 보통 사회 영향력에 의해 이끌리고 악화된다(우하 분획).

고통, 도덕 영역, 그리고 도덕 철학[1]

곧 알게 되겠지만, 도덕 철학의 목표는 항상 그리고 지금도 인간 고통의 감소였다.[2] 또한 심리
학은 과학의 한 갈래가 아닌 철학으로부터 출현했다(Hergenhahn, 2001; Robinson, 1995). 심
리학이 발전하면서 이 지식을 인간의 문제를 개선하는 데 적용하는 것의 중요성을 강조하였고
동시에 (심리학이 과학적 상태를 요구한다는 것을 고려해볼 때) 어떠한 명시적인 도덕적 주
장들을 부정하였다(Miler, 2004). 이 단원은 이것이 모순되고 옹호될 수 없는 입장이라는 것

---

1 여기에서는, 철학과 도덕과 윤리라는 용어를 공통적인 뜻으로 혼용해 사용한다. 이는 근본적으로 개인이 자
기 인생을 어떻게 살아야 하는가에 대한 주제를 칭한다.
2 많은 사람들은 고통을 인간만 아니라, 모든 지각 있는 생명체의 것으로 여길 것이다. 예를 들어 소, 돼지, 닭
과 같은 가축들이 비정상적으로 좁은 공간에서 사육되는 기업식 축산업은 현재 미국과 세계 각지에서 논의되
고 있는 심각한 윤리 주제를 지니고 있다. 배설물과 병들거나 죽은 가축들 사이에 비정상적인 높은 밀도로 동
물을 두는 것은, 동물의 불편, 공포, 괴로움, 부상, 질병 그리고 고유한 종으로서의 정상 행동을 할 수 없는 상
태를 초래한다(닭들이 서로 싸우고 죽이지 못하도록 부리를 자르는 것은 말할 것도 없다). 그러나 가축을 사
육하는 데 있어 기업농가 방식을 사용하는 사람들은 동물을 지켜줘야 할 지각 있는 생명체라고 생각하지 않
고 그저 상품으로 여긴다. 이러한 태도는 분명 많은 동물 학대를 야기하고, 그렇기에 이것은 도덕적 주제이다.

과, 심리학과 관련 정신건강 전문가들의 구성으로서 고통의 상대적 결핍이 초래되었음을 보여주는 것을 목표로 한다. 이 장은 Ronald Miler의 건설적인 저작 인간의 고통을 마주하며 : 도덕적 약속으로서의 심리학 그리고 심리치료(Facing Human Suffering: Psychology and Psychotherapy as Moral Engagement)를 중점적으로 다루었으며 관심 있는 분들에게 강력히 추천하는 바이다. Miller(2005)는 말하길

고통의 개념과 심리학에서 이의 역할에 대한 우선 가장 명백한 관찰은 아무것도 없다. 고통은 더 이상 임상 또는 이상 심리학의 내용 구성으로 존재하지 않는다. …이러한 점은 특히나 인상적인데 대부분의 임상 심리학자나 임상 또는 이상 심리학을 공부하는 학생들에게 심리학을 공부하는 이유가 무엇이냐고 묻는다면 대개는 고통받는 사람들이 더 행복한 삶을 살게 하기 위해서라고 대답하기 때문이다. 그렇지만 최근 25년간 주류의 이상 그리고 임상 심리학(또는 정신의학, 그 점에 있어서는) 교과서들을 보면 고통, 괴로움, 슬픔, 육체적 고통, 그리고 감정적 통증 같은 단어들이 거의 등장하지 않는다. 그 자리에는 정신질환의 진단 및 통계 편람에 명시되어 있는 질환이나 장애의 어휘들이 생겨났다[p. 305, 강조(기울어진) 부분 원문 동일].

고통은 삶의 피할 수 없는 부분이며, 부처만이 이것을 깨달은 것이 아니다. 인간의 고통 그리고 이것을 줄이는 것은 수천 년 동안 도덕 철학의 초점이었다. 우리가 논의하는 도덕 차원, 도덕 영역 또는 도덕 관심은 규범화, 도덕 판단 또는 환자들과 윤리 지침을 가지는 것에 대한 것이 아니다.[3] 어떻게 심리치료가 도덕 영역을 포함하는지 논의하기 앞서 우리는 도덕 철학이 무엇인지 이해해야 한다.

---

3 많은 비의료 정신건강 전문가들(상담사, 임상 심리사, 사회복지사 등)이 '환자(patient)'라는 용어가 의료 모형과 관련 있다는 이유로 쓰지 않도록 교육되어왔지만 환자라는 단어는 어원상으로 고통받는 사람을 의미하는 *patiens*라는 라틴어로부터 유래되었고, 반대로 내담자(client)는 어원상 남에게 의존하는 사람을 의미하며, 전문 서비스의 계약자 또는 소비자(consumer)를 칭한다(Patridge, 1958). (Client는 일반적으로 '의뢰인'으로 번역되는 단어지만 심리학 서적에서는 '내담자'로 번역한다. 이 또한 상담을 '받는' 대상이라는 의미가 내포되어 있긴 하다.–역자 주) 이 장의 보편적 요지에 따라서, 우리는 정신건강 전문가들이 내담자란 단어보다 환자라는 단어를 사용하기 바라며, 물론 이것이 환자가 '아프다'거나 '질환이 있다'를 의미하는 것은 분명 아니다. Sadler의 말에 따르면, 환자가 되는 것은 특정한 상처를 암시하고, 이는 내담자 또는 소비자 같은 단어들과 잘 맞지 않는다. "내담자와 소비자는 그저 부적절한 단어 정도가 아니다. 그것들은 인간성을 말살한다. 그것들은 인간 실존의 필요를 상거래 욕구에 가깝게 보고, 건강 관리를 뚜렷한 소비 형식에 둔다"(2005, p. 144). 환자-내담자 차이에 대해 더 알기 원한다면, Sadler(2005, pp. 142~144)를 참고할 것.

도덕 철학

도덕 철학은 우리가 어떻게 우리의 삶을 살아야 하는가? 그리고 우리가 어떻게 개인으로서 그리고 사회적 생물체로서 우리의 존재를 찾는가? 같은 질문들과 주제들을 다루는 철학의 분야이다. 다시 말해서 우리가 어떻게 우리의 개인적인 필요, 욕구, 그리고 감정들을 공평하고 공정하고 또는 올바른 방식으로 다른 사람들의 필요, 욕구 그리고 감정들과 조화시키는가? 하는 것이다(Anchine, 2005). 도덕 철학은 또한 고통의 주제와, 이것에 어떻게 대처해야 하는지 그리고 어떻게 '좋은 삶'을 이루어야 하는지에 초점을 맞춘다. 철학의 모든 영역에서 논쟁이 있지만, 도덕 방식으로 행동하는 것에 대한 최소한의 구상은 "개인이 자기 행위에 영향받는 만큼 각자의 관심사(interest)에 평등한 비중을 두면서, 적어도 이유에 따라 개인의 행위를 이끄는 것 즉 실행에 관한 최선의 이유를 만드는 것"이다(Rachels, 1993, p. 13). 서로 다른 심리치료 체계들은 치료의 도덕적 주제들에 대한 민감성이 각각 다르다는 것을 많은 학자들이 증명하였는데 그중 몇몇은 도덕 주제들이 관련되어 있다는 것을 인식하는 것에 실패했다. 또는 명백히 부인하기까지 했다!(Anchine, 2005 ; Mahoney, 2005 ; Miller, 2004 ; Sadler, 2005)

누군가를 정신적으로 건강하다 혹은 정신질환이 있다고 판단하는[4] 바로 그 행동은 도덕적 가치관이 담겨 있으며(보통은 명백하다기보다 암시되어 있고 감추어져 있다) 결국 정신적으로 건강한 것이 더 나은 이유는 우리로 하여금 '좋은 삶'을 살게 하기 때문이다. DSM은 '적응적인', '기능적인' 또는 '건강한'과 같은 용어를 사용하지만 어떤 객관적 기준, 도덕 평가와 무관한 기준도 이 용어의 서술을 성공적으로 제시하지 못하였기 때문에 이 용어들은 그저 명백히 도덕적인 구성체인 선(good)의 대리 명칭으로 사용된다(Miller, 2004).

만약 아직도 정신건강 서비스를 제공하는 데 얼마나 많은 도덕 영역들이 관련되어 있는지 분명하지 않다면, 단순히 환자들이 얼마나 자주 그들의 사회 및 대인관계 관련 문제들(학대, 갈등, 배신, 유기에서부터 착취, 조종, 억압, 다른 형태의 부당함까지)을 이야기하는지 생각해 보면 된다. 이러한 형태의 투쟁들과 이것들이 만들어내는 고통들은 도덕 철학의 영역이며 생물의학(biomedical) 질병이 아니다. 환자들은 흔히 치료자들에게 "도덕적 상처의 언어"(Miller, 2005, p. 301)를 가지고 이야기한다 ― 타인의 또는 자신의 아픔이나 죽음을 직시하고 절망함, 죄책감에 잠식됨, 그들이 만족시킬 수 없는 욕구들에 괴로워함, 그들이 내리기 두려운 실존적 결정들에 대해 고통받음, 사랑할 사람을 찾으려 애씀 그리고 때로는 타인을 미워함, '형편이

---

[4] 정신건강 전문가들은 그들이 정신과 의사, 상담전문가, 심리학자, 결혼 및 가족 치료사, 사회복지사 어떤 이든 간에 훈련 중 그들의 권한 안에 그들 환자를 '단정' 지어선 안 된다는 것을 배우지만, 단정이야말로 그들의 실제 행동이다. 그들이 '검토하다', '평가하다', 또는 '진단하다'라는 단어를 쓸 수도 있겠지만 이러한 예들은 여전히 단정 짓는 식의 형태들이다. 우리는 판단의 도덕적 그리고 비도덕적 형태에 대해 다루게 될 것이다.

더 나은' 사람들을 질투하면서 자기 인생 운명에 굴욕을 느낌, 주변 사람들의 필요에 타협 없이 어떻게 자기 고유한 필요를 채울지 고민함, 그리고 위의 모든 것을 어떻게 해소할지 혼란스러워함. 많은 수련생들이 환자들을 상담하기 시작할 때 어떤 주제를 대면할지 알게 되면, 그들은 자신의 도움 능력을 냉정히 의심하게 된다. 그들은 자신에게 당연히 이런 질문들을 던진다.

내가 진정 *아는(know)* 것은 *어떻게(how)* 이 사람들을 도울 수 있는지인가? 내가 *원하는(want)* 것은 *이(these)* 사람들을 도와서 인간 실존의 이러한 측면이 노출되는 것인가? …내 참을성을 넘어서서 고통받지 않고 얼마나 많이 그들의 고통을 위해 무언가 할 수 있을까. …이러한 자신감 위기에 대한 학술 및 임상의 주류 심리학 대답은 항상 같다. 과학적 심리학을 배우고, 과학적으로 실행하고, 과학적으로 <u>연구</u>하여 미래를 위한 더 많은 과학 지식을 세우라[Miller, 2004, p. 16, 강조(기울어진), 밑줄 부분 원문과 동일]. (강조 부분 위주로 글을 재배열하면 "나는 왜 이것을 원하는지 진정 알고 있는가?(Do I really know how I want these?)"가 된다. 강조해놓은 취지가 이 때문일 것이다. – 역자 주)

중요하게, 다른 사람에게 감정적으로 부당하게 상처를 입은(예 : 남용당하거나, 배신당하거나, 학대당하거나) 사람이 임상가를 찾아왔을 때, 환자에게 도움이 되고 기운을 북돋는 것 중 하나가 도덕적 회복이다. 가해자들이 그들의 잘못된 행동들을 인정하지 않은 사건들에서는 치료자가 (사회의 존경받는 구성원이자 환자가 존경하는 인물로서) 환자들에게 일어난 일들에 대해서 "당신은 이런 일을 당해서는 안 되는 것이다. X가 당신에게 이러한 행동을 한 것은 잘못한 것이다. 당신에게 일어난 일들에 대해 당신은 아무 잘못도 없다."와 같은 말들로 반응하는 것은 위안이 될 뿐만 아니라 결정적이다. 물론 치료자들은 그것이 진실이라고 믿을 때에 이런 것들을 말해야 하지만, 이러한 행동은 환자가 살아온 세계의 도덕 영역을 보여주며 그 세계를 다시 '바르게' 만들어나가는 발걸음이 된다.

치료자들이 환자 안에 희망을 주입시킬 필요에 대해 이야기할 때(Mahoney, 2003), 희망이 되어야 할 가장 큰 부분은 우리가 살고 있고 그럴 가치가 있는 세상에 대한 것이다(Miller, 2005; Sadler, 2005). 확실히, 환자들이 받는 대부분의 정신적 고통에는 도덕적 평가가 담겨 있으며, 치료자는 환자들이 그들 또는 다른 사람들 인생 안에서 죄책감과 부끄러움과 고뇌 등을 당연히 받아야만 하는지 분별하게 해주어야 한다. 예를 들어, 만약 환자가 어떤 사람에게 해를 끼쳤고 그래서 죄책감을 느꼈다면, 그것은 충분히 적절한 것이고 그것은 환자가 미래에 그런 방식으로 행동하지 않도록 도와줄 것이다. 반면 어떤 환자들은 다른 사람들이 자신을 학대했을 때 죄책감을 느끼거나 수치심을 느끼는데 이러한 경우에 치료자의 적절한 반응은 그들이 부당하게 대우받았다는 것을 지적하거나 입증하는 것, 미래에 그들이 다시 그렇게 대우받는 것을 예방하는 것 그리고 가능하면 가해자로부터 보상을 받게 하는 것이다. 이러한 유형의 일은 감정적 그리고 도덕적 감성을 모두 필요로 한다.

심리치료자들에게 필요한 것은 내담자들의 도덕적 딜레마에 민감한 것만 아니라, 내담자의 불안 및 갈등의 심리적 해결은 불안 및 우울 증상 관리만큼이나 중요하게 도덕적으로 바람직한 해결책을 찾는 것에 달려 있음을 인식하는 것이다(Miller, 2005, p. 329).

흔히 환자의 고통이 다수의 생물, 심리 그리고 사회문화 요인들과 불가분하게 연결되어 있고 이것이 치료자들과 이야기하는 핵심이 되지만, 임상가들은 환자들이 덜 고통받고, 좋은 삶이라는 비전을 향해 나아가게 하기 때문에 심리치료의 실천은 불가피하게 도덕적 실천이다(Miller, 2005).[5] 상담자 및 심리치료자들이 이해해야 할 매우 중요한 주제는 심리치료의 모든 이론들이 숨겨진 도덕 콘텐츠(이 장 마지막의 부록 A를 참고)를 포함한다는 것이다. 따라서 서로 다른 이론 배경을 가진 치료자들이 정신건강에 대해 또는 '좋은 삶'을 이루고 가꾸는 것에 대해서 논의하지만 그들이 하는 논의가 대체로 사실상 도덕적이라는 것을 모르고 논의한다. 성격, 진단, 정신병리의 정의, 치료 목표들이 (그 이상이 아니라면) 실은 도덕적 논점들인데 단지 경험적 논점으로 취급하는 식의 논쟁거리가 허다하다(Miller, 2005; Sadler, 2005). Slife(2004)에 의하면, 심리치료에 대한 모든 접근들은 "암시적 그리고 종종 검증되지 않은 견해를 가지고 있어서 설명과 조사가 필요하다"(p. 44). 그리고 "인식 못하는 가정들은 최악의 정신적 제약이 되는데 왜냐하면 그것들이 우리 인식을 벗어나 영향력을 행사하기 때문이다"(p. 73).

불행히도 "현재 전문가로서 우리는 우리의 도덕적 의식에 관해 Piaget가 감각운동 단계라고 부른 것과 동등한 단계에 있다. 우리는 우리의 전략과 입장을 표현하기 위한 막연한 이해와 능력만을 가지고 도덕 논점에 대해 행동하고 있다"(Miller, 2005, p. 332). 또한,

철학은 무익한, 추상적인, 지적인 훈련으로 창조되지 않았고 인생의 고통과 맞서기 위한 적극적이

---

5 이것은 심리치료에 중요한 과학적 영역들이 존재하지 않는다는 것을 의미하지 않는다. 사실 경험 많은 심리치료자들이 그들의 일을 과학과 예술의 일부라고 언급하는 것은 아주 흔히 있는 일이다. 하지만 치료자들이 그들의 일을 윤리적 또는 도덕적이라고 언급하는 것은 드문 일이다. 우리는 심리치료 작업이 천성적으로 도덕적 시도라고 믿지만 그렇다고 사람들이 심리치료 도움을 받는 이유가 언제나 도덕적 주제 또는 '삶을 사는 문제'들이라고 생각한다는 것은 아니다. 우리가 이 책에서 강조해왔듯이 대부분의 정신건강 문제들에 있어서의 병인론 요인들은 복잡하고 모든 사분획들과의 역동이 포함된다(신경생물학부터, 행동강화양상, 그리고 사회구조 영향에서 유아기 영향, 외상, 문화 세계관 그리고 개인이 내리는 결정까지). 동시에 우리는 DSM에 있는 몇몇 진단들 중에는 본래 뇌의 질환(우상 분획)이 있다고 믿는다(예 : 조현병, 제I형 양극성장애, 자폐증, 고도의 임상 우울증, 신경인지 질환들).

고 강력한 시도로 창조되었다. 이를테면, 다음의 문제들을 가지고 씨름한다—인생의 아픔과 괴로
움의 해소는 존재하는가? 인간이 평화와 행복을 찾기 위해서는 무엇을 해야 하는가? 육체의 물질
적 실존의 요구로부터 우리를 단절시키는 즉, 우리에게 진혼곡을 들려주는 영적 영역은 존재하는
가?(Miller, 2005, p. 302)

우리는 환자와의 도덕 철학 논의에 있어서 치료의 대체를 주장하는 것이 아니다. 오히려 우
리는 임상가로서 우리의 일을 인도하는 도덕 요소들을 설명할 수 있어야 하고 이러한 도덕 입장의 타
당성을 보일 수 있어야 한다는 것이다. 의식에 없는, 암시성 도덕 가치들을 의식적으로 검증한,
명백한 그리고 분명한 도덕 가치들로 바꾸는 것은 이러한 일의 일환이다. 결국 "과학의 특징은
연구이다. …여기에는… 과학 고유의 가정과 가치가 포함된다"(Slife, 2004, p. 73).

궁극적으로, 우리 모두에게 가장 중요한 질문은 우리가 어떻게 인생을 살아야 고통을 최소
화하고 행복과 안녕을 최대화하느냐는 것이다. 하지만,

감정적 아픔, 괴로움, 고뇌하는 도덕 선택, 개인적 배신감, 그리고 그것들을 야기하는 상처들이
뇌, 정신, 또는 환경이 만들어내는 개인의 질환으로 재정의되면서 인간의 고통은 근본적으로 달라
졌으며, 그 달라지는 과정은 신기하게 감춰졌다. 이렇게 보편적이고 근본적인 인간 경험에 대한
의학화와, 이러한 질환들의 새로운 문화적인 관리자로서의 정신건강 산업의 창조는 20세기 인간
의식의 가장 엄청난 변화일 것이다(Miller, 2005, pp. 305~306).

Mahoney(2005)에 의하면,

아픔과 괴로움은 심리치료를 찾게 되는 일차적인 동기요인이다. …하지만 심리치료는 아픔과 괴
로움을 전문으로 하는 직업이 되었으면서 이것들과 너무 가까이하지는 않는다. …심리치료의 전
문성은 스스로 정서적 거리와, 진단의 숭배(fetishes), 그리고 단순화의 환상에서 찾는다(p. 347).

더군다나 환자의 투쟁이 사회적 역동들(가난, 억압, 그리고 다른 사회적 불평등)에서 유래
된 것이라면, 치료자들이 그저 상징적인 것만 아니라 실제로 환자의 고통의 일차 요인과 동일
한 바로 그 사회적 힘의 표상이 될 수 있다.

여러분은 궁금할 것이다. "정신건강 분야 관계자가 왜 자기들이 도우려는 사람들의 고통을
무시할까?" 방어 기전을 사용하는 우리 경향에 더하여, 결국 자신의 그리고 타인의 고통을 가
능한 한 회피 혹은 어떤 식으로든 잊어버리는 것이 있는 것이다.

치료 제공자들은 환자들의 고통에 어두울 수 있는데 왜냐하면 그들이 속한 사회경제 위치의 미덕에 따라 그러한 종류의 고통을 평가절하 해왔기 때문이다. 이 사회경제 위치는 자신의 전문가 훈련이나 심리 이론 모형보다 앞서는 셈이다. 그들은 문화 속에서 특권, 권위, 힘을 지속적으로 발휘해보지 못했고, 그들이 이득을 보는 사회경제 배열에 희생되어 나타나는 아픔과 괴로움을 인식할 수 없었다. …참으로, 만약 무엇이 '구조적 폭력'인지 생각해보면 … 전문가들이 개입하려는 사회 구조는 서민의 정황에 따른 아픔과 괴로움으로 인해 매우 위협적이다. 불행하게도, 기관 또는 의사는 이 상황에서 내담자를 돕기보다 고통의 존재 자체를 부정함으로써 환자의 고통을 '배가(redouble)'시킨다(Miler, 2005, pp. 310~311).

또 다른 이유는 대부분의 의사들이 교육된 그리고 훈련된 패러다임을 무비판적으로 받아들이며, 오늘날 정신건강 전문가들은 모두 생물의학 패러다임 안에서 활동하고 있다는 점이다. 이는 DSM 사용이 요구됨, 경험적으로 뒷받침되는 치료 수요의 증가, 그리고 약물요법 사용의 증가로 증명되었다. 우리는 근거 기반 임상 혹은 향정신성 약물의 사용이 부적절하다고 생각하는 것은 아니나(Marquis, Douthit, & Elliot, 2011; Ingersoll & Rak, 2006을 보라), 생물의학 모형이 대규모로 채택되면서 환자의 고통에 대한 진지한 관심은 조직적으로 배제되었다. 결국 DSM은 '정신질환'을 진열해놓는다.

고통, 장애, 질환, 자살 및 타살 사고, 그리고 모든 증상의 진열은 개인이 참으로 괴로워하고 있음을 지칭하지만, 괴로움 그 자체(suffering itself)를 언급하지는 않는다. 우리는 DSM-IV가 정의하고 있는 정신질환으로 인하여 고통을 받는가, 아니면 우리의 고통이 정신건강 특수 분야 전문가들에 의해 정신질환으로 정의되는가?[Miller, 2004, p. 27, 강조(기울어진) 추가됨]

윤리에 대한 아리스토텔레스의 견해는 도덕 철학에서 아직도 표준으로 여겨지며 그의 실천 지혜[phronesis, 이론 및 과학 지식과 대조되는 실용적 지혜(practical wisdom)를 의미함] 관점은 심리치료와 관련이 있다. 실용적 지혜는 그저 개인이 무엇을 해야만 하는지 아는 것에 달려 있지 않고, 실제로 특정 맥락에서 선을 행하는 것에 달려 있다. ('실용적 지혜'는 원어를 현 주제에 국한시켜 '임상의 지혜'로 바꿔불러도 무방하겠다. – 역자 주) 그러므로 이것은 추상이 아니다. 많은 고대 철학 학파들(특별히 결과적으로 인지치료의 여러 원리의 전조들을 만들어낸 에피쿠로스파와, 회의론자와 스토아 철학파)을 참조하여 Nussabaum(1994)은 저술하기를 그들은

모두들 철학을 인간 삶의 가장 고통스러운 문제를 다루는 방법이라고 생각한다. 그들은 철학자들

을 그들의 능력으로 인간의 만연한 여러 고통들을 고치는 연민 어린 의사들로 보았다. 그들은 철학을 영리함의 과시에 전념한 분리된 지적 기술로서가 아니라 인간의 불행과 격투하는 몰입감 있고 세속적인 예술로서 실천했다(p. 3).

불행하게도, 실용적 지혜는 일반적인 절대 원칙에 정지해 있기보다는 항상 여러 가지의 맥락에 놓여 있었기 때문에 이론 관념들이나 기계적 생산이 그렇듯 확실성이 있을 수 없다(Polkinghorn, 1999). "이것은 문제들의 독창성과 개인성 때문에 언제나 잠정적이고 개정 가능해야 한다"(Miller, 2004, p. 23). 실용적 지혜는 종종 Stanovich(1998)와 같은 심리학자들에 의해 무시되는데, 그의 목표는 학생들이 심리학에 대해 '똑바로 생각'하게 하고 철학 또는 민간 지혜가 심리 세계에 존재할 여지가 있다는 생각을 제거하는 것이었다.

상담과 심리치료에 대한 통합 접근은 가장 유효한(available) 과학 증거로부터 끌어냈지만 기본적으로는 **실천지혜**에 놓여 있다. 필자가 다른 곳에도 언급했듯이, 그리고 아리스토텔레스의 **니코마코스**(Nicomachean) 윤리학에서도 거듭되듯이 치료법의 실천이 오로지 과학적 기술에 기반한다는 생각은 그릇되고 오류적이며 '심각하게 해로운' 것이다(Mahoney & Marquis, 2002). '기술이라는 폭압'은 무엇이 더 나은 쪽인지에 대한 치료자의 고정된 이해를 장려하여 환자의 개인성에 잠재적으로 폭력을 가할 뿐만 아니라, 환자 개인 과정의 원거리적 및 현상학적 신뢰와는 대조적으로, 목적론적으로 결과물과 연관된다. 그리고 여기에 특정한 것이 들어와 양상을 흐리고, 대부분이 인정하는 것보다 더 우리의 노력을 모호하게 한다. Hoffman이 말하기를, 우리의 작업은

불확실성을 견뎌낼 수 있어야 하며 이와 함께 비판적이되 확연히 열린 마음이 오랜 시간 다양한 방식으로 필요한데 여기에는 늘 어둠에 가려진 무언가를 … 기꺼이 영적으로 찾고, 협상하고, 변화시키려는 자세가 담겨 있어야 한다. 누군가는 우리 행동의 맥락이 항상 *맥락을 무시하는 맥락*이라고 말할 것이다. 그렇지만 우리는 행동해야 한다(Moore, 1999, p. 122 에서 인용).

그러므로 상담자들이 환자들에 대해 내리는 많은 결정들은 과학적 자료만을 기반으로 하여 확실히 정해지지 않으며, 이는 임상가의 개인 및 도덕 발달을 중대하게 여겨야 하는 분명한 이유이기도 하다. 그러나 이러한 실용적 지혜는 이를 처음 들었을 때만큼 난해하지는 않다. 이것은 사실 우리가 사람들과 교류하는 데 있어서 사용하는 일상 지식의 연속이다—집, 일터, 혹은 여가 장소 어디든. 또한 실용적 지혜는 최상의 과학 증거들과 서로 배타적이지 않다. 오히려 연구 결과들이 임상 관련 질문의 답에 알맞게 도달되었을 때에, 이러한 과학 자료들은 개인이

임상 판단을 내리기 위해 접근하는 지식 기반의 결정적인 요소를 구성한다. 우리는 경험주의 (empiricism)가 논리 또는 글자로부터 유래된 경우와 대조적으로 **경험으로부터 유래되었다는** 뜻임을 기억해야 한다(Mahoney, 2005). 우리의 경험과 행동에 영향을 주는 강력한 생물 그리고 심리사회 영향력이 존재하기는 하지만, 인간은 선택하고 자유와 창조성을 행사할 수 있다는 것을 절대 잊어서는 안 된다. 그 능력이 매우 제한적이라도 말이다. 사람들이 합리적인 의사결정을 할 수 있고 따라서 행동의 선택과 상황에 대한 대처 능력이 있다고 전제하지 않는다면 누구나 심리치료자가 될 수 있다는 말은 오히려 이상해보인다.

과학은 특정한 도덕 질문에 답을 줄 수 없다

비록 합리성(rationality, 누군가의 결정을 알기 위해 논리와 증거를 사용함)이 다른 도덕적 입장의 상대적 가치를 분별하게 해준다는 설득력 있는 주장이 있어왔지만(Harris, 2010) 과학 그 자체가 도덕 질문들에 대한 명확한 답을 제공하지 못한다는 사실은 오랜 시간 동안 합의하여 지지된 바이다. 이러한 통찰은 스코틀랜드 철학자 David Hume(1739/2010)에 의해 처음 제시되었고, 흔히 **진술-당위 문제**(is-ought problem)라고 형식화하는데, 비슷한 논의를 '자연주의 오류(naturalistic fallacy)'라고 부르기도 한다(Moore, 1903). 간단히 말해, 개인은 도덕적 '당위'(규범적 또는 표준적으로 '해야 하는')를 과학적 '진술'(자연 세계에 대한 서술)로부터 유추할 수 없다. 다시 말해, 서술적(과학적) 문장은 무엇인지를 언급하고, 규범적(도덕적) 문장은 어떻게 되어야 하는지를 언급한다. 사람들은 항상 전자에서 후자로 이동하지만, 이러한 흐름은 경험과 논리 영역 모두에서 해명이 안 된다. 진술과 당위의 차이는

> 미국 심리학에서 과학적 그리고 실제적 지식 사이의 해리를 이해하는 데 있어 가장 중요하다. 심리학의 명제들이 진정 경험적인 것이기 때문에, 여기에는 도덕 내용이 전혀 없고 그 자체만으로는 실제에 대한 어떤 것도 지시할 수 없다. 아마 과학적 명제들이 실제적 논점을 말하기 때문에, 이러한 명제들은 무늬만 과학적이고(pseudoscientific) 이미 도덕 평가 내용들이 과학의 개념들과 전제들 안에 암시적으로 삽입되었다. 그러므로 임상 실제에 대한 과학적 주장은 논리적으로 불완전하거나 (명백한 도덕 원리가 결여됨) 무늬만 과학적이며 실은 도덕 주장인데 객관적인 과학 사실인 양 포장한다(Miller, 2004, p. 25).[6]

---

6 도덕 영역에서 심리학이 해리된 것을 Miller는 자신의 2004년 저술의 첫 장에서 "미국심리학해리(American Psychological Dissociation)"라는 언어유희의 제목으로 표현하였다.(미국심리학회를 흉내 낸 표현임-역자 주)

미국 문화에서 흔한 다음의 행동 경고들을 고려해보자. "결혼한 사람들은 결혼 밖에서 성관계를 가지면 안 된다.", "아이들은 학교에서 자리에 앉고 집중해야 한다." 이 문장에서, 성관계를 가지다, 앉다, 집중하다 같은 용어들은 서술적 및 도덕적 평가 요소로 구성되어 있지만, 도덕적 평가는 자연적 관찰 또는 서술적 관찰만으로 되지 않는다. 이들 문장에 가치를 부여함으로써, 그것들은 도덕적 평가들이 된다. 암묵적으로, 우리는 그러한 경고들을 따르는 사람들을 그렇지 않은 사람들보다 낫다고 생각하고, 그런 암묵적 도덕 판단들은 너무나 당연한 것으로 받아들여져서 그것을 변호할 필요성을 거의 느끼지 못한다. 그러나 "우리가 거의 의문을 갖지 않아서 의문에 동참하는 이가 안 보이는 도덕 입장이라고 해도 그것이 사실적인(factual) 입장이 아니라 실은 도덕 입장이라는 사실을 부정할 수는 없다"(Miller, 2004, p. 88). 이 인용구는 자아 동조적(ego syntonic)[7]인 성격장애에 특히 적절하다.

이것은 환자가 도움을 구하지 않는 그리고 아마도 즐기기까지 하는 드문 종류의 질병이지만 의사의 치료를 필요로 한다. 법원의 형사 처벌을 받지 않는 친밀한 관계와 개인 취향의 영역에서 정신의학과 심리학은 사회적 통제의 책임과 도덕적 행동 기준의 시행을 담당해왔다는 사실을 개념적으로 인정하는 것이 훨씬 더 간단한, 그리고 정직한 것 아니겠는가? 우리는 누군가가 자기에게 빠져 있고, 자기만 위하고, 자기만 중요한 사람을 감옥에 보내고 싶지 않다(예 : 자기애성 성격장애). 그러나 우리는 더 이상 그 사람이 그렇게 행동하는 것을 원하지 않고, 누군가(치료자)가 무언가 해주길 바란다. 정신건강 전문가가 사람을 도덕적 정직이 부족하다고 진단하지 않기 때문에 그리고 심리치료가 도덕적 일로 간주되지 않고 인간 행동의 과학적 요인의 기술적 응용으로 간주되기 때문에 이러한 구상은 시작부터 상당히 불행한 운명을 가지고 있다. 어떻게 개인과 한 번도 도덕적 주제에 대해서 이야기해보지 않으면서 그의 도덕적 성격을 바꿀 수 있을까? 개인은 그러할 수 없으며, 그래서 정신건강 전문가도 기술적 개입만 해서는 정말 안 되며, 그렇지 않으면 자기애성 성격자들의 문제를 제대로 다룰 수 없다. 진실로, 모든 DSM-IV 진단에는 행동에 대한 암묵적 도덕 평가가 담겨 있으며 우선되는 문화적 도덕 가치에 따라 행동을 수용 혹은 비수용으로 고려한다. 성격 장애에선 그 가면이 풀려서, 암묵적 도덕 판단이 드러나고 겨우 위장될 뿐이다(Miller, 2004, pp. 88~89).

---

7 자아 동조적은 개인이 수용하는(acceptable) 성격 특성, 행동, 감정 또는 가치를 말한다. 달리 말해, 자아 동조적 성격장애를 가진 사람들은 이것을 문제라고 생각하지 않는다. 실제로, 그는 이러한 자질을 굉장히 훌륭한 것으로 여길 것이다.

약간의 명료화

앞 단원 내용은 여러분이 이미 배워왔던 것(상담에서는 도덕 판단이 없으며 환자와의 작업에서는 중립적, 객관적 자세를 견지해야만 한다는 점)과 어떻게 일치하는가? Miller는 확신 있게 주장하길 도덕 중립에 대한 주장은 도덕 원칙에 대한 잘못된 이해에 기반을 두고 있다고 하였다. 매우 근본적인 방식으로, 치료자가 항상 하는 것에는 도덕 영역이 포함된다. 지능이나, 돌봄이나, 이성 등을 사용하여 개인이 타인에게 봉사하는 것은 도덕적이라고 해야 하는데, 다른 사람을 위한 관심이 도덕성의 핵심 양상이기 때문이다(Miller, 2004). 도덕 영역에 들어왔다는 것은 치료자가 자신이나 종교 기관(교회, 유대교 회당, 모스크 등)의 가치를 환자에게 부과해야만 한다는 뜻은 아니다. 불행하게도, 현대 미국인 대다수가 도덕적 관심을 성(특별히 동성애, 낙태 그리고 피임), 다른 관능적 쾌락에 대한 근본주의 종교의 일차적인 금지 기능, 그리고 외부 문화의 '오염된 부도덕'에 영향받지 않는 내부-집단을 유지해야 하는 필요성으로 본다. 이러한 도덕적 입장(보통 성차별주의, 인종차별주의, 외국인 혐오 그리고 다른 편견들을 동반함)은 발달을 저해하였으며, 여러분이 현대 미국인들의 도덕적 담론과 이 세상의 실질적 고통(자연의 악화와 기상 변화부터 가난, 전쟁, 질병 그리고 거의 끊이지 않는 다수의 억압과 인재로 인한 고통)을 합리적으로 비교한다면 그리고 그동안 이러한 고통을 경감시키기 위해 해온 일이 무엇인지를 안다면 이것을 깨닫는 것이 어렵지 않을 것이다.

정신병리와 정신질환의 구조

우리는 우리가 정신병리/정신질환을 개념화한 방식이 신념을 이끌어 우리의 심리치료 방식에 강력한 영향을 미친다는 점을 인식해야 한다(Khantzian, 1987). 이러한 인식에서 가장 중요한 것은 DSM과 같은 사회적 인공물이 '실제 있는 현실(reality as it actually is)'의 거울에 해당하는 구조물이 되었음을 인식하는 것이다. 구성주의 관점[8]과 대조되게, 1980년 이후 모

---

8 필자(Marquis)는 스스로를 (Michael Mahoney가 그랬듯이) 철저한 또는 사회적 구성주의자와 대조되는 발전하는 또는 비판적인 구성주의자라고 생각한다. 철저한 또는 사회적 구성주의자도 약한(보통의) 형태에서 상담 및 심리치료와 같은 몇몇 중요한 통찰들을 가지고 있지만, 나는 Gross와 Levitt(1998)의 견해대로, 강한(극도의) 형태에서 문화적 및 사회적 구성주의가 과학을 다른 지식 주장에 대한 인식론 또는 존재론적 우위성이 없는 그저 다른 담론인 양 선언한 것은 너무 멀리 가버린 셈이라고 생각한다. 그렇다고 과학이 흔히 과학주의 그리고 총체적 오류에 빠지게 될 수는 없고 되지도 않는다는 말을 하려는 것은 아니다. 나의 연구와 친숙한 사람들은 내가 보편적으로 '과학적'이라고 여겨지는 심리치료의 가장 영향력 있는 양상들에 대한 비판을 출간한 것을 알 것이다[예 : DSM, 경험 중심 치료(EST) 운동, 우수 사례(BPs)]. 이것은 과학적 사례의 전통 방식(예 : 직접적 관찰, 실험 연구 설계)이 가장 중요한 심리치료 질문들과 항상 적절하게 들어맞지 않기 때문이다. 나는 DSM, ESTs 그리고 BPs에 대한 나의 이전 비판을 지지하지만 과학이 "어떤 특정한 시기의 환경에

든 DSM은 정신질환을 경험적 연구에 의해 밝혀지는 객관적 독립체로 분류하였다(Raskin & Lewandowki, 2000). 하지만 이 주제를 철저히 다른 견해에서 접근하는 많은 학자들은 강하게 주장하길 DSM의 정신질환들은 보통 객관적, 과학적 자료들에 의해 뒷받침되지 못한다고 하였다(Gergen & McNamee, 2000; Kirk & Kutchins, 1992; Kutchins & Kirk, 1997; Raskin & Lewandowski, 2000; Sadler, 2005; 2005; 2005; Szasz, 1974). 이러한 비판에서 중요한 점은 보통 투표에 의해 도달되는 가치들과 정치적 과정들인데 이 같은 결정을 통해 특정 질환이 포함되고 이의 진단 기준 또한 만들어진다.

DSM-IV-TR은 분명하게 명시하길 이 질병분류가 이론을 배제하고 "병인론에 관하여 중립적"이라고 했다(APA, 2000, p. xxvi). 다른 곳에서 우리는 최근 DSM 판형들이 이론을 배제하였다는 주장을 비판해왔으며(Douthit & Marquis, 2006) 또 다른 곳에서는 "문제를 진단하는 데에 행동 진단 기준을 사용함으로써 … (DSM은) 심리학적 의미보다는 증상 감소에 집중하는 접근에 편중되었다."(Raskin & Lewandowski, 2000, p. 20)고 밝히기도 했다. 정신병리가 이론을 배제하였다고 하려면 견해가 없어야 할 뿐만 아니라("아무 데도 없는 견해"), 또한 '좋은 삶', 고통, 또는 무엇이 건강하고 인간으로서 번창한 것인지에 대한 선입견을 수반하지 않아야 한다. 우리는 이 둘 중 어떤 것도 실제로 가능하지 않다고 믿기 때문에, 정신병리의 이론 배제가 가능하다고 믿지 않는다.[9] 결론적으로 '병인론에 관하여 중립'적인 것은 잠재적으로 해롭다. 결국 어떤 사람이 같은 또는 비슷한 증상이 있다는 것이 그들이 같은 근본적인 문제가 있다는 것을 의미하지 않으며, 그래서 그들은 근본적으로 다른 치료를 필요로 한다. 약을 예로 들어, 재발성 두통을 앓는 환자를 생각해보자. 우울증 진단 증상들처럼, 두통 그 자체는 바이러스성 또는 세균성 감염부터, 탈수, 배고픔, 수면부족, 또는 월경, 또는 중독 물질의 금단, 두부 외상, 뇌종양 같은 다양한 원인으로부터 일어날 수 있는 증상이다. 말할 가치도 없이 두통의 병인론에 따라서, 완전히 다른 치료들이 요구된다 — 대부분의 정신질환이 마찬가지다. 한

어떤 특정한 문화(우리 자신)에 의해 불려온 아주 정교한 관습이라는 사회적 혹은 문화적 구성주의 의견에는 동의하지 않는다. 표준 견해에서, 이 의견은 '진짜' 세계에 관한 지식 덩어리도 아니고 검토해볼 추측도 아니다"(Gross & Levitt, 1998, p. 45). 이 의견 입장은 말하기를 다른 전통들의 주장들이 그렇듯 (그것이 근대 이전의 종교이든, 포스트모던 문학 이론이든) 외부 세계의 본질에 대한 과학의 주장은 더 이상의 타당성이 없다고 한다. 과학은 특정 지식 주장 없는 그저 많은 담론들 중의 하나의 담론일 뿐이라고 한다 — 이것이 중력, 열역학, 일반상대론, 행성의 궤도, 원자, 원소기호, 전력, 세포, 미생물, 배종설, 유전 법칙, DNA의 구조, 자연선택에 의한 진화의 이해를 줬다는 것은 신경 쓰지 말라고 한다.

9 DSM의 생물의학 (이론적) 관점을 전반적으로 살펴보려면 Douthit과 Marquis(2006)를 보라. 흥미롭게도, DSM-5 서론 부분에서 언급되길 분류는 '의학적'이라고 하였으며, 이는 Douthit과 Marquis(2006)가 가정한 대로이다. 비록 의학 분류가 (심리 혹은 사회문화 이론과는 차별된) 이론적 관점이지만, 그럼에도 불구하고 이는 가치 있는 논점을 그리고 생물의학만이 아닌 다른 중요한 병인 요소가 있다는 사실을 지지한다.

가지 예를 들어보자. 우울증은 유기에 대한 대인관계 공포와 관련된 '의존(anaclitic)' 형태 또는 정신내적 죄책감 또는 자기 비판과 관련된 '함입(introjective)' 형태부터(Blatt & Zuroff, 1992) 만성 스트레스와 관련된 시상하부-뇌하수체-부신피질 축의 비정상 수준에 의해 촉진되는 우울증까지(Marquis & Douthit, 2006) 여러 종류의 병인론을 가질 수 있다.

　이전에 논의되었던 도덕 논점들처럼 "가치들은 정신질환의 발전과 분류에 있어서 좀처럼 표명되지 않는다. 흔히 … 그들은 논쟁 뒤에 숨어 있다. 조용히, 은밀하고, 영향력 있게…" (Sadler, 2005, p. 4). 가치가 부여된 논점에 대한 명백한 대화의 결여는 정신병리의 구성과 진단뿐 아니라 정신건강 분야 전반에 문제를 일으킨다. "정신의학은 (그리고 심리학, 상담 그리고 사회복지 업무는) 계속해서 선에 대한 생각 즉, 어떻게 하는 것이 잘 사는 것인가 그리고 어떻게 하면 잘 사는 법을 터득하는가의 본질적인 그리고 불가피한 수행을 피하거나, 부정하거나, 또는 최소화해왔다"(Sadler, 2005, p. 5).

DSM 범주 : 과학 또는 정치 그리고 도덕적 의사결정?

Caplan(1995)에 따르면 DSM의 범주가 과학적으로 세워졌다는 주장은 정당화될 수 없으며, Valenstein(1998)은 저술에서 이 점에 동의하여 DSM의 개발에 있어서 과학적 고찰은 정신의학 종사자들 내부의 사회정치적 영향력보다 훨씬 부족한 중요성을 지녔다고 썼다. 정신의학 진단의 역사를 보면 더 이상은 정신질환으로 볼 수 없는 사례들[자위행위와 마술(witchcraft)부터 draepetomania(노예가 주인을 벗어나야 한다는 '강박'; Sadler, 2005)까지]이 가득 차 있지만 여기서 우리는 간단하게 동성애 사례와 DSM을 다룰 것이다. 일부 사람은 DSM-III까지 동성애가 포함된 점을 동성애자 편견에 따른 것이라고 여기는 반면(Caplan, 1995), 많은 사람은 동성애가 (투표에 따라)[10] DSM-IIIR에서 제거된 것은 (과학보다는) 정치 과정의 단적인 예로 보았다(Coleman, 1984; Raskin & Lewandowski, 2000). 민주주의, 정치 과정은 흔히 투표로 의해 해결되지만 과학 요소들은 그렇지 않다. 오히려 후자는 경험 증거로부터 유래된다. Kuchins와 Kirk(1997)에 의하면, "정치 고려사항, 개인 관심, 그리고 경제 압력은 주요 요인들이다. DSM으로부터 동성애의 추가 또는 제거의 모든 투쟁 동안, 과학 연구는 작은 역할뿐이었다는 점이 부각된다"(p. 99). 과학과 도덕성이 반드시 양립 불가능이거나 대립적이지는 않지만, 도덕 영역들에 대해 더욱 알아가는 것은 어떠한 것이 '좋은 삶'인지, 융성하는 것인지, 누군가가 실제 아픈/병이 생긴 것인지('비정상의') 아니면 도덕적 파괴인지에('잘못된') 대한 질문을 포함해

---

10 Coleman(1984)에 따르면 투표에서 5,854명이 '동성애 진단이 제거되길 원한다'에 표를, 3,180명이 '동성애 진단이 계속 포함되길 원한다'에 표를, 그리고 367명이 기권표를 던졌다.

정신병리와 DSM의 정돈된 이해를 위해서 결정적이다.

구조주의 견해에서 정상, 비정상, 건강, 정신질환에 대한 개념은 발견이라기보다는 발명이다. "심리 질환을 정의 내리는 데 있어서 만약 객관성이 인간의 주관적 관여를 무시한다는 의미라면 우리는 *DSM-IV*가 전적으로 객관적일 수 있다는 논쟁을 거부한다"(Raskin & Lewandowski, 2000, p. 16; 이탤릭 원문). 그러므로 DSM 질병분류학의 문제는 "가치 판단이 포함되었거나 원인 또는 목적들이 미리 가정되었다는 것이 아니다. 문제는 이것들을 객관적 평가로 위장하여 결과적으로 철학적 선택으로 논의될 수 없게 했다는 것이다"(Efran, Lukens, & Lukens, 1990, p. 110).

진단과 정신병리의 가치

이것은 질병분류학과 진단에 가치가 포함되어 있다는 말 정도가 아니고 과학과 DSM이 가치 중립적이라는 '수용된 견해'와 달리 실은 다양한 형태의 많은 가치들이 있다. 가치들은 평가에 포함되어 있으며,[11] 정신병리를 진단하는 것은 도덕 평가와 도덕과 무관한 (순전히 서술적인) 평가가 모두 포함된다(Sadler, 2005). 예를 들어 만약 여러분이 DSM-5 안에 있는 분열성 성격 장애의 몇몇 진단 기준을 고려해본다면 우리는 두 가지 종류의 평가 모두를 볼 수 있다. 우리의 논의에 맞추어, 진단 기준에는 개인이 거의 항상 혼자인 활동을 선택한다는 항목이 있다 — 성교에 관심을 가지지 않는 것 또는 실제 행하지 않는 것, 가족 밖의 친밀한 친구관계가 부족한 것, 그리고 다른 사람의 칭찬 또는 비판에 무관심한 것. 네 가지의 기준들 각각이 모두 본질적으로 도덕적임과 동시에 서술적이다. 이 기준이 서술적인 이유는 해당되는 사람이 일차적으로 혼자 활동을 하고 있고 혹은 다른 사람들과 전혀 혹은 거의 성관계를 한 적이 없는 것이 상

---

11 여러분은 여러분이 평가하는 대상에 원자가(*val*ence, 양 또는 음)를 부여하지 않은 채 가치(*val*ue)나 평가(*eval*uation)를 내릴 수 없다. 우리 모두는 매일 여러 차례 경험의 혼돈으로부터 당면한 사실을 선택하며 (중요해보이고, 관련 있고, 도움 되고, 아름답고, 성스럽고 등등에 그 반대까지 고른다) 이것을 망라한 구체적인 표현으로, "모든 사실은 가치 평가에서 나온다"(Sadler, 2005, p. 3). 많은 사람들이 과학 그리고 과학이 낳은 총애하는 방법론[경험주의(empiricism)]은 '중립적' 혹은 가치에서 자유롭다고 믿지만, 많은 과학 철학자들은 주장하길 이러한 믿음은 누가 뭐래도 유지될 수 없다고 하였다(Bartley, 1962; Polanyi, 1958; Polkinghorn, 1983). 이 문제에 대한 자세한 그리고 정교한 설명은 풍부하게 있지만(Bryceland, & Stam, 2005; Slife, 2004; Slife & Gantt, 1999; Slife et al., 2005; Wampold, 2001)

간단히만 말하자면 '가치'는 무엇이 중요한지를 의미한다 — 우리가 무엇을 주의해야 하고 우리가 무엇을 무시해도 되는지. 그리고 경험주의는 바로 그 중요성이다. 경험주의는 우리에게 정량화할 수 있는 관찰에 관심을 가지라고 하고 의미, 감정, 동기, 꿈, 살아온 경험, 그리고 영적 경험과 같은 관찰 불가능한 것들은 시인이나 철학자에게 넘기라고 말한다.

당히 객관적으로 평가되기 때문이다. 이 기준이 도덕적인 이유는 DSM-5가 이러한 특성들을 '정신질환'이라고 특징짓고(그래서 '나쁘다'거나 바람직하지 않은 것으로 여기고) 치료되어야 한다고 한다. 분열성 개인이 누군가를 다치게 하거나 방해하지 않으면서, 보통 전에 언급한 대로 자아 동조적 성격장애 특성상 그가 이것을 문제라고 생각하지 않는다고 해도 말이다. 무엇을 '질환' 또는 정신병리의 형태로 여겨야 하느냐에 대한 주제는 누군가가 실제로 아픈가/질환이 있는가('비정상의'), 도덕적으로 파괴되었는가('잘못된'), 범죄자인가, 또는 단지 '삶의 문제'에 괴로울 뿐인가의 주제와 관련되기 때문에 중요하다.[12]

관련하여, 이러한 평가 판정은 (확실히 문제가 무엇인지 아는 것만큼이나) 환자들이 전문가의 도움을 받아야 할 정도의 문제가 있는지를 결정하고 이해하는 과정에도 또한 핵심적이다. 이러한 가치 비중의 과정은 또한 치료 도움의 종류(정신건강 상담사, 성직자, 결혼과 가족 치료사, 정신과 의사 등)에 중요한 영향을 끼칠 수 있다. 결국 사람들은 자신들의 세계관 또는 기준 틀을 완전히 반박할 때 받아들이기 어렵다. 더욱이 환자들의 세계관은 (그리고 그 안에 담겨 있는 모든 가치들은) 그들이 도움을 구하는 문제들 안에 흔히 내포되어 있다. 임상의 어려움은 이것인데 치료자들이 내담자의 핵심 가정 및 지각을 질문하지 않고서는 내담자들에게 거의 도움이 안 될 것이다. 그러나 만약 치료자가 그러한 가정 및 인지에 대해 너무 많이 묻거나 서툰 공감 혹은 요령으로 질문한다면 내담자는 치료자를 포괄적이지 않다거나 또는 내담자를 이해하지 못한다고 보게 될 것이다(Miller, 2004).

과학은 효과적인 상담에 필요한 한 가지 지식일 뿐이다

우리 경험으론 상담과 심리치료 임상은 원리에 의한다는 점 때문에 수련받는 많은 치료자들이 버거워하는데 사실 그 원리가 정확히는 과학에서 유래된 것이 아니다. 다르게 말해서, 과학적 지식(특별히 실험 설계로부터 오는 것들)은 그저 효과적인 상담을 위한 많은 지식 종류 중 하나일 뿐이다. 예를 들어, 치료 전문가로서의 효과성 부분으로는 크게 개인의 자기 인식 기능, 환자들의 방어를 해석으로 직면시킴에도 불구하고 그들이 이해받고 관심받는 기분이 들게 할 정도로 라포를 형성하고 신뢰 관계를 발전시키는 능력, 환자의 문화 및 그들이 사는 지역사회 그리고 그들의 삶에 영향을 준 사회역사 힘에 대한 지식, 도덕 원칙에 대한 지식, 그리고 비실험적으로 유래된 다수의 임상 개념들과 이론들(듣는 기술과 집단 역동부터 애착 이론과 마음챙김 기법까지)이 있다. 이 점에서 문제를 중대하게 만드는 것은 많은 훈련 프로그램들이 제안

---

12 '삶의 문제'라는 용어는 일반적이지만 어려운 인생의 우여곡절에 대한 손상과, 우리 모두에게 흔한 여러 가지의 특이한 성격, 단점, 한계, 그리고 실수들 모두를 의미한다. 비록 다양한 수준일지라도 말이다.

하길 학생들은 임상 연구에 대한 '과학적' 근거를 이해하는 것이 필요하다고 하는 것이다.[13] 더욱이 많은 프로그램들은 인간 발달과 다른 가능성의 전 범위를 깊이 다루는 방대한 (비실험적으로 유래된) 심리, 철학 그리고 사회 문헌을 공부하며 친숙해지는 것을 요구하지 않는다.

설상가상으로, 그들은 그러한 문헌이 심리학에는 존재하지 않는다고 들었고, 유용한 정보가 별로 없는, 그러나 그렇다고 가장한, 과학을 배우는 동안 비과학적인 것들에 대해서는 경멸하도록 주입받았다. 현실적, 맥락과 관련된, 굉장히 복잡한, 다차원의 (사회, 심리, 도덕, 정치, 역사, 영성, 생물학, 문화, 경제 등) 심리학은 복잡한 인간 문제에 대해 무늬만 과학(pseudoscientific)인 해결책을 제시하여 헤아릴 수 없이 많은 피해를 입혔는데 이것이 바로 문제에 과학적 접근을 강조한 까닭이다(Miller, 2004, p. 13).

우리의 강력한 바람은, 여러분이 만나는 전문가는 인간 경험의 풍부한 지적인 조사를 위한 다양한 형태와 '인간 본질의 더 커다란 범위'를 잘 알고 고통에 민감하게 반응하는 사람이었으면 하는 것이다. 이러한 철학자와 심리학자는 꼭 불합리성이나 뉴에이지의 교조주의에 빠지지 않아야 한다(하지만 일부는 분명히 그랬다!). Miller(2004)가 지적하듯 심리학에 대한 전적으로 실험적인 과학적 접근을 받아들이지 않은 사람들은 심리학의 전문에서 모두 소외되었으며 반면 "삶의 실제 개인적인 문제를 조사하는 일차 수단으로서 과학을 맹신하는 것은 그 자체로 비논리에 가까운 독단적 신념 형태이다"[p. 15; 강조(고딕) 원문 동일].

앞 장들에서 많은 과학적 연구들로 견해를 정당화한 같은 저자들이 지금은 이렇게 말하는 것을 읽으며 여러분은 혼란스러울 것이다. William James(1907)와 같이 우리는 실험적인 그리고 다른 과학적 연구 형태들(연구 설계 포함)이 해당 연구 질문들에 적절하게 연결되면 가치 있게 여긴다. 다른 때에(정량적 그리고 엄격한 통제 방법이 윤리적이지 않거나, 혹은 인간의 고통이나 의미 등과 같이 연구 질문에 적절하지 않을 때에) 우리는 질적 연구 방법을 사용할 필요를 인식하거나 환자의 필요를 다루기 위해 다른 지적 영역(즉, 철학, 예술, 문학 등)에 의지하기도 한다(Marquis, 2013). APA 지원 "임상심리 대학원생 추천"이라는 제목의 Boulder 과학자-임상가 훈련 모형에서는 심리학 수련에 필수적이라고 여겨지는 15개의 개인 자질들을 열거했다. 중요한 점은, 15개 중 8개가 명백한 도덕적 기준이라는 것이다.

---

13 훈련 중인 치료자들을 타이르듯 "과학적 심리학을 배우고 과학적으로 실행하라."(Miller, 2004, p. 16)라고 했던 이전의 인용구를 떠올려보라.

(a) 타인의 진실성(integrity)에 대한 호의, (b) 관용, (c) 따뜻한 관계를 발전시킬 수 있는 능력, (d) 책임감, (e) 협동심과 재치, (f) 개인의 진실성과 자기 제어, (g) 가치 분별 감각, (h) 문화 배경의 폭 (Miller에서 인용, 2004, p. 18).

Michael Mahoney(2005)[14]는 그의 마지막 출판에서 강조하기를

우리가 우리 대학원 프로그램에서 나오기 바라는 것은 자기 인식의 예시가 되는 건강한 존재, 인간의 다양성에 대한 감사와 환영, 깊이 느끼고 타인이 어떻게 느낄지 상상하며 그것을 타인을 위해 사용할 수 있는 능력이다. 우리는 존재의 신비에 대해서 지속적인 호기심의 열정을 보이는 대학원생들을 발전시켜주고 싶다. 우리는 다음을 갖춘 전문가로 훈련시키고 싶다 — 탐구하고 가정하고 실험하는 역량, 동일한 과정에서 가르치기도 하고 배우기도 하는 역량, 현대적 존재의 전반적 사회 습성을 감지하고 존중하며 모든 인간 활동에서 가치의 존재를 느끼며 그리고 생애 심리 발달의 복잡한 역동을 인정하는 능력. 이러한 능력들은 예상보다 더욱 드물고, 이런 능력들을 보이는 전문가들은 보통 그들의 대학원 수련에 의해서가 아니라, 수련에도 불구하고 그런 능력을 보인다(p. 346).

다차원성에 대한 필요

하버드대 정신과 의사 그리고 의료 인류학자인 Arthur Kleinman(1988)은 그의 고통, 치료, 그리고 인간 조건에 대한 비교문화 연구에서 Miller(2005)가 "모든 정신건강 전문영역의 대학원생은 반드시 깨우침(mantra)으로써 이를 습득해야 한다."(p. 306)고 믿었던 세 가지 개념을 구별하였다 — 이는 병(illness), 질병(disease), 그리고 병환(sickness)이다. 이 세 가지의 중요성 때문에 우린 Kleinman을 좀 길게 인용할 것이다. Kleinman(1988)이 병에 대해 말할 때, 이는

증상과 고통에 대한 인간의 타고난 경험을 말하는 것이다. 병은 아픈 사람과 가족 또는 연결된 사람들이 증상과 장애를 어떻게 인지하고, 같이 살아가고 반응하는지를 말한다. …병에 대해 말할 때 우리는 반드시 고통에 그리고 그에 따른 일상생활의 실질적인 문제에 어떻게 대응하는 것이 최선인지에 대한 환자의 판단을 포함해야 한다. …병의 문제는 증상과 장애가 만들어내는 주요한 어려움들이다. …지역 문화 특성(우리 삶의 세상에서 우리가 생각하고 행동하도록 배우고 사회 구조

---

14 APA 2011 올해의 심리학자상 수상자 Jack Anchin에 따르면 "Mahoney의 연구는 철학적 체계의 포괄적이고 예민한 지식을 반영하고 이는 심리학적 이론, 연구 그리고 실천의 근본적인 토대로 작동한다"(Anchin, 2005, p. 292).

를 양산하는 습관화된 방식)은 병을 어떻게 이해하고 치료하는지에 대한 우리의 관습적인 상식을 구성한다. 그러므로 우리는 병의 경험이 문화적으로 만들어진다고 말할 수 있다. …병의 호소는 환자와 가족들이 임상가에게 가지고 오는 것이다[pp. 3~5; 강조(기울어진) 추가됨].

이와 대조되게, 질병은

임상가가 병을 질환 이론에 맞추어 *만든 것이다. 질병은 임상가가 특정한 임상 형태의 이론 시각으로 보도록 훈련되어온 것이다.* 다시 말해, 임상가는 환자와 가족의 병 문제를 협의의 기술적 논점인, 질병 문제로 재구성한다. …치료자(healer)는 신경외과의, 가정의, 척추지압사, 최신 지견의 심리치료자 어떤 것이든 건강 문제를 특정 명칭과 분류, 질병분류학 가운데서 해석하고, 새로운 진단 개체인 '그것', 즉 질병을 만들어낸다.
질병은 임상가의 관점에서 보는 문제이다. 생물의학 모형의 생물학적 좁은 의미에서 본다면, *질병은 오직 생물학적 구조 혹은 기능의 변성으로 묘사된다*는 것을 의미한다. …병을 질병으로 재구성하는 임상가의 행동에서는, 만성병의 경험에 대한 핵심적인 어떤 것이 결여되어 있다. … [Kleinman, 1988, pp. 5~6, 네 번째 강조(기울어진) 원문 동일].

전체적인 마무리로, Kleinman(1988)은 세 번째 개념인 **병환**을 다음과 같이 정의한다.

이는 *거시사회적*(경제, 정치, 제도) 영향력과 연결된 대상들이 질환에 대해 갖는 일반적인 이해이다. 그래서 우리가 결핵을 가난 및 영양결핍과 관련지어 그에 따른 특정 대상군을 이 질환의 고위험군으로 볼 때, 우리는 결핵을 병환으로서 말하는 것이 된다. 비슷하게, 우리가 담배 산업과 이에 대한 정치적 지지자들이 북미 내 폐암에 끼치는 과중한 역학 요인을 이야기할 때, 우리는 병환으로서의 암을 묘사하는 것이다. 연구자뿐만 아니라 환자들, 가족들 그리고 치료자들 또한 병에서 병환의 추론이 가능하며, 질환의 경험에 추가되는 또 다른 견해로서, 병환을 정치 억압, 경제 박탈, 그리고 인간에게 불행을 안기는 또 다른 사회 영향력의 반영으로 본다[p. 6, 강조(기울어진) 추가됨].

Kleinman의 분석은 통합 이론의 사분획 모형과 잘 맞다(그림 13.1을 보라).
Kleinman(1988)은 연속적인 사례 연구들을 통해서 특정 질병에 대한 기술적으로 정확한 치료가 실제로 얼마나 더 큰 괴로움과 아픔과 불행을 줄 수 있는지 입증하는 진행을 했다. 이것은 근거 기반 임상을 버려야 한다고 말하는 것이 아니며, 그보다 우리는 실험적 연구와 환자

좌상 분획 : 내부-개인	우상 분획 : 외부-개인
병 — "증상과 고통에 대한 경험"	질병 — "그것", "오직 생물학적 구조나 기능의 변성으로만 보게 된다"
좌하 분획 : 내부-집단	우하 분획 : 외부-집단
병 — "병은 아픈 사람과 가족 또는 연결된 사람들이 증상과 장애를 어떻게 인지하고, 같이 살아가고 반응하는지를 말한다."	병환 — "거시사회적(경제, 정치, 제도) 영향력과 연결된 대상들이 질환에 대해 갖는 일반적인 이해"

그림 13.1 Kleinman의 병, 질병 그리고 병환의 사분획 관점

의 고통에 대한 공감적 일치를 포함한 '경험에 근거한 치료' 그리고 병과 치료가 환자에게 어떤 의미인지에 대한 상호이해에 부가적인 관심을 쏟아야 한다. 위험한 신체 상태의 환자들을 마주한 의사들은 환자의 괴로움과 감정적 아픔을 당면한 생물신체 위험을 해결하는 일의 다음으로 여기지만, 정신건강 전문가 입장에서 볼 때 환자들이 의료진에게 보이는 대부분은 감정적 아픔과 괴로움이다. 그러므로 정신치료자들이 "환자의 괴로움을 결정적인 기준으로 삼지 않는 이론 모형에 기초한 치료를 제안하는 것은 더없이 부조리한, 심지어 불성실한 것이다"(Miller, 2005, p. 307).

만약 개인의 개별적인 의미 부여를 개인이 '갖는' DSM 진단보다 강조하는 인본주의자 그리고 구성주의자의 의견이 신중하게 받아들여졌다면, 정신병리에 대한 근본적으로 다른 견해가 나왔을 것이며, 이탈리아 정신과 의사 Giampiero Arciero와 vittorio Guidano(2000)는 다음과 같이 설명하였다.

만약 경험을 개인의 의미라는 입장에서 고려해본다면, 임상 질환의 설명이 불가피하게 달라진다. 질환의 발생은 인간성 없는 (아마도 신경피질 또는 생화학적 기원을 가지는) 병인론에서 발생하기보다, 내담자의 생애 전체를 통해 서사적 정체성을 변형시키는 이력 안에서 찾을 수 있다. 이러한 접근은 전통적 정신의학 질병분류학과 관련된 징후와 증상 입장에서 볼 때 '객관적인' 정신병리 진단과 근본적으로 대조된다(p. 100).

진단의 목적

DSM-5의 서문은 이것의 주요한 목적이 임상 실제에 도움이 되기 위함이라고 명백하게 말하고 있다(APA, 2013). 우리는 진단의 알파와 오메가와, 서로 다른 정신병리의 병인론을 이해하

는 것이 도움을 찾는 사람들을 도와주기 위함인 것을 여러분이 절대 잊지 않기 바란다. 그러므로 만약 여러분의 진단이 환자에게 더욱 도움이 되는 결과를 낳지 않는다면, 진단을 한 진정한 의미가 없는 것이다─이것이 보험을 위해 필요했다고 해도 말이다. 그런 까닭에, "아픈 사람을 '돕는다(aid)'는 것이 무엇을 의미하는가?", "아픈 사람을 돕는 데에 진단과 정신질환 분류의 역할은 무엇인가?", 그리고 "누구에 의한 도움인가?"와 같은 질문들을 답하는 것은 간단한 일이 아니다(Sadler, 2005, p. 450).

　관련된 쟁점은 누군가를 DSM 장애를 가지고 진단하는 것이 임상가가 사람을 치료하는 데에 도움이 되느냐, 혹은 얼마나 도움이 되느냐는 것이다. 처음에 정확하게 진단하면 환자에게 도움이 되겠다고 직관적으로 생각하겠지만, 이러한 가정은 (특히 의학에서) 특정 치료가 특정 진단에 대해 가장 도움이 된다고 하는 이른바 **특수성 가설**(specificity hypothesis)에 기반을 두고 있다(Hansen, 2006; Marquis, Douthit, & Elliot, 2011). 특수성 가설은 또한 치료 방법 그 자체가 결과의 주요한 결정 요인이라고 가정하며, 여기에 구성된 기법들, 전략들 또는 주어진 요법에 특징적인 '성분들'(예 : CBT에서의 인지적 재구성)이 특정 질환의 병리를 선별적으로 겨냥하고 완화한다. 그러나 경험 연구는 이러한 독특한 요소들이 환자의 변화를 만들어내는 효과적인 요인이라는 의견을 지지하는 데 실패했다(Wampold, 2001). 이와 상반되게, 괄목할 만한 분량의 논문 종설에서는 다양한 환자 변화를 설명하는 다른 이론 접근 너머로 공유되는 '공통의 요인'을 제시했다(Lamber, 2003).[15]

　진단의 또 다른 목적은 복잡한 임상 현상을 좀 더 단순한, 관리할 수 있는, 이해할 수 있는 형태로 만드는 것이다. 그렇다고 단순화가 극도로 지나치게 단순화되어 환자와 그 상황을 임상 캐리커처로 왜곡하여 고통받는 그에게 "어떤 것이 일어나고 있는지" 이해하지 못하게 하는 정도까지 허용하는 것은 아니다. 분명 지나친 단순화를 바라지는 않지만, 단순하게 접근하기를 바라며, 그러한 단순함을 계속되는 재해석과 균형 맞추는 것이 좋다(이는 "계속되는 재해석 : 진단으로 구속하는 것에 저항함" 단원에서 다시 언급될 것이다). 표준화된 질병분류로 진단하는 것이 제공하는 다른 필수적인 기능이 있다. 이것은 치료 팀의 다른 구성원들 사이의 효율적인 대화를 가능하게 한다. 이것은 또한 환자와, 치료와 의사들 사이의 몇몇 연구와 비교의 형태를 용이하게 한다. 그러므로 이것은 효과적인 도움의 책임을 잠재적으로 촉진한다.

---

15 이것은 넓은 일반화이다. 가끔 정확한 진단이 일반적인 치료 결정을 내리는 데 극단적으로 중요하다. 예를 들어서, 제I형 양극성장애처럼 상태를 진단하는 것 또는 환자 구성의 발달 수준을 진단하는 것에 따라 즉, 정신증, 경계성, 또는 신경증(McWilliams, 1994)에 서로 다른 형태의 치료가 제공되어야 한다.

DSM 진단의 문제

DSM 진단과 함께 흔히 거론되는 문제들 중 또 한 가지는 이것이 사람을 낙인찍고 비인간적인 꼬리표를 낳는다는 것이다. 우리는 정신의학 진단과 관련된 현재의 낙인이 그저 DSM의 산물이라고 말하고 싶지 않다. 정신의 질병을 앓아온 사람들은 수천 년간 낙인찍혀왔다(Sadler, 2005). 더욱이, 만약 우리가 예비 진단을 하려고 한다면, 환자가 두 배로 정신상태에 따른 그리고 관련된 오명에 따른 고통을 받을 수 있다는 것을 절대 잊어서는 안 된다. 누군가를 "정신적으로 아프다." 혹은 "정신적인 질환이 있다."고 선언할 수 있는 자격증을 받았다는 것은 막강한 사회적 승인이며 이 힘은 많은 환자의 생활 방식을, 그리고 생존을 흔들 수 있다(Sadler, 2005). 요약하면, 의사들이 DSM을 통해 내리는 인습적인 정신의학 진단은 중립적인 묘사 또는 분류가 아니다. 이것은 거의 항상은 아니라도 흔히 환자에게 투쟁을 더하는 도덕적 판단을 제공한다(Gergen & McNamee, 2000; Miller, 2004; Sadler, 2005).

진단에 따른 어려움의 일부는 객관적이라고 알려진 진단을 환자의 주관적 경험 그리고 상호주관적 치료 관계로 통합시키는 것과 관련되어 있다. Searle(1992)에 따르면 [그리고 Wilber(2000)와 일관되게] 표준화된 진단은 3인칭 형태의 지식이다. 그러므로 종종 이상적인 Buber의 나(I)-너(thou) 관계성이 비인간적인 나(I)-그것(it) 관계성으로 양도된다.

> 내가 주장하기로 이러한 종류의 객관화는 … 치료 관계에 스며 있는 … 진단 실제에 대한 피할 수 없는 조건이다. 이것은 외부 세상의 지식이고, 자기가 아닌 외부 세상을 바라보는 주체에 따른 지식이다. Buber의 나-너의 의미는 … 정반대이다. 여기서 주체는 내부를 바라보며, 이것은 주체의 자기 이해이고, 대상과의 참만남을 통한 자기와의 (양쪽 자기) 참만남이다(Sadler, 2005, pp. 145~146).

개인을 특정 맥락에서 고유한 존재로 이해하는 것에 비해, 진단은 지나친 일반화를 하는 경향[16]이 있으며 그래서 환자를 어떤 진단 분류에 맞는 '사례'로 만들어버린다.

진단과 관련된 많은 문제들 중에는 **명사와 동사로서의 진단**에 대한 우선순위의 혼란 또는 파괴가 있다. 명사로서의 진단은 환자에게 배정된 DSM의 범주를 의미한다. 이와 대조적으로 동사로서의 진단은 모든 생활 환경의 맥락 안에서 개인에게 "무엇이 일어나는지", 그리고 이 모

---

16 우리는 진단이 본질적으로 가치중립적이거나 항상 환자를 객관화한다고 생각하지 않기 때문에 이 '경향'을 강조하고 싶다. 우리는 이러한 불행한 경향이 보다 어려운 진단 수행보다, 즉 감정 이입에 입각한, 전후 사정과 관련된, 그리고 환자의 경험과 의미에 대해 존경을 표함으로 환자의 위엄과 인간성을 유지하는 진단 수행보다 훨씬 흔하다고 생각한다.

든 것이 그에게 걸맞은 치료와 어떻게 연관되는지를 이해하는 임상 과정이다. Sadler에 따르면,

> 무엇보다도 진단은 임상 도움에 부응할 책임이 있으며, 모든 다른 현실적인 그리고 형이상학적 우선순위들은 임상 도움의 파생물들이다. 이것이 의미하는 것은, 명사와 동사로서의 진단의 가치 틀에서 볼 때(동사가 우세한 경향이 있다!), 진단 절차는 진단 범주보다 더 중요하며 진단 범주는 궁극적으로 진단 절차를 보조한다(Sadler, 2005, p. 429).

많은 사람들은 DSM의 서론 내용이 가장 중요한 부분이라고 생각한다(Sadler, 2005; Widiger & Mullins-Sweatt, 2007). DSM-5의 서론은 말하기를 그 안의 진단 기준이 들어맞는지 기계적으로 '체크하지' 말아야 한다. 그보다 구체적인 진단 기준이 환자에게 들어맞는지 아닌지 판단하려면 환자의 증상 투쟁에 기여한 심리 및 사회 요인을 고려하는 임상 판단이 필요하다고 하였다(APA, 2013). 그러므로 좋은 임상 판단이란 절대적으로 진단의 실제에 달려 있으며, 여기에는 광범위한 개념들 및 임상 기술뿐만 아니라, 또한 각 환자에 대해 어떻게 올바른 시간에 올바른 방법으로 적용할 것인지가 포함된다.

> DSM은 그리고 미국 밖의 ICD는 임상-교육 환경에서 정신병리 교과서로 사용된다. DSM은 '교육적' 활용을 격려하며, 출판계는 DSM을 정신의학의 '성서'라고 즐겨 부른다. 하지만 DSM과 ICD는 정신병리 교과서로나 또는 더욱이 정신과 의사와 정신의학의 '성서' 비유로서도 비참한 경우이다. …DSM의 강점은 정신적인 병에 대한 포괄적인 목록에 있지만(용감하게 '포괄적인 적용 범위'를 다룬 가치는 인정할 만하다), *정신병리 교과서로서의* 약점은 좋은, 숙련된, 양심적인, *진단 실제*에 대한 미미한 취급이다. …이것은 '여기서 무슨 일이 일어나는지' 알아내는 데 필요한 퍼즐 한 조각만을 제공하고 '여기서 무슨 일이 일어나는지'를 *어떻게* 알아내는지에 대해서는 그보다 더 적은 양을 제공한다[Sadler, 2005, pp. 417~418; 강조(기울어진) 원문 동일].

"여기서 무슨 일이 일어나는지" 알아내는 것은 임상 상황을 전체적으로 이해하는 것을 말한다. 환자의 사회문화 맥락과, 문제 및 생활 환경에서 습득한 개인적 의미부터 그가 가진 강점과 자원들까지 모두 포함해서 말이다. 이는 "이 사람은 자신이 겪고 있는 것의 의미를 볼 수 있을까?"와 "이 사람은 자신이 무엇을 경험하였는지 논리적으로 그리고 명백하게 생각할 수 있을까?"와 같은 질문에 따른다. Allen Frances가 강조했듯이 "진단을 아는 것은 환자를 아는 것과 같지 않다"(Sadler에서 인용, 2005, p. 267). 마지막으로, 정신건강 의사 Irvin Yalom(2002)은 "진단은 시야를 제한한다."(p. 4) 그리고 "이것은 인간으로서 다른 사람과 관계 맺는 (개인

의) 능력을 저하시킨다."(p. 5)라고 강조했다. 이 점에 대해서는 나중에 더 이야기할 것이다.

DSM의 관점에 대한 비판들

사회 구조주의자 Ken Gergen과 Sheila McNamee(2000)는 지적하기를 "만약 환자를 낫게 하는 것이 목적이라면, 진단 용어는 충분히 합리적이다. 하지만 '질환'과 '치유' 담론은 그 자체로 선택사항이다. …치료와 진단 모두에서 우리는 규범의 판정으로부터 차이에 관한 대화로 유익하게 옮겨갈 수 있다"(p. 336). 마찬가지로, 우리는 누군가를 어떤 방법으로든 평가 혹은 진단을 하지 않은 채 상담하는 것이 가능하다고 생각지 않는다(Hohenshil, 1996; Marquis, 2008). 하지만 실제 그런 식으로 상담하는 여러 방법들이 있으며 이들은 보통 다양한 비판적 관점들에서 나온다. 여기서 우리는 두 가지 비판에 집중할 것인데, 다문화 관점과 페미니스트 관점이 그것이다.

다문화적 비판

미국 내의 문화적으로 다양한 사람들의 상당한 비율을 고려했을 때, DSM의 질병분류학을 포함한 전통적인 진단 실제가 이들 대상을 고려할 때 갖는 문제를 임상가들이 이해할 의무가 있다. 요약하면, 문화는 점점 더 최신의, 정보화된 정신병리 이해의 중심으로 고려되고 있다(Dana, 2002). 다문화 옹호자는 주장하기를 최근 DSM의 배경이 되는 생물의학 이론(정신내적인 그리고 결핍 위주의 접근)[17]과 DSM의 문화적으로 편향된 진단 기준은

> 사회 불평등과 문화 억압의 여러 형태를 지속하게 했다. …이 이론과 진단 기준이 (a) 다양한 그리고 소외된 무리가 그들 인생에서 접하는 심리적 어려움의 기초가 되는 스트레스 환경 근원을 적시하는 것, (b) 정신건강을 위한 일차적 책임을 개인 안에 두는 것, 그리고 (c) 직접적으로 또는 간접적으로 내담자에게 그들 문제의 책임을 묻는 것에 모두 실패했기 때문에 그러한 것이다 (Zalaquett, Fuerth, Stein, Ivey, & Ivey, 2008, p. 366).[18]

---

17 이 책의 초반에 시사했듯이, DSM의 원칙 포기(disclaimer)에도 불구하고 이 질병분류학은 정신질환이 개인 안(정신내적)에 뿌리내리고 있다는 것을 암시한다. 이와 대조적으로, 통합 모형 예를 들어, Ivey와 Ivey(2008)의 발달 모형은 스트레스 요인을 개인 안에 가끔씩 위치해 있는 것으로 보고, 다른 때에는 넓은 사회/구조 요인, 또는 양쪽 모두에 있는 것으로 본다. 통합 관점처럼, 통합적인 다차원 모형은 우울증과 같은 질환이 때로는 주로 개인으로부터 유래할 수 있다는 것을 인지한다. 하지만 많은 여성과 소수 민족에 있어서, 그들의 우울증은 그들의 사회 환경으로부터 경험하는 차별, 괴롭힘 또는 억압으로부터 유래된다.

18 인용구를 원문에 맞춰 적었지만, 저자는 분명히 아래와 같은 의미였을 것이다. "사회 불평등과 문화 억압

사전에 언급된 비판에 관련하여 현대 DSM의 소위 말하는 이론 중립에 관하여 Douthit과 Donnely는 (언론에서) "DSM은 포괄적인 문화 표현을 반영하는 이론을 통해 보편성을 얻으려고 하기보다, 이론을 배제한 문화 중립을 통해 보편성을 수확하려고 했다."라고 썼다. 이 '문화 중립'에 대응하여, 문화와 진단과 처치에 관한 다방면 그룹(GCDC) 45인이 DSM-IV 구성 초기에 형성되었다. GCDC는 DSM-IV의 문화 관련성과 문화 민감성을 증가시키기 위한 목적으로 국립정신보건원(NIMH) 주도하에 소집되었다(Mezzich et al., 1999). GCDC의 일에 대한 대응으로 DSM-IV와 DSM-IV-TR 그리고 DSM 모두가 정신질환을 진단하는 데 있어서 적절한 중요한 문화 정보들을 추가하였다. DSM-5는 심지어 '모든' 고통(distress)이 (DSM-5 질환에서 오는 것을 포함해서) 문화로부터 영향을 받으며 지역적으로 형성된다는 것을 인식했다. 그러므로 환자의 문화적 세계관에 대해 인식하지 못하는 치료자들은 그들을 정신질환으로 (잘못) 진단할 수 있다. 사실 그들의 행동, 경험 그리고 신념이 그들 문화에서는 정상인데 말이다.

DSM-IV와 DSM-5 저자들의 노력은 DSM-III를 넘어서는 칭찬할 만한 발전이지만, DSM-IV 위원회는 문화적 민감성의 결합에 대해 꽤 저항적이었다는 것 또한 명백하다. 첫째로, DSM-IV의 거의 400개의 진단 내역 중 76개만이 '문화, 나이, 성 고려사항'을 말하는 부분을 포함했다(Douthit & Donnelly, 언론에서). 또한 Mezzich와 동료들(1999; GCDC의 구성원이었음)은 기록하길 "보편적인 질병분류 가정들에 이의를 제기하고 질병과 진단과 처치에 맥락을 고려하는 논의에 대한 제안들은 최소한으로만 결합되고 채택되었다. DSM-IV에 문화 요소를 도입하기 위한 조치가 취해졌지만 앞으로 해야 할 일이 많이 남아 있다."(p. 457)라고 했다. GCDC의 또 다른 구성원인 Manson과 Kleinman(1998)은 "사회적 맥락은 구조적으로 경시되거나 제거되었다." 그리고 "문화 차이는 '유의한' 혹은 '거대한' 개인 차이에 의해 최소화 혹은 상쇄되었다"(p. 383)라고 적었다. Mezzich와 동료들(1999)은 DSM-IV 속으로 좀 더 충분히 문화를 포함하는 것을 상대적으로 실패한 것에 대한 어느 정도의 책임을 수용했는데, 구체적으로 사회계급 수준이 문화 요인보다 건강 수위의 더 나은 예측 변수라는 것을 고려하면 전체적인 문화 고려에서 사회 요인에 충분한 관심이 주어지지 않았다는 것이다. 다르게 말해서, 어떻게 거시체계 역동(macrosystemic dynamics)이 서로 다른 인종 및 사회경제수준 사람들의 경험 및 세계관에 영향을 끼칠 수 있는지에 대해 임상가들이 인지하지 못한다면, 그들은 다른 문화의 환자들을 돕는 데 충분히 효과적일 수 없다(Herlihy & Watson, 2003).

의 여러 형태를 지속하게 했다. …왜냐하면 (a) 다양한 그리고 소외된 무리가 그들 인생에서 접하는 심리적 어려움의 기초가 되는 스트레스 환경 근원을 적시하는 것에 실패했기 때문에, (b) 정신건강을 위한 일차적 책임을 개인 안에 두는 것에 실패했기 때문에, 그리고 (c) 직접적으로 또는 간접적으로 내담자에게 그들 문제의 책임을 묻는 것에 실패했기 때문에 그렇다."

Li, Jenkins 그리고 Sundsmo(2007)는 소수 민족과 소수 인종을 진단하는 데 수반되는 문제들에 대한 개요를 제시하였다.

1. 결함 있는 평가 전략과 절차(보통 평가 기구들은 제대로 소수 인구에 대해 표준화되어 있지 않기 때문에 주류 문화에 속하지 않은 사람들을 평가하는 데 있어서 신뢰도와 타당도 문제가 있다).
2. 증상들은 다른 문화에 따라 다르게 경험되고 표현된다.
3. 다른 문화적 표준, 행동, 가치, 세계관 등등에 대한 지식의 부족
4. 임상가의 편견
5. 주어진 민족 또는 문화 집단에서 구성원 모든 사람이 동질은 아님(집단 내 차이는 보통 집단 간 차이보다 크다).
6. 다문화 평가 실제에 있어서 전문가들의 충분하지 못한 수련(pp. 114~117)

우리는 교차-문화 진단에 주요한 문제들이 있다는 것을 명백히 알아야 하며, 이것은 특히 서구 산업 국가들 밖에서 일어나는 진단에 대해서 더욱 그러하다(Sadler, 2005, pp. 277~285). 그러나 우리는 DSM 진단이 본래 맥락을 탈피한 임상이 아니라는 것을 기억해야 한다(Gergen, Hoffman, & Anderson, 1996; Sadler, 2005). 동시에, 진단 정신병리에 대한 전체적인 문화 비판은 그저 특정 범주의 논점으로 축소되기에는 너무 복잡하며 그래서 다수의 예외, 규정, 교차-문화 예를 제공함으로 문제를 해결한다. 이와 대조적으로 "유효한 교차-문화 진단은 좀 더 면밀히 규정되는 범주들과 교차-검증 과정보다는 숙련된 그리고 인류학적 이해를 가진 임상가들의 문제이다"(Sadler, 2005, p. 432).

다행스럽게도, DSM-5는 '문화 공식화 면담(cultural formulation interview)'을 수록하고 있는데 이는 의사로 하여금 환자의 문화가 그들의 치료와 돌봄의 주요 양상들에 어떤 영향을 끼칠 수 있는지에 대한 정보를 모을 수 있도록 설계되어 있다. 이것은 올바른 방향으로의 걸음으로 보인다.

진단의 다문화 비판에 관해 쓰인 대부분의 것과 반대되게,[19] 이 분야의 경험 연구는 의견을 제시하길 아마도 문화적으로 다른 환자에 대해 오진하거나 지나치게 병리로 보는 것은 보통 흔히 언급되는 것만큼 그렇게 극단적이지 않을 것이며, 혹은 이것이 민족 편견보다는 다른 문

---

19 이에 대한 하나의 예로서 "지금의 DSM에 문화 고려사항을 어설프게 결합시켜놓은 것은 진찰 전문의들이 소수 인종/민족에 대해 지나치게 병리로 평가하는 것 또는 병리 평가를 간과하는 것을 효과적으로 줄이지 못했다"(Dana, 2008, p. 79).

화 집단들 사이의 증상 표출에 대한 지식이 부족해서일 것이라고 하였다. Ramirez(2008)는 그의 연구에서(대부분이 백인이었다) 인종 편견을 가지고 있는 정신건강 임상가들은 흑인 환자들에게 병리 진단을 내릴 가능성이 좀 더 많고, 반면 다문화적 능숙함이 있는 의사들은 그럴 가능성이 적을 것이라고 가정하였다. 결과적으로, 그의 자료는 그의 가정을 뒷받침하지 않았다. 다른 연구는(Horowitz, 2006) 치료자의 다문화적 능숙도가 진단 영향을 미치는지 질문하기 위해서 다른 민족 구성원으로서 그들 문화의 고유한 특성에 일치하는 불안 증상을 가진 여러 여성을(사례를 간략한 이야기로 소개함) 제시하였다. 이야기 묘사가 DSM-IV-TR에 기술된 가장 일반적인 불안 양상일 때 연구 참가자들의 진단은 보통 정확했다. 소수 민속의 이야기에서는, 그들은 흔히 오진하거나 과도하게 병리적으로 보았다. 그러나 "연구에서 오진의 빈도는 증상의 독특한 특성 때문이지 내담자의 민족성 때문은 아니다."(Horowitz, 2006, p. 3949)라고 말했다. 다르게 말해, 오진은 인종 또는 민족적 편견보다는 무지, 즉 문화적으로 다른 집단에서 발현되는 여러 질환들의 고유한 방식들을 연구 참가자가 모르기 때문이다(즉, 아프리카계 미국인 중에 나타나는 불안장애 증상으로서의 격리된 수면마비). 이것은 앞선 Sadler의 논점과 일치하는 것으로 보인다. Scholefied(1999)의 논문은 (활동 중인 252명의 자격 있는 임상 심리사들에게 백인 또는 흑인 양극성장애 환자 이야기를 들려주고) 가정하기를 백인 심리학자들은 흑인 환자를 좀 더 오진할 것이고 다문화적 훈련, 임상적 경험 그리고 능숙도가 좀 더 있는 심리학자들은 다문화적 능숙도가 적은 심리학자들에 비해서 흑인 환자들은 진단하는 데 있어서 (다문화적 상담 척도로 측정해) 좀 더 정확할 것이라고 했다. 그러나 두 가지의 가정에 대해서 "어떠한 유의한 소견도 없었다"(Scholefield, 1999, p. 2366). 그러므로 우리는 더 많은 연구가 채워지기 전까지, 무엇이 실제로 소수 민족에 대한 명백한 오진 그리고 과도한 진단을 내리게 하는 것인지를 말하는 데 조심해야 한다.

문화적으로 민감한 진단

"문화적으로 민감하고 문화적으로 상대적인 진단"(Li et al., 2007, p. 102)을 수행하기 위해서 의사는 아는 것이 많아야 하고, 민감해야 하며 다음의 다문화적 요인들에 대해 즉각 반응해야 한다 — 민족 정체성, 사회화의 정도, 환자의 문화 기능으로서의 질병에 대한 신념, 환자의 문화 기능으로서의 증상 발현, 문화에 대한 환자의 가치/표준/세계관, 회복 탄력성과 다른 보호 요인들, 체계적 참여에 대한 필요성, 환자의 문화 기능으로서 정신건강 서비스에 대한 환자의 인식, 그리고 환자 문화에 공통적인 보고 특성(즉 이야기의 사용 또는 공개 금지). 정신병리에서 다문화에 민감한 접근은 삶의 고통과 문제에 기여하는 다른 무수한 문화 요인들만큼 인종차별과 다른 민족 억압 형태를 많은 DSM 질환의 병인으로 중요시한다(Dana, 2008).

　　같은 문제로 고통받는 사람들이 모두 같은 방식으로 고통을 경험하지는 않는다는 것, 그리고 이것을 어떻게 경험하는지에 대해서는 개인의 문화가 큰 역할을 차지한다는 것을 기억하는 것이 중요하다. 한 가지 예를 들자면, 우울증의 경험과 표현은 명백히 문화의 영향을 받는다. 많은 특정 문화권에서 우울증 환자들은 (심리 증상보다) 신체 증상을 주요 고통으로 호소할 가능성이 높다(APA, 2013). 더 자세히, 아시아 문화권의 사람들은 보통 피곤, 쇠약 또는 '불균형'을 말하고, 반면 라틴 계열과 지중해 문화권의 사람들은 보통 두통 또는 '신경과민'을 증상으로 호소한다(APA, 2000). 몇몇의 경우, 심지어 피해 사고와 환각이 사회문화 역동의 하나로 나타날 수 있고, 그러므로 이것이 반드시 병리적이라고 할 수는 없으며, 특히 우세하지 않은 집단의 개인에게 일어날 때 더욱 그렇다.

　　아프리카계 미국인 사이의 편집증은 정신병의 일부나 병리적 범주라기보다는 억압된 개인의 정상 경험에 가깝다. …환각의 많은 측면이 문화적으로 결정된다. …환각이 병리 증상인지 또는 문화 일치 경험인지 여부를 알아내기 위해서는 개인에게서 환각이 경험된 환경과 함께 경험 이전과 이후에 무엇이 일어났는지 평가해야 한다(Li et al., 2007, p. 110).

　　사람들이 어떻게 그들 문화의 기능으로서 같은 질환을 다른 증상으로 제시하고 표현하는지에 대한 비교문화적 차이를 아는 것이 중요하나(Abusah, 1993), 몇몇은 말하길 현재의 DSM에 적절한 다문화적 지식을 불어넣는 것이 쉽지 않거나 불가능하기 때문에, 의사들은 다문화 환자들을 상담할 때 흔히 나타나는 다양한 진단 고민을 설명한 '소수자 사례집' 부록을 참조해야 한다고 말했다(Good, 1996).

　　DSM-5의 문화 개념화 면접과 비슷하게, DSM-IV-TR은 부록 I에 "문화적 개념화를 위한 개요"와 "민속-문화 증후군(culture-bound syndromes) 용어사전"을 추가하였다(pp. 897~903). 전자에서 의사는 체계적으로 아래의 사항을 기술해야 한다—환자의 문화적 신원, 환자의 질병에 대한 문화적 설명, 사회적 스트레스 요인과 그 요인에 대한 문화적으로 타당한 설명 그리고 구할 수 있는 사회적 지원, 어떻게 문화적 요인이 치료자-환자 관계에 영향을 줄 수 있는지, 그리고 앞서 언급한 문화적 고려들의 모든 평가가 치료의 진행에 어떻게 영향을 끼칠 것인지. DSM-IV-TR은 민속-문화 증후군을 특정 DSM-IV 진단과 딱히 관련되지 않은 문제 경험 및 비정상 행동의 지역 특화된, 반복된 양상이라고 정의한다(APA, 2000).[20] 이러한 추가 의견

---

20 DSM-IV-TR이 25개의 민속-문화 증후군을 서술했지만, 서양 문화에서 증가하지만 세계 다른 문화에는 평행적으로 일어나지 않은 신경성 식욕부진증을 여기에 포함시키진 않았다. 그래서 Abusah(1993)는 이 질환을 "문화 관련 증후군으로 여겨도 되겠다."고 말했다(p. 68).

에도 불구하고, 문화적 주제는 DSM-IV에서 아직까지도 그저 주변적인 역할만을 차지한다는 의견을 여러 저자들은 고집하고 있다(Paniagua, 1998). DSM-5가 고통의 세 가지 문화 개념을 설립했지만(문화 증후군, 고통의 문화 언어, 문화 설명 혹은 감지된 원인) 이 분야 전문가들이 DSM-5 안의 문화 논점 역할에 대해 어떻게 이야기할지 기다려보아야 한다.

페미니스트의 비판

페미니스트 심리학은 통일되어 있지 않지만(즉, 다양한 견해들이 페미니스트 학자들 사이에서 존재한다), 페미니스트 임상가들은 공통적으로 치료자들이 신경 써야 할 실제 병리는 개인이 아니라 가부장적인 문화의 억압적 영향력(예 : 성차별주의, 인종차별주의, 고전주의, 이성애주의)이며 그래서 "페미니스트는 사람보다는 문화를 병리로 진단하는 사명이 있다"(Brown, 2000, p. 301)고 생각한다.

　동시에, 페미니스트 임상가는 고통 속에서 전문가의 도움을 찾는 개인의 필요에 답할 필요를 또한 인식하고 있다. 그 결과로 그들은 "대부분의 심리적 고통을 질환의 형태로 보기보다는 이해 가능한, 불가피한, 결국 위험하고 아픈 사회 정황에 대한 반응이어서 본질적으로는 병이 아닌" 것으로 본다(Brown, 2000, p. 288). 페미니스트들은 고통의 본질주의(즉, 생물학) 이론에 대해 특히 비판적이다.

　　생물학적 현실에 근거를 둔 행동조차도 사회 및 정치 환경(milieu)에 의해 주어진 의미와 가치가 있다. 그러므로 어떠한 정신병리의 진단도 고통의 주관적인 경험을 반영할 뿐만 아니라 문화 안에서 그 고통의 의미의 구성 또한 반영한다. 도덕이든 통계학이든 '규범(norm)'을 만들어내는 것은 그래서 선의 문화적 안목을 세우는 것은 정치적 역동이며 이를 통해 정신건강 진단이 포화상태가 된다. '비정상' 행동의 지정은 상당히 문화적으로 결정된다. 심리 진단은 명백히 존재하는 것의 설명을 보여주는 것이 아니며 오히려 주된 규범 밖에 있는 특정 존재방식을 분류하기 위한 전문가의 상호적인 결정이다(Brown, 2000, p. 290).

　요약하면 페미니스트 치료자들은 DSM 안에 있는 정신병리의 지배 구조에 질문을 던지고 비판하며 환자의 고통 경험을 존중한다[좌상 분획, 여기서 그들이 유지하는 것은 주로 사회문화적 문맥의 기능들이다(우하/좌하 분획)]. 통합 관점에서, 그들이 중요한 진실 일부를 전달하기는 하지만 우리는 아래의 예시를 근거로 많은 페미니스트 접근을 극단적으로 그리고 불균형적으로 볼 수밖에 없다. "질환의 페미니스트적 구성이 존재하는가?"라는 질문에 대한 답으로 Brown(2000)은 "한 단어로 답을 하자면 아마도이다. 하지만 이것은 인간의 질환이 아니다. 구체적으로 응용된 페미니스트 모형은 절대로 질환 또는 병리로 고통받는 개인에게 적용할 수 없다."[p. 304; 강조(고딕) 추가됨]라고 말했다. 또한 "질환의 페미니스트적 구성은 질환을 개인 안에서 묘사하지 않도록 압박한다"[Brown, 2000, p. 300; 강조(고딕) 추가됨]. 우리는 진정한 괴로움과 고통으로 이끄는 많은 요인들이(가부장제를 포함하여) 불공정하고 불공평하고 억압적인 사회문화 영향력에 뿌리를 내리고 있다는 것에 분명히 동의할 것이나, 우리는 개인과 그들의 유아기 경험 안에 뿌리내리고 있는 그리고 또한 병리를 구성하는 역동(그들의 유전 경향과 대상관계에서의 애착 이력과 자신과 타인과 세상을 해석하는 기타 방식들)을 무시할 수 없다.

범주 대 차원으로서의 질환

잠시 멈추어서 여러분이 잘 아는 모든 사람들에 대해서 생각해보라. 그중 몇몇은 아마도 다른 사람들보다 좀 더 정신적으로 건강하지 못해 보일 것이다. 맞는가? 여러분이 아는 모든 사람들 중에서, 그들이 다음의 두 범주 중 하나에 맞는다고 생각하는가—정신질환이 있는가, 없는가? 앞 장에서 여러 번 논의했듯이, 우리 대부분은 정신건강과 정신병리 사이 연속선 중간 어딘가에 위치한다고 하는 것이 좀 더 이치에 맞을 것이다. 정신의학 교수인 James Griffith(2010)에 따르면, 정신의학 질병 또는 정상적인 인간 고통의 범주로 명백하게 경계 지어진 증상들은 진단 과정을 수월하게 해주지만, 이것이 실제 세계를 반영하지는 않는다. DSM-IV-TR은 언급하길 범주 분류 체계는 (1) 진단 범주들 사이에 명백한 경계가 있을 때, (2) 주어진 질환의 진단 기준에 해당하는 모든 사람들이 동질적일 때, (3) 다른 질환들이 상호적으로 독점적일 때 (즉, 특성상 다른 정신질환과의 동반이환율이 높지 않을 때) 적절하다고 말한다. 범주 분류 체계의 한계를 인식한 직후에는 DSM-IV-TR이 (1) 각 정신질환들이 자신과 다른 정신질환들 사이에 절대적 경계를 가지거나, (2) 같은 진단의 사람들이 보통 동질적이거나, (3) 특정 정신질환이 다른 정신질환으로부터 완전히 개별적이라고 단정할 수 없다고 하였다.

여기에 세심한 주의를 기울이는 사람이라면 오히려 당혹스러울 것이다. 학자들이 지적했듯이, 방금 언급한 원칙 포기는, 조심스럽게 말하기는 했지만, 상당히 공허하다(Widiger & Mullins-Sweatt, 2007). 최종적으로, DSM-IV는 진단 기준에 의거하여 특정 양상의 정신질환으로 분류하는 범주 분류를 표방하고 있다는 말이 같은 페이지에 적혀 있다(APA, 2000). 우리가 앞으로 논의하겠지만, 분류에 대한 (정신질환이 개별 독립체라는 것을 강력하게 제시하는) 범주 접근은 많은 학자들에 의해 강력하게 심문을 받아왔고 엄하게 비판되어왔다(Clark, Watson, & Reynolds, 1995; Frist, 2003; Krueger & Markon, 200; Widiger & Clark, 2000; Widiger & Mullins-Sweatt, 2007). 범주 접근과 대조적인 개념은 정신건강과 정신병리를 나누는 자연적이며 명백히 드러나는 경계가 없다는 것이다. 이것이 정신병리의 **차원 모형**[21]이며, 정신병리가 상대적 정신건강부터 정신병리의 극심한 형태까지 서서히 진해지는 연속선 또는 스펙트럼으로 가장 잘 묘사된다. DSM-IV에 따르면, 차원 체계는 이것이 서술하는 현상이 명백한 경계를 가지고 있지 않고 연속적으로 질환을 나타낼 때 가장 적절하다(APA, 2000).

DSM-5는 서론 부분에서 이 논점을 언급하였으며 분류의 범주 체계에서 파생되는 문제점과 염려들에 대해 매우 분명하다. DSM-5는 DSM-IV를 검토하여 (여기에는 각각의 질환을 다른 질환과 범주로 구분하기 때문에) 동반질환 연구와 유전 연구와 같은 다른 여러 증거에서 분명해진 것, 즉 서로 다른 질환 사이에 증상들이 흔히 중첩되는 것을 반영하고, 포착하고, 이해하는 것이 얼마나 어려운지를 언급하였다. DSM-5에 따르면, DSM-IV 후의 20년 동안 축적된 과학적 증거들은 (주로가 아니면) 많은 정신질환들이 개별이 아니라는 것을 명백히 한다. 오히려 질환의 '스펙트럼'만 아니라 고통의 다양한 증상들 또한 하나의 질환 범주에만 들어맞지 않는다는 것을 인식하는 것이 보다 정확하다(APA, 2013). 정신질환의 서로 다른 '범주들이' 서로에게 흘러 들어가는 유동성(fluidity)을 DSM-IV가 왜 인식하지 못하였는지에 대해서 DSM-5는 계속해서 언급하였으며 그리고 지금 DSM-5는 각각의 질환을 나눈 경계가 명백히 경계가 지어진 것이라기보다 '투과성'이라는 과학적 증거를 알고 있다(APA, 2013). 범주 분류의 이러한 모든 분명한 비판과 DSM-5 예비 개정안에 최소한 몇몇 질환들을 차원 모형으로 바꾸는 것에 대한 상당한 논의를 포함했음에도 불구하고, 저자들은 DSM-5의 기본적인, 범주 특성을 바꾸지 않았다.

제1장과 제2장에 기록된 몇몇 중요한 사실들을 검토해보자. (1) 어느 연구자도 임상 진단과 별개로 DSM 어느 하나의 질환이라도 확진이 가능한 단일 검사 표지를 찾지 못했다(Steffens & Krishnan, 2003). (2) 여러 질환 사이의 동반이환율은 굉장히 높아서, 질환의 구분에 의구심을 제기하게 된다. (3) 하나의 질환에 효과적인 치료는 다른 여러 질환에 도움이 되는 경향이 있고, 이것은 여러 질환들이 근본적으로 다르다는 생각을 좀 더 위태롭게 한다(Kupfer, First, & Regier, 2002).

Widiger와 Mullins-Sweatt은 정신질환 개념이 **통제불능**(dyscontrol), 손상(impairment), 병리(pathology)의 개념에 의해 뒷받침된다는 강력한 주장을 펼친다. **통제불능** 또는 자발적 자기 통제의 결여는 사실상 모든 정신질환 개념에 담겨 있다.

하지만 여기에는

---

21 흥미가 있는 독자들은 이 주제에 대한 훌륭한 논의를 위해서 Widiger와 Mullins-Sweatt(2007) 그리고 Henriques(2002)를 자문해보기를 격려한다.

자기 통제의 존재와 부재 사이에 질적인 차이가 존재하지 않는다. …자기 통제의 연속선은 (또는 모호함) 특히 사람에게 즉각적인 이득이나 쾌감을 주는 질환들에서 분명하며, 이러한 예로는 소아성애증, 간헐적 폭발장애 … 반사회성 성격장애, 신경성 폭식증 … 그리고 물질관련장애 등이다. …요컨대 자기 통제의 적절함 대 부적절함 분별은 많은 사회 및 임상 판단에 있어서 근본적이지만, 둘 사이의 경계는 아무래도 심히 부실하고 이해가 빈약하다(Widiger & Mullins-Sweatt, 2007, p. 5).

많은 학자들과 연구자들이 [누구도 정신과 의사 Thomas Szasz(1974)보다는 월등하지 않다] 현대의 DSM이 분류하는 것은 정신질환이라기보다는 우리 모두가 때때로 직면하는 '삶의 문제'의 다양한 수준이라고 주장한다. 지금의 DSM 전반에는 손상[22]이 삶의 정상적인 문제와 진정한 정신질환을 구별하는 필요조건이다. 달리 말하자면, 진정한 정신병리는 어디서 끝나며 인간의 다양함(기이함, 특이함, 그리고 무해한 골칫거리)은 어디서 시작하는가? 설상가상으로, "임상적 현저함에 대한 기준(criteria for clinical significance)" 부분에도 DSM-5는 "임상적으로 현저한 손상 또는 고통"이 무엇인지 정의해놓지 않았다(APA, 2013, p. 21). 이와 상반되게, DSM-5는 언급하기를, 정신질환 정도에 대한 임상적으로 유용한 측정의 결여와 정신질환에 대한 생물학적 표지의 결여로 인하여 지금으로서는 진단 기준 안에 있는 증상들에 대해서 정상 표현을 병리 표현으로부터 명백하게 경계 짓는 것이 불가능하다고 하였다(APA, 2013). 이 주장에 대해서, Widiger와 Mullins-Sweatt(2007)은 아래와 같이 적었다.

진단 편람의 새로운 추가에는 새로 발견된 형태의 정신병리에 대해 좀처럼 신경 쓰지 않는다. 그보다 그들은 주로 현존하는 진단과 정상 기능 사이에 구멍을 내어 간격을 벌리는 노력에 특별히 치중한다. …이 모든 진단에서 반복되는 근본적 어려움은 정상 기능과의 명백한 구분이 결여되어 있다는 점이다(p. 7).

정신질환의 개념의 중심이 되는 것은 또한 일부 형태의 병리이다(Wakefield, 1997; Widiger & Mullins-Sweatt, 2007). "그런데 DSM-IV 진단 기준에서 빠진 것은 기저 병리의 참고이다. …기저 병리의 징후인 고통 또는 손상 대신 진단 기준이 강조된다"(Widiger & Mullins-Sweatt, 2007, p. 8). 앞서 언급했듯이 병리를 진단 기준 항목에 포함하지 않은 이유 중 하나는 확고한

---

22 DSM-5에서 이것은 보통 이렇게 적혀 있다. "…사회적, 직업적, 그리고 다른 중요한 기능의 분야에서 임상적으로 현저한 고통(distress) 또는 손상(impairment)을 일으킨다"(APA, 2013, p. 21).

신경생리학적 표지가 없거나 혹은 표지의 존재에 대한 경험적 지지가 없기 때문이다. 지금으로선, DSM으로 정신질환을 진단하기 위해서 여러분은 당사자의 행동과 경험을 환경과 사회 문화 맥락 안에서 평가해야 한다.

차원 접근과 상반되게, 범주 접근에 관한 또 다른 핵심 역동은 DSM 정신질환 사이의 높은 동반이환율이다. 이렇게 자주 다른 질환과 함께 나타나는데 과연 독립적인 각각의 질환이 있는 것일까, 아니면 근본적인 (혹은 차원) 질환이라면 모를까, (현존하는 진단 기준에 의거하여) 현재 독립적으로 분류된 질환들[23]은 보다 적지 않을까?

진단 편람의 여러 개정들의 일차 저자였던 선두적인 임상가들과 연구자들의 최선의 노력에도 불구하고, 타당도보다는 동반질환으로 진단하는 것이 규범이다. …"대규모의 동반이환 자료가 현재의 질병분류 체계에 주는 최대의 도전은 진단 범주 자체의 타당도(validity)에 대한 우려이다. 이 질환들은 분명히 구별되는 임상 실제로 구성되어 있는가?"(Mineka, Watson, & Clark, 1998, Widiger & Mullins-Sweatt, 2007, pp. 10~11 인용).

미국의 현재 임상 규정에서 심리치료자가 자신이 실시한 상담 비용을 청구하려면, 그는 반드시 뚜렷이 구별되는 정신질환 범주를 갖춘 DSM이나 **국제 정신 및 행동 질병 분류**(ICD; 세계 보건기구, 1992)에 의한 진단을 해야 한다. 이것은 보통 임상가들을 당혹스럽고 지치게 하는데 왜냐하면 임상 규정은 진단처럼 동질성의 상태를 가정하지만 실제 사례에서는 그런 경우가 드물기 때문이다. 이와 대조적으로, 차원 분류에서는 특정 개인에게 실제 "어떤 일이 일어나고 있는지"에 대한 정확하고 정밀한 묘사가 가능하다(Widiger, Costa, & McCrae, 2002). 더욱이, "중복되는 진단 범주들 사이에서 헛된 구별점을 만들어내는 소모적인 노력을 버리고 개개인의 고유함을 있는 그대로 묘사하는 분류 체계는 훨씬 더 활용하기 쉬울 것이다"(Widiger & Mullins-Sweatt, 2007, p. 14).

Widiger와 Mullins-Sweatt(2007)에 따르면, DSM의 진단 범주가 질적으로 뚜렷이 구별되는 상태라는 가정은 거짓일 뿐이다.

모든 정신질환의 진단, 병인론, 병리, 동반이환, 치료를 적절히 이해하려면 우선 이 질환들이 다른 질환들과 또한 모든 이들에게 나타나는 불안, 우울, 성기능, 수면, 인지 이상, 약물 및 알코올 사

---

23 최신의 DSM 서론에서의 원칙 포기(disclaimer)에도 불구하고, 분류의 범주 접근은 정신질환들이 별개의, 뚜렷이 구별되는 독립체라고 강력하게 표현한다.

용, 성격 특성과도 질적으로 다른 상태가 아니라는 것을 알아야만 한다(p. 23).

'정상'과 '병적인' 사람들 사이에 절대적인, 명백한 분할이 존재하지 않는다는 점을 인식하는 것은 실로 중대하며[24] 이러한 판단은 특정인에 대해 아는 것을 그의 다양한 상황, 세계관과 가치들, 그리고 진단 상황 자체와 함께 고려할 때에만 내릴 수 있다(Johnson, Pfenninger, & Klion, 2000). 또한 거의 예외 없이, 약물 및 심리치료 요법은 증상들이나 특정 진단 범주의 문제들을 목표로 삼기보다는, 넓은 영역의 정신병리와 다른 형태의 심리적 고통을 목표로 삼고 개선한다(Widiger & Mullins-Sweatt, 2007).

'질환'은 반드시 적이라고 할 수 없다

DSM-5에 따르면, 이것이 명백히 정신질환의 분류를 제공하기는 하지만, 정신질환의 어떠한 정의도 인간 경험과 행동에서 정신질환과 정상 편차와의 경계를 적절하게 나누지 못한다고 인정한다(APA, 2013). 구성주의 관점에서 질서는 삶의 주요 특징이지만, 무질서, 해체 그리고 모순된 생각은 항상 어떠한 것이 틀렸다는 신호는 아니다. 사실 인간의 발전은 참신함, 해체, 그리고 무질서의 사건들을 필요로 한다(Mahoney, 1991). 심리치료자들이 하는 것의 대부분이 정돈된 '정상적인' 사람과 정돈되지 않은 '비정상적인' 사람을 구별하고 후자를 DSM의 정교하게 정돈된 질환 범주에 따라 분류하는 것이다(Mahoney, 2000). 구성주의 정신으로, 병적인 혹은 별나 보이는 모든 것을 병리화하는 유혹과 현대의 압력에 여러분이 저항하기를 바란다. 사실 와해, 지리멸렬, 그리고 질환의 삽화들(예 : 환자가 스스로 "잘 풀리지 않는다." 또는 "무너진다."라고 느낄 때)은 사람들이 자신을 번창시키는 좀 더 통합된 방식으로 재구성하고 재배열하기 위해 필요한 인간 발달의 단계 또는 하위 단계를 나타내는 것일 수 있다(Mahoney, 2000; Mahoney, 2003).

일부 통합-구성주의 대안

진단과 정신병리에 대해 어떻게 생각하고 소통하는지 유념하는 것은 임상가들에게 중요한데,

---

24 이것은 어떤 사람들은 극심한 장애를 보인다는 사실[예 : 일부 조현병 환자의 특징인 와해된 생각(disorganized thinking)]을 부인하는 것이 아니라 그들이 극심한 형태의 정신병리를 가지고 있음을 쉽게 확인할 수 있다는 점이다. 우리가 여기서 의미하는 것은 '삶의 문제'로 분투하고 있는지 또는 진정한 정신질환인지 가늠하기 어려운 '애매한 사례'가 항상 있다는 점이다.

왜냐하면 진단과 정신병리 두 구성체 모두 환자를 비난하고 낙인찍기 때문이며, 이는 비난하고, 낙인찍고, 힘을 빼앗을 뿐만 아니라 관계의 악화(가족과 친구부터 영적 조언자와 사회 구성원까지), 다양한 전통의 격하(영적 그리고 민속 전통 등), 또는 개인의 무직 심지어 실직을 초래한다(Gergen & McNamee, 2000). 그러므로 만약 우리가 정신병리의 측면에서 진단을 낸다면, 우리는 반드시 그렇게 하는 목적을 최우선에 두어야 하며, 궁극적인 목적은 개인(그리고 관계 맺은 이들과 지역사회)의 안녕(well-being)이라는 것에 대부분 동의할 것이다(Gergen & McNamee, 2000; Miller, 2004; Sadler, 2005). 표준화 진단 실행과 DSM을 비판하는 것은 우리가 그러한 실행 또는 그러한 인공체계를 완전히 버려야 한다는 것을 의미하지 않는다—우리는 그렇게 하지 않는다. 하지만 대안으로서의 환자 개념화 및 논의 방식들은 장려되어야 한다고 우리는 생각한다. 정신의학 영역 안팎의 많은 학자들은 진단과 정신병리를 생각하는 것이 오직 한 가지 방법밖에 없다고 믿기보다, 가장 도움 되고 건강한 방식은 정신병리를 다양하게 개념화하는 여러 중요한 전통들 사이에서 일어나는 대화라고 생각하였다(Gergen & McNamee, 2000; Raskin & Lewandowski, 2000; Sadler, 2005).

Gergen과 McNamee(2000)는 다양한 관점에서 이러한 주제를 논의할 미개발된 잠재력이 존재한다고 제안했으며, 그들은 이것을 '변형의 대화(transformative dialogue)'라고 칭했다.

> 이와 같은 대화의 요점은 '정확한' 해석을 둘러싼 논쟁에 있지 않다. …희망은 일련의 확장된 가능성의 출현으로 드러날 것이며, 이는 전문가, 내담자, 주변 공동체를 자극하여 무수한 실천 가능한 요소들과 여러 가지 가능성 있는 전략 및 관계 형태, 자원 역할을 하는 제도적 장치로 파급될 것이다(p. 343).

DSM 저자들조차도 DSM-IV 진단에 도달하는 것은 그저 포괄적인 평가의 첫 번째 요소라고 말한다. 적절한 치료 계획을 세우기 위해서, 치료자는 무엇이 내담자의 DSM-IV 진단에 충분한지보다 그 사람 전체와 그의 정황에 대해서 훨씬 많은 것을 배워야 한다(APA, 2000). 이상적으로, 임상가들은 많은 다양한 관점으로 평가하고 진단하며, 그들의 진단 체계를 개념과 절차에서 모두 유연하게 사용한다. 독자들이 환자를 포괄적으로 또는 적어도 개개인의 고유한 특징 또는 상황을 평가하고 있음을 확인하는 한 가지 방법은 통합 접수(Integral Intake)와 같은 도구를 사용하는 것인데, 이 도구는 개인의 드러난 문제와 치료 고려사항에 잘 부합되는 사분획 견해, 발달 역동, 의식 상태, 성격 유형의 정보를 모은다(Marquis, 2008).

George Kelly(1991/1995)의 견해에서 진단은 항상 내담자가 어떻게 변화할 수 있는지에 대한 임상 적용을 가져야 한다는 것이었고, 그래서 그는 전환 진단(transitive diagnosis)이라는 용어를 썼는데 여기서 **전환**은 그들을 현재 문제 상황으로부터 덜 고통스러운 미래 상황으로 전환하게 하는 것을 말했다. 그러므로 전환 진단에 있어서 가장 중요한 질문은 "이 내담자에게 무슨 문제가 있나?"가 아니라 "어떻게 하면 이 내담자가 건강을 회복할까?"이다(Johnson et al., 2000, p. 156). Kelly와 다른 구성주의자들 또한 표준화된 DSM 질병분류를 피하고 비병리 관점으로 개념화하고 진료하는 경향이 있다. 그럼에도 불구하고, 그들은 여전히 "어떻게 이 내담자의 몸부림을 치료상 유용한 방식으로 개념화하고 지속적으로 동료들 및 사례 관리자들과 알기 쉽게 소통하느냐?"와 같은 과제에 부응하려고 노력한다(Neimeyer & Raskin, 2000, p. 4).

구성주의자들은 또한 정신질환을 현실화하려는(reify) 경향을 거부하는 편이다(Kelly, 1991/1955; Johnson et al., 2000; Mahoney, 2003). 다르게 말해서, 그들은 환자들이 자기 안에 어떤 질병 혹은 정신질환을 갖고 있다는 일종의 명사 형태로 생각하거나 대화하지 않도록 주의하며, 가급적 동사[고통(distress)이나 괴로움(suffering)을 주는 느낌, 행동, 생각의 과정과 양상] 형태를 선호한다.[25] 환자들은 그들 안에 정신질환(명사)을 가지는 것과 대조되게, 세상과 자신의 경험을 구성 체계를 통해 살아가고 바라보며(동사), 이 수준은 개인의 상황 참여와 다양한 정황의 대응이 매우 유용함에서 매우 유용하지 않음의 연속선 중 어딘가에 위치할 것이다. Kelly(1991/1955)의 관점에 따르면, 심리 질환은 지속적으로 부적응 요소만의 활용으로 채워지는 것이며, 개인과 정황에 의해 규정된다. 그러므로 전환 진단은 내담자의 구성 체계에 대해 탐구하고 이해하며 무엇이 개인을 '꼼짝 못하게' 하는지 확인하는 과정이다.[26]

Carl Rogers와 다른 사람들(Gergen & MacNamee, 2000; Seikkula et al., 1995)은 진단이 항상 환자와 치료자 사이의 **상호이해**를 포함해야 한다고 강조했다. Gergen과 MacNamee를 따라, 이상적인 진단 실행은 진정한 대화를 포함한다고 우리는 생각한다. "이 환자에게 무엇이 잘못되었나"에 대한 생각을 뒷받침하기 위한 (보통 개인과 그의 가족 구성원들 등등을 포함하지 않고 진실하게 상의하지 않는) 자료를 모아 개인을 진단하는 것과 달리 진실한 대화는 환자의 관점뿐 아니라 가족과 기타 관계된 사람들의 견해 또한 포함시킨다. 만약 가족 구성원이나 다른 사람들이 포함되는 것이 불가능하다면 적어도 임상가들이 어느 시점에 "당신의 아내가 주요 문제가 무엇이라고 했나요?", "당신은 이에 대한 제 생각에 동의하나요?", 그리고 "당신의 짝이 이 진단/해석에 동의할 것이라고 생각하나요?"와 같은 질문을 할 수 있을 것이다. 실제

---

[25] 이 관점에 대해서는 동정적이지만, 우리는 사람들의 고통에 있어서 신경생물학적(우상 분획) 과정들이 근본적으로 암시된 많은 사례들이 있다는 것에 대해서도 인지하고 있다.

[26] 전이 진단을 충분히 이해하려면 먼저 어떻게 개인 구조 체계가 작동하는지에 대한 Kelly의 이론에 친숙해져야 하는데 여기에 그것을 다 나열할 수는 없을 것이다. 이 주제에 대한 훌륭한 입문을 위해서 Johnson 등(2000)을 참조하기 바란다.

로 진단과 치료 계획을 세우는 데 있어서 이러한 '열린 대화' 접근이 정신증 진단, 정신약물 처방 그리고 입원 치료의 수를 감소시킨다는 연구가 있다(Seikkula et al., 1995).

진단받는다는 것이 환자들에게 무엇을 의미하는지 이해하고 논의하는 것은 그들이 받게 될 특정 진단만큼이나 중요하다. 그러므로 진단에 도달했을 때, 치료자와 환자는 둘 다 진단이 무엇을 의미하고 무엇을 의미하지 않는지에 대한 상호이해에 도달하도록 대화해야 한다. 도움이 되는 대화를 위해서는 진단이 사설의료보험 목적을 위해 필요하다는 개인의 견해를 논의할 수 있다. 정신질환 범주를 이해하는 현재의 방식은 계속 이렇게 불완전하고 확신할 수 없겠지만, 기대하는 목표를 위해서는 환자에게 가장 고통이 되는 것이 무엇인지에 대한 일부 견해가 필요하다(Jonson et al., 2000). 요약하면, 우리는 Raskin과 Lewandowski(2000)가 아래와 같이 쓴 것에 동의한다.

구성주의는 사람들로 하여금 그들 질환의 개인적 구성에 대해 책임의식을 갖게 한다. 독단적이지 않은 그리고 열린 마음의 방식으로 이러한 구성을 내담자와 나누는 것은 치료자와 내담자로 하여금 내담자가 다루어야 할 인생 주제에 대한 의견 일치에 도달하게 한다(p. 35).

계속되는 재해석 : 진단으로 구속하는 것에 저항함

임상가들은 이러저러한 유형, 범주, 또는 질환으로 환자를 명칭 붙이는 데에 확고하지 않도록 애써야 한다. 그렇지 않으면 임상가들은 George Kelly가 "모든 살아 있는 노력하는 내담자들을 질병분류 범주에 밀어넣는 시도"라고 말한 것으로 전락하게 된다(Johnson et al., 2000, p. 156에서 인용). 통합 치료자들은 주어진 환자가 이러이러한 DSM 범주인 것을 확신한다고 그들 자신을 속이기보다, 그들 진단을 그들의 현재 임상 결정을 안내하기 위해 필요한 일시적인 가설로 가볍게 여기고 환자의 새로운 정보에 따라 이를 수정하는 데 항상 열려 있고 상황을 곰곰이 생각하며, 주요 지침은 개인의 안녕을 위한 것임을 절대 잊지 않아야 한다. Yalom(2002)은 "진단을 피하라(보험 회사 관련은 예외)."라는 짧은 장을 포함시키는데 그는 여기서 "우리는 한 번 진단을 내리면, 선별적으로 특정 진단에 맞지 않는 환자의 양상에 주의를 주지 않는다. 그리고 첫 진단을 확증할 미묘한 특징들에 상대적으로 지나친 주목을 한다."(p. 5)라고 하였다.

진단의 역할 하나는 예전에는 (환자에게조차) 명백하지 않았던 것들을 드러내고 밝히는 것이다. 병리적, 비인간적, 낙인 혹은 환자들에게 위협이 될 수 있는 이러한 자료를 노출하려면 환자에 대한 깊은 존중[27]이 필요하며, 동시에 특정 이론 견해 또는 진단 범주를 수용 또는 선호

---

27 이 존중은 적어도 두 가지 이유에 있어서 필수적이다. 첫째로 환자의 자존감을 존중할 윤리적 필요조건을

하는 것에 대한 정확한 그리고 예의 바른 회의론을 가져야 한다. 다시 말해서, 우리는 우리의 공식화, 개념화 그리고 진단 직감을 중단한 채 진단 및 치료 과정을 환자와의 대화, 기술적 절차, 기타 교류를 통해 펼쳐야 한다(Sadler, 2005). 그러므로 진단 해석 그리고 재해석은 계속 진행 중이다. 이것들이 초기 몇 차례의 파악에서만 일어나서는 안 된다(Marquis, 2008). 결국

"처음 면접에서 DSM-IV 진단을 내리는 것이 몇 차례 지나, 예를 들어 10회기를 지나, 개인의 더 많은 것을 알아내는 것보다 훨씬 쉽다는 것을 어떤 치료자가 무시하겠는가? 이것은 과학의 아이러니 아닌가?"(Yalom, 2002, p. 5)

이러한 재해석과 재방문은 치료에서 환자의 진행을 평가하고, 필요하다면 치료 작업의 중심을 다시 조정하는 주요 요인들이다. 이러한 계속되는 진단 재해석은 매우 위험한 사전 구속(preemptive foreclosure)을 막아준다. 하지만

진단적 재해석을 신봉하는 것의 위험은, 진단의 다른 심리적인 부분으로부터 고립된 채로 실행되어 끝도 없는 반영, 반추되는 무활동으로 이어질 수 있다는 것이다. 다르게 말해, 진단적 결정곤란이다. 진단의 단순성과 진단 재해석을 같이 고려하는 것은 어려운 주문이다. 진단 의사는 모든 것을 단순하게 유지해야 하며, 반면 환자의 시련은 풍부하게 드러난 맥락에 두어야 한다. 그는 환자의 문제를 가능한 한 단순하게 특징지어야 하지만 이것이 일어나는 복잡한 상황을 존중하는 방식으로 해야 한다. 그는 환원주의자 같지 않으면서도 복잡성은 줄여야 하며 초점을 잃지 않으면서 전체론적이어야 한다. 그는 인간 경험의 범위에 대해 열려 있어야 하지만 해석을 제시하는 것도 능숙해야 한다(Sadler, 2005, p. 425).

중심이 되는 의미부여와 환자의 경험

개인의 의미부여(meaning-making)를 이해하는 것 또는 '진단하는 것'은 Kelly가 말하는 진단의 주요 요소이며 우리가 제안하는 평가 유형이다. 그리고 이 과정은 그저 행동에 관한 일련의 증상을 나열하기보다는, 개인의 고통 경험을 반드시 명료화한다(Douthit & Marquis, 2006; Marquis, 2008). Leitner, Faidley, Celentan(2000)에 따르면,

---

고려했을 때 아픈 기억들을 조사하는 것, 종교적 신념들, 대인관계의 책임들, 방해하는 생각들, 괴로움을 주는 감정들 그리고 다른 취약성들은 모두 감정 이입에 입각한 감성과 함께 이러한 자료의 공개가 환자에게 어떤 의미가 있는지에 대해 탐색되어야 한다. 두 번째, 만약 환자가 무례하다고 느낀다면(심리적으로 침습되다, 조사당하다, 또는 해를 입다) 치료를 중단할 가능성이 높아지고 그러므로 우리에게 도움이 되지 못할 수도 있다.

모든 경험은 근절해야 하는 증상이라기보다는, 자신에게 하는 자기에 대한 의사소통으로 이해하는 것이 더 적절하다. 다시 말해서, 모든 경험은 의미부여 과정의 여러 면에 대해 더 많이 배우도록 지속되고 격려되어야 한다(p. 188).

다른 말로, 환자들의 경험 세계에 공감적으로 들어가면, 증상은 그들의 삶 안에 무엇이 결정적인 투쟁인지 알려줄 것이며, 이것은 그들이 회복하고 덜 고통받으며 더 번창하는 데에 필요하다.

Kleinman(1988)[28]은 의학적 진료가 이상적인 방식으로 실행된다면 질환의 과정을 개선할 뿐만 아니라 환자의 질병 경험에 공감적으로 동참할 수도 있다는 것을 인식하면서, 그는 자신이 의료의 일차 목적이라고 믿는 '도덕 중심'을 강조한다.

인간의 만성 질병 상황에서 보았을 때, 질병 의미의 해석 그리고 친밀한 관계의 깊은 감정 처리 모두 주변 과제 정도로 간과할 수 없다. 오히려 이것들이 의료의 요점을 구성한다. 이것들은 임상가들이 좀 더 관여해야 하는 활동들이다. 이러한 논점들을 제대로 다루지 못하는 것은 의업의 근본적인 결함이다. 그래서 지금 우리가 현대 생물의학에 관해 말하는 것이 매우 특별한 부분이다ㅡ생물의학은 질병의 통제에 대한 주목할 만한 진전에도 불구하고, 의료의 목적에 등을 돌렸다. 이러한 왜곡은 외부의 영향력과 내부의 전문적 역동의 결과이며, 만성 질환자들과 그들의 가족들 그리고 그들을 치료하는 임상가들에게 엄청난 짐을 지운다(pp. 253~254).

통합 심리치료자로서, 우리는 DSM에서 벗어나는 것을 바라지 않는다. 하지만 우리는 임상가와 환자 모두 인간 고통과 질환의 다양한 구성에 대한 깊은 이해에 따라 보다 큰 도움을 받을 수 있다고 믿는다.

우리는 임상가들이 내려야만 하는 피할 수 없는 판단들을 단순한 판단으로만 여기고, 그 판단에 따라 규정된 결함을 궁극적인 진리의 주장으로 생각하지 않기를 바란다. …임상가들은 선한 삶에 대한 자신의 구성을 믿을 자유가 아직 있지만 이것이 모든 사람 및 정황에 동일하게 적용되는 보편적인 것은 아니다. 이런 방식으로, *질환의 구성*(constructions of disorder)이라는 표현은 구성의 언급을 강조하고 이러한 질환의 발생과 별개로 인간 교류의 질환이 실제 존재한다는 의견을 약화시킨다(Raskin & Lewandowski, 2000, p. 34).

---

28 Kleinman은 의사이지 심리치료자가 아니라는 것을 기억하라. 그의 훈계는 상담 실제에서 더욱 사실이다.

이러한 구성주의 태도와 대조되는 대상은 DSM 범주가 질환에 대한 정확한 거울이며 우리의 구성과는 별개로 존재한다고 보는 견해를 '채택한' 임상가들이다. 이러한 임상가들은 그들의 환자를 이른바 '그 경계선 환자' 또는 '그 양극성장애 내담자'라고 부를 가능성이 높다. 이러한 태도의 가장 해로운 점은 이것이 환자의 독특한 개인성과 복잡한 상황에 대한 깊은 이해를 구속하고, 실은 일부분에 불과해도 '질환'이 환자의 행동과 경험 모든 것을 아우르는 설명이 된다는 것이다(Rasking & Lewandowski, 2000). 전통적인 진단을 포함하여 우리 평가에 의해 환자의 경험을 환자가 '납득'할 수 있도록 설명이 되었다고 해도, 환자가 (그리고 수련 과정의 치료자들도) 수용하기 어려워하는 관점, 즉 최종적이며 완벽하고 확실한 진단 이해란 불가능하다(Mahoney, 2000)는 관점에 따른 탈신비주의 과정이 이상적으로 함께 있어야 한다.

결론

"치료 작업은 크게 의미 없이 느껴지는 고통을 의미 있게 만드는 데 있다"(MILLER, 2004, p. 249).

고통, 연민, 돌봄, 선택, 의미에 대한 개념과 용어는 도덕이 관여된 임상 현장인 심리치료 작업에서 중심적이다. 우리가 이러한 경험적/주관적 그리고 상호주관적인 개념을 정신병리, 진단 그리고 치료 계획의 언어로 은밀하게 객관화했을 때, 우리는 우리 전문성에 대한 비도덕화와 우리가 돕기로 한 사람들의 비인간화에 기여한 셈이다. 우리는 여러분이 정보를 갖춘 그리고 신중한 상태에서 임상 결정을 내릴 수 있도록 몇몇 도덕 철학 연구를 보기를 권한다(Miller의 저서 인간 고통을 마주함을 자세히 읽는 것은 좋은 출발이다). 여러분이 상담하는 사람의 생각과 행동이 얼마나 병적이든 그를 그저 생물학적 및 외부적 힘의 수동적 산물이라기보다 도덕적 행위자(자신과 자신의 행동에 대해 책임질 수 있는 가능성을 가진 개인)로 보기를 바란다. 우리는 여러분이 전통적인, 임상 시험 연구에 보충하여 사례 연구를 보는 것이 또한 필수적이라고 생각하는데, 후자는 심리치료의 실제 과정을 조망하는 경향이 있으며 여기에는 작업 중에 내려야 하는 불확실한 어려운 임상 결정이 담겨 있다. 우리는 또한 여러분도 스스로 치료를 받아보기를, 그리고 자신의 치료자가 최고의 치료자임을 확인할 수 있는 모든 것을 행하기를 권한다(나쁜 치료자와 함께 하고 싶지는 않을 것이다!).

마지막으로, 심리치료에 필요한 현실적 지혜가 항상 맥락에 따라 주어지며 일시적이라는 것을 고려했을 때, 좋은 임상가가 되기 위해서는 모호함과 불확실성에 대한 상당히 높은 내성이 필요하다. Miller(2004)가 강조하듯 "인생의 미스터리에 대해 확실한 해답을 가져야만 되는 사람들은 다른 직업을 알아보는 것이 좋을 것이다"(p. 254). 고통을 받는 인간 존재들은 그저 기술적인, 표준화된 응답 이상의 것을 필요로 한다. 그들은 임상 작업에 도움이 되는 괜찮은 과학에 추가하여, 도덕적 응답(연민을 갖고 돌봐주는 대상)을 필요로 한다. Miller의 말대로, 우리를 감정이 무딘 객관성의 벽난로 안에 숨기는 것과, 그에 반해 환자의 아픔과 불행을 대신 겪어내는 것(그리고 직업적 불안정을 포함한 우리의 실존적 투쟁을 겪는 것) 사이의 결정이 극도로 어려운 것임을 우리는 안다. 그러나 정신건강 전문가로서의 활동을 시작함에 있어서 어려운 도덕 결정과 함께 하는 것보다 더 좋은 방법이 어디 있겠는가?

부록 A

다른 심리치료 접근과 관련된 약간의 도덕적 가치들

1. **행동 그리고 인지행동 모형** : 비생산적인, 순응성이 없는, 역기능적, 그리고 비이성적 생각들, 감정들 그리고 행동들을 생산적, 순응적, 기능적, 합리적인 생각들과 감정들과 행동들로 변화시키는 것

2. **실존-인본주의 모형** : 진짜가 아닌 제한된 그리고 순응주의적 존재 방식을 좀 더 진짜인, 행위적인, 열린, 진짜 존재 방식으로 변화시키는 것(기쁨, 자유 그리고 창조성에 더하여 불안에 대한 고조된 의식, 책임감 그리고 죽음을 포함하여)

3. **대상관계, 자기 심리학, 그리고 기타 심리역동 관련 모형들** : '검토된 삶'의 목표 그리고 이러한 자기 이해를 가진 개인을 받아들이는 것에 덧붙여서, 갈등으로 이어지는 개인과 다른 사람들의 내부화된 이미지들을 감소시키는 것 그리고 이것들을 사랑과, 연민 그리고 자신과 다른 사람들에 대한 책임감을 포함하는 자율성의 관련의 균형으로 변화시키는 것

4. **가족 체계 모형** : 간접적인 소통과 엄격 또는 분산된 가족의 경계를 줄이고 이것을 직접적인 의사소통 그리고 강하지만 투과적인 경계로 변화시키는 것

5. **사회 정의 모형** : 불공평한 사회 체계를 변화시켜서 억압적이고 소외적인 사회적 경제적 교육적 그리고 정치적 상황으로부터 분투하고 있는 사람들이 그들의 지역사회와 더 큰 사회 체계로부터 지원받게 하는 것, 그래서 사회적 처리 방식들이 좀 더 공정해지는 것

참고문헌

Abusah, P. (1993). Multicultural influences in case management: Transcultural psychiatry. *Mental Health in Australia, 5*(2), 67–75.

American Psychiatric Association. (2000). *Diagnostic and statistical manual of mental disorders* (4th ed., Text revised). Washington, DC: Author.

American Psychiatric Association. (2013). *Diagnostic and statistical manual of mental disorders* (5th ed.). Washington, DC: Author

Anchin, J. C. (2005). Introduction to the special section on philosophy and psychotherapy integration and to the inaugural focus on moral philosophy. *Journal of Psychotherapy Integration, 15*(3), 284–298.

Andreasen, N. C. (1995). Posttraumatic stress disorder: Psychology, biology, and the Manichaean warfare between false dichotomies. *American Journal of Psychiatry, 152*(7), 963–965.

Arciero, G., & Guidano, V. F. (2000). Experience, explanation, and the quest for coherence. In R. A. Neimeyer & J. D. Raskin (Eds.), *Constructions of disorder* (pp. 91–118). Washington, DC: American Psychological Association.

Bartley, W. W. (1962). *The retreat to commitment.* New York: Alfred A. Knopf.

Blatt, S., & Zuroff, D. (1992). Interpersonal relatedness and self-definition: Two prototypes for depression. *Clinical Psychology Review, 12,* 527–562.

Brown, L. (2000). Discomforts of the powerless: Feminist constructions of distress. In R. A. Neimeyer & J. D. Raskin (Eds.), *Constructions of disorder* (pp. 287–308). Washington, DC: American Psychological Association.

Bryceland, C., & Stam, H. J. (2005). Empirical validation and professional codes of ethics: Description or prescription? *Journal of Constructivist Psychology, 18*, 131–155.

Caplan, P. J. (1995). *They say you're crazy: How the world's most powerful psychiatrists decide who's normal.* Reading, MA: Addison-Wesley.

Clark, L. A., Watson, D., & Reynolds, S. (1995). Diagnosis and classification of psychopathology: Challenges to the current system and future directions. *Annual Review of Psychology, 46,* 121–153.

Coleman, L. (1984). *The reign of error: Psychiatry, authority, and law.* Boston: Beacon Press.

Dana, R. H. (2002). Multicultural assessment: Teaching methods and competence evaluations. *Journal of Personality Assessment, 79*(2), 195–199.

Dana, R. H. (2008). Transitions in psychotherapy, clinical diagnosis, and assessment. In R. H. Dana & J. Allen (Eds.), *Cultural competency training in a global society* (pp. 79–94). New York: Springer.

Douthit, K. Z., & Donnely, D. (in press). Theoretical neutrality in DSM classification: Diagnosing the manual. *Journal of Mind and Behavior.*

Douthit, K. Z., & Marquis, A. (2006). Empiricism in psychiatry's post-psychoanalytic era: Contemplating DSM's "atheoretical" nosology. *Constructivism in the Human Sciences, 11*(1), 32–59.

Efrans, J. S., Lukens, M. D., & Lukens, R. J. (1990). *Language, structure, and change: Frameworks of meaning in psychotherapy.* New York: Norton.

First, M. B. (2003). Psychiatric classification. In A. Tasman, J. Kay, & J. Lieberman (Eds.), *Psychiatry* (Vol. 1, 2nd ed., pp. 659–676). New York: Wiley.

Gergen, K. J., Hoffman, L., & Anderson, H. (1996). Is diagnosis a disaster? A constructionist trialogue. In F. W. Kaslow (Ed.), *Handbook of relational diagnosis and dysfunctional family patterns* (pp. 102–118). New York: John Wiley.

Gergen, K. J., & McNamee, S. (2000). From disordering discourse to transformative dialogue. In R. A. Neimeyer & J. D. Raskin (Eds.), *Constructions of disorder* (pp. 333–350). Washington, DC: American Psychological Association.

Good, B. J. (1996). Culture and DSM-IV: Diagnosis, knowledge and power. *Culture, Medicine and Psychiatry, 20*(2), 127–132.

Griffith, J. L. (2010). *Religion that heals, religion that harms: A guide for clinical practice.* New York, NY: Guilford Press.

Gross, P. R., & Levitt, N. (1998). *Higher superstition: The academic left and its quarrels with science.* Baltimore, MD: Johns Hopkins University Press.

Hansen, J. T. (2006). Is the best practices movement consistent with the values of the counseling profession? A critical analysis of best practices ideology. *Journal of Counseling &*

Values, 50(2), 154–160.

Harris, S. (2010). *The moral landscape: How science can determine human values.* New York: Free Press.

Henriques, G. (2002). The harmful dysfunction analysis and the differentiation between mental disorder and disease. *The Scientific Review of Mental Health Practice, 1*(2), 157–173.

Hergenhahn, B. R. (2001). *An introduction to the history of psychology* (4th ed.). Belmont, CA: Wadsworth/Thomson Learning.

Herlihy, B., & Watson, Z. E. (2003). Ethical issues and multicultural competence in counseling. In F. D. Harper & J. McFadden (Eds.), *Culture and counseling: New approaches* (pp. 363–378). Needham Heights, MA: Allyn & Bacon.

Hohenshil, T. H. (1996). Editorial: Role of assessment and diagnosis in counseling. *Journal of Counseling and Development, 75*(1), 64-67.

Horowitz, J. L. (2006). Culture-bound syndromes of anxiety disorders and multicultural competence. *Dissertation Abstracts International: Section B: The Sciences and Engineering,* Vol. 66 (7-B), p. 3949.

Hume, D. (1739/2010). *A treatise of human nature.* Charleston, SC: Nabu Press.

Ingersoll, R. E., & Rak, C. F. (2006). *Psychopharmacology for helping professionals: An Integral exploration.* Belmont, CA: Thomson Brooks/Cole.

Ivey, A. E., & Ivey, M. B. (2008). Reframing DSM-IV-TR: Positive strategies from developmental counseling and therapy. *Journal of Counseling and Development, 76*(3), 334–351.

James, W. (1907). *Pragmatism.* New York: Longman.

Johnson, T. J., Pfenninger, D. T., & Klion, R. E. (2000). Constructing and deconstructing transitive diagnosis. In R. A. Neimeyer & J. D. Raskin (Eds.), *Constructions of disorder* (pp. 145–174). Washington, DC: American Psychological Association.

Kelly, G. A. (1991/1955). *The psychology of personal constructs. Vol. 1: A theory of personality.* London: Routledge.

Khantzian, E. J. (1987). A clinical perspective of the cause-consequence controversy in alcoholic and addictive suffering. *Journal of the American Academy of Psychoanalysis, 15*(4), 521–537.

Kirk, S. A., & Kutchins, H. (1992). *The selling of DSM: The rhetoric of science in psychiatry.* New York: de Gruyter.

Kleinman, A. (1988). *The illness narratives: Suffering, healing, and the human condition.* New York: Basic Books.

Krueger, R. F., & Markon, K. E. (2006). Reinterpreting comorbidity: A model-based approach to understanding and classifying psychopathology. *Annual Review of Clinical Psychology, 2,* 111–133.

Kupfer, D. J., First, M. B., & Regier, D. E. (2002). Introduction. In D. J. Kupfer, M. B. First, & D. E. Regier (Eds.), *A research agenda for DSM-5* (pp. xv–xxiii). Washington, DC: American Psychiatric Association.

Kutchins, H., & Kirk, S. A. (1997). *Making us crazy: DSM: The psychiatric bible and the creation of mental disorders.* New York: Free Press.

Lambert, M. J. (2003). Psychotherapy outcome research: Implications of outcome research for psychotherapy integration. In J. C. Norcross & M. R. Goldstein (Eds.), *Handbook of psychotherapy integration* (pp. 94–129). New York: Basic Books.

Leitner, L. M., Faidley, A. J., & Celentan, M. A. (2000). Diagnosing human meaning making: An experiential constructivist approach. In R. A. Neimeyer & J. D. Raskin (Eds.), *Constructions of disorder* (pp. 175–204). Washington, DC: American Psychological Association.

Li, S. T., Jenkins, S., & Sundsmo, A. (2007). Impact of race and ethnicity. In M. Hersen, S. M. Turner, & D. C. Beidel (Eds.), *Adult psychopathology and diagnosis* (5th ed., pp. 101–121). Hoboken, NJ: John Wiley & Sons.

Mahoney, M. J. (1991). *Human change processes: The scientific foundations of psychotherapy.* New York: Basic Books.

Mahoney, M. J. (2000). Core ordering and disordering processes: A constructive view of psychological development. In R. A. Neimeyer & J. D. Raskin (Eds.), *Constructions of disorder* (pp. 43–62). Washington, DC: American Psychological Association.

Mahoney, M. J. (2003). *Constructive psychotherapy: A practical guide.* New York: Guilford.

Mahoney, M. J. (2005). Suffering, philosophy, and psychotherapy. *Journal of Psychotherapy Integration, 15*(3), 337–352.

Mahoney, M. J., & Marquis, A. (2002). Integral constructivism and dynamic systems in psychotherapy processes. *Psychoanalytic Inquiry, 22*(5), 794–813.

Manson, S. M., & Kleinman, A. (1998). DSM-IV, culture, and mood disorders: A critical reflection on recent progress. *Transcultural Psychiatry, 35,* 377–386.

Marquis, A. (2008). *The Integral intake: A guide to comprehensive idiographic assessment in Integral psychotherapy.* New York: Routledge.

Marquis, A. (2013). Methodological considerations of studying a unified approach to psychotherapy: Integral methodological pluralism. *Journal of Unified Psychotherapy and Clinical Science. 2*(1), 45–73.

Marquis, A., & Douthit, K. Z. (2006). The hegemony of "empirically supported treatment": Validating or violating? *Constructivism in the Human Sciences, 11*(2), 108–141.

Marquis, A., Douthit, K. Z., & Elliot, A. (2011). Best Practices: A critical yet inclusive vision for the counseling profession. *Journal of Counseling and Development, 89*(4), 397–405.

McWilliams, N. (1994). *Psychoanalytic diagnosis: Understanding personality structure in the clinical process.* New York: The Guilford Press.

Mezzich, J. E., Kirmayer, L. J., Kleinman, A., Fabrega, H., Parron, D. L., Good, B. J., et al. (1999). The place of culture in DSM-IV. *Journal of Nervous and Mental Diseases, 187,* 457–464.

Miller, R. B. (2004). *Facing human suffering: Psychology and psychotherapy as moral engagement.* Washington, DC: American Psychological Association.

Miller, R. B. (2005). Suffering in psychology: The demoralization of psychotherapeutic practice. *Journal of Psychotherapy Integration, 15*(3), 299–336.

Moore, G. E. (1903). *Principia ethica.* Cambridge, England: Cambridge University Press.

Moore, R. (1999). *The creation of reality in psychoanalysis: A view of the contributions of Donald Spence, Roy Schafer, Robert Stolorow, Irwin Z. Hoffman, and beyond.* Hillsdale, NJ: The Analytic Press.

Neimeyer, R. A., & Raskin, J. D. (2000). On practicing postmodern therapy in modern times. In R. A. Neimeyer & J. D. Raskin (Eds.), *Constructions of disorder* (pp. 3–14). Washington, DC: American Psychological Association.

Nussbaum, M. (1994). *The therapy of desire: Theory and practice in Hellenistic ethics.* Princeton, NJ: Princeton University Press.

Paniagua, F. (1998). *Assessing and treating culturally diverse clients: A practical guide* (2nd ed.). Newbury Park, CA: Sage.

Partridge, E. (1958). *Origins: A short etymological dictionary of modern English.* New York: The Macmillan Company.

Polanyi, M. (1958). *Personal knowledge: Towards a post-critical philosophy.* New York: Harper & Row.

Polkinghorne, D. E. (1983). *Methodology for the human sciences: Systems of inquiry.* Albany, NY: SUNY Press.

Polkinghorne, D. E. (1999). Traditional research and psychotherapy practice. *Journal of Clinical Psychology, 55*(12), 1429–1440.

Rachels, J. (1993). *The elements of moral philosophy* (2nd ed.). New York: McGraw–Hill.

Ramirez, A. M. (2008). Race bias, multicultural counseling competencies, and clinical judgment. *Dissertation Abstracts International: Section B: The Sciences and Engineering,* Vol. 69 (4-B), p. 2639.

Raskin, J. D., & Lewandowski, A. M. (2000). The construction of disorder as a human enterprise. In R. A. Neimeyer & J. D. Raskin (Eds.), *Constructions of disorder* (pp. 15–40). Washington, DC: American Psychological Association.

Robinson, D. N. (1995). *An intellectual history of psychology* (3rd ed.). Madison, WI: University of Wisconsin Press.

Sadler, J. Z. (2005). *Values and psychiatric diagnosis.* New York: Oxford University Press.

Scholefield, R. M. (1999). The impact of multicultural clinical experience, training, and self-reported competence on diagnostic bias. *Dissertation Abstracts International: Section B: The Sciences and Engineering,* Vol. 60 (5-B), p. 2366.

Searle, J. (1992). *The rediscovery of the mind.* Cambridge, MA: The MIT Press.

Seikkula, J., Aaltonen, J., Alakara, B., Haarakanga, K., Keranen, J., & Sutela, M. (1995). Treating psychosis by means of open dialogue. In S. Friedman (Ed.), *The reflecting team in action* (pp. 62–80). New York: Guilford Press.

Slife, B. (2004). Theoretical challenges to therapy practice and research: The constraints of naturalism. In M. J. Lambert (Ed.), *Bergin and Garfield's handbook of psychotherapy and behavior change* (5th ed., pp. 44–83). New York: Wiley.

Slife, B. D., & Gantt, E. E. (1999). Methodological pluralism: A framework for psychotherapy research. *Journal of Clinical Psychology, 55,* 1453–1465.

Slife, B. D., Wiggins, B. J., & Graham, J. T. (2005). Avoiding an EST monopoly: Toward a pluralism of philosophies and methods. *Journal of Contemporary Psychotherapy, 35,* 83–97.

Sorabji, R. (2000). *Emotion and peace of mind: From Stoic agitation to Christian temptation.* Oxford: Oxford University Press.

Stanovich, K. E. (1998). *How to think straight about psychology* (5th ed.). New York: Addison Wesley Longman.

Steffens, D. C., & Krishnan, K. R. R. (2003). Laboratory testing and neuroimaging: Implications for psychiatric diagnosis and practice. In K. A. Phillips, M. B. First, & H. A. Pincus (Eds.), *Advancing DSM-5: Dilemmas in psychiatric diagnosis* (pp. 85–103). Washington, DC: American Psychiatric Association.

Szasz, T. (1974). *The myth of mental illness: Foundations of a theory of personal conduct.* New York: Harper & Row.

Valenstein, E. S. (1998). *Blaming the brain: The truth about drugs and mental health.* New York: Simon & Schuster.

Wakefield, J. C. (1997). Diagnosing DSM-IV—Part 1: DSM-IV and the concept of disorder. *Behavioral Research and Therapy, 35,* 633–649.

Wampold, B. E. (2001). *The great psychotherapy debate: Models, methods, and findings.* Mahwah, NJ: Erlbaum.

Widiger, T. A., & Clark, L. A. (2000). Toward DSM-5 and the classification of psychopathology. *Psychological Bulletin, 126,* 946–963.

Widiger, T. A., Costa, P. T., & McCrae, R. R. (2002). FFM personality disorder research. In P. T. Costa & T. A. Widiger (Eds.), *Personality disorders and the Five Factor Model of personality* (2nd ed., pp. 59–87). Washington, DC: American Psychiatric Association.

Widiger, T. A., & Mullins-Sweatt, S. (2007). Mental disorders as discrete clinical conditions: Dimensional versus categorical classification. In M. Hersen, S. M. Turner, & D. C. Beidel (Eds.), *Adult psychopathology and diagnosis* (5th ed.). New York: Wiley.

Wilber, K. (2000). *The collected works of Ken Wilber (Vol. 6): Sex, ecology, spirituality: The spirit of evolution.* Boston: Shambhala.

World Health Organization. (1992). *The ICD-10 classification of mental and behavioural disorders.* Geneva: Author.

Yalom, I. D. (2002). *The gift of therapy: An open letter to a new generation of therapists and their patients.* New York: HarperCollins Publishers.

Zalaquett, C. P., Fuerth, K. M., Stein, C., Ivey, A. E., & Ivey, M. B. (2008). Reframing the DSM-IV-TR from a multicultural/social justice perspective. *Journal of Counseling and Development, 86*(3), 364–371.

찾아보기

Elliott Ingersoll은 오하이오주 임상심리사 및 상담사이다. 그는 클리블랜드주립대학의 상담 및 심리학 교수이며 '우수 교수진'에 이름을 올렸다. 그는 정신병리, 정신건강 진단, 정신약물학, 상담 및 심리치료에서의 영성과 같은 다양한 영역을 연구해왔다. 그는 여섯 권의 책과 다수의 동료-검토 논문과 정신건강 주제의 장을 저술 및 공저하였으며, 이 중에는 David Zeitler의 *Integral Psychotherapy: Inside Out/Outside In*도 있다. 그의 연구 관심사는 통합 치료를 위한 자유사상 접근법이다. 그의 최근 작업은 제약회사가 지속해가는 거짓말들을 사람들에게 알리는 일이며, 특히 아동에게 투약되는 약물에 대한 관심이 높다. 그의 TEDxCleveland 강연은 http://www.tedxcle.com/에서 볼 수 있다.

Elliott은 30년간 음악을 전문적으로 해왔다. 그는 19세기 말의 자유사상운동, 특히 당시 대표적인 자유사상가인 Robert Green Ingersoll의 영향을 받았다. 그는 인간의 가장 중요한 기술은 비판적 사고라고 믿고 있다. 싱어송라이터로서 그는 'FreeThought Folk Music'을 만들었고, 오하이오주 북동지역에서 연주했다. 그의 CD 앨범 *American Infidel*은 2013년에 발매되었다.

Andre Marquis는 뉴욕 정신건강 상담사이다. 그는 로체스터대학교의 상담 및 인간 발달 부교수이다. 그의 교육, 연구, 학문 관심은 상담 이론, 심리치료의 통합, 집단치료, 관계심리역동, 발달 구조주의, 인간 변화 과정, 이론과 실제를 충분히 엮어내는 틀로서의 통합 이론이다. 그의 또 다른 학문 관심은 정신건강 영역의 주된 추세들에 대한 비판적 분석인데, 정신질환을 구조화하고 개념화하는 방식부터 경험 중심 치료와 증거 중심 임상 운동과 같은 방법론 논점까지 다양한 추세들이 있다. Marquis는 *The Integral Intake: A Guide to Comprehensive Idiographic Assessment in Integral Psychotherapy*, *Theoretical Models of Counseling and Psychotherapy*와 여러 동료-검토 논문을 저술하였다. Marquis는 여러 학술지 편집을 맡아왔는데, 이 중에는 *Journal of Psychotherapy Integration*, *Journal of Unified Psychotherapy and Clinical Practice*, *Journal of Integral Theory and Practice*가 있으며, 그는 *Unified Psychotherapy Project*의 자문위원이기도 하다. 심리, 상담, 인간 발달에 관한 20여 과목을 가르쳐왔다.

Andre는 또한 낚시광이며, 야외활동을 즐기고, 음악을 사랑한다. 그는 서부 뉴욕의 핑거 레이크스 지역에서 아내 Erica, 애견 Nelson, 애묘 Sparkle과 함께 살고 있다.

역자 소개

최의헌 (역자 대표)
연세대학교 의과대학 졸업
연세로뎀 정신건강의학과의원 원장
저서　최의헌의 정신병리 강의

김미경
경상대학교 사회복지학 박사 졸업
저서　인간행동과 사회환경(공저)

김성례
서울불교대학원대학교 석사 졸업
서울청 선도프로그램 운영
2016 서울청장 감사장 수상

문영주
연세대학교 대학원 상담학 박사
연세대학교 상담센터 전임상담원

박지현
서강대학교 영문학과 졸업
정부정책관련 연구보고서 번역
해외아동편지 번역봉사

안민영
독일 쾰른대학교 심리학과 박사 수료
DB CNS 마음애 심리상담실장
경기도 재난심리회복지원센터 상담활동가

이은철
연세대학교 의과대학 졸업
연세멘토 정신건강의학과의원 원장

장창민
연세대학교 대학원 상담학과 졸업
나사렛대학교 대우교수
굿이미지심리치료센터 센터장

정현도
경기북부 경찰청 전문교수
한국심리상담전문학회 교수

최지영
연세대학교 대학원 상담학 박사
나사렛대학교 일반대학원 상담학과 교수

홍인숙
이화여자대학교 신학대학원 졸업
심리상담연구원 나무와새 상담전문가